消费品中禁限用化合物信息库和 Orbitrap 高分辨质谱谱库

牛增元　罗忻　叶曦雯等　编著

中国质检出版社
中国标准出版社

北　京

图书在版编目(CIP)数据

消费品中禁限用化合物信息库和 Orbitrap 高分辨质谱谱库/牛增元等，编著.
—北京：中国标准出版社，2016.5
ISBN 978-7-5066-8157-5

Ⅰ.①消… Ⅱ.①牛… Ⅲ.①消费品—化合物—商品检验—研究 Ⅳ.①F767.6

中国版本图书馆 CIP 数据核字（2015）第 290400 号

中国质检出版社
中国标准出版社 出版发行
北京市朝阳区和平里西街甲 2 号（100029）
北京市西城区三里河北街 16 号（100045）

网址：www.spc.net.cn
总编室：（010）68533533 发行中心：（010）51780238
读者服务部：（010）68523946

中国标准出版社秦皇岛印刷厂印刷
各地新华书店经销

*

开本 787×1092 1/16 印张 44 字数 984 千字
2016 年 5 月第一版 2016 年 5 月第一次印刷

*

定价 135.00 元

本书编委会

主要编著者 牛增元　罗　忻　叶曦雯

参加编著者（按姓氏笔画排序）

王凤美　王妍婷　牛增元　叶曦雯

包大勇　汤志旭　孙　立　苏　杰

张　丽　张晓梅　罗　忻　修晓丽

徐　琴　高永刚　曹　鹏　崔淑华

梁广辉　梁启超　彭　燕　简慧敏

静　平　薛秋红

前　言

消费品中有毒有害物质检测以往多采用气相色谱、液相色谱、低分辨质谱等传统方法，而目前应用高分辨质谱检测的研究越来越成为国内外关注的热点。随着技术水平和检测要求的不断提高，过去 20 年仪器分析经历了色谱向质谱转变的过程，而低分辨质谱向高分辨质谱的发展是当今的必然趋势。

高分辨质谱具有质量分辨率高和质量精度准的特点，可以得到化合物的元素组成（分子式），适用于微量、痕量成分在复杂背景中的筛选和确证，以及生物大分子如蛋白质的分析。

Orbitrap 是一种通过使离子围绕一中心电极的轨道旋转而捕获离子的装置，俄国科学家 Makarov 利用该技术发明了一种新型的质谱仪，称之为“Orbitrap”即静电场轨道阱质谱。Orbitrap 与飞行时间质谱（TOF）相比有更高的分辨能力及无需内标的质量稳定性，与 FTICR 相比无需消耗大量制冷剂，能够在降低运行成本的同时得到高分辨率的数据结果。目前，已经商品化的 Orbitrap 质谱仪包括基于该技术的离子阱—静电场轨道阱组合质谱和四极杆—静电场轨道阱组合质谱等多种系列，最高分辨率已达 450000，拥有碰撞诱导解离（CID）、高能碰撞诱导解离（HCD）等多种裂解技术。用户不需牺牲灵敏度即可达到这些性能，能够满足普通实验室高标准的分析要求，使之真正成为一个实用性强的分析工具。

Orbitrap 高分辨质谱技术在消费品检验中有以下应用优势：

（1）Orbitrap 具有高灵敏度和高选择性的特点，可采用一级母离子精确质量数、同位素丰度比，二级碎片精确质量数等条件，对低分辨质谱如串联四极杆或四极杆—离子阱组合质谱无法准确定性的疑似阳性样品进行可靠定性；Orbitrap 具有不亚于串联四极杆的定量灵敏度，在高分辨率下的高选择性，ppm（$1ppm=10^{-6}$）级的离子提取窗口，可显著降低背景噪音，简化样品前处理过程，并使多类别物质同时筛查分析成为可能。

（2）Orbitrap 具有低分辨质谱无法实现的非目标物检测分析的特点，突发事件中，无需标准品，利用化合物母离子精确质量数及同位素丰度比，结合模拟推断的二级碎片精确质量数，可以准确定性；Orbitrap 全扫描方式的采集，可以对检测化合物随时扩充，满足法规不断更新的要求，建立仪器条件过程简单，无需对所有化合物进行复杂优化，并且实现高通量检测和样品数据回溯的功能。

（3）Orbitrap高分辨质谱结合相关谱库及差异化分析统计软件，可以对未知物的筛查甄别起到一定作用，还可实现商品真伪鉴别、产地鉴定、年代鉴定等高难度工作。

目前，在质检系统已有多家实验室配备了Orbitrap高分辨静电场轨道阱质谱，包括LTQ Orbitrap Discovery、LTQ Orbitrap XL、Exactive和Q Exactive等，Orbitrap高分辨质谱的功能和应用优势需结合Orbitrap高分辨质谱谱库才能充分发挥作用。在消费品安全检测领域目前尚无一个全面、完善的高分辨质谱谱库，特别需要建立法规禁限用化合物的一级和二级谱库。在这种情况下，本书作者通过国家公益性行业科研专项项目（项目编号：201310062）、国家重点研发计划NQI专项“重要贸易产品快速检测技术研究”、国家质检总局科研计划（项目编号：2011IK037、2011IK224和2013IK015）等相关课题研究，在大量科学实验工作的基础上，终成此书。

本书针对消费品领域的国际重要法规（各法规更新截至2015年6月30日），建立了相关禁限用化合物详细信息库，建立了Orbitrap一级母离子谱库、二级CID和HCD碎片离子谱库，并推断了主要碎片的化学式（用于提高二级谱库的通用性及可靠性）。谱库成果得以共享，可免除类似的重复性工作，大大节约检测成本及检测时间。

本书建立了一套较为全面的消费品中禁限用化合物信息库及Orbitrap高分辨质谱谱库，具有较高的应用价值，是一本高分辨质谱分析领域的基础科学工具书。

编著者

2016年3月

目 录

第 1 章　消费品中禁限用化合物的法律法规简介

本章针对当前国际日用消费品中禁限用化合物的法律法规（各法规更新截止至 2015 年 6 月 30 日），包括国际生态纺织品标准（OEKO - TEX® Standard 100）、欧盟 RoHS 指令、欧盟 REACH 法规及高关注物质（SVHC）、欧盟玩具安全指令（Toy Safety Directive）、美国消费品安全改进法案（CPSIA）、美国服装与鞋类协会（AAFA）受限物质清单（RSL），进行了全面、细致的整理、归纳和介绍，主要关注以上 6 个法规中出现的化学污染物，为建立相应的 Orbitrap 高分辨质谱谱库提供参考。

1.1　国际生态纺织品标准（OEKO - TEX® Standard 100）

随着消费者及普通大众对符合健康标准的纺织品的需求越来越强烈，国际生态纺织品标准（OEKO - TEX® Standard 100）在 20 世纪 90 年代初应运而生。当时，“纺织品中存在的毒害”和其他负面新闻被普遍报道，并笼统地将纺织品生产中所使用的化学物质界定为危害健康的材料。然而如果不使用某些化学物质，我们对现代纺织品的要求将无法得到满足。目前，人们对纺织品的要求很高，如流行的颜色、容易的护理、长久的使用寿命和其他功能特征，某些功能特征视用途的不同（如工作服）甚至是不可缺少的。在开始采用 OEKO - TEX® Standard 100 之前，既不存在一个可靠的产品标签供消费者对纺织品在人类生态学方面的质量进行评判，也不存在一个统一的安全标准供纺织工业和服装工业的企业对纺织品中可能存在的有害物质进行切实可行的评估。因此，奥地利纺织研究所和德国霍恩施泰因研究所在当时已有检验标准的基础上合作开发出 OEKO - TEX® Standard 100。

OEKO - TEX® Standard 100 是针对纺织品的所有加工阶段中初级产品、中间产品和最终产品设立的独立的检验和认证体系，由来自欧洲和日本的 16 家知名的纺织品研究和检验机构联合设立的国际生态纺织品研究和检验协会（OEKO - TEX® Association），在全球超过 60 个国家设有代理处和联络处，负责依循 OEKO - TEX® Standard 100，本着“信心纺织品”这一口号进行独立的有害物质检测，以确保纺织品的健康无害性。

制定 OEKO - TEX® Standard 100 的目的是规定纺织品授权使用 OEKO - TEX® Standard 100 标签的一般和特殊条件。该标准适用于纺织品和皮革产品以及各级产品中的物品，包括纺织和非纺织配件。标准中涉及的“有害物质”，可能存在于纺织品或配件中、在正常和特定的使用条件下释放出规定的最高限量，并且根据现有的科学知识，相关的有害物质很可能对人体健康造成某种影响。

1.1.1 OEKO-TEX® Standard 100 优越性

纺织工业具有一个鲜明的特点，即合作生产。从原材料到最终产品的整个过程中，往往每个生产阶段均在世界上不同的地点进行。这种极其细化的分工体现在参与到纺织品生产链中的所有企业之间复杂的供应关系上。此外，在不同的国家，对纺织品生产的环保要求也不尽相同。而 OEKO-TEX® Standard 100 的出现大大弱化了不同国家有害物质的评估差异，对纺织工业和服装工业的企业而言，在全球化的、分工越来越细的纺织品生产中，随着 OEKO-TEX® Standard 100 的诞生，它们首次有了一个统一的、有科学根据的衡量纺织品中可能存在的有害物质的评估标准。对于有意购买产品的最终用户而言，服装以及其他纺织品上的 OEKO-TEX® Standard 100 标签代表这些产品已经过安全性检验，对皮肤不会产生任何伤害。因此该检验标识成为购买纺织品时的一个重要的选择依据。同时，借助 OEKO-TEX® Standard 100 体系，可以在各个加工阶段确定并清除有害物质的来源。

1.1.2 OEKO-TEX® Standard 100 产品类别

OEKO-TEX®有害物质检测始终定位于纺织品的实际使用，该规定认为，与皮肤接触越紧密的产品，则需满足越严格的人类生态学要求。

该规定可认证产品有：生纱和已染色/精制的纱线、粗布和已染色/精制的布匹和针织品、批量生产的产品（所有类型的服装、家用纺织品、床上用品、毛巾、布艺玩具等）等。按照不同的类别将通过检测的纺织品分为以下四类。

产品类别Ⅰ：婴儿产品，指生产 36 个月及以下的婴幼儿使用的所有物品、原材料和配件，皮类服装除外；

产品类别Ⅱ：直接与皮肤接触的产品，指穿着时大部分面积与皮肤直接接触的物品（例如女士衬衣、恤衫、内衣等）；

产品类别Ⅲ：非直接与皮肤接触的产品，指穿着时小部分面积与皮肤直接接触的物品（例如填充物等）；

产品类别Ⅳ：装饰材料，包括所有用于装饰的产品和配件，比如桌布、壁布、家私布料、窗帘、装饰用布料和地毯。

按照 OEKO-TEX® Standard 100 对纺织品进行认证的先决条件，即产品的所有成分无一例外地符合各项标准的要求，所以，在实验室检测中，除表面材料外，还会对例如缝纫用线、衬料、印图等，以及非纺织类配件，如按钮、拉锁、铆钉等进行相应的测试。

1.1.3 OEKO-TEX® Standard 100 检验项目及限量

在世界范围内有效的 OEKO-TEX® Standard 100 检验项目以科学的参数为依据，并且每年均会根据最新的立法和研究成果进行相应的调整。检验目录具体包括：

（1）违禁物质如致癌的染料；

（2）受法律监管的化学物质如甲醛、增塑剂、重金属或五氯苯酚；

（3）按照当前的认知水平属于危害健康的，但尚未列入法律监管范围或禁止使用的物质如农药、可引起过敏的染料或有机锡化合物；

（4）针对消费者健康的参数，如色牢度和适于皮肤的 pH。

这些检验标准合在一起，其严格程度已远远超出现有法律的要求，并已广泛用作确定法律监管范畴的基础。

由经授权的协会成员（研究和检验机构）的实验室检测包括约 100 种检测参数，这些实验室检测方法以国际检验标准和其他公认的检验方法为基础。其中包括例如模拟试验，在模拟试验中考虑到了人体吸收有害物质的所有可能的途径（口腔、皮肤、呼吸道）。原则上说，纺织品和人的皮肤接触越强，则对极限值的要求也就越严格。

OEKO - TEX® Standard 100（2015 版）的具体检测项目如表 1 - 1～表 1 - 5 所示。

表 1 - 1　限量值和色牢度，第一部分 / Limit values and fastness，part 1

（测试方法描述于其他文件/The testing procedures are described in a separate document）

产品级别/Product Class	Ⅰ 婴儿/Baby	Ⅱ 直接接触皮肤/ in direct contact with skin	Ⅲ 不直接接触皮肤/ with no direct contact with skin	Ⅳ 家饰材料/ Decoration material
酸碱值/pH value[1]				
	4.0～7.5	4.0～7.5	4.0～9.0	4.0～9.0
甲醛/Formaldehyde（mg/kg）				
112 法/Law 112	n. d.[2]	75	300	300
可萃取的重金属/Extractable heavy-metals（mg/kg）				
Sb（锑/Antimony）	30.0	30.0	30.0	—
As（砷/Arsenic）	0.2	1.0	1.0	1.0
Pb（铅/Lead）	0.2	1.0[3]	1.0[3]	1.0[3]
Cd（镉/Cadmium）	0.1	0.1	0.1	0.1
Cr（铬/Chromium）	1.0	2.0	2.0	2.0[4]
Cr（Ⅵ）铬（六价）	检测限值以下/under detection limit[5]			
Co（钴/Cobalt）	1.0	4.0	4.0	4.0
Cu（铜/Copper）	25.0[6]	50.0[6]	50.0[6]	50.0[6]
Ni（镍/Nickel）[7]	1.0[8]	4.0[9]	4.0[9]	4.0[9]
Hg（汞/Mercury）	0.02	0.02	0.02	0.02
被消解样品中的重金属/Heavy metals in digested sample（mg/kg）[10]				
Pb（铅/Lead）	90.0	90.0[3]	90.0[3]	90.0[3]
Cd（镉/Cadmium）	40.0	40.0[3]	40.0[3]	40.0[3]
杀虫剂/Pesticides（mg/kg）[11, 12]				
总计/Sum[12]	0.5	1.0	1.0	1.0

表 1-1（续）

产品级别/Product Class	Ⅰ 婴儿/Baby	Ⅱ 直接接触皮肤/ in direct contact with skin	Ⅲ 不直接接触皮肤/ with no direct contact with skin	Ⅳ 家饰材料/ Decoration material
氯化苯酚/Chlorinated phenols（mg/kg）[12]				
Pentachlorophenol（PCP）五氯苯酚	0.05	0.5	0.5	0.5
Tetrachlorophenols（TeCP），总计/Sum	0.05	0.5	0.5	0.5
Trichlorophenols（TrCP），总计/Sum	0.2	2.0	2.0	2.0
邻苯二甲酸酯/Phthalates（w%）[13]				
DINP，DNOP，DEHP，DHxP，DIDP，DIHxP，BBP，DBP，DIBP，DIHP，DHNUP，DHP，DMEP，DPP，总计/Sum[12]	0.1	—	—	—
DEHP，BBP，DBP，DHxP，DIBP，DIHP，DIHxP，DHNUP，DHP，DMEP，DPP，总计/Sum[12]	—	0.1	0.1	0.1

1 例外的情况：后续加工必需经过湿处理的产品：4.0～10.5；泡绵制品：4.0～9.0；第Ⅳ级别带有涂层或层压的皮革制品：3.5～9.0 / Exceptions for products which must be treated wet during the further processing：4.0～10.5；for foams：4.0～9.0；for leather products in product class Ⅳ（coated or laminated）：3.5～9.0。

2 此处不得检出（n. d.）是指使用【日本 112 法】中规定的吸收测试法应小于 0.05 吸收率单位，即应少于 16mg/kg / n. d. corresponds according to “Japanese Law 112” test method with an absorbance unit less than 0.05 resp. ＜16 mg/kg。

3 对于玻璃制成的辅料无此要求 / No requirement for accessories made from glass。

4 对于皮革类产品 10.0 mg/kg / For leather articles 10.0 mg/kg。

5 定量限值：六价铬 Cr（Ⅵ）0.5 mg/kg，皮革中六价铬 Cr（Ⅵ）3.0 mg/kg，禁用的芳香胺 20 mg/kg，禁用的染料 50 mg/kg / Quantification limits：for Cr（Ⅵ）0.5 mg/kg，for Cr（Ⅵ）in leather 3.0 mg/kg，for arylamines 20 mg/kg，for dyestuffs 5 0mg/kg。

6 对于无机材料制成的辅料无此要求 / No requirement for accessories made from inorganic materials。

7 包含了 EC-Regulation 1907/2006 中对该项目的要求/ Including the requirement by EC-Regulation 1907/2006。

8 只适用于金属附件及经金属处理之表面：0.5 mg/kg / For metallic accessories and metallized surfaces：0.5mg/kg。

9 只适用于金属附件及经金属处理之表面：1.0 mg/kg / For metallic accessories and metallized surfaces：1.0mg/kg。

10 针对所有非纺织辅料和组成部分，以及在纺丝时加入着色剂生产的有色纤维和含有涂料的产品 / Applicable to all non textile accessories and components as well as for spun dyed fibres and articles containing pigments。

11 仅适用于天然纤维 / For natural fibres only。

12 具体物质列在附录中 / The individual substances are lists in Appendix 5。

13 适用于涂层产品、塑料溶胶印花、柔软泡绵和塑料附件 / For coated articles，plastisol prints，flexible foams，and accessories made from plastics。

表 1-2　限量值和色牢度，第二部分 / **Limit values and fastness，part 2**

（测试方法描述于其他文件/The testing procedures are described in a separate document）

产品级别/Product Class	Ⅰ 婴儿/Baby	Ⅱ 直接接触皮肤/ in direct contact with skin	Ⅲ 不直接接触皮肤/ with no direct contact with skin	Ⅳ 家饰材料/ Decoration material
有机锡化合物 / Organic tin compounds（mg/kg）[12]				
TBT 三丁基锡化合物	0.5	1.0	1.0	1.0
TPhT 三苯基锡化合物	0.5	1.0	1.0	1.0
DBT 二丁基锡化合物	1.0	2.0	2.0	2.0
DOT 二辛基锡化合物	1.0	2.0	2.0	2.0
其他残余化学物 / Other chemical residues				
OPP 邻苯基苯酚（mg/kg）[12]	50.0	100.0	100.0	100.0
芳香胺 / Arylamines（mg/kg）[12,14]	没有/none[5]			
SCCP 短链氯化石蜡（w%）[12]	0.1	0.1	0.1	0.1
TCEP 三（2-氯乙基）磷酸酯（w%）[12]	0.1	0.1	0.1	0.1
DMFu（mg/kg）[12]	0.1	0.1	0.1	0.1
染料/Colorants				
可分解芳香胺类/Cleavable arylamines[12]	不得使用/not used[5]			
致癌物/Carcinogens[12]	不得使用/not used			
致敏物/Allergens[12]	不得使用/not used[5]			
其他/Others[12]	不得使用/not used[5]			
氯化苯和氯化甲苯/Chlorinated benzenes and toluenes（mg/kg）[12]				
总计/Sum	1.0	1.0	1.0	1.0
多环芳烃/Polycyclic aromatic hydrocarbons（PAH）（mg/kg）[15]				
苯并［a］芘 Benzo［a］pyrene	0.5	1.0	1.0	1.0
苯并［e］芘 Benzo［e］pyrene	0.5	1.0	1.0	1.0
苯并［a］蒽 Benzo［a］anthracene	0.5	1.0	1.0	1.0
䓛 Chrysene	0.5	1.0	1.0	1.0
苯并［b］荧蒽 Benzo［b］fluoranthene	0.5	1.0	1.0	1.0
苯并［j］荧蒽 Benzo［j］fluoranthene	0.5	1.0	1.0	1.0
苯并［k］荧蒽 Benzo［k］fluoranthene	0.5	1.0	1.0	1.0
二苯并[a，h]蒽 Dibenzo［a，h］anthracene	0.5	1.0	1.0	1.0
总计/Sum[12]	5.0	10.0	10.0	10.0

表 1-2（续）

产品级别/Product Class	I 婴儿/Baby	II 直接接触皮肤/ in direct contact with skin	III 不直接接触皮肤/ with no direct contact with skin	IV 家饰材料/ Decoration material
生物活性产品/Biological active products				
	没有/none[16]			
阻燃产品/Flame retardant products				
总体/General	没有/none[16,17,18]			

14 适用于所有含有聚氨酯的材料或其他可能含有游离致癌芳香胺的材料 / For all materials containing polyurethane or other materials which may contain free carcinogenic arylamines。

15 适用于合成纤维、纱线或缝纫线以及塑胶材料/For all synthetic fibres，yams，or threads and for plastic materials。

16 除了被 Oeko-Tex® 所接受的处理方法（详见http://www.oeko-tex.com 网站发布的现行有效目录）/With exception of treatments accepted by Oeko-tex®（see actual list on http://www.oeko-tex.com）。

17 对于产品级别 IV 只在 2016.1.1 后适用 / For product class IV only after 1.1.2016。

18 接受不含有附录 5 中所列禁用阻燃物质的阻燃产品 / Accepted flame retardant products do not contain any of the banned flame retardant substances listed in Appendix 5 as active agent。

表 1-3　限量值和色牢度，第三部分/Limit values and fastness，part 3

（测试方法描述于其他文件/The testing procedures are described in a separate document）

产品级别/Product Class	I 婴儿/Baby	II 直接接触皮肤/ in direct contact with skin	III 不直接接触皮肤/ with no direct contact with skin	IV 家饰材料/ Decoration material
残余溶剂/Solvent residues（$w\%$）[19,20]				
NMP	0.1	0.1	0.1	0.1
DMAc	0.1	0.1	0.1	0.1
DMF	0.1	0.1	0.1	0.1
Formamide	0.02	0.02	0.02	0.02
残余表面活性剂，润湿剂/Surfactant，wetting agent residues (mg/kg)				
OP，NP，总计/Sum	10.0	10.0	10.0	10.0
OP，NP，OP（EO）$_{1-20}$，NP（EO）$_{1-20}$ 总计/Sum	100.0	100.0	100.0	100.0
PFC's，全氟化合物/Perfluorinated Compounds[12,21]				
PFOS 全氟辛烷磺酰基化合物（$\mu g/m^2$）	<1.0	<1.0	<1.0	<1.0

表 1－3（续）

产品级别/Product Class	Ⅰ 婴儿/Baby	Ⅱ 直接接触皮肤/ in direct contact with skin	Ⅲ 不直接接触皮肤/ with no direct contact with skin	Ⅳ 家饰材料/Decoration material
PFOA 全氟辛酸（μg/m^2）	<1.0	<1.0	<1.0	<1.0
PFUdA（mg/kg）	0.05	0.1	0.1	0.5
PFDoA（mg/kg）	0.05	0.1	0.1	0.5
PFTrDA（mg/kg）	0.05	0.1	0.1	0.5
PFTeDA（mg/kg）	0.05	0.1	0.1	0.5
色牢度（沾色）/Colour fastness（staining）				
耐水/To water	3	3	3	3
耐酸性汗液/To acidic perspiration	3～4	3～4	3～4	3～4
耐碱性汗液/To alkaline perspiration	3～4	3～4	3～4	3～4
耐干摩擦/To rubbing，dry[22,23]	4	4	4	4
耐唾液和汗液/To saliva and perspiration	牢固/fast	—	—	—

19 若产品必须经过加热后处理（于湿或干程序）则例外：3.0%/Exception for products which must be treated hot（in wet or dry stage）during further processing：3.0%。

20 适用于在生产过程中使用溶剂的纤维、纱线及涂层制品/For fibre yams and coated articles，where solvents are used during production。

21 适用于所有做过防水、放油后整理的涂层处理的材料/For all materials with a water and oil repellent finish or coating。

22 对于后继加工有“洗水处理”的产品没有此项要求/No requirements for " wash－out" －articles。

23 对于颜料、还原染料或者硫化染料，耐干摩擦的最小色牢度级别应为 3 级 / For pigment，vat or sulphurous colorants a minimum grade of colour fastness to rubbing of 3（dry）is acceptable。

表 1－4　限量值和色牢度，第四部分 /Limit values and fastness，part 4

（测试方法描述于其他文件/The testing procedures are described in a separate document）

产品级别/Product Class	Ⅰ 婴儿/Baby	Ⅱ 直接接触皮肤/ in direct contact with skin	Ⅲ 不直接接触皮肤/ with no direct contact with skin	Ⅳ 家饰材料/Decoration material
可挥发物释放量/Emission of volatiles（mg/m^3）[24]				
Formaldehyde 甲醛［50－00－0］	0.1	0.1	0.1	0.1
Toluene 甲苯［108－88－3］	0.1	0.1	0.1	0.1
Styrene 苯乙烯［100－42－5］	0.005	0.005	0.005	0.005

表 1 - 4（续）

产品级别/Product Class	Ⅰ 婴儿/Baby	Ⅱ 直接接触皮肤/ in direct contact with skin	Ⅲ 不直接接触皮肤/ with no direct contact with skin	Ⅳ 家饰材料/ Decoration material
Vinylcyclohexene 乙烯基环己烷 [100 - 40 - 3]	0.002	0.002	0.002	0.002
4 - Phenylcyclohexene 苯基环己烷 [4994 - 16 - 5]	0.03	0.03	0.03	0.03
Butadiene 丁二烯 [106 - 99 - 0]	0.002	0.002	0.002	0.002
Vinylchloride 氯乙烯 [75 - 01 - 4]	0.002	0.002	0.002	0.002
芳香烃/Aromatic hydrocarbons	0.3	0.3	0.3	0.3
有机挥发物/Organic volatiles	0.5	0.5	0.5	0.5
气味测定/Determination of odours				
总体/General	无异味/no abnormal odour[25]			
SNV 195 651（经修正/Modified）[24]	3	3	3	3
禁用纤维/Banned fibres				
石棉纤维/Asbestos	不得使用/not used			

24 适用于纺织地毯、床垫和不用于服装的泡绵和大型涂层产品/For textile carpets，mattresses as well as foams and large coated articles not being used for clothing。

25 无霉味、无高沸点汽油裂解气味、无鱼腥味、无芳香或香水气味/No odour from mould，high boiling fraction of petrol，fish，aromatic hydrocarbons or perfume。

表 1 - 5　附录/Appendix 5

有害物质列表 / Compilation of the individual substances

杀虫剂/Pesticides			
名称/Name	CAS 号/CAS - Nr.	名称/Name	CAS 号/CAS - Nr.
2，4，5 - T 2，4，5 -涕	93 - 76 - 5	Fenvalerate 氰戊菊酯	51630 - 58 - 1
2，4 - D 2，4 -滴	94 - 75 - 7	Heptachlor 七氯	76 - 44 - 8
Azinophosmethyl 保棉磷	86 - 50 - 0	Heptachloroepoxide 环氧七氯	1024 - 57 - 3
Azinophosethyl 益棉磷	2642 - 71 - 9	Hexachlorobenzene 六氯苯	118 - 74 - 1

表 1-5（续）

名称/Name	CAS 号/CAS-Nr.	名称/Name	CAS 号/CAS-Nr.
Aldrine 艾氏剂	309-00-2	Hexachlorcyclohexane，α- α-六六六	319-84-6
Bromophos-ethyl 乙基溴硫磷	4824-78-6	Hexachlorcyclohexane，β- β-六六六	319-85-7
Captafol 敌菌丹	2425-06-1	Hexachlorcyclohexane，δ- δ-六六六	319-86-8
Carbaryl 甲萘威	63-25-2	Isodrine 异艾氏剂	465-73-6
Chlordane 氯丹	57-74-9	Kelevane 克来范	4234-79-1
Chlordimeform 杀虫脒	6164-98-3	Kepone 开蓬	143-50-0
Chlorfenvinphos 毒虫畏	470-90-6	Lindane 林丹	58-89-9
Coumaphos 蝇毒磷	56-72-4	Malathion 马拉硫磷	121-75-5
Cyfluthrin 氟氯氰菊酯	68359-37-5	MCPA 2 甲 4 氯	94-74-6
Cyhalothrin 氯氟氰菊酯	91465-08-6	MCPB 2 甲 4 氯丁酸	94-81-5
Cypermethrin 氯氰菊酯	52315-07-8	Mecoprop 2 甲 4 氯丙酸	93-65-2
DEF 脱叶磷	78-48-8	Metamidophos 甲胺磷	10265-92-6
Deltamethrin 溴氰菊酯	52918-63-5	Methoxychlor 甲氧滴滴涕	72-43-5
DDD 滴滴滴	53-19-0， 72-54-8	Mirex 灭蚁灵	2385-85-5
DDE 滴滴伊	3424-82-6， 72-55-9	Monocrotophos 久效磷	6923-22-4
DDT 滴滴涕	50-29-3， 789-02-6	Parathion 对硫磷	56-38-2

表 1-5（续）

名称/Name	CAS 号/CAS-Nr.	Name	CAS-Nr.
Diazinon 二嗪磷	333-41-5	Parathion-methyl 甲基对硫磷	298-00-0
Dichlorprop 2，4-滴丙酸	120-36-5	Perthane 乙滴涕	72-56-0
Dicrotophos 百治磷	141-66-2	Phosdrin/Mevinphos 速灭磷	7786-34-7
Dieldrine 狄氏剂	60-57-1	Propethamphos 胺丙畏	31218-83-4
Dimethoate 乐果	60-51-5	Profenophos 丙溴磷	41198-08-7
Dinoseb，its salts and acetate 地乐酚及其盐和酯	88-85-7 et al	Quinalphos 喹硫磷	13593-03-8
Endosulfan，α- α-硫丹	959-98-8	Strobane 氯化松节油	8001-50-1
Endosulfan，β- β-硫丹	33213-65-9	Telodrine 碳氯灵	297-78-9
Endrine 异狄氏剂	72-20-8	Toxaphene 毒杀芬	8001-35-2
Esfenvalerate S-氰戊菊酯	66230-04-4	Trifluralin 氟乐灵	1582-09-8
氯化苯酚/Chlorinated phenols			
名称/Name	CAS 号/CAS-Nr.	名称/Name	CAS 号/CAS-Nr.
Pentachlorophenol 五氯苯酚	87-86-5	2，3，5-Trichlorophenol 2，3，5-三氯苯酚	933-78-8
2，3，5，6-Tetrachlorophenol 2，3，5，6-四氯苯酚	935-95-5	2，3，6-Trichlorophenol 2，3，6-三氯苯酚	933-75-5
2，3，4，6-Tetrachlorophenol 2，3，4，6-四氯苯酚	58-90-2	2，4，5-Trichlorophenol 2，4，5-三氯苯酚	95-95-4
2，3，4，5-Tetrachlorophenol 2，3，4，5-四氯苯酚	4901-51-3	2，4，6-Trichlorophenol 2，4，6-三氯苯酚	88-06-2
2，3，4-Trichlorophenol 2，3，4-三氯苯酚	15950-66-0	3，4，5-Trichlorophenol 3，4，5-三氯苯酚	609-19-8

表 1-5（续）

邻苯二甲酸酯/Phthalates		
名称/Name	CAS 号/CAS-Nr.	Acronym
Butylbenzylphthalate 邻苯二甲酸丁基苄基酯	85-68-7	BBP
Dibutylphthalate 邻苯二甲酸二丁酯	84-74-2	DBP
Di-（2-ethylhexyl）-phthalate 邻苯二甲酸二（2-乙基）己酯	117-81-7	DEHP
Di-（2-methoxythyl）-phthalate 邻苯二甲酸二（2-甲氧基）乙酯	117-82-8	DMEP
Di-C_{6-8}-branched alkyphthalates，C_7 rich 邻苯二甲酸二（C_6-C_8 支链）烷基酯，富 C_7	71888-89-6	DIHP
Di-C_{7-11}-branched and linear alkylphthalates 邻苯二甲酸二（C_7-C_{11} 支链和直链）烷基酯	68515-42-4	DHNUP
Di-hexylphthalate，branched and linear 邻苯二甲酸二己酯（支链和直链）	68515-50-4	DHxP
Di-iso-butylphthalate 邻苯二甲酸二异丁酯	84-69-5	DIBP
Di-iso-decylphthalate 邻苯二甲酸二异癸酯	26761-40-0， 68515-49-1	DIDP
Di-iso-hexylphthalate 邻苯二甲酸二异己酯	71850-09-4	DIHxP
Di-iso-nonylphthalate 邻苯二甲酸二异壬酯	28553-12-0， 68515-48-0	DINP
Di-n-hexylphthalate 邻苯二甲酸二己酯	84-75-3	DHP
Di-n-octylphthalate 邻苯二甲酸二正辛酯	117-84-0	DNOP
Di-pentylphthalate（n-，iso-，or mixed） 邻苯二甲酸二戊酯	131-18-0，605-50-5， 776297-69-9， 84777-06-0	DPP

有机锡化合物/Organic tin compounds			
名称/Name	Acronym	名称/Name	Acronym
Tributyltin 三丁基锡化合物	TBT	Dibutyltin 二丁基锡化合物	DBT
Triphenyltin 三苯基锡化合物	TPhT	Dioctyltin 二辛基锡化合物	DOT

表 1-5（续）

具有致癌性的芳香胺/Arylamines having carcinogenic properties			
名称/Name	CAS 号/CAS-Nr.	名称/Name	CAS 号/CAS-Nr.
MAK III，category 1		MAK III，category 1	
4-Aminobiphenyl 4-氨基联苯	92-67-1	4-Chloro-o-toluidine 4-氯邻甲苯胺	95-69-2
Benzidine 联苯胺	92-87-5	2-Naphthylamine 2-萘胺	91-59-8
MAK III，category 2		MAK III，category 2	
o-Aminoazotoluene 邻氨基偶氮甲苯	97-56-3	4，4′-Methylene-bis-（2-chloroaniline） 4，4′-亚甲基-二-（2-氯苯胺）	101-14-4
2-Amino-4-nitrotoluene 2-氨基-4-硝基甲苯	99-55-8	4，4′-Oxydianiline 4，4′-二氨基二苯醚	101-80-4
p-Chloroaniline 对氯苯胺	106-47-8	4，4′-Thiodianiline 4，4′-二氨基二苯硫醚	139-65-1
2，4-Diaminoanisole 2，4-二氨基苯甲醚	615-05-4	*o*-Toluidine 邻甲苯胺	95-53-4
4，4′-Diaminobiphenylmethane 4，4′-二氨基二苯甲烷	101-77-9	2，4-Toluylendiamine 2，4-二氨基甲苯	95-80-7
3，3′-Dichlorobenzidine 3，3′-二氯联苯胺	91-94-1	2，4，5-Trimethylaniline 2，4，5-三甲基苯胺	137-17-7
3，3′-Dimethoxybenzidine 3，3′-二甲氧基联苯胺	119-90-4	*o*-Anisidine(2-Methoxyanilin) 邻氨基苯甲醚	90-04-0
3，3′-Dimethylbenzidine 3，3′-二甲基联苯胺	119-93-7	2，4-Xylidine 2，4-二甲基苯胺	95-68-1
3，3′-Dimethyl-4，4′-diaminobiphenylmethane 3，3′-二甲基-4，4′-二氨基二苯甲烷	838-88-0	2，6-Xylidine 2，6-二甲基苯胺	87-62-7
p-Cresidine 2-甲氧基-5-甲基苯胺	120-71-8	4-Aminoazobenzene 4-氨基偶氮苯	60-09-3

致癌染料及颜料/Dyestuffs and pigments classified as carcinogenic		
C. I. Generic Name	C. I. Structure number	CAS 号/CAS-Nr.
C. I. Acid Red 26 酸性红 26	C. I. 16 150	3761-53-3

表1－5（续）

C. I. Generic Name	C. I. Structure number	CAS号/CAS－Nr.
C. I. Basic Red 9 碱性红 9	C. I. 42 500	569－61－9
C. I. Basic Violet 14 碱性紫 14	C. I. 42 510	632－99－5
C. I. Direct Black 38 直接黑 38	C. I. 30 235	1937－37－7
C. I. Direct Blue 6 直接蓝 6	C. I. 22 610	2602－46－2
C. I. Direct Red 28 直接红 28	C. I. 22 120	573－58－0
C. I. Disperse Blue 1 分散蓝 1	C. I. 64 500	2475－45－8
C. I. Disperse Orange 11 分散橙 11	C. I. 60 700	82－28－0
C. I. Disperse Yellow 3 分散黄 3	C. I. 11 855	2832－40－8
C. I. Pigment Red 104 颜料红 104	C. I. 77 605	12656－85－8
C. I. Pigment Yellow 34 颜料黄 34	C. I. 77 603	1344－37－2
致敏染料/Dyestuffs classified as allergenic		
C. I. Generic Name	C. I. Structure number	CAS号/CAS－Nr.
C. I. Disperse Blue 1 分散蓝 1	C. I. 64 500	2475－45－8
C. I. Disperse Blue 3 分散蓝 3	C. I. 61 505	2475－46－9
C. I. Disperse Blue 7 分散蓝 7	C. I. 62 500	3179－90－6
C. I. Disperse Blue 26 分散蓝 26	C. I. 63 305	
C. I. Disperse Blue 35 分散蓝 35		12222－75－2

表 1-5（续）

C. I. Generic Name	C. I. Structure number	CAS 号/CAS-Nr.
C. I. Disperse Blue 102 分散蓝 102		12222-97-8
C. I. Disperse Blue 106 分散蓝 106		12223-01-7
C. I. Disperse Blue 124 分散蓝 124		61951-51-7
C. I. Disperse Brown 1 分散棕 1		23355-64-8
C. I. Disperse Orange 1 分散橙 1	C. I. 11 080	2581-69-3
C. I. Disperse Orange 3 分散橙 3	C. I. 11 005	730-40-5
C. I. Disperse Orange 37 分散橙 37	C. I. 11 132	
C. I. Disperse Orange 76 分散橙 76	C. I. 11 132	
C. I. Disperse Red 1 分散红 1	C. I. 11 110	2872-52-8
C. I. Disperse Red 11 分散红 11	C. I. 62 015	2872-48-2
C. I. Disperse Red 17 分散红 17	C. I. 11 210	3179-89-3
C. I. Disperse Yellow 1 分散黄 1	C. I. 10 345	119-15-3
C. I. Disperse Yellow 3 分散黄 3	C. I. 11 855	2832-40-8
C. I. Disperse Yellow 9 分散黄 9	C. I. 10 375	6373-73-5
C. I. Disperse Yellow 39 分散黄 39		
C. I. Disperse Yellow 49 分散黄 49		

表 1 - 5（续）

其他禁用染料/Other banned dyestuffs		
C. I. Generic Name	C. I. Structure number	CAS 号/CAS - Nr.
C. I. Disperse Orange 149 分散橙 149		85136 - 74 - 9
C. I. Disperse Yellow 23 分散黄 23	C. I. 26 070	6250 - 23 - 3

氯化苯及氯化甲苯/Chlorinated benzenes and toluenes	
Dichlorobenzenes 二氯苯	Chlorotoluenes 氯甲苯
Trichlorobenzenes 三氯苯	Dichlorotoluenes 二氯甲苯
Tetrachlorobenzenes 四氯苯	Trichlorotoluenes 三氯甲苯
Pentachlorobenzenes 五氯苯	Tetrachlorotoluenes 四氯甲苯
Hexachlorobenzene 六氯苯	Pentachlorotoluene 五氯甲苯

多环芳烃/Polycyclic aromatic hydrocarbons (PAH)			
名称/Name	CAS 号/CAS - Nr.	名称/Name	CAS 号/CAS - Nr.
Acenaphtene 苊	83 - 32 - 9	Dibenz [a, h] anthracene 二苯并 [a, h] 蒽	53 - 70 - 3
Acenaphthylene 苊烯	208 - 96 - 8	Dibenzo [a, e] pyrene 二苯并 [a, e] 芘	192 - 65 - 4
Anthracene 蒽	120 - 12 - 7	Dibenzo [a, h] pyrene 二苯并 [a, h] 芘	189 - 64 - 0
Benzo [a] anthracene 苯并 [a] 蒽	56 - 55 - 3	Dibenzo [a, i] pyrene 二苯并 [a, i] 芘	189 - 55 - 9
Benzo [a] pyrene 苯并 [a] 芘	50 - 32 - 8	Dibenzo [a, l] pyrene 二苯并 [a, l] 芘	191 - 30 - 0
Benzo [b] fluoranthene 苯并 [b] 荧蒽	205 - 99 - 2	Fluoranthene 荧蒽	206 - 44 - 0
Benzo [e] pyrene 苯并 [e] 芘	192 - 97 - 2	Fluorene 芴	86 - 73 - 7

表 1 - 5（续）

名称/Name	CAS 号/CAS - Nr.	名称/Name	CAS 号/CAS - Nr.
Benzo [ghi] perylene 苯并 [ghi] 苝	191 - 24 - 2	Indeno [1，2，3 - cd] pyrene 茚并 [1，2，3 - cd] 芘	193 - 39 - 5
Benzo [j] fluoranthene 苯并 [j] 荧蒽	205 - 82 - 3	1 - Methylpyrene 1 -甲基芘	2381 - 21 - 7
Benzo [k] fluoranthene 苯并 [j] 荧蒽	207 - 08 - 9	Naphthalene 萘	91 - 20 - 3
Chrysene 䓛	218 - 01 - 9	Phenanthrene 菲	85 - 01 - 8
Cyclopenta [c，d] pyrene 环戊并 [c，d] 芘	27208 - 37 - 3	Pyrene 芘	129 - 00 - 0

禁用阻燃物质/Forbidden flame retardant substances

名称/Name	CAS 号/CAS - Nr.	Acronym
Boric acid 硼酸	10043 - 35 - 3， 11113 - 50 - 1	
Decabromodiphenylether 十溴二苯醚	1163 - 19 - 5	decaBDE
Diboron trioxide 三氧化二硼	1303 - 86 - 2	
Disodium tetraborate，anhydrous 水合四硼酸二钠	1303 - 96 - 4，1303 - 43 - 4， 12179 - 04 - 3	
Heptabromodiphenylether 七溴二苯醚	various	heptaBDE
Hexabromocyclododecane 六溴环十二烷	25637 - 99 - 4	HBCDD
Hexabromodiphenylether 六溴二苯醚	36483 - 60 - 0	hexaBDE
Octabromodiphenylether 八溴二苯醚	32536 - 52 - 0	octaBDE
Pentabromodiphenylether 五溴二苯醚	32534 - 81 - 9	penta BDE
Polybrominated biphenyles 多溴联苯	59536 - 65 - 1	PBB

表 1-5（续）

名称/Name	CAS 号/CAS-Nr.	Acronym
Short chain chlorinated paraffins（C10-C13） 短链氯化石蜡（C10-C13）	85535-84-8	SCCP
Tetrabromodiphenylether 四溴二苯醚	various	tetraBDE
Tetraboron disodium heptaoxide 七水合四硼酸钠	12267-73-1	
Tri-（2，3-dibromopropyl）-phosphate 三（2，3-二溴丙基）磷酸酯	126-72-7	TRIS
Tris（2-chloroethyl）phosphate 三（2-氯乙基）磷酸酯	115-96-8	TCEP
Tris（1，3-dichloroisopro-pyl）phosphate 三（1，3-二氯-2-丙基）磷酸酯	13674-87-8	TDCPP
Tris-（aziridinyl）-phosphinoxide 三（1-吖丙啶基）氧化磷	545-55-1	TEPA
Trixylylphosphate 磷酸三（二甲苯）酯	25155-23-1	TXP
残余溶剂/Solvent residues		
名称/Name	CAS 号/CAS-Nr.	Acronym
1-Methyl-2-pyrrolidone 1-甲基-2-吡咯烷酮	872-50-4	NMP
N，*N*-Dimethylacetamide *N*，*N*-二甲基乙酰胺	127-19-5	DMAc
Dimethylformamide 二甲基甲酰胺	68-12-2	DMF
Formamide 甲酰胺	75-12-7	
残余表面活性剂，润滑剂/Surfactant，wetting agent residues		
名称/Name	CAS 号/CAS-Nr.	Acronym
Nonylphenol 壬基苯酚	various	NP
Octylphenol 辛基苯酚	various	OP

表 1-5（续）

名称/Name	CAS 号/CAS-Nr.	Acronym
Octylphenolethoxylates 辛基苯酚聚氧乙烯醚	various	OP（EO）
Nonylphenolethoxylates 壬基苯酚聚氧乙烯醚	various	NP（EO）
其他残余化学物/Other chemical residues		
名称/Name	CAS 号/CAS-Nr.	Acronym
o-Phenylphenol 邻苯基苯酚	90-43-7	OPP
Short chained chlorinated paraffines（C10-C13） 短链氯化石蜡（C10-C13）	85535-84-8	SCCP
Tris（2-chloroethyl）phosphate 三（2-氯乙基）磷酸酯	115-96-8	TCEP
Dimethylfumarate 富马酸二甲酯	624-49-7	DMFu
PFC's，全氟化合物/PFC's，Perfluorinated Compounds		
名称/Name	CAS 号/CAS-Nr.	Acronym
Perfluorooctane sulfonates 全氟辛烷磺酰基化合物	various	PFOS
Perfluorooctanoic acids 全氟辛酸	various	PFOA
Henicosafluorounddecanoic acid 全氟十一酸	2058-94-8	PFUdA
Tricosafluorododecanoic acid 全氟十二酸	307-55-1	PFDoA
Pentacosafluorotridecanoic acid 全氟十三酸	72629-94-8	PFTrDA
Heptacosafluorotetradecanoic acid 全氟十四酸	376-06-7	PFTeDA

1.2 欧盟 RoHS 指令

欧盟议会及欧盟委员会于 2003 年 2 月 13 日在其《官方公报》上发布了《关于限制在电子电气设备中使用某些有害成分的指令》（简称《RoHS 指令》）（2002/95/EC）。该指令已于 2006 年 7 月 1 日开始正式实施，主要用于规范电子电气产品的材料及工艺标准，使之更加有利于人体健康及环境保护。作为欧盟立法制定的一项强制性标准，RoHS 指令的目的在于消除电机电子产品中的铅、汞、镉、六价铬、多溴联苯和多溴二苯醚共6项物质。

2008年12月3日，欧盟发布了RoHS指令的修订提案。2011年7月1日，在欧盟官方公报上公布了最新RoHS指令2011/65/EU。最新修订指令自2011年7月21日起生效。欧盟要求各成员国将新指令转换成国内法，并从2013年1月2日起开始实施。原指令2002/95/EC自2013年1月3日起废止。

RoHS指令（2011/65/EU）主要从产品范围、限制物质、豁免机制和责任明确等重要方面做了重大修改，针对旧版RoHS指令中的一些模糊内容如适用范围、符合性评估方法、各相关方责任、豁免申请等进一步明确，特别是明确了制造商、授权代表、进口商、经销商的责任，更便于企业执行，操作性更强。

RoHS指令（2011/65/EU）最大的一个亮点是，它变成一个CE标志的指令，至此电子电气产品只有在符合LVD（安全）、EMC（电磁兼容）、EuP（能效）和RoHS（有害物质限制）四项指令时，才能加贴CE标志。

RoHS指令（2011/65/EU）维持了原有的6项物质的限制要求，把其放入附录Ⅱ（限制物质清单）中。该指令并未当即增加新的限制物质。但是，该文件提出了对限制物质清单进行审查和补充的机制，要求限制物质清单应进行按期审查，尤其需要关注《关于化学品注册、评估、授权与限制法案》（REACH）中高关注物质清单（SVHC）及限制物质清单中（附件ⅩⅦ）的物质。指令明确要求欧盟委员会应在2014年7月2日前对附录Ⅱ进行完全的评估和修订，选定4种有害物质（HBCDD、DEHP、DBP和BBP）为限制物质候选（见表1-6），纳米材料也将被列入审查的范围。

2015年6月4日，欧盟在其官方公报上发布指令（EU）2015/863，对RoHS 2.0（2011/65/EU）附录Ⅱ进行修订，正式将四种邻苯二甲酸酯（DEHP、BBP、DBP、DIBP）列入RoHS 2.0附录Ⅱ中（见表1-7）。新增的4种邻苯二甲酸酯的限值均是0.1%，与之前提出的4项优先评估物质不同的是删除了六溴环十二烷（HBCDD），增加了DIBP作为管控物质。新增了DIBP作为管控物质，是出于其可能为DBP替代物的考虑。

考虑到企业满足新的有害物质要求需要一定时间准备，（EU）2015/863中规定了相应的过渡期：所有电子电气产品（除医疗设备和监控设备）自2019年7月22日起需满足新要求，医疗设备和监控设备自2021年7月22日起需满足新要求。此外，需要特别注意的是，对于属于电子电气产品范畴的玩具类产品，DEHP、BBP、DBP、DIBP的含量仍是遵循REACH法规附录ⅩⅦ中的限值要求。

表1-6　RoHS指令（2011/65/EU）候选限用物质

序号	化合物	简称	CAS号
1	Hexabromocyclododecane 六溴环十二烷	HBCDD	25637-99-4
2	Bis（2-ethylhexyl）phthalate 邻苯二甲酸二（2-乙基）己酯	DEHP	117-81-7

表 1-6（续）

序号	化合物	简称	CAS 号
3	Dibutyl phthalate 邻苯二甲酸二丁酯	DBP	84-74-2
4	Butyl benzyl phthalate 邻苯二甲酸丁基苄基酯	BBP	85-68-7

表 1-7　RoHS 第 4（1）条款禁止的物质及其在均质材料中能够容忍的最高含量（质量分数）

（RoHS 指令附件 2）

英文名	中文名
Lead（0.1 %）	铅（0.1 %）
Mercury（0.1 %）	汞（0.1 %）
Cadmium（0.01 %）	镉（0.01 %）
Hexavalent chromium（0.1 %）	六价铬（0.1 %）
Polybrominated biphenyls（PBB）（0.1 %）	多溴联苯（PBB）（0.1 %）
Polybrominated diphenyl ethers（PBDE）（0.1 %）	多溴二苯醚（PBDE）（0.1 %）
Bis（2-ethylhexyl）phthalate（DEHP）（0.1 %）	邻苯二甲酸二（2-乙基）己酯（DEHP）（0.1 %）
Butyl benzyl phthalate（BBP）（0.1 %）	邻苯二甲酸丁基苄基酯（BBP）（0.1 %）
Dibutyl phthalate（DBP）（0.1 %）	邻苯二甲酸二丁酯（DBP）（0.1 %）
Diisobutyl phthalate（DIBP）（0.1 %）	邻苯二甲酸二异丁酯（DIBP）（0.1 %）

1.3　欧盟 REACH 法规及高关注物质（SVHC）

1.3.1　REACH 法规简介

REACH 法规全称为《关于化学品注册、评估、授权与限制法案》（Registration，Evaluation and Authorization of Chemicals）。由欧盟于 2006 年 12 月 13 日通过，并于 2007 年 6 月1 日正式生效，2008 年6 月1 日开始逐步运行。它将逐步取代欧盟现有的 40 多项有关化学品的指令和法规，成为一套统一和完善的化学品注册、评估、许可和限制的管理法规，对欧盟市场上和进入欧盟市场的涉及约 3 万种化学物质实施安全监控。

1.3.2　REACH 法规目的

REACH 法规的推出，旨在保护人类健康和环境；保持和提高欧盟化学工业的竞争力；增加化学品信息的透明度；减少脊椎动物试验；与欧盟在 WTO 框架下的国际义务相一致。

从实质意义上讲，REACH 法规也将促进化学工业的革新，使其生产更安全的产品。与现行复杂的法规体系不同，REACH 将在欧盟范围内创建一个统一的化学品管理体系，使企业能够遵循同一原则生产新的化学品及其产品。

1.3.3 REACH 法规具体内容

1. 注册（Registration）

REACH 法规要求年产量或进口量超过 1t 的所有现有化学品和新化学品及应用于各种产品中的化学物质注册其基本信息。只有通过注册的物质才能在欧盟内生产或进口。年产量或进口量 10t 以上的化学物质还应提交化学安全报告。

遵循“一个物质，一次注册”原则。每一个物质的生产商和进口商需向化学管理署提交该物质的注册档案，并缴纳相应的费用，作为联合注册的成员，可以与其他成员共同分摊注册的费用。为了易于管理、接受大量注册档案的提交，提交给化学署的注册档案需电子化处理。化学管理署会给每一个收到的注册档案一个注册编号和注册日期，并立刻把这些信息传递给注册人。如果注册人没能在期限内完成注册，注册将被化学署拒绝，制造商或进口商将不能开始或继续物质的制造或进口。

2. 评估（Evaluation）

评估主要包括档案评估（Dossier Evaluation）和物质评估（Substance Evaluation）。

（1）档案评估（Dossier Evaluation），目的是核查企业提交注册卷宗的完整性和一致性。主要内容包括：

欧洲化学品管理局需于登记后 3 周内，将注册人的登记资料与完整性检查报告提供给成员国（Member State）主管机关。但在分阶段注册截止日期前 2 个月内收到的注册卷宗，需 3 个月时间进行审核；

非分阶段注册物质以及过了注册截止日期的分阶段注册物质，在审核未通过前，禁止在欧盟国家生产、销售使用和进口（成员国主管机关对技术档案进行审查：评估登记的技术文件是否符合法规的规定，并检查动物试验计划，以避免不必要动物试验）；

欧盟成员国审查提交的测试草案并起草相关决议。

（2）物质评估（Substance Evaluation），目的是核查该种物质是否需要企业提供进一步的信息。主要包括以下内容：

管理局为成员国提供评估优先物质的标准；

2011 年 12 月 1 日提供评估滚动计划草案，以后是每年的 2 月 28 日前；

成员国从中选定物质制定持续三年的评估滚动计划，并进行评估；

管理局将最终评估清单登于网上；

欧盟成员国需在规定期限内起草相关决议（新物质 180 天）要求进一步的信息资料。

评估最后确定下来的 SVHC 就进入了“候选清单”，到达候选清单中 SVHC 就需要进行信息传递和通报，即：候选清单中的某种 SVHC 含量大于 0.1%需要进行信息传递；候选清单中的某种 SVHC 含量大于 0.1%并且年生产量或进口量大于 1t 需要通报欧盟化学品管理署。

3. 授权（Authorization）

候选清单中的一些物质还需挑选，进行优先评议，优先评议的物质最后由欧盟委员会正式决定列入“授权清单”，即附件ⅩⅣ，正式的授权清单当中不仅写明哪些物质需要授权，还会给出这些物质用在哪些地方需要授权以及最后限定日期等关键信息。

REACH 法规第 57 条（Article 57）规定：依照 REACH 法规第 58 条（Article 58），满足下列条件的物质可能会被加入到授权清单（附件ⅩⅣ,）中。

（1）根据 67/548/EEC（就是现在的 CLP 法规），符合 1 类和 2 类致癌物分类标准的物质；

（2）根据 67/548/EEC（就是现在的 CLP 法规），符合 1 类和 2 类致畸物分类标准的物质；

（3）根据 67/548/EEC（就是现在的 CLP 法规），符合 1 类和 2 类生殖毒性物质分类标准的物质；

（4）据本法规附件ⅩⅢ规定的标准属持久性、生物累积性和毒性的物质；

（5）据本法规附件ⅩⅢ规定的标准属高持久性、高生物累积性的物质；

（6）物质诸如具有内分泌干扰特性，或具持久性、生物累积性和毒性，或具高持久性、高生物累积性但不符合（4）（5）两项的标准，同时有科学证据证明对人类或环境引起严重影响的物质。

截至目前，授权清单（Authorisation List）中共有 31 种物质，见表 1－8。

1.3.4 高关注物质定义

高关注物质（Substances of Very High Concern，SVHCs）是指欧盟 REACH 法规框架下规定的一类有害物质。包括 CMR 1&2（第 1、2 类致癌、致诱变、致生殖毒性物质）、PBT（持久性、生物累积性、毒性物质）、vPvB（高持久性、生物累积性物质）和其他对人体或环境产生不可逆影响的物质，如内分泌干扰物质等。自 2008 年起至 2015 年 6 月，欧洲化学品管理署（ECHA）已分 13 批，共将 163 种高关注物质列入候选清单（Candidate List），见表 1－9。

表 1-8 授权物质清单（31 种）

化合物名称 Substance Name	EC 号 EC Number	CAS 号 CAS Number	日落日期 Sunset date	最迟申请日期 Latest application date	豁免使用（分类） Exempted (categories of) uses
1，2-二氯乙烷 1，2-Dichloroethane（EDC）	203-458-1	107-06-2	22/11/2017	22/05/2016	
3，3′-二氯-4，4′-二氨基二苯甲烷 2，2′-dichloro-4，4′-methylenedianiline（MOCA）	202-918-9	101-14-4	22/11/2017	22/05/2016	
2，4-二硝基甲苯 2，4 - Dinitrotoluene（2，4-DNT）	204-450-0	121-14-2	21/08/2015	21/02/2014	
4，4′-二氨基二苯甲烷 4，4′-Diaminodiphenylmethane（MDA）	202-974-4	101-77-9	21/08/2014	21/02/2013	
二甲苯麝香 5-tert-butyl-2，4，6-trinitro-m-xylene（Musk xylene）	201-329-4	81-15-2	21/08/2014	21/02/2013	
由铬酸及其低聚物产生的酸。名字为： 铬酸、重铬酸及铬酸和重铬酸低聚物等 Acids generated from chromium trioxide and their oligomers Group containing：Chromic acid，Dichromic acid，Oligomers of chromic acid and dichromic acid	231-801-5， 236-881-5	7738-94-5， 13530-68-2	21/09/2017	21/03/2016	
重铬酸铵 Ammonium dichromate	232-143-1	7789-09-5	21/09/2017	21/03/2016	
砷酸 Arsenic acid	231-901-9	7778-39-4	22/08/2017	22/02/2016	

表 1-8（续）

化合物名称 Substance Name	EC 号 EC Number	CAS 号 CAS Number	日落日期 Sunset date	最迟申请日期 Latest application date	豁免使用（分类） Exempted (categories of) uses
邻苯二甲酸丁苄酯 Benzyl butyl phthalate (BBP)	201-622-7	85-68-7	21/02/2015	21/08/2013	(EC) No 726/2004，2001/82/EC 指令，和/或 2001/83/EC 指令所包含的直接与药用产品接触的包装 Uses in the immediate packaging of medicinal products covered under Regulation (EC) No 726/2004，Directive 2001/82/EC，and/or Directive 2001/83/EC
邻苯二甲酸二（2-乙基）己酯 Bis (2-ethylhexyl) phthalate (DEHP)	204-211-0	117-81-7	21/02/2015	21/08/2013	(EC) No 726/2004，2001/82/EC 指令，和/或 2001/83/EC 指令所包含的直接与药用产品接触的包装 Uses in the immediate packaging of medicinal products covered under Regulation (EC) No 726/2004，Directive 2001/82/EC，and/or Directive 2001/83/EC
二乙二醇二甲醚 Bis (2-methoxyethyl) ether (Diglyme)	203-924-4	111-96-6	22/08/2017	22/02/2016	

表 1-8（续）

化合物名称 Substance Name	EC 号 EC Number	CAS 号 CAS Number	日落日期 Sunset date	最迟申请日期 Latest application date	豁免使用（分类） Exempted （categories of）uses
三氯化铬 Chromium trioxide	215-607-8	1333-82-0	21/09/2017	21/03/2016	
五氧化二砷 Diarsenicpentaoxide	215-116-9	1303-28-2	21/05/2015	21/11/2013	
三氧化二砷 Diarsenic trioxide	215-481-4	1327-53-3	21/05/2015	21/11/2013	
邻苯二甲酸二丁酯 Dibutyl phthalate（DBP）	201-557-4	84-74-2	21/02/2015	21/08/2013	（EC）No 726/2004，2001/82/EC 指令，和/或 2001/83/EC 指令所包含的直接与药用产品接触的包装 Uses in the immediate packaging of medicinal products covered under Regulation（EC）No 726/2004，Directive 2001/82/EC，and/or Directive 2001/83/EC
铬酸铬 Dichromiumtris（chromate）	246-356-2	24613-89-6	22/01/2019	22/07/2017	
邻苯二甲酸二异丁酯 Diisobutyl phthalate（DIBP）	201-553-2	84-69-5	21/02/2015	21/08/2013	

表 1-8（续）

化合物名称 Substance Name	EC 号 EC Number	CAS 号 CAS Number	日落日期 Sunset date	最迟申请日期 Latest application date	豁免使用（分类） Exempted （categories of）uses
甲醛与苯胺的聚合物 Formaldehyde, oligomeric reaction products with aniline（technical MDA）	500-036-1	25214-70-4	22/08/2017	22/02/2016	
六溴环十二烷 α-六溴环十二烷 β-六溴环十二烷 γ-六溴环十二烷 Hexabromocyclododecane（HBCDD）, alpha-hexabromocyclododecane, beta-hexabromocyclododecane, gamma-hexa bromocyclododecane	221-695-9, 247-148-4	3194-55-6, 25637-99-4, 134237-50-6, 134237-51-7, 134237-52-8	21/08/2015	21/02/2014	
铬酸铅 Lead chromate	231-846-0	7758-97-6	21/05/2015	21/11/2013	
钼铬红（C. I. 颜料红 104） Lead chromate molybdatesulphate red（C. I. Pigment Red 104）	235-759-9	12656-85-8	21/05/2015	21/11/2013	
铅铬黄（C. I. 颜料黄 34） Lead sulfochromate yellow（C. I. Pigment Yellow 34）	215-693-7	1344-37-2	21/05/2015	21/11/2013	
铬酸锌 Pentazinc chromate octahydroxide	256-418-0	49663-84-5	22/01/2019	22/07/2017	

表 1-8（续）

化合物名称 Substance Name	EC号 EC Number	CAS号 CAS Number	日落日期 Sunset date	最迟申请日期 Latest application date	豁免使用（分类）Exempted（categories of）uses
铬酸钾 Potassium chromate	232-140-5	7789-00-6	21/09/2017	21/03/2016	
重铬酸钾 Potassium dichromate	231-906-6	7778-50-9	21/09/2017	21/03/2016	
氢氧化铬酸锌钾 Potassium hydroxyoctaoxodizincatedichromate	234-329-8	11103-86-9	22/01/2019	22/07/2017	
铬酸钠 Sodium chromate	231-889-5	7775-11-3	21/09/2017	21/03/2016	
重铬酸钠 Sodium dichromate	234-190-3	7789-12-0； 10588-01-9	21/09/2017	21/03/2016	
铬酸锶 Strontium chromate	232-142-6	7789-06-2	22/01/2019	22/07/2017	
三氯乙烯 Trichloroethylene	201-167-4	79-01-6	21/04/2016	21/10/2014	
三（2-氯乙基）磷酸酯 Tris（2-chloroethyl）phosphate（TCEP）	204-118-5	115-96-8	21/08/2015	21/02/2014	

表 1-9　高关注物质清单（163 种）

序号 No.	化合物名称 Substance Name	EC 号 EC Number	CAS 号 CAS Number	列入日期 Date of inclusion	列入理由 Reason for inclusion	决议号 Decision number
1	邻苯二甲酸二（C6 - C10）烷基酯；邻苯二甲酸癸基、己基、辛基酯（邻苯二甲酸二己酯含量≥0.3%） 1，2 - benzenedicarboxylic acid，di - C6 - 10 - alkyl esters；1，2 - benzenedicarboxylic acid，mixed decyl and hexyl and octyl diesters with ≥0.3% of dihexyl phthalate（EC No. 201 - 559 - 5）	271 - 094 - 0 272 - 013 - 1	68515 - 51 - 5 68648 - 93 - 1	2015/06/15	生殖毒性（Article 57c） Toxic for reproduction（Article 57 c）	ED/39/2015
2	卡拉花醛 5 - sec - butyl - 2 -（2，4 - dimethylcyclohex - 3 - en - 1 - yl）-5 - methyl - 1，3 - dioxane [1]，5 - sec - butyl - 2 -（4，6 - dimethylcyclohex - 3 - en - 1 - yl）- 5 - methyl - 1，3 - dioxane [2] [covering any of the individual stereoisomers of [1] and [2] or any combination thereof]	—	—	2015/06/15	高持久生物富集性（Article 57e） vPvB（Article 57e）	ED/39/2015

表 1-9（续）

序号 No.	化合物名称 Substance Name	EC 号 EC Number	CAS 号 CAS Number	列入日期 Date of inclusion	列入理由 Reason for inclusion	决议号 Decision number
3	邻苯二甲酸二（2-乙基）己酯 Bis（2 - ethylhexyl）phthalate（DEHP）	204-211-0	117-81-7	2014/12/17；2008/10/28	同等水平的关注有可能对人体健康造成严重影响（Article 57 f）；生殖毒性（Article 57c） Equivalent level of concern having probable serious effects to the environment（Article 57 f）；Toxic for reproduction（article 57c）	ED/108/2014 ED/67/2008
4	紫外线吸收剂 UV-328 2-（2H-benzotriazol-2-yl）-4，6-ditertpentylphenol（UV-328）	247-384-8	25973-55-1	2014/12/17	持久生物富集性（Article 57d） 高持久生物富集性（Article 57e） PBT（Article 57 d）；vPvB（Article 57 e）	ED/108/2014
5	紫外线吸收剂 UV-320 2-benzotriazol-2-yl-4，6-di-tert-butylphenol（UV-320）	223-346-6	3846-71-7	2014/12/17	持久生物富集性（Article 57d）；高持久生物富集性（Article 57e） PBT（Article 57 d）；vPvB（Article 57 e）	ED/108/2014
6	硫代甘醇酸异辛酯二正辛基锡 DOTE 2-ethylhexyl 10-ethyl-4，4-dioctyl-7-oxo-8-oxa-3，5-dithia-4-stannatetradecanoate（DOTE）	239-622-4	15571-58-1	2014/12/17	生殖毒性（Article 57 c） Toxic for reproduction（Article 57 c）	ED/108/2014

表 1-9（续）

序号 No.	化合物名称 Substance Name	EC 号 EC Number	CAS 号 CAS Number	列入日期 Date of inclusion	列入理由 Reason for inclusion	决议号 Decision number
7	氟化镉 Cadmium fluoride	232-222-0	7790-79-6	2014/12/17	致癌（Article 57a）；致突变（Article 57b）；生殖毒性（Article 57 c）；同等水平的关注有可能对人体健康造成严重影响（Article 57 f） Carcinogenic（Article 57 a）；Mutagenic（Article 57 b）；Toxic for reproduction（Article 57 c）；Equivalent level of concern having probable serious effects to human health（Article 57 f）	ED/108/2014
8	硫酸镉 Cadmium sulphate	233-331-6	10124-36-4 31119-53-6	2014/12/17	致癌（Article 57a）；致突变（Article 57b）；生殖毒性（Article 57 c）；同等水平的关注有可能对人体健康造成严重影响（Article 57 f） Carcinogenic（Article 57 a）；Mutagenic（Article 57 b）；Toxic for reproduction（Article 57 c）；Equivalent level of concern having probable serious effects to human health（Article 57 f）	ED/108/2014

表 1-9（续）

序号 No.	化合物名称 Substance Name	EC 号 EC Number	CAS 号 CAS Number	列入日期 Date of inclusion	列入理由 Reason for inclusion	决议号 Decision number
9	DOTE 和 MOTE 反应产物 reaction mass of 2-ethylhexyl 10-ethyl-4，4-dioctyl-7-oxo-8-oxa-3，5-dithia-4-stannatetradecanoate and 2-ethylhexyl 10-ethyl-4-[[2-[(2-ethylhexyl) oxy]-2-oxoethyl] thio]-4-octyl-7-oxo-8-oxa-3，5-dithia-4-stannatetradecanoate（reaction mass of DOTE and MOTE)	—	—	2014/12/17	生殖毒性（Article 57 c） Toxic for reproduction（Article 57 c)	ED/108/2014
10	邻苯二甲酸二异己酯，支链和直链 1，2-Benzenedicarboxylic acid, dihexyl ester, branched and linear	271-093-5	68515-50-4	2014/06/16	生殖毒性（Article 57 c） Toxic for reproduction（Article 57 c)	ED/49/2014
11	氯化镉 Cadmium chloride	233-296-7	10108-64-2	2014/06/16	致癌（Article 57a） Carcinogenic（Article 57a)	ED/49/2014
12	高硼酸钠 Sodium perborate；perboric acid，sodium salt	239-172-9； 234-390-0	—	2014/06/16	生殖毒性（Article 57 c） Toxic for reproduction（Article 57 c)	ED/49/2014
13	过硼酸钠 Sodium peroxometaborate	231-556-4	7632-04-4	2014/06/16	生殖毒性（Article 57 c） Toxic for reproduction（Article 57 c)	ED/49/2014

表 1 - 9（续）

序号 No.	化合物名称 Substance Name	EC 号 EC Number	CAS 号 CAS Number	列入日期 Date of inclusion	列入理由 Reason for inclusion	决议号 Decision number
14	硫化镉（镉黄） Cadmium sulphide	215 - 147 - 8	1306 - 23 - 6	2013/12/16	致癌（Article 57a）；同等水平的关注有可能对人体健康造成严重影响（Article 57 f） Carcinogenic（Article 57a）；Equivalent level of concern having probable serious effects to human health（Article 57 f）	ED/121/2013
15	邻苯二甲酸二己酯 Dihexyl phthalate	201 - 559 - 5	84 - 75 - 3	2013/12/16	生殖毒性（Article 57 c） Toxic for reproduction（Article 57 c）	ED/121/2013
16	3，3′- [[1，1′- 联苯] - 4，4′- 基双（偶氮）] 双（4 - 氨基萘- 1 - 磺酸）二钠（C. I. 直接红 28） Disodium 3，3′- [[1，1′- biphenyl] - 4，4′- diylbis（azo）] bis（4 - aminonaphthalene - 1 - sulphonate） （C. I. Direct Red 28）	209 - 358 - 4	573 - 58 - 0	2013/12/16	致癌（Article 57a） Carcinogenic（Article 57a）	ED/121/2013
17	直接黑 38 Disodium 4 - amino - 3 - [[4′- [（2，4 - diaminophenyl）azo] [1，1′- biphenyl] - 4 - yl] azo] - 5 - hydroxy - 6 - （phenylazo）naphthalene - 2，7 - disulphonate （C. I. Direct Black 38）	217 - 710 - 3	1937 - 37 - 7	2013/12/16	致癌（Article 57a） Carcinogenic（Article 57a）；	ED/121/2013

表 1-9（续）

序号 No.	化合物名称 Substance Name	EC 号 EC Number	CAS 号 CAS Number	列入日期 Date of inclusion	列入理由 Reason for inclusion	决议号 Decision number
18	1，2-亚乙基硫脲 Imidazolidine - 2 - thione；（2 - imidazoline - 2 - thiol）	202 - 506 - 9	96 - 45 - 7	2013/12/16	生殖毒性（Article 57 c） Toxic for reproduction（Article 57 c）	ED/121/2013
19	乙酸铅 Lead di（acetate）	206 - 104 - 4	301 - 04 - 2	2013/12/16	生殖毒性（Article 57 c） Toxic for reproduction（Article 57 c）	ED/121/2013
20	磷酸三（二甲苯）酯 Trixylyl phosphate	246 - 677 - 8	25155 - 23 - 1	2013/12/16	生殖毒性（Article 57 c） Toxic for reproduction（Article 57 c）	ED/121/2013
21	4-壬基酚聚氧乙烯醚，直链或支链（取代基为含 9 个碳原子的支链和/或直链烷基链），包括 UVCB 和定义明确的物质，这些物质可能为单独的同分异构体或多个同分异构体的组合] 4 - Nonylphenol，branched and linear，ethoxylated [substances with a linear and/or branched alkyl chain with a carbon number of 9 covalently bound in position 4 to phenol，ethoxylated covering UVCB - and well - defined substances，polymers and homologues，which include any of the individual isomers and/or combinations thereof]	—	—	2013/06/20	同等水平的关注有可能对人体健康造成严重影响（Article 57 f） Equivalent level of concern having probable serious effects to human health（Article 57 f）	ED/69/2013

表 1-9（续）

序号 No.	化合物名称 Substance Name	EC 号 EC Number	CAS 号 CAS Number	列入日期 Date of inclusion	列入理由 Reason for inclusion	决议号 Decision number
22	全氟辛酸铵 Ammonium pentadecafluorooctanoate（APFO）	223-320-4	3825-26-1	2013/06/20	生殖毒性（Article 57 c） Toxic for reproduction（Article 57 c）	ED/69/2013
23	镉 Cadmium	231-152-8	7440-43-9	2013/06/20	致癌（Article 57a）；同等水平的关注有可能对人体健康造成严重影响 （Article 57 f） Carcinogenic（Article 57a）；Equivalent level of concern having probable serious effects to human health（Article 57 f）	ED/69/2013
24	氧化镉 Cadmium oxide	215-146-2	1306-19-0	2013/06/20	致癌（Article 57a）；同等水平的关注有可能对人体健康造成严重影响（Article 57 f） Carcinogenic（Article 57a）；Equivalent level of concern having probable serious effects to human health（Article 57 f）	ED/69/2013
25	邻苯二甲酸二正戊酯 Dipentyl phthalate（DPP）	205-017-9	131-18-0	2013/06/20	生殖毒性（Article 57 c） Toxic for reproduction（Article 57 c）	ED/69/2013
26	全氟辛酸 Pentadecafluorooctanoic acid（PFOA）	206-397-9	335-67-1	2013/06/20	持久生物富集性（Article 57d） PBT（Article 57 d）	ED/69/2013

表 1 - 9（续）

序号 No.	化合物名称 Substance Name	EC 号 EC Number	CAS 号 CAS Number	列入日期 Date of inclusion	列入理由 Reason for inclusion	决议号 Decision number
27	1，2 - 苯二酸二戊酯，支链和直链 1，2 - Benzenedicarboxylic acid，dipentylester，branched and linear	284 - 032 - 2	84777 - 06 - 0	2012/12/19	生殖毒性（Article 57 c） Toxic for reproduction（Article 57 c）	ED/169/2012
28	乙二醇二乙醚 1，2 - Diethoxyethane	211 - 076 - 1	629 - 14 - 1	2012/12/19	生殖毒性（Article 57 c） Toxic for reproduction（Article 57 c）	ED/169/2012
29	溴代正丙烷 1 - bromopropane（n - propyl bromide）	203 - 445 - 0	106 - 94 - 5	2012/12/19	生殖毒性（Article 57 c） Toxic for reproduction（Article 57 c）	ED/169/2012
30	3 - 乙基 - 2 - 甲基 - 2 - （3 - 甲基丁基）恶唑烷 3 - ethyl - 2 - methyl - 2 - （3 - methylbutyl） - 1，3 - oxazolidine	421 - 150 - 7	143860 - 04 - 2	2012/12/19	生殖毒性（Article 57 c） Toxic for reproduction（Article 57 c）	ED/169/2012
31	4，4′- 二氨基 - 3，3′- 二甲基二苯甲烷 4，4′- methylenedi - o - toluidine	212 - 658 - 8	838 - 88 - 0	2012/12/19	致癌（Article 57a） Carcinogenic（Article 57a）	ED/169/2012
32	4，4′- 二氨基二苯醚 4，4′- oxydianiline and its salts	202 - 977 - 0	101 - 80 - 4	2012/12/19	致癌（Article 57a）；致突变（Article 57b） Carcinogenic（Article 57a）；Mutagenic（Article 57b）	ED/169/2012

表 1-9（续）

序号 No.	化合物名称 Substance Name	EC 号 EC Number	CAS 号 CAS Number	列入日期 Date of inclusion	列入理由 Reason for inclusion	决议号 Decision number
33	4-辛基酚聚氧乙烯醚 [包含定义明确的化合物和UVCB物质，聚合物和同系物] 4-（1，1，3，3-tetramethylbutyl）phenol，ethoxylated [covering well-defined substances and UVCB substances，polymers and homologues]	—	—	2012/12/19	同等水平的关注有可能对人体健康造成严重影响（Article 57 f） Equivalent level of concern having probable serious effects to human health（Article 57 f）	ED/169/2012
34	4-氨基偶氮苯 4-Aminoazobenzene	200-453-6	60-09-3	2012/12/19	致癌（Article 57a） Carcinogenic（Article 57a）	ED/169/2012
35	2，4-二氨基甲苯 4-methyl-m-phenylenediamine（toluene-2，4-diamine）	202-453-1	95-80-7	2012/12/19	致癌（Article 57a） Carcinogenic（Article 57a）	ED/169/2012
36	4-壬基苯酚，支链和直链 [苯酚4取代物（取代基为含9个碳原子的支链和/或直链烷基链），包括UVCB和定义明确的物质，这些物质可能为单独的同分异构体或多个同分异构体的组合] 4-Nonylphenol，branched and linear [substances with a linear and/or branched alkyl chain with a carbon number of 9 covalently bound in position 4 to phenol，covering also UVCB- and well-defined substances which include any of the individual isomers or a combination thereof]	—	—	2012/12/19	同等水平的关注有可能对人体健康造成严重影响（Article 57f） Equivalent level of concern having probable serious effects to human health（Article 57 f）	ED/169/2012

表 1 - 9（续）

序号 No.	化合物名称 Substance Name	EC 号 EC Number	CAS 号 CAS Number	列入日期 Date of inclusion	列入理由 Reason for inclusion	决议号 Decision number
37	2 -甲氧基- 5 -甲基苯胺 6 - methoxy - m - toluidine（p - cresidine）	204 - 419 - 1	120 - 71 - 8	2012 - 12 - 19	致癌（Article 57a） Carcinogenic（Article 57a）	ED/169/2012
38	[1，2 -苯二羧酸根合] 二氧化三铅 [Phthalato（2 -）] dioxotrilead	273 - 688 - 5	69011 - 06 - 9	2012/12/19	生殖毒性（Article 57 c） Toxic for reproduction（Article 57 c）	ED/169/2012
39	碱式乙酸铅 Acetic acid，lead salt，basic	257 - 175 - 3	51404 - 69 - 4	2012/12/19	生殖毒性（Article 57 c） Toxic for reproduction（Article 57 c）	ED/169/2012
40	4 -氨基联苯 Biphenyl - 4 - ylamine	202 - 177 - 1	92 - 67 - 1	2012/12/19	致癌（Article 57a） Carcinogenic（Article 57a）	ED/169/2012
41	十溴二苯醚 Bis（pentabromophenyl）ether（decabromodiphenyl ether；DecaBDE）	214 - 604 - 9	1163 - 19 - 5	2012/12/19	持久生物富集性（Article 57d） 高持久生物富集性（Article 57e） PBT（Article 57 d）；vPvB（Article 57 e）	ED/169/2012

表 1-9（续）

序号 No.	化合物名称 Substance Name	EC 号 EC Number	CAS 号 CAS Number	列入日期 Date of inclusion	列入理由 Reason for inclusion	决议号 Decision number
42	六氢邻苯二甲酸酐［1］，顺式六氢化邻苯二甲酸酐［2］，反式六氢化邻苯二甲酸酐［3］ ［2］和［3］分别为单独的同分异构体（包括顺式和反式异构体形式），［1］为顺式和反式异构体所有可能的组合］ Cyclohexane-1，2-dicarboxylic anhydride［1］，cis-cyclohexane-1，2-dicarboxylic anhydride［2］，trans-cyclohexane-1，2-dicarboxylic anhydride［3］［The individualcis-［2］and trans-［3］isomer substances and all possible combinations of the cis- and trans-isomers［1］are covered by this entry］	201-604-9，236-086-3，238-009-9	85-42-7，13149-00-3，14166-21-3	2012-12-19	同等水平的关注有可能对人体健康造成严重影响（Article 57 f） Equivalent level of concern having probable serious effects to human health（Article 57 f）	ED/169/2012
43	偶氮二甲酰胺 Diazene-1，2-dicarboxamide（C，C′-azodi（formamide））	204-650-8	123-77-3	2012/12/19	同等水平的关注有可能对人体健康造成严重影响（Article 57f） Equivalent level of concern having probable serious effects to human health（Article 57 f）	ED/169/2012
44	二丁基二氯化锡 Dibutyltin dichloride（DBTC）	211-670-0	683-18-1	2012/12/19	生殖毒性（Article 57 c） Toxic for reproduction（Article 57 c）	ED/169/2012

表 1-9（续）

序号 No.	化合物名称 Substance Name	EC 号 EC Number	CAS 号 CAS Number	列入日期 Date of inclusion	列入理由 Reason for inclusion	决议号 Decision number
45	硫酸二乙酯 Diethylsulphate	200-589-6	64-67-5	2012/12/19	致癌（Article 57a）；致突变（Article 57b） Carcinogenic（Article 57a）；Mutagenic（Article 57b）	ED/169/2012
46	邻苯二甲酸二异戊酯 Diisopentylphthalate	210-088-4	605-50-5	2012/12/19	生殖毒性（Article 57 c） Toxic for reproduction（Article 57 c）	ED/169/2012
47	硫酸二甲酯 Dimethyl sulphate	201-058-1	77-78-1	2012/12/19	致癌（Article 57a） Carcinogenic（Article 57a）	ED/169/2012
48	地乐酚 Dinoseb（6-sec-butyl-2，4-dinitrophenol）	201-861-7	88-85-7	2012/12/19	生殖毒性（Article 57 c） Toxic for reproduction（Article 57 c）	ED/169/2012
49	双（十八酸基）二氧代三铅 Dioxobis（stearato）trilead	235-702-8	12578-12-0	2012/12/19	生殖毒性（Article 57 c） Toxic for reproduction（Article 57 c）	ED/169/2012
50	C16-18-脂肪酸铅盐 Fatty acids，C16-18，lead salts	292-966-7	91031-62-8	2012/12/19	生殖毒性（Article 57 c） Toxic for reproduction（Article 57 c）	ED/169/2012
51	呋喃 Furan	203-727-3	110-00-9	2012/12/19	致癌（Article 57a） Carcinogenic（Article 57a）	ED/169/2012

表 1 - 9（续）

序号 No.	化合物名称 Substance Name	EC 号 EC Number	CAS 号 CAS Number	列入日期 Date of inclusion	列入理由 Reason for inclusion	决议号 Decision number
52	全氟十一酸 Henicosafluoroundecanoic acid	218 - 165 - 4	2058 - 94 - 8	2012 - 12 - 19	高持久生物富集性（Article 57e） vPvB（Article 57 e）	ED/169/2012
53	全氟十四酸 Heptacosafluorotetradecanoic acid	206 - 803 - 4	376 - 06 - 7	2012/12/19	高持久生物富集性（Article 57e） vPvB（Article 57 e）	ED/169/2012
54	甲基六氢苯酐 [1]， 4 -甲基六氢苯酐 [2]， 甲基六氢化邻苯二甲酸酐 [3]， 3 -甲基六氢苯二甲酯酐 [4]， [[2]，[3] 和 [4] 分别为单独的同分异构体（包括顺式和反式异构体形式），[1] 为上述异构体所有可能的组合] Hexahydromethylphthalic anhydride [1]，Hexahydro - 4 - methylphthalic anhydride [2]，Hexahydro - 1 - methylphthalic anhydride [3]，Hexahydro - 3 - methylphthalic anhydride [4] [The individual isomers [2]，[3] and [4] (including their cis - and trans - stereo isomeric forms) and all possible combinations of the isomers [1] are covered by this entry]	247 - 094 - 1， 243 - 072 - 0， 256 - 356 - 4， 260 - 566 - 1	25550 - 51 - 0， 19438 - 60 - 9， 48122 - 14 - 1， 57110 - 29 - 9	2012/12/19	同等水平的关注有可能对人体健康造成严重影响（Article 57 f） Equivalent level of concern having probable serious effects to human health (Article 57 f)	ED/169/2012

表 1-9（续）

序号 No.	化合物名称 Substance Name	EC 号 EC Number	CAS 号 CAS Number	列入日期 Date of inclusion	列入理由 Reason for inclusion	决议号 Decision number
55	四氟硼酸铅 Leadbis（tetrafluoroborate）	237-486-0	13814-96-5	2012/12/19	生殖毒性（Article 57 c） Toxic for reproduction（Article 57 c）	ED/169/2012
56	氨基氰铅盐 Leadcyanamidate	244-073-9	20837-86-9	2012/12/19	生殖毒性（Article 57 c） Toxic for reproduction（Article 57 c）	ED/169/2012
57	硝酸铅 Leaddinitrate	233-245-9	10099-74-8	2012/12/19	生殖毒性（Article 57 c） Toxic for reproduction（Article 57 c）	ED/169/2012
58	氧化铅 Lead monoxide（lead oxide）	215-267-0	1317-36-8	2012/12/19	生殖毒性（Article 57 c） Toxic for reproduction（Article 57 c）	ED/169/2012
59	碱式硫酸铅 Lead oxide sulfate	234-853-7	12036-76-9	2012/12/19	生殖毒性（Article 57 c） Toxic for reproduction（Article 57 c）	ED/169/2012
60	钛酸铅 Lead titanium trioxide	235-038-9	12060-00-3	2012/12/19	生殖毒性（Article 57 c） Toxic for reproduction（Article 57 c）	ED/169/2012
61	钛酸铅锆 Lead titanium zirconium oxide	235-727-4	12626-81-2	2012/12/19	生殖毒性（Article 57 c） Toxic for reproduction（Article 57 c）	ED/169/2012
62	甲氧基乙酸 Methoxyacetic acid	210-894-6	625-45-6	2012/12/19	生殖毒性（Article 57 c） Toxic for reproduction（Article 57 c）	ED/169/2012

表 1-9（续）

序号 No.	化合物名称 Substance Name	EC号 EC Number	CAS号 CAS Number	列入日期 Date of inclusion	列入理由 Reason for inclusion	决议号 Decision number
63	环氧丙烷 Methyloxirane（Propylene oxide）	200-879-2	75-56-9	2012/12/19	致癌（Article 57a）；致突变（Article 57b） Carcinogenic（Article 57a） Mutagenic（Article 57b）	ED/169/2012
64	*N*，*N*-二甲基甲酰胺 *N*，*N*-dimethylformamide	200-679-5	68-12-2	2012/12/19	生殖毒性（Article 57 c） Toxic for reproduction（Article 57 c）	ED/169/2012
65	*N*-甲基乙酰胺 *N*-methylacetamide	201-182-6	79-16-3	2012/12/19	生殖毒性（Article 57 c） Toxic for reproduction（Article 57 c）	ED/169/2012
66	邻苯二甲酸正戊异戊酯 *N*-pentyl-isopentylphthalate	—	776297-69-9	2012/12/19	生殖毒性（Article 57 c） Toxic for reproduction（Article 57 c）	ED/169/2012
67	邻氨基偶氮甲苯 *o*-aminoazotoluene	202-591-2	97-56-3	2012/12/19	致癌（Article 57a） Carcinogenic（Article 57a）	ED/169/2012
68	邻甲苯胺 *o*-Toluidine	202-429-0	95-53-4	2012/12/19	致癌（Article 57a） Carcinogenic（Article 57a）	ED/169/2012
69	四氧化三铅，铅丹 Orange lead（leadtetroxide）	215-235-6	1314-41-6	2012/12/19	生殖毒性（Article 57 c） Toxic for reproduction（Article 57 c）	ED/169/2012

表 1-9（续）

序号 No.	化合物名称 Substance Name	EC 号 EC Number	CAS 号 CAS Number	列入日期 Date of inclusion	列入理由 Reason for inclusion	决议号 Decision number
70	全氟十三酸 Pentacosafluorotridecanoic acid	276-745-2	72629-94-8	2012/12/19	高持久生物富集性（Article 57e） vPvB（Article 57 e）	ED/169/2012
71	氧化铅与硫酸铅的复合物 Pentaleadtetraoxidesulphate	235-067-7	12065-90-6	2012/12/19	生殖毒性（Article 57 c） Toxic for reproduction（Article 57 c）	ED/169/2012
72	铅锑黄 Pyrochlore，antimony lead yellow	232-382-1	8012-00-8	2012-12-19	生殖毒性（Article 57 c） Toxic for reproduction（Article 57 c）	ED/169/2012
73	硅酸，钡盐，铅杂质 Silicic acid（$H_2Si_2O_5$），barium salt（1：1），lead-doped 二硅酸钡（含杂质铅）[with lead（Pb）content above the applicable generic concentration limit for'toxicity for reproduction' Repr. 1A（CLP）or category 1（DSD）；the substance is a member of the group entry of lead compounds，with index number 082-001-00-6 in Regulation（EC）No 1272/2008]	272-271-5	68784-75-8	2012/12/19	生殖毒性（Article 57 c） Toxic for reproduction（Article 57 c）	ED/169/2012

表 1-9（续）

序号 No.	化合物名称 Substance Name	EC 号 EC Number	CAS 号 CAS Number	列入日期 Date of inclusion	列入理由 Reason for inclusion	决议号 Decision number
74	硅酸铅 Silicic acid，lead salt	234-363-3	11120-22-2	2012/12/19	生殖毒性（Article 57 c） Toxic for reproduction（Article 57 c）	ED/169/2012
75	亚硫酸铅（II） Sulfurous acid，lead salt，dibasic	263-467-1	62229-08-7	2012/12/19	生殖毒性（Article 57 c） Toxic for reproduction（Article 57 c）	ED/169/2012
76	四乙基铅 Tetraethyllead	201-075-4	78-00-2	2012/12/19	生殖毒性（Article 57 c） Toxic for reproduction（Article 57 c）	ED/169/2012
77	三碱式硫酸铅 Tetralead trioxide sulphate	235-380-9	12202-17-4	2012/12/19	生殖毒性（Article 57 c） Toxic for reproduction（Article 57 c）	ED/169/2012
78	全氟十二酸 Tricosafluorododecanoic acid	206-203-2	307-55-1	2012/12/19	高持久生物富集性（Article 57 e） vPvB（Article 57 e）	ED/169/2012
79	碱式碳酸铅 Trileadbis（carbonate）dihydroxide	215-290-6	1319-46-6	2012/12/19	生殖毒性（Article 57 c） Toxic for reproduction（Article 57 c）	ED/169/2012
80	磷酸氧化铅 Trilead dioxide phosphonate	235-252-2	12141-20-7	2012/12/19	生殖毒性（Article 57 c） Toxic for reproduction（Article 57 c）	ED/169/2012
81	三甘醇二甲醚 1，2-bis（2-methoxyethoxy）ethane（TEGDME；triglyme）	203-977-3	112-49-2	2012/6/18	生殖毒性（Article 57 c） Toxic for reproduction（Article 57 c）	ED/87/2012

表 1-9（续）

序号 No.	化合物名称 Substance Name	EC 号 EC Number	CAS 号 CAS Number	列入日期 Date of inclusion	列入理由 Reason for inclusion	决议号 Decision number
82	1，2-二甲氧基乙烷 1，2-dimethoxyethane; ethylene glycol dimethyl ether（EGDME）	203-794-9	110-71-4	2012/6/18	生殖毒性（Article 57 c） Toxic for reproduction（Article 57 c）	ED/87/2012
83	异氰尿酸三缩水甘油酯 1，3，5-Tris（oxiran-2-ylmethyl）-1，3，5-triazinane-2，4，6-trione（TGIC）	219-514-3	2451-62-9	2012/6/18	致突变（Article 57b） Mutagenic（Article 57b）	ED/87/2012
84	替罗昔隆 1，3，5-tris［（2S and 2R）-2，3-epoxypropyl］-1，3，5-triazine-2，4，6-（1H，3H，5H）-trione（β-TGIC）	423-400-0	59653-74-6	2012/6/18	致突变（Article 57b） Mutagenic（Article 57b）	ED/87/2012
85	α，α-二［（二甲氨基）苯基］-4-甲氨基苯甲醇 ［米氏酮（EC No. 202-027-5）或米氏碱（EC No. 202-959-2）的含量≥0.1%］ 4，4′-bis（dimethylamino）-4″-（methylamino）trityl alcohol［with ≥0.1% of Michler′s ketone（EC No. 202-027-5）or Michler′s base（EC No. 202-959-2）］	209-218-2	561-41-1	2012/6/18	致癌（Article 57a） Carcinogenic（Article 57a）	ED/87/2012
86	4，4′-四甲基二氨基二苯酮（米氏酮） 4，4′-bis（dimethylamino）benzophenone（Michler′s ketone）	202-027-5	90-94-8	2012/6/18	致癌（Article 57a） Carcinogenic（Article 57a）	ED/87/2012

表 1-9（续）

序号 No.	化合物名称 Substance Name	EC 号 EC Number	CAS 号 CAS Number	列入日期 Date of inclusion	列入理由 Reason for inclusion	决议号 Decision number
87	结晶紫 [米氏酮（EC No. 202-027-5）或米氏碱（EC No. 202-959-2）的含量≥0.1%] [4-[4，4′-bis（dimethylamino）benzhydrylidene] cyclohexa-2，5-dien-1-ylidene] dimethylammonium chloride（C.I. Basic Violet 3）[with ≥ 0.1% of Michler′s ketone（EC No. 202-027-5）or Michler′s base（EC No. 202-959-2）]	208-953-6	548-62-9	2012/6/18	致癌（Article 57a） Carcinogenic（Article 57a）	ED/87/2012
88	碱性蓝 26 [米氏酮（EC No. 202-027-5）或米氏碱（EC No. 202-959-2）的含量≥0.1%] [4-[[4-anilino-1-naphthyl][4-（dimethylamino）phenyl] methylene] cyclohexa-2，5-dien-1-ylidene] dimethylammonium chloride（C.I. Basic Blue 26）[with≥0.1% of Michler′s ketone（EC No. 202-027-5）or Michler′s base（EC No. 202-959-2）]	219-943-6	2580-56-5	2012/6/18	致癌（Article 57a） Carcinogenic（Article 57a）	ED/87/2012
89	三氧化二硼 Diboron trioxide	215-125-8	1303-86-2	2012/6/18	生殖毒性（Article 57 c） Toxic for reproduction（Article 57 c）	ED/87/2012

表 1-9（续）

序号 No.	化合物名称 Substance Name	EC 号 EC Number	CAS 号 CAS Number	列入日期 Date of inclusion	列入理由 Reason for inclusion	决议号 Decision number
90	甲酰胺 Formamide	200-842-0	75-12-7	2012/6/18	生殖毒性（Article 57 c） Toxic for reproduction（Article 57 c）	ED/87/2012
91	甲磺酸铅（II）溶液 Lead（II）bis（methanesulfonate）	401-750-5	17570-76-2	2012/6/18	生殖毒性（Article 57 c） Toxic for reproduction（Article 57 c）	ED/87/2012
92	4，4'-亚甲基双（*N*，*N*-二甲基苯胺） *N*，*N*，*N'*，*N'*-tetramethyl-4，4'-methylenedianiline（Michler's base）	202-959-2	101-61-1	2012/6/18	致癌（Article 57a） Carcinogenic（Article 57a）	ED/87/2012
93	溶剂蓝 4［米氏酮（EC No. 202-027-5）或米氏碱（EC No. 202-959-2）的含量≥0.1%］ α，α-Bis［4-（dimethylamino）phenyl］-4（phenylamino）naphthalene-1-methanol（C. I. Solvent Blue 4）［with≥0.1% of Michler's ketone（EC No. 202-027-5）or Michler's base（EC No. 202-959-2）］	229-851-8	6786-83-0	2012/6/18	致癌（Article 57a） Carcinogenic（Article 57a）	ED/87/2012
94	1，2-二氯乙烷 1，2-dichloroethane	203-458-1	107-06-2	2011/12/19	致癌（Article 57a） Carcinogenic（Article 57a）	ED/77/2011
95	3，3'-二氯-4，4'-二氨基二苯甲烷 2，2'-dichloro-4，4'-methylenedianiline	202-918-9	101-14-4	2011/12/19	致癌（Article 57a） Carcinogenic（Article 57a）	ED/77/2011

表 1－9（续）

序号 No.	化合物名称 Substance Name	EC 号 EC Number	CAS 号 CAS Number	列入日期 Date of inclusion	列入理由 Reason for inclusion	决议号 Decision number
96	邻氨基苯甲醚 2－Methoxyaniline；o－Anisidine	201－963－1	90－04－0	2011/12/19	致癌（Article 57a） Carcinogenic（Article 57a）	ED/77/2011
97	4－辛基苯酚 4－（1，1，3，3－tetramethylbutyl）phenol	205－426－2	140－66－9	2011/12/19	同等水平的关注有可能对人体健康造成严重影响（Article 57 f）； Equivalent level of concern having probable serious effects to human health（Article 57 f）；	ED/77/2011
98	硅酸铝耐火陶瓷纤维 Aluminosilicate Refractory Ceramic Fibresarefibrescovered by index number 650－017－00－8 in Annex VI, part 3，table 3.1 of Regulation (EC) No 1272/2008 of the European Parliament and of the Council of 16 December 2008 on classification，labelling and packaging of substances and mixtures，and fulfil the three following conditions：a) oxides of aluminium and silicon are the main components present（in the fibres）within variable concentration ranges b) fibres have a length weighted geometric mean diameter less two standard geometric errors of 6 or less micrometres (μm) c) alkaline oxide and alkali earth oxide（$Na_2O+K_2O+CaO+MgO+BaO$）content less or equal to 18% by weight	—	—	2011/12/19	致癌（Article 57a） Carcinogenic（Article 57a）	ED/77/2011/ ED/95/2012

表1-9（续）

序号 No.	化合物名称 Substance Name	EC号 EC Number	CAS号 CAS Number	列入日期 Date of inclusion	列入理由 Reason for inclusion	决议号 Decision number
99	砷酸 Arsenic acid	231-901-9	7778-39-4	2011/12/19	致癌（Article 57a） Carcinogenic（Article 57a）	ED/77/2011
100	二乙二醇二甲醚 Bis（2-methoxyethyl）ether	203-924-4	111-96-6	2011/12/19	生殖毒性（Article 57 c） Toxic for reproduction（Article 57 c）	ED/77/2011
101	邻苯二甲酸二甲氧乙酯 Bis（2-methoxyethyl）phthalate	204-212-6	117-82-8	2011/12/19	生殖毒性（Article 57 c） Toxic for reproduction（Article 57 c）	ED/77/2011
102	砷酸钙 Calcium arsenate	231-904-5	7778-44-1	2011/12/19	致癌（Article 57a） Carcinogenic（Article 57a）	ED/77/2011
103	铬酸铬 Dichromiumtris（chromate）	246-356-2	24613-89-6	2011/12/19	致癌（Article 57a） Carcinogenic（Article 57a）	ED/77/2011
104	甲醛苯胺共聚物 Formaldehyde，oligomeric reaction products with aniline	500-036-1	25214-70-4	2011/12/19	致癌（Article 57a） Carcinogenic（Article 57a）	ED/77/2011
105	叠氮化铅 Leaddiazide，Lead azide	236-542-1	13424-46-9	2011/12/19	生殖毒性（Article 57 c） Toxic for reproduction（Article 57 c）	ED/77/2011

表 1-9（续）

序号 No.	化合物名称 Substance Name	EC 号 EC Number	CAS 号 CAS Number	列入日期 Date of inclusion	列入理由 Reason for inclusion	决议号 Decision number
106	苦味酸铅 Lead dipicrate	229-335-2	6477-64-1	2011/12/19	生殖毒性（Article 57 c） Toxic for reproduction（Article 57 c）	ED/77/2011
107	2，4，6-三硝基苯二酚铅 Lead styphnate	239-290-0	15245-44-0	2011/12/19	生殖毒性（Article 57 c） Toxic for reproduction（Article 57 c）	ED/77/2011
108	*N*，*N*-二甲基乙酰胺 *N*，*N*-dimethylacetamide	204-826-4	127-19-5	2011/12/19	生殖毒性（Article 57 c） Toxic for reproduction（Article 57 c）	ED/77/2011
109	锌黄（C. I. 颜料黄 36） Pentazinc chromate octahydroxide	256-418-0	49663-84-5	2011/12/19	致癌（Article 57a） Carcinogenic（Article 57a）	ED/77/2011
110	酚酞 Phenolphthalein	201-004-7	77-9-8	2011/12/19	致癌（Article 57a） Carcinogenic（Article 57a）	ED/77/2011
111	氢氧化铬酸锌钾 Potassium hydroxyoctaoxodizincatedichromate	234-329-8	11103-86-9	2011/12/19	致癌（Article 57a） Carcinogenic（Article 57a）	ED/77/2011
112	砷酸铅 Trilead diarsenate	222-979-5	3687-31-8	2011/12/19	致癌和生殖毒性（articles 57 a and 57 c） Carcinogenic and toxic for reproduction（articles 57 a and 57 c）	ED/77/2011

表 1-9（续）

序号 No.	化合物名称 Substance Name	EC 号 EC Number	CAS 号 CAS Number	列入日期 Date of inclusion	列入理由 Reason for inclusion	决议号 Decision number
113	氧化锆硅酸铝耐火陶瓷纤维 Zr-RCF " Zirconia Aluminosilicate Refractory Ceramic Fibres are fibrescovered by index number 650-017-00-8 in Annex VI, part 3, table 3.1 of Regulation (EC) No 1272/2008 of the European Parliament and of the Council of 16 December 2008 on classification, labelling and packaging of substances and mixtures, and fulfil the three following conditions: a) oxides of aluminium, silicon and zirconium are the main components present (in the fibres) within variable concentration ranges b) fibres have a length weighted geometric mean diameter less two standard geometric errors of 6 or less micrometres (μm). c) alkaline oxide and alkali earth oxide ($Na_2O+K_2O+CaO+MgO+BaO$) content less or equal to 18% by weight"	—	—	2011/12/19	致癌（Article 57a） Carcinogenic（Article 57a）	ED/77/2011/ ED/95/2012
114	二氯化钴 Cobalt dichloride	231-589-4	7646-79-9	2011/06/20- 2008/10/28	致癌和生殖毒性（articles 57 a and 57 c） Carcinogenic and toxic for reproduction（articles 57 a and 57 c）	ED/31/2011/ ED/67/2008

表 1-9（续）

序号 No.	化合物名称 Substance Name	EC 号 EC Number	CAS 号 CAS Number	列入日期 Date of inclusion	列入理由 Reason for inclusion	决议号 Decision number
115	1，2，3-三氯丙烷 1，2，3-Trichloropropane	202-486-1	96-18-4	2011/6/20	致癌和生殖毒性（articles 57 a and 57 c） Carcinogenic and toxic for reproduction（articles 57 a and 57 c）	ED/31/2011
116	邻苯二甲酸二（C_{6-8} 支链）烷基酯，富 C_7（DIHP） 1，2-Benzenedicarboxylic acid, di-C_{6-8}-branched alkyl esters, C_7-rich	276-158-1	71888-89-6	2011/6/20	生殖毒性（Article 57 c） Toxic for reproduction（Article 57 c）	ED/31/2011
117	1，2-邻苯二酸二（C_{7-11} 支链与直链）烷基酯（DHNUP） 1，2-Benzenedicarboxylic acid, di-C_{7-11}-branched and linear alkyl esters	271-084-6	68515-42-4	2011/6/20	生殖毒性（Article 57 c） Toxic for reproduction（Article 57 c）	ED/31/2011
118	1-甲基吡咯烷酮 1-Methyl-2-pyrrolidone	212-828-1	872-50-4	2011/6/20	生殖毒性（Article 57 c） Toxic for reproduction（Article 57 c）	ED/31/2011
119	2-乙氧基乙基乙酸酯 2-Ethoxyethyl acetate	203-839-2	111-15-9	2011/6/20	生殖毒性（Article 57 c） Toxic for reproduction（Article 57 c）	ED/31/2011
120	肼 Hydrazine	206-114-9	302-01-2， 7803-57-8	2011/6/20	致癌（Article 57a） Carcinogenic（Article 57a）	ED/31/2011

表 1-9（续）

序号 No.	化合物名称 Substance Name	EC 号 EC Number	CAS 号 CAS Number	列入日期 Date of inclusion	列入理由 Reason for inclusion	决议号 Decision number
121	铬酸锶 Strontium chromate	232-142-6	7789-06-2	2011/6/20	致癌（Article 57a） Carcinogenic（Article 57a）	ED/31/2011
122	乙二醇单乙醚 2-Ethoxyethanol	203-804-1	110-80-5	2010/12/15	生殖毒性（Article 57 c） Toxic for reproduction（Article 57 c）	ED/95/2010
123	乙二醇单甲醚 2-Methoxyethanol	203-713-7	109-86-4	2010/12/15	生殖毒性（Article 57 c） Toxic for reproduction（Article 57 c）	ED/95/2010
124	由铬酸及其低聚物产生的酸。名字为： 铬酸、重铬酸及铬酸和重铬酸低聚物等。 Acids generated from chromium trioxide and theiroligomers. Names of the acids and their oligomers：Chromic acid，Dichromic acid，Oligomers of chromic acid and dichromic acid.	231-801-5， 236-881-5	7738-94-5， 13530-68-2	2010/12/15	致癌（Article 57a） Carcinogenic（Article 57a）	ED/95/2010
125	三氯化铬 Chromium trioxide	215-607-8	1333-82-0	2010/12/15	致癌和致突变（articles 57 a and 57 b） Carcinogenic and mutagenic（articles 57 a and 57 b）	ED/95/2010
126	碳酸钴（Ⅱ） Cobalt（II）carbonate	208-169-4	513-79-1	2010/12/15	致癌和生殖毒性（articles 57 a and 57 c） Carcinogenic and toxic for reproduction（articles 57 a and 57 c）	ED/95/2010

表 1-9（续）

序号 No.	化合物名称 Substance Name	EC 号 EC Number	CAS 号 CAS Number	列入日期 Date of inclusion	列入理由 Reason for inclusion	决议号 Decision number
127	乙酸钴（Ⅱ） Cobalt（II）diacetate	200-755-8	71-48-7	2010/12/15	致癌和生殖毒性（articles 57 a and 57 c） Carcinogenic and toxic for reproduction（articles 57 a and 57 c）	ED/95/2010
128	硝酸钴（Ⅱ） Cobalt（II）dinitrate	233-402-1	10141-05-6	2010/12/15	致癌和生殖毒性（articles 57 a and 57 c） Carcinogenic and toxic for reproduction（articles 57 a and 57 c）	ED/95/2010
129	硫酸钴（Ⅱ） Cobalt（II）sulphate	233-334-2	10124-43-3	2010/12/15	致癌和生殖毒性（articles 57 a and 57 c） Carcinogenic and toxic for reproduction（articles 57 a and 57 c）	ED/95/2010
130	重铬酸铵 Ammonium dichromate	232-143-1	7789-09-5	2010/6/18	致癌，致突变和生殖毒性（articles 57 a，57 b and 57 c） Carcinogenic，mutagenic and toxic for reproduction（articles 57a，57 b and 57 c）	ED/30/2010
131	硼酸 Boric acid	233-139-2， 234-343-4	10043-35-3， 11113-50-1	2010/6/18	生殖毒性（Article 57 c） Toxic for reproduction（Article 57 c）	ED/30/2010
132	无水四硼酸钠 Disodium tetraborate，anhydrous	215-540-4	1303-96-4， 1330-43-4， 12179-04-3	2010/6/18	生殖毒性（Article 57 c） Toxic for reproduction（Article 57 c）	ED/30/2010

表 1 - 9（续）

序号 No.	化合物名称 Substance Name	EC 号 EC Number	CAS 号 CAS Number	列入日期 Date of inclusion	列入理由 Reason for inclusion	决议号 Decision number
133	铬酸钾 Potassium chromate	232 - 140 - 5	7789 - 00 - 6	2010/6/18	致癌和致突变（articles 57 a and 57 b） Carcinogenic and mutagenic（articles 57 a and 57 b）	ED/30/2010
134	重铬酸钾 Potassium dichromate	231 - 906 - 6	7778 - 50 - 9	2010/6/18	致癌，致突变和生殖毒性（articles 57 a，57 b and 57 c） Carcinogenic， mutagenic and toxic for reproduction（articles 57 a，57 b and 57 c）	ED/30/2010
135	铬酸钠 Sodium chromate	231 - 889 - 5	7775 - 11 - 3	2010/6/18	致癌，致突变和生殖毒性（articles 57 a，57 b and 57 c） Carcinogenic， mutagenic and toxic for reproduction（articles 57 a，57 b and 57 c）	ED/30/2010
136	七水合四硼酸钠 Tetraboron disodium heptaoxide，hydrate	235 - 541 - 3	12267 - 73 - 1	2010/6/18	生殖毒性（Article 57 c） Toxic for reproduction（Article 57 c）	ED/30/2010
137	三氯乙烯 Trichloroethylene	201 - 167 - 4	79 - 01 - 6	2010/6/18	致癌（Article 57a） Carcinogenic（Article 57a）	ED/30/2010
138	丙烯酰胺 Acrylamide	201 - 173 - 7	79 - 06 - 1	2010/3/30	致癌和致突变（articles 57 a and 57 b） Carcinogenic and mutagenic（articles 57 a and 57 b）	ED/68/2009

表 1-9（续）

序号 No.	化合物名称 Substance Name	EC 号 EC Number	CAS 号 CAS Number	列入日期 Date of inclusion	列入理由 Reason for inclusion	决议号 Decision number
139	2，4-二硝基甲苯 2，4-Dinitrotoluene	204-450-0	121-14-2	2010/1/13	致癌（Article 57a） Carcinogenic（Article 57a）	ED/68/2009
140	蒽油 Anthracene oil	292-602-7	90640-80-5	2010/1/13	致癌，持久生物富集性和高持久生物富集性（articles 57a，57d and 57e） Carcinogenic1，PBT andvPvB (articles 57a，57d and 57e)	ED/68/2009
141	蒽油，蒽糊 Anthracene oil，anthracene paste	292-603-2	90640-81-6	2010/1/13	致癌 2，致突变 3，持久生物富集性和高持久生物富集性（articles 57a，57b，57d and 57e） Carcinogenic2，mutagenic3，PBT andvPvB（articles 57a，57b，57d and 57e）	ED/68/2009
142	蒽油，蒽糊，蒽馏分 Anthracene oil，anthracene paste，anthracene fraction	295-275-9	91995-15-2	2010/1/13	致癌 2，致突变 3，持久生物富集性和高持久生物富集性（articles 57a，57b，57d and 57e） Carcinogenic2，mutagenic3，PBT andvPvB（articles 57a，57b，57d and 57e）	ED/68/2009

表 1-9（续）

序号 No.	化合物名称 Substance Name	EC 号 EC Number	CAS 号 CAS Number	列入日期 Date of inclusion	列入理由 Reason for inclusion	决议号 Decision number
143	蒽油，蒽糊，轻油 Anthracene oil，anthracenepaste，distn. lights	295-278-5	91995-17-4	2010/1/13	致癌 2，致突变 3，持久生物富集性和高持久生物富集性（articles 57a，57b，57d and 57e） Carcinogenic2，mutagenic3，PBT andvPvB（articles 57a，57b，57d and 57e）	ED/68/2009
144	蒽油，含蒽量少 Anthracene oil，anthracene-low	292-604-8	90640-82-7	2010/1/13	致癌 2，致突变 3，持久生物富集性和高持久生物富集性（articles 57a，57b，57d and 57e） Carcinogenic2，mutagenic3，PBT andvPvB（articles 57a，57b，57d and 57e）	ED/68/2009
145	邻苯二甲酸二异丁酯 Diisobutyl phthalate	201-553-2	84-69-5	2010/1/13	生殖毒性（Article 57 c） Toxic for reproduction（Article 57 c）	ED/68/2009
146	铬酸铅 Lead chromate	231-846-0	7758-97-6	2010/1/13	致癌和生殖毒性（articles 57 a and 57 c）Carcinogenic and toxic for reproduction（articles 57 a and 57 c）	ED/68/2009
147	钼铬红（C. I. 颜料红 104） Lead chromatemolybdatesulphate red（C. I. Pigment Red 104）	235-759-9	12656-85-8	2010/1/13	致癌和生殖毒性（articles 57 a and 57 c） Carcinogenic and toxic for reproduction（articles 57 a and 57 c）	ED/68/2009

表 1 - 9（续）

序号 No.	化合物名称 Substance Name	EC 号 EC Number	CAS 号 CAS Number	列入日期 Date of inclusion	列入理由 Reason for inclusion	决议号 Decision number
148	铅铬黄（C. I. 颜料黄 34） Leadsulfochromate yellow（C. I. Pigment Yellow 34）	215 - 693 - 7	1344 - 37 - 2	2010/1/13	致癌和生殖毒性（articles 57 a and 57 c） Carcinogenic and toxic for reproduction（articles 57 a and 57 c）	ED/68/2009
149	煤沥青，高温 Pitch，coal tar，high temp.	266 - 028 - 2	65996 - 93 - 2	2010/1/13	致癌，持久生物富集性和高持久生物富集性（articles 57a，57d and 57e） Carcinogenic，PBT and vPvB（articles 57a，57d and 57e）	ED/68/2009
150	三（2 - 氯乙基）磷酸酯 Tris（2 - chloroethyl）phosphate	204 - 118 - 5	115 - 96 - 8	2010/1/13	Toxic for reproduction（Article 57 c） 生殖毒性（Article 57 c）	ED/68/2009
151	4，4′-二氨基二苯基甲烷 4，4′ - Diaminodiphenylmethane（MDA）	202 - 974 - 4	101 - 77 - 9	2008/10/28	致癌（Article 57a） Carcinogenic（Article 57a）	ED/67/2008
152	二甲苯麝香 5 - tert - butyl - 2，4，6 - trinitro - m - xylene（muskxylene）	201 - 329 - 4	81 - 15 - 2	2008/10/28	高持久生物富集性（article 57e） vPvB（article 57e）	ED/67/2008
153	短链氯化石蜡 Alkanes，C10 - 13，chloro（Short Chain Chlorinated Paraffins）	287 - 476 - 5	85535 - 84 - 8	2008/10/28	持久和高持久生物富集性（articles 57 d and 57 e） PBT and vPvB（articles 57 d and 57 e）	ED/67/2008

表 1 - 9（续）

序号 No.	化合物名称 Substance Name	EC 号 EC Number	CAS 号 CAS Number	列入日期 Date of inclusion	列入理由 Reason for inclusion	决议号 Decision number
154	蒽 Anthracene	204 - 371 - 1	120 - 12 - 7	2008/10/28	持久生物富集性（article 57d） PBT（article 57d）	ED/67/2008
155	邻苯二甲酸丁苄酯 Benzyl butyl phthalate（BBP）	201 - 622 - 7	85 - 68 - 7	2008/10/28	生殖毒性（Article 57 c）； Toxic for reproduction（Article 57 c）	ED/67/2008
156	三丁基氧化锡 Bis（tributyltin）oxide（TBTO）	200 - 268 - 0	56 - 35 - 9	2008/10/28	持久生物富集性（article 57d） PBT（article 57d）	ED/67/2008
157	五氧化二砷 Diarsenicpentaoxide	215 - 116 - 9	1303 - 28 - 2	2008/10/28	致癌（Article 57a） Carcinogenic（Article 57a）	ED/67/2008
158	三氧化二砷 Diarsenic trioxide	215 - 481 - 4	1327 - 53 - 3	2008/10/28	致癌（Article 57a） Carcinogenic（Article 57a）	ED/67/2008
159	邻苯二甲酸二丁酯 Dibutyl phthalate（DBP）	201 - 557 - 4	84 - 74 - 2	2008/10/28	生殖毒性（Article 57 c） Toxic for reproduction（Article 57 c）	ED/67/2008
160	六溴环十二烷及其所有主要同分异构体： α-六溴环十二烷 β-六溴环十二烷 γ-六溴环十二烷 Hexabromocyclododecane（HBCDD）and all major diastereoisomers identified：Alpha - hexabromocyclododecane Beta - hexabromocyclododecane Gamma - hexabromocyclododecane	247 - 148 - 4， 221 - 695 - 9	25637 - 99 - 4， 3194 - 55 - 6 （134237 - 50 - 6） （134237 - 51 - 7） （134237 - 52 - 8）	2008/10/28	持久生物富集性（article 57d） PBT（article 57d）	ED/67/2008

表 1－9（续）

序号 No.	化合物名称 Substance Name	EC 号 EC Number	CAS 号 CAS Number	列入日期 Date of inclusion	列入理由 Reason for inclusion	决议号 Decision number
161	酸式砷酸铅 Lead hydrogen arsenate	232－064－2	7784－40－9	2008/10/28	致癌和生殖毒性（articles 57 a and 57 c） Carcinogenic and toxic for reproduction（articles 57 a and 57 c）	ED/67/2008
162	重铬酸钠 Sodium dichromate	234－190－3	7789－12－0，10588－01－9	2008/10/28	致癌，致突变和生殖毒性（articles 57a，57b and 57c） Carcinogenic， mutagenic and toxic for reproduction（articles 57a，57b and 57c）	ED/67/2008
163	三乙基砷酸酯 Triethyl arsenate	427－700－2	15606－95－8	2008/10/28	致癌（Article 57a） Carcinogenic（Article 57a）	ED/67/2008

1.4 欧盟玩具安全指令（Toy Safety Directive）

欧盟玩具指令 88/378/EEC 实施的 20 多年时间，玩具产品不断推陈出新，玩具市场的技术进步引发了有关玩具安全性的新问题，并由此日益受到消费者的关注，现行的指令已不能全面涵盖玩具的安全问题。由于消费者对玩具安全的日益关注，欧盟于 2009 年6 月发布了新的玩具指令 2009/48/EC。新法令被认为在物理、化学、机械、电气、卫生等诸项领域里做出了“世界上最严格的规定”。欧盟对 88/378/EEC 指令修订的目的是提高玩具的安全性，并改善指令实施的效率。在修改内容中提出了严格的化学安全要求，特别是对可迁移元素的限制从 8 种增加到了 19 种，首次提出禁止玩具中使用 66 种致敏性香味剂，包含 55 种禁用致敏性香味剂（表 1－10）以及 11 种含量超过 0.01%时需要进行标识的致敏性芳香剂（表 1－11）。禁止被归入《欧洲议会和理事会第 1272/2008 号条例》项下第 1A，1B 或 2 类的致癌的、致基因突变的或有生殖毒性的物质（CMR）在玩具、玩具组件或具有不同微观结构的玩具部件中的使用。

玩具不应含有以下致敏性芳香物质（见表 1－10）：

表 1－10 玩具不应含有的 55 种致敏性芳香物质

序号	致敏香料名称	CAS 号
1	Alanroot oil (Inula helenium) 土木香根油	97676－35－2
2	Allylisothiocyanate 异硫氰酸烯丙酯	57－06－7
3	Benzyl cyanide 苯乙腈	140－29－4
4	4－tert－Butylphenol 4－叔丁基苯酚	98－54－4
5	Chenopodium oil 土荆芥油	8006－99－3
6	Cyclamen alcohol 兔耳草醇	4756－19－8
7	Diethyl maleate 马来酸二乙酯	141－05－9
8	Dihydrocoumarin 二氢香豆素	119－84－6
9	2，4－Dihydroxy－3－methylbenzaldehyde 2，4－二羟基－3－甲基苯甲醛	6248－20－0
10	3，7－Dimethyl－2－octen－1－ol (6，7－Dihydrogeraniol) 3，7－二甲基－2－辛烯－1－醇（6，7－二氢香叶醇）	40607－48－5

表 1 - 10（续）

序号	致敏香料名称	CAS 号
11	4，6 - Dimethyl - 8 - tert - butylcoumarin 4，6 -二甲基- 8 -叔-丁基香豆素	17874 - 34 - 9
12	Dimethyl citraconate 柠康酸二甲酯（顺式甲基丁烯二酸二甲酯）	617 - 54 - 9
13	7，11 - Dimethyl - 4.6，10 - dodecatrien - 3 - one 7，11 -二甲基- 4.6，10 -十二烷三烯- 3 -酮	26651 - 96 - 7
14	6，10 - Dimethyl - 3.5，9 - undecatrien - 2 - one 6，10 -二甲基- 3.5，9 -十一三烯- 2 -酮	141 - 10 - 6
15	Diphenylamine 二苯胺	122 - 39 - 4
16	Ethyl acrylate 丙烯酸乙酯	140 - 88 - 5
17	Fig leaf，fresh and preparations 无花果叶子新鲜制剂	68916 - 52 - 9
18	trans - 2 - Heptenal 反式- 2 -庚烯醛	18829 - 55 - 5
19	trans - 2 - Hexenal diethyl acetal 反式- 2 -己烯醛二乙基缩醛	67746 - 30 - 9
20	trans - 2 - Hexenal dimethyl acetal 反式- 2 -己烯醛二甲基缩醛	18318 - 83 - 7
21	Hydroabietyl alcohol 氢化松香醇	13393 - 93 - 6
22	4 - Ethoxy - phenol 4 -乙氧基-苯酚	622 - 62 - 8
23	6 - lsopropyl - 2 - decahydronaphthalenol 6 -异丙基- 2 -十氢萘酚	34131 - 99 - 2
24	7 - Methoxycoumarin 7 -甲氧基香豆素	531 - 59 - 9
25	4 - Methoxyphenol 4 -甲氧基苯酚	150 - 76 - 5
26	4 - （p - Methoxyphenyl） - 3 - butene - 2 - one 4 - （对-甲氧基苯基） - 3 -丁烯- 2 -酮	943 - 88 - 4
27	1 - （p - Methoxyphenyl） - 1 - penten - 3 - one 1 - （对-甲氧基苯基） - 1 -戊烯- 3 -酮	104 - 27 - 8
28	Methyl trans - 2 - butenoate 巴豆酸甲酯	623 - 43 - 8

表 1-10（续）

序号	致敏香料名称	CAS 号
29	6-Methylcoumarin 6-甲基香豆素	92-48-8
30	7-Methylcoumarin 7-甲基香豆素	2445-83-2
31	5-Methyl-2，3-hexanedione 5-甲基-2，3-己二酮	13706-86-0
32	Costus root oil（Saussurea lappa Clarke） 木香根油	8023-88-9
33	7-Ethoxy-4-methylcoumarin 7-乙氧基-4-甲基-香豆素	87-05-8
34	Hexahydrocoumarin 六氢香豆素	700-82-3
35	Peru balsam，crude（Exudation of Myroxylon pereirae（Royle）Klotzsch） 秘鲁香膏粗品（秘鲁香树渗出物）	8007-00-9
36	2-Pentylidene-cyclohexanone 2-亚戊基-环己酮	25677-40-1
37	3.6，10-Trimethyl-3.5，9-undecatrien-2-one 3.6，10-三甲基-3.5，9-十一烷三烯-2-酮	1117-41-5
38	Verbena oil（Lippia citriodora Kunth） 马鞭草油	8024-12-2
39	Musk ambrette（4-tert-Butyl-3-methoxy-2，6-dinitrotoluene） 葵子麝香（4-叔丁基-3-甲氧基-2，6-二硝基甲苯）	83-66-9
40	4-Phenyl-3-buten-2-one 苯亚甲基丙酮	122-57-6
41	Amyl cinnamal α-戊基桂醛	122-40-7
42	Amylcinnamyl alcohol α-戊基肉桂醇	101-85-9
43	Benzyl alcohol 苯甲醇	100-51-6
44	Benzyl salicylate 水杨酸苄酯	118-58-1
45	Cinnamyl alcohol 肉桂醇	104-54-1
46	Cinnamal 亚肉桂基	104-55-2

表 1-10（续）

序号	致敏香料名称	CAS 号
47	Citral 柠檬醛	5392-40-5
48	Coumarin 香豆素	91-64-5
49	Eugenol 丁香酚	97-53-0
50	Geraniol 香叶醇	106-24-1
51	Hydroxy-citronellal 羟基香茅醛	107-75-5
52	Hydroxy-methylpentylcyclohexenecarboxaldehyde 羟基-甲基戊基环已烯基甲醛（新铃兰醛）	31906-04-4
53	Isoeugenol 异丁子香酚	97-54-1
54	Oakmoss extracts 橡苔提取物	90028-68-5
55	Treemoss extracts 树苔提取物	90028-67-4

然而，如果上述痕量香料在良好生产规范下技术上无法避免，则允许存在，但其含量不得高于 100 mg/kg。

另外，如果玩具或其部件中添加的香料浓度超过 100 mg/kg，则应在玩具、加贴标签、包装或随附单页上列明以下致敏香料的名称（见表 1-11）：

表 1-11　致敏香料（11 种）

序号	致敏香料名称	CAS 号
1	Anisyl alcohol 大茴香醇（对甲氧基苄醇）	105-13-5
2	Benzyl benzoate 苯甲酸苄酯	120-51-4
3	Benzyl cinnamate 肉桂酸苄酯	103-41-3
4	Citronellol 香茅醇	106-22-9
5	Farnesol 金合欢醇	4602-84-0

表1-11（续）

序号	致敏香料名称	CAS号
6	Hexyl cinnamaldehyde 己基肉桂醛	101-86-0
7	Lilial 铃兰醛	80-54-6
8	d-Limonene d-柠檬烯	5989-27-5
9	Linalool 沉香醇	78-70-6
10	Methyl heptine carbonate 2 庚炔羧酸甲酯	111-12-6
11	3-methyl-4-（2.6，6-trimethyl-2-cyclohexen-1-yl）-3-buten-2-one α-异甲基紫罗兰酮（3-甲基-4-（2，6，6-三甲基-2-环己烯-1-基）-3-丁烯-2-酮）	127-51-5

欧委会在欧盟新玩具安全指令2009/48/EC发布之后，对其进行了一系列的修订和补充，其中2014年连续发布指令2014/79/EU和2014/81/EU，增加了4种化学物质的限量要求（见表1-12），主要为：在供36个月以下儿童使用的玩具以及设计放入口中的玩具中，磷酸三（2-氯乙基）酯（TCEP）、磷酸三（2-氯丙基）酯（TCPP）和磷酸三（1，3-二氯-2-丙基）酯（TDCP）每项的含量不得超过5 mg/kg；双酚A（Bisphenol A）的迁移量不得超过0.1 mg/L。同时欧委会要求各成员国最迟于2015年12月21日实施上述规定。

表1-12 供36个月以下儿童使用的玩具以及设计放入口中的玩具中使用的化合物特定限值

Substance 物质	CAS No CAS号	Limit value 限值
TCEP 磷酸三（2-氯乙基）酯	115-96-8	5 mg/kg（content limit） 5 mg/kg（含量限值）
TCPP 磷酸三（2-氯丙基）酯	13674-84-5	5 mg/kg（content limit） 5 mg/kg（含量限值）
TDCP 磷酸三（1，3-二氯-2-丙基）酯	13674-87-8	5 mg/kg（content limit） 5 mg/kg（含量限值）
Bisphenol A 双酚A	80-05-7	0.1 mg/L（migration limit）in accordance with the methods laid down in EN 71-10：2005 and EN 71-11：2005 0.1 mg/L（迁移量限值），依照EN 71-10：2005和EN 71-11：2005的测试方法

1.5 美国消费品安全改进法案（CPSIA）

美国消费品安全委员会（Consumer Product Safety Committee，CPSC）成立于1972

年，是为保护公众免受与消费品有关的不合理伤害风险而建立的一个独立机构。美国消费品安全改进法案（The US Consumer Product Safety Improvement Act of 2008，简称 CPSIA），是自 1972 年 CPSC 成立以来最严厉的消费者保护法案。

2007 年底，美国众议院以 407 票全票通过了《消费品安全现代化法案》（Consumer Product Safety Modernization Act），2008 年 1 月，该法案在参议院的审议中顺利获得通过，并改名为《2008 消费品安全改进法案》（Consumer Product Safety Improvement Act of 2008，简称 CPSIA），编号 H. R. 4040。该法令包含两大部分：一是关于儿童用品安全，共 8 项条款，新法案除了对儿童产品中铅含量的要求更为严格外，还对玩具和儿童护理用品中的有害物质邻苯二甲酸酯的含量做出新的规定。二是关于消费品安全委员会改革，共包括管理的改进 9 项条款，强化执行权力 9 项条款，特别的进出口规定 5 项条款和其他规定及执行机制的完善 9 项条款。2008 年 8 月 14 日，美国前总统布什签署该法案，使之成为正式的法令，法令编号为 Public Law 110 - 314。该法令是自 1972 年 CPSC 成立以来最严厉的消费者保护法案。

1. 5. 1　CPSIA 法案涉及儿童用品安全的 8 项条款

（1）Sec. 101. Children′s products containing lead；lead paint rule.
含铅和含铅涂料的儿童产品标准（101 节）

（2）Sec. 102. Mandatory third party testing for certain children′s products.
对某些儿童产品实施强制的第三方检测的要求（102 节）

（3）Sec. 103. Tracking labels for children′s products.
用于儿童用品的跟踪标签（103 节）

（4）Sec. 104. Standards and consumer registration of durable nursery products.
耐用婴幼儿产品标准及消费者登记制度（104 节）

（5）Sec. 105. Labeling requirement for advertising toys and games.
对广告玩具和游戏器具的标签要求（105 节）

（6）Sec. 106. Mandatory toy safety standards
强制性玩具安全标准（106 节）

（7）Sec. 107. Study of preventable injuries and deaths in minority children related to consumer products.
与消费品相关的、可预防的少数儿童伤害和死亡研究（107 节）

（8）Sec. 108. Prohibition on sale of certain products containing specified phthalates.
禁止销售某些含有特定邻苯二甲酸酯的产品（108 节）

1. 5. 2　CPSIA 法案涉及的定义

（1）儿童产品：为 12 岁或以下儿童设计并生产的供儿童使用的消费品，包括但不限于儿童玩具、儿童护理用品。

（2）儿童玩具：为 12 岁或以下儿童设计并生产的儿童玩耍时使用的消费品。

（3）儿童护理品：为3岁或以下儿童设计并生产的，用于辅助儿童睡眠、喂食，或帮助儿童吮吸或出牙的消费品。

（4）可被放入口中的玩具：指某部分可被儿童放入口中吮吸或咀嚼的玩具。如果只能用舌头舔及，则不被视为可放入口中。如果玩具或玩具某部分的尺寸小于5cm，则该玩具可被视为可放入口中。

1.5.3　CPSIA法案Sec.101对铅的要求

CPSIA 2008 101节要求根据16CFR1303的规定测试儿童产品、玩具涂层和类似表面涂层中总铅含量，只要可触及的样品都需要测试。表面涂层材料中的铅：从2009年8月14日开始，从600 mg/kg降为90 mg/kg，非涂层可接触性材料铅含量将会分阶段管控实施（见表1-13），同时，铅含量的测试从2008年12月21日后只能用化学分析的方法。

表1-13　CPSIA法案对铅的要求

材料	物质	实施时间	限值要求（mg/kg）
涂层	铅	2009年8月14日	90
非涂层可接触性材料	铅	2009年2月10日	600
		2009年8月14日	300
		2011年8月14日	100

1.5.4　CPSIA法案Sec.108对邻苯二甲酸酯的要求

根据CPSIA 2008 108节，本法令生效后180天（2009年2月10日）起，任何提供下列产品的均属违法：任何含有浓度超过0.1%的邻苯二甲酸二（2-乙基己基）酯（DEHP）、邻苯二甲酸二丁酯（DBP）或邻苯二甲酸丁苄酯（BBP）的儿童玩具或儿童护理用品；任何含有浓度超过0.1%的邻苯二甲酸二异壬酯（DINP）、邻苯二甲酸二异癸酯（DIDP）或邻苯二甲酸二辛酯（DnOP）的可能被儿童放入口中的儿童玩具或儿童护理产品（见表1-14）。

表1-14　CPSIA法案对邻苯二甲酸酯的要求

产品	DEHP	DBP	BBP	DINP	DIDP	DnOP	限量
儿童玩具	√	√	√				<0.1%（单个物质含量）
可被放入口中的儿童玩具	√	√	√	√	√	√	
儿童护理产品	√	√	√	√	√	√	

注："√"代表一类产品中限制这个物质

1.6　美国服装与鞋类协会（AAFA）受限物质清单（RSL）

美国服装与鞋类协会（AAFA）由美国服装制造业协会和美国制鞋业协会于2000年

合并成立，是全美最大和最具代表性的服饰、鞋类和其他缝制产品生产和贸易行业协会，拥有成员 700 多个。AAFA 成员所生产的缝制产品占据了美国市场份额的 85%以上，其宗旨是通过最大限度地突破法规、商业、政治和贸易等各方面的限制，来提升和强化其成员在国际市场的竞争能力、生产能力和盈利能力。受限物质清单（RSL）即由 AAFA 环境工作组织创建，旨在向服装和鞋类公司提供世界各地关于限制或禁止在家纺、服装和鞋类成品中使用某些化学品和物质的法律法规信息。继 2007 年 6 月推出第一版 RSL 后，AAFA 每半年一次对 RSL 进行更新和补充，严格确定限用这些化学品的国家及其限量、测试方法和法律法规引文，以帮助纺织、服装和鞋类公司及其供应商的高级职员在上述成品中实行化学品管理。截止 2015 年 6 月，AAFA 共发布 16 版 RSL。现在，该清单已成为帮助美国服装和鞋类行业做出正确采购决定的最实用的工具，协助产业创造一个更安全、更可持续的供应链。

1.6.1 RSL 受限物质信息

对于每种物质，RSL 主要描述以下几个方面信息：

（1）CAS 登记号；

（2）常见化学品名称/颜色索引名称；

（3）最终产品或测试部件中的限制/最大限值；

（4）规定限制/最大值的国家；

（5）相关法规；

（6）测试方法；

（7）管制该物质的其他国家与美国各州等。

1.6.2 RSL 的范畴

RSL 的编制无意触及化学品管理领域之外的产品安全问题，如美国消费品安全委员会（CPSC）关于小物件的法规。此外，RSL 也不覆盖玩具、车用纺织品或其他工业纺织品，且不包含在产品包装或相关材料中使用某些物质的限制。

1.6.3 AAFA 的受限物质清单（RSL）

AAFA 的 RSL 涵盖了芳香胺、分散染料、溶剂、杀虫剂、石棉、氟化温室气体、二噁英和呋喃、阻燃剂、金属、有机锡、邻苯二甲酸酯化合物和其他化学品等 12 个大类，截止 2015 年 6 月，RSL 已更新至第 16 版，共 200 多种物质，见表 1－15。

表 1－15　受限物质清单（RSL）

2015 年 6 月——16 版

CAS 登记号 CAS Number	化学品名称/颜色索引名称 Chemical Name/Color Index Name	最终产品或测试部件中的限制/最大限值 Restriction/Maximum Limit on Final Product or Tested Component	国家/地区 Country/Region	法规/标准/规范 Regulation/Standard/Specification
芳香胺 Arylamines				
60－09－3	4－氨基偶氮苯 4－Amino azobenzene	未检出 Reported as not detected. 中国限量： China restriction limit： 纺织品 20mg/kg Textiles 20mg/kg 皮革 30mg/kg Leather 30mg/kg 欧盟限量： EU restriction limit： 纺织品和皮革：30mg/kg Textiles and Leather：30mg/kg	欧盟和中国 EU and China	下面法规适用于 RSL 表中列出的所有芳香胺 Regulations below apply to all Arylamines listed in this RSL 欧盟 REACH 法规（EC）No. 1907/2006 附录 XVII European Union REACH Regulation（EC）No. 1907/2006 Annex XVII GB 18401—2010 GB 20400—2006
97－56－3	邻氨基偶氮甲苯 o－Aminoazotoluene			
92－67－1	4－氨基联苯 4－Aminodiphenyl			
99－55－8	5－硝基-邻甲苯胺 2－Amino－4－nitrotoluene			
90－04－0	邻氨基苯甲醚 o－Anisidine			
92－87－5	联苯胺 Benzidine			
106－47－8	对氯苯胺 p－Chloroaniline			
95－69－2	4－氯邻甲苯胺 4－Chloro－o－toluidine			

表 1-15（续）

CAS 登记号 CAS Number	化学品名称/颜色索引名称 Chemical Name/Color Index Name	最终产品或测试部件中的限制/最大限值 Restriction/Maximum Limit on Final Product or Tested Component	国家/地区 Country/Region	法规/标准/规范 Regulation/Standard/Specification
120-71-8	2-甲氧基-5-甲基苯胺 p-Cresidine			
615-05-4	2，4-二氨基苯甲醚 2，4-Diaminoanisole			
101-77-9	4，4′-二氨基二苯甲烷 4，4′-Diaminodiphenylmethane			
91-94-1	3，3′-二氯联苯胺 3，3′-Dichlorobenzidine			
119-90-4	3，3′-二甲氧基联苯胺 3，3′-Dimethoxybenzidine			
119-93-7	3，3′-二甲基联苯胺 3，3′-Dimethylbenzidine			
838-88-0	3，3′-二甲基-4，4′-二氨基二苯甲烷 3，3′-Dimethyl-4，4′-diaminodiphenylmethane			
101-14-4	4，4′-亚甲基-二-（2-氯苯胺） 4，4′-Methylene-bis-（2-chloroaniline）			

表 1-15（续）

CAS登记号 CAS Number	化学品名称/颜色索引名称 Chemical Name/Color Index Name	最终产品或测试部件中的限制/最大限值 Restriction/Maximum Limit on Final Product or Tested Component	国家/地区 Country/Region	法规/标准/规范 Regulation/Standard/Specification
91-59-8	2-萘胺 2-Naphthylamine			
101-80-4	4，4′-二氨基二苯醚 4，4′-Oxydianiline			
139-65-1	4，4′-二氨基二苯硫醚 4，4′-Thiodianiline			
95-80-7	2，4-二氨基甲苯 2，4-Toluenediamine			
95-53-4	邻甲苯胺 o-Toluidine			
137-17-7	2，4，5-三甲基苯胺 2，4，5-Trimethylaniline			
95-68-1	2，4-二甲基苯胺（仅中国） 2，4-Xylidine (China only)			
87-62-7	2，6-二甲基苯胺（仅中国） 2，6-Xylidine (China only)			

表 1-15（续）

CAS登记号 CAS Number	化学品名称/颜色索引名称 Chemical Name/Color Index Name	最终产品或测试部件中的限制/最大限值 Restriction/Maximum Limit on Final Product or Tested Component	国家/地区 Country/Region	法规/标准/规范 Regulation/Standard/Specification
石棉 Asbestos				
77536-66-4	阳起石棉 Actinolite	未检出 Not detected	欧盟 European Union	欧盟 REACH 法规（EC）No. 1907/2006 之附录 XVII European Union REACH Regulation（EC）No. 1907/2006 Annex XVII
12172-73-5	铁石棉 Amosite			
77536-67-5	直闪石棉 Anthrophyllite			
12001-29-5	温石棉 Chrysotile			
12001-28-4	青石棉 Crocidolite			
77536-68-6	透闪石棉 Tremolite			
二噁英和呋喃 Dioxins & Furans				
	第 1 组		德国 Germany	德国-食品与日用品法（化学品禁止条理）（4）二噁英 German Chemicalienverbots Verordnung（4）Dioxine
1746-01-6	2，3，7，8-四氯二苯并对二噁英 2，3，7，8-Tetrachlorodibenzo-p-dioxin	第 1 组之总和：1μg/kg Sum of Group 1：1μg/kg		
40321-76-4	1，2，3，7，8-五氯二苯并对二噁英 1，2，3，7，8-Pentachlorodibenzo-p-dioxin			

表 1－15（续）

CAS 登记号 CAS Number	化学品名称/颜色索引名称 Chemical Name/Color Index Name	最终产品或测试部件中的限制/最大限值 Restriction/Maximum Limit on Final Product or Tested Component	国家/地区 Country/Region	法规/标准/规范 Regulation/Standard/Specification
	第 1 组			
51207－31－9	2，3，7，8－四氯二苯并对呋喃 2，3，7，8－Tetrachlorodibenzofuran			
57117－31－4	2，3，4，7，8－五氯二苯并呋喃 2，3，4，7，8－Pentachlorodibenzofuran			
	第 2 组			
39227－28－6	1，2，3，4，7，8－六氯二苯并对二噁英 1，2，3，4，7，8－Hexachlorodibenzo－p－dioxin	第 1 组和第 2 组之总和：5μg/kg Sum of Group 1 &2：5 μg/kg		
19408－74－3	1，2，3，7，8，9－六氯二苯并对二噁英 1，2，3，7，8，9－Hexachlorodibenzo－p－dioxin			
57653－85－7	1，2，3，6，7，8－六氯二苯并对二噁英 1，2，3，6，7，8－Hexachlorodibenzo－p－dioxin			
57117－41－6	1，2，3，7，8－五氯二苯并呋喃 1，2，3，7，8－pentachlorodibenzofuran			
70648－26－9	1，2，3，4，7，8－六氯二苯并呋喃 1，2，3，4，7，8－Hexachlorodibenzofuran			
72918－21－9	1，2，3，7，8，9－六氯二苯并呋喃 1，2，3，7，8，9－Hexachlorodibenzofuran			

表 1-15（续）

CAS 登记号 CAS Number	化学品名称/颜色索引名称 Chemical Name/Color Index Name	最终产品或测试部件中的限制/最大限值 Restriction/Maximum Limit on Final Product or Tested Component	国家/地区 Country/Region	法规/标准/规范 Regulation/Standard/Specification
	第 2 组			
57117-44-9	1，2，3，6，7，8-六氯二苯并呋喃 1，2，3，6，7，8-Hexachlorodibenzofuran			
60851-34-5	2，3，4，6，7，8-六氯二苯并呋喃 2，3，4，6，7，8-Hexachlorodibenzofuran			
	第 3 组			
35822-46-9	1，2，3，4，6，7，8-七氯二苯并对二噁英 1，2，3，4，6，7，8-Heptachlorodibenzo-p-dioxin	第 1、2 和 3 组之总和：100μg/kg Sum of Group 1，2& 3：100 μg/kg		
3268-87-9	1，2，3，4，6，7，8，9-八氯二苯并对二噁英 1，2，3，4，6，7，8，9-Octachlorodibenzo-p-dioxin			
67562-39-4	1，2，3，4，6，7，8-七氯二苯并呋喃 1，2，3，4，6，7，8-Heptachlorodibenzofuran			
55673-89-7	1，2，3，4，7，8，9-七氯二苯并呋喃 1，2，3，4，7，8，9-Heptachlorodibenzofuran			
39001-02-0	1，2，3，4，6，7，8，9-八氯二苯并呋喃 1，2，3，4，6，7，8，9-Octachlorodibenzofuran			

表 1-15（续）

CAS登记号 CAS Number	化学品名称/颜色索引名称 Chemical Name/Color Index Name	最终产品或测试部件中的限制/最大限值 Restriction/Maximum Limit on Final Product or Tested Component	国家/地区 Country/Region	法规/标准/规范 Regulation/Standard/Specification
	第 4 组			
50585-41-6	2，3，7，8-四溴二苯并对二噁英 2，3，7，8-Tetrabromodibenzop-dioxin	第 4 组之总和：1μg/kg Sum of Group 4：1 μg/kg		
109333-34-8	1，2，3，7，8-五溴二苯并对二噁英 1，2，3，7，8-Pentabromodibenzo-*p*-dioxin			
67733-57-7	2，3，7，8-四溴二苯并呋喃 2，3，7，8-Tetrabromodibenzofuran			
131166-92-2	2，3，4，7，8-五溴二苯并呋喃 2，3，4，7，8-Pentabromodibenzofuran			
	第 5 组			
110999-44-5	1，2，3，4，7，8-六溴二苯并对二噁英 1，2，3，4，7，8-Hexabromodibenzo-*p*-dioxin	第 4、5 组之总和：5μg/kg Sum of Group 4 &5：5 μg/kg		
110999-46-7	1，2，3，7，8，9-六溴二苯并对二噁英 1，2，3，7，8，9-Hexabromodibenzo-*p*-dioxin			
110999-45-6	1，2，3，6，7，8-六溴二苯并对二噁英 1，2，3，6，7，8-Hexabromodibenzo-*p*-dioxin			
107555-93-1	1，2，3，7，8-五溴二苯并呋喃 1，2，3，7，8-Pentabromodibenzofuran			

表 1 - 15（续）

CAS 登记号 CAS Number	化学品名称/颜色索引名称 Chemical Name/Color Index Name	最终产品或测试部件中的限制/最大限值 Restriction/Maximum Limit on Final Product or Tested Component	国家/地区 Country/Region	法规/标准/规范 Regulation/Standard/Specification
分散染料 Disperse Dyes				
2475 - 45 - 8	分散蓝 1 Disperse Blue 1	未检出 （低于检测限-见测试方法） Not Detected （below detection limits - see test method）	德国 Germany	德国食品、饲料和日用品法 Law30（LFGB § 30） German Food，Feed and Commodities Law § 30（LFGB § 30）
12222 - 75 - 2	分散蓝 35 Disperse Blue 35			
12223 - 01 - 7	分散蓝 106 Disperse Blue 106			
61951 - 51 - 7	分散蓝 124 Disperse Blue 124			
730 - 40 - 5	分散橙 3 Disperse Orange 3			
13301 - 61 - 6	分散橙 37/59/76 Disperse Orange 37/59/76			
2872 - 52 - 8	分散红 1 Disperse Red 1			
2832 - 40 - 8	分散黄 3 Disperse Yellow 3			

表 1 - 15（续）

CAS 登记号 CAS Number	化学品名称/颜色索引名称 Chemical Name/Color Index Name	最终产品或测试部件中的限制/最大限值 Restriction/Maximum Limit on Final Product or Tested Component	国家/地区 Country/Region	法规/标准/规范 Regulation/Standard/Specification
致癌染料 Carcinogenic Dyes*				
3761 - 53 - 3	酸性红 26 Acid Red 26	禁用 Prohibited	埃及 Egypt	ES 7266 - 4/2011
569 - 61 - 9	碱性红 9 Basic Red 9			
632 - 99 - 5	碱性紫 14 Basic Violet 14			
2602 - 46 - 2	直接蓝 6 Direct Blue 6			
1937 - 37 - 7	直接黑 38 Direct Black 38			
573 - 58 - 0	直接红 28 Direct Red 28			
2475 - 45 - 8	分散蓝 1 Disperse Blue 1			
82 - 28 - 0	分散橙 11 Disperse Orange 11			
2832 - 40 - 8	分散黄 3 Disperse Yellow 3			

表 1-15（续）

CAS登记号 CAS Number	化学品名称/颜色索引名称 Chemical Name/Color Index Name	最终产品或测试部件中的限制/最大限值 Restriction/Maximum Limit on Final Product or Tested Component	国家/地区 Country/Region	法规/标准/规范 Regulation/Standard/Specification
阻燃剂 Flame Retardants				
85535-84-8	氯化石蜡（C10-C13） Chlorinated paraffins（C10-C13）	禁用 Prohibited	欧盟 European Union	欧盟 POPs 法规 No. 850/2004 之附录Ⅰ European Union POPs Regulation（EC）No. 850/2004，Annex Ⅰ
59536-65-1	多溴联苯（PBBs） Polybrominated biphenyls（PBBs）	禁用 Prohibited	欧盟 European Union	欧盟 REACH 法规（EC）No. 1907/2006 之附录 ⅩⅦ European Union REACH Regulation（EC）No. 1907/2006 Annex ⅩⅦ
32534-81-9	五溴二苯醚（pentaBDE） Penta-bromodiphenyl ether（pentaBDE）	质量分数≤0.001% ≤0.001% by weight	欧盟 European Union	欧盟 POPs 法规 No. 850/2004 之附录Ⅰ European Union POPs Regulation（EC）No. 850/2004，Annex Ⅰ
32536-52-0	八溴二苯醚（octaBDE） Octa-bromodiphenyl ether（octaBDE）	质量分数≤0.1% ≤0.1% by weight		欧盟 REACH 法规（EC）No. 1907/2006 之附录 ⅩⅦ European Union REACH Regulation（EC）No. 1907/2006 Annex ⅩⅦ

表 1-15（续）

CAS 登记号 CAS Number	化学品名称/颜色索引名称 Chemical Name/Color Index Name	最终产品或测试部件中的限制/最大限值 Restriction/Maximum Limit on Final Product or Tested Component	国家/地区 Country/Region	法规/标准/规范 Regulation/Standard/Specification
126-72-7	磷酸三（2，3-二溴丙基）酯（TRIS） Tris（2，3-dibromopropyl）phosphate（TRIS）	禁用 Prohibited	欧盟 European Union	欧盟 REACH 法规（EC）No. 1907/2006 之附录 XVII European Union REACH Regulation（EC）No. 1907/2006 Annex XVII
5412-25-9	二（2，3-二溴丙基）磷酸酯 Bis（2，3-dibromopropyl）phosphate	禁用 Prohibited	日本 Japan	日本含有有害物质家用产品控制法；法律编号 112，1973 年 10 月 12 日，于 1978 年和 1981 年进行部分修订 Japanese law for the control of household products containing harmful substances; Law no. 112, October 12, 1973. Partially amended in 1978 and 1981
545-55-1	三-（1-氮杂环丙基）氧化膦（TEPA） Tris（1-aziridinyl）-phosphineoxide（TEPA）	禁用 Prohibited	欧盟 European Union	欧盟 REACH 法规（EC）No. 1907/2006 之附录 XVII European Union REACH Regulation（EC）No. 1907/2006 Annex XVII
1163-19-5	十溴二苯醚（DecaBDE） Decabromodiphenyl ether（DecaBDE）	质量分数为 0.1% 0.1% by weight	俄勒冈州（美国） Oregon（United States）	SB596

表 1 - 15（续）

CAS 登记号 CAS Number	化学品名称/颜色索引名称 Chemical Name/Color Index Name	最终产品或测试部件中的限制/最大限值 Restriction/Maximum Limit on Final Product or Tested Component	国家/地区 Country/Region	法规/标准/规范 Regulation/Standard/Specification
115 - 96 - 8	磷酸三（2 -氯乙基）酯（TCEP） Tris（2 - chloroethyl）phosphate（TCEP）	禁用 prohibited	纽约（美国） New York(United States)	A6195
13674 - 87 - 8	磷酸三（1，3 -二氯- 2 -丙基）酯 Tris（1，3 - dichloro - 2 - propyl）phosphate（TDCPP）	质量分数为 0.1% 0.1% by weight	佛蒙特州，美国 Vermont，U. S. A	S81
含氟温室气体 Fluorinated Greenhouse Gases				
2551 - 62 - 4	六氟化硫 Sulfur hexafluoride - SF6	禁用 Prohibited	欧盟 European Union	欧盟指令（EU）No 517/2014 European Union Regulation（EU）No 517/2014
氢氟碳化物 Hydrofluorocarbons（HFCs）：				
75 - 46 - 7	三氟甲烷 HFC - 23 - CHF_3			
75 - 10 - 5	二氟甲烷 HFC - 32 - CH_2F_2			
593 - 53 - 3	甲基氟 HFC - 41 - CH_3F			
138495 - 42 - 8	1，1，1，2，2，3，4，5，5，5 -十氟戊烷 HFC - 43 - 10mee - $C_5H_2F_{10}$			

表 1-15（续）

CAS登记号 CAS Number	化学品名称/颜色索引名称 Chemical Name/Color Index Name	最终产品或测试部件中的限制/最大限值 Restriction/Maximum Limit on Final Product or Tested Component	国家/地区 Country/Region	法规/标准/规范 Regulation/Standard/Specification
354-33-6	五氯乙烷 HFC-125-C_2HF_5			
359-35-3	1，1，2，2-四氟乙烷 HFC-134-$C_2H_2F_4$			
811-97-2	1，1，1，2-四氟乙烷 HFC-134a-CH_2FCF_3			
75-37-6	氟利昂-152a HFC-152a-$C_2H_4F_2$			
430-66-0	1，1，2-三氟乙烷 HFC-143-$C_2H_3F_3$			
420-46-2	1，1，1-三氟乙烷 HFC-143a-$C_2H_3F_3$			
431-89-0	七氟丙烷 HFC-227ea-C_3HF_7			
677-56-5	1，1，1，2，2，3-六氟丙烷 HFC-236cb-$CH_2FCF_2CF_3$			
431-63-0	1，1，1，2，3，3-六氟丙烷 HFC-236ea-CHF_2CHFCF_3			

表 1-15（续）

CAS登记号 CAS Number	化学品名称/颜色索引名称 Chemical Name/Color Index Name	最终产品或测试部件中的限制/最大限值 Restriction/Maximum Limit on Final Product or Tested Component	国家/地区 Country/Region	法规/标准/规范 Regulation/Standard/Specification
690-39-1	1，1，13，3，3-六氟丙烷 HFC-236fa-$C_3H_2F_6$			
679-86-7	1，1，2，2，3-五氟丙烷 HFC-245ca-$C_3H_3F_5$			
460-73-1	1，1，1，3，3-五氟丙烷 HFC-245fa-$CHF_2CH_2CF_3$			
406-58-6	1，1，13，3-五氟丁烷 HFC-365mfc-$CF_3CH_2CF_2CH_3$			
全氟化碳（PFCs） Perfluorocarbons				
75-73-0	四氟化碳 Perfluoromethane-CF_4			
76-16-4	六氟乙烷 Perfluoroethane-C_2F_6			
76-19-7	八氟丙烷 Perfluoropropane-C_3F_8			
355-25-9	全氟丁烷 Perfluorobutane-C_4F_{10}			
678-26-2	全氟戊烷 Perfluoropentane-C_5F_{12}			

表 1－15（续）

CAS登记号 CAS Number	化学品名称/颜色索引名称 Chemical Name/Color Index Name	最终产品或测试部件中的限制/最大限值 Restriction/Maximum Limit on Final Product or Tested Component	国家/地区 Country/Region	法规/标准/规范 Regulation/Standard/Specification
355－42－0	全氟己烷 Perfluorohexane－C_6F_{14}			
115－25－3	八氟环丁烷 Perfluorocyclobutane － c－C_4F_8			
金属 Metals				
纺织品限制				
	纺织品中限量 Restrictions for Textiles			
7440－43－9	镉（Cd） Cadmium（Cd）	禁用 Prohibited	中国台湾 Chinese Taiwan	“CNS 15290”
7439－92－1	铅（Pb） Lead（Pb）	100mg/kg	丹麦 Denmark	法令编号：1082，2007 年 9 月 13 日 Statutory order no. 1082 of September 13，2007
		90mg/kg	韩国 Korea	韩国认证标志（KC 标志，更多信息见附录 2） Korea Certification Mark（KC Mark，for more information review Appendix Ⅱ）

表 1 - 15（续）

CAS登记号 CAS Number	化学品名称/颜色索引名称 Chemical Name/Color Index Name	最终产品或测试部件中的限制/最大限值 Restriction/Maximum Limit on Final Product or Tested Component	国家/地区 Country/Region	法规/标准/规范 Regulation/Standard/Specification
7439 - 92 - 1	铅（Pb） Lead（Pb）	0.2mg/kg（可萃取）	中国 China	FZ/T 81014—2008（婴幼儿服装） FZ/T 81014—2008 - Infant's wear FZ/T 73025—2013（婴幼儿针织服饰） FZ/T 73025—2013（Knitted garment and adornment for infant）
7440 - 47 - 3	铬 Chromium	1.0mg/kg（可萃取）	中国 China	FZ/T 81014—2008（婴幼儿服装） FZ/T 81014—2008 - Infant's wear FZ/T 73025—2013（婴幼儿针织服饰） FZ/T 73025—2013（Knitted garment and adornment for infant）
7439 - 97 - 6	汞 Mercury	0.02mg/kg（可萃取）	中国 China	FZ/T 81014—2008（婴幼儿服装） FZ/T 81014—2008 - Infant's wear FZ/T 73025—2013（婴幼儿针织服饰） FZ/T 73025—2013（Knitted garment and adornment for infant）

表 1－15（续）

CAS登记号 CAS Number	化学品名称/颜色索引名称 Chemical Name/Color Index Name	最终产品或测试部件中的限制/最大限值 Restriction/Maximum Limit on Final Product or Tested Component	国家/地区 Country/Region	法规/标准/规范 Regulation/Standard/Specification
7440－38－2	砷 Arsenic	0.2mg/kg（可萃取）	中国 China	FZ/T 81014—2008（婴幼儿服装） FZ/T 81014—2008－Infant's wear FZ/T 73025—2013（婴幼儿针织服饰） FZ/T 73025—2013（Knitted garment and adornment for infant）
7440－50－8	铜 Copper	25mg/kg（可萃取）	中国 China	FZ/T 81014—2008（婴幼儿服装） FZ/T 81014—2008－Infant's wear FZ/T 73025—2013（婴幼儿针织服饰） FZ/T 73025—2013（Knitted garment and adornment for infant）
7440－43－9	镉 Cadmium（Cd）	0.1 mg/kg（可萃取）	印度尼西亚 Indonesia	法规编号，No.07/M－IND/PER/2－2014 Regulation，No. 07/M－IND/PER/2—2014
7439－92－1	铅 Lead（Pb）	0.2 mg/kg（可萃取）	印度尼西亚 Indonesia	法规编号，No.07/M－IND/PER/2－2014 Regulation，No. 07/M－IND/PER/2—2014

表 1 - 15（续）

CAS 登记号 CAS Number	化学品名称/颜色索引名称 Chemical Name/Color Index Name	最终产品或测试部件中的限制/最大限值 Restriction/Maximum Limit on Final Product or Tested Component	国家/地区 Country/Region	法规/标准/规范 Regulation/Standard/Specification
7440 - 50 - 8	铜 Copper	25 mg/kg（可萃取）	印度尼西亚 Indonesia	法规编号，No. 07/M - IND/PER/2—2014 Regulation，No. 07/M - IND/PER/2—2014
7440 - 02 - 0	镍 Nickel (Ni)	1. 0 mg/kg（可萃取）	印度尼西亚 Indonesia	法规编号，No. 07/M - IND/PER/2—2014 Regulation，No. 07/M - IND/PER/2—2014
7440 - 36 - 0	锑 Antimony	30mg/kg（可萃取）	中国 China	FZ/T 73025—2013（婴幼儿针织服饰） FZ/T 73025—2013（Knitted garment and adornment for infant）
7440 - 43 - 9	镉 Cadmium (Cd)	0. 1 mg/kg（可萃取）	中国 China	FZ/T 73025—2013（婴幼儿针织服饰） FZ/T 73025—2013（Knitted garment and adornment for infant）
18540 - 29 - 9	铬（Cr^{6+}） Chromium (Cr^{6+}) - hexavalent	Not Detected (0. 5 mg/kg 可萃取)	中国 China	FZ/T 73025—2013（婴幼儿针织服饰） FZ/T 73025—2013（Knitted garment and adornment for infant）

表 1-15（续）

CAS登记号 CAS Number	化学品名称/颜色索引名称 Chemical Name/Color Index Name	最终产品或测试部件中的限制/最大限值 Restriction/Maximum Limit on Final Product or Tested Component	国家/地区 Country/Region	法规/标准/规范 Regulation/Standard/Specification
7440-48-4	钴 Cobalt	1.0mg/kg（可萃取）	中国 China	FZ/T 73025—2013（婴幼儿针织服饰） FZ/T 73025—2013（Knitted garment and adornment for infant）
7440-02-0	镍 Nickel（Ni）	1.0 mg/kg（可萃取）	中国 China	FZ/T 73025—2013（婴幼儿针织服饰） FZ/T 73025—2013（Knitted garment and adornment for infant）
7440-38-2	砷（As） Arsenic（As）	100 mg/kg	中国 China	GB 30585—2014（儿童鞋安全技术规范）-将于2016年1月1日实施 GB 30585—2014（Safety technical specifications for children's footwear）- will apply on 1 Jan 2016
7439-92-1	铅 Lead（Pb）	100 mg/kg	中国 China	GB 30585—2014（儿童鞋安全技术规范）-将于2016年1月1日实施 GB 30585—2014（Safety technical specifications for children's footwear）- will apply on 1 Jan 2016
7440-43-9	镉 Cadmium（Cd）	100 mg/kg	中国 China	GB 30585—2014（儿童鞋安全技术规范）-将于2016年1月1日实施 GB 30585—2014（Safety technical specifications for children's footwear）- will apply on 1 Jan 2016

表 1-15（续）

CAS 登记号 CAS Number	化学品名称/颜色索引名称 Chemical Name/Color Index Name	最终产品或测试部件中的限制/最大限值 Restriction/Maximum Limit on Final Product or Tested Component	国家/地区 Country/Region	法规/标准/规范 Regulation/Standard/Specification
18540-29-9	铬（Cr^{6+}） Chromium（Cr^{6+}）- hexavalent	10 mg/kg	中国 China	GB 30585—2014（儿童鞋安全技术规范）-将于 2016 年 1 月 1 日实施 GB 30585—2014（Safety technical specifications for children′s footwear）- will apply on 1 Jan 2016
皮革限制 Restrictions for Leather				
7440-43-9	镉（Cd） Cadmium（Cd）	禁用 Prohibited	中国台湾 Chinese Taiwan	“CNS 15290”
7439-92-1	铅（Pb） Lead（Pb）	100mg/kg	丹麦 Denmark	法令编号：1082，2007 年 9 月 13 日 Statutory order No. 1082 of September 13，2007
18540-29-9	铬（Cr^{6+}） Chromium（Cr^{6+}）- hexavalent	未检出（检测限值为 3mg/kg） Not Detected（detection limit is 3 mg/kg）	德国 Germany	德国商品调理修正案第十八条规定，2010 年 8 月 3 日 Eighteenth Regulation on the Amendment of the German Ordinance on Commodities of 3rd August 2010
7440-38-2	砷（As） Arsenic（As）	100 mg/kg	中国 China	GB 30585—2014（儿童鞋安全技术规范）-将于 2016 年 1 月 1 日实施 GB 30585—2014（Safety technical specifications for children′s footwear）- will apply on 1 Jan 2016

表 1-15（续）

CAS 登记号 CAS Number	化学品名称/颜色索引名称 Chemical Name/Color Index Name	最终产品或测试部件中的限制/最大限值 Restriction/Maximum Limit on Final Product or Tested Component	国家/地区 Country/Region	法规/标准/规范 Regulation/Standard/Specification
7439-92-1	铅（Pb） Lead（Pb）	100 mg/kg	中国 China	GB 30585—2014（儿童鞋安全技术规范）-将于 2016 年 1 月 1 日实施 GB 30585—2014（Safety technical specifications for children' s footwear）- will apply on 1 Jan 2016
7440-43-9	镉（Cd） Cadmium（Cd）	100 mg/kg	中国 China	GB 30585—2014（儿童鞋安全技术规范）-将于 2016 年 1 月 1 日实施 GB 30585—2014（Safety technical specifications for children' s footwear）- will apply on 1 Jan 2016
18540-29-9	铬（Cr^{6+}） Chromium（Cr^{6+}）- hexavalent	10 mg/kg	中国 China	GB 30585—2014（儿童鞋安全技术规范）-将于 2016 年 1 月 1 日实施 GB 30585—2014（Safety technical specifications for children' s footwear）- will apply on 1 Jan 2016
金属部件限制 Restrictions for Metal Parts				
7439-92-1	铅（Pb） Lead（Pb）	100 mg/lg	丹麦 Denmark	法令编号：1082，2007 年 9 月 13 日 Statutory order No. 1082 of September 13，2007

表 1-15（续）

CAS 登记号 CAS Number	化学品名称/颜色索引名称 Chemical Name/Color Index Name	最终产品或测试部件中的限制/最大限值 Restriction/Maximum Limit on Final Product or Tested Component	国家/地区 Country/Region	法规/标准/规范 Regulation/Standard/Specification
7440-02-0	镍（Ni）（在金属物件中） Nickel（Ni）（in metal items）	0.5 μg/（cm^2·周） 0.5 μg/（cm^2·week）	欧盟 European Union	欧盟 REACH 法规（EC）No. 1907/2006 之附录 XVII European Union REACH Regulation（EC）No. 1907/2006 Annex XVII
7440-43-9	镉（Cd） Cadmium	100 mg/kg	欧盟 European Union	欧盟 REACH 法规（EC）No. 1907/2006 Annex XVII European Union REACH Regulation（EC）No. 1907/2006 Annex XVII
		禁用 Prohibited	中国台湾 Chinese Taiwan	"CNS15290"
7440-38-2	砷（As） Arsenic（As）	100 mg/kg	中国 China	GB 30585—2014（儿童鞋安全技术规范）-将于 2016 年 1 月 1 日实施 GB 30585—2014（Safety technical specifications for children's footwear）- will apply on 1 Jan 2016

表 1-15（续）

CAS登记号 CAS Number	化学品名称/颜色索引名称 Chemical Name/Color Index Name	最终产品或测试部件中的限制/最大限值 Restriction/Maximum Limit on Final Product or Tested Component	国家/地区 Country/Region	法规/标准/规范 Regulation/Standard/Specification
7439-92-1	铅（Pb） Lead（Pb）	100 mg/kg	中国 China	GB 30585—2014（儿童鞋安全技术规范）-将于 2016 年 1 月 1 日实施 GB 30585—2014（Safety technical specifications for children′s footwear）- will apply on 1 Jan 2016
7440-43-9	Cadmium（Cd）	100 mg/kg	中国 China	GB 30585—2014（儿童鞋安全技术规范）-将于 2016 年 1 月 1 日实施 GB 30585—2014（Safety technical specifications for children′s footwear）- will apply on 1 Jan 2016
塑料和塑料薄膜限制 Restrictions for Plastics and Plastic Film				
7439-92-1	铅（Pb） Lead（Pb）	100mg/kg	丹麦 Denmark	法令编号：1082，2007 年 9 月 13 日 Statutory order No. 1082 of September 13，2007
7440-43-9	镉（Cd） Cadmium	100 mg/kg	欧盟 European Union	欧盟 REACH 法规（EC）No. 1907/2006 之附录 XVII European Union REACH Regulation（EC）No. 1907/2006 Annex XVII
		Prohibited	中国台湾 Chinese Taiwan	“CNS 15290”

表 1-15（续）

CAS 登记号 CAS Number	化学品名称/颜色索引名称 Chemical Name/Color Index Name	最终产品或测试部件中的限制/最大限值 Restriction/Maximum Limit on Final Product or Tested Component	国家/地区 Country/Region	法规/标准/规范 Regulation/Standard/Specification
18540-29-9	铬（Cr^{6+}） Chromium（Cr^{6+}）- hexavalent	10 mg/kg	中国台湾 Chinese Taiwan	"CNS 15503"
7440-38-2	砷（As） Arsenic（As）	100 mg/kg	中国 China	GB 30585—2014（儿童鞋安全技术规范）-将于 2016 年 1 月 1 日实施 GB 30585—2014（Safety technical specifications for children's footwear）- will apply on 1 Jan 2016
7439-92-1	铅（Pb） Lead（Pb）	100 mg/kg	中国 China	GB 30585—2014（儿童鞋安全技术规范）-将于 2016 年 1 月 1 日实施 GB 30585—2014（Safety technical specifications for children's footwear）- will apply on 1 Jan 2016
7440-43-9	镉（Cd） Cadmium（Cd）	100 mg/kg	中国 China	GB 30585—2014（儿童鞋安全技术规范）-将于 2016 年 1 月 1 日实施 GB 30585—2014（Safety technical specifications for children's footwear）- will apply on 1 Jan 2016

表 1-15（续）

CAS登记号 CAS Number	化学品名称/颜色索引名称 Chemical Name/Color Index Name	最终产品或测试部件中的限制/最大限值 Restriction/Maximum Limit on Final Product or Tested Component	国家/地区 Country/Region	法规/标准/规范 Regulation/Standard/Specification
表面涂层和印花限制 Restrictions for Surface Coatings and Printing				
7439-92-1	铅（Pb） Lead（Pb）	90 mg/kg	美国 United States	16 C. F. R § 1303——含铅油漆和某些涂有含铅油漆消费品的禁令 16 C. F. R. § 1303 - Ban of Lead-Containing Paint and Certain Consumer Products Bearing Lead-Containing Paint
7440-43-9	镉（Cd） Cadmium（Cd）	欧盟：1000 mg/kg 韩国：75 mg/kg EU：1000 mg/kg South Korea：75 mg/kg	欧盟 European Union	欧盟 REACH 法规（EC）No. 1907/2006 之附录 XVII European Union REACH Regulation (EC) No. 1907/2006 Annex XVII
		禁用 Prohibited	中国台湾 Chinese Taiwan	"CNS 15290"
可溶性重金属 Soluble Heavy Metals				
	中国：PVC 人造革 China：PVC artificial leather	铅：90 mg/kg Lead：90 mg/kg	中国 China	GB 21550—2008
		镉：75 mg/kg Cadmium：75 mg/kg		

表 1－15（续）

CAS登记号 CAS Number	化学品名称/颜色索引名称 Chemical Name/Color Index Name	最终产品或测试部件中的限制/最大限值 Restriction/Maximum Limit on Final Product or Tested Component	国家/地区 Country/Region	法规/标准/规范 Regulation/Standard/Specification
	埃及：小于 3 岁的儿童鞋 中国台湾：小于 14 岁的儿童产品 Egypt：children less than 36 months footwear，size 26 and less Chinese Taiwan：Children products up to age 14	锑：60 mg/kg Antimony：60 mg/kg	埃及 中国台湾 Egypt Chinese Taiwan	ES 7322/2011 CNS 15503（婴儿产品） ES 7322/2011 CNS 15503（children′s product）
		砷：25 mg/kg Arsenic：25 mg/kg		
		钡：1000 mg/kg Barium：1000 mg/kg		
		镉：75 mg/kg Cadmium：75 mg/kg		
		铬：60 mg/kg Chromium：60 mg/kg		
		铅：90 mg/kg Lead：90 mg/kg		
		汞：60 mg/kg Mercury：60 mg/kg		
		硒：500 mg/kg Selenium：500 mg/kg		
其他化学品 Misc. Chemicals				
50－00－0	甲醛 0－36 个月 Formaldehyde 0－36 months old	未检出（检出限为 16 mg/kg)(纺织品） Not Detected（detection limit is 16 mg/kg)（textiles)	日本 Japan	日本：法律 112 Japanese Law 112

表 1-15（续）

CAS 登记号 CAS Number	化学品名称/颜色索引名称 Chemical Name/Color Index Name	最终产品或测试部件中的限制/最大限值 Restriction/Maximum Limit on Final Product or Tested Component	国家/地区 Country/Region	法规/标准/规范 Regulation/Standard/Specification
50-00-0	＞36 个月（与皮肤有直接接触）＞36 months old (with direct skin contact)	75 mg/kg（检出限为 16mg/kg）(纺织品) 75 mg/kg (detection limit is16mg/kg) (textiles)	日本 Japan	日本：法律 112 Japanese Law 112
50-00-0	＞36 个月（与皮肤无直接接触）＞36 months old (no direct skin contact)	300 mg/kg（检出限为 16mg/kg）(纺织品) 300 mg/kg (detection limit is16mg/kg) (textiles)	见其他国家 See other countries	日本：法律 112 Japanese Law 112
50-00-0	甲醛（皮革或毛皮）婴儿产品（0～24 个月）Formaldehyde (leather) Baby products (0～24 months)	20 mg/kg	中国 China	GB 20400—2006
	皮革（与皮肤有直接接触）Leather (with direct skin contact)	75 mg/kg	中国 China	GB 20400—2006
	皮革（不直接与皮肤有直接接触）Leather (without direct skin contact)	300 mg/kg	中国 China	GB 20400—2006
50-00-0	甲醛（婴儿运动鞋以及鞋内与皮肤直接接触的部件）Formaldehyde (baby athletic shoes and skin contact components in children's athletic shoes)	≤75 mg/kg	中国 China	QB/T 4331

表 1-15（续）

CAS 登记号 CAS Number	化学品名称/颜色索引名称 Chemical Name/Color Index Name	最终产品或测试部件中的限制/最大限值 Restriction/Maximum Limit on Final Product or Tested Component	国家/地区 Country/Region	法规/标准/规范 Regulation/Standard/Specification
50-00-0	甲醛（婴儿鞋的纺织品及人造革部分） Formaldehyde（Textile and artificial leather on upper, lining and insole of vulcanized shoes-infant shoes）	≤300 mg/kg	中国 China	
50-00-0	甲醛（婴儿鞋的纺织品及人造革部分） Formaldehyde（Textile and artificial leather on upper, lining and insole of vulcanized shoes-infant shoes）	≤75 mg/kg	中国 China	
50-00-0	甲醛（婴儿鞋的纺织品及人造革部分） Formaldehyde（Textile and artificial leather on upper, lining and insole of vulcanized shoes-infant shoes）	≤150 mg/kg	中国 China	
2795-39-3	全氟辛烷磺酸盐（PFOS） Perfluorooctane sulfonate（PFOS）	1 $\mu g/m^2$（纺织品或其他涂层材料），<0.1%（物品） 1 $\mu g/m^2$（textiles or other coated materials），<0.1% for articles	欧盟 European Union	欧盟 POPs 法规（EC）No. 850/2004 附录Ⅰ European Union POPs Regulation（EC）No. 850/2004 Annex Ⅰ
335-67-1 3825-26-1 335-95-5 2395-00-8 335-66-0 376-27-2 3108-24-5	全氟辛酸（PFOA）及其盐和酯 Perfluorooctanoic acid（PFOA），its salts and esters	1 $\mu g/m^2$（纺织品或其他涂层材料），质量分数 0.1%（产品），质量分数 0.001%（物质或混合物） 1 $\mu g/m^2$（textiles or other coated materials）0.1% by weight（product）0.001% by weight（substances or mixtures）	挪威 Norway	挪威产品法规 Norwegian Product Regulation

表 1-15（续）

CAS登记号 CAS Number	化学品名称/颜色索引名称 Chemical Name/Color Index Name	最终产品或测试部件中的限制/最大限值 Restriction/Maximum Limit on Final Product or Tested Component	国家/地区 Country/Region	法规/标准/规范 Regulation/Standard/Specification
118685-33-9	蓝色着色剂 Blue Colorant	禁用 欧盟：质量分数 0.1% Prohibited; 0.1% for EU	欧盟 European Union	欧盟 REACH 法规（EC）No. 1907/2006 之附录 XVII European Union REACH Regulation (EC) No 1907/2006 Annex XVII
25154-52-3	壬基酚 Nonyl phenol	1000 mg/kg	欧盟 European Union	欧盟 REACH 法规（EC）No. 1907/2006 之附录 XVII European Union REACH Regulation (EC) No 1907/2006 Annex XVII
	壬基酚聚氧乙烯醚 Nonyl phenolethoxylates			
	pH 值 pH value	4.0～7.5（0～36 月） 4.0～8.5（直接皮肤接触） 4.0～9.0（非直接皮肤接触） 4.0～7.5 (0～36 months) 4.0～8.5 (direct skin contact) 4.0～9.0 (without direct skin contact)	中国 China	GB 18401—2010
		4.0～7.5（婴幼儿） 4.0～7.5 (infant, children)	韩国 South Korea	KC Mark
		不小于 3.5 not less than 3.5	埃及 Egypt	ES 6535/2008

表 1-15（续）

CAS 登记号 CAS Number	化学品名称/颜色索引名称 Chemical Name/Color Index Name	最终产品或测试部件中的限制/最大限值 Restriction/Maximum Limit on Final Product or Tested Component	国家/地区 Country/Region	法规/标准/规范 Regulation/Standard/Specification
75-01-4	聚氯乙烯单体 Vinyl Chloride Monomer（VCM）	1 mg/kg	埃及 Egypt	ES 7322/2011
		5 mg/kg	中国 China	GB 21550—2008
亚硝胺 *N*-Nitrosamines				
62-75-9	*N*-亚硝基二甲胺 *N*-Nitrosodimethylamine	未检出（检出限：0.5mg/kg） Not detected （detection limit：0.5mg/kg）	中国 China	GB 25036—2010 GB 25038—2010 GB 30585—2014（于 2014 年 1 月 1 日实施）（will apply on 1 Jan 2014）
55-18-5	*N*-亚硝基二乙胺 *N*-Nitrosodiethylamine			
621-64-7	*N*-亚硝基二正丙基胺 *N*-Nitrosodipropylamine			
924-16-3	*N*-甲硝基二正丁胺 *N*-Nitrosodibutylamine			
100-75-4	*N*-亚硝基哌啶 *N*-Nitrosopiperidine			
930-55-2	*N*-亚硝基吡咯烷 *N*-Nitrosopyrrolidine			

表 1-15（续）

CAS登记号 CAS Number	化学品名称/颜色索引名称 Chemical Name/Color Index Name	最终产品或测试部件中的限制/最大限值 Restriction/Maximum Limit on Final Product or Tested Component	国家/地区 Country/Region	法规/标准/规范 Regulation/Standard/Specification
59-89-2	N-亚硝基吗啉 N-Nitrosomorpholine			
614-00-6	N-甲基-N-亚硝基苯胺 N-Nitroso-N-methylaniline			
612-64-6	N-亚硝基-N-乙基苯胺 N-Nitroso-N-ethylaniline			
多环芳烃 Polycyclic aromatic hydrocarbons (PAH)				
91-20-3	萘（仅中国台湾） Naphthalene (Chinese Taiwan only)	中国台湾：苯并（a）芘：1mg/kg；16种PAH总量：10mg/kg；欧盟：直接接触皮肤类：1mg/kg（每个）；儿童护理类：0.5 mg/kg（每个） Chinese Taiwan：Benzo（a）pyrene：1mg/kg； Totalof 16PAH：10mg/kg EU：Articles in direct skin contact with：1mg/kg (each) Childcare article：0.5 mg/kg (each)	中国台湾和欧盟 Chinese Taiwan and European Union	“CNS 3478”（塑料鞋） “CNS 3478”（plastic shoes） “CNS 15503”（儿童产品）（14岁以下） “CNS 15503 ”（children products）（up to age 14）
208-96-8	苊烯（仅中国台湾） Acenaphthylene (Chinese Taiwan only)			
83-32-9	苊（仅中国台湾） Acenaphthene (Chinese Taiwan only)			
86-73-7	芴（仅中国台湾） Fluorene (Chinese Taiwan only)			
85-01-8	菲（仅中国台湾） Phenanthrene (Chinese Taiwan only)			

表 1－15（续）

CAS登记号 CAS Number	化学品名称/颜色索引名称 Chemical Name/Color Index Name	最终产品或测试部件中的限制/最大限值 Restriction/Maximum Limit on Final Product or Tested Component	国家/地区 Country/Region	法规/标准/规范 Regulation/Standard/Specification
120－12－7	蒽（仅中国台湾） Anthracene (Chinese Taiwan only)			
206－44－0	荧蒽（仅中国台湾） Fluoranthene (ChineseTaiwan only)			
129－00－0	芘（仅中国台湾） Pyrene (Chinese Taiwan only)			
56－55－3	苯并（a）蒽（中国台湾和欧盟草案） Benzo（a）anthracene（Chinese Taiwan and EU draft)		欧盟 European Union	法规修订：欧盟 REACH 法规 (EC) No 1907/2006 Annex XVII European Union REACH Regulation (EC) No 1907/2006 Annex XVII
218－01－9	䓛（中国台湾和欧盟草案） Chrysene（Chinese Taiwan and EU draft)			
193－39－5	茚并（1，2，3－cd）芘（仅中国台湾） Indeno（1，2，3－cd）pyrene（Chinese Taiwan only)			
205－99－2	苯并（b）荧蒽（中国台湾和欧盟） Benzo（b）fluoranthene (Chinese Taiwan and EU)			
207－08－9	苯并（k）荧蒽（中国台湾和欧盟） Benzo（k）fluoranthene (Chinese Taiwan and EU)			

表 1-15（续）

CAS 登记号 CAS Number	化学品名称/颜色索引名称 Chemical Name/Color Index Name	最终产品或测试部件中的限制/最大限值 Restriction/Maximum Limit on Final Product or Tested Component	国家/地区 Country/Region	法规/标准/规范 Regulation/Standard/Specification
50-32-8	苯并（a）芘（中国台湾和欧盟） Benzo（a）pyrene（Chinese Taiwan and EU）			
53-70-3	二苯并（a，h）蒽（中国台湾和欧盟） Dibenzo（a，h）anthracene（Chinese Taiwan and EU）			
191-24-2	苯并（g，h，i）芘（仅中国台湾） Benzo（g，h，i）perylene（Chinese Taiwan only）			
192-97-2	苯并（e）芘（仅欧盟） Benzo（e）pyrene（EU only）			
205-82-3	苯并（j）荧蒽（仅欧盟） Benzo（j）fluoranthene（EU only）			
有机锡化合物 Organotin Compounds				
56573-85-4	三丁基锡（TBT） Tributyltin（TBT）	禁用 Prohibited	加拿大 Canada	特殊禁用物质法规，2012（SOR/2012-285） Prohibition of Certain Substances Regulation，2012（SOR/2012-285）

表 1－15（续）

CAS 登记号 CAS Number	化学品名称/颜色索引名称 Chemical Name/Color Index Name	最终产品或测试部件中的限制/最大限值 Restriction/Maximum Limit on Final Product or Tested Component	国家/地区 Country/Region	法规/标准/规范 Regulation/Standard/Specification
668－34－8	三苯基锡（TPhT） Triphenyltin（TPhT）	锡质量分数为 0.1% 0.1% by weight of tin	欧盟 European Union	欧盟 REACH 法规（EC）No. 1907/2006 之附录 XVII European Union REACH Regulation（EC）No. 1907/2006 Annex XVII
Various	所有三取代有机锡化合物，包括三丁基锡和三苯基锡 All tri－substituted organotin compounds including TBT and TPhT	锡质量分数为 0.1% 0.1% by weight of tin	欧盟 European Union	欧盟 REACH 法规（EC）No. 1907/2006 之附录 XVII European Union REACH Regulation（EC）No. 1907/2006 Annex XVII
1002－53－5	二丁基锡（DBT） Dibutyltin（DBT）	韩国：1 mg/kg 欧盟：锡质量分数为 0.1% South Korean：1 mg/kg EU：0.1% by weight of tin	韩国和欧盟 South Korea and the EU	由韩国技术标准局发布的自我监控确认通知（通知号：2007－34） 欧盟 REACH 法规（EC）No. 1907/2006 之附录 XVII Self Regulatory Confirmation Notice（Notice No. 2007－34）issued by Korean Agency for Technology and Standards European Union REACH Regulation（EC）No. 1907/2006 Annex XVII
15231－44－4	二辛基锡（DOT） Dioctyltin（DOT）	锡质量分数为 0.1% 0.1% by weight of tin	欧盟 EU	欧盟 REACH 法规：（EC）No. 1907/2006 附录 XVII European Union REACH Regulation（EC）No. 1907/2006 Annex XVII

表 1-15（续）

CAS登记号 CAS Number	化学品名称/颜色索引名称 Chemical Name/Color Index Name	最终产品或测试部件中的限制/最大限值 Restriction/Maximum Limit on Final Product or Tested Component	国家/地区 Country/Region	法规/标准/规范 Regulation/Standard/Specification
杀虫剂 Pesticides				
93-72-1	2，4，5-涕丙酸，其盐和化合物 2-（2，4，5-trichlorophenoxy）propionic acid，its salts and compounds	未检出 Not Detected	瑞士，欧盟 Switzerland，EU	欧盟 POPs 法规（EC）No. 850/2004 附录I； 瑞典：ChemRRVArt. 3 附录 1.1 European Union POPs Regulation（EC）No. 850/2004 Annex Ⅰ Switzerland：ChemRRV（Chemikalien-Risikoreduktions-Verordnung）Art. 3 Appendix 1.1
93-76-5	2，4，5-三氯苯氧乙酸，其盐和化合物 2，4，5-trichlorophenoxyacetic acid，its salts and compounds			
309-00-2	艾氏剂（瑞士和欧盟 POPs） Aldrin（Switzerland and EU POPs）			
57-74-9	氯丹（瑞士和欧盟 POPs） Chlordane（Switzerland and EU POPs）			
72-54-8	p，p'-滴滴滴（DDD） Dichloro-diphenyl-dichloroethane(DDD)			
72-55-9	p，p'-滴滴伊（DDE） Dichloro-diphenyl-dichloroethylene			
50-29-3	p，p'-滴滴涕（DDT） Dichloro-diphenyl-trichloroethane（DDT）			

表 1-15（续）

CAS 登记号 CAS Number	化学品名称/颜色索引名称 Chemical Name/Color Index Name	最终产品或测试部件中的限制/最大限值 Restriction/Maximum Limit on Final Product or Tested Component	国家/地区 Country/Region	法规/标准/规范 Regulation/Standard/Specification
60-57-1	狄氏剂 Dieldrin			
72-20-8	异狄氏剂 Endrine			
76-44-8	七氯 Heptachlorine			
1024-57-3	环氧七氯 Epoxy-heptachlorine			
115-29-7 959-98-8 33213-65-9	硫丹及其同分异构体 Endosulfan and its isomers	禁用 Prohibited	欧盟 EU	欧盟 POPs 法规（EC）No. 850/2004 附录Ⅰ； European Union POPs Regulation (EC) No. 850/2004 Annex Ⅰ
608-93-5	五氯苯 Pentabromobenzene			
36355-01-8	六溴联苯 Hexabromobiphenyl			
63405-99-2	4，6-二氯-7-（2，4，5-三氯苯氧基-2-三氟甲基苯并咪唑 4，6-Dichloro-7（2，4，5-trichloro-phenoxy）0-2-trifluoro methyl benz-imidazole (DTTB)	≤30mg/kg	日本 Japan	日本家用产品控制法规； Japan Law for the Control of Household Products

表 1-15（续）

CAS 登记号 CAS Number	化学品名称/颜色索引名称 Chemical Name/Color Index Name	最终产品或测试部件中的限制/最大限值 Restriction/Maximum Limit on Final Product or Tested Component	国家/地区 Country/Region	法规/标准/规范 Regulation/Standard/Specification
118-74-1	六氯苯（瑞典和欧盟 POPs） Hexachlorobenzene（Switzerland and EU POPs）	禁用 Prohibited	加拿大，瑞典和欧盟 Canada，Switzerland and the EU	加拿大：特定有毒物质的禁用法规； Canada：2012（SOR/2012-285）Prohibition of Certain Toxic Substances Regulations 2012（SOR/2012-285）； 瑞典：ChemRRVArt. 3 附录 1.1； Switzerland：ChemRRV（Chemikalien-Risikoreduktions-Verordnung）Art. 3 Appendix 1.1； 欧盟 POPs 法规（EC）No. 850/2004 附录Ⅰ； European Union POPs Regulation（EC）No. 850/2004 AnnexⅠ
608-73-1	六氯环己烷（HCH，所有的异构体），除 γ-六氯环己烷 （除了医疗产品中的林丹［58-89-9］）（瑞典和欧盟 POPs） Hexachlorocyclohexane（HCH，all isomers）except gammahexachlorocyclohexane（except linande［58-89-9］in medical products）（Switzerland and EU POPs）			
465-73-6	异艾氏剂 Isodrin			
4234-79-1	克来范 Kelevane			
143-50-0	开蓬（十氯铜）（瑞士和欧盟 POPs） Kepone（Chlordecone）（Switzerland and EU POPs）			

表 1 - 15（续）

CAS 登记号 CAS Number	化学品名称/颜色索引名称 Chemical Name/Color Index Name	最终产品或测试部件中的限制/最大限值 Restriction/Maximum Limit on Final Product or Tested Component	国家/地区 Country/Region	法规/标准/规范 Regulation/Standard/Specification
72 - 43 - 5	甲氧滴滴涕 Methoxychlor	禁用 Prohibited	加拿大，瑞典和欧盟 Canada，Switzerland and the EU	加拿大：特定有毒物质的禁用法规； Canada：2012（SOR/2012 - 285） Prohibition of Certain Toxic Substances Regulations 2012（SOR/2012 - 285）； 瑞典：ChemRRVArt. 3 附录 1. 1； Switzerland：ChemRRV（Chemikalien - Risikoreduktions - Verordnung）Art. 3 Appendix 1. 1； 欧盟 POPs 法规（EC）No. 850/2004 附录Ⅰ； European Union POPs Regulation（EC）No. 850/2004 Annex Ⅰ
2385 - 85 - 5	灭蚁灵（瑞典和欧盟 POPs） Mirex（Switzerland and EU POPs）			
72 - 56 - 0	乙滴涕 Perthane			
82 - 68 - 8	五氯硝基苯 Quintozene			
8001 - 50 - 1	氯化松节油 Strobane			
297 - 78 - 9	碳氯灵 Telodrin			
8001 - 35 - 2	毒杀芬（瑞士和欧盟 POPs） Toxaphene（Switzerland and EU POPs）			
1336 - 36 - 3 53469 - 21 - 9 及其各类	卤化联苯，包括多氯联苯（PCB） Halogenated biphenyls，including Polycholorinatedbiphenyl（PCB）（both Switzerland）			

表 1-15（续）

CAS登记号 CAS Number	化学品名称/颜色索引名称 Chemical Name/Color Index Name	最终产品或测试部件中的限制/最大限值 Restriction/Maximum Limit on Final Product or Tested Component	国家/地区 Country/Region	法规/标准/规范 Regulation/Standard/Specification
各类 Various	卤化三联苯类，包括多氯三联苯（PCT） Halogenated terphenols, including Polychlorinatedterphenyl（PCT）			
各类 Various	卤化萘类 Halogenatednaphthalenes			
各类 Various	卤化二芳基烷类 Halogenated diarylalkanes			
各类 Various	卤化联苯甲烷 Halogenated diphenylmethanes, including			
99688-47-8	甲基二溴二苯基甲烷 Monomethyl-dibromo-diphenylmethane			
81161-70-8	单甲基二氯二苯基甲烷 Monomethyl-dichloro-diphenyl-methane			
76253-60-6	单甲基四氯二苯基甲烷 Monomethyl-tetrachlorodiphenylmethane			

表 1－15（续）

CAS 登记号 CAS Number	化学品名称/颜色索引名称 Chemical Name/Color Index Name	最终产品或测试部件中的限制/最大限值 Restriction/Maximum Limit on Final Product or Tested Component	国家/地区 Country/Region	法规/标准/规范 Regulation/Standard/Specification
87－86－5	五氯苯酚（PCP），其盐和化合物 Pentachlorophenol（PCP），its salts and compounds	禁用（纺织品和皮革） ≤5mg/kg（木制材料） Not used（textiles and leather） ≤5mg/kg（wood based materials）	瑞典 Switzerland	瑞典：ChemRRV Art3 附录 1.1 和附录 2.17 Switzerland：ChemRRV（Chemikalien－Risikoreduktions－Verordnung）Art. 3 Appendix 1.1 and Appendice 2.17
25167－83－3 935－95－5	四氯苯酚（TeCP），其盐和化合物 2，3，5，6－四氯苯酚 Tetrachlorophenol（TeCP），its salts and compounds 2，3，5，6－TeCP	未检出（检测限 0.5 mg/kg） Not detected（0.5mg/kg）	中国 China	GB 25036/ GB 25038
624－49－7	富马酸二甲酯 Dimethyl Fumarate	禁用 Prohibited	欧盟、西班牙 EU，Spain	欧盟 REACH 法规（EC）No. 1907/2006 附录ⅩⅦ，限量 0.1 mg/kg； EU REACH regulation(EC)No. 1907/2006Annex ⅩⅦ，limit 0.1mg/kg； 西班牙（1229 决议，2008.12.22） Spain（1229 Resolution of 22 December 2008）

表 1-15（续）

CAS登记号 CAS Number	化学品名称/颜色索引名称 Chemical Name/Color Index Name	最终产品或测试部件中的限制/最大限值 Restriction/Maximum Limit on Final Product or Tested Component	国家/地区 Country/Region	法规/标准/规范 Regulation/Standard/Specification
邻苯二甲酸酯 Phthalates				
	邻苯二甲酸酯（除以下列出的邻苯二甲酸酯之外，DEHP，DNOP，BBP，DBP，DINP，DIDP） Phthalates (Except those listed below. DEHP,DNOP,BBP,DBP,DINP,DIDP)	质量分数 0.05% 0.05% by weight	丹麦 Denmark	丹麦法令 855 Denmark Statutory Order 855 of 05/09/2009
117-81-7	邻苯二甲酸二（2-乙基）己酯（DEHP） Di (2-ethylhexyl) phthalate (DEHP)	美国和加拿大：每个邻苯二甲酸-质量分数 0.1%； 欧盟：DEHP+DBP+BBP：质量分数 0.1%；DINP+DIDP+DNOP：质量分数 0.1% U. S. and Canada each phthalates 0.1% by weight For E. U DEHP + DBP + BBP 0.1% by weight DINP + DIDP + DNOP: 0.1% by weight	韩国、美国、丹麦和欧盟 South Korea, U. S., Denmark, and the EU	由韩国技术标准局发布的自我监控确认通知（通知号：2007-34） Self Regulatory Confirmation Notice (Notice No. 2007-34) issued by Korean Agency for Technology and Standards. 美国消费品安全改进法案（PL110-787） U. S. Consumer Product Safety Improvement Act (PL 110-787). 加拿大危险产品法案附表 1（邻苯二甲酸酯） Schedule 1 of the Canadian Hazardous Products Act (Phthalates) 欧盟 REACH 法规（EC）No. 1907/2006 候选清单 European Union REACH Regulation (EC) No. 1907/2006 Candidate List
117-84-0	邻苯二甲酸二正辛酯（DNOP） Di-n-octylphthalate (DNOP)			
85-68-7	邻苯二甲酸丁苄酯（BBP） Benzyl Butylphthalate (BBP)			
84-74-2	邻苯二甲酸二丁酯（DBP） Di-n-butylphthalate (DBP)			
68515-48-0 28553-12-0	邻苯二甲酸二异壬酯（DINP） Di-isononylphthalate (DINP)			
68515-49-1 26761-40-0	邻苯二甲酸二异癸酯（DIDP）Di-isodecylphthalate (DIDP)			

表 1-15（续）

CAS登记号 CAS Number	化学品名称/颜色索引名称 Chemical Name/Color Index Name	最终产品或测试部件中的限制/最大限值 Restriction/Maximum Limit on Final Product or Tested Component	国家/地区 Country/Region	法规/标准/规范 Regulation/Standard/Specification
131-11-3	邻苯二甲酸二甲酯 Dimethyl phthalate (DMP)	总质量分数 0.1% 0.1% (sum) by weight	中国台湾 Chinese Taiwan	"CNS 15503"（儿童产品） "CNS 15503" (children's products)
84-66-2	邻苯二甲酸二乙酯 Diethyl phthalate (DEP)			
68515-42-4	1，2-邻苯二酸二（C_{7-11}支链与直链）烷基酯 1，2-Benzenedicarboxylic acid, di-C_{7-11}-branchedand linear alkyl esters (DHNUP)	质量分数 0.1%（每个） 0.1% *w/w* per article (each)	欧盟 European Union	欧盟 REACH 法规（EC）No. 1907/2006 候选清单 European Union REACH Regulation (EC) No. 1907/2006 Candidate List
71888-89-6	邻苯二甲酸二（C_{6-8}支链）烷基酯，富 C_7（DIHP） 1，2-Benzenedicarboxylic acid, di-C_{6-8}-branched alkyl esters, C_7-rich (DIHP)			
117-82-8	邻苯二甲酸二-（2-甲氧基）乙酯 Bis(2-methoxyethyl)phthalate(DMEP)			
605-50-5	邻苯二甲酸二异戊酯 Diisopentylphthalate (DIPP)			
776297-69-9	邻苯二甲酸正戊异戊酯 N-pentylisopentylphthalate (NPIPP)			
84777-06-0	1，2-苯二酸二戊酯，支链和直链 1，2-Benzenedicarboxylic acid, dipentylester, branched and linear (DPP)			

表 1-15（续）

CAS 登记号 CAS Number	化学品名称/颜色索引名称 Chemical Name/Color Index Name	最终产品或测试部件中的限制/最大限值 Restriction/Maximum Limit on Final Product or Tested Component	国家/地区 Country/Region	法规/标准/规范 Regulation/Standard/Specification
84-75-3	邻苯二甲酸二己酯 Di-n-hexyl phthalate (DnHP/DHP)			
131-18-0	邻苯二甲酸二戊酯 Dipentyl phthalate			
68515-50-4	邻苯二甲酸二己酯，支链或直链 1，2-Benzenedicarboxylic acid. Dihexyl ester. Branched and linear			
溶剂 Solvents				
76-01-7	五氯乙烷 Pentachloroethane	0.1%（质量分数）(每个) 0.1% w/w per article(each)	欧盟和日本 EU and Japan	德国-食品与日用品法（化学品禁止条理）第 16 章 Germany - Chemikalienverbot Verordnung (Prohibition of Chemicals Ordinance), section 16 日本法规，针对含有害化合物的家用产品限制 Japan Law for the Control of Household Products Containing Harmful Substances
56-23-5	四氯化碳 Carbon Tetrachloride			
71-55-6	1，1，1-三氯乙烷 1，1，1-Trichloroethane			
630-20-6	1，1，1，2-四氯乙烷 1，1，1，2-Tetrachloroethane			
79-34-5	1，1，2，2-四氯乙烷 1，1，2，2-Tetrachloroethane			

表 1-15（续）

CAS登记号 CAS Number	化学品名称/颜色索引名称 Chemical Name/Color Index Name	最终产品或测试部件中的限制/最大限值 Restriction/Maximum Limit on Final Product or Tested Component	国家/地区 Country/Region	法规/标准/规范 Regulation/Standard/Specification
67-66-3	三氯甲烷 Chloroform			
79-00-5	1，1，2-三氯乙烷 1，1，2-Trichloroethane			
75-35-4	1，1-二氯乙烯 1，1-Dichloroethylene			
79-01-6	三氯乙烯 Trichloroethylene			
127-18-4	四氯乙烯（仅日本） Tetrachloroethylene（Japan only）			
	挥发性有机物 Volatile organics	≤20 g/m^2	中国 China	GB 21550—2008 （聚氯乙烯人造革有害物质限量） GB 21550—2008 （Restriction of hazardous materials in polyvihyl chloride artificial leather）

第 2 章　消费品中禁限用化合物信息库

本章化合物是从各个法规中提取出来的，即根据第 1 章消费品有关法律法规、指令等要求限制使用的化学污染物清单，剔除无机物、混合物等，选择适用于色谱-质谱法分析的常见化合物，共筛选出 299 种禁限用化合物。2.1 节介绍了化合物信息库内容及来源，2.2 节给出了禁限用化合物信息库的索引列表，2.3 节给出了禁限用化合物的具体信息，化合物按照英文名称字母顺序排序。

2.1　禁限用化合物信息库内容及来源

2.1.1　化合物信息库内容

（1）序号（Index）：根据化合物的英文名称字母顺序排序；

（2）化合物英文名（Compound Name）：包括法规对应的英文名称（Name in Regulation）、SciFinder 数据库对应的英文名称（CA Index Name）、ChemSpider 数据库对应的英文名称（ChemSpider）以及 PubChem 数据库对应的英文名称（PubChem）；

（3）化合物中文名（Chinese Name）；

（4）IUPAC 名称（IUPAC Name）：国际纯粹与应用化学联合会（IUPAC）名称；

（5）CAS 注册号（CAS Registry Number）；

（6）分子式（Molecular Formula）；

（7）精确质量数（Exact Mass）；

（8）结构图（Structure Diagram）：包含了来自 SciFinder、ChemSpider 和 PubChem 三个权威数据库的结构图；

（9）法规出处（Regulation Source）：禁限用化合物对应的法规。

2.1.2　化合物信息库来源

所有化合物信息均经过 SciFinder、ChemSpider 和 PubChem 三个权威数据库的综合查找、比对、核实，确保化合物信息准确有效，有关三个数据库的简介如下：

SciFinder 是美国化学学会（ACS）旗下的化学文摘服务社 CAS（Chemical Abstract Service）所出版的《Chemical Abstract》化学文摘的在线版数据库。SciFinder 是世界最大、最全面的化学和科学信息数据库，内容不仅涵盖了 CA 从 1907 年至今的所有内容，更整合了其他 5 个数据库（包括生物医学、物质、反应数据库等），能通过主题、分子式、结构式和反应式等多种方式进行检索，有超过 1.1 亿条物质记录，每天更新约 4000 条，每种化学物质有唯一对应的 CAS 注册号，始自 1957 年。

ChemSpider 是一个免费网络化学数据库，试运行于 2007 年 3 月，并于一年后的 2008 年 3 月正式发布，于 2009 年 5 月被英国皇家化学会收购。ChemSpider 数据库记录了超过三千万条的化合物结构信息，是以化学结构式为基础的最丰富单一化学信息在线资源库。

PubChem，即有机小分子生物活性数据，是一种化学模组的数据库，目前由美国国家生物技术信息中心维护。PubChem 可经由网站直接存取，数以万计的化学组成资料集可经由 FTP 免费下载。

2.2 禁限用化合物信息库索引列表

表 2-1 禁限用化合物信息库索引列表（按英文字母排放）

序号	化合物（中文名）	化合物（英文名）	CAS 号	法规出处
1	1，1，1，2-四氯乙烷	1，1，1，2-Tetrachloroethane	630-20-6	RSL
2	1，1，1-三氯乙烷	1，1，1-Trichloroethane	71-55-6	RSL
3	1，1，2，2-四氯乙烷	1，1，2，2-Tetrachloroethane	79-34-5	RSL
4	1，1，2-三氯乙烷	1，1，2-Trichloroethane	79-00-5	RSL
5	1，1-二氯乙烯	1，1-Dichloroethylene	75-35-4	RSL
6	1，2，3，4，6，7，8，9-八氯二苯并呋喃	1，2，3，4，6，7，8，9-Octachlorodibenzofuran	39001-02-0	RSL
7	1，2，3，4，6，7，8，9-八氯二苯并对二噁英	1，2，3，4，6，7，8，9-Octachlorodibenzo-p-dioxin	3268-87-9	RSL
8	1，2，3，4，6，7，8-七氯二苯并呋喃	1，2，3，4，6，7，8-Heptachlorodibenzofuran	67562-39-4	RSL
9	1，2，3，4，6，7，8-七氯二苯并对二噁英	1，2，3，4，6，7，8-Heptachlorodibenzo-p-dioxin	35822-46-9	RSL
10	1，2，3，4，7，8，9-七氯二苯并呋喃	1，2，3，4，7，8，9-Heptachlorodibenzofuran	55673-89-7	RSL
11	1，2，3，4，7，8-六溴二苯并对二噁英	1，2，3，4，7，8-Hexabromodibenzo-p-dioxin	110999-44-5	RSL
12	1，2，3，4，7，8-六氯二苯并呋喃	1，2，3，4，7，8-Hexachlorodibenzofuran	70648-26-9	RSL
13	1，2，3，4，7，8-六氯二苯并对二噁英	1，2，3，4，7，8-Hexachlorodibenzo-p-dioxin	39227-28-6	RSL

表 2-1（续）

序号	化合物（中文名）	化合物（英文名）	CAS 号	法规出处
14	1，2，3，6，7，8-六溴二苯并对二噁英	1，2，3，6，7，8-Hexabromodibenzo-p-dioxin	110999-45-6	RSL
15	1，2，3，6，7，8-六氯二苯并呋喃	1，2，3，6，7，8-Hexachlorodibenzofuran	57117-44-9	RSL
16	1，2，3，6，7，8-六氯二苯并对二噁英	1，2，3，6，7，8-Hexachlorodibenzo-p-dioxin	57653-85-7	RSL
17	1，2，3，7，8，9-六溴二苯并对二噁英	1，2，3，7，8，9-Hexabromodibenzo-p-dioxin	110999-46-7	RSL
18	1，2，3，7，8，9-六氯二苯并呋喃	1，2，3，7，8，9-Hexachlorodibenzofuran	72918-21-9	RSL
19	1，2，3，7，8，9-六氯二苯并对二噁英	1，2，3，7，8，9-Hexachlorodibenzo-p-dioxin	19408-74-3	RSL
20	1，2，3，7，8-五溴二苯并呋喃	1，2，3，7，8-Pentabromodibenzofuran	107555-93-1	RSL
21	1，2，3，7，8-五溴二苯并对二噁英	1，2，3，7，8-Pentabromodibenzo-p-dioxin	109333-34-8	RSL
22	1，2，3，7，8-五氯二苯并呋喃	1，2，3，7，8-Pentachlorodibenzofuran	57117-41-6	RSL
23	1，2，3，7，8-五氯二苯并对二噁英	1，2，3，7，8-Pentachlorodibenzo-p-dioxin	40321-76-4	RSL
24	1，2，3-三氯丙烷	1，2，3-Trichloropropane	96-18-4	SVHC
25	1，2，5，6，9，10-六溴环十二烷	1，2，5，6，9，10-Hexabromocyclododecane	3194-55-6	SVHC
26	邻苯二甲酸二（C6-8）支链烷基酯，富 C7	1，2-Benzenedicarboxylic acid，di-C6-8-branched alkyl esters，C7-rich（DIHP）	71888-89-6	SVHC/RSL/OEKO
27	邻苯二甲酸二戊酯，支链和直链	1，2-Benzenedicarboxylic acid，dipentylester，branched and linear	84777-06-0	SVHC/RSL/OEKO
28	三甘醇二甲醚	1，2-bis（2-methoxyethoxy）ethane（TEGDME/triglyme）	112-49-2	SVHC
29	1，2-二氯乙烷	1，2-Dichloroethane	107-06-2	SVHC
30	乙二醇二乙醚	1，2-Diethoxyethane	629-14-1	SVHC
31	1，2-二甲氧基乙烷	1，2-dimethoxyethane/ethylene glycol dimethyl ether（EGDME）	110-71-4	SVHC

表2－1（续）

序号	化合物（中文名）	化合物（英文名）	CAS号	法规出处
32	异氰尿酸三缩水甘油酯	1，3，5－Tris（oxiran－2－ylmethyl）－1，3，5－triazinane－2，4，6－trione（TGIC）	2451－62－9	SVHC
33	替罗昔隆	1，3，5－tris［（2S and 2R）－2，3－epoxypropyl］－1，3，5－triazine－2，4，6－（1H，3H，5H）－trione（β－TGIC）	59653－74－6	SVHC
34	溴代正丙烷	1－bromopropane（n－propyl bromide）	106－94－5	SVHC
35	1－甲基吡咯烷酮	1－Methyl－2－pyrrolidone	872－50－4	SVHC
36	1－甲基芘	1－Methylpyrene	2381－21－7	OEKO
37	1－亚硝基吡咯烷	1－N－Nitrosopyrrolidine	930－55－2	RSL
38	2，4，5－涕丙酸，其盐和化合物	2－（2，4，5－trichlorophenoxy）propionic acid，its salts and compounds	93－72－1	RSL
39	3，3′－二氯－4，4′－二氨基二苯甲烷	2，2′－dichloro－4，4′－methylenedianiline（MOCA）	101－14－4	SVHC/OEKO/RSL
40	2，3，4，5－四氯苯酚	2，3，4，5－Tetrachlorophenol	4901－51－3	OEKO
41	2，3，4，6，7，8－六氯二苯并呋喃	2，3，4，6，7，8－Hexachlorodibenzofuran	60851－34－5	RSL
42	2，3，4，6－四氯苯酚	2，3，4，6－Tetrachlorophenol	58－90－2	OEKO
43	2，3，4，7，8－五溴二苯并呋喃	2，3，4，7，8－Pentabromodibenzofuran	131166－92－2	RSL
44	2，3，4，7，8－五氯二苯并呋喃	2，3，4，7，8－Pentachlorodibenzofuran	57117－31－4	RSL
45	2，3，4－三氯苯酚	2，3，4－Trichlorophenol	15950－66－0	OEKO
46	2，3，5，6－四氯苯酚	2，3，5，6－Tetrachlorophenol	935－95－5	OEKO/RSL
47	2，3，5－三氯苯酚	2，3，5－Trichlorophenol	933－78－8	OEKO
48	2，3，6－三氯苯酚	2，3，6－Trichlorophenol	933－75－5	OEKO
49	2，3，7，8－四溴二苯并呋喃	2，3，7，8－Tetrabromodibenzofuran	67733－57－7	RSL
50	2，3，7，8－四溴二苯并对二噁英	2，3，7，8－Tetrabromodibenzo－p－dioxin	50585－41－6	RSL

表 2-1（续）

序号	化合物（中文名）	化合物（英文名）	CAS 号	法规出处
51	2，3，7，8-四氯二苯并呋喃	2，3，7，8 - Tetrachlorodibenzofuran	51207-31-9	RSL
52	2，3，7，8-四氯二苯并对二噁英	2，3，7，8 - Tetrachlorodibenzop-dioxin	1746-01-6	RSL
53	2，4，5-涕	2，4，5-T	93-76-5	RSL/OEKO
54	2，4，5-三氯苯酚	2，4，5-Trichlorophenol	95-95-4	OEKO
55	2，4，5-三甲基苯胺	2，4，5-Trimethylaniline	137-17-7	RSL/OEKO
56	2，4，6-三氯苯酚	2，4，6-Trichlorophenol	88-06-2	OEKO
57	2，4-滴	2，4-D	94-75-7	OEKO
58	2，4-二氨基苯甲醚	2，4-Diaminoanisole	615-05-4	RSL/OEKO
59	2，4-二硝基甲苯	2，4-Dinitrotoluene	121-14-2	SVHC
60	2，4-二氨基甲苯	2，4-Toluylendiamine	95-80-7	SVHC/RSL/OEKO
61	2，4-二甲基苯胺	2，4-Xylidine	95-68-1	RSL/OEKO
62	2，6-二甲基苯胺	2，6-Xylidine	87-62-7	RSL/OEKO
63	5-硝基-邻甲苯胺	2-Amino-4-nitrotoluene	99-55-8	RSL/OEKO
64	乙二醇单乙醚	2-Ethoxyethanol	110-80-5	SVHC
65	乙酸乙氧乙酯	2-Ethoxyethyl acetate	111-15-9	SVHC
66	邻氨基苯甲醚	2-Methoxyaniline/o-Anisidine	90-04-0	SVHC/RSL/OEKO
67	乙二醇单甲醚	2-Methoxyethanol	109-86-4	SVHC
68	2-萘胺	2-Naphthylamine	91-59-8	RSL/OEKO
69	3，3′-二甲基-4，4′-二氨基二苯甲烷	3，3′-Dimethyl-4，4′-diaminobiphenylmethane	838-88-0	SVHC/RSL/OEKO
70	3，3′-二氯联苯胺	3，3′-Dichlorobenzidine	91-94-1	RSL/OEKO
71	3，3′-二甲氧基联苯胺	3，3′-Dimethoxybenzidine	119-90-4	RSL/OEKO
72	3，3′-二甲基联苯胺	3，3′-Dimethylbenzidine	119-93-7	RSL/OEKO
73	3，4，5-三氯苯酚	3，4，5-Trichlorophenol	609-19-8	OEKO
74	3-乙基-2-甲基-2-（3-甲基丁基）噁唑烷	3-ethyl-2-methyl-2-（3-methylbutyl）-1，3-oxazolidine	143860-04-2	SVHC
75	4，4′-二氨基二苯甲烷	4，4′-Diaminodiphenylmethane	101-77-9	SVHC/RSL/OEKO

表 2-1（续）

序号	化合物（中文名）	化合物（英文名）	CAS 号	法规出处
76	α，α-二［（二甲氨基）苯基］-4-甲氨基苯甲醇	4，4′-bis（dimethylamino）-4′′-（methylamino）trityl alcohol	561-41-1	SVHC
77	4，4′-四甲基二氨基二苯酮（米氏酮）	4，4′-bis（dimethylamino）benzophenone（Michler′s ketone）	90-94-8	SVHC
78	4，4′-二氨基二苯醚	4，4′-oxydianiline and its salts	101-80-4	SVHC/RSL/OEKO
79	4，4′-二氨基二苯硫醚	4，4′-Thiodianiline	139-65-1	RSL/OEKO
80	4-氨基偶氮苯	4-Aminoazobenzene	60-09-3	SVHC/RSL/OEKO
81	4-氨基联苯	4-Aminobiphenyl	92-67-1	SVHC/RSL/OEKO
82	4-氯邻甲苯胺	4-Chloro-o-toluidine	95-69-2	RSL/OEKO
83	二甲苯麝香	5-tert-butyl-2，4，6-trinitro-m-xylene（musk xylene）	81-15-2	SVHC
84	2-甲氧基-5-甲基苯胺	6-methoxy-m-toluidine（p-cresidine）	120-71-8	SVHC/OEKO/RSL
85	苊	Acenaphthene	83-32-9	RSL/OEKO
86	苊烯	Acenaphthylene	208-96-8	RSL/OEKO
87	酸性红 26	C. I. Acid Red 26	3761-53-3	RSL/OEKO
88	丙烯酰胺	Acrylamide	79-06-1	SVHC
89	艾氏剂	Aldrin	309-00-2	RSL/OEKO
90	α-六溴环十二烷	Alpha-hexabromocyclododecane	134237-50-6	SVHC
91	全氟辛酸铵	Ammonium pentadecafluorooctanoate（APFO）	3825-26-1	SVHC/RSL/OEKO
92	蒽	Anthracene	120-12-7	SVHC/RSL/OEKO
93	益棉磷	Azinophosethyl	2642-71-9	OEKO
94	保棉磷	Azinophosmethyl	86-50-0	OEKO
95	联苯胺	Benzidine	92-87-5	RSL/OEKO
96	苯并（a）蒽	Benzo（a）anthracene	56-55-3	RSL/OEKO
97	苯并（a）芘	Benzo（a）pyrene	50-32-8	RSL/OEKO
98	苯并（b）荧蒽	Benzo（b）fluoranthene	205-99-2	RSL/OEKO

表 2-1（续）

序号	化合物（中文名）	化合物（英文名）	CAS 号	法规出处
99	苯并（e）芘	Benzo（e）pyrene	192-97-2	RSL/OEKO
100	苯并（g，h，i）苝	Benzo（g，h，i）perylene	191-24-2	RSL/OEKO
101	苯并（j）荧蒽	Benzo（j）fluoranthene	205-82-3	RSL/OEKO
102	苯并（k）荧蒽	Benzo（k）fluoranthene	207-08-9	RSL/OEKO
103	邻苯二甲酸丁苄酯	Benzyl butyl phthalate（BBP）	85-68-7	SVHC/RSL/OEKO/CPSIA/RoHS
104	β-六溴环十二烷	Beta-hexabromocyclododecane	134237-51-7	SVHC
105	二（2，3-二溴丙基）磷酸酯	Bis（2，3-dibromopropyl）phosphate	5412-25-9	RSL
106	二乙二醇二甲醚	Bis（2-methoxyethyl）ether	111-96-6	SVHC
107	邻苯二甲酸二（2-甲氧基）乙酯	Bis（2-methoxyethyl）phthalate（DMEP）	117-82-8	SVHC/RSL/OEKO
108	十溴联苯醚	Decabromodiphenylether（DecaBDE）	1163-19-5	SVHC/RSL/OEKO/RoHS
109	三丁基氧化锡	Bis（tributyltin）oxide（TBTO）	56-35-9	SVHC
110	双酚 A	Bisphenol A（BPA）	80-05-7	TSD
111	蓝色着色剂	Blue Colorant	118685-33-9	RSL
112	乙基溴硫磷	Bromophos-ethyl	4824-78-6	OEKO
113	碱性蓝 26	C. I. Basic Blue 26	2580-56-5	SVHC
114	碱性紫 3	C. I. Basic Violet 3	548-62-9	SVHC
115	直接黑 38	C. I. Direct Black 38	1937-37-7	SVHC/RSL/OEKO
116	直接蓝 6	C. I. Direct Blue 6	2602-46-2	RSL/OEKO
117	直接红 28	C. I. Direct Red 28	573-58-0	SVHC/RSL/OEKO
118	分散蓝 1	C. I. Disperse Blue 1	2475-45-8	RSL/OEKO
119	分散蓝 102	C. I. Disperse Blue 102	12222-97-8，已被 69766-79-6 取代	OEKO
120	分散蓝 106	C. I. Disperse Blue 106	12223-01-7，已被 68516-81-4 取代	RSL/OEKO

表 2-1（续）

序号	化合物（中文名）	化合物（英文名）	CAS 号	法规出处
121	分散蓝 124	C. I. Disperse Blue 124	61951-51-7，已被 15141-18-1 取代	RSL/OEKO
122	分散蓝 26	C. I. Disperse Blue 26	3860-63-7	OEKO
123	分散蓝 3	C. I. Disperse Blue 3	2475-46-9	OEKO
124	分散蓝 35	C. I. Disperse Blue 35	12222-75-2，ISO 16273-2 将其列为两个物质，CAS 号分别为 56524-77-7 和 56524-76-6	RSL/OEKO
125	分散蓝 7	C. I. Disperse Blue 7	3179-90-6	OEKO
126	分散棕 1	C. I. Disperse Brown 1	23355-64-8	OEKO
127	分散橙 1	C. I. Disperse Orange 1	2581-69-3	OEKO
128	分散橙 11	C. I. Disperse Orange 11	82-28-0	RSL/OEKO
129	分散橙 149	C. I. Disperse Orange 149	85136-74-9	OEKO
130	分散橙 37/59/76	C. I. Disperse Orange 37/59/76	13301-61-6	RSL/OEKO
131	分散橙 3	C. I. Disperse Orange3	730-40-5	RSL/OEKO
132	分散红 1	C. I. Disperse Red 1	2872-52-8	RSL/OEKO
133	分散红 11	C. I. Disperse Red 11	2872-48-2	OEKO
134	分散红 17	C. I. Disperse Red 17	3179-89-3	OEKO
135	分散黄 1	C. I. Disperse Yellow 1	119-15-3	OEKO
136	分散黄 23	C. I. Disperse Yellow 23	6250-23-3	OEKO
137	分散黄 3	C. I. Disperse Yellow 3	2832-40-8	RSL/OEKO
138	分散黄 39	C. I. Disperse Yellow 39	56208-37-8	OEKO
139	分散黄 49	C. I. Disperse Yellow 49	6858-49-7	OEKO
140	分散黄 9	C. I. Disperse Yellow 9	6373-73-5	OEKO
141	碱性红 9	C. I. Basic Red 9	569-61-9	RSL/OEKO
142	碱性紫 14	C. I. Basic Violet 14	632-99-5	RSL/OEKO
143	溶剂蓝 4	C. I. Solvent Blue 4	6786-83-0	SVHC
144	敌菌丹	Captafol	2425-06-1	OEKO
145	甲萘威	Carbaryl	63-25-2	OEKO
146	四氯化碳	Carbon Tetrachloride	56-23-5	RSL
147	氯丹	Chlordane	57-74-9	RSL/OEKO
148	杀虫脒	Chlordimeform	6164-98-3	OEKO

表 2-1（续）

序号	化合物（中文名）	化合物（英文名）	CAS号	法规出处
149	毒虫畏	Chlorfenvinphos	470-90-6	OEKO
150	三氯甲烷	Chloroform	67-66-3	RSL
151	䓛	Chrysene	218-01-9	RSL/OEKO
152	顺式六氢化邻苯二甲酸酐	Cis-cyclohexane-1，2-dicarboxylic anhydride	13149-00-3	SVHC
153	蝇毒磷	Coumaphos	56-72-4	OEKO
154	六氢邻苯二甲酸酐	Cyclohexane-1，2-dicarboxylic anhydride	85-42-7	SVHC
155	环戊并（c，d）芘	Cyclopenta（c，d）pyrene	27208-37-3	OEKO
156	氟氯氰菊酯	Cyfluthrin	68359-37-5	OEKO
157	氯氟氰菊酯	Cyhalothrin	91465-08-6	OEKO
158	氯氰菊酯	Cypermethrin	52315-07-8	OEKO
159	脱叶磷	DEF	78-48-8	OEKO
160	溴氰菊酯	Deltamethrin	52918-63-5	OEKO
161	邻苯二甲酸二（2-乙基）己酯	Di-（2-ethylhexyl）-phthalate（DEHP）	117-81-7	SVHC/RSL/OEKO/CPSIA/RoHS
162	偶氮二甲酰胺	Diazene-1，2-dicarboxamide（C，C′-azodi（formamide））	123-77-3	SVHC
163	二嗪磷	Diazinon	333-41-5	OEKO
164	二苯并（a，e）芘	Dibenzo（a，e）pyrene	192-65-4	OEKO
165	二苯并（a，h）蒽	Dibenzo（a，h）anthracene	53-70-3	RSL/OEKO
166	二苯并（a，h）芘	Dibenzo（a，h）pyrene	189-64-0	OEKO
167	二苯并（a，i）芘	Dibenzo（a，i）pyrene	189-55-9	OEKO
168	二苯并（a，l）芘	Dibenzo（a，l）pyrene	191-30-0	OEKO
169	邻苯二甲酸二丁酯	Dibutyl phthalate（DBP）	84-74-2	SVHC/RSL/OEKO/CPSIA/RoHS
170	二丁基锡	Dibutyltin（DBT）	1002-53-5	RSL/OEKO
171	二丁基二氯化锡	Dibutyltin dichloride（DBTC）	683-18-1	SVHC/OEKO
172	滴滴滴	Dichloro-diphenyl-dichloroethane（DDD）	72-54-8	RSL/OEKO
173	滴滴伊	Dichloro-diphenyl-dichloroethylene（DDE）	72-55-9	RSL/OEKO

表 2－1（续）

序号	化合物（中文名）	化合物（英文名）	CAS 号	法规出处
174	滴滴涕	Dichloro－diphenyl－trichloro-ethane（DDT）	50－29－3	RSL/OEKO
175	2，4－滴丙酸	Dichlorprop	120－36－5	OEKO
176	百治磷	Dicrotophos	141－66－2	OEKO
177	狄氏剂	Dieldrin	60－57－1	RSL/OEKO
178	硫酸二乙酯	Diethyl sulphate	64－67－5	SVHC
179	邻苯二甲酸二己酯	Dihexyl phthalate（DHP）	84－75－3	SVHC/OEKO/RSL
180	邻苯二甲酸二异丁酯	Diisobutyl phthalate（DIBP）	84－69－5	SVHC/OEKO
181	邻苯二甲酸二异癸酯	Di－isodecylphthalate（DIDP）	68515－49－1	RSL/OEKO/CPSIA
182	邻苯二甲酸二异癸酯	Di－isodecylphthalate（DIDP）	26761－40－0	RSL/OEKO/CPSIA
183	邻苯二甲酸二异壬酯	Di－isononylphthalate（DINP）	68515－48－0	RSL/OEKO/CPSIA
184	邻苯二甲酸二异壬酯	Di－isononylphthalate（DINP）	28553－12－0	RSL/OEKO/CPSIA
185	邻苯二甲酸二异戊酯	Diisopentylphthalate（DIPP）	605－50－5	SVHC/RSL/OEKO
186	乐果	Dimethoate	60－51－5	OEKO
187	富马酸二甲酯	Dimethyl Fumarate	624－49－7	RSL/OEKO
188	硫酸二甲酯	Dimethyl sulphate	77－78－1	SVHC
189	邻苯二甲酸二正辛酯	Di－n－octylphthalate（DNOP）	117－84－0	RSL/OEKO/CPSIA
190	地乐酚	Dinoseb（6－sec－butyl－2，4－dinitrophenol）	88－85－7	SVHC/OEKO
191	二辛基锡	Dioctyltin（DOT）	15231－44－4	RSL/OEKO
192	邻苯二甲酸二戊酯	Dipentyl phthalate（DPP）	131－18－0	SVHC/RSL/OEKO
193	异狄氏剂	Endrine	72－20－8	RSL/OEKO
194	全氟辛酸乙酯	Ethyl perfluorooctanoate	3108－24－5	RSL
195	氰戊菊酯	Fenvalerate	51630－58－1	OEKO
196	荧蒽	Fluoranthene	206－44－0	RSL/OEKO
197	芴	Fluorene	86－73－7	RSL/OEKO

表 2-1（续）

序号	化合物（中文名）	化合物（英文名）	CAS 号	法规出处
198	甲醛	Formaldehyde	50-00-0	RSL
199	甲酰胺	Formamide	75-12-7	SVHC
200	呋喃	Furan	110-00-9	SVHC
201	γ-六溴环十二烷	Gamma-hexabromocyclododecane	134237-52-8	SVHC
202	全氟十一酸	Henicosafluoroundecanoic acid	2058-94-8	SVHC/OEKO
203	七氯	Heptachlorine	76-44-8	RSL/OEKO
204	环氧七氯	Heptachloroepoxide	1024-57-3	RSL/OEKO
205	全氟十四酸	Heptacosafluorotetradecanoic acid	376-06-7	SVHC/OEKO
206	六溴环十二烷	Hexabromocyclododecane (HBCDD)	25637-99-4	SVHC/OEKO
207	六溴二苯醚	Hexabromodiphenylether	36483-60-0	OEKO
208	六氯苯	Hexachlorobenzene	118-74-1	RSL/OEKO
209	六氯环己烷	Hexachlorocyclohexane	608-73-1	RSL
210	甲基六氢化邻苯二甲酸酐	Hexahydro-1-methylphthalic anhydride	48122-14-1	SVHC
211	3-甲基六氢苯二甲酯酐	Hexahydro-3-methylphthalic anhydride	57110-29-9	SVHC
212	4-甲基六氢苯酐	Hexahydro-4-methylphthalic anhydride	19438-60-9	SVHC
213	甲基六氢苯酐	Hexahydromethylphthalic anhydride	25550-51-0	SVHC
214	肼	Hydrazine	302-01-2	SVHC
215	肼	Hydrazine	7803-57-8	SVHC
216	1，2-亚乙基硫脲	Imidazolidine-2-thione	96-45-7	SVHC
217	茚并（1，2，3-cd）芘	Indeno（1，2，3-cd）pyrene	193-39-5	RSL/OEKO
218	异艾氏剂	Isodrin	465-73-6	RSL/OEKO
219	克莱范	Kelevane	4234-79-1	RSL/OEKO
220	开蓬	Kepone (Chlordecone)	143-50-0	RSL/OEKO
221	林丹	Lindane	58-89-9	RSL/OEKO
222	马拉硫磷	Malathion	121-75-5	OEKO
223	2甲4氯	MCPA	94-74-6	OEKO

表 2-1（续）

序号	化合物（中文名）	化合物（英文名）	CAS 号	法规出处
224	2 甲 4 氯丁酸	MCPB	94-81-5	OEKO
225	2 甲 4 氯丙酸	Mecoprop	93-65-2	OEKO
226	甲胺磷	Metamidophos	10265-92-6	OEKO
227	甲氧基乙酸	Methoxyacetic acid	625-45-6	SVHC
228	甲氧滴滴涕	Methoxychlor	72-43-5	RSL/OEKO
229	十五氟辛酸甲酯	Methyl Pentadecafluorooctanoate	376-27-2	RSL
230	环氧丙烷	Methyloxirane（Propylene oxide）	75-56-9	SVHC
231	灭蚁灵	Mirex	2385-85-5	RSL/OEKO
232	久效磷	Monocrotophos	6923-22-4	OEKO
233	甲基二溴二苯基甲烷	Monomethyl-dibromodiphenylmethane	99688-47-8	RSL
234	单甲基二氯二苯基甲烷	Monomethyl-dichlorodiphenylmethane	81161-70-8	RSL
235	单甲基四氯二苯基甲烷	Monomethyl-tetrachlorodiphenylmethane	76253-60-6	RSL
236	4，4′-亚甲基双（*N*，*N*-二甲基苯胺）	*N*，*N*，*N*′，*N*′-tetramethyl-4，4′-methylenedianiline（Michler′s base）	101-61-1	SVHC
237	*N*，*N*-二甲基乙酰胺	*N*，*N*-dimethylacetamide	127-19-5	SVHC/OEKO
238	*N*，*N*-二甲基甲酰胺	*N*，*N*-dimethylformamide	68-12-2	SVHC/OEKO
239	萘	Naphthalene	91-20-3	RSL/OEKO
240	*N*-甲基乙酰胺	*N*-methylacetamide	79-16-3	SVHC
241	壬基酚	Nonyl phenol	25154-52-3	RSL/OEKO/SVHC
242	壬基苯酚聚氧乙烯醚	Nonylphenolethoxylates	9016-45-9	OEKO/RSL/SVHC
243	邻苯二甲酸正戊异戊酯	*n*-pentyl-isopentylphthalate	776297-69-9	SVHC/OEKO/RSL
244	邻氨基偶氮甲苯	*o*-Aminoazotoluene	97-56-3	SVHC/RSL/OEKO
245	八溴二苯醚	Octa-bromodiphenyl ether（octaBDE）	32536-52-0	RSL/OEKO/RoHS
246	辛基苯酚	Octylphenol	140-66-9	OEKO/SVHC
247	辛基苯酚聚氧乙烯醚	Octylphenolethoxylates	9002-93-1	OEKO/RSL/SVHC

表 2-1（续）

序号	化合物（中文名）	化合物（英文名）	CAS 号	法规出处
248	邻苯基苯酚	*o* - Phenylphenol	90-43-7	OEKO
249	邻甲基苯胺	*o* - Toluidine	95-53-4	SVHC/OEKO
250	对硫磷	Parathion	56-38-2	OEKO
251	甲基对硫磷	Parathion - methyl	298-00-0	OEKO
252	对氯苯胺	*p* - Chloroaniline	106-47-8	RSL/OEKO
253	五溴二苯醚	Penta - bromodiphenyl ether (pentaBDE)	32534-81-9	RSL/OEKO/RoHS
254	五氯乙烷	Pentachloroethane	76-01-7	RSL
255	五氯苯酚	Pentachlorophenol (PCP)	87-86-5	RSL/OEKO
256	全氟十三酸	Pentacosafluorotridecanoic acid	72629-94-8	SVHC/OEKO
257	全氟辛酸	Pentadecafluorooctanoic acid (PFOA)	335-67-1	SVHC/RSL/OEKO
258	全氟辛酰氟	Perfluorooctanoyl fluoride	335-66-0	RSL
259	全氟丁烷	Perfluorobutane - C_4F_{10}	355-25-9	RSL
260	八氟环丁烷	Perfluorocyclobutane - c - C_4F_8	115-25-3	RSL
261	六氟乙烷	Perfluoroethane - C_2F_6	76-16-4	RSL
262	全氟己烷	Perfluorohexane - C_6F_{14}	355-42-0	RSL
263	四氟化碳	Perfluoromethane - CF_4	75-73-0	RSL
264	全氟辛基磺酸盐	Perfluorooctane sulfonate (PFOS)	2795-39-3	RSL/OEKO
265	全氟戊烷	Perfluoropentane - C_5F_{12}	678-26-2	RSL
266	八氟丙烷	Perfluoropropane - C_3F_8	76-19-7	RSL
267	乙滴涕	Perthane	72-56-0	RSL
268	菲	Phenanthrene	85-01-8	RSL/OEKO
269	酚酞	Phenolphthalein	77-09-8	SVHC
270	速灭磷	Phosdrin/Mevinphos	7786-34-7	OEKO
271	磷酸三（2-氯丙基）酯	Phosphoric acid tris (2 - chloro - 1 - methylethyl) ester (TDCPP)	13674-84-5	RSL/OEKO/TSD
272	多溴联苯	Polybrominated biphenyls (PBBs)	59536-65-1	RSL/OEKO/RoHS
273	全氟辛酸钾	Potassium perfluorooctanoate	2395-00-8	RSL/OEKO

表 2-1（续）

序号	化合物（中文名）	化合物（英文名）	CAS 号	法规出处
274	丙溴磷	Profenophos	41198-08-7	OEKO
275	烯虫磷	Propethamphos	31218-83-4	OEKO
276	芘	Pyrene	129-00-0	RSL/OEKO
277	喹硫磷	Quinalphos	13593-03-8	OEKO
278	五氯硝基苯	Quintozene	82-68-8	RSL
279	S-氰戊菊酯	S-Esfenvalerate	66230-04-4	OEKO
280	全氟辛酸钠	Sodium perfluorooctanoate	335-95-5	RSL
281	氯化松节油	Strobane	8001-50-1	RSL/OEKO
282	六氟化硫	Sulfur hexafluoride - SF6	2551-62-4	RSL
283	碳氯灵	Telodrin	297-78-9	RSL/OEKO
284	四氯乙烯	Tetrachloroethylene	127-18-4	RSL
285	四氯苯酚	Tetrachlorophenol (TeCP)	25167-83-3	RSL
286	毒杀芬	Toxaphene	8001-35-2	RSL/OEKO
287	反式六氢化邻苯二甲酸酐	trans-cyclohexane-1，2-dicarboxylic anhydride	14166-21-3	SVHC
288	三丁基锡	Tributyltin (TBT)	56573-85-4	RSL/OEKO
289	三氯乙烯	Trichloroethylene	79-01-6	SVHC/RSL
290	全氟十二酸	Tricosafluorododecanoic acid	307-55-1	SVHC/OEKO
291	三乙基砷酸酯	Triethyl arsenate	15606-95-8	SVHC
292	氟乐灵	Trifluralin	1582-09-8	OEKO
293	三苯基锡	Triphenyltin (TPhT)	668-34-8	RSL/OEKO
294	三-（1-氮杂环丙基）氧化膦	Tris (1-aziridinyl)-phosphineoxide (TEPA)	545-55-1	RSL/OEKO
295	磷酸三（2，3-二溴丙基）酯	Tris (2，3-dibromopropyl) phosphate (TRIS)	126-72-7	RSL/OEKO
296	磷酸三（1，3-二氯异丙基）酯	Tris (1，3-dichloro-2-propyl) phosphate (TDCPP)	13674-87-8	RSL/TSD/OEKO
297	三（2-氯乙基）磷酸酯	Tris (2-chloroethyl) phosphate	115-96-8	RSL/SVHC/OEKO/TSD
298	磷酸三（二甲苯）酯	Trixylyl phosphate	25155-23-1	OEKO/SVHC
299	氯乙烯	Vinyl Chloride Monomer (VCM)	75-01-4	RSL

2.3 禁限用化合物信息库

表 2-2 禁限用化合物信息库（序号同表 2-1）

序号	禁限用化合物信息库		
1	化合物英文名 Compound Name	Name in Regulation	1，1，1，2-Tetrachloroethane
		CA Index Name	Ethane，1，1，1，2-tetrachloro-
		ChemSpider	tetrachloroethane
		PubChem	1，1，1，2-tetrachloroethane
	化合物中文名 Chinese Name	1，1，1，2-四氯乙烷	
	IUPAC Name	1，1，1，2-tetrachloroethane	
	CAS号 CAS Number	630-20-6	
	分子式 Molecular Formula	$C_2H_2Cl_4$	
	精确质量数 Exact Mass	167.88811	
	结构图 Structure Diagram	SciFinder	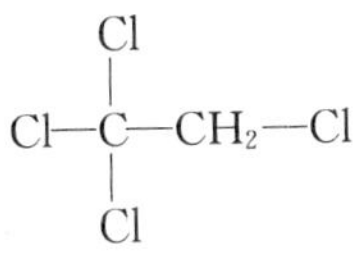 Cl Cl—C—CH$_2$—Cl Cl
		ChemSpider	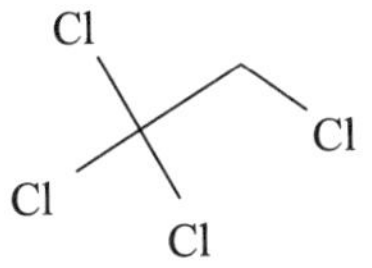 Cl Cl Cl Cl
		PubChem	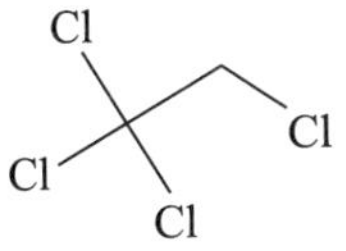 Cl Cl Cl Cl
	法规出处 Regulation Source	RSL	

表 2-2（续）

序号	禁限用化合物信息库		
2	化合物英文名 Compound Name	Name in Regulation	1，1，1-Trichloroethane
		CA Index Name	Ethane，1，1，1-trichloro-
		ChemSpider	1，1，1-Trichloroethane
		PubChem	1，1，1-trichloroethane
	化合物中文名 Chinese Name	1，1，1-三氯乙烷	
	IUPAC Name	1，1，1-trichloroethane	
	CAS号 CAS Number	71-55-6	
	分子式 Molecular Formula	$C_2H_3Cl_3$	
	精确质量数 Exact Mass	131.93003	
	结构图 Structure Diagram	SciFinder	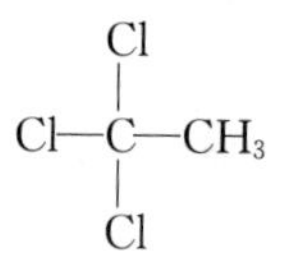 Cl—C(Cl)(Cl)—CH_3
		ChemSpider	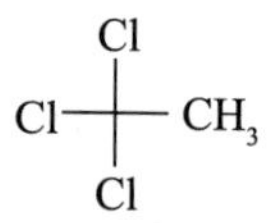 Cl—C(Cl)(Cl)—CH_3
		PubChem	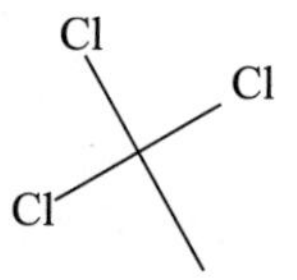 Cl, Cl, Cl
	法规出处 Regulation Source	RSL	

表 2-2（续）

序号	禁限用化合物信息库		
3	化合物英文名 Compound Name	Name in Regulation	1，1，2，2-Tetrachloroethane
		CA Index Name	Ethane，1，1，2，2-tetrachloro-
		ChemSpider	1，1，2，2-tetrachlorethan
		PubChem	1，1，2，2-tetrachloroethane
	化合物中文名 Chinese Name	1，1，2，2-四氯乙烷	
	IUPAC Name	1，1，2，2-tetrachloroethane	
	CAS 号 CAS Number	79-34-5	
	分子式 Molecular Formula	$C_2H_2Cl_4$	
	精确质量数 Exact Mass	167.88811	
	结构图 Structure Diagram	SciFinder	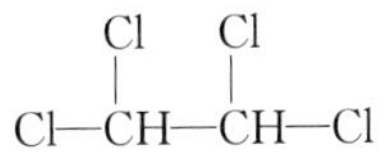 Cl Cl Cl—CH—CH—Cl
		ChemSpider	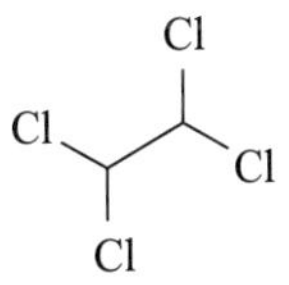 Cl Cl Cl Cl
		PubChem	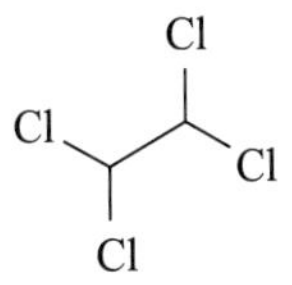 Cl Cl Cl Cl
	法规出处 Regulation Source	RSL	

表 2-2（续）

<table>
<tr><th>序号</th><th colspan="3">禁限用化合物信息库</th></tr>
<tr><td rowspan="13">4</td><td rowspan="4">化合物英文名
Compound Name</td><td>Name in Regulation</td><td>1，1，2-Trichloroethane</td></tr>
<tr><td>CA Index Name</td><td>Ethane，1，1，2-trichloro-</td></tr>
<tr><td>ChemSpider</td><td>1，1，2-trichloroethane</td></tr>
<tr><td>PubChem</td><td>1，1，2-trichloroethane</td></tr>
<tr><td>化合物中文名
Chinese Name</td><td colspan="2">1，1，2-三氯乙烷</td></tr>
<tr><td>IUPAC Name</td><td colspan="2">1，1，2-trichloroethane</td></tr>
<tr><td>CAS号
CAS Number</td><td colspan="2">79-00-5</td></tr>
<tr><td>分子式
Molecular Formula</td><td colspan="2">$C_2H_3Cl_3$</td></tr>
<tr><td>精确质量数
Exact Mass</td><td colspan="2">131.93003</td></tr>
<tr><td rowspan="3">结构图
Structure Diagram</td><td>SciFinder</td><td> 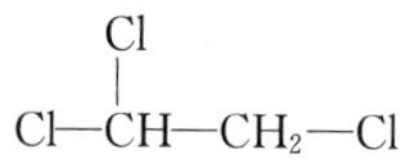Cl
\|
Cl—CH—CH_2—Cl</td></tr>
<tr><td>ChemSpider</td><td> 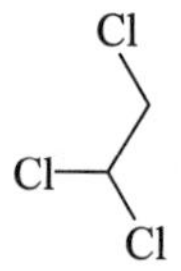Cl
Cl
Cl</td></tr>
<tr><td>PubChem</td><td> 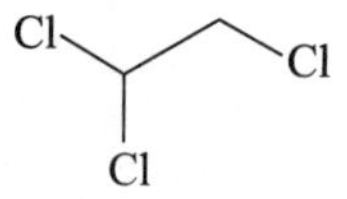Cl Cl
Cl</td></tr>
<tr><td>法规出处
Regulation Source</td><td colspan="2">RSL</td></tr>
</table>

表 2-2（续）

序号	禁限用化合物信息库		
5	化合物英文名 Compound Name	Name in Regulation	1，1-Dichloroethylene
		CA Index Name	Ethene，1，1-dichloro-
		ChemSpider	1，1-Dichloroethylene
		PubChem	Vinylidene chloride
	化合物中文名 Chinese Name	1，1-二氯乙烯	
	IUPAC Name	1，1-dichloroethene	
	CAS 号 CAS Number	75-35-4	
	分子式 Molecular Formula	$C_2H_2Cl_2$	
	精确质量数 Exact Mass	95.95336	
	结构图 Structure Diagram	SciFinder	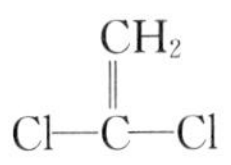 CH_2=C(Cl)—Cl
		ChemSpider	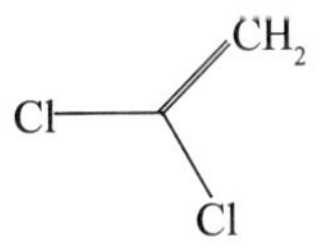 Cl—C(=CH_2)—Cl
		PubChem	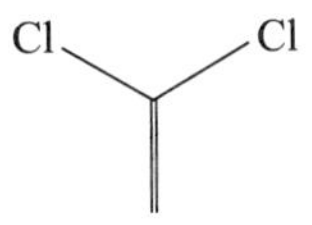 Cl, Cl
	法规出处 Regulation Source	RSL	

表 2-2（续）

序号	禁限用化合物信息库		
6	化合物英文名 Compound Name	Name in Regulation	1，2，3，4，6，7，8，9-Octachlorodibenzofuran
		CA Index Name	Dibenzofuran，1，2，3，4，6，7，8，9-octachloro-
		ChemSpider	Dibenzofuran，1，2，3，4，6，7，8，9-octachloro-
		PubChem	Octachlorodibenzofuran
	化合物中文名 Chinese Name	1，2，3，4，6，7，8，9-八氯二苯并呋喃	
	IUPAC Name	1，2，3，4，6，7，8，9-octachlorodibenzofuran	
	CAS号 CAS Number	39001-02-0	
	分子式 Molecular Formula	$C_{12}Cl_8O$	
	精确质量数 Exact Mass	443.73984	
	结构图 Structure Diagram	SciFinder	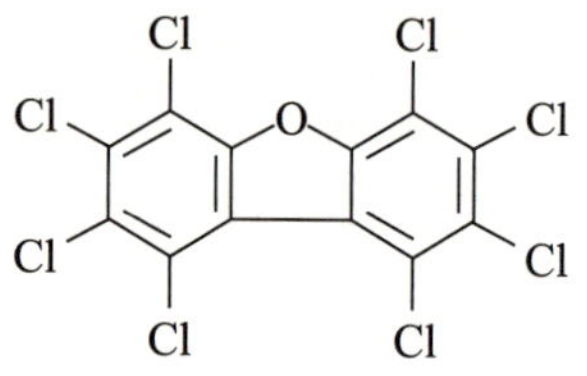
		ChemSpider	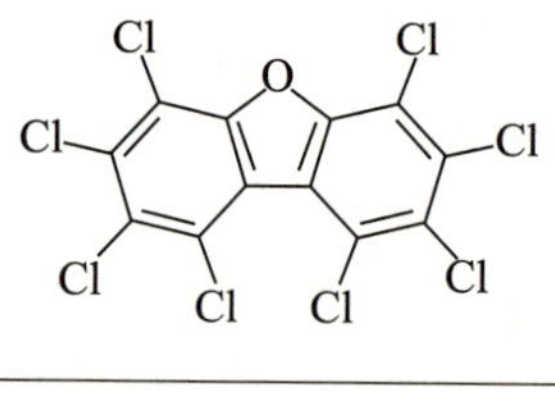
		PubChem	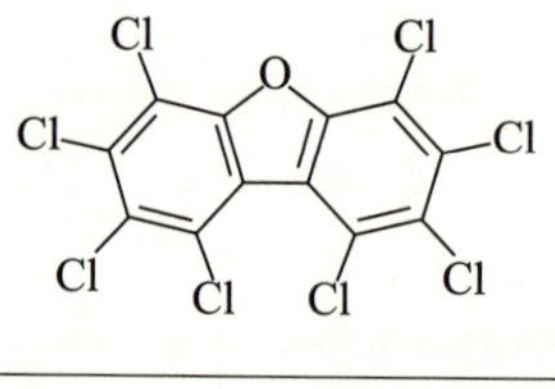
	法规出处 Regulation Source	RSL	

表 2-2（续）

序号	禁限用化合物信息库		
7	化合物英文名 Compound Name	Name in Regulation	1, 2, 3, 4, 6, 7, 8, 9-Octachlorodibenzo-p-dioxin
		CA Index Name	Dibenzo [b, e] [1, 4] dioxin, 1, 2, 3, 4, 6, 7, 8, 9-octachloro-
		ChemSpider	Octachlorooxanthrene
		PubChem	Octachlorodibenzo-4-dioxin
	化合物中文名 Chinese Name	1, 2, 3, 4, 6, 7, 8, 9-八氯二苯并对二噁英	
	IUPAC Name	1, 2, 3, 4, 6, 7, 8, 9-octachlorodibenzo-*p*-dioxin	
	CAS号 CAS Number	3268-87-9	
	分子式 Molecular Formula	$C_{12}Cl_8O_2$	
	精确质量数 Exact Mass	459.73475	
	结构图 Structure Diagram	SciFinder	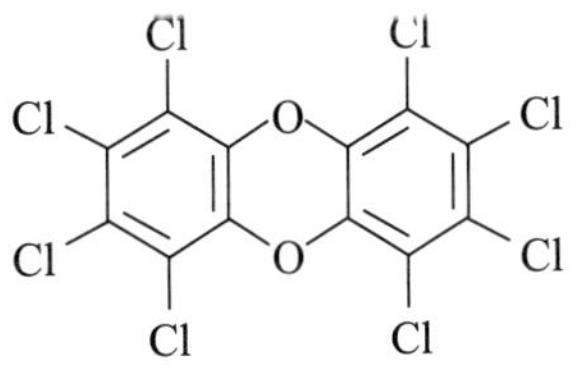
		ChemSpider	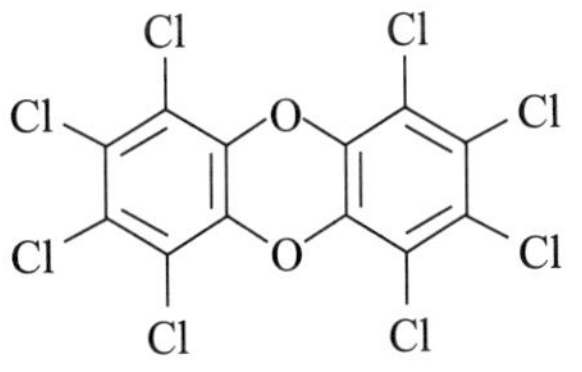
		PubChem	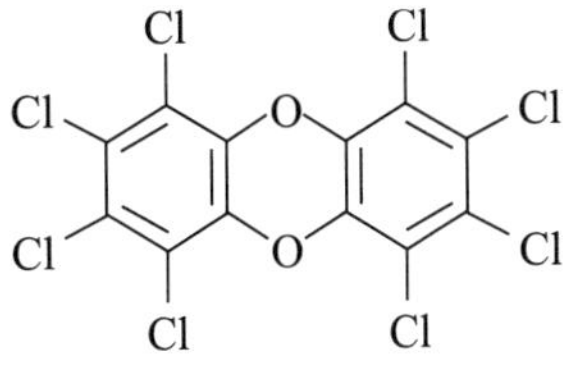
	法规出处 Regulation Source	RSL	

表 2-2（续）

序号	禁限用化合物信息库		
8	化合物英文名 Compound Name	Name in Regulation	1，2，3，4，6，7，8-Heptachlorodibenzofuran
		CA Index Name	Dibenzofuran，1，2，3，4，6，7，8-heptachloro-
		ChemSpider	1，2，3，4，6，7，8-Heptachlorodibenzo［b，d］furan
		PubChem	1，2，3，4，6，7，8-heptachlorodibenzofuran
	化合物中文名 Chinese Name	1，2，3，4，6，7，8-七氯二苯并呋喃	
	IUPAC Name	1，2，3，4，6，7，8-heptachlorodibenzofuran	
	CAS 号 CAS Number	67562-39-4	
	分子式 Molecular Formula	$C_{12}HCl_7O$	
	精确质量数 Exact Mass	407.78176	
	结构图 Structure Diagram	SciFinder	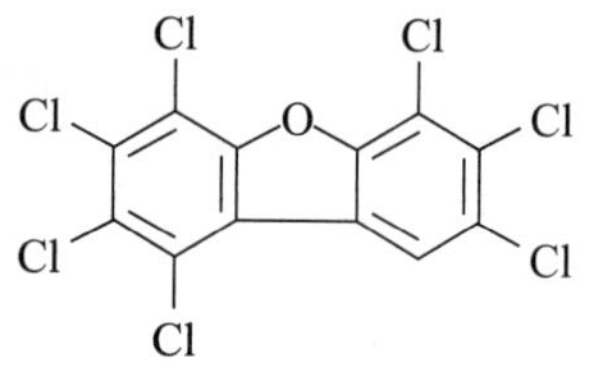 Cl Cl Cl O Cl Cl Cl Cl
		ChemSpider	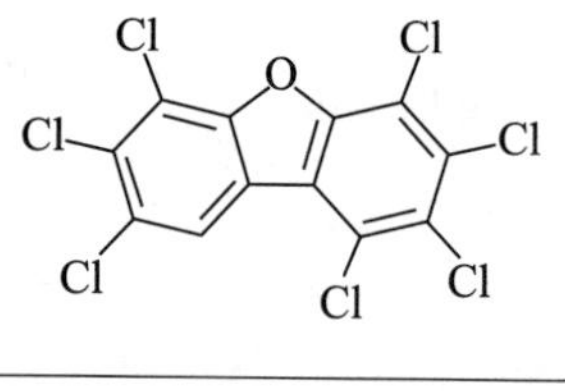 Cl Cl O Cl Cl Cl Cl Cl
		PubChem	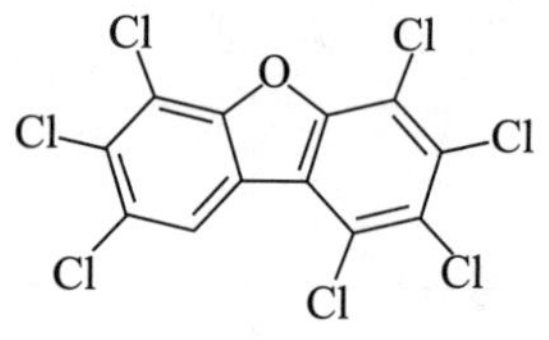 Cl Cl O Cl Cl Cl Cl Cl
	法规出处 Regulation Source	RSL	

表 2-2（续）

序号	禁限用化合物信息库		
9	化合物英文名 Compound Name	Name in Regulation	1，2，3，4，6，7，8-Heptachlorodibenzo-*p*-dioxin
		CA Index Name	Dibenzo [b，e] [1，4] dioxin，1，2，3，4，6，7，8-heptachloro-
		ChemSpider	1，2，3，4，6，7，8-Heptachlorooxanthrene
		PubChem	1，2，3，4，6，7，8-heptachlorodibenzodioxin
	化合物中文名 Chinese Name	1，2，3，4，6，7，8-七氯二苯并对二噁英	
	IUPAC Name	1，2，3，4，6，7，8-heptachlorodibenzo-*p*-dioxin	
	CAS号 CAS Number	35822-46-9	
	分子式 Molecular Formula	$C_{12}HCl_7O_2$	
	精确质量数 Exact Mass	423.77667	
	结构图 Structure Diagram	SciFinder	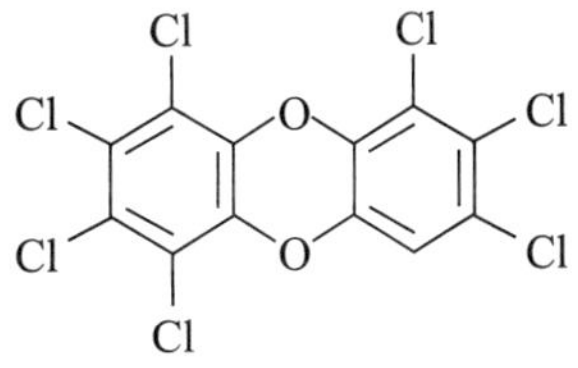
		ChemSpider	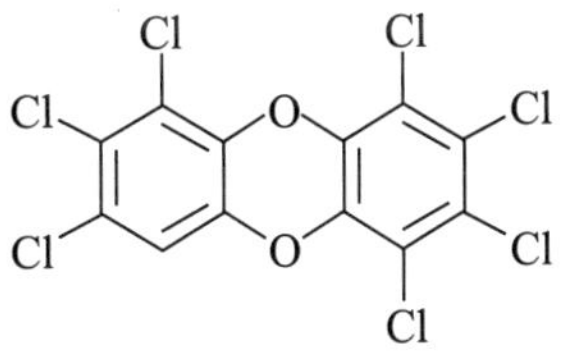
		PubChem	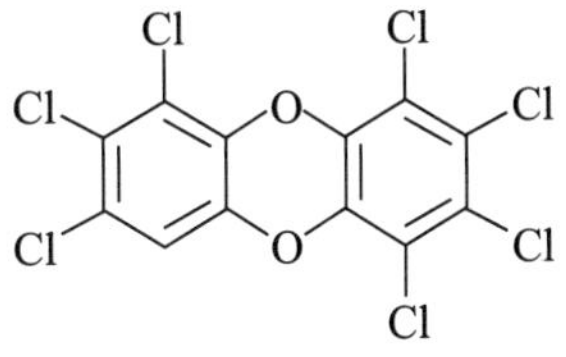
	法规出处 Regulation Source	RSL	

表 2-2（续）

序号	禁限用化合物信息库		
10	化合物英文名 Compound Name	Name in Regulation	1，2，3，4，7，8，9-Heptachlorodibenzofuran
		CA Index Name	Dibenzofuran，1，2，3，4，7，8，9-heptachloro-
		ChemSpider	Dibenzofuran，1，2，3，4，7，8，9-heptachloro
		PubChem	1，2，3，4，7，8，9-HEPTACHLORODIBENZOFURAN
	化合物中文名 Chinese Name	1，2，3，4，7，8，9-七氯二苯并呋喃	
	IUPAC Name	1，2，3，4，7，8，9-heptachlorodibenzofuran	
	CAS号 CAS Number	55673-89-7	
	分子式 Molecular Formula	$C_{12}HCl_7O$	
	精确质量数 Exact Mass	407.78176	
	结构图 Structure Diagram	SciFinder	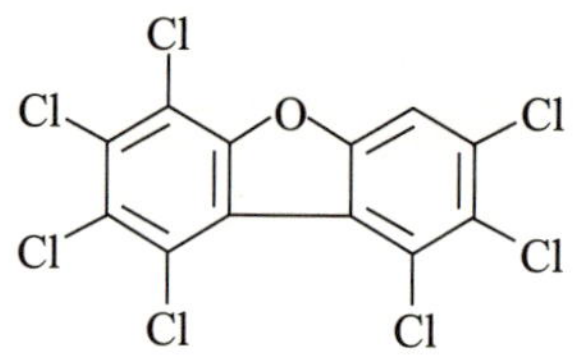
		ChemSpider	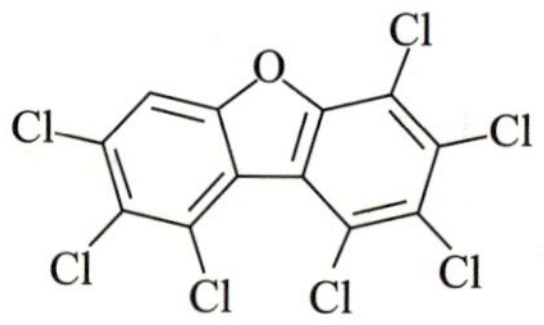
		PubChem	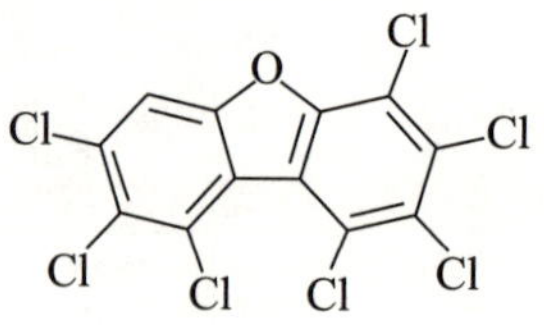
	法规出处 Regulation Source	RSL	

表 2-2（续）

序号	禁限用化合物信息库		
11	化合物英文名 Compound Name	Name in Regulation	1，2，3，4，7，8 - Hexabromodibenzo - p - dioxin
		CA Index Name	Dibenzo [b，e] [1，4] dioxin，1，2，3，4，7，8 - hexabromo -
		ChemSpider	1，2，3，4，7，8 - Hexabromooxanthrene
		PubChem	1，2，3，4，7，8 - hexabromo - dibenzo - p - dioxin
	化合物中文名 Chinese Name	1，2，3，4，7，8 -六溴二苯并对二噁英	
	IUPAC Name	1，2，3，4，7，8 - hexabromodibenzo - *p* - dioxin	
	CAS号 CAS Number	110999 - 44 - 5	
	分子式 Molecular Formula	$C_{12}H_2Br_6O_2$	
	精确质量数 Exact Mass	657.50937	
	结构图 Structure Diagram	SciFinder	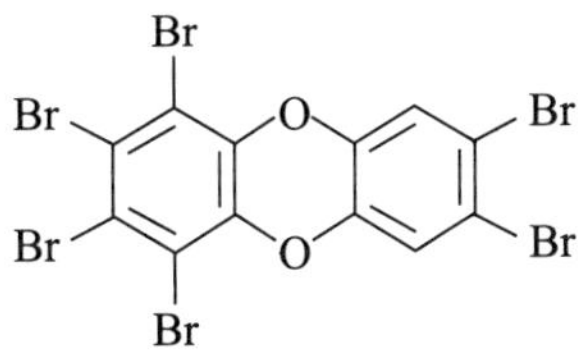
		ChemSpider	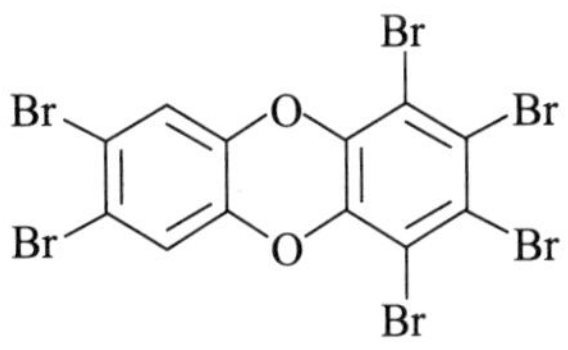
		PubChem	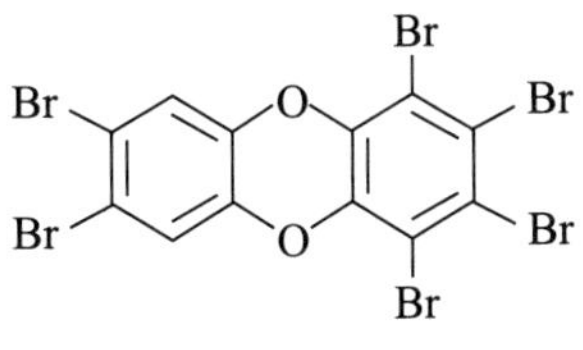
	法规出处 Regulation Source	RSL	

表 2 - 2（续）

序号	禁限用化合物信息库		
12	化合物英文名 Compound Name	Name in Regulation	1，2，3，4，7，8 - Hexachlorodibenzofuran
		CA Index Name	Dibenzofuran，1，2，3，4，7，8 - hexachloro -
		ChemSpider	1，2，3，4，7，8 - hexachlorodibenzo［b，d］furan
		PubChem	1，2，3，4，7，8 - hexachlorodibenzofuran
	化合物中文名 Chinese Name	1，2，3，4，7，8 -六氯二苯并呋喃	
	IUPAC Name	1，2，3，4，7，8 - hexachlorodibenzofuran	
	CAS 号 CAS Number	70648 - 26 - 9	
	分子式 Molecular Formula	$C_{12}H_2Cl_6O$	
	精确质量数 Exact Mass	373.82073	
	结构图 Structure Diagram	SciFinder	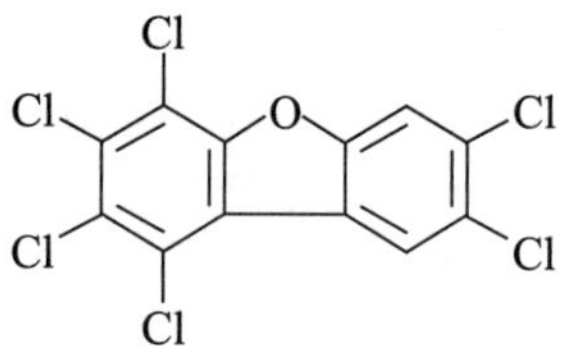
		ChemSpider	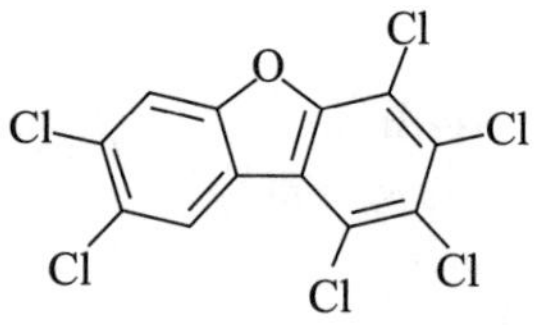
		PubChem	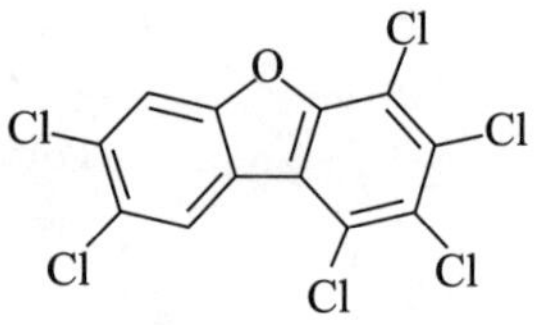
	法规出处 Regulation Source	RSL	

表 2-2（续）

序号	禁限用化合物信息库		
13	化合物英文名 Compound Name	Name in Regulation	1，2，3，4，7，8-Hexachlorodibenzo-p-dioxin
		CA Index Name	Dibenzo [b，e] [1，4] dioxin，1，2，3，4，7，8-hexachloro-
		ChemSpider	1，2，3，4，7，8-Hexachlorooxanthrene
		PubChem	1，2，3，4，7，8-hexachlorodibenzodioxin
	化合物中文名 Chinese Name	1，2，3，4，7，8-六氯二苯并对二噁英	
	IUPAC Name	1，2，3，4，7，8-hexachlorodibenzo-*p*-dioxin	
	CAS 号 CAS Number	39227-28-6	
	分子式 Molecular Formula	$C_{12}H_2Cl_6O_2$	
	精确质量数 Exact Mass	389.81565	
	结构图 Structure Diagram	SciFinder	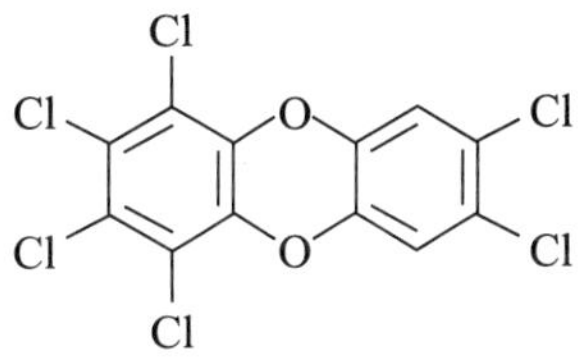
		ChemSpider	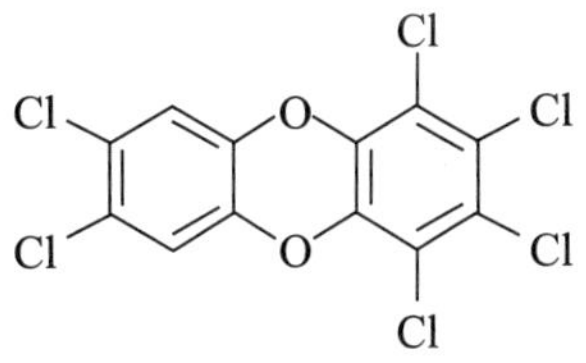
		PubChem	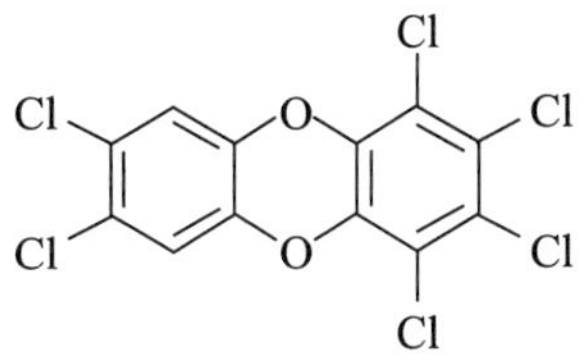
	法规出处 Regulation Source	RSL	

表 2-2（续）

序号	禁限用化合物信息库		
14	化合物英文名 Compound Name	Name in Regulation	1，2，3，6，7，8-Hexabromodibenzo-*p*-dioxin
		CA Index Name	Dibenzo［b，e］［1，4］dioxin，1，2，3，6，7，8-hexabromo-
		ChemSpider	1，2，3，6，7，8-Hexabromooxanthrene
		PubChem	1，2，3，6，7，8-hexabromo-dibenzo-*p*-dioxin
	化合物中文名 Chinese Name	1，2，3，6，7，8-六溴二苯并对二噁英	
	IUPAC Name	1，2，3，6，7，8-hexabromodibenzo-*p*-dioxin	
	CAS号 CAS Number	110999-45-6	
	分子式 Molecular Formula	$C_{12}H_2Br_6O_2$	
	精确质量数 Exact Mass	657.50937	
	结构图 Structure Diagram	SciFinder	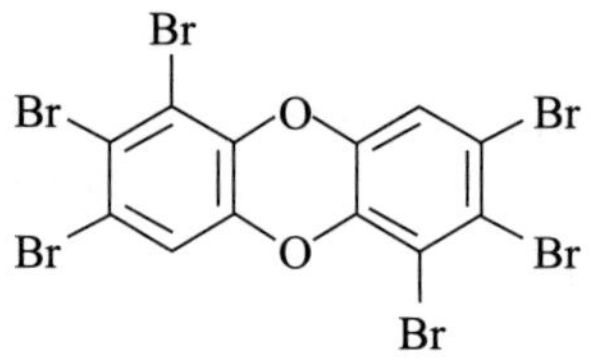 Br, Br, Br, O, O, Br, Br, Br
		ChemSpider	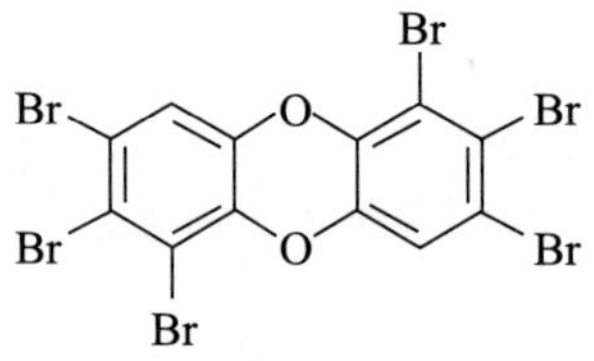 Br, Br, Br, O, O, Br, Br, Br
		PubChem	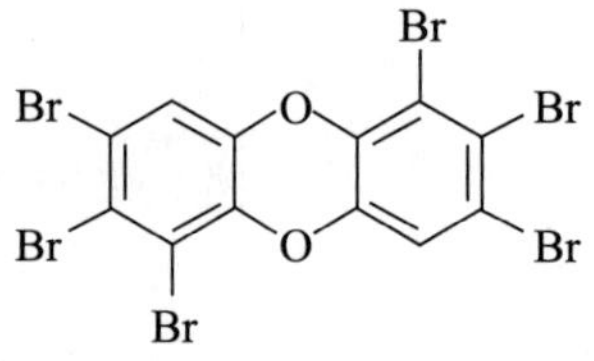 Br, Br, Br, O, O, Br, Br, Br
	法规出处 Regulation Source	RSL	

表 2-2（续）

<table>
<tr><th>序号</th><th colspan="3">禁限用化合物信息库</th></tr>
<tr><td rowspan="13">15</td><td rowspan="4">化合物英文名
Compound Name</td><td>Name in Regulation</td><td>1，2，3，6，7，8 - Hexachlorodibenzofuran</td></tr>
<tr><td>CA Index Name</td><td>Dibenzofuran，1，2，3，6，7，8 - hexachloro -</td></tr>
<tr><td>ChemSpider</td><td>Dibenzofuran，1，2，3，6，7，8 - hexachloro</td></tr>
<tr><td>PubChem</td><td>1，2，3，6，7，8 -
HEXACHLORODIBENZOFURAN</td></tr>
<tr><td>化合物中文名
Chinese Name</td><td colspan="2">1，2，3，6，7，8 -六氯二苯并呋喃</td></tr>
<tr><td>IUPAC Name</td><td colspan="2">1，2，3，6，7，8 - hexachlorodibenzofuran</td></tr>
<tr><td>CAS 号
CAS Number</td><td colspan="2">57117 - 44 - 9</td></tr>
<tr><td>分子式
Molecular Formula</td><td colspan="2">$C_{12}H_2Cl_6O$</td></tr>
<tr><td>精确质量数
Exact Mass</td><td colspan="2">373.82073</td></tr>
<tr><td rowspan="3">结构图
Structure Diagram</td><td>SciFinder</td><td> 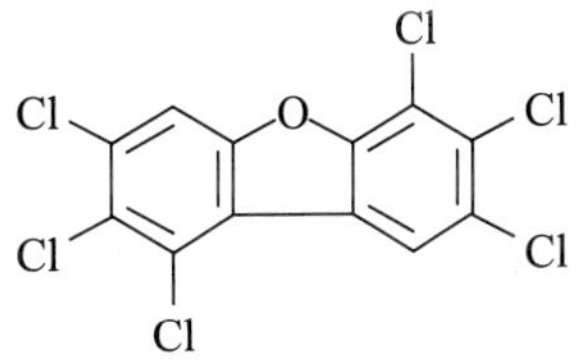Cl Cl Cl Cl Cl Cl O</td></tr>
<tr><td>ChemSpider</td><td>Cl Cl Cl Cl Cl Cl O</td></tr>
<tr><td>PubChem</td><td>Cl Cl Cl Cl Cl Cl O</td></tr>
<tr><td>法规出处
Regulation Source</td><td colspan="2">RSL</td></tr>
</table>

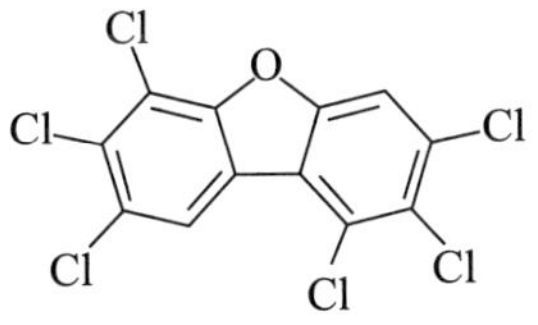

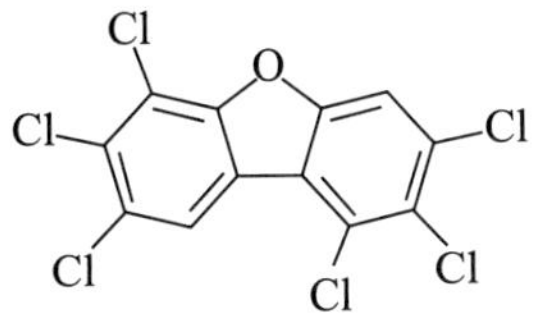

表 2-2（续）

序号	禁限用化合物信息库		
16	化合物英文名 Compound Name	Name in Regulation	1，2，3，6，7，8-Hexachlorodibenzo-*p*-dioxin
		CA Index Name	Dibenzo［b，e］［1，4］dioxin，1，2，3，6，7，8-hexachloro-
		ChemSpider	1，2，3，6，7，8-Hexachlorooxanthrene
		PubChem	1，2，3，6，7，8-hexachlorodibenzodioxin
	化合物中文名 Chinese Name	1，2，3，6，7，8-六氯二苯并对二噁英	
	IUPAC Name	1，2，3，6，7，8-hexachlorodibenzo-*p*-dioxin	
	CAS 号 CAS Number	57653-85-7	
	分子式 Molecular Formula	$C_{12}H_2Cl_6O_2$	
	精确质量数 Exact Mass	389.81565	
	结构图 Structure Diagram	SciFinder	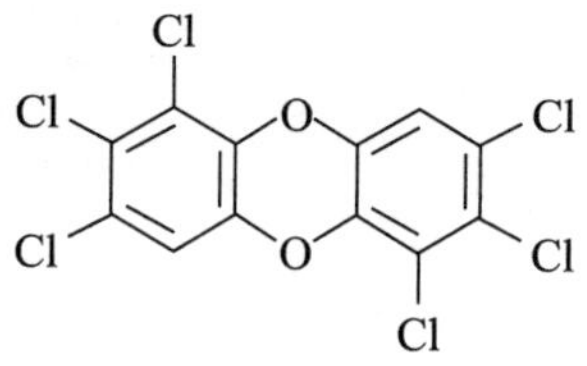
		ChemSpider	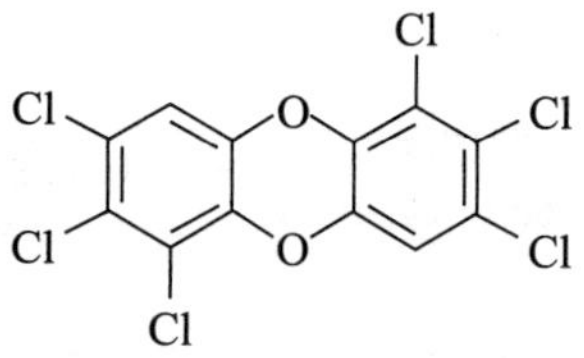
		PubChem	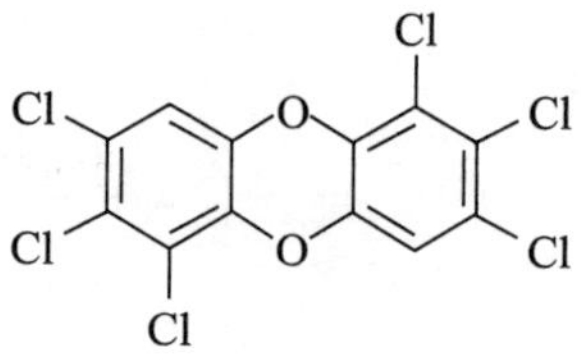
	法规出处 Regulation Source	RSL	

表 2-2（续）

<table>
<tr><th>序号</th><th colspan="3">禁限用化合物信息库</th></tr>
<tr><td rowspan="12">17</td><td rowspan="4">化合物英文名
Compound Name</td><td>Name in Regulation</td><td>1，2，3，7，8，9 - Hexabromodibenzo - p - dioxin</td></tr>
<tr><td>CA Index Name</td><td>Dibenzo [b，e] [1，4] dioxin，1，2，3，7，8，9 - hexabromo -</td></tr>
<tr><td>ChemSpider</td><td>1，2，3，7，8，9 - Hexabromooxanthrene</td></tr>
<tr><td>PubChem</td><td>1，2，3，7，8，9 - Hexabromodibenzo - p - dioxin</td></tr>
<tr><td>化合物中文名
Chinese Name</td><td colspan="2">1，2，3，7，8，9 -六溴二苯并对二噁英</td></tr>
<tr><td>IUPAC Name</td><td colspan="2">1，2，3，7，8，9 - hexabromodibenzo - p - dioxin</td></tr>
<tr><td>CAS 号
CAS Number</td><td colspan="2">110999 - 46 - 7</td></tr>
<tr><td>分子式
Molecular Formula</td><td colspan="2">$C_{12}H_2Br_6O_2$</td></tr>
<tr><td>精确质量数
Exact Mass</td><td colspan="2">657.50937</td></tr>
<tr><td rowspan="3">结构图
Structure Diagram</td><td>SciFinder</td><td>Br Br Br O Br Br O Br</td></tr>
<tr><td>ChemSpider</td><td>Br Br Br O Br Br O Br</td></tr>
<tr><td>PubChem</td><td>Br Br Br O Br Br O Br</td></tr>
<tr><td></td><td>法规出处
Regulation Source</td><td colspan="2">RSL</td></tr>
</table>

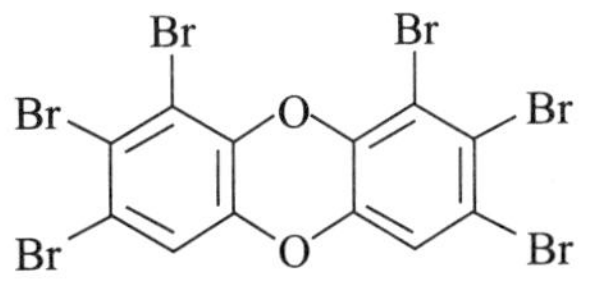

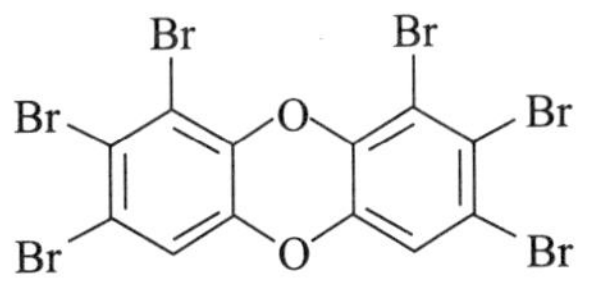

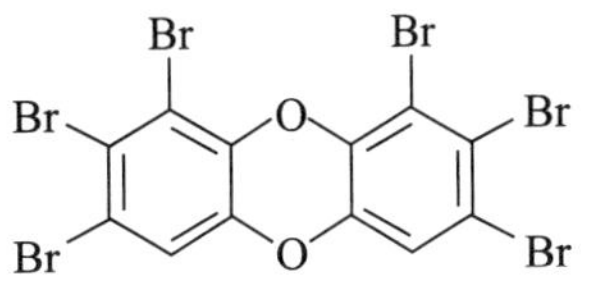

表 2-2（续）

序号	禁限用化合物信息库		
18	化合物英文名 Compound Name	Name in Regulation	1，2，3，7，8，9-Hexachlorodibenzofuran
		CA Index Name	Dibenzofuran，1，2，3，7，8，9-hexachloro-
		ChemSpider	Dibenzofuran，1，2，3，7，8，9-hexachloro
		PubChem	1，2，3，7，8，9-HEXACHLORODIBENZOFURAN
	化合物中文名 Chinese Name	1，2，3，7，8，9-六氯二苯并呋喃	
	IUPAC Name	1，2，3，7，8，9-hexachlorodibenzofuran	
	CAS号 CAS Number	72918-21-9	
	分子式 Molecular Formula	$C_{12}H_2Cl_6O$	
	精确质量数 Exact Mass	373.82073	
	结构图 Structure Diagram	SciFinder	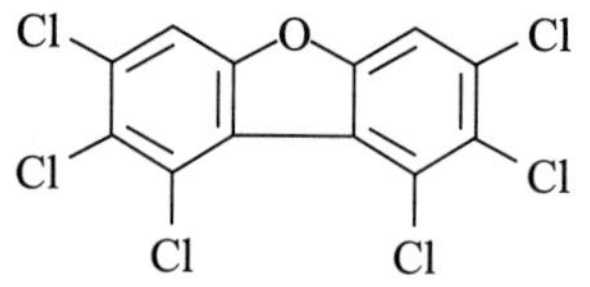 Cl Cl O Cl Cl Cl Cl
		ChemSpider	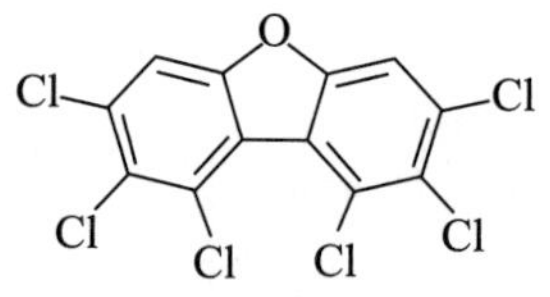 O Cl Cl Cl Cl Cl Cl
		PubChem	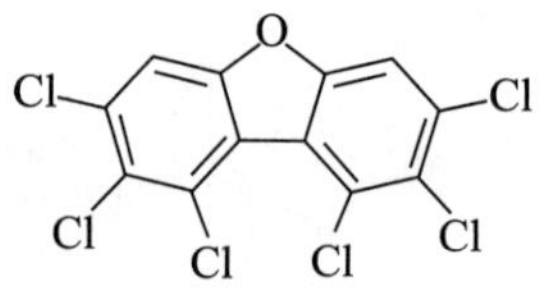 O Cl Cl Cl Cl Cl Cl
	法规出处 Regulation Source	RSL	

表 2-2（续）

序号	禁限用化合物信息库		
19	化合物英文名 Compound Name	Name in Regulation	1, 2, 3, 7, 8, 9-Hexachlorodibenzo-*p*-dioxin
		CA Index Name	Dibenzo [b, e] [1, 4] dioxin, 1, 2, 3, 7, 8, 9-hexachloro-
		ChemSpider	Hcdd mixture
		PubChem	1, 2, 3, 6, 7, 8-hexachlorodibenzodioxin
	化合物中文名 Chinese Name	1，2，3，7，8，9-六氯二苯并对二噁英	
	IUPAC Name	1, 2, 3, 7, 8, 9-hexachlorodibenzo-*p*-dioxin	
	CAS号 CAS Number	19408-74-3	
	分子式 Molecular Formula	$C_{12}H_2Cl_6O_2$	
	精确质量数 Exact Mass	389.81565	
	结构图 Structure Diagram	SciFinder	Cl Cl Cl O Cl Cl O Cl
		ChemSpider	Cl Cl Cl O Cl Cl O Cl
		PubChem	Cl Cl Cl O Cl Cl O Cl
	法规出处 Regulation Source	RSL	

表 2-2（续）

序号	禁限用化合物信息库		
20	化合物英文名 Compound Name	Name in Regulation	1，2，3，7，8-Pentabromodibenzofuran
		CA Index Name	Dibenzofuran，1，2，3，7，8-pentabromo-
		ChemSpider	1，2，3，7，8-pentabromo-dibenzofuran
		PubChem	1，2，3，7，8-pentabromodibenzofuran
	化合物中文名 Chinese Name	1，2，3，7，8-五溴二苯并呋喃	
	IUPAC Name	1，2，3，7，8-pentabromodibenzofuran	
	CAS号 CAS Number	107555-93-1	
	分子式 Molecular Formula	$C_{12}H_3Br_5O$	
	精确质量数 Exact Mass	561.60598	
	结构图 Structure Diagram	SciFinder	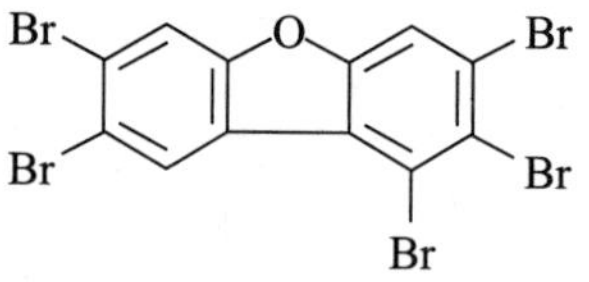 Br Br O Br Br Br
		ChemSpider	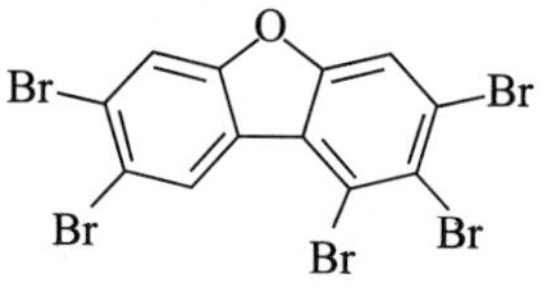 O Br Br Br Br Br
		PubChem	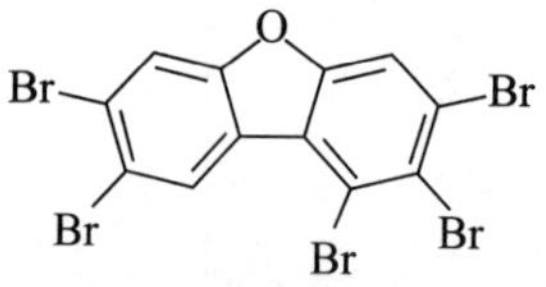 O Br Br Br Br Br
	法规出处 Regulation Source	RSL	

表 2-2（续）

序号	禁限用化合物信息库		
21	化合物英文名 Compound Name	Name in Regulation	1，2，3，7，8-Pentabromodibenzo-*p*-dioxin
		CA Index Name	Dibenzo [b，e] [1，4] dioxin，1，2，3，7，8-pentabromo-
		ChemSpider	1，2，3，7，8-pentabromooxanthrene
		PubChem	1，2，3，7，8-PENTABROMODIBENZO-*P*-DIOXIN
	化合物中文名 Chinese Name	1，2，3，7，8-五溴二苯并对二噁英	
	IUPAC Name	1，2，3，7，8-pentabromodibenzo-*p*-dioxin	
	CAS 号 CAS Number	109333-34-8	
	分子式 Molecular Formula	$C_{12}H_3Br_5O_2$	
	精确质量数 Exact Mass	577.60090	
	结构图 Structure Diagram	SciFinder	Br, Br, Br, O, O, Br, Br
		ChemSpider	Br, Br, Br, O, O, Br, Br
		PubChem	Br, Br, Br, O, O, Br, Br
	法规出处 Regulation Source	RSL	

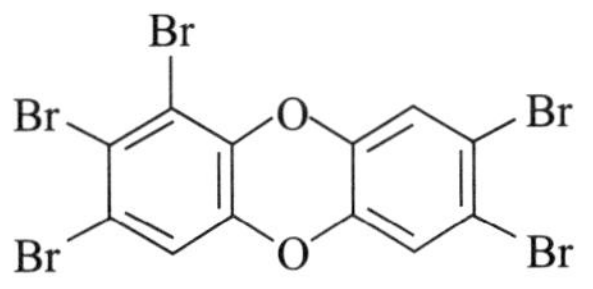

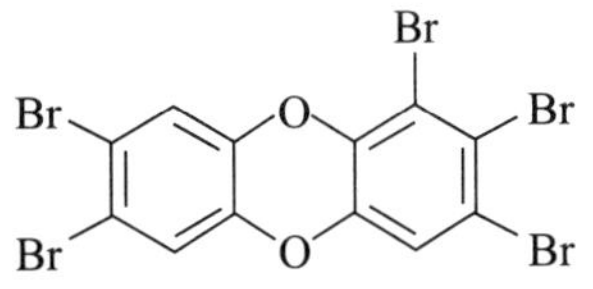

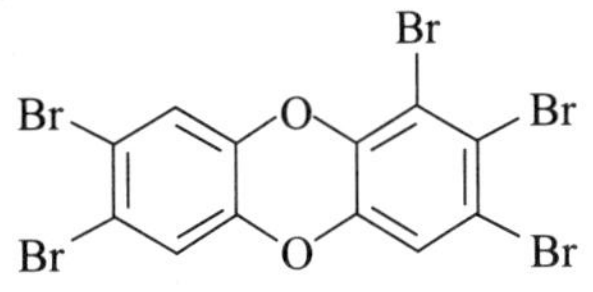

表 2-2（续）

序号	禁限用化合物信息库		
22	化合物英文名 Compound Name	Name in Regulation	1，2，3，7，8-Pentachlorodibenzofuran
		CA Index Name	Dibenzofuran，1，2，3，7，8-pentachloro-
		ChemSpider	1，2，3，7，8-Pentachlorodibenzo [b，d] furan
		PubChem	1，2，3，7，8-pentachlorodibenzofuran
	化合物中文名 Chinese Name	1，2，3，7，8-五氯二苯并呋喃	
	IUPAC Name	1，2，3，7，8-pentachlorodibenzofuran	
	CAS 号 CAS Number	57117-41-6	
	分子式 Molecular Formula	$C_{12}H_3Cl_5O$	
	精确质量数 Exact Mass	339.85970	
	结构图 Structure Diagram	SciFinder	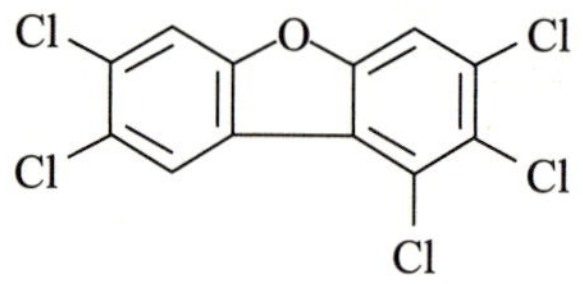 Cl Cl O Cl Cl Cl
		ChemSpider	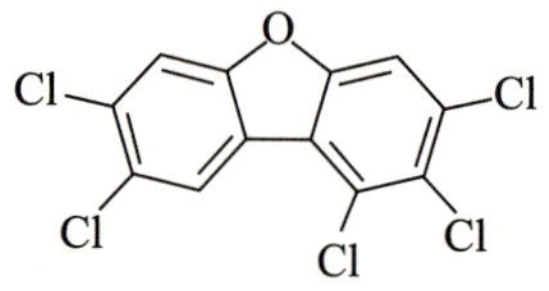 Cl O Cl Cl Cl Cl
		PubChem	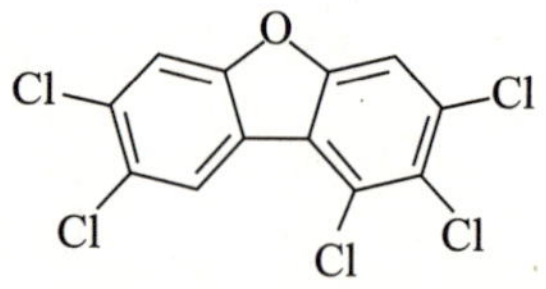 Cl O Cl Cl Cl Cl
	法规出处 Regulation Source	RSL	

表 2-2（续）

序号	禁限用化合物信息库		
23	化合物英文名 Compound Name	Name in Regulation	1，2，3，7，8-Pentachlorodibenzo-*p*-dioxin
		CA Index Name	Dibenzo [b，e] [1，4] dioxin，1，2，3，7，8-pentachloro-
		ChemSpider	1，2，3，7，8-Pentachlorooxanthrene
		PubChem	1，2，3，7，8-pentachlorodibenzo-*p*-dioxin
	化合物中文名 Chinese Name	1，2，3，7，8-五氯二苯并对二噁英	
	IUPAC Name	1，2，3，7，8-pentachlorodibenzo-*p*-dioxin	
	CAS号 CAS Number	40321-76-4	
	分子式 Molecular Formula	$C_{12}H_3Cl_5O_2$	
	精确质量数 Exact Mass	355.85462	
	结构图 Structure Diagram	SciFinder	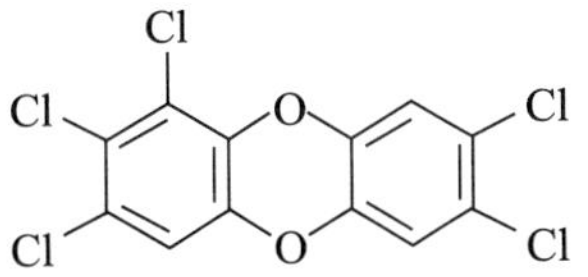
		ChemSpider	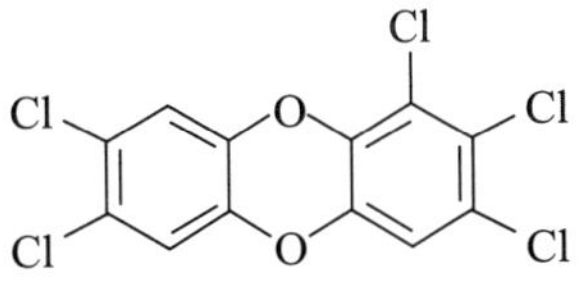
		PubChem	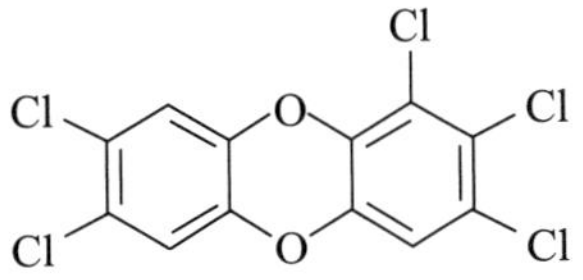
	法规出处 Regulation Source	RSL	

表 2-2（续）

序号	禁限用化合物信息库		
24	化合物英文名 Compound Name	Name in Regulation	1，2，3-Trichloropropane
		CA Index Name	Propane，1，2，3-trichloro-
		ChemSpider	1，2，3，7，8-Pentachlorooxanthrene
		PubChem	1，2，3，7，8-pentachlorodibenzo-*p*-dioxin
	化合物中文名 Chinese Name	1，2，3-三氯丙烷	
	IUPAC Name	1，2，3-trichloropropane	
	CAS号 CAS Number	96-18-4	
	分子式 Molecular Formula	$C_3H_5Cl_3$	
	精确质量数 Exact Mass	145.94568	
	结构图 Structure Diagram	SciFinder	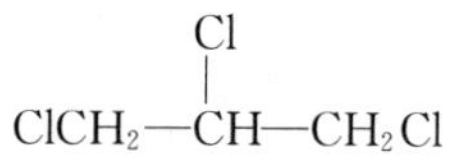 $ClCH_2—CH(Cl)—CH_2Cl$
		ChemSpider	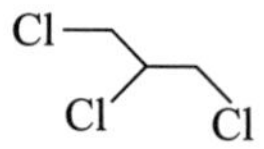 Cl Cl Cl
		PubChem	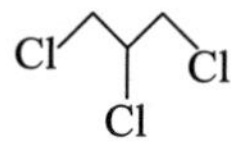 Cl Cl Cl
	法规出处 Regulation Source	SVHC	

表 2-2（续）

<table>
<tr><th>序号</th><th colspan="3">禁限用化合物信息库</th></tr>
<tr><td rowspan="12">25</td><td rowspan="4">化合物英文名
Compound Name</td><td>Name in Regulation</td><td>1，2，5，6，9，10-Hexabromocyclododecane</td></tr>
<tr><td>CA Index Name</td><td>Cyclododecane，1，2，5，6，9，10-hexabromo-</td></tr>
<tr><td>ChemSpider</td><td>1，2，5，6，9，10-Hexabromocyclododecane</td></tr>
<tr><td>PubChem</td><td>1，2，5，6，9，10-HEXABROMOCYCLODODECANE</td></tr>
<tr><td>化合物中文名
Chinese Name</td><td colspan="2">1，2，5，6，9，10-六溴环十二烷</td></tr>
<tr><td>IUPAC Name</td><td colspan="2">1，2，5，6，9，10-hexabromocyclododecane</td></tr>
<tr><td>CAS 号
CAS Number</td><td colspan="2">3194-55-6</td></tr>
<tr><td>分子式
Molecular Formula</td><td colspan="2">$C_{12}H_{18}Br_6$</td></tr>
<tr><td>精确质量数
Exact Mass</td><td colspan="2">641.64474</td></tr>
<tr><td rowspan="3">结构图
Structure Diagram</td><td>SciFinder</td><td> 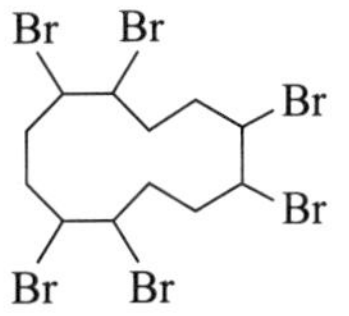Br Br Br Br Br Br</td></tr>
<tr><td>ChemSpider</td><td> 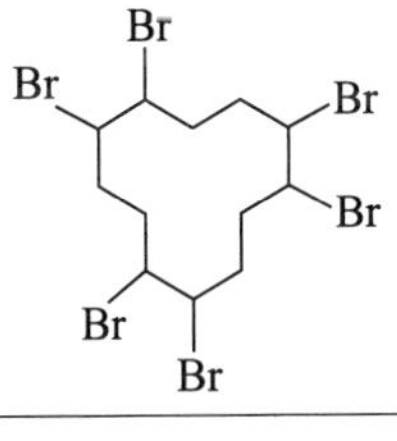Br Br Br Br Br Br</td></tr>
<tr><td>PubChem</td><td> 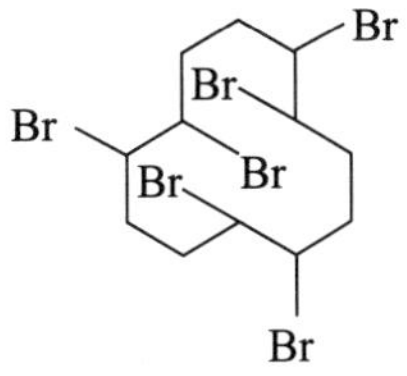Br Br Br Br Br Br</td></tr>
<tr><td>法规出处
Regulation Source</td><td colspan="2">SVHC</td></tr>
</table>

表 2-2（续）

序号	禁限用化合物信息库		
26	化合物英文名 Compound Name	Name in Regulation	1，2-Benzenedicarboxylic acid, di-C6-8-branched alkyl esters，C7-rich（DIHP）
		CA Index Name	1，2-Benzenedicarboxylic acid, di-C6-8-branched alkyl esters，C7-rich
		ChemSpider	Bis（5-methylhexyl）phthalate
		PubChem	Di-（5-methylhexyl）phthalate
	化合物中文名 Chinese Name	邻苯二甲酸二（C6-8）支链烷基酯，富 C7	
	IUPAC Name	bis（5-methylhexyl）benzene-1，2-dicarboxylate	
	CAS 号 CAS Number	71888-89-6	
	分子式 Molecular Formula	$C_{22}H_{34}O_4$	
	精确质量数 Exact Mass	362.24571	
	结构图 Structure Diagram	SciFinder	—
		ChemSpider	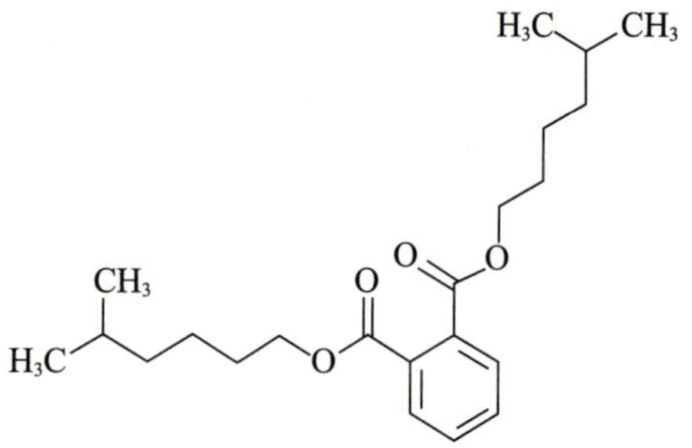
		PubChem	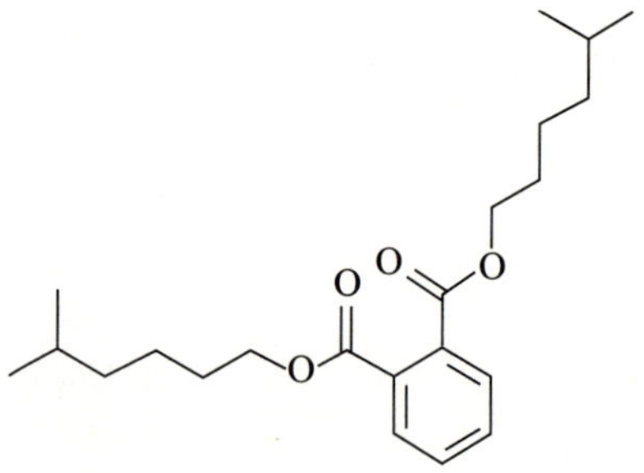
	法规出处 Regulation Source	SVHC/RSL/OEKO	

表 2-2（续）

<table>
<tr><th>序号</th><th colspan="3">禁限用化合物信息库</th></tr>
<tr><td rowspan="13">27</td><td rowspan="4">化合物英文名
Compound Name</td><td>Name in Regulation</td><td>1，2-Benzenedicarboxylic acid，dipentylester，branched and linear</td></tr>
<tr><td>CA Index Name</td><td>1，2-Benzenedicarboxylic acid，dipentyl ester，branched and linear</td></tr>
<tr><td>ChemSpider</td><td>Bis（3-methylbutyl）phthalate</td></tr>
<tr><td>PubChem</td><td>—</td></tr>
<tr><td>化合物中文名
Chinese Name</td><td colspan="2">邻苯二甲酸二戊酯，支链和直链</td></tr>
<tr><td>IUPAC Name</td><td colspan="2">—</td></tr>
<tr><td>CAS 号
CAS Number</td><td colspan="2">84777-06-0</td></tr>
<tr><td>分子式
Molecular Formula</td><td colspan="2">$C_{18}H_{26}O_4$</td></tr>
<tr><td>精确质量数
Exact Mass</td><td colspan="2">306.18311</td></tr>
<tr><td rowspan="3">结构图
Structure Diagram</td><td>SciFinder</td><td>—</td></tr>
<tr><td>ChemSpider</td><td>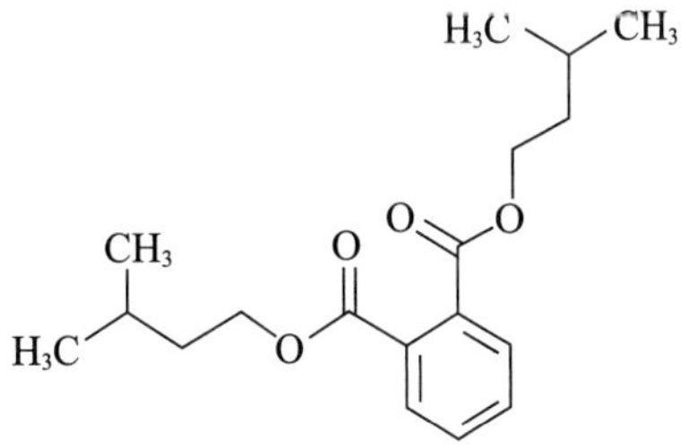</td></tr>
<tr><td>PubChem</td><td>—</td></tr>
<tr><td>法规出处
Regulation Source</td><td colspan="2">SVHC/RSL/OEKO</td></tr>
</table>

表 2-2（续）

序号	禁限用化合物信息库		
28	化合物英文名 Compound Name	Name in Regulation	1，2-bis（2-methoxyethoxy）ethane（TEGDME/triglyme）
		CA Index Name	2，5，8，11-Tetraoxadodecane
		ChemSpider	2，5，8，11-TETRAOXADODECANE
		PubChem	Triglyme
	化合物中文名 Chinese Name	三甘醇二甲醚	
	IUPAC Name	1-methoxy-2-［2-（2-methoxyethoxy）ethoxy］ethane	
	CAS号 CAS Number	112-49-2	
	分子式 Molecular Formula	$C_8H_{18}O_4$	
	精确质量数 Exact Mass	178.12051	
	结构图 Structure Diagram	SciFinder	MeO—CH_2—CH_2—O—CH_2—CH_2—O—CH_2—CH_2—OMe
		ChemSpider	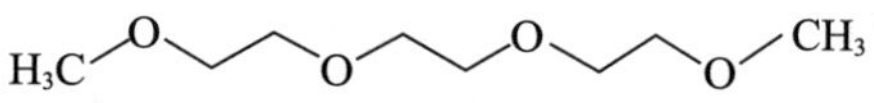
		PubChem	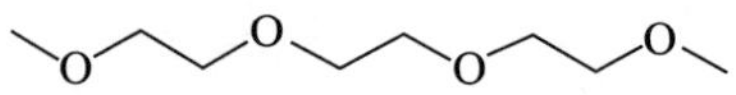
	法规出处 Regulation Source	SVHC	

表 2 - 2（续）

序号	禁限用化合物信息库		
29	化合物英文名 Compound Name	Name in Regulation	1，2 - Dichloroethane
		CA Index Name	Ethane，1，2 - dichloro -
		ChemSpider	1，2 - dichloroethane
		PubChem	Ethylene dichloride
	化合物中文名 Chinese Name	1，2 -二氯乙烷	
	IUPAC Name	1，2 - dichloroethane	
	CAS 号 CAS Number	107 - 06 - 2	
	分子式 Molecular Formula	$C_2H_4Cl_2$	
	精确质量数 Exact Mass	97.96901	
	结构图 Structure Diagram	SciFinder	$Cl—CH_2—CH_2—Cl$
		ChemSpider	
		PubChem	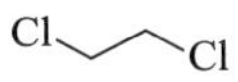
	法规出处 Regulation Source	SVHC	

表 2-2（续）

序号	禁限用化合物信息库		
30	化合物英文名 Compound Name	Name in Regulation	1，2-Diethoxyethane
		CA Index Name	Ethane，1，2-diethoxy-
		ChemSpider	1，2-Diethoxyethan
		PubChem	Ethylene glycol diethyl ether
	化合物中文名 Chinese Name	乙二醇二乙醚	
	IUPAC Name	1，2-diethoxyethane	
	CAS号 CAS Number	629-14-1	
	分子式 Molecular Formula	$C_6H_{14}O_2$	
	精确质量数 Exact Mass	118.09938	
	结构图 Structure Diagram	SciFinder	EtO—CH_2—CH_2—OEt
		ChemSpider	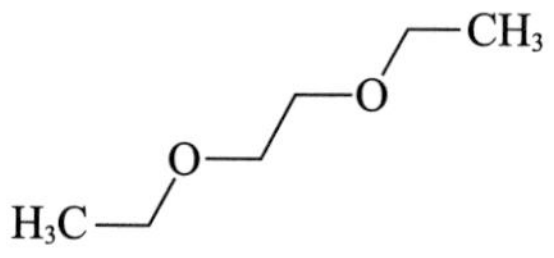 H_3C, O, O, CH_3
		PubChem	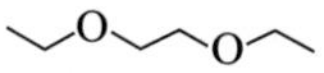 O, O
	法规出处 Regulation Source	SVHC	

表 2-2（续）

序号	禁限用化合物信息库		
31	化合物英文名 Compound Name	Name in Regulation	1，2-dimethoxyethane/ethylene glycol dimethyl ether（EGDME）
		CA Index Name	Ethane，1，2-dimethoxy-
		ChemSpider	Dimethoxyethane
		PubChem	1，2-dimethoxyethane
	化合物中文名 Chinese Name	1，2-二甲氧基乙烷	
	IUPAC Name	1，2-dimethoxyethane	
	CAS 号 CAS Number	110-71-4	
	分子式 Molecular Formula	$C_4H_{10}O_2$	
	精确质量数 Exact Mass	90.06808	
	结构图 Structure Diagram	SciFinder	MeO—CH_2—CH_2—OMe
		ChemSpider	H_3C—O—CH₂—CH₂—O—CH_3 (structure)
		PubChem	(structure)
	法规出处 Regulation Source	SVHC	

表 2-2（续）

序号	禁限用化合物信息库		
32	化合物英文名 Compound Name	Name in Regulation	1，3，5-Tris（oxiran-2-ylmethyl）-1，3，5-triazinane-2，4，6-trione（TGIC）
		CA Index Name	1，3，5-Triazine-2，4，6（1H，3H，5H）-trione，1，3，5-tris（2-oxiranylmethyl）-
		ChemSpider	Teroxirone [USAN：INN]
		PubChem	1，3，5-triglycidyl-s-triazinetrione
	化合物中文名 Chinese Name	异氰尿酸三缩水甘油酯	
	IUPAC Name	1，3，5-tris（oxiran-2-ylmethyl）-1，3，5-triazinane-2，4，6-trione	
	CAS号 CAS Number	2451-62-9	
	分子式 Molecular Formula	$C_{12}H_{15}N_3O_6$	
	精确质量数 Exact Mass	297.09608	
	结构图 Structure Diagram	SciFinder	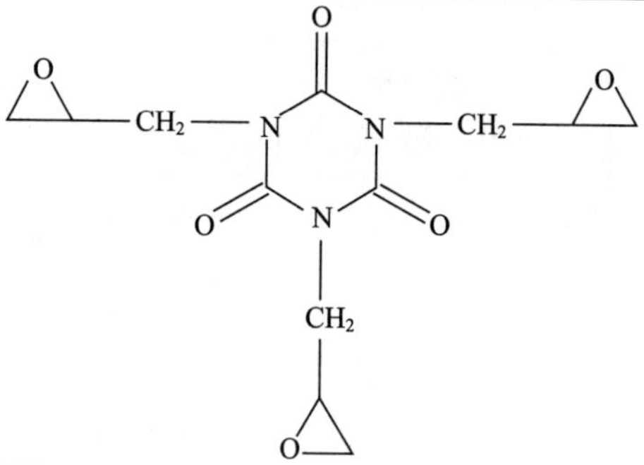
		ChemSpider	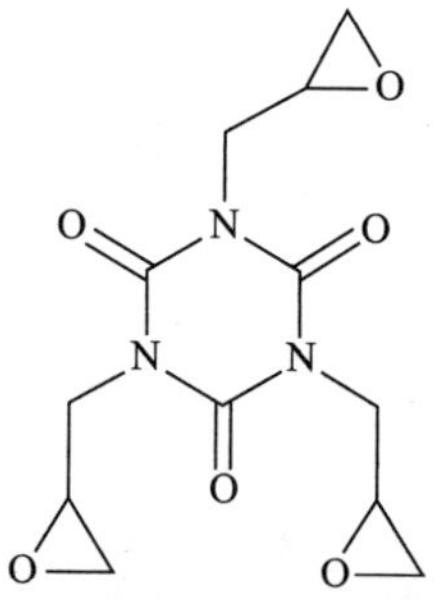
		PubChem	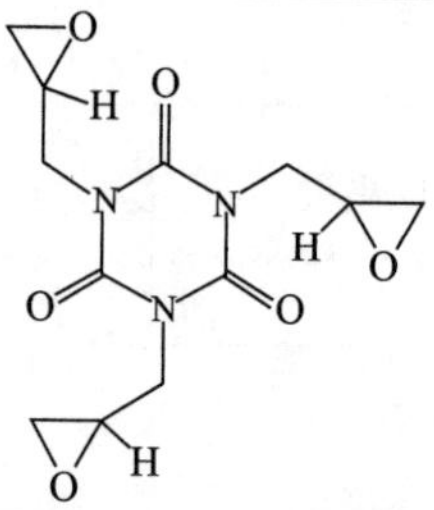
	法规出处 Regulation Source	SVHC	

表 2-2（续）

序号	禁限用化合物信息库		
33	化合物英文名 Compound Name	Name in Regulation	1，3，5-tris［（2S and 2R）-2，3-epoxypropyl］-1，3，5-triazine-2，4，6-（1H，3H，5H）-trione（β-TGIC）
		CA Index Name	1，3，5-Triazine-2，4，6（1H，3H，5H）-trione，1，3，5-tris［（2R）-2-oxiranylmethyl］-，rel-
		ChemSpider	1，3，5-Tris［（2R）-2-oxiranylmethyl］-1，3，5-triazinane-2，4，6-trione
		PubChem	beta-Triglycidyl isocyanurate
	化合物中文名 Chinese Name	替罗昔隆	
	IUPAC Name	1，3，5-tris［［（2R）-oxiran-2-yl］methyl］-1，3，5-t riazinane-2，4，6-trione	
	CAS号 CAS Number	59653-74-6	
	分子式 Molecular Formula	$C_{12}H_{15}N_3O_6$	
	精确质量数 Exact Mass	253.93043	
	结构图 Structure Diagram	SciFinder	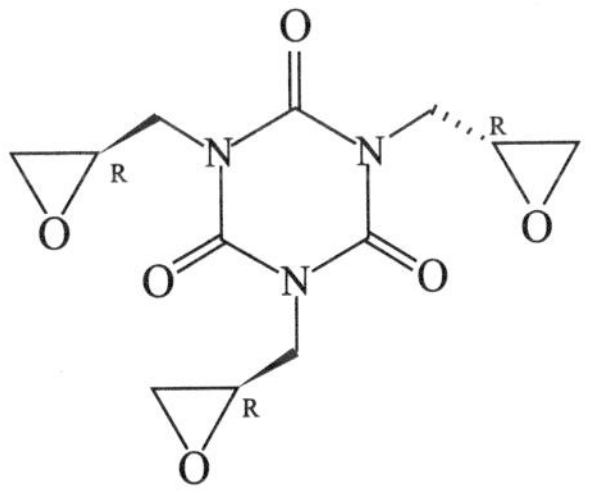
		ChemSpider	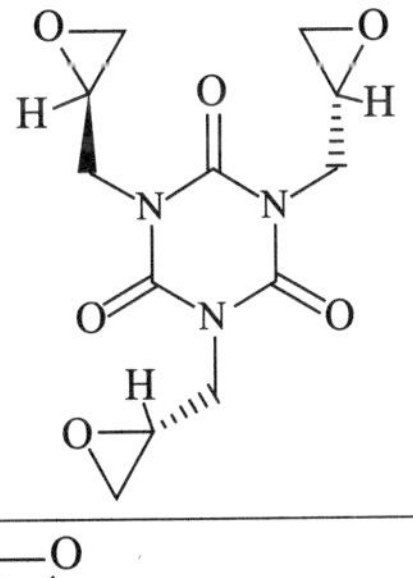
		PubChem	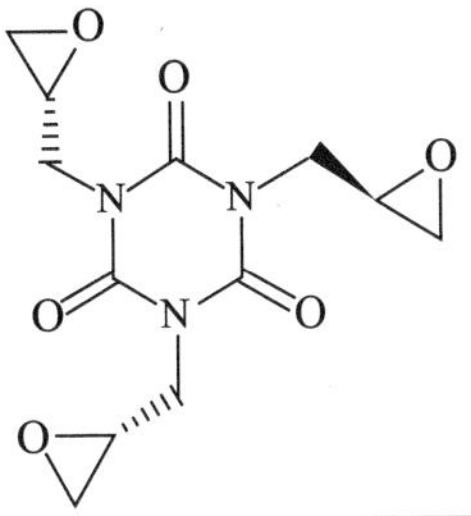
	法规出处 Regulation Source	SVHC	

表 2-2（续）

序号	禁限用化合物信息库		
34	化合物英文名 Compound Name	Name in Regulation	1-bromopropane（n-propyl bromide）
		CA Index Name	Propane，1-bromo-
		ChemSpider	1-Bromopropane
		PubChem	1-bromopropane
	化合物中文名 Chinese Name	溴代正丙烷	
	IUPAC Name	1-bromopropane	
	CAS 号 CAS Number	106-94-5	
	分子式 Molecular Formula	C_3H_7Br	
	精确质量数 Exact Mass	121.97311	
	结构图 Structure Diagram	SciFinder	$Br—CH_2—CH_2—CH_3$
		ChemSpider	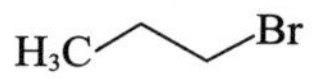 H_3C Br
		PubChem	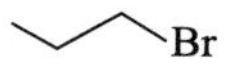 Br
	法规出处 Regulation Source	SVHC	

表 2-2（续）

序号	禁限用化合物信息库		
35	化合物英文名 Compound Name	Name in Regulation	1-Methyl-2-pyrrolidone
		CA Index Name	2-Pyrrolidinone，1-methyl-
		ChemSpider	Methyl pyrrolidone
		PubChem	1-methyl-2-pyrrolidinone
	化合物中文名 Chinese Name	1-甲基吡咯烷酮	
	IUPAC Name	1-methylpyrrolidin-2-one	
	CAS号 CAS Number	872-50-4	
	分子式 Molecular Formula	C_5H_9NO	
	精确质量数 Exact Mass	99.06841	
	结构图 Structure Diagram	SciFinder	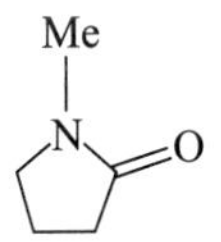 Me, N, O
		ChemSpider	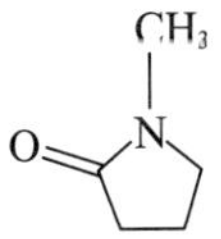 CH_3, N, O
		PubChem	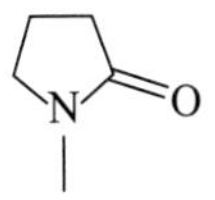 N, O
	法规出处 Regulation Source	SVHC	

表 2-2（续）

<table>
<tr><td>序号</td><td colspan="3">禁限用化合物信息库</td></tr>
<tr><td rowspan="12">36</td><td rowspan="4">化合物英文名
Compound Name</td><td>Name in Regulation</td><td>1-Methylpyrene</td></tr>
<tr><td>CA Index Name</td><td>Pyrene，1-methyl</td></tr>
<tr><td>ChemSpider</td><td>1-Methylpyrene</td></tr>
<tr><td>PubChem</td><td>1-methylpyrene</td></tr>
<tr><td>化合物中文名
Chinese Name</td><td colspan="2">1-甲基芘</td></tr>
<tr><td>IUPAC Name</td><td colspan="2">1-methylpyrene</td></tr>
<tr><td>CAS号
CAS Number</td><td colspan="2">2381-21-7</td></tr>
<tr><td>分子式
Molecular Formula</td><td colspan="2">$C_{17}H_{12}$</td></tr>
<tr><td>精确质量数
Exact Mass</td><td colspan="2">216.09390</td></tr>
<tr><td rowspan="3">结构图
Structure Diagram</td><td>SciFinder</td><td>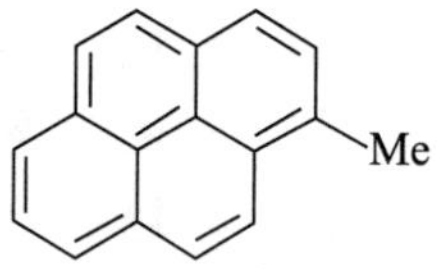</td></tr>
<tr><td>ChemSpider</td><td>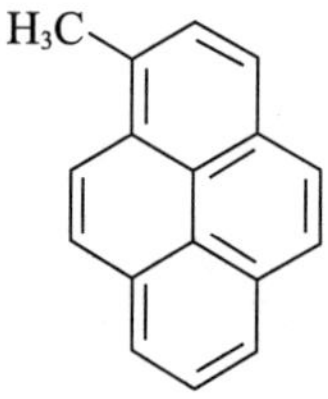</td></tr>
<tr><td>PubChem</td><td>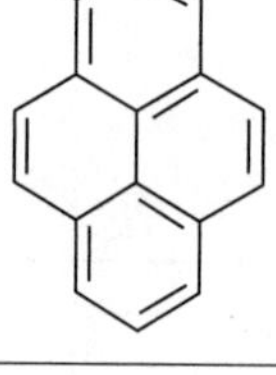</td></tr>
<tr><td>法规出处
Regulation Source</td><td colspan="2">OEKO</td></tr>
</table>

表 2-2（续）

序号	禁限用化合物信息库		
37	化合物英文名 Compound Name	Name in Regulation	1-*N*-Nitrosopyrrolidine
		CA Index Name	Pyrrolidine，1-nitroso-
		ChemSpider	1-Nitrosopyrrolidine
		PubChem	*N*-Nitrosopyrrolidine
	化合物中文名 Chinese Name	1-亚硝基吡咯烷	
	IUPAC Name	1-nitrosopyrrolidine	
	CAS号 CAS Number	930-55-2	
	分子式 Molecular Formula	$C_4H_8N_2O$	
	精确质量数 Exact Mass	100.06366	
	结构图 Structure Diagram	SciFinder	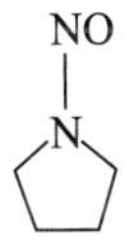 NO / N (pyrrolidine ring)
		ChemSpider	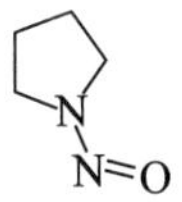 N / N=O (pyrrolidine ring)
		PubChem	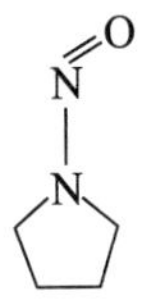 O / N / N (pyrrolidine ring)
	法规出处 Regulation Source	RSL	

表 2 - 2（续）

序号	禁限用化合物信息库		
38	化合物英文名 Compound Name	Name in Regulation	2 - (2, 4, 5 - trichlorophenoxy) propionic acid, its salts and compounds
		CA Index Name	Propanoic acid, 2 - (2, 4, 5 - trichlorophenoxy) -
		ChemSpider	Kuran
		PubChem	Fenoprop
	化合物中文名 Chinese Name	2，4，5 -涕丙酸，其盐和化合物	
	IUPAC Name	2 - (2, 4, 5 - trichlorophenoxy) propanoic acid	
	CAS 号 CAS Number	93 - 72 - 1	
	分子式 Molecular Formula	$C_9H_7Cl_3O_3$	
	精确质量数 Exact Mass	267.94608	
	结构图 Structure Diagram	SciFinder	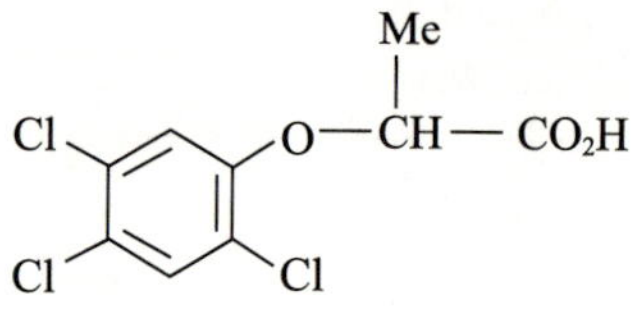
		ChemSpider	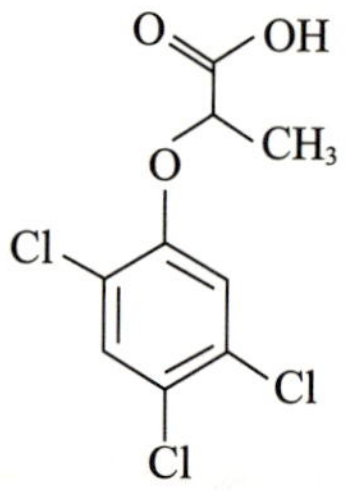
		PubChem	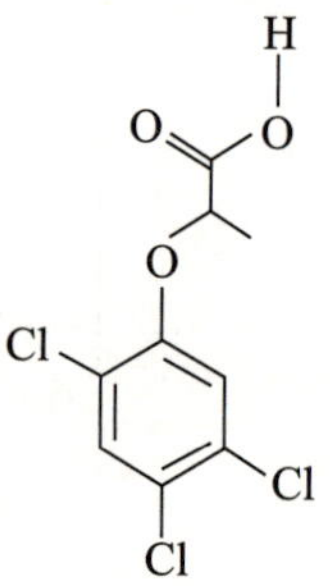
	法规出处 Regulation Source	RSL	

表 2－2（续）

序号	禁限用化合物信息库		
39	化合物英文名 Compound Name	Name in Regulation	2，2′－dichloro－4，4′－methylenedianiline
		CA Index Name	Benzenamine，4，4′－methylenebis［2－chloro－
		ChemSpider	4，4′－METHYLENEBIS（2－CHLOROANILINE)
		PubChem	Methylenebis（chloroaniline）
	化合物中文名 Chinese Name	3，3′-二氯-4，4′-二氨基二苯甲烷	
	IUPAC Name	4－［（4－amino－3－chlorophenyl）methyl］－2－chloroaniline（MOCA）	
	CAS 号 CAS Number	101－14－4	
	分子式 Molecular Formula	$C_{13}H_{12}Cl_2N_2$	
	精确质量数 Exact Mass	266.03775	
	结构图 Structure Diagram	SciFinder	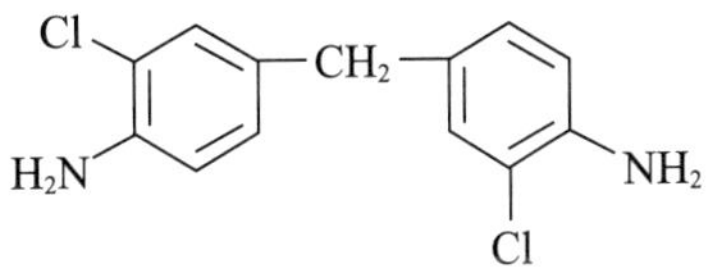 Cl, CH_2, H_2N, NH_2, Cl
		ChemSpider	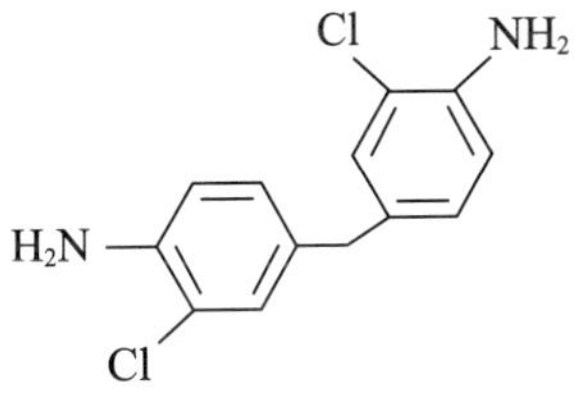 Cl, NH_2, H_2N, Cl
		PubChem	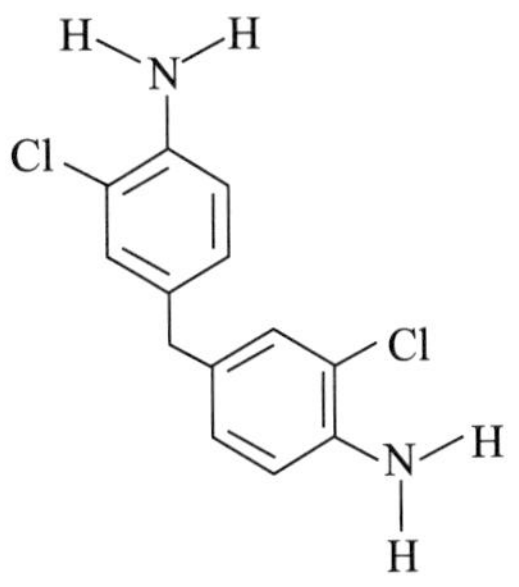 H, N, H, Cl, Cl, N, H, H
	法规出处 Regulation Source	SVHC/OEKO/RSL	

表 2-2（续）

序号	禁限用化合物信息库		
40	化合物英文名 Compound Name	Name in Regulation	2，3，4，5-Tetrachlorophenol
		CA Index Name	Phenol，2，3，4，5-tetrachloro-
		ChemSpider	2，3，4，5-Tetrachlorphenol
		PubChem	2，3，4，5-tetrachlorophenate
	化合物中文名 Chinese Name	2，3，4，5-四氯苯酚	
	IUPAC Name	2，3，4，5-tetrachlorophenol	
	CAS 号 CAS Number	4901-51-3	
	分子式 Molecular Formula	$C_6H_2Cl_4O$	
	精确质量数 Exact Mass	231.88303	
	结构图 Structure Diagram	SciFinder	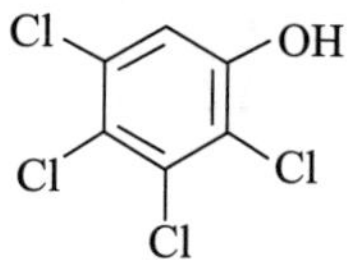 Cl, OH, Cl, Cl, Cl
		ChemSpider	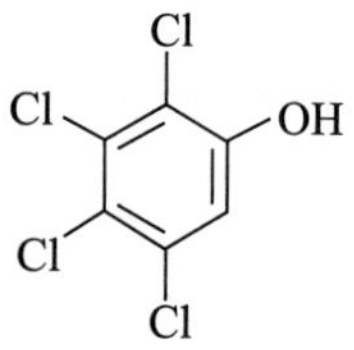 Cl, Cl, OH, Cl, Cl
		PubChem	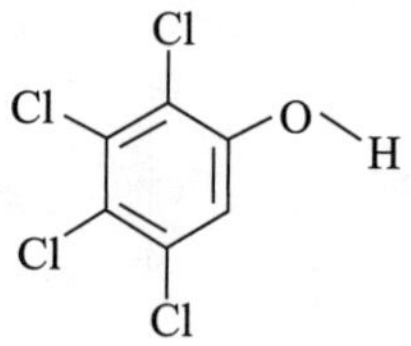 Cl, Cl, O, H, Cl, Cl
	法规出处 Regulation Source	OEKO	

表 2-2（续）

<table>
<tr><th>序号</th><th colspan="3">禁限用化合物信息库</th></tr>
<tr><td rowspan="14">41</td><td rowspan="4">化合物英文名
Compound Name</td><td>Name in Regulation</td><td>2，3，4，6，7，8-Hexachlorodibenzofuran</td></tr>
<tr><td>CA Index Name</td><td>Dibenzofuran，2，3，4，6，7，8-hexachloro-</td></tr>
<tr><td>ChemSpider</td><td>2，3，4，6，7，8-Hexachlorodibenzo[b，d] furan</td></tr>
<tr><td>PubChem</td><td>2，3，4，6，7，8-HEXACHLORODIBENZOFURAN</td></tr>
<tr><td>化合物中文名
Chinese Name</td><td colspan="2">2，3，4，6，7，8-六氯二苯并呋喃</td></tr>
<tr><td>IUPAC Name</td><td colspan="2">2，3，4，6，7，8-hexachlorodibenzofuran</td></tr>
<tr><td>CAS号
CAS Number</td><td colspan="2">60851-34-5</td></tr>
<tr><td>分子式
Molecular Formula</td><td colspan="2">$C_{12}H_2Cl_6O$</td></tr>
<tr><td>精确质量数
Exact Mass</td><td colspan="2">373.82073</td></tr>
<tr><td rowspan="3">结构图
Structure Diagram</td><td>SciFinder</td><td>Cl Cl Cl O Cl Cl Cl</td></tr>
<tr><td>ChemSpider</td><td>Cl Cl Cl O Cl Cl Cl</td></tr>
<tr><td>PubChem</td><td>Cl Cl Cl O Cl Cl Cl</td></tr>
<tr><td>法规出处
Regulation Source</td><td colspan="2">RSL</td></tr>
</table>

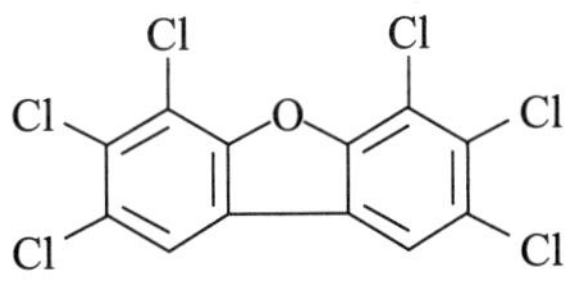

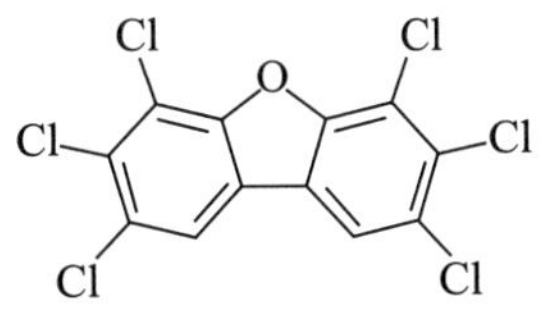

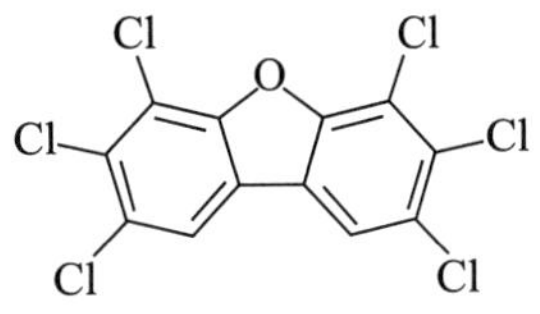

表 2-2（续）

<table>
<tr><th>序号</th><th colspan="3">禁限用化合物信息库</th></tr>
<tr><td rowspan="13">42</td><td rowspan="4">化合物英文名
Compound Name</td><td>Name in Regulation</td><td>2，3，4，6-Tetrachlorophenol</td></tr>
<tr><td>CA Index Name</td><td>Dibenzofuran，2，3，4，6，7，8-hexachloro-</td></tr>
<tr><td>ChemSpider</td><td>2，3，4，6-TETRACHLOROPHENOL</td></tr>
<tr><td>PubChem</td><td>2，3，4，6-tetrachlorophenol</td></tr>
<tr><td>化合物中文名
Chinese Name</td><td colspan="2">2，3，4，6-四氯苯酚</td></tr>
<tr><td>IUPAC Name</td><td colspan="2">2，3，4，6-tetrachlorophenol</td></tr>
<tr><td>CAS 号
CAS Number</td><td colspan="2">58-90-2</td></tr>
<tr><td>分子式
Molecular Formula</td><td colspan="2">$C_6H_2Cl_4O$</td></tr>
<tr><td>精确质量数
Exact Mass</td><td colspan="2">231.88303</td></tr>
<tr><td rowspan="3">结构图
Structure Diagram</td><td>SciFinder</td><td> 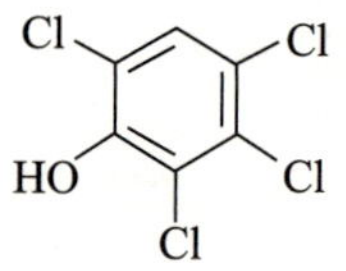Cl Cl HO Cl Cl</td></tr>
<tr><td>ChemSpider</td><td> 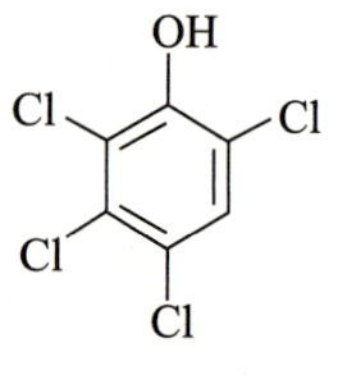OH Cl Cl Cl Cl</td></tr>
<tr><td>PubChem</td><td> 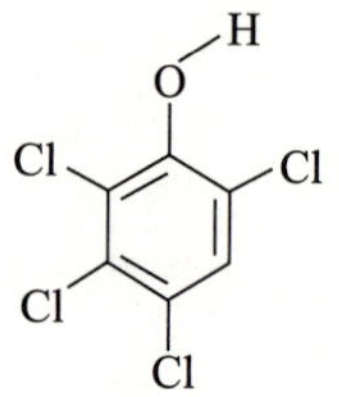H O Cl Cl Cl Cl</td></tr>
<tr><td>法规出处
Regulation Source</td><td colspan="2">OEKO</td></tr>
</table>

表 2-2（续）

<table>
<tr><th>序号</th><th colspan="3">禁限用化合物信息库</th></tr>
<tr><td rowspan="14">43</td><td rowspan="4">化合物英文名
Compound Name</td><td>Name in Regulation</td><td>2，3，4，7，8-Pentabromodibenzofuran</td></tr>
<tr><td>CA Index Name</td><td>Dibenzofuran，2，3，4，7，8-pentabromo-</td></tr>
<tr><td>ChemSpider</td><td>2，3，4，7，8-pentabromo-dibenzofuran</td></tr>
<tr><td>PubChem</td><td>2，3，4，7，8-Pentabromodibenzofuran</td></tr>
<tr><td>化合物中文名
Chinese Name</td><td colspan="2">2，3，4，7，8-五溴二苯并呋喃</td></tr>
<tr><td>IUPAC Name</td><td colspan="2">2，3，4，7，8-pentabromodibenzofuran</td></tr>
<tr><td>CAS 号
CAS Number</td><td colspan="2">131166-92-2</td></tr>
<tr><td>分子式
Molecular Formula</td><td colspan="2">$C_{12}H_3Br_5O$</td></tr>
<tr><td>精确质量数
Exact Mass</td><td colspan="2">561.60598</td></tr>
<tr><td rowspan="3">结构图
Structure Diagram</td><td>SciFinder</td><td> 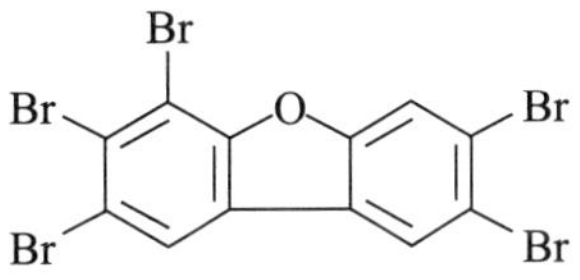Br Br Br O Br Br</td></tr>
<tr><td>ChemSpider</td><td> 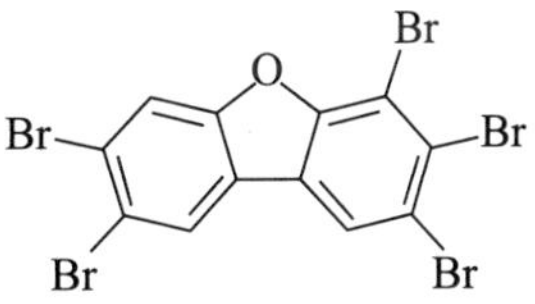Br O Br Br Br Br</td></tr>
<tr><td>PubChem</td><td> 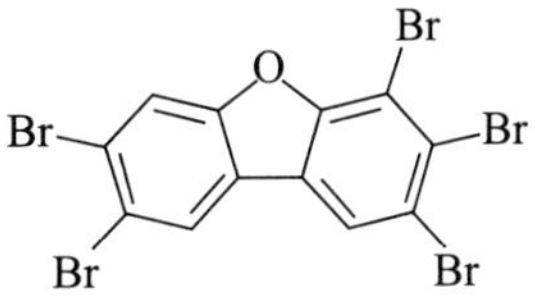Br O Br Br Br Br</td></tr>
<tr><td>法规出处
Regulation Source</td><td colspan="2">RSL</td></tr>
</table>

表 2-2（续）

<table>
<tr><th>序号</th><th colspan="3">禁限用化合物信息库</th></tr>
<tr><td rowspan="11">44</td><td rowspan="4">化合物英文名
Compound Name</td><td>Name in Regulation</td><td>2，3，4，7，8-Pentachlorodibenzofuran</td></tr>
<tr><td>CA Index Name</td><td>Dibenzofuran，2，3，4，7，8-pentachloro-</td></tr>
<tr><td>ChemSpider</td><td>PCB 126 / PECDF mixture</td></tr>
<tr><td>PubChem</td><td>2，3，4，7，8-pentachlorodibenzofuran</td></tr>
<tr><td>化合物中文名
Chinese Name</td><td colspan="2">2，3，4，7，8-五氯二苯并呋喃</td></tr>
<tr><td>IUPAC Name</td><td colspan="2">2，3，4，7，8-pentachlorodibenzofuran</td></tr>
<tr><td>CAS 号
CAS Number</td><td colspan="2">57117-31-4</td></tr>
<tr><td>分子式
Molecular Formula</td><td colspan="2">$C_{12}H_3Cl_5O$</td></tr>
<tr><td>精确质量数
Exact Mass</td><td colspan="2">339.8597</td></tr>
<tr><td rowspan="3">结构图
Structure Diagram</td><td>SciFinder</td><td>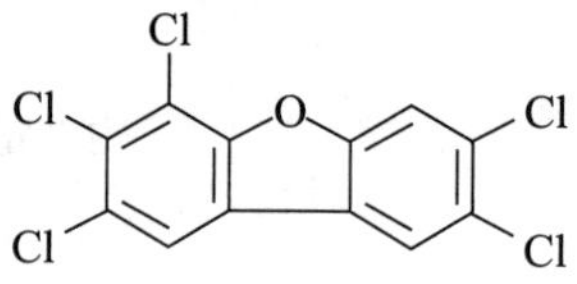</td></tr>
<tr><td>ChemSpider</td><td>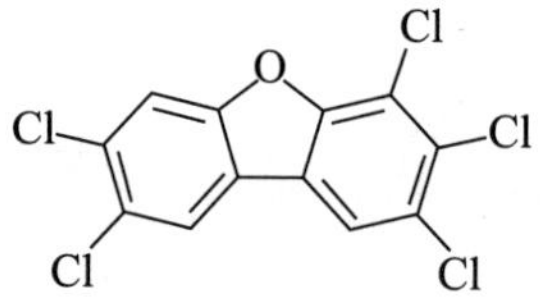</td></tr>
<tr><td></td><td>PubChem</td><td>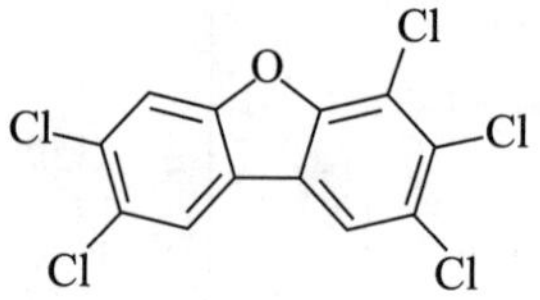</td></tr>
<tr><td></td><td>法规出处
Regulation Source</td><td colspan="2">RSL</td></tr>
</table>

表 2-2（续）

序号	禁限用化合物信息库		
45	化合物英文名 Compound Name	Name in Regulation	2，3，4-Trichlorophenol
		CA Index Name	Phenol，2，3，4-trichloro-
		ChemSpider	2，3，4-TRICHLOROPHENOL
		PubChem	2，3，4-trichlorophenol
	化合物中文名 Chinese Name	2，3，4-三氯苯酚	
	IUPAC Name	2，3，4-trichlorophenol	
	CAS 号 CAS Number	15950-66-0	
	分子式 Molecular Formula	$C_6H_3Cl_3O$	
	精确质量数 Exact Mass	195.92495	
	结构图 Structure Diagram	SciFinder	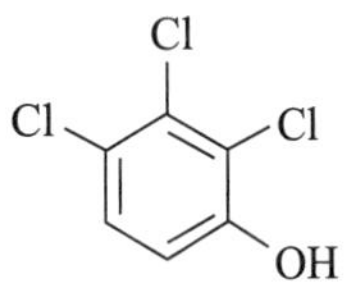 Cl, Cl, Cl, OH
		ChemSpider	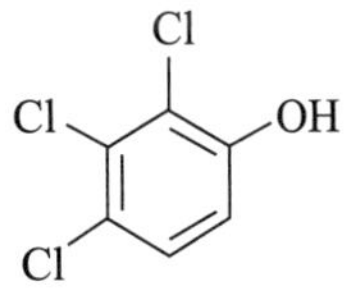 Cl, Cl, OH, Cl
		PubChem	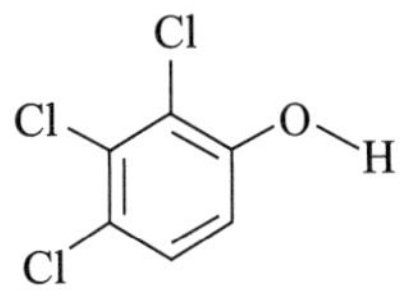 Cl, Cl, O, H, Cl
	法规出处 Regulation Source	OEKO	

表 2-2（续）

<table>
<tr><th>序号</th><th colspan="3">禁限用化合物信息库</th></tr>
<tr><td rowspan="13">46</td><td rowspan="4">化合物英文名
Compound Name</td><td>Name in Regulation</td><td>2，3，5，6-Tetrachlorophenol</td></tr>
<tr><td>CA Index Name</td><td>Phenol，2，3，5，6-tetrachloro-</td></tr>
<tr><td>ChemSpider</td><td>2，3，5，6-TETRACHLOROPHENOL</td></tr>
<tr><td>PubChem</td><td>2，3，5，6-tetrachlorophenate</td></tr>
<tr><td>化合物中文名
Chinese Name</td><td colspan="2">2，3，5，6-四氯苯酚</td></tr>
<tr><td>IUPAC Name</td><td colspan="2">2，3，5，6-tetrachlorophenol</td></tr>
<tr><td>CAS 号
CAS Number</td><td colspan="2">935-95-5</td></tr>
<tr><td>分子式
Molecular Formula</td><td colspan="2">$C_6H_2Cl_4O$</td></tr>
<tr><td>精确质量数
Exact Mass</td><td colspan="2">231.88303</td></tr>
<tr><td rowspan="3">结构图
Structure Diagram</td><td>SciFinder</td><td>OH
Cl Cl
Cl Cl</td></tr>
<tr><td>ChemSpider</td><td>OH
Cl Cl
Cl Cl</td></tr>
<tr><td>PubChem</td><td>H
O
Cl Cl
Cl Cl</td></tr>
<tr><td>法规出处
Regulation Source</td><td colspan="2">OEKO/RSL</td></tr>
</table>

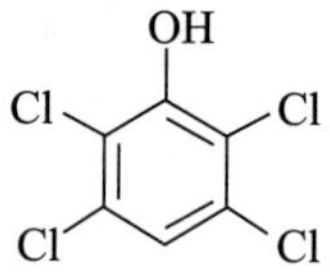

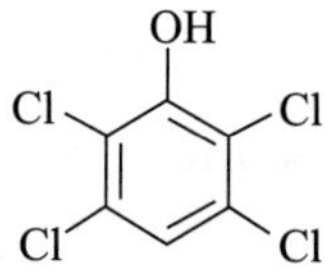

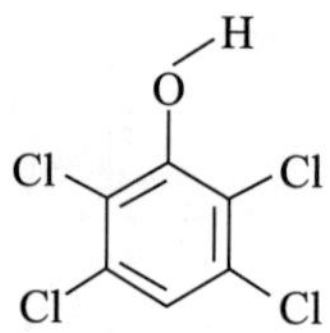

表 2-2（续）

序号	禁限用化合物信息库		
47	化合物英文名 Compound Name	Name in Regulation	2，3，5-Trichlorophenol
		CA Index Name	Phenol，2，3，5-trichloro-
		ChemSpider	2，3，5-Trichlorophenol
		PubChem	2，3，5-trichlorophenol
	化合物中文名 Chinese Name	2，3，5-三氯苯酚	
	IUPAC Name	2，3，5-trichlorophenol	
	CAS号 CAS Number	933-78-8	
	分子式 Molecular Formula	$C_6H_3Cl_3O$	
	精确质量数 Exact Mass	195.92495	
	结构图 Structure Diagram	SciFinder	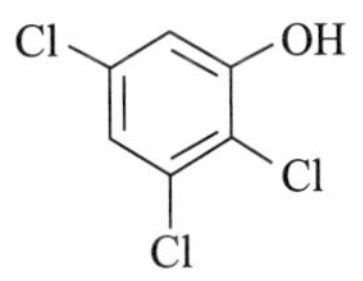 Cl, OH, Cl, Cl
		ChemSpider	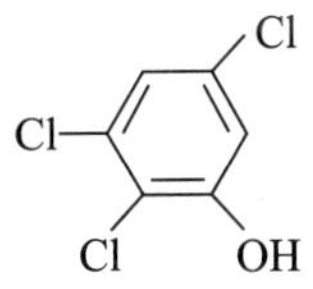 Cl, Cl, Cl, OH
		PubChem	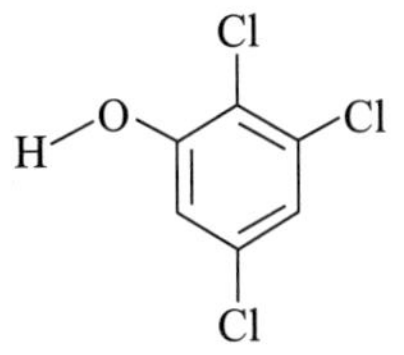 Cl, H, O, Cl, Cl
	法规出处 Regulation Source	OEKO	

表 2-2（续）

序号	禁限用化合物信息库		
48	化合物英文名 Compound Name	Name in Regulation	2，3，6-Trichlorophenol
		CA Index Name	Phenol，2，3，6-trichloro-
		ChemSpider	2，3，6-trichlorophenol
		PubChem	2，3，6-TRICHLOROPHENOL
	化合物中文名 Chinese Name	2，3，6-三氯苯酚	
	IUPAC Name	2，3，6-trichlorophenol	
	CAS号 CAS Number	933-75-5	
	分子式 Molecular Formula	$C_6H_3Cl_3O$	
	精确质量数 Exact Mass	195.92495	
	结构图 Structure Diagram	SciFinder	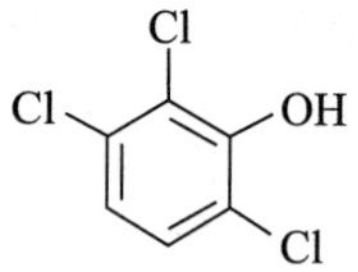
		ChemSpider	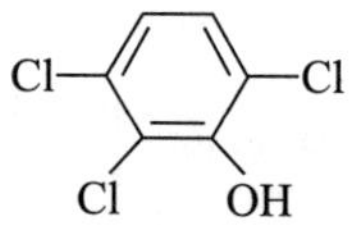
		PubChem	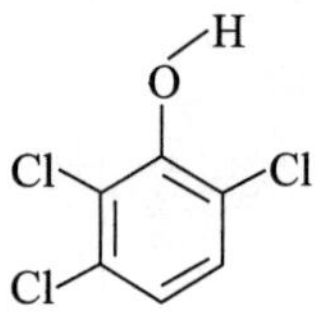
	法规出处 Regulation Source	OEKO	

表 2-2（续）

序号	禁限用化合物信息库		
49	化合物英文名 Compound Name	Name in Regulation	2，3，7，8-Tetrabromodibenzofuran
		CA Index Name	Dibenzofuran，2，3，7，8-tetrabromo-
		ChemSpider	2，3，7，8-Tetrabromodibenzo [b，d] furan
		PubChem	2，3，7，8-TETRABROMODIBENZOFURAN
	化合物中文名 Chinese Name	2，3，7，8-四溴二苯并呋喃	
	IUPAC Name	2，3，7，8-tetrabromodibenzofuran	
	CAS号 CAS Number	67733-57-7	
	分子式 Molecular Formula	$C_{12}H_4Br_4O$	
	精确质量数 Exact Mass	483.69547	
	结构图 Structure Diagram	SciFinder	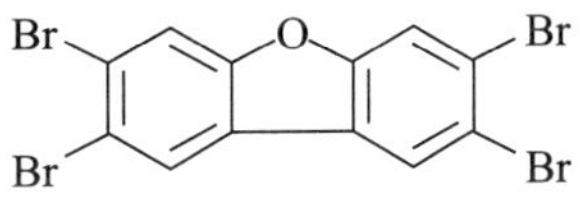 Br Br O Br Br
		ChemSpider	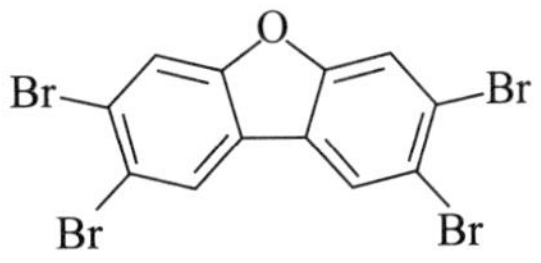 Br Br O Br Br
		PubChem	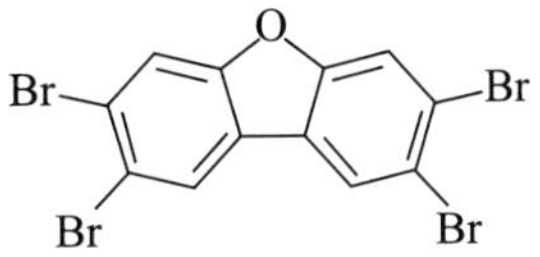 Br Br O Br Br
	法规出处 Regulation Source	RSL	

表 2－2（续）

<table>
<tr><th>序号</th><th colspan="3">禁限用化合物信息库</th></tr>
<tr><td rowspan="12">50</td><td rowspan="4">化合物英文名
Compound Name</td><td>Name in Regulation</td><td>2，3，7，8－Tetrabromodibenzo－p－dioxin</td></tr>
<tr><td>CA Index Name</td><td>Dibenzo［b，e］［1，4］dioxin，2，3，7，8－tetrabromo－</td></tr>
<tr><td>ChemSpider</td><td>2，3，7，8－Tetrabromooxanthrene</td></tr>
<tr><td>PubChem</td><td>2，3，7，8－tetrabromodibenzo－4－dioxin</td></tr>
<tr><td>化合物中文名
Chinese Name</td><td colspan="2">2，3，7，8-四溴二苯并对二噁英</td></tr>
<tr><td>IUPAC Name</td><td colspan="2">2，3，7，8－tetrabromodibenzo－p－dioxin</td></tr>
<tr><td>CAS 号
CAS Number</td><td colspan="2">50585－41－6</td></tr>
<tr><td>分子式
Molecular Formula</td><td colspan="2">$C_{12}H_4Br_4O_2$</td></tr>
<tr><td>精确质量数
Exact Mass</td><td colspan="2">499.69039</td></tr>
<tr><td rowspan="3">结构图
Structure Diagram</td><td>SciFinder</td><td>Br Br O O Br Br</td></tr>
<tr><td>ChemSpider</td><td>Br Br O O Br Br</td></tr>
<tr><td>PubChem</td><td>Br Br O O Br Br</td></tr>
<tr><td>法规出处
Regulation Source</td><td colspan="2">RSL</td></tr>
</table>

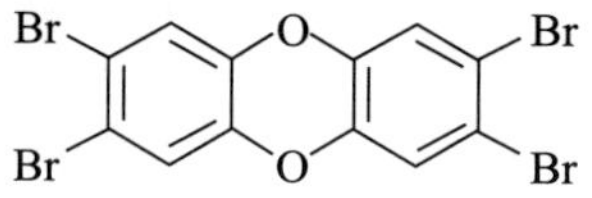

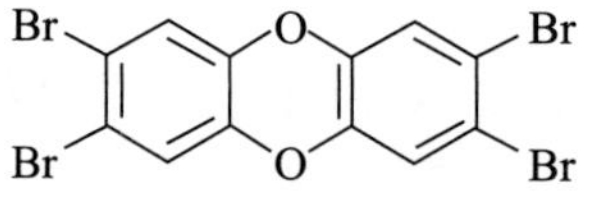

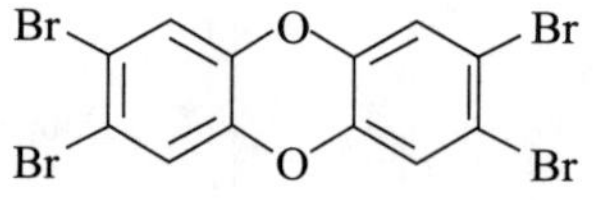

表 2-2（续）

序号	禁限用化合物信息库		
51	化合物英文名 Compound Name	Name in Regulation	2，3，7，8-Tetrachlorodibenzofuran
		CA Index Name	Dibenzofuran，2，3，7，8-tetrachloro-
		ChemSpider	2，3，7，8-Tetrachlorodibenzo [b，d] furan
		PubChem	2，3，7，8-tetrachlorodibenzofuran
	化合物中文名 Chinese Name	2，3，7，8-四氯二苯并呋喃	
	IUPAC Name	2，3，7，8-tetrachlorodibenzofuran	
	CAS 号 CAS Number	51207-31-9	
	分子式 Molecular Formula	$C_{12}H_4Cl_4O$	
	精确质量数 Exact Mass	305.89868	
	结构图 Structure Diagram	SciFinder	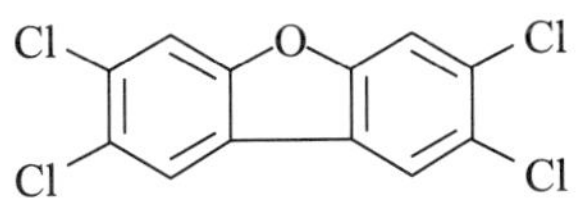 Cl, Cl, O, Cl, Cl
		ChemSpider	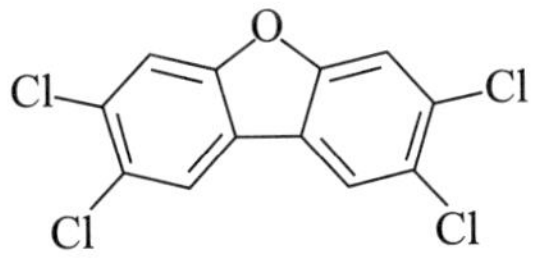 O, Cl, Cl, Cl, Cl
		PubChem	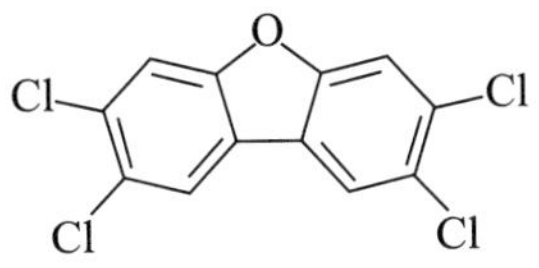 O, Cl, Cl, Cl, Cl
	法规出处 Regulation Source	RSL	

表 2-2（续）

序号	禁限用化合物信息库		
52	化合物英文名 Compound Name	Name in Regulation	2，3，7，8-Tetrachlorodibenzop-dioxin
		CA Index Name	Dibenzo [b，e] [1，4] dioxin，2，3，7，8-tetrachloro-
		ChemSpider	2，3，7，8-Tetrachlorodibenzo-*p*-dioxin
		PubChem	Tetrachlorodibenzodioxin
	化合物中文名 Chinese Name	2，3，7，8-四氯二苯并对二噁英	
	IUPAC Name	2，3，7，8-tetrachlorodibenzo-*p*-dioxin	
	CAS号 CAS Number	1746-01-6	
	分子式 Molecular Formula	$C_{12}H_4Cl_4O_2$	
	精确质量数 Exact Mass	321.89359	
	结构图 Structure Diagram	SciFinder	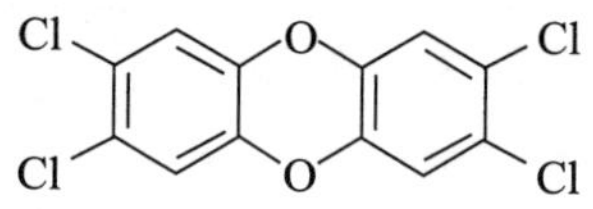 Cl Cl O O Cl Cl
		ChemSpider	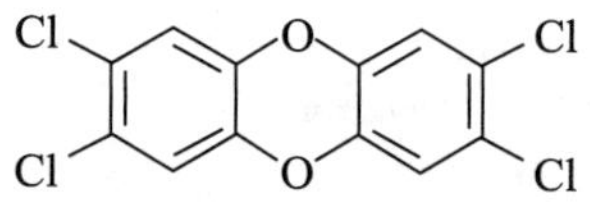 Cl Cl O O Cl Cl
		PubChem	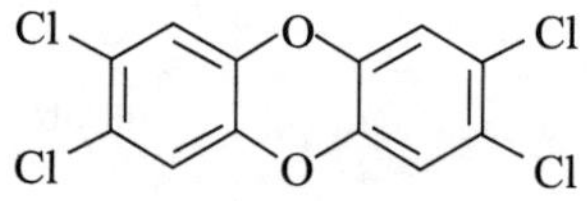 Cl Cl O O Cl Cl
	法规出处 Regulation Source	RSL	

表 2-2（续）

序号	禁限用化合物信息库		
53	化合物英文名 Compound Name	Name in Regulation	2，4，5-T
		CA Index Name	Acetic acid，2-（2，4，5-trichlorophenoxy）-
		ChemSpider	2，4，5-Trichlorophenoxyacetic acid
		PubChem	2，4，5-trichlorophenoxyacetic acid
	化合物中文名 Chinese Name	2，4，5-涕	
	IUPAC Name	2-（2，4，5-trichlorophenoxy）acetic acid	
	CAS号 CAS Number	93-76-5	
	分子式 Molecular Formula	$C_8H_5Cl_3O_3$	
	精确质量数 Exact Mass	253.93043	
	结构图 Structure Diagram	SciFinder	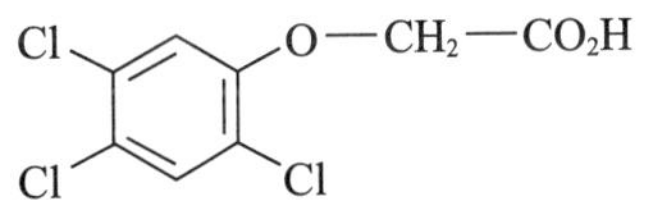 Cl, Cl, Cl, O—CH_2—CO_2H
		ChemSpider	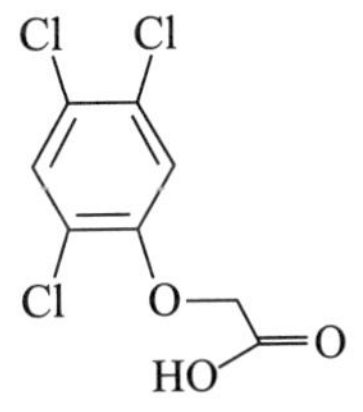 Cl, Cl, Cl, O, HO, O
		PubChem	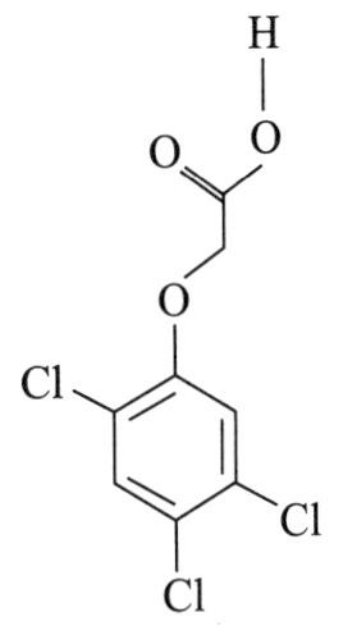 H, O, O, O, Cl, Cl, Cl
	法规出处 Regulation Source	RSL/OEKO	

表 2-2（续）

序号	禁限用化合物信息库		
54	化合物英文名 Compound Name	Name in Regulation	2，4，5-Trichlorophenol
		CA Index Name	Phenol，2，4，5-trichloro-
		ChemSpider	2，4，5-T [JMAF，WSSA]
		PubChem	2，4，5-trichlorophenol
	化合物中文名 Chinese Name	2，4，5-三氯苯酚	
	IUPAC Name	2，4，5-trichlorophenol	
	CAS号 CAS Number	95-95-4	
	分子式 Molecular Formula	$C_6H_3Cl_3O$	
	精确质量数 Exact Mass	195.92495	
	结构图 Structure Diagram	SciFinder	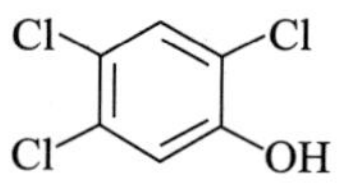 Cl Cl Cl OH
		ChemSpider	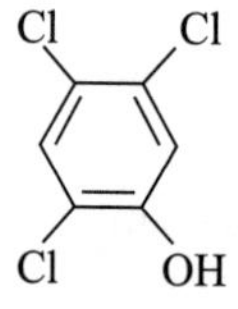 Cl Cl Cl OH
		PubChem	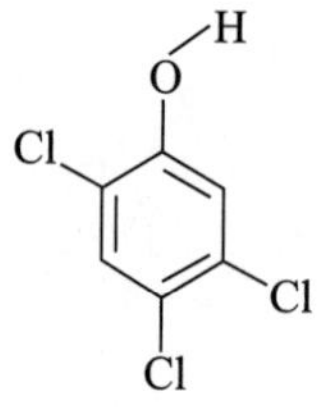 H O Cl Cl Cl
	法规出处 Regulation Source	OEKO	

表 2-2（续）

序号	禁限用化合物信息库		
55	化合物英文名 Compound Name	Name in Regulation	2，4，5-Trimethylaniline
		CA Index Name	Benzenamine，2，4，5-trimethyl-
		ChemSpider	Pseudocumidine
		PubChem	2，4，5-trimethylaniline
	化合物中文名 Chinese Name	2，4，5-三甲基苯胺	
	IUPAC Name	2，4，5-trimethylaniline	
	CAS 号 CAS Number	137-17-7	
	分子式 Molecular Formula	$C_9H_{13}N$	
	精确质量数 Exact Mass	135.10480	
	结构图 Structure Diagram	SciFinder	
		ChemSpider	
		PubChem	
	法规出处 Regulation Source	RSL/OEKO	

表 2-2（续）

序号	禁限用化合物信息库		
56	化合物英文名 Compound Name	Name in Regulation	2，4，6-Trichlorophenol
		CA Index Name	Phenol，2，4，6-trichloro-
		ChemSpider	2，4，6-Trichlorophenol
		PubChem	2，4，6-trichlorophenol
	化合物中文名 Chinese Name	2，4，6-三氯苯酚	
	IUPAC Name	2，4，6-trichlorophenol	
	CAS号 CAS Number	88-06-2	
	分子式 Molecular Formula	$C_6H_3Cl_3O$	
	精确质量数 Exact Mass	195.92495	
	结构图 Structure Diagram	SciFinder	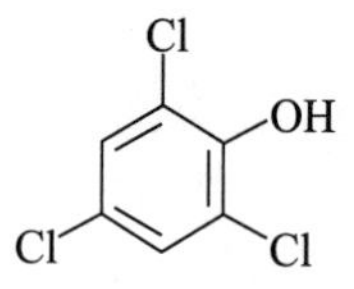 Cl, OH, Cl, Cl
		ChemSpider	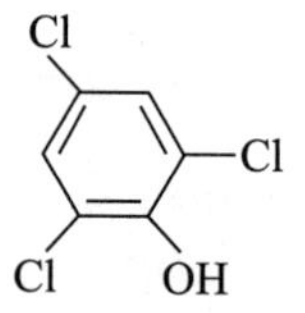 Cl, Cl, Cl, OH
		PubChem	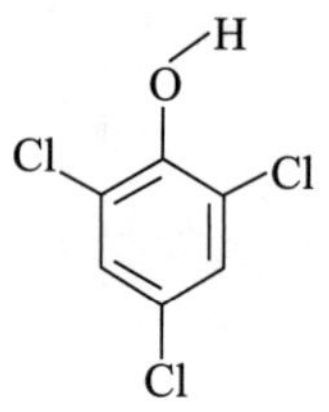 H, O, Cl, Cl, Cl
	法规出处 Regulation Source	OEKO	

表 2-2（续）

序号	禁限用化合物信息库		
57	化合物英文名 Compound Name	Name in Regulation	2，4-D
		CA Index Name	Acetic acid，2-（2，4-dichlorophenoxy）-
		ChemSpider	2，4-Dichlorophenoxyacetic acid
		PubChem	2，4-Dichlorophenoxyacetic Acid
	化合物中文名 Chinese Name	2，4-滴	
	IUPAC Name	2-（2，4-dichlorophenoxy）acetic acid	
	CAS 号 CAS Number	94-75-7	
	分子式 Molecular Formula	$C_8H_6Cl_2O_3$	
	精确质量数 Exact Mass	219.96940	
	结构图 Structure Diagram	SciFinder	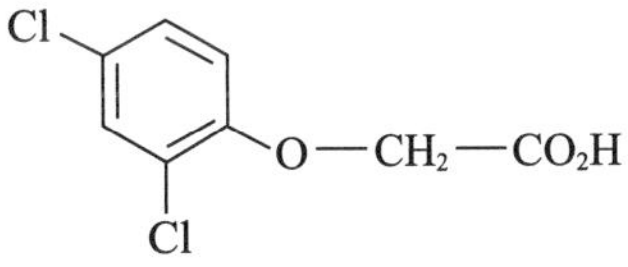
		ChemSpider	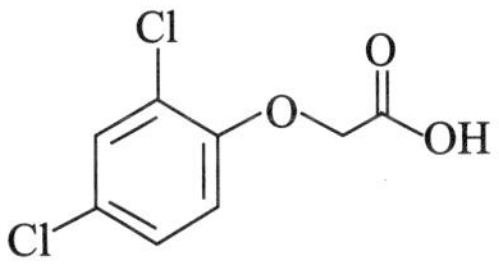
		PubChem	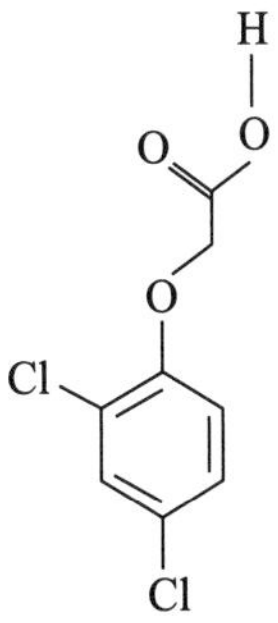
	法规出处 Regulation Source	OEKO	

表 2 - 2（续）

序号	禁限用化合物信息库		
58	化合物英文名 Compound Name	Name in Regulation	2，4 - Diaminoanisole
		CA Index Name	1，3 - Benzenediamine，4 - methoxy -
		ChemSpider	4 - Methoxy - 1，3 - benzenediamine
		PubChem	4 - methoxy - 3 - phenylenediamine
	化合物中文名 Chinese Name	2，4 -二氨基苯甲醚	
	IUPAC Name	4 - methoxybenzene - 1，3 - diamine	
	CAS 号 CAS Number	615 - 05 - 4	
	分子式 Molecular Formula	$C_7H_{10}N_2O$	
	精确质量数 Exact Mass	138.07931	
	结构图 Structure Diagram	SciFinder	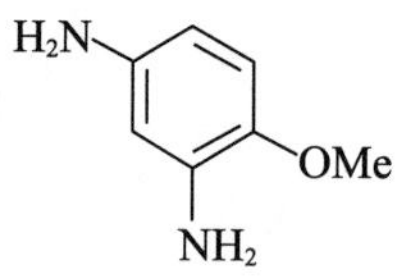 H_2N, OMe, NH_2
		ChemSpider	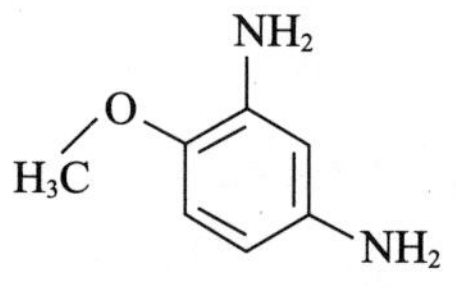 NH_2, O, H_3C, NH_2
		PubChem	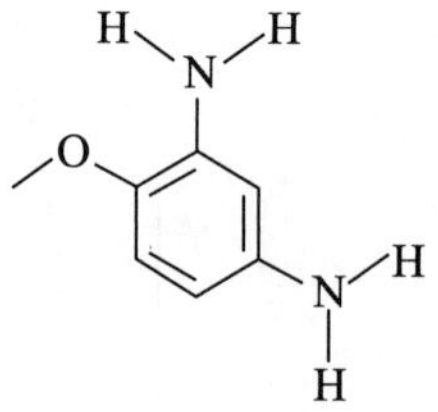 H, N, H, O, N, H, H
	法规出处 Regulation Source	RSL/OEKO	

表 2-2（续）

序号	禁限用化合物信息库		
59	化合物英文名 Compound Name	Name in Regulation	2，4-Dinitrotoluene
		CA Index Name	Benzene，1-methyl-2，4-dinitro-
		ChemSpider	dinitrotoluene
		PubChem	2，4-dinitrotoluene
	化合物中文名 Chinese Name	2，4-二硝基甲苯	
	IUPAC Name	1-methyl-2，4-dinitrobenzene	
	CAS 号 CAS Number	121-14-2	
	分子式 Molecular Formula	$C_7H_6N_2O_4$	
	精确质量数 Exact Mass	182.03276	
	结构图 Structure Diagram	SciFinder	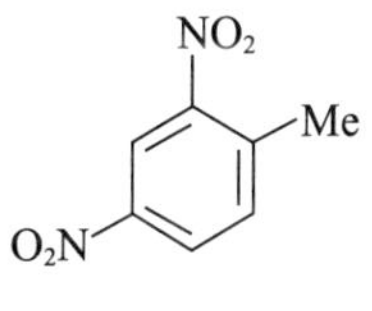 NO_2 Me O_2N
		ChemSpider	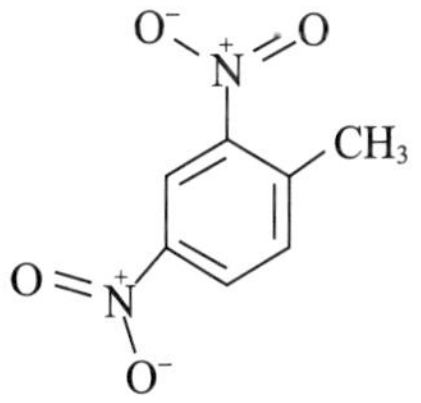 O^- $\overset{+}{N}$ =O CH_3 O= $\overset{+}{N}$ O^-
		PubChem	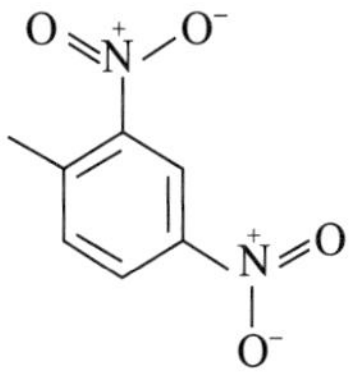 O= $\overset{+}{N}$ O^- $\overset{+}{N}$ =O O^-
	法规出处 Regulation Source	SVHC	

表 2-2（续）

序号	禁限用化合物信息库		
60	化合物英文名 Compound Name	Name in Regulation	2，4-Toluylendiamine
		CA Index Name	1，3-Benzenediamine，4-methyl-
		ChemSpider	2，4-diaminotoluene
		PubChem	2，4-diaminotoluene
	化合物中文名 Chinese Name	2，4-二氨基甲苯	
	IUPAC Name	4-methylbenzene-1，3-diamine	
	CAS号 CAS Number	95-80-7	
	分子式 Molecular Formula	$C_7H_{10}N_2$	
	精确质量数 Exact Mass	122.08440	
	结构图 Structure Diagram	SciFinder	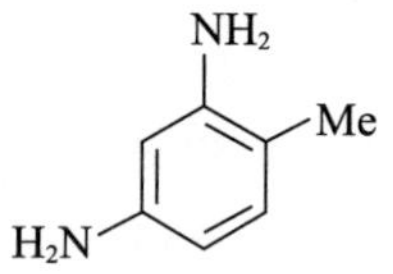 NH_2, Me, H_2N
		ChemSpider	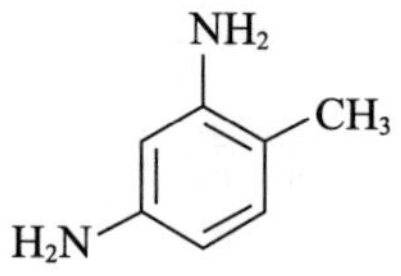 NH_2, CH_3, H_2N
		PubChem	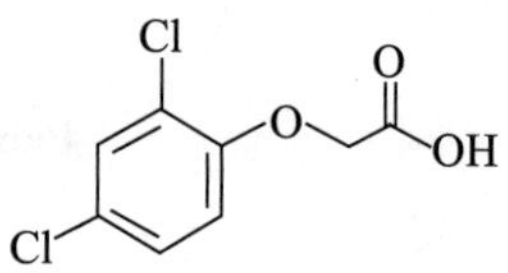 Cl, O, O, OH, Cl
	法规出处 Regulation Source	SVHC/RSL/OEKO	

表 2-2（续）

序号	禁限用化合物信息库		
61	化合物英文名 Compound Name	Name in Regulation	2，4-Xylidine
		CA Index Name	Benzenamine，2，4-dimethyl-
		ChemSpider	2，4-Xylidine
		PubChem	2，4-xylidine
	化合物中文名 Chinese Name	2，4-二甲基苯胺	
	IUPAC Name	2，4-dimethylaniline	
	CAS号 CAS Number	95-68-1	
	分子式 Molecular Formula	$C_8H_{11}N$	
	精确质量数 Exact Mass	121.08915	
	结构图 Structure Diagram	SciFinder	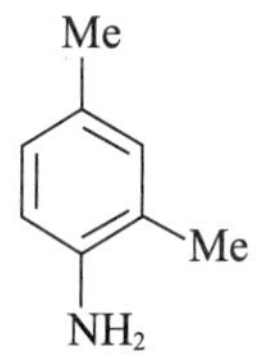 Me Me NH_2
		ChemSpider	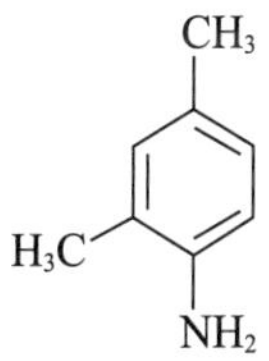 CH_3 H_3C NH_2
		PubChem	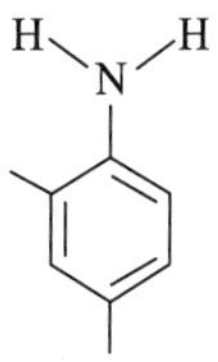 H H N
	法规出处 Regulation Source	RSL/OEKO	

表 2-2（续）

序号	禁限用化合物信息库		
62	化合物英文名 Compound Name	Name in Regulation	2，6-Xylidine
		CA Index Name	Benzenamine，2，6-dimethyl-
		ChemSpider	2，6-xylidine
		PubChem	2，6-xylidine
	化合物中文名 Chinese Name	2，6-二甲基苯胺	
	IUPAC Name	2，6-dimethylaniline	
	CAS 号 CAS Number	87-62-7	
	分子式 Molecular Formula	$C_8H_{11}N$	
	精确质量数 Exact Mass	121.08915	
	结构图 Structure Diagram	SciFinder	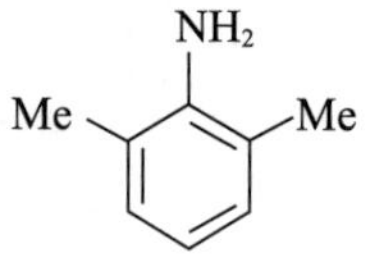 NH₂ / Me / Me
		ChemSpider	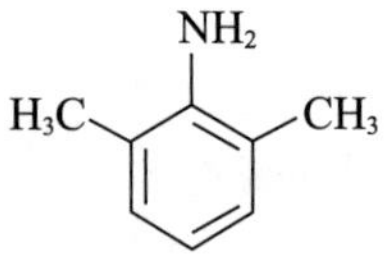 NH_2 / H_3C / CH_3
		PubChem	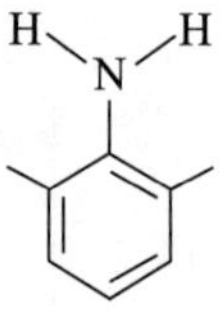 H / N / H
	法规出处 Regulation Source	RSL/OEKO	

表 2-2（续）

序号	禁限用化合物信息库		
63	化合物英文名 Compound Name	Name in Regulation	2-Amino-4-nitrotoluene
		CA Index Name	Benzenamine，2-methyl-5-nitro-
		ChemSpider	5-Nitro-*o*-toluidine
		PubChem	5-nitro-2-toluidine
	化合物中文名 Chinese Name	5-硝基-邻甲苯胺	
	IUPAC Name	2-methyl-5-nitroaniline	
	CAS号 CAS Number	99-55-8	
	分子式 Molecular Formula	$C_7H_8N_2O_2$	
	精确质量数 Exact Mass	152.05858	
	结构图 Structure Diagram	SciFinder	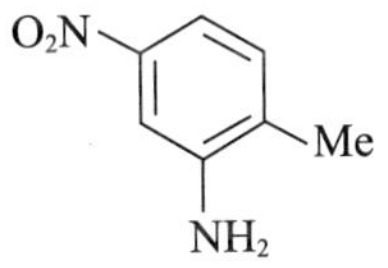 O_2N, Me, NH_2
		ChemSpider	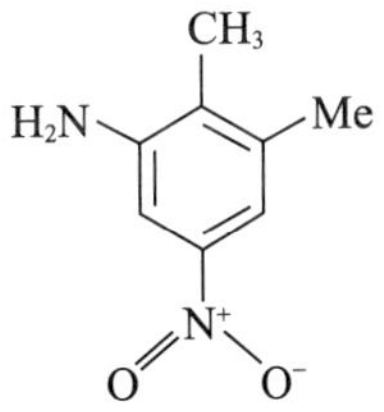 CH_3, H_2N, Me, N^+, O, O^-
		PubChem	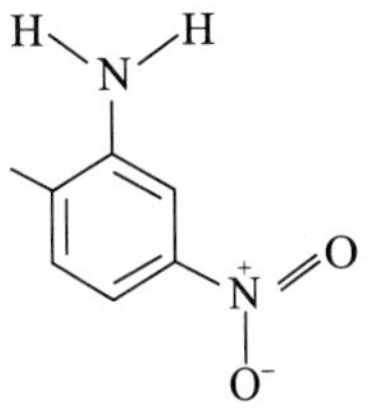 H, N, H, N, O, O^-
	法规出处 Regulation Source	RSL/OEKO	

表 2-2（续）

序号	禁限用化合物信息库		
64	化合物英文名 Compound Name	Name in Regulation	2-Ethoxyethanol
		CA Index Name	Ethanol，2-ethoxy
		ChemSpider	2-Ethoxyethanol
		PubChem	2-ethoxyethanol
	化合物中文名 Chinese Name	乙二醇单乙醚	
	IUPAC Name	2-ethoxyethanol	
	CAS号 CAS Number	110-80-5	
	分子式 Molecular Formula	$C_4H_{10}O_2$	
	精确质量数 Exact Mass	90.06808	
	结构图 Structure Diagram	SciFinder	EtO—CH_2—CH_2—OH
		ChemSpider	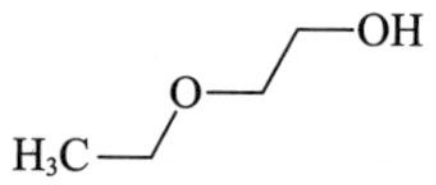
		PubChem	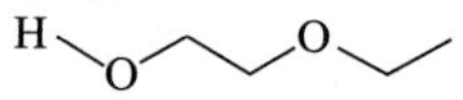
	法规出处 Regulation Source	SVHC	

表 2－2（续）

序号	禁限用化合物信息库		
65	化合物英文名 Compound Name	Name in Regulation	2－Ethoxyethyl acetate
		CA Index Name	Ethanol，2－ethoxy－，1－acetate
		ChemSpider	2－Ethoxyethyl acetate
		PubChem	Ethylene glycol monoethyl ether acetate
	化合物中文名 Chinese Name	乙酸乙氧乙酯	
	IUPAC Name	2－ethoxyethyl acetate	
	CAS号 CAS Number	111－15－9	
	分子式 Molecular Formula	$C_6H_{12}O_3$	
	精确质量数 Exact Mass	132.07864	
	结构图 Structure Diagram	SciFinder	ACO—CH_2—CH_2—OEt
		ChemSpider	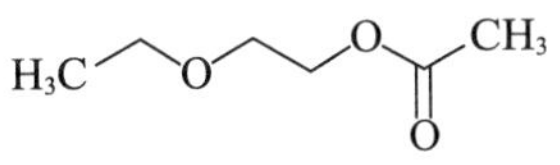
		PubChem	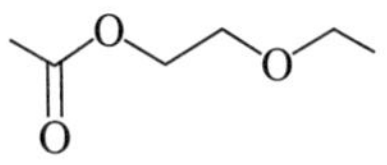
	法规出处 Regulation Source	SVHC	

表 2-2（续）

<table>
<tr><th>序号</th><th colspan="3">禁限用化合物信息库</th></tr>
<tr><td rowspan="13">66</td><td rowspan="4">化合物英文名
Compound Name</td><td>Name in Regulation</td><td>2-Methoxyaniline/o-Anisidine</td></tr>
<tr><td>CA Index Name</td><td>Benzenamine，2-methoxy-</td></tr>
<tr><td>ChemSpider</td><td>o-Anisidine</td></tr>
<tr><td>PubChem</td><td>2-anisidine</td></tr>
<tr><td>化合物中文名
Chinese Name</td><td colspan="2">邻氨基苯甲醚</td></tr>
<tr><td>IUPAC Name</td><td colspan="2">2-methoxyaniline</td></tr>
<tr><td>CAS号
CAS Number</td><td colspan="2">90-04-0</td></tr>
<tr><td>分子式
Molecular Formula</td><td colspan="2">C_7H_9NO</td></tr>
<tr><td>精确质量数
Exact Mass</td><td colspan="2">123.06841</td></tr>
<tr><td rowspan="3">结构图
Structure Diagram</td><td>SciFinder</td><td>OMe
NH_2</td></tr>
<tr><td>ChemSpider</td><td>H_3C
O
H_2N</td></tr>
<tr><td>PubChem</td><td>H H
N
O</td></tr>
<tr><td>法规出处
Regulation Source</td><td colspan="2">SVHC/RSL/OEKO</td></tr>
</table>

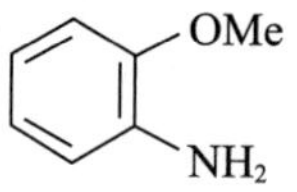

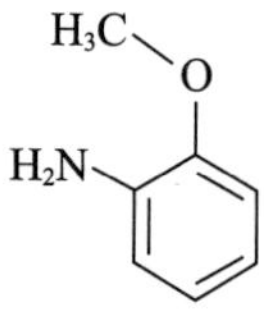

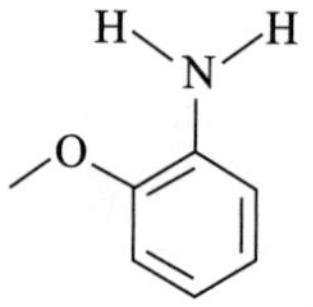

表 2-2（续）

序号	禁限用化合物信息库		
67	化合物英文名 Compound Name	Name in Regulation	2-Methoxyethanol
		CA Index Name	Ethanol，2-methoxy-
		ChemSpider	2-Methoxyethanol
		PubChem	methyl cellosolve
	化合物中文名 Chinese Name	乙二醇单甲醚	
	IUPAC Name	2-methoxyethanol	
	CAS号 CAS Number	109-86-4	
	分子式 Molecular Formula	$C_3H_8O_2$	
	精确质量数 Exact Mass	76.05243	
	结构图 Structure Diagram	SciFinder	HO—CH_2—CH_2—O—CH_3
		ChemSpider	HO O CH_3
		PubChem	O O H
	法规出处 Regulation Source	SVHC	

表 2-2（续）

序号	禁限用化合物信息库		
68	化合物英文名 Compound Name	Name in Regulation	2-Naphthylamine
		CA Index Name	2-Naphthylamine
		ChemSpider	Naphthalen-2-amine
		PubChem	2-Naphthylamine
	化合物中文名 Chinese Name	2-萘胺	
	IUPAC Name	naphthalen-2-amine	
	CAS 号 CAS Number	91-59-8	
	分子式 Molecular Formula	$C_{10}H_9N$	
	精确质量数 Exact Mass	143.07350	
	结构图 Structure Diagram	SciFinder	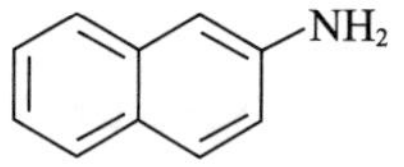 NH_2
		ChemSpider	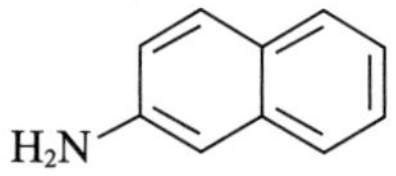 H_2N
		PubChem	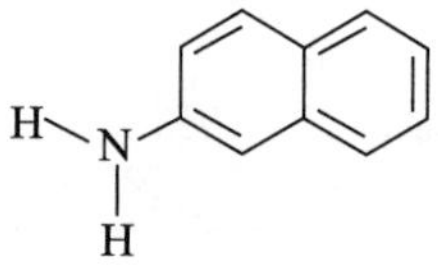 H N H
	法规出处 Regulation Source	RSL/OEKO	

表 2-2（续）

序号	禁限用化合物信息库		
69	化合物英文名 Compound Name	Name in Regulation	3，3′-Dimethyl-4，4′-diaminobiphenylmethane
		CA Index Name	Benzenamine，4，4′-methylenebis [2-methyl-
		ChemSpider	4，4′-Methylenebis（2-methylaniline)
		PubChem	4，4′-methylene bis（2-methylaniline)
	化合物中文名 Chinese Name	3，3′-二甲基-4，4′-二氨基二苯甲烷	
	IUPAC Name	4-［（4-amino-3-methylphenyl）methyl］-2-methylaniline	
	CAS 号 CAS Number	838-88-0	
	分子式 Molecular Formula	$C_{15}H_{18}N_2$	
	精确质量数 Exact Mass	226.14700	
	结构图 Structure Diagram	SciFinder	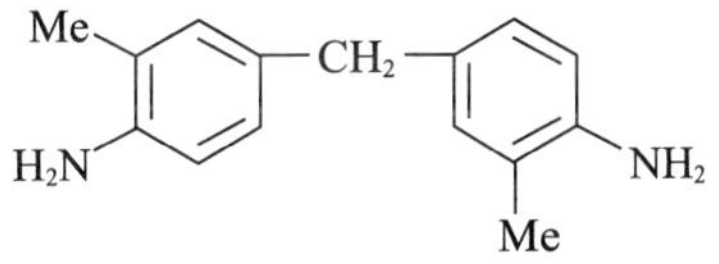
		ChemSpider	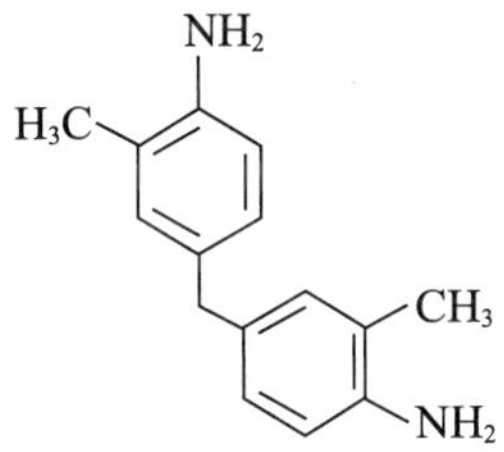
		PubChem	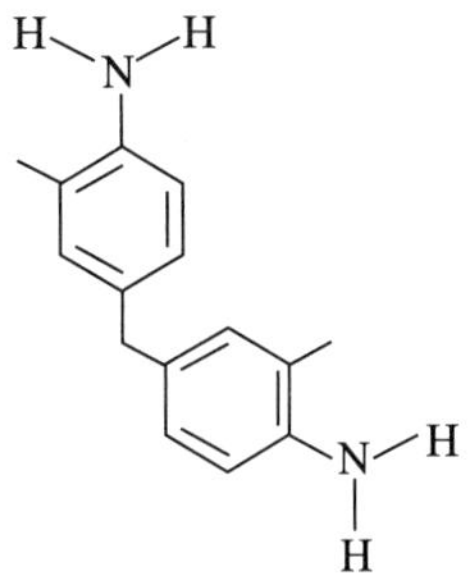
	法规出处 Regulation Source	SVHC/RSL/OEKO	

表 2-2（续）

序号	禁限用化合物信息库		
70	化合物英文名 Compound Name	Name in Regulation	3，3′-Dichlorobenzidine
		CA Index Name	[1，1′-Biphenyl]-4，4′-diamine，3，3′-dichloro-
		ChemSpider	3，3′-Dichlorobenzidine
		PubChem	3，3′-Dichlorobenzidine
	化合物中文名 Chinese Name	3，3′-二氯联苯胺	
	IUPAC Name	4-（4-amino-3-chlorophenyl）-2-chloroaniline	
	CAS 号 CAS Number	91-94-1	
	分子式 Molecular Formula	$C_{12}H_{10}Cl_2N_2$	
	精确质量数 Exact Mass	252.02210	
	结构图 Structure Diagram	SciFinder	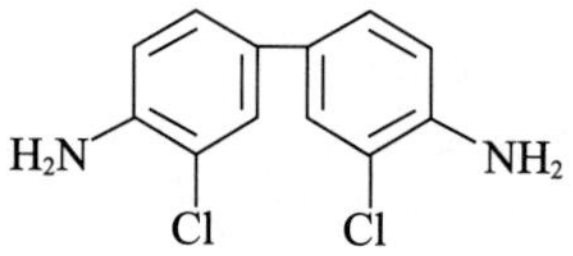 H₂N NH₂ Cl Cl
		ChemSpider	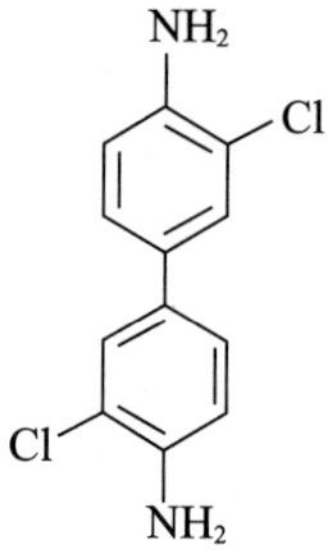 NH₂ Cl Cl NH₂
		PubChem	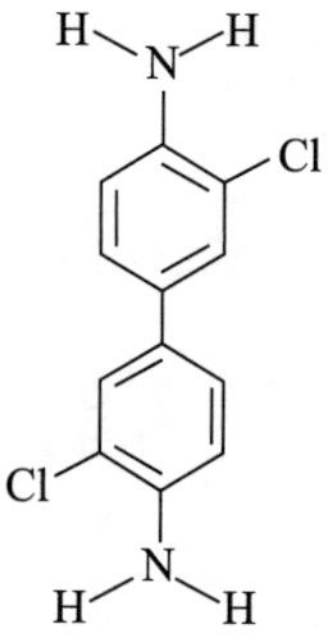 H N H Cl Cl H N H
	法规出处 Regulation Source	RSL/OEKO	

表 2-2（续）

序号	禁限用化合物信息库		
71	化合物英文名 Compound Name	Name in Regulation	3，3′-Dimethoxybenzidine
		CA Index Name	[1，1′-Biphenyl]-4，4′-diamine，3，3′-dimethoxy-
		ChemSpider	3，3′-Dimethoxybiphenyl-4，4′-diamine
		PubChem	Dianisidine
	化合物中文名 Chinese Name	3，3′-二甲氧基联苯胺	
	IUPAC Name	4-（4-amino-3-methoxyphenyl）-2-methoxyaniline	
	CAS号 CAS Number	119-90-4	
	分子式 Molecular Formula	$C_{14}H_{16}N_2O_2$	
	精确质量数 Exact Mass	244.12118	
	结构图 Structure Diagram	SciFinder	H_2N NH₂ OMe OMe
		ChemSpider	NH_2 O CH_3 H_3C O NH_2
		PubChem	H N H O O N H H
	法规出处 Regulation Source	RSL/OEKO	

表 2-2（续）

序号	禁限用化合物信息库		
72	化合物英文名 Compound Name	Name in Regulation	3，3'-Dimethylbenzidine
		CA Index Name	[1，1'-Biphenyl]-4，4'-diamine，3，3'-dimethyl-
		ChemSpider	3，3'-Dimethylbiphenyl-4，4'-diamine
		PubChem	2-tolidine
	化合物中文名 Chinese Name	3，3'-二甲基联苯胺	
	IUPAC Name	4-（4-amino-3-methylphenyl）-2-methylaniline	
	CAS号 CAS Number	119-93-7	
	分子式 Molecular Formula	$C_{14}H_{16}N_2$	
	精确质量数 Exact Mass	212.13135	
	结构图 Structure Diagram	SciFinder	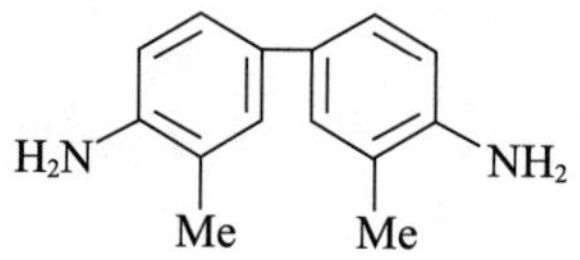 H_2N, NH_2, Me, Me
		ChemSpider	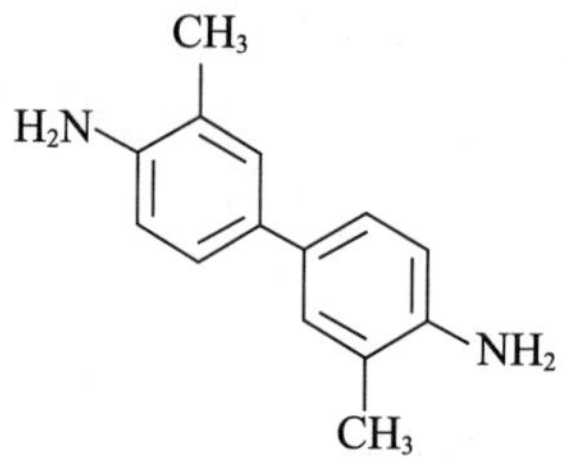 CH_3, H_2N, NH_2, CH_3
		PubChem	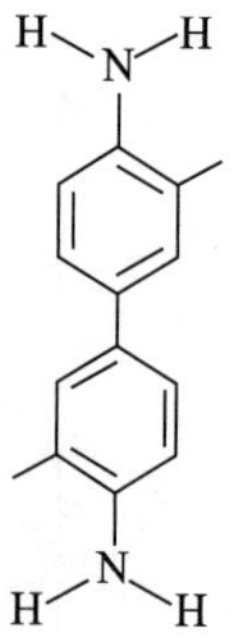 H, N, H, H, N, H
	法规出处 Regulation Source	RSL/OEKO	

表 2-2（续）

序号	禁限用化合物信息库		
73	化合物英文名 Compound Name	Name in Regulation	3，4，5-Trichlorophenol
		CA Index Name	Phenol，3，4，5-trichloro-
		ChemSpider	3，4，5-TRICHLOROPHENOL
		PubChem	3，4，5-trichlorophenol
	化合物中文名 Chinese Name	3，4，5-三氯苯酚	
	IUPAC Name	3，4，5-trichlorophenol	
	CAS号 CAS Number	609-19-8	
	分子式 Molecular Formula	$C_6H_3Cl_3O$	
	精确质量数 Exact Mass	195.92495	
	结构图 Structure Diagram	SciFinder	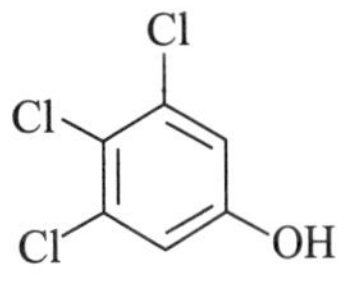 Cl, Cl, Cl, OH
		ChemSpider	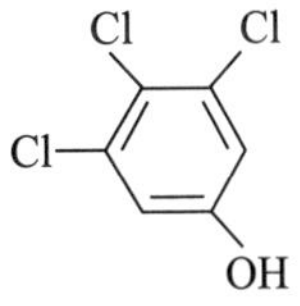 Cl, Cl, Cl, OH
		PubChem	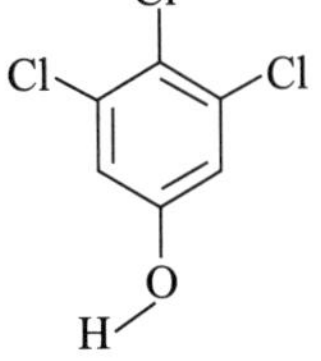 Cl, Cl, Cl, O, H
	法规出处 Regulation Source	OEKO	

表 2-2（续）

序号	禁限用化合物信息库		
74	化合物英文名 Compound Name	Name in Regulation	3-ethyl-2-methyl-2-(3-methylbutyl)-1,3-oxazolidine
		CA Index Name	Oxazolidine，3-ethyl-2-methyl-2-(3-methylbutyl)-
		ChemSpider	oxazolidine，3-ethyl-2-methyl-2-(3-methylbutyl)-
		PubChem	—
	化合物中文名 Chinese Name	3-乙基-2-甲基-2-(3-甲基丁基)噁唑烷	
	IUPAC Name	3-ethyl-2-methyl-2-(3-methylbutyl)-1，3-oxazolidine	
	CAS号 CAS Number	143860-04-2	
	分子式 Molecular Formula	$C_{11}H_{23}NO$	
	精确质量数 Exact Mass	185.17796	
	结构图 Structure Diagram	SciFinder	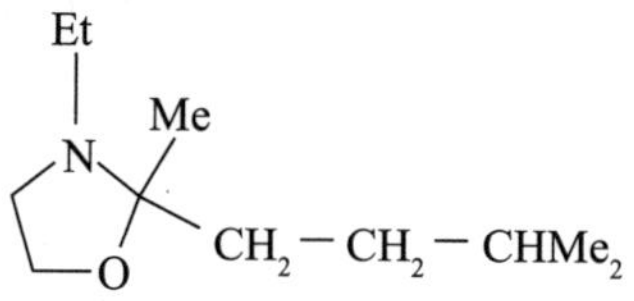
		ChemSpider	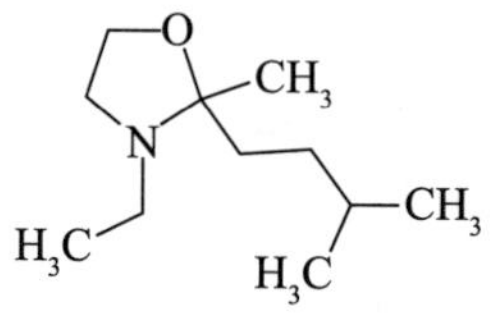
		PubChem	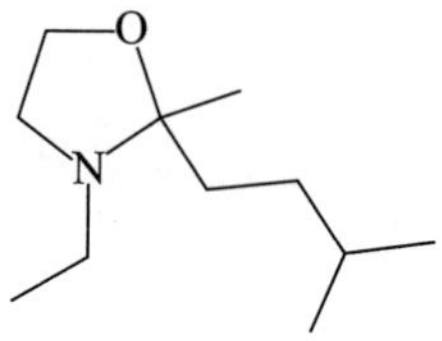
	法规出处 Regulation Source	SVHC	

表 2-2（续）

序号	禁限用化合物信息库		
75	化合物英文名 Compound Name	Name in Regulation	4，4′- Diaminodiphenylmethane
		CA Index Name	Benzenamine，4，4′- methylenebis -
		ChemSpider	4，4′- methylenedianiline
		PubChem	4，4′- diaminodiphenylmethane
	化合物中文名 Chinese Name	4，4′-二氨基二苯甲烷	
	IUPAC Name	4 - ［（4 - aminophenyl）methyl］aniline	
	CAS 号 CAS Number	101 - 77 - 9	
	分子式 Molecular Formula	$C_{13}H_{14}N_2$	
	精确质量数 Exact Mass	198.11570	
	结构图 Structure Diagram	SciFinder	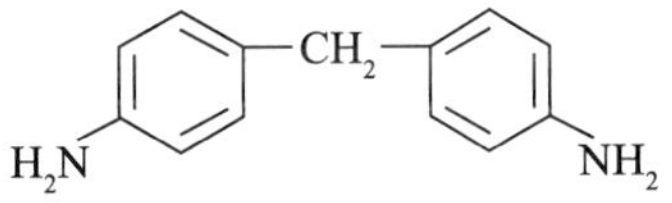 H_2N CH$_2$ NH_2
		ChemSpider	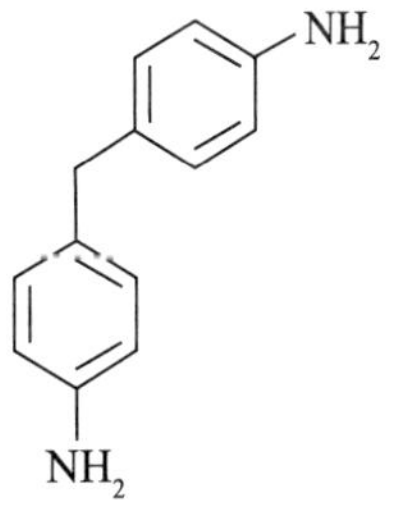 NH_2 NH_2
		PubChem	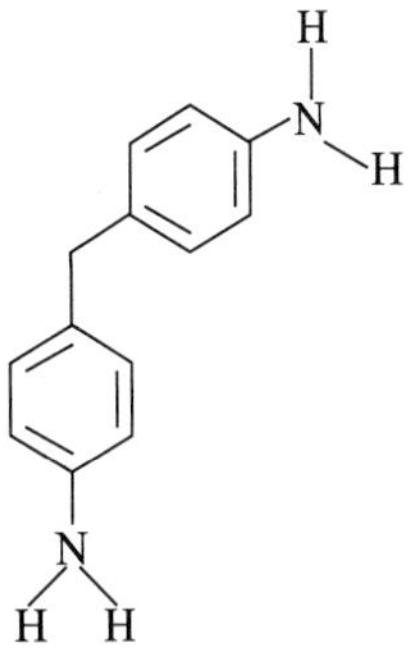 H N H H N H
	法规出处 Regulation Source	SVHC/RSL/OEKO	

表 2-2（续）

序号	禁限用化合物信息库		
76	化合物英文名 Compound Name	Name in Regulation	4，4′-bis（dimethylamino）-4″-(methylamino) trityl alcohol
		CA Index Name	Benzenemethanol，α，α-bis［4-（dimethylamino）phenyl］-4-（methylamino）-
		ChemSpider	Bis［4-（dimethylamino）phenyl］［4-（methylamino）phenyl］methanol
		PubChem	bis［4-（dimethylamino）phenyl］［4-（methylamino）phenyl］methanol
	化合物中文名 Chinese Name	α，α-二［（二甲氨基）苯基］-4-甲氨基苯甲醇	
	IUPAC Name	bis［4-（dimethylamino）phenyl］-［4-（methylamino）phenyl］methanol	
	CAS 号 CAS Number	561-41-1	
	分子式 Molecular Formula	$C_{24}H_{29}N_3O$	
	精确质量数 Exact Mass	375.23106	
	结构图 Structure Diagram	SciFinder	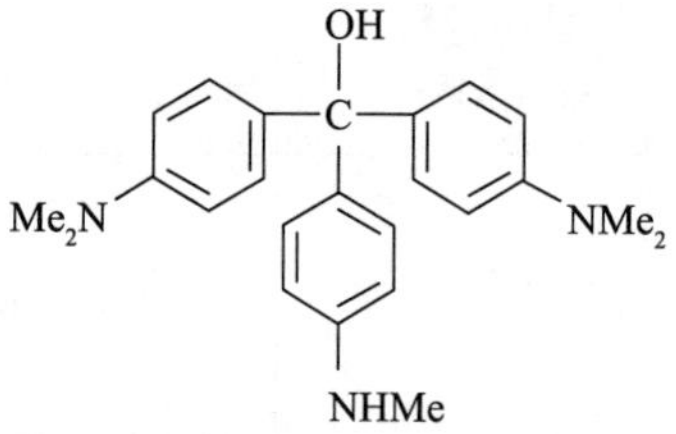
		ChemSpider	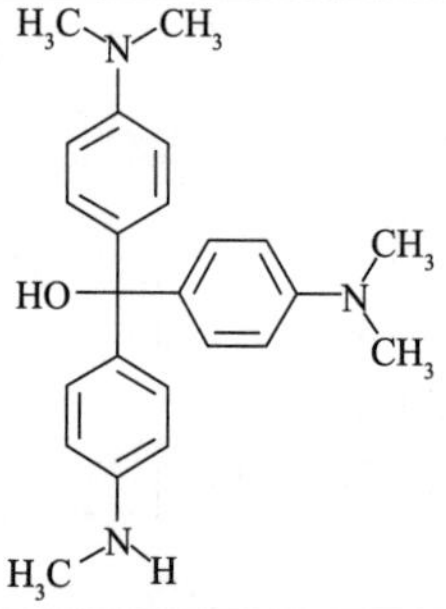
		PubChem	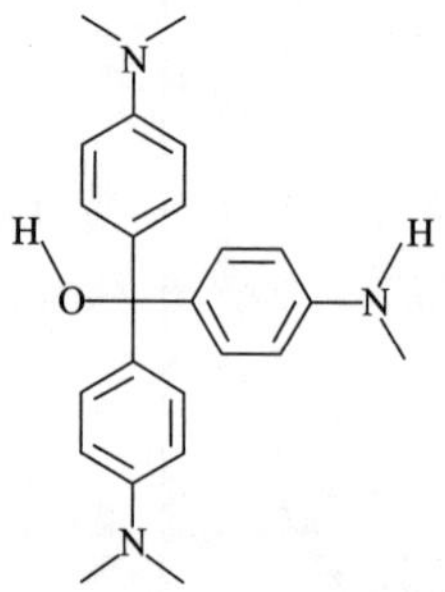
	法规出处 Regulation Source	SVHC	

表 2-2（续）

<table>
<tr><th>序号</th><th colspan="3">禁限用化合物信息库</th></tr>
<tr><td rowspan="13">77</td><td rowspan="4">化合物英文名
Compound Name</td><td>Name in Regulation</td><td>4，4′- bis（dimethylamino）benzophenone（Michler’ s ketone）</td></tr>
<tr><td>CA Index Name</td><td>Methanone，bis［4 -（dimethylamino）phenyl］-</td></tr>
<tr><td>ChemSpider</td><td>Michler′s ketone</td></tr>
<tr><td>PubChem</td><td>Michler′s ketone</td></tr>
<tr><td>化合物中文名
Chinese Name</td><td colspan="2">4，4′-四甲基二氨二苯基酮（米氏酮）</td></tr>
<tr><td>IUPAC Name</td><td colspan="2">bis［4 -（dimethylamino）phenyl］methanone</td></tr>
<tr><td>CAS 号
CAS Number</td><td colspan="2">90 - 94 - 8</td></tr>
<tr><td>分子式
Molecular Formula</td><td colspan="2">$C_{17}H_{20}N_2O$</td></tr>
<tr><td>精确质量数
Exact Mass</td><td colspan="2">268. 15756</td></tr>
<tr><td rowspan="3">结构图
Structure Diagram</td><td>SciFinder</td><td>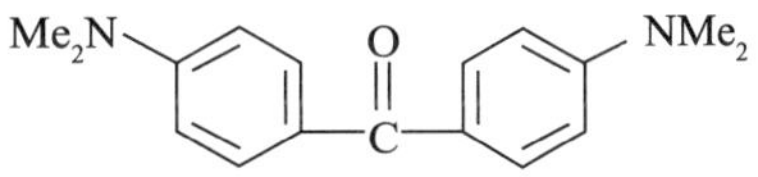</td></tr>
<tr><td>ChemSpider</td><td>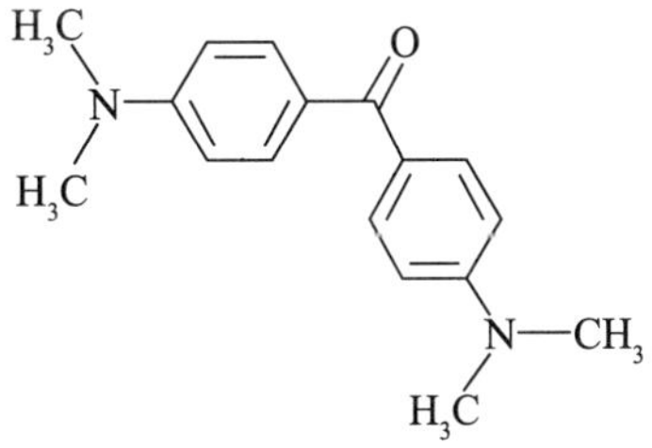</td></tr>
<tr><td>PubChem</td><td>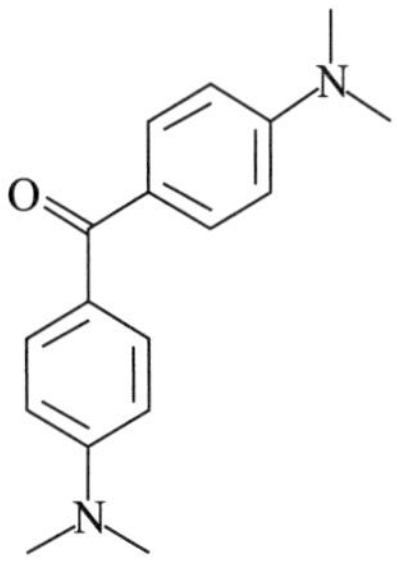</td></tr>
<tr><td>法规出处
Regulation Source</td><td colspan="2">SVHC</td></tr>
</table>

表 2－2（续）

序号	禁限用化合物信息库		
78	化合物英文名 Compound Name	Name in Regulation	4，4′－oxydianiline and its salts
		CA Index Name	Benzenamine，4，4′－oxybis－
		ChemSpider	4，4′－oxydianiline
		PubChem	di－（4－aminophenyl）ether
	化合物中文名 Chinese Name	4，4′-二氨基二苯醚	
	IUPAC Name	4－（4－aminophenoxy）aniline	
	CAS 号 CAS Number	101－80－4	
	分子式 Molecular Formula	$C_{12}H_{12}N_2O$	
	精确质量数 Exact Mass	200.09496	
	结构图 Structure Diagram	SciFinder	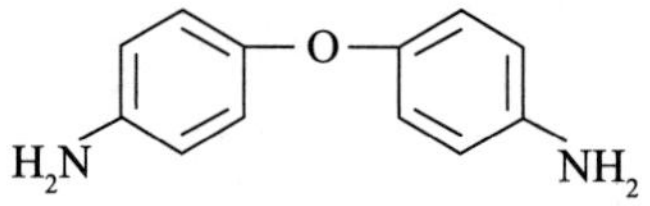
		ChemSpider	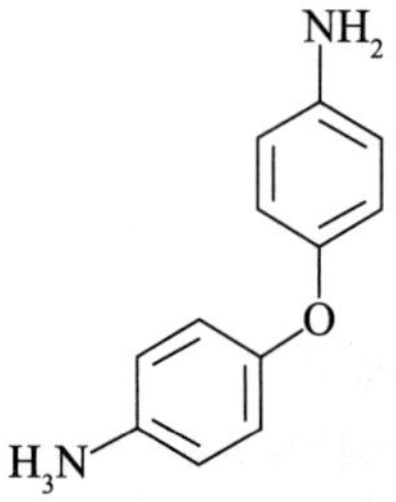
		PubChem	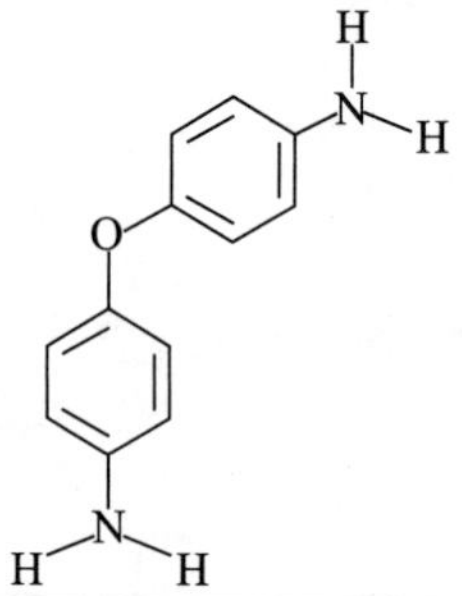
	法规出处 Regulation Source	SVHC/RSL/OEKO	

表 2-2（续）

序号	禁限用化合物信息库		
79	化合物英文名 Compound Name	Name in Regulation	4，4′- Thiodianiline
		CA Index Name	Benzenamine，4，4′- thiobis -
		ChemSpider	4，4′- sulfanediyldianiline
		PubChem	4，4′- thiodianiline
	化合物中文名 Chinese Name	4，4′-二氨基二苯硫醚	
	IUPAC Name	4 -（4 - aminophenyl）sulfanylaniline	
	CAS号 CAS Number	139 - 65 - 1	
	分子式 Molecular Formula	$C_{12}H_{12}N_2S$	
	精确质量数 Exact Mass	216.07212	
	结构图 Structure Diagram	SciFinder	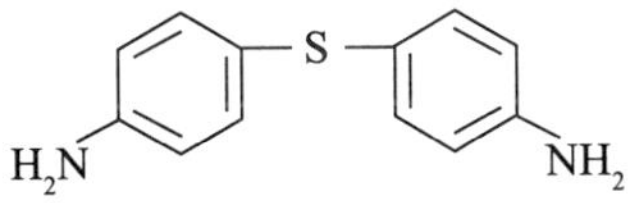 S, H_2N, NH_2
		ChemSpider	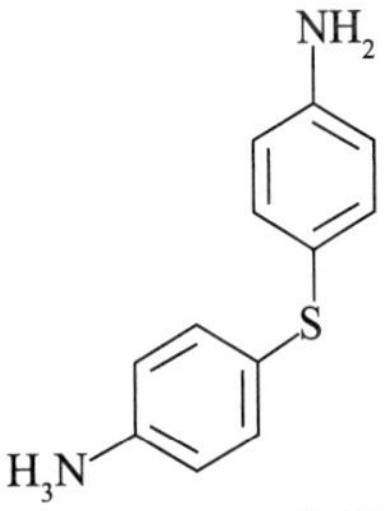 NH_2, S, H_3N
		PubChem	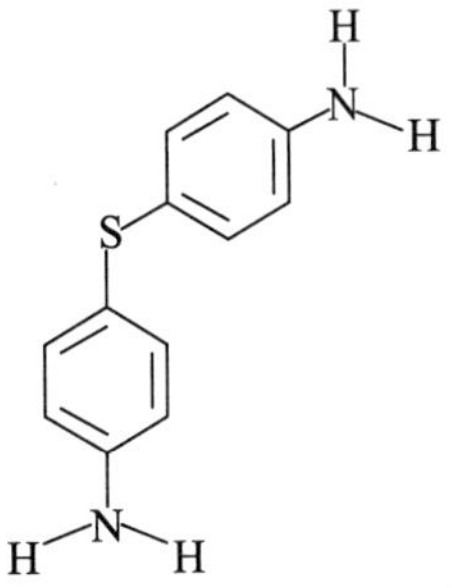 H, N, H, S, H, N, H
	法规出处 Regulation Source	RSL/OEKO	

表 2-2（续）

序号	禁限用化合物信息库		
80	化合物英文名 Compound Name	Name in Regulation	4 - Aminoazobenzene
		CA Index Name	Benzenamine，4 - (2 - phenyldiazenyl) -
		ChemSpider	Aniline Yellow
		PubChem	*p* - Aminoazobenzene
	化合物中文名 Chinese Name	4 -氨基偶氮苯	
	IUPAC Name	4 - phenyldiazenylaniline	
	CAS号 CAS Number	60 - 09 - 3	
	分子式 Molecular Formula	$C_{12}H_{11}N_3$	
	精确质量数 Exact Mass	197.09530	
	结构图 Structure Diagram	SciFinder	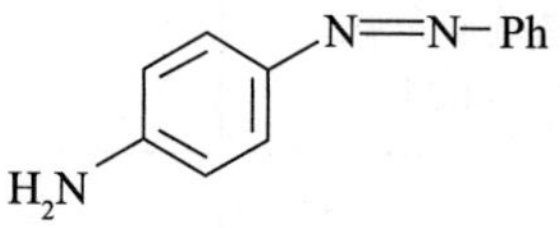 H₂N–C₆H₄–N=N–Ph
		ChemSpider	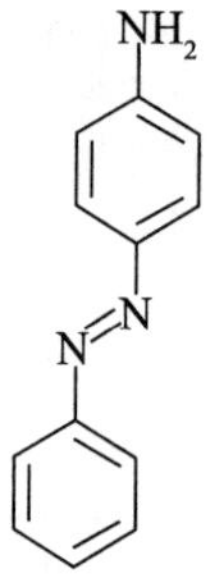 NH₂–C₆H₄–N=N–C₆H₅
		PubChem	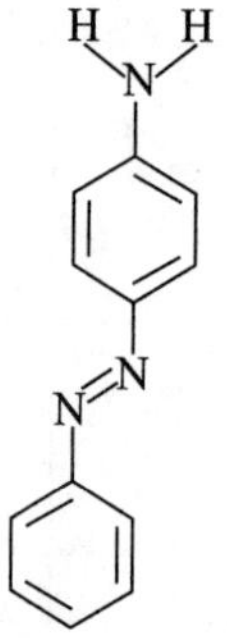 H–N(H)–C₆H₄–N=N–C₆H₅
	法规出处 Regulation Source	SVHC/RSL/OEKO	

表 2-2（续）

序号	禁限用化合物信息库		
81	化合物英文名 Compound Name	Name in Regulation	4-Aminobiphenyl
		CA Index Name	[1，1'-Biphenyl]-4-amine
		ChemSpider	4-Aminobiphenyl
		PubChem	4-biphenylamine
	化合物中文名 Chinese Name	4-氨基联苯	
	IUPAC Name	4-phenylaniline	
	CAS号 CAS Number	92-67-1	
	分子式 Molecular Formula	$C_{12}H_{11}N$	
	精确质量数 Exact Mass	169.08915	
	结构图 Structure Diagram	SciFinder	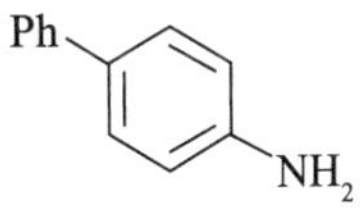 Ph, NH_2
		ChemSpider	 NH_2
		PubChem	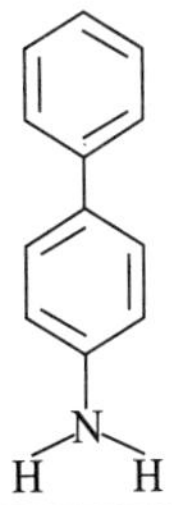 N, H, H
	法规出处 Regulation Source	SVHC/RSL/OEKO	

表 2-2（续）

序号	禁限用化合物信息库		
82	化合物英文名 Compound Name	Name in Regulation	4-Chloro-*o*-toluidine
		CA Index Name	Benzenamine，4-chloro-2-methyl-
		ChemSpider	Fast Red Salt TR
		PubChem	*p*-chloro-*o*-toluidine hydrochloride
	化合物中文名 Chinese Name	4-氯邻甲苯胺	
	IUPAC Name	4-chloro-2-methylaniline hydrochloride	
	CAS 号 CAS Number	95-69-2	
	分子式 Molecular Formula	C_7H_8ClN	
	精确质量数 Exact Mass	141.03453	
	结构图 Structure Diagram	SciFinder	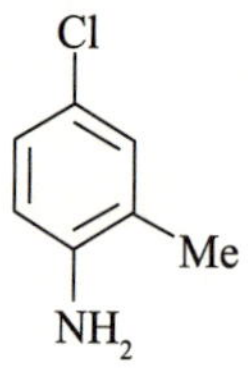 Cl, Me, NH_2
		ChemSpider	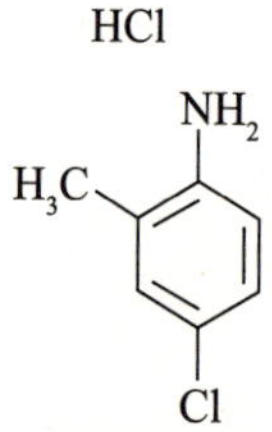 HCl, NH_2, H_3C, Cl
		PubChem	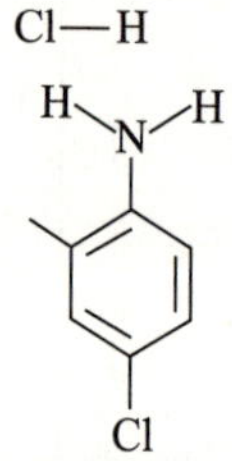 Cl—H, H, N, H, Cl
	法规出处 Regulation Source	RSL/OEKO	

表 2 - 2（续）

序号	禁限用化合物信息库		
83	化合物英文名 Compound Name	Name in Regulation	5 - tert - butyl - 2，4，6 - trinitro - m - xylene (musk xylene)
		CA Index Name	Benzene，1 -（1，1 - dimethylethyl）- 3，5 - dimethyl - 2，4，6 - trinitro -
		ChemSpider	Musk xylol
		PubChem	Musk xylene
	化合物中文名 Chinese Name	二甲苯麝香	
	IUPAC Name	1 - tert - butyl - 3，5 - dimethyl - 2，4，6 - trinitrobenzene	
	CAS 号 CAS Number	81 - 15 - 2	
	分子式 Molecular Formula	$C_{12}H_{15}N_3O_6$	
	精确质量数 Exact Mass	297.09609	
	结构图 Structure Diagram	SciFinder	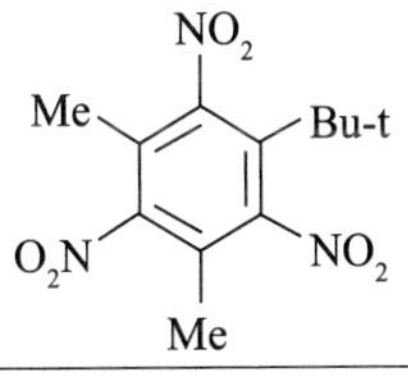 NO2, Me, Bu-t, O2N, NO2, Me
		ChemSpider	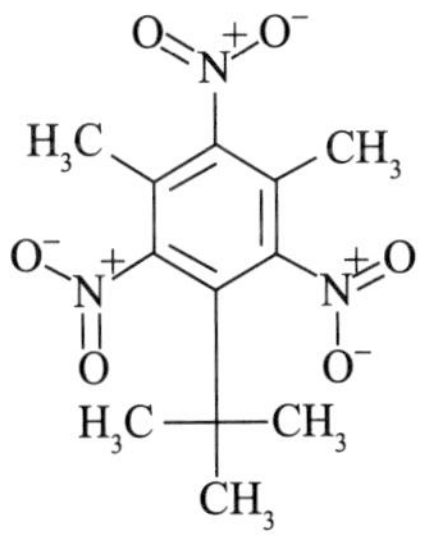 O, N+, O−, H3C, CH3, O−, N+, O, O, N+, O, O−, H3C, CH3, CH3
		PubChem	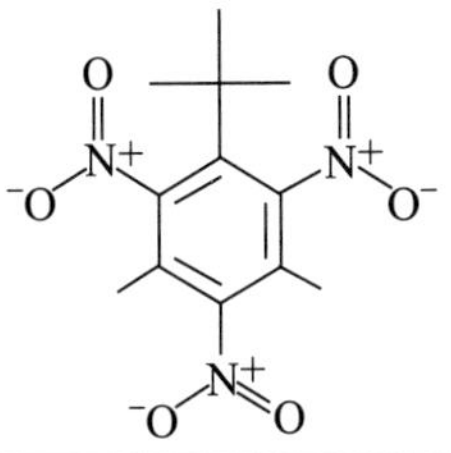 O, N+, O−, O, N+, O−, O−, N+, O
	法规出处 Regulation Source	SVHC	

表 2-2（续）

序号	禁限用化合物信息库		
84	化合物英文名 Compound Name	Name in Regulation	6-methoxy-m-toluidine（*p*-cresidine）
		CA Index Name	Benzenamine，2-methoxy-5-methyl-
		ChemSpider	2-Methoxy-5-methylanilin
		PubChem	Cresidine
	化合物中文名 Chinese Name	2-甲氧基-5-甲基苯胺	
	IUPAC Name	2-methoxy-5-methylaniline	
	CAS 号 CAS Number	120-71-8	
	分子式 Molecular Formula	$C_8H_{11}NO$	
	精确质量数 Exact Mass	137.08406	
	结构图 Structure Diagram	SciFinder	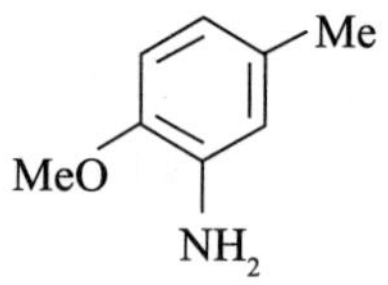
		ChemSpider	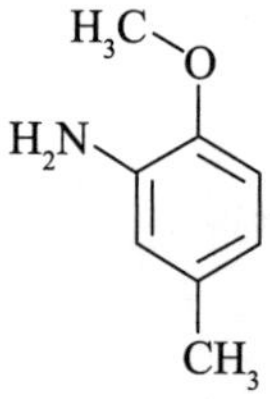
		PubChem	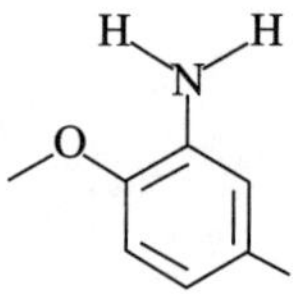
	法规出处 Regulation Source	SVHC/OEKO/RSL	

表 2-2（续）

序号	禁限用化合物信息库		
85	化合物英文名 Compound Name	Name in Regulation	Acenaphthene
		CA Index Name	Acenaphthylene，1，2-dihydro-
		ChemSpider	Acenaphthene
		PubChem	Acenaphthene
	化合物中文名 Chinese Name	苊	
	IUPAC Name	1，2-dihydroacenaphthylene	
	CAS 号 CAS Number	83-32-9	
	分子式 Molecular Formula	$C_{12}H_{10}$	
	精确质量数 Exact Mass	154.07825	
	结构图 Structure Diagram	SciFinder	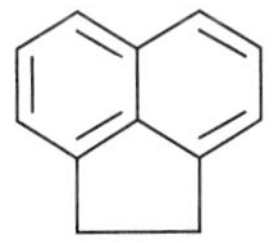
		ChemSpider	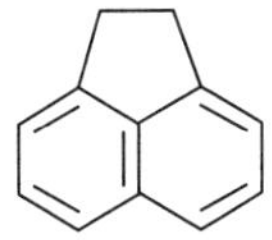
		PubChem	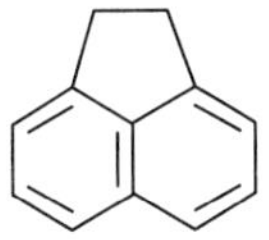
	法规出处 Regulation Source	RSL/OEKO	

表 2-2（续）

序号	禁限用化合物信息库		
86	化合物英文名 Compound Name	Name in Regulation	Acenaphthylene
		CA Index Name	Acenaphthylene
		ChemSpider	Acenaphthylene
		PubChem	Acenaphthylene
	化合物中文名 Chinese Name	苊烯	
	IUPAC Name	acenaphthylene	
	CAS 号 CAS Number	208-96-8	
	分子式 Molecular Formula	$C_{12}H_8$	
	精确质量数 Exact Mass	152.06260	
	结构图 Structure Diagram	SciFinder	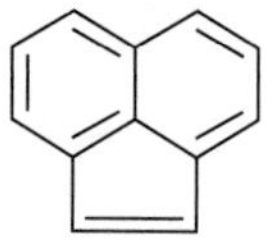
		ChemSpider	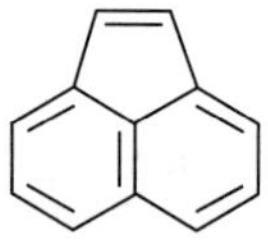
		PubChem	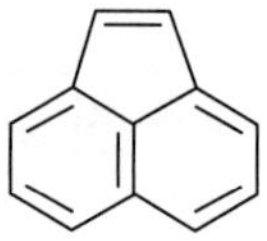
	法规出处 Regulation Source	RSL/OEKO	

表 2-2（续）

序号	禁限用化合物信息库		
87	化合物英文名 Compound Name	Name in Regulation	C. I. Acid Red 26
		CA Index Name	2，7-Naphthalenedisulfonic acid，4-[2-（2，4-dimethylphenyl）diazenyl]-3-hydroxy-，sodium salt（1∶2）
		ChemSpider	Ponceau 2R
		PubChem	AC1O425Y
	化合物中文名 Chinese Name	酸性红 26	
	IUPAC Name	Disodium（4E）-4-[（2，4-dimethylphenyl）hydrazinylidene]-3-oxonaphthalene-2，6-disulfonate	
	CAS 号 CAS Number	3761-53-3	
	分子式 Molecular Formula	$C_{18}H_{14}N_2Na_2O_7S_2$	
	精确质量数 Exact Mass	480.00378	
	结构图 Structure Diagram	SciFinder	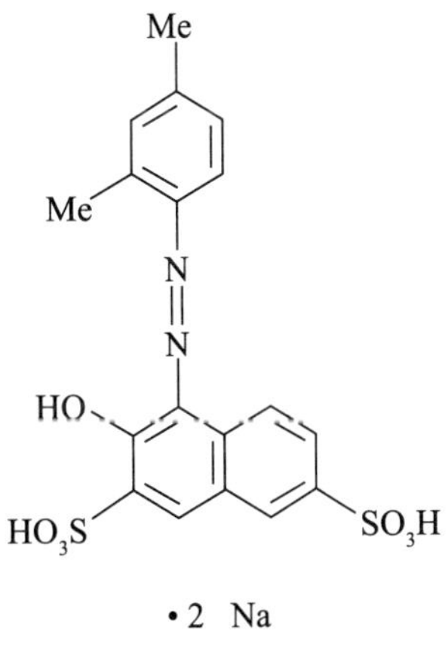
		ChemSpider	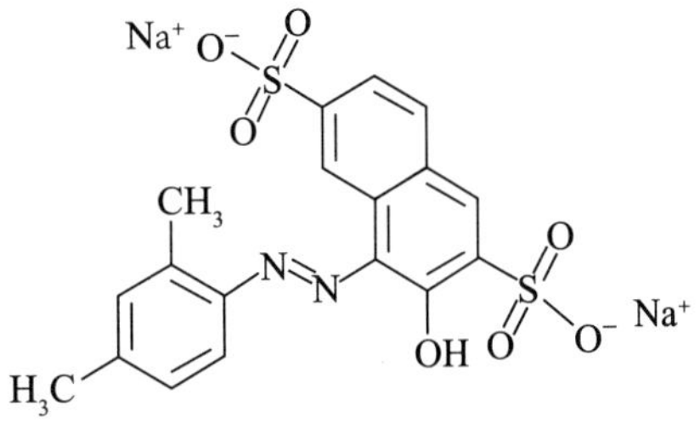

表 2-2（续）

<table>
<tr><th>序号</th><th colspan="3">禁限用化合物信息库</th></tr>
<tr><td rowspan="2">87</td><td>结构图
Structure Diagram</td><td>PubChem</td><td></td></tr>
<tr><td>法规出处
Regulation Source</td><td colspan="2">RSL/OEKO</td></tr>
<tr><td rowspan="13">88</td><td rowspan="4">化合物英文名
Compound Name</td><td>Name in Regulation</td><td>Acrylamide</td></tr>
<tr><td>CA Index Name</td><td>2 - Propenamide</td></tr>
<tr><td>ChemSpider</td><td>Acrylamide</td></tr>
<tr><td>PubChem</td><td>Acrylamide</td></tr>
<tr><td>化合物中文名
Chinese Name</td><td colspan="2">丙烯酰胺</td></tr>
<tr><td>IUPAC Name</td><td colspan="2">prop - 2 - enamide</td></tr>
<tr><td>CAS 号
CAS Number</td><td colspan="2">79 - 06 - 1</td></tr>
<tr><td>分子式
Molecular Formula</td><td colspan="2">C_3H_5NO</td></tr>
<tr><td>精确质量数
Exact Mass</td><td colspan="2">71.03711</td></tr>
<tr><td rowspan="3">结构图
Structure Diagram</td><td>SciFinder</td><td>$H_2N-C(=O)-CH=CH_2$</td></tr>
<tr><td>ChemSpider</td><td></td></tr>
<tr><td>PubChem</td><td></td></tr>
<tr><td>法规出处
Regulation Source</td><td colspan="2">SVHC</td></tr>
</table>

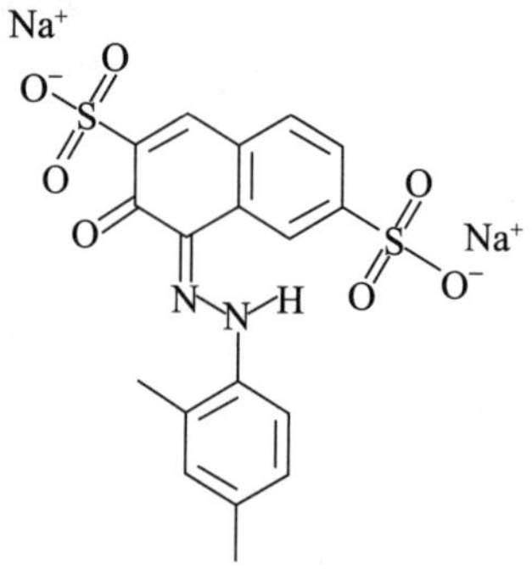

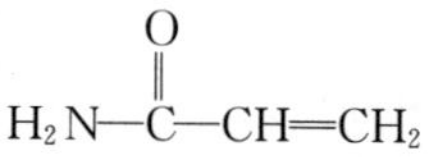

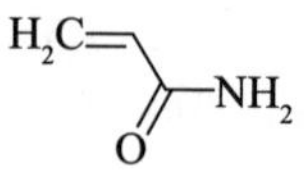

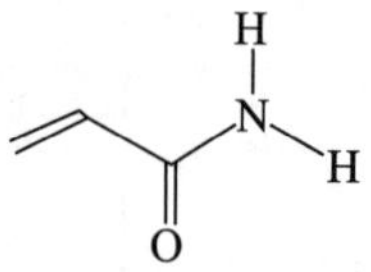

表 2-2（续）

序号	禁限用化合物信息库		
89	化合物英文名 Compound Name	Name in Regulation	Aldrin
		CA Index Name	1，4：5，8-Dimethanonaphthalene，1，2，3，4，10，10-hexachloro-1，4，4a，5，8，8a-hexahydro-，(1R，4S，4aS，5S，8R，8aR)-rel-
		ChemSpider	Aldrin
		PubChem	Aldrin
	化合物中文名 Chinese Name	艾氏剂	
	IUPAC Name	—	
	CAS 号 CAS Number	309-00-2	
	分子式 Molecular Formula	$C_{12}H_8Cl_6$	
	精确质量数 Exact Mass	363.87277	
	结构图 Structure Diagram	SciFinder	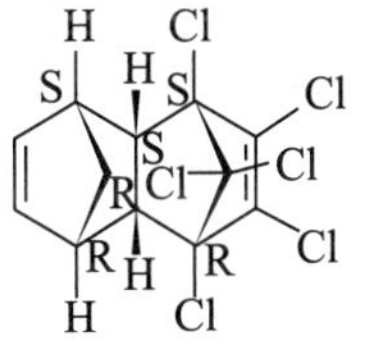
		ChemSpider	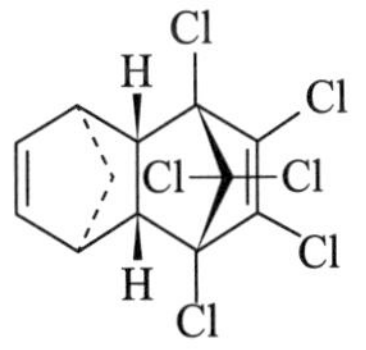
		PubChem	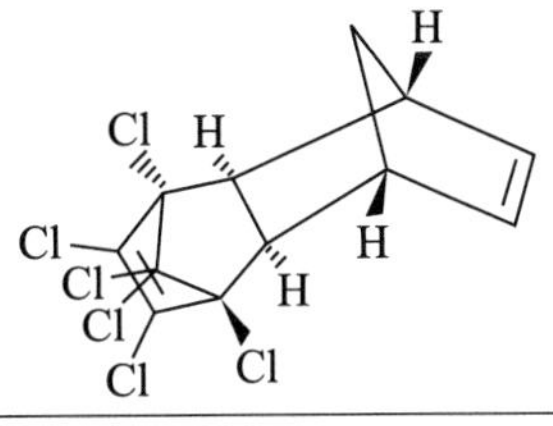
	法规出处 Regulation Source	RSL/OEKO	

表 2-2（续）

序号	禁限用化合物信息库		
90	化合物英文名 Compound Name	Name in Regulation	Alpha-hexabromocyclododecane
		CA Index Name	Cyclododecane，1，2，5，6，9，10-hexabromo-，(1R，2R，5S，6R，9R，10S)-rel-
		ChemSpider	(-)-α-HBCD
		PubChem	UNII-1Q53DD47II
	化合物中文名 Chinese Name	α-六溴环十二烷	
	IUPAC Name	(1R，2R，5S，6R，9R，10S)-1，2，5，6，9，10-hexabromocyclododecane	
	CAS号 CAS Number	134237-50-6	
	分子式 Molecular Formula	$C_{12}H_{18}Br_6$	
	精确质量数 Exact Mass	641.64474	
	结构图 Structure Diagram	SciFinder	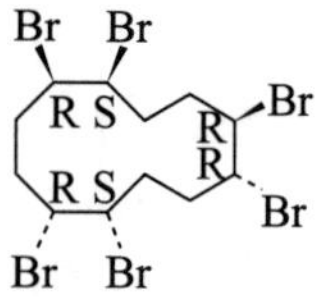
		ChemSpider	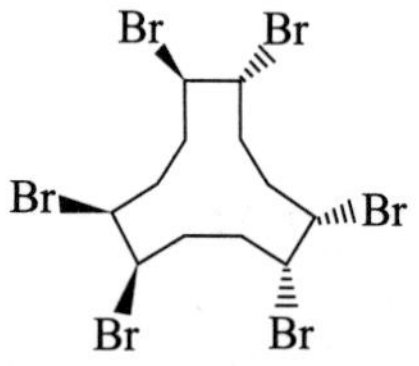
		PubChem	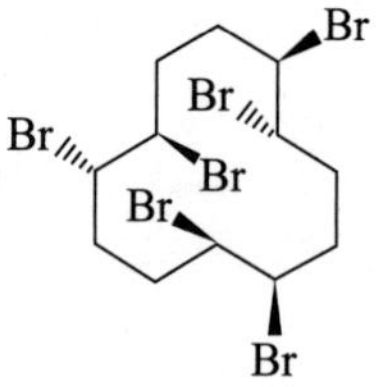
	法规出处 Regulation Source	SVHC	

表 2-2（续）

<table>
<tr><th>序号</th><th colspan="3">禁限用化合物信息库</th></tr>
<tr><td rowspan="13">91</td><td rowspan="4">化合物英文名
Compound Name</td><td>Name in Regulation</td><td>Ammonium pentadecafluorooctanoate (APFO)</td></tr>
<tr><td>CA Index Name</td><td>Octanoic acid, 2, 2, 3, 3, 4, 4, 5, 5, 6, 6, 7, 7, 8, 8, 8-pentadecafluoro-, ammonium salt (1∶1)</td></tr>
<tr><td>ChemSpider</td><td>Ammonium Pentadecafluorooctanoate</td></tr>
<tr><td>PubChem</td><td>Perfluorooctanoic acid</td></tr>
<tr><td>化合物中文名
Chinese Name</td><td colspan="2">全氟辛酸铵</td></tr>
<tr><td>IUPAC Name</td><td colspan="2">azanium; 2, 2, 3, 3, 4, 4, 5, 5, 6, 6, 7, 7, 8, 8, 8-pentadecafluorooctanoate</td></tr>
<tr><td>CAS 号
CAS Number</td><td colspan="2">3825-26-1</td></tr>
<tr><td>分子式
Molecular Formula</td><td colspan="2">$C_8H_4F_{15}NO_2$</td></tr>
<tr><td>精确质量数
Exact Mass</td><td colspan="2">431.00025</td></tr>
<tr><td rowspan="3">结构图
Structure Diagram</td><td>SciFinder</td><td>$F_3C—(CF_2)_6—CO_2H$
$\cdot NH_3$</td></tr>
<tr><td>ChemSpider</td><td>H N H H O F F F F OH F F F F F F F F F F F</td></tr>
<tr><td>PubChem</td><td>H H N H + H O F F F F O⁻ F F F F F F F F F F F</td></tr>
<tr><td>法规出处
Regulation Source</td><td colspan="2">SVHC/RSL/OEKO</td></tr>
</table>

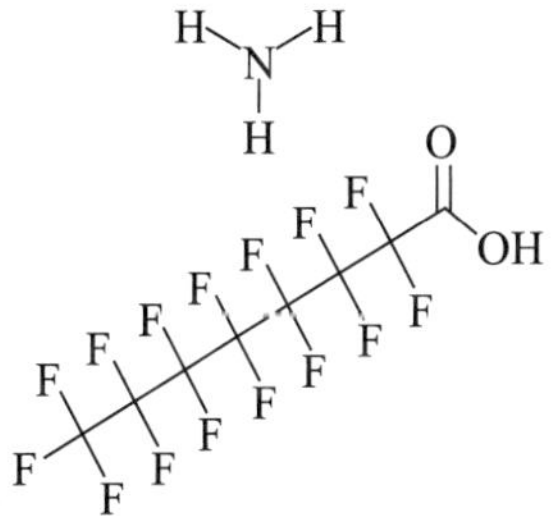

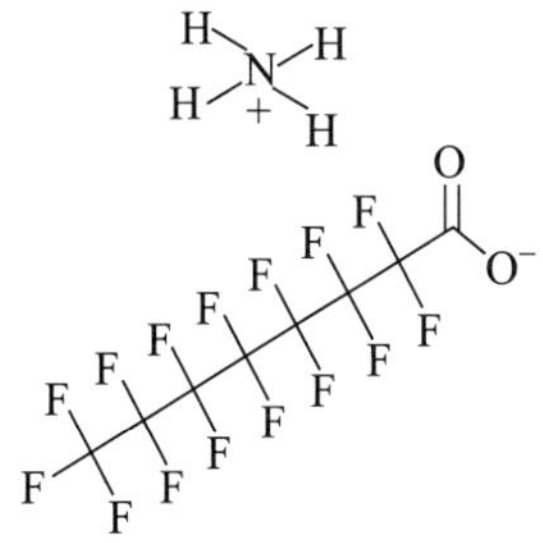

表 2 - 2（续）

序号	禁限用化合物信息库		
92	化合物英文名 Compound Name	Name in Regulation	Anthracene
		CA Index Name	Anthracene
		ChemSpider	Anthracene
		PubChem	Anthracene
	化合物中文名 Chinese Name	蒽	
	IUPAC Name	anthracene	
	CAS 号 CAS Number	120 - 12 - 7	
	分子式 Molecular Formula	$C_{14}H_{10}$	
	精确质量数 Exact Mass	178.07825	
	结构图 Structure Diagram	SciFinder	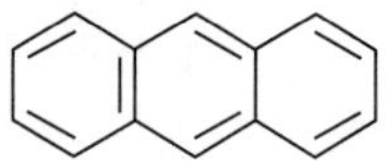
		ChemSpider	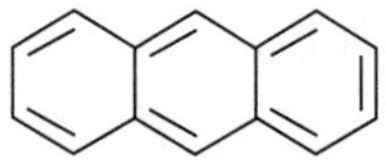
		PubChem	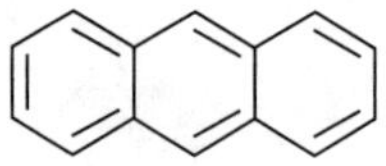
	法规出处 Regulation Source	SVHC/RSL/OEKO	

表 2-2（续）

序号	禁限用化合物信息库		
93	化合物英文名 Compound Name	Name in Regulation	Azinophosethyl
		CA Index Name	Phosphorodithioic acid，O，O-diethyl S-［（4-oxo-1，2，3-benzotriazin-3（4H）-yl）methyl］ester
		ChemSpider	Azinphos-ethyl
		PubChem	Azinphos ethyl
	化合物中文名 Chinese Name	益棉磷	
	IUPAC Name	3-（diethoxyphosphinothioylsulfanylmethyl）-1，2，3-benzotriazin-4-one	
	CAS 号 CAS Number	2642-71-9	
	分子式 Molecular Formula	$C_{12}H_{16}N_3O_3PS_2$	
	精确质量数 Exact Mass	345.03707	
	结构图 Structure Diagram	SciFinder	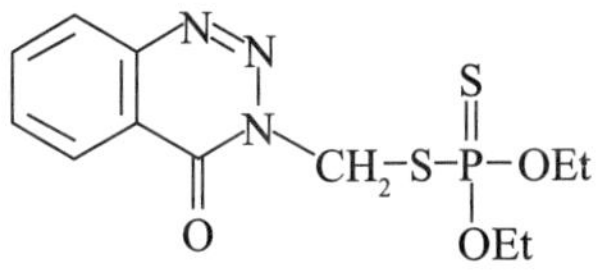
		ChemSpider	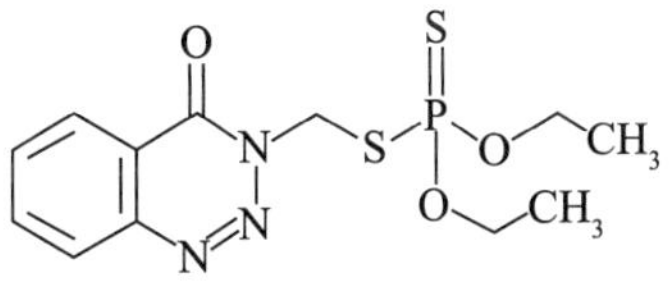
		PubChem	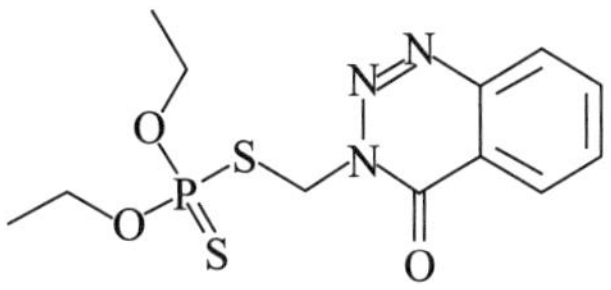
	法规出处 Regulation Source	OEKO	

表 2-2（续）

序号	禁限用化合物信息库		
94	化合物英文名 Compound Name	Name in Regulation	Azinophosmethyl
		CA Index Name	Phosphorodithioic acid，O，O-dimethyl S-［（4-oxo-1，2，3-benzotriazin-3（4H）-yl）methyl］ester
		ChemSpider	Azinphos-methyl
		PubChem	Azinphosmethyl
	化合物中文名 Chinese Name	保棉磷	
	IUPAC Name	3-（dimethoxyphosphinothioylsulfanylmethyl）-1，2，3-benzotriazin-4-one	
	CAS号 CAS Number	86-50-0	
	分子式 Molecular Formula	$C_{10}H_{12}N_3O_3PS_2$	
	精确质量数 Exact Mass	317.00577	
	结构图 Structure Diagram	SciFinder	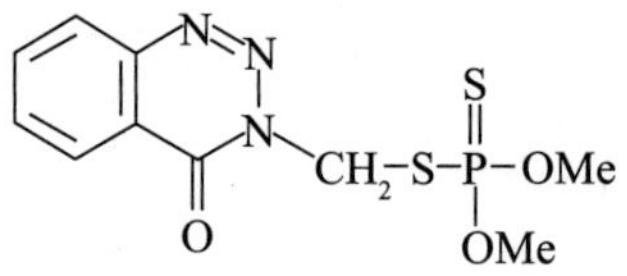 N N N CH$_2$-S-P-OMe S OMe O
		ChemSpider	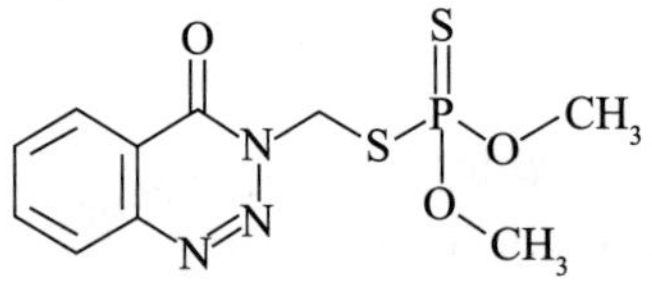 O N N N S P S O CH$_3$ O CH$_3$
		PubChem	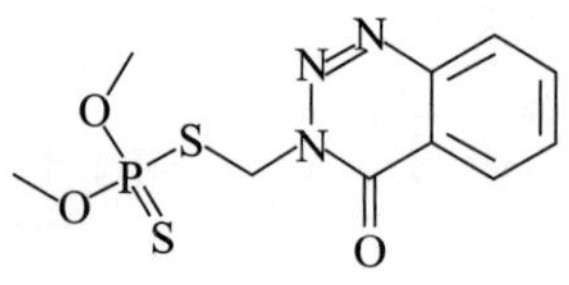 O O P S S N N N O
	法规出处 Regulation Source	OEKO	

表 2-2（续）

序号	禁限用化合物信息库		
95	化合物英文名 Compound Name	Name in Regulation	Benzidine
		CA Index Name	[1，1′-Biphenyl]-4，4′-diamine
		ChemSpider	Benzidine
		PubChem	Benzidine
	化合物中文名 Chinese Name	联苯胺	
	IUPAC Name	4-（4-aminophenyl）aniline	
	CAS 号 CAS Number	92-87-5	
	分子式 Molecular Formula	$C_{12}H_{12}N_2$	
	精确质量数 Exact Mass	184.10005	
	结构图 Structure Diagram	SciFinder	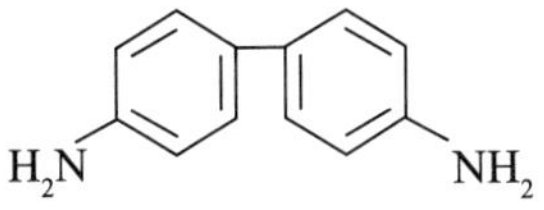 H_2N NH_2
		ChemSpider	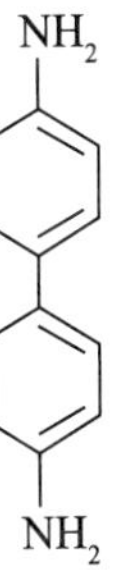 NH_2 NH_2
		PubChem	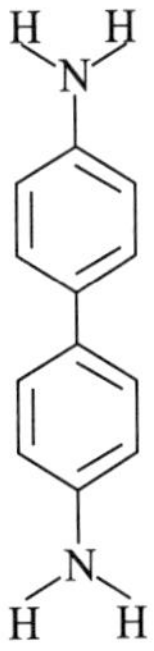 H H N N H H
	法规出处 Regulation Source	RSL/OEKO	

表 2-2（续）

序号	禁限用化合物信息库		
96	化合物英文名 Compound Name	Name in Regulation	Benzo（a）anthracene
		CA Index Name	Benz［a］anthracene
		ChemSpider	Benz（a）anthracene
		PubChem	Benz（a）anthracene
	化合物中文名 Chinese Name	苯并（a）蒽	
	IUPAC Name	benzo［a］anthracene	
	CAS 号 CAS Number	56-55-3	
	分子式 Molecular Formula	$C_{18}H_{12}$	
	精确质量数 Exact Mass	228.09390	
	结构图 Structure Diagram	SciFinder	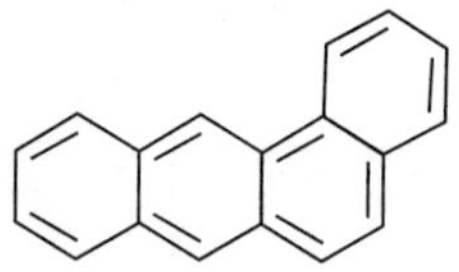
		ChemSpider	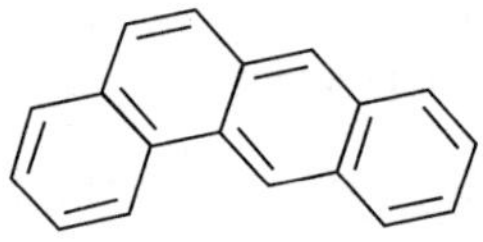
		PubChem	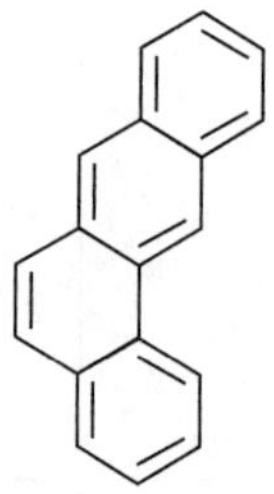
	法规出处 Regulation Source	RSL/OEKO	

表 2-2（续）

序号	禁限用化合物信息库		
97	化合物英文名 Compound Name	Name in Regulation	Benzo (a) pyrene
		CA Index Name	Benzo [a] pyrene
		ChemSpider	Benzo (a) pyrene
		PubChem	Benzo (a) pyrene
	化合物中文名 Chinese Name	苯并 (a) 芘	
	IUPAC Name	benzo [a] pyrene	
	CAS 号 CAS Number	50-32-8	
	分子式 Molecular Formula	$C_{20}H_{12}$	
	精确质量数 Exact Mass	252.09390	
	结构图 Structure Diagram	SciFinder	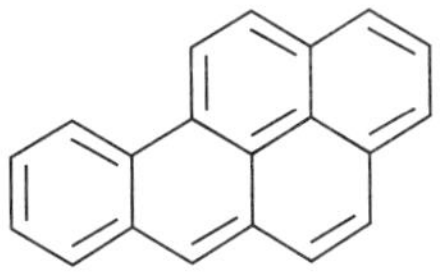
		ChemSpider	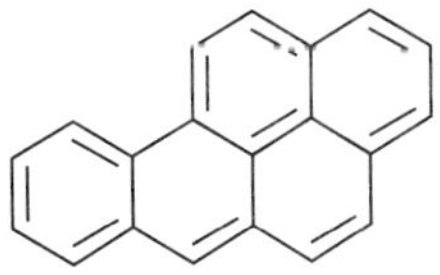
		PubChem	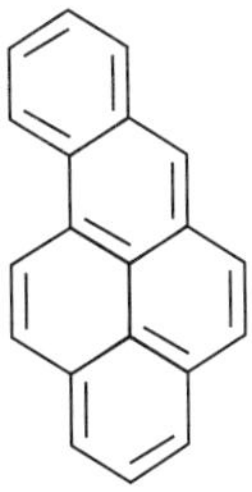
	法规出处 Regulation Source	RSL/OEKO	

表 2-2（续）

<table>
<tr><th>序号</th><th colspan="3">禁限用化合物信息库</th></tr>
<tr><td rowspan="12">98</td><td rowspan="4">化合物英文名
Compound Name</td><td>Name in Regulation</td><td>Benzo（b）fluoranthene</td></tr>
<tr><td>CA Index Name</td><td>Benz［e］acephenanthrylene</td></tr>
<tr><td>ChemSpider</td><td>BENZO（B）FLUORANTHENE</td></tr>
<tr><td>PubChem</td><td>Benzo（b）fluoranthene</td></tr>
<tr><td>化合物中文名
Chinese Name</td><td colspan="2">苯并（b）荧蒽</td></tr>
<tr><td>IUPAC Name</td><td colspan="2">—</td></tr>
<tr><td>CAS 号
CAS Number</td><td colspan="2">205-99-2</td></tr>
<tr><td>分子式
Molecular Formula</td><td colspan="2">$C_{20}H_{12}$</td></tr>
<tr><td>精确质量数
Exact Mass</td><td colspan="2">252.09390</td></tr>
<tr><td rowspan="3">结构图
Structure Diagram</td><td>SciFinder</td><td>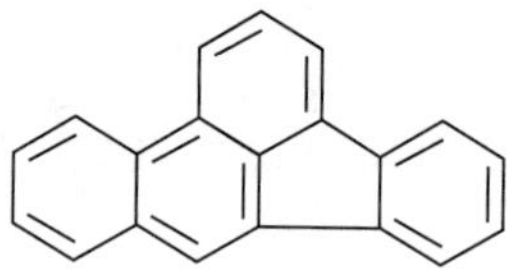</td></tr>
<tr><td>ChemSpider</td><td>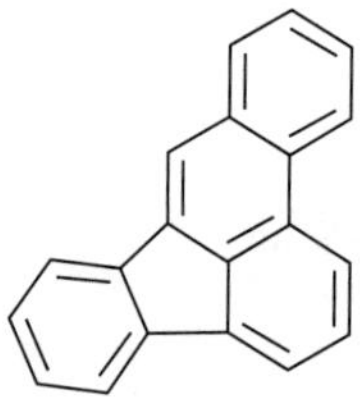</td></tr>
<tr><td>PubChem</td><td>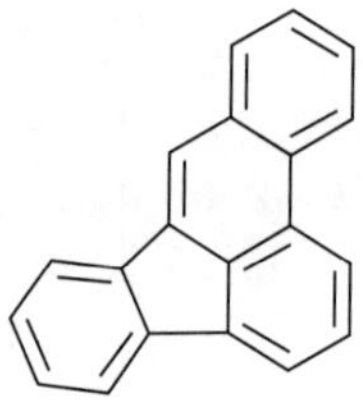</td></tr>
<tr><td>法规出处
Regulation Source</td><td colspan="2">RSL/OEKO</td></tr>
</table>

表 2-2（续）

序号	禁限用化合物信息库		
99	化合物英文名 Compound Name	Name in Regulation	Benzo (e) pyrene
		CA Index Name	Benzo [e] pyrene
		ChemSpider	Benzo (e) pyrene
		PubChem	benzo (e) pyrene
	化合物中文名 Chinese Name	苯并（e）芘	
	IUPAC Name	benzo [e] pyrene	
	CAS号 CAS Number	192-97-2	
	分子式 Molecular Formula	$C_{20}H_{12}$	
	精确质量数 Exact Mass	252.09390	
	结构图 Structure Diagram	SciFinder	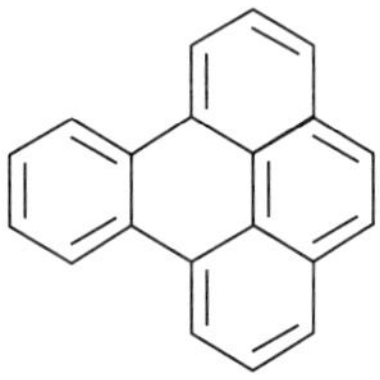
		ChemSpider	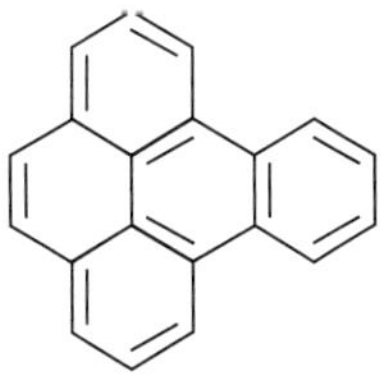
		PubChem	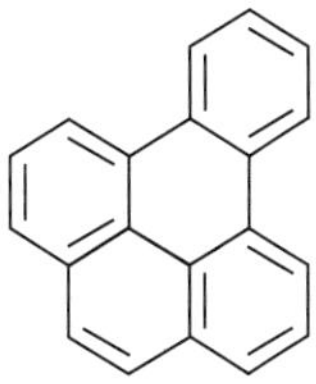
	法规出处 Regulation Source	RSL/OEKO	

表 2-2（续）

序号	禁限用化合物信息库		
100	化合物英文名 Compound Name	Name in Regulation	Benzo（g，h，i）perylene
		CA Index Name	Benzo［ghi］perylene
		ChemSpider	1，12-benzoperylene
		PubChem	1，12-benzoperylene
	化合物中文名 Chinese Name	苯并（g，h，i）苝	
	IUPAC Name	—	
	CAS号 CAS Number	191-24-2	
	分子式 Molecular Formula	$C_{22}H_{12}$	
	精确质量数 Exact Mass	276.09390	
	结构图 Structure Diagram	SciFinder	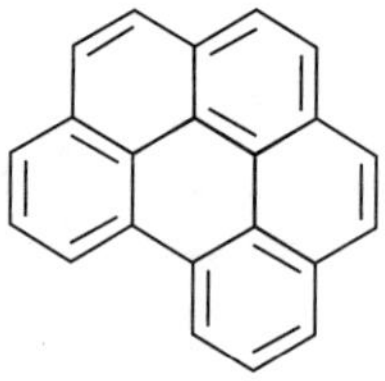
		ChemSpider	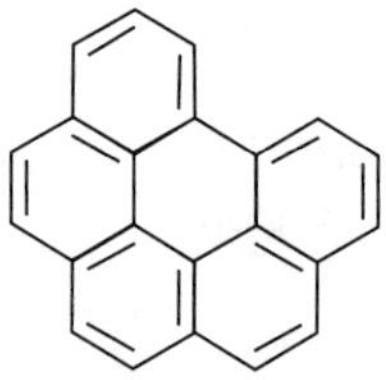
		PubChem	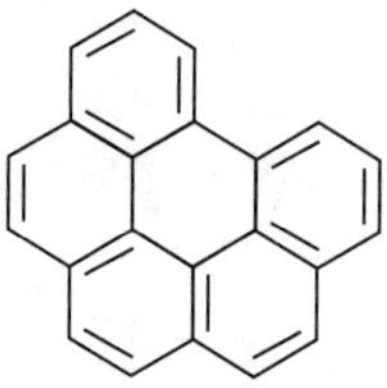
	法规出处 Regulation Source	RSL/OEKO	

表 2-2（续）

序号	禁限用化合物信息库		
101	化合物英文名 Compound Name	Name in Regulation	Benzo (j) fluoranthene
		CA Index Name	Benzo [j] fluoranthene
		ChemSpider	Benz [j] fluoranthene
		PubChem	Benzo (j) fluoranthene
	化合物中文名 Chinese Name	苯并（j）荧蒽	
	IUPAC Name	—	
	CAS号 CAS Number	205-82-3	
	分子式 Molecular Formula	$C_{20}H_{12}$	
	精确质量数 Exact Mass	252.09390	
	结构图 Structure Diagram	SciFinder	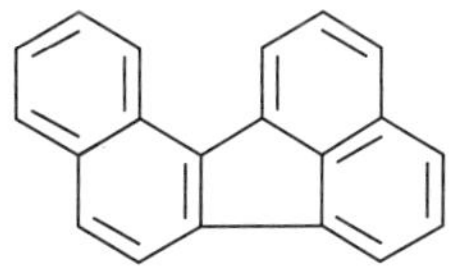
		ChemSpider	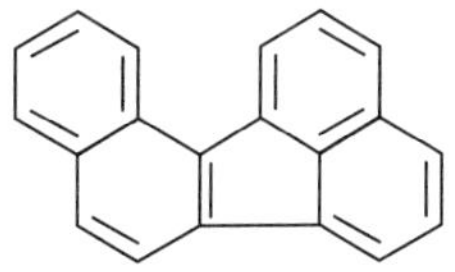
		PubChem	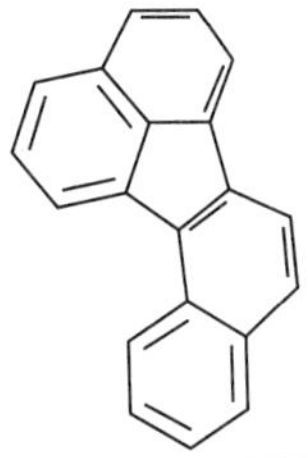
	法规出处 Regulation Source	RSL/OEKO	

表 2-2（续）

序号	禁限用化合物信息库		
102	化合物英文名 Compound Name	Name in Regulation	Benzo（k）fluoranthene
		CA Index Name	Benzo [k] fluoranthene
		ChemSpider	Benzo（k）fluoranthene
		PubChem	Benzo（k）fluoranthene
	化合物中文名 Chinese Name	苯并（k）荧蒽	
	IUPAC Name	benzo [k] fluoranthene	
	CAS 号 CAS Number	207-08-9	
	分子式 Molecular Formula	$C_{20}H_{12}$	
	精确质量数 Exact Mass	252.09390	
	结构图 Structure Diagram	SciFinder	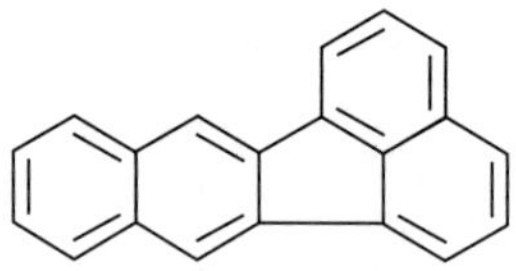
		ChemSpider	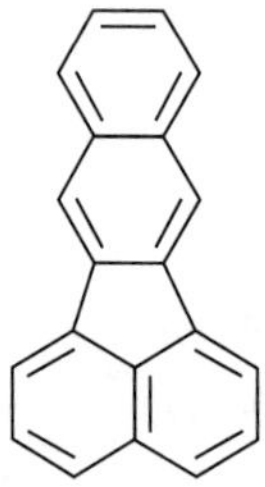
		PubChem	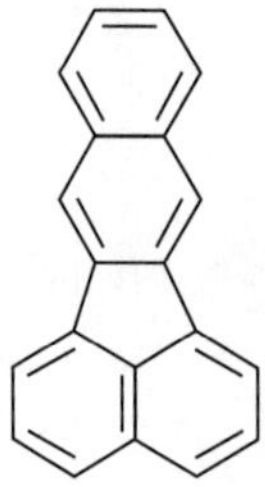
	法规出处 Regulation Source	RSL/OEKO	

表 2-2（续）

序号	禁限用化合物信息库		
103	化合物英文名 Compound Name	Name in Regulation	Benzyl butyl phthalate (BBP)
		CA Index Name	1，2-Benzenedicarboxylic acid，1-butyl 2-(phenylmethyl) ester
		ChemSpider	Benzyl Butyl Phthalate
		PubChem	Butylbenzyl phthalate
	化合物中文名 Chinese Name	邻苯二甲酸丁苄酯	
	IUPAC Name	2-O-benzyl 1-O-butyl benzene-1，2-dicarboxylate	
	CAS号 CAS Number	85-68-7	
	分子式 Molecular Formula	$C_{19}H_{20}O_4$	
	精确质量数 Exact Mass	312.13616	
	结构图 Structure Diagram	SciFinder	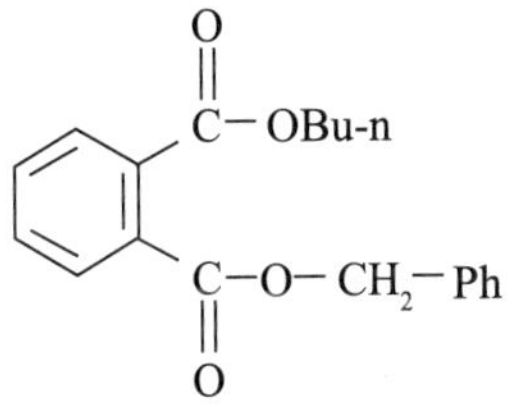
		ChemSpider	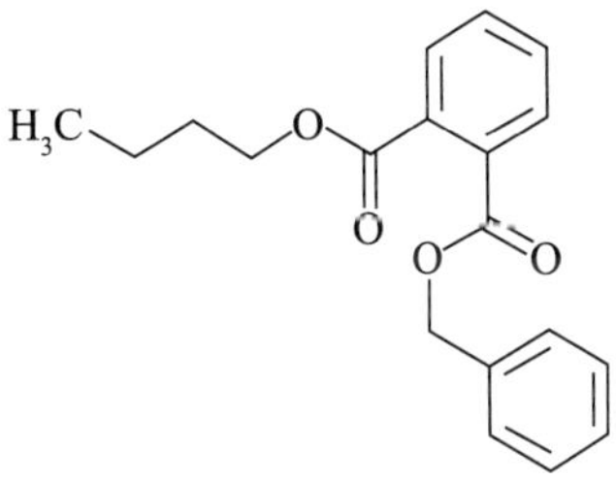
		PubChem	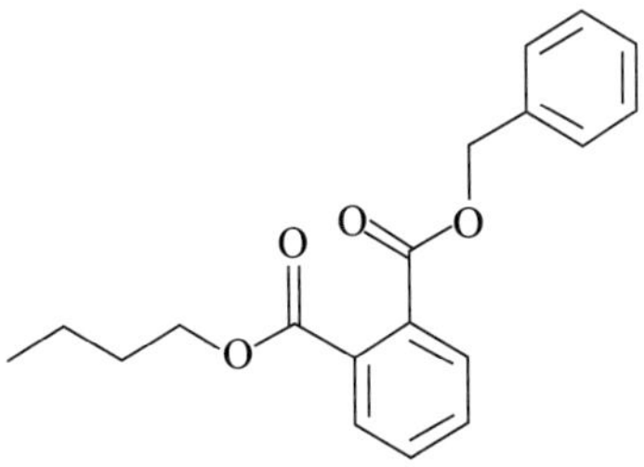
	法规出处 Regulation Source	SVHC/RSL/OEKO/CPSIA/RoHS	

表 2－2（续）

<table>
<tr><th>序号</th><th colspan="3">禁限用化合物信息库</th></tr>
<tr><td rowspan="11">104</td><td rowspan="4">化合物英文名
Compound Name</td><td>Name in Regulation</td><td>Beta－hexabromocyclododecane</td></tr>
<tr><td>CA Index Name</td><td>Cyclododecane，1，2，5，6，9，10－hexabromo－，(1R，2S，5R，6R，9R，10S)－rel－</td></tr>
<tr><td>ChemSpider</td><td>(＋)－β－HBCD</td></tr>
<tr><td>PubChem</td><td>UNII－7Q48Q7B14M</td></tr>
<tr><td>化合物中文名
Chinese Name</td><td colspan="2">β-六溴环十二烷</td></tr>
<tr><td>IUPAC Name</td><td colspan="2">(1R，2R，5S，6R，9S，10R)－1，2，5，6，9，10－hexabromocyclododecane</td></tr>
<tr><td>CAS 号
CAS Number</td><td colspan="2">134237－51－7</td></tr>
<tr><td>分子式
Molecular Formula</td><td colspan="2">$C_{12}H_{18}Br_6$</td></tr>
<tr><td>精确质量数
Exact Mass</td><td colspan="2">641.64474</td></tr>
<tr><td rowspan="3">结构图
Structure Diagram</td><td>SciFinder</td><td>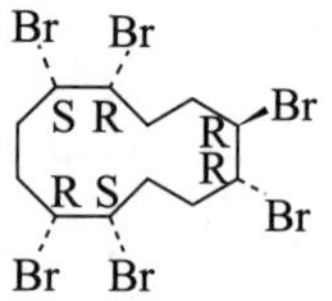</td></tr>
<tr><td>ChemSpider</td><td>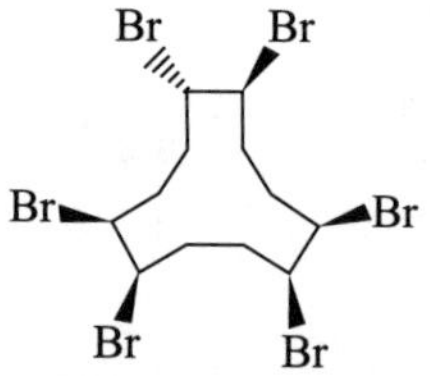</td></tr>
<tr><td>PubChem</td><td>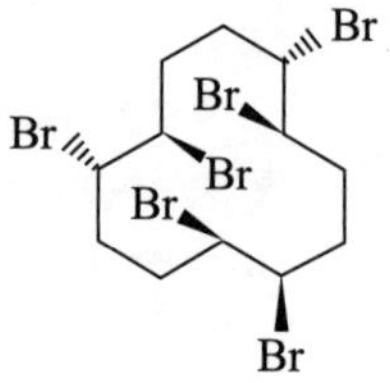</td></tr>
<tr><td></td><td>法规出处
Regulation Source</td><td colspan="2">SVHC</td></tr>
</table>

表 2 - 2（续）

序号	禁限用化合物信息库		
105	化合物英文名 Compound Name	Name in Regulation	Bis（2，3 - dibromopropyl）phosphate
		CA Index Name	1 - Propanol，2，3 - dibromo -，1，1′-（hydrogen phosphate）
		ChemSpider	Bis（2，3 - dibromopropyl）hydrogen phosphate
		PubChem	Bis（2，3 - dibromopropyl）phosphate
	化合物中文名 Chinese Name	二（2，3 -二溴丙基）磷酸酯	
	IUPAC Name	bis（2，3 - dibromopropyl）hydrogen phosphate	
	CAS号 CAS Number	5412 - 25 - 9	
	分子式 Molecular Formula	$C_6H_{11}Br_4O_4P$	
	精确质量数 Exact Mass	497.70875	
	结构图 Structure Diagram	SciFinder	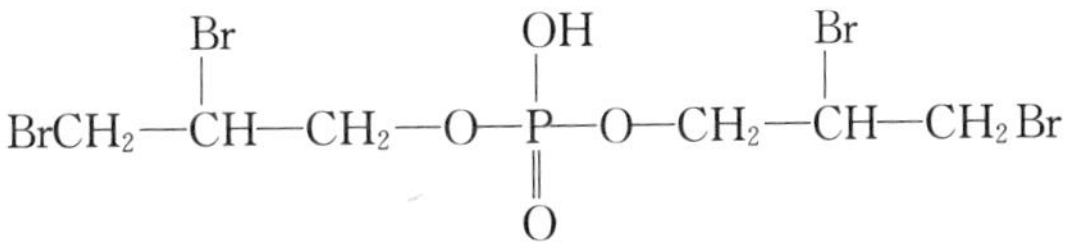
		ChemSpider	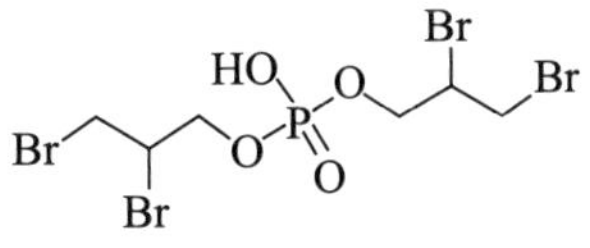
		PubChem	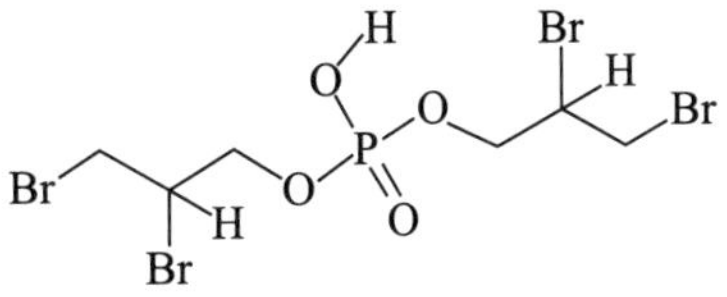
	法规出处 Regulation Source	RSL	

表 2 - 2（续）

序号	禁限用化合物信息库		
106	化合物英文名 Compound Name	Name in Regulation	Bis（2 - methoxyethyl）ether
		CA Index Name	Ethane，1，1′- oxybis［2 - methoxy -
		ChemSpider	Diglyme
		PubChem	Diglyme
	化合物中文名 Chinese Name	二乙二醇二甲醚	
	IUPAC Name	1 - methoxy - 2 -（2 - methoxyethoxy）ethane	
	CAS 号 CAS Number	111 - 96 - 6	
	分子式 Molecular Formula	$C_6H_{14}O_3$	
	精确质量数 Exact Mass	134.09429	
	结构图 Structure Diagram	SciFinder	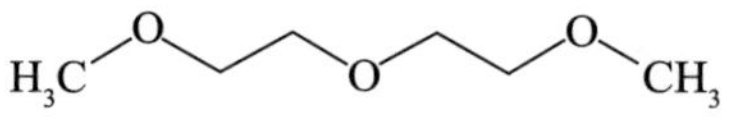 H_3C O O O CH_3
		ChemSpider	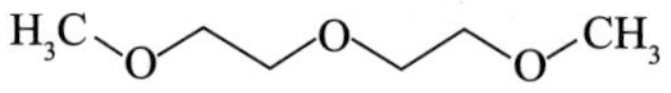 H_3C O O O CH_3
		PubChem	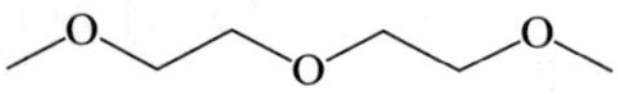 O O O
	法规出处 Regulation Source	SVHC	

表 2-2（续）

序号	禁限用化合物信息库		
107	化合物英文名 Compound Name	Name in Regulation	Bis（2-methoxyethyl）phthalate（DMEP）
		CA Index Name	1，2-Benzenedicarboxylic acid，1，2-bis（2-methoxyethyl）ester
		ChemSpider	Bis（2-methoxyethyl）Phthalate
		PubChem	dimethoxyethyl phthalate
	化合物中文名 Chinese Name	邻苯二甲酸二（2-甲氧基）乙酯	
	IUPAC Name	bis（2-methoxyethyl）benzene-1，2-dicarboxylate	
	CAS 号 CAS Number	117-82-8	
	分子式 Molecular Formula	$C_{14}H_{18}O_6$	
	精确质量数 Exact Mass	282.11034	
	结构图 Structure Diagram	SciFinder	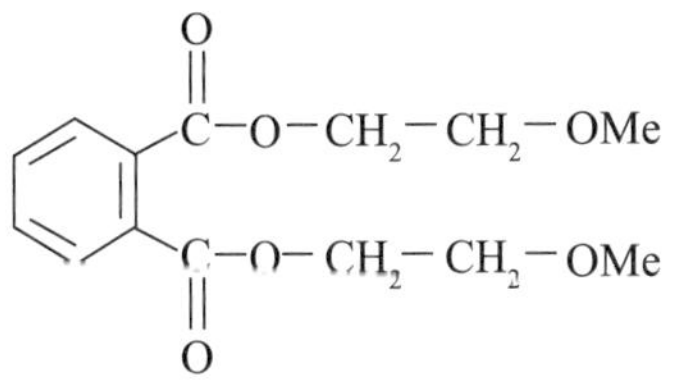
		ChemSpider	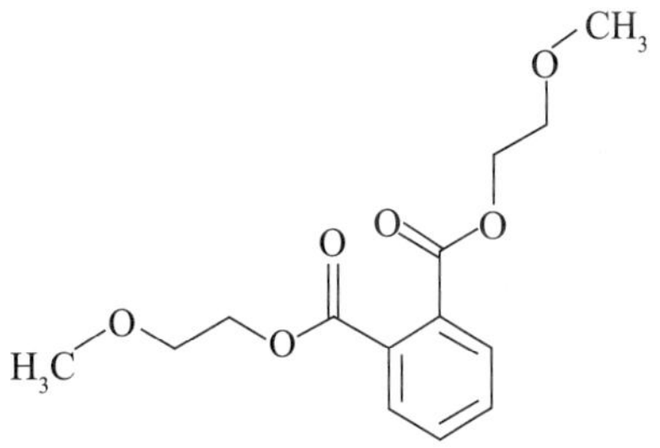
		PubChem	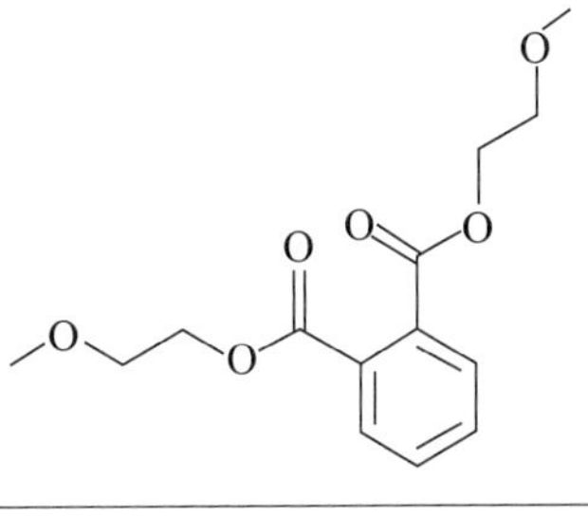
	法规出处 Regulation Source	SVHC/RSL/OEKO	

表 2-2（续）

序号	禁限用化合物信息库		
108	化合物英文名 Compound Name	Name in Regulation	Decabromodiphenylether (DecaBDE)
		CA Index Name	Benzene, 1, 1′-oxybis [2, 3, 4, 5, 6-pentabromo-
		ChemSpider	Bis (pentabromophenyl) ether
		PubChem	Decabromobiphenyl ether
	化合物中文名 Chinese Name	十溴联苯醚	
	IUPAC Name	1, 2, 3, 4, 5-pentabromo-6-(2, 3, 4, 5, 6-pentabromophenoxy) benzene	
	CAS 号 CAS Number	1163-19-5	
	分子式 Molecular Formula	$C_{12}Br_{10}O$	
	精确质量数 Exact Mass	959.16806	
	结构图 Structure Diagram	SciFinder	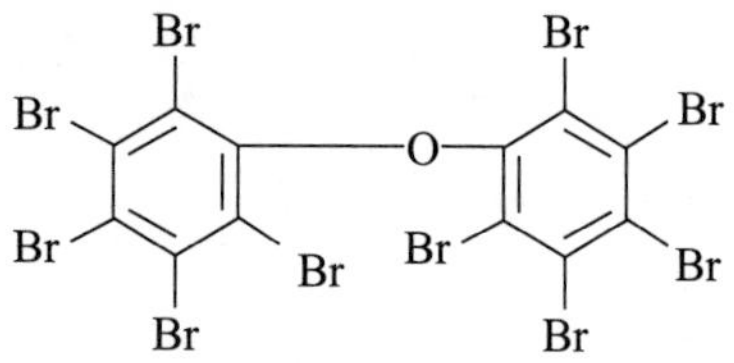
		ChemSpider	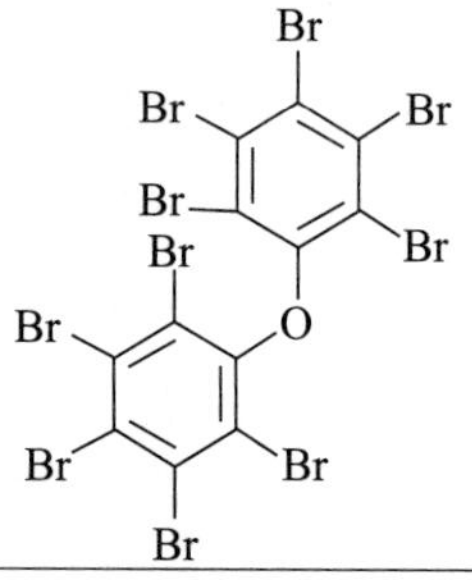
		PubChem	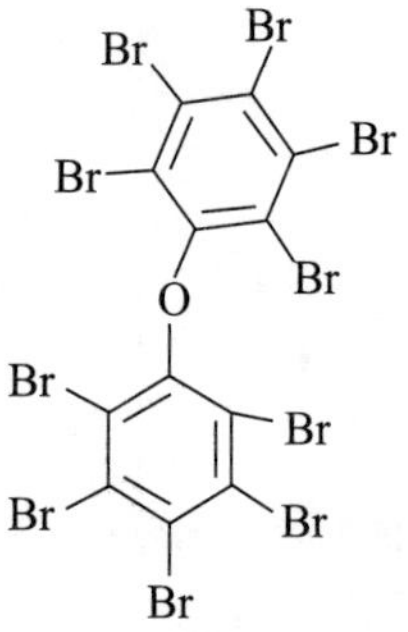
	法规出处 Regulation Source	SVHC/RSL/RoHS/OEKO	

表 2-2（续）

序号	禁限用化合物信息库		
109	化合物英文名 Compound Name	Name in Regulation	Bis (tributyltin) oxide (TBTO)
		CA Index Name	Distannoxane，1，1，1，3，3，3-hexabutyl-
		ChemSpider	Tributyltin oxide
		PubChem	Bis (tri-*n*-butyltin) oxide
	化合物中文名 Chinese Name	三丁基氧化锡	
	IUPAC Name	tributyl (tributylstannyloxy) stannane	
	CAS 号 CAS Number	56-35-9	
	分子式 Molecular Formula	$C_{24}H_{54}OSn_2$	
	精确质量数 Exact Mass	596.22127	
	结构图 Structure Diagram	SciFinder	$(n-Bu)_3Sn—O—Sn(Bu-n)_3$
		ChemSpider	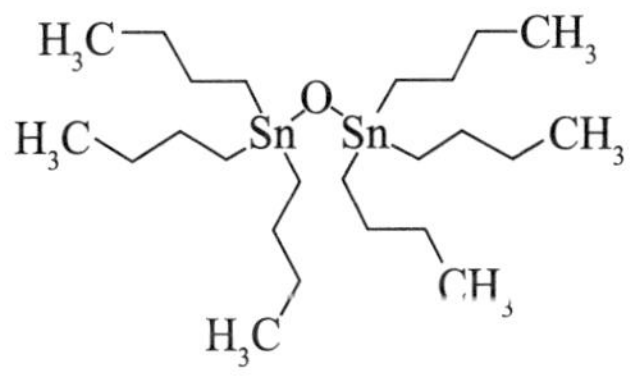
		PubChem	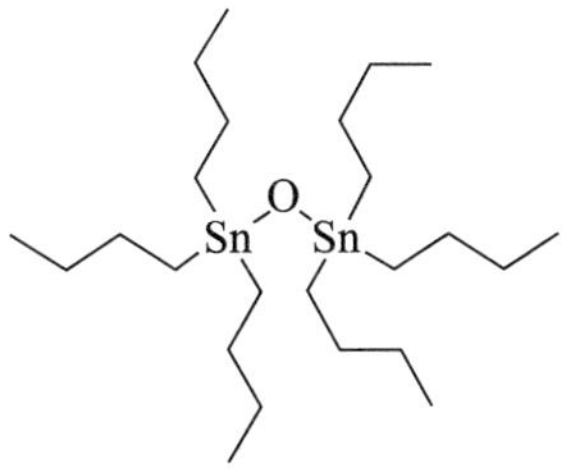
	法规出处 Regulation Source	SVHC	

表 2-2（续）

序号	禁限用化合物信息库		
110	化合物英文名 Compound Name	Name in Regulation	Bisphenol A（BPA）
		CA Index Name	Phenol，4，4′-（1-methylethylidene）bis-
		ChemSpider	Bisphenol a
		PubChem	Bisphenol A
	化合物中文名 Chinese Name	双酚 A	
	IUPAC Name	4-［2-（4-hydroxyphenyl）propan-2-yl］phenol	
	CAS 号 CAS Number	80-05-7	
	分子式 Molecular Formula	$C_{15}H_{16}O_2$	
	精确质量数 Exact Mass	228.11503	
	结构图 Structure Diagram	SciFinder	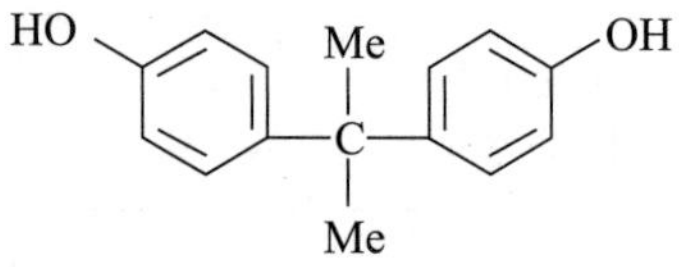 HO, Me, C, Me, OH
		ChemSpider	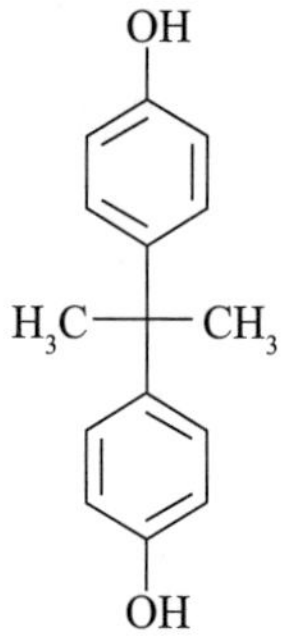 OH, H_3C, CH_3, OH
		PubChem	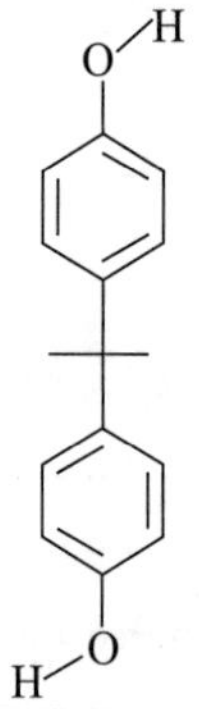 O, H, O, H
	法规出处 Regulation Source	TSD	

表 2 - 2（续）

序号	禁限用化合物信息库		
111	化合物英文名 Compound Name	Name in Regulation	Blue Colorant
		CA Index Name	Chromate（2 -），[1 - [[5 - chloro - 2 -（hydroxy - kO）phenyl] azo - kN1] - 2 - naphthalenolato (2 -)] [4 -（hydroxy - kO）- 3 - [[2 -（hydroxy - kO）- 3，5 - dinitrophenyl] azo - kN1] - 7 - [（4 - methoxyphenyl）amino] - 2 - naphthalenesulfonato (3 -)] -，disodium (9CI)
		ChemSpider	—
		PubChem	—
	化合物中文名 Chinese Name	蓝色着色剂	
	IUPAC Name	—	
	CAS号 CAS Number	118685 - 33 - 9	
	分子式 Molecular Formula	$C_{39}H_{23}ClCrN_7Na_2O_{12}S$	
	精确质量数 Exact Mass	946.00144	
	结构图 Structure Diagram	SciFinder	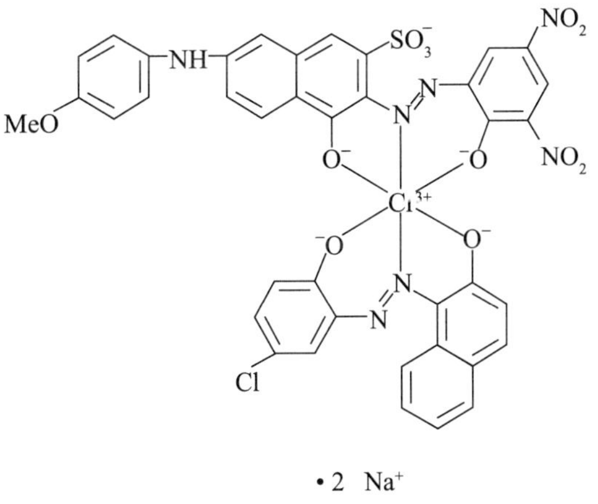 $\cdot 2\ Na^+$
		ChemSpider	—
		PubChem	—
	法规出处 Regulation Source	RSL	

表 2-2（续）

序号	禁限用化合物信息库		
112	化合物英文名 Compound Name	Name in Regulation	Bromophos - ethyl
		CA Index Name	Phosphorothioic acid，*O*（4 - bromo - 2，5 - dichlorophenyl）*O*，*O* - diethyl ester
		ChemSpider	ethyl bromophos
		PubChem	ethyl bromophos
	化合物中文名 Chinese Name	乙基溴硫磷	
	IUPAC Name	（4 - bromo - 2，5 - dichlorophenoxy） - diethoxy - sulfanylidene - λ^5 - phosphane	
	CAS 号 CAS Number	4824 - 78 - 6	
	分子式 Molecular Formula	$C_{10}H_{12}BrCl_2O_3PS$	
	精确质量数 Exact Mass	391.88052	
	结构图 Structure Diagram	SciFinder	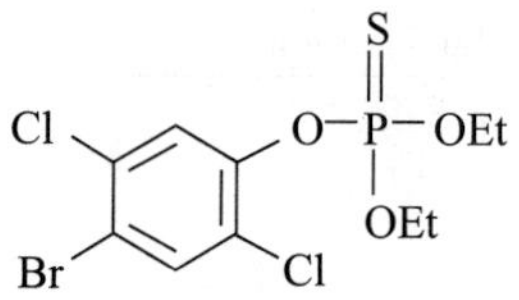
		ChemSpider	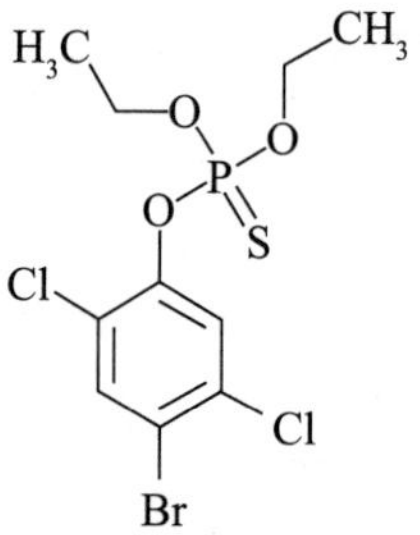
		PubChem	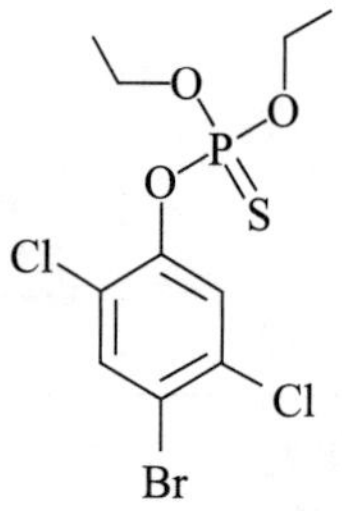
	法规出处 Regulation Source	OEKO	

表 2-2（续）

序号	禁限用化合物信息库		
113	化合物英文名 Compound Name	Name in Regulation	C. I. Basic Blue 26
		CA Index Name	Methanaminium，*N*-[4-[[4-(dimethylamino) phenyl][4-(phenylamino)-1-naphthalenyl] methylene]-2，5-cyclohexadien-1-ylidene]-*N*-methyl-，chloride (1：1)
		ChemSpider	Hecto Blue B
		PubChem	Victoria blue B
	化合物中文名 Chinese Name	碱性蓝 26	
	IUPAC Name	[4-[bis[4-(dimethylamino) phenyl] methylidene] naphthalen-1-ylidene]-phenylazanium chloride	
	CAS 号 CAS Number	2580-56-5	
	分子式 Molecular Formula	$C_{33}H_{32}ClN_3$	
	精确质量数 Exact Mass	505.22848	
	结构图 Structure Diagram	SciFinder	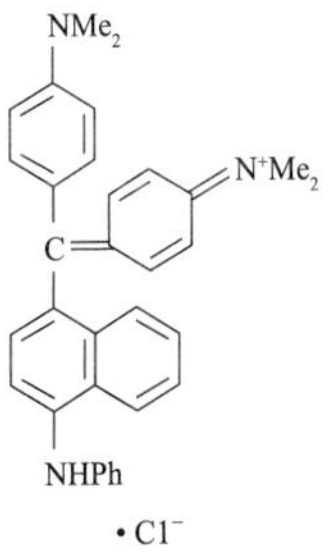
		ChemSpider	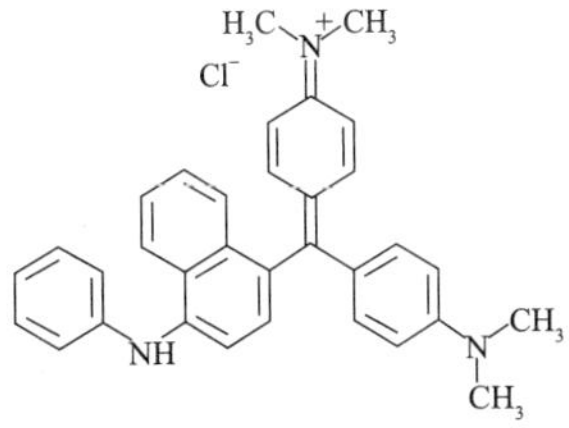
		PubChem	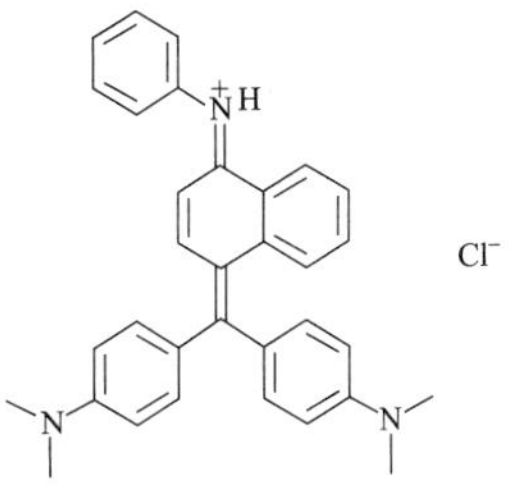
	法规出处 Regulation Source	SVHC	

表 2-2（续）

<table>
<tr><th>序号</th><th colspan="3">禁限用化合物信息库</th></tr>
<tr><td rowspan="12">114</td><td rowspan="4">化合物英文名
Compound Name</td><td>Name in Regulation</td><td>C. I. Basic Violet 3</td></tr>
<tr><td>CA Index Name</td><td>Methanaminium，N-[4-[bis[4-(dimethylamino) phenyl] methylene]-2，5-cyclohexadien-1-ylidene]-N-methyl-，chloride (1∶1)</td></tr>
<tr><td>ChemSpider</td><td>Methyl violet</td></tr>
<tr><td>PubChem</td><td>Gentian Violet</td></tr>
<tr><td>化合物中文名
Chinese Name</td><td colspan="2">碱性紫 3</td></tr>
<tr><td>IUPAC Name</td><td colspan="2">[4-[bis[4-(dimethylamino) phenyl] methylidene] cyclohexa-2，5-dien-1-ylidene]-dimethylazanium chloride</td></tr>
<tr><td>CAS 号
CAS Number</td><td colspan="2">548-62-9</td></tr>
<tr><td>分子式
Molecular Formula</td><td colspan="2">$C_{25}H_{30}ClN_3$</td></tr>
<tr><td>精确质量数
Exact Mass</td><td colspan="2">407.21282</td></tr>
<tr><td rowspan="3">结构图
Structure Diagram</td><td>SciFinder</td><td> 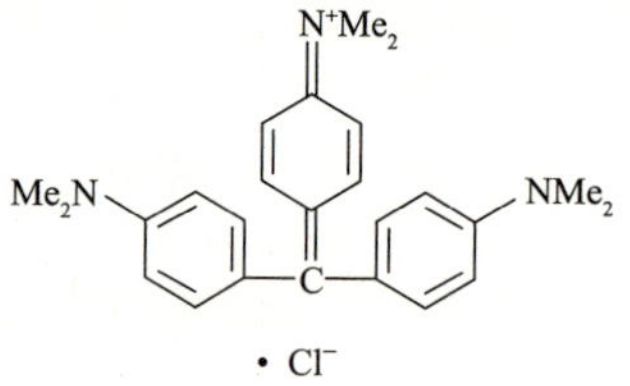N⁺Me2, Me2N, NMe2, C, • Cl⁻</td></tr>
<tr><td>ChemSpider</td><td> 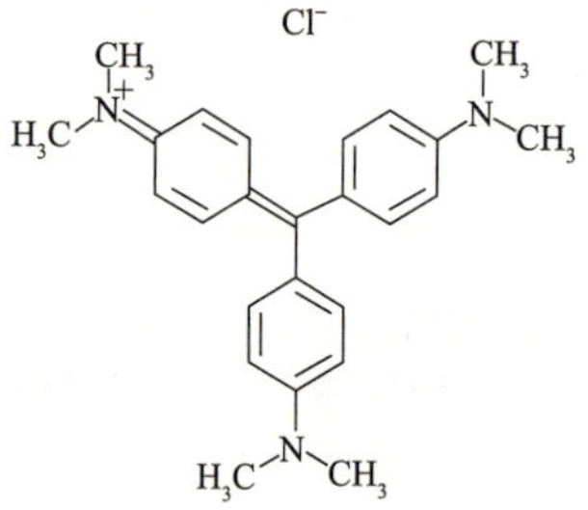Cl⁻, CH3, N+, H3C, CH3, N, CH3, H3C, N, CH3</td></tr>
<tr><td>PubChem</td><td> 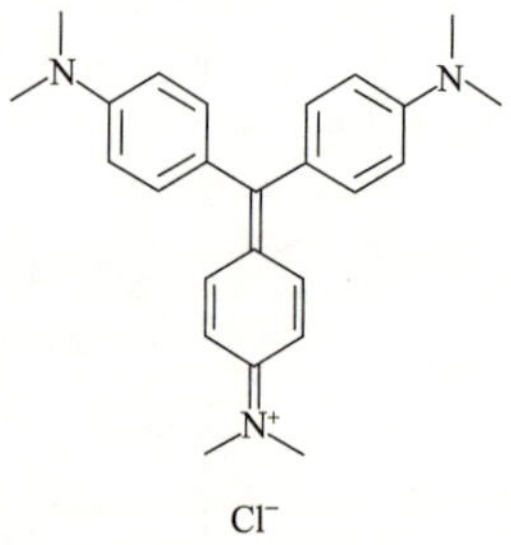N, N, N+, Cl⁻</td></tr>
<tr><td></td><td>法规出处
Regulation Source</td><td colspan="2">SVHC</td></tr>
</table>

表 2-2（续）

序号	禁限用化合物信息库		
115	化合物英文名 Compound Name	Name in Regulation	C. I. Direct Black 38
		CA Index Name	2，7-Naphthalenedisulfonic acid，4-amino-3-[2-[4′-[2-（2，4-diaminophenyl）diazenyl][1，1′-biphenyl]-4-yl] diazenyl]-5-hydroxy-6-（2-phenyldiazenyl）-，sodium salt（1∶2）
		ChemSpider	Disodium 4-amino-3-[（E）-{4′-[（E）-（2，4-diaminophenyl）diazenyl]-4-biphenylyl} diazenyl]-5-hydroxy-6-[（E）-phenyldiazenyl]-2，7-naphthalenedisulfonate
		PubChem	Direct black 3
	化合物中文名 Chinese Name	直接黑 38	
	IUPAC Name	Disodium（6Z）-4-amino-3-[[4-[4-[（2，4-diaminophenyl） diazenyl] phenyl] phenyl] diazenyl]-5-oxo-6-（phenylhydrazinylidene） naphthalene-2，7-disulfonate	
	CAS 号 CAS Number	1937-37-7	
	分子式 Molecular Formula	$C_{34}H_{25}N_9Na_2O_7S_2$	
	精确质量数 Exact Mass	781.11137	
	结构图 Structure Diagram	SciFinder	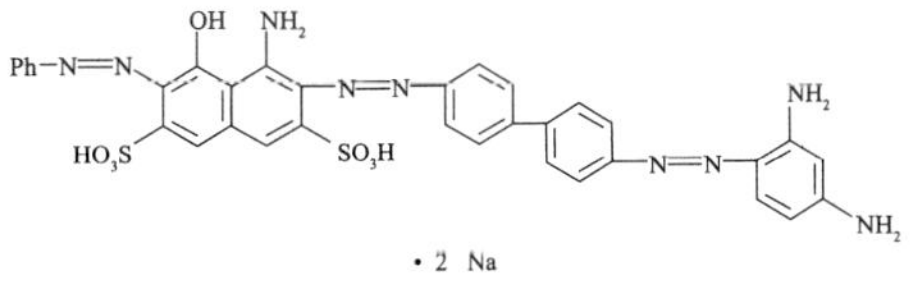
		ChemSpider	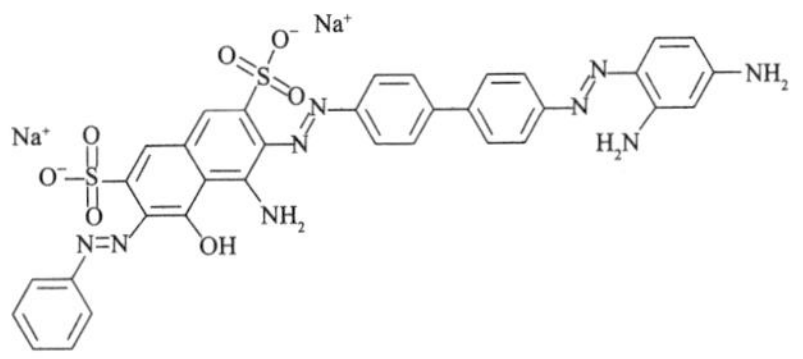
		PubChem	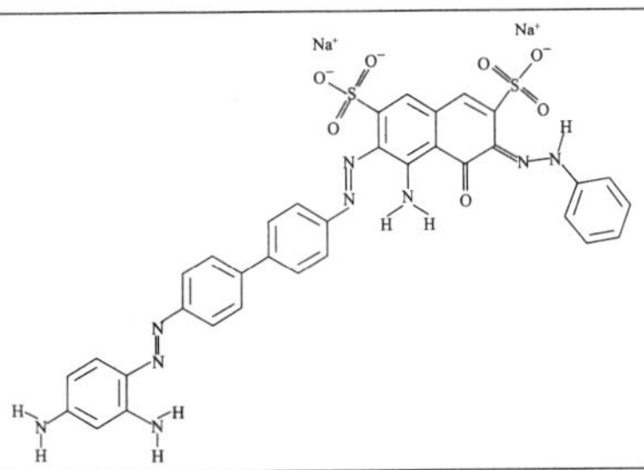
	法规出处 Regulation Source	SVHC/RSL/OEKO	

表 2-2（续）

序号	禁限用化合物信息库		
116	化合物英文名 Compound Name	Name in Regulation	C. I. Direct Blue 6
		CA Index Name	2，7-Naphthalenedisulfonic acid，3，3′-[[1，1′-biphenyl]-4，4′-diylbis（2，1-diazenediyl)] bis[5-amino-4-hydroxy-，sodium salt（1∶4)
		ChemSpider	C. I. Direct Blue 6
		PubChem	Direct blue 6
	化合物中文名 Chinese Name	直接蓝 6	
	IUPAC Name	Tetrasodium（3E）-5-amino-3-[[4-[4-[（2Z）-2-（8-amino-1-oxo-3，6-disulfonatonaphthalen-2-ylidene）hydrazinyl] phenyl] phenyl] hydrazinylidene]-4-oxonaphthalene-2，7-disulfonate	
	CAS 号 CAS Number	2602-46-2	
	分子式 Molecular Formula	$C_{32}H_{20}N_6Na_4O_{14}S_4$	
	精确质量数 Exact Mass	931.95111	
	结构图 Structure Diagram	SciFinder	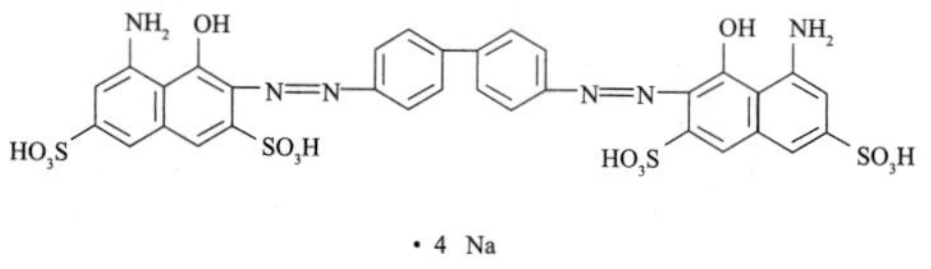 NH₂ OH N=N N=N OH NH₂ HO₃S SO₃H HO₃S SO₃H · 4 Na
		ChemSpider	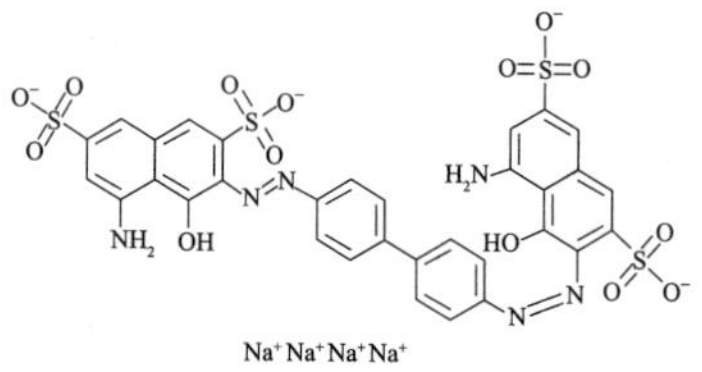 O⁻ O=S=O O⁻ S O O S O O⁻ O N=N H₂N NH₂ OH HO O S O O⁻ N=N Na⁺Na⁺Na⁺Na⁺
		PubChem	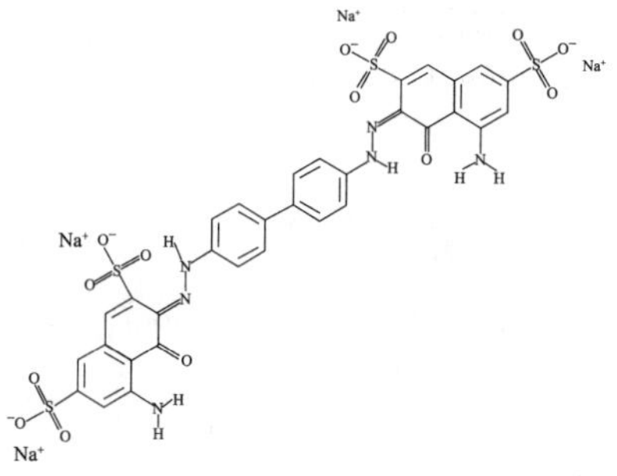 Na⁺ O⁻ S O O O S O⁻ O Na⁺ N N H O H N H Na⁺ O⁻ S O O H N N O O S ⁻O O N H H Na⁺
	法规出处 Regulation Source	RSL/OEKO	

表 2-2（续）

序号	禁限用化合物信息库		
117	化合物英文名 Compound Name	Name in Regulation	C. I. Direct Red 28
		CA Index Name	1-Naphthalenesulfonic acid，3，3′-[[1，1′-biphenyl]-4，4′-diylbis（2，1-diazenediyl)] bis [4-amino-，sodium salt（1∶2)
		ChemSpider	Congo red
		PubChem	Congo Red
	化合物中文名 Chinese Name	直接红 28	
	IUPAC Name	Disodium 4-amino-3-[[4-[4-[（1-amino-4-sulfonatonaphthalen-2-yl）diazenyl] phenyl] phenyl] diazenyl] naphthalene-1-sulfonate	
	CAS 号 CAS Number	573-58-0	
	分子式 Molecular Formula	$C_{32}H_{22}N_6Na_2O_6S_2$	
	精确质量数 Exact Mass	696.08376	
	结构图 Structure Diagram	SciFinder	
		ChemSpider	
		PubChem	
	法规出处 Regulation Source	SVHC/RSL/OEKO	

表 2-2（续）

序号	禁限用化合物信息库		
118	化合物英文名 Compound Name	Name in Regulation	C. I. Disperse Blue 1
		CA Index Name	9，10-Anthracenedione，1，4，5，8-tetraamino-
		ChemSpider	Disperse Blue 1
		PubChem	Disperse Blue 1
	化合物中文名 Chinese Name	分散蓝 1	
	IUPAC Name	1，4，5，8-tetraaminoanthracene-9，10-dione	
	CAS 号 CAS Number	2475-45-8	
	分子式 Molecular Formula	$C_{14}H_{12}N_4O_2$	
	精确质量数 Exact Mass	268.09602	
	结构图 Structure Diagram	SciFinder	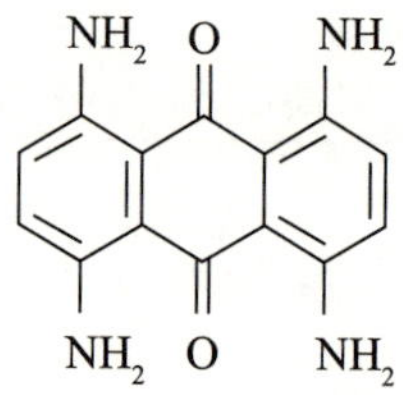 NH2 O NH2 / NH2 O NH2
		ChemSpider	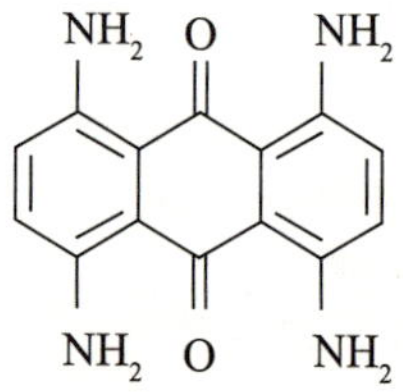 NH2 O NH2 / NH2 O NH2
		PubChem	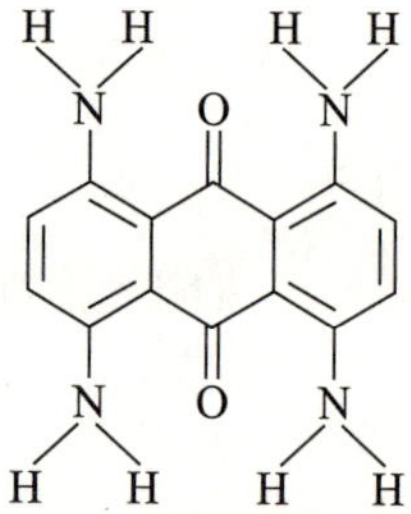 H H N O N H H / N O N H H H H
	法规出处 Regulation Source	RSL/OEKO	

表 2-2（续）

<table>
<tr><th>序号</th><th colspan="3">禁限用化合物信息库</th></tr>
<tr><td rowspan="13">119</td><td rowspan="4">化合物英文名
Compound Name</td><td>Name in Regulation</td><td>C. I. Disperse Blue 102</td></tr>
<tr><td>CA Index Name</td><td>1，2-Propanediol，3-[ethyl[3-methyl-4-[2-(5-nitro-2-thiazolyl) diazenyl] phenyl] amino]-</td></tr>
<tr><td>ChemSpider</td><td>3-(ethyl (3-methyl-4-((5-nitro-2-thiazolyl) azo) phenyl) amino)-1，2-propanediol</td></tr>
<tr><td>PubChem</td><td>AG-G-72049</td></tr>
<tr><td>化合物中文名
Chinese Name</td><td colspan="2">分散蓝 102</td></tr>
<tr><td>IUPAC Name</td><td colspan="2">3-[N-ethyl-3-methyl-4-[(5-nitro-1，3-thiazol-2-yl) diazenyl] anilino] propane-1，2-diol</td></tr>
<tr><td>CAS 号
CAS Number</td><td colspan="2">69766-79-6</td></tr>
<tr><td>分子式
Molecular Formula</td><td colspan="2">$C_{15}H_{19}N_5O_4S$</td></tr>
<tr><td>精确质量数
Exact Mass</td><td colspan="2">365.11577</td></tr>
<tr><td rowspan="3">结构图
Structure Diagram</td><td>SciFinder</td><td>Me
N=N
S
O₂N
N-CH₂-CH-CH₂-OH
Et
OH</td></tr>
<tr><td>ChemSpider</td><td>OH
HO
CH₃
N
H₃C
N
N
S
N
O=N⁺
O⁻</td></tr>
<tr><td>PubChem</td><td>H
O
H
O^H
N
N
N
S
N
O=N⁺
O⁻</td></tr>
<tr><td>法规出处
Regulation Source</td><td colspan="2">OEKO</td></tr>
</table>

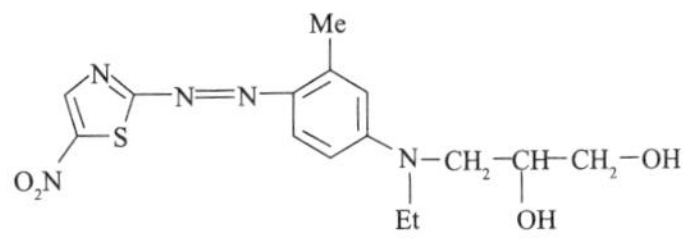

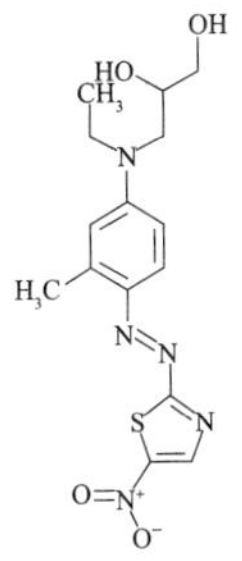

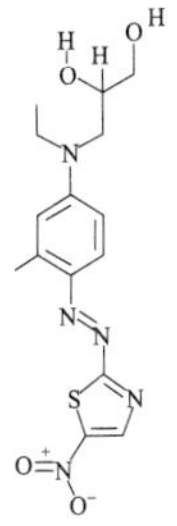

表 2 - 2（续）

序号	禁限用化合物信息库		
120	化合物英文名 Compound Name	Name in Regulation	C. I. Disperse Blue 106
		CA Index Name	Ethanol，2 - [ethyl [3 - methyl - 4 - [2 - (5 - nitro - 2 - thiazolyl) diazenyl] phenyl] amino] -
		ChemSpider	2 - (ethyl (3 - methyl - 4 - ((5 - nitrothiazol - 2 - yl) azo) phenyl) amino) ethanol
		PubChem	Disperse blue 106
	化合物中文名 Chinese Name	分散蓝 106	
	IUPAC Name	2 - [N - ethyl - 3 - methyl - 4 - [(5 - nitro - 1，3 - thiazol - 2 - yl) diazenyl] anilino] ethane	
	CAS 号 CAS Number	68516 - 81 - 4	
	分子式 Molecular Formula	$C_{14}H_{17}N_5O_3S$	
	精确质量数 Exact Mass	335.10521	
	结构图 Structure Diagram	SciFinder	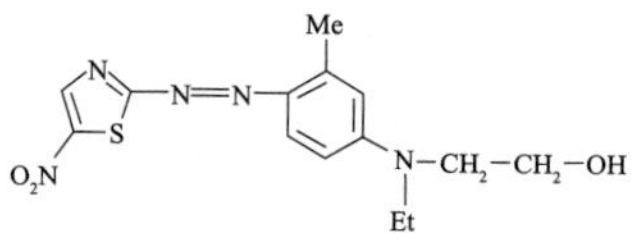 Me; N; N=N; S; O_2N; N−CH_2−CH_2−OH; Et
		ChemSpider	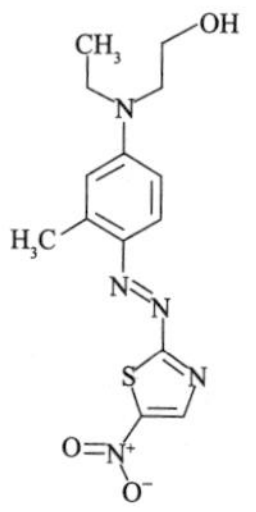 CH_3; OH; N; H_3C; N; N; S; N; O=N^+; O^-
		PubChem	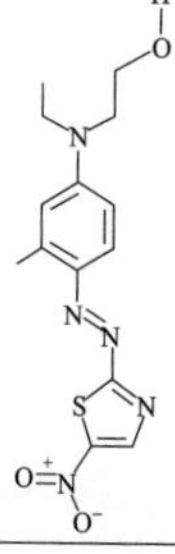 H; O; N; N; N; S; N; O=N^+; O^-
	法规出处 Regulation Source	RSL/OEKO	

表 2-2（续）

序号	禁限用化合物信息库		
121	化合物英文名 Compound Name	Name in Regulation	C. I. Disperse Blue 124
		CA Index Name	Ethanol，2-［ethyl［3-methyl-4-［2-（5-nitro-2-thiazolyl）diazenyl］phenyl］amino］-，1-acetate
		ChemSpider	Disperse Blue 124
		PubChem	Disperse Blue 124
	化合物中文名 Chinese Name	分散蓝 124	
	IUPAC Name	2-［*N*-ethyl-3-methyl-4-［（5-nitro-1，3-thiazol-2-yl）diazenyl］anilino］ethylacetate	
	CAS 号 CAS Number	15141-18-1	
	分子式 Molecular Formula	$C_{16}H_{19}N_5O_4S$	
	精确质量数 Exact Mass	377.11577	
	结构图 Structure Diagram	SciFinder	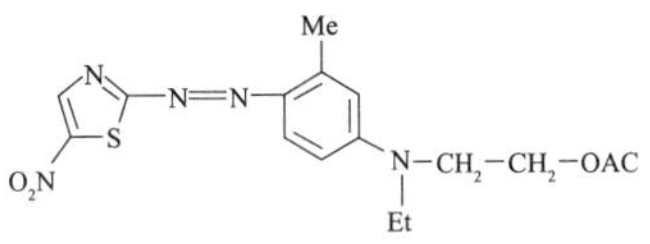
		ChemSpider	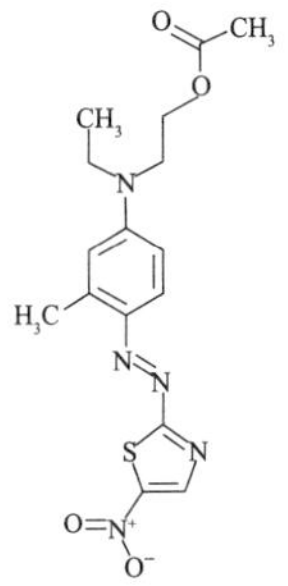
		PubChem	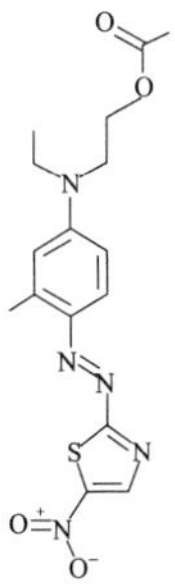
	法规出处 Regulation Source	RSL/OEKO	

表 2-2（续）

序号	禁限用化合物信息库		
122	化合物英文名 Compound Name	Name in Regulation	C. I. Disperse Blue 26
		CA Index Name	9，10-Anthracenedione，1，5-dihydroxy-4，8-bis（methylamino）-
		ChemSpider	1，5-Dihydroxy-4，8-bis（methylamino）-9，10-anthraquinone
		PubChem	C. I. disperse blue 26
	化合物中文名 Chinese Name	分散蓝 26	
	IUPAC Name	1，5-dihydroxy-4，8-bis（methylamino）anthracene-9，10-dione	
	CAS 号 CAS Number	3860-63-7	
	分子式 Molecular Formula	$C_{16}H_{14}N_2O_4$	
	精确质量数 Exact Mass	298.09536	
	结构图 Structure Diagram	SciFinder	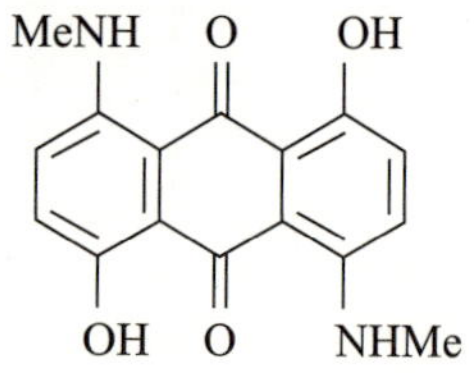
		ChemSpider	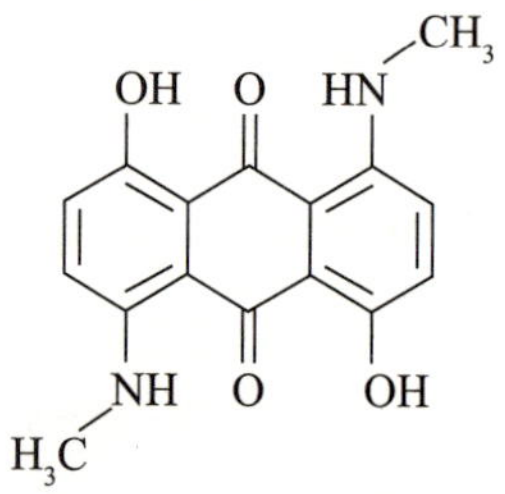
		PubChem	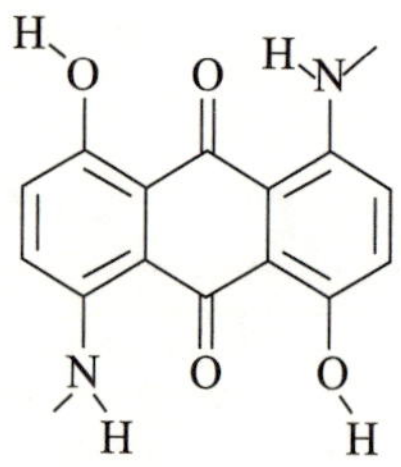
	法规出处 Regulation Source	OEKO	

表 2-2（续）

序号	禁限用化合物信息库		
123	化合物英文名 Compound Name	Name in Regulation	C. I. Disperse Blue 3
		CA Index Name	C. I. Disperse Blue 3
		ChemSpider	1-（Methylamino）-4-（2-hydroxyethylamino）anthraquinone
		PubChem	Disperse Blue 3
	化合物中文名 Chinese Name	分散蓝 3	
	IUPAC Name	1-（2-hydroxyethylamino）-4-（methylamino）anthracene-9，10-dione	
	CAS 号 CAS Number	2475-46-9	
	分子式 Molecular Formula	$C_{17}H_{16}N_2O_3$	
	精确质量数 Exact Mass	296.11609	
	结构图 Structure Diagram	SciFinder	—
		ChemSpider	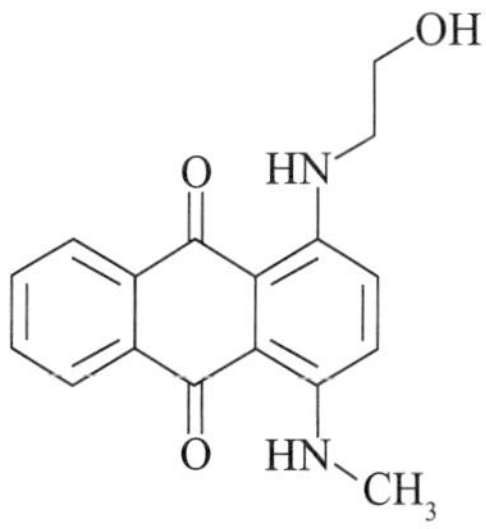
		PubChem	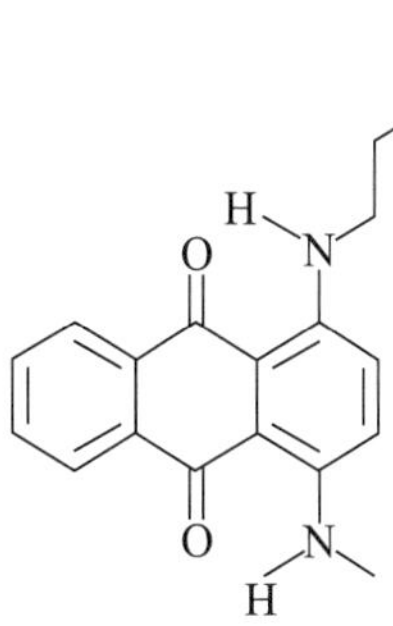
	法规出处 Regulation Source	OEKO	

表 2-2（续）

序号	禁限用化合物信息库		
124	化合物英文名 Compound Name	Name in Regulation	C. I. Disperse Blue 35
		CA Index Name	C. I. Disperse Blue 35
		ChemSpider	1，5-Diamino-4，8-dihydroxy（p-hydroxyphenyl）anthraquinone
		PubChem	Disperse blue 35
	化合物中文名 Chinese Name	分散蓝 35	
	IUPAC Name	1，5-diamino-4，8-dihydroxy-2-（4-hydroxyphenyl）anthracene-9，10-dione	
	CAS 号 CAS Number	12222-75-2	
	分子式 Molecular Formula	$C_{20}H_{14}N_2O_5$	
	精确质量数 Exact Mass	362.09027	
	结构图 Structure Diagram	SciFinder	—
		ChemSpider	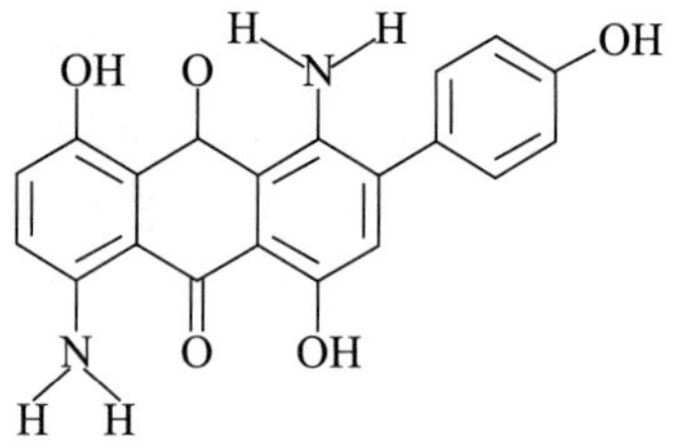 OH O H N H OH O OH N H H
		PubChem	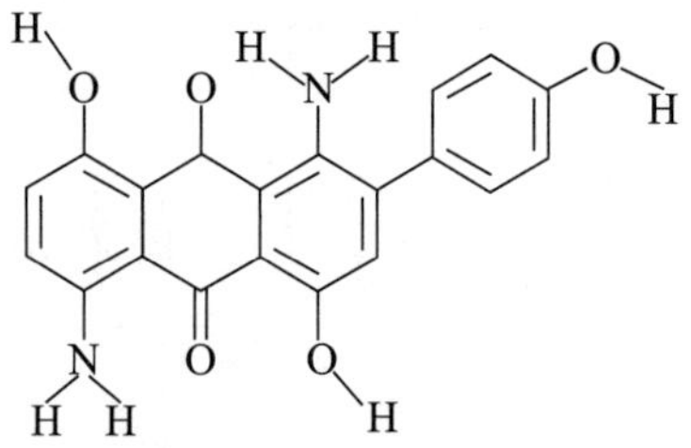 H O O H N H O H N H H O O H
	法规出处 Regulation Source	RSL/OEKO	

表 2－2（续）

序号	禁限用化合物信息库		
125	化合物英文名 Compound Name	Name in Regulation	C. I. Disperse Blue 7
		CA Index Name	9，10－Anthracenedione，1，4－dihydroxy－5，8－bis［（2－hydroxyethyl）amino］－
		ChemSpider	1，4－Dihydroxy－5，8－bis［（2－hydroxyethyl）amino］－9，10－anthraquinone
		PubChem	Disperse blue 7
	化合物中文名 Chinese Name	分散蓝 7	
	IUPAC Name	1，4－dihydroxy－5，8－bis（2－hydroxyethylamino）anthracene－9，10－dione	
	CAS 号 CAS Number	3179－90－6	
	分子式 Molecular Formula	$C_{18}H_{18}N_2O_6$	
	精确质量数 Exact Mass	358.11649	
	结构图 Structure Diagram	SciFinder	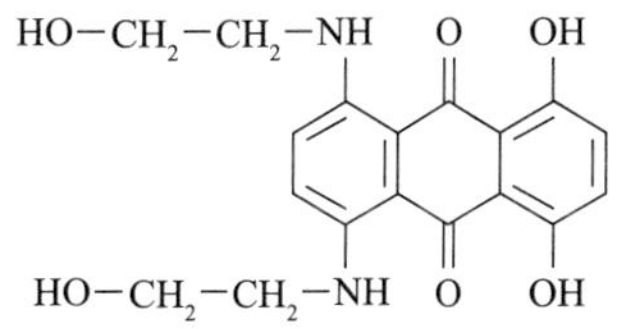 HO—CH$_2$—CH$_2$—NH　O　OH HO—CH$_2$—CH$_2$—NH　O　OH
		ChemSpider	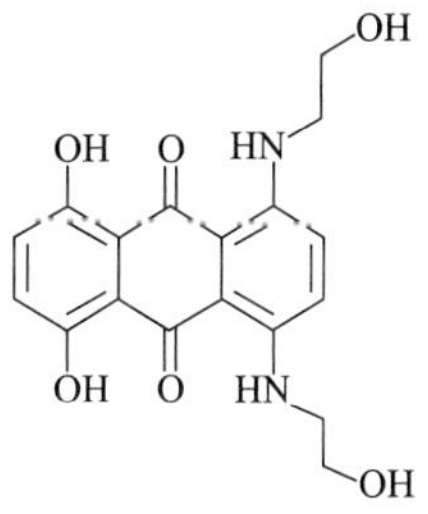 OH OH　O　HN OH　O　HN OH
		PubChem	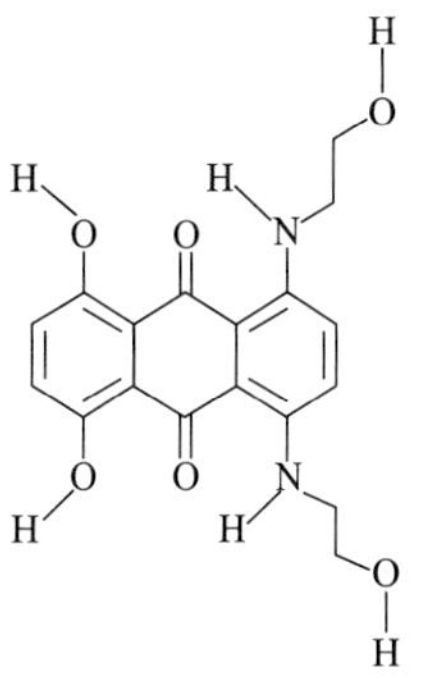 H O H　H O　O　N O　O　N H　H O H
	法规出处 Regulation Source	OEKO	

表 2-2（续）

序号	禁限用化合物信息库		
126	化合物英文名 Compound Name	Name in Regulation	C. I. Disperse Brown 1
		CA Index Name	Ethanol, 2, 2′-[[3-chloro-4-[2-(2, 6-dichloro-4-nitrophenyl) diazenyl] phenyl] imino] bis-
		ChemSpider	2, 2′-({3-Chloro-4-[(E)-(2, 6-dichloro-4-nitrophenyl) diazenyl] phenyl} imino) diethanol
		PubChem	Disperse brown 1
	化合物中文名 Chinese Name	分散棕 1	
	IUPAC Name	2-[3-chloro-4-[(2, 6-dichloro-4-nitrophenyl) diazenyl]-*N*-(2-hydroxyethyl) anilino] ethanol	
	CAS 号 CAS Number	23355-64-8	
	分子式 Molecular Formula	$C_{16}H_{15}Cl_3N_4O_4$	
	精确质量数 Exact Mass	432.01589	
	结构图 Structure Diagram	SciFinder	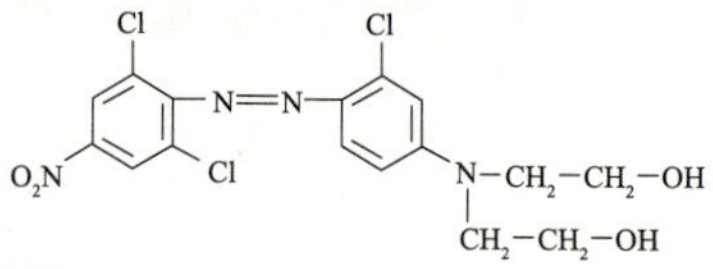 Cl, Cl, N=N, O_2N, Cl, $N-CH_2-CH_2-OH$, CH_2-CH_2-OH
		ChemSpider	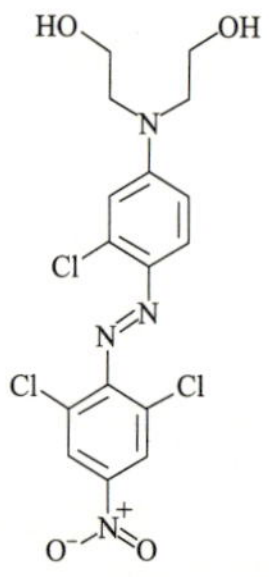 HO, OH, N, Cl, N=N, Cl, Cl, O^-, N^+, O
		PubChem	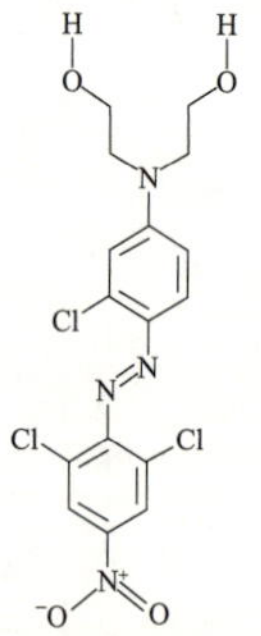 H, O, H, O, N, Cl, N=N, Cl, Cl, N^+, ^-O, O
	法规出处 Regulation Source	OEKO	

表 2-2（续）

序号	禁限用化合物信息库		
127	化合物英文名 Compound Name	Name in Regulation	C. I. Disperse Orange 1
		CA Index Name	Benzenamine，4-[2-(4-nitrophenyl) diazenyl]-N-phenyl-
		ChemSpider	Serilene Orange 5R
		PubChem	Disperse Orange 1
	化合物中文名 Chinese Name	分散橙 1	
	IUPAC Name	4-[(4-nitrophenyl) diazenyl]-N-phenylaniline	
	CAS 号 CAS Number	2581-69-3	
	分子式 Molecular Formula	$C_{18}H_{14}N_4O_2$	
	精确质量数 Exact Mass	318.11168	
	结构图 Structure Diagram	SciFinder	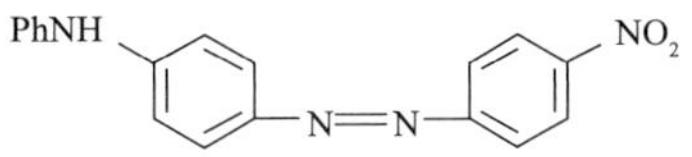 PhNH, N=N, NO_2
		ChemSpider	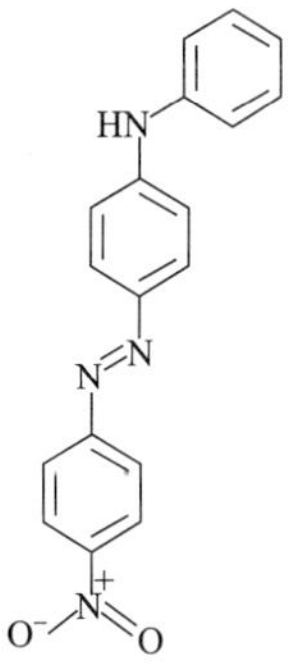 HN, N=N, O^-, N^+, O
		PubChem	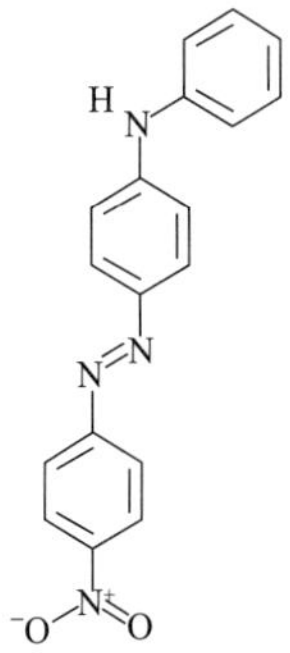 H, N, N=N, ^-O, N^+, O
	法规出处 Regulation Source	OEKO	

表 2-2（续）

序号	禁限用化合物信息库		
128	化合物英文名 Compound Name	Name in Regulation	C. I. Disperse Orange 11
		CA Index Name	9，10-Anthracenedione，1-amino-2-methyl-
		ChemSpider	1-Amino-2-methyl-anthraquinone
		PubChem	1-amino-2-methylanthraquinone
	化合物中文名 Chinese Name	分散橙 11	
	IUPAC Name	1-amino-2-methylanthracene-9，10-dione	
	CAS 号 CAS Number	82-28-0	
	分子式 Molecular Formula	$C_{15}H_{11}NO_2$	
	精确质量数 Exact Mass	237.07898	
	结构图 Structure Diagram	SciFinder	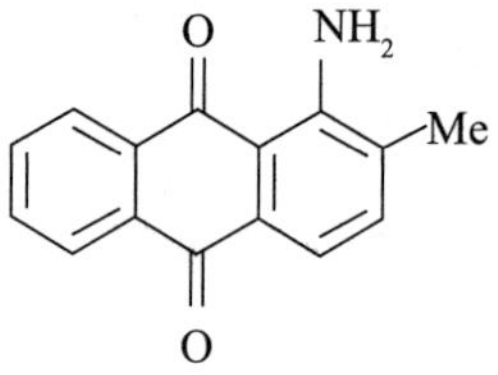
		ChemSpider	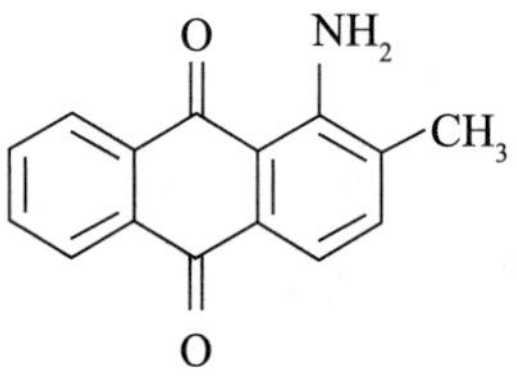
		PubChem	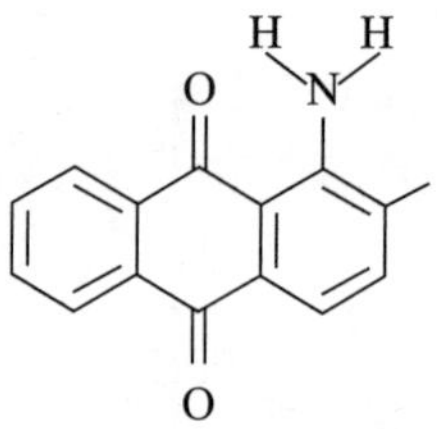
	法规出处 Regulation Source	RSL/OEKO	

表 2-2（续）

序号	禁限用化合物信息库		
129	化合物英文名 Compound Name	Name in Regulation	C. I. Disperse Orange 149
		CA Index Name	3-Pyridinecarbonitrile, 1, 2-dihydro-6-hydroxy-4-methyl-1-[3-(1-methylethoxy) propyl]-2-oxo-5-[2-[4-(2-phenyldiazenyl) phenyl] diazenyl]-
		ChemSpider	6-Hydroxy-1-(3-isopropoxypropyl)-4-methyl-2-oxo-5-[(E)-{4-[(E)-phenyldiazenyl] phenyl} diazenyl]-1, 2-dihydro-3-pyridinecarbonitrile
		PubChem	SCHEMBL970217
	化合物中文名 Chinese Name	分散橙 149	
	IUPAC Name	(5Z)-4-methyl-2, 6-dioxo-5-[(4-phenyldiazenylphenyl) hydrazinylidene]-1-(3-propan-2-yloxypropyl) pyridine-3-carbonitrile	
	CAS 号 CAS Number	85136-74-9	
	分子式 Molecular Formula	$C_{25}H_{26}N_6O_3$	
	精确质量数 Exact Mass	458.20664	
	结构图 Structure Diagram	SciFinder	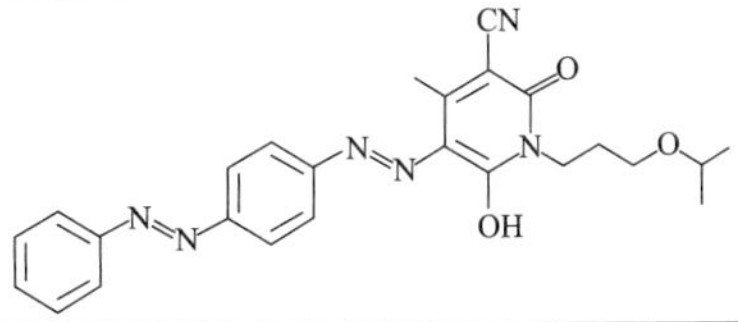
		ChemSpider	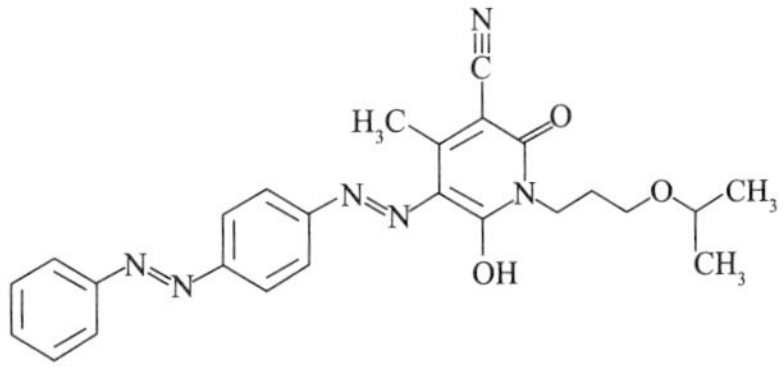
		PubChem	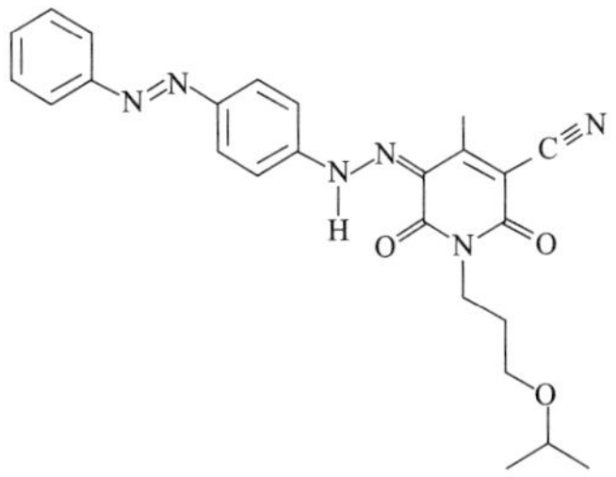
	法规出处 Regulation Source	OEKO	

表 2-2（续）

序号	禁限用化合物信息库		
130	化合物英文名 Compound Name	Name in Regulation	C. I. Disperse Orange 37/59/76
		CA Index Name	Propanenitrile，3-[[4-[2-(2，6-dichloro-4-nitrophenyl) diazenyl] phenyl] ethylamino]-
		ChemSpider	3-[{4-[(e)-(2，6-dichloro-4-nitrophenyl) diazenyl] phenyl} (ethyl) amino] propanenitrile
		PubChem	Disperse Orange 37
	化合物中文名 Chinese Name	分散橙 37/59/76	
	IUPAC Name	3-[4-[(2，6-dichloro-4-nitrophenyl) diazenyl]-*N*-ethylanilino] propanenitrile	
	CAS号 CAS Number	13301-61-6	
	分子式 Molecular Formula	$C_{17}H_{15}Cl_2N_5O_2$	
	精确质量数 Exact Mass	391.06028	
	结构图 Structure Diagram	SciFinder	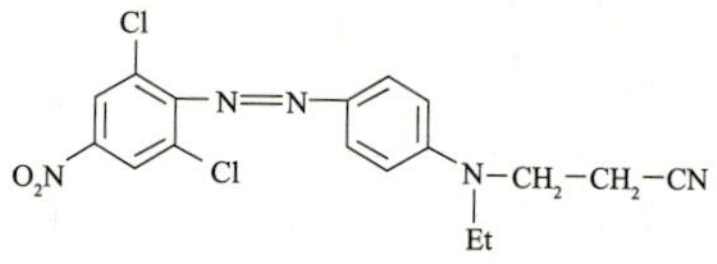
		ChemSpider	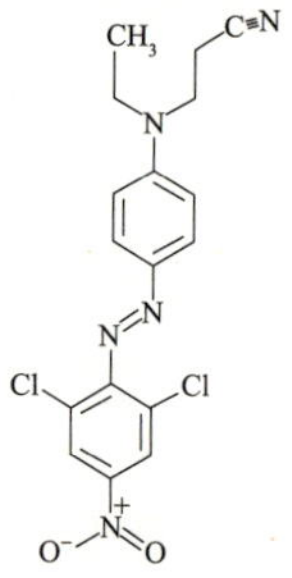
		PubChem	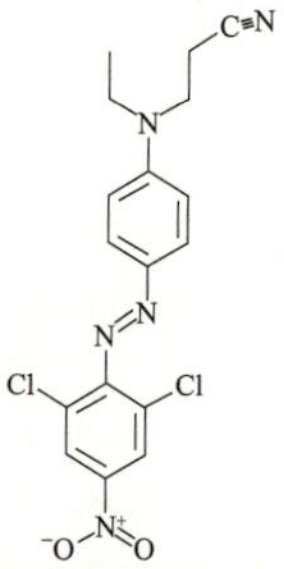
	法规出处 Regulation Source	RSL/OEKO	

表 2-2（续）

序号	禁限用化合物信息库		
131	化合物英文名 Compound Name	Name in Regulation	C. I. Disperse Orange3
		CA Index Name	Benzenamine，4-[2-(4-nitrophenyl) diazenyl]-
		ChemSpider	Amacel Orange GR
		PubChem	Disperse Orange 3
	化合物中文名 Chinese Name	分散橙 3	
	IUPAC Name	4-[(4-nitrophenyl) diazenyl] aniline	
	CAS 号 CAS Number	730-40-5	
	分子式 Molecular Formula	$C_{12}H_{10}N_4O_2$	
	精确质量数 Exact Mass	242.08038	
	结构图 Structure Diagram	SciFinder	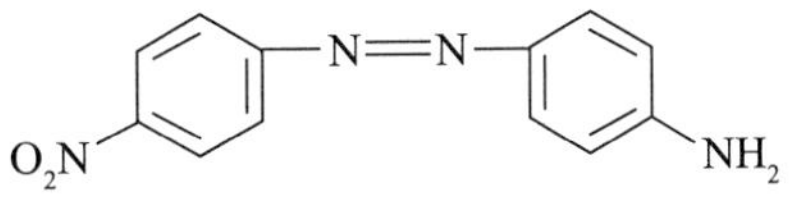 O_2N N=N NH_2
		ChemSpider	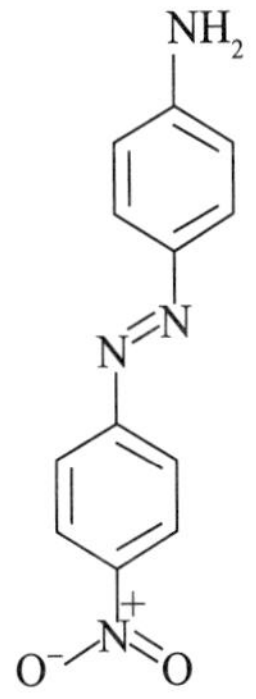 NH_2 N=N N⁺ O⁻ O
		PubChem	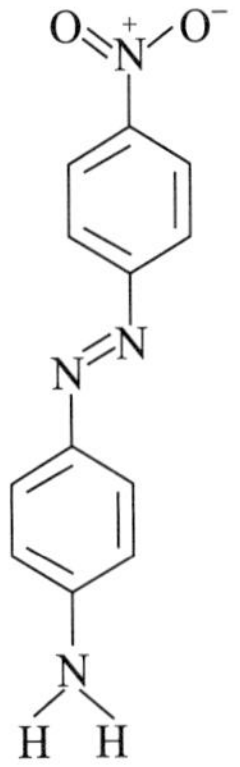 O N⁺ O⁻ N=N N H H
	法规出处 Regulation Source	RSL/OEKO	

表 2-2（续）

序号	禁限用化合物信息库		
132	化合物英文名 Compound Name	Name in Regulation	C. I. Disperse Red 1
		CA Index Name	Ethanol, 2-[ethyl [4-[2-(4-nitrophenyl) diazenyl] phenyl] amino]-
		ChemSpider	DISPERSE RED 1
		PubChem	Disperse Red 1
	化合物中文名 Chinese Name	分散红 1	
	IUPAC Name	2-[*N*-ethyl-4-[(4-nitrophenyl) diazenyl] anilino] ethanol	
	CAS 号 CAS Number	2872-52-8	
	分子式 Molecular Formula	$C_{16}H_{18}N_4O_3$	
	精确质量数 Exact Mass	314.13789	
	结构图 Structure Diagram	SciFinder	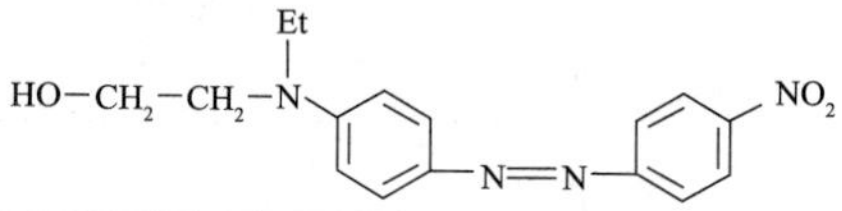 Et; HO−CH₂−CH₂−N; N=N; NO₂
		ChemSpider	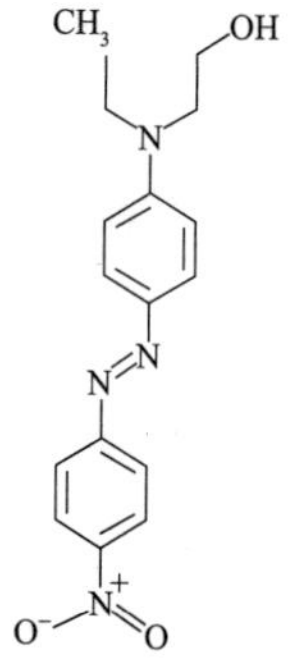 CH₃; OH; N; N; N; O⁻; N⁺; O
		PubChem	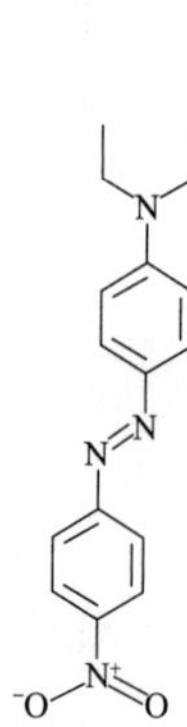 H; O; N; N; N; ⁻O; N⁺; O
	法规出处 Regulation Source	RSL/OEKO	

表 2 - 2（续）

序号	禁限用化合物信息库		
133	化合物英文名 Compound Name	Name in Regulation	C. I. Disperse Red 11
		CA Index Name	9，10 - Anthracenedione，1，4 - diamino - 2 - methoxy -
		ChemSpider	1，4 - Diamino - 2 - methoxy - 9，10 - anthraquinone
		PubChem	Acetate Fast Pink 3B
	化合物中文名 Chinese Name	分散红 11	
	IUPAC Name	1，4 - diamino - 2 - methoxyanthracene - 9，10 - dione	
	CAS 号 CAS Number	2872 - 48 - 2	
	分子式 Molecular Formula	$C_{15}H_{12}N_2O_3$	
	精确质量数 Exact Mass	268.08479	
	结构图 Structure Diagram	SciFinder	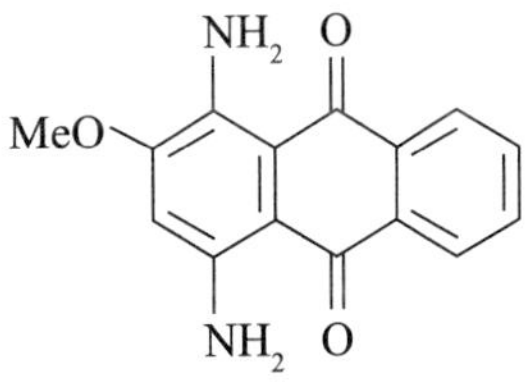
		ChemSpider	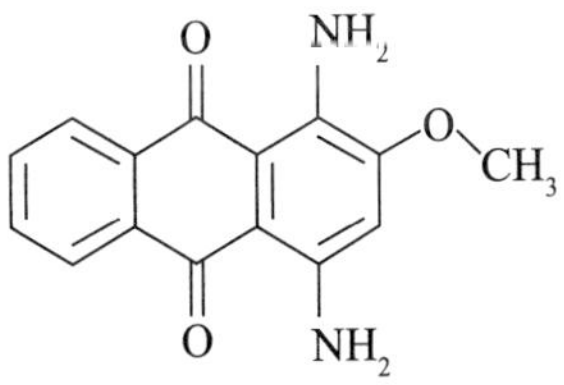
		PubChem	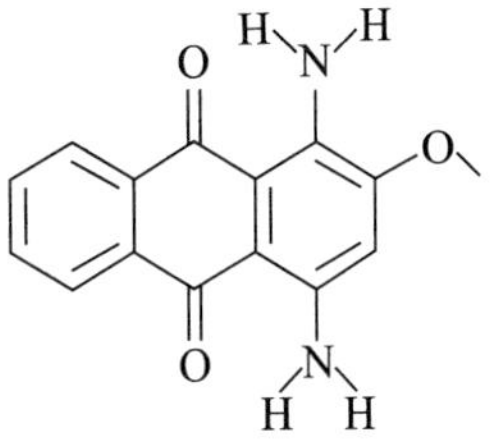
	法规出处 Regulation Source	OEKO	

表 2-2（续）

序号	禁限用化合物信息库		
134	化合物英文名 Compound Name	Name in Regulation	C. I. Disperse Red 17
		CA Index Name	Ethanol，2，2′-［［3-methyl-4-［2-（4-nitrophenyl）diazenyl］phenyl］imino］bis-
		ChemSpider	2，2′-（（3-Methyl-4-（（4-nitrophenyl）azo）phenyl）imino）bisethanol
		PubChem	3179-89-3
	化合物中文名 Chinese Name	分散红 17	
	IUPAC Name	2-［*N*-（2-hydroxyethyl）-4-methyl-3-［（4-nitrophenyl）diazenyl］anilino］ethanol	
	CAS 号 CAS Number	3179-89-3	
	分子式 Molecular Formula	$C_{17}H_{20}N_4O_4$	
	精确质量数 Exact Mass	344.14846	
	结构图 Structure Diagram	SciFinder	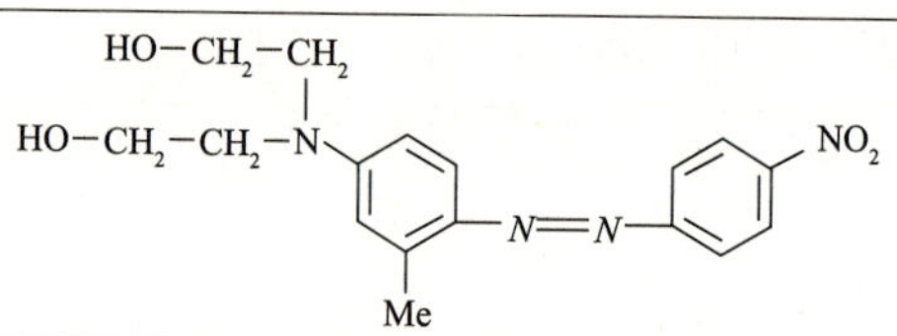 HO—CH₂—CH₂ / HO—CH₂—CH₂—N / N═N / NO₂ / Me
		ChemSpider	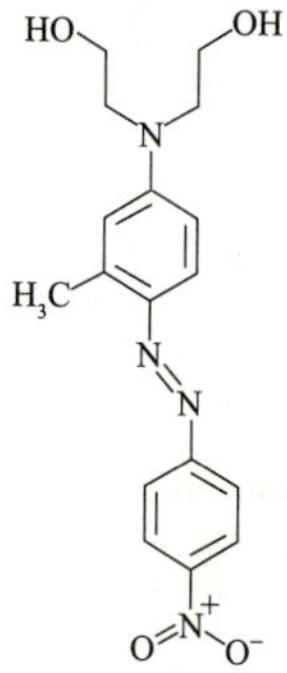 HO / OH / N / H₃C / N / N / O / N+ / O-
		PubChem	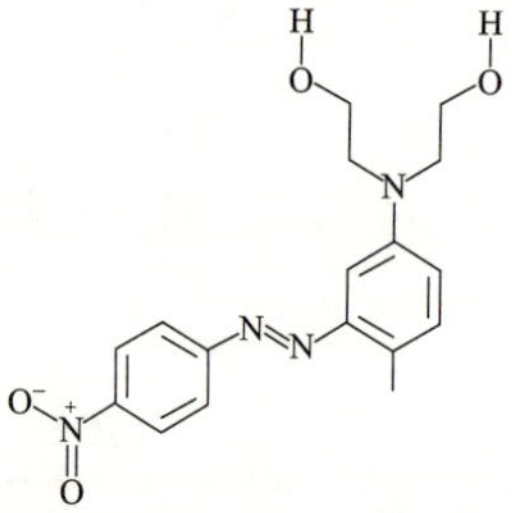 H / O / H / O / N / N / N / O- / N+ / O
	法规出处 Regulation Source	OEKO	

表 2-2（续）

<table>
<tr><th>序号</th><th colspan="3">禁限用化合物信息库</th></tr>
<tr><td rowspan="12">135</td><td rowspan="4">化合物英文名
Compound Name</td><td>Name in Regulation</td><td>C. I. Disperse Yellow 1</td></tr>
<tr><td>CA Index Name</td><td>Phenol，4-[（2，4-dinitrophenyl）amino]-</td></tr>
<tr><td>ChemSpider</td><td>Phenol，p-（2，4-dinitroanilino）-</td></tr>
<tr><td>PubChem</td><td>4-（2，4-Dinitroanilino）phenol</td></tr>
<tr><td>化合物中文名
Chinese Name</td><td colspan="2">分散黄 1</td></tr>
<tr><td>IUPAC Name</td><td colspan="2">4-（2，4-dinitroanilino）phenol</td></tr>
<tr><td>CAS 号
CAS Number</td><td colspan="2">119-15-3</td></tr>
<tr><td>分子式
Molecular Formula</td><td colspan="2">$C_{12}H_9N_3O_5$</td></tr>
<tr><td>精确质量数
Exact Mass</td><td colspan="2">275.05422</td></tr>
<tr><td rowspan="3">结构图
Structure Diagram</td><td>SciFinder</td><td> 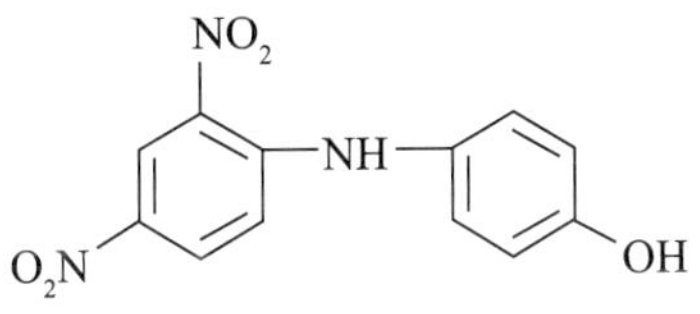NO2, NH, O2N, OH</td></tr>
<tr><td>ChemSpider</td><td> 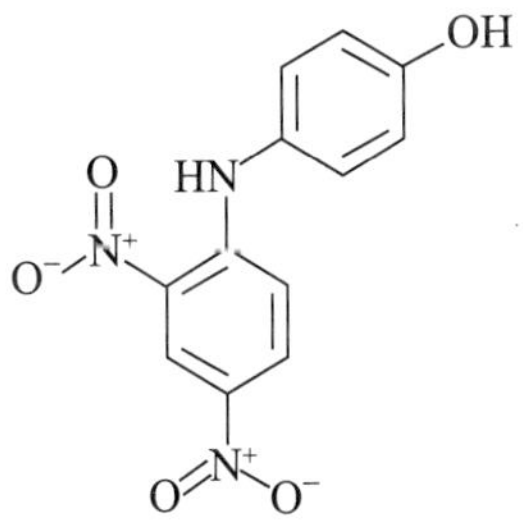OH, HN, O, N+, O-, O, N+, O-</td></tr>
<tr><td>PubChem</td><td> 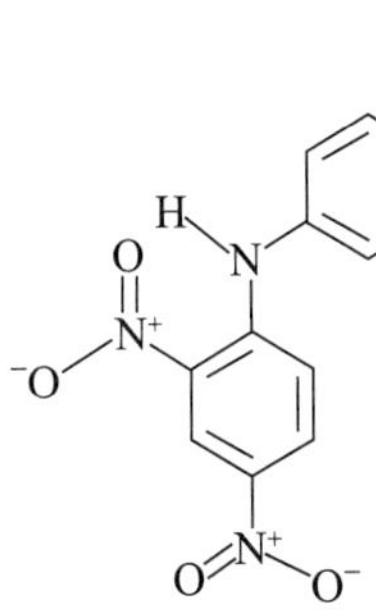H, O, H, N, O, N+, -O, O, N+, O-</td></tr>
<tr><td>法规出处
Regulation Source</td><td colspan="2">OEKO</td></tr>
</table>

表 2-2（续）

序号	禁限用化合物信息库		
136	化合物英文名 Compound Name	Name in Regulation	C. I. Disperse Yellow 23
		CA Index Name	Phenol, 4-[2-[4-(2-phenyldiazenyl) phenyl] diazenyl]-
		ChemSpider	Dianix Yellow 5R
		PubChem	Dianix Yellow 5R
	化合物中文名 Chinese Name	分散黄 23	
	IUPAC Name	4-[(4-phenyldiazenylphenyl) hydrazinylidene] cyclohexa-2, 5-dien-1-one	
	CAS号 CAS Number	6250-23-3	
	分子式 Molecular Formula	$C_{18}H_{14}N_4O$	
	精确质量数 Exact Mass	302.11676	
	结构图 Structure Diagram	SciFinder	Ph−N=N ... N=N ... OH
		ChemSpider	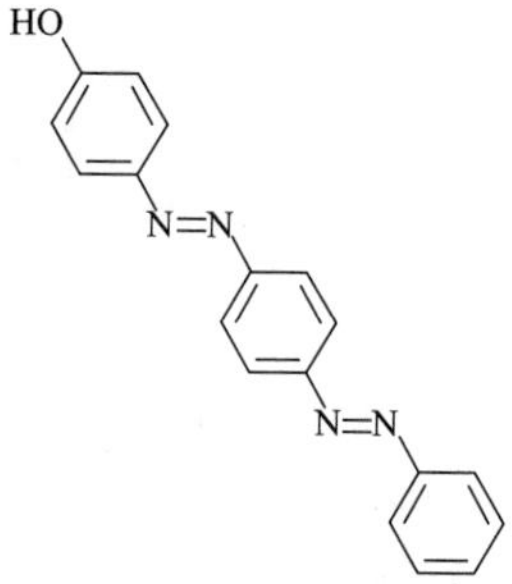 HO ... N=N ... N=N
		PubChem	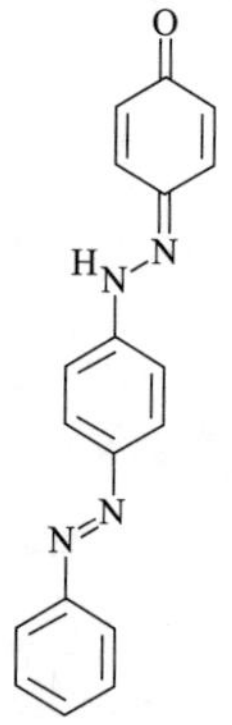 O ... HN N ... N=N
	法规出处 Regulation Source	OEKO	

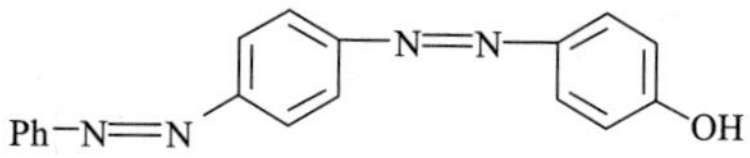

表 2 - 2（续）

序号	禁限用化合物信息库		
137	化合物英文名 Compound Name	Name in Regulation	C. I. Disperse Yellow 3
		CA Index Name	Acetamide，*N* - [4 - [2 - (2 - hydroxy - 5 - methylphenyl) diazenyl] phenyl] -
		ChemSpider	*N* - {4 - [(2 - Hydroxy - 5 - methylphenyl) diazenyl] phenyl} acetamide
		PubChem	Dispersion Yellow 3
	化合物中文名 Chinese Name	分散黄 3	
	IUPAC Name	*N* - [4 - [(2E) - 2 - (3 - methyl - 6 - oxocyclohexa - 2，4 - dien - 1 - ylidene) hydrazinyl] phenyl] acetamide	
	CAS 号 CAS Number	2832 - 40 - 8	
	分子式 Molecular Formula	$C_{15}H_{15}N_3O_2$	
	精确质量数 Exact Mass	269. 11643	
	结构图 Structure Diagram	SciFinder	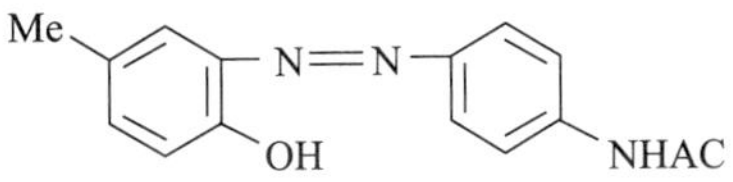
		ChemSpider	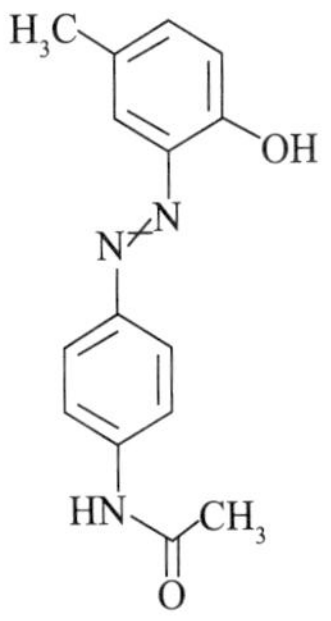
		PubChem	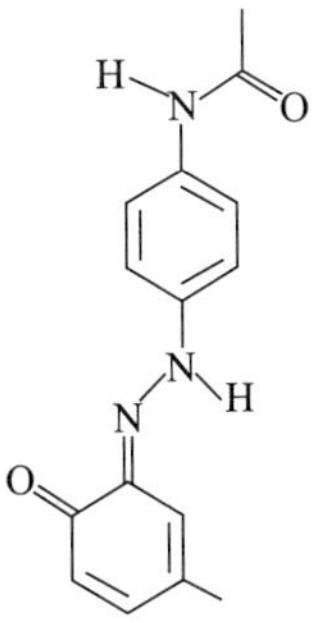
	法规出处 Regulation Source	RSL/OEKO	

表 2-2（续）

序号	禁限用化合物信息库		
138	化合物英文名 Compound Name	Name in Regulation	C. I. Disperse Yellow 39
		CA Index Name	2H-Indol-2-one，3-（2，3-dihydro-3-oxo-1H-isoindol-1-ylidene）-1-ethyl-1，3-dihydro-
		ChemSpider	（3E）-1-Ethyl-3-（3-oxo-2，3-dihydro-1H-isoindol-1-ylidene）-1，3-dihydro-2H-indol-2-one
		PubChem	—
	化合物中文名 Chinese Name	分散黄 39	
	IUPAC Name	—	
	CAS 号 CAS Number	56208-37-8	
	分子式 33 Molecular Formula	$C_{17}H_{16}N_2O$	
	精确质量数 Exact Mass	264.12626	
	结构图 Structure Diagram	SciFinder	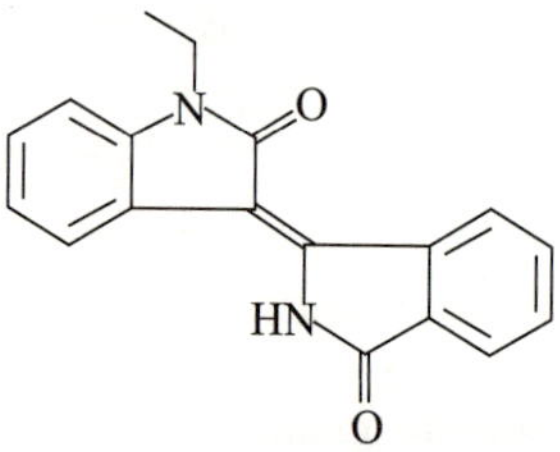 N, O, HN, O
		ChemSpider	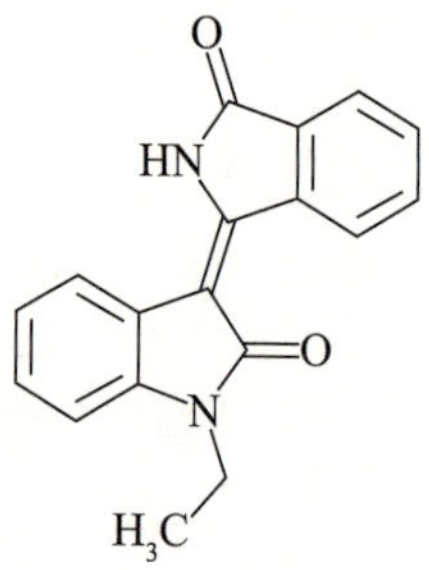 O, HN, O, N, H_3C
		PubChem	—
	法规出处 Regulation Source	OEKO	

表 2-2（续）

序号	禁限用化合物信息库		
139	化合物英文名 Compound Name	Name in Regulation	C. I. Disperse Yellow 49
		CA Index Name	Propanedinitrile，2-[[4-[ethyl [2-[[(phenylamino) carbonyl] oxy] ethyl] amino]-2-methylphenyl] methylene]-
		ChemSpider	2-{[4-(2，2-Dicyanovinyl)-3-methylphenyl] (ethyl) amino} ethyl phenylcarbamate
		PubChem	2-{[4-(2，2-dicyanoethenyl)-3-methylphenyl] (ethyl) amino} ethyl phenylcarbamate
	化合物中文名 Chinese Name	分散黄 49	
	IUPAC Name	2-[4-(2，2-dicyanoethenyl)-*N*-ethyl-3-methylanilino] ethyl *N*-phenylcarbamate	
	CAS 号 CAS Number	6858-49-7	
	分子式 Molecular Formula	$C_{22}H_{22}N_4O_2$	
	精确质量数 Exact Mass	374.17428	
	结构图 Structure Diagram	SciFinder	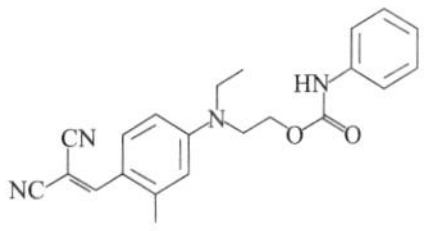
		ChemSpider	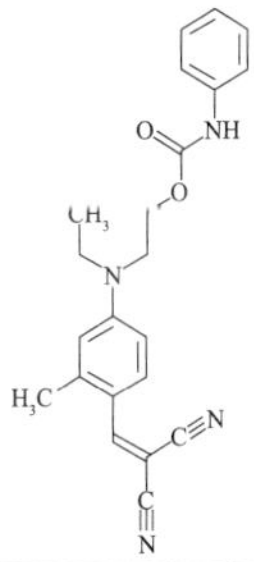
		PubChem	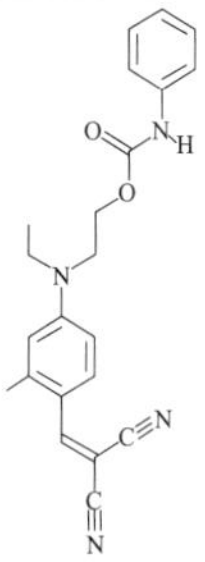
	法规出处 Regulation Source	OEKO	

表 2-2（续）

序号	禁限用化合物信息库		
140	化合物英文名 Compound Name	Name in Regulation	C. I. Disperse Yellow 9
		CA Index Name	1，4-Benzenediamine，N1-（2，4-dinitrophenyl）-
		ChemSpider	Seriplas Yellow PL
		PubChem	C. I. Disperse Yellow 9
	化合物中文名 Chinese Name	分散黄 9	
	IUPAC Name	4-N-（2，4-dinitrophenyl）benzene-1，4-diamine	
	CAS 号 CAS Number	6373-73-5	
	分子式 Molecular Formula	$C_{12}H_{10}N_4O_4$	
	精确质量数 Exact Mass	274.07020	
	结构图 Structure Diagram	SciFinder	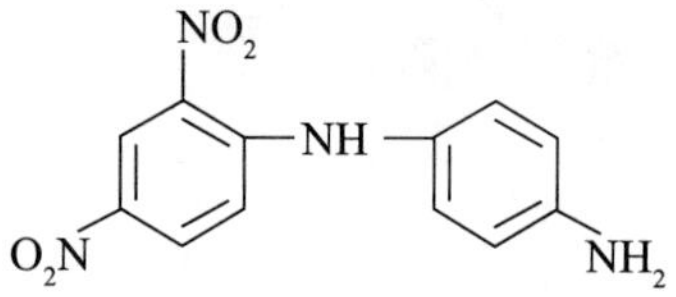 NO_2 NH O_2N NH_2
		ChemSpider	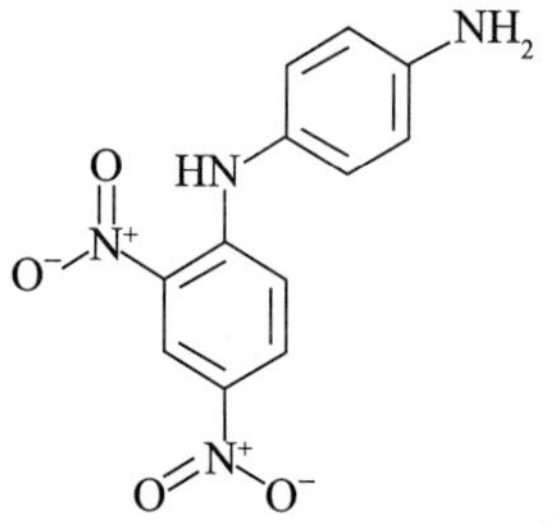 NH_2 HN O O^- N^+ O N^+ O^-
		PubChem	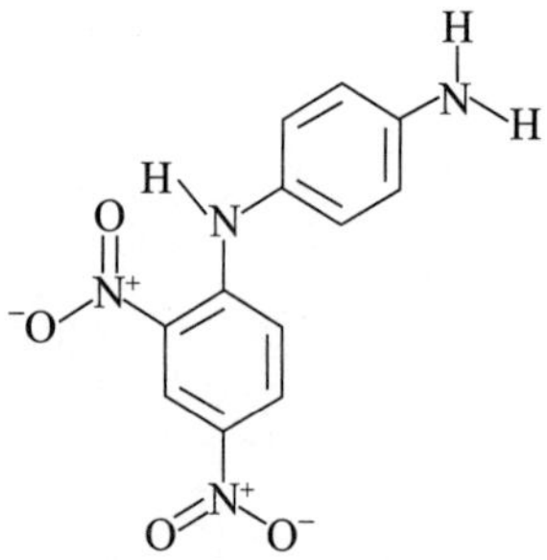 H N H H N O ^-O N^+ O N^+ O^-
	法规出处 Regulation Source	OEKO	

表 2-2（续）

序号	禁限用化合物信息库		
141	化合物英文名 Compound Name	Name in Regulation	C. I. Basic Red 9
		CA Index Name	Benzenamine，4，4′-［（4-imino-2，5-cyclohexadien-1-ylidene）methylene］bis-，hydrochloride（1∶1）
		ChemSpider	Fuchsin SP
		PubChem	Pararosaniline
	化合物中文名 Chinese Name	碱性红 9	
	IUPAC Name	4-［（4-aminophenyl）-（4-iminocyclohexa-2，5-dien-1-ylidene）methyl］aniline hydrochloride	
	CAS 号 CAS Number	569-61-9	
	分子式 Molecular Formula	$C_{19}H_{18}ClN_3$	
	精确质量数 Exact Mass	323.11892	
	结构图 Structure Diagram	SciFinder	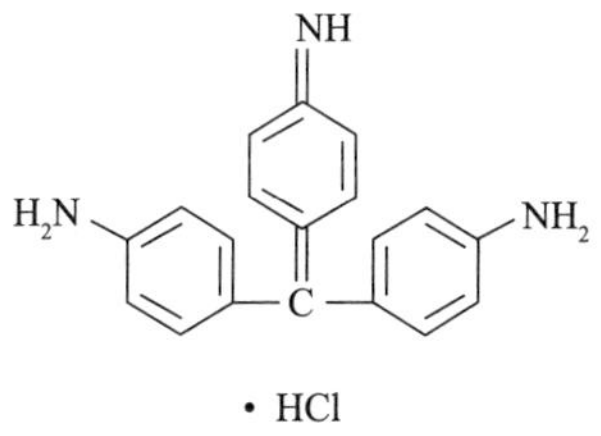 NH; H_2N; NH_2; C; • HCl
		ChemSpider	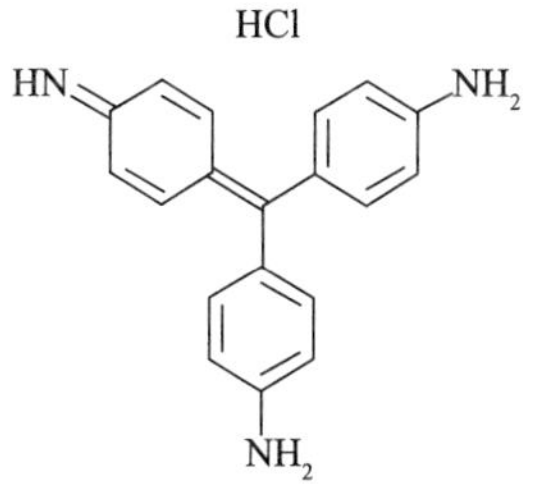 HCl; HN; NH_2; NH_2
		PubChem	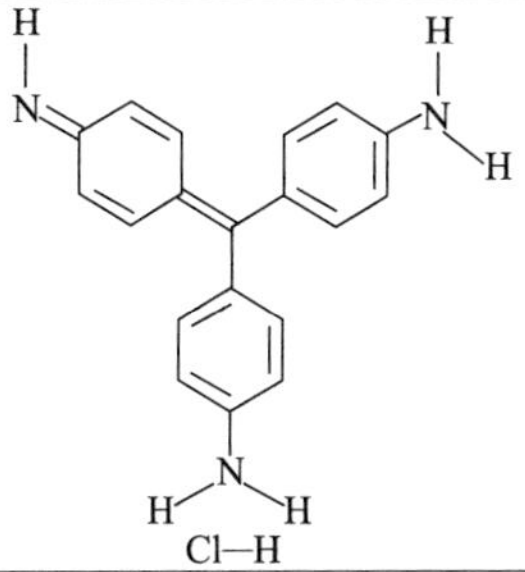 H; N; H; N; H; N; H; H; Cl—H
	法规出处 Regulation Source	RSL/OEKO	

表 2-2（续）

序号 Index	禁限用化合物信息库		
142	化合物英文名 Compound Name	Name in Regulation	C. I. Basic Violet 14
		CA Index Name	Benzenamine, 4-[(4-aminophenyl)(4-imino-2, 5-cyclohexadien-1-ylidene) methyl]-2-methyl-, hydrochloride (1: 1)
		ChemSpider	4-[(4-Aminophenyl)(4-imino-2, 5-cyclohexadien-1-ylidene) methyl]-2-methylaniline hydrochloride (1∶1)
		PubChem	rosaniline
	化合物中文名 Chinese Name	碱性紫 14	
	IUPAC Name	4-[(4-aminophenyl)-(4-imino-3-methylcyclohexa-2, 5-dien-1-ylidene) methyl] aniline hydrochloride	
	CAS 号 CAS Number	632-99-5	
	分子式 Molecular Formula	$C_{20}H_{20}ClN_3$	
	精确质量数 Exact Mass	337.13458	
	结构图 Structure Diagram	SciFinder	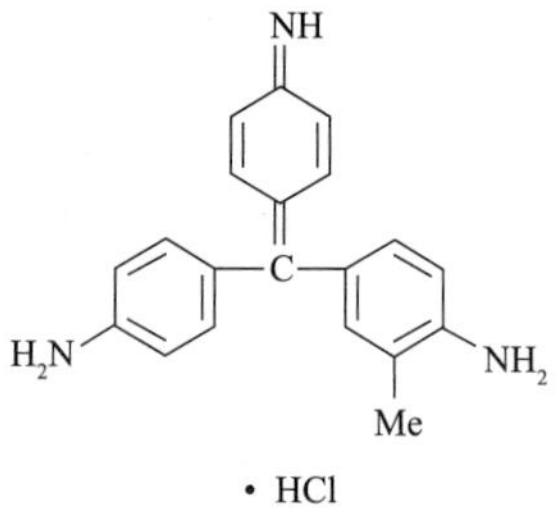 NH; C; H_2N; NH_2; Me; · HCl
		ChemSpider	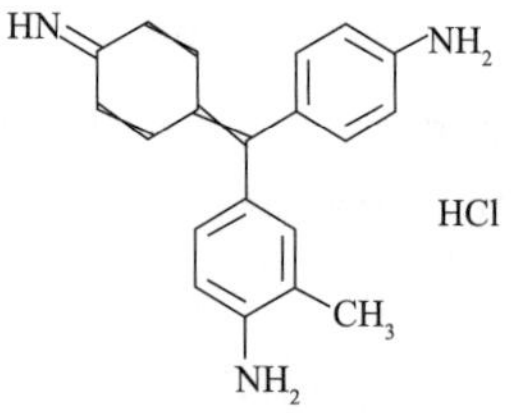 HN; NH_2; HCl; CH_3; NH_2
		PubChem	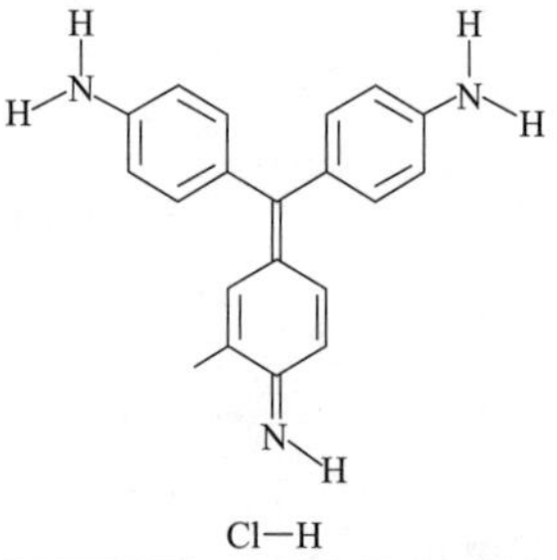 H; N; H; H; N; H; N; H; Cl—H
	法规出处 Regulation Source	RSL/OEKO	

表 2-2（续）

序号	禁限用化合物信息库		
143	化合物英文名 Compound Name	Name in Regulation	C. I. Solvent Blue 4
		CA Index Name	1-Naphthalenemethanol，α，α-bis [4-(dimethylamino) phenyl]-4-(phenylamino)-
		ChemSpider	α，α-Bis (4-(dimethylamino) phenyl)-4-(phenylamino) naphthalene-1-methanol
		PubChem	| A，| A-bis (4-(dimethylamino) phenyl)-4-(phenylamino) naphthalene-1-methanol
	化合物中文名 Chinese Name	溶剂蓝 4	
	IUPAC Name	(4-anilinonaphthalen-1-yl)-bis [4-(dimethylamino) phenyl] methanol	
	CAS 号 CAS Number	6786-83-0	
	分子式 Molecular Formula	$C_{33}H_{33}N_3O$	
	精确质量数 Exact Mass	487.26236	
	结构图 Structure Diagram	SciFinder	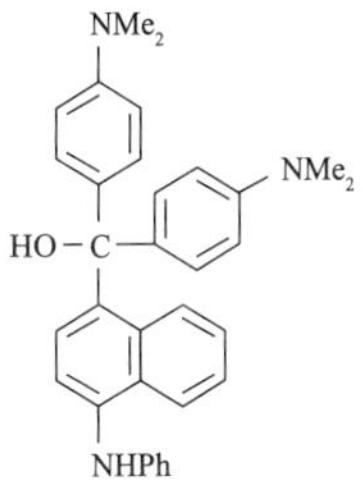
		ChemSpider	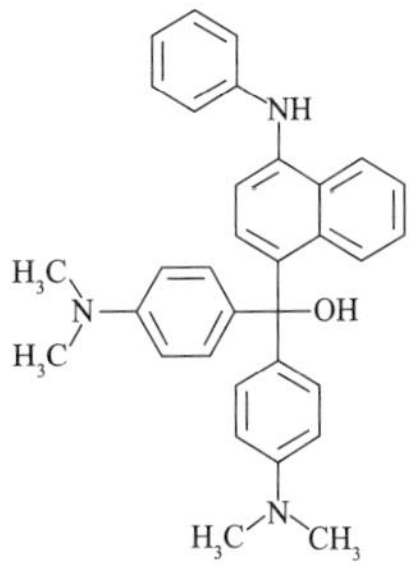
		PubChem	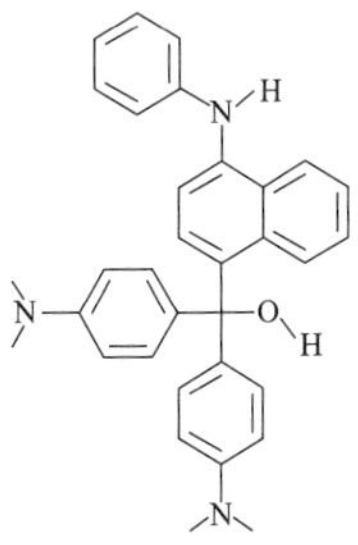
	法规出处 Regulation Source	SVHC	

表 2-2（续）

序号	禁限用化合物信息库		
144	化合物英文名 Compound Name	Name in Regulation	Captafol
		CA Index Name	1H-Isoindole-1，3（2H）-dione，3a，4，7，7a-tetrahydro-2-［（1，1，2，2-tetrachloroethyl）thio］-
		ChemSpider	CAPTAFOL
		PubChem	Captafol
	化合物中文名 Chinese Name	敌菌丹	
	IUPAC Name	2-（1，1，2，2-tetrachloroethylsulfanyl）-3a，4，7，7a-tetrahydroisoindole-1，3-dione	
	CAS 号 CAS Number	2425-06-1	
	分子式 Molecular Formula	$C_{10}H_9Cl_4NO_2S$	
	精确质量数 Exact Mass	348.90786	
	结构图 Structure Diagram	SciFinder	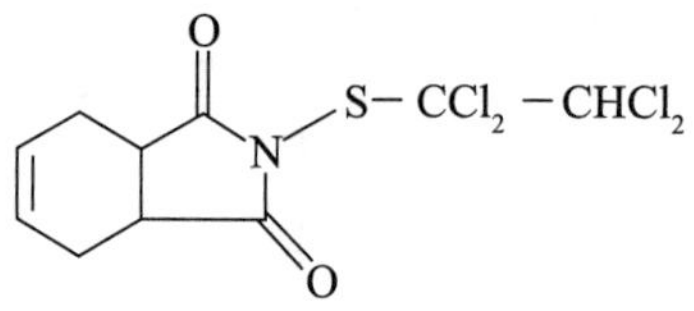
		ChemSpider	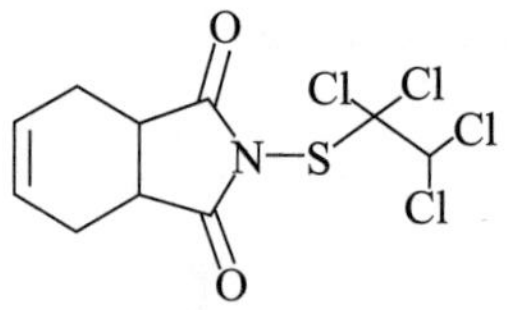
		PubChem	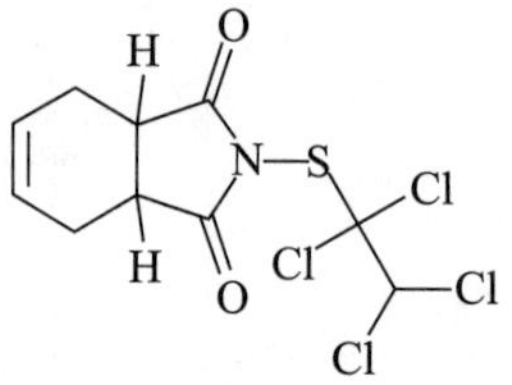
	法规出处 Regulation Source	OEKO	

表 2-2（续）

<table>
<tr><th>序号</th><th colspan="3">禁限用化合物信息库</th></tr>
<tr><td rowspan="12">145</td><td rowspan="4">化合物英文名
Compound Name</td><td>Name in Regulation</td><td>Carbaryl</td></tr>
<tr><td>CA Index Name</td><td>1-Naphthalenol，1-（N-methylcarbamate)</td></tr>
<tr><td>ChemSpider</td><td>Carbaryl</td></tr>
<tr><td>PubChem</td><td>Carbaryl</td></tr>
<tr><td>化合物中文名
Chinese Name</td><td colspan="2">甲萘威</td></tr>
<tr><td>IUPAC Name</td><td colspan="2">naphthalen-1-yl N-methylcarbamate</td></tr>
<tr><td>CAS 号
CAS Number</td><td colspan="2">63-25-2</td></tr>
<tr><td>分子式
Molecular Formula</td><td colspan="2">$C_{12}H_{11}NO_2$</td></tr>
<tr><td>精确质量数
Exact Mass</td><td colspan="2">201.07898</td></tr>
<tr><td rowspan="3">结构图
Structure Diagram</td><td>SciFinder</td><td>MeNH—C(=O)—O (structure)</td></tr>
<tr><td>ChemSpider</td><td> 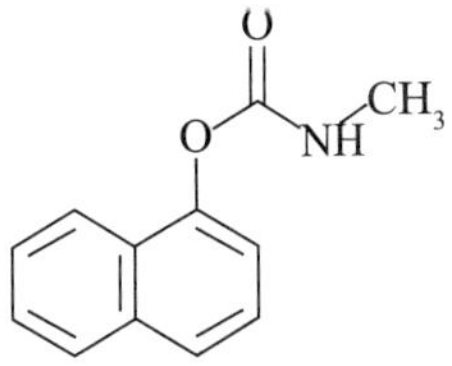O, O, NH, CH3 (structure)</td></tr>
<tr><td>PubChem</td><td> 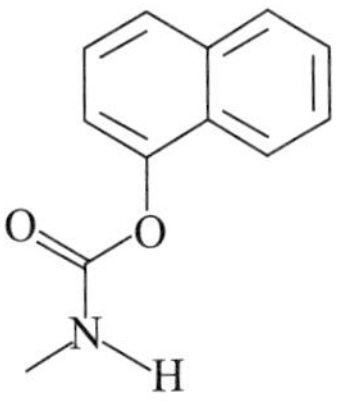O, O, N, H (structure)</td></tr>
<tr><td>法规出处
Regulation Source</td><td colspan="2">OEKO</td></tr>
</table>

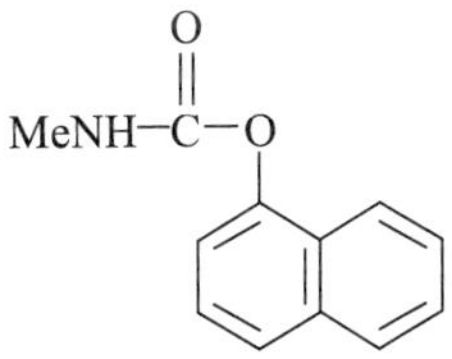

表 2-2（续）

序号	禁限用化合物信息库		
146	化合物英文名 Compound Name	Name in Regulation	Carbon Tetrachloride
		CA Index Name	Methane, tetrachloro-
		ChemSpider	Perchloromethane
		PubChem	Carbon Tetrachloride
	化合物中文名 Chinese Name	四氯化碳	
	IUPAC Name	tetrachloromethane	
	CAS 号 CAS Number	56-23-5	
	分子式 Molecular Formula	CCl_4	
	精确质量数 Exact Mass	153.87246	
	结构图 Structure Diagram	SciFinder	Cl Cl — C — Cl Cl
		ChemSpider	Cl Cl Cl Cl
		PubChem	Cl Cl C Cl Cl
	法规出处 Regulation Source	RSL	

表 2-2（续）

序号	禁限用化合物信息库		
147	化合物英文名 Compound Name	Name in Regulation	Chlordane
		CA Index Name	4, 7-Methano-1H-indene, 1, 2, 4, 5, 6, 7, 8, 8-octachloro-2, 3, 3a, 4, 7, 7a-hexahydro-
		ChemSpider	CHLORDANE
		PubChem	Chlordan
	化合物中文名 Chinese Name	氯丹	
	IUPAC Name	—	
	CAS号 CAS Number	57-74-9	
	分子式 Molecular Formula	$C_{10}H_6Cl_8$	
	精确质量数 Exact Mass	409.79187	
	结构图 Structure Diagram	SciFinder	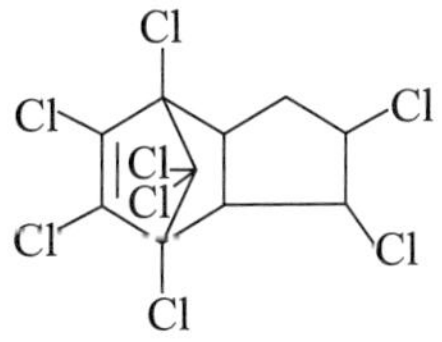 Cl Cl Cl Cl Cl Cl Cl Cl
		ChemSpider	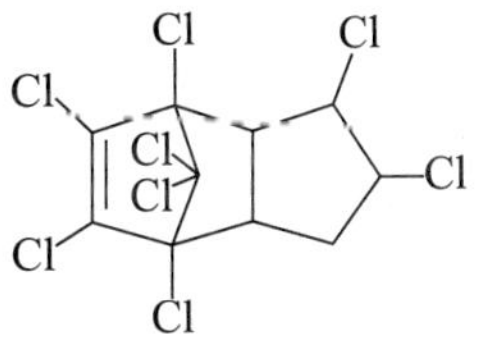 Cl Cl Cl Cl Cl Cl Cl Cl
		PubChem	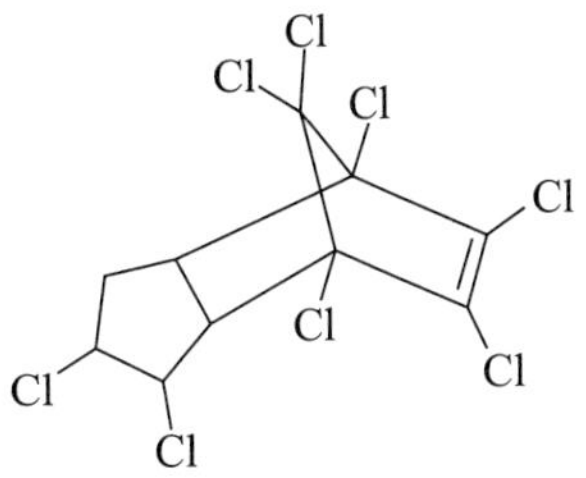 Cl Cl Cl Cl Cl Cl Cl Cl
	法规出处 Regulation Source	RSL/OEKO	

表 2 - 2（续）

序号	禁限用化合物信息库		
148	化合物英文名 Compound Name	Name in Regulation	Chlordimeform
		CA Index Name	Methanimidamide, *N′*-（4 - chloro - 2 - methylphenyl）- *N*, *N* - dimethyl -
		ChemSpider	CDM
		PubChem	Chlorphenamidine
	化合物中文名 Chinese Name	杀虫脒	
	IUPAC Name	*N′*-（4 - chloro - 2 - methylphenyl）- *N*，*N* - dimethylmethanimidamide	
	CAS 号 CAS Number	6164 - 98 - 3	
	分子式 Molecular Formula	$C_{10}H_{13}ClN_2$	
	精确质量数 Exact Mass	196.07673	
	结构图 Structure Diagram	SciFinder	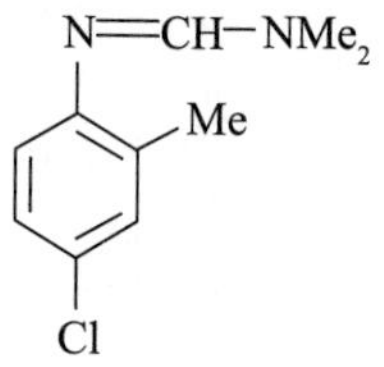 N═CH—NMe₂, Me, Cl
		ChemSpider	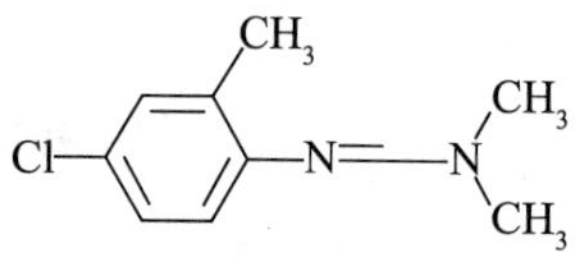 CH₃, Cl, N, N, CH₃, CH₃
		PubChem	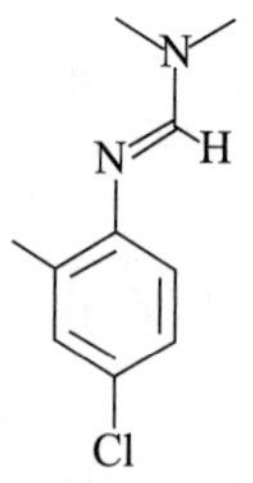 N, N, H, Cl
	法规出处 Regulation Source	OEKO	

表 2-2（续）

序号	禁限用化合物信息库		
149	化合物英文名 Compound Name	Name in Regulation	Chlorfenvinphos
		CA Index Name	Phosphoric acid，2-chloro-1-（2，4-dichlorophenyl）ethenyl diethyl ester
		ChemSpider	Clofenvinfos
		PubChem	Chlorfenvinphos
	化合物中文名 Chinese Name	毒虫畏	
	IUPAC Name	[（Z）-2-chloro-1-（2，4-dichlorophenyl）ethenyl] diethyl phosphate	
	CAS 号 CAS Number	470-90-6	
	分子式 Molecular Formula	$C_{12}H_{14}Cl_3O_4P$	
	精确质量数 Exact Mass	357.96953	
	结构图 Structure Diagram	SciFinder	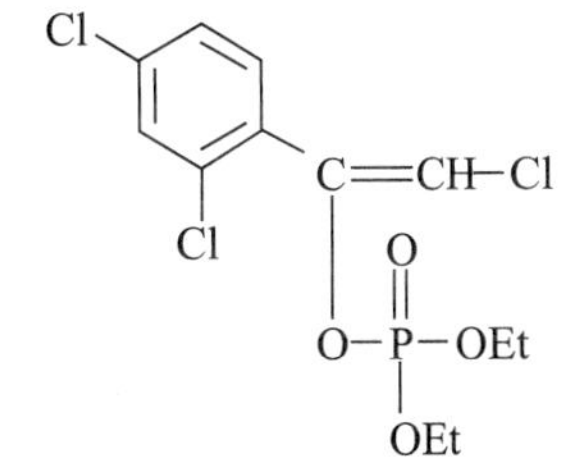 Cl; Cl; C=CH-Cl; O; O-P-OEt; OEt
		ChemSpider	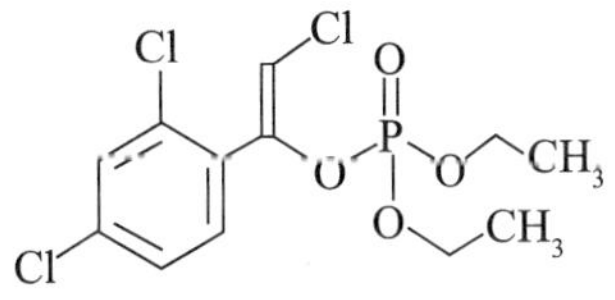 Cl; Cl; O; O; O; CH_3; O; CH_3; Cl
		PubChem	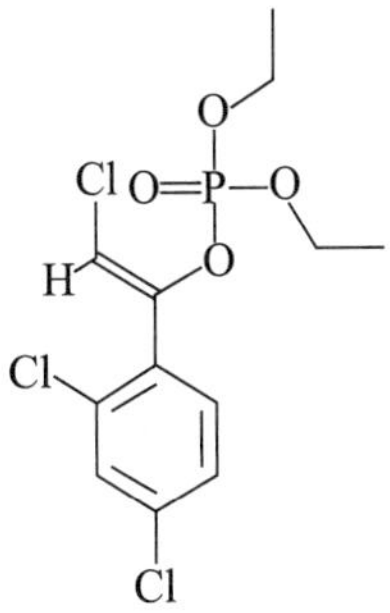 O; Cl; O=P-O; H; O; Cl; Cl
	法规出处 Regulation Source	OEKO	

表 2-2（续）

序号	禁限用化合物信息库		
150	化合物英文名 Compound Name	Name in Regulation	Chloroform
		CA Index Name	Methane，trichloro-
		ChemSpider	Chloroform
		PubChem	Chloroform
	化合物中文名 Chinese Name	三氯甲烷	
	IUPAC Name	Chloroform	
	CAS号 CAS Number	67-66-3	
	分子式 Molecular Formula	$CHCl_3$	
	精确质量数 Exact Mass	117.91438	
	结构图 Structure Diagram	SciFinder	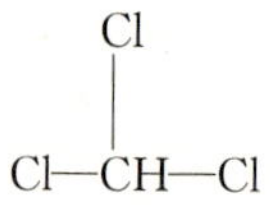 Cl | Cl—CH—Cl
		ChemSpider	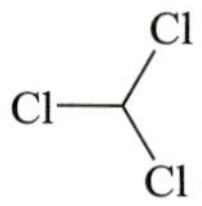 Cl, Cl—, Cl
		PubChem	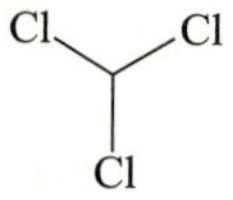 Cl, Cl, Cl
	法规出处 Regulation Source	RSL	

表 2－2（续）

<table>
<tr><th>序号</th><th colspan="3">禁限用化合物信息库</th></tr>
<tr><td rowspan="13">151</td><td rowspan="4">化合物英文名
Compound Name</td><td>Name in Regulation</td><td>Chrysene</td></tr>
<tr><td>CA Index Name</td><td>Chrysene</td></tr>
<tr><td>ChemSpider</td><td>CHRYSENE</td></tr>
<tr><td>PubChem</td><td>Chrysene</td></tr>
<tr><td>化合物中文名
Chinese Name</td><td colspan="2">䓛</td></tr>
<tr><td>IUPAC Name</td><td colspan="2">chrysene</td></tr>
<tr><td>CAS 号
CAS Number</td><td colspan="2">218－01－9</td></tr>
<tr><td>分子式
Molecular Formula</td><td colspan="2">$C_{18}H_{12}$</td></tr>
<tr><td>精确质量数
Exact Mass</td><td colspan="2">228.09390</td></tr>
<tr><td rowspan="3">结构图
Structure Diagram</td><td>SciFinder</td><td>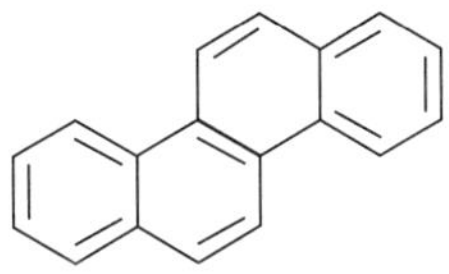</td></tr>
<tr><td>ChemSpider</td><td>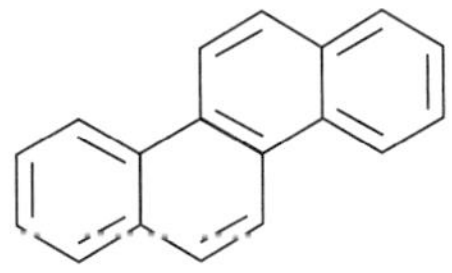</td></tr>
<tr><td>PubChem</td><td>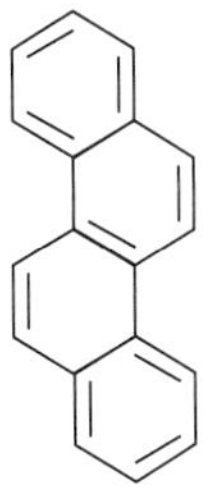</td></tr>
<tr><td>法规出处
Regulation Source</td><td colspan="2">RSL/OEKO</td></tr>
</table>

表 2-2（续）

序号	禁限用化合物信息库		
152	化合物英文名 Compound Name	Name in Regulation	Cis-cyclohexane-1，2-dicarboxylic anhydride
		CA Index Name	1，3-Isobenzofurandione，hexahydro-，(3aR，7aS)-rel-
		ChemSpider	1，3-Isobenzofurandione，hexahydro-，cis-
		PubChem	—
	化合物中文名 Chinese Name	顺式六氢化邻苯二甲酸酐	
	IUPAC Name	(3aS，7aR)-3a，4，5，6，7，7a-hexahydro-2-benzofuran-1，3-dione	
	CAS号 CAS Number	13149-00-3	
	分子式 Molecular Formula	$C_8H_{10}O_3$	
	精确质量数 Exact Mass	154.06299	
	结构图 Structure Diagram	SciFinder	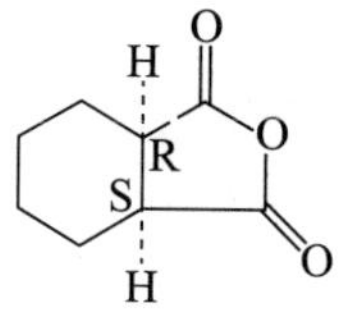
		ChemSpider	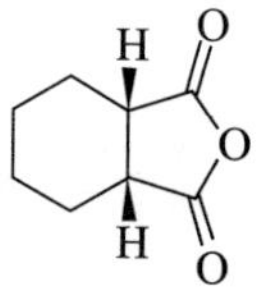
		PubChem	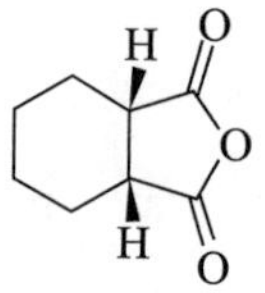
	法规出处 Regulation Source	SVHC	

表 2-2（续）

序号	禁限用化合物信息库		
153	化合物英文名 Compound Name	Name in Regulation	Coumaphos
		CA Index Name	Phosphorothioic acid，*O*-（3-chloro-4-methyl-2-oxo-2H-1-benzopyran-7-yl）*O*，*O*-diethyl ester
		ChemSpider	Coumaphos
		PubChem	Coumaphos
	化合物中文名 Chinese Name	蝇毒磷	
	IUPAC Name	3-chloro-7-diethoxyphosphinothioyloxy-4-methylchromen-2-one	
	CAS 号 CAS Number	56-72-4	
	分子式 Molecular Formula	$C_{14}H_{16}ClO_5PS$	
	精确质量数 Exact Mass	362.01446	
	结构图 Structure Diagram	SciFinder	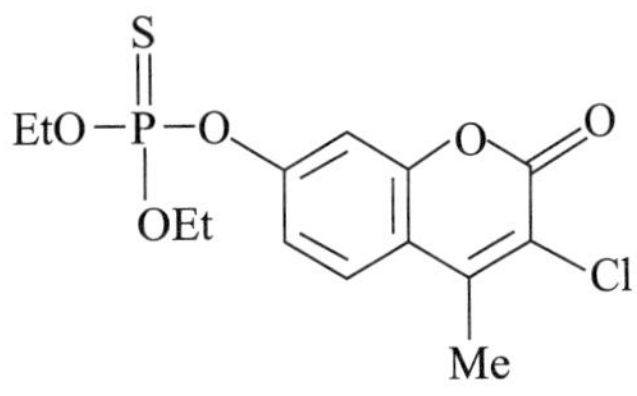
		ChemSpider	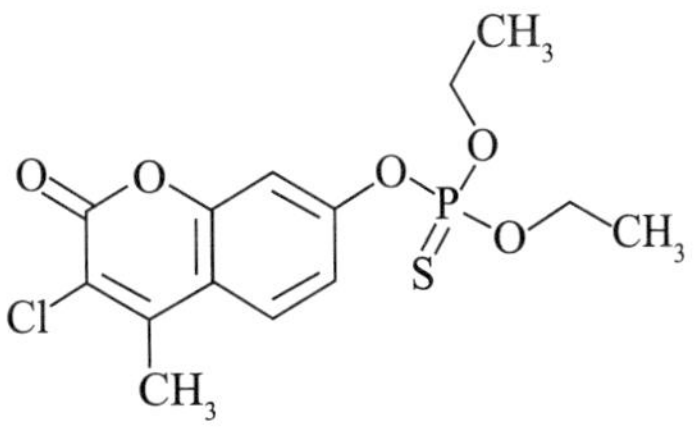
		PubChem	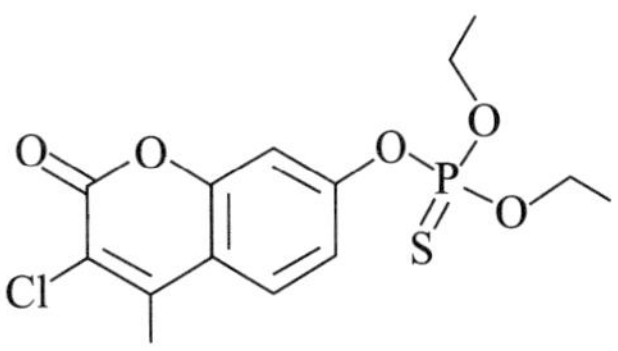
	法规出处 Regulation Source	OEKO	

表 2-2（续）

序号	禁限用化合物信息库		
154	化合物英文名 Compound Name	Name in Regulation	Cyclohexane-1，2-dicarboxylic anhydride
		CA Index Name	1，3-Isobenzofurandione，hexahydro-
		ChemSpider	Hexahydro-2-benzofuran-1，3-dione
		PubChem	Aldite
	化合物中文名 Chinese Name	六氢邻苯二甲酸酐	
	IUPAC Name	3a，4，5，6，7，7a-hexahydro-2-benzofuran-1，3-dione	
	CAS号 CAS Number	85-42-7	
	分子式 Molecular Formula	$C_8H_{10}O_3$	
	精确质量数 Exact Mass	154.06299	
	结构图 Structure Diagram	SciFinder	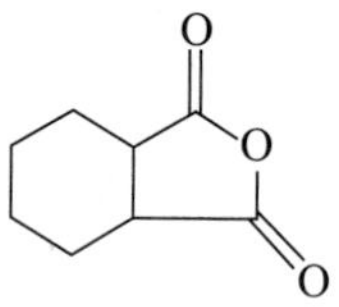
		ChemSpider	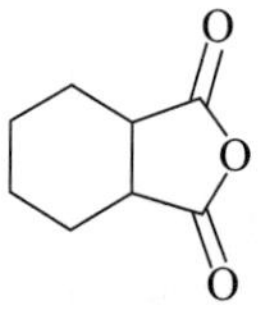
		PubChem	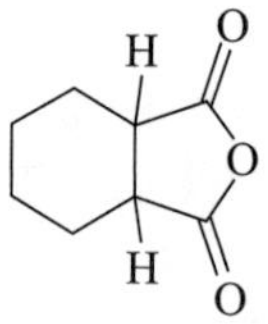
	法规出处 Regulation Source	SVHC	

表 2-2（续）

序号	禁限用化合物信息库		
155	化合物英文名 Compound Name	Name in Regulation	Cyclopenta [c, d] pyrene
		CA Index Name	Cyclopenta [cd] pyrene
		ChemSpider	Cyclopenta [cd] pyrene
		PubChem	Cyclopenta (c, d) pyrene
	化合物中文名 Chinese Name	环戊并（c，d）芘	
	IUPAC Name	—	
	CAS 号 CAS Number	27208-37-3	
	分子式 Molecular Formula	$C_{18}H_{10}$	
	精确质量数 Exact Mass	226.07825	
	结构图 Structure Diagram	SciFinder	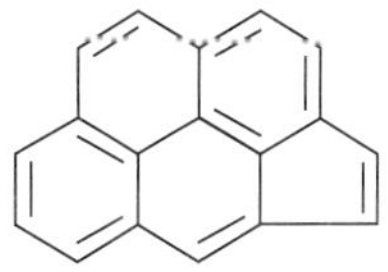
		ChemSpider	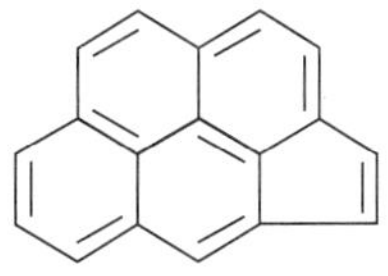
		PubChem	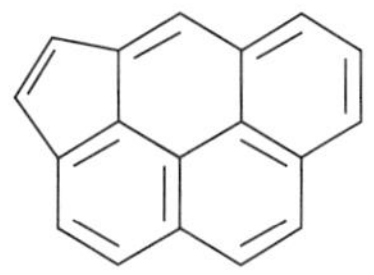
	法规出处 Regulation Source	OEKO	

表 2-2（续）

序号	禁限用化合物信息库		
156	化合物英文名 Compound Name	Name in Regulation	Cyfluthrin
		CA Index Name	Cyclopropanecarboxylic acid，3-（2，2-dichloroethenyl）-2，2-dimethyl-，cyano（4-fluoro-3-phenoxyphenyl）methyl ester
		ChemSpider	Cyfluthrin
		PubChem	Cyfluthrin
	化合物中文名 Chinese Name	氟氯氰菊酯	
	IUPAC Name	[cyano-（4-fluoro-3-phenoxyphenyl）methyl] 3-（2，2-dichloroethenyl）-2，2-dimethylcyclopropane-1-carboxylate	
	CAS 号 CAS Number	68359-37-5	
	分子式 Molecular Formula	$C_{22}H_{18}Cl_2FNO_3$	
	精确质量数 Exact Mass	433.06478	
	结构图 Structure Diagram	SciFinder	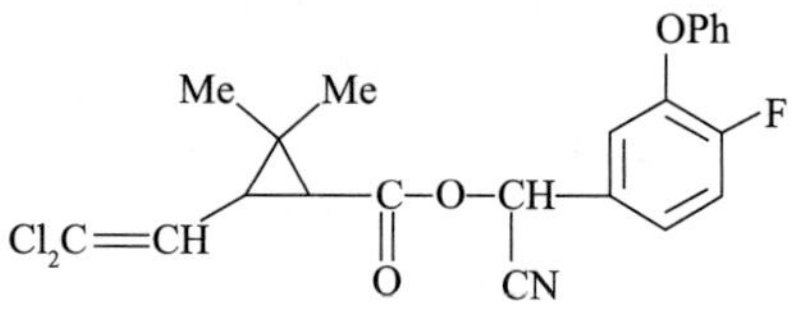 OPh; Me; Me; F; Cl_2C═CH; C—O—CH; O; CN
		ChemSpider	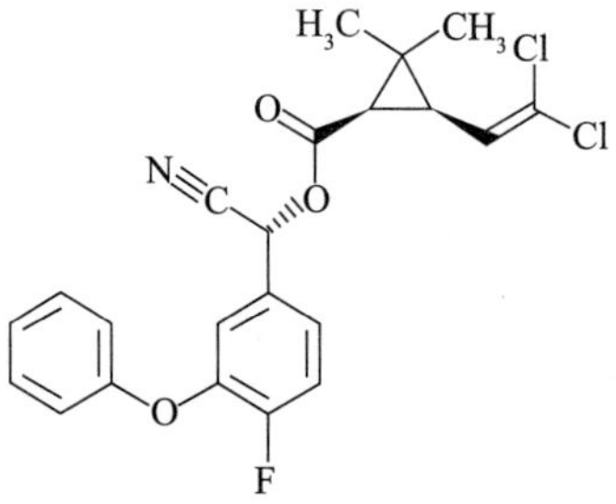 H_3C; CH_3; Cl; O; Cl; N; C; O; O; F
		PubChem	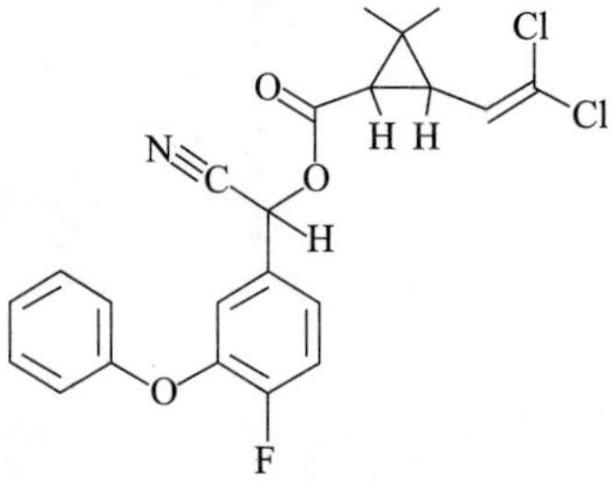 Cl; O; Cl; H H; N; C; O; H; O; F
	法规出处 Regulation Source	OEKO	

表 2-2（续）

序号	禁限用化合物信息库		
157	化合物英文名 Compound Name	Name in Regulation	Cyhalothrin
		CA Index Name	Cyclopropanecarboxylic acid，3-[（1Z）-2-chloro-3，3，3-trifluoro-1-propen-1-yl]-2，2-dimethyl-，（R）-cyano（3-phenoxyphenyl）methyl ester，（1S，3S）-rel-
		ChemSpider	ICON
		PubChem	Cyhalothrin
	化合物中文名 Chinese Name	氯氟氰菊酯	
	IUPAC Name	[cyano-（3-phenoxyphenyl）methyl]（1R，3R）-3-[（Z）-2-chloro-3，3，3-trifluoroprop-1-enyl]-2，2-dimethylcyclopropane-1-carboxylate	
	CAS 号 CAS Number	91465-08-6	
	分子式 Molecular Formula	$C_{23}H_{19}ClF_3NO_3$	
	精确质量数 Exact Mass	449.10056	
	结构图 Structure Diagram	SciFinder	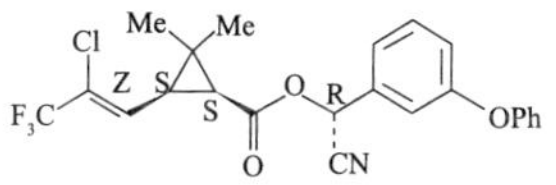
		ChemSpider	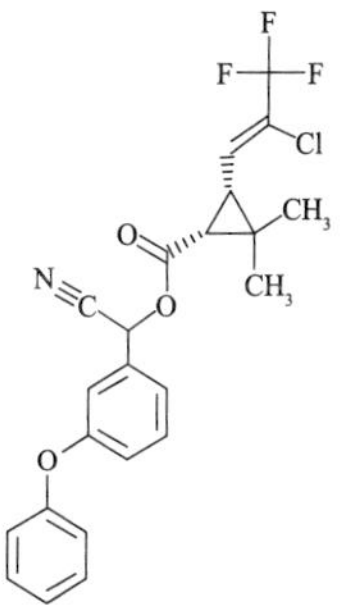
		PubChem	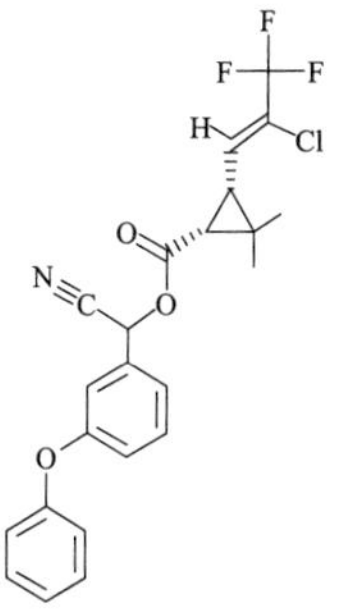
	法规出处 Regulation Source	OEKO	

表 2 - 2（续）

序号	禁限用化合物信息库		
158	化合物英文名 Compound Name	Name in Regulation	Cypermethrin
		CA Index Name	Cyclopropanecarboxylic acid，3 - (2，2 - dichloroethenyl) - 2，2 - dimethyl -，cyano (3 - phenoxyphenyl) methyl ester
		ChemSpider	Cnn52
		PubChem	Cypermethrin
	化合物中文名 Chinese Name	氯氰菊酯	
	IUPAC Name	[cyano - (3 - phenoxyphenyl) methyl] 3 - (2，2 - dichloroethenyl) - 2，2 - dimethylcyclopropane - 1 - carboxylate	
	CAS 号 CAS Number	52315 - 07 - 8	
	分子式 Molecular Formula	$C_{22}H_{19}Cl_2NO_3$	
	精确质量数 Exact Mass	415.07420	
	结构图 Structure Diagram	SciFinder	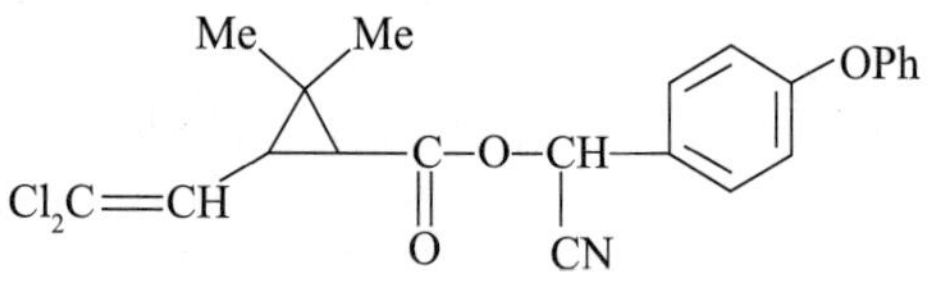
		ChemSpider	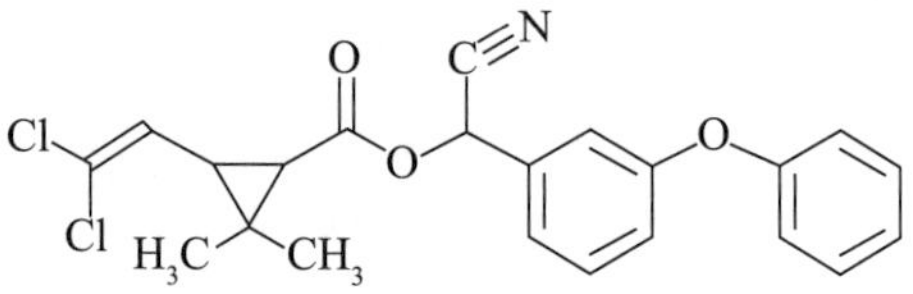
		PubChem	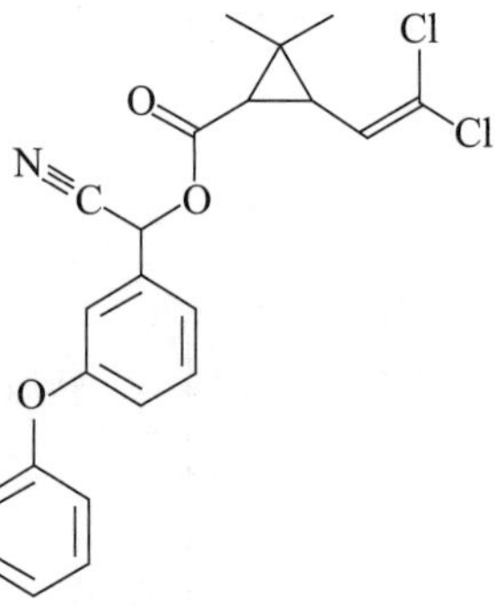
	法规出处 Regulation Source	OEKO	

表 2－2（续）

序号	禁限用化合物信息库		
159	化合物英文名 Compound Name	Name in Regulation	DEF
		CA Index Name	Phosphorotrithioic acid，S，S，S－tributyl ester
		ChemSpider	DEF
		PubChem	Butyl phosphorotrithioate
	化合物中文名 Chinese Name	脱叶磷	
	IUPAC Name	1－bis（butylsulfanyl）phosphorylsulfanylbutane	
	CAS 号 CAS Number	78－48－8	
	分子式 Molecular Formula	$C_{12}H_{27}OPS_3$	
	精确质量数 Exact Mass	314.09616	
	结构图 Structure Diagram	SciFinder	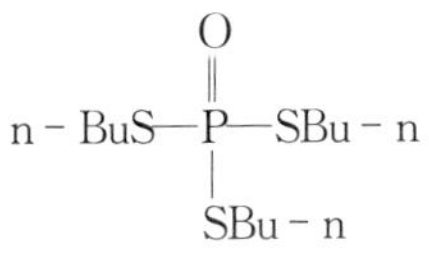 O ‖ n－BuS—P—SBu－n ∣ SBu－n
		ChemSpider	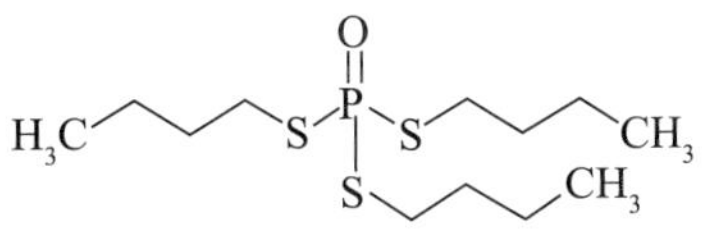 O, H_3C, S, P, S, CH_3, S, CH_3
		PubChem	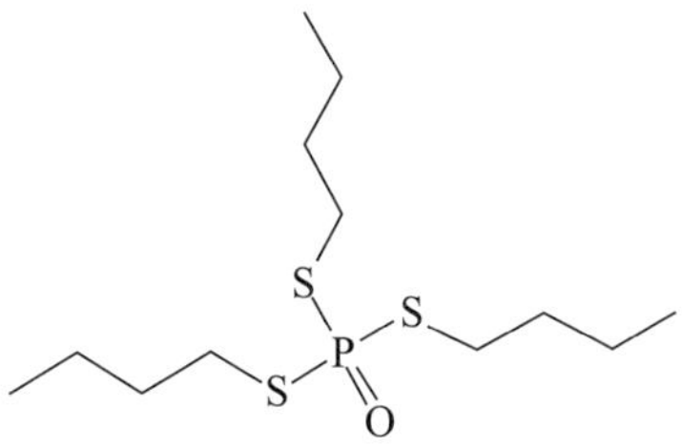 S, S, P, S, O
	法规出处 Regulation Source	OEKO	

表 2-2（续）

序号	禁限用化合物信息库		
160	化合物英文名 Compound Name	Name in Regulation	Deltamethrin
		CA Index Name	Cyclopropanecarboxylic acid，3-（2，2-dibromoethenyl）-2，2-dimethyl-，(S)-cyano（3-phenoxyphenyl）methyl ester，(1R，3R)-
		ChemSpider	Deltamethrin
		PubChem	Decamethrin
	化合物中文名 Chinese Name	溴氰菊酯	
	IUPAC Name	[(S)-cyano-(3-phenoxyphenyl) methyl] (1R，3R)-3-(2，2-dibromoethenyl)-2，2-dimethylcyclopropane-1-carboxylate	
	CAS 号 CAS Number	52918-63-5	
	分子式 Molecular Formula	$C_{22}H_{19}Br_2NO_3$	
	精确质量数 Exact Mass	504.97112	
	结构图 Structure Diagram	SciFinder	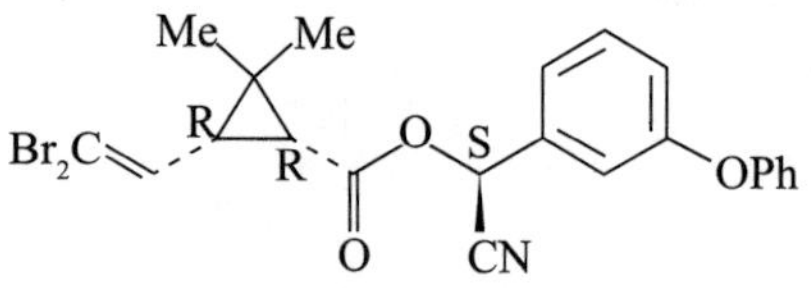
		ChemSpider	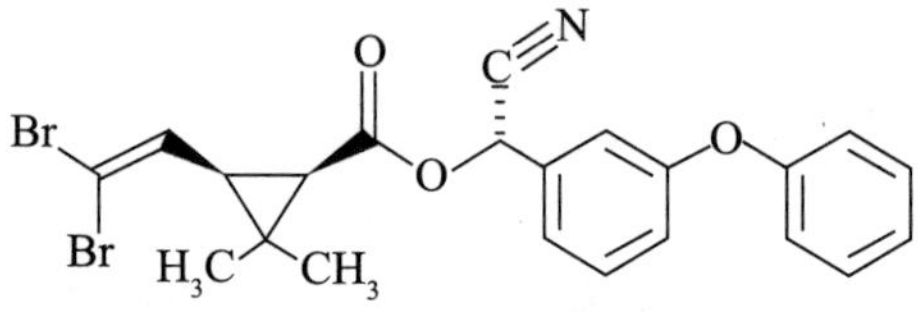
		PubChem	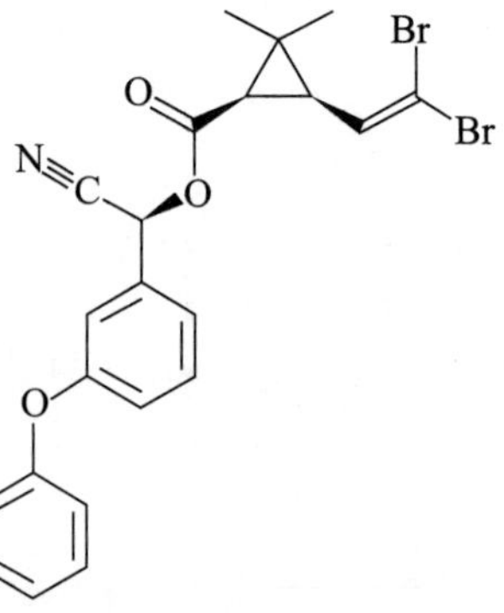
	法规出处 Regulation Source	OEKO	

表 2-2（续）

序号	禁限用化合物信息库		
161	化合物英文名 Compound Name	Name in Regulation	Di-（2-ethylhexyl）-phthalate（DEHP）
		CA Index Name	1，2-Benzenedicarboxylic acid，1，2-bis（2-ethylhexyl）ester
		ChemSpider	Bis（2-ethylhexyl）phthalate
		PubChem	Diethylhexyl Phthalate
	化合物中文名 Chinese Name	邻苯二甲酸二（2-乙基）己酯	
	IUPAC Name	bis（2-ethylhexyl）benzene-1，2-dicarboxylate	
	CAS 号 CAS Number	117-81-7	
	分子式 Molecular Formula	$C_{24}H_{38}O_4$	
	精确质量数 Exact Mass	390.27701	
	结构图 Structure Diagram	SciFinder	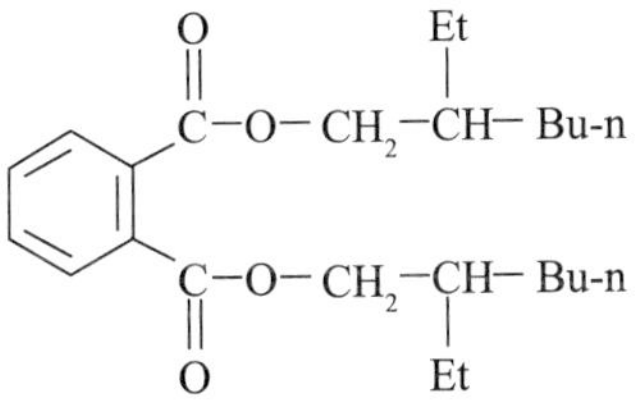
		ChemSpider	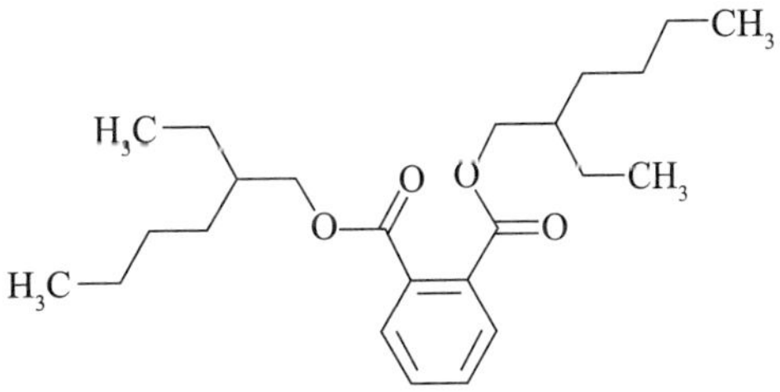
		PubChem	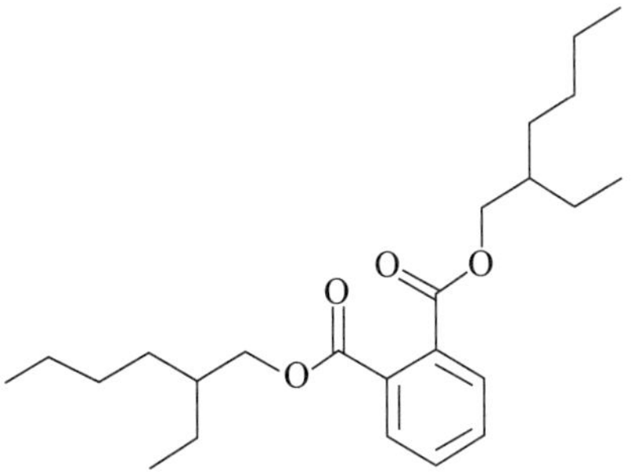
	法规出处 Regulation Source	SVHC/RSL/OEKO/CPSIA/RoHS	

表 2-2（续）

序号	禁限用化合物信息库		
162	化合物英文名 Compound Name	Name in Regulation	Diazene-1，2-dicarboxamide （C，C′-azodi（formamide））
		CA Index Name	1，2-Diazenedicarboxamide
		ChemSpider	（E）-Azodicarbonamide
		PubChem	1，1-azobisformamide
	化合物中文名 Chinese Name	偶氮二甲酰胺	
	IUPAC Name	（E）-carbamoyliminourea	
	CAS 号 CAS Number	123-77-3	
	分子式 Molecular Formula	$C_2H_4N_4O_2$	
	精确质量数 Exact Mass	116.03342	
	结构图 Structure Diagram	SciFinder	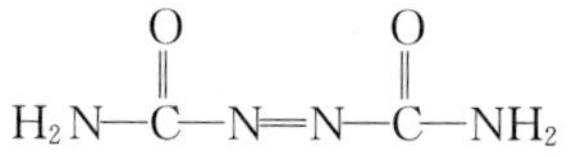
		ChemSpider	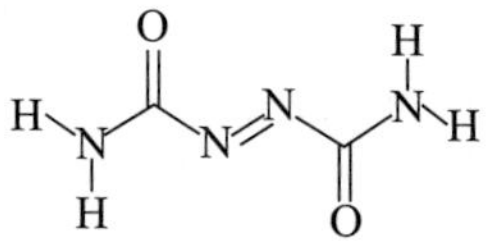
		PubChem	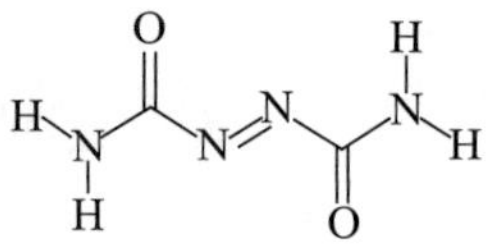
	法规出处 Regulation Source	SVHC	

表 2-2（续）

序号	禁限用化合物信息库		
163	化合物英文名 Compound Name	Name in Regulation	Diazinon
		CA Index Name	Phosphorothioic acid，*O*，*O*-diethyl *O*-［6-methyl-2-（1-methylethyl）-4-pyrimidinyl］ester
		ChemSpider	Diazinon
		PubChem	Diazinon
	化合物中文名 Chinese Name	二嗪磷	
	IUPAC Name	diethoxy-（6-methyl-2-propan-2-ylpyrimidin-4-yl）oxy-sulfanylidene-λ5-phosphane	
	CAS 号 CAS Number	333-41-5	
	分子式 Molecular Formula	$C_{12}H_{21}N_2O_3PS$	
	精确质量数 Exact Mass	304.10105	
	结构图 Structure Diagram	SciFinder	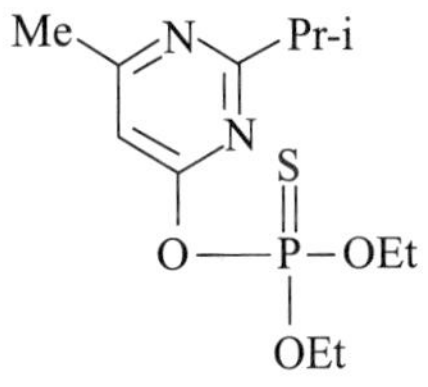
		ChemSpider	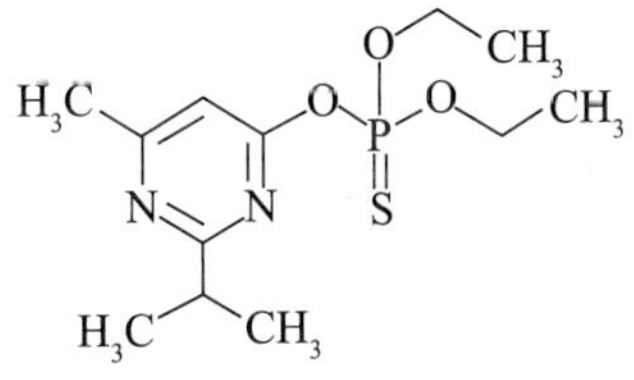
		PubChem	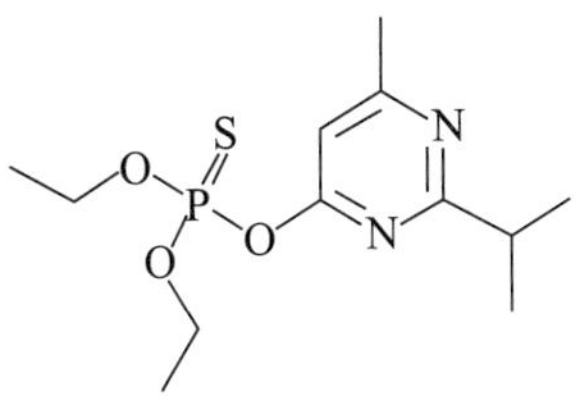
	法规出处 Regulation Source	OEKO	

表 2-2（续）

序号	禁限用化合物信息库		
164	化合物英文名 Compound Name	Name in Regulation	Dibenzo (a, e) pyrene
		CA Index Name	Naphtho [1, 2, 3, 4-def] chrysene
		ChemSpider	DIBENZO (A, E) PYRENE
		PubChem	Dibenzo (a, e) pyrene
	化合物中文名 Chinese Name	二苯并（a, e）芘	
	IUPAC Name	—	
	CAS号 CAS Number	192-65-4	
	分子式 Molecular Formula	$C_{24}H_{14}$	
	精确质量数 Exact Mass	302.10955	
	结构图 Structure Diagram	SciFinder	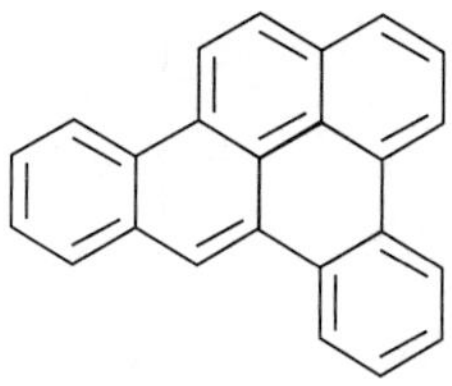
		ChemSpider	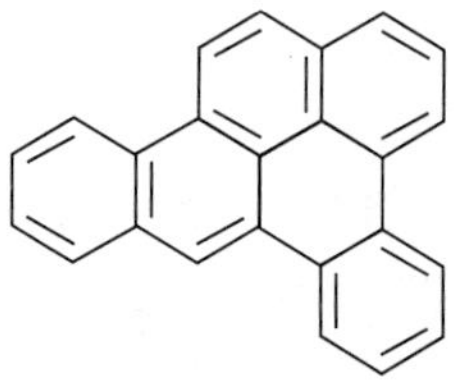
		PubChem	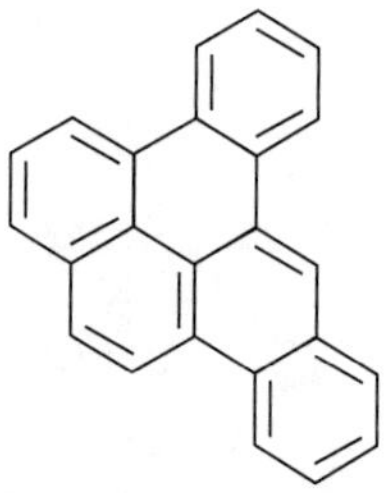
	法规出处 Regulation Source	OEKO	

表 2-2（续）

序号	禁限用化合物信息库		
165	化合物英文名 Compound Name	Name in Regulation	Dibenzo（a，h）anthracene
		CA Index Name	Dibenzo（a，h）anthracene
		ChemSpider	Benzo [k] tetraphene
		PubChem	1，2，5，6-dibenzanthracene
	化合物中文名 Chinese Name	二苯并（a，h）蒽	
	IUPAC Name	naphtho [1，2-b] phenanthrene	
	CAS 号 CAS Number	53-70-3	
	分子式 Molecular Formula	$C_{22}H_{14}$	
	精确质量数 Exact Mass	278.10955	
	结构图 Structure Diagram	SciFinder	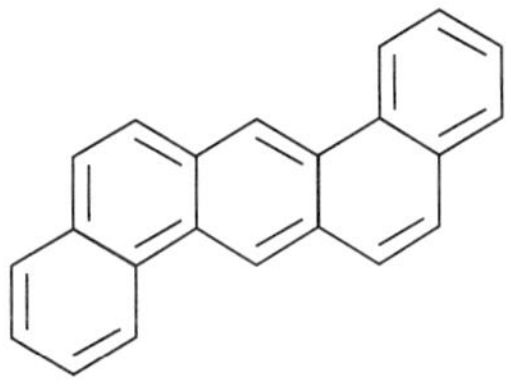
		ChemSpider	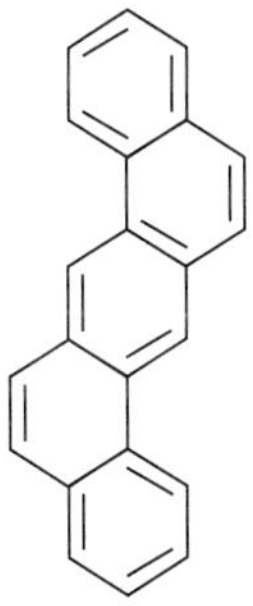
		PubChem	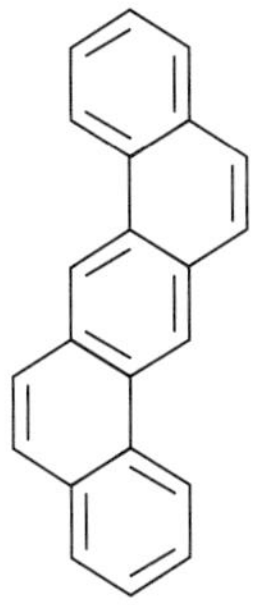
	法规出处 Regulation Source	RSL/OEKO	

表 2-2（续）

序号	禁限用化合物信息库		
166	化合物英文名 Compound Name	Name in Regulation	Dibenzo（a，h）pyrene
		CA Index Name	Dibenzo［b，def］chrysene
		ChemSpider	Dibenzo（a，h）pyrene
		PubChem	Dibenzo（a，h）pyrene
	化合物中文名 Chinese Name	二苯并（a，h）芘	
	IUPAC Name	—	
	CAS 号 CAS Number	189-64-0	
	分子式 Molecular Formula	$C_{24}H_{14}$	
	精确质量数 Exact Mass	302.10955	
	结构图 Structure Diagram	SciFinder	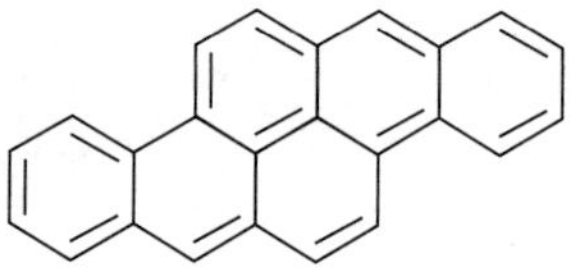
		ChemSpider	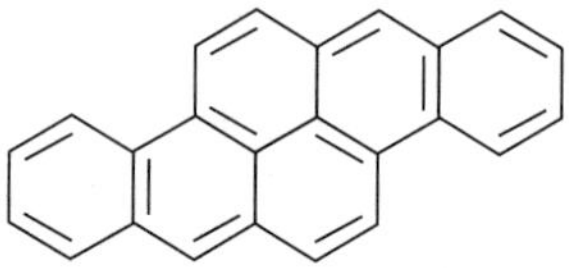
		PubChem	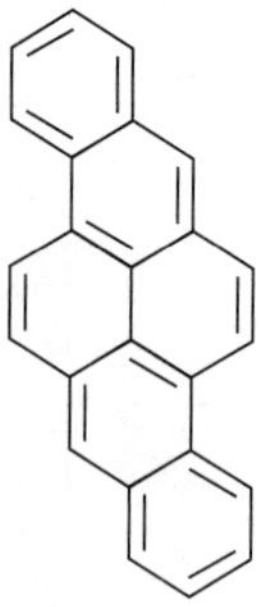
	法规出处 Regulation Source	OEKO	

表 2 - 2（续）

序号	禁限用化合物信息库		
167	化合物英文名 Compound Name	Name in Regulation	Dibenzo（a，i）pyrene
		CA Index Name	Benzo［rst］pentaphene
		ChemSpider	Dibenz［a，i］pyrene
		PubChem	Dibenzo（a，i）pyrene
	化合物中文名 Chinese Name	二苯并（a，i）芘	
	IUPAC Name	—	
	CAS 号 CAS Number	189 - 55 - 9	
	分子式 Molecular Formula	$C_{24}H_{14}$	
	精确质量数 Exact Mass	302.10955	
	结构图 Structure Diagram	SciFinder	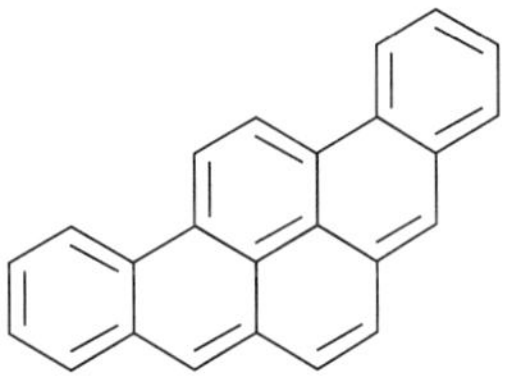
		ChemSpider	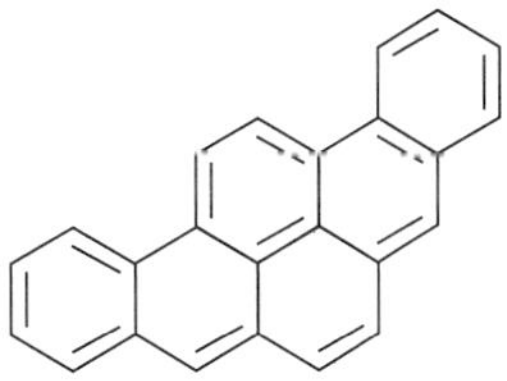
		PubChem	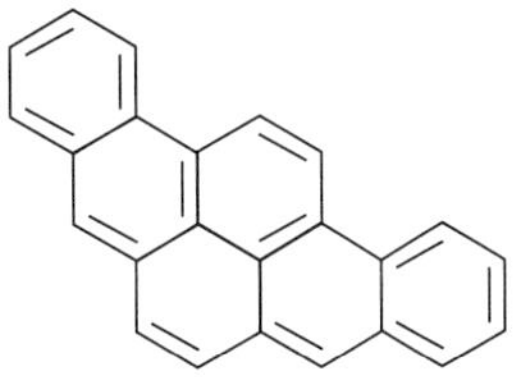
	法规出处 Regulation Source	OEKO	

表 2-2（续）

序号	禁限用化合物信息库		
168	化合物英文名 Compound Name	Name in Regulation	Dibenzo（a，l）pyrene
		CA Index Name	Dibenzo［def，p］chrysene
		ChemSpider	Dibenzopyrene
		PubChem	Dibenzo（a，l）pyrene
	化合物中文名 Chinese Name	二苯并（a，l）芘	
	IUPAC Name	—	
	CAS号 CAS Number	191-30-0	
	分子式 Molecular Formula	$C_{24}H_{14}$	
	精确质量数 Exact Mass	302.10955	
	结构图 Structure Diagram	SciFinder	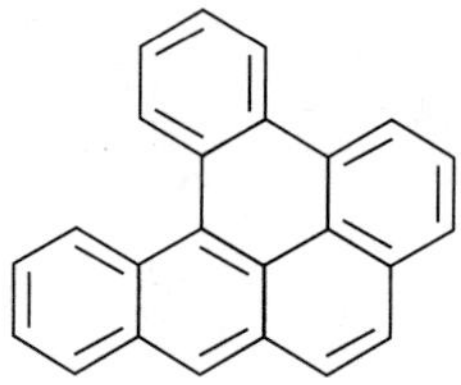
		ChemSpider	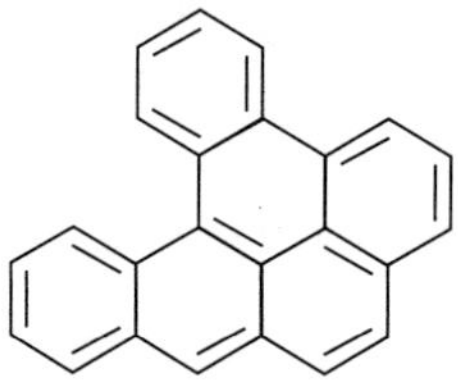
		PubChem	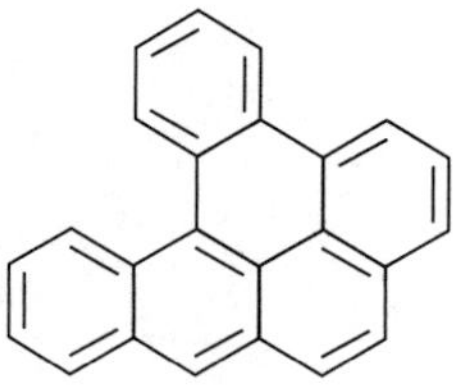
	法规出处 Regulation Source	OEKO	

表 2-2（续）

序号	禁限用化合物信息库		
169	化合物英文名 Compound Name	Name in Regulation	Dibutyl phthalate（DBP）
		CA Index Name	1，2-Benzenedicarboxylic acid，1，2-dibutyl ester
		ChemSpider	Dibutyl phthalate
		PubChem	Dibutyl Phthalate
	化合物中文名 Chinese Name	邻苯二甲酸二丁酯	
	IUPAC Name	dibutyl benzene-1，2-dicarboxylate	
	CAS号 CAS Number	84-74-2	
	分子式 Molecular Formula	$C_{16}H_{22}O_4$	
	精确质量数 Exact Mass	278.15181	
	结构图 Structure Diagram	SciFinder	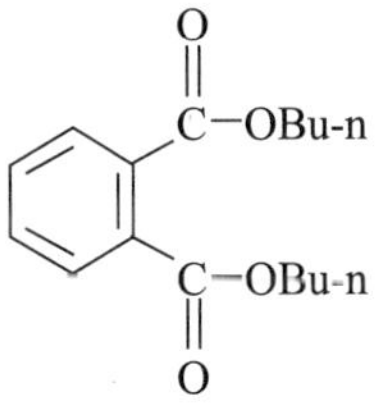 O; C—OBu-n; C—OBu-n; O
		ChemSpider	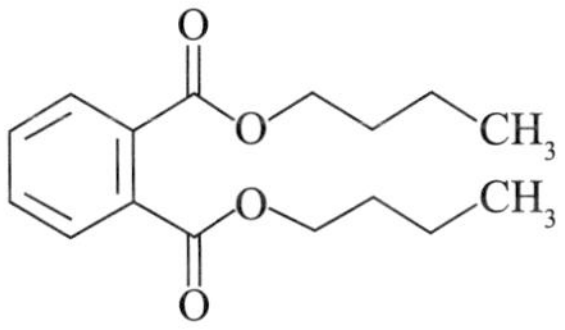 O; O; CH_3; O; CH_3; O
		PubChem	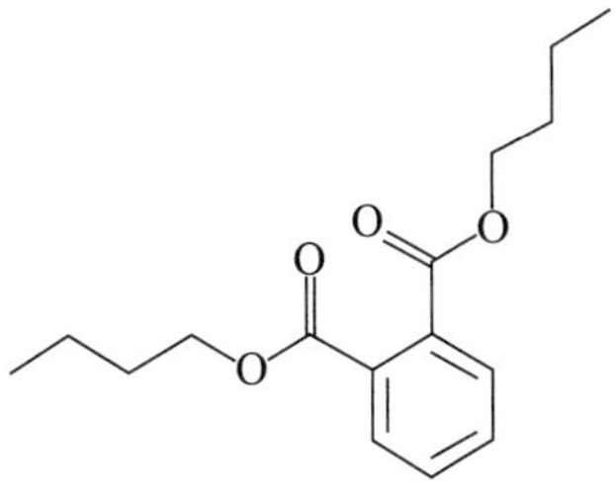 O; O; O; O
	法规出处 Regulation Source	SVHC/RSL/OEKO/CPSIA/RoHS	

表 2-2（续）

<table>
<tr><th>序号</th><th colspan="3">禁限用化合物信息库</th></tr>
<tr><td rowspan="12">170</td><td rowspan="4">化合物英文名
Compound Name</td><td>Name in Regulation</td><td>Dibutyltin (DBT)</td></tr>
<tr><td>CA Index Name</td><td>Stannane，dibutyl-</td></tr>
<tr><td>ChemSpider</td><td>Dibutyltin</td></tr>
<tr><td>PubChem</td><td>Di-n-butyltin</td></tr>
<tr><td>化合物中文名
Chinese Name</td><td colspan="2">二丁基锡</td></tr>
<tr><td>IUPAC Name</td><td colspan="2">Dibutyl benzene-1，2-dicarboxylate/Dibutyl phthalate</td></tr>
<tr><td>CAS 号
CAS Number</td><td colspan="2">1002-53-5</td></tr>
<tr><td>分子式
Molecular Formula</td><td colspan="2">$C_8H_{18}Sn$</td></tr>
<tr><td>精确质量数
Exact Mass</td><td colspan="2">234.04305</td></tr>
<tr><td rowspan="3">结构图
Structure Diagram</td><td>SciFinder</td><td>n-Bu—SnH_2—Bu-n</td></tr>
<tr><td>ChemSpider</td><td>H_3C Sn CH_3</td></tr>
<tr><td>PubChem</td><td>Sn</td></tr>
<tr><td></td><td>法规出处
Regulation Source</td><td colspan="2">RSL/OEKO</td></tr>
</table>

表 2 - 2（续）

序号	禁限用化合物信息库		
171	化合物英文名 Compound Name	Name in Regulation	Dibutyltin dichloride (DBTC)
		CA Index Name	Stannane，dibutyldichloro -
		ChemSpider	Dibutyldichlorotin
		PubChem	Dibutyldichlorotin
	化合物中文名 Chinese Name	二丁基二氯化锡	
	IUPAC Name	Dibutyl（dichloro）stannane	
	CAS 号 CAS Number	683 - 18 - 1	
	分子式 Molecular Formula	$C_8H_{18}Cl_2Sn$	
	精确质量数 Exact Mass	303.98075	
	结构图 Structure Diagram	SciFinder	Cl *n* - Bu—Sn—Bu - *n* Cl
		ChemSpider	H$_3$C, Cl, Sn, Cl, CH$_3$
		PubChem	Cl, Sn, Cl
	法规出处 Regulation Source	SVHC/OEKO	

表 2 - 2（续）

序号	禁限用化合物信息库		
172	化合物英文名 Compound Name	Name in Regulation	Dichloro - diphenyl - dichloroethane (DDD)
		CA Index Name	Benzene，1，1′-（2，2 - dichloroethylidene）bis［4 - chloro -
		ChemSpider	1，1 - Dichloro - 2，2 - bis（4 - chlorophenyl）- ethane
		PubChem	Dichlorodiphenyldichloroethane
	化合物中文名 Chinese Name	滴滴滴	
	IUPAC Name	1 - chloro - 4 -［2，2 - dichloro - 1 -（4 - chlorophenyl）ethyl］benzene	
	CAS 号 CAS Number	72 - 54 - 8	
	分子式 Molecular Formula	$C_{14}H_{10}Cl_4$	
	精确质量数 Exact Mass	319.95071	
	结构图 Structure Diagram	SciFinder	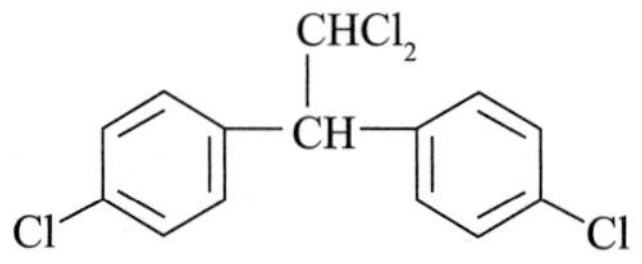
		ChemSpider	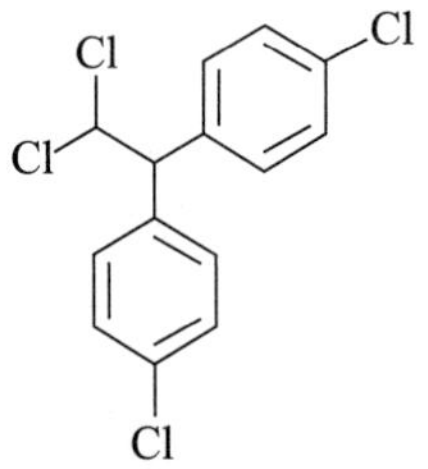
		PubChem	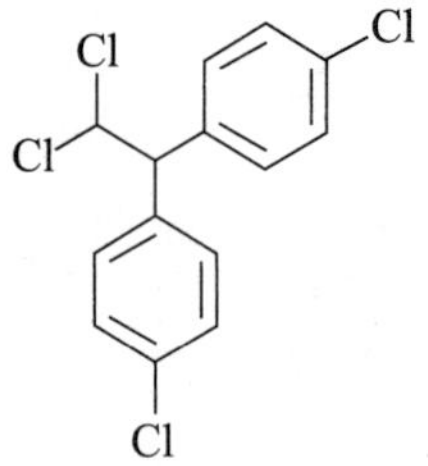
	法规出处 Regulation Source	RSL/OEKO	

表 2-2（续）

序号	禁限用化合物信息库		
173	化合物英文名 Compound Name	Name in Regulation	Dichloro-diphenyl-dichloroethylene (DDE)
		CA Index Name	Benzene, 1, 1′-(2, 2-dichloroethenylidene) bis [4-chloro-
		ChemSpider	Dichlorodiphenyldichloroethylene
		PubChem	Dichlorodiphenyl Dichloroethylene
	化合物中文名 Chinese Name	滴滴伊	
	IUPAC Name	1-chloro-4-[2, 2-dichloro-1-(4-chlorophenyl) ethenyl] benzene	
	CAS号 CAS Number	72-55-9	
	分子式 Molecular Formula	$C_{14}H_8Cl_4$	
	精确质量数 Exact Mass	317.93506	
	结构图 Structure Diagram	SciFinder	CCl_2 C Cl Cl
		ChemSpider	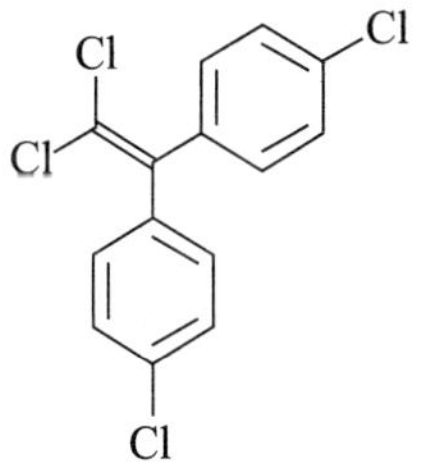 Cl Cl Cl Cl
		PubChem	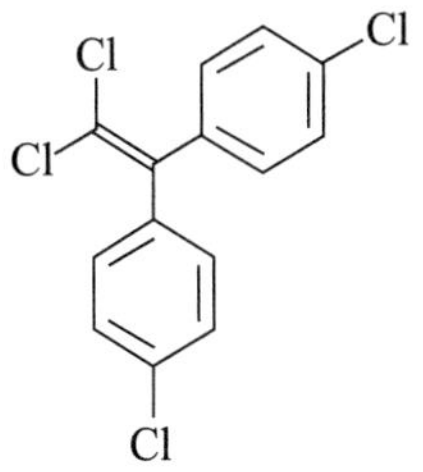 Cl Cl Cl Cl
	法规出处 Regulation Source	RSL/OEKO	

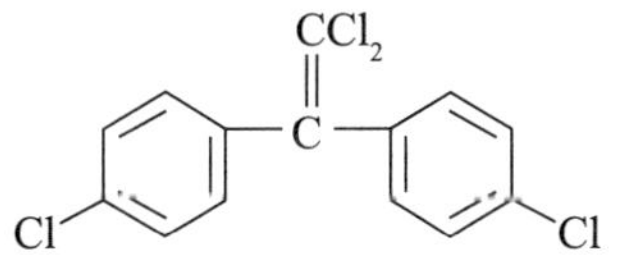

表 2-2（续）

序号	禁限用化合物信息库		
174	化合物英文名 Compound Name	Name in Regulation	Dichloro - diphenyl - trichloroethane (DDT)
		CA Index Name	Benzene, 1, 1′- (2, 2, 2 - trichloroethylidene) bis [4 - chloro -
		ChemSpider	DDT
		PubChem	DDT
	化合物中文名 Chinese Name	滴滴涕	
	IUPAC Name	1 - chloro - 4 - [2, 2, 2 - trichloro - 1 - (4 - chlorophenyl) ethyl] benzene	
	CAS 号 CAS Number	50 - 29 - 3	
	分子式 Molecular Formula	$C_{14}H_9Cl_5$	
	精确质量数 Exact Mass	353.91174	
	结构图 Structure Diagram	SciFinder	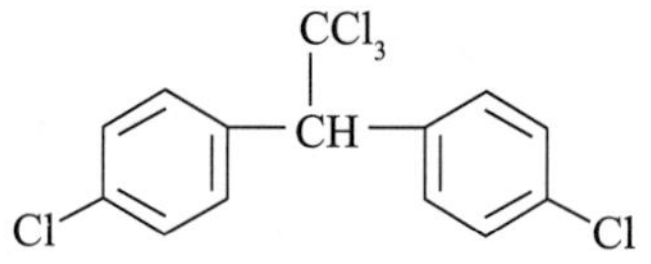 CCl3 CH Cl Cl
		ChemSpider	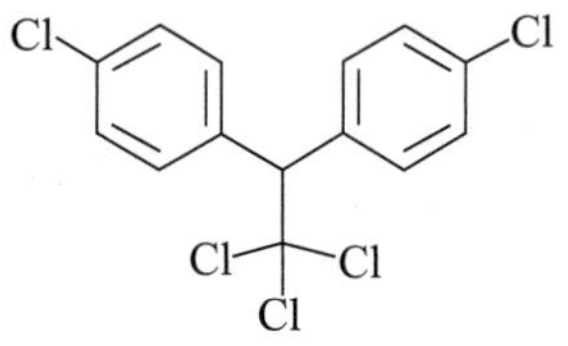 Cl Cl Cl Cl Cl
		PubChem	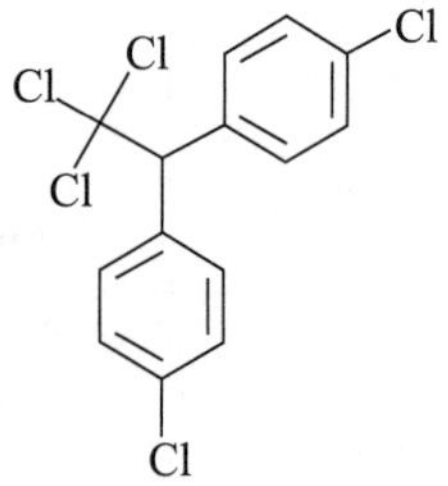 Cl Cl Cl Cl Cl
	法规出处 Regulation Source	RSL/OEKO	

表 2-2（续）

序号	禁限用化合物信息库		
175	化合物英文名 Compound Name	Name in Regulation	Dichlorprop
		CA Index Name	Propanoic acid，2-（2，4-dichlorophenoxy）-
		ChemSpider	2，4-dichlorophenoxypropionic acid
		PubChem	Dichlorprop
	化合物中文名 Chinese Name	2，4-滴丙酸	
	IUPAC Name	2-（2，4-dichlorophenoxy）propanoic acid	
	CAS号 CAS Number	120-36-5	
	分子式 Molecular Formula	$C_9H_8Cl_2O_3$	
	精确质量数 Exact Mass	233.98505	
	结构图 Structure Diagram	SciFinder	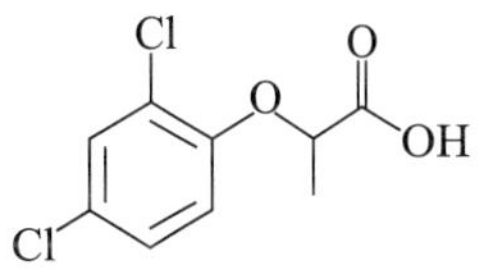 Cl O O OH Cl
		ChemSpider	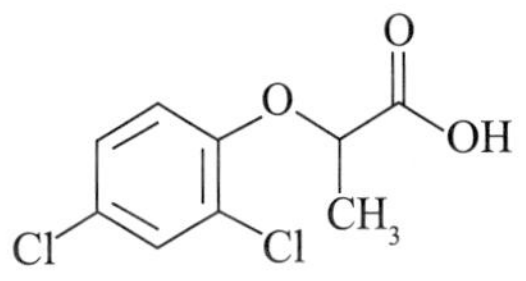 O O OH Cl Cl CH3
		PubChem	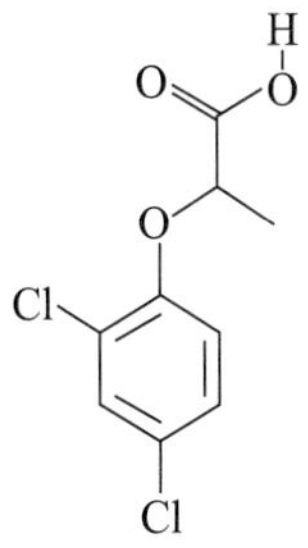 H O O O Cl Cl
	法规出处 Regulation Source	OEKO	

表 2-2（续）

序号	禁限用化合物信息库		
176	化合物英文名 Compound Name	Name in Regulation	Dicrotophos
		CA Index Name	Phosphoric acid，(1E)-3-(dimethylamino)-1-methyl-3-oxo-1-propen-1-yl dimethyl ester
		ChemSpider	Bidirl
		PubChem	Dicrotophos
	化合物中文名 Chinese Name	百治磷	
	IUPAC Name	[(E)-4-(dimethylamino)-4-oxobut-2-en-2-yl] dimethyl phosphate	
	CAS 号 CAS Number	141-66-2	
	分子式 Molecular Formula	$C_8H_{16}NO_5P$	
	精确质量数 Exact Mass	237.07661	
	结构图 Structure Diagram	SciFinder	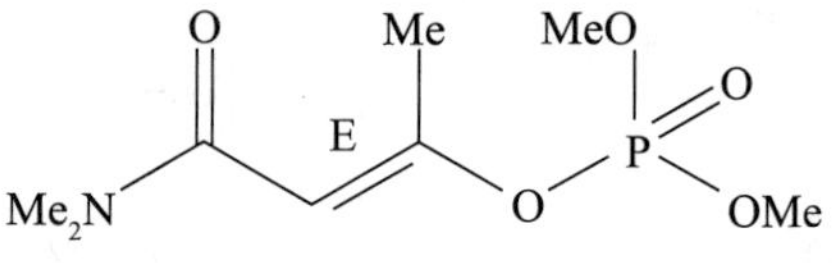
		ChemSpider	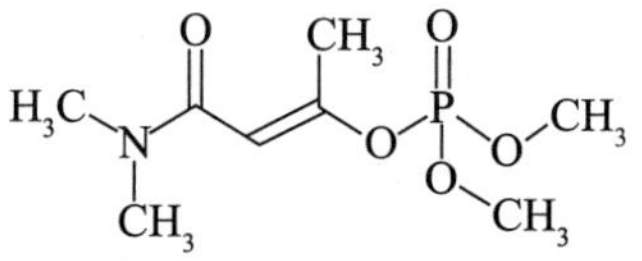
		PubChem	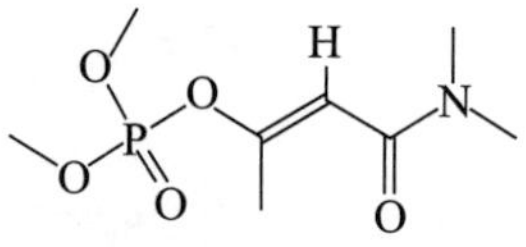
	法规出处 Regulation Source	OEKO	

表 2-2（续）

序号	禁限用化合物信息库		
177	化合物英文名 Compound Name	Name in Regulation	Dieldrin
		CA Index Name	2, 7: 3, 6-Dimethanonaphth [2, 3-b] oxirene, 3, 4, 5, 6, 9, 9-hexachloro-1a, 2, 2a, 3, 6, 6a, 7, 7a-octahydro-, (1aR, 2R, 2aS, 3S, 6R, 6aR, 7S, 7aS)-rel-
		ChemSpider	Dieldrin
		PubChem	Dieldrin
	化合物中文名 Chinese Name	狄氏剂	
	IUPAC Name	—	
	CAS 号 CAS Number	60-57-1	
	分子式 Molecular Formula	$C_{12}H_8Cl_6O$	
	精确质量数 Exact Mass	379.86768	
	结构图 Structure Diagram	SciFinder	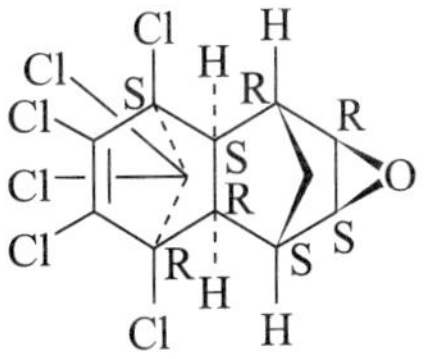
		ChemSpider	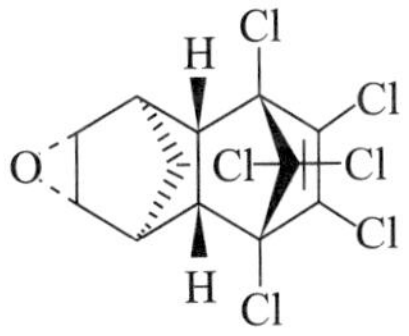
		PubChem	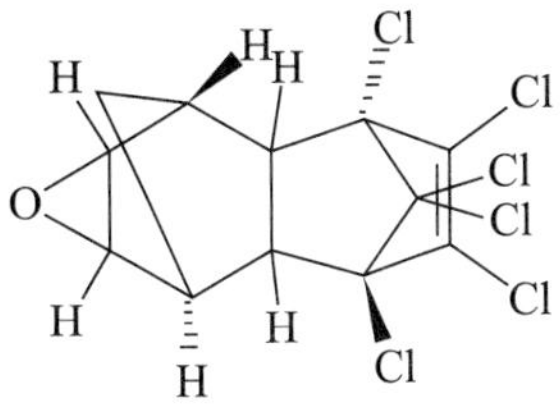
	法规出处 Regulation Source	RSL/OEKO	

表 2-2（续）

序号	禁限用化合物信息库		
178	化合物英文名 Compound Name	Name in Regulation	Diethyl sulphate
		CA Index Name	Sulfuric acid, diethyl ester
		ChemSpider	Diethyl sulfate
		PubChem	Diethyl sulfate
	化合物中文名 Chinese Name	硫酸二乙酯	
	IUPAC Name	Diethyl sulfate	
	CAS 号 CAS Number	64-67-5	
	分子式 Molecular Formula	$C_4H_{10}O_4S$	
	精确质量数 Exact Mass	154.02998	
	结构图 Structure Diagram	SciFinder	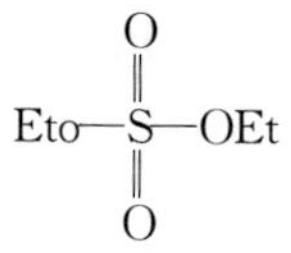 Eto—S(=O)(=O)—OEt
		ChemSpider	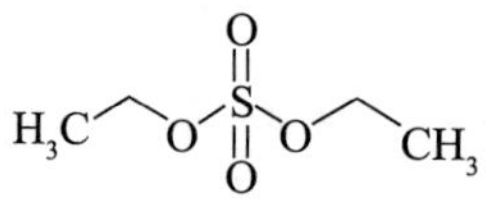 H3C O S(=O)(=O) O CH3
		PubChem	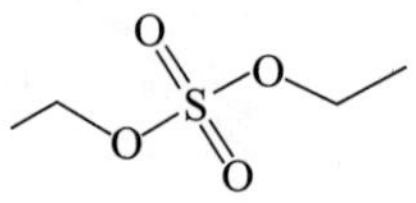 O O S O O
	法规出处 Regulation Source	SVHC	

表 2-2（续）

<table>
<tr><th>序号</th><th colspan="3">禁限用化合物信息库</th></tr>
<tr><td rowspan="14">179</td><td rowspan="4">化合物英文名
Compound Name</td><td>Name in Regulation</td><td>Dihexyl phthalate (DHP)</td></tr>
<tr><td>CA Index Name</td><td>1，2-Benzenedicarboxylic acid，1，2-dihexyl ester</td></tr>
<tr><td>ChemSpider</td><td>DIHEXYL PHTHALATE</td></tr>
<tr><td>PubChem</td><td>Di-n-hexyl phthalate</td></tr>
<tr><td>化合物中文名
Chinese Name</td><td colspan="2">邻苯二甲酸二己酯</td></tr>
<tr><td>IUPAC Name</td><td colspan="2">dihexyl benzene-1，2-dicarboxylate</td></tr>
<tr><td>CAS 号
CAS Number</td><td colspan="2">84-75-3</td></tr>
<tr><td>分子式
Molecular Formula</td><td colspan="2">$C_{20}H_{30}O_4$</td></tr>
<tr><td>精确质量数
Exact Mass</td><td colspan="2">334.21441</td></tr>
<tr><td rowspan="3">结构图
Structure Diagram</td><td>SciFinder</td><td> 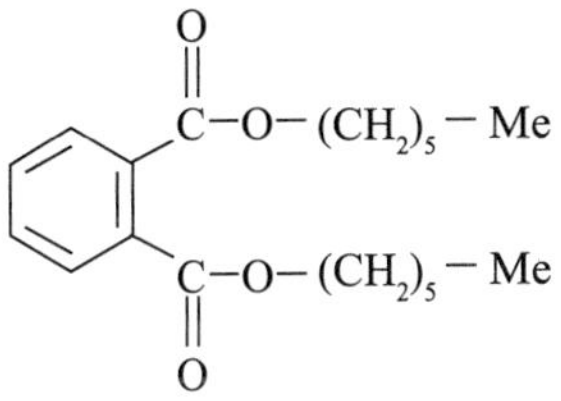O=C(-O-(CH₂)₅-Me) ; C(=O)-O-(CH₂)₅-Me</td></tr>
<tr><td>ChemSpider</td><td> 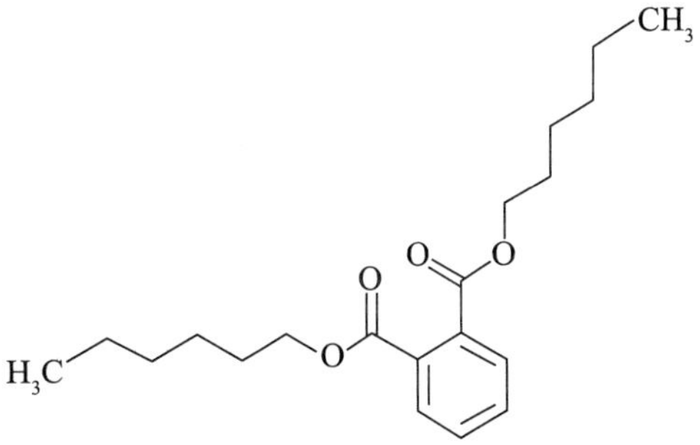CH3 ; O ; O ; O ; O ; H3C</td></tr>
<tr><td>PubChem</td><td> 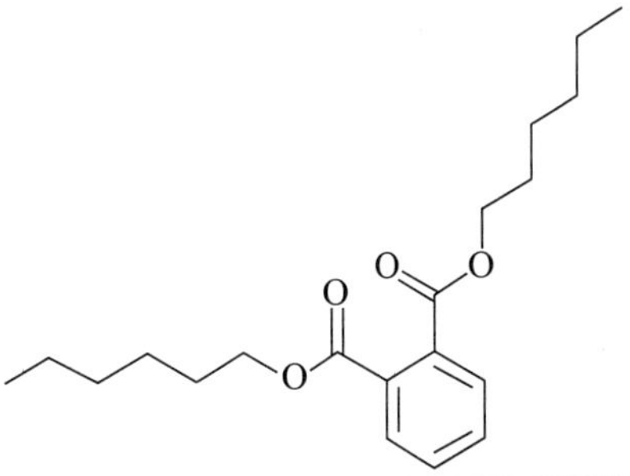O ; O ; O ; O</td></tr>
<tr><td>法规出处
Regulation Source</td><td colspan="2">SVHC/OEKO/RSL</td></tr>
</table>

表 2-2（续）

序号	禁限用化合物信息库		
180	化合物英文名 Compound Name	Name in Regulation	Diisobutyl phthalate (DIBP)
		CA Index Name	1，2-Benzenedicarboxylic acid，1，2-bis (2-methylpropyl) ester
		ChemSpider	Diisobutylphthalat
		PubChem	Diisobutyl phthalate
	化合物中文名 Chinese Name	邻苯二甲酸二异丁酯	
	IUPAC Name	bis (2-methylpropyl) benzene-1，2-dicarboxylate	
	CAS 号 CAS Number	84-69-5	
	分子式 Molecular Formula	$C_{16}H_{22}O_4$	
	精确质量数 Exact Mass	278.15181	
	结构图 Structure Diagram	SciFinder	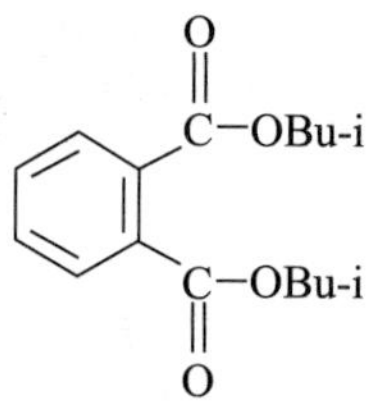 O C—OBu-i C—OBu-i O
		ChemSpider	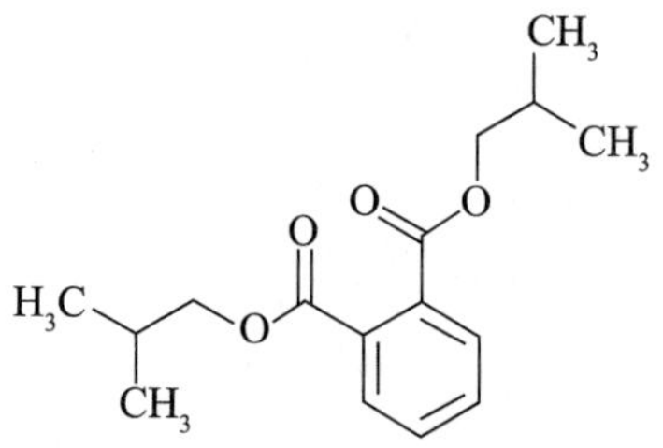 CH_3 CH_3 O O O H_3C O CH_3
		PubChem	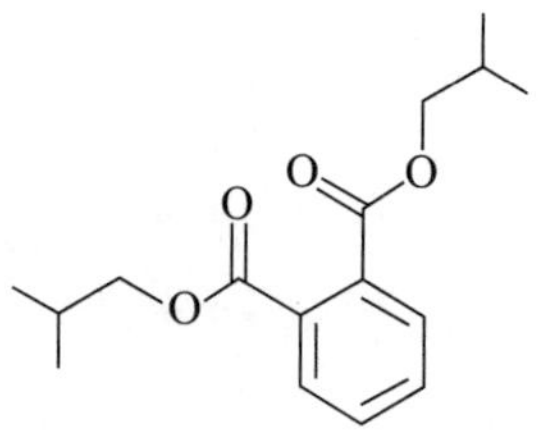 O O O O
	法规出处 Regulation Source	SVHC/OEKO	

表 2-2（续）

序号	禁限用化合物信息库		
181	化合物英文名 Compound Name	Name in Regulation	Di-isodecylphthalate (DIDP)
		CA Index Name	1，2-Benzenedicarboxylic acid，di-C9-11-branched alkyl esters，C10-rich
		ChemSpider	Reomol DiDP
		PubChem	Diisodecyl phthalate
	化合物中文名 Chinese Name	邻苯二甲酸二异癸酯（DIDP）	
	IUPAC Name	bis（8-methylnonyl）benzene-1，2-dicarboxylate	
	CAS 号 CAS Number	68515-49-1	
	分子式 Molecular Formula	$C_{28}H_{46}O_4$	
	精确质量数 Exact Mass	446.33961	
	结构图 Structure Diagram	SciFinder	—
		ChemSpider	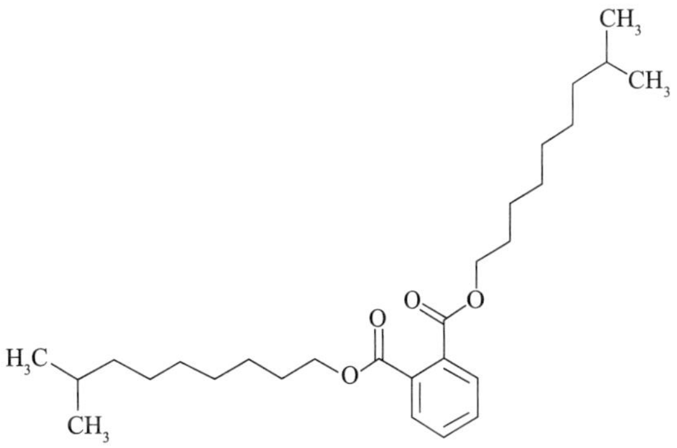 CH_3 CH_3 O O O O H_3C CH_3
		PubChem	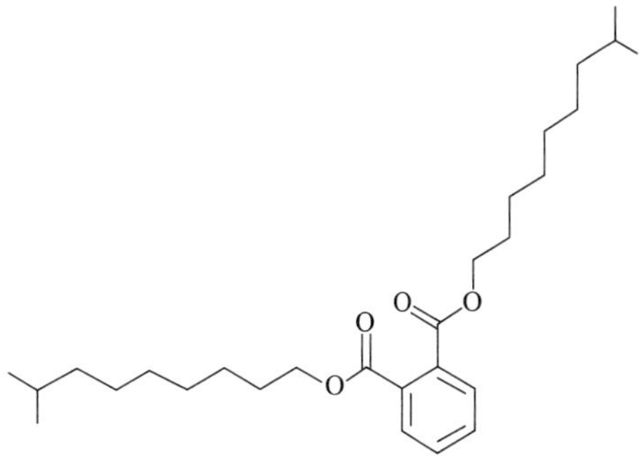 O O O O
	法规出处 Regulation Source	RSL/OEKO/CPSIA	

表 2 - 2（续）

序号	禁限用化合物信息库		
182	化合物英文名 Compound Name	Name in Regulation	Di - isodecylphthalate（DIDP）
		CA Index Name	1，2 - Benzenedicarboxylic acid，1，2 - diisodecyl ester
		ChemSpider	Reomol DiDP
		PubChem	Diisodecyl phthalate
	化合物中文名 Chinese Name	邻苯二甲酸二异癸酯	
	IUPAC Name	Bis（8 - methylnonyl）benzene - 1，2 - dicarboxylate	
	CAS号 CAS Number	26761 - 40 - 0	
	分子式 Molecular Formula	$C_{28}H_{46}O_4$	
	精确质量数 Exact Mass	446.33961	
	结构图 Structure Diagram	SciFinder	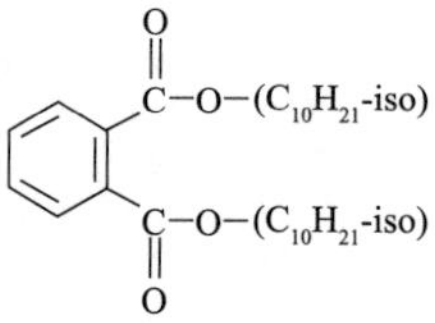 O ‖ C—O—($C_{10}H_{21}$-iso) / C—O—($C_{10}H_{21}$-iso) ‖ O
		ChemSpider	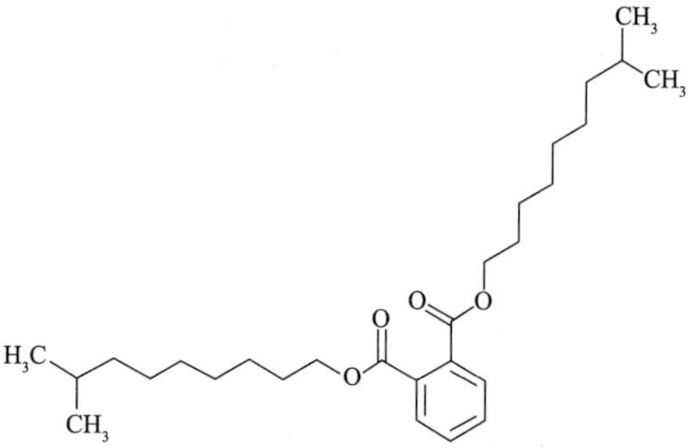 CH_3 CH_3 O O O O H_3C CH_3
		PubChem	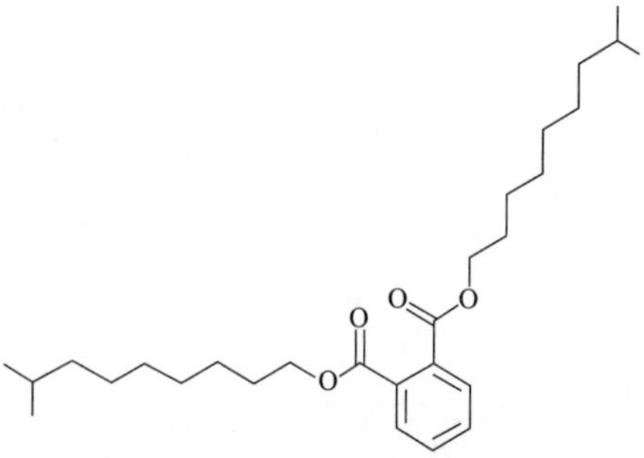 O O O O
	法规出处 Regulation Source	RSL/OEKO/CPSIA	

表 2－2（续）

序号	禁限用化合物信息库		
183	化合物英文名 Compound Name	Name in Regulation	Di－isononylphthalate (DINP)
		CA Index Name	1，2－Benzenedicarboxylic acid，di－C8－10－branched alkyl esters，C9－rich
		ChemSpider	Diisononylphthalate
		PubChem	Diisononyl phthalate
	化合物中文名 Chinese Name	邻苯二甲酸二异壬酯	
	IUPAC Name	bis（7－methyloctyl）benzene－1，2－dicarboxylate	
	CAS 号 CAS Number	68515－48－0	
	分子式 Molecular Formula	$C_{26}H_{42}O_4$	
	精确质量数 Exact Mass	418.30831	
	结构图 Structure Diagram	SciFinder	—
		ChemSpider	H_3C CH_3 O O CH_3 O H_3C O
		PubChem	O O O O
	法规出处 Regulation Source	RSL/OEKO/CPSIA	

表 2-2（续）

序号	禁限用化合物信息库		
184	化合物英文名 Compound Name	Name in Regulation	Di-isononylphthalate (DINP)
		CA Index Name	1，2-Benzenedicarboxylic acid，1，2-diisononyl ester
		ChemSpider	Bis（3，5，5-trimethylhexyl）phthalate
		PubChem	Diisononyl phthalate
	化合物中文名 Chinese Name	邻苯二甲酸二异壬酯	
	IUPAC Name	bis（3，5，5-trimethylhexyl）benzene-1，2-dicarboxylate	
	CAS号 CAS Number	28553-12-0	
	分子式 Molecular Formula	$C_{26}H_{42}O_4$	
	精确质量数 Exact Mass	418.30831	
	结构图 Structure Diagram	SciFinder	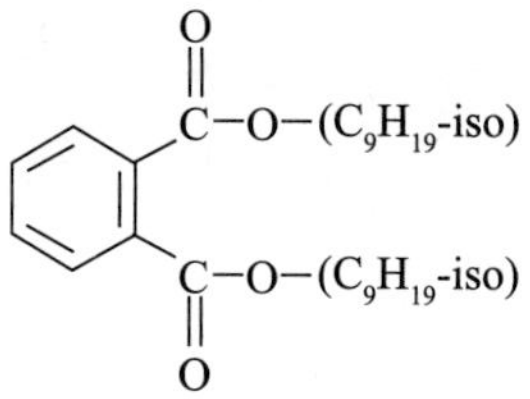
		ChemSpider	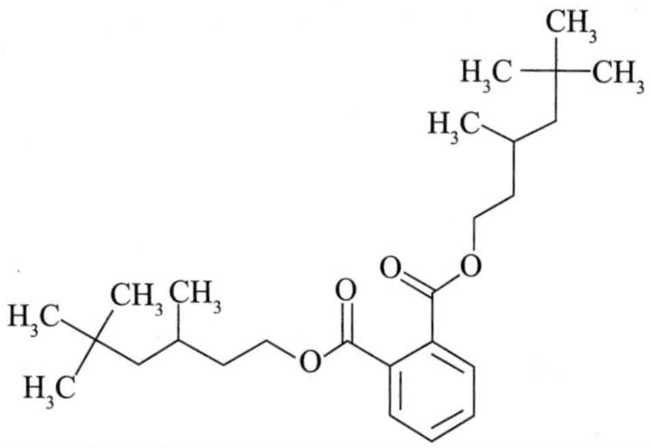
		PubChem	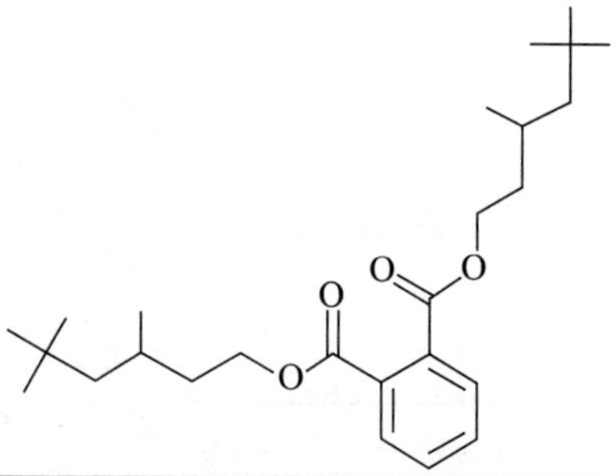
	法规出处 Regulation Source	RSL/OEKO/CPSIA	

表 2-2（续）

序号	禁限用化合物信息库		
185	化合物英文名 Compound Name	Name in Regulation	Diisopentylphthalate（DIPP）
		CA Index Name	1，2-Benzenedicarboxylic acid，1，2-bis（3-methylbutyl）ester
		ChemSpider	Bis（3-methylbutyl）phthalate
		PubChem	Diisopentyl phthalate
	化合物中文名 Chinese Name	邻苯二甲酸二异戊酯	
	IUPAC Name	Dis（3-methylbutyl）benzene-1，2-dicarboxylate	
	CAS号 CAS Number	605-50-5	
	分子式 Molecular Formula	$C_{18}H_{26}O_4$	
	精确质量数 Exact Mass	306.18311	
	结构图 Structure Diagram	SciFinder	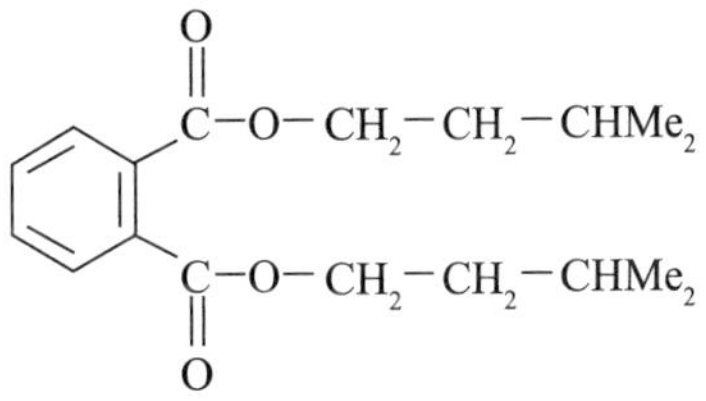
		ChemSpider	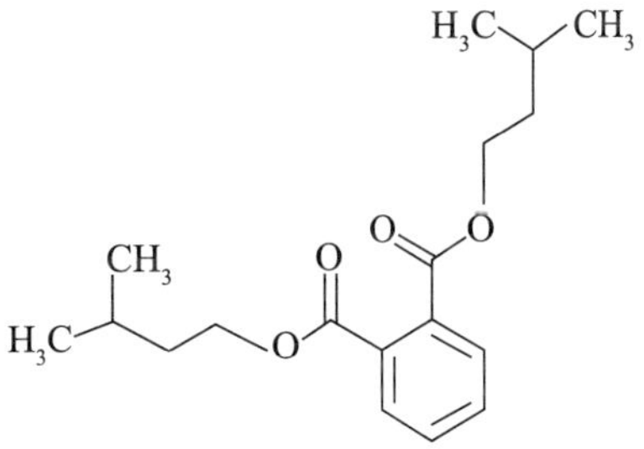
		PubChem	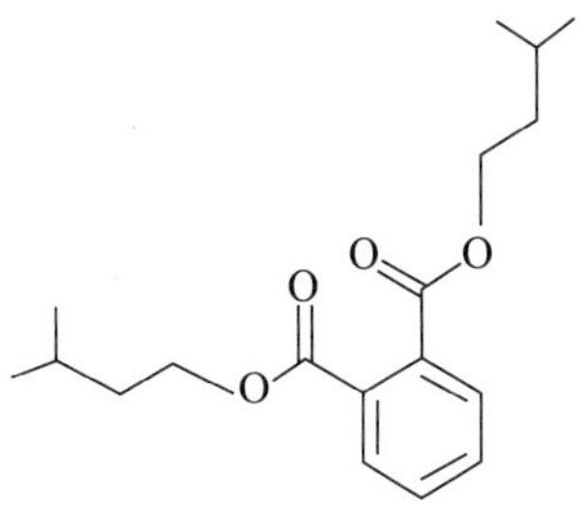
	法规出处 Regulation Source	SVHC/RSL/OEKO	

表 2-2（续）

序号	禁限用化合物信息库		
186	化合物英文名 Compound Name	Name in Regulation	Dimethoate
		CA Index Name	Phosphorodithioic acid，*O*，*O*-dimethyl S-［2-(methylamino）-2-oxoethyl］ester
		ChemSpider	Dimethoate
		PubChem	Dimethoate
	化合物中文名 Chinese Name	乐果	
	IUPAC Name	2-dimethoxyphosphinothioylsulfanyl-*N*-methylacetamide	
	CAS号 CAS Number	60-51-5	
	分子式 Molecular Formula	$C_5H_{12}NO_3PS_2$	
	精确质量数 Exact Mass	228.99962	
	结构图 Structure Diagram	SciFinder	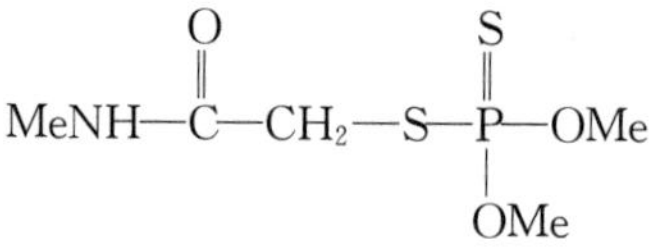 MeNH—C(=O)—CH₂—S—P(=S)(OMe)—OMe
		ChemSpider	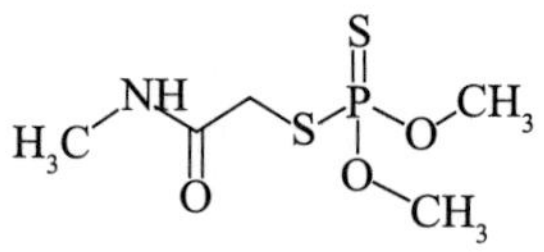
		PubChem	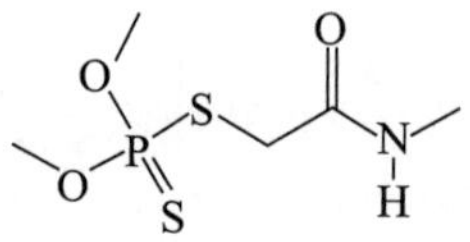
	法规出处 Regulation Source	OEKO	

表 2-2（续）

序号	禁限用化合物信息库		
187	化合物英文名 Compound Name	Name in Regulation	Dimethyl Fumarate
		CA Index Name	2-Butenedioic acid（2E）-，1，4-dimethyl ester
		ChemSpider	Dimethyl Fumarate
		PubChem	Dimethyl fumarate
	化合物中文名 Chinese Name	富马酸二甲酯	
	IUPAC Name	dimethyl（E）-but-2-enedioate	
	CAS号 CAS Number	624-49-7	
	分子式 Molecular Formula	$C_6H_8O_4$	
	精确质量数 Exact Mass	144.04226	
	结构图 Structure Diagram	SciFinder	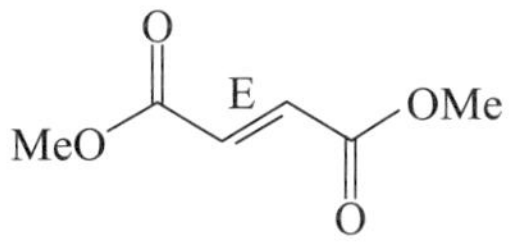
		ChemSpider	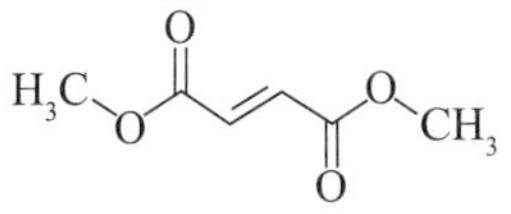
		PubChem	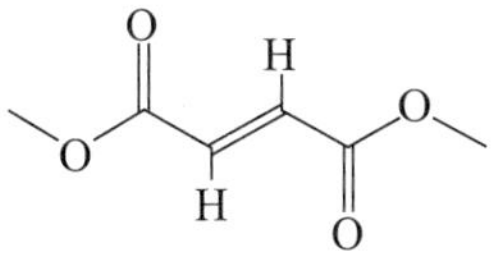
	法规出处 Regulation Source	RSL/OEKO	

表 2-2（续）

<table>
<tr><th>序号</th><th colspan="3">禁限用化合物信息库</th></tr>
<tr><td rowspan="12">188</td><td rowspan="4">化合物英文名
Compound Name</td><td>Name in Regulation</td><td>Dimethyl sulphate</td></tr>
<tr><td>CA Index Name</td><td>Sulfuric acid，dimethyl ester</td></tr>
<tr><td>ChemSpider</td><td>Dimethyl sulfate</td></tr>
<tr><td>PubChem</td><td>Dimethyl sulfate</td></tr>
<tr><td>化合物中文名
Chinese Name</td><td colspan="2">硫酸二甲酯</td></tr>
<tr><td>IUPAC Name</td><td colspan="2">Dimethyl sulfate</td></tr>
<tr><td>CAS 号
CAS Number</td><td colspan="2">77-78-1</td></tr>
<tr><td>分子式
Molecular Formula</td><td colspan="2">$C_2H_6O_4S$</td></tr>
<tr><td>精确质量数
Exact Mass</td><td colspan="2">125.99868</td></tr>
<tr><td rowspan="3">结构图
Structure Diagram</td><td>SciFinder</td><td>MeO—S(=O)(=O)—MeO</td></tr>
<tr><td>ChemSpider</td><td>H_3C—O—S(=O)(=O)—O—CH_3</td></tr>
<tr><td>PubChem</td><td>CH3—O—S(=O)(=O)—O—CH3</td></tr>
<tr><td></td><td>法规出处
Regulation Source</td><td colspan="2">SVHC</td></tr>
</table>

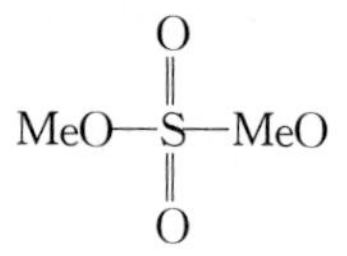

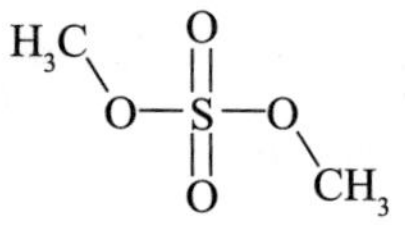

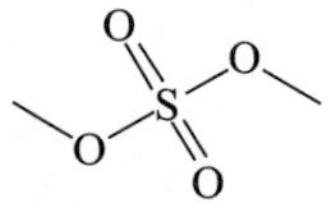

表 2-2（续）

序号	禁限用化合物信息库		
189	化合物英文名 Compound Name	Name in Regulation	Di-*n*-octylphthalate (DNOP)
		CA Index Name	1，2-Benzenedicarboxylic acid，1，2-dioctyl ester
		ChemSpider	Dioctyl phthalate
		PubChem	Di-*n*-octyl phthalate
	化合物中文名 Chinese Name	邻苯二甲酸二正辛酯	
	IUPAC Name	dioctyl benzene-1，2-dicarboxylate	
	CAS号 CAS Number	117-84-0	
	分子式 Molecular Formula	$C_{24}H_{38}O_4$	
	精确质量数 Exact Mass	390.27701	
	结构图 Structure Diagram	SciFinder	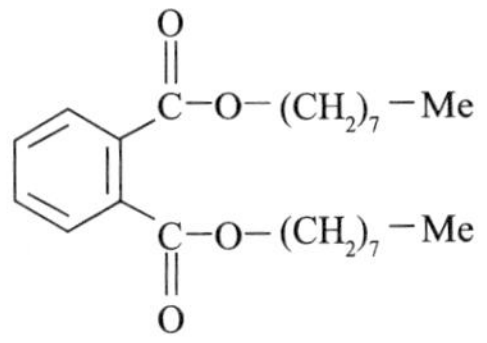 $C_6H_4[C(=O)-O-(CH_2)_7-Me]_2$
		ChemSpider	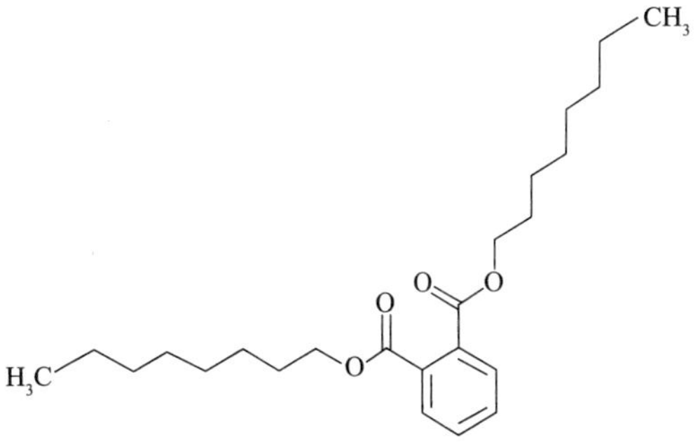
		PubChem	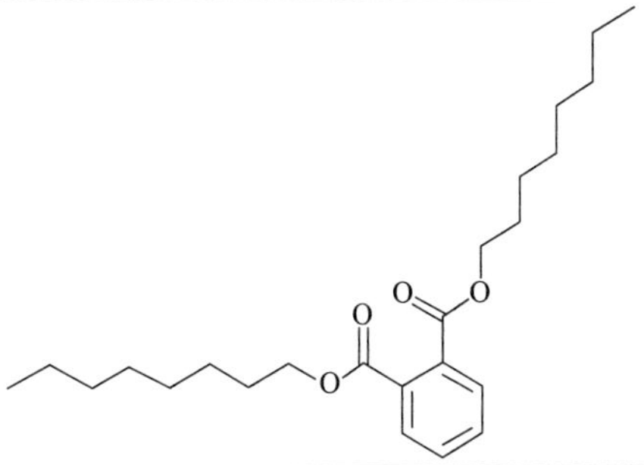
	法规出处 Regulation Source	RSL/OEKO/CPSIA	

表 2-2（续）

序号	禁限用化合物信息库		
190	化合物英文名 Compound Name	Name in Regulation	Dinoseb (6-sec-butyl-2，4-dinitrophenol)
		CA Index Name	Phenol，2-(1-methylpropyl)-4，6-dinitro-
		ChemSpider	Dinoseb
		PubChem	Dinoseb
	化合物中文名 Chinese Name	地乐酚	
	IUPAC Name	2-butan-2-yl-4，6-dinitrophenol	
	CAS号 CAS Number	88-85-7	
	分子式 Molecular Formula	$C_{10}H_{12}N_2O_5$	
	精确质量数 Exact Mass	240.07462	
	结构图 Structure Diagram	SciFinder	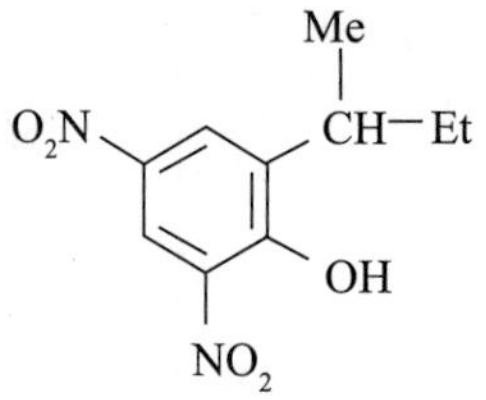 Me; O_2N; CH—Et; OH; NO_2
		ChemSpider	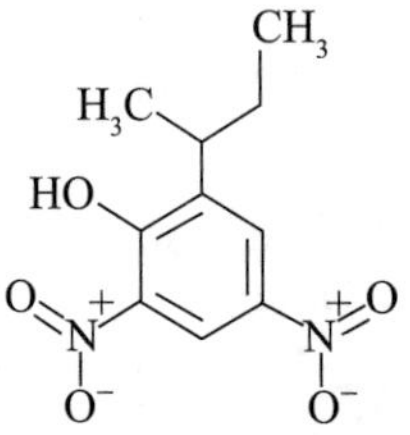 CH_3; H_3C; HO; O^+N; O^-; N^+O; O^-
		PubChem	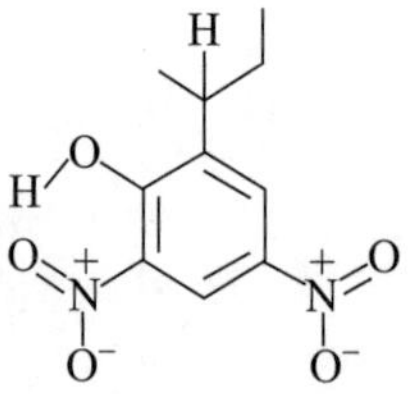 H; H O; O^+N; O^-; N^+O; O^-
	法规出处 Regulation Source	SVHC/OEKO	

表 2-2（续）

序号	禁限用化合物信息库		
191	化合物英文名 Compound Name	Name in Regulation	Dioctyltin (DOT)
		CA Index Name	Stannane, dioctyl-
		ChemSpider	Dioctyl-λ^2-stannane
		PubChem	Dioctyltin dihydride
	化合物中文名 Chinese Name	二辛基锡	
	IUPAC Name	dioctyltin	
	CAS 号 CAS Number	15231-44-4	
	分子式 Molecular Formula	$C_{16}H_{34}Sn$	
	精确质量数 Exact Mass	346.16825	
	结构图 Structure Diagram	SciFinder	Me—$(CH_2)_7$—SnH_2—$(CH_2)_7$—Me
		ChemSpider	H_3C Sn CH_3
		PubChem	Sn
	法规出处 Regulation Source	RSL/OEKO	

表 2-2（续）

序号	禁限用化合物信息库		
192	化合物英文名 Compound Name	Name in Regulation	Dipentyl phthalate（DPP）
		CA Index Name	1，2-Benzenedicarboxylic acid，1，2-dipentyl ester
		ChemSpider	Dipentyl phthalate
		PubChem	Di-*n*-pentyl phthalate
	化合物中文名 Chinese Name	邻苯二甲酸二戊酯	
	IUPAC Name	Dipentyl benzene-1，2-dicarboxylate	
	CAS号 CAS Number	131-18-0	
	分子式 Molecular Formula	$C_{18}H_{26}O_4$	
	精确质量数 Exact Mass	306.18311	
	结构图 Structure Diagram	SciFinder	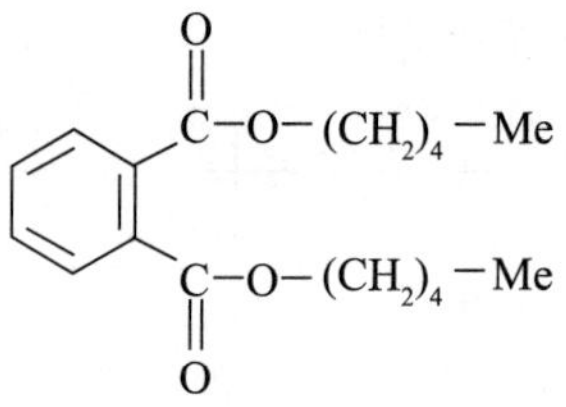
		ChemSpider	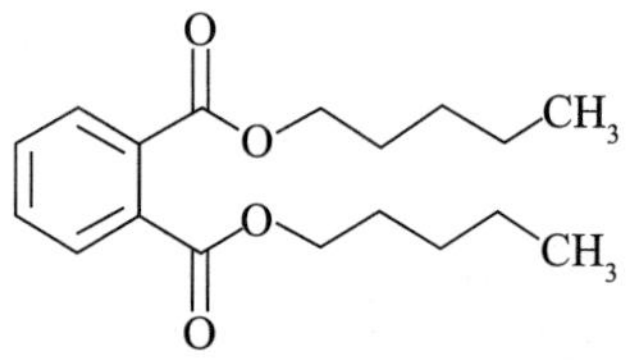
		PubChem	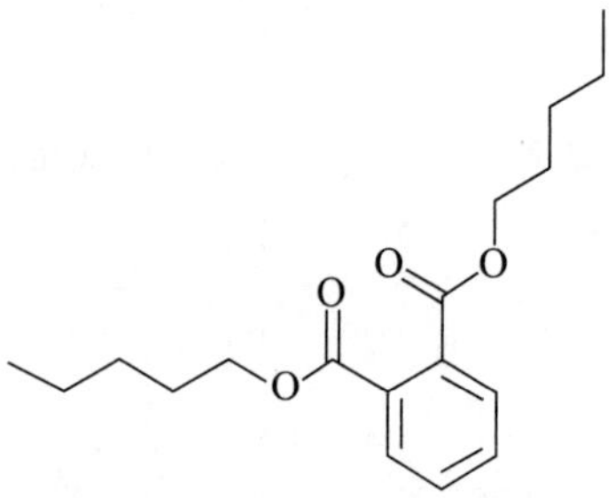
	法规出处 Regulation Source	SVHC/RSL/OEKO	

表 2-2（续）

序号	禁限用化合物信息库		
193	化合物英文名 Compound Name	Name in Regulation	Endrine
		CA Index Name	2，7：3，6-Dimethanonaphth [2，3-b] oxirene，3，4，5，6，9，9-hexachloro-1a，2，2a，3，6，6a，7，7a-octahydro-，（1aR，2R，2aR，3R，6S，6aS，7S，7aS）-rel-
		ChemSpider	Heod
		PubChem	Dieldrin
	化合物中文名 Chinese Name	异狄氏剂	
	IUPAC Name	—	
	CAS 号 CAS Number	72-20-8	
	分子式 Molecular Formula	$C_{12}H_8Cl_6O$	
	精确质量数 Exact Mass	379.86768	
	结构图 Structure Diagram	SciFinder	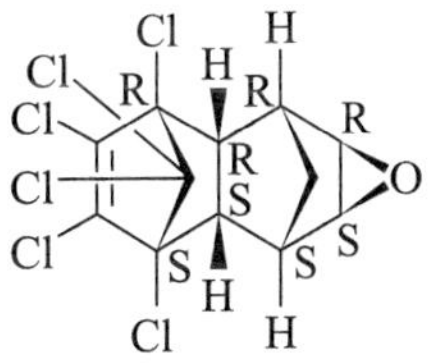
		ChemSpider	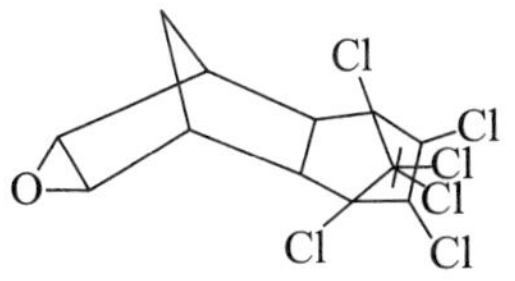
		PubChem	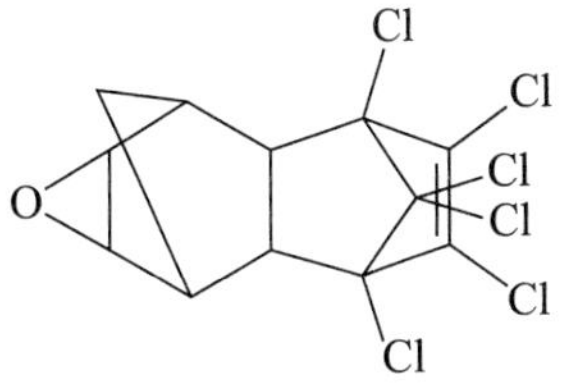
	法规出处 Regulation Source	RSL/OEKO	

表 2-2（续）

序号	禁限用化合物信息库		
194	化合物英文名 Compound Name	Name in Regulation	Ethyl perfluorooctanoate
		CA Index Name	Octanoic acid，2，2，3，3，4，4，5，5，6，6，7，7，8，8，8-pentadecafluoro-，ethyl ester
		ChemSpider	Ethyl perfluorocaprylate
		PubChem	Ethyl perfluorooctanoate
	化合物中文名 Chinese Name	全氟辛酸乙酯	
	IUPAC Name	Ethyl 2，2，3，3，4，4，5，5，6，6，7，7，8，8，8-pentadecafluorooctanoate	
	CAS 号 CAS Number	3108-24-5	
	分子式 Molecular Formula	$C_{10}H_5F_{15}O_2$	
	精确质量数 Exact Mass	442.00500	
	结构图 Structure Diagram	SciFinder	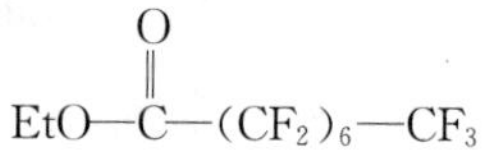 $EtO—C(=O)—(CF_2)_6—CF_3$
		ChemSpider	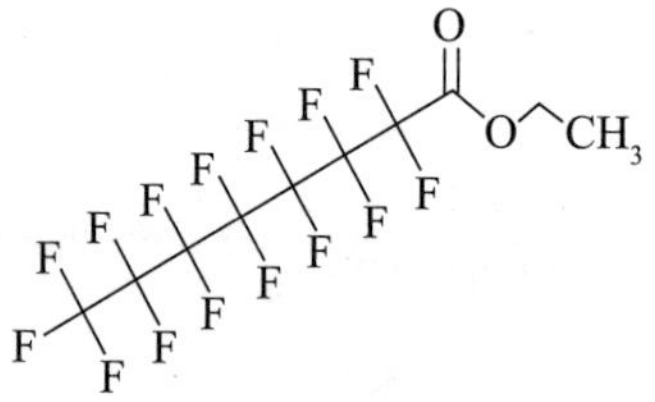
		PubChem	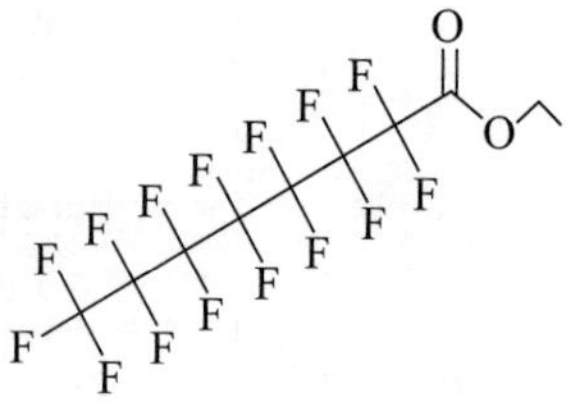
	法规出处 Regulation Source	RSL	

表 2 - 2（续）

序号	禁限用化合物信息库		
195	化合物英文名 Compound Name	Name in Regulation	Fenvalerate
		CA Index Name	Benzeneacetic acid，4 - chloro - α - （1 - methylethyl） -，cyano （3 - phenoxyphenyl） methyl ester
		ChemSpider	Fenvalerate
		PubChem	Fenvalerate
	化合物中文名 Chinese Name	氰戊菊酯	
	IUPAC Name	[cyano - （3 - phenoxyphenyl） methyl] 2 - （4 - chlorophenyl） - 3 - methylbutanoate	
	CAS 号 CAS Number	51630 - 58 - 1	
	分子式 Molecular Formula	$C_{25}H_{22}ClNO_3$	
	精确质量数 Exact Mass	419.12882	
	结构图 Structure Diagram	SciFinder	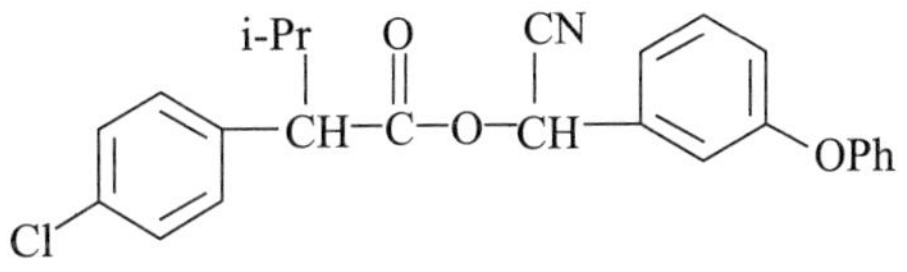
		ChemSpider	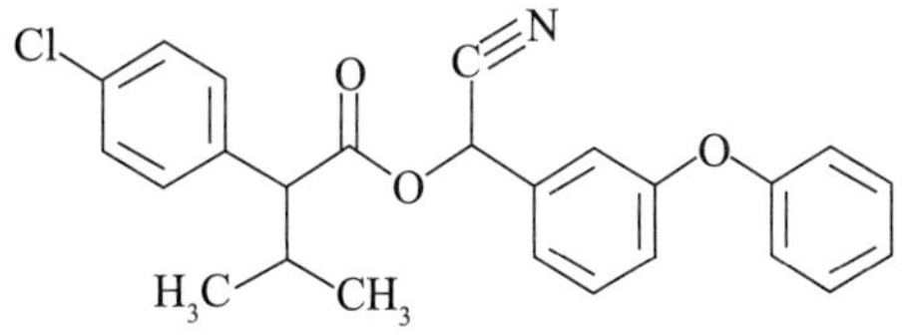
		PubChem	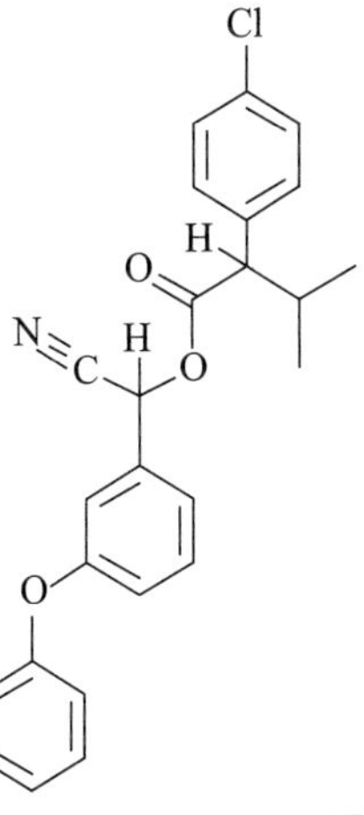
	法规出处 Regulation Source	OEKO	

表 2-2（续）

序号	禁限用化合物信息库		
196	化合物英文名 Compound Name	Name in Regulation	Fluoranthene
		CA Index Name	Fluoranthene
		ChemSpider	Fluoranthene
		PubChem	Fluoranthene
	化合物中文名 Chinese Name	荧蒽	
	IUPAC Name	fluoranthene	
	CAS 号 CAS Number	206-44-0	
	分子式 Molecular Formula	$C_{16}H_{10}$	
	精确质量数 Exact Mass	202.07825	
	结构图 Structure Diagram	SciFinder	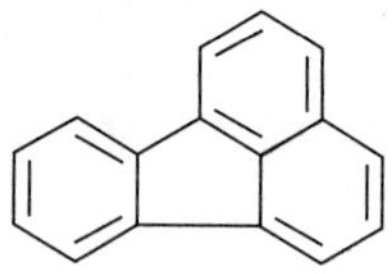
		ChemSpider	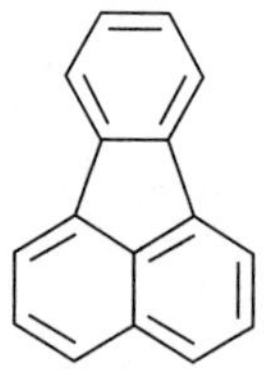
		PubChem	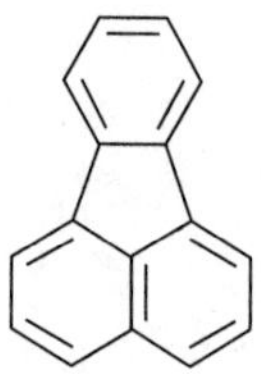
	法规出处 Regulation Source	RSL/OEKO	

表 2-2（续）

<table>
<tr><th>序号</th><th colspan="3">禁限用化合物信息库</th></tr>
<tr><td rowspan="13">197</td><td rowspan="4">化合物英文名
Compound Name</td><td>Name in Regulation</td><td>Fluorene</td></tr>
<tr><td>CA Index Name</td><td>9H-Fluorene</td></tr>
<tr><td>ChemSpider</td><td>Fluorene</td></tr>
<tr><td>PubChem</td><td>fluorene</td></tr>
<tr><td>化合物中文名
Chinese Name</td><td colspan="2">芴</td></tr>
<tr><td>IUPAC Name</td><td colspan="2">9H-fluorene</td></tr>
<tr><td>CAS 号
CAS Number</td><td colspan="2">86-73-7</td></tr>
<tr><td>分子式
Molecular Formula</td><td colspan="2">$C_{13}H_{10}$</td></tr>
<tr><td>精确质量数
Exact Mass</td><td colspan="2">166.07825</td></tr>
<tr><td rowspan="3">结构图
Structure Diagram</td><td>SciFinder</td><td>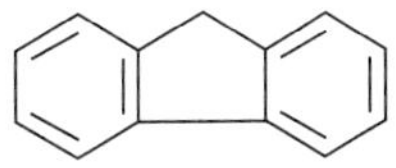</td></tr>
<tr><td>ChemSpider</td><td>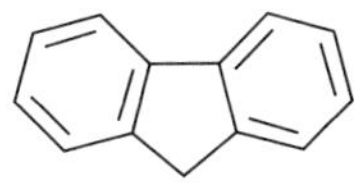</td></tr>
<tr><td>PubChem</td><td>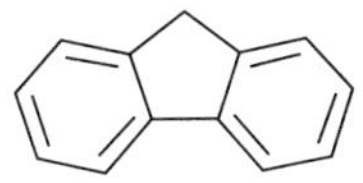</td></tr>
<tr><td>法规出处
Regulation Source</td><td colspan="2">RSL/OEKO</td></tr>
</table>

表 2-2（续）

序号	禁限用化合物信息库		
198	化合物英文名 Compound Name	Name in Regulation	Formaldehyde
		CA Index Name	Formaldehyde
		ChemSpider	Methanal
		PubChem	Formaldehyde
	化合物中文名 Chinese Name	甲醛	
	IUPAC Name	formaldehyde	
	CAS号 CAS Number	50-00-0	
	分子式 Molecular Formula	CH_2O	
	精确质量数 Exact Mass	30.01056	
	结构图 Structure Diagram	SciFinder	$H_2C{=}O$
		ChemSpider	$H_2C{=}O$
		PubChem	H–C(=O)–H
	法规出处 Regulation Source	RSL	

表 2-2（续）

序号	禁限用化合物信息库		
199	化合物英文名 Compound Name	Name in Regulation	Formamide
		CA Index Name	Formamide
		ChemSpider	Formamide
		PubChem	Formamide
	化合物中文名 Chinese Name	甲酰胺	
	IUPAC Name	formamide	
	CAS号 CAS Number	75-12-7	
	分子式 Molecular Formula	CH_3NO	
	精确质量数 Exact Mass	45.02146	
	结构图 Structure Diagram	SciFinder	$H_2N—CH═O$
		ChemSpider	
		PubChem	
	法规出处 Regulation Source	SVHC	

表 2-2（续）

序号	禁限用化合物信息库		
200	化合物英文名 Compound Name	Name in Regulation	Furan
		CA Index Name	Furan
		ChemSpider	Furan
		PubChem	Furan
	化合物中文名 Chinese Name	呋喃	
	IUPAC Name	furan	
	CAS 号 CAS Number	110-00-9	
	分子式 Molecular Formula	C_4H_4O	
	精确质量数 Exact Mass	68.02621	
	结构图 Structure Diagram	SciFinder	
		ChemSpider	
		PubChem	
	法规出处 Regulation Source	SVHC	

表 2-2（续）

序号	禁限用化合物信息库		
201	化合物英文名 Compound Name	Name in Regulation	Gamma-hexabromocyclododecane
		CA Index Name	Cyclododecane，1，2，5，6，9，10-hexabromo-，(1R，2R，5R，6S，9S，10R)-rel-
		ChemSpider	(+)-γ-HBCD
		PubChem	UNII-11I055K0BP
	化合物中文名 Chinese Name	γ-六溴环十二烷	
	IUPAC Name	(1R，2R，5R，6S，9S，10R)-1，2，5，6，9，10-hexabromocyclododecane	
	CAS号 CAS Number	134237-52-8	
	分子式 Molecular Formula	$C_{12}H_{18}Br_6$	
	精确质量数 Exact Mass	641.64474	
	结构图 Structure Diagram	SciFinder	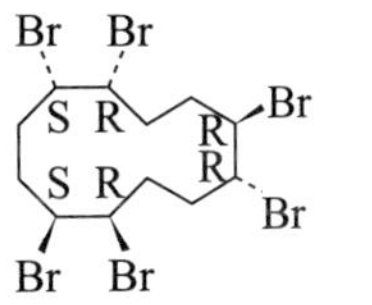
		ChemSpider	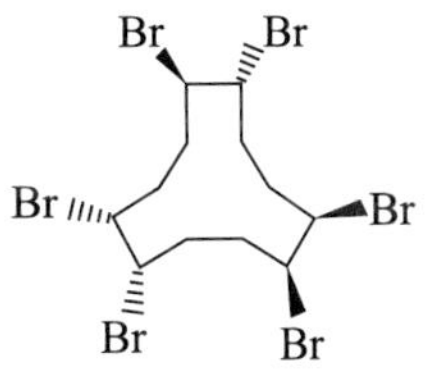
		PubChem	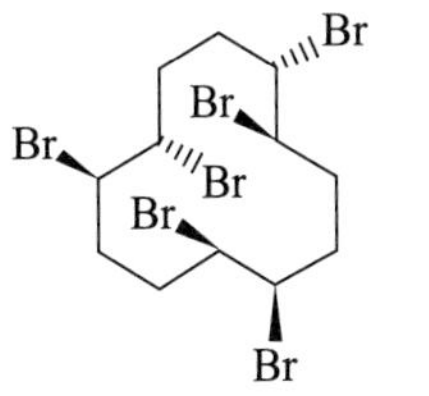
	法规出处 Regulation Source	SVHC	

表 2-2（续）

序号	禁限用化合物信息库		
202	化合物英文名 Compound Name	Name in Regulation	Henicosafluoroundecanoic acid
		CA Index Name	Undecanoic acid，2，2，3，3，4，4，5，5，6，6，7，7，8，8，9，9，10，10，11，11，11-heneicosafluoro-
		ChemSpider	Perfluoroundecanoic acid
		PubChem	Perfluoro-*n*-undecanoic acid
	化合物中文名 Chinese Name	全氟十一酸	
	IUPAC Name	2，2，3，3，4，4，5，5，6，6，7，7，8，8，9，9，10，10，11，11，11-henicosafluoroundecanoic acid	
	CAS 号 CAS Number	2058-94-8	
	分子式 Molecular Formula	$C_{11}HF_{21}O_2$	
	精确质量数 Exact Mass	563.96412	
	结构图 Structure Diagram	Scifinder	$HO_2C—(CF_2)_9—CF_3$
		ChemSpider	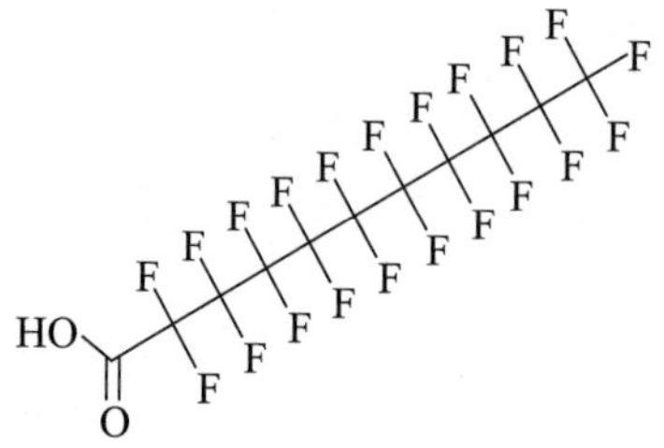
		PubChem	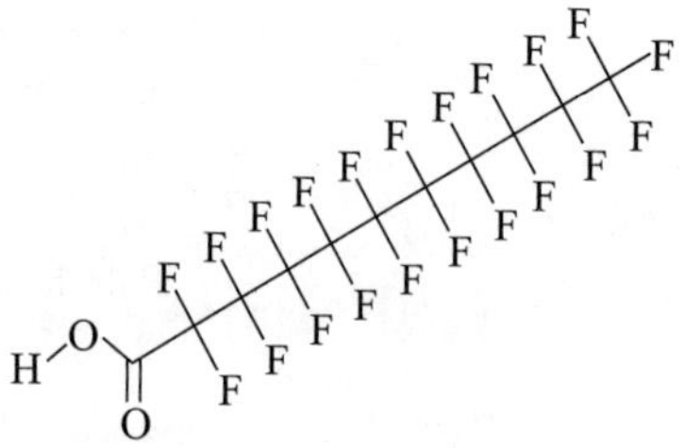
	法规出处 Regulation Source	SVHC/OEKO	

表2-2（续）

序号	禁限用化合物信息库		
203	化合物英文名 Compound Name	Name in Regulation	Heptachlorine
		CA Index Name	4，7-Methano-1H-indene，1，4，5，6，7，8，8-heptachloro-3a，4，7，7a-tetrahydro-
		ChemSpider	HEPTACHLOR
		PubChem	Heptachlor
	化合物中文名 Chinese Name	七氯	
	IUPAC Name	—	
	CAS号 CAS Number	76-44-8	
	分子式 Molecular Formula	$C_{10}H_5Cl_7$	
	精确质量数 Exact Mass	371.81814	
	结构图 Structure Diagram	SciFinder	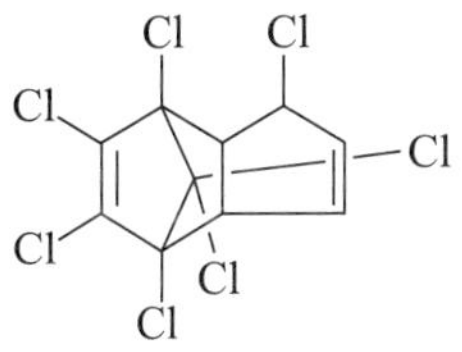 Cl Cl Cl Cl Cl Cl Cl
		ChemSpider	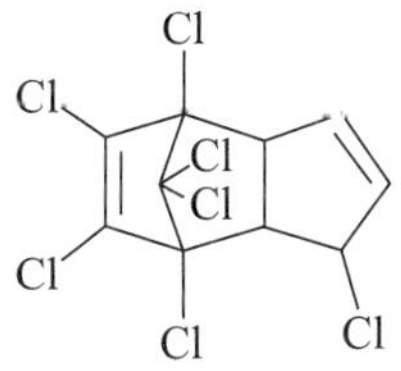 Cl Cl Cl Cl Cl Cl Cl
		PubChem	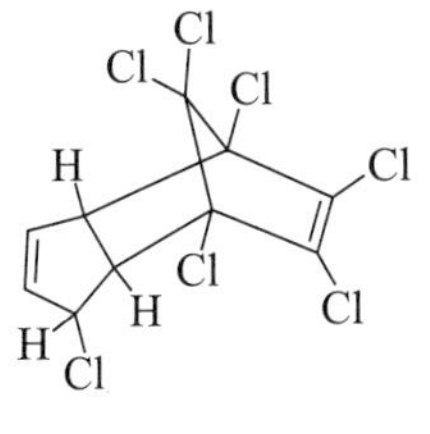 Cl Cl Cl H Cl Cl H Cl H Cl
	法规出处 Regulation Source	RSL/OEKO	

表 2-2（续）

序号	禁限用化合物信息库		
204	化合物英文名 Compound Name	Name in Regulation	Heptachloroepoxide
		CA Index Name	2，5-Methano-2H-indeno [1，2-b] oxirene，2，3，4，5，6，7，7-heptachloro-1a，1b，5，5a，6，6a-hexahydro-，(1aR，1bS，2R，5S，5aR，6S，6aR) -rel-
		ChemSpider	Heptachlor metabolite
		PubChem	Heptachlor Epoxide
	化合物中文名 Chinese Name	环氧七氯	
	IUPAC Name	—	
	CAS 号 CAS Number	1024-57-3	
	分子式 Molecular Formula	$C_{10}H_5Cl_7O$	
	精确质量数 Exact Mass	387.81306	
	结构图 Structure Diagram	SciFinder	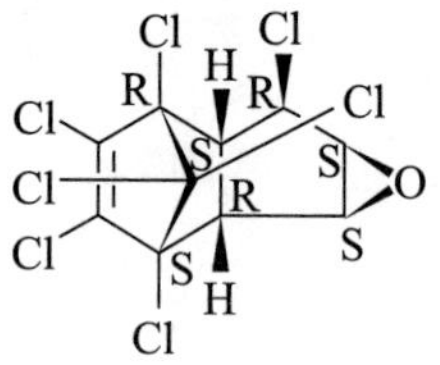
		ChemSpider	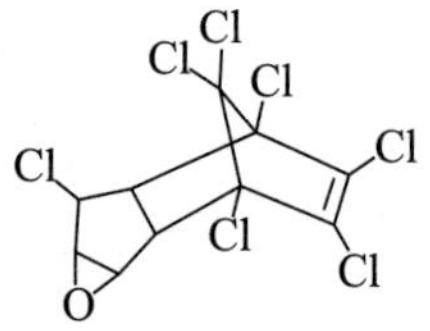
		PubChem	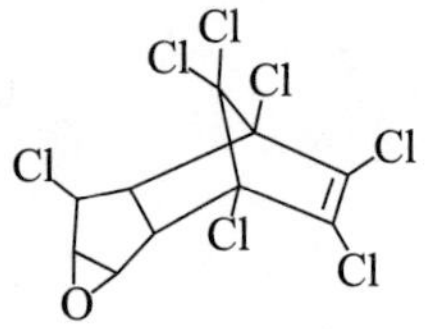
	法规出处 Regulation Source	RSL/OEKO	

表 2-2（续）

<table>
<tr><th>序号</th><th colspan="3">禁限用化合物信息库</th></tr>
<tr><td rowspan="12">205</td><td rowspan="4">化合物英文名
Compound Name</td><td>Name in Regulation</td><td>Heptacosafluorotetradecanoic acid</td></tr>
<tr><td>CA Index Name</td><td>Tetradecanoic acid, 2, 2, 3, 3, 4, 4, 5, 5, 6, 6, 7, 7, 8, 8, 9, 9, 10, 10, 11, 11, 12, 12, 13, 13, 14, 14, 14-heptacosafluoro-</td></tr>
<tr><td>ChemSpider</td><td>Perfluorotetradecanoic acid</td></tr>
<tr><td>PubChem</td><td>Perfluorotetradecanoic acid</td></tr>
<tr><td>化合物中文名
Chinese Name</td><td colspan="2">全氟十四酸</td></tr>
<tr><td>IUPAC Name</td><td colspan="2">2, 2, 3, 3, 4, 4, 5, 5, 6, 6, 7, 7, 8, 8, 9, 9, 10, 10, 11, 11, 12, 12, 13, 13, 14, 14, 14-heptacosafluorotetradecanoic acid</td></tr>
<tr><td>CAS 号
CAS Number</td><td colspan="2">376-06-7</td></tr>
<tr><td>分子式
Molecular Formula</td><td colspan="2">$C_{14}HF_{27}O_2$</td></tr>
<tr><td>精确质量数
Exact Mass</td><td colspan="2">713.95454</td></tr>
<tr><td rowspan="3">结构图
Structure Diagram</td><td>SciFinder</td><td>$F_3C—(CF_2)_{12}—CO_2H$</td></tr>
<tr><td>ChemSpider</td><td>F F F F F F F F F F F F F F F F F F F F F F F F F F F O OH</td></tr>
<tr><td>PubChem</td><td>F F F F F F F F F F F F F F F F F F F F F F F F F F F O OH</td></tr>
<tr><td></td><td>法规出处
Regulation Source</td><td colspan="2">SVHC/OEKO</td></tr>
</table>

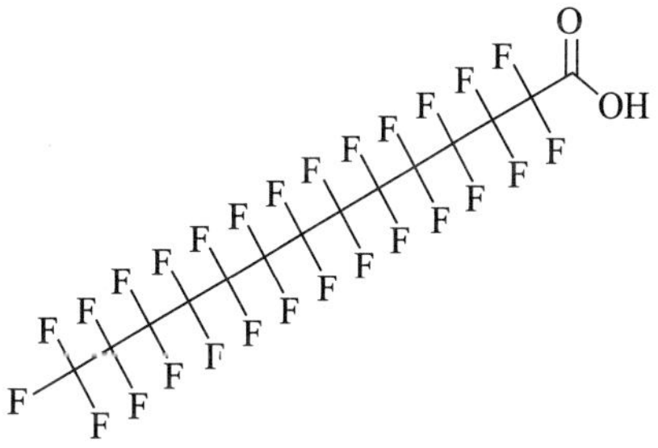

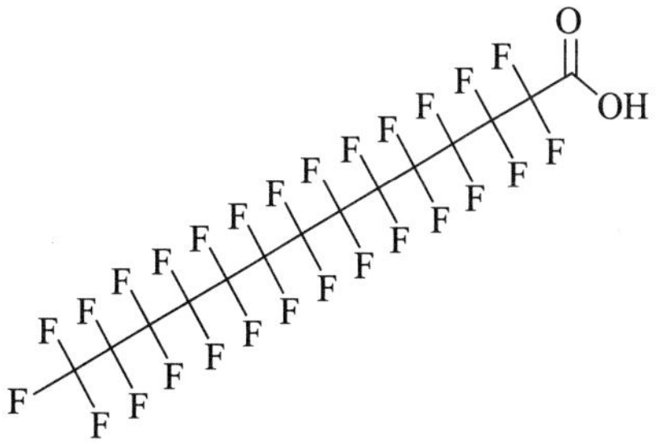

表 2-2（续）

序号	禁限用化合物信息库		
206	化合物英文名 Compound Name	Name in Regulation	Hexabromocyclododecane (HBCDD)
		CA Index Name	Cyclododecane，hexabromo -
		ChemSpider	1，3，5，7，9，11 - hexabromocyclododecane
		PubChem	CCRIS 4821
	化合物中文名 Chinese Name	六溴环十二烷	
	IUPAC Name	1，3，5，7，9，11 - hexabromocyclododecane	
	CAS 号 CAS Number	25637 - 99 - 4	
	分子式 Molecular Formula	$C_{12}H_{18}Br_6$	
	精确质量数 Exact Mass	641.64474	
	结构图 Structure Diagram	SciFinder	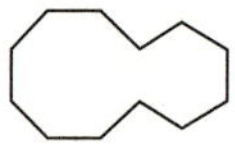 6 (Dl-Br)
		ChemSpider	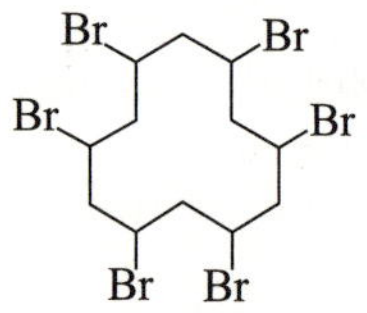 Br Br Br Br Br Br
		PubChem	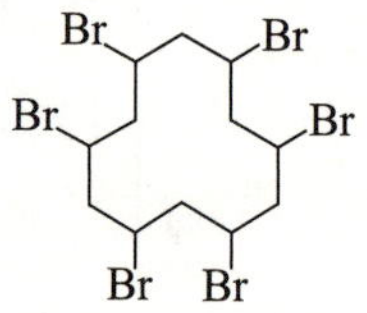 Br Br Br Br Br Br
	法规出处 Regulation Source	SVHC/OEKO	

表 2-2（续）

<table>
<tr><th>序号</th><th colspan="3">禁限用化合物信息库</th></tr>
<tr><td rowspan="13">207</td><td rowspan="4">化合物英文名
Compound Name</td><td>Name in Regulation</td><td>Hexabromodiphenylether</td></tr>
<tr><td>CA Index Name</td><td>—</td></tr>
<tr><td>ChemSpider</td><td>Hexabromodiphenyl ether</td></tr>
<tr><td>PubChem</td><td>—</td></tr>
<tr><td>化合物中文名
Chinese Name</td><td colspan="2">六溴二苯醚</td></tr>
<tr><td>IUPAC Name</td><td colspan="2">—</td></tr>
<tr><td>CAS 号
CAS Number</td><td colspan="2">36483-60-0</td></tr>
<tr><td>分子式
Molecular Formula</td><td colspan="2">$C_{12}H_4Br_6O$</td></tr>
<tr><td>精确质量数
Exact Mass</td><td colspan="2">643.53010</td></tr>
<tr><td rowspan="3">结构图
Structure Diagram</td><td>SciFinder</td><td>—</td></tr>
<tr><td>ChemSpider</td><td> 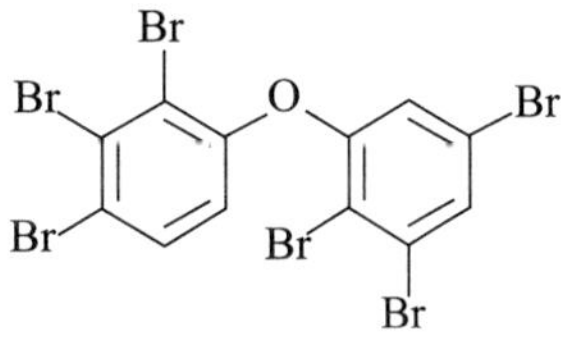Br Br O Br Br Br Br</td></tr>
<tr><td>PubChem</td><td>—</td></tr>
<tr><td>法规出处
Regulation Source</td><td colspan="2">OEKO</td></tr>
</table>

表 2 - 2（续）

序号	禁限用化合物信息库		
208	化合物英文名 Compound Name	Name in Regulation	Hexachlorobenzene
		CA Index Name	Benzene，1，2，3，4，5，6 - hexachloro -
		ChemSpider	Hexachlorobenzene
		PubChem	Hexachlorobenzene
	化合物中文名 Chinese Name	六氯苯	
	IUPAC Name	1，2，3，4，5，6 - hexachlorobenzene	
	CAS 号 CAS Number	118 - 74 - 1	
	分子式 Molecular Formula	C_6Cl_6	
	精确质量数 Exact Mass	283.81017	
	结构图 Structure Diagram	SciFinder	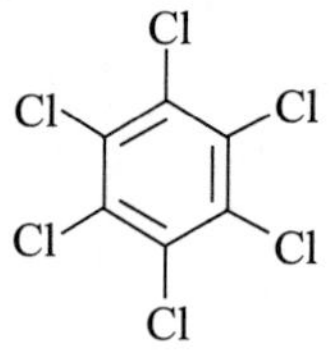 Cl, Cl, Cl, Cl, Cl, Cl
		ChemSpider	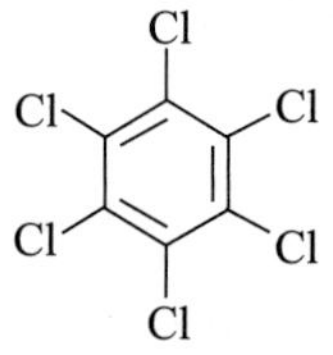 Cl, Cl, Cl, Cl, Cl, Cl
		PubChem	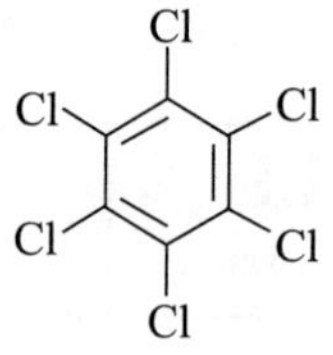 Cl, Cl, Cl, Cl, Cl, Cl
	法规出处 Regulation Source	RSL/OEKO	

表 2－2（续）

序号	禁限用化合物信息库		
209	化合物英文名 Compound Name	Name in Regulation	Hexachlorocyclohexane
		CA Index Name	Cyclohexane，1，2，3，4，5，6－hexachloro－
		ChemSpider	Hexachlor
		PubChem	Lindane
	化合物中文名 Chinese Name	六氯环己烷	
	IUPAC Name	1，2，3，4，5，6－hexachlorocyclohexane	
	CAS 号 CAS Number	608－73－1	
	分子式 Molecular Formula	$C_6H_6Cl_6$	
	精确质量数 Exact Mass	289.85712	
	结构图 Structure Diagram	SciFinder	
		ChemSpider	
		PubChem	
	法规出处 Regulation Source	RSL	

表 2-2（续）

序号	禁限用化合物信息库		
210	化合物英文名 Compound Name	Name in Regulation	Hexahydro-1-methylphthalic anhydride
		CA Index Name	1，3-Isobenzofurandione，hexahydro-3a-methyl-
		ChemSpider	HEXAHYDROMETHYLPHTHALIC ANHYDRIDE
		PubChem	MHHPA
	化合物中文名 Chinese Name	甲基六氢化邻苯二甲酸酐	
	IUPAC Name	7a-methyl-4，5，6，7-tetrahydro-3aH-2-benzofuran-1，3-dione	
	CAS号 CAS Number	48122-14-1	
	分子式 Molecular Formula	$C_9H_{12}O_3$	
	精确质量数 Exact Mass	168.07864	
	结构图 Structure Diagram	SciFinder	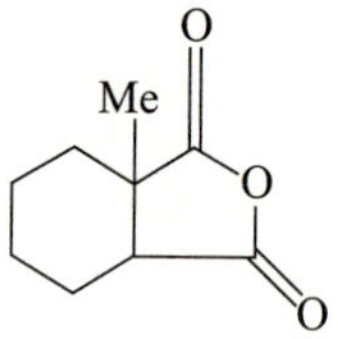 O, Me, O, O
		ChemSpider	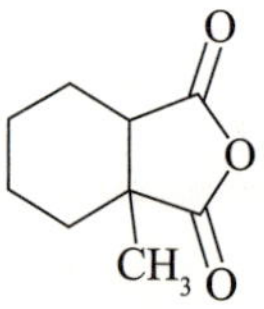 O, O, CH_3, O
		PubChem	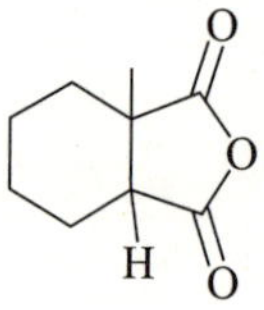 O, O, H, O
	法规出处 Regulation Source	SVHC	

表 2－2（续）

序号	禁限用化合物信息库		
211	化合物英文名 Compound Name	Name in Regulation	Hexahydro－3－methylphthalic anhydride
		CA Index Name	1，3－Isobenzofurandione，hexahydro－4－methyl－
		ChemSpider	3－Methylhexahydrophthalic anhydride
		PubChem	3－Methylhexahydrophthalic anhydride
	化合物中文名 Chinese Name	3－甲基六氢苯二甲酯酐	
	IUPAC Name	4－methyl－3a，4，5，6，7，7a－hexahydro－2－benzofuran－1，3－dione	
	CAS号 CAS Number	57110－29－9	
	分子式 Molecular Formula	$C_9H_{12}O_3$	
	精确质量数 Exact Mass	168.07864	
	结构图 Structure Diagram	SciFinder	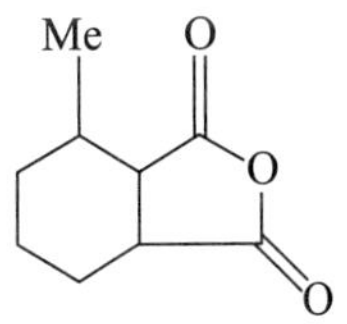 Me O O O
		ChemSpider	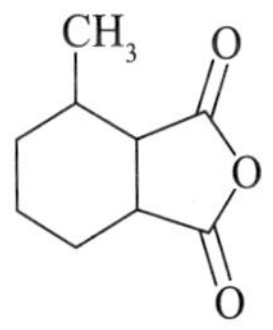 CH_3 O O O
		PubChem	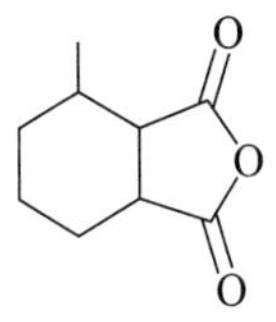 O O O
	法规出处 Regulation Source	SVHC	

表 2-2（续）

序号	禁限用化合物信息库		
212	化合物英文名 Compound Name	Name in Regulation	Hexahydro-4-methylphthalic anhydride
		CA Index Name	1，3-Isobenzofurandione，hexahydro-5-methyl-
		ChemSpider	Methylhexahydrophthalic Anhydride
		PubChem	4-methylcyclohexyl-1，6-dicarboxylic acid anhydride
	化合物中文名 Chinese Name	4-甲基六氢苯酐	
	IUPAC Name	5-methyl-3a，4，5，6，7，7a-hexahydro-2-benzofuran-1，3-dione	
	CAS号 CAS Number	19438-60-9	
	分子式 Molecular Formula	$C_9H_{12}O_3$	
	精确质量数 Exact Mass	168.07864	
	结构图 Structure Diagram	SciFinder	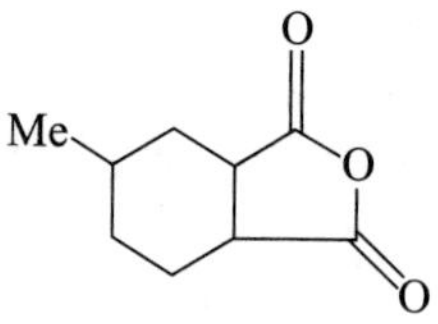 Me; O; O; O
		ChemSpider	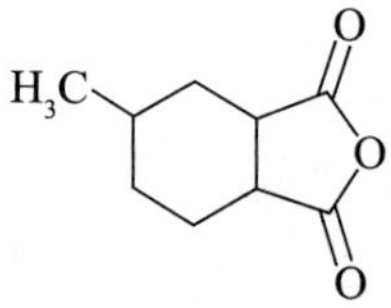 H_3C; O; O; O
		PubChem	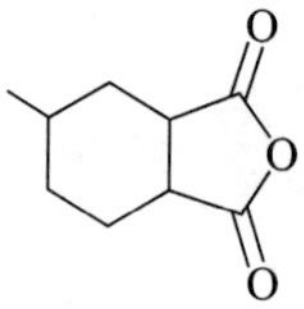 O; O; O
	法规出处 Regulation Source	SVHC	

表 2-2（续）

<table>
<tr><th>序号</th><th colspan="3">禁限用化合物信息库</th></tr>
<tr><td rowspan="13">213</td><td rowspan="4">化合物英文名
Compound Name</td><td>Name in Regulation</td><td>Hexahydromethylphthalic anhydride</td></tr>
<tr><td>CA Index Name</td><td>1，3-Isobenzofurandione，hexahydromethyl-</td></tr>
<tr><td>ChemSpider</td><td>HEXAHYDROMETHYLPHTHALIC ANHYDRIDE</td></tr>
<tr><td>PubChem</td><td>MHHPA</td></tr>
<tr><td>化合物中文名
Chinese Name</td><td colspan="2">甲基六氢苯酐</td></tr>
<tr><td>IUPAC Name</td><td colspan="2">7a-methyl-4，5，6，7-tetrahydro-3aH-2-benzofuran-1，3-dione</td></tr>
<tr><td>CAS 号
CAS Number</td><td colspan="2">25550-51-0</td></tr>
<tr><td>分子式
Molecular Formula</td><td colspan="2">$C_9H_{12}O_3$</td></tr>
<tr><td>精确质量数
Exact Mass</td><td colspan="2">168.07864</td></tr>
<tr><td rowspan="3">结构图
Structure Diagram</td><td>SciFinder</td><td>O
O
O
D1—Me</td></tr>
<tr><td>ChemSpider</td><td>O
O
CH_3 O</td></tr>
<tr><td>PubChem</td><td>O
O
H O</td></tr>
<tr><td>法规出处
Regulation Source</td><td colspan="2">SVHC</td></tr>
</table>

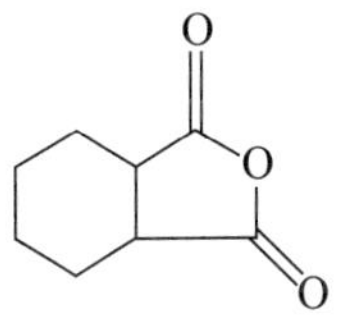

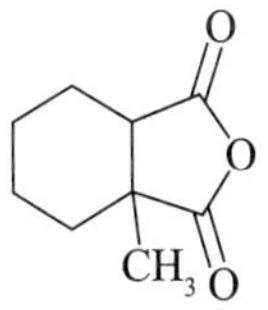

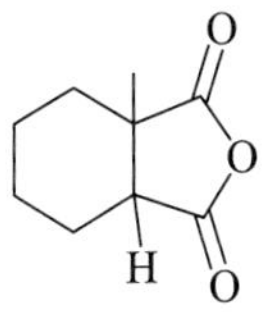

表 2-2（续）

序号	禁限用化合物信息库		
214	化合物英文名 Compound Name	Name in Regulation	Hydrazine
		CA Index Name	Hydrazine
		ChemSpider	Hydrazine
		PubChem	hydrazine
	化合物中文名 Chinese Name	肼	
	IUPAC Name	hydrazine	
	CAS 号 CAS Number	302-01-2	
	分子式 Molecular Formula	H_4N_2	
	精确质量数 Exact Mass	32.03745	
	结构图 Structure Diagram	SciFinder	$H_2N—NH_2$
		ChemSpider	H_2N—NH_2
		PubChem	H—N(—H)—N(—H)—H
	法规出处 Regulation Source	SVHC	

表 2-2（续）

序号	禁限用化合物信息库		
215	化合物英文名 Compound Name	Name in Regulation	Hydrazine
		CA Index Name	Hydrazine，hydrate (1：1)
		ChemSpider	Hydrazine hydrate
		PubChem	Hydrazine
	化合物中文名 Chinese Name	肼	
	IUPAC Name	hydrazine；hydrate	
	CAS 号 CAS Number	7803-57-8	
	分子式 Molecular Formula	H_6N_2O	
	精确质量数 Exact Mass	50.04801	
	结构图 Structure Diagram	SciFinder	$H_2N—NH_2$ · H_2O
		ChemSpider	$H_2N—NH_2$ H_2O
		PubChem	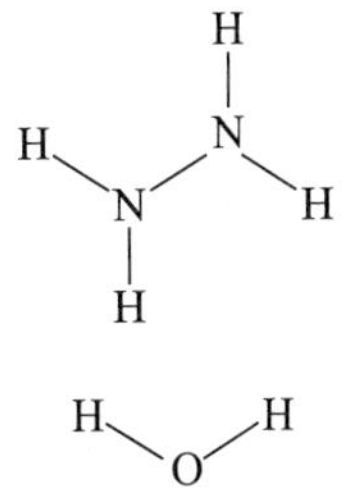
	法规出处 Regulation Source	SVHC	

表 2-2（续）

<table>
<tr><th>序号</th><th colspan="3">禁限用化合物信息库</th></tr>
<tr><td rowspan="13">216</td><td rowspan="4">化合物英文名
Compound Name</td><td>Name in Regulation</td><td>Imidazolidine-2-thione</td></tr>
<tr><td>CA Index Name</td><td>2-Imidazolidinethione</td></tr>
<tr><td>ChemSpider</td><td>Ethylenethiourea</td></tr>
<tr><td>PubChem</td><td>Ethylenethiourea</td></tr>
<tr><td>化合物中文名
Chinese Name</td><td colspan="2">1，2-亚乙基硫脲</td></tr>
<tr><td>IUPAC Name</td><td colspan="2">imidazolidine-2-thione</td></tr>
<tr><td>CAS号
CAS Number</td><td colspan="2">96-45-7</td></tr>
<tr><td>分子式
Molecular Formula</td><td colspan="2">$C_3H_6N_2S$</td></tr>
<tr><td>精确质量数
Exact Mass</td><td colspan="2">102.02517</td></tr>
<tr><td rowspan="3">结构图
Structure Diagram</td><td>SciFinder</td><td>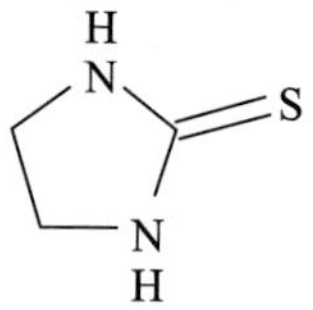</td></tr>
<tr><td>ChemSpider</td><td>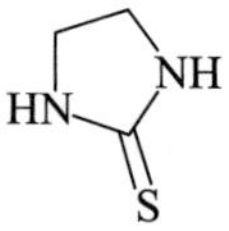</td></tr>
<tr><td>PubChem</td><td>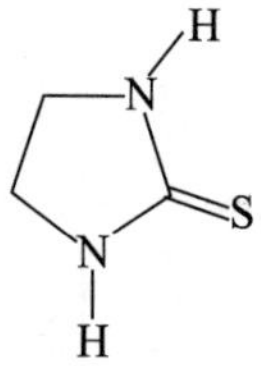</td></tr>
<tr><td>法规出处
Regulation Source</td><td colspan="2">SVHC</td></tr>
</table>

表 2-2（续）

序号	禁限用化合物信息库		
217	化合物英文名 Compound Name	Name in Regulation	Indeno（1，2，3-cd）pyrene
		CA Index Name	Indeno [1，2，3-cd] pyrene
		ChemSpider	IP
		PubChem	Indeno（1，2，3-cd）pyrene
	化合物中文名 Chinese Name	茚并（1，2，3-cd）芘	
	IUPAC Name	—	
	CAS 号 CAS Number	193-39-5	
	分子式 Molecular Formula	$C_{22}H_{12}$	
	精确质量数 Exact Mass	276.09390	
	结构图 Structure Diagram	SciFinder	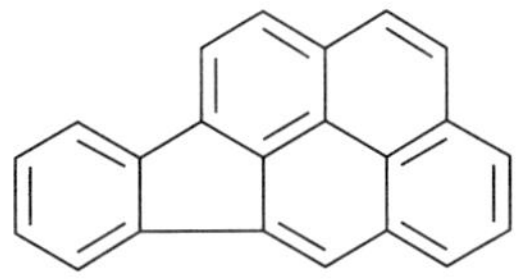
		ChemSpider	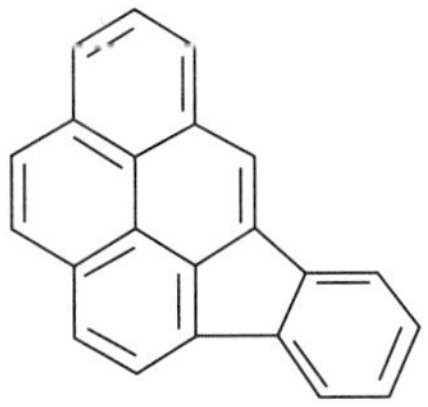
		PubChem	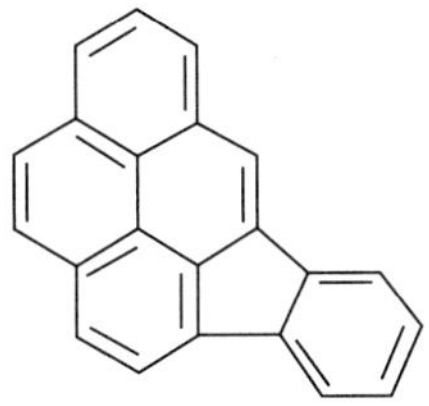
	法规出处 Regulation Source	RSL/OEKO	

表 2-2（续）

序号	禁限用化合物信息库		
218	化合物英文名 Compound Name	Name in Regulation	Isodrin
		CA Index Name	1，4：5，8-Dimethanonaphthalene，1，2，3，4，10，10-hexachloro-1，4，4a，5，8，8a-hexahydro-，(1R，4S，4aS，5R，8S，8aR)-rel-
		ChemSpider	(1S，2R，3S，6S，7S，8S)-1，8，9，10，11，11-Hexachlorotetracyclo［6.2.1.13，6.02，7］dodeca-4，9-diene
		PubChem	Aldrin
	化合物中文名 Chinese Name	异艾氏剂	
	IUPAC Name	—	
	CAS 号 CAS Number	465-73-6	
	分子式 Molecular Formula	$C_{12}H_8Cl_6$	
	精确质量数 Exact Mass	363.87277	
	结构图 Structure Diagram	SciFinder	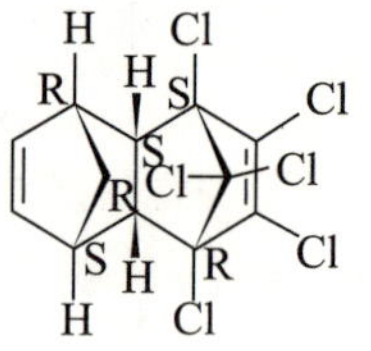 H Cl R H S Cl S Cl R Cl S H R Cl H Cl
		ChemSpider	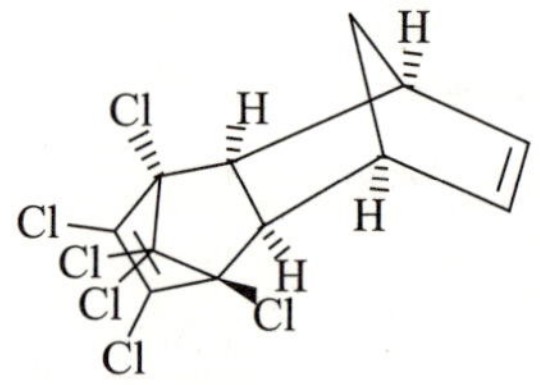 H Cl H Cl H Cl Cl Cl H Cl
		PubChem	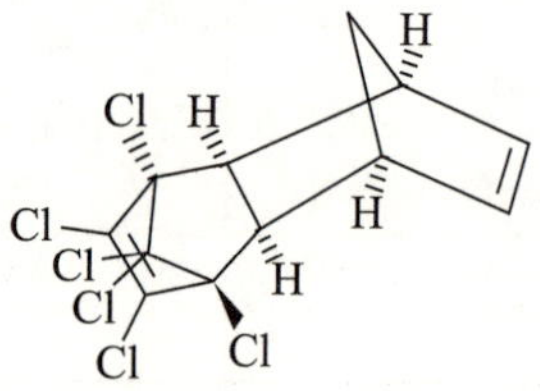 H Cl H Cl H Cl Cl H Cl Cl
	法规出处 Regulation Source	RSL/OEKO	

表 2-2（续）

序号	禁限用化合物信息库		
219	化合物英文名 Compound Name	Name in Regulation	Kelevane
		CA Index Name	1，3，4-Metheno-1H-cyclobuta［cd］pentalene-2-pentanoic acid，1，1a，3，3a，4，5，5，5a，5b，6-decachlorooctahydro-2-hydroxy-γ-oxo-，ethyl ester
		ChemSpider	Ethyl-5-（1，2，3，4，6，7，8，9，10，10-decachlor-5-hydroxypentacyclo［5.3.0.02，6.03，9.04，8］dec-5-yl）-4-oxopentanoat
		PubChem	kelevan
	化合物中文名 Chinese Name	克莱范	
	IUPAC Name	—	
	CAS 号 CAS Number	4234-79-1	
	分子式 Molecular Formula	$C_{17}H_{12}Cl_{10}O_4$	
	精确质量数 Exact Mass	633.75619	
	结构图 Structure Diagram	SciFinder	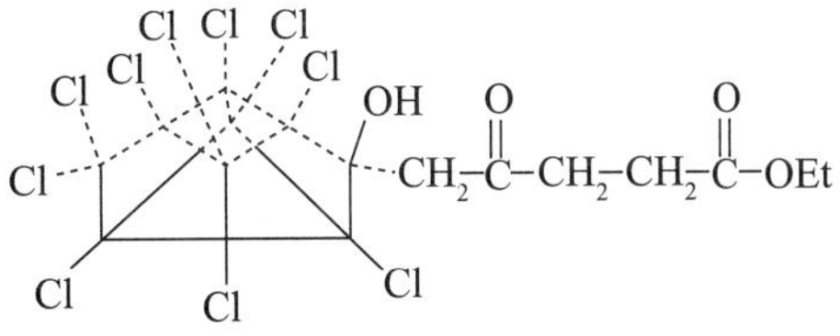
		ChemSpider	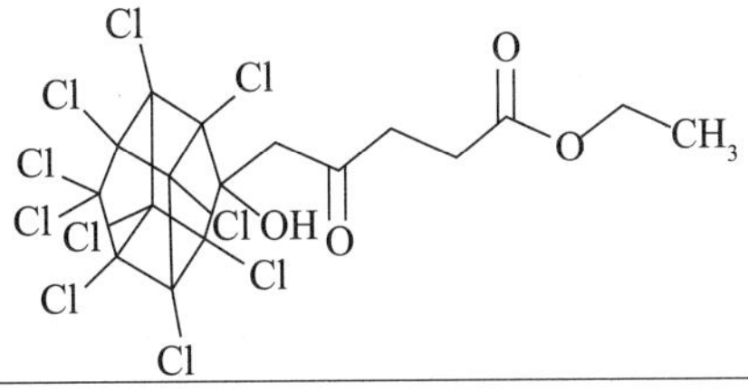
		PubChem	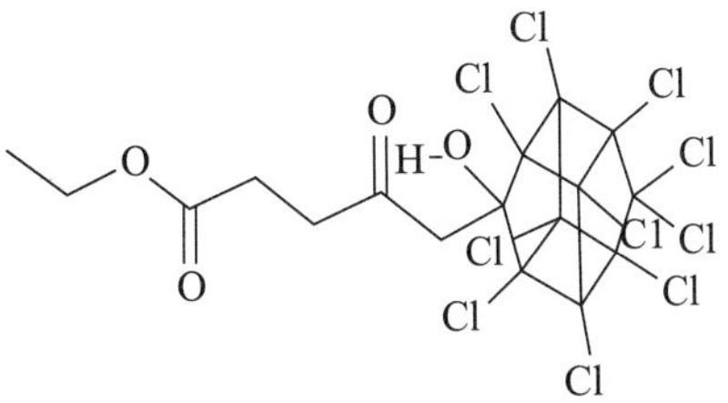
	法规出处 Regulation Source	RSL/OEKO	

表 2-2（续）

序号	禁限用化合物信息库		
220	化合物英文名 Compound Name	Name in Regulation	Kepone (Chlordecone)
		CA Index Name	1, 3, 4-Metheno-2H-cyclobuta [cd] pentalen-2-one, 1, 1a, 3, 3a, 4, 5, 5, 5a, 5b, 6-decachlorooctahydro-
		ChemSpider	KEPONE
		PubChem	Chlordecone
	化合物中文名 Chinese Name	开蓬	
	IUPAC Name	—	
	CAS号 CAS Number	143-50-0	
	分子式 Molecular Formula	$C_{10}Cl_{10}O$	
	精确质量数 Exact Mass	489.67754	
	结构图 Structure Diagram	SciFinder	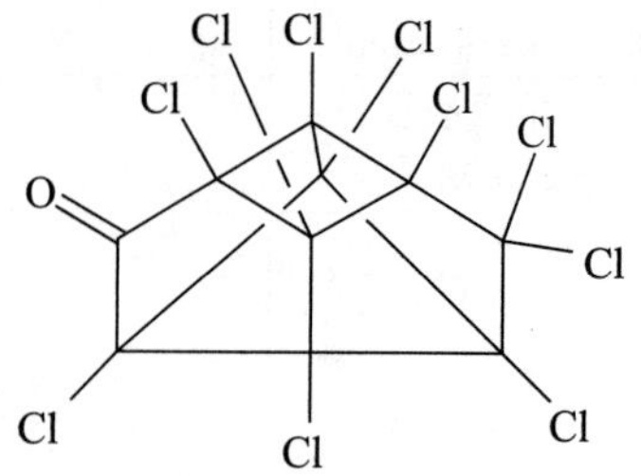
		ChemSpider	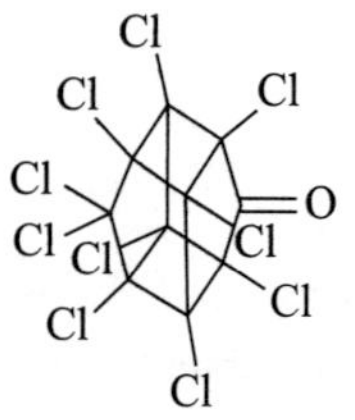
		PubChem	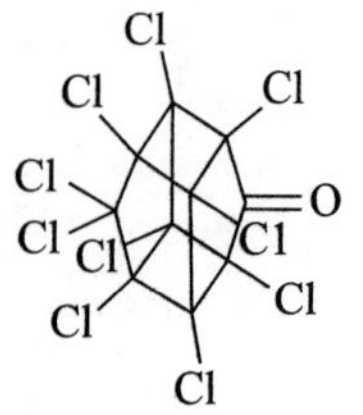
	法规出处 Regulation Source	RSL/OEKO	

表2-2（续）

<table>
<tr><th>序号</th><th colspan="3">禁限用化合物信息库</th></tr>
<tr><td rowspan="12">221</td><td rowspan="4">化合物英文名
Compound Name</td><td>Name in Regulation</td><td>Lindane</td></tr>
<tr><td>CA Index Name</td><td>Cyclohexane，1，2，3，4，5，6-hexachloro-，(1α，2α，3β，4α，5α，6β)-</td></tr>
<tr><td>ChemSpider</td><td>γ-lindane</td></tr>
<tr><td>PubChem</td><td>Lindane</td></tr>
<tr><td>化合物中文名
Chinese Name</td><td colspan="2">林丹</td></tr>
<tr><td>IUPAC Name</td><td colspan="2">1，2，3，4，5，6-hexachlorocyclohexane</td></tr>
<tr><td>CAS号
CAS Number</td><td colspan="2">58-89-9</td></tr>
<tr><td>分子式
Molecular Formula</td><td colspan="2">$C_6H_6Cl_6$</td></tr>
<tr><td>精确质量数
Exact Mass</td><td colspan="2">289.85712</td></tr>
<tr><td rowspan="3">结构图
Structure Diagram</td><td>SciFinder</td><td>Cl Cl Cl Cl Cl Cl</td></tr>
<tr><td>ChemSpider</td><td>Cl Cl Cl Cl Cl Cl H</td></tr>
<tr><td>PubChem</td><td>Cl Cl Cl Cl Cl Cl</td></tr>
<tr><td>法规出处
Regulation Source</td><td colspan="2">RSL/OEKO</td></tr>
</table>

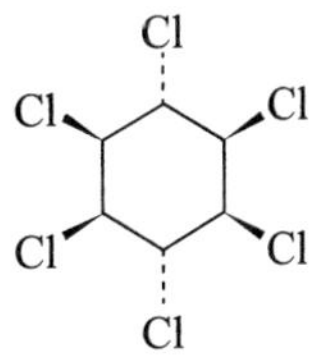

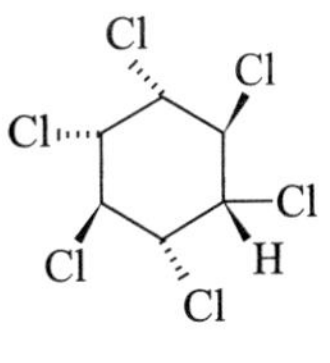

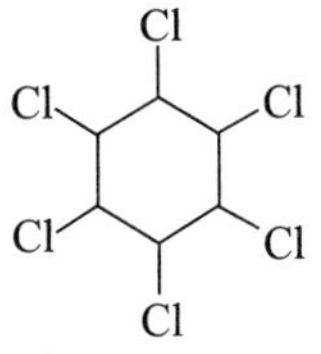

表 2-2（续）

序号	禁限用化合物信息库		
222	化合物英文名 Compound Name	Name in Regulation	Malathion
		CA Index Name	Butanedioic acid，2-［（dimethoxyphosphinothioyl）thio］-，1，4-diethyl ester
		ChemSpider	Malathion
		PubChem	Malathion
	化合物中文名 Chinese Name	马拉硫磷	
	IUPAC Name	diethyl 2-dimethoxyphosphinothioylsulfanylbutanedioate	
	CAS号 CAS Number	121-75-5	
	分子式 Molecular Formula	$C_{10}H_{19}O_6PS_2$	
	精确质量数 Exact Mass	330.03607	
	结构图 Structure Diagram	SciFinder	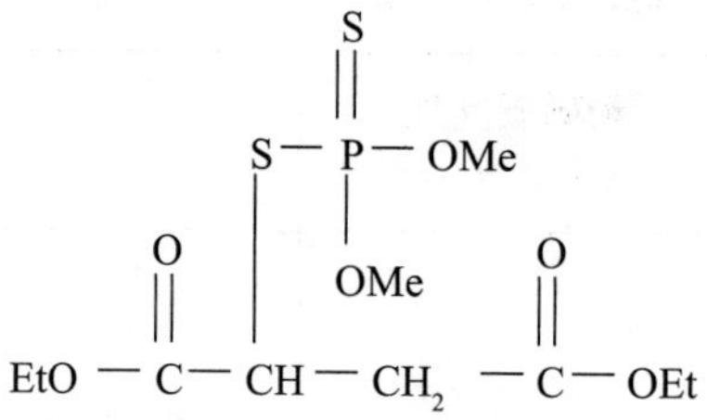
		ChemSpider	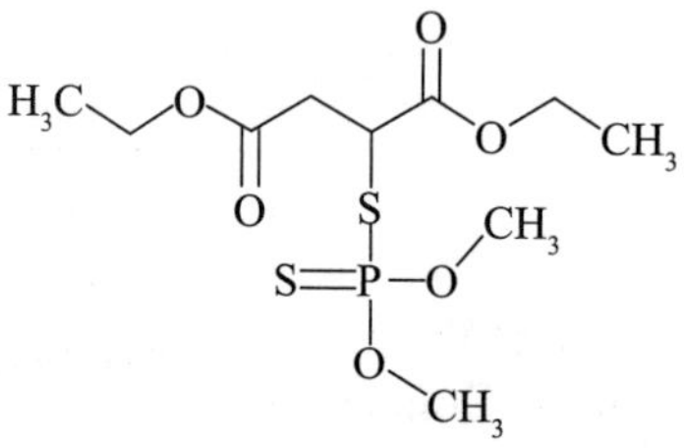
		PubChem	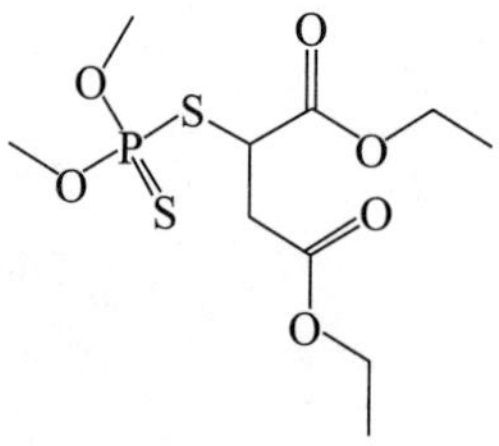
	法规出处 Regulation Source	OEKO	

表 2-2（续）

序号	禁限用化合物信息库		
223	化合物英文名 Compound Name	Name in Regulation	MCPA
		CA Index Name	Acetic acid，2-（4-chloro-2-methylphenoxy）-
		ChemSpider	MCPA
		PubChem	2-Methyl-4-chlorophenoxyacetic Acid
	化合物中文名 Chinese Name	2甲4氯	
	IUPAC Name	2-（4-chloro-2-methylphenoxy）acetic acid	
	CAS号 CAS Number	94-74-6	
	分子式 Molecular Formula	$C_9H_9ClO_3$	
	精确质量数 Exact Mass	200.02402	
	结构图 Structure Diagram	SciFinder	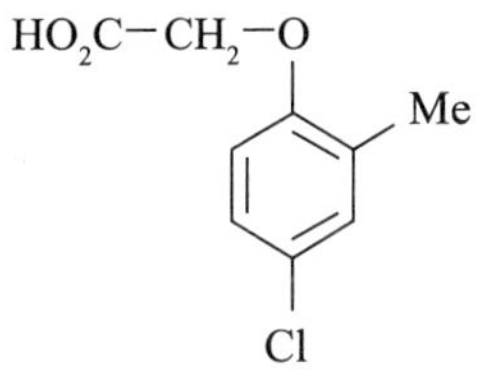 HO_2C-CH_2-O Me Cl
		ChemSpider	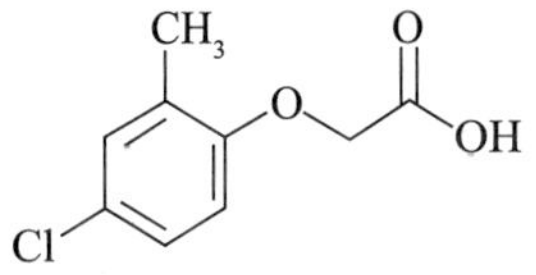 CH_3 O OH Cl
		PubChem	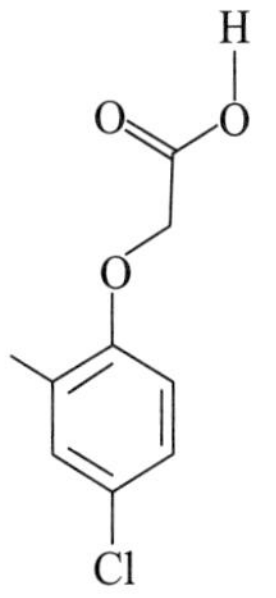 H O O O Cl
	法规出处 Regulation Source	OEKO	

表 2-2（续）

<table>
<tr><th>序号</th><th colspan="3">禁限用化合物信息库</th></tr>
<tr><td rowspan="13">224</td><td rowspan="4">化合物英文名
Compound Name</td><td>Name in Regulation</td><td>MCPB</td></tr>
<tr><td>CA Index Name</td><td>Butanoic acid，4-（4-chloro-2-methylphenoxy）-</td></tr>
<tr><td>ChemSpider</td><td>MCPB</td></tr>
<tr><td>PubChem</td><td>2-methyl-4-chlorophenoxy gamma-butyric acid</td></tr>
<tr><td>化合物中文名
Chinese Name</td><td colspan="2">2 甲 4 氯丁酸</td></tr>
<tr><td>IUPAC Name</td><td colspan="2">4-（4-chloro-2-methylphenoxy）butanoic acid</td></tr>
<tr><td>CAS 号
CAS Number</td><td colspan="2">94-81-5</td></tr>
<tr><td>分子式
Molecular Formula</td><td colspan="2">$C_{11}H_{13}ClO_3$</td></tr>
<tr><td>精确质量数
Exact Mass</td><td colspan="2">228.05532</td></tr>
<tr><td rowspan="3">结构图
Structure Diagram</td><td>SciFinder</td><td>$HO_2C-(CH_2)_3-O$
Me
Cl</td></tr>
<tr><td>ChemSpider</td><td> 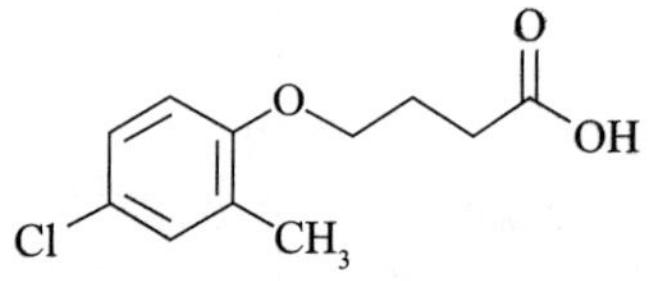O
O
OH
Cl
CH_3</td></tr>
<tr><td>PubChem</td><td> 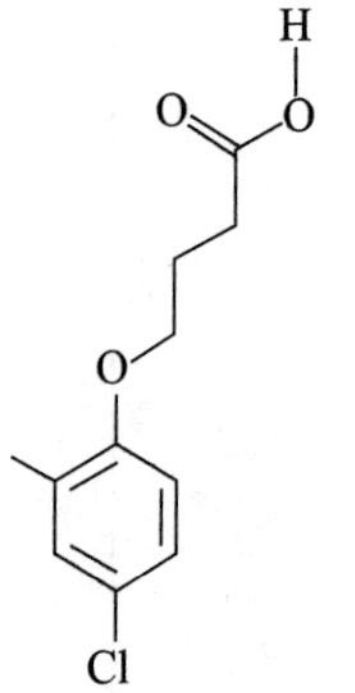H
O
O
O
Cl</td></tr>
<tr><td>法规出处
Regulation Source</td><td colspan="2">OEKO</td></tr>
</table>

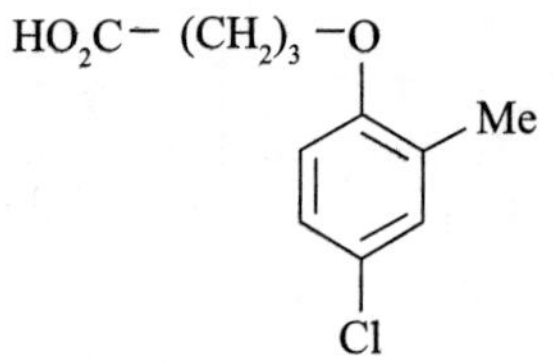

表 2 - 2（续）

序号	禁限用化合物信息库		
225	化合物英文名 Compound Name	Name in Regulation	Mecoprop
		CA Index Name	Propanoic acid，2 - （4 - chloro - 2 - methylphenoxy） -
		ChemSpider	2 - （2 - Methyl - 4 - chlorophenoxy） propionic acid
		PubChem	mecoprop
	化合物中文名 Chinese Name	2 甲 4 氯丙酸	
	IUPAC Name	2 - （4 - chloro - 2 - methylphenoxy） propanoic acid	
	CAS 号 CAS Number	93 - 65 - 2	
	分子式 Molecular Formula	$C_{10}H_{11}ClO_3$	
	精确质量数 Exact Mass	214.03967	
	结构图 Structure Diagram	SciFinder	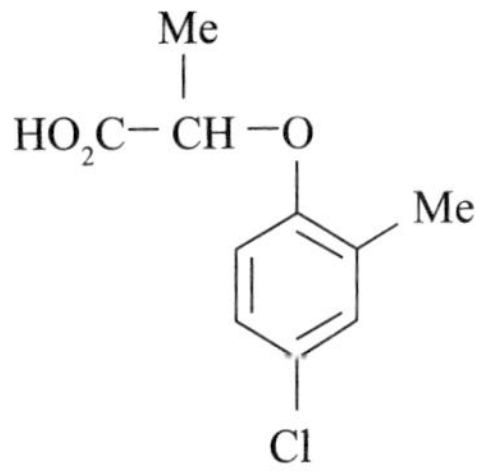 Me $HO_2C-CH-O$ Me Cl
		ChemSpider	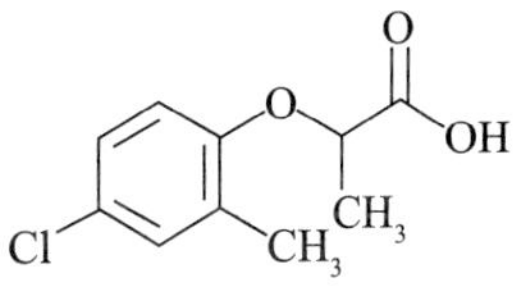 O O OH Cl CH_3 CH_3
		PubChem	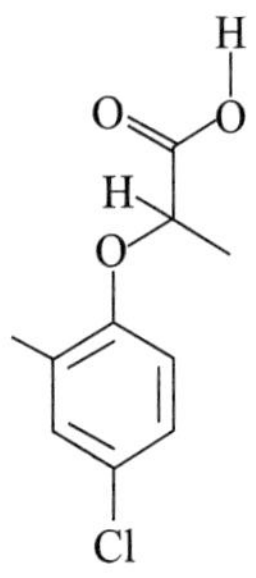 H O O H O Cl
	法规出处 Regulation Source	OEKO	

表 2-2（续）

序号	禁限用化合物信息库		
226	化合物英文名 Compound Name	Name in Regulation	Metamidophos
		CA Index Name	Phosphoramidothioic acid，O，S-dimethyl ester
		ChemSpider	Methamidophos
		PubChem	Methamidophos
	化合物中文名 Chinese Name	甲胺磷	
	IUPAC Name	[amino（methylsulfanyl）phosphoryl] oxymethane	
	CAS号 CAS Number	10265-92-6	
	分子式 Molecular Formula	$C_2H_8NO_2PS$	
	精确质量数 Exact Mass	141.00134	
	结构图 Structure Diagram	SciFinder	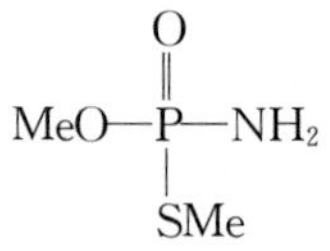 O ‖ MeO—P—NH₂ | SMe
		ChemSpider	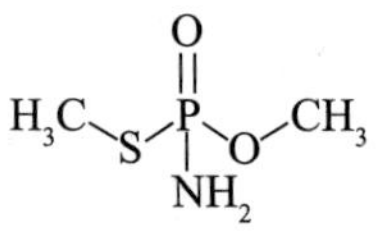 H_3C–S–P(=O)(–NH_2)–O–CH_3
		PubChem	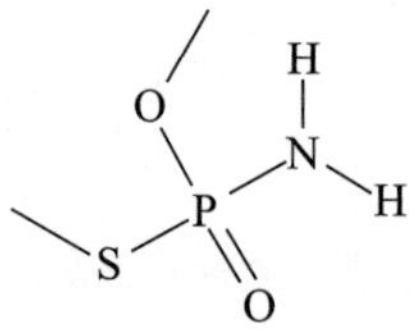 O–P(=O)(S)–N(H)H
	法规出处 Regulation Source	OEKO	

表 2 - 2（续）

<table>
<tr><th>序号</th><th colspan="3">禁限用化合物信息库</th></tr>
<tr><td rowspan="13">227</td><td rowspan="4">化合物英文名
Compound Name</td><td>Name in Regulation</td><td>Methoxyacetic acid</td></tr>
<tr><td>CA Index Name</td><td>Acetic acid，2 - methoxy -</td></tr>
<tr><td>ChemSpider</td><td>Methoxyacetic acid</td></tr>
<tr><td>PubChem</td><td>METHOXYACETIC ACID</td></tr>
<tr><td>化合物中文名
Chinese Name</td><td colspan="2">甲氧基乙酸</td></tr>
<tr><td>IUPAC Name</td><td colspan="2">2 - methoxyacetic acid</td></tr>
<tr><td>CAS 号
CAS Number</td><td colspan="2">625 - 45 - 6</td></tr>
<tr><td>分子式
Molecular Formula</td><td colspan="2">$C_3H_6O_3$</td></tr>
<tr><td>精确质量数
Exact Mass</td><td colspan="2">90. 03169</td></tr>
<tr><td rowspan="3">结构图
Structure Diagram</td><td>SciFinder</td><td>MeO—CH$_2$—CO$_2$H</td></tr>
<tr><td>ChemSpider</td><td>O
H$_3$C—O OH</td></tr>
<tr><td>PubChem</td><td>O
H O
O</td></tr>
<tr><td>法规出处
Regulation Source</td><td colspan="2">SVHC</td></tr>
</table>

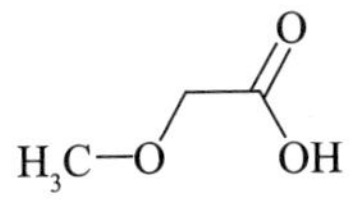

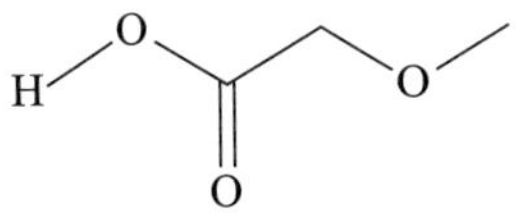

表 2-2（续）

序号	禁限用化合物信息库		
228	化合物英文名 Compound Name	Name in Regulation	Methoxychlor
		CA Index Name	Benzene，1，1′-（2，2，2-trichloroethylidene）bis［4-methoxy-
		ChemSpider	Metox
		PubChem	Methoxychlor
	化合物中文名 Chinese Name	甲氧滴滴涕	
	IUPAC Name	1-methoxy-4-［2，2，2-trichloro-1-（4-methoxyphenyl）ethyl］benzene	
	CAS号 CAS Number	72-43-5	
	分子式 Molecular Formula	$C_{16}H_{15}Cl_3O_2$	
	精确质量数 Exact Mass	344.01376	
	结构图 Structure Diagram	SciFinder	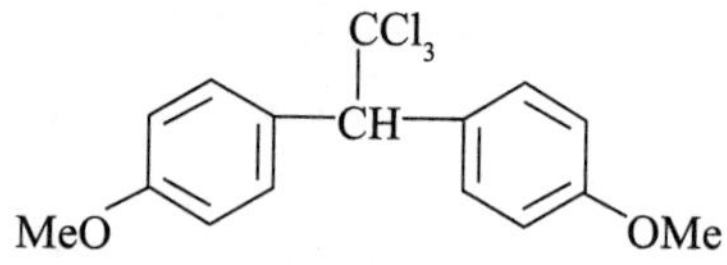
		ChemSpider	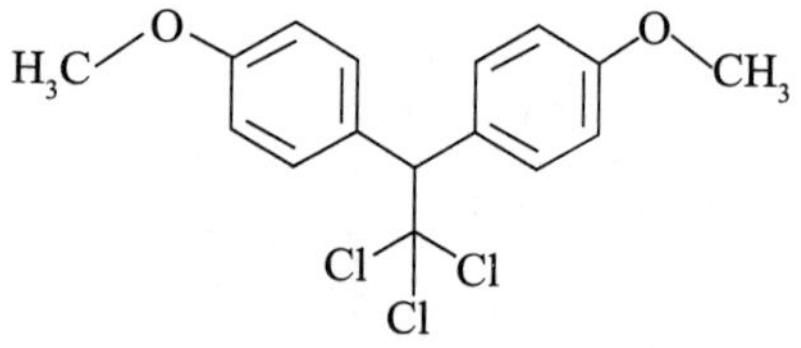
		PubChem	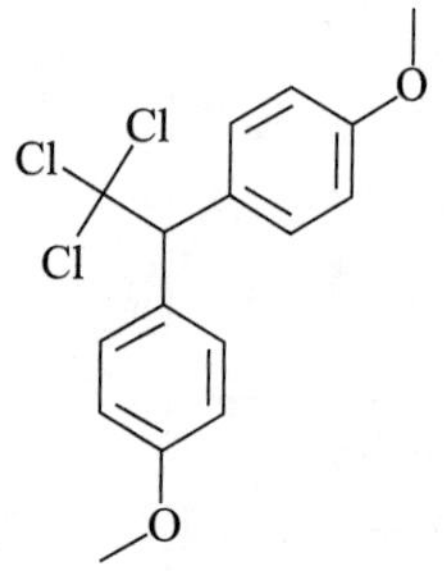
	法规出处 Regulation Source	RSL/OEKO	

表 2－2（续）

序号	禁限用化合物信息库		
229	化合物英文名 Compound Name	Name in Regulation	Methyl Pentadecafluorooctanoate
		CA Index Name	Octanoic acid，2，2，3，3，4，4，5，5，6，6，7，7，8，8，8－pentadecafluoro－，methyl ester
		ChemSpider	Methyl Pentadecafluorooctanoate
		PubChem	Methyl perfluorooctanoate
	化合物中文名 Chinese Name	十五氟辛酸甲酯	
	IUPAC Name	methyl 2，2，3，3，4，4，5，5，6，6，7，7，8，8，8－pentadecafluorooctanoate	
	CAS 号 CAS Number	376－27－2	
	分子式 Molecular Formula	$C_9H_3F_{15}O_2$	
	精确质量数 Exact Mass	427.98935	
	结构图 Structure Diagram	SciFinder	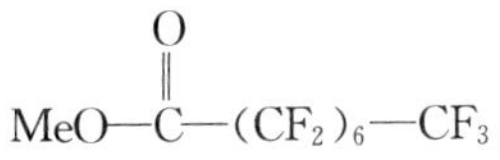 $MeO—C(=O)—(CF_2)_6—CF_3$
		ChemSpider	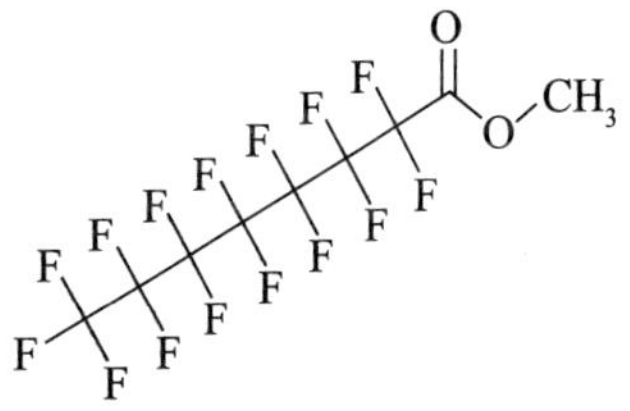
		PubChem	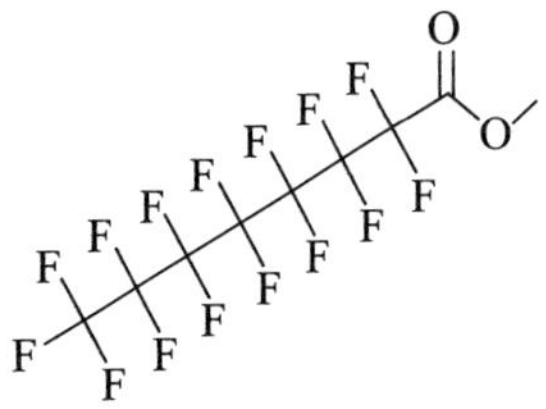
	法规出处 Regulation Source	RSL	

表 2-2（续）

序号	禁限用化合物信息库		
230	化合物英文名 Compound Name	Name in Regulation	Methyloxirane (Propylene oxide)
		CA Index Name	Oxirane，2-methyl-
		ChemSpider	Epoxypropane
		PubChem	Propylene oxide
	化合物中文名 Chinese Name	环氧丙烷	
	IUPAC Name	2-methyloxirane	
	CAS 号 CAS Number	75-56-9	
	分子式 Molecular Formula	C_3H_6O	
	精确质量数 Exact Mass	58.04186	
	结构图 Structure Diagram	SciFinder	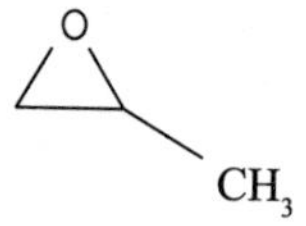 O, CH_3
		ChemSpider	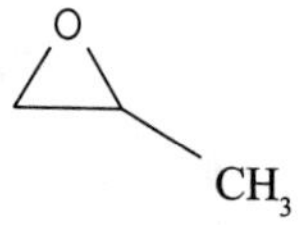 O, CH_3
		PubChem	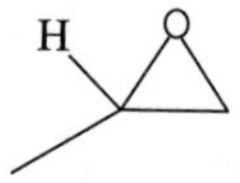 H, O
	法规出处 Regulation Source	SVHC	

表 2-2（续）

序号	禁限用化合物信息库		
231	化合物英文名 Compound Name	Name in Regulation	Mirex
		CA Index Name	1，3，4-Metheno-1H-cyclobuta [cd] pentalene，1，1a，2，2，3，3a，4，5，5，5a，5b，6-dodecachlorooctahydro-
		ChemSpider	Mirex
		PubChem	Mirex
	化合物中文名 Chinese Name	灭蚁灵	
	IUPAC Name	—	
	CAS号 CAS Number	2385-85-5	
	分子式 Molecular Formula	$C_{10}Cl_{12}$	
	精确质量数 Exact Mass	545.61738	
	结构图 Structure Diagram	SciFinder	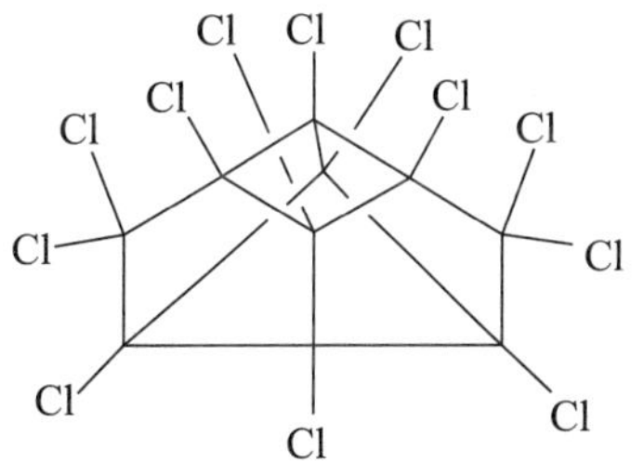 Cl Cl Cl Cl Cl Cl Cl Cl Cl Cl Cl Cl
		ChemSpider	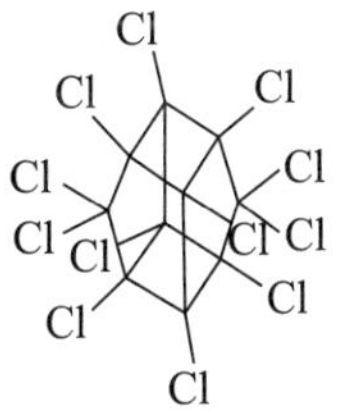 Cl Cl Cl Cl Cl Cl Cl Cl Cl Cl Cl Cl
		PubChem	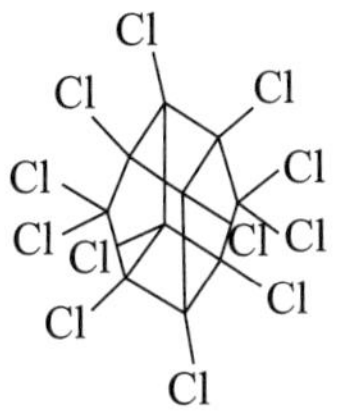 Cl Cl Cl Cl Cl Cl Cl Cl Cl Cl Cl Cl
	法规出处 Regulation Source	RSL/OEKO	

表 2-2（续）

序号	禁限用化合物信息库		
232	化合物英文名 Compound Name	Name in Regulation	Monocrotophos
		CA Index Name	Phosphoric acid，dimethyl (1E) -1-methyl-3-(methylamino) -3-oxo-1-propen-1-yl ester
		ChemSpider	Crisodin
		PubChem	Monocrotophos
	化合物中文名 Chinese Name	久效磷	
	IUPAC Name	dimethyl [(E) -4-(methylamino) -4-oxobut-2-en-2-yl] phosphate	
	CAS号 CAS Number	6923-22-4	
	分子式 Molecular Formula	$C_7H_{14}NO_5P$	
	精确质量数 Exact Mass	223.06096	
	结构图 Structure Diagram	SciFinder	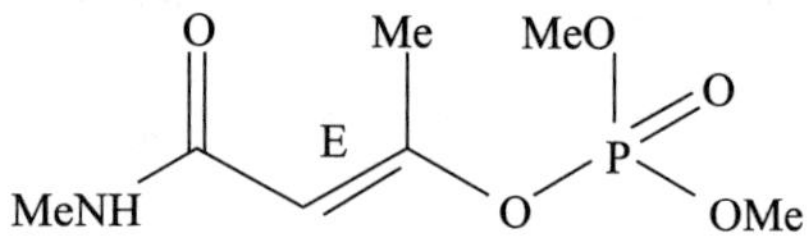
		ChemSpider	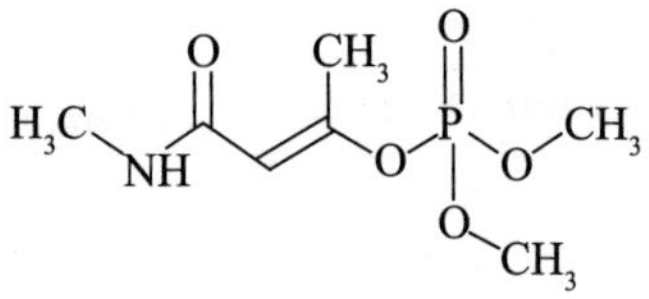
		PubChem	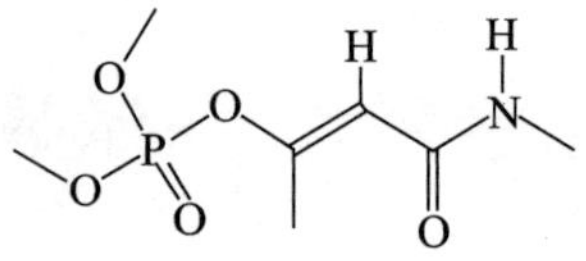
	法规出处 Regulation Source	OEKO	

表 2-2（续）

序号	禁限用化合物信息库		
233	化合物英文名 Compound Name	Name in Regulation	Monomethyl-dibromodiphenylmethane
		CA Index Name	Benzene，1，1′-methylenebis-，dibromomethyl deriv.（9Cl）
		ChemSpider	—
		PubChem	—
	化合物中文名 Chinese Name	甲基二溴二苯基甲烷	
	IUPAC Name	—	
	CAS 号 CAS Number	99688-47-8	
	分子式 Molecular Formula	$C_{14}H_{12}Br_2$	
	精确质量数 Exact Mass	339.92853	
	结构图 Structure Diagram	SciFinder	D1—Br 1/2(D1—Me) 1/2[D1—CH_2—D1]
		ChemSpider	—
		PubChem	—
	法规出处 Regulation Source	RSL	

表 2-2（续）

序号	禁限用化合物信息库		
234	化合物英文名 Compound Name	Name in Regulation	Monomethyl-dichlorodiphenylmethane
		CA Index Name	Benzene，1，1′-methylenebis-，dichloro monomethyl deriv.（9CI）
		ChemSpider	—
		PubChem	—
	化合物中文名 Chinese Name	单甲基二氯二苯基甲烷	
	IUPAC Name	—	
	CAS号 CAS Number	81161-70-8	
	分子式 Molecular Formula	$C_{14}H_{12}Cl_2$	
	精确质量数 Exact Mass	250.03161	
	结构图 Structure Diagram	SciFinder	Ph—CH_2—Ph D1—Me 2(D1—Cl)
		ChemSpider	—
		PubChem	—
	法规出处 Regulation Source	RSL	

表 2-2（续）

序号	禁限用化合物信息库		
235	化合物英文名 Compound Name	Name in Regulation	Monomethyl - tetrachlorodiphenylmethane
		CA Index Name	Benzene，dichloro［（dichlorophenyl）methyl］methyl -
		ChemSpider	1，2 - Dichloro - 3 -（2，3 - dichlorobenzyl）- 4 - methylbenzene
		PubChem	AG - H - 04231
	化合物中文名 Chinese Name	单甲基四氯二苯基甲烷	
	IUPAC Name	1，2 - dichloro - 3 -［（2，3 - dichlorophenyl）methyl］- 4 - methylbenzene	
	CAS号 CAS Number	76253 - 60 - 6	
	分子式 Molecular Formula	$C_{14}H_{10}Cl_4$	
	精确质量数 Exact Mass	319.95071	
	结构图 Structure Diagram	SciFinder	 1/2（D1—Me） 2（D1—Cl） 1/2［D1—CH_2—D1］
		ChemSpider	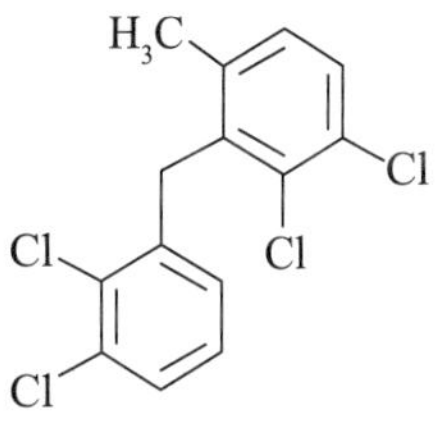 H_3C, Cl, Cl, Cl, Cl
		PubChem	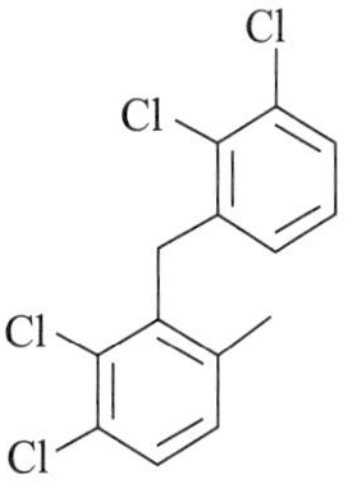 Cl, Cl, Cl, Cl
	法规出处 Regulation Source	RSL	

表 2-2（续）

序号	禁限用化合物信息库		
236	化合物英文名 Compound Name	Name in Regulation	*N*，*N*，*N*′，*N*′-tetramethyl-4，4′-methylenedianiline（Michler’s base）
		CA Index Name	Benzenamine，4，4′-methylenebis［*N*，*N*-dimethyl-
		ChemSpider	4，4′-Methylenebis（*N*，*N*-dimethylaniline）
		PubChem	*N*，*N*，*N*′，*N*′-tetramethyl-4，4′-methylenedianiline
	化合物中文名 Chinese Name	4，4′-亚甲基双（*N*，*N*-二甲基苯胺）	
	IUPAC Name	4-［［4-（dimethylamino）phenyl］methyl］-*N*，*N*-dimethylaniline	
	CAS号 CAS Number	101-61-1	
	分子式 Molecular Formula	$C_{17}H_{22}N_2$	
	精确质量数 Exact Mass	254.17830	
	结构图 Structure Diagram	SciFinder	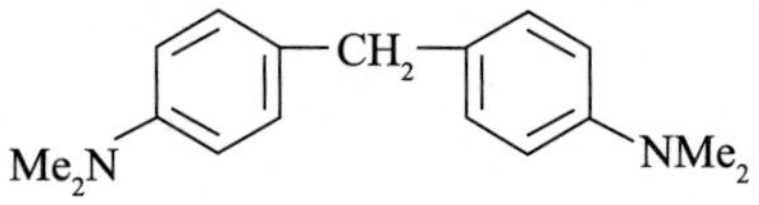 Me$_2$N, CH$_2$, NMe$_2$
		ChemSpider	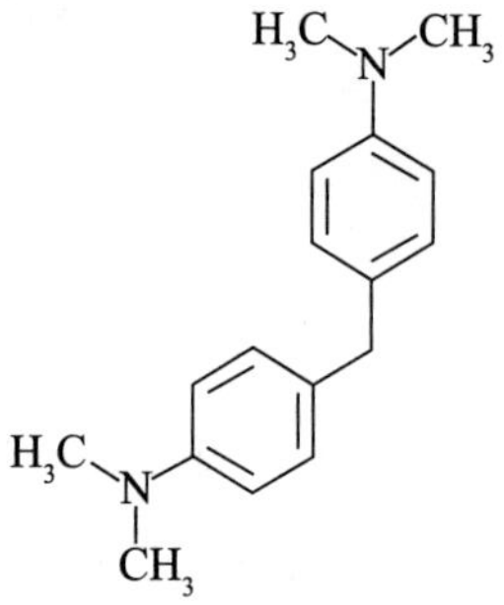 H$_3$C, N, CH$_3$; H$_3$C, N, CH$_3$
		PubChem	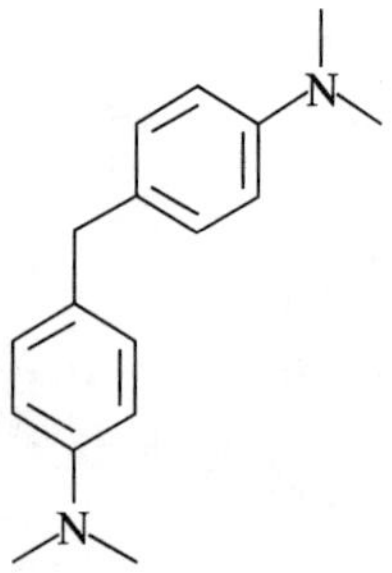 N; N
	法规出处 Regulation Source	SVHC	

表 2-2（续）

序号	禁限用化合物信息库		
237	化合物英文名 Compound Name	Name in Regulation	*N*，*N*-dimethylacetamide
		CA Index Name	Acetamide，*N*，*N*-dimethyl-
		ChemSpider	DMAc
		PubChem	Dimethylacetamide
	化合物中文名 Chinese Name	*N*，*N*-二甲基乙酰胺	
	IUPAC Name	*N*，*N*-dimethylacetamide	
	CAS号 CAS Number	127-19-5	
	分子式 Molecular Formula	C_4H_9NO	
	精确质量数 Exact Mass	87.06841	
	结构图 Structure Diagram	SciFinder	Me | Me—N—Ac
		ChemSpider	H_3C N—CH_3 O═ CH_3
		PubChem	O N
	法规出处 Regulation Source	SVHC/OEKO	

表 2-2（续）

序号	禁限用化合物信息库		
238	化合物英文名 Compound Name	Name in Regulation	*N*，*N*-dimethylformamide
		CA Index Name	Formamide，*N*，*N*-dimethyl-
		ChemSpider	Dimethylformamide
		PubChem	Dimethylformamide
	化合物中文名 Chinese Name	*N*，*N*-二甲基甲酰胺	
	IUPAC Name	*N*，*N*-dimethylformamide	
	CAS 号 CAS Number	68-12-2	
	分子式 Molecular Formula	C_3H_7NO	
	精确质量数 Exact Mass	73.05276	
	结构图 Structure Diagram	SciFinder	CH_3 / $H_3C—N—CH{=}O$
		ChemSpider	CH_3 / H_3C N O
		PubChem	H N O
	法规出处 Regulation Source	SVHC/OEKO	

表 2-2（续）

序号	禁限用化合物信息库		
239	化合物英文名 Compound Name	Name in Regulation	Naphthalene
		CA Index Name	Naphthalene
		ChemSpider	Naphthalene
		PubChem	Naphthalene
	化合物中文名 Chinese Name	萘	
	IUPAC Name	naphthalene	
	CAS号 CAS Number	91-20-3	
	分子式 Molecular Formula	$C_{10}H_8$	
	精确质量数 Exact Mass	128.06260	
	结构图 Structure Diagram	SciFinder	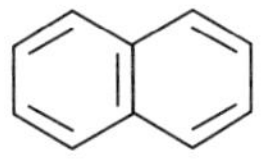
		ChemSpider	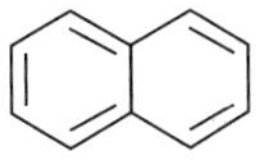
		PubChem	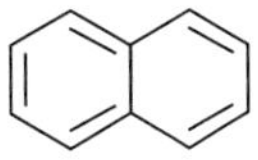
	法规出处 Regulation Source	RSL/OEKO	

表 2-2（续）

序号	禁限用化合物信息库		
240	化合物英文名 Compound Name	Name in Regulation	*N*-methylacetamide
		CA Index Name	Acetamide，*N*-methyl-
		ChemSpider	*N*-Methylacetamide
		PubChem	*N*-methylacetamide
	化合物中文名 Chinese Name	*N*-甲基乙酰胺	
	IUPAC Name	*N*-methylacetamide	
	CAS 号 CAS Number	79-16-3	
	分子式 Molecular Formula	C_3H_7NO	
	精确质量数 Exact Mass	73.05276	
	结构图 Structure Diagram	SciFinder	O ‖ H_3C—NH—C—CH_3
		ChemSpider	O —CH_3 H_3C—NH
		PubChem	O N H
	法规出处 Regulation Source	SVHC	

表 2-2（续）

序号	禁限用化合物信息库		
241	化合物英文名 Compound Name	Name in Regulation	Nonyl phenol
		CA Index Name	Phenol，nonyl-
		ChemSpider	4-Nonylphenol
		PubChem	4-nonylphenol
	化合物中文名 Chinese Name	壬基酚	
	IUPAC Name	4-nonylphenol	
	CAS 号 CAS Number	25154-52-3	
	分子式 Molecular Formula	$C_{15}H_{24}O$	
	精确质量数 Exact Mass	220.18272	
	结构图 Structure Diagram	SciFinder	 D1—OH D1—$(CH_2)_8$—Me
		ChemSpider	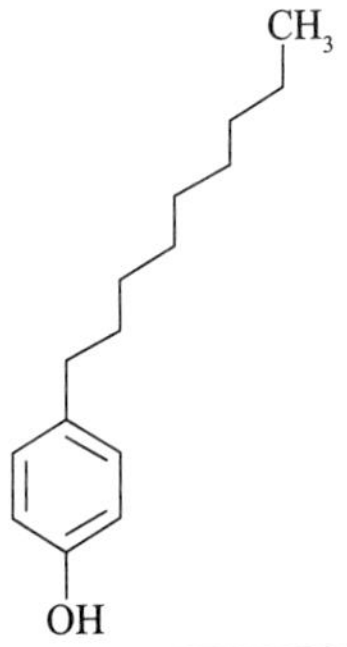 CH_3 OH
		PubChem	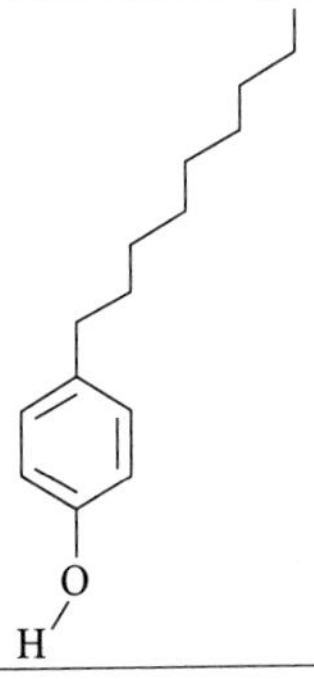 O H
	法规出处 Regulation Source	RSL/OEKO/SVHC	

表 2-2（续）

序号	禁限用化合物信息库		
242	化合物英文名 Compound Name	Name in Regulation	Nonylphenolethoxylates
		CA Index Name	Poly (oxy-1，2-ethanediyl)，α-(nonylphenyl) -ω-hydroxy-
		ChemSpider	—
		PubChem	—
	化合物中文名 Chinese Name	壬基苯酚聚氧乙烯醚	
	IUPAC Name	—	
	CAS 号 CAS Number	9016-45-9	
	分子式 Molecular Formula	$(C_2H_4O)_nC_{15}H_{24}O$	
	精确质量数 Exact Mass	—	
	结构图 Structure Diagram	SciFinder	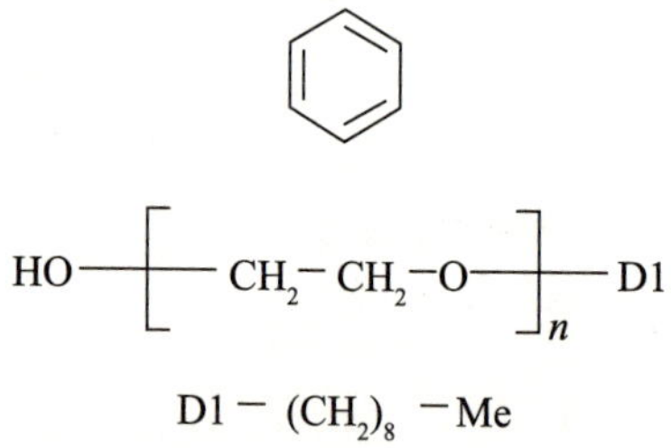
		ChemSpider	—
		PubChem	—
	法规出处 Regulation Source	OEKO/SVHC/RSL	

表 2-2（续）

序号	禁限用化合物信息库		
243	化合物英文名 Compound Name	Name in Regulation	*n*-pentyl-isopentylphthalate
		CA Index Name	1，2-Benzenedicarboxylic acid，1-（3-methylbutyl）2-pentyl ester
		ChemSpider	3-Methylbutyl pentyl phthalate
		PubChem	Isopentyl pentyl phthalate
	化合物中文名 Chinese Name	邻苯二甲酸正戊异戊酯	
	IUPAC Name	2-O-（3-methylbutyl）1-O-pentyl benzene-1，2-dicarboxylate	
	CAS 号 CAS Number	776297-69-9	
	分子式 Molecular Formula	$C_{18}H_{26}O_4$	
	精确质量数 Exact Mass	306.18311	
	结构图 Structure Diagram	SciFinder	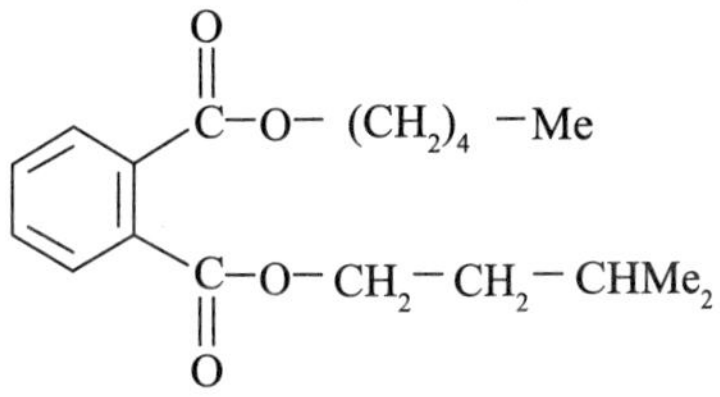 O=C(O(CH$_2$)$_4$Me)-C$_6$H$_4$-C(=O)-O-CH$_2$-CH$_2$-CHMe$_2$
		ChemSpider	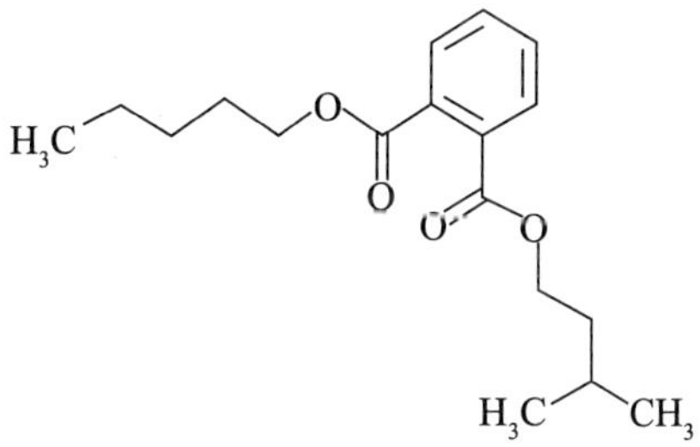 H$_3$C…O, O, O, O, H$_3$C, CH$_3$
		PubChem	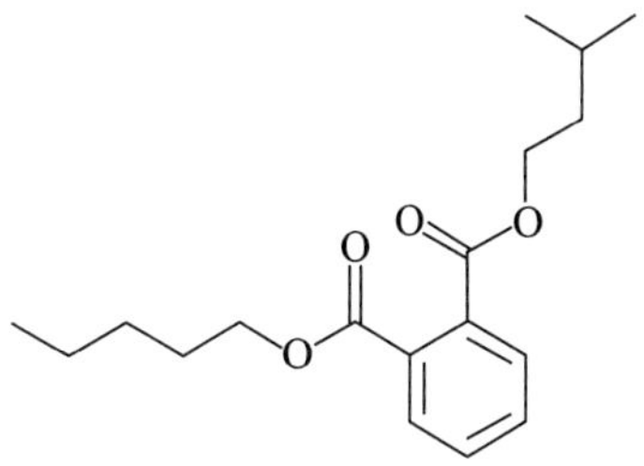 O, O, O, O
	法规出处 Regulation Source	SVHC/OEKO/RSL	

表 2-2（续）

序号	禁限用化合物信息库		
244	化合物英文名 Compound Name	Name in Regulation	*o*-Aminoazotoluene
		CA Index Name	Benzenamine，2-methyl-4-［2-（2-methylphenyl）diazenyl］-
		ChemSpider	2-methyl-4-［（e）-（2-methylphenyl）diazenyl］aniline
		PubChem	*o*-Aminoazotoluene
	化合物中文名 Chinese Name	邻氨基偶氮甲苯	
	IUPAC Name	2-methyl-4-［（2-methylphenyl）diazenyl］aniline	
	CAS号 CAS Number	97-56-3	
	分子式 Molecular Formula	$C_{14}H_{15}N_3$	
	精确质量数 Exact Mass	225.12660	
	结构图 Structure Diagram	SciFinder	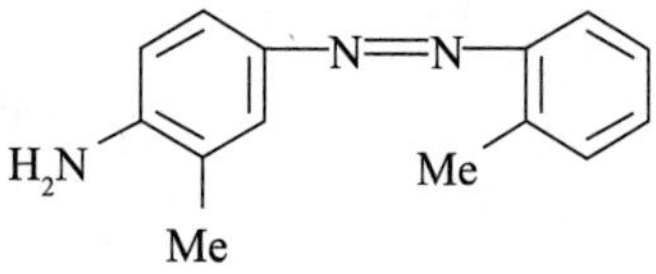
		ChemSpider	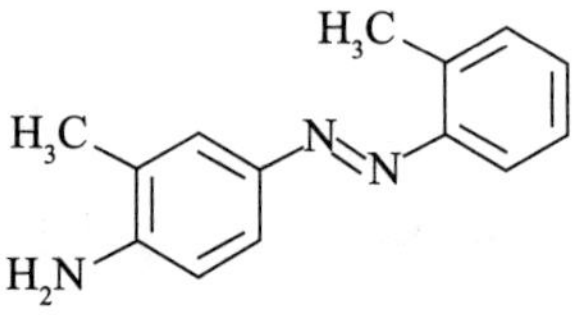
		PubChem	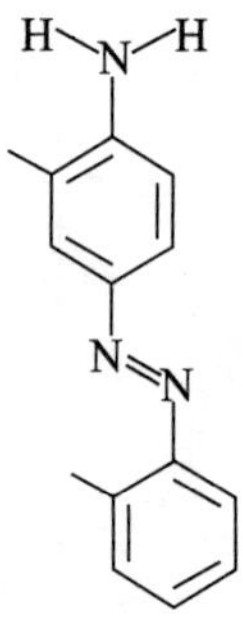
	法规出处 Regulation Source	SVHC/RSL/OEKO	

表 2-2（续）

序号	禁限用化合物信息库		
245	化合物英文名 Compound Name	Name in Regulation	Octa-bromodiphenyl ether (octaBDE)
		CA Index Name	Benzene，1，1′-oxybis-，octabromo deriv.
		ChemSpider	Octabromodiphenyl ether
		PubChem	BDE No 203 solution
	化合物中文名 Chinese Name	八溴二苯醚	
	IUPAC Name	1，2，3，4，5-pentabromo-6-（2，4，5-tribromophenoxy）benzene	
	CAS号 CAS Number	32536-52-0	
	分子式 Molecular Formula	$C_{12}H_2Br_8O$	
	精确质量数 Exact Mass	801.34908	
	结构图 Structure Diagram	SciFinder	Ph—O—Ph 8（D1—Br）
		ChemSpider	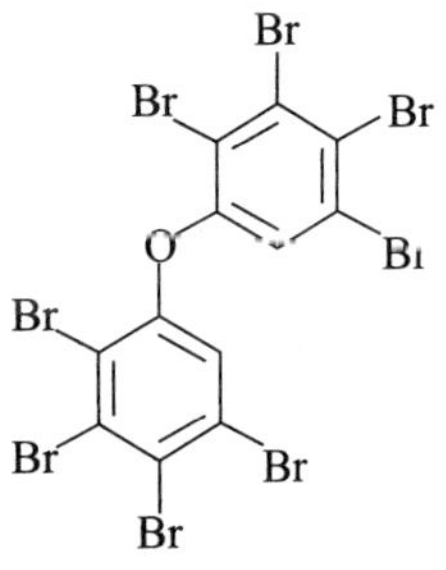 Br, Br, Br, Br, Br, Br, Br, Br
		PubChem	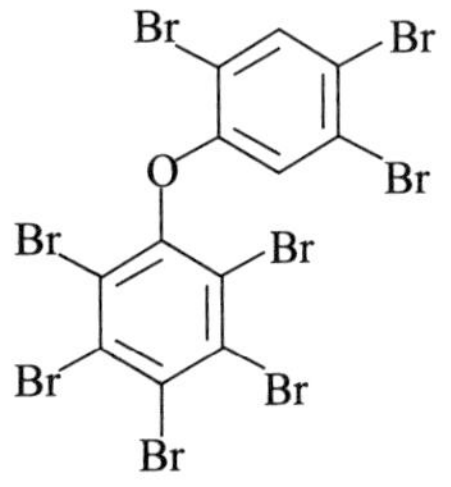 Br, Br, Br, Br, Br, Br, Br, Br
	法规出处 Regulation Source	RSL/OEKO/RoHS	

表 2-2（续）

序号	禁限用化合物信息库		
246	化合物英文名 Compound Name	Name in Regulation	Octylphenol
		CA Index Name	Phenol，4-（1，1，3，3-tetramethylbutyl）-
		ChemSpider	P-（1，1，3，3-TETRAMETHYLBUTYL）PHENOL
		PubChem	4-tert-octylphenol
	化合物中文名 Chinese Name	辛基苯酚	
	IUPAC Name	4-（2，4，4-trimethylpentan-2-yl）phenol	
	CAS号 CAS Number	140-66-9	
	分子式 Molecular Formula	$C_{14}H_{22}O$	
	精确质量数 Exact Mass	206.16707	
	结构图 Structure Diagram	SciFinder	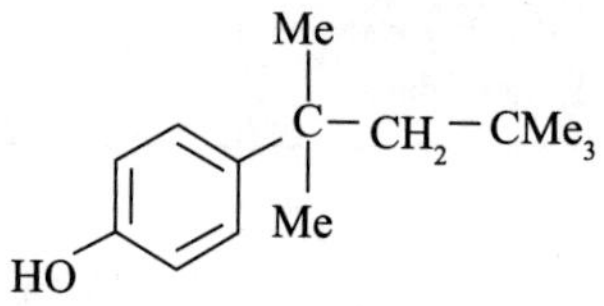 Me HO–C₆H₄–C(Me)(Me)–CH_2–CMe_3
		ChemSpider	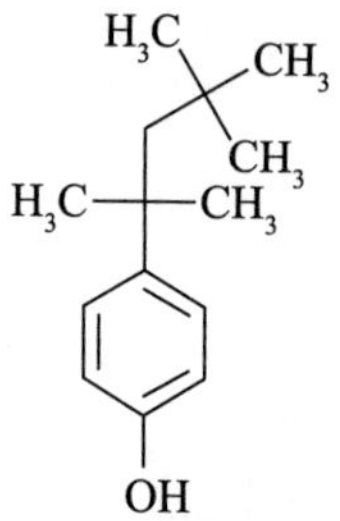 H_3C, CH_3, CH_3, H_3C, CH_3, OH
		PubChem	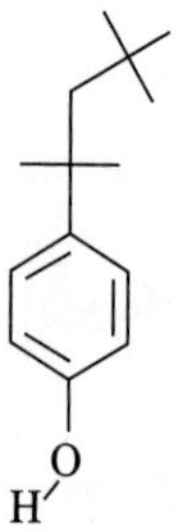 H, O
	法规出处 Regulation Source	SVHC/OEKO	

表 2-2（续）

序号	禁限用化合物信息库		
247	化合物英文名 Compound Name	Name in Regulation	Octylphenolethoxylates
		CA Index Name	Poly（oxy-1，2-ethanediyl），α-［（1，1，3，3-tetramethylbutyl）phenyl］-ω-hydroxy-
		ChemSpider	α-Hydroxy-ω-［4-（2，4，4-trimethyl-2-pentanyl）phenyl］poly（1，2-ethenediyloxy）
		PubChem	Triton X-100
	化合物中文名 Chinese Name	辛基苯酚聚氧乙烯醚	
	IUPAC Name	2-［4-（2，4，4-trimethylpentan-2-yl）phenoxy］ethanol	
	CAS号 CAS Number	9002-93-1	
	分子式 Molecular Formula	$(C_2H_4O)_nC_{14}H_{22}O$	
	精确质量数 Exact Mass	—	
	结构图 Structure Diagram	SciFinder	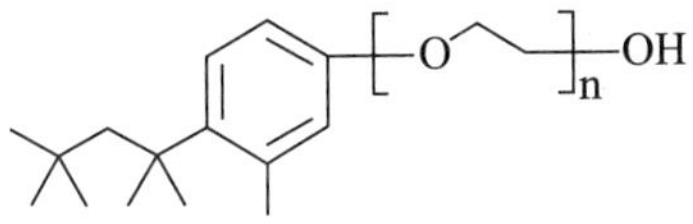
		ChemSpider	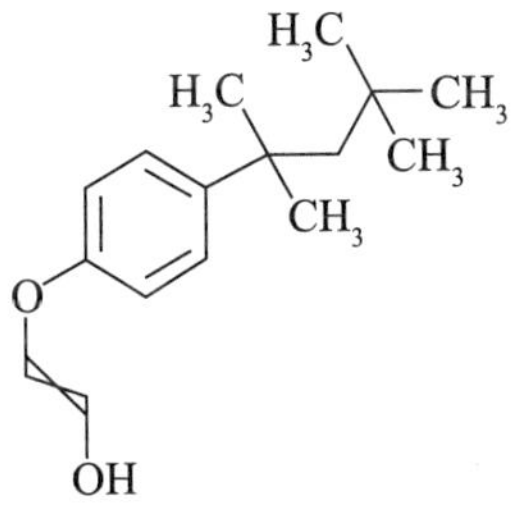
		PubChem	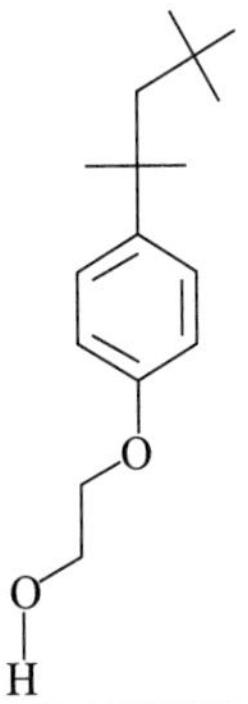
	法规出处 Regulation Source	OEKO/RSL/SVHC	

表 2-2（续）

序号	禁限用化合物信息库		
248	化合物英文名 Compound Name	Name in Regulation	*o*-Phenylphenol
		CA Index Name	[1，1′-Biphenyl]-2-ol
		ChemSpider	2-Phenylphenol
		PubChem	2-phenylphenol
	化合物中文名 Chinese Name	邻苯基苯酚	
	IUPAC Name	2-phenylphenol	
	CAS 号 CAS Number	90-43-7	
	分子式 Molecular Formula	$C_{12}H_{10}O$	
	精确质量数 Exact Mass	170.07316	
	结构图 Structure Diagram	SciFinder	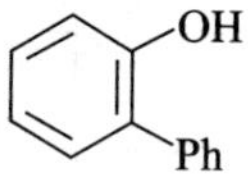
		ChemSpider	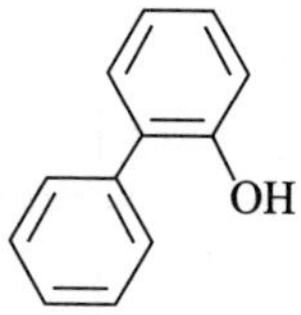
		PubChem	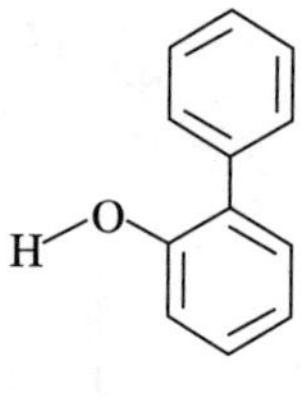
	法规出处 Regulation Source	OEKO	

表 2-2（续）

序号	禁限用化合物信息库		
249	化合物英文名 Compound Name	Name in Regulation	*o*-Toluidine
		CA Index Name	Benzenamine，2-methyl-
		ChemSpider	*o*-Toluidine
		PubChem	2-toluidine
	化合物中文名 Chinese Name	邻甲基苯胺	
	IUPAC Name	2-methylaniline	
	CAS号 CAS Number	95-53-4	
	分子式 Molecular Formula	C_7H_9N	
	精确质量数 Exact Mass	107.07350	
	结构图 Structure Diagram	SciFinder	Me, NH_2
		ChemSpider	H_2N, CH_3
		PubChem	H, N, H
	法规出处 Regulation Source	SVHC/OEKO	

表 2－2（续）

序号	禁限用化合物信息库		
250	化合物英文名 Compound Name	Name in Regulation	Parathion
		CA Index Name	Phosphorothioic acid，*O*，*O*－diethyl *O*－（4－nitrophenyl）ester
		ChemSpider	Parathion
		PubChem	Parathion
	化合物中文名 Chinese Name	对硫磷	
	IUPAC Name	diethoxy－（4－nitrophenoxy）－sulfanylidene－λ^5－phosphane	
	CAS 号 CAS Number	56－38－2	
	分子式 Molecular Formula	$C_{10}H_{14}NO_5PS$	
	精确质量数 Exact Mass	291.03303	
	结构图 Structure Diagram	SciFinder	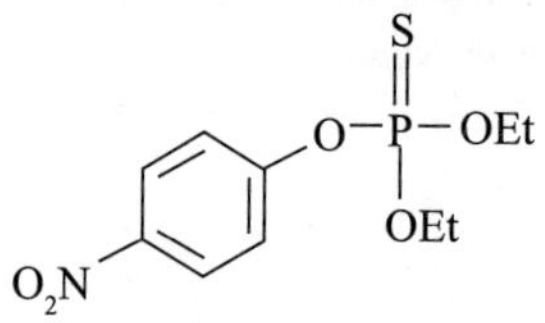 S, O, P, OEt, OEt, O_2N
		ChemSpider	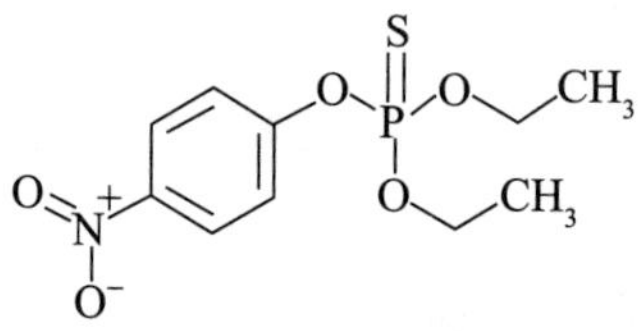 S, O, P, O, CH_3, O, CH_3, O, N^+, O^-
		PubChem	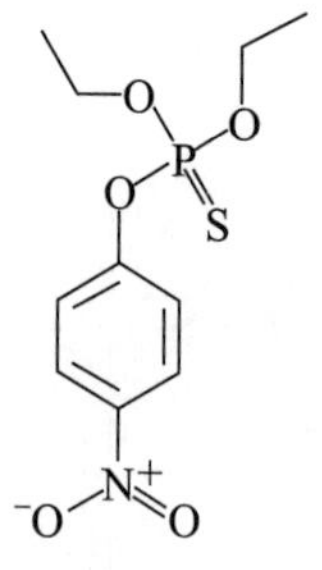 O, O, P, S, O, N^+, ^-O, O
	法规出处 Regulation Source	OEKO	

表 2-2（续）

序号	禁限用化合物信息库		
251	化合物英文名 Compound Name	Name in Regulation	Parathion-methyl
		CA Index Name	Phosphorothioic acid，*O*，*O*-dimethyl *O*-（4-nitrophenyl）ester
		ChemSpider	Metacid
		PubChem	Methyl Parathion
	化合物中文名 Chinese Name	甲基对硫磷	
	IUPAC Name	dimethoxy-（4-nitrophenoxy）-sulfanylidene-λ^5-phosphane	
	CAS号 CAS Number	298-00-0	
	分子式 Molecular Formula	$C_8H_{10}NO_5PS$	
	精确质量数 Exact Mass	263.00173	
	结构图 Structure Diagram	SciFinder	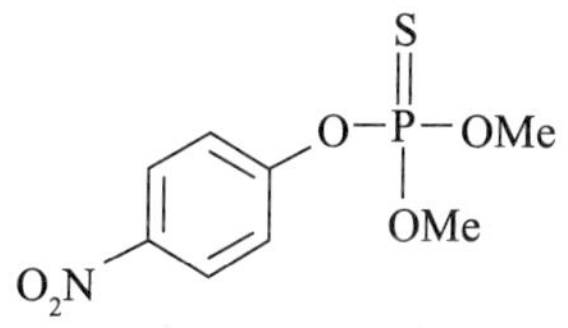 S; O; P; OMe; OMe; O_2N
		ChemSpider	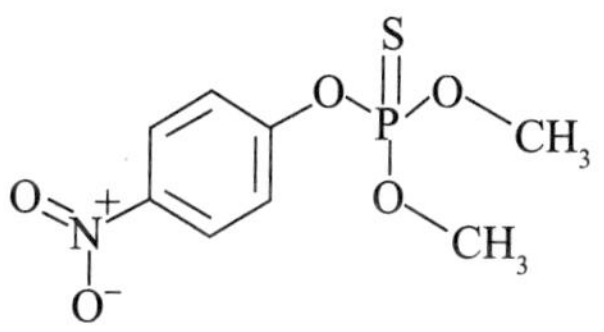 S; O; P; O; CH_3; O; CH_3; O; N^+; O^-
		PubChem	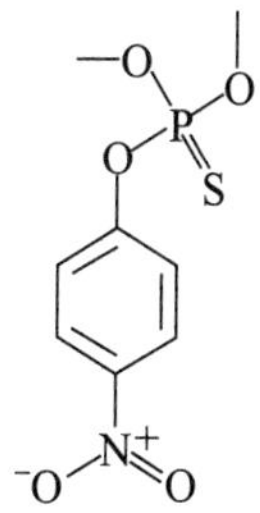 O; O; P; O; S; N^+; ^-O; O
	法规出处 Regulation Source	OEKO	

表 2-2（续）

序号	禁限用化合物信息库		
252	化合物英文名 Compound Name	Name in Regulation	*p*-Chloroaniline
		CA Index Name	Benzenamine，4-chloro-
		ChemSpider	4-Chloroaniline
		PubChem	4-chloroaniline
	化合物中文名 Chinese Name	对氯苯胺	
	IUPAC Name	4-chloroaniline	
	CAS 号 CAS Number	106-47-8	
	分子式 Molecular Formula	C_6H_6ClN	
	精确质量数 Exact Mass	127.01888	
	结构图 Structure Diagram	SciFinder	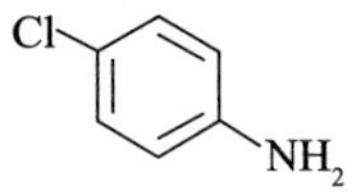 Cl, NH2
		ChemSpiderr	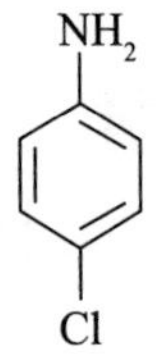 NH2, Cl
		PubChemr	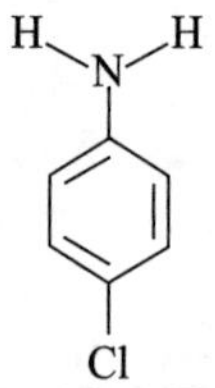 H, N, H, Cl
	法规出处 Regulation Source	RSL/OEKO	

表 2－2（续）

序号	禁限用化合物信息库		
253	化合物英文名 Compound Name	Name in Regulation	Penta－bromodiphenyl ether（pentaBDE）
		CA Index Name	Benzene，1，1′－oxybis－，pentabromo deriv
		ChemSpider	Pentabromodiphenyl Ether（PBDE 99）
		PubChem	Pentabromodiphenyl ether
	化合物中文名 Chinese Name	五溴二苯醚	
	IUPAC Name	1，2，4－tribromo－5－（2，4－dibromophenoxy）benzene	
	CAS号 CAS Number	32534－81－9	
	分子式 Molecular Formula	$C_{12}H_5Br_5O$	
	精确质量数 Exact Mass	563.62163	
	结构图 Structure Diagram	SciFinder	 5/2（D1—Br） 1/2（D1—O—D1）
		ChemSpider	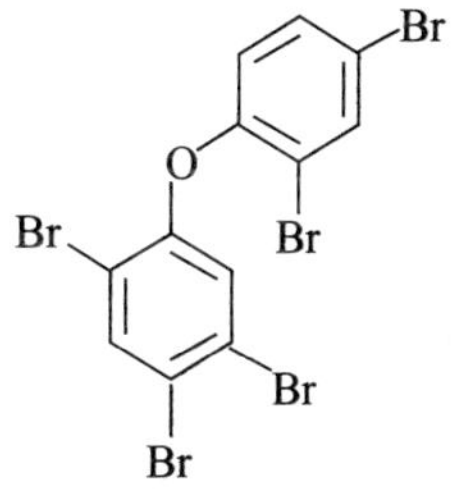 Br Br O Br Br Br
		PubChem	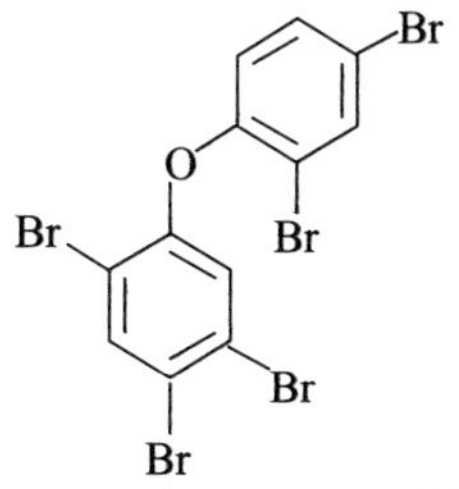 Br Br O Br Br Br
	法规出处 Regulation Source	RSL/OEKO/RoHS	

表 2-2（续）

序号	禁限用化合物信息库		
254	化合物英文名 Compound Name	Name in Regulation	Pentachloroethane
		CA Index Name	Ethane，1，1，1，2，2-pentachloro-
		ChemSpider	Pentachloroethane
		PubChem	Pentachloroethane
	化合物中文名 Chinese Name	五氯乙烷	
	IUPAC Name	1，1，1，2，2-pentachloroethane	
	CAS 号 CAS Number	76-01-7	
	分子式 Molecular Formula	C_2HCl_5	
	精确质量数 Exact Mass	201.84914	
	结构图 Structure Diagram	SciFinder	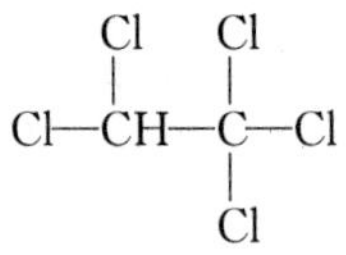 Cl Cl Cl—CH—C—Cl Cl
		ChemSpider	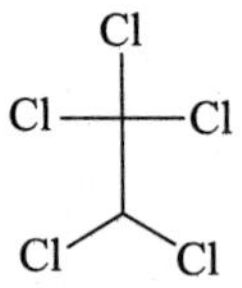 Cl Cl Cl Cl Cl
		PubChem	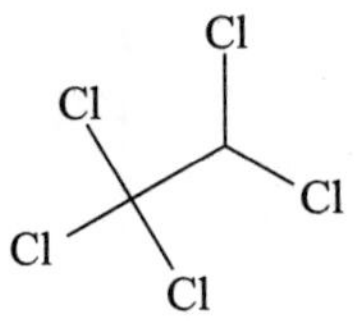 Cl Cl Cl Cl Cl
	法规出处 Regulation Source	RSL	

表 2-2（续）

序号	禁限用化合物信息库		
255	化合物英文名 Compound Name	Name in Regulation	Pentachlorophenol（PCP）
		CA Index Name	Phenol，2，3，4，5，6-pentachloro-
		ChemSpider	Pentachlorophenol
		PubChem	Pentachlorophenol
	化合物中文名 Chinese Name	五氯苯酚	
	IUPAC Name	2，3，4，5，6-pentachlorophenol	
	CAS 号 CAS Number	87-86-5	
	分子式 Molecular Formula	C_6HCl_5O	
	精确质量数 Exact Mass	265.84405	
	结构图 Structure Diagram	SciFinder	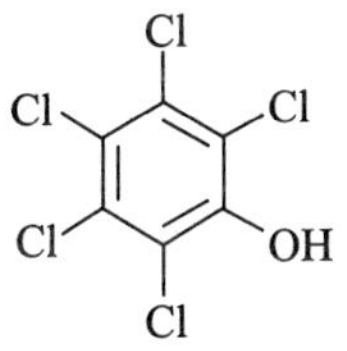 Cl Cl Cl Cl OH Cl
		ChemSpider	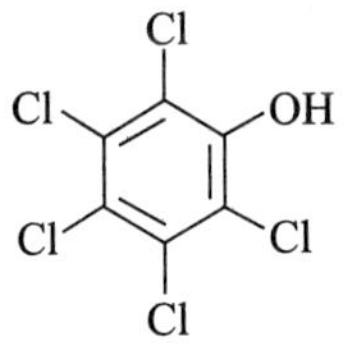 Cl Cl OH Cl Cl Cl
		PubChem	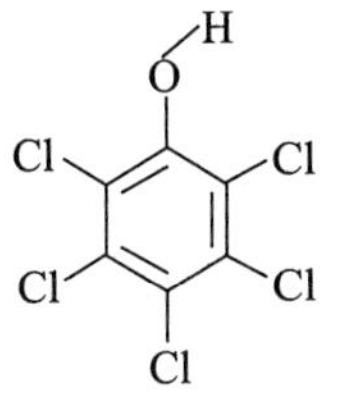 H O Cl Cl Cl Cl Cl
	法规出处 Regulation Source	RSL/OEKO	

表 2-2（续）

序号	禁限用化合物信息库		
256	化合物英文名 Compound Name	Name in Regulation	Pentacosafluorotridecanoic acid
		CA Index Name	Tridecanoic acid，2，2，3，3，4，4，5，5，6，6，7，7，8，8，9，9，10，10，11，11，12，12，13，13，13-pentacosafluoro-
		ChemSpider	Pentacosafluorotridecanoic acid
		PubChem	Perfluorotridecanoic acid
	化合物中文名 Chinese Name	全氟十三酸	
	IUPAC Name	2，2，3，3，4，4，5，5，6，6，7，7，8，8，9，9，10，10，11，11，12，12，13，13，13-pentacosafluorotridecanoic acid	
	CAS 号 CAS Number	72629-94-8	
	分子式 Molecular Formula	$C_{13}HF_{25}O_2$	
	精确质量数 Exact Mass	663.95773	
	结构图 Structure Diagram	SciFinder	$HO_2C—(CF_2)_{11}—CF_3$
		ChemSpider	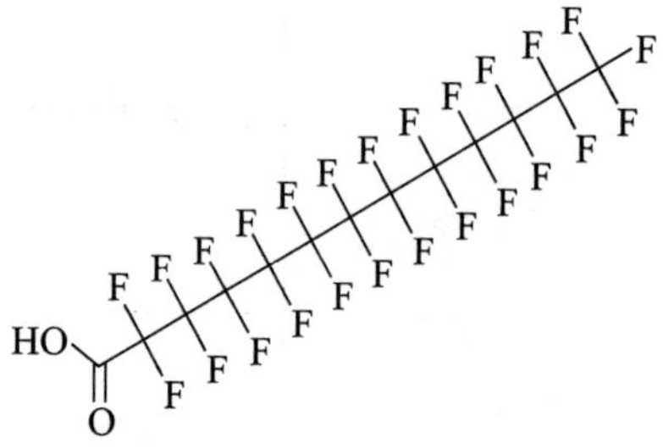
		PubChem	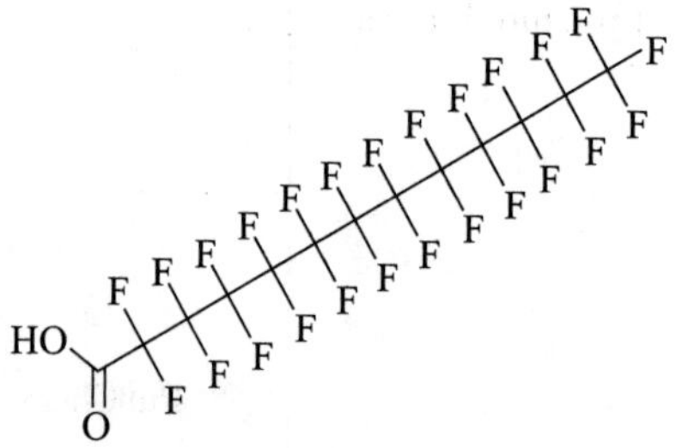
	法规出处 Regulation Source	SVHC/OEKO	

表 2-2（续）

<table>
<tr><th>序号</th><th colspan="3">禁限用化合物信息库</th></tr>
<tr><td rowspan="12">257</td><td rowspan="4">化合物英文名
Compound Name</td><td>Name in Regulation</td><td>Pentadecafluorooctanoic acid (PFOA)</td></tr>
<tr><td>CA Index Name</td><td>Octanoic acid，2，2，3，3，4，4，5，5，6，6，7，7，8，8，8-pentadecafluoro-</td></tr>
<tr><td>ChemSpider</td><td>Perfluorooctanoic Acid</td></tr>
<tr><td>PubChem</td><td>Perfluorooctanoic acid</td></tr>
<tr><td>化合物中文名
Chinese Name</td><td colspan="2">全氟辛酸</td></tr>
<tr><td>IUPAC Name</td><td colspan="2">2，2，3，3，4，4，5，5，6，6，7，7，8，8，8-pentadecafluorooctanoic acid</td></tr>
<tr><td>CAS 号
CAS Number</td><td colspan="2">335-67-1</td></tr>
<tr><td>分子式
Molecular Formula</td><td colspan="2">$C_8HF_{15}O_2$</td></tr>
<tr><td>精确质量数
Exact Mass</td><td colspan="2">413.97370</td></tr>
<tr><td rowspan="3">结构图
Structure Diagram</td><td>SciFinder</td><td>$F_3C—(CF_2)_6—CO_2H$</td></tr>
<tr><td>ChemSpider</td><td>F F F F F F O
F OH
F F F F F F F F</td></tr>
<tr><td>PubChem</td><td>O F F H F F O F F F F F F F F F F F F</td></tr>
<tr><td>法规出处
Regulation Source</td><td colspan="2">SVHC/RSL/OEKO</td></tr>
</table>

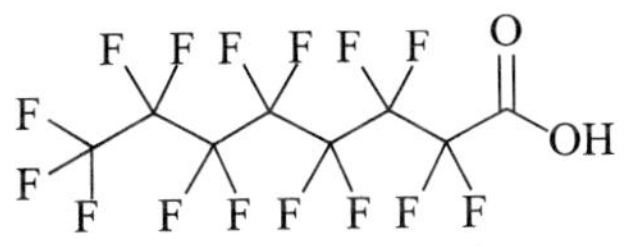

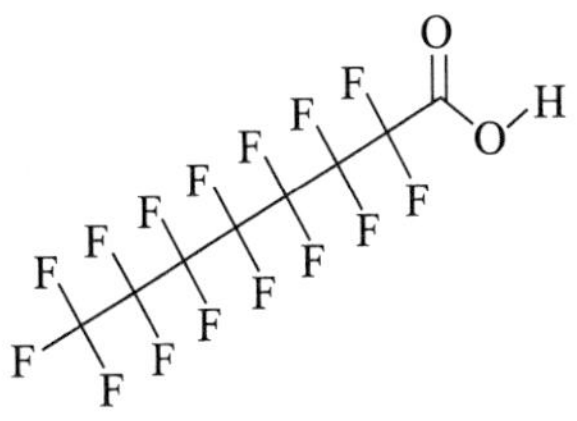

表 2-2（续）

序号	禁限用化合物信息库		
258	化合物英文名 Compound Name	Name in Regulation	Perfluorooctanoyl fluoride
		CA Index Name	Octanoyl fluoride，2，2，3，3，4，4，5，5，6，6，7，7，8，8，8-pentadecafluoro-
		ChemSpider	Pentadecafluorooctanoyl fluoride
		PubChem	Pentadecafluorooctanoyl fluoride
	化合物中文名 Chinese Name	全氟辛酰氟	
	IUPAC Name	2，2，3，3，4，4，5，5，6，6，7，7，8，8，8-pentadecafluorooctanoyl fluoride	
	CAS号 CAS Number	335-66-0	
	分子式 Molecular Formula	$C_8F_{16}O$	
	精确质量数 Exact Mass	415.96937	
	结构图 Structure Diagram	SciFinder	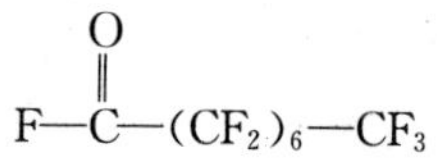 $F—C(=O)—(CF_2)_6—CF_3$
		ChemSpider	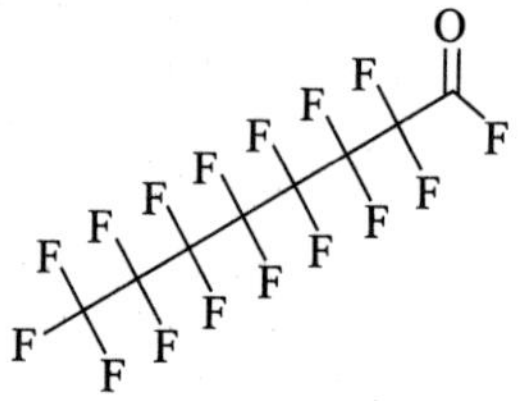
		PubChem	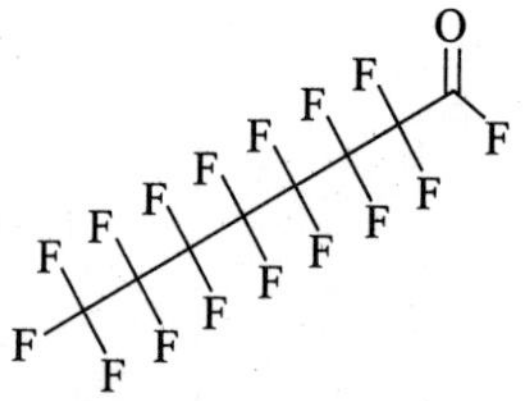
	法规出处 Regulation Source	RSL/OEKO	

表 2-2（续）

序号	禁限用化合物信息库		
259	化合物英文名 Compound Name	Name in Regulation	Perfluorobutane - C4F10
		CA Index Name	Butane，1，1，1，2，2，3，3，4，4，4-decafluoro-
		ChemSpider	perfluorobutane
		PubChem	perfluorobutane
	化合物中文名 Chinese Name	全氟丁烷	
	IUPAC Name	1，1，1，2，2，3，3，4，4，4-decafluorobutane	
	CAS号 CAS Number	355-25-9	
	分子式 Molecular Formula	C_4F_{10}	
	精确质量数 Exact Mass	237.98403	
	结构图 Structure Diagram	SciFinder	$F_3C—CF_2—CF_2—CF_3$
		ChemSpider	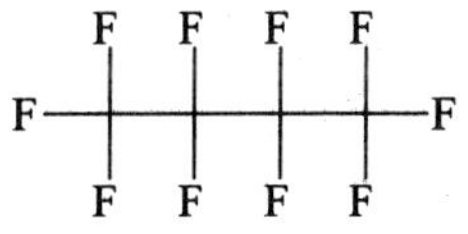 F F F F / F—C—C—C—C—F / F F F F
		PubChem	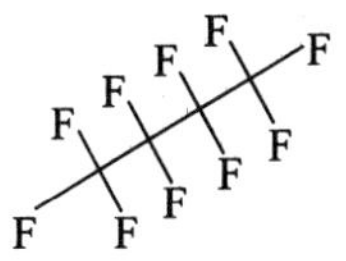 F F F F F F F F F F
	法规出处 Regulation Source	RSL	

表 2-2（续）

序号	禁限用化合物信息库		
260	化合物英文名 Compound Name	Name in Regulation	Perfluorocyclobutane-c-C4F8
		CA Index Name	Cyclobutane，1，1，2，2，3，3，4，4-octafluoro-
		ChemSpider	Perfluorocyclobutane
		PubChem	Perfluorocyclobutane
	化合物中文名 Chinese Name	八氟环丁烷	
	IUPAC Name	1，1，2，2，3，3，4，4-octafluorocyclobutane	
	CAS号 CAS Number	115-25-3	
	分子式 Molecular Formula	C_4F_8	
	精确质量数 Exact Mass	199.98722	
	结构图 Structure Diagram	SciFinder	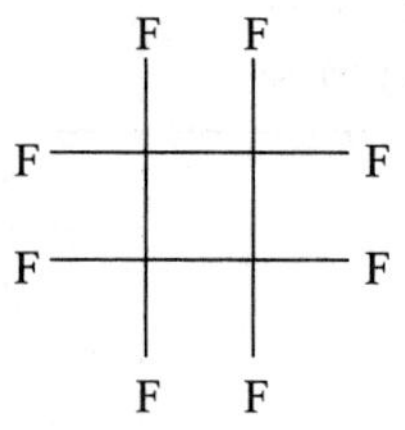 F F F F F F F F
		ChemSpider	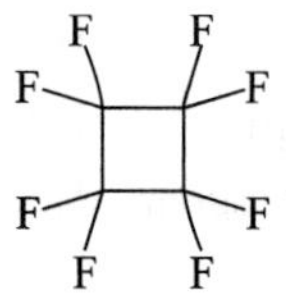 F F F F F F F F
		PubChem	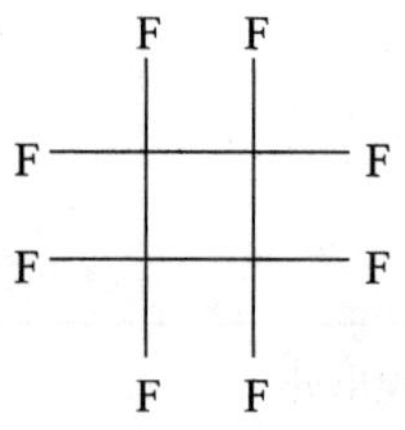 F F F F F F F F
	法规出处 Regulation Source	RSL	

表 2-2（续）

序号	禁限用化合物信息库		
261	化合物英文名 Compound Name	Name in Regulation	Perfluoroethane - C2F6
		CA Index Name	Ethane, 1, 1, 1, 2, 2, 2-hexafluoro-
		ChemSpider	Hexafluoroethane
		PubChem	Perfluoroethane
	化合物中文名 Chinese Name	六氟乙烷	
	IUPAC Name	1, 1, 1, 2, 2, 2-hexafluoroethane	
	CAS 号 CAS Number	76-16-4	
	分子式 Molecular Formula	C_2F_6	
	精确质量数 Exact Mass	137.99042	
	结构图 Structure Diagram	SciFinder	F F / F—C—C—F / F F
		ChemSpider	F F F F F F
		PubChem	F F F F F F
	法规出处 Regulation Source	RSL	

表 2-2（续）

序号	禁限用化合物信息库		
262	化合物英文名 Compound Name	Name in Regulation	Perfluorohexane - C6F14
		CA Index Name	Hexane，1，1，1，2，2，3，3，4，4，5，5，6，6，6 - tetradecafluoro -
		ChemSpider	Perfluorohexane
		PubChem	Perfluorohexane
	化合物中文名 Chinese Name	全氟己烷	
	IUPAC Name	1，1，1，2，2，3，3，4，4，5，5，6，6，6 - tetradecafluorohexane	
	CAS 号 CAS Number	355 - 42 - 0	
	分子式 Molecular Formula	C_6F_{14}	
	精确质量数 Exact Mass	337.97764	
	结构图 Structure Diagram	SciFinder	$F_3C—(CF_2)_4—CF_3$
		ChemSpider	F F F F F F F F F F F F F F
		PubChem	F F F F F F F F F F F F F F
	法规出处 Regulation Source	RSL	

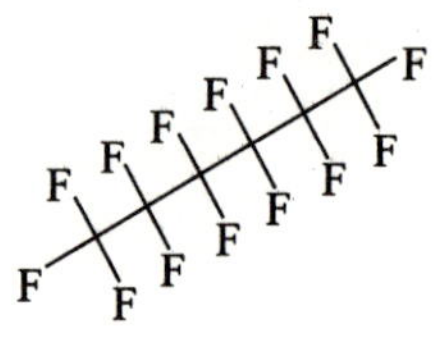

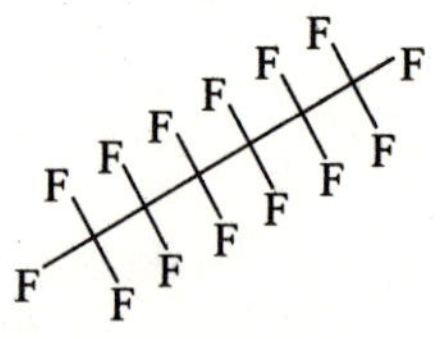

表 2-2（续）

<table>
<tr><th>序号</th><th colspan="3">禁限用化合物信息库</th></tr>
<tr><td rowspan="14">263</td><td rowspan="4">化合物英文名
Compound Name</td><td>Name in Regulation</td><td>Perfluoromethane - CF4</td></tr>
<tr><td>CA Index Name</td><td>Methane，tetrafluoro-</td></tr>
<tr><td>ChemSpider</td><td>Yetrafluoromethane</td></tr>
<tr><td>PubChem</td><td>Carbon tetrafluoride</td></tr>
<tr><td>化合物中文名
Chinese Name</td><td colspan="2">四氟化碳</td></tr>
<tr><td>IUPAC Name</td><td colspan="2">tetrafluoromethane</td></tr>
<tr><td>CAS 号
CAS Number</td><td colspan="2">75-73-0</td></tr>
<tr><td>分子式
Molecular Formula</td><td colspan="2">CF_4</td></tr>
<tr><td>精确质量数
Exact Mass</td><td colspan="2">87.99361</td></tr>
<tr><td rowspan="3">结构图
Structure Diagram</td><td>SciFinder</td><td>F
F—C—F
F</td></tr>
<tr><td>ChemSpider</td><td>F F F F</td></tr>
<tr><td>PubChem</td><td>F F C F F</td></tr>
<tr><td>法规出处
Regulation Source</td><td colspan="2">RSL</td></tr>
</table>

表 2-2（续）

序号	禁限用化合物信息库		
264	化合物英文名 Compound Name	Name in Regulation	Perfluorooctane sulfonate (PFOS)
		CA Index Name	1-Octanesulfonic acid，1，1，2，2，3，3，4，4，5，5，6，6，7，7，8，8，8-heptadecafluoro-，potassium salt (1∶1)
		ChemSpider	1，1，2，2，3，3，4，4，5，5，6，6，7，7，8，8，8-heptadecafluoro-1-octanesulfonic acid
		PubChem	Perfluorooctane sulfonic acid
	化合物中文名 Chinese Name	全氟辛基磺酸盐	
	IUPAC Name	1，1，2，2，3，3，4，4，5，5，6，6，7，7，8，8，8-heptadecafluorooctane-1-sulfonic acid	
	CAS号 CAS Number	2795-39-3	
	分子式 Molecular Formula	$C_8F_{17}SO_3K$	
	精确质量数 Exact Mass	537.89338	
	结构图 Structure Diagram	SciFinder	$HO_3S—(CF_2)_7—CF_3$ · K
		ChemSpider	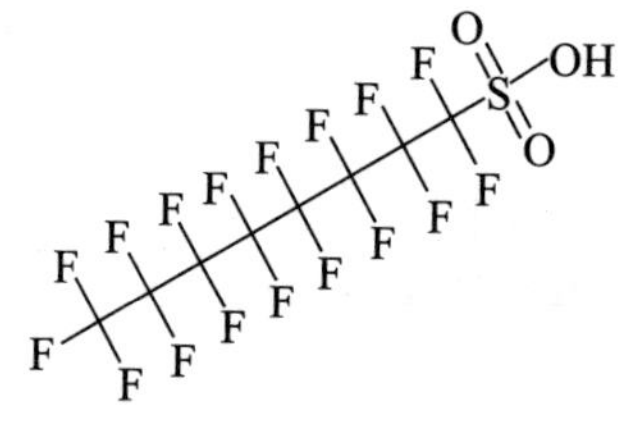
		PubChem	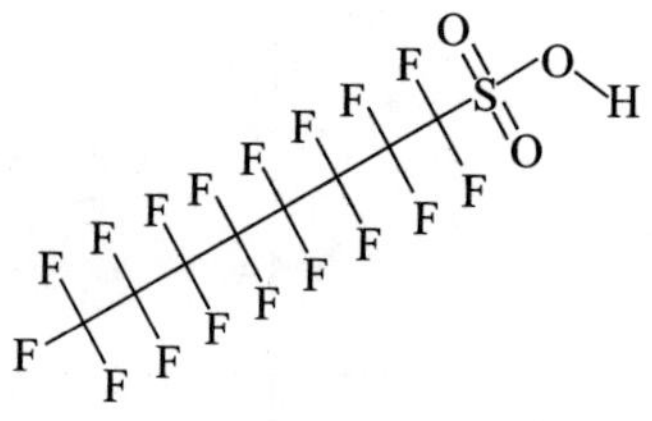
	法规出处 Regulation Source	RSL/OEKO	

表 2-2（续）

<table>
<tr><th>序号</th><th colspan="3">禁限用化合物信息库</th></tr>
<tr><td rowspan="12">265</td><td rowspan="4">化合物英文名
Compound Name</td><td>Name in Regulation</td><td>Perfluoropentane - C5F12</td></tr>
<tr><td>CA Index Name</td><td>Pentane，1，1，1，2，2，3，3，4，4，5，5，5-dodecafluoro-</td></tr>
<tr><td>ChemSpider</td><td>Flutec PP 50</td></tr>
<tr><td>PubChem</td><td>Perfluoropentane</td></tr>
<tr><td>化合物中文名
Chinese Name</td><td colspan="2">全氟戊烷</td></tr>
<tr><td>IUPAC Name</td><td colspan="2">1，1，1，2，2，3，3，4，4，5，5，5-dodecafluoropentane</td></tr>
<tr><td>CAS 号
CAS Number</td><td colspan="2">678-26-2</td></tr>
<tr><td>分子式
Molecular Formula</td><td colspan="2">C_5F_{12}</td></tr>
<tr><td>精确质量数
Exact Mass</td><td colspan="2">287.98084</td></tr>
<tr><td rowspan="3">结构图
Structure Diagram</td><td>SciFinder</td><td>$F_3C—(CF_2)_3—CF_3$</td></tr>
<tr><td>ChemSpider</td><td>F F F F F F F F F F F F</td></tr>
<tr><td>PubChem</td><td>F F F F F F F F F F F F</td></tr>
<tr><td></td><td>法规出处
Regulation Source</td><td colspan="2">RSL</td></tr>
</table>

表 2-2（续）

<table>
<tr><th>序号</th><th colspan="3">禁限用化合物信息库</th></tr>
<tr><td rowspan="13">266</td><td rowspan="4">化合物英文名
Compound Name</td><td>Name in Regulation</td><td>Perfluoropropane - C3F8</td></tr>
<tr><td>CA Index Name</td><td>Propane，1，1，1，2，2，3，3，3 - octafluoro -</td></tr>
<tr><td>ChemSpider</td><td>Octafluoropropane</td></tr>
<tr><td>PubChem</td><td>Perflutren</td></tr>
<tr><td>化合物中文名
Chinese Name</td><td colspan="2">八氟丙烷</td></tr>
<tr><td>IUPAC Name</td><td colspan="2">1，1，1，2，2，3，3，3 - octafluoropropane</td></tr>
<tr><td>CAS 号
CAS Number</td><td colspan="2">76 - 19 - 7</td></tr>
<tr><td>分子式
Molecular Formula</td><td colspan="2">C_3F_8</td></tr>
<tr><td>精确质量数
Exact Mass</td><td colspan="2">187.98722</td></tr>
<tr><td rowspan="3">结构图
Structure Diagram</td><td>SciFinder</td><td>$F_3C—CF_2—CF_3$</td></tr>
<tr><td>ChemSpider</td><td>F F F F F F F F</td></tr>
<tr><td>PubChem</td><td>F F F F F F F F</td></tr>
<tr><td>法规出处
Regulation Source</td><td colspan="2">RSL</td></tr>
</table>

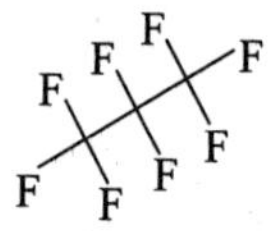

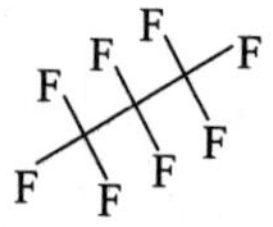

表 2-2（续）

序号	禁限用化合物信息库		
267	化合物英文名 Compound Name	Name in Regulation	Perthane
		CA Index Name	Benzene，1，1′-（2，2-dichloroethylidene）bis［4-ethyl-
		ChemSpider	1，1′-（2，2-Dichloroethylidene）bis［4-ethylbenzene］
		PubChem	Perthane
	化合物中文名 Chinese Name	乙滴涕	
	IUPAC Name	1-［2，2-dichloro-1-（4-ethylphenyl）ethyl］-4-ethylbenzene	
	CAS 号 CAS Number	72-56-0	
	分子式 Molecular Formula	$C_{18}H_{20}Cl_2$	
	精确质量数 Exact Mass	306.09421	
	结构图 Structure Diagram	SciFinder	$CHCl_2$ CH Et Et
		ChemSpider	CH_3 Cl Cl H_3C
		PubChem	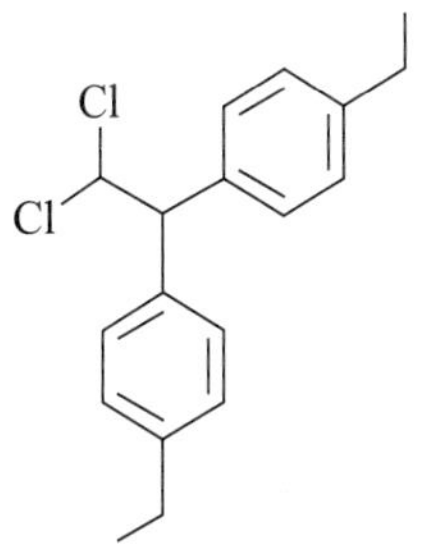 Cl Cl
	法规出处 Regulation Source	RSL	

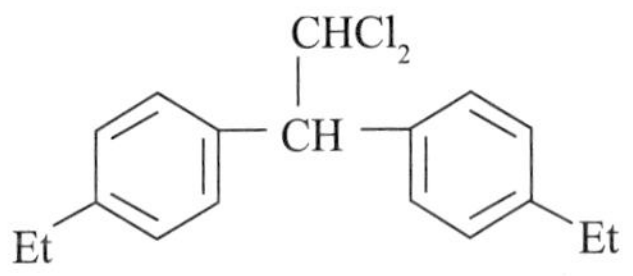

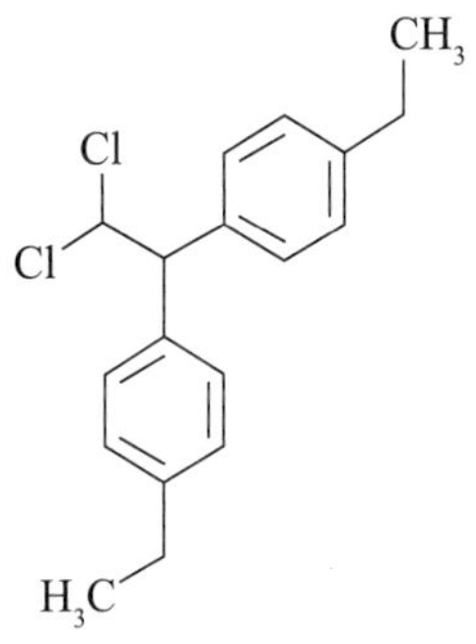

表 2-2（续）

序号	禁限用化合物信息库		
268	化合物英文名 Compound Name	Name in Regulation	Phenanthrene
		CA Index Name	Phenanthrene
		ChemSpider	Phenanthrene
		PubChem	Phenanthrene
	化合物中文名 Chinese Name	菲	
	IUPAC Name	phenanthrene	
	CAS 号 CAS Number	85-01-8	
	分子式 Molecular Formula	$C_{14}H_{10}$	
	精确质量数 Exact Mass	178.07825	
	结构图 Structure Diagram	SciFinder	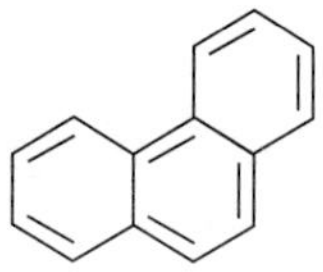
		ChemSpider	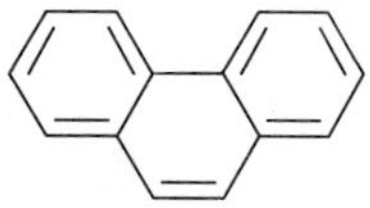
		PubChem	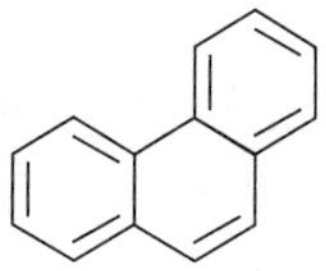
	法规出处 Regulation Source	RSL/OEKO	

表 2-2（续）

序号	禁限用化合物信息库		
269	化合物英文名 Compound Name	Name in Regulation	Phenolphthalein
		CA Index Name	1（3H）-Isobenzofuranone，3，3-bis（4-hydroxyphenyl）-
		ChemSpider	Phenolphthalein
		PubChem	Phenolphthalein
	化合物中文名 Chinese Name	酚酞	
	IUPAC Name	3，3-bis（4-hydroxyphenyl）-2-benzofuran-1-one	
	CAS 号 CAS Number	77-09-8	
	分子式 Molecular Formula	$C_{20}H_{14}O_4$	
	精确质量数 Exact Mass	318.08921	
	结构图 Structure Diagram	SciFinder	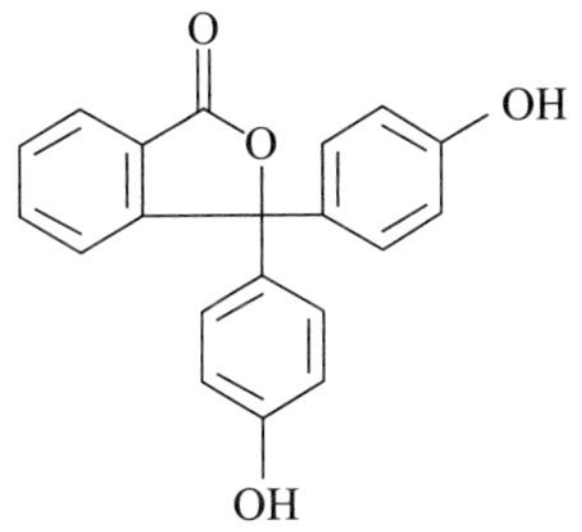 O, O, OH, OH
		ChemSpider	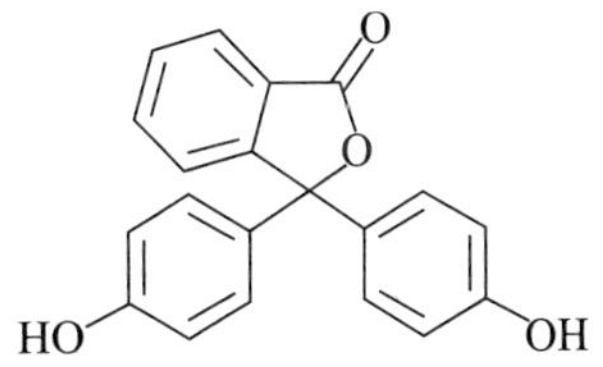 O, O, HO, OH
		PubChem	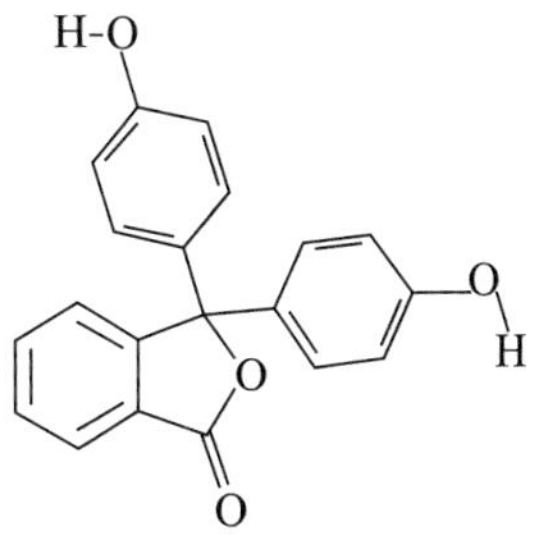 H-O, O, H, O, O
	法规出处 Regulation Source	SVHC	

表 2-2（续）

序号	禁限用化合物信息库		
270	化合物英文名 Compound Name	Name in Regulation	Phosdrin/Mevinphos
		CA Index Name	2-Butenoic acid，3-[（dimethoxyphosphinyl）oxy]-，methyl ester
		ChemSpider	Mevinfos
		PubChem	Mevinphos
	化合物中文名 Chinese Name	速灭磷	
	IUPAC Name	methyl（E）-3-dimethoxyphosphoryloxybut-2-enoate	
	CAS号 CAS Number	7786-34-7	
	分子式 Molecular Formula	$C_7H_{13}O_6P$	
	精确质量数 Exact Mass	224.04497	
	结构图 Structure Diagram	SciFinder	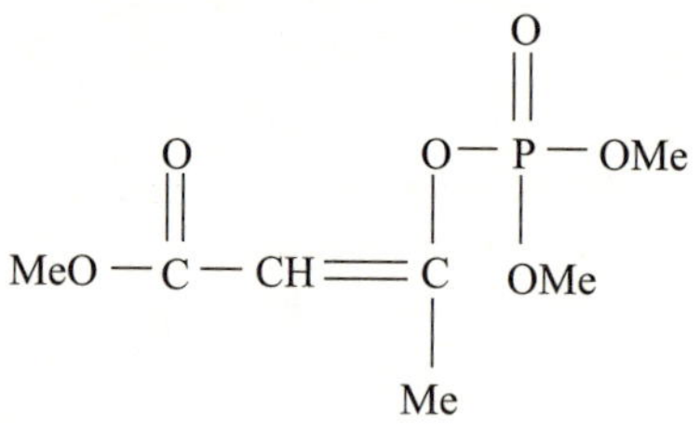
		ChemSpider	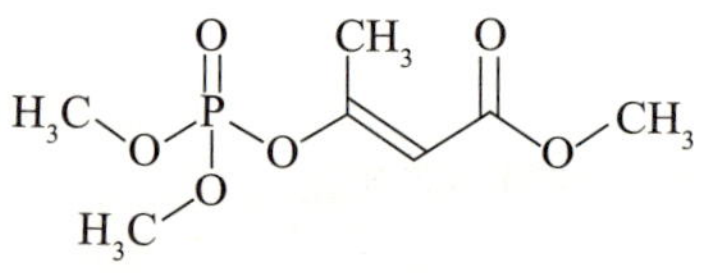
		PubChem	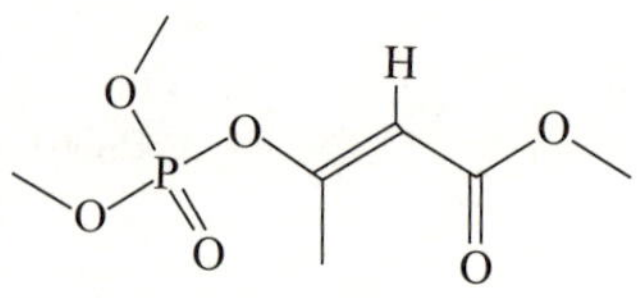
	法规出处 Regulation Source	OEKO	

表 2－2（续）

序号	禁限用化合物信息库		
271	化合物英文名 Compound Name	Name in Regulation	Phosphoric acid tris（2－chloro－1－methylethyl）ester（TDCPP）
		CA Index Name	2－Propanol，1－chloro－，2，2′，2′′－phosphate
		ChemSpider	Tris（1－chloro－2－propanyl）phosphate
		PubChem	Tri－（2－chloroisopropyl）phosphate
	化合物中文名 Chinese Name	磷酸三（2-氯丙基）酯	
	IUPAC Name	tris（1－chloropropan－2－yl）phosphate	
	CAS 号 CAS Number	13674－84－5	
	分子式 Molecular Formula	$C_9H_{18}Cl_3O_4P$	
	精确质量数 Exact Mass	326.00083	
	结构图 Structure Diagram	SciFinder	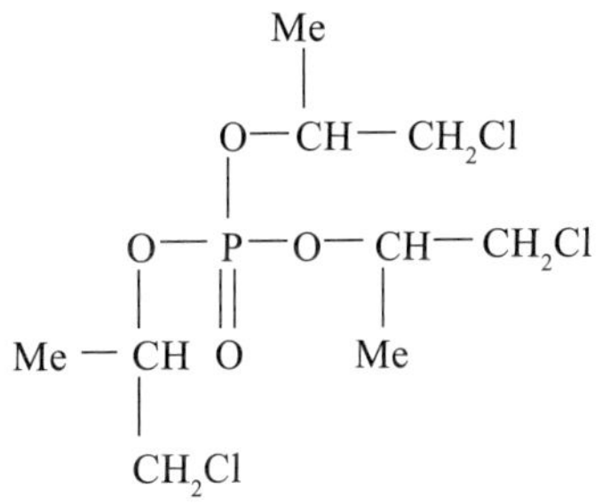
		ChemSpider	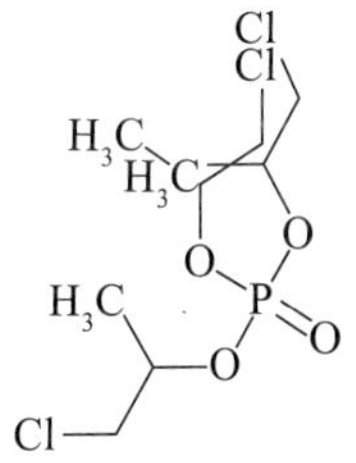
		PubChem	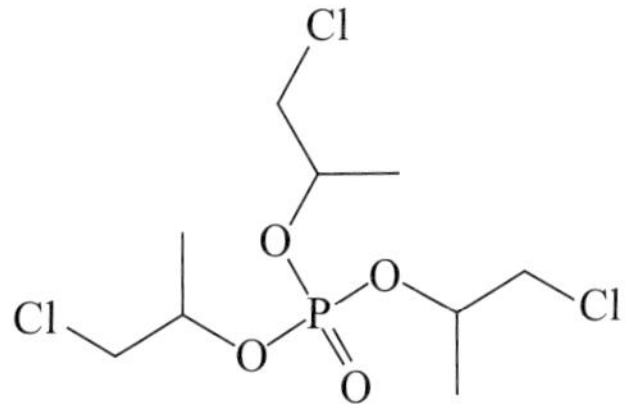
	法规出处 Regulation Source	TSD/RSL/OEKO	

表 2-2（续）

序号	禁限用化合物信息库		
272	化合物英文名 Compound Name	Name in Regulation	Polybrominated biphenyls (PBBs)
		CA Index Name	FireMaster BP 6
		ChemSpider	1，1′-Biphenyl，2，3，3′，4，4′，5′-hexabromo-
		PubChem	Firemaster BP-6
	化合物中文名 Chinese Name	多溴联苯	
	IUPAC Name	1，2，3-tribromo-4-（3，4，5-tribromophenyl）benzene	
	CAS号 CAS Number	59536-65-1	
	分子式 Molecular Formula	$C_{12}H_4Br_6$	
	精确质量数 Exact Mass	627.53519	
	结构图 Structure Diagram	SciFinder	—
		ChemSpider	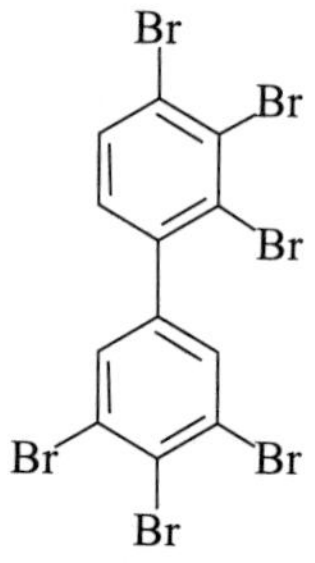 Br, Br, Br, Br, Br, Br
		PubChem	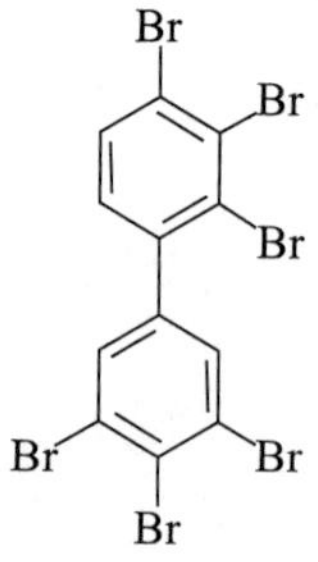 Br, Br, Br, Br, Br, Br
	法规出处 Regulation Source	RSL/OEKO/RoHS	

表 2-2（续）

序号	禁限用化合物信息库		
273	化合物英文名 Compound Name	Name in Regulation	Potassium perfluorooctanoate
		CA Index Name	Octanoic acid，2，2，3，3，4，4，5，5，6，6，7，7，8，8，8-pentadecafluoro-，potassium salt（1∶1）
		ChemSpider	Perfluorooctanoic Acid
		PubChem	Potassium perfluorooctanoate
	化合物中文名 Chinese Name	全氟辛酸钾	
	IUPAC Name	potassium；2，2，3，3，4，4，5，5，6，6，7，7，8，8，8-pentadecafluorooctanoic acid	
	CAS号 CAS Number	2395-00-8	
	分子式 Molecular Formula	$C_8HF_{15}O_2 \cdot K$	
	精确质量数 Exact Mass	452.93741	
	结构图 Structure Diagram	SciFinder	$F_3C—(CF_2)_6—CO_2H$ $\cdot K$
		ChemSpider	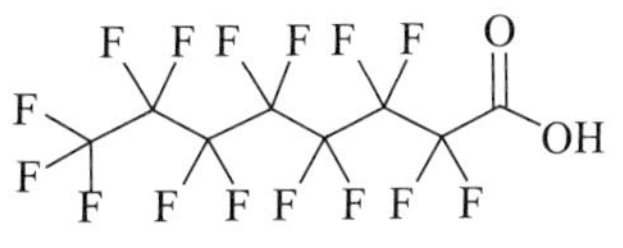
		PubChem	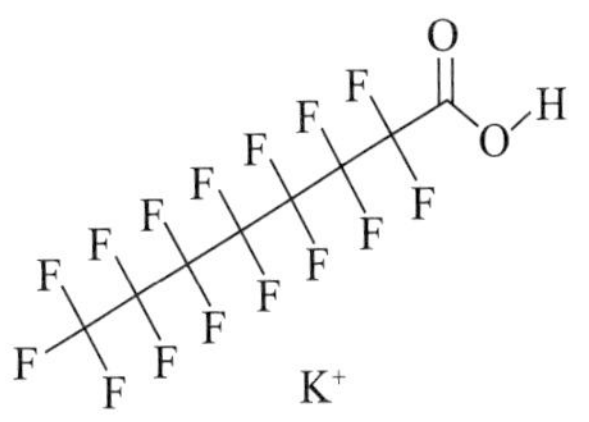
	法规出处 Regulation Source	RSL/OEKO	

表 2-2（续）

序号	禁限用化合物信息库		
274	化合物英文名 Compound Name	Name in Regulation	Profenophos
		CA Index Name	Phosphorothioic acid，*O*-（4-bromo-2-chlorophenyl）*O*-ethyl S-propyl ester
		ChemSpider	Profenofos
		PubChem	Profenofos
	化合物中文名 Chinese Name	丙溴磷	
	IUPAC Name	4-bromo-2-chloro-1-[ethoxy（propylsulfanyl）phosphoryl] oxybenzene	
	CAS 号 CAS Number	41198-08-7	
	分子式 Molecular Formula	$C_{11}H_{15}BrClO_3PS$	
	精确质量数 Exact Mass	371.93514	
	结构图 Structure Diagram	SciFinder	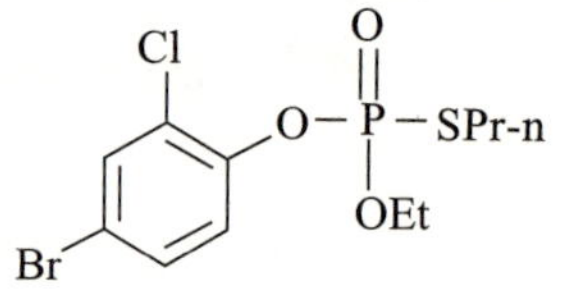 Cl, O, O—P—SPr-n, OEt, Br
		ChemSpider	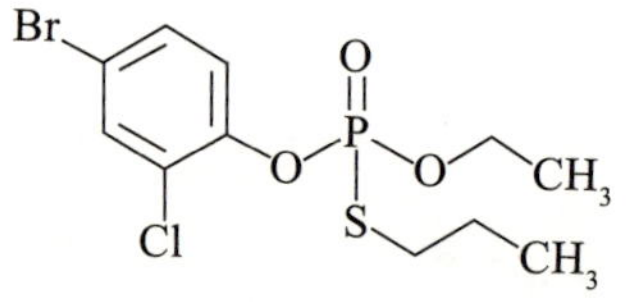 Br, O, O, O, CH$_3$, Cl, S, CH$_3$
		PubChem	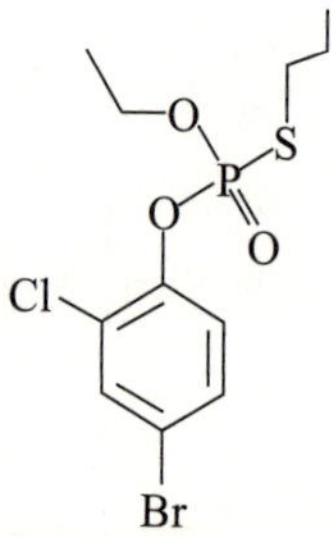 O, S, P, O, O, Cl, Br
	法规出处 Regulation Source	OEKO	

表 2-2（续）

序号	禁限用化合物信息库		
275	化合物英文名 Compound Name	Name in Regulation	Propethamphos
		CA Index Name	2-Butenoic acid，3-[[(ethylamino) methoxyphosphinothioyl] oxy]-，1-methylethyl ester，(2E)-
		ChemSpider	Propetamphos
		PubChem	Propetamphos
	化合物中文名 Chinese Name	烯虫磷	
	IUPAC Name	propan-2-yl (Z)-3-[ethylamino (methoxy) phosphinothioyl] oxybut-2-enoate	
	CAS号 CAS Number	31218-83-4	
	分子式 Molecular Formula	$C_{10}H_{20}NO_4PS$	
	精确质量数 Exact Mass	281.08506	
	结构图 Structure Diagram	SciFinder	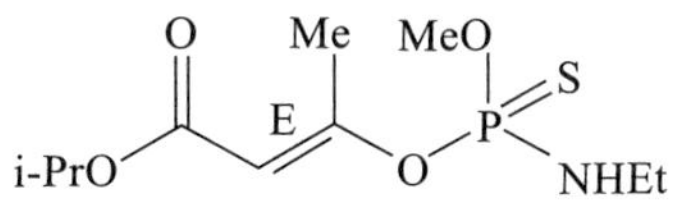 O Me MeO S E i-PrO O P NHEt
		ChemSpider	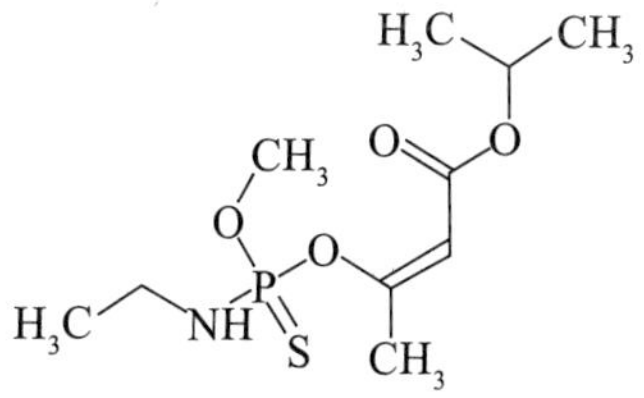 H_3C CH_3 CH_3 O O O O P O H_3C NH S CH_3
		PubChem	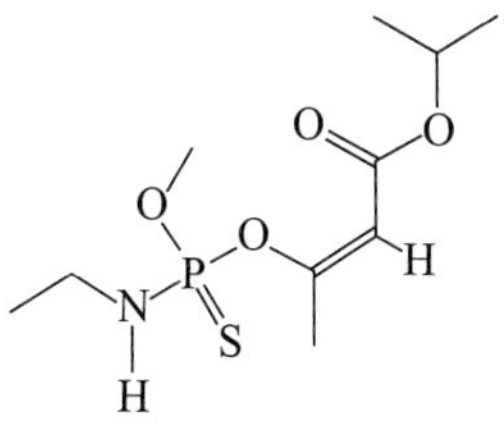 O O O O P O H N S H
	法规出处 Regulation Source	OEKO	

表 2-2（续）

序号	禁限用化合物信息库		
276	化合物英文名 Compound Name	Name in Regulation	Pyrene
		CA Index Name	Pyrene
		ChemSpider	Pyrene
		PubChem	Pyrene
	化合物中文名 Chinese Name	芘	
	IUPAC Name	pyrene	
	CAS 号 CAS Number	129-00-0	
	分子式 Molecular Formula	$C_{16}H_{10}$	
	精确质量数 Exact Mass	202.07825	
	结构图 Structure Diagram	SciFinder	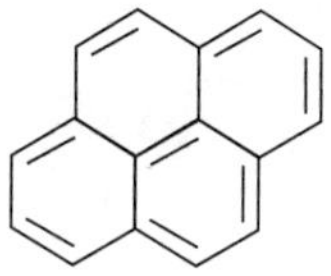
		ChemSpider	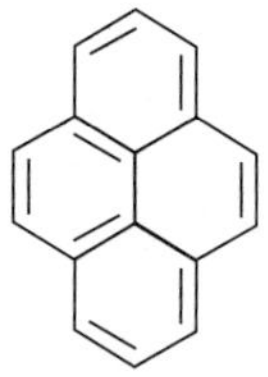
		PubChem	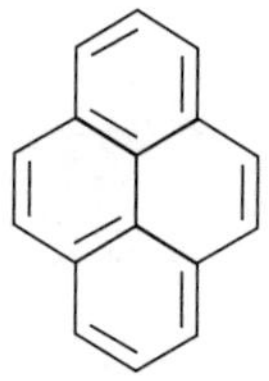
	法规出处 Regulation Source	RSL/OEKO	

表 2-2（续）

<table>
<tr><td>序号</td><td colspan="3">禁限用化合物信息库</td></tr>
<tr><td rowspan="12">277</td><td rowspan="4">化合物英文名
Compound Name</td><td>Name in Regulation</td><td>Quinalphos</td></tr>
<tr><td>CA Index Name</td><td>Phosphorothioic acid, O, O-diethyl O-2-quinoxalinyl ester</td></tr>
<tr><td>ChemSpider</td><td>Guinalphos</td></tr>
<tr><td>PubChem</td><td>Quinalphos</td></tr>
<tr><td>化合物中文名
Chinese Name</td><td colspan="2">喹硫磷</td></tr>
<tr><td>IUPAC Name</td><td colspan="2">diethoxy-quinoxalin-2-yloxy-sulfanylidene-λ^5-phosphane</td></tr>
<tr><td>CAS号
CAS Number</td><td colspan="2">13593-03-8</td></tr>
<tr><td>分子式
Molecular Formula</td><td colspan="2">$C_{12}H_{15}N_2O_3PS$</td></tr>
<tr><td>精确质量数
Exact Mass</td><td colspan="2">298.05410</td></tr>
<tr><td rowspan="3">结构图
Structure Diagram</td><td>SciFinder</td><td> 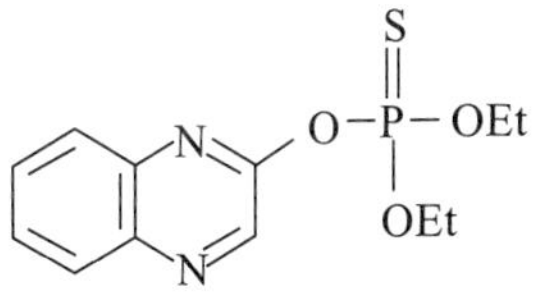S, N, N, O, P, OEt, OEt</td></tr>
<tr><td>ChemSpider</td><td>N, N, S, O, P, O, CH3, O, CH3</td></tr>
<tr><td>PubChem</td><td>S, O, P, O, O, N, N</td></tr>
<tr><td>法规出处
Regulation Source</td><td colspan="2">OEKO</td></tr>
</table>

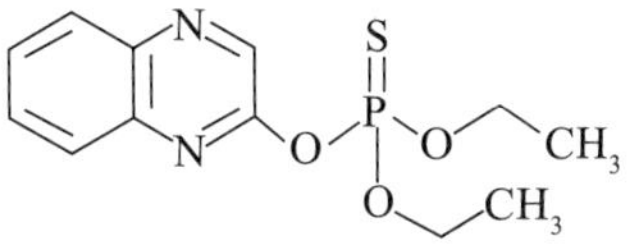

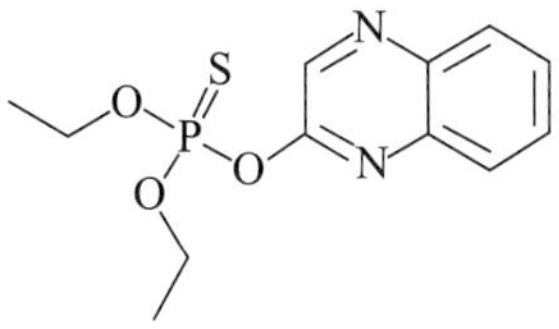

表 2-2（续）

序号	禁限用化合物信息库		
278	化合物英文名 Compound Name	Name in Regulation	Quintozene
		CA Index Name	Benzene，1，2，3，4，5-pentachloro-6-nitro-
		ChemSpider	PENTACHLORONITROBENZENE
		PubChem	Quintozene
	化合物中文名 Chinese Name	五氯硝基苯	
	IUPAC Name	1，2，3，4，5-pentachloro-6-nitrobenzene	
	CAS 号 CAS Number	82-68-8	
	分子式 Molecular Formula	$C_6Cl_5NO_2$	
	精确质量数 Exact Mass	294.83422	
	结构图 Structure Diagram	SciFinder	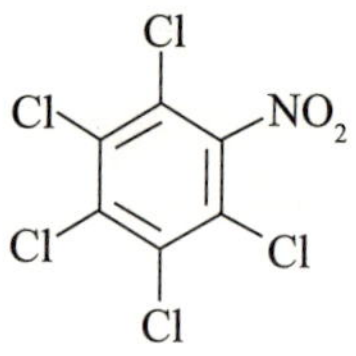
		ChemSpider	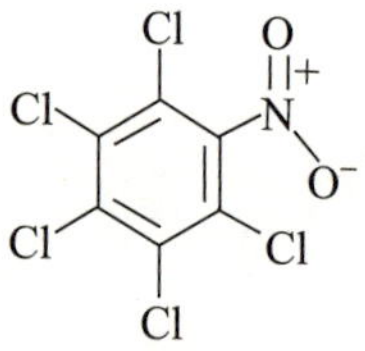
		PubChem	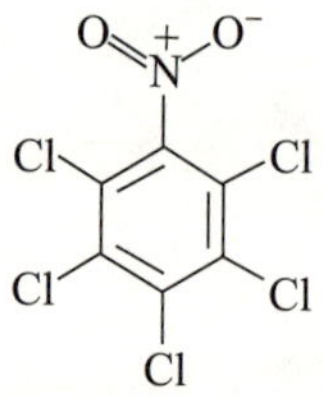
	法规出处 Regulation Source	RSL	

表 2-2（续）

序号	禁限用化合物信息库		
279	化合物英文名 Compound Name	Name in Regulation	S-Esfenvalerate
		CA Index Name	Benzeneacetic acid，4-chloro-α-（1-methylethyl）-，（S）-cyano（3-phenoxyphenyl）methyl ester，（αS）-
		ChemSpider	Asana
		PubChem	Fenvalerate
	化合物中文名 Chinese Name	S-氰戊菊酯	
	IUPAC Name	[（R）-cyano-（3-phenoxyphenyl）methyl]（2R）-2-（4-chlorophenyl）-3-methylbutanoate	
	CAS 号 CAS Number	66230-04-4	
	分子式 Molecular Formula	$C_{25}H_{22}ClNO_3$	
	精确质量数 Exact Mass	419.12882	
	结构图 Structure Diagram	SciFinder	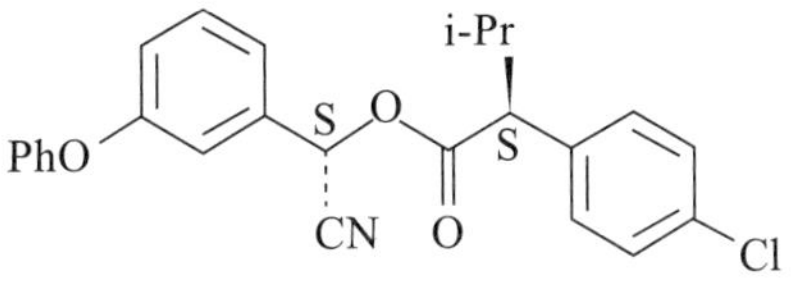 PhO, S, O, i-Pr, S, CN, O, Cl
		ChemSpider	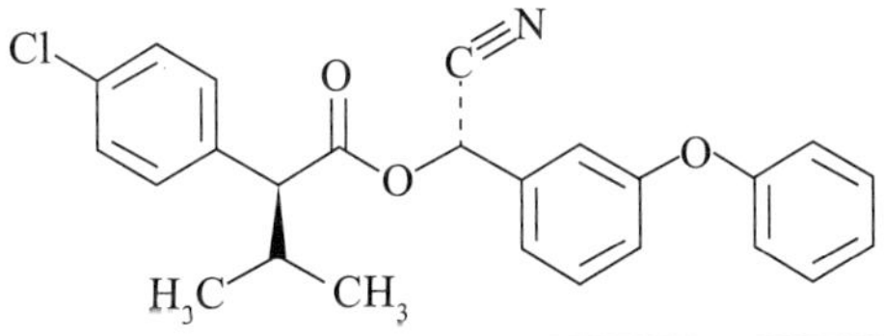 Cl, O, C≡N, O, O, H_3C, CH_3
		PubChem	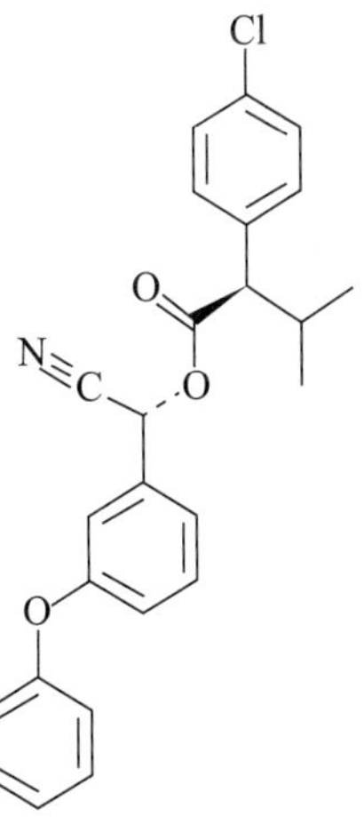 Cl, O, N≡C, O, O
	法规出处 Regulation Source	OEKO	

表 2-2（续）

序号	禁限用化合物信息库		
280	化合物英文名 Compound Name	Name in Regulation	Sodium perfluorooctanoate
		CA Index Name	Octanoic acid，2，2，3，3，4，4，5，5，6，6，7，7，8，8，8-pentadecafluoro-，sodium salt（1∶1）
		ChemSpider	Sodium pentadecafluorooctanoate
		PubChem	Sodium perfluorooctanoate
	化合物中文名 Chinese Name	全氟辛酸钠	
	IUPAC Name	sodium；2，2，3，3，4，4，5，5，6，6，7，7，8，8，8-pentadecafluorooctanoate	
	CAS 号 CAS Number	335-95-5	
	分子式 Molecular Formula	$C_8F_{15}NaO_2$	
	精确质量数 Exact Mass	435.95565	
	结构图 Structure Diagram	SciFinder	—
		ChemSpider	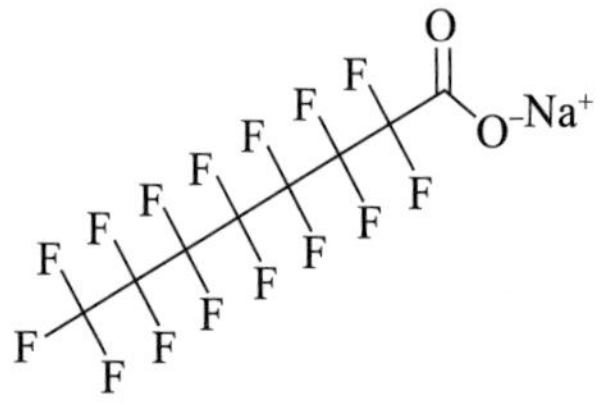 F F F F F F F F F F F F F F F O O^-Na^+
		PubChem	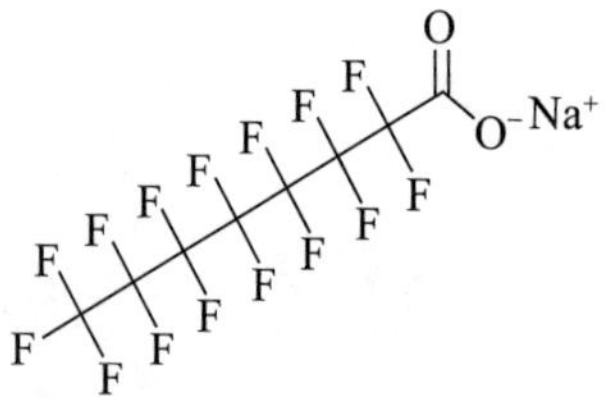 F F F F F F F F F F F F F F F O O^-Na^+
	法规出处 Regulation Source	RSL	

表 2－2（续）

序号	禁限用化合物信息库		
281	化合物英文名 Compound Name	Name in Regulation	Strobane
		CA Index Name	Strobane
		ChemSpider	（1S，4R）－1，2，2，3，3，4，7－Heptachloro－5，5－dimethyl－6－methylenebicyclo［2.2.1］heptane
		PubChem	（1S，4S）－1，2，2，3，3，4，7－heptachloro－5，5－dimethyl－6－methylidenebicyclo［2.2.1］heptane
	化合物中文名 Chinese Name	氯化松节油	
	IUPAC Name	（1S，4R）－1，2，2，3，3，4，7－heptachloro－5，5－dimethyl－6－methylidenebicyclo［2.2.1］heptane	
	CAS 号 CAS Number	8001－50－1	
	分子式 Molecular Formula	$C_{10}H_9Cl_7$	
	精确质量数 Exact Mass	375.84944	
	结构图 Structure Diagram	SciFinder	—
		ChemSpider	
		PubChem	
	法规出处 Regulation Source	RSL/OEKO	

表 2-2（续）

序号	禁限用化合物信息库		
282	化合物英文名 Compound Name	Name in Regulation	Sulfur hexafluoride - SF6
		CA Index Name	Sulfur fluoride (SF6), (OC-6-11) -
		ChemSpider	—
		PubChem	Sulfur Hexafluoride
	化合物中文名 Chinese Name	六氟化硫	
	IUPAC Name	Hexafluoro-λ6-sulfane	
	CAS 号 CAS Number	2551-62-4	
	分子式 Molecular Formula	F_6S	
	精确质量数 Exact Mass	145.96249	
	结构图 Structure Diagram	SciFinder	F, F, F, S, F, F, F
		ChemSpider	—
		PubChem	F, F, F, S, F, F, F
	法规出处 Regulation Source	RSL	

表 2-2（续）

<table>
<tr><th>序号</th><th colspan="3">禁限用化合物信息库</th></tr>
<tr><td rowspan="12">283</td><td rowspan="4">化合物英文名
Compound Name</td><td>Name in Regulation</td><td>Telodrin</td></tr>
<tr><td>CA Index Name</td><td>4，7-Methanoisobenzofuran，1，3，4，5，6，7，8，8-octachloro-1，3，3a，4，7，7a-hexahydro-</td></tr>
<tr><td>ChemSpider</td><td>1，3，5，7，8，9，10，10-Octachlor-4-oxatricyclo［5.2.1.02，6］dec-8-en</td></tr>
<tr><td>PubChem</td><td>ISOBENZAN</td></tr>
<tr><td>化合物中文名
Chinese Name</td><td colspan="2">碳氯灵</td></tr>
<tr><td>IUPAC Name</td><td colspan="2">—</td></tr>
<tr><td>CAS 号
CAS Number</td><td colspan="2">297-78-9</td></tr>
<tr><td>分子式
Molecular Formula</td><td colspan="2">$C_9H_4Cl_8O$</td></tr>
<tr><td>精确质量数
Exact Mass</td><td colspan="2">411.77114</td></tr>
<tr><td rowspan="3">结构图
Structure Diagram</td><td>SciFinder</td><td>Cl Cl Cl Cl Cl Cl Cl Cl O</td></tr>
<tr><td>ChemSpider</td><td>Cl Cl Cl Cl Cl O Cl Cl Cl</td></tr>
<tr><td>PubChem</td><td>Cl Cl Cl Cl Cl O Cl Cl Cl</td></tr>
<tr><td>法规出处
Regulation Source</td><td colspan="2">RSL/OEKO</td></tr>
</table>

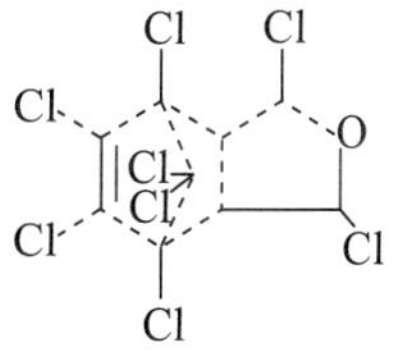

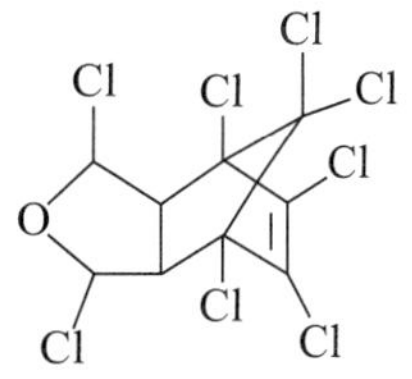

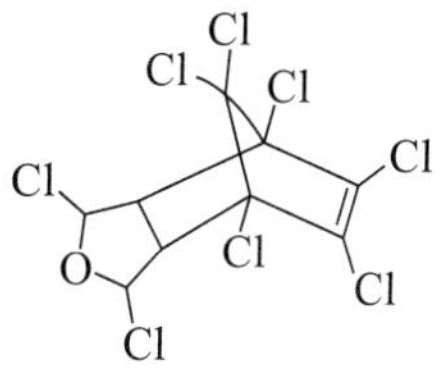

表 2-2（续）

序号	禁限用化合物信息库		
284	化合物英文名 Compound Name	Name in Regulation	Tetrachloroethylene
		CA Index Name	Ethene，1，1，2，2-tetrachloro-
		ChemSpider	Tetrachloroethylene
		PubChem	Tetrachloroethylene
	化合物中文名 Chinese Name	四氯乙烯	
	IUPAC Name	1，1，2，2-tetrachloroethene	
	CAS 号 CAS Number	127-18-4	
	分子式 Molecular Formula	C_2Cl_4	
	精确质量数 Exact Mass	165.87246	
	结构图 Structure Diagram	SciFinder	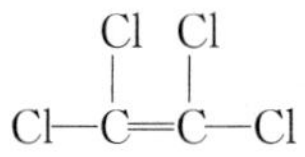 Cl Cl Cl—C=C—Cl
		ChemSpider	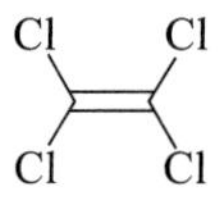 Cl Cl Cl Cl
		PubChem	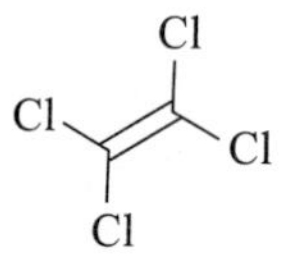 Cl Cl Cl Cl
	法规出处 Regulation Source	RSL	

表2-2（续）

序号	禁限用化合物信息库		
285	化合物英文名 Compound Name	Name in Regulation	Tetrachlorophenol (TeCP)
		CA Index Name	Phenol, tetrachloro-
		ChemSpider	2, 3, 4, 5-Tetrachlorphenol
		PubChem	2, 3, 4, 5-tetrachlorophenate
	化合物中文名 Chinese Name	四氯苯酚	
	IUPAC Name	2, 3, 4, 5-tetrachlorophenol	
	CAS号 CAS Number	25167-83-3	
	分子式 Molecular Formula	$C_6H_2Cl_4O$	
	精确质量数 Exact Mass	231.88303	
	结构图 Structure Diagram	SciFinder	 D1—OH 4 (D1—Cl)
		ChemSpider	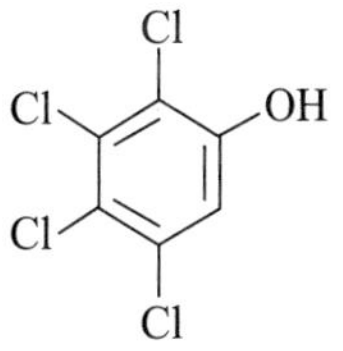 Cl, Cl, Cl, Cl, OH
		PubChem	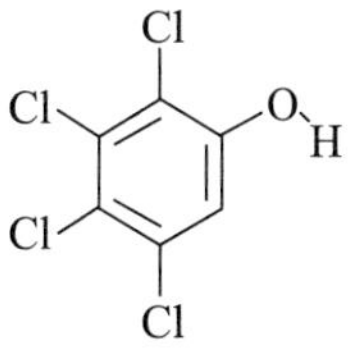 Cl, Cl, Cl, Cl, O, H
	法规出处 Regulation Source	RSL	

表 2-2（续）

<table>
<tr><th>序号</th><th colspan="3">禁限用化合物信息库</th></tr>
<tr><td rowspan="12">286</td><td rowspan="4">化合物英文名
Compound Name</td><td>Name in Regulation</td><td>Toxaphene</td></tr>
<tr><td>CA Index Name</td><td>Toxaphene</td></tr>
<tr><td>ChemSpider</td><td>2，2，5，6-tetrachloro-1，7-bis（chloromethyl）-7-（dichloromethyl）bicyclo［2.2.1］heptane</td></tr>
<tr><td>PubChem</td><td>2，2，5-endo，6-exo，8，8，9，10-Octachlorobornane</td></tr>
<tr><td>化合物中文名
Chinese Name</td><td colspan="2">毒杀芬</td></tr>
<tr><td>IUPAC Name</td><td colspan="2">2，3，5，5-tetrachloro-4，7-bis（chloromethyl）-7-（dichloromethyl）bicyclo［2.2.1］heptane</td></tr>
<tr><td>CAS 号
CAS Number</td><td colspan="2">8001-35-2</td></tr>
<tr><td>分子式
Molecular Formula</td><td colspan="2">$C_{10}H_{10}Cl_8$</td></tr>
<tr><td>精确质量数
Exact Mass</td><td colspan="2">413.82317</td></tr>
<tr><td rowspan="3">结构图
Structure Diagram</td><td>SciFinder</td><td>—</td></tr>
<tr><td>ChemSpider</td><td>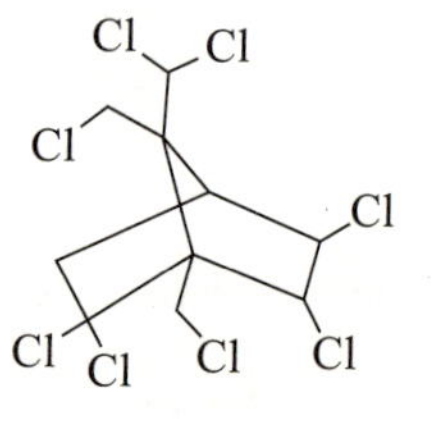</td></tr>
<tr><td>PubChem</td><td>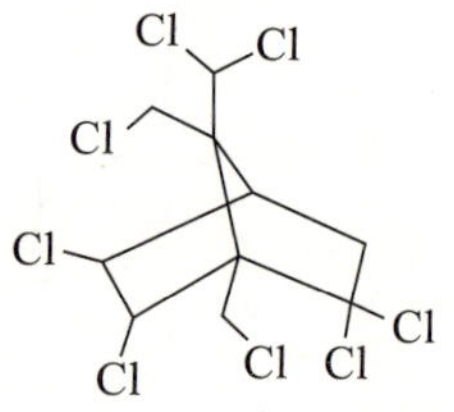</td></tr>
<tr><td>法规出处
Regulation Source</td><td colspan="2">RSL/OEKO</td></tr>
</table>

表 2-2（续）

序号	禁限用化合物信息库		
287	化合物英文名 Compound Name	Name in Regulation	trans-cyclohexane-1，2-dicarboxylic anhydride
		CA Index Name	1，3-Isobenzofurandione，hexahydro-，(3aR，7aR)-rel-
		ChemSpider	(3aR，7aR)-Hexahydro-2-benzofuran-1，3-dione
		PubChem	Trans-Hexahydrophthalic anhydride
	化合物中文名 Chinese Name	反式六氢化邻苯二甲酸酐	
	IUPAC Name	(3aS，7aS)-3a，4，5，6，7，7a-hexahydro-2-benzofuran-1，3-dione	
	CAS号 CAS Number	14166-21-3	
	分子式 Molecular Formula	$C_8H_{10}O_3$	
	精确质量数 Exact Mass	154.06299	
	结构图 Structure Diagram	SciFinder	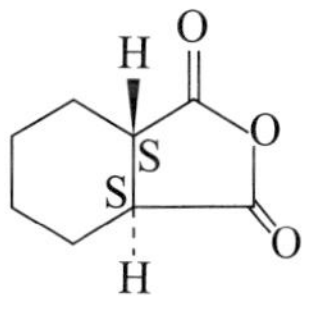
		ChemSpider	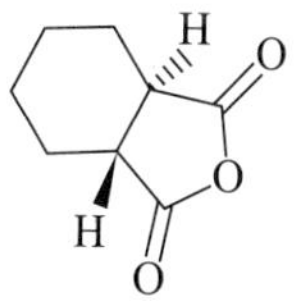
		PubChem	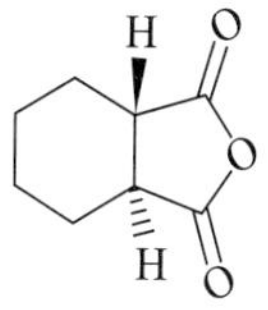
	法规出处 Regulation Source	SVHC	

表 2 - 2（续）

序号	禁限用化合物信息库		
288	化合物英文名 Compound Name	Name in Regulation	Tributyltin (TBT)
		CA Index Name	Tin - San (9CI)
		ChemSpider	Tributyltin chloride
		PubChem	—
	化合物中文名 Chinese Name	三丁基锡	
	IUPAC Name	—	
	CAS 号 CAS Number	56573 - 85 - 4	
	分子式 Molecular Formula	$C_{12}H_{27}ClSn$	
	精确质量数 Exact Mass	326.08233	
	结构图 Structure Diagram	SciFinder	—
		ChemSpider	
		PubChem	—
	法规出处 Regulation Source	RSL/OEKO	

表 2－2（续）

<table>
<tr><th>序号</th><th colspan="3">禁限用化合物信息库</th></tr>
<tr><td rowspan="12">289</td><td rowspan="4">化合物英文名
Compound Name</td><td>Name in Regulation</td><td>Trichloroethylene</td></tr>
<tr><td>CA Index Name</td><td>Ethene，1，1，2－trichloro－</td></tr>
<tr><td>ChemSpider</td><td>TRICHLOROETHENE</td></tr>
<tr><td>PubChem</td><td>Trichloroethylene</td></tr>
<tr><td>化合物中文名
Chinese Name</td><td colspan="2">三氯乙烯</td></tr>
<tr><td>IUPAC Name</td><td colspan="2">1，1，2－trichloroethene</td></tr>
<tr><td>CAS 号
CAS Number</td><td colspan="2">79－01－6</td></tr>
<tr><td>分子式
Molecular Formula</td><td colspan="2">C_2HCl_3</td></tr>
<tr><td>精确质量数
Exact Mass</td><td colspan="2">129.91438</td></tr>
<tr><td rowspan="3">结构图
Structure Diagram</td><td>SciFinder</td><td>Cl
|
Cl—C═CH—Cl</td></tr>
<tr><td>ChemSpider</td><td>Cl　Cl
Cl</td></tr>
<tr><td>PubChem</td><td>Cl
Cl　Cl</td></tr>
<tr><td>法规出处
Regulation Source</td><td colspan="2">SVHC/RSL</td></tr>
</table>

表 2-2（续）

序号	禁限用化合物信息库		
290	化合物英文名 Compound Name	Name in Regulation	Tricosafluorododecanoic acid
		CA Index Name	Dodecanoic acid，2，2，3，3，4，4，5，5，6，6，7，7，8，8，9，9，10，10，11，11，12，12，12 - tricosafluoro -
		ChemSpider	Perfluorolauric acid
		PubChem	Perfluorododecanoic acid
	化合物中文名 Chinese Name	全氟十二酸	
	IUPAC Name	2，2，3，3，4，4，5，5，6，6，7，7，8，8，9，9，10，10，11，11，12，12，12 - tricosafluorododecanoic acid	
	CAS号 CAS Number	307 - 55 - 1	
	分子式 Molecular Formula	$C_{12}HF_{23}O_2$	
	精确质量数 Exact Mass	613.96093	
	结构图 Structure Diagram	SciFinder	$F_3C—(CF_2)_{10}—CO_2H$
		ChemSpider	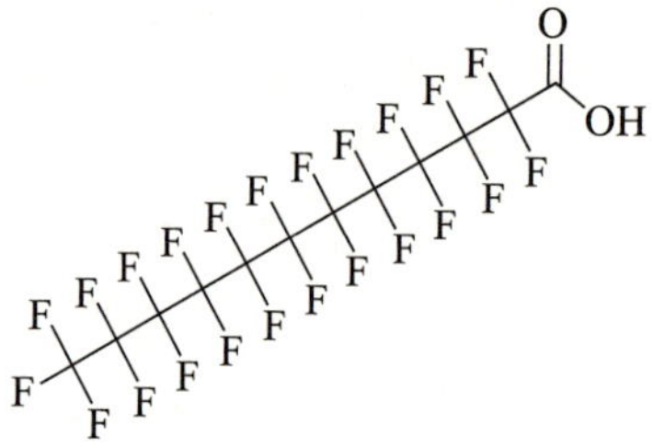
		PubChem	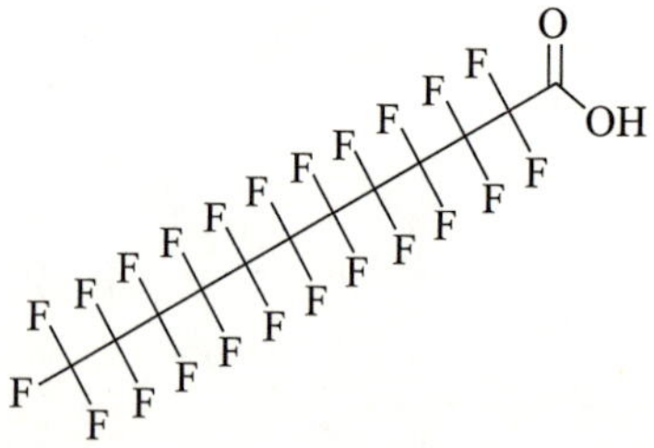
	法规出处 Regulation Source	SVHC/OEKO	

表 2-2（续）

序号	禁限用化合物信息库		
291	化合物英文名 Compound Name	Name in Regulation	Triethyl arsenate
		CA Index Name	Arsenic acid（H3AsO4），triethyl ester
		ChemSpider	Triethyl arsenate
		PubChem	Triethyl arsenate
	化合物中文名 Chinese Name	三乙基砷酸酯	
	IUPAC Name	triethyl arsorate	
	CAS 号 CAS Number	15606-95-8	
	分子式 Molecular Formula	$C_6H_{15}AsO_4$	
	精确质量数 Exact Mass	226.01863	
	结构图 Structure Diagram	SciFinder	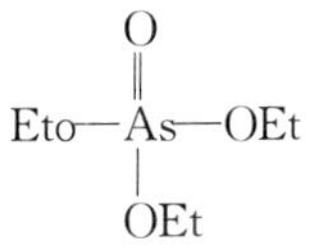 O ‖ Eto—As—OEt │ OEt
		ChemSpider	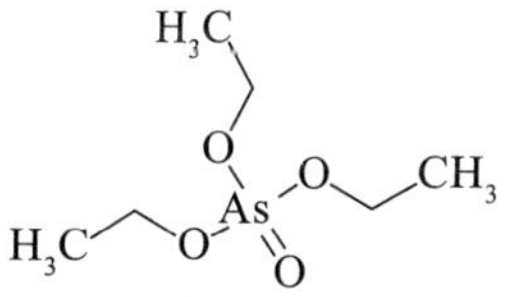 H_3C, O, As, O, CH_3, H_3C, O, O
		PubChem	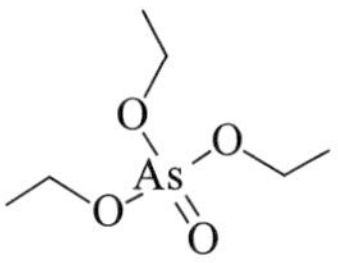 O, As, O, O, O
	法规出处 Regulation Source	SVHC	

表 2-2（续）

序号	禁限用化合物信息库		
292	化合物英文名 Compound Name	Name in Regulation	Trifluralin
		CA Index Name	Benzenamine，2，6-dinitro-N，N-dipropyl-4-（trifluoromethyl）-
		ChemSpider	TRIFLURALIN
		PubChem	Trifluralin
	化合物中文名 Chinese Name	氟乐灵	
	IUPAC Name	2，6-dinitro-N，N-dipropyl-4-（trifluoromethyl）aniline	
	CAS 号 CAS Number	1582-09-8	
	分子式 Molecular Formula	$C_{13}H_{16}F_3N_3O_4$	
	精确质量数 Exact Mass	335.10929	
	结构图 Structure Diagram	SciFinder	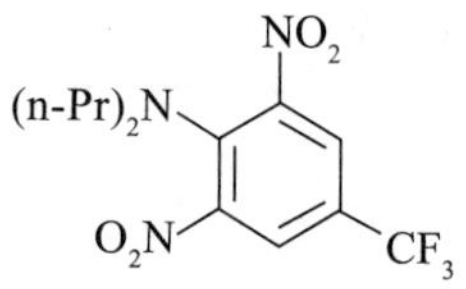
		ChemSpider	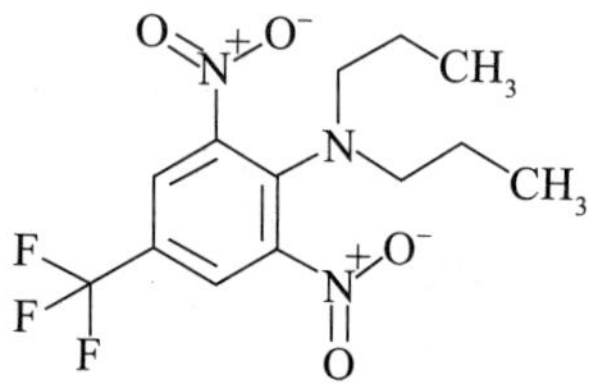
		PubChem	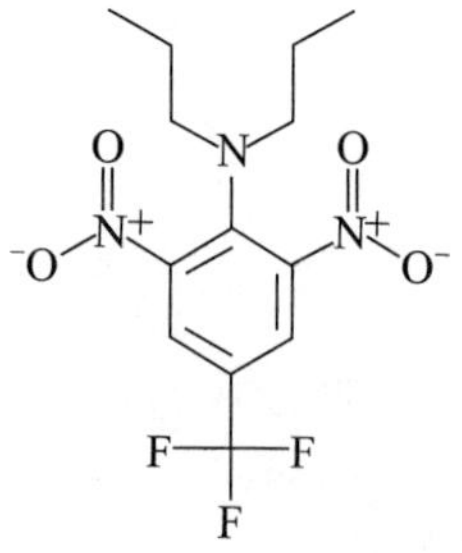
	法规出处 Regulation Source	OEKO	

表 2-2（续）

序号	禁限用化合物信息库		
293	化合物英文名 Compound Name	Name in Regulation	Triphenyltin (TPhT)
		CA Index Name	Stannylium, triphenyl-
		ChemSpider	Triphenyltin
		PubChem	Triphenylstannanylium
	化合物中文名 Chinese Name	三苯基锡	
	IUPAC Name	triphenylstannanylium	
	CAS 号 CAS Number	668-34-8	
	分子式 Molecular Formula	$C_{18}H_{15}Sn^{+}$	
	精确质量数 Exact Mass	351.01902	
	结构图 Structure Diagram	SciFinder	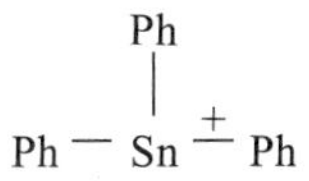 Ph | Ph — Sn^{+} — Ph
		ChemSpider	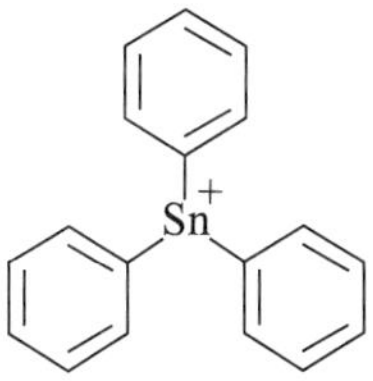
		PubChem	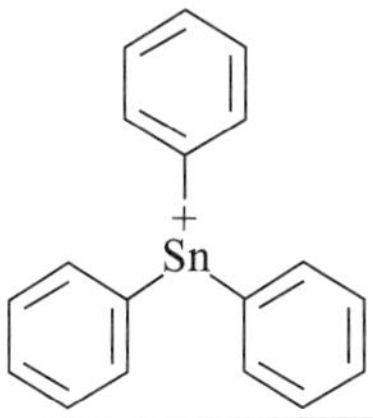
	法规出处 Regulation Source	RSL/OEKO	

表 2-2（续）

序号	禁限用化合物信息库		
294	化合物英文名 Compound Name	Name in Regulation	Tris (1-aziridinyl) -phosphineoxide (TEPA)
		CA Index Name	Aziridine, 1, 1′, 1′′-phosphinylidynetris-
		ChemSpider	TEPA
		PubChem	Triethylenephosphoramide
	化合物中文名 Chinese Name	三-（1-氮杂环丙基）氧化膦	
	IUPAC Name	1-[bis (aziridin-1-yl) phosphoryl] aziridine	
	CAS号 CAS Number	545-55-1	
	分子式 Molecular Formula	$C_6H_{12}N_3OP$	
	精确质量数 Exact Mass	173.07180	
	结构图 Structure Diagram	SciFinder	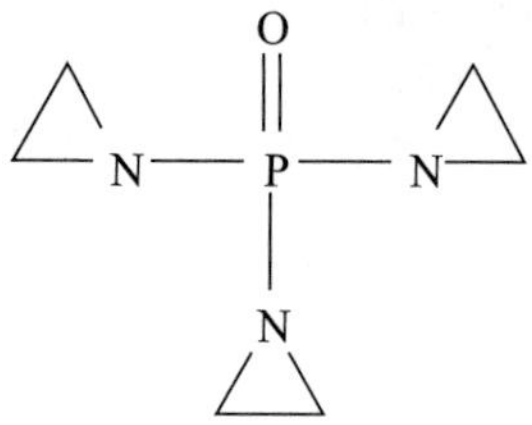
		ChemSpider	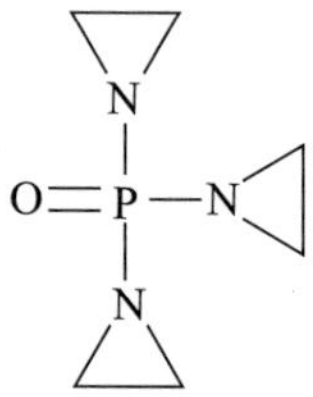
		PubChem	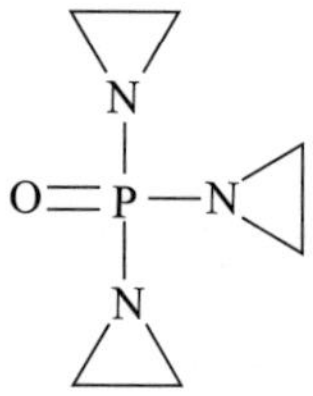
	法规出处 Regulation Source	RSL/OEKO	

表 2-2（续）

序号	禁限用化合物信息库		
295	化合物英文名 Compound Name	Name in Regulation	Tris（2，3-dibromopropyl）phosphate（TRIS）
		CA Index Name	1-Propanol，2，3-dibromo-，1，1′，1″-phosphate
		ChemSpider	Tris（2，3-dibromopropyl）phosphate
		PubChem	Tris（2，3-dibromopropyl）phosphate
	化合物中文名 Chinese Name	磷酸三（2，3-二溴丙基）酯	
	IUPAC Name	tris（2，3-dibromopropyl）phosphate	
	CAS号 CAS Number	126-72-7	
	分子式 Molecular Formula	$C_9H_{15}Br_6O_4P$	
	精确质量数 Exact Mass	697.57468	
	结构图 Structure Diagram	SciFinder	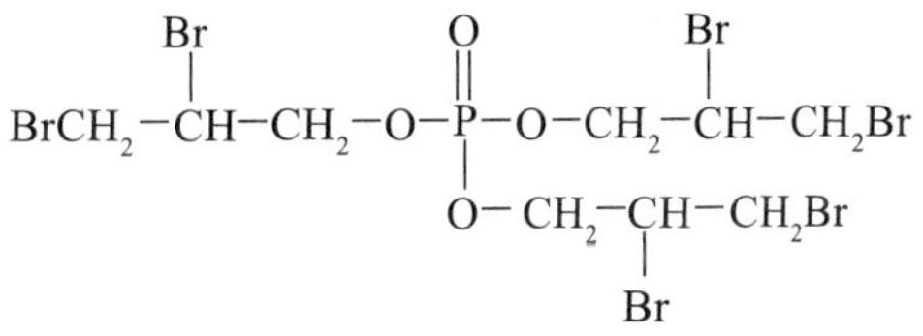
		ChemSpider	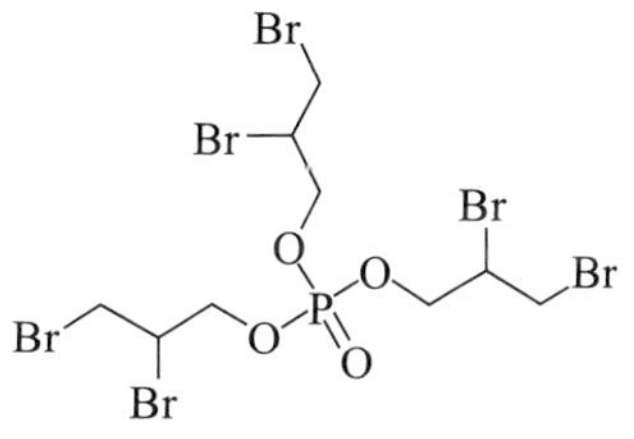
		PubChem	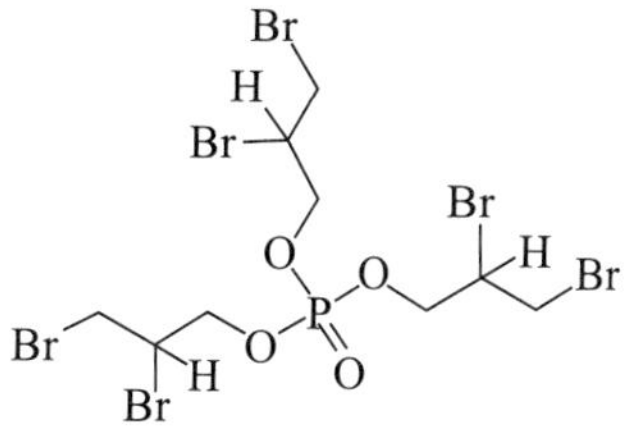
	法规出处 Regulation Source	RSL/OEKO	

表 2-2（续）

序号	禁限用化合物信息库		
296	化合物英文名 Compound Name	Name in Regulation	Tris（1，3-dichloro-2-propyl) phosphate（TDCPP)
		CA Index Name	2-Propanol，1，3-dichloro-，phosphate（3∶1)
		ChemSpider	Tris（1，3-dichloro-2-propyl）phosphate
		PubChem	Tris（1，3-dichloro-2-propyl）phosphate
	化合物中文名 Chinese Name	磷酸三（1，3-二氯异丙基）酯	
	IUPAC Name	tris（1，3-dichloropropan-2-yl）phosphate	
	CAS号 CAS Number	13674-87-8	
	分子式 Molecular Formula	$C_9H_{15}Br_6O_4P$	
	精确质量数 Exact Mass	429.88096	
	结构图 Structure Diagram	SciFinder	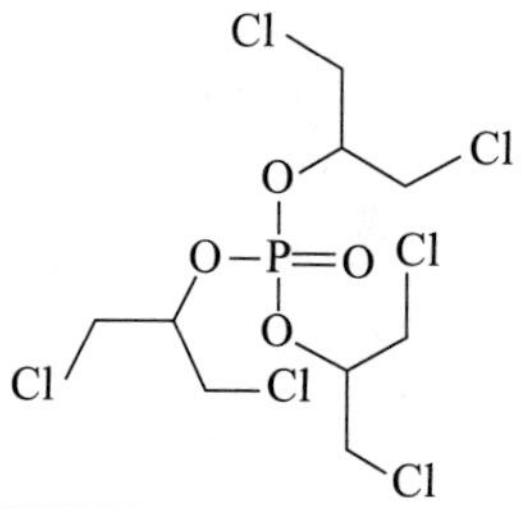
		ChemSpider	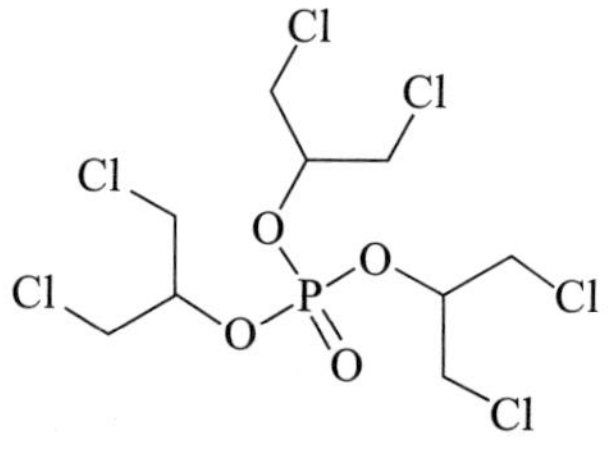
		PubChem	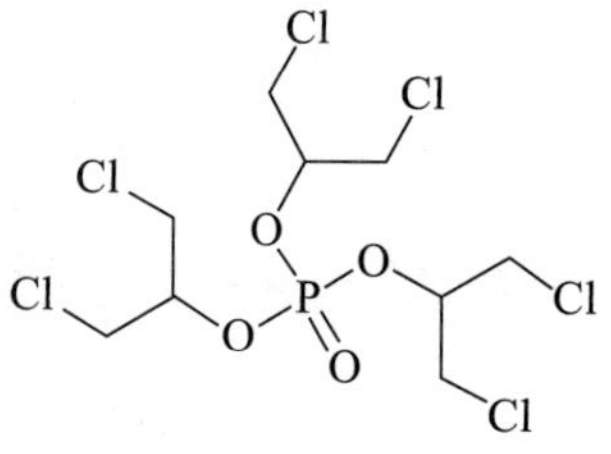
	法规出处 Regulation Source	RSL/TSD/OEKO	

表 2-2（续）

序号	禁限用化合物信息库		
297	化合物英文名 Compound Name	Name in Regulation	Tris（2-chloroethyl）phosphate
		CA Index Name	Ethanol，2-chloro-，phosphate（3∶1）
		ChemSpider	Tris（2-chloroethyl）phosphate
		PubChem	Tris（chloroethyl）phosphate
	化合物中文名 Chinese Name	三（2-氯乙基）磷酸酯	
	IUPAC Name	tris（2-chloroethyl）phosphate	
	CAS 号 CAS Number	115-96-8	
	分子式 Molecular Formula	$C_6H_{12}Cl_3O_4P$	
	精确质量数 Exact Mass	283.95388	
	结构图 Structure Diagram	SciFinder	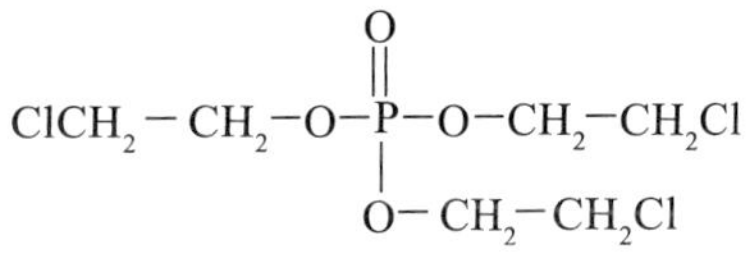
		ChemSpider	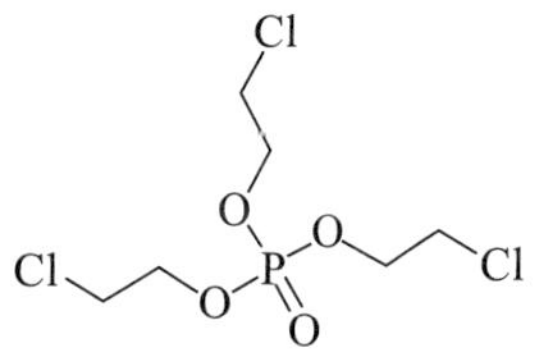
		PubChem	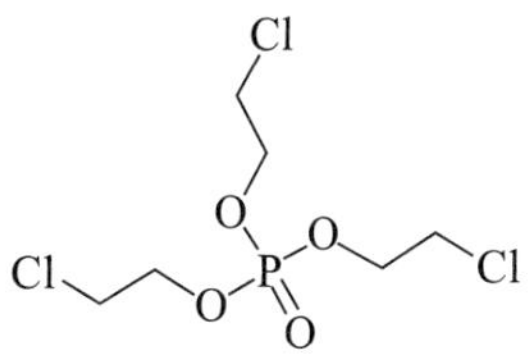
	法规出处 Regulation Source	SVHC/OEKO/TSD/RSL	

表 2-2（续）

序号	禁限用化合物信息库		
298	化合物英文名 Compound Name	Name in Regulation	Trixylyl phosphate
		CA Index Name	Phenol，dimethyl-，1，1′，1″-phosphate
		ChemSpider	3，5-Dimethylphenyl phosphate
		PubChem	—
	化合物中文名 Chinese Name	磷酸三（二甲苯）酯	
	IUPAC Name	—	
	CAS号 CAS Number	25155-23-1	
	分子式 Molecular Formula	$C_{24}H_{27}O_4P$	
	精确质量数 Exact Mass	410.16470	
	结构图 Structure Diagram	SciFinder	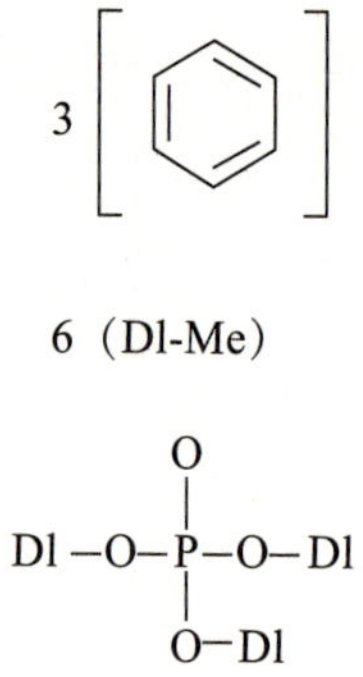 3 [苯环] 6 (Dl-Me) Dl—O—P(=O)(—O—Dl)—O—Dl
		ChemSpider	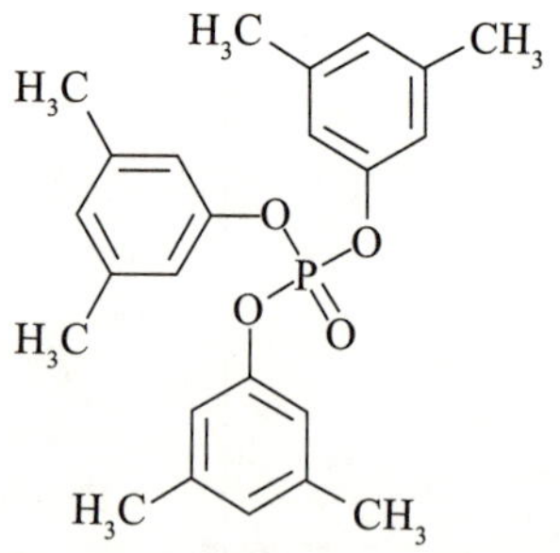 [结构图] H₃C CH₃ H₃C H₃C H₃C CH₃ O O P O O
		PubChem	—
	法规出处 Regulation Source	SVHC/OEKO	

表 2-2（续）

序号	禁限用化合物信息库		
299	化合物英文名 Compound Name	Name in Regulation	Vinyl Chloride Monomer (VCM)
		CA Index Name	Ethene，chloro-
		ChemSpider	Chloroethene
		PubChem	Vinyl Chloride
	化合物中文名 Chinese Name	氯乙烯	
	IUPAC Name	chloroethene	
	CAS 号 CAS Number	75-01-4	
	分子式 Molecular Formula	C_2H_3Cl	
	精确质量数 Exact Mass	61.99233	
	结构图 Structure Diagram	SciFinder	$H_2C{=}CH{-}Cl$
		ChemSpider	Cl CH_2
		PubChem	Cl
	法规出处 Regulation Source	RSL	

第3章　消费品中禁限用化合物的Orbitrap高分辨质谱谱库

本章根据消费品中禁限用化合物信息库索引列表（第2章，第2.2节），从中挑选出可用液相色谱-质谱法检测、在电喷雾离子源（ESI）下有响应且可获得标准品的邻苯二甲酸酯、有机锡、全氟化合物、阻燃剂、致敏染料、致癌染料、芳香胺、含氯苯酚、烷基酚及烷基酚聚氧乙烯醚等典型化合物，建立了消费品中禁限用化合物的Orbitrap高分辨质谱谱库，包括一级高分辨质谱（高分辨质谱快速筛选的必备参数）和二级高分辨质谱（用于化合物可靠确证），并且用Thermo Fishier Scientific公司的Xcalibur软件推导出碎片离子的元素组成（化学式），给出了碎片离子的理论精确质量数。

3.1节给出了LTQ-Orbitrap XL高分辨组合质谱谱库建库的标准操作程序，3.2节为禁限用化合物Orbitrap高分辨质谱谱库索引列表，3.3节为消费品中禁限用化合物的Orbitrap高分辨质谱一级和二级谱库。

3.1　LTQ-Orbitrap XL高分辨组合质谱谱库建库程序

一、建库准备

（1）每天进行质谱调谐（Semi-Automatic中Mass Calibration、HCD Collision Energy、HCD Transmission三项）。正负离子模式切换后，也分别对正离子模式或负离子模式进行以上三项调谐，确保正常通过。

（2）每三月进行一次完整的LTQ和FT调谐，确保正常通过。

（3）使用单标进行建库工作，针泵进样，化合物浓度一般为5 ppm（1 ppm=10^{-6}），流速为5 μL/min，定容溶剂一般为甲醇，如化合物响应值较低，可考虑适当增加针泵流速或增加溶液浓度。

（4）流动相（包括水、乙腈、乙酸铵、甲酸），标准物质定容液（主要是甲醇），以上试剂的来源（厂家，批号）做好记录。每天在调谐通过后，谱库采集前，采集不添加化合物的定容液试剂空白（FT采集，扫描范围100～1000，R=100000），必要时进行谱图空白扣除。

二、液相色谱条件

使用三通将液相部分的流动相与质谱部分的针泵的标准溶液混合，色谱柱建议用二通代替：

（1）正离子模式流动相：A 为 5 mmol/L 乙酸铵水溶液（含 0.1%甲酸），B 为乙腈，流动相 A 与流动相 B 的比例为 50%∶50%。

（2）负离子模式流动相：A 为 5 mmol/L 乙酸铵水溶液，B 为乙腈，流动相 A 与流动相 B 的比例为 50%∶50%。

（3）流速：0.25 mL/min。

三、质谱条件

（1）电离模式：电喷雾电离（ESI）；

（2）Probe 位置：C 档；

（3）离子化方式：ESI^+或 ESI^-；

（4）鞘气流速（Sheath Gas Flow Rate）：30 arb；

（5）辅助气流速（Aux Gas Flow Rate）：10 arb；

（6）吹扫气流速（Sweep Gas Flow Rate）：0 arb；

（7）毛细管温度（Capillary Temp）：350 ℃；

（8）正离子模式：喷雾电压（I Spray Voltage）：3 kV，毛细管电压（Capillary Voltage）：30 V，管状透镜电压（Tube Lens）：70 V；

负离子模式：喷雾电压（I Spray Voltage）：−2.5 kV，毛细管电压（Capillary Voltage）：−30 V，管状透镜电压（Tube Lens）：−70V；

（9）离子光学透镜（Ion Optics）中的参数可用调谐液中正离子 195，负离子 265 做 Automatic Tune 得到；

（10）将正负离子模式建库的 Tune Files 分别保存，待建库时调用；

（11）采集数据格式：轮廓图（Profile）；

（12）谱图平均（Spectrum Averaging）：On；

（13）扫描时间设置（Scan Time Setting）：IT 和 FT 分别 Reset；

（14）Injection Control：IT 和 FT 分别 Reset；

（15）Iso Width 设定：如 Parent Mass 的值在 1000 以内，Iso Width 一般设为 2。最为理想的 Iso Width 的设定可在 IT 模式下，进行 CID 碰撞，Parent Mass 输入精确相对分子质量（小数点后两位），NCE 设为 0，改变不同的 Iso Width 值，使 Parent Mass 的响应值最强，且同位素峰未出现。

（16）Act. Q 和 Act Time 采用默认值：CID 模式的 Act. Q 为 0.25，Act Time 为 30 ms；HCD 模式的 Act Time 为 30 ms。HCD Charge State 设为 1。

（17）采集时间为 0.5～1 min，Sample Name 中建议标注化合物浓度及针泵流速，Comment 中建议标注流动相组成及流速。质谱图在采集时间范围内取平均。采集前应保证离子流稳定，也可通过采集后打开 Raw 文件观察色谱图中信号是否基本稳定来判断（一般相对丰度变化从 70%～100%即可）。

四、建库过程

1. 采集一级质谱图

采集待测物质的一级全扫描质谱图，扫描范围一般可约为：M－100～M＋100（M 为化合物相对分子质量），如化合物有其他加合峰，如［$M+NH_4$］$^+$、［M＋Na］$^+$、［M＋HCOO］$^-$、［$M+CH_3COO$］$^-$等，需将扫描范围覆盖其中，多电荷物质根据电荷数对扫描范围做相应扩大。采集 FT 模式，R＝100000。

2. 采集二级质谱图

（1）CID 碰撞：归一化能量（Normalized Collision Energy）为 35%，Scan Range 中 First Mass 为仪器根据输入母离子自动生成（或输入可以设置的最小值，一般为母离子质量数的 1/3 左右），Last Mass 一般约为 Parent Mass 值＋20～＋50，多电荷物质根据电荷数对扫描范围做相应扩大。采集 FT 模式，R＝100000。

（2）HCD 碰撞：Normalized Collision Energy 分别采集 20%，40%，60%三个能量，Scan Range 中 First Mass 为 50，Last Mass 设置同 CID 碰撞，多电荷物质根据电荷数对扫描范围做相应扩大。采集 FT 模式，R＝100000。如 HCD 能量 60%时仍无明显碎片，采用 80%或经优化得到的 HCD 最优能量进行碰撞并采集谱图。每个化合物均在建库时做 HCD 能量优化并记录优化曲线图。

五、谱库中母离子选择和碎片离子化学式推导的一般程序

对于一级谱库，如果有多个加合形式的母离子，则选择丰度最高的母离子。

对于二级谱库，有 CID 和 HCD 两种碰撞模式的质谱图。一般情况下，选择二级质谱图中丰度在前 3 强（丰度大于基峰的 10%）的碎片离子用 Thermo 公司的 Xcalibur 软件推导其化学组成（化学式）。在 HCD 情况下，有多个碰撞能量的二级质谱图，选择碰撞能量接近最优能量的质谱图，进行碎片离子化学式推导，若不足 3 个碎片离子，则从其他碰撞能量二级质谱图中，选择丰度高的碎片离子进行化学式推导。

3.2 禁限用化合物 Orbitrap 高分辨质谱谱库索引 （见表 3－1）

表 3－1 禁限用化合物 Orbitrap 高分辨率质谱谱库索引（按化合物类别排序）

序号	化合物（中文名）	化合物（英文名）	CAS 号	法规出处
邻苯二甲酸酯 / Phthalates				
1	邻苯二甲酸二（2－甲氧基）乙酯	Bis（2－methoxyethyl）phthalate（DMEP）	117－82－8	SVHC/RSL/OEKO

表 3 - 1（续）

序号	化合物（中文名）	化合物（英文名）	CAS 号	法规出处
2	邻苯二甲酸二异丁酯	Diisobutyl phthalate（DIBP）	84 - 69 - 5	SVHC/OEKO
3	邻苯二甲酸二丁酯	Dibutyl phthalate（DBP）	84 - 74 - 2	SVHC/RSL/OEKO/CPSIA/RoHS
4	邻苯二甲酸正戊异戊酯	N - pentyl - isopentylphthalate（NPIPP）	776297 - 69 - 9	SVHC/OEKO/RSL
5	邻苯二甲酸二异戊酯	Diisopentylphthalate（DIPP）	605 - 50 - 5	SVHC/RSL/OEKO
6	邻苯二甲酸二戊酯	Dipentyl phthalate（DPP）	131 - 18 - 0	SVHC/RSL/OEKO
7	邻苯二甲酸丁苄酯	Benzyl butyl phthalate（BBP）	85 - 68 - 7	SVHC/RSL/OEKO/CPSIA/RoHS
8	邻苯二甲酸二 C_{6-8} 支链烷基酯（富 C_7）	1，2 - Benzenedicarboxylic acid，di - C_{6-8} - branched alkyl esters，C_7 - rich（DIHP）	71888 - 89 - 6	SVHC/RSL/OEKO
9	邻苯二甲酸二己酯	Dihexyl phthalate（DHP）	84 - 75 - 3	SVHC/OEKO/RSL
10	邻苯二甲酸二（2 -乙基）己酯	Bis（2 - ethylhexyl） phthalate（DEHP）	117 - 81 - 7	SVHC/RSL/OEKO/CPSIA/RoHS
11	邻苯二甲酸二（4 -甲基- 2 -戊基）酯	Bis（4 - methyl - 2 - pentyl） phthalate（BMPP）	146 - 50 - 9	OEKO/RSL
12	邻苯二甲酸二环己酯	Dicyclohexyl phthalate（DCHP）	84 - 61 - 7	RSL
13	邻苯二甲酸二（2 -乙氧基）乙酯	Bis（2 - ethoxyethyl） phthalate（DEEP）	605 - 54 - 9	RSL
14	邻苯二甲酸二乙酯	Diethyl phthalate（DEP）	84 - 66 - 2	RSL
15	邻苯二甲酸二异壬酯	Diisononyl phthalate（DINP）	68515 - 48 - 0	OEKO/RSL/CPSIA
16	邻苯二甲酸二甲酯	Dimethyl phthalate（DMP）	131 - 11 - 3	RSL
17	邻苯二甲酸二正壬酯	Dinonyl phthalate（DNP）	84 - 76 - 4	RSL
18	邻苯二甲酸二正辛酯	Di - n - octyl phthalate（DNOP）	117 - 84 - 0	OEKO/ RSL /CPSIA
19	邻苯二甲酸二苯酯	Diphenyl phthalate（DPhP）	84 - 62 - 8	RSL
20	邻苯二甲酸二丙酯	Dipropyl phthalate（DPrP）	131 - 16 - 8	RSL
有机锡化合物 / Organic tin compounds				
21	三丁基氧化锡	Bis（tributyltin） oxide（TBTO）	56 - 35 - 9	SVHC
全氟化合物 / Perfluorinated compounds				
22	全氟辛酸	Pentadecafluorooctanoic acid（PFOA）	335 - 67 - 1	SVHC/RSL/OEKO

表 3－1（续）

序号	化合物（中文名）	化合物（英文名）	CAS 号	法规出处
23	全氟辛酸铵	Ammonium pentadecafluorooctanoate（APFO）	3825－26－1	SVHC/RSL/OEKO
24	全氟十一酸	Henicosafluoroundecanoic acid	2058－94－8	SVHC/OEKO
25	全氟十二酸	Tricosafluorododecanoic acid	307－55－1	SVHC/OEKO
26	全氟十三酸	Pentacosafluorotridecanoic acid	72629－94－8	SVHC/OEKO
27	全氟十四酸	Heptacosafluorotetradecanoic acid	376－06－7	SVHC/OEKO
28	全氟辛烷磺酸钾盐	Perfluorooctane sulfonic acid potassium salt（PFOS）	2795－39－3	OEKO/RSL
阻燃剂 / Flame retardants				
29	三（2－氯乙基）磷酸酯	Tris（2－chloroethyl）phosphate（TCEP）	115－96－8	SVHC/OEKO/RSL/TSD
30	六溴环十二烷	Hexabromocyclododecane（HBCDD）	25637－99－4	SVHC/OEKO
致癌染料和致敏染料 / Carcinogenic dyes and Allergenic dyes				
31	酸性红 26	C. I. Acid Red 26	3761－53－3	RSL/OEKO
32	碱性红 9	C. I. Basic Red 9	569－61－9	RSL/OEKO
33	碱性紫 14	C. I. Basic Violet 14	632－99－5	RSL/OEKO
34	直接黑 38	C. I. Direct Black 38	1937－37－7	SVHC/RSL/OEKO
35	直接蓝 6	C. I. Direct Blue 6	2602－46－2	RSL/OEKO
36	直接红 28	C. I. Direct Red 28	573－58－0	SVHC/RSL/OEKO
37	分散蓝 1	C. I. Disperse Blue 1	2475－45－8	RSL/OEKO
38	分散橙 11	C. I. Disperse Orange 11	82－28－0	RSL/OEKO
39	分散黄 3	C. I. Disperse Yellow 3	2832－40－8	RSL/OEKO
40	分散蓝 3	C. I. Disperse Blue 3	2475－46－9	OEKO
41	分散蓝 7	C. I. Disperse Blue 7	3179－90－6	OEKO
42	分散蓝 26	C. I. Disperse Blue 26	3860－63－7	OEKO
43	分散蓝 35a	C. I. Disperse Blue 35a	56524－77－7	RSL/OEKO
44	分散蓝 35b	C. I. Disperse Blue 35b	56524－76－6	RSL/OEKO
45	分散蓝 102	C. I. Disperse Blue 102	69766－79－6	OEKO
46	分散蓝 106	C. I. Disperse Blue 106	68516－81－4	RSL/OEKO
47	分散蓝 124	C. I. Disperse Blue 124	15141－18－1	RSL/OEKO
48	分散棕 1	C. I. Disperse Brown 1	23355－64－8	OEKO

表 3-1（续）

序号	化合物（中文名）	化合物（英文名）	CAS 号	法规出处
49	分散橙 1	C. I. Disperse Orange 1	2581-69-3	OEKO
50	分散橙 3	C. I. Disperse Orange 3	730-40-5	RSL/OEKO
51	分散橙 37/59/76	C. I. Disperse Orange 37/59/76	13301-61-6	RSL/OEKO
52	分散橙 149	C. I. Disperse Orange 149	85136-74-9	OEKO
53	分散红 1	C. I. Disperse Red 1	2872-52-8	RSL/OEKO
54	分散红 11	C. I. Disperse Red 11	2872-48-2	OEKO
55	分散红 17	C. I. Disperse Red 17	3179-89-3	OEKO
56	分散黄 1	C. I. Disperse Yellow 1	119-15-3	OEKO
57	分散黄 9	C. I. Disperse Yellow 9	6373-73-5	OEKO
58	分散黄 39	C. I. Disperse Yellow 39	56208-37-8	OEKO
59	分散黄 49	C. I. Disperse Yellow 49	6858-49-7	OEKO
60	分散黄 23	C. I. Disperse Yellow 23	6250-23-3	OEKO
61	酸性红 114	C. I. Acid Red 114	6459-94-5	ISO 16373-2：2014
62	酸性紫 49	C. I. Acid Violet 49	1694-09-3	EN 71-9
63	溶剂黄 1	C. I. Solvent Yellow 1	60-09-3	ISO 16373-2：2014
64	溶剂黄 2	C. I. Solvent Yellow 2	60-11-7	ISO 16373-2：2014
65	溶剂黄 3	C. I. Solvent Yellow 3	97-56-3	ISO 16373-2：2014
66	碱性紫 1	C. I. Basic Violet 1	8004-87-3	EN 71-9
67	碱性紫 3	C. I. Basic Violet 3	548-62-9	SVHC
68	直接棕 95	C. I. Direct Brown 95	16071-86-6	SIN List
69	碱性蓝 26	C. I. Basic Blue 26	2580-56-5	SVHC
芳香胺 / Arylamines				
70	4-氨基联苯	4-Aminobiphenyl	92-67-1	SVHC/RSL/OEKO
71	联苯胺	Benzidine	92-87-5	RSL/OEKO
72	4-氯邻甲苯胺	4-Choro-o-toluidine	95-69-2	RSL/OEKO
73	2-萘胺	2-Naphthylamine	91-59-8	RSL/OEKO
74	邻氨基偶氮甲苯	o-Aminoazotoluene	97-56-3	SVHC/RSL/OEKO
75	5-硝基-邻甲苯胺	2-Amino-4-nitrotoluene	99-55-8	RSL/OEKO
76	4-氯苯胺	4-Chloroaniline	106-47-8	RSL/OEKO
77	2，4-二氨基苯甲醚	2，4-Diaminoanisole	615-05-4	RSL/OEKO
78	4，4′二氨基二苯甲烷	4，4′-Diaminodiphenylmethane	101-77-9	SVHC/RSL/OEKO
79	3，3′-二氯联苯胺	3，3′-Dichlorobenzidine	91-94-1	RSL/OEKO

表3-1（续）

序号	化合物（中文名）	化合物（英文名）	CAS号	法规出处
80	3，3′-二甲氧基联苯胺	3，3′-Dimethoxybenzidine	119-90-4	RSL/OEKO
81	3，3′-二甲基联苯胺	3，3′-Dimethylbenzidine	119-93-7	RSL/OEKO
82	3，3′-二甲基-4，4′-二氨基二苯甲烷	3，3′-Dimethyl-4，4′-diaminodiphenylmethane	838-88-0	SVHC/RSL/OEKO
83	2-甲氧基-5-甲基苯胺	p-Cresidine	120-71-8	SVHC/OEKO/RSL
84	4，4′-亚甲基-双-（2-氯苯胺）	4，4′-Methylene-bis-（2-chloro-aniline）	101-14-4	SVHC
85	4，4′-二氨基二苯醚	4，4′-Oxydianiline	101-80-4	SVHC/RSL/OEKO
86	4，4′-二氨基二苯硫醚	4，4′-Thiodianiline	139-65-1	RSL/OEKO
87	邻甲苯胺	o-Toluidine	95-53-4	SVHC/OEKO
88	2，4-二氨基甲苯	2，4-Toluylenediamine	95-80-7	SVHC/RSL/OEKO
89	2，4，5-三甲基苯胺	2，4，5-Trimethylaniline	137-17-7	RSL/OEKO
90	2-甲氧基苯胺	2-Methoxyaniline	90-04-0	SVHC/RSL/OEKO
91	4-氨基偶氮苯	4-Aminoazobenzene	60-09-3	SVHC/RSL/OEKO
92	2，4-二甲基苯胺	2，4-Xylidine	95-68-1	RSL/OEKO
93	2，6-二甲基苯胺	2，6-Xylidine	87-62-7	RSL/OEKO
94	苯胺	Aniline	62-53-3	RSL/OEKO
酚类化合物 / Phenols				
95	五氯苯酚	Pentachlorophenol（PCP）	87-86-5	RSL/OEKO
96	2，3，4，5-四氯苯酚	2，3，4，5-Tetrachlorophenol	4901-51-3	OEKO
97	2，3，4，6-四氯苯酚	2，3，4，6-Tetrachlorophenol	58-90-2	OEKO
98	2，3，5，6-四氯苯酚	2，3，5，6-Tetrachlorophenol	935-95-5	OEKO/RSL
99	2，3，4-三氯苯酚	2，3，4-Trichlorophenol	15950-66-0	OEKO
100	2，3，5-三氯苯酚	2，3，5-Trichlorophenol	933-78-8	OEKO
101	2，3，6-三氯苯酚	2，3，6-Trichlorophenol	933-75-5	OEKO
102	2，4，6-三氯苯酚	2，4，6-Trichlorophenol	88-06-2	OEKO
103	2，4，5-三氯苯酚	2，4，5-Trichlorophenol	95-95-4	OEKO
104	3，4，5-三氯苯酚	3，4，5-Trichlorophenol	609-19-8	OEKO
105	邻苯基苯酚	o-Phenylphenol	90-43-7	OEKO
残余表面活性剂，润湿剂 / Surfactant，wetting agent residues				
106	壬基苯酚	Nonylphenol（technical）	25154-52-3	RSL/OEKO/SVHC
107	辛基苯酚	Octylphenol	140-66-9	OEKO/SVHC

表3-1（续）

序号	化合物（中文名）	化合物（英文名）	CAS号	法规出处
108	壬基酚聚氧乙烯醚（n=5）	NP（EO）$_5$	9016-45-9	OEKO/RSL/SVHC
109	壬基酚聚氧乙烯醚（n=6）	NP（EO）$_6$		OEKO/RSL/SVHC
110	壬基酚聚氧乙烯醚（n=7）	NP（EO）$_7$		OEKO/RSL/SVHC
111	壬基酚聚氧乙烯醚（n=8）	NP（EO）$_8$		OEKO/RSL/SVHC
112	壬基酚聚氧乙烯醚（n=9）	NP（EO）$_9$		OEKO/RSL/SVHC
113	壬基酚聚氧乙烯醚（n=10）	NP（EO）$_{10}$		OEKO/RSL/SVHC
114	壬基酚聚氧乙烯醚（n=11）	NP（EO）$_{11}$		OEKO/RSL/SVHC
115	壬基酚聚氧乙烯醚（n=12）	NP（EO）$_{12}$		OEKO/RSL/SVHC
116	壬基酚聚氧乙烯醚（n=13）	NP（EO）$_{13}$		OEKO/RSL/SVHC
117	壬基酚聚氧乙烯醚（n=14）	NP（EO）$_{14}$		OEKO/RSL/SVHC
118	壬基酚聚氧乙烯醚（n=15）	NP（EO）$_{15}$		OEKO/RSL/SVHC
119	壬基酚聚氧乙烯醚（n=16）	NP（EO）$_{16}$		OEKO/RSL/SVHC
120	壬基酚聚氧乙烯醚（n=17）	NP（EO）$_{17}$		OEKO/RSL/SVHC
121	壬基酚聚氧乙烯醚（n=18）	NP（EO）$_{18}$		OEKO/RSL/SVHC
122	壬基酚聚氧乙烯醚（n=19）	NP（EO）$_{19}$		OEKO/RSL/SVHC
123	壬基酚聚氧乙烯醚（n=20）	NP（EO）$_{20}$		OEKO/RSL/SVHC

表 3-1（续）

序号	化合物（中文名）	化合物（英文名）	CAS 号	法规出处
124	辛基酚聚氧乙烯醚（n=3）	OP（EO)$_3$	9002-93-1	OEKO/RSL/SVHC
125	辛基酚聚氧乙烯醚（n=4）	OP（EO)$_4$		OEKO/RSL/SVHC
126	辛基酚聚氧乙烯醚（n=5）	OP（EO)$_5$		OEKO/RSL/SVHC
127	辛基酚聚氧乙烯醚（n=6）	OP（EO)$_6$		OEKO/RSL/SVHC
128	辛基酚聚氧乙烯醚（n=7）	OP（EO)$_7$		OEKO/RSL/SVHC
129	辛基酚聚氧乙烯醚（n=8）	OP（EO)$_8$		OEKO/RSL/SVHC
130	辛基酚聚氧乙烯醚（n=9）	OP（EO)$_9$		OEKO/RSL/SVHC
131	辛基酚聚氧乙烯醚（n=10）	OP（EO)$_{10}$		OEKO/RSL/SVHC
132	辛基酚聚氧乙烯醚（n=11）	OP（EO)$_{11}$		OEKO/RSL/SVHC
133	辛基酚聚氧乙烯醚（n=12）	OP（EO)$_{12}$		OEKO/RSL/SVHC
134	辛基酚聚氧乙烯醚（n=13）	OP（EO)$_{13}$		OEKO/RSL/SVHC
135	辛基酚聚氧乙烯醚（n=14）	OP（EO)$_{14}$		OEKO/RSL/SVHC
136	辛基酚聚氧乙烯醚（n=15）	OP（EO)$_{15}$		OEKO/RSL/SVHC
137	辛基酚聚氧乙烯醚（n=16）	OP（EO)$_{16}$		OEKO/RSL/SVHC
138	辛基酚聚氧乙烯醚（n=17）	OP（EO)$_{17}$		OEKO/RSL/SVHC
139	辛基酚聚氧乙烯醚（n=18）	OP（EO)$_{18}$		OEKO/RSL/SVHC

3.3　禁限用化合物 Orbitrap 高分辨质谱谱库（见表 3－2）

表 3－2　禁限用化合物 Orbitrap 高分辨率质谱谱库（序号同表 3－1）

序号	禁限用化合物 Orbitrap 高分辨质谱谱库				
1	化合物英文名 Compound Name	Bis（2－methoxyethyl）phthalate（DMEP）			
	化合物中文名 Chinese Name	邻苯二甲酸二（2-甲氧基）乙酯			
	CAS 号 CAS Number	117－82－8			
	分子式 Molecular Formula	$C_{14}H_{18}O_6$			
	一级母离子 Precursor	母离子组成 Assignment	$[M+H]^+$	$C_{14}H_{19}O_6^+$	
		理论精确质量数 Theoretical m/z	283.11761		
	一级质谱图 MS Spectrum	DMEP_FT#1-33 RT:0.01-0.98 AV:33 NL:3.66E6 T:FTMS + p ESI Full ms [200.00-400.00] 283.11757; 207.06519; 215.12540; 227.17547; 256.26361; 270.27934; 300.14420; 305.09941; 321.07341; 328.17540; 338.34169; 370.18601; 387.24888 Relative Abundance (0–100); m/z (220–400)			
	CID 碰撞碎片 Fragments of CID	碎片组成 Assignment	$C_{11}H_{11}O_4^+$		
		理论精确质量数 Theoretical m/z	207.06519		
	二级 CID 碰撞 高分辨质谱图 35%归一化能量 MS² Spectrum of CID _ 35%	DMEP_CID_FT#1-28 RT:0.00-1.00 AV:28 NL:9.05E5 T:FTMS + p ESI Full ms2 283.17@cid35.00 [75.00-350.00] 207.06499; 89.05942; 133.08570; 177.11202; 195.12260; 213.78086; 248.24522; 275.95946; 313.11011; 339.44539 Relative Abundance (0–100); m/z (100–350)			

表 3 - 2（续）

<table>
<tr><th>序号</th><th colspan="5">禁限用化合物 Orbitrap 高分辨质谱谱库</th></tr>
<tr><td rowspan="5">1</td><td rowspan="2">HCD 碰撞碎片
Fragments of HCD</td><td>碎片组成
Assignment</td><td>$C_3H_7O^+$</td><td>$C_8H_5O_3^+$</td><td>$C_{11}H_{11}O_4^+$</td></tr>
<tr><td>理论精确质量数
Theoretical m/z</td><td>59.04914</td><td>149.02332</td><td>207.06519</td></tr>
<tr><td>二级 HCD 碰撞
高分辨质谱图
20%能量

MS² Spectrum of
HCD _ 20%</td><td colspan="4">DMEP_HCD_20#1-27 RT:0.03-0.99 AV:27 NL:8.43E4
T:FTMS + p ESI Full ms2 283.17@hcd20.00 [50.00-350.00]
59.04889; 207.06505; 66.25278; 89.05940; 109.72096; 149.02310; 177.11196; 228.22043; 251.09126; 283.28234; 324.36853
Relative Abundance; m/z</td></tr>
<tr><td>二级 HCD 碰撞
高分辨质谱图
40%能量

MS² Spectrum of
HCD _ 40%</td><td colspan="4">DMEP_HCD_40#1-27 RT:0.03-0.99 AV:27 NL:1.18E4
T:FTMS + p ESI Full ms2 283.17@hcd40.00 [50.00-350.00]
59.04890; 149.02311; 69.06959; 89.05941; 114.09114; 163.03879; 193.04944; 251.09122; 283.28243; 308.38865
Relative Abundance; m/z</td></tr>
<tr><td>二级 HCD 碰撞
高分辨质谱图
60%能量

MS² Spectrum of
HCD _ 60%</td><td colspan="4">DMEP_HCD_60#1-27 RT:0.01-0.97 AV:27 NL:8.11E3
T:FTMS + p ESI Full ms2 283.17@hcd60.00 [50.00-350.00]
59.04891; 149.02315; 163.03884; 66.25284; 121.02818; 193.04950; 229.51821; 261.38013; 288.45772; 323.43394
Relative Abundance; m/z</td></tr>
<tr><td rowspan="4">2</td><td>化合物英文名
Compound Name</td><td colspan="4">Diisobutyl phthalate (DIBP)</td></tr>
<tr><td>化合物中文名
Chinese Name</td><td colspan="4">邻苯二甲酸二异丁酯</td></tr>
<tr><td>CAS 号
CAS Number</td><td colspan="4">84 - 69 - 5</td></tr>
<tr><td>分子式
Molecular Formula</td><td colspan="4">$C_{16}H_{22}O_4$</td></tr>
</table>

表 3-2（续）

<table>
<tr><td>序号</td><td colspan="5">禁限用化合物 Orbitrap 高分辨质谱谱库</td></tr>
<tr><td rowspan="10">2</td><td rowspan="2">一级母离子
Precursor</td><td>母离子组成
Assignment</td><td>[M+H]$^+$</td><td colspan="2">$C_{16}H_{23}O_4^+$</td></tr>
<tr><td>理论精确质量数
Theoretical m/z</td><td colspan="3">279.15909</td></tr>
<tr><td>一级质谱图
MS Spectrum</td><td colspan="4">DIBP_FT#1-31 RT:0.00-1.00 AV:31 NL:7.96E5
T:FTMS + p ESI Full ms [200.00-400.00]
279.15916; 284.12102; 301.14107; 207.06526; 223.09656; 270.27931; 256.26358; 317.11502; 338.34177; 358.36789; 387.24892
Relative Abundance; m/z</td></tr>
<tr><td rowspan="2">CID 碰撞碎片
Fragments of CID</td><td>碎片组成
Assignment</td><td>$C_8H_5O_3^+$</td><td>$C_{12}H_{13}O_3^+$</td><td></td></tr>
<tr><td>理论精确质量数
Theoretical m/z</td><td>149.02332</td><td>205.08592</td><td></td></tr>
<tr><td>二级 CID 碰撞
高分辨质谱图
35%归一化能量

MS^2 Spectrum of
CID _ 35%</td><td colspan="4">DIBP_CID_FT#1-27 RT:0.01-0.97 AV:27 NL:5.17E5
T:FTMS + p ESI Full ms2 279.25@cid35.00 [75.00-350.00]
149.02310; 205.08583; 131.10653; 187.07530; 223.09639; 346.25775; 109.54873; 167.03375; 261.22124; 297.50778; 316.57985
Relative Abundance; m/z</td></tr>
<tr><td rowspan="2">HCD 碰撞碎片
Fragments of HCD</td><td>碎片组成
Assignment</td><td>$C_8H_5O_3^+$</td><td></td><td></td></tr>
<tr><td>理论精确质量数
Theoretical m/z</td><td>149.02332</td><td></td><td></td></tr>
<tr><td>二级 HCD 碰撞
高分辨质谱图
20%能量

MS^2 Spectrum of
HCD _ 20%</td><td colspan="4">DIBP_HCD_20 #1-27 RT:0.03-1.00 AV:27 NL:4.35E5
T:FTMS + p ESI Full ms2 279.25@hcd20.00 [50.00-350.00]
149.02313; 57.06965; 89.05944; 121.02825; 167.03377; 223.09643; 279.15905; 305.84070; 335.46732
Relative Abundance; m/z</td></tr>
</table>

表 3-2（续）

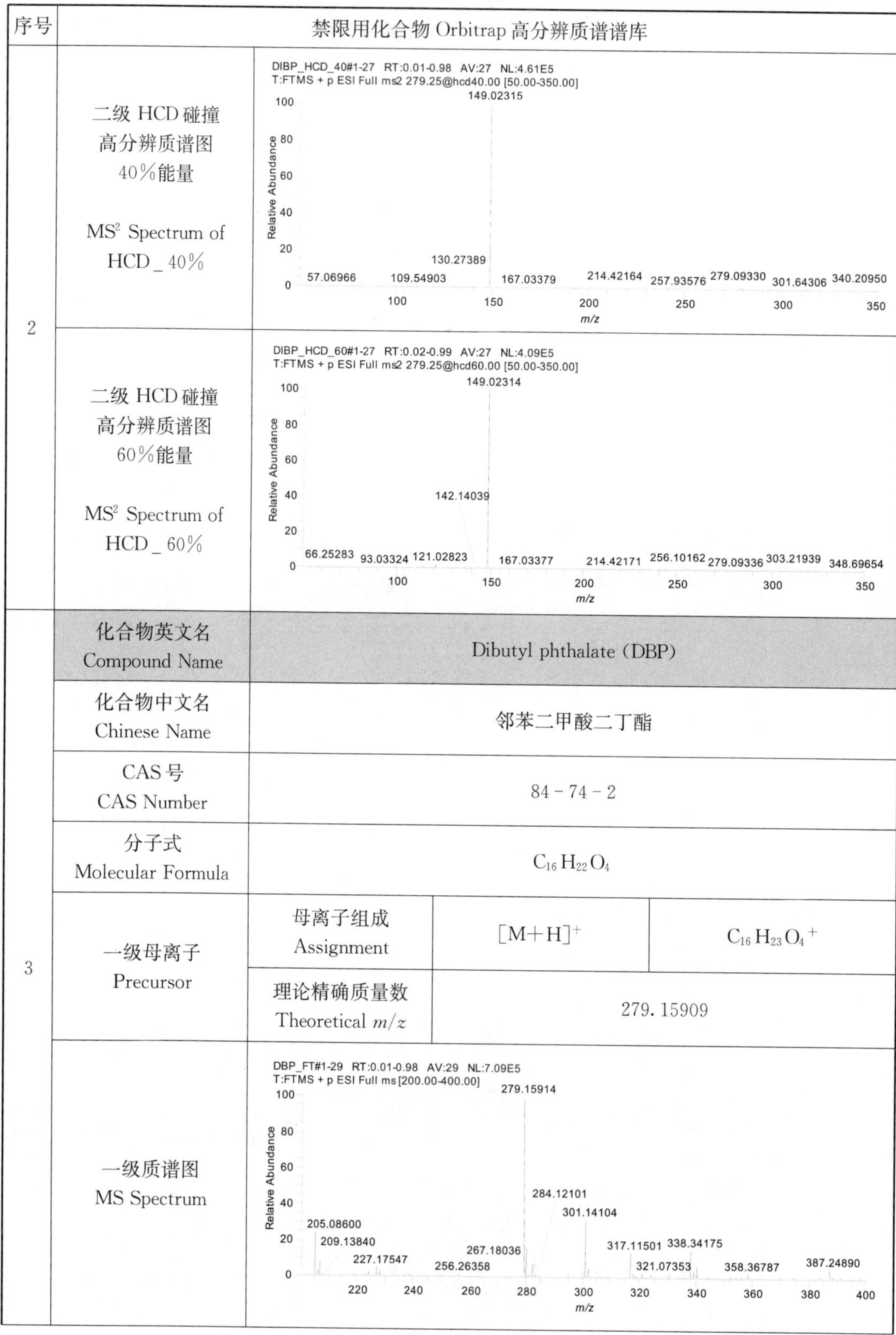

序号	禁限用化合物 Orbitrap 高分辨质谱谱库		
2	二级 HCD 碰撞高分辨质谱图 40%能量 MS² Spectrum of HCD _ 40%	（质谱图）	
	二级 HCD 碰撞高分辨质谱图 60%能量 MS² Spectrum of HCD _ 60%	（质谱图）	
3	化合物英文名 Compound Name	Dibutyl phthalate (DBP)	
	化合物中文名 Chinese Name	邻苯二甲酸二丁酯	
	CAS 号 CAS Number	84-74-2	
	分子式 Molecular Formula	$C_{16}H_{22}O_4$	
	一级母离子 Precursor	母离子组成 Assignment	$[M+H]^+$ $C_{16}H_{23}O_4^+$
		理论精确质量数 Theoretical m/z	279.15909
	一级质谱图 MS Spectrum	（质谱图）	

表 3-2（续）

序号	禁限用化合物 Orbitrap 高分辨质谱谱库				
3	CID 碰撞碎片 Fragments of CID	碎片组成 Assignment	$C_8H_5O_3^+$	$C_{12}H_{13}O_3^+$	
		理论精确质量数 Theoretical m/z	149.02332	205.08592	
	二级 CID 碰撞 高分辨质谱图 35%归一化能量 MS^2 Spectrum of CID _ 35%	DBP_CID_FT#1-27 RT:0.01-0.98 AV:27 NL:5.56E5 T:FTMS + p ESI Full ms2 279.25@cid35.00 [75.00-350.00] 149.02309; 205.08580; 131.10647; 196.34657; 96.39214; 116.95412; 154.77716; 223.09637; 261.22113; 284.59435; 316.57934; 341.72089 Relative Abundance; m/z			
	HCD 碰撞碎片 Fragments of HCD	碎片组成 Assignment	$C_8H_5O_3^+$		
		理论精确质量数 Theoretical m/z	149.02332		
	二级 HCD 碰撞 高分辨质谱图 20%能量 MS^2 Spectrum of HCD _ 20%	DBP_HCD_20#1-27 RT:0.02-1.00 AV:27 NL:5.86E5 T:FTMS + p ESI Full ms2 279.25@hcd20.00 [50.00-350.00] 149.02309; 141.20146; 57.06964; 109.54885; 167.03373; 205.08582; 226.87756; 279.09320; 334.63315 Relative Abundance; m/z			
	二级 HCD 碰撞 高分辨质谱图 40%能量 MS^2 Spectrum of HCD _ 40%	DBP_HCD_40#1-27 RT:0.03-1.00 AV:27 NL:5.38E5 T:FTMS + p ESI Full ms2 279.25@hcd40.00 [50.00-350.00] 149.02311; 138.14926; 66.25282; 109.54895; 167.03376; 214.42180; 239.32179; 279.09325; 334.63239 Relative Abundance; m/z			
	二级 HCD 碰撞 高分辨质谱图 60%能量 MS^2 Spectrum of HCD _ 60%	DBP_HCD_60#1-27 RT:0.01-0.98 AV:27 NL:4.59E5 T:FTMS + p ESI Full ms2 279.25@hcd60.00 [50.00-350.00] 149.02312; 141.45312; 66.25285; 93.03322; 121.02821; 167.03376; 214.42196; 249.59403; 279.09331; 320.35249 Relative Abundance; m/z			

表 3－2（续）

序号	禁限用化合物 Orbitrap 高分辨质谱谱库				
4	化合物英文名 Compound Name	N－pentyl－isopentylphthalate（NPIPP）			
	化合物中文名 Chinese Name	邻苯二甲酸正戊异戊酯			
	CAS 号 CAS Number	776297－69－9			
	分子式 Molecular Formula	$C_{18}H_{26}O_4$			
	一级母离子 Precursor	母离子组成 Assignment	[M+H]$^+$	$C_{18}H_{27}O_4^+$	
		理论精确质量数 Theoretical m/z	307.19039		
	一级质谱图 MS Spectrum	N-pentyl-isopentylphthalate_FT #1 RT:0.02 AV:1 NL:5.75E5 T:FTMS + p ESI Full ms [200.00-400.00] 307.19061; 227.17523; 329.17261; 325.29602; 219.10149; 210.14862; 237.11186; 249.15715; 259.20139; 276.72766; 285.74255; 301.14090; 314.21976; 338.34192 Relative Abundance; m/z			
	CID 碰撞碎片 Fragments of CID	碎片组成 Assignment	$C_8H_5O_3^+$	$C_{13}H_{15}O_3^+$	
		理论精确质量数 Theoretical m/z	149.02332	219.10157	
	二级 CID 碰撞 高分辨质谱图 35%归一化能量 MS^2 Spectrum of CID _ 35%	N-pentyl-isopentylphthalate_CID_FT #1-22 RT:0.03-0.97 AV:22 NL:3.28E5 T:FTMS + p ESI Full ms2 307.25@cid35.00 [80.00-350.00] 149.02299; 219.10131; 106.26464; 138.18389; 162.63864; 200.81516; 237.11157; 264.57243; 298.20627; 343.80980 Relative Abundance; m/z			
	HCD 碰撞碎片 Fragments of HCD	碎片组成 Assignment	$C_8H_5O_3^+$		
		理论精确质量数 Theoretical m/z	149.02332		

表 3－2（续）

序号	禁限用化合物 Orbitrap 高分辨质谱谱库			
4	二级 HCD 碰撞 高分辨质谱图 20％能量 MS^2 Spectrum of HCD _ 20％	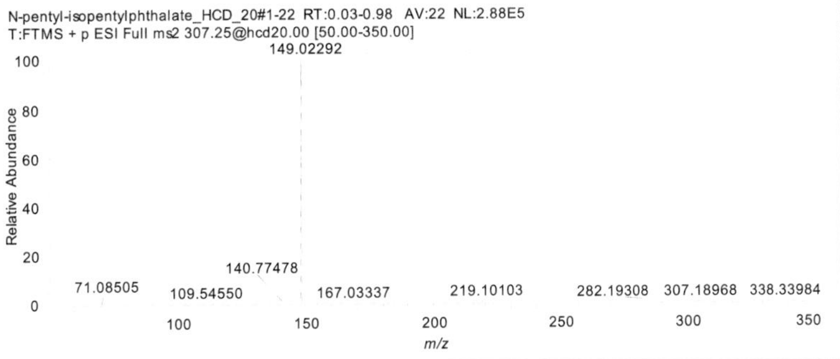 N-pentyl-isopentylphthalate_HCD_20#1-22 RT:0.03-0.98 AV:22 NL:2.88E5 T:FTMS + p ESI Full ms2 307.25@hcd20.00 [50.00-350.00] 149.02292; 140.77478; 71.08505; 109.54550; 167.03337; 219.10103; 282.19308; 307.18968; 338.33984 Relative Abundance; m/z		
	二级 HCD 碰撞 高分辨质谱图 40％能量 MS^2 Spectrum of HCD _ 40％	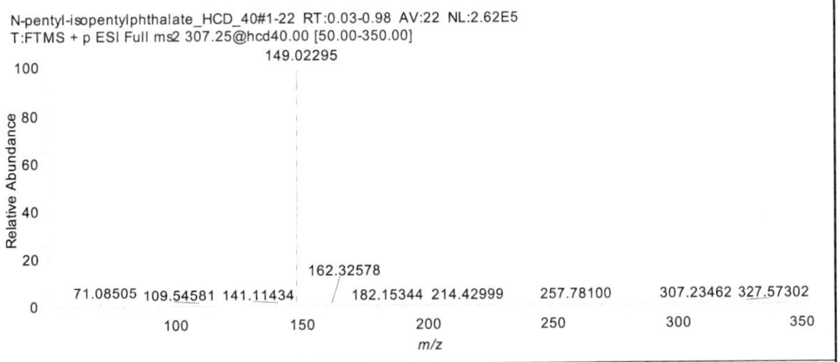 N-pentyl-isopentylphthalate_HCD_40#1-22 RT:0.03-0.98 AV:22 NL:2.62E5 T:FTMS + p ESI Full ms2 307.25@hcd40.00 [50.00-350.00] 149.02295; 162.32578; 71.08505; 109.54581; 141.11434; 182.15344; 214.42999; 257.78100; 307.23462; 327.57302 Relative Abundance; m/z		
	二级 HCD 碰撞 高分辨质谱图 60％能量 MS^2 Spectrum of HCD _ 60％	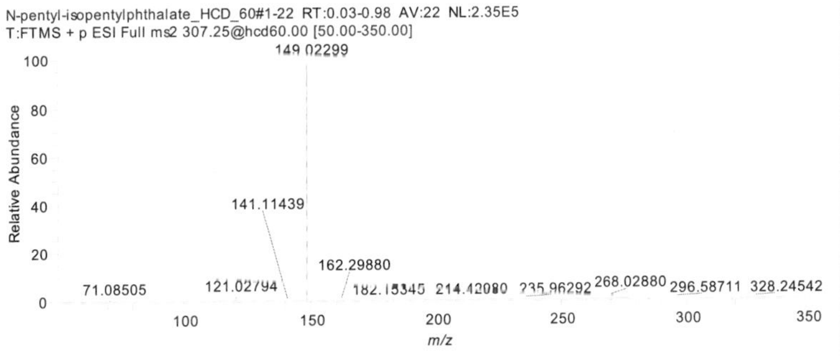 N-pentyl-isopentylphthalate_HCD_60#1-22 RT:0.03-0.98 AV:22 NL:2.35E5 T:FTMS + p ESI Full ms2 307.25@hcd60.00 [50.00-350.00] 149.02299; 141.11439; 162.29880; 71.08505; 121.02794; 182.15345; 214.42080; 235.96292; 268.02880; 296.58711; 328.24542 Relative Abundance; m/z		
5	化合物英文名 Compound Name	Diisopentylphthalate (DIPP)		
	化合物中文名 Chinese Name	邻苯二甲酸二异戊酯		
	CAS 号 CAS Number	605－50－5		
	分子式 Molecular Formula	$C_{18}H_{26}O_4$		
	一级母离子 Precursor	母离子组成 Assignment	$[M+H]^+$	$C_{18}H_{27}O_4^+$
		理论精确质量数 Theoretical *m/z*	307.19039	

表 3-2（续）

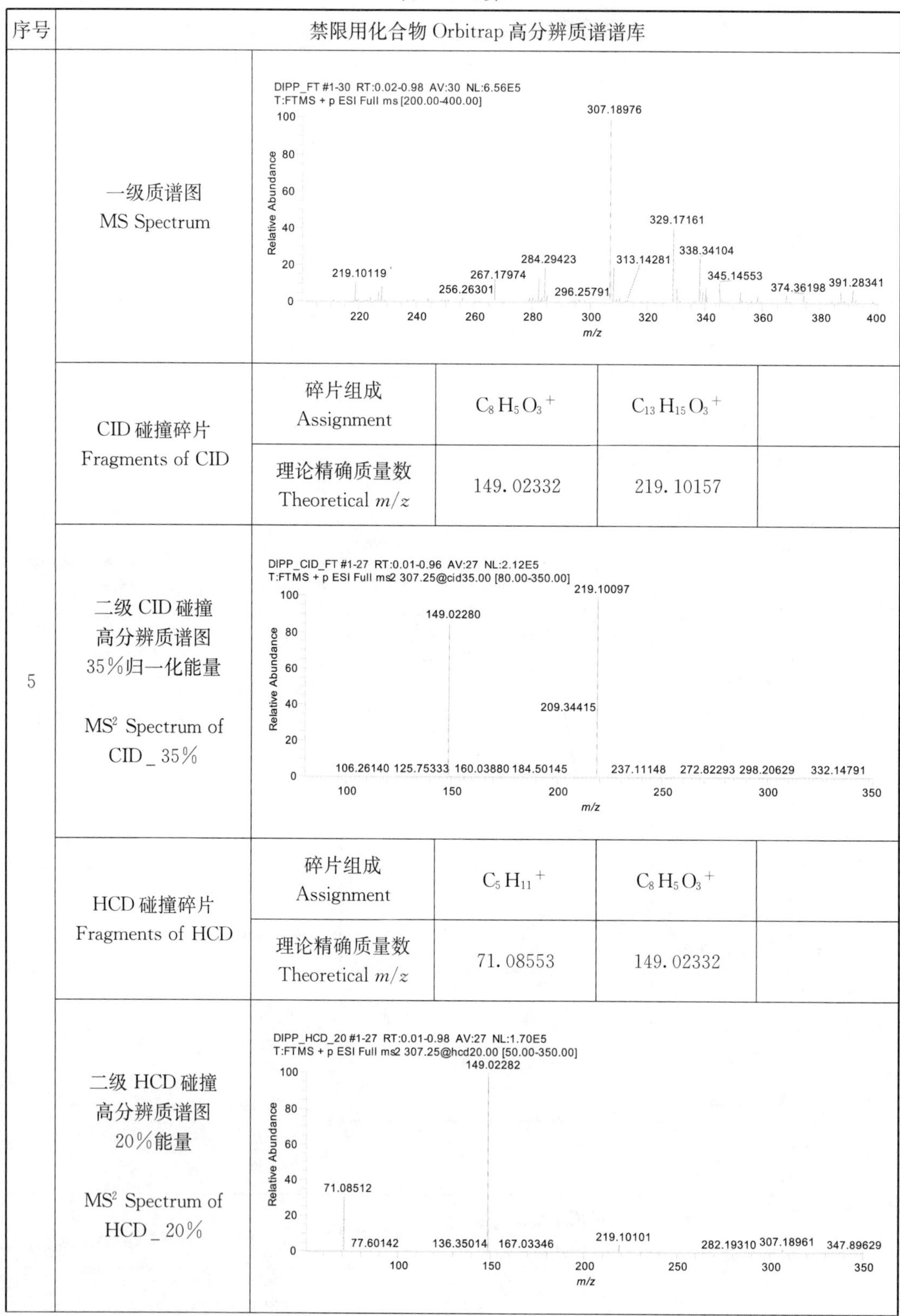

序号	禁限用化合物 Orbitrap 高分辨质谱谱库				
5	一级质谱图 MS Spectrum				
	CID 碰撞碎片 Fragments of CID	碎片组成 Assignment	$C_8H_5O_3^+$	$C_{13}H_{15}O_3^+$	
		理论精确质量数 Theoretical m/z	149.02332	219.10157	
	二级 CID 碰撞 高分辨质谱图 35%归一化能量 MS² Spectrum of CID _ 35%				
	HCD 碰撞碎片 Fragments of HCD	碎片组成 Assignment	$C_5H_{11}^+$	$C_8H_5O_3^+$	
		理论精确质量数 Theoretical m/z	71.08553	149.02332	
	二级 HCD 碰撞 高分辨质谱图 20%能量 MS² Spectrum of HCD _ 20%				

表 3-2（续）

<table>
<tr><th>序号</th><th colspan="4">禁限用化合物 Orbitrap 高分辨质谱谱库</th></tr>
<tr><td rowspan="2">5</td><td>二级 HCD 碰撞高分辨质谱图 40%能量
MS² Spectrum of HCD _ 40%</td><td colspan="3">DIPP_HCD_40 #1-27 RT:0.01-0.97 AV:27 NL:1.58E5
T:FTMS + p ESI Full ms2 307.25@hcd40.00 [50.00-350.00]
149.02282; 71.08512; 133.02066; 77.60142; 109.71893; 167.03343; 200.84133; 246.83648; 276.45973; 331.82670
Relative Abundance; m/z</td></tr>
<tr><td>二级 HCD 碰撞高分辨质谱图 60%能量
MS² Spectrum of HCD _ 60%</td><td colspan="3">DIPP_HCD_60 #1-27 RT:0.03-0.99 AV:27 NL:1.50E5
T:FTMS + p ESI Full ms2 307.25@hcd60.00 [50.00-350.00]
149.02281; 140.38627; 71.08511; 77.60145; 121.02793; 167.03345; 214.29550; 247.58824; 295.09407; 324.83792
Relative Abundance; m/z</td></tr>
<tr><td rowspan="7">6</td><td>化合物英文名
Compound Name</td><td colspan="3">Dipentyl phthalate (DPP)</td></tr>
<tr><td>化合物中文名
Chinese Name</td><td colspan="3">邻苯二甲酸二戊酯</td></tr>
<tr><td>CAS 号
CAS Number</td><td colspan="3">131-18-0</td></tr>
<tr><td>分子式
Molecular Formula</td><td colspan="3">$C_{18}H_{26}O_4$</td></tr>
<tr><td rowspan="2">一级母离子
Precursor</td><td>母离子组成
Assignment</td><td>$[M+H]^+$</td><td>$C_{18}H_{27}O_4^+$</td></tr>
<tr><td>理论精确质量数
Theoretical m/z</td><td colspan="2">307.19039</td></tr>
<tr><td>一级质谱图
MS Spectrum</td><td colspan="3">DPP_FT#1-29 RT:0.02-0.99 AV:29 NL:7.55E5
T:FTMS + p ESI Full ms [200.00-400.00]
307.18996; 313.14298; 329.17181; 219.10134; 295.21124; 345.14570; 227.17513; 256.26320; 282.27884; 352.24769; 387.24828
Relative Abundance; m/z</td></tr>
</table>

表 3－2（续）

序号	禁限用化合物 Orbitrap 高分辨质谱谱库				
6	CID 碰撞碎片 Fragments of CID	碎片组成 Assignment	$C_8H_5O_3^+$	$C_{13}H_{15}O_3^+$	
		理论精确质量数 Theoretical m/z	149.02332	219.10157	
	二级 CID 碰撞 高分辨质谱图 35%归一化能量 MS^2 Spectrum of CID _ 35%	DPP_CID_FT #1-27 RT:0.03-0.99 AV:27 NL:7.14E5 T:FTMS + p ESI Full ms2 307.25@cid35.00 [80.00-350.00] 149.02287; 219.10111; 142.03717; 107.88645; 167.03357; 185.70490; 237.11166; 263.36610; 298.20629; 343.78995 Relative Abundance; m/z			
	HCD 碰撞碎片 Fragments of HCD	碎片组成 Assignment	$C_8H_5O_3^+$		
		理论精确质量数 Theoretical m/z	149.02332		
	二级 HCD 碰撞 高分辨质谱图 20%能量 MS^2 Spectrum of HCD _ 20%	DPP_HCD_20 #1-27 RT:0.03-1.00 AV:27 NL:5.87E5 T:FTMS + p ESI Full ms2 307.25@hcd20.00 [50.00-350.00] 149.02287; 133.95032; 71.08515; 109.54920; 167.03349; 219.10112; 282.19324; 307.18976; 334.62743 Relative Abundance; m/z			
	二级 HCD 碰撞 高分辨质谱图 40%能量 MS^2 Spectrum of HCD _ 40%	DPP_HCD_40 #1-27 RT:0.01-0.98 AV:27 NL:5.23E5 T:FTMS + p ESI Full ms2 307.25@hcd40.00 [50.00-350.00] 149.02287; 137.32817; 71.08515; 109.54924; 167.03350; 214.42013; 255.84783; 307.17985; 332.84686 Relative Abundance; m/z			

表 3-2（续）

序号	禁限用化合物 Orbitrap 高分辨质谱谱库			
6	二级 HCD 碰撞高分辨质谱图 60%能量 MS² Spectrum of HCD _ 60%	DPP_HCD_60 #1-27 RT:0.02-0.99 AV:27 NL:4.65E5 T:FTMS + p ESI Full ms2 307.25@hcd60.00 [50.00-350.00] 149.02289 140.30383 71.08515 121.02802 167.03348 214.41999 249.84975 284.27903 323.02452 Relative Abundance 0 20 40 60 80 100 100 150 200 250 300 350 m/z		
7	化合物英文名 Compound Name	Benzyl butyl phthalate (BBP)		
	化合物中文名 Chinese Name	邻苯二甲酸丁苄酯		
	CAS 号 CAS Number	85-68-7		
	分子式 Molecular Formula	$C_{19}H_{20}O_4$		
	一级母离子 Precursor	母离子组成 Assignment	[M+H]$^+$	$C_{19}H_{21}O_4^+$
		理论精确质量数 Theoretical m/z	313.14344	
	一级质谱图 MS Spectrum	BBP_FT #1-30 RT:0.02-0.98 AV:30 NL:1.29E6 T:FTMS + p ESI Full ms [200.00-400.00] 313.14310 351.09885 327.00784 335.12502 205.08580 227.17526 242.28408 279.15894 295.21137 358.20085 387.24845 Relative Abundance 0 20 40 60 80 100 220 240 260 280 300 320 340 360 380 400 m/z		
	CID 碰撞碎片 Fragments of CID	碎片组成 Assignment	$C_7H_7^+$	$C_8H_5O_3^+$	$C_{12}H_{13}O_3^+$
		理论精确质量数 Theoretical m/z	91.05423	149.02332	205.08592

表 3－2（续）

序号	禁限用化合物 Orbitrap 高分辨质谱谱库				
7	二级 CID 碰撞高分辨质谱图 35%归一化能量 MS² Spectrum of CID _ 35%	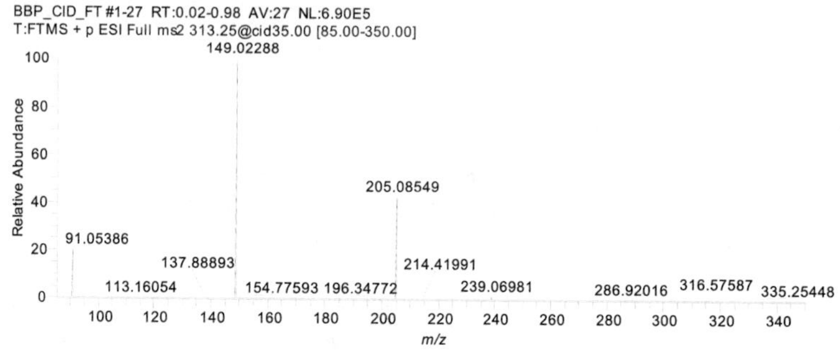 BBP_CID_FT #1-27 RT:0.02-0.98 AV:27 NL:6.90E5 T:FTMS + p ESI Full ms2 313.25@cid35.00 [85.00-350.00] 149.02288; 205.08549; 91.05386; 137.88893; 214.41991; 113.16054; 154.77593; 196.34772; 239.06981; 286.92016; 316.57587; 335.25448 Relative Abundance; m/z			
	HCD 碰撞碎片 Fragments of HCD	碎片组成 Assignment	$C_7H_7^+$	$C_8H_5O_3^+$	
		理论精确质量数 Theoretical m/z	91.05423	149.02332	
	二级 HCD 碰撞高分辨质谱图 20%能量 MS² Spectrum of HCD _ 20%	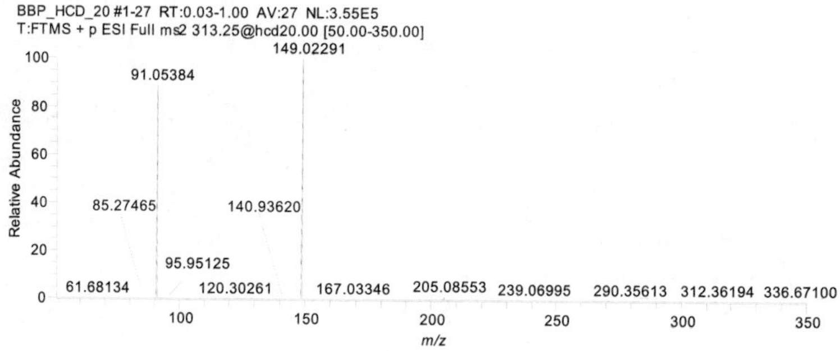 BBP_HCD_20 #1-27 RT:0.03-1.00 AV:27 NL:3.55E5 T:FTMS + p ESI Full ms2 313.25@hcd20.00 [50.00-350.00] 149.02291; 91.05384; 85.27465; 140.93620; 95.95125; 61.68134; 120.30261; 167.03346; 205.08553; 239.06995; 290.35613; 312.36194; 336.67100 Relative Abundance; m/z			
	二级 HCD 碰撞高分辨质谱图 40%能量 MS² Spectrum of HCD _ 40%	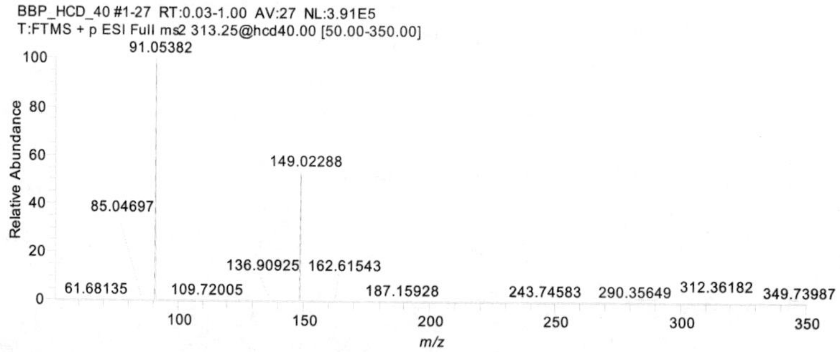 BBP_HCD_40 #1-27 RT:0.03-1.00 AV:27 NL:3.91E5 T:FTMS + p ESI Full ms2 313.25@hcd40.00 [50.00-350.00] 91.05382; 149.02288; 85.04697; 136.90925; 162.61543; 61.68135; 109.72005; 187.15928; 243.74583; 290.35649; 312.36182; 349.73987 Relative Abundance; m/z			
	二级 HCD 碰撞高分辨质谱图 60%能量 MS² Spectrum of HCD _ 60%	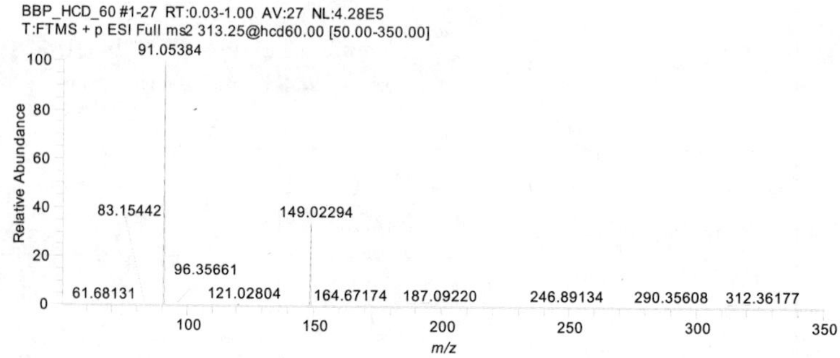 BBP_HCD_60 #1-27 RT:0.03-1.00 AV:27 NL:4.28E5 T:FTMS + p ESI Full ms2 313.25@hcd60.00 [50.00-350.00] 91.05384; 83.15442; 149.02294; 96.35661; 61.68131; 121.02804; 164.67174; 187.09220; 246.89134; 290.35608; 312.36177 Relative Abundance; m/z			

表 3-2（续）

序号	禁限用化合物 Orbitrap 高分辨质谱谱库				
8	化合物英文名 Compound Name	1，2-Benzenedicarboxylic acid，di-C_{6-8}-branched alkyl esters，C_7-rich (DIHP)			
	化合物中文名 Chinese Name	邻苯二甲酸二 C_{6-8} 支链烷基酯（富 C_7）			
	CAS 号 CAS Number	71888-89-6			
	分子式 Molecular Formula	$C_{22}H_{34}O_4$			
	一级母离子 Precursor	母离子组成 Assignment	$[M+H]^+$	$C_{22}H_{35}O_4^+$	
		理论精确质量数 Theoretical m/z	363.25299		
	一级质谱图 MS Spectrum	DIHP_FT #1-33 RT:0.02-0.97 AV:33 NL:1.07E6 T:FTMS + p ESI Full ms [250.00-450.00] 363.25297; 340.25955; 385.23448; 401.26396; 377.26842; 408.31043; 423.24605; 446.32211; 331.25390; 351.25020; 265.14316; 285.24074; 307.19017 Relative Abundance; m/z			
	CID 碰撞碎片 Fragments of CID	碎片组成 Assignment	$C_8H_5O_3^+$	$C_{15}H_{19}O_3^+$	$C_{15}H_{21}O_4^+$
		理论精确质量数 Theoretical m/z	149.02332	247.13287	265.14344
	二级 CID 碰撞高分辨质谱图 35%归一化能量 MS² Spectrum of CID_35%	DIHP_CID_FT #1-23 RT:0.00-0.99 AV:23 NL:1.44E5 T:FTMS + p ESI Full ms2 363.25@cid35.00 [100.00-400.00] 149.02307; 247.13226; 265.14285; 121.02789; 167.03338; 195.12217; 232.03275; 279.23929; 307.83737; 354.25623; 398.34409 Relative Abundance; m/z			
	HCD 碰撞碎片 Fragments of HCD	碎片组成 Assignment	$C_8H_5O_3^+$		
		理论精确质量数 Theoretical m/z	149.02332		

表 3-2（续）

序号	禁限用化合物 Orbitrap 高分辨质谱谱库			
8	二级 HCD 碰撞高分辨质谱图 20%能量 MS^2 Spectrum of HCD _ 20%	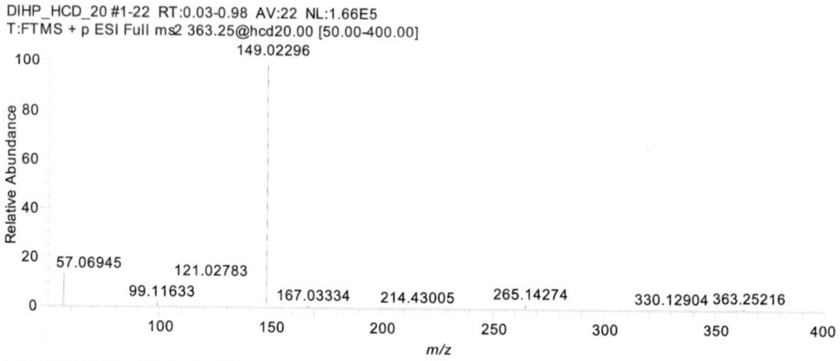 DIHP_HCD_20 #1-22 RT:0.03-0.98 AV:22 NL:1.66E5 T:FTMS + p ESI Full ms2 363.25@hcd20.00 [50.00-400.00] 149.02296; 57.06945; 121.02783; 99.11633; 167.03334; 214.43005; 265.14274; 330.12904; 363.25216 Relative Abundance; m/z		
	二级 HCD 碰撞高分辨质谱图 40%能量 MS^2 Spectrum of HCD _ 40%	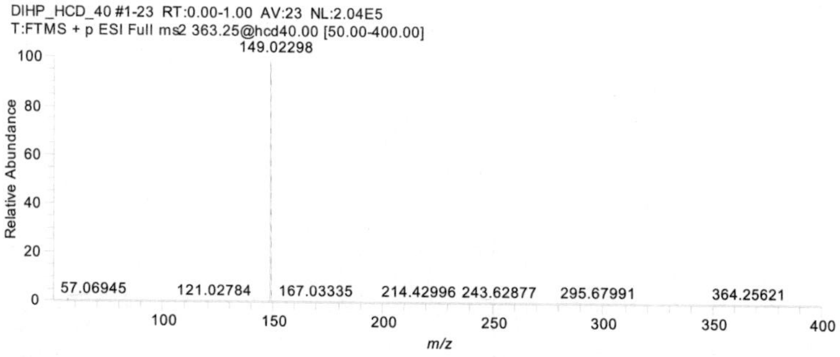 DIHP_HCD_40 #1-23 RT:0.00-1.00 AV:23 NL:2.04E5 T:FTMS + p ESI Full ms2 363.25@hcd40.00 [50.00-400.00] 149.02298; 57.06945; 121.02784; 167.03335; 214.42996; 243.62877; 295.67991; 364.25621 Relative Abundance; m/z		
	二级 HCD 碰撞高分辨质谱图 60%能量 MS^2 Spectrum of HCD _ 60%	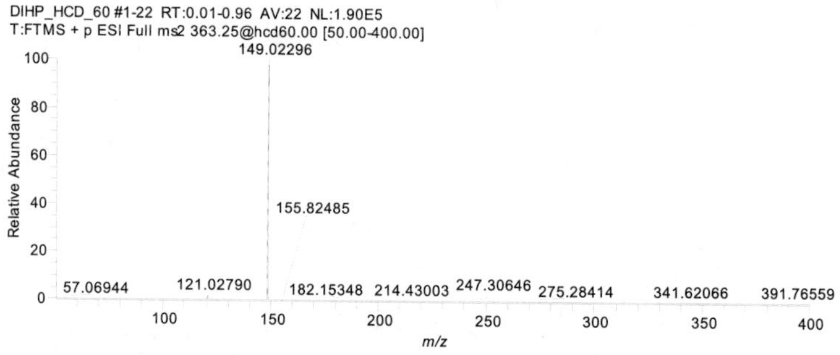 DIHP_HCD_60 #1-22 RT:0.01-0.96 AV:22 NL:1.90E5 T:FTMS + p ESI Full ms2 363.25@hcd60.00 [50.00-400.00] 149.02296; 155.82485; 57.06944; 121.02790; 182.15348; 214.43003; 247.30646; 275.28414; 341.62066; 391.76559 Relative Abundance; m/z		
9	化合物英文名 Compound Name	Dihexyl phthalate (DHP)		
	化合物中文名 Chinese Name	邻苯二甲酸二己酯		
	CAS 号 CAS Number	84-75-3		
	分子式 Molecular Formula	$C_{20}H_{30}O_4$		
	一级母离子 Precursor	母离子组成 Assignment	$[M+H]^+$	$C_{20}H_{31}O_4^+$
		理论精确质量数 Theoretical *m/z*	335.22169	

表 3-2（续）

序号	禁限用化合物 Orbitrap 高分辨质谱谱库				
9	一级质谱图 MS Spectrum	DHP_FT #1-34 RT:0.01-0.97 AV:34 NL:3.26E6 T:FTMS + p ESI Full ms [250.00-450.00] 335.22091; 340.25856; 357.20268; 373.17639; 401.26326; 256.26278; 282.27842; 307.18956; 327.00730; 423.24505; 439.21887 Relative Abundance; m/z			
	CID 碰撞碎片 Fragments of CID	碎片组成 Assignment	$C_8H_5O_3^+$	$C_{14}H_{17}O_3^+$	
		理论精确质量数 Theoretical m/z	149.02332	233.11722	
	二级 CID 碰撞 高分辨质谱图 35%归一化能量 MS^2 Spectrum of CID _ 35%	DHP_CID_FT #1-26 RT:0.02-0.97 AV:26 NL:1.17E6 T:FTMS + p ESI Full ms2 335.17@cid35.00 [90.00-400.00] 149.02278; 233.11652; 121.02792; 159.73194; 214.43331; 251.12703; 276.87819; 319.29861; 371.70185 Relative Abundance; m/z			
	HCD 碰撞碎片 Fragments of HCD	碎片组成 Assignment	$C_7H_5O_2^+$	$C_8H_5O_3^+$	
		理论精确质量数 Theoretical m/z	121.02841	149.02332	
	二级 HCD 碰撞 高分辨质谱图 20%能量 MS^2 Spectrum of HCD _ 20%	DHP_HCD_20 #1-27 RT:0.01-0.97 AV:27 NL:1.15E6 T:FTMS + p ESI Full ms2 335.17@hcd20.00 [50.00-400.00] 149.02280; 138.28221; 85.10069; 109.54439; 163.06598; 214.43317; 251.12706; 289.64734; 335.22081; 364.06802 Relative Abundance; m/z			

表 3-2（续）

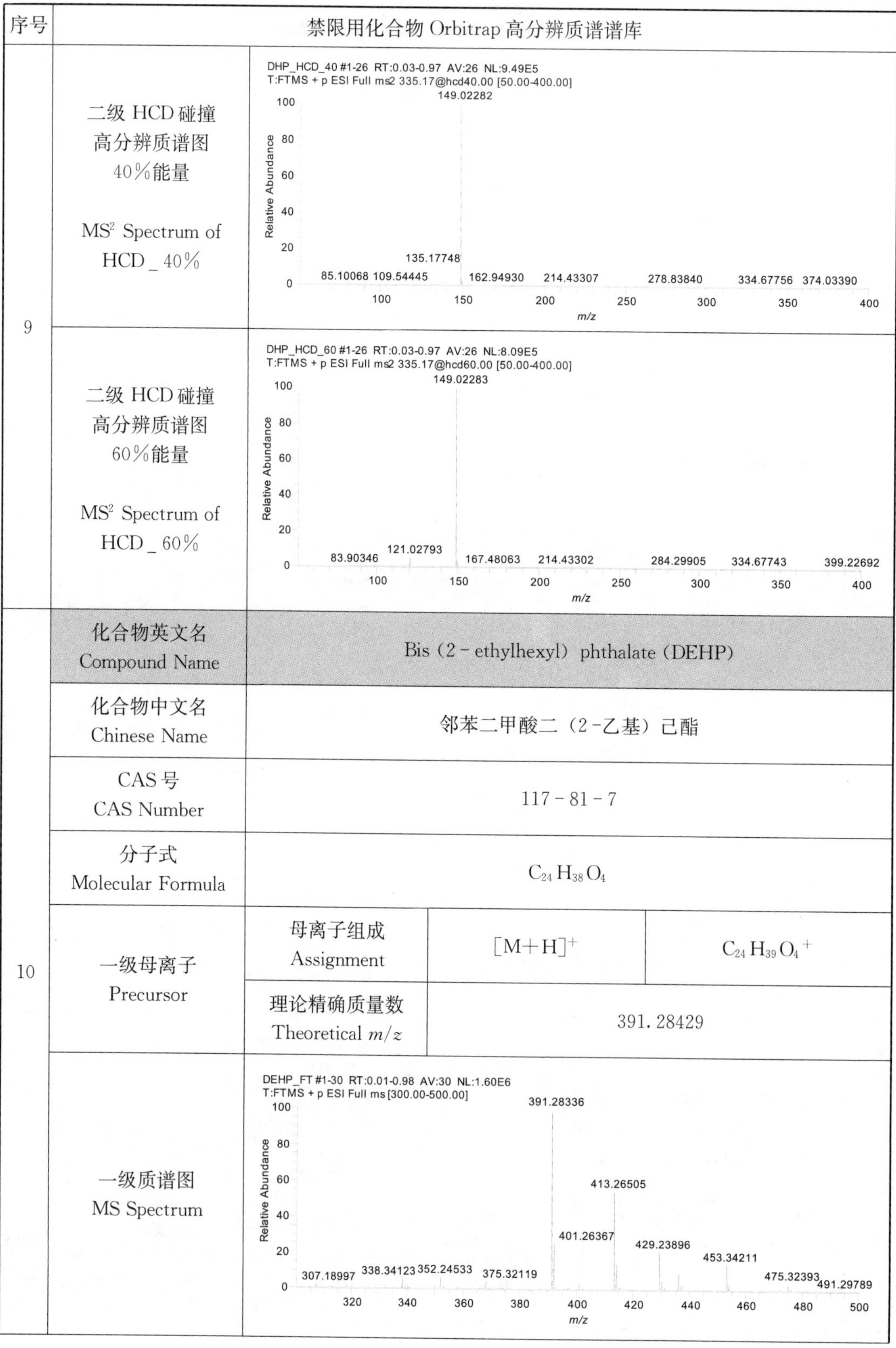

序号	禁限用化合物 Orbitrap 高分辨质谱谱库		
9	二级 HCD 碰撞高分辨质谱图 40%能量 MS² Spectrum of HCD _ 40%	(spectrum)	
	二级 HCD 碰撞高分辨质谱图 60%能量 MS² Spectrum of HCD _ 60%	(spectrum)	
10	化合物英文名 Compound Name	Bis（2-ethylhexyl）phthalate（DEHP）	
	化合物中文名 Chinese Name	邻苯二甲酸二（2-乙基）己酯	
	CAS 号 CAS Number	117-81-7	
	分子式 Molecular Formula	$C_{24}H_{38}O_4$	
	一级母离子 Precursor	母离子组成 Assignment	$[M+H]^+$	$C_{24}H_{39}O_4^+$
		理论精确质量数 Theoretical m/z	391.28429
	一级质谱图 MS Spectrum	(spectrum)	

表 3-2（续）

序号	禁限用化合物 Orbitrap 高分辨质谱谱库				
10	CID 碰撞碎片 Fragments of CID	碎片组成 Assignment	$C_8H_5O_3^+$	$C_8H_7O_4^+$	$C_{16}H_{23}O_4^+$
		理论精确质量数 Theoretical m/z	149.02332	167.03389	279.15909
	二级 CID 碰撞 高分辨质谱图 35%归一化能量 MS² Spectrum of CID _ 35%	DEHP_CID_FT #1-27 RT:0.02-0.99 AV:27 NL:6.55E5 T:FTMS + p ESI Full ms2 391.33@cid35.00 [105.00-450.00] 149.02284; 279.15844; 167.03345; 188.50926; 299.77687; 113.13209; 214.42021; 261.14797; 318.29958; 353.13888; 387.98255; 441.66544 Relative Abundance 0 20 40 60 80 100 *m/z* 150 200 250 300 350 400 450			
	HCD 碰撞碎片 Fragments of HCD	碎片组成 Assignment	$C_8H_5O_3^+$	$C_8H_7O_4^+$	
		理论精确质量数 Theoretical m/z	149.02332	167.03389	
	二级 HCD 碰撞 高分辨质谱图 20%能量 MS² Spectrum of HCD _ 20%	DEHP_HCD_20 #1-27 RT:0.02-0.99 AV:27 NL:7.21E5 T:FTMS + p ESI Full ms2 391.33@hcd20.00 [50.00-450.00] 149.02282; 167.03343; 71.08513; 113.13206; 214.42042; 279.15846; 323.45715; 391.28338; 427.20960 Relative Abundance 0 20 40 60 80 100 *m/z* 100 150 200 250 300 350 400 450			
	二级 HCD 碰撞 高分辨质谱图 40%能量 MS² Spectrum of HCD _ 40%	DEHP_HCD_40 #1-27 RT:0.02-0.99 AV:27 NL:8.74E5 T:FTMS + p ESI Full ms2 391.33@hcd40.00 [50.00-450.00] 149.02284; 137.82225; 71.08515; 109.54915; 167.03347; 214.42022; 246.06510; 334.62756; 390.32040; 444.59373 Relative Abundance 0 20 40 60 80 100 *m/z* 100 150 200 250 300 350 400 450			

表 3-2（续）

序号	禁限用化合物 Orbitrap 高分辨质谱谱库				
10	二级 HCD 碰撞高分辨质谱图 60%能量 MS² Spectrum of HCD _ 60%	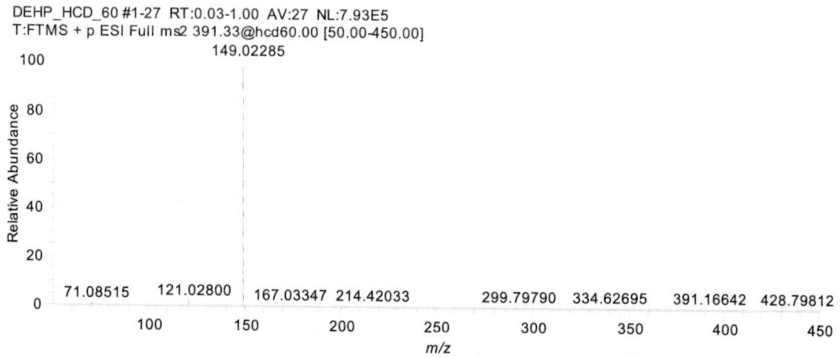 DEHP_HCD_60 #1-27 RT:0.03-1.00 AV:27 NL:7.93E5 T:FTMS + p ESI Full ms2 391.33@hcd60.00 [50.00-450.00] 149.02285; 71.08515; 121.02800; 167.03347; 214.42033; 299.79790; 334.62695; 391.16642; 428.79812; Relative Abundance; m/z			
11	化合物英文名 Compound Name	Bis (4 - methyl - 2 - pentyl) phthalate (BMPP)			
	化合物中文名 Chinese Name	邻苯二甲酸二（4-甲基-2-戊基）酯			
	CAS 号 CAS Number	146-50-9			
	分子式 Molecular Formula	$C_{20}H_{30}O_4$			
	一级母离子 Precursor	母离子组成 Assignment	$[M+H]^+$	$C_{20}H_{31}O_4^+$	
		理论精确质量数 Theoretical m/z	335.22169		
	一级质谱图 MS Spectrum	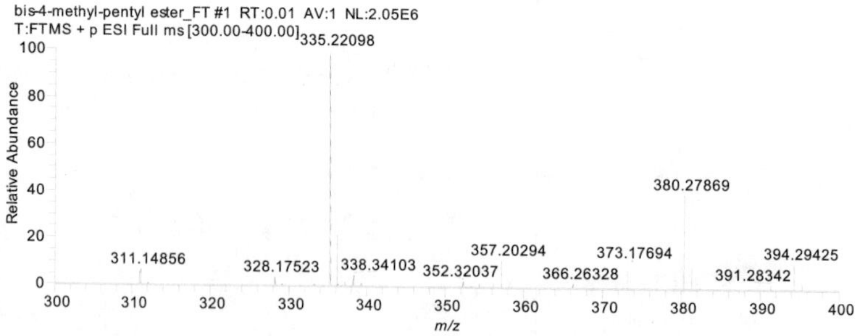 bis-4-methyl-pentyl ester_FT #1 RT:0.01 AV:1 NL:2.05E6 T:FTMS + p ESI Full ms [300.00-400.00] 335.22098; 311.14856; 328.17523; 338.34103; 352.32037; 357.20294; 366.26328; 373.17694; 380.27869; 391.28342; 394.29425; Relative Abundance; m/z			
	CID 碰撞碎片 Fragments of CID	碎片组成 Assignment	$C_8H_5O_3^+$	$C_8H_7O_4^+$	$C_{14}H_{19}O_4^+$
		理论精确质量数 Theoretical m/z	149.02332	167.03389	251.12779

表 3-2（续）

<table>
<tr><th>序号</th><th colspan="5">禁限用化合物 Orbitrap 高分辨质谱谱库</th></tr>
<tr><td rowspan="5">11</td><td>二级 CID 碰撞
高分辨质谱图
35%归一化能量

MS^2 Spectrum of
CID _ 35%</td><td colspan="4">bis-4-methyl-pentyl ester_CID_FT #1 RT:0.03 AV:1 NL:2.25E5
T:FTMS + p ESI Full ms2 335.08@cid35.00 [90.00-400.00]
Relative Abundance; m/z
251.12692; 167.03326; 149.02272; 259.34225; 135.11629; 187.14742; 108.07537; 203.17888; 233.11649; 279.23090; 317.28284; 368.91226</td></tr>
<tr><td rowspan="2">HCD 碰撞碎片
Fragments of HCD</td><td>碎片组成
Assignment</td><td>$C_8H_5O_3^+$</td><td>$C_8H_7O_4^+$</td><td></td></tr>
<tr><td>理论精确质量数
Theoretical m/z</td><td>149.02332</td><td>167.03389</td><td></td></tr>
<tr><td>二级 HCD 碰撞
高分辨质谱图
20%能量

MS^2 Spectrum of
HCD _ 20%</td><td colspan="4">bis-4-methyl-pentyl ester_HCD_20 #1 RT:0.01 AV:1 NL:3.84E5
T:FTMS + p ESI Full ms2 335.08@hcd20.00 [50.00-400.00]
Relative Abundance; m/z
149.02269; 167.03326; 188.50020; 85.10069; 120.76304; 214.40921; 251.12698; 285.25250; 335.29330; 380.26672</td></tr>
<tr><td>二级 HCD 碰撞
高分辨质谱图
40%能量

MS^2 Spectrum of
HCD _ 40%</td><td colspan="4">bis-4-methyl-pentyl ester_HCD_40 #1 RT:0.00 AV:1 NL:4.87E5
T:FTMS + p ESI Full ms2 335.08@hcd40.00 [50.00-400.00]
Relative Abundance; m/z
149.02267; 137.13197; 85.10069; 109.55284; 167.03326; 214.40953; 245.94894; 295.11423; 335.29321; 358.55368</td></tr>
<tr><td></td><td>二级 HCD 碰撞
高分辨质谱图
60%能量

MS^2 Spectrum of
HCD _ 60%</td><td colspan="4">bis-4-methyl-pentyl ester_HCD_60 #1 RT:0.02 AV:1 NL:4.86E5
T:FTMS + p ESI Full ms2 335.08@hcd60.00 [50.00-400.00]
Relative Abundance; m/z
149.02261; 85.10063; 121.02780; 167.03322; 214.40965; 263.08725; 285.31046; 349.84543; 382.61530</td></tr>
</table>

表 3－2（续）

序号	禁限用化合物 Orbitrap 高分辨质谱谱库				
12	化合物英文名 Compound Name	Dicyclohexyl phthalate (DCHP)			
	化合物中文名 Chinese Name	邻苯二甲酸二环己酯			
	CAS 号 CAS Number	84－61－7			
	分子式 Molecular Formula	$C_{20}H_{26}O_4$			
	一级母离子 Precursor	母离子组成 Assignment	$[M+H]^+$	$C_{20}H_{27}O_4^+$	
		理论精确质量数 Theoretical m/z	331.19039		
	一级质谱图 MS Spectrum	bis-cyclohexyl ester_FT #1 RT:0.01 AV:1 NL:2.35E6 T:FTMS + p ESI Full ms [300.00-400.00] Relative Abundance; m/z 331.19080; 333.19742; 304.30048; 312.36313; 321.24319; 327.00894; 338.34219; 348.29028; 353.17285; 362.23325			
	CID 碰撞碎片 Fragments of CID	碎片组成 Assignment	$C_8H_5O_3^+$	$C_8H_7O_4^+$	$C_{14}H_{17}O_4^+$
		理论精确质量数 Theoretical m/z	149.02332	167.03389	249.11211
	二级 CID 碰撞高分辨质谱图 35%归一化能量 MS² Spectrum of CID _ 35%	bis-cyclohexyl ester_CID_FT #1 RT:0.01 AV:1 NL:6.91E5 T:FTMS + p ESI Full ms2 331.08@cid35.00 [90.00-400.00] Relative Abundance; m/z 149.02318; 249.11211; 140.79060; 167.03383; 231.10162; 121.02829; 176.98918; 216.89728; 254.99409; 289.07565; 332.19382; 363.14206; 388.34399			
	HCD 碰撞碎片 Fragments of HCD	碎片组成 Assignment	$C_8H_5O_3^+$	$C_8H_7O_4^+$	$C_{14}H_{17}O_4^+$
		理论精确质量数 Theoretical m/z	149.02332	167.03389	249.11211

表 3－2（续）

序号	禁限用化合物 Orbitrap 高分辨质谱谱库			
12	二级 HCD 碰撞 高分辨质谱图 20%能量 MS^2 Spectrum of HCD _ 20%	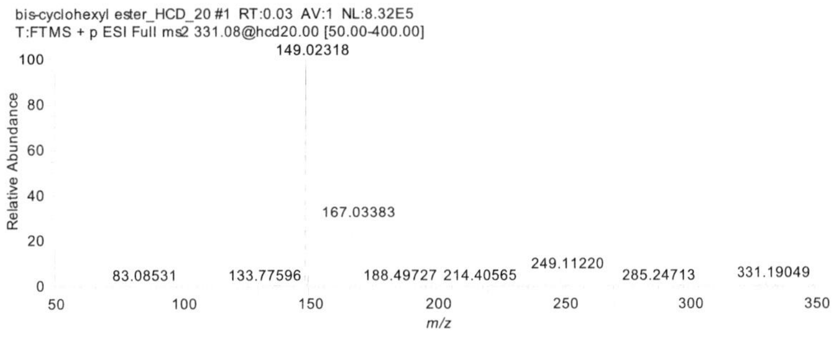 bis-cyclohexyl ester_HCD_20 #1 RT:0.03 AV:1 NL:8.32E5 T:FTMS + p ESI Full ms2 331.08@hcd20.00 [50.00-400.00] 149.02318 167.03383 83.08531 133.77596 188.49727 214.40565 249.11220 285.24713 331.19049 Relative Abundance; m/z		
	二级 HCD 碰撞 高分辨质谱图 40%能量 MS^2 Spectrum of HCD _ 40%	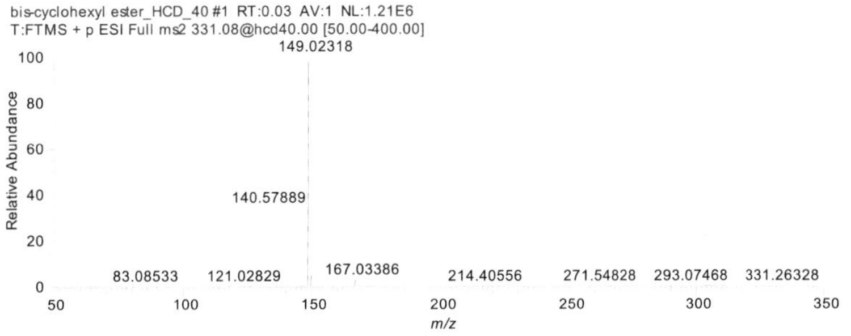 bis-cyclohexyl ester_HCD_40 #1 RT:0.03 AV:1 NL:1.21E6 T:FTMS + p ESI Full ms2 331.08@hcd40.00 [50.00-400.00] 149.02318 140.57889 83.08533 121.02829 167.03386 214.40556 271.54828 293.07468 331.26328 Relative Abundance; m/z		
	二级 HCD 碰撞 高分辨质谱图 60%能量 MS^2 Spectrum of HCD _ 60%	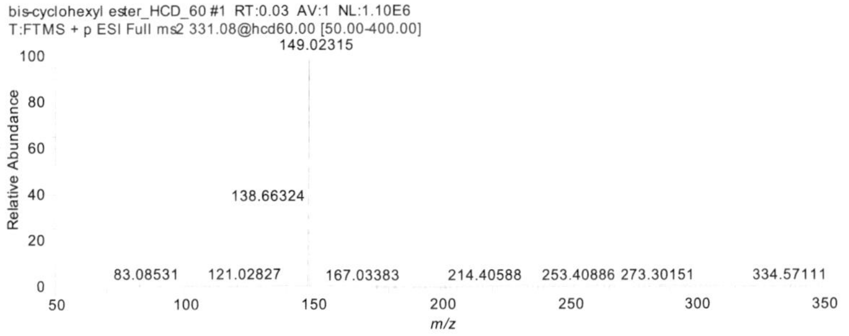 bis-cyclohexyl ester_HCD_60 #1 RT:0.03 AV:1 NL:1.10E6 T:FTMS + p ESI Full ms2 331.08@hcd60.00 [50.00-400.00] 149.02315 138.66324 83.08531 121.02827 167.03383 214.40588 253.40886 273.30151 334.57111 Relative Abundance; m/z		
13	化合物英文名 Compound Name	Bis（2－ethoxyethyl）phthalate（DEEP）		
	化合物中文名 Chinese Name	邻苯二甲酸二（2－乙氧基）乙酯		
	CAS 号 CAS Number	605－54－9		
	分子式 Molecular Formula	$C_{16}H_{22}O_6$		
	一级母离子 Precursor	母离子组成 Assignment	[M＋H]$^+$	$C_{16}H_{23}O_6^+$
		理论精确质量数 Theoretical m/z	311.14891	

表 3-2（续）

序号	禁限用化合物 Orbitrap 高分辨质谱谱库				
13	一级质谱图 MS Spectrum	bis-ethoxyethyl ester_FT #1 RT:0.01 AV:1 NL:4.66E6 T:FTMS + p ESI Full ms [250.00-350.00] 311.14801; 328.17456; 333.12979; 305.09903; 315.25217; 256.26297; 265.10651; 283.11707; 300.14365; 325.12747; 342.19016 Relative Abundance: 0, 20, 40, 60, 80, 100 m/z: 250, 260, 270, 280, 290, 300, 310, 320, 330, 340, 350			
	CID 碰撞碎片 Fragments of CID	碎片组成 Assignment	$C_{12}H_{13}O_4^+$		
		理论精确质量数 Theoretical m/z	221.08084		
	二级 CID 碰撞 高分辨质谱图 35%归一化能量 MS² Spectrum of CID _ 35%	bis-ethoxyethyl ester_CID_FT #1 RT:0.03 AV:1 NL:3.14E4 T:FTMS + p ESI Full ms2 311.08@cid35.00 [85.00-350.00] 221.07993; 229.76675; 96.06564; 113.67065; 170.74249; 199.21548; 258.34430; 300.76227; 333.62854 Relative Abundance: 0, 20, 40, 60, 80, 100 m/z: 100, 120, 140, 160, 180, 200, 220, 240, 260, 280, 300, 320, 340			
	HCD 碰撞碎片 Fragments of HCD	碎片组成 Assignment	$C_8H_5O_3^+$	$C_{12}H_{13}O_4^+$	
		理论精确质量数 Theoretical m/z	149.02332	221.08084	
	二级 HCD 碰撞 高分辨质谱图 20%能量 MS² Spectrum of HCD _ 20%	bis-ethoxyethyl ester_HCD_20 #1 RT:0.01 AV:1 NL:6.19E5 T:FTMS + p ESI Full ms2 311.08@hcd20.00 [50.00-350.00] 73.06425; 94.88171; 114.09071; 149.02267; 193.04880; 221.07999; 265.10608; 301.47427; 349.81094 Relative Abundance: 0, 20, 40, 60, 80, 100 m/z: 50, 100, 150, 200, 250, 300, 350			

表 3-2（续）

序号	禁限用化合物 Orbitrap 高分辨质谱谱库			
13	二级 HCD 碰撞高分辨质谱图 40%能量 MS^2 Spectrum of HCD _ 40%	bis-ethoxyethyl ester_HCD_40 #1 RT:0.03 AV:1 NL:3.11E5 T:FTMS + p ESI Full ms2 311.08@hcd40.00 [50.00-350.00] 73.06427; 82.76107; 114.09077; 149.02266; 193.04880; 221.04362; 265.10614; 296.01724; 326.28046 Relative Abundance; m/z		
	二级 HCD 碰撞高分辨质谱图 60%能量 MS^2 Spectrum of HCD _ 60%	bis-ethoxyethyl ester_HCD_60 #1 RT:0.02 AV:1 NL:1.64E5 T:FTMS + p ESI Full ms2 311.08@hcd60.00 [50.00-350.00] 73.06426; 90.27737; 121.02779; 149.02264; 163.03824; 193.04877; 226.56561; 275.73691; 309.64792; 344.06009 Relative Abundance; m/z		
14	化合物英文名 Compound Name	Diethyl phthalate (DEP)		
	化合物中文名 Chinese Name	邻苯二甲酸二乙酯		
	CAS 号 CAS Number	84-66-2		
	分子式 Molecular Formula	$C_{12}H_{14}O_4$		
	一级母离子 Precursor	母离子组成 Assignment	$[M+H]^+$	$C_{12}H_{15}O_4^+$
		理论精确质量数 Theoretical m/z	223.09649	
	一级质谱图 MS Spectrum	bis-ethyl ester_FT #2 RT:0.02 AV:1 NL:5.92E5 T:FTMS + p ESI Full ms [150.00-250.00] 223.09644; 205.14343; 209.08081; 217.10469; 222.11244; 224.09979; 228.19571; 232.13307; 239.14883; 245.07832; 249.20592 Relative Abundance; m/z		

表 3－2（续）

序号	禁限用化合物 Orbitrap 高分辨质谱谱库				
14	CID 碰撞碎片 Fragments of CID	碎片组成 Assignment	$C_8H_5O_3^+$	$C_{10}H_9O_3^+$	
		理论精确质量数 Theoretical m/z	149.02332	177.05462	
	二级 CID 碰撞 高分辨质谱图 35%归一化能量 MS² Spectrum of CID _ 35%	bis-ethyl ester_CID_FT #1 RT:0.01 AV:1 NL:5.84E5 T:FTMS + p ESI Full ms2 223.00@cid35.00 [60.00-250.00] 177.05447 149.02310 75.01377 89.05939 109.99628 143.95311 167.03380 187.14801 207.03223 225.04283 244.08736 Relative Abundance m/z			
	HCD 碰撞碎片 Fragments of HCD	碎片组成 Assignment	$C_8H_5O_3^+$	$C_{10}H_9O_3^+$	
		理论精确质量数 Theoretical m/z	149.02332	177.05462	
	二级 HCD 碰撞 高分辨质谱图 20%能量 MS² Spectrum of HCD _ 20%	bis-ethyl ester_HCD_20 #1 RT:0.03 AV:1 NL:2.68E5 T:FTMS + p ESI Full ms2 223.00@hcd20.00 [50.00-250.00] 149.02312 177.05447 143.99432 188.19339 65.93293 87.04374 109.99623 127.15765 167.03372 207.03226 223.06351 242.32030 Relative Abundance m/z			
	二级 HCD 碰撞 高分辨质谱图 40%能量 MS² Spectrum of HCD _ 40%	bis-ethyl ester_HCD_40 #1 RT:0.01 AV:1 NL:4.76E5 T:FTMS + p ESI Full ms2 223.00@hcd40.00 [50.00-250.00] 149.02310 142.77733 155.84810 177.05450 66.24671 83.91346 109.55200 128.79623 214.41347 245.00809 Relative Abundance m/z			

表 3-2（续）

序号	禁限用化合物 Orbitrap 高分辨质谱谱库				
14	二级 HCD 碰撞高分辨质谱图 60%能量 MS^2 Spectrum of HCD_60%	bis-ethyl ester_HCD_60 #1 RT:0.03 AV:1 NL:4.77E5 T:FTMS + p ESI Full ms2 223.00@hcd60.00 [50.00-250.00] 149.02307 153.71169 136.04701 121.02813 65.03826 93.03313 167.46739 191.00084 214.41382 246.83276 Relative Abundance 0 20 40 60 80 100 60 80 100 120 140 160 180 200 220 240 m/z			
15	化合物英文名 Compound Name	Diisononyl phthalate (DINP)			
	化合物中文名 Chinese Name	邻苯二甲酸二异壬酯			
	CAS 号 CAS Number	68515-48-0			
	分子式 Molecular Formula	$C_{26}H_{42}O_4$			
	一级母离子 Precursor	母离子组成 Assignment	$[M+H]^+$	$C_{26}H_{43}O_4^+$	
		理论精确质量数 Theoretical m/z	419.31559		
	一级质谱图 MS Spectrum	bis-iso-nonyl ester_FT #1 RT:0.02 AV:1 NL:2.74E6 T:FTMS + p ESI Full ms [400.00-500.00] 419.31482 421.32117 441.29666 405.29984 417.29984 425.32291 433.33054 443.30356 450.35712 457.27069 Relative Abundance 0 20 40 60 80 100 400 405 410 415 420 425 430 435 440 445 450 455 460 m/z			
	CID 碰撞碎片 Fragments of CID	碎片组成 Assignment	$C_8H_5O_3^+$	$C_{17}H_{23}O_3^+$	$C_{17}H_{25}O_4^+$
		理论精确质量数 Theoretical m/z	149.02332	275.16417	293.17474

表 3－2（续）

<table>
<tr><th>序号</th><th colspan="5">禁限用化合物 Orbitrap 高分辨质谱谱库</th></tr>
<tr><td rowspan="6">15</td><td>二级 CID 碰撞
高分辨质谱图
35%归一化能量

MS² Spectrum of
CID _ 35%</td><td colspan="4"> 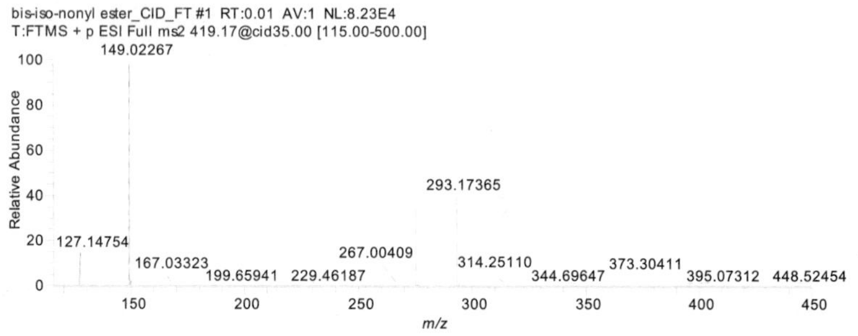bis-iso-nonyl ester_CID_FT #1 RT:0.01 AV:1 NL:8.23E4
T:FTMS + p ESI Full ms2 419.17@cid35.00 [115.00-500.00]
149.02267; 127.14754; 167.03323; 199.65941; 229.46187; 267.00409; 293.17365; 314.25110; 344.69647; 373.30411; 395.07312; 448.52454
Relative Abundance; m/z</td></tr>
<tr><td rowspan="2">HCD 碰撞碎片
Fragments of HCD</td><td>碎片组成
Assignment</td><td>$C_8H_5O_3^+$</td><td></td><td></td></tr>
<tr><td>理论精确质量数
Theoretical m/z</td><td>149. 02332</td><td></td><td></td></tr>
<tr><td>二级 HCD 碰撞
高分辨质谱图
20%能量

MS² Spectrum of
HCD _ 20%</td><td colspan="4"> 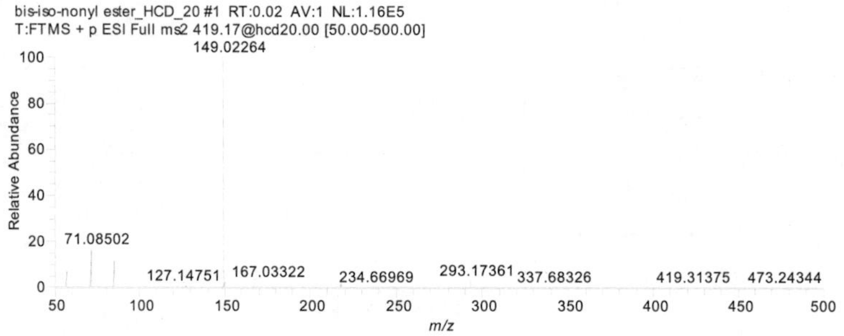bis-iso-nonyl ester_HCD_20 #1 RT:0.02 AV:1 NL:1.16E5
T:FTMS + p ESI Full ms2 419.17@hcd20.00 [50.00-500.00]
149.02264; 71.08502; 127.14751; 167.03322; 234.66969; 293.17361; 337.68326; 419.31375; 473.24344
Relative Abundance; m/z</td></tr>
<tr><td>二级 HCD 碰撞
高分辨质谱图
40%能量

MS² Spectrum of
HCD _ 40%</td><td colspan="4"> 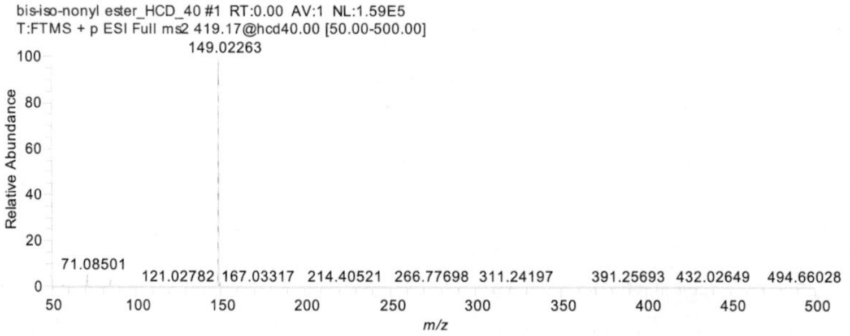bis-iso-nonyl ester_HCD_40 #1 RT:0.00 AV:1 NL:1.59E5
T:FTMS + p ESI Full ms2 419.17@hcd40.00 [50.00-500.00]
149.02263; 71.08501; 121.02782; 167.03317; 214.40521; 266.77698; 311.24197; 391.25693; 432.02649; 494.66028
Relative Abundance; m/z</td></tr>
<tr><td>二级 HCD 碰撞
高分辨质谱图
60%能量

MS² Spectrum of
HCD _ 60%</td><td colspan="4"> 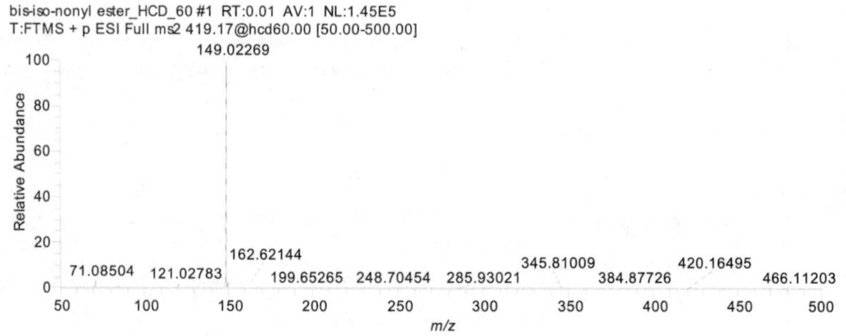bis-iso-nonyl ester_HCD_60 #1 RT:0.01 AV:1 NL:1.45E5
T:FTMS + p ESI Full ms2 419.17@hcd60.00 [50.00-500.00]
149.02269; 71.08504; 121.02783; 162.62144; 199.65265; 248.70454; 285.93021; 345.81009; 384.87726; 420.16495; 466.11203
Relative Abundance; m/z</td></tr>
</table>

表 3-2（续）

序号	禁限用化合物 Orbitrap 高分辨质谱谱库				
16	化合物英文名 Compound Name	Dimethyl phthalate (DMP)			
	化合物中文名 Chinese Name	邻苯二甲酸二甲酯			
	CAS 号 CAS Number	131-11-3			
	分子式 Molecular Formula	$C_{10}H_{10}O_4$			
	一级母离子 Precursor	母离子组成 Assignment	$[M+H]^+$	$C_{10}H_{11}O_4^+$	
		理论精确质量数 Theoretical *m/z*	195.06519		
	一级质谱图 MS Spectrum	bis-methyl ester_FT #2 RT:0.03 AV:1 NL:8.06E4 T:FTMS + p ESI Full ms [150.00-250.00] 195.06465; 191.12723; 192.13771; 193.14287; 194.11697; 196.06796; 197.15300; 198.14825; 199.16870 Relative Abundance; m/z			
	CID 碰撞碎片 Fragments of CID	碎片组成 Assignment	$C_9H_7O_3^+$		
		理论精确质量数 Theoretical *m/z*	163.03897		
	二级 CID 碰撞高分辨质谱图 35%归一化能量 MS² Spectrum of CID _ 35%	bis-methyl ester_CID_FT #1 RT:0.01 AV:1 NL:1.77E5 T:FTMS + p ESI Full ms2 195.00@cid35.00 [50.00-250.00] 163.03831; 166.15837; 138.06557; 133.08531; 61.49060; 74.81438; 89.05919; 112.99925; 151.09590; 177.11147; 195.08694 Relative Abundance; m/z			
	HCD 碰撞碎片 Fragments of HCD	碎片组成 Assignment	$C_9H_7O_3^+$		
		理论精确质量数 Theoretical *m/z*	163.03897		

表 3-2（续）

序号	禁限用化合物 Orbitrap 高分辨质谱谱库			
16	二级 HCD 碰撞 高分辨质谱图 20%能量 MS² Spectrum of HCD _ 20%	bis-methyl ester_HCD_20 #1 RT:0.00 AV:1 NL:1.32E5 T:FTMS + p ESI Full ms2 195.00@hcd20.00 [50.00-250.00] Relative Abundance; m/z 163.03831; 195.08691; 166.15834; 191.59428; 177.11148; 151.09586; 133.08530; 112.99922; 89.05919; 70.68578; 57.13143		
	二级 HCD 碰撞 高分辨质谱图 40%能量 MS² Spectrum of HCD _ 40%	bis-methyl ester_HCD_40 #1 RT:0.00 AV:1 NL:1.30E5 T:FTMS + p ESI Full ms2 195.00@hcd40.00 [50.00-250.00] Relative Abundance; m/z 163.03825; 195.08685; 158.33089; 166.60847; 138.06554; 190.80237; 62.03687; 72.01978; 89.05915; 112.99921; 135.04341; 149.13188; 177.12662		
	二级 HCD 碰撞 高分辨质谱图 60%能量 MS² Spectrum of HCD _ 60%	bis-methyl ester_HCD_60 #1 RT:0.01 AV:1 NL:1.06E5 T:FTMS + p ESI Full ms2 195.00@hcd60.00 [50.00-250.00] Relative Abundance; m/z 163.03824; 138.06551; 135.04338; 195.08684; 171.40738; 190.29948; 66.24627; 77.03802; 97.00433; 110.07066; 121.10048; 151.09712; 180.06340		
17	化合物英文名 Compound Name	Dinonyl phthalate (DNP)		
	化合物中文名 Chinese Name	邻苯二甲酸二正壬酯		
	CAS 号 CAS Number	84-76-4		
	分子式 Molecular Formula	$C_{26}H_{42}O_4$		
	一级母离子 Precursor	母离子组成 Assignment	[M+H]⁺	$C_{26}H_{43}O_4^+$
		理论精确质量数 Theoretical m/z	419.31559	

表 3－2（续）

序号	禁限用化合物 Orbitrap 高分辨质谱谱库				
17	一级质谱图 MS Spectrum	bis-nonyl ester_FT #2 RT:0.03 AV:1 NL:3.43E6 T:FTMS + p ESI Full ms [400.00-500.00] 419.31512; 420.31854; 421.32147; 405.30020; 413.26654; 417.30014; 426.32654; 433.33084; 437.34512; 441.29703; 443.30392 Relative Abundance; m/z			
	CID 碰撞碎片 Fragments of CID	碎片组成 Assignment	$C_8H_5O_3^+$	$C_{17}H_{23}O_3^+$	$C_{17}H_{25}O_4^+$
		理论精确质量数 Theoretical m/z	149.02332	275.16417	293.17474
	二级 CID 碰撞 高分辨质谱图 35％归一化能量 MS² Spectrum of CID＿35％	bis-nonyl ester_CID_FT_130130114324 #1 RT:0.03 AV:1 NL:6.38E4 T:FTMS + p ESI Full ms2 419.17@cid35.00 [115.00-500.00] 149.02280; 293.17386; 315.56189; 167.03337; 199.55545; 238.24980; 339.61911; 388.33420; 442.01871; 478.51630 Relative Abundance; m/z			
	HCD 碰撞碎片 Fragments of HCD	碎片组成 Assignment	$C_8H_5O_3^+$		
		理论精确质量数 Theoretical m/z	149.02332		
	二级 HCD 碰撞 高分辨质谱图 20％能量 MS² Spectrum of HCD＿20％	bis-nonyl ester_HCD_20 #1 RT:0.03 AV:1 NL:1.14E5 T:FTMS + p ESI Full ms2 419.17@hcd20.00 [50.00-500.00] 149.02281; 71.08510; 127.14764; 167.03339; 216.85034; 293.17392; 341.24255; 419.31424; 487.31116 Relative Abundance; m/z			

表 3-2（续）

<table>
<tr><th>序号</th><th colspan="4">禁限用化合物 Orbitrap 高分辨质谱谱库</th></tr>
<tr><td rowspan="2">17</td><td>二级 HCD 碰撞
高分辨质谱图
40%能量

MS² Spectrum of
HCD _ 40%</td><td colspan="3">bis-nonyl ester_HCD_40 #1 RT:0.03 AV:1 NL:1.44E5
T:FTMS + p ESI Full ms2 419.17@hcd40.00 [50.00-500.00]
149.02274
71.08507 109.67673 167.03328 214.10643 263.13522 305.53912 349.22107 422.49521 454.34747
Relative Abundance; m/z</td></tr>
<tr><td>二级 HCD 碰撞
高分辨质谱图
60%能量

MS² Spectrum of
HCD _ 60%</td><td colspan="3">bis-nonyl ester_HCD_60 #1 RT:0.01 AV:1 NL:1.27E5
T:FTMS + p ESI Full ms2 419.17@hcd60.00 [50.00-500.00]
149.02277
71.08508 121.02790 162.73376 199.55569 283.93594 347.41699 392.30414 424.45682 465.80814
Relative Abundance; m/z</td></tr>
<tr><td rowspan="7">18</td><td>化合物英文名
Compound Name</td><td colspan="3">Di-n-octyl phthalate (DNOP)</td></tr>
<tr><td>化合物中文名
Chinese Name</td><td colspan="3">邻苯二甲酸二正辛酯</td></tr>
<tr><td>CAS 号
CAS Number</td><td colspan="3">117-84-0</td></tr>
<tr><td>分子式
Molecular Formula</td><td colspan="3">$C_{24}H_{38}O_4$</td></tr>
<tr><td rowspan="2">一级母离子
Precursor</td><td>母离子组成
Assignment</td><td>$[M+H]^+$</td><td>$C_{24}H_{39}O_4^+$</td></tr>
<tr><td>理论精确质量数
Theoretical m/z</td><td colspan="2">391.28429</td></tr>
<tr><td>一级质谱图
MS Spectrum</td><td colspan="3">bis-l-octyl ester_FT #1 RT:0.02 AV:1 NL:1.30E6
T:FTMS + p ESI Full ms [350.00-450.00]
391.28406
392.28751
382.29520 384.31085 386.32654 388.28217 390.29779 393.29083 396.80124 399.39432
Relative Abundance; m/z</td></tr>
</table>

表 3-2（续）

<table>
<tr><th>序号</th><th colspan="5">禁限用化合物 Orbitrap 高分辨质谱谱库</th></tr>
<tr><td rowspan="8">18</td><td rowspan="2">CID 碰撞碎片
Fragments of CID</td><td>碎片组成
Assignment</td><td>$C_8H_5O_3^+$</td><td>$C_{16}H_{21}O_3^+$</td><td></td></tr>
<tr><td>理论精确质量数
Theoretical m/z</td><td>149.02332</td><td>261.14852</td><td></td></tr>
<tr><td>二级 CID 碰撞
高分辨质谱图
35%归一化能量

MS² Spectrum of
CID _ 35%</td><td colspan="4"> 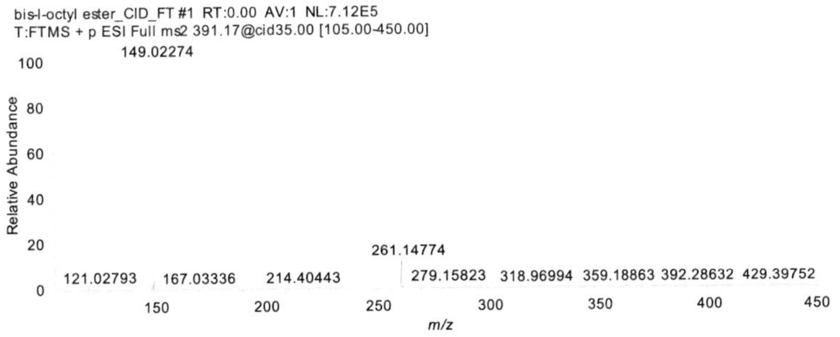</td></tr>
<tr><td rowspan="2">HCD 碰撞碎片
Fragments of HCD</td><td>碎片组成
Assignment</td><td>$C_8H_5O_3^+$</td><td></td><td></td></tr>
<tr><td>理论精确质量数
Theoretical m/z</td><td>149.02332</td><td></td><td></td></tr>
<tr><td>二级 HCD 碰撞
高分辨质谱图
20%能量

MS² Spectrum of
HCD _ 20%</td><td colspan="4"> 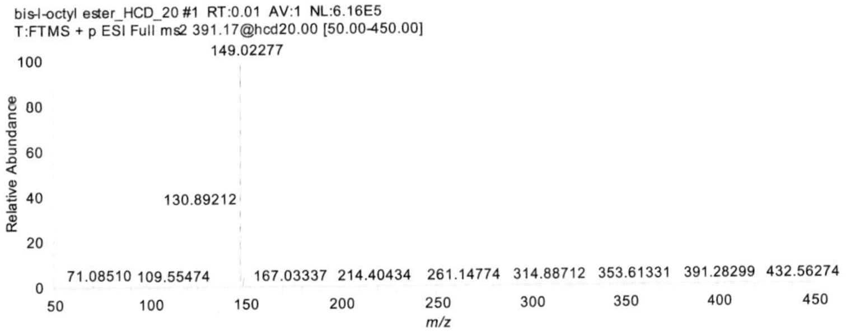</td></tr>
<tr><td>二级 HCD 碰撞
高分辨质谱图
40%能量

MS² Spectrum of
HCD _ 40%</td><td colspan="4"> 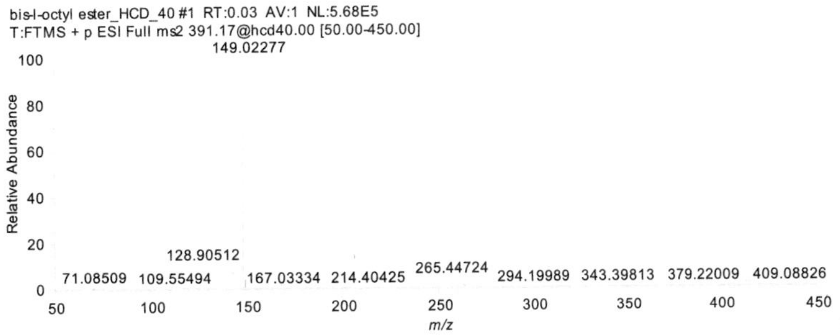</td></tr>
</table>

表 3-2（续）

<table>
<tr><th>序号</th><th colspan="5">禁限用化合物 Orbitrap 高分辨质谱谱库</th></tr>
<tr><td>18</td><td>二级 HCD 碰撞
高分辨质谱图
60%能量

MS^2 Spectrum of
HCD _ 60%</td><td colspan="4"> 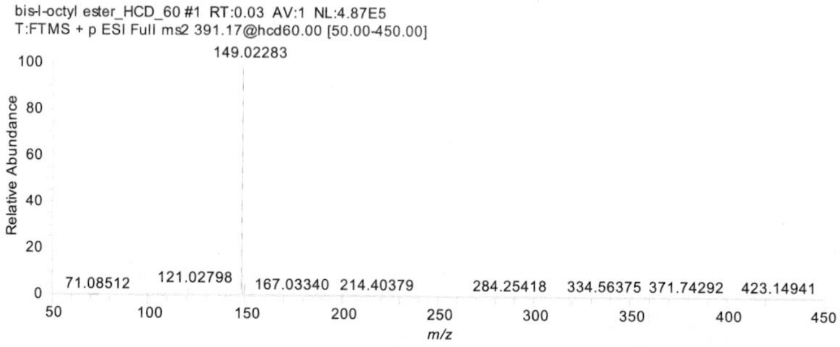bis-l-octyl ester_HCD_60 #1 RT:0.03 AV:1 NL:4.87E5
T:FTMS + p ESI Full ms2 391.17@hcd60.00 [50.00-450.00]
Relative Abundance; m/z
149.02283; 71.08512; 121.02798; 167.03340; 214.40379; 284.25418; 334.56375; 371.74292; 423.14941</td></tr>
<tr><td rowspan="8">19</td><td>化合物英文名
Compound Name</td><td colspan="4">Diphenyl phthalate (DPhP)</td></tr>
<tr><td>化合物中文名
Chinese Name</td><td colspan="4">邻苯二甲酸二苯酯</td></tr>
<tr><td>CAS 号
CAS Number</td><td colspan="4">84-62-8</td></tr>
<tr><td>分子式
Molecular Formula</td><td colspan="4">$C_{20}H_{14}O_4$</td></tr>
<tr><td rowspan="2">一级母离子
Precursor</td><td>母离子组成
Assignment</td><td>$[M+H]^+$</td><td colspan="2">$C_{20}H_{15}O_4^+$</td></tr>
<tr><td>理论精确质量数
Theoretical m/z</td><td colspan="3">319.09649</td></tr>
<tr><td>一级质谱图
MS Spectrum</td><td colspan="4"> 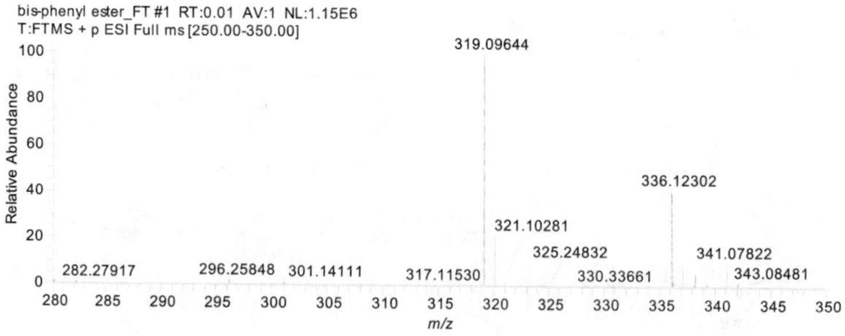bis-phenyl ester_FT #1 RT:0.01 AV:1 NL:1.15E6
T:FTMS + p ESI Full ms [250.00-350.00]
Relative Abundance; m/z
319.09644; 336.12302; 321.10281; 325.24832; 341.07822; 330.33661; 343.08481; 282.27917; 296.25848; 301.14111; 317.11530</td></tr>
<tr><td rowspan="2">CID 碰撞碎片
Fragments of CID</td><td>碎片组成
Assignment</td><td>$C_{14}H_9O_3^+$</td><td></td><td></td></tr>
<tr><td>理论精确质量数
Theoretical m/z</td><td>225.05462</td><td></td><td></td></tr>
</table>

表 3-2（续）

序号	禁限用化合物 Orbitrap 高分辨质谱谱库				
19	二级 CID 碰撞 高分辨质谱图 35%归一化能量 MS^2 Spectrum of CID _ 35%	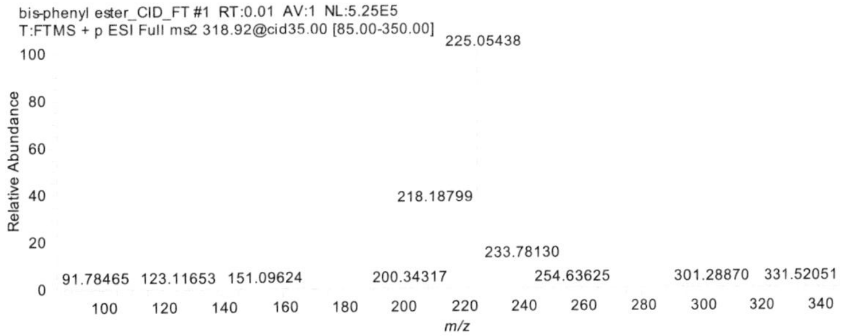 bis-phenyl ester_CID_FT #1 RT:0.01 AV:1 NL:5.25E5 T:FTMS + p ESI Full ms2 318.92@cid35.00 [85.00-350.00] 225.05438; 218.18799; 233.78130; 91.78465; 123.11653; 151.09624; 200.34317; 254.63625; 301.28870; 331.52051 Relative Abundance: 0, 20, 40, 60, 80, 100 m/z: 100, 120, 140, 160, 180, 200, 220, 240, 260, 280, 300, 320, 340			
	HCD 碰撞碎片 Fragments of HCD	碎片组成 Assignment	$C_6H_5^+$	$C_{12}H_9^+$	$C_{14}H_9O_3^+$
		理论精确质量数 Theoretical m/z	77.03858	153.06988	225.05462
	二级 HCD 碰撞 高分辨质谱图 20%能量 MS^2 Spectrum of HCD _ 20%	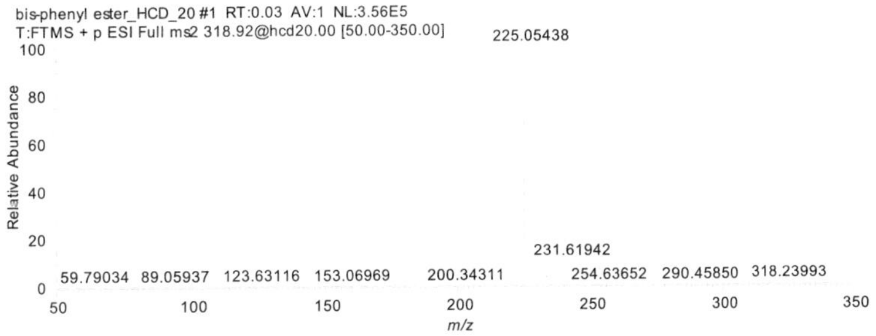 bis-phenyl ester_HCD_20 #1 RT:0.03 AV:1 NL:3.56E5 T:FTMS + p ESI Full ms2 318.92@hcd20.00 [50.00-350.00] 225.05438; 231.61942; 59.79034; 89.05937; 123.63116; 153.06969; 200.34311; 254.63652; 290.45850; 318.23993 Relative Abundance: 0, 20, 40, 60, 80, 100 m/z: 50, 100, 150, 200, 250, 300, 350			
	二级 HCD 碰撞 高分辨质谱图 40%能量 MS^2 Spectrum of HCD _ 40%	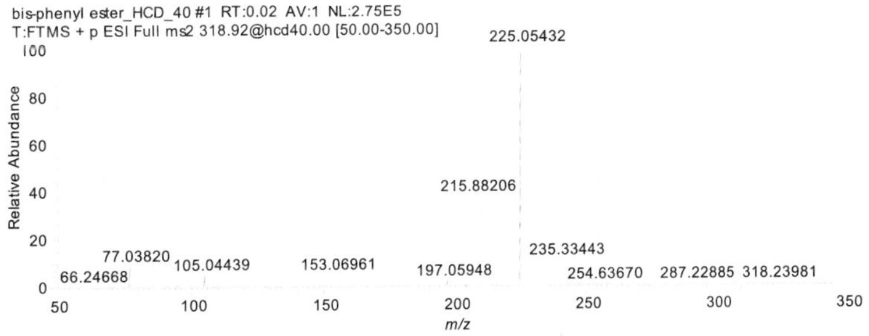 bis-phenyl ester_HCD_40 #1 RT:0.02 AV:1 NL:2.75E5 T:FTMS + p ESI Full ms2 318.92@hcd40.00 [50.00-350.00] 225.05432; 215.88206; 235.33443; 77.03820; 66.24668; 105.04439; 153.06961; 197.05948; 254.63670; 287.22885; 318.23981 Relative Abundance: 0, 20, 40, 60, 80, 100 m/z: 50, 100, 150, 200, 250, 300, 350			
	二级 HCD 碰撞 高分辨质谱图 60%能量 MS^2 Spectrum of HCD _ 60%	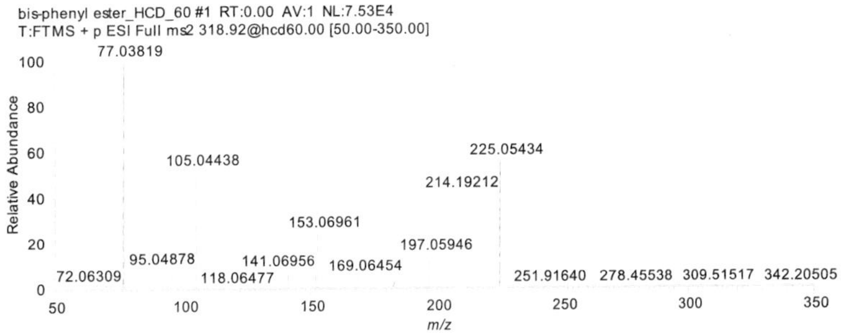 bis-phenyl ester_HCD_60 #1 RT:0.00 AV:1 NL:7.53E4 T:FTMS + p ESI Full ms2 318.92@hcd60.00 [50.00-350.00] 77.03819; 105.04438; 225.05434; 214.19212; 153.06961; 197.05946; 95.04878; 141.06956; 169.06454; 72.06309; 118.06477; 251.91640; 278.45538; 309.51517; 342.20505 Relative Abundance: 0, 20, 40, 60, 80, 100 m/z: 50, 100, 150, 200, 250, 300, 350			

表 3-2（续）

序号	禁限用化合物 Orbitrap 高分辨质谱谱库				
20	化合物英文名 Compound Name	Dipropyl phthalate（DPrP）			
	化合物中文名 Chinese Name	邻苯二甲酸二丙酯			
	CAS 号 CAS Number	131-16-8			
	分子式 Molecular Formula	$C_{14}H_{18}O_4$			
	一级母离子 Precursor	母离子组成 Assignment	$[M+H]^+$	$C_{14}H_{19}O_4^+$	
		理论精确质量数 Theoretical m/z	251.12779		
	一级质谱图 MS Spectrum	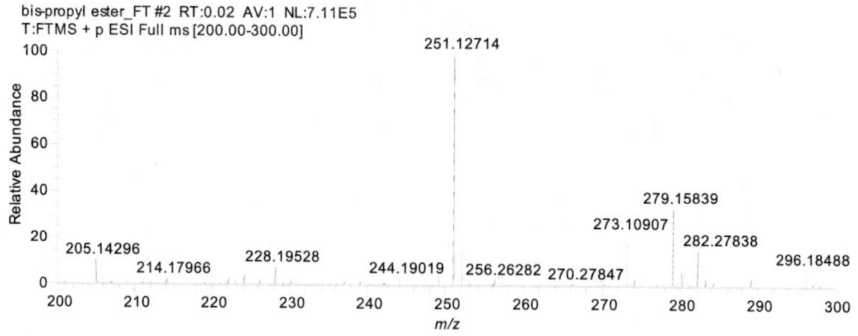 bis-propyl ester_FT #2 RT:0.02 AV:1 NL:7.11E5 T:FTMS + p ESI Full ms [200.00-300.00] 251.12714 279.15839 273.10907 282.27838 296.18488 205.14296 214.17966 228.19528 244.19019 256.26282 270.27847 Relative Abundance; m/z			
	CID 碰撞碎片 Fragments of CID	碎片组成 Assignment	$C_8H_5O_3^+$	$C_{11}H_{11}O_3^+$	
		理论精确质量数 Theoretical m/z	149.02332	191.07027	
	二级 CID 碰撞 高分辨质谱图 35%归一化能量 MS^2 Spectrum of CID_35%	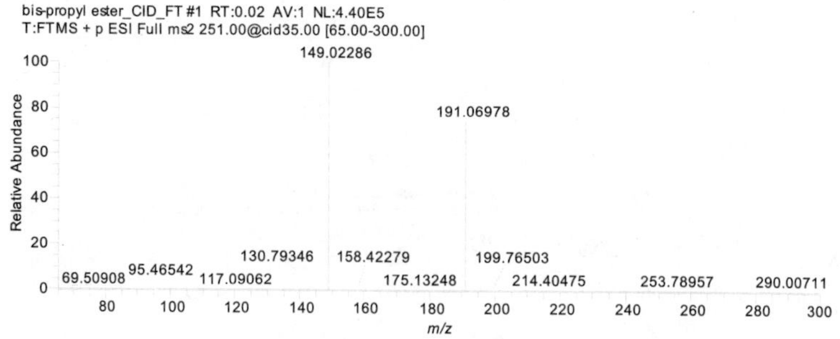 bis-propyl ester_CID_FT #1 RT:0.02 AV:1 NL:4.40E5 T:FTMS + p ESI Full ms2 251.00@cid35.00 [65.00-300.00] 149.02286 191.06978 69.50908 95.46542 117.09062 130.79346 158.42279 175.13248 199.76503 214.40475 253.78957 290.00711 Relative Abundance; m/z			
	HCD 碰撞碎片 Fragments of HCD	碎片组成 Assignment	$C_8H_5O_3^+$		
		理论精确质量数 Theoretical m/z	149.02332		

表 3-2（续）

序号	禁限用化合物 Orbitrap 高分辨质谱谱库			
20	二级 HCD 碰撞 高分辨质谱图 20%能量 MS² Spectrum of HCD _ 20%	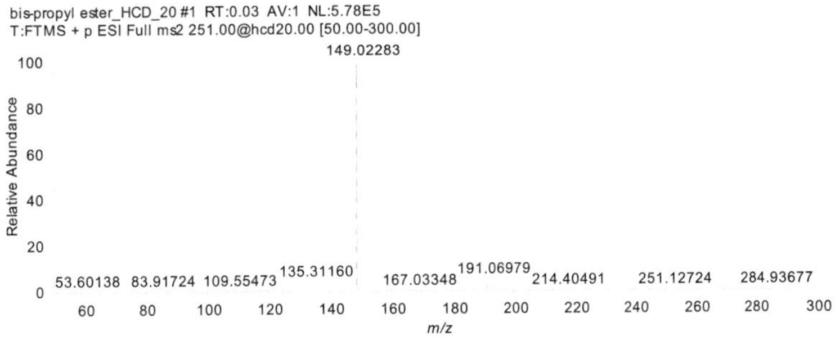 bis-propyl ester_HCD_20 #1 RT:0.03 AV:1 NL:5.78E5 T:FTMS + p ESI Full ms2 251.00@hcd20.00 [50.00-300.00] Relative Abundance; m/z 149.02283; 53.60138; 83.91724; 109.55473; 135.31160; 167.03348; 191.06979; 214.40491; 251.12724; 284.93677		
	二级 HCD 碰撞 高分辨质谱图 40%能量 MS² Spectrum of HCD _ 40%	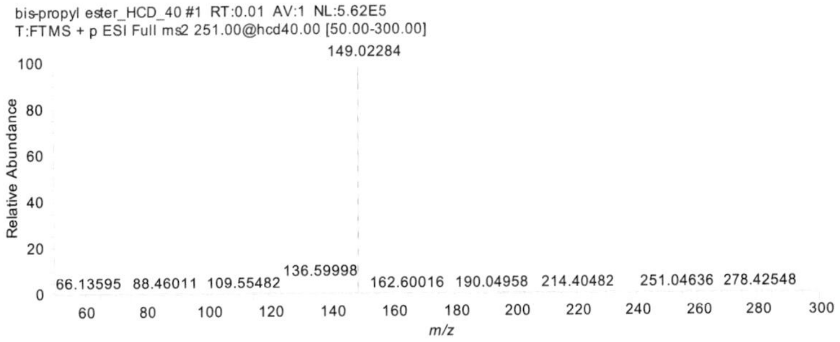 bis-propyl ester_HCD_40 #1 RT:0.01 AV:1 NL:5.62E5 T:FTMS + p ESI Full ms2 251.00@hcd40.00 [50.00-300.00] Relative Abundance; m/z 149.02284; 66.13595; 88.46011; 109.55482; 136.59998; 162.60016; 190.04958; 214.40482; 251.04636; 278.42548		
	二级 HCD 碰撞 高分辨质谱图 60%能量 MS² Spectrum of HCD _ 60%	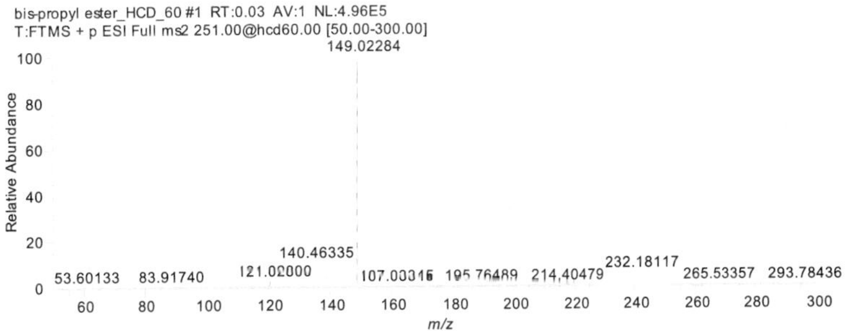 bis-propyl ester_HCD_60 #1 RT:0.03 AV:1 NL:4.96E5 T:FTMS + p ESI Full ms2 251.00@hcd60.00 [50.00-300.00] Relative Abundance; m/z 149.02284; 53.60133; 83.91740; 121.02000; 140.46335; 107.00316; 195.76489; 214.40479; 232.18117; 265.53357; 293.78436		
21	化合物英文名 Compound Name	Bis（tributyltin）oxide（TBTO）		
	化合物中文名 Chinese Name	三丁基氧化锡		
	CAS 号 CAS Number	56-35-9		
	分子式 Molecular Formula	$C_{24}H_{54}OSn_2$		
	一级母离子 Precursor	母离子组成 Assignment	[TBT]$^+$	$C_{12}H_{27}Sn^+$
		理论精确质量数 Theoretical m/z	291.11292	

表 3-2（续）

序号	禁限用化合物 Orbitrap 高分辨质谱谱库				
21	一级质谱图 MS Spectrum	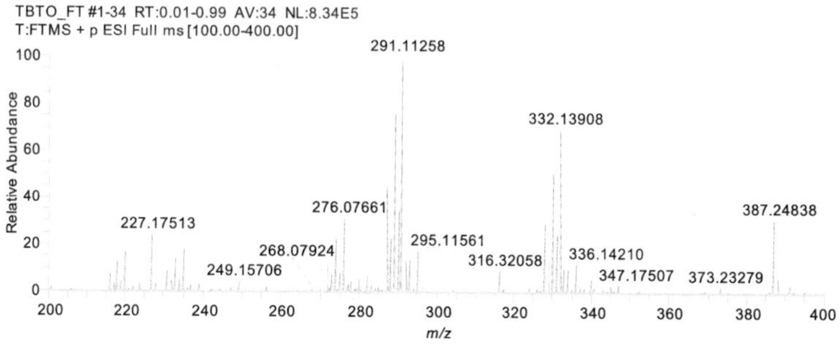 TBTO_FT #1-34 RT:0.01-0.99 AV:34 NL:8.34E5 T:FTMS + p ESI Full ms [100.00-400.00] 291.11258; 332.13908; 276.07661; 387.24838; 227.17513; 295.11561; 268.07924; 336.14210; 316.32058; 249.15706; 347.17507; 373.23279 Relative Abundance; m/z			
	CID 碰撞碎片 Fragments of CID	碎片组成 Assignment	$C_4H_{11}Sn^+$	$C_8H_{19}Sn^+$	
		理论精确质量数 Theoretical *m/z*	178.98772	235.05032	
	二级 CID 碰撞 高分辨质谱图 35%归一化能量 MS² Spectrum of CID _ 35%	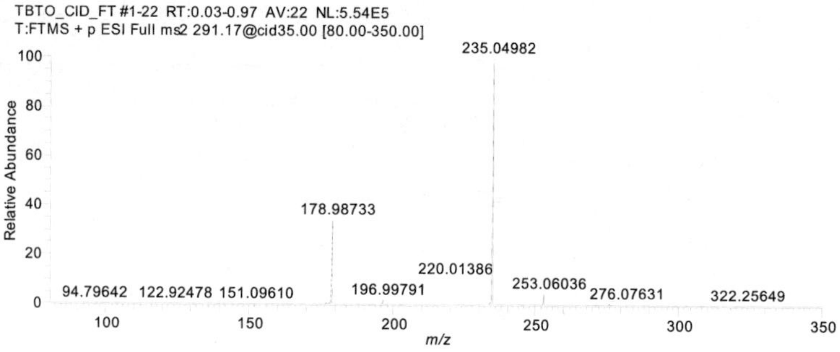 TBTO_CID_FT #1-22 RT:0.03-0.97 AV:22 NL:5.54E5 T:FTMS + p ESI Full ms2 291.17@cid35.00 [80.00-350.00] 235.04982; 178.98733; 220.01386; 94.79642; 122.92478; 151.09610; 196.99791; 253.06036; 276.07631; 322.25649 Relative Abundance; m/z			
	HCD 碰撞碎片 Fragments of HCD	碎片组成 Assignment	H_3Sn^+	$C_4H_{11}Sn^+$	$C_8H_{19}Sn^+$
		理论精确质量数 Theoretical *m/z*	122.92512	178.98772	235.05032
	二级 HCD 碰撞 高分辨质谱图 20%能量 MS² Spectrum of HCD _ 20%	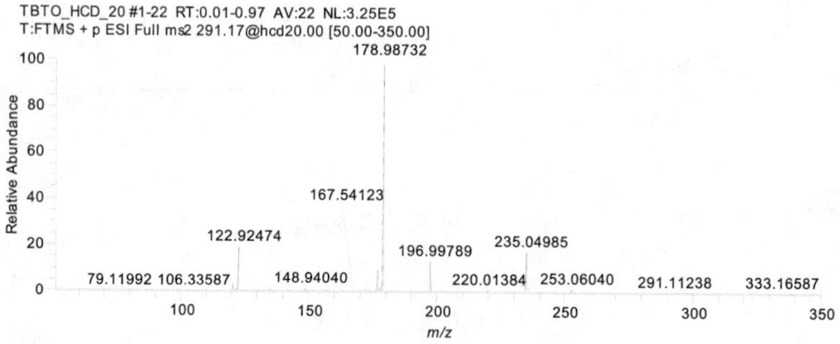 TBTO_HCD_20 #1-22 RT:0.01-0.97 AV:22 NL:3.25E5 T:FTMS + p ESI Full ms2 291.17@hcd20.00 [50.00-350.00] 178.98732; 167.54123; 122.92474; 196.99789; 235.04985; 79.11992; 106.33587; 148.94040; 220.01384; 253.06040; 291.11238; 333.16587 Relative Abundance; m/z			

表 3-2（续）

<table>
<tr><th>序号</th><th colspan="4">禁限用化合物 Orbitrap 高分辨质谱谱库</th></tr>
<tr><td rowspan="2">21</td><td>二级 HCD 碰撞
高分辨质谱图
40%能量

MS^2 Spectrum of
HCD _ 40%</td><td colspan="3"> 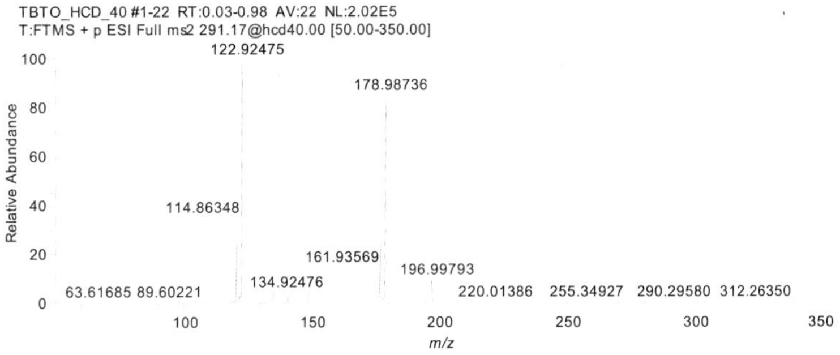TBTO_HCD_40 #1-22 RT:0.03-0.98 AV:22 NL:2.02E5
T:FTMS + p ESI Full ms2 291.17@hcd40.00 [50.00-350.00]
122.92475
178.98736
114.86348
161.93569
196.99793
134.92476
63.61685 89.60221
220.01386 255.34927 290.29580 312.26350
Relative Abundance: 0 20 40 60 80 100
100 150 200 250 300 350
m/z</td></tr>
<tr><td>二级 HCD 碰撞
高分辨质谱图
60%能量

MS^2 Spectrum of
HCD _ 60%</td><td colspan="3"> 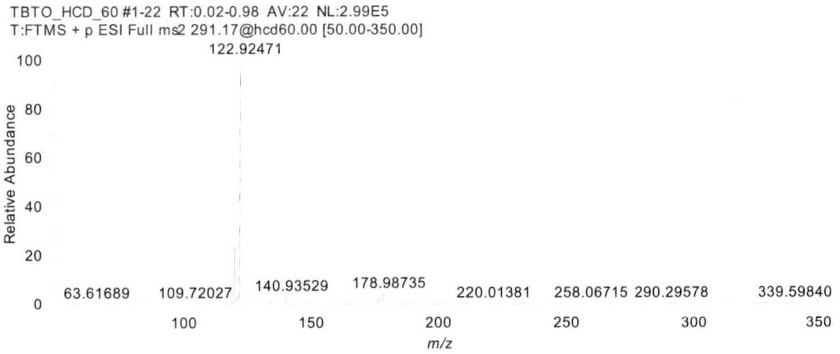TBTO_HCD_60 #1-22 RT:0.02-0.98 AV:22 NL:2.99E5
T:FTMS + p ESI Full ms2 291.17@hcd60.00 [50.00-350.00]
122.92471
63.61689 109.72027 140.93529 178.98735 220.01381 258.06715 290.29578 339.59840
Relative Abundance: 0 20 40 60 80 100
100 150 200 250 300 350
m/z</td></tr>
<tr><td rowspan="7">22</td><td>化合物英文名
Compound Name</td><td colspan="3">Pentadecafluorooctanoic acid（PFOA）</td></tr>
<tr><td>化合物中文名
Chinese Name</td><td colspan="3">全氟辛酸</td></tr>
<tr><td>CAS 号
CAS Number</td><td colspan="3">335-67-1</td></tr>
<tr><td>分子式
Molecular Formula</td><td colspan="3">$C_8HF_{15}O_2$</td></tr>
<tr><td rowspan="2">一级母离子
Precursor</td><td>母离子组成
Assignment</td><td>$[M-H]^-$</td><td>$C_8F_{15}O_2^-$</td></tr>
<tr><td>理论精确质量数
Theoretical m/z</td><td colspan="2">412.96643</td></tr>
<tr><td>一级质谱图
MS Spectrum</td><td colspan="3"> 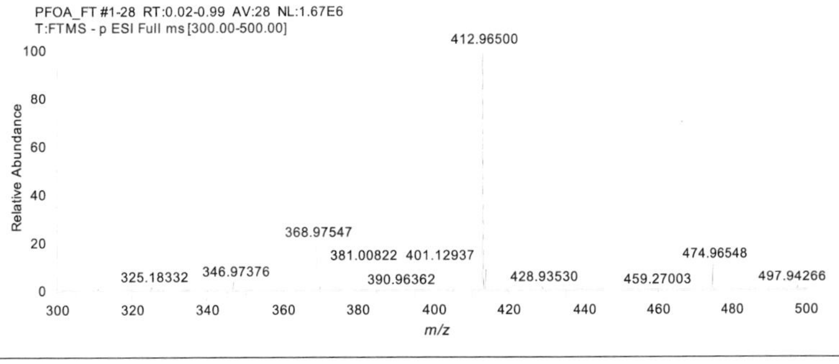PFOA_FT #1-28 RT:0.02-0.99 AV:28 NL:1.67E6
T:FTMS - p ESI Full ms [300.00-500.00]
412.96500
368.97547
381.00822 401.12937
474.96548
325.18332 346.97376 390.96362 428.93530 459.27003 497.94266
Relative Abundance: 0 20 40 60 80 100
300 320 340 360 380 400 420 440 460 480 500
m/z</td></tr>
</table>

表 3-2（续）

<table>
<tr><th>序号</th><th colspan="5">禁限用化合物 Orbitrap 高分辨质谱谱库</th></tr>
<tr><td rowspan="8">22</td><td rowspan="2">CID 碰撞碎片
Fragments of CID</td><td>碎片组成
Assignment</td><td>$C_7F_{15}^-$</td><td></td><td></td></tr>
<tr><td>理论精确质量数
Theoretical m/z</td><td>368.97660</td><td></td><td></td></tr>
<tr><td>二级 CID 碰撞
高分辨质谱图
35%归一化能量

MS² Spectrum of
CID _ 35%</td><td colspan="4">PFOA_CID_FT #1-23 RT:0.01-1.00 AV:23 NL:1.10E6
T:FTMS - p ESI Full ms2 413.00@cid35.00 [110.00-450.00]
368.97552; 378.44068; 142.61393; 168.98925; 218.98593; 249.13446; 291.68508; 346.97426; 411.14188</td></tr>
<tr><td rowspan="2">HCD 碰撞碎片
Fragments of HCD</td><td>碎片组成
Assignment</td><td>$C_3F_7^-$</td><td>$C_4F_9^-$</td><td>$C_7F_{15}^-$</td></tr>
<tr><td>理论精确质量数
Theoretical m/z</td><td>168.98937</td><td>218.98618</td><td>368.97660</td></tr>
<tr><td>二级 HCD 碰撞
高分辨质谱图
20%能量

MS² Spectrum of
HCD _ 20%</td><td colspan="4">PFOA_HCD_20 #1-22 RT:0.01-0.96 AV:22 NL:1.94E5
T:FTMS - p ESI Full ms2 413.00@hcd20.00 [50.00-450.00]
368.97560; 412.96538; 97.51047; 168.98920; 218.98585; 247.87202; 299.32320; 346.97406; 387.33085; 437.55488</td></tr>
<tr><td>二级 HCD 碰撞
高分辨质谱图
40%能量

MS² Spectrum of
HCD _ 40%</td><td colspan="4">PFOA_HCD_40 #1-22 RT:0.03-0.98 AV:22 NL:1.51E5
T:FTMS - p ESI Full ms2 413.00@hcd40.00 [50.00-450.00]
368.97551; 168.98915; 218.98579; 159.20778; 236.01593; 339.26190; 384.05255; 60.10634; 118.99259; 196.98401; 266.99729; 298.83461; 412.96531</td></tr>
</table>

表 3-2（续）

序号	禁限用化合物 Orbitrap 高分辨质谱谱库				
22	二级 HCD 碰撞高分辨质谱图 60%能量 MS^2 Spectrum of HCD_60%	PFOA_HCD_60 #1-22 RT:0.03-0.98 AV:22 NL:1.98E5 T:FTMS - p ESI Full ms2 413.00@hcd60.00 [50.00-450.00] 168.98915; 151.18716; 118.99259; 77.95695; 218.98579; 233.58920; 196.98403; 270.39215; 317.64664; 368.97561; 404.57497 Relative Abundance; m/z			
23	化合物英文名 Compound Name	Ammonium pentadecafluorooctanoate (APFO)			
	化合物中文名 Chinese Name	全氟辛酸铵			
	CAS 号 CAS Number	3825-26-1			
	分子式 Molecular Formula	$C_8H_4F_{15}NO_2$			
	一级母离子 Precursor	母离子组成 Assignment	$[M-NH_4]^-$	$C_8F_{15}O_2^-$	
		理论精确质量数 Theoretical m/z	412.96643		
	一级质谱图 MS Spectrum	PFOA_FT #1-28 RT:0.02-0.99 AV:28 NL:1.67E6 T:FTMS - p ESI Full ms [300.00-500.00] 412.96500; 368.97547; 381.00822; 401.12937; 390.96362; 325.18332; 346.97376; 428.93530; 459.27003; 474.96548; 497.94266 Relative Abundance; m/z			
	CID 碰撞碎片 Fragments of CID	碎片组成 Assignment	$C_7F_{15}^-$		
		理论精确质量数 Theoretical m/z	368.97660		

表 3-2（续）

<table>
<tr><th>序号</th><th colspan="4">禁限用化合物 Orbitrap 高分辨质谱谱库</th></tr>
<tr><td rowspan="6">23</td><td>二级 CID 碰撞
高分辨质谱图
35%归一化能量

MS² Spectrum of
CID _ 35%</td><td colspan="4"> 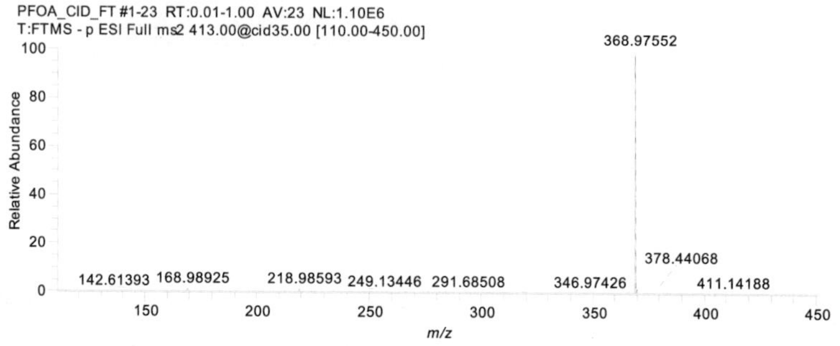PFOA_CID_FT #1-23 RT:0.01-1.00 AV:23 NL:1.10E6
T:FTMS - p ESI Full ms2 413.00@cid35.00 [110.00-450.00]
368.97552; 378.44068; 142.61393; 168.98925; 218.98593; 249.13446; 291.68508; 346.97426; 411.14188</td></tr>
<tr><td rowspan="2">HCD 碰撞碎片
Fragments of HCD</td><td>碎片组成
Assignment</td><td>$C_3F_7^-$</td><td>$C_4F_9^-$</td><td>$C_7F_{15}^-$</td></tr>
<tr><td>理论精确质量数
Theoretical m/z</td><td>168.98937</td><td>218.98618</td><td>368.97660</td></tr>
<tr><td>二级 HCD 碰撞
高分辨质谱图
20%能量

MS² Spectrum of
HCD _ 20%</td><td colspan="4"> 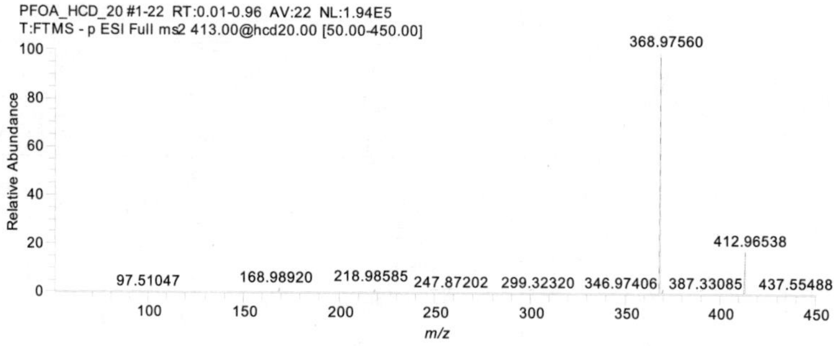PFOA_HCD_20 #1-22 RT:0.01-0.96 AV:22 NL:1.94E5
T:FTMS - p ESI Full ms2 413.00@hcd20.00 [50.00-450.00]
368.97560; 412.96538; 97.51047; 168.98920; 218.98585; 247.87202; 299.32320; 346.97406; 387.33085; 437.55488</td></tr>
<tr><td>二级 HCD 碰撞
高分辨质谱图
40%能量

MS² Spectrum of
HCD _ 40%</td><td colspan="4"> 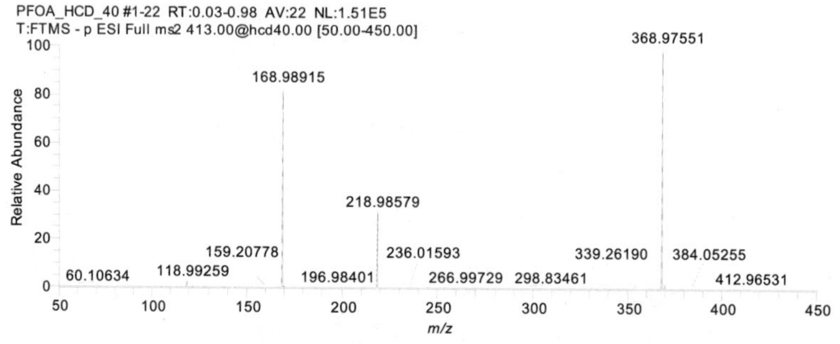PFOA_HCD_40 #1-22 RT:0.03-0.98 AV:22 NL:1.51E5
T:FTMS - p ESI Full ms2 413.00@hcd40.00 [50.00-450.00]
368.97551; 168.98915; 218.98579; 159.20778; 236.01593; 339.26190; 384.05255; 60.10634; 118.99259; 196.98401; 266.99729; 298.83461; 412.96531</td></tr>
<tr><td>二级 HCD 碰撞
高分辨质谱图
60%能量

MS² Spectrum of
HCD _ 60%</td><td colspan="4"> 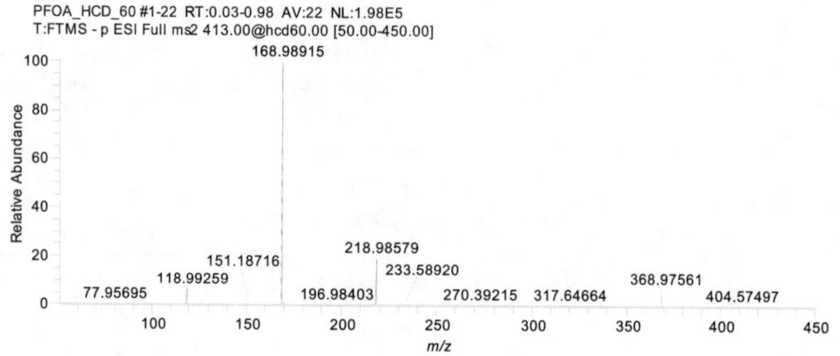PFOA_HCD_60 #1-22 RT:0.03-0.98 AV:22 NL:1.98E5
T:FTMS - p ESI Full ms2 413.00@hcd60.00 [50.00-450.00]
168.98915; 218.98579; 151.18716; 233.58920; 118.99259; 368.97561; 77.95695; 196.98403; 270.39215; 317.64664; 404.57497</td></tr>
</table>

表 3-2（续）

<table>
<tr><td>序号</td><td colspan="5">禁限用化合物 Orbitrap 高分辨质谱谱库</td></tr>
<tr><td rowspan="13">24</td><td>化合物英文名
Compound Name</td><td colspan="4">Henicosafluoroundecanoic acid</td></tr>
<tr><td>化合物中文名
Chinese Name</td><td colspan="4">全氟十一酸</td></tr>
<tr><td>CAS 号
CAS Number</td><td colspan="4">2058-94-8</td></tr>
<tr><td>分子式
Molecular Formula</td><td colspan="4">$C_{11}HF_{21}O_2$</td></tr>
<tr><td rowspan="2">一级母离子
Precursor</td><td>母离子组成
Assignment</td><td>[M-H]$^-$</td><td colspan="2">$C_{11}F_{21}O_2^-$</td></tr>
<tr><td>理论精确质量数
Theoretical m/z</td><td colspan="3">562.95684</td></tr>
<tr><td>一级质谱图
MS Spectrum</td><td colspan="4">Henicosafluorotetradecanoic acid_FT #1-28 RT:0.00-0.97 AV:28NL:1.77E6
T:FTMS - p ESI Full ms [450.00-650.00]
562.95578; 624.95619; 630.94310; 480.96979; 496.96474; 518.96646; 544.96623; 578.92606; 612.95297; 647.93332
Relative Abundance; m/z</td></tr>
<tr><td rowspan="2">CID 碰撞碎片
Fragments of CID</td><td>碎片组成
Assignment</td><td>$C_{10}F_{21}^-$</td><td></td><td></td></tr>
<tr><td>理论精确质量数
Theoretical m/z</td><td>518.96702</td><td></td><td></td></tr>
<tr><td>二级 CID 碰撞
高分辨质谱图
35%归一化能量

MS^2 Spectrum of
CID _ 35%</td><td colspan="4">Henicosafluorotetradecanoic acid_CID_FT #1-23 RT:0.01-1.00 AV:23 NL:8.51E5
T:FTMS - p ESI Full ms2 563.00@cid35.00 [155.00-600.00]
518.96577; 218.98600; 268.98261; 318.97924; 368.97597; 447.85631; 495.53107; 544.10258; 599.49583
Relative Abundance; m/z</td></tr>
<tr><td rowspan="2">HCD 碰撞碎片
Fragments of HCD</td><td>碎片组成
Assignment</td><td>$C_4F_9^-$</td><td>$C_5F_{11}^-$</td><td>$C_6F_{13}^-$</td></tr>
<tr><td>理论精确质量数
Theoretical m/z</td><td>218.98618</td><td>268.98299</td><td>318.97979</td></tr>
</table>

表 3-2（续）

序号	禁限用化合物 Orbitrap 高分辨质谱谱库			
24	二级 HCD 碰撞 高分辨质谱图 20%能量 MS² Spectrum of HCD _ 20%	Henicosafluorotetradecanoic acid_HCD_20 #1-22 RT:0.01-0.96 AV:22 NL:3.06E4 T:FTMS - p ESI Full ms2 563.00@hcd20.00 [50.00-600.00] 518.96611 562.95581 66.20701 168.98935 218.98604 268.98267 318.97935 368.97609 490.73320 Relative Abundance m/z		
	二级 HCD 碰撞 高分辨质谱图 40%能量 MS² Spectrum of HCD _ 40%	Henicosafluorotetradecanoic acid_HCD_40 #1-22 RT:0.01-0.96 AV:22 NL:4.23E4 T:FTMS - p ESI Full ms2 563.00@hcd40.00 [50.00-600.00] 268.98265 218.98603 318.97931 168.98934 156.26585 330.36468 518.96619 498.96854 118.99272 368.97603 437.08506 544.13585 Relative Abundance m/z		
	二级 HCD 碰撞 高分辨质谱图 60%能量 MS² Spectrum of HCD _ 60%	PFOA_HCD_60 #1-22 RT:0.03-0.98 AV:22 NL:1.98E5 T:FTMS - p ESI Full ms2 413.00@hcd60.00 [50.00-450.00] 168.98915 218.98579 151.18716 233.58920 118.99259 368.97561 77.95695 196.98403 270.39215 317.64664 404.57497 Relative Abundance m/z		
25	化合物英文名 Compound Name	Tricosafluorododecanoic acid		
	化合物中文名 Chinese Name	全氟十二酸		
	CAS 号 CAS Number	307-55-1		
	分子式 Molecular Formula	$C_{12}HF_{23}O_2$		
	一级母离子 Precursor	母离子组成 Assignment	$[M-H]^-$	$C_{12}F_{23}O_2^-$
		理论精确质量数 Theoretical m/z	612.95365	

表 3 - 2（续）

<table>
<tr><th>序号</th><th colspan="5">禁限用化合物 Orbitrap 高分辨质谱谱库</th></tr>
<tr><td rowspan="7">25</td><td>一级质谱图
MS Spectrum</td><td colspan="4">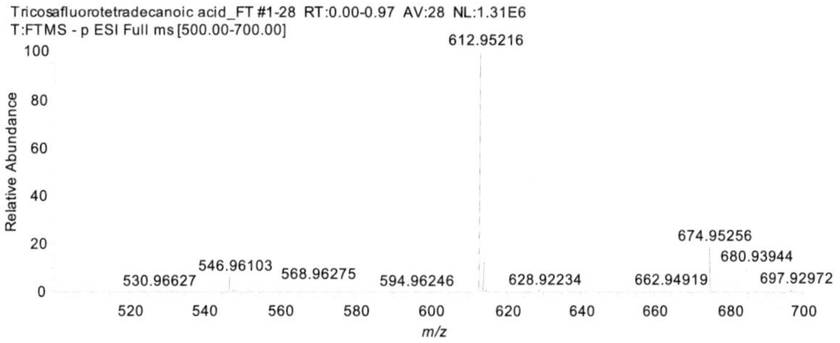
Tricosafluorotetradecanoic acid_FT #1-28 RT:0.00-0.97 AV:28 NL:1.31E6
T:FTMS - p ESI Full ms [500.00-700.00]
612.95216
674.95256
680.93944
530.96627
546.96103
568.96275
594.96246
628.92234
662.94919
697.92972
Relative Abundance
m/z</td></tr>
<tr><td rowspan="2">CID 碰撞碎片
Fragments of CID</td><td>碎片组成
Assignment</td><td>$C_{11}F_{23}^-$</td><td></td><td></td></tr>
<tr><td>理论精确质量数
Theoretical m/z</td><td>568. 96382</td><td></td><td></td></tr>
<tr><td>二级 CID 碰撞
高分辨质谱图
35%归一化能量

MS² Spectrum of
CID _ 35%</td><td colspan="4">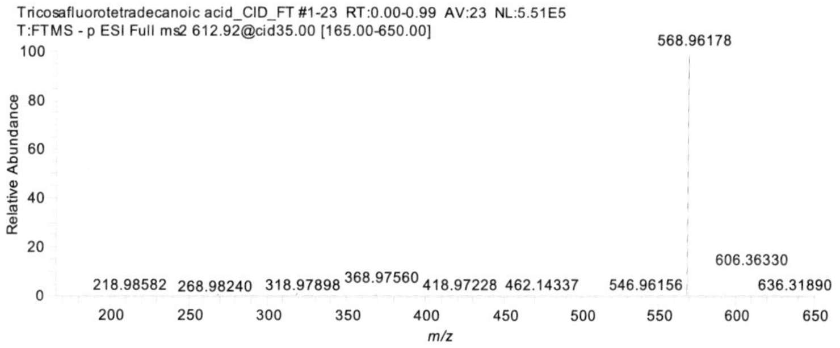
Tricosafluorotetradecanoic acid_CID_FT #1-23 RT:0.00-0.99 AV:23 NL:5.51E5
T:FTMS - p ESI Full ms2 612.92@cid35.00 [165.00-650.00]
568.96178
606.36330
218.98582
268.98240
318.97898
368.97560
418.97228
462.14337
546.96156
636.31890
Relative Abundance
m/z</td></tr>
<tr><td rowspan="2">HCD 碰撞碎片
Fragments of HCD</td><td>碎片组成
Assignment</td><td>$C_4F_9^-$</td><td>$C_5F_{11}^-$</td><td>$C_6F_{13}^-$</td></tr>
<tr><td>理论精确质量数
Theoretical m/z</td><td>218. 98618</td><td>268. 98299</td><td>318. 97979</td></tr>
<tr><td>二级 HCD 碰撞
高分辨质谱图
20%能量

MS² Spectrum of
HCD _ 20%</td><td colspan="4">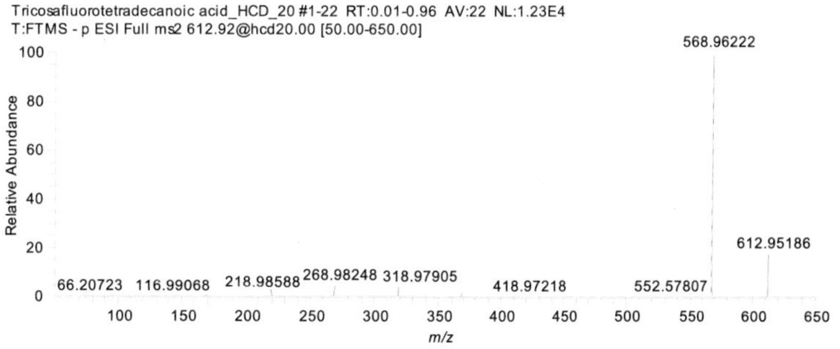
Tricosafluorotetradecanoic acid_HCD_20 #1-22 RT:0.01-0.96 AV:22 NL:1.23E4
T:FTMS - p ESI Full ms2 612.92@hcd20.00 [50.00-650.00]
568.96222
612.95186
66.20723
116.99068
218.98588
268.98248
318.97905
418.97218
552.57807
Relative Abundance
m/z</td></tr>
</table>

表 3-2（续）

序号	禁限用化合物 Orbitrap 高分辨质谱谱库			
25	二级 HCD 碰撞高分辨质谱图 40%能量 MS² Spectrum of HCD _ 40%	Tricosafluorotetradecanoic acid_HCD_40 #23 RT:1.00 AV:1 NL:1.71E4 T:FTMS - p ESI Full ms2 612.92@hcd40.00 [50.00-650.00] 268.98242 318.97900 218.98584 168.98920 368.97568 568.96216 582.76752 118.99261 418.97229 542.91748 648.83893 Relative Abundance 0 20 40 60 80 100 m/z 50 100 150 200 250 300 350 400 450 500 550 600 650		
	二级 HCD 碰撞高分辨质谱图 60%能量 MS² Spectrum of HCD _ 60%	Tricosafluorotetradecanoic acid_HCD_60 #1-22 RT:0.01-0.96 AV:22 NL:2.83E4 T:FTMS - p ESI Full ms2 612.92@hcd60.00 [50.00-650.00] 168.98919 218.98583 118.99261 268.98242 318.97903 70.32851 368.97572 418.13285 471.97617 552.60461 609.37806 Relative Abundance 0 20 40 60 80 100 m/z 100 150 200 250 300 350 400 450 500 550 600 650		
26	化合物英文名 Compound Name	Pentacosafluorotridecanoic acid		
	化合物中文名 Chinese Name	全氟十三酸		
	CAS 号 CAS Number	72629-94-8		
	分子式 Molecular Formula	$C_{13}HF_{25}O_2$		
	一级母离子 Precursor	母离子组成 Assignment	[M−H]⁻	$C_{13}F_{25}O_2^-$
		理论精确质量数 Theoretical m/z	662.95046	
	一级质谱图 MS Spectrum	Pentacosafluorotridecanoic acid_FT #1 RT:0.01 AV:1 NL:1.55E5 T:FTMS - p ESI Full ms [550.00-750.00] 662.94800 630.95801 658.95764 644.95746 668.95477 684.94958 704.93585 720.90582 730.93494 747.92517 Relative Abundance 0 20 40 60 80 100 m/z 620 630 640 650 660 670 680 690 700 710 720 730 740 750		

表 3－2（续）

序号	禁限用化合物 Orbitrap 高分辨质谱谱库				
26	CID 碰撞碎片 Fragments of CID	碎片组成 Assignment	$C_{12}F_{25}^-$		
		理论精确质量数 Theoretical m/z	618.96063		
	二级 CID 碰撞 高分辨质谱图 35%归一化能量 MS² Spectrum of CID＿35%	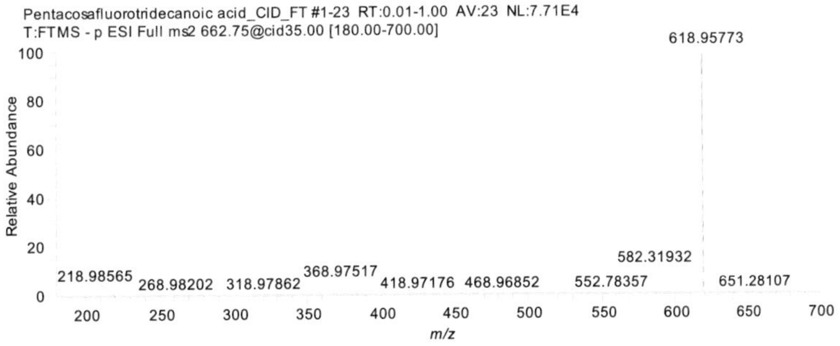 Pentacosafluorotridecanoic acid_CID_FT #1-23 RT:0.01-1.00 AV:23 NL:7.71E4 T:FTMS - p ESI Full ms2 662.75@cid35.00 [180.00-700.00] 618.95773; 218.98565; 268.98202; 318.97862; 368.97517; 418.97176; 468.96852; 552.78357; 582.31932; 651.28107 Relative Abundance; m/z			
	HCD 碰撞碎片 Fragments of HCD	碎片组成 Assignment	$C_3F_7^-$	$C_4F_9^-$	$C_5F_{11}^-$
		理论精确质量数 Theoretical m/z	168.98937	218.98618	268.98299
	二级 HCD 碰撞 高分辨质谱图 20%能量 MS² Spectrum of HCD＿20%	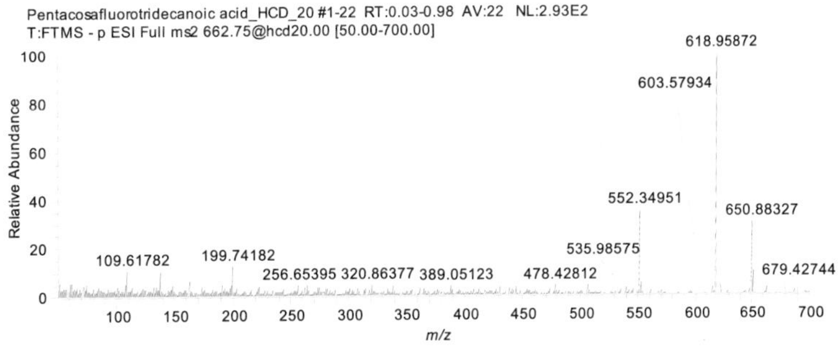 Pentacosafluorotridecanoic acid_HCD_20 #1-22 RT:0.03-0.98 AV:22 NL:2.93E2 T:FTMS - p ESI Full ms2 662.75@hcd20.00 [50.00-700.00] 618.95872; 603.57934; 552.34951; 650.88327; 535.98575; 109.61782; 199.74182; 256.65395; 320.86377; 389.05123; 478.42812; 679.42744 Relative Abundance; m/z			
	二级 HCD 碰撞 高分辨质谱图 40%能量 MS² Spectrum of HCD＿40%	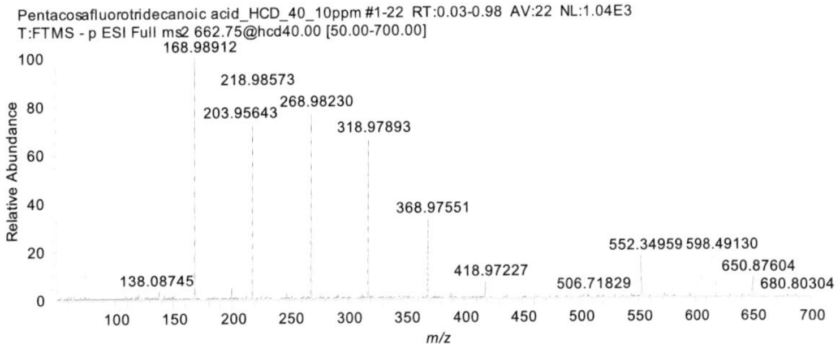 Pentacosafluorotridecanoic acid_HCD_40_10ppm #1-22 RT:0.03-0.98 AV:22 NL:1.04E3 T:FTMS - p ESI Full ms2 662.75@hcd40.00 [50.00-700.00] 168.98912; 218.98573; 203.95643; 268.98230; 318.97893; 368.97551; 552.34959; 598.49130; 418.97227; 650.87604; 138.08745; 506.71829; 680.80304 Relative Abundance; m/z			

表 3-2（续）

序号	禁限用化合物 Orbitrap 高分辨质谱谱库				
26	二级 HCD 碰撞高分辨质谱图 60%能量 MS² Spectrum of HCD _ 60%	Pentacosafluorotridecanoic acid_HCD_60_10ppm #1-22 RT:0.03-0.98 AV:22 NL:2.48E3 T:FTMS - p ESI Full ms2 662.75@hcd60.00 [50.00-700.00] 168.98912 218.98573 118.99255 268.98227 318.97881 66.20385 445.19281 552.34967 650.57366 Relative Abundance m/z			
27	化合物英文名 Compound Name	Heptacosafluorotetradecanoic acid			
	化合物中文名 Chinese Name	全氟十四酸			
	CAS 号 CAS Number	376-06-7			
	分子式 Molecular Formula	$C_{14}HF_{27}O_2$			
	一级母离子 Precursor	母离子组成 Assignment	[M−H]⁻	$C_{14}F_{27}O_2^-$	
		理论精确质量数 Theoretical *m/z*	712.94726		
	一级质谱图 MS Spectrum	Heptacosafluorotetradecanoic_FT #1-28 RT:0.02-0.99 AV:28 NL:1.33E6 T:FTMS - p ESI Full ms [600.00-800.00] 712.94544 774.94594 718.95221 780.93272 646.95437 630.95955 674.94945 694.95596 736.94898 762.94256 797.92296 Relative Abundance m/z			
	CID 碰撞碎片 Fragments of CID	碎片组成 Assignment	$C_{13}F_{27}^-$		
		理论精确质量数 Theoretical *m/z*	668.95744		

表 3-2（续）

序号	禁限用化合物 Orbitrap 高分辨质谱谱库				
27	二级 CID 碰撞高分辨质谱图 35%归一化能量 MS² Spectrum of CID _ 35%	Heptacosafluorotetradecanoic_CID_FT #1-22 RT:0.02-0.96 AV:22 NL:1.98E5 T:FTMS - p ESI Full ms2 712.83@cid35.00 [195.00-750.00] 668.95417; 268.98217; 318.97868; 368.97527; 418.97185; 468.96855; 518.96520; 649.43076; 711.62028 Relative Abundance; m/z			
	HCD 碰撞碎片 Fragments of HCD	碎片组成 Assignment	$C_3F_7^-$	$C_4F_9^-$	$C_5F_{11}^-$
		理论精确质量数 Theoretical *m/z*	168.98937	218.98618	268.98299
	二级 HCD 碰撞高分辨质谱图 20%能量 MS² Spectrum of HCD _ 20%	Heptacosafluorotetradecanoic_HCD_20 #1-22 RT:0.02-0.97 AV:22 NL:1.27E3 T:FTMS - p ESI Full ms2 712.83@hcd20.00 [50.00-750.00] 668.95517; 649.06011; 712.94479; 66.20718; 218.98586; 268.98235; 368.97551; 434.71548; 552.56867; 603.04618 Relative Abundance; m/z			
	二级 HCD 碰撞高分辨质谱图 40%能量 MS² Spectrum of HCD _ 40%	Heptacosafluorotetradecanoic_HCD_40 #1-22 RT:0.03-0.98 AV:22 NL:3.70E3 T:FTMS - p ESI Full ms2 712.83@hcd40.00 [50.00-750.00] 168.98917; 218.98580; 268.98238; 318.97897; 368.97560; 418.97221; 118.99259; 468.96902; 552.35137; 648.81228; 668.95509; 730.48415 Relative Abundance; m/z			
	二级 HCD 碰撞高分辨质谱图 60%能量 MS² Spectrum of HCD _ 60%	Heptacosafluorotetradecanoic_HCD_60 #1-22 RT:0.03-0.98 AV:22 NL:6.92E3 T:FTMS - p ESI Full ms2 712.83@hcd60.00 [50.00-750.00] 168.98917; 218.98580; 118.99259; 268.98237; 93.69978; 318.97897; 368.97575; 497.81007; 552.35100; 660.45572; 742.19826 Relative Abundance; m/z			

表 3-2（续）

序号	禁限用化合物 Orbitrap 高分辨质谱谱库				
28	化合物英文名 Compound Name	Perfluorooctane sulfonic acid potassium salt (PFOS)			
	化合物中文名 Chinese Name	全氟辛烷磺酸钾盐			
	CAS 号 CAS Number	2795-39-3			
	分子式 Molecular Formula	$C_8F_{17}SO_3 \cdot K$			
	一级母离子 Precursor	母离子组成 Assignment	$[M-K]^-$	$C_8F_{17}SO_3^-$	
		理论精确质量数 Theoretical m/z	498.93022		
	一级质谱图 MS Spectrum	PFOS_FT #1 RT:0.02 AV:1 NL:1.22E7 T:FTMS - p ESI Full ms [400.00-600.00] 498.93069 412.96704 448.93414 468.97949 482.93658 514.90106 548.92773 583.90851 Relative Abundance m/z			
	CID 碰撞碎片 Fragments of CID	碎片组成 Assignment	$C_3O_3F_6S^-$	$C_4O_3F_8S^-$	$C_5O_3F_{10}S^-$
		理论精确质量数 Theoretical m/z	229.94778	279.94459	329.94139
	二级 CID 碰撞 高分辨质谱图 35%归一化能量 MS^2 Spectrum of CID _ 35%	PFOS_CID_FT #1 RT:0.02 AV:1 NL:2.57E5 T:FTMS - p ESI Full ms2 499.08@cid35.00 [135.00-550.00] 498.93051 279.94473 229.94800 329.94153 168.98964 418.97363 218.98643 268.98318 318.97998 379.93839 368.97687 429.93536 489.16031 508.44290 Relative Abundance m/z			
	HCD 碰撞碎片 Fragments of HCD	碎片组成 Assignment	SO_3^-	FSO_3^-	$CF_2SO_3^-$
		理论精确质量数 Theoretical m/z	79.95736	98.95577	129.95417

表 3-2（续）

序号	禁限用化合物 Orbitrap 高分辨质谱谱库	
28	二级 HCD 碰撞高分辨质谱图 20%能量 MS² Spectrum of HCD _ 20%	PFOS_HCD_20 #1 RT:0.02 AV:1 NL:8.45E5 T:FTMS - p ESI Full ms2 499.08@hcd20.00 [50.00-550.00] 498.93066 464.07028 61.14299 109.63634 201.20306 267.13647 328.40582 361.64639 429.97327 530.01794 Relative Abundance m/z
	二级 HCD 碰撞高分辨质谱图 40%能量 MS² Spectrum of HCD _ 40%	PFOS_HCD_40 #1 RT:0.01 AV:1 NL:9.41E5 T:FTMS - p ESI Full ms2 499.08@hcd40.00 [50.00-550.00] 498.93063 469.75629 61.14205 162.12352 201.20688 281.38333 337.14868 398.07288 430.37180 509.56183 Relative Abundance m/z
	二级 HCD 碰撞高分辨质谱图 60%能量 MS² Spectrum of HCD _ 60%	PFOS_HCD_60 #1 RT:0.02 AV:1 NL:7.70E5 T:FTMS - p ESI Full ms2 499.08@hcd60.00 [50.00-550.00] 498.93085 98.95616 168.98973 218.98651 279.94492 329.94174 418.97406 455.68469 509.56177 Relative Abundance m/z
	二级 HCD 碰撞高分辨质谱图 94%能量 MS² Spectrum of HCD _ 94%	PFOS_HCD_94 #1 RT:0.01 AV:1 NL:1.39E6 T:FTMS - p ESI Full ms2 499.08@hcd94.00 [50.00-550.00] 79.95776 98.95617 129.95454 168.98973 229.94812 179.95139 279.94495 329.94177 411.62030 453.64606 498.93088 528.54205 Relative Abundance m/z
29	化合物英文名 Compound Name	Tris (2-chloroethyl) phosphate (TCEP)
	化合物中文名 Chinese Name	三（2-氯乙基）磷酸酯
	CAS 号 CAS Number	115-96-8

表 3－2（续）

序号	禁限用化合物 Orbitrap 高分辨质谱谱库				
29	分子式 Molecular Formula	$C_6H_{12}Cl_3O_4P$			
	一级母离子 Precursor	母离子组成 Assignment	[M+H]$^+$	$C_6H_{13}Cl_3O_4P^+$	
		理论精确质量数 Theoretical m/z	284.96115		
	一级质谱图 MS Spectrum	TCEP_FT #1-28 RT:0.01-0.96 AV:28 NL:2.26E5 T:FTMS + p ESI Full ms [150.00-400.00] 284.96068; 338.34119; 391.28362; 182.98484; 167.01252; 227.17498; 279.15868; 301.98722; 267.17977; 328.98689; 358.36730; 207.15871; 249.15691 Relative Abundance; m/z			
	CID 碰撞碎片 Fragments of CID	碎片组成 Assignment	$C_4H_{10}O_4Cl_2P^+$	$C_2H_6O_4P^+$	$C_4H_9O_4ClP^+$
		理论精确质量数 Theoretical m/z	222.96883	124.99982	186.99215
	二级 CID 碰撞 高分辨质谱图 35%归一化能量 MS^2 Spectrum of CID _ 35%	TCEP_CID_FT #1-27 RT:0.01-0.96 AV:27 NL:2.13E5 T:FTMS + p ESI Full ms2 285.08@cid35.00 [75.00-350.00] 222.96826; 229.10413; 124.99938; 160.97605; 186.99169; 98.98376; 151.01502; 209.16431; 248.98389; 276.23501; 324.45453; 343.30594 Relative Abundance; m/z			
	HCD 碰撞碎片 Fragments of HCD	碎片组成 Assignment	$H_4O_4P^+$	$C_2H_6O_4P^+$	$C_2H_7O_4ClP^+$
		理论精确质量数 Theoretical m/z	98.98417	124.99982	160.97650
	二级 HCD 碰撞 高分辨质谱图 20%能量 MS^2 Spectrum of HCD _ 20%	TCEP_HCD_20 #1-27 RT:0.01-0.97 AV:27 NL:1.43E5 T:FTMS + p ESI Full ms2 285.08@hcd20.00 [50.00-350.00] 284.96034; 222.96819; 62.99921; 98.98370; 124.99932; 160.97598; 186.99161; 248.98379; 276.08070; 293.37841; 327.07364 Relative Abundance; m/z			

表 3-2（续）

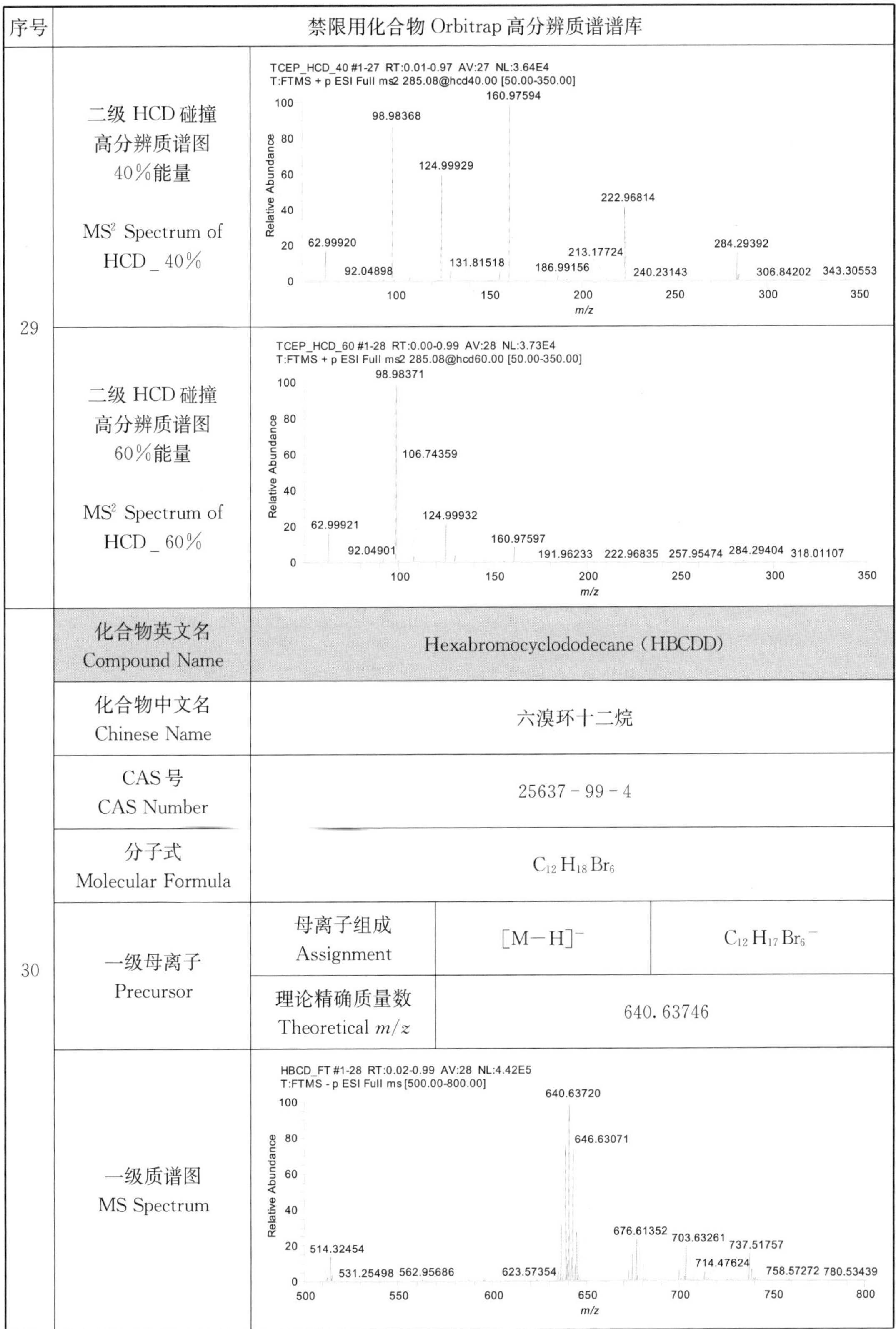

序号	禁限用化合物 Orbitrap 高分辨质谱谱库			
29	二级 HCD 碰撞高分辨质谱图 40%能量 MS² Spectrum of HCD _ 40%	(spectrum)		
	二级 HCD 碰撞高分辨质谱图 60%能量 MS² Spectrum of HCD _ 60%	(spectrum)		
30	化合物英文名 Compound Name	Hexabromocyclododecane（HBCDD）		
	化合物中文名 Chinese Name	六溴环十二烷		
	CAS 号 CAS Number	25637-99-4		
	分子式 Molecular Formula	$C_{12}H_{18}Br_6$		
	一级母离子 Precursor	母离子组成 Assignment	[M−H]⁻	$C_{12}H_{17}Br_6^-$
		理论精确质量数 Theoretical m/z	640.63746	
	一级质谱图 MS Spectrum	(spectrum)		

表 3-2（续）

<table>
<tr><td>序号</td><td colspan="5">禁限用化合物 Orbitrap 高分辨质谱谱库</td></tr>
<tr><td rowspan="8">30</td><td rowspan="2">CID 碰撞碎片
Fragments of CID</td><td>碎片组成
Assignment</td><td></td><td></td><td></td></tr>
<tr><td>理论精确质量数
Theoretical m/z</td><td></td><td></td><td></td></tr>
<tr><td>二级 CID 碰撞
高分辨质谱图
35%归一化能量

MS² Spectrum of
CID _ 35%</td><td colspan="4">六溴环十二烷（HBCDD）在 CID 模式下无碎片</td></tr>
<tr><td rowspan="2">HCD 碰撞碎片
Fragments of HCD</td><td>碎片组成
Assignment</td><td>$^{79}Br^{-}$</td><td>$^{81}Br^{-}$</td><td></td></tr>
<tr><td>理论精确质量数
Theoretical m/z</td><td>78.91889</td><td>80.91684</td><td></td></tr>
<tr><td>二级 HCD 碰撞
高分辨质谱图
20%能量

MS² Spectrum of
HCD _ 20%</td><td colspan="4">HBCD_HCD_20 #1-22 RT:0.03-0.98 AV:22 NL:1.24E4
T:FTMS - p ESI Full ms2 640.75@hcd20.00 [50.00-750.00]
80.91711
112.54660 223.90410 278.55842 343.12939 480.34702 551.83234 640.63608 743.55850
Relative Abundance (0–100); m/z (100–700)</td></tr>
<tr><td>二级 HCD 碰撞
高分辨质谱图
40%能量

MS² Spectrum of
HCD _ 40%</td><td colspan="4">HBCD_HCD_40 #1-23 RT:0.00-1.00 AV:23 NL:1.36E4
T:FTMS - p ESI Full ms2 640.75@hcd40.00 [50.00-750.00]
80.91715
96.35376 224.41678 306.58532 429.33445 556.04298 673.84696
Relative Abundance (0–100); m/z (100–700)</td></tr>
</table>

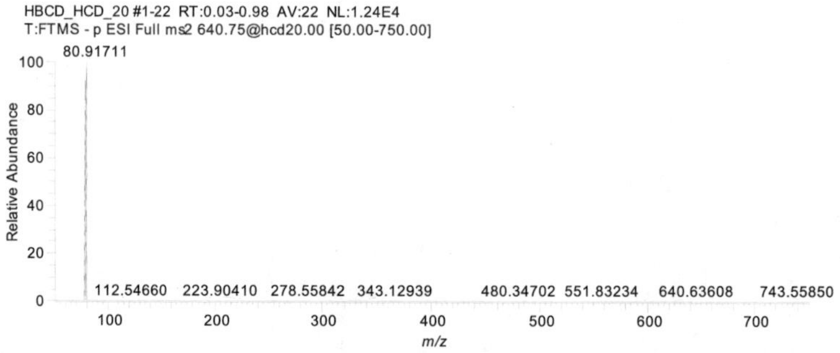

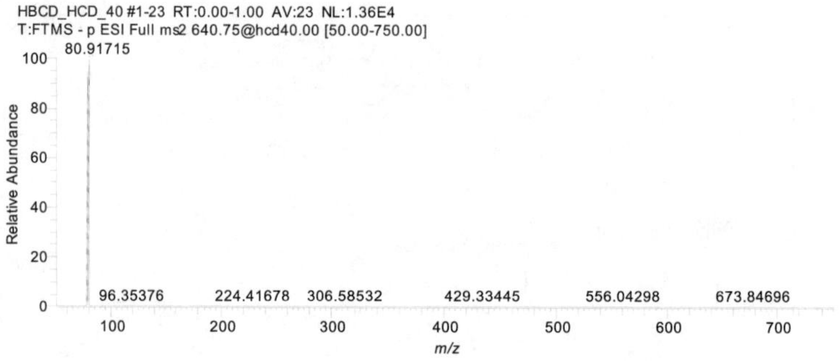

表 3 - 2（续）

序号	禁限用化合物 Orbitrap 高分辨质谱谱库			
30	二级 HCD 碰撞高分辨质谱图 60%能量 MS^2 Spectrum of HCD _ 60%	HBCD_HCD_60 #1-22 RT:0.03-0.98 AV:22 NL:1.29E4 T:FTMS - p ESI Full ms2 640.75@hcd60.00 [50.00-750.00] 80.91710 136.66713 221.33881 349.52175 448.63967 522.42096 648.60317 721.90646		
31	化合物英文名 Compound Name	C. I. Acid Red 26		
	化合物中文名 Chinese Name	酸性红 26		
	CAS 号 CAS Number	3761 - 53 - 3		
	分子式 Molecular Formula	$C_{18}H_{14}N_2O_7S_2 \cdot 2Na$		
	一级母离子 Precursor	母离子组成 Assignment	$[M-2Na]^{2-}$	$C_{18}H_{14}N_2O_7S_2^{2-}$
		理论精确质量数 Theoretical m/z	217.01267	
	一级质谱图 MS Spectrum	Acid Red 26 FT MS #1 RT:0.01 AV:1 NL:1.35E5 T:FTMS - p ESI Full ms [100.00-500.00] 217.01286 224.02069 208.00023 190.92862 228.96031 242.17624 256.95517 274.04694 297.95676		
	CID 碰撞碎片 Fragments of CID	碎片组成 Assignment	$C_{10}H_5O_7S_2^{2-}$	$C_{11}H_5O_7NS_2^{2-}$	$C_{18}H_{12}O_6N_2S_2^{2-}$
		理论精确质量数 Theoretical m/z	150.47438	163.47592	208.00739

表 3-2（续）

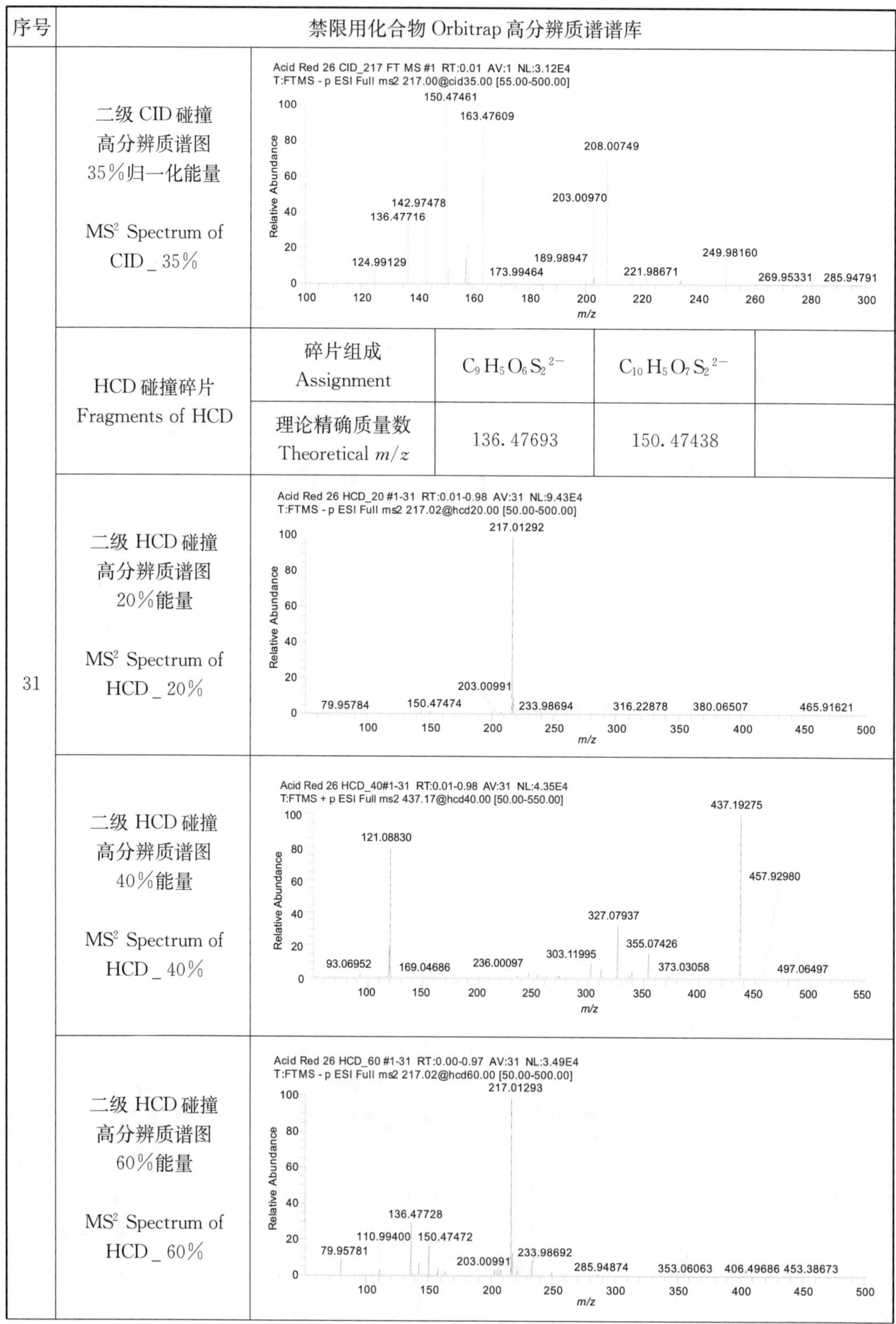

序号	禁限用化合物 Orbitrap 高分辨质谱谱库				
31	二级 CID 碰撞 高分辨质谱图 35%归一化能量 MS² Spectrum of CID _ 35%				
	HCD 碰撞碎片 Fragments of HCD	碎片组成 Assignment	$C_9H_5O_6S_2{}^{2-}$	$C_{10}H_5O_7S_2{}^{2-}$	
		理论精确质量数 Theoretical m/z	136.47693	150.47438	
	二级 HCD 碰撞 高分辨质谱图 20%能量 MS² Spectrum of HCD _ 20%				
	二级 HCD 碰撞 高分辨质谱图 40%能量 MS² Spectrum of HCD _ 40%				
	二级 HCD 碰撞 高分辨质谱图 60%能量 MS² Spectrum of HCD _ 60%				

表 3-2（续）

序号	禁限用化合物 Orbitrap 高分辨质谱谱库			
31	二级 HCD 碰撞高分辨质谱图 80%能量 MS^2 Spectrum of HCD _ 80% 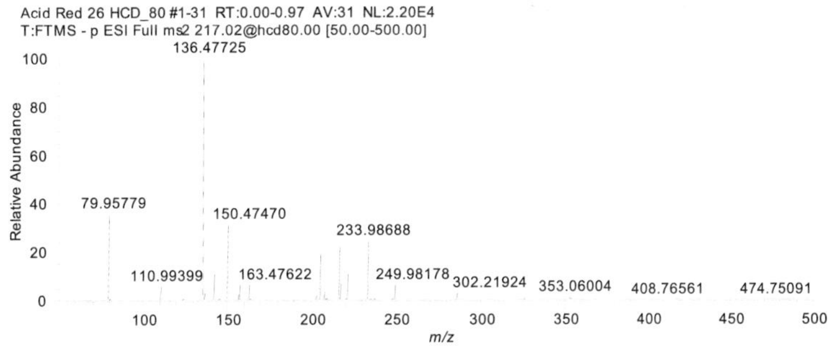	Acid Red 26 HCD_80 #1-31 RT:0.00-0.97 AV:31 NL:2.20E4 T:FTMS - p ESI Full ms2 217.02@hcd80.00 [50.00-500.00] 136.47725; 79.95779; 150.47470; 233.98688; 110.99399; 163.47622; 249.98178; 302.21924; 353.06004; 408.76561; 474.75091 Relative Abundance; m/z		
32	化合物英文名 Compound Name	C. I. Basic Red 9		
	化合物中文名 Chinese Name	碱性红 9		
	CAS 号 CAS Number	569-61-9		
	分子式 Molecular Formula	$C_{19}H_{18}ClN_3$		
	一级母离子 Precursor	母离子组成 Assignment	[M-Cl]$^+$	$C_{19}H_{18}N_3^+$
		理论精确质量数 Theoretical *m/z*	288.14952	
	一级质谱图 MS Spectrum 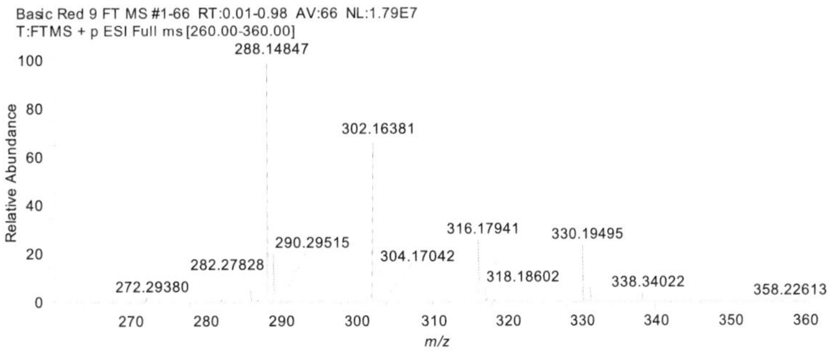	Basic Red 9 FT MS #1-66 RT:0.01-0.98 AV:66 NL:1.79E7 T:FTMS + p ESI Full ms [260.00-360.00] 288.14847; 302.16381; 316.17941; 330.19495; 290.29515; 304.17042; 282.27828; 318.18602; 338.34022; 272.29380; 358.22613 Relative Abundance; m/z		
	CID 碰撞碎片 Fragments of CID	碎片组成 Assignment	$C_{13}H_{11}N_2^+$	
		理论精确质量数 Theoretical *m/z*	195.09167	

表 3 - 2（续）

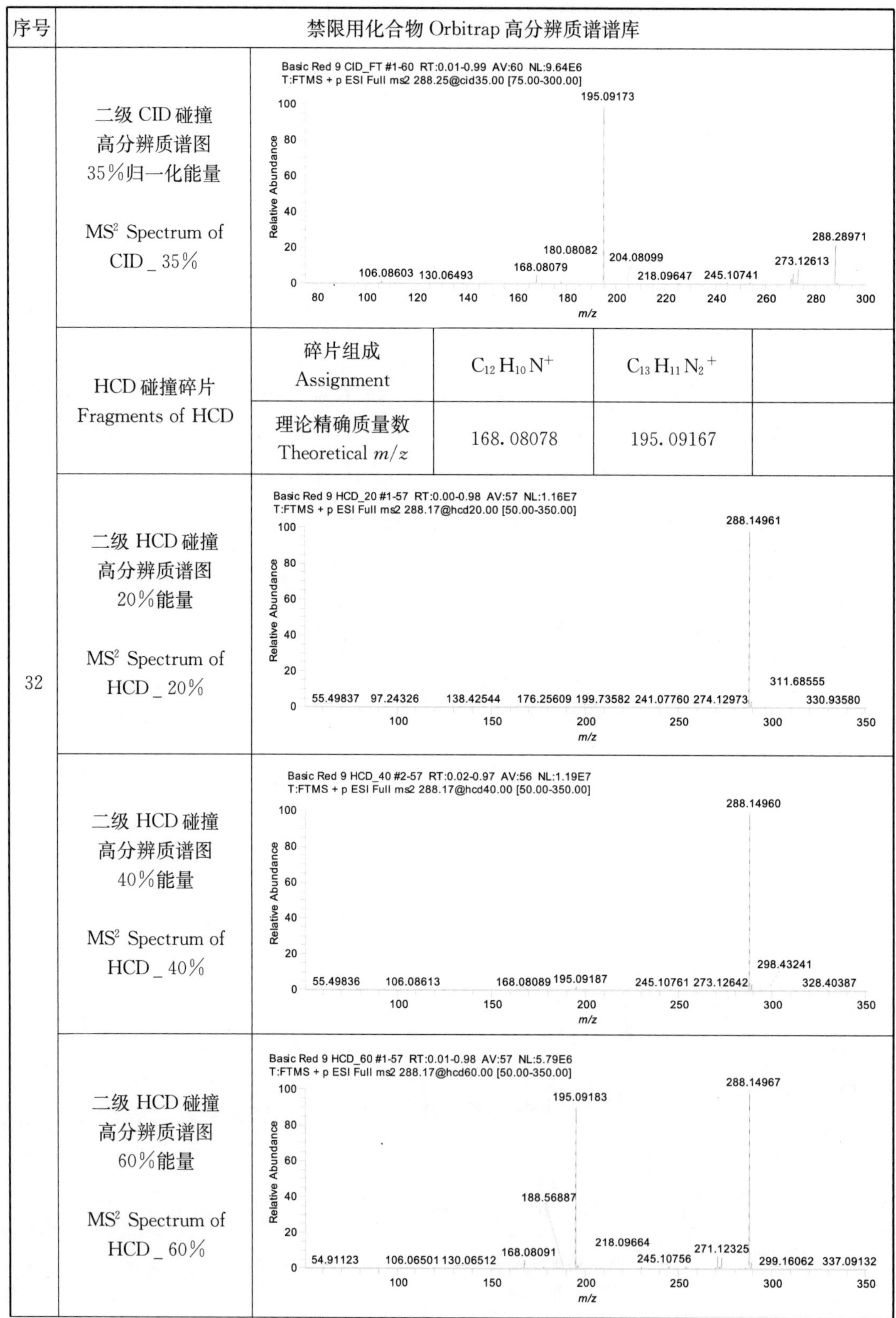

序号	禁限用化合物 Orbitrap 高分辨质谱谱库			
32	二级 CID 碰撞 高分辨质谱图 35%归一化能量 MS² Spectrum of CID _ 35%			
	HCD 碰撞碎片 Fragments of HCD	碎片组成 Assignment	$C_{12}H_{10}N^+$	$C_{13}H_{11}N_2^+$
		理论精确质量数 Theoretical m/z	168.08078	195.09167
	二级 HCD 碰撞 高分辨质谱图 20%能量 MS² Spectrum of HCD _ 20%			
	二级 HCD 碰撞 高分辨质谱图 40%能量 MS² Spectrum of HCD _ 40%			
	二级 HCD 碰撞 高分辨质谱图 60%能量 MS² Spectrum of HCD _ 60%			

表 3-2（续）

<table>
<tr><td>序号</td><td colspan="4">禁限用化合物 Orbitrap 高分辨质谱谱库</td></tr>
<tr><td>32</td><td>二级 HCD 碰撞高分辨质谱图 80%能量
MS² Spectrum of HCD _ 80%</td><td colspan="3">Basic Red 9 HCD_80 #1-57 RT:0.01-0.98 AV:57 NL:5.77E6
T:FTMS + p ESI Full ms2 288.17@hcd80.00 [50.00-350.00]
195.09183; 202.07785; 168.08091; 271.12319; 80.04927; 106.06502; 151.05430; 230.09665; 254.09666; 302.44575; 339.88873
Relative Abundance; m/z</td></tr>
<tr><td rowspan="8">33</td><td>化合物英文名
Compound Name</td><td colspan="3">C. I. Basic Violet 14</td></tr>
<tr><td>化合物中文名
Chinese Name</td><td colspan="3">碱性紫 14</td></tr>
<tr><td>CAS 号
CAS Number</td><td colspan="3">632-99-5</td></tr>
<tr><td>分子式
Molecular Formula</td><td colspan="3">$C_{20}H_{20}ClN_3$</td></tr>
<tr><td rowspan="2">一级母离子
Precursor</td><td>母离子组成
Assignment</td><td>$[M-Cl]^+$</td><td>$C_{20}H_{20}N_3^+$</td></tr>
<tr><td>理论精确质量数
Theoretical m/z</td><td colspan="2">302.16517</td></tr>
<tr><td>一级质谱图
MS Spectrum</td><td colspan="3">Basic Violet 14 FT #1-67 RT:0.00-0.98 AV:67 NL:1.80E7
T:FTMS + p ESI Full ms [200.00-450.00]
316.18111; 302.16556; 288.14997; 330.19678; 227.17575; 279.15962; 340.25983; 373.23379; 401.26501; 421.23892
Relative Abundance; m/z</td></tr>
<tr><td>CID 碰撞碎片
Fragments of CID</td><td>碎片组成 Assignment
理论精确质量数 Theoretical m/z</td><td>$C_{13}H_{11}N_2^+$
195.09167</td><td>$C_{14}H_{13}N_2^+$
209.10732</td></tr>
</table>

表 3-2（续）

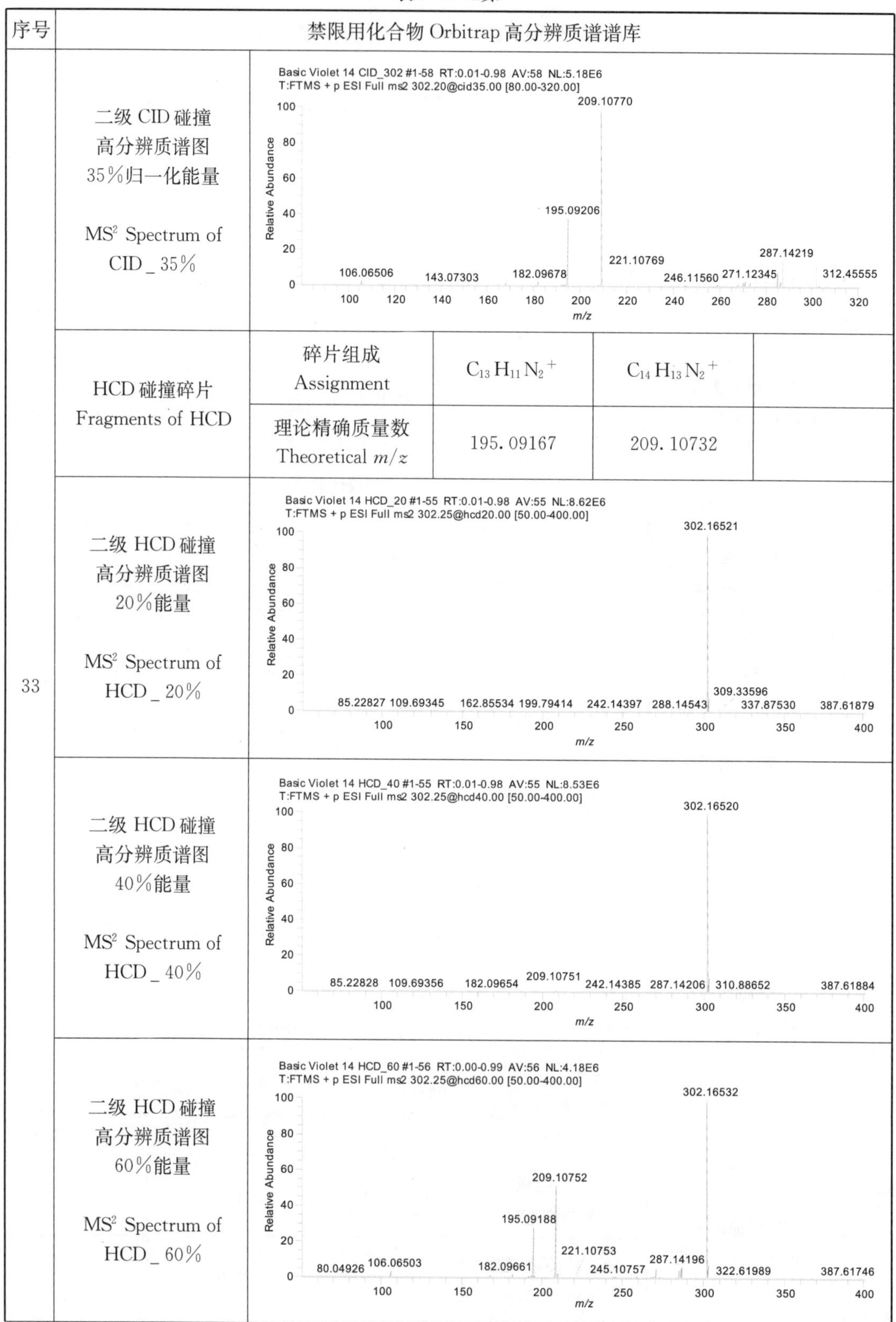

序号	禁限用化合物 Orbitrap 高分辨质谱谱库				
33	二级 CID 碰撞 高分辨质谱图 35%归一化能量 MS² Spectrum of CID _ 35%				
	HCD 碰撞碎片 Fragments of HCD	碎片组成 Assignment	$C_{13}H_{11}N_2^+$	$C_{14}H_{13}N_2^+$	
		理论精确质量数 Theoretical m/z	195.09167	209.10732	
	二级 HCD 碰撞 高分辨质谱图 20%能量 MS² Spectrum of HCD _ 20%				
	二级 HCD 碰撞 高分辨质谱图 40%能量 MS² Spectrum of HCD _ 40%				
	二级 HCD 碰撞 高分辨质谱图 60%能量 MS² Spectrum of HCD _ 60%				

表 3-2（续）

<table>
<tr><th>序号</th><th colspan="4">禁限用化合物 Orbitrap 高分辨质谱谱库</th></tr>
<tr><td>33</td><td>二级 HCD 碰撞
高分辨质谱图
80%能量

MS² Spectrum of
HCD _ 80%</td><td colspan="3"> 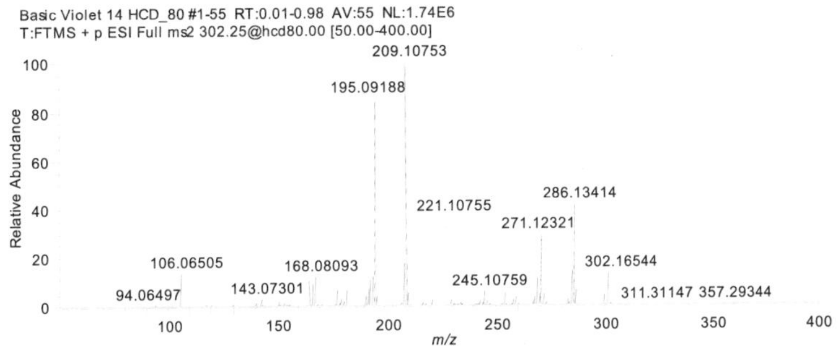Basic Violet 14 HCD_80 #1-55 RT:0.01-0.98 AV:55 NL:1.74E6
T:FTMS + p ESI Full ms2 302.25@hcd80.00 [50.00-400.00]
209.10753; 195.09188; 286.13414; 221.10755; 271.12321; 106.06505; 168.08093; 302.16544; 245.10759; 143.07301; 94.06497; 311.31147; 357.29344
Relative Abundance; m/z</td></tr>
<tr><td rowspan="7">34</td><td>化合物英文名
Compound Name</td><td colspan="3">C. I. Direct Black 38</td></tr>
<tr><td>化合物中文名
Chinese Name</td><td colspan="3">直接黑 38</td></tr>
<tr><td>CAS 号
CAS Number</td><td colspan="3">1937-37-7</td></tr>
<tr><td>分子式
Molecular Formula</td><td colspan="3">$C_{34}H_{25}N_9O_7S_2 \cdot 2Na$</td></tr>
<tr><td rowspan="2">一级母离子
Precursor</td><td>母离子组成
Assignment</td><td>$[M-2Na+3H]^+$</td><td>$C_{34}H_{28}N_9O_7S_2^+$</td></tr>
<tr><td>理论精确质量数
Theoretical m/z</td><td colspan="2">738.15476</td></tr>
<tr><td>一级质谱图
MS Spectrum</td><td colspan="3"> 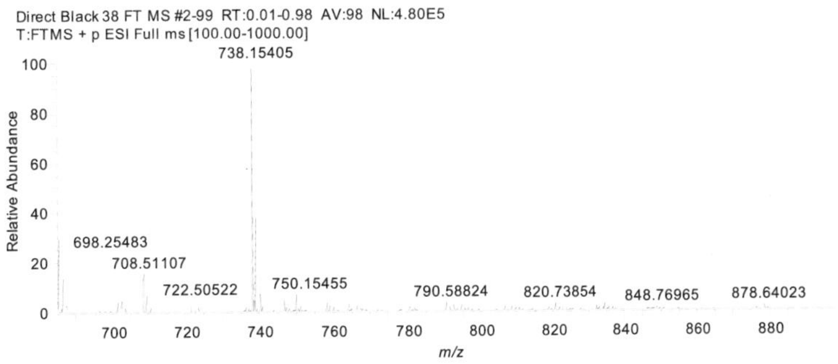Direct Black 38 FT MS #2-99 RT:0.01-0.98 AV:98 NL:4.80E5
T:FTMS + p ESI Full ms [100.00-1000.00]
738.15405; 698.25483; 708.51107; 722.50522; 750.15455; 790.58824; 820.73854; 848.76965; 878.64023
Relative Abundance; m/z</td></tr>
</table>

34	CID 碰撞碎片 Fragments of CID	碎片组成 Assignment	$C_{34}H_{22}N_5S_2^+$	$C_{26}H_{20}O_6N_9S_2^+$	$C_{34}H_{28}O_4N_9S^+$
		理论精确质量数 Theoretical m/z	564.13111	618.09725	658.19795

表 3-2（续）

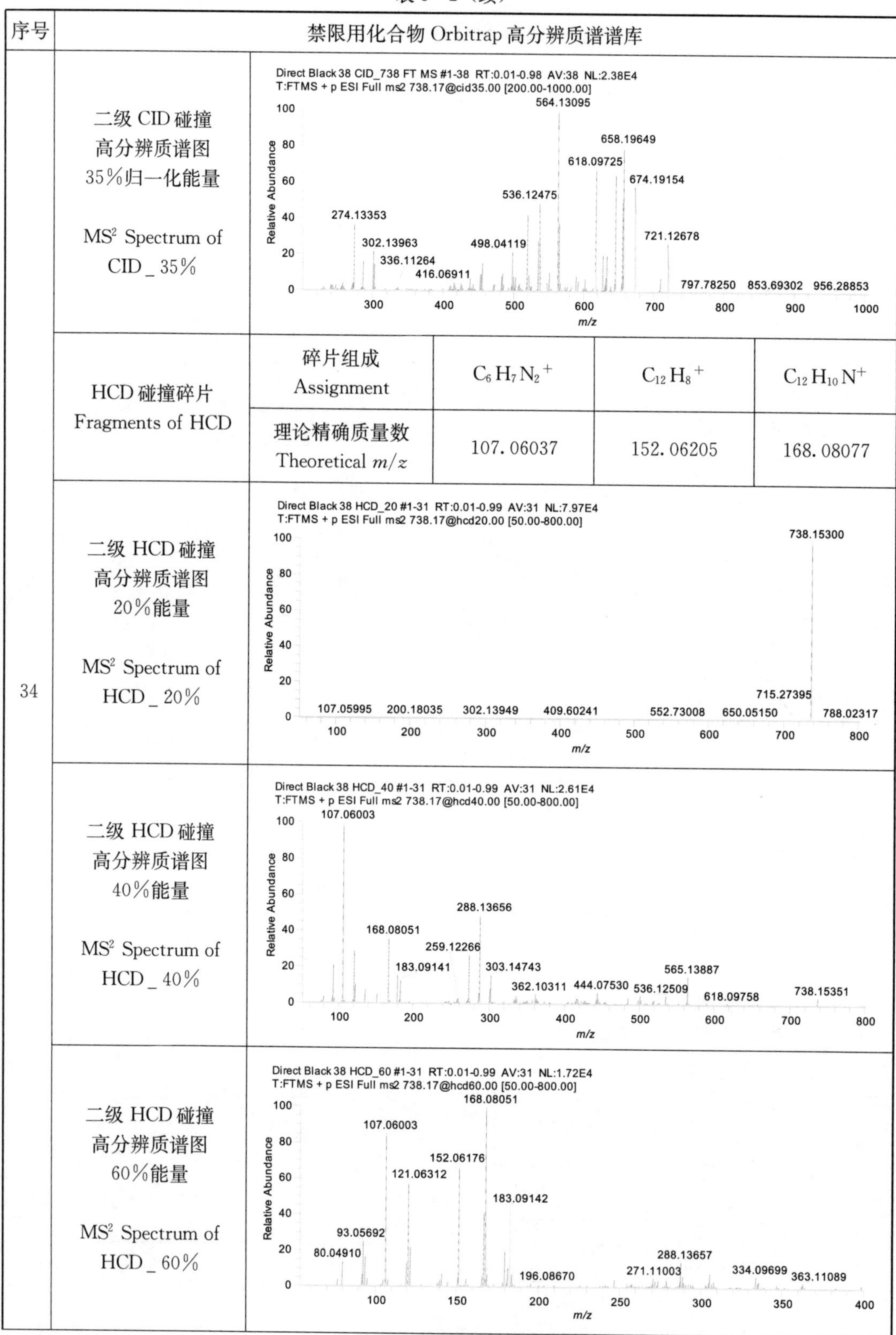

序号	禁限用化合物 Orbitrap 高分辨质谱谱库				
34	二级 CID 碰撞 高分辨质谱图 35%归一化能量 MS² Spectrum of CID _ 35%				
	HCD 碰撞碎片 Fragments of HCD	碎片组成 Assignment	$C_6H_7N_2^+$	$C_{12}H_8^+$	$C_{12}H_{10}N^+$
		理论精确质量数 Theoretical *m/z*	107.06037	152.06205	168.08077
	二级 HCD 碰撞 高分辨质谱图 20%能量 MS² Spectrum of HCD _ 20%				
	二级 HCD 碰撞 高分辨质谱图 40%能量 MS² Spectrum of HCD _ 40%				
	二级 HCD 碰撞 高分辨质谱图 60%能量 MS² Spectrum of HCD _ 60%				

表 3-2（续）

序号	禁限用化合物 Orbitrap 高分辨质谱谱库			
34	二级 HCD 碰撞高分辨质谱图 80%能量 MS^2 Spectrum of HCD _ 80%	Direct Black 38 HCD_80 #1-31 RT:0.01-0.99 AV:31 NL:1.39E4 T:FTMS + p ESI Full ms2 738.17@hcd80.00 [50.00-800.00] 167.07271; 107.06005; 121.06314; 183.09145; 80.04911; 196.08672; 241.08834; 270.10224; 304.08648; 335.10483; 370.31879 Relative Abundance; m/z		
35	化合物英文名 Compound Name	C. I. Direct Blue 6		
	化合物中文名 Chinese Name	直接蓝 6		
	CAS 号 CAS Number	2602-46-2		
	分子式 Molecular Formula	$C_{32}H_{20}N_6O_{14}S_4 \cdot 4Na$		
	一级母离子 Precursor	母离子组成 Assignment	$[M-4Na+H]^{3-}$	$C_{32}H_{21}N_6O_{14}S_4^{\ 3-}$
		理论精确质量数 Theoretical m/z	280.33383	
	一级质谱图 MS Spectrum	Direct Blue 6 FT #1-44 RT:0.01-0.99 AV:44 NL:9.20E4 T:FTMS - p ESI Full ms [150.00-900.00] 280.33313; 280.99857; 285.18128; 283.26354; 286.18466; 279.66131; 281.66667; 287.66036; 271.16575; 275.32955; 277.18034; 288.66024 Relative Abundance; m/z		
	CID 碰撞碎片 Fragments of CID	碎片组成 Assignment	$C_{10}H_6O_7N_2S_2^{\ 2-}$	$C_3H_7O_{12}N^-$	$C_{21}H_{11}O_{12}N_2^{\ -}$
		理论精确质量数 Theoretical m/z	164.98137	248.99737	483.03175

表 3-2（续）

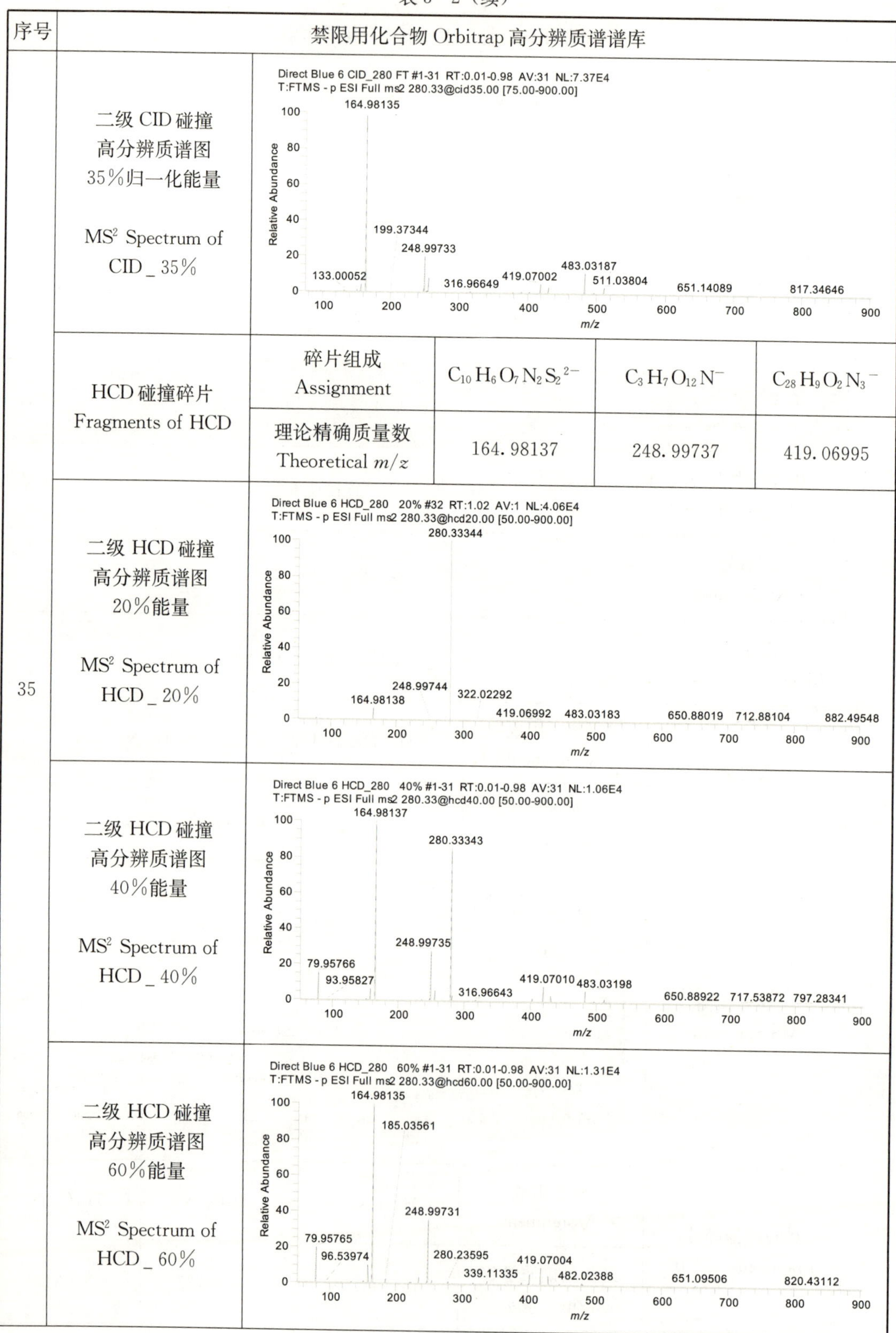

序号	禁限用化合物 Orbitrap 高分辨质谱谱库				
35	二级 CID 碰撞高分辨质谱图 35%归一化能量 MS² Spectrum of CID _ 35%	Direct Blue 6 CID_280 FT #1-31 RT:0.01-0.98 AV:31 NL:7.37E4 T:FTMS - p ESI Full ms2 280.33@cid35.00 [75.00-900.00] 164.98135; 199.37344; 248.99733; 133.00052; 316.96649; 419.07002; 483.03187; 511.03804; 651.14089; 817.34646			
	HCD 碰撞碎片 Fragments of HCD	碎片组成 Assignment	$C_{10}H_6O_7N_2S_2^{2-}$	$C_3H_7O_{12}N^-$	$C_{28}H_9O_2N_3^-$
		理论精确质量数 Theoretical m/z	164.98137	248.99737	419.06995
	二级 HCD 碰撞高分辨质谱图 20%能量 MS² Spectrum of HCD _ 20%	Direct Blue 6 HCD_280 20% #32 RT:1.02 AV:1 NL:4.06E4 T:FTMS - p ESI Full ms2 280.33@hcd20.00 [50.00-900.00] 280.33344; 248.99744; 164.98138; 322.02292; 419.06992; 483.03183; 650.88019; 712.88104; 882.49548			
	二级 HCD 碰撞高分辨质谱图 40%能量 MS² Spectrum of HCD _ 40%	Direct Blue 6 HCD_280 40% #1-31 RT:0.01-0.98 AV:31 NL:1.06E4 T:FTMS - p ESI Full ms2 280.33@hcd40.00 [50.00-900.00] 164.98137; 280.33343; 248.99735; 79.95766; 93.95827; 419.07010; 483.03198; 316.96643; 650.88922; 717.53872; 797.28341			
	二级 HCD 碰撞高分辨质谱图 60%能量 MS² Spectrum of HCD _ 60%	Direct Blue 6 HCD_280 60% #1-31 RT:0.01-0.98 AV:31 NL:1.31E4 T:FTMS - p ESI Full ms2 280.33@hcd60.00 [50.00-900.00] 164.98135; 185.03561; 248.99731; 79.95765; 96.53974; 280.23595; 419.07004; 339.11335; 482.02388; 651.09506; 820.43112			

表 3-2（续）

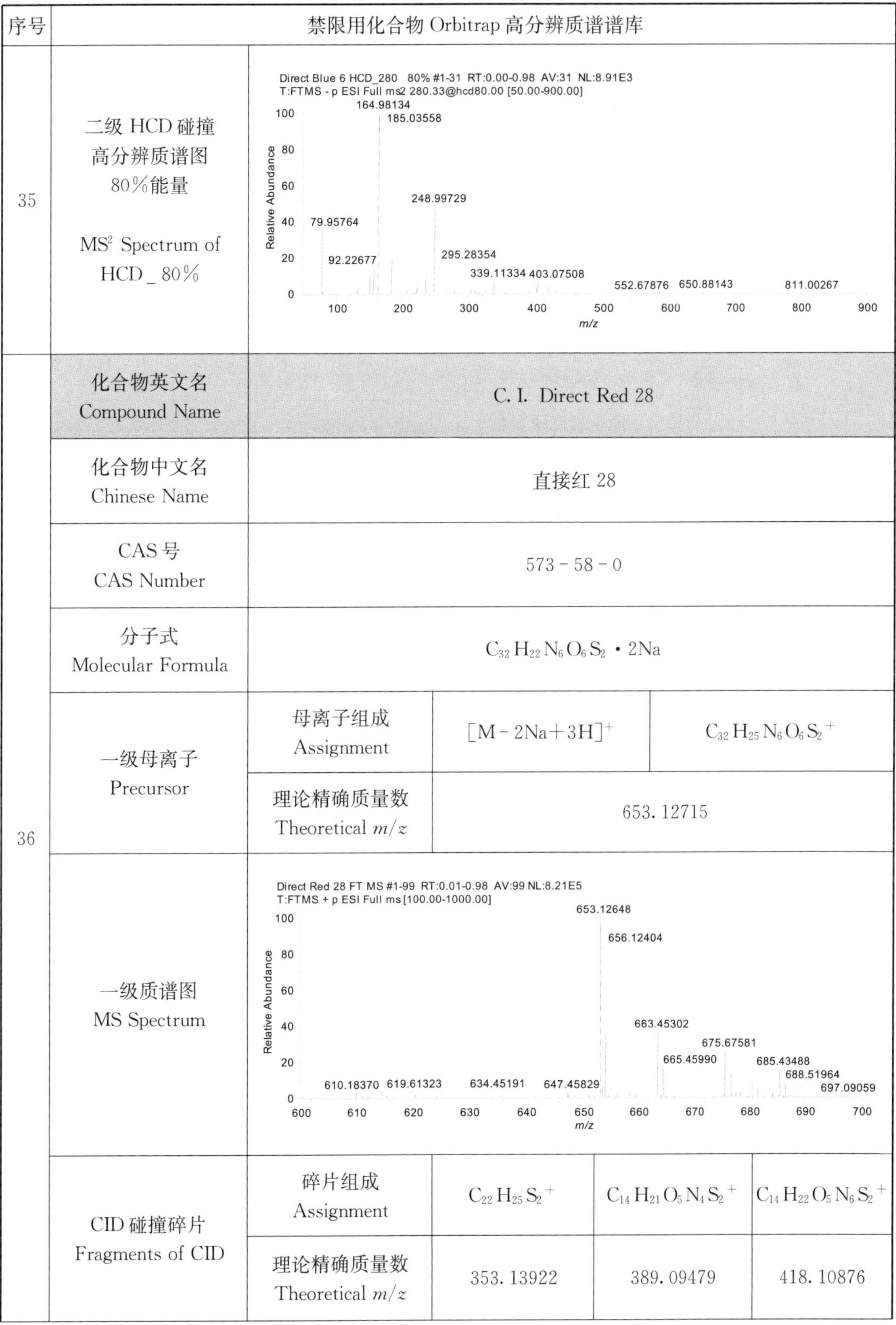

序号	禁限用化合物 Orbitrap 高分辨质谱谱库			
35	二级 HCD 碰撞高分辨质谱图 80%能量 MS² Spectrum of HCD _ 80%	(spectrum)		
36	化合物英文名 Compound Name	C. I. Direct Red 28		
	化合物中文名 Chinese Name	直接红 28		
	CAS 号 CAS Number	573-58-0		
	分子式 Molecular Formula	$C_{32}H_{22}N_6O_6S_2 \cdot 2Na$		
	一级母离子 Precursor	母离子组成 Assignment	$[M-2Na+3H]^+$	$C_{32}H_{25}N_6O_6S_2^+$
		理论精确质量数 Theoretical m/z	653.12715	
	一级质谱图 MS Spectrum	(spectrum)		
	CID 碰撞碎片 Fragments of CID	碎片组成 Assignment	$C_{22}H_{25}S_2^+$	$C_{14}H_{21}O_5N_4S_2^+$	$C_{14}H_{22}O_5N_6S_2^+$
		理论精确质量数 Theoretical m/z	353.13922	389.09479	418.10876

表 3-2（续）

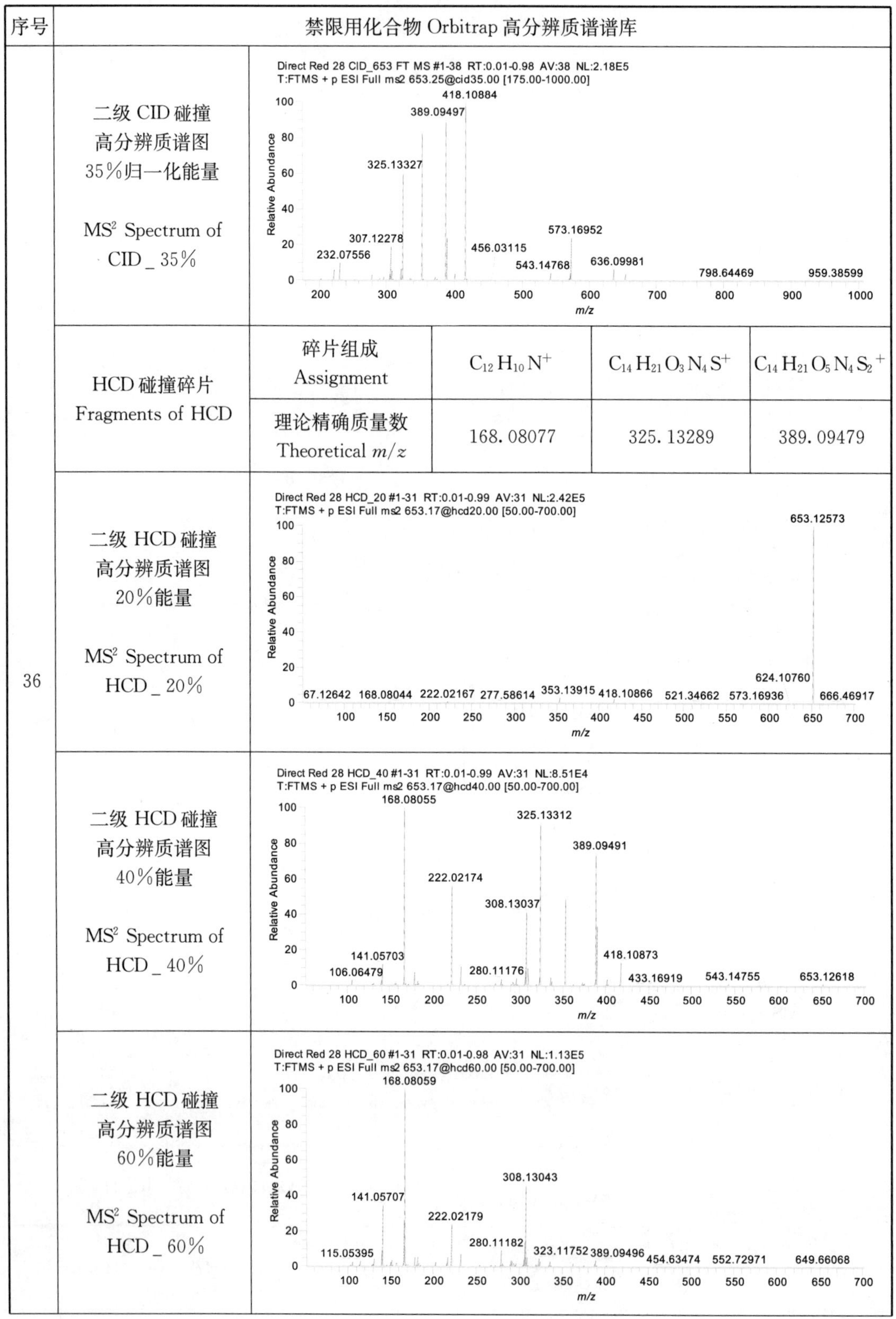

序号	禁限用化合物 Orbitrap 高分辨质谱谱库				
36	二级 CID 碰撞高分辨质谱图 35%归一化能量 MS² Spectrum of CID _ 35%				
	HCD 碰撞碎片 Fragments of HCD	碎片组成 Assignment	$C_{12}H_{10}N^+$	$C_{14}H_{21}O_3N_4S^+$	$C_{14}H_{21}O_5N_4S_2^+$
		理论精确质量数 Theoretical m/z	168.08077	325.13289	389.09479
	二级 HCD 碰撞高分辨质谱图 20%能量 MS² Spectrum of HCD _ 20%				
	二级 HCD 碰撞高分辨质谱图 40%能量 MS² Spectrum of HCD _ 40%				
	二级 HCD 碰撞高分辨质谱图 60%能量 MS² Spectrum of HCD _ 60%				

表 3-2（续）

<table>
<tr><td>序号</td><td colspan="4">禁限用化合物 Orbitrap 高分辨质谱谱库</td></tr>
<tr><td>36</td><td>二级 HCD 碰撞
高分辨质谱图
80%能量

MS² Spectrum of
HCD_80%</td><td colspan="3">Direct Red 28 HCD_80 #1-31 RT:0.01-0.99 AV:31 NL:6.84E4
T:FTMS + p ESI Full ms2 653.17@hcd80.00 [50.00-700.00]
167.07275; 141.05708; 308.13044; 280.11182; 115.05395; 217.08843; 323.11754; 389.09486; 489.12341; 552.72991; 649.94082
Relative Abundance; m/z</td></tr>
<tr><td rowspan="8">37</td><td>化合物英文名
Compound Name</td><td colspan="3">C. I. Disperse Blue 1</td></tr>
<tr><td>化合物中文名
Chinese Name</td><td colspan="3">分散蓝 1</td></tr>
<tr><td>CAS 号
CAS Number</td><td colspan="3">2475-45-8</td></tr>
<tr><td>分子式
Molecular Formula</td><td colspan="3">$C_{14}H_{12}N_4O_2$</td></tr>
<tr><td rowspan="2">一级母离子
Precursor</td><td>母离子组成
Assignment</td><td>[M+H]⁺</td><td>$C_{14}H_{13}N_4O_2^+$</td></tr>
<tr><td>理论精确质量数
Theoretical m/z</td><td colspan="2">269.10330</td></tr>
<tr><td>一级质谱图
MS Spectrum</td><td colspan="3">Disperse Blue 1 FT MS #1-63 RT:0.01-0.98 AV:63 NL:1.22E7
T:FTMS + p ESI Full ms [200.00-340.00]
268.09637; 269.10083; 259.19136; 261.13190; 262.98263; 267.08910; 270.10690; 272.29534; 277.10550; 279.15988
Relative Abundance; m/z</td></tr>
<tr><td rowspan="2">CID 碰撞碎片
Fragments of CID</td><td>碎片组成
Assignment</td><td>$C_8H_5O_2N_2^+$</td><td>$C_{14}H_{11}ON_4^+$</td></tr>
<tr><td></td><td>理论精确质量数
Theoretical m/z</td><td>161.03455</td><td>251.09274</td></tr>
</table>

表 3 - 2（续）

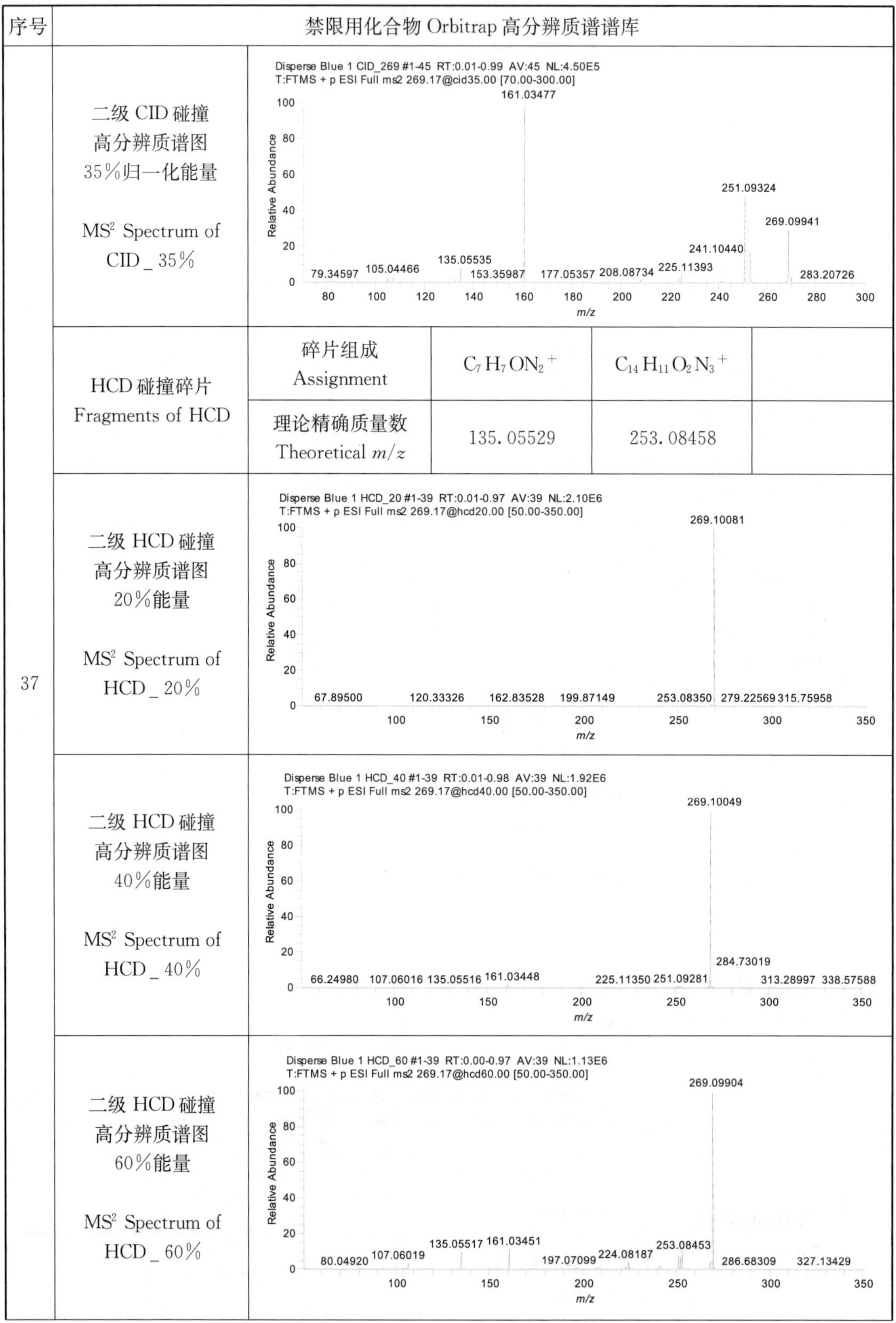

序号	禁限用化合物 Orbitrap 高分辨质谱谱库				
37	二级 CID 碰撞 高分辨质谱图 35%归一化能量 MS^2 Spectrum of CID _ 35%	Disperse Blue 1 CID_269 #1-45 RT:0.01-0.99 AV:45 NL:4.50E5 T:FTMS + p ESI Full ms2 269.17@cid35.00 [70.00-300.00] 161.03477 251.09324 269.09941 241.10440 135.05535 79.34597 105.04466 153.35987 177.05357 208.08734 225.11393 283.20726 Relative Abundance m/z			
	HCD 碰撞碎片 Fragments of HCD	碎片组成 Assignment	$C_7H_7ON_2^+$	$C_{14}H_{11}O_2N_3^+$	
		理论精确质量数 Theoretical *m/z*	135.05529	253.08458	
	二级 HCD 碰撞 高分辨质谱图 20%能量 MS^2 Spectrum of HCD _ 20%	Disperse Blue 1 HCD_20 #1-39 RT:0.01-0.97 AV:39 NL:2.10E6 T:FTMS + p ESI Full ms2 269.17@hcd20.00 [50.00-350.00] 269.10081 67.89500 120.33326 162.83528 199.87149 253.08350 279.22569 315.75958 Relative Abundance m/z			
	二级 HCD 碰撞 高分辨质谱图 40%能量 MS^2 Spectrum of HCD _ 40%	Disperse Blue 1 HCD_40 #1-39 RT:0.01-0.98 AV:39 NL:1.92E6 T:FTMS + p ESI Full ms2 269.17@hcd40.00 [50.00-350.00] 269.10049 284.73019 66.24980 107.06016 135.05516 161.03448 225.11350 251.09281 313.28997 338.57588 Relative Abundance m/z			
	二级 HCD 碰撞 高分辨质谱图 60%能量 MS^2 Spectrum of HCD _ 60%	Disperse Blue 1 HCD_60 #1-39 RT:0.00-0.97 AV:39 NL:1.13E6 T:FTMS + p ESI Full ms2 269.17@hcd60.00 [50.00-350.00] 269.09904 135.05517 161.03451 253.08453 80.04920 107.06019 197.07099 224.08187 286.68309 327.13429 Relative Abundance m/z			

表 3-2（续）

<table>
<tr><th>序号</th><th colspan="4">禁限用化合物 Orbitrap 高分辨质谱谱库</th></tr>
<tr><td>37</td><td>二级 HCD 碰撞
高分辨质谱图
80%能量

MS² Spectrum of
HCD _ 80%</td><td colspan="3">Disperse Blue 1 HCD_80 #1-39 RT:0.01-0.99 AV:39 NL:2.87E5
T:FTMS + p ESI Full ms2 269.17@hcd80.00 [50.00-350.00]
269.09868
107.06015
253.08425
240.09608
135.05514
197.07088
161.03447
275.02641
80.04918
311.24230 343.72556
Relative Abundance
m/z</td></tr>
<tr><td rowspan="8">38</td><td>化合物英文名
Compound Name</td><td colspan="3">C. I. Disperse Orange 11</td></tr>
<tr><td>化合物中文名
Chinese Name</td><td colspan="3">分散橙 11</td></tr>
<tr><td>CAS 号
CAS Number</td><td colspan="3">82-28-0</td></tr>
<tr><td>分子式
Molecular Formula</td><td colspan="3">$C_{15}H_{11}NO_2$</td></tr>
<tr><td rowspan="2">一级母离子
Precursor</td><td>母离子组成
Assignment</td><td>$[M+H]^+$</td><td>$C_{15}H_{12}NO_2^+$</td></tr>
<tr><td>理论精确质量数
Theoretical m/z</td><td colspan="2">238.08626</td></tr>
<tr><td>一级质谱图
MS Spectrum</td><td colspan="3">Disperse Orange 11 FT MS #63 RT:1.01 AV:1 NL:2.69E6
T:FTMS + p ESI Full ms [160.00-360.00]
238.08624
244.26343
264.06552 272.29480
199.00127 207.17432
253.09711
163.03899 181.02849 217.10468 228.19582
Relative Abundance
m/z</td></tr>
<tr><td rowspan="2">CID 碰撞碎片
Fragments of CID</td><td>碎片组成
Assignment</td><td>$C_9H_6O_2N^+$</td><td>$C_{14}H_9O^+$</td><td>$C_{14}H_9O_2N^+$</td></tr>
<tr><td></td><td>理论精确质量数
Theoretical m/z</td><td>160.03930</td><td>193.06479</td><td>223.06278</td></tr>
</table>

表 3 - 2（续）

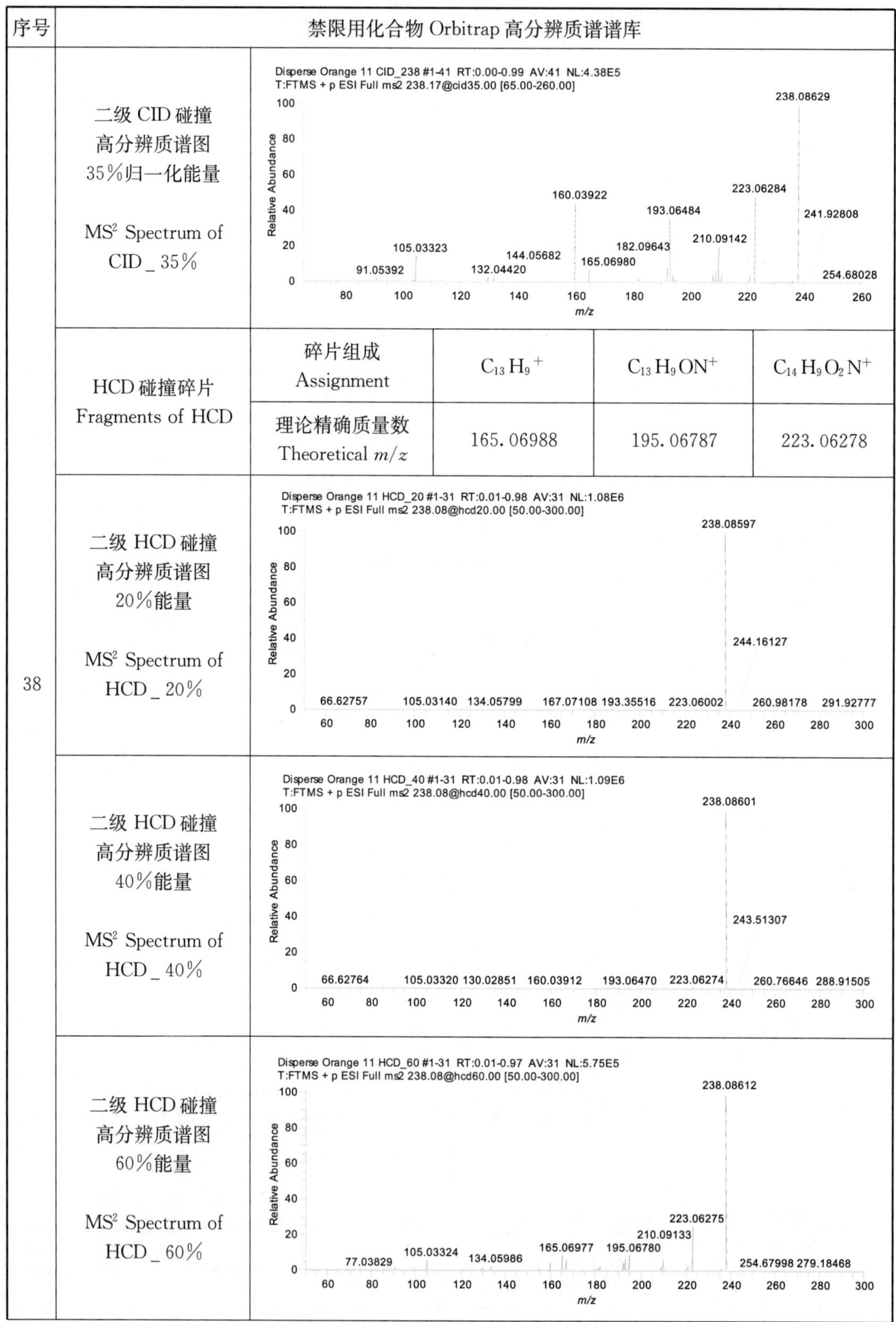

序号	禁限用化合物 Orbitrap 高分辨质谱谱库				
38	二级 CID 碰撞高分辨质谱图 35%归一化能量 MS^2 Spectrum of CID _ 35%	[spectrum]			
	HCD 碰撞碎片 Fragments of HCD	碎片组成 Assignment	$C_{13}H_9^+$	$C_{13}H_9ON^+$	$C_{14}H_9O_2N^+$
		理论精确质量数 Theoretical m/z	165.06988	195.06787	223.06278
	二级 HCD 碰撞高分辨质谱图 20%能量 MS^2 Spectrum of HCD _ 20%	[spectrum]			
	二级 HCD 碰撞高分辨质谱图 40%能量 MS^2 Spectrum of HCD _ 40%	[spectrum]			
	二级 HCD 碰撞高分辨质谱图 60%能量 MS^2 Spectrum of HCD _ 60%	[spectrum]			

表 3-2（续）

序号	禁限用化合物 Orbitrap 高分辨质谱谱库			
38	二级 HCD 碰撞高分辨质谱图 80%能量 MS² Spectrum of HCD_80%	Disperse Orange 11 HCD_80 #1-31 RT:0.01-0.98 AV:31 NL:1.64E5 T:FTMS + p ESI Full ms2 238.08@hcd80.00 [50.00-300.00] 165.06973; 195.06772; 223.06266; 238.08609; 134.05982; 105.03321; 180.08064; 91.05391; 115.05397; 152.06188; 210.09123; 251.86584; 65.03829; 271.21917		
39	化合物英文名 Compound Name	C. I. Disperse Yellow 3		
	化合物中文名 Chinese Name	分散黄 3		
	CAS 号 CAS Number	2832-40-8		
	分子式 Molecular Formula	$C_{15}H_{15}N_3O_2$		
	一级母离子 Precursor	母离子组成 Assignment	$[M+H]^+$	$C_{15}H_{16}N_3O_2^+$
		理论精确质量数 Theoretical *m/z*	270.12370	
	一级质谱图 MS Spectrum	Disperse Yellow 3 FT MS #1-62 RT:0.01-0.97 AV:62 NL:1.34E7 T:FTMS + p ESI Full ms [100.00-400.00] 270.12371; 261.13103; 107.06013; 149.02321; 195.12276; 239.14900; 288.28962; 338.34173; 352.24574; 391.28427		
	CID 碰撞碎片 Fragments of CID	碎片组成 Assignment	$C_6H_7N_2^+$	$C_7H_8ON^+$	$C_8H_{10}ON_2^+$
		理论精确质量数 Theoretical *m/z*	107.06037	122.06004	150.07876

表 3-2（续）

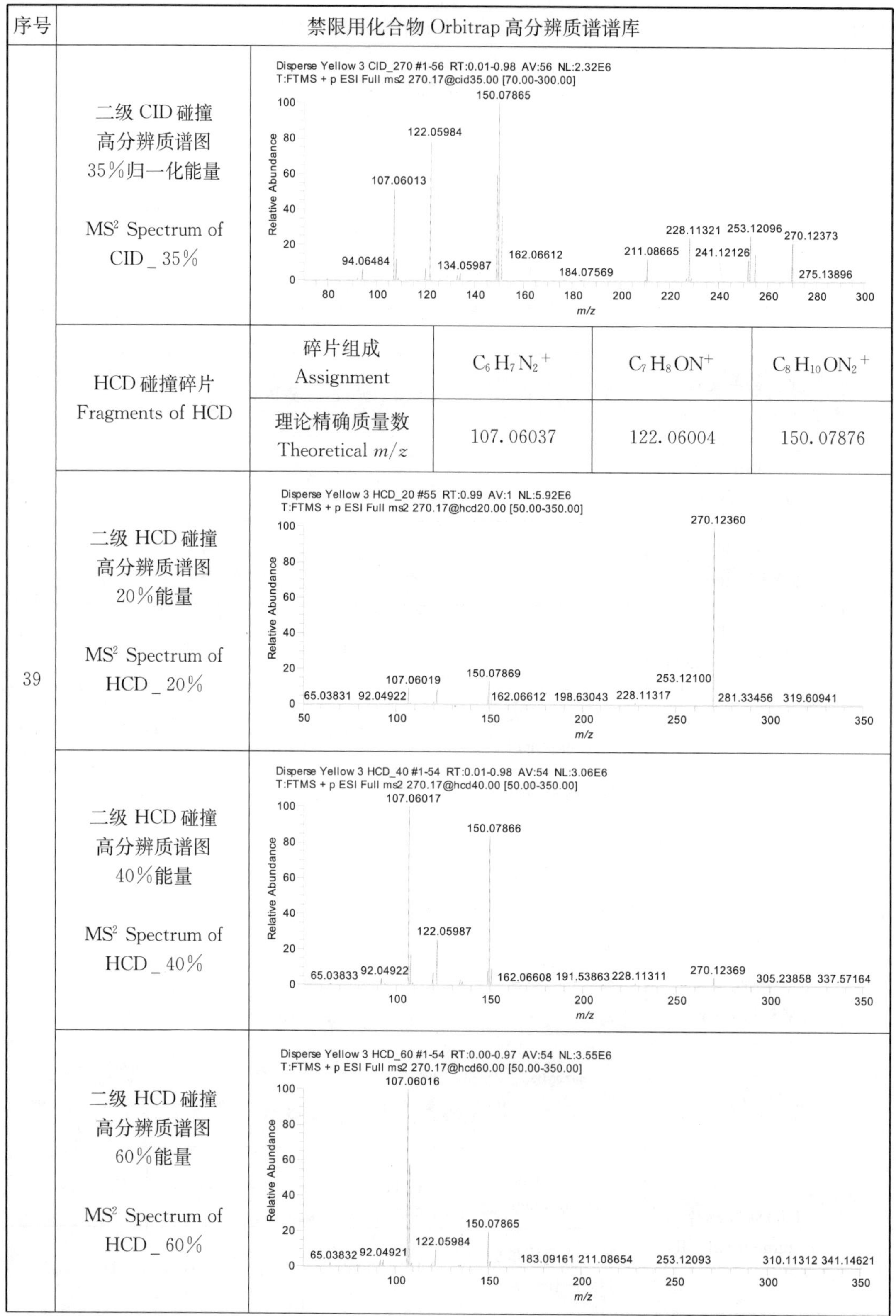

<table>
<tr><th>序号</th><th colspan="5">禁限用化合物 Orbitrap 高分辨质谱谱库</th></tr>
<tr><td rowspan="6">39</td><td>二级 CID 碰撞
高分辨质谱图
35%归一化能量

MS^2 Spectrum of
CID _ 35%</td><td colspan="4">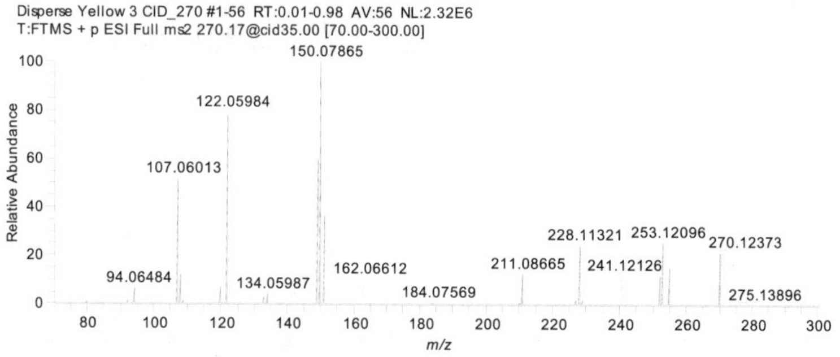
</td></tr>
<tr><td rowspan="2">HCD 碰撞碎片
Fragments of HCD</td><td>碎片组成
Assignment</td><td>$C_6H_7N_2^+$</td><td>$C_7H_8ON^+$</td><td>$C_8H_{10}ON_2^+$</td></tr>
<tr><td>理论精确质量数
Theoretical m/z</td><td>107.06037</td><td>122.06004</td><td>150.07876</td></tr>
<tr><td>二级 HCD 碰撞
高分辨质谱图
20%能量

MS^2 Spectrum of
HCD _ 20%</td><td colspan="4">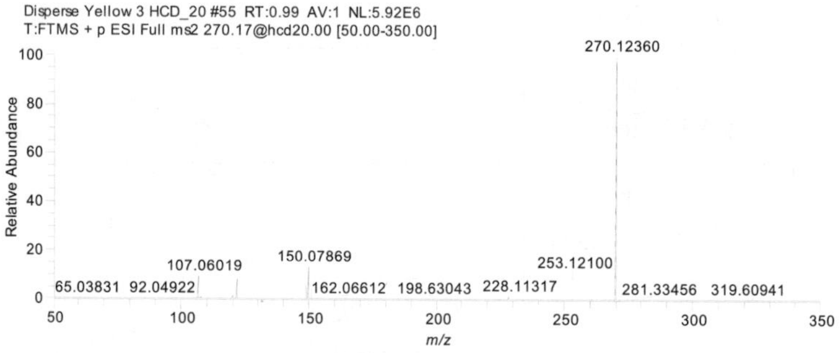
</td></tr>
<tr><td>二级 HCD 碰撞
高分辨质谱图
40%能量

MS^2 Spectrum of
HCD _ 40%</td><td colspan="4">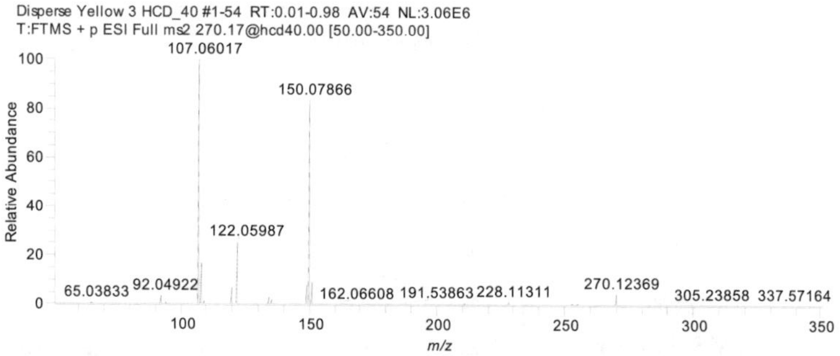
</td></tr>
<tr><td>二级 HCD 碰撞
高分辨质谱图
60%能量

MS^2 Spectrum of
HCD _ 60%</td><td colspan="4">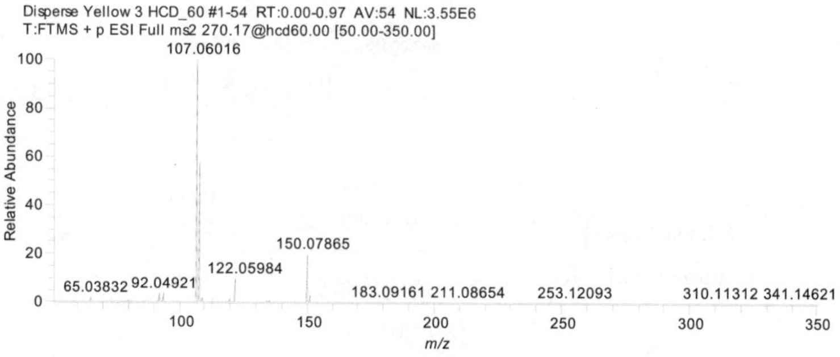
</td></tr>
</table>

表 3 - 2（续）

序号	禁限用化合物 Orbitrap 高分辨质谱谱库				
39	二级 HCD 碰撞高分辨质谱图 80%能量 MS² Spectrum of HCD _ 80%	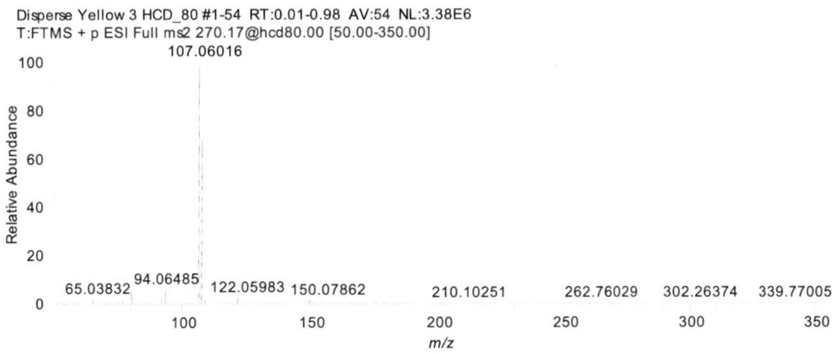 Disperse Yellow 3 HCD_80 #1-54 RT:0.01-0.98 AV:54 NL:3.38E6 T:FTMS + p ESI Full ms2 270.17@hcd80.00 [50.00-350.00] 107.06016; 65.03832; 94.06485; 122.05983; 150.07862; 210.10251; 262.76029; 302.26374; 339.77005 Relative Abundance; m/z			
40	化合物英文名 Compound Name	C. I. Disperse Blue 3			
	化合物中文名 Chinese Name	分散蓝 3			
	CAS 号 CAS Number	2475 - 46 - 9			
	分子式 Molecular Formula	$C_{17}H_{16}N_2O_3$			
	一级母离子 Precursor	母离子组成 Assignment	$[M+H]^+$	$C_{17}H_{17}N_2O_3^+$	
		理论精确质量数 Theoretical m/z	297.12337		
	一级质谱图 MS Spectrum	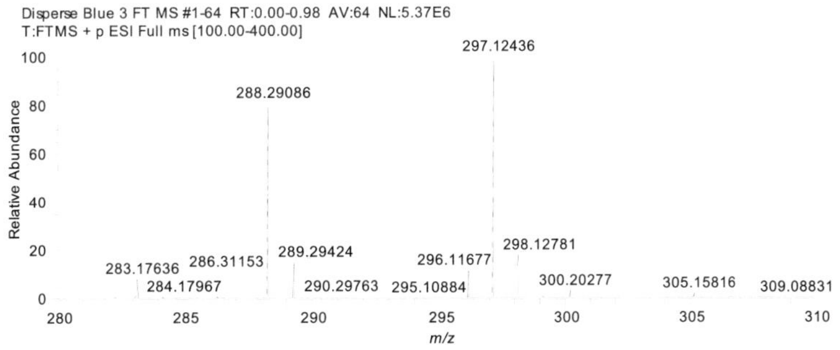 Disperse Blue 3 FT MS #1-64 RT:0.00-0.98 AV:64 NL:5.37E6 T:FTMS + p ESI Full ms [100.00-400.00] 297.12436; 288.29086; 283.17636; 284.17967; 286.31153; 289.29424; 290.29763; 295.10884; 296.11677; 298.12781; 300.20277; 305.15816; 309.08831 Relative Abundance; m/z			
	CID 碰撞碎片 Fragments of CID	碎片组成 Assignment	$C_{15}H_{12}O_2N_2^+$	$C_{16}H_{14}O_3N_2^+$	
		理论精确质量数 Theoretical m/z	252.08933	282.09989	

表 3-2（续）

序号	禁限用化合物 Orbitrap 高分辨质谱谱库				
40	二级 CID 碰撞 高分辨质谱图 35%归一化能量 MS² Spectrum of CID _ 35%	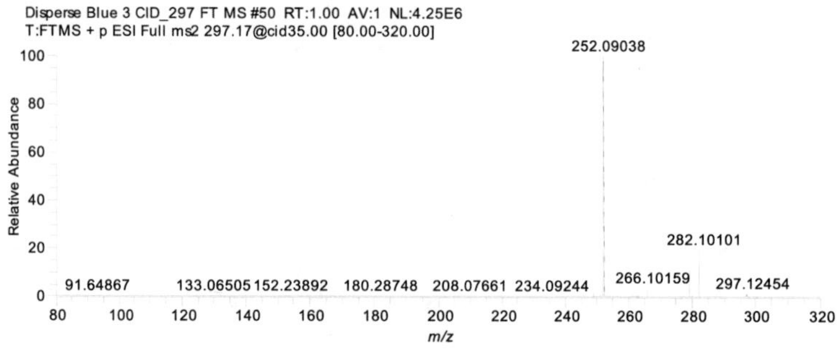 Disperse Blue 3 CID_297 FT MS #50 RT:1.00 AV:1 NL:4.25E6 T:FTMS + p ESI Full ms2 297.17@cid35.00 [80.00-320.00] 252.09038; 282.10101; 91.64867; 133.06505; 152.23892; 180.28748; 208.07661; 234.09244; 266.10159; 297.12454 Relative Abundance; m/z			
	HCD 碰撞碎片 Fragments of HCD	碎片组成 Assignment	$C_{15}H_{11}ON_2^+$	$C_{15}H_{11}O_2N_2^+$	$C_{15}H_{12}O_2N_2^+$
		理论精确质量数 Theoretical m/z	235.08659	251.08150	252.08933
	二级 HCD 碰撞 高分辨质谱图 20%能量 MS² Spectrum of HCD _ 20%	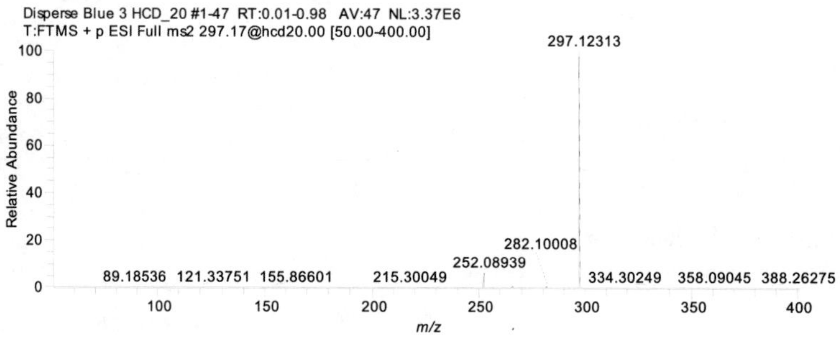 Disperse Blue 3 HCD_20 #1-47 RT:0.01-0.98 AV:47 NL:3.37E6 T:FTMS + p ESI Full ms2 297.17@hcd20.00 [50.00-400.00] 297.12313; 282.10008; 252.08939; 89.18536; 121.33751; 155.86601; 215.30049; 334.30249; 358.09045; 388.26275 Relative Abundance; m/z			
	二级 HCD 碰撞 高分辨质谱图 40%能量 MS² Spectrum of HCD _ 40%	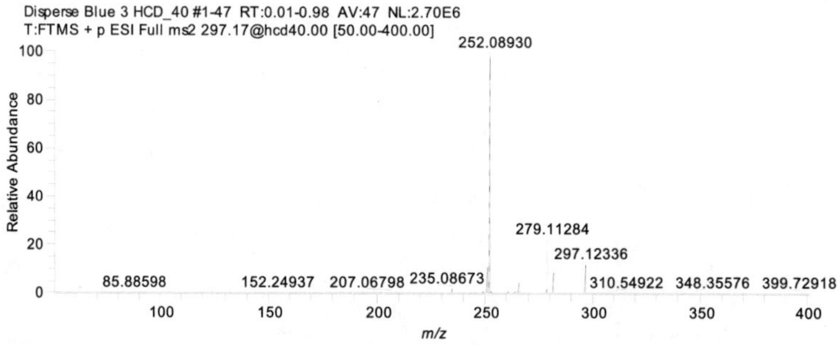 Disperse Blue 3 HCD_40 #1-47 RT:0.01-0.98 AV:47 NL:2.70E6 T:FTMS + p ESI Full ms2 297.17@hcd40.00 [50.00-400.00] 252.08930; 279.11284; 297.12336; 85.88598; 152.24937; 207.06798; 235.08673; 310.54922; 348.35576; 399.72918 Relative Abundance; m/z			
	二级 HCD 碰撞 高分辨质谱图 60%能量 MS² Spectrum of HCD _ 60%	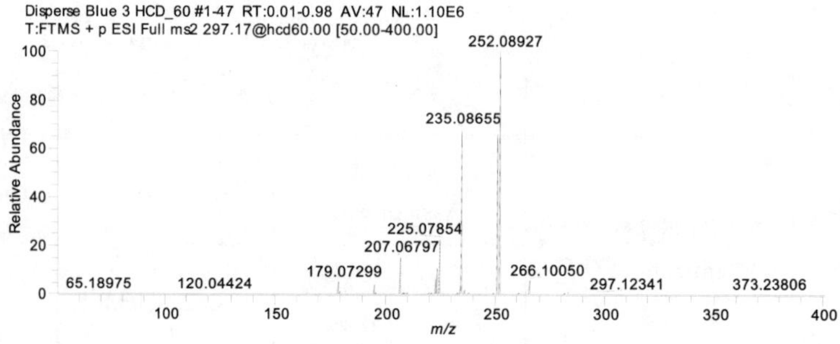 Disperse Blue 3 HCD_60 #1-47 RT:0.01-0.98 AV:47 NL:1.10E6 T:FTMS + p ESI Full ms2 297.17@hcd60.00 [50.00-400.00] 252.08927; 235.08655; 225.07854; 207.06797; 179.07299; 65.18975; 120.04424; 266.10050; 297.12341; 373.23806 Relative Abundance; m/z			

表 3－2（续）

序号	禁限用化合物 Orbitrap 高分辨质谱谱库			
40	二级 HCD 碰撞 高分辨质谱图 80%能量 MS^2 Spectrum of HCD _ 80%	Disperse Blue 3 HCD_80 #1-47 RT:0.01-0.99 AV:47 NL:8.39E5 T:FTMS + p ESI Full ms2 297.17@hcd80.00 [50.00-400.00] 235.08655 251.08150 224.07072 179.07301 207.06800 79.02881 120.04427 152.06202 266.10054 322.16720 348.05066 394.94799		
41	化合物英文名 Compound Name	C. I. Disperse Blue 7		
	化合物中文名 Chinese Name	分散蓝 7		
	CAS 号 CAS Number	3179－90－6		
	分子式 Molecular Formula	$C_{18}H_{18}N_2O_6$		
	一级母离子 Precursor	母离子组成 Assignment	$[M+H]^+$	$C_{18}H_{19}N_2O_6^+$
		理论精确质量数 Theoretical m/z	359.12376	
	一级质谱图 MS Spectrum	Disperse Blue 7 FT MS #1-64 RT:0.00-0.98 AV:64 NL:1.50E6 T:FTMS + p ESI Full ms [100.00-800.00] 359.12391 358.11630 360.12744 357.13227 344.22820 349.18360 352.32134 355.09281 361.13143 366.37328 368.42528		
	CID 碰撞碎片 Fragments of CID	碎片组成 Assignment	$C_{16}H_{14}O_5N_2^+$	
		理论精确质量数 Theoretical m/z	314.08972	

表 3-2（续）

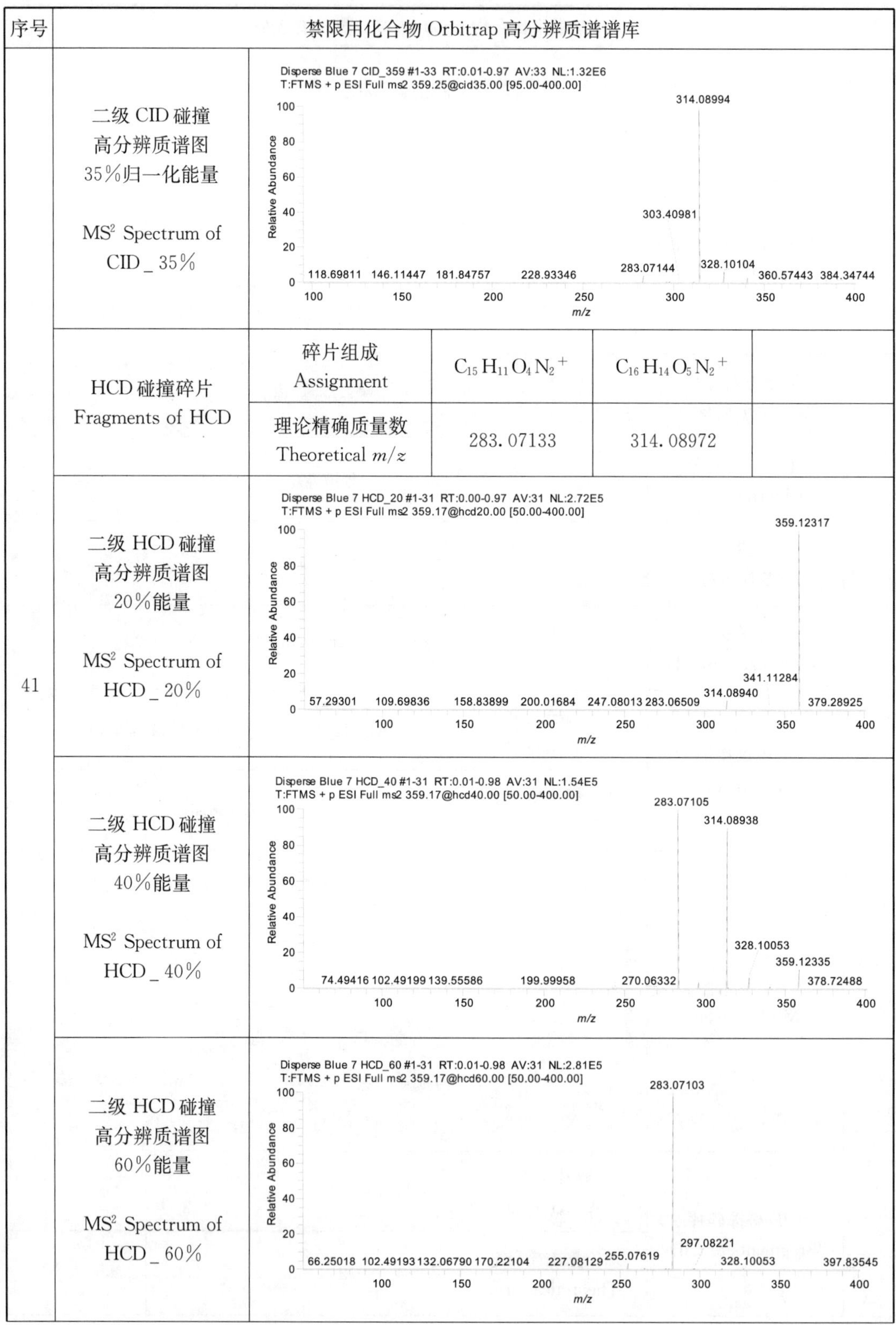

序号	禁限用化合物 Orbitrap 高分辨质谱谱库				
41	二级 CID 碰撞高分辨质谱图 35%归一化能量 MS² Spectrum of CID_35%				
	HCD 碰撞碎片 Fragments of HCD	碎片组成 Assignment	$C_{15}H_{11}O_4N_2^+$	$C_{16}H_{14}O_5N_2^+$	
		理论精确质量数 Theoretical *m/z*	283.07133	314.08972	
	二级 HCD 碰撞高分辨质谱图 20%能量 MS² Spectrum of HCD_20%				
	二级 HCD 碰撞高分辨质谱图 40%能量 MS² Spectrum of HCD_40%				
	二级 HCD 碰撞高分辨质谱图 60%能量 MS² Spectrum of HCD_60%				

表 3－2（续）

序号	禁限用化合物 Orbitrap 高分辨质谱谱库				
41	二级 HCD 碰撞 高分辨质谱图 80%能量 MS² Spectrum of HCD _ 80%	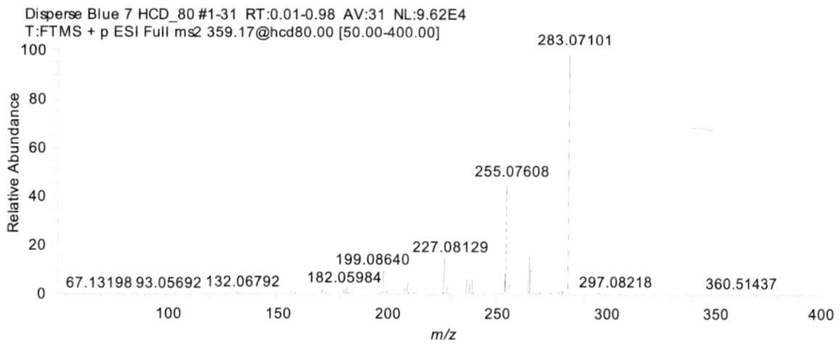 Disperse Blue 7 HCD_80 #1-31 RT:0.01-0.98 AV:31 NL:9.62E4 T:FTMS + p ESI Full ms2 359.17@hcd80.00 [50.00-400.00] 283.07101 255.07608 227.08129 199.08640 182.05984 67.13198 93.05692 132.06792 297.08218 360.51437 Relative Abundance m/z			
42	化合物英文名 Compound Name	C. I. Disperse Blue 26			
	化合物中文名 Chinese Name	分散蓝 26			
	CAS 号 CAS Number	3860－63－7			
	分子式 Molecular Formula	$C_{16}H_{14}N_2O_4$			
	一级母离子 Precursor	母离子组成 Assignment	[M+H]$^+$	$C_{16}H_{15}N_2O_4^+$	
		理论精确质量数 Theoretical m/z	299.10263		
	一级质谱图 MS Spectrum	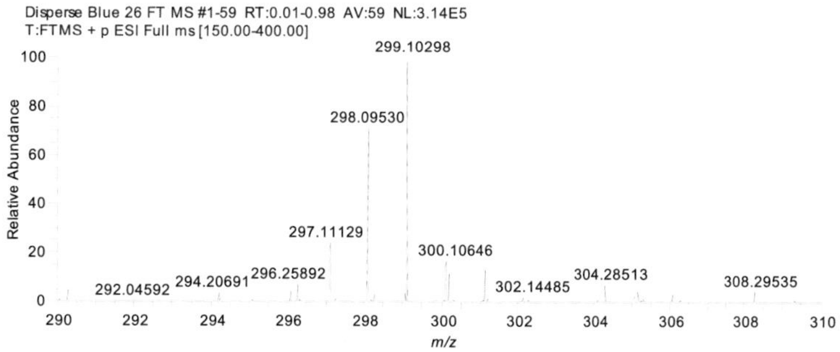 Disperse Blue 26 FT MS #1-59 RT:0.01-0.98 AV:59 NL:3.14E5 T:FTMS + p ESI Full ms [150.00-400.00] 299.10298 298.09530 297.11129 300.10646 292.04592 294.20691 296.25892 302.14485 304.28513 308.29535 Relative Abundance m/z			
	CID 碰撞碎片 Fragments of CID	碎片组成 Assignment	$C_{15}H_{12}O_4N_2^+$		
		理论精确质量数 Theoretical m/z	284.07916		

表 3 - 2（续）

<table>
<tr><th>序号</th><th colspan="5">禁限用化合物 Orbitrap 高分辨质谱谱库</th></tr>
<tr><td rowspan="6">42</td><td>二级 CID 碰撞
高分辨质谱图
35%归一化能量

MS^2 Spectrum of
CID _ 35%</td><td colspan="4">Disperse Blue 26 CID_299 FT MS #1-38 RT:0.01-0.97 AV:38 NL:9.19E5
T:FTMS + p ESI Full ms2 299.25@cid35.00 [80.00-340.00]
284.07889
101.39973 119.53589 161.51641 213.07326 236.06604 263.07694 299.10296 336.49976
Relative Abundance; m/z</td></tr>
<tr><td rowspan="2">HCD 碰撞碎片
Fragments of HCD</td><td>碎片组成
Assignment</td><td>$C_{12}H_9ON^+$</td><td>$C_{15}H_{12}O_4N_2^+$</td><td>$C_{15}H_8O_4N^+$</td></tr>
<tr><td>理论精确质量数
Theoretical m/z</td><td>183.06787</td><td>284.07916</td><td>266.04478</td></tr>
<tr><td>二级 HCD 碰撞
高分辨质谱图
20%能量

MS^2 Spectrum of
HCD _ 20%</td><td colspan="4">Disperse Blue 26 HCD_20 #1-31 RT:0.01-0.98 AV:31 NL:4.66E5
T:FTMS + p ESI Full ms2 299.17@hcd20.00 [50.00-400.00]
299.10189
317.15486
87.58843 109.88400 166.63561 199.83708 254.06860 284.07919 344.42651 379.82635
Relative Abundance; m/z</td></tr>
<tr><td>二级 HCD 碰撞
高分辨质谱图
40%能量

MS^2 Spectrum of
HCD _ 40%</td><td colspan="4">Disperse Blue 26 HCD_40 #1-31 RT:0.01-0.98 AV:31 NL:2.94E5
T:FTMS + p ESI Full ms2 299.17@hcd40.00 [50.00-400.00]
284.07917
299.10217
69.24733 104.55939 162.77857 199.82690 236.06623 266.06869 318.98755 370.44111
Relative Abundance; m/z</td></tr>
<tr><td>二级 HCD 碰撞
高分辨质谱图
60%能量

MS^2 Spectrum of
HCD _ 60%</td><td colspan="4">Disperse Blue 26 HCD_60 #1-31 RT:0.00-0.97 AV:31 NL:1.22E5
T:FTMS + p ESI Full ms2 299.17@hcd60.00 [50.00-400.00]
284.07919
266.06868
239.05782
68.71338 114.40640 153.06538 211.06289 299.09833 329.18687 380.90579
Relative Abundance; m/z</td></tr>
</table>

表 3-2（续）

<table>
<tr><td>序号</td><td colspan="4">禁限用化合物 Orbitrap 高分辨质谱谱库</td></tr>
<tr><td>42</td><td>二级 HCD 碰撞
高分辨质谱图
80%能量
MS² Spectrum of
HCD _ 80%</td><td colspan="3"></td></tr>
<tr><td rowspan="9">43</td><td>化合物英文名
Compound Name</td><td colspan="3">C. I. Disperse Blue 35a</td></tr>
<tr><td>化合物中文名
Chinese Name</td><td colspan="3">分散蓝 35a</td></tr>
<tr><td>CAS 号
CAS Number</td><td colspan="3">56524-77-7</td></tr>
<tr><td>分子式
Molecular Formula</td><td colspan="3">$C_{15}H_{12}N_2O_4$</td></tr>
<tr><td rowspan="2">一级母离子
Precursor</td><td>母离子组成
Assignment</td><td>$[M+H]^+$</td><td>$C_{15}H_{13}N_2O_4^+$</td></tr>
<tr><td>理论精确质量数
Theoretical m/z</td><td colspan="2">285.08698</td></tr>
<tr><td>一级质谱图
MS Spectrum</td><td colspan="3"></td></tr>
<tr><td rowspan="2">CID 碰撞碎片
Fragments of CID</td><td>碎片组成
Assignment</td><td>$C_{14}H_{10}N_2O_4^+$</td><td></td></tr>
<tr><td>理论精确质量数
Theoretical m/z</td><td>270.06351</td><td></td></tr>
</table>

表 3 - 2（续）

<table>
<tr><th>序号</th><th colspan="5">禁限用化合物 Orbitrap 高分辨质谱谱库</th></tr>
<tr><td rowspan="6">43</td><td>二级 CID 碰撞
高分辨质谱图
35%归一化能量

MS² Spectrum of
CID _ 35%</td><td colspan="4"> 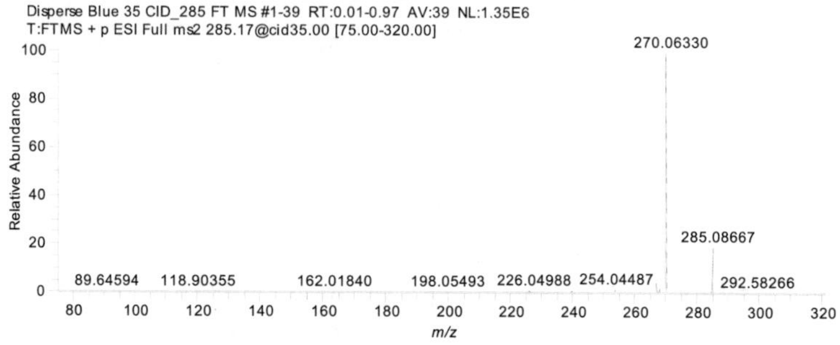Disperse Blue 35 CID_285 FT MS #1-39 RT:0.01-0.97 AV:39 NL:1.35E6
T:FTMS + p ESI Full ms2 285.17@cid35.00 [75.00-320.00]
270.06330; 285.08667; 89.64594; 118.90355; 162.01840; 198.05493; 226.04988; 254.04487; 292.58266
Relative Abundance; m/z</td></tr>
<tr><td rowspan="2">HCD 碰撞碎片
Fragments of HCD</td><td>碎片组成
Assignment</td><td>$C_{12}H_8ON_2^+$</td><td>$C_{14}H_{10}O_4N_2^+$</td><td></td></tr>
<tr><td>理论精确质量数
Theoretical m/z</td><td>196.06311</td><td>270.06351</td><td></td></tr>
<tr><td>二级 HCD 碰撞
高分辨质谱图
20%能量

MS² Spectrum of
HCD _ 20%</td><td colspan="4"> 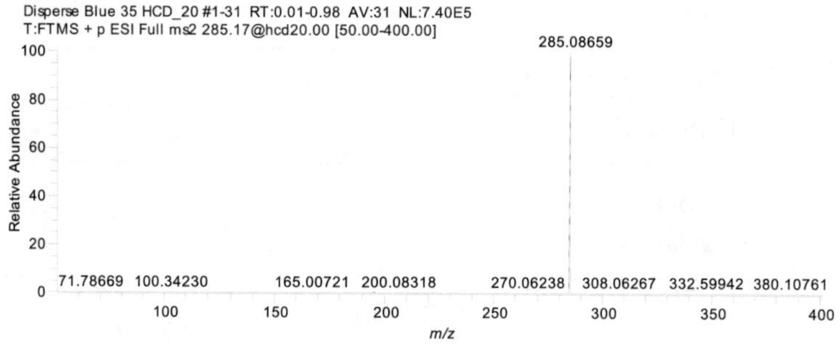Disperse Blue 35 HCD_20 #1-31 RT:0.01-0.98 AV:31 NL:7.40E5
T:FTMS + p ESI Full ms2 285.17@hcd20.00 [50.00-400.00]
285.08659; 71.78669; 100.34230; 165.00721; 200.08318; 270.06238; 308.06267; 332.59942; 380.10761
Relative Abundance; m/z</td></tr>
<tr><td>二级 HCD 碰撞
高分辨质谱图
40%能量

MS² Spectrum of
HCD _ 40%</td><td colspan="4"> 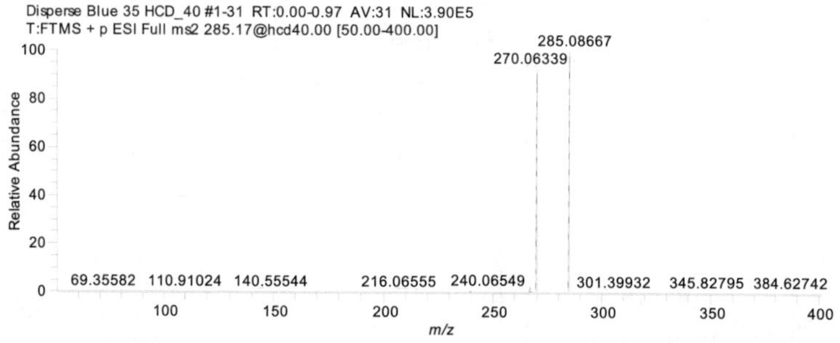Disperse Blue 35 HCD_40 #1-31 RT:0.00-0.97 AV:31 NL:3.90E5
T:FTMS + p ESI Full ms2 285.17@hcd40.00 [50.00-400.00]
285.08667; 270.06339; 69.35582; 110.91024; 140.55544; 216.06555; 240.06549; 301.39932; 345.82795; 384.62742
Relative Abundance; m/z</td></tr>
<tr><td>二级 HCD 碰撞
高分辨质谱图
60%能量

MS² Spectrum of
HCD _ 60%</td><td colspan="4"> 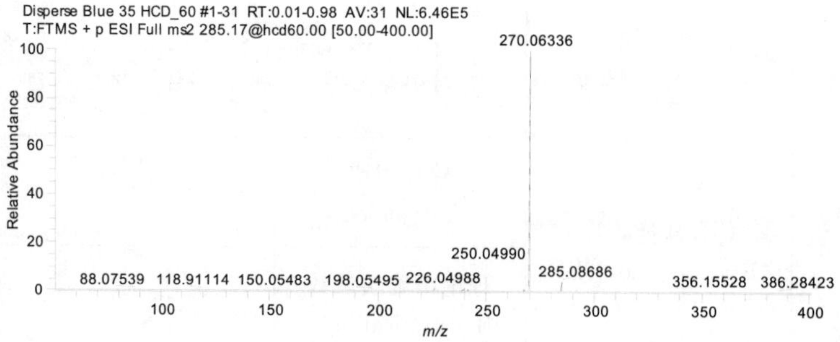Disperse Blue 35 HCD_60 #1-31 RT:0.01-0.98 AV:31 NL:6.46E5
T:FTMS + p ESI Full ms2 285.17@hcd60.00 [50.00-400.00]
270.06336; 250.04990; 285.08686; 88.07539; 118.91114; 150.05483; 198.05495; 226.04988; 356.15528; 386.28423
Relative Abundance; m/z</td></tr>
</table>

表 3-2（续）

序号	禁限用化合物 Orbitrap 高分辨质谱谱库				
43	二级 HCD 碰撞高分辨质谱图 80%能量 MS[2] Spectrum of HCD _ 80%	Disperse Blue 35 HCD_80 #1-31 RT:0.00-0.97 AV:31 NL:3.96E5 T:FTMS + p ESI Full ms2 285.17@hcd80.00 [50.00-400.00] 270.06335 196.06308 242.06857 79.04135 107.03633 169.05213 285.08691 361.54351 395.48200 Relative Abundance m/z			
44	化合物英文名 Compound Name	C. I. Disperse Blue 35b			
	化合物中文名 Chinese Name	分散蓝 35b			
	CAS 号 CAS Number	56524-76-6			
	分子式 Molecular Formula	$C_{16}H_{14}N_2O_4$			
	一级母离子 Precursor	母离子组成 Assignment	$[M+H]^+$	$C_{16}H_{15}N_2O_4^+$	
		理论精确质量数 Theoretical *m/z*	299.10263		
	一级质谱图 MS Spectrum	Disperse Blue 35 FT MS #1-104 RT:0.00-1.00 AV:104 NL:3.39E6 T:FTMS + p ESI Full ms [120.00-500.00] 299.10247 285.08701 271.07147 338.34178 380.12422 391.28437 432.23815 149.02324 195.08776 Relative Abundance m/z			
	CID 碰撞碎片 Fragments of CID	碎片组成 Assignment	$C_{15}H_{12}O_4N_2^+$		
		理论精确质量数 Theoretical *m/z*	284.07916		

表 3-2（续）

序号	禁限用化合物 Orbitrap 高分辨质谱谱库				
44	二级 CID 碰撞 高分辨质谱图 35%归一化能量 MS^2 Spectrum of CID _ 35%	Disperse Blue 35 CID_299 FT MS #1 RT:0.01 AV:1 NL:2.13E6 T:FTMS + p ESI Full ms2 299.25@cid35.00 [80.00-340.00] 284.07874; 299.10214; 101.39975; 145.25797; 167.89499; 222.05498; 250.05000; 271.07150; 315.34949			
	HCD 碰撞碎片 Fragments of HCD	碎片组成 Assignment	$C_{14}H_9O_3N^+$	$C_{15}H_9O_4N^+$	$C_{15}H_{12}O_4N_2^+$
		理论精确质量数 Theoretical m/z	239.05769	267.05261	284.07916
	二级 HCD 碰撞 高分辨质谱图 20%能量 MS^2 Spectrum of HCD _ 20%	Disperse Blue 35 HCD_20 #1 RT:0.01 AV:1 NL:8.48E5 T:FTMS + p ESI Full ms2 299.08@hcd20.00 [50.00-400.00] 299.10193; 87.58832; 125.49661; 200.05331; 225.35495; 271.07138; 311.66516; 354.24316; 386.02795			
	二级 HCD 碰撞 高分辨质谱图 40%能量 MS^2 Spectrum of HCD _ 40%	Disperse Blue 35 HCD_40 #1 RT:0.01 AV:1 NL:5.08E5 T:FTMS + p ESI Full ms2 299.08@hcd40.00 [50.00-400.00] 284.07858; 299.10223; 95.51115; 135.25754; 181.82678; 239.05775; 266.06863; 315.34970; 351.39667; 388.98047			
	二级 HCD 碰撞 高分辨质谱图 60%能量 MS^2 Spectrum of HCD _ 60%	Disperse Blue 35 HCD_60 #1 RT:0.01 AV:1 NL:3.01E5 T:FTMS + p ESI Full ms2 299.08@hcd60.00 [50.00-400.00] 284.07825; 267.05255; 239.05768; 68.84222; 90.67903; 136.03912; 183.06781; 211.06274; 299.10245; 345.90695; 389.62183			

表 3-2（续）

序号	禁限用化合物 Orbitrap 高分辨质谱谱库			
44	二级 HCD 碰撞高分辨质谱图 80%能量 MS² Spectrum of HCD _ 80%	Disperse Blue 35 HCD_80 #1 RT:0.01 AV:1 NL:7.51E4 T:FTMS + p ESI Full ms2 299.08@hcd80.00 [50.00-400.00] 239.05771; 256.06033; 211.06279; 183.06784; 283.07126; 155.07286; 92.04918; 121.02823; 311.72711; 363.01385 Relative Abundance; m/z		
45	化合物英文名 Compound Name	C. I. Disperse Blue 102		
	化合物中文名 Chinese Name	分散蓝 102		
	CAS 号 CAS Number	69766-79-6		
	分子式 Molecular Formula	$C_{15}H_{19}N_5O_4S$		
	一级母离子 Precursor	母离子组成 Assignment	[M+H]$^+$	$C_{15}H_{20}N_5O_4S^+$
		理论精确质量数 Theoretical *m/z*	366.12305	
	一级质谱图 MS Spectrum	Disperse Blue 102 FT MS #2-59 RT:0.02-0.98 AV:58 NL:7.64E5 T:FTMS + p ESI Full ms [100.00-450.00] 366.12376; 367.12706; 352.32171; 374.30357; 356.19217; 358.36853; 364.10808; 368.11952; 371.22821; 377.32242 Relative Abundance; m/z		
	CID 碰撞碎片 Fragments of CID	碎片组成 Assignment	$C_{12}H_{18}O_2N^+$	
		理论精确质量数 Theoretical *m/z*	208.13320	

表 3-2（续）

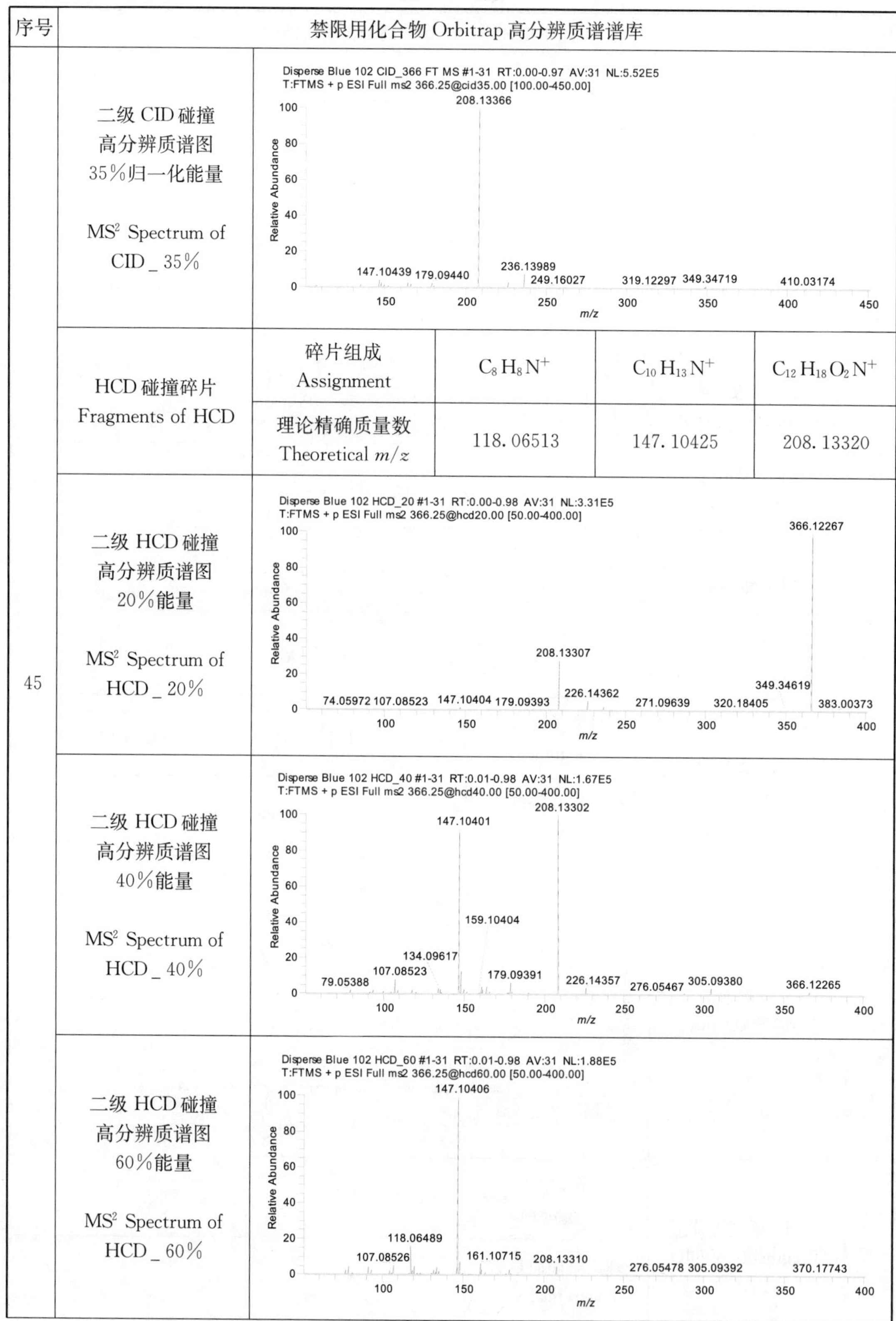

序号	禁限用化合物 Orbitrap 高分辨质谱谱库				
45	二级 CID 碰撞 高分辨质谱图 35%归一化能量 MS^2 Spectrum of CID _ 35%				
	HCD 碰撞碎片 Fragments of HCD	碎片组成 Assignment	$C_8H_8N^+$	$C_{10}H_{13}N^+$	$C_{12}H_{18}O_2N^+$
		理论精确质量数 Theoretical m/z	118.06513	147.10425	208.13320
	二级 HCD 碰撞 高分辨质谱图 20%能量 MS^2 Spectrum of HCD _ 20%				
	二级 HCD 碰撞 高分辨质谱图 40%能量 MS^2 Spectrum of HCD _ 40%				
	二级 HCD 碰撞 高分辨质谱图 60%能量 MS^2 Spectrum of HCD _ 60%				

表 3-2（续）

<table>
<tr><td>序号</td><td colspan="4">禁限用化合物 Orbitrap 高分辨质谱谱库</td></tr>
<tr><td>45</td><td>二级 HCD 碰撞
高分辨质谱图
80%能量

MS² Spectrum of
HCD _ 80%</td><td colspan="3">Disperse Blue 102 HCD_80 #1-31 RT:0.01-0.98 AV:31 NL:1.04E5
T:FTMS + p ESI Full ms2 366.25@hcd80.00 [50.00-400.00]
118.06488; 147.10404; 91.05390; 79.05390; 161.10713; 215.09261; 257.18802; 312.39528; 374.45973
Relative Abundance; m/z</td></tr>
<tr><td rowspan="8">46</td><td>化合物英文名
Compound Name</td><td colspan="3">C. I. Disperse Blue 106</td></tr>
<tr><td>化合物中文名
Chinese Name</td><td colspan="3">分散蓝 106</td></tr>
<tr><td>CAS 号
CAS Number</td><td colspan="3">68516-81-4</td></tr>
<tr><td>分子式
Molecular Formula</td><td colspan="3">$C_{14}H_{17}N_5O_3S$</td></tr>
<tr><td rowspan="2">一级母离子
Precursor</td><td>母离子组成
Assignment</td><td>[M+H]$^+$</td><td>$C_{14}H_{18}N_5O_3S^+$</td></tr>
<tr><td>理论精确质量数
Theoretical m/z</td><td colspan="2">336.11249</td></tr>
<tr><td>一级质谱图
MS Spectrum</td><td colspan="3">Disperse Blue 106 FT MS #1-58 RT:0.01-0.98 AV:58 NL:2.46E6
T:FTMS + p ESI Full ms [260.00-400.00]
336.11127; 338.34030; 334.09583; 339.34364; 321.31404; 327.20025; 330.33555; 349.18180; 352.31957; 358.36643
Relative Abundance; m/z</td></tr>
<tr><td rowspan="2">CID 碰撞碎片
Fragments of CID</td><td>碎片组成
Assignment</td><td>$C_{11}H_{16}ON^+$</td><td>$C_{11}H_{16}ON_3^+$</td></tr>
<tr><td></td><td>理论精确质量数
Theoretical m/z</td><td>178.12264</td><td>206.12879</td></tr>
</table>

表 3-2（续）

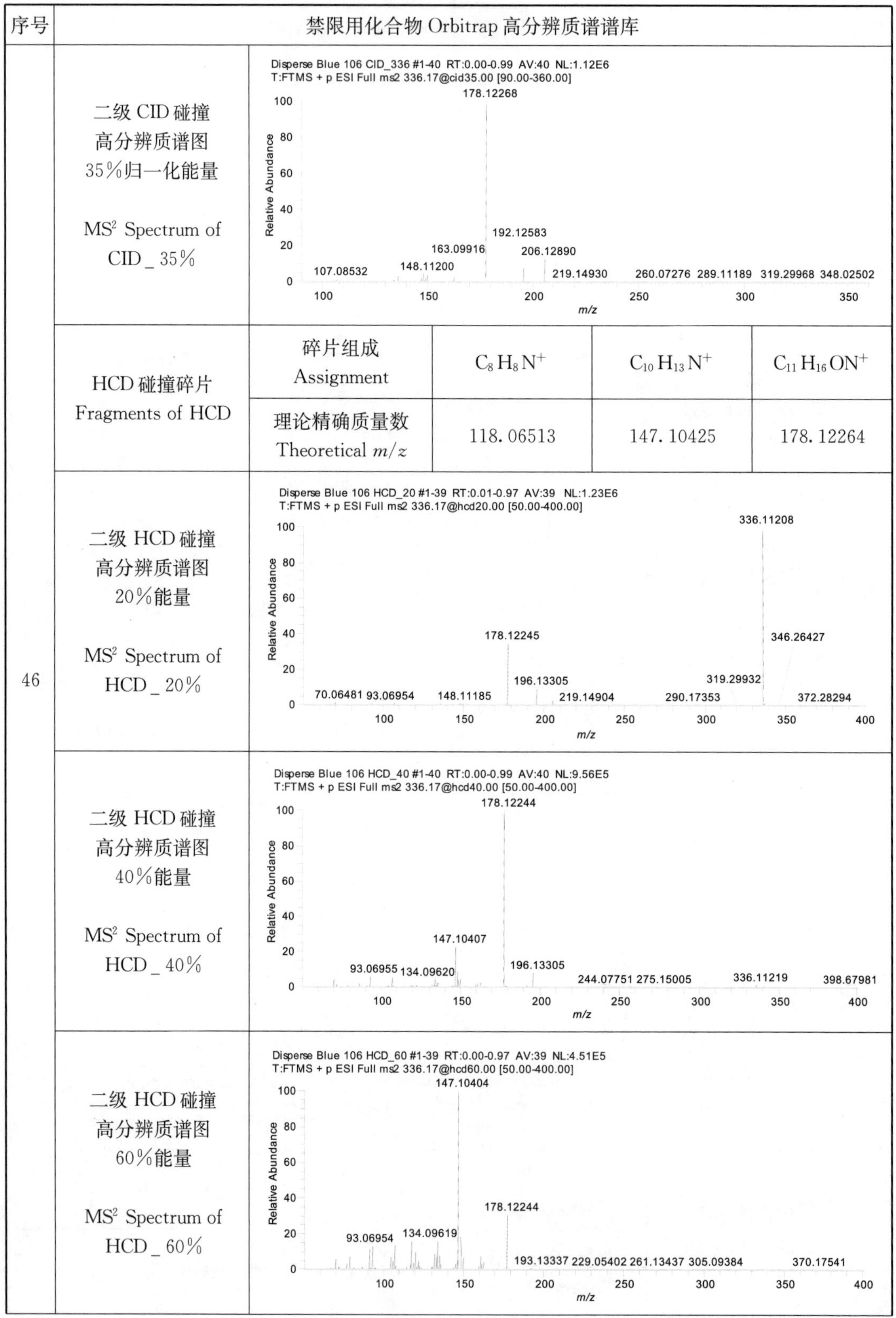

序号	禁限用化合物 Orbitrap 高分辨质谱谱库				
46	二级 CID 碰撞 高分辨质谱图 35%归一化能量 MS² Spectrum of CID _ 35%				
	HCD 碰撞碎片 Fragments of HCD	碎片组成 Assignment	$C_8H_8N^+$	$C_{10}H_{13}N^+$	$C_{11}H_{16}ON^+$
		理论精确质量数 Theoretical *m/z*	118.06513	147.10425	178.12264
	二级 HCD 碰撞 高分辨质谱图 20%能量 MS² Spectrum of HCD _ 20%				
	二级 HCD 碰撞 高分辨质谱图 40%能量 MS² Spectrum of HCD _ 40%				
	二级 HCD 碰撞 高分辨质谱图 60%能量 MS² Spectrum of HCD _ 60%				

表 3-2（续）

序号	禁限用化合物 Orbitrap 高分辨质谱谱库				
46	二级 HCD 碰撞高分辨质谱图 80%能量 MS² Spectrum of HCD_80%	Disperse Blue 106 HCD_80 #1-39 RT:0.01-0.99 AV:39 NL:3.00E5 T:FTMS + p ESI Full ms2 336.17@hcd80.00 [50.00-400.00] Relative Abundance (0–100)；m/z (100–400) 118.06484；147.10400；91.05387；79.05387；161.10708；215.09253；244.09080；312.39403；369.60472			
47	化合物英文名 Compound Name	C. I. Disperse Blue 124			
	化合物中文名 Chinese Name	分散蓝 124			
	CAS 号 CAS Number	15141-18-1			
	分子式 Molecular Formula	$C_{16}H_{19}N_5O_4S$			
	一级母离子 Precursor	母离子组成 Assignment	$[M+H]^+$	$C_{16}H_{20}N_5O_4S^+$	
		理论精确质量数 Theoretical m/z	378.12305		
	一级质谱图 MS Spectrum	Disperse Blue 124 FT MS #1-59 RT:0.00-0.98 AV:59 NL:3.97E6 T:FTMS + p ESI Full ms [300.00-440.00] Relative Abundance (0–100)；m/z (320–440) 378.12188；316.32011；338.34079；305.15618；332.31503；350.09075；366.37206；388.39234；415.21022；437.19196			
	CID 碰撞碎片 Fragments of CID	碎片组成 Assignment	$C_{11}H_{14}N^+$	$C_{11}H_{16}ON^+$	$C_{13}H_{18}O_2N^+$
		理论精确质量数 Theoretical m/z	160.11208	178.12264	220.13320

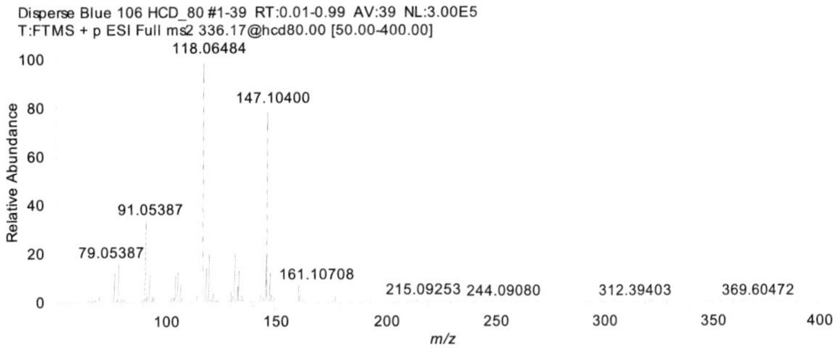

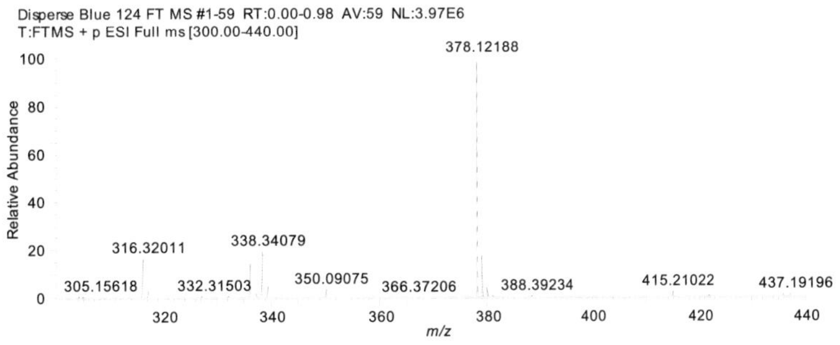

表 3-2（续）

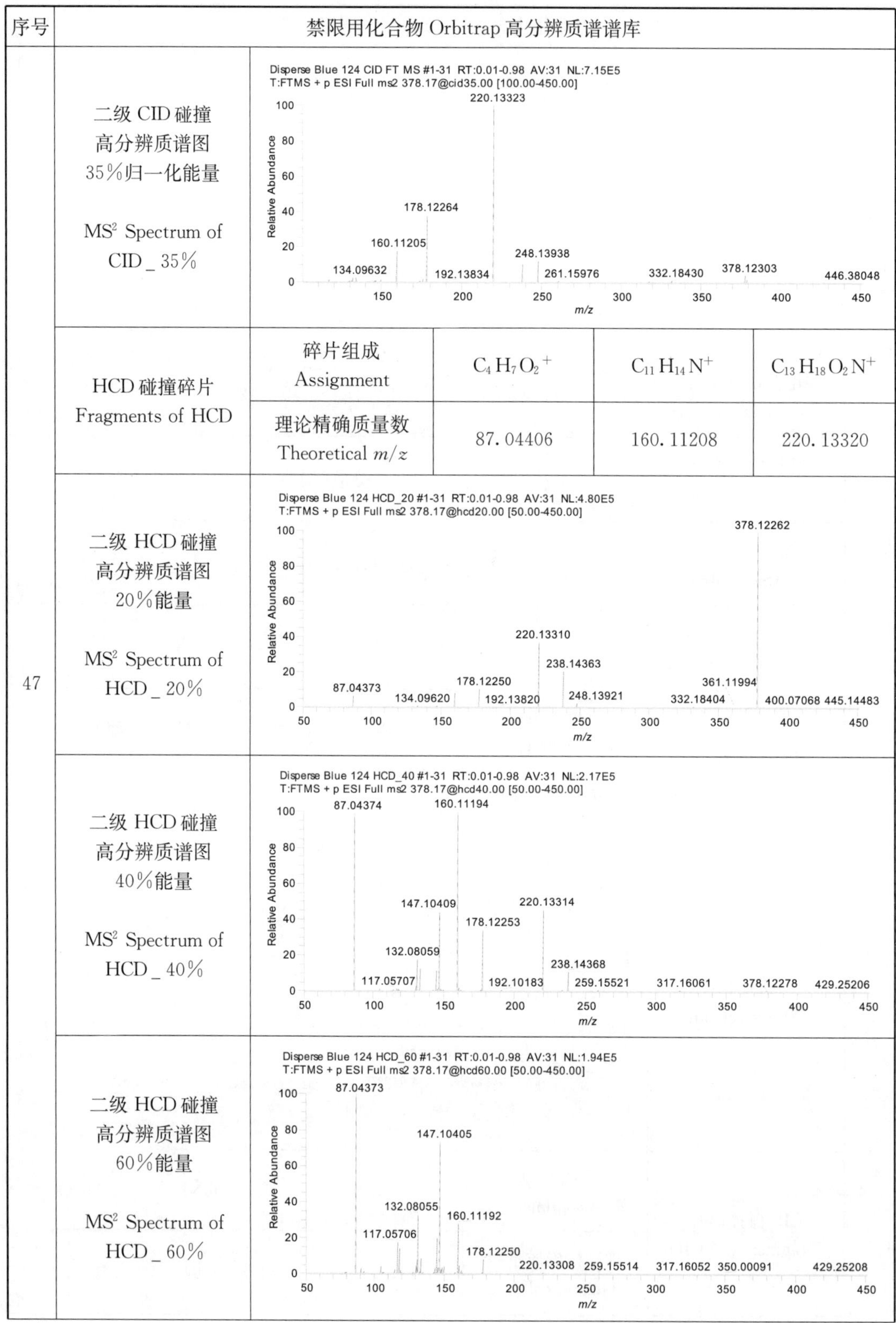

序号	禁限用化合物 Orbitrap 高分辨质谱谱库				
47	二级 CID 碰撞高分辨质谱图 35%归一化能量 MS² Spectrum of CID _ 35%	(spectrum)			
	HCD 碰撞碎片 Fragments of HCD	碎片组成 Assignment	$C_4H_7O_2^+$	$C_{11}H_{14}N^+$	$C_{13}H_{18}O_2N^+$
		理论精确质量数 Theoretical *m/z*	87.04406	160.11208	220.13320
	二级 HCD 碰撞高分辨质谱图 20%能量 MS² Spectrum of HCD _ 20%	(spectrum)			
	二级 HCD 碰撞高分辨质谱图 40%能量 MS² Spectrum of HCD _ 40%	(spectrum)			
	二级 HCD 碰撞高分辨质谱图 60%能量 MS² Spectrum of HCD _ 60%	(spectrum)			

表 3-2（续）

<table>
<tr><td>序号</td><td colspan="4">禁限用化合物 Orbitrap 高分辨质谱谱库</td></tr>
<tr><td>47</td><td>二级 HCD 碰撞高分辨质谱图 80%能量
MS² Spectrum of HCD _ 80%</td><td colspan="3">Disperse Blue 124 HCD_80 #1-31 RT:0.01-0.98 AV:31 NL:1.07E5
T:FTMS + p ESI Full ms2 378.17@hcd80.00 [50.00-450.00]
87.04371; 118.06486; 147.10403; 160.11186; 215.09257; 244.09076; 294.79814; 357.82744; 385.30528; 423.75537
Relative Abundance; m/z</td></tr>
<tr><td rowspan="8">48</td><td>化合物英文名
Compound Name</td><td colspan="3">C. I. Disperse Brown 1</td></tr>
<tr><td>化合物中文名
Chinese Name</td><td colspan="3">分散棕 1</td></tr>
<tr><td>CAS 号
CAS Number</td><td colspan="3">23355-64-8</td></tr>
<tr><td>分子式
Molecular Formula</td><td colspan="3">$C_{16}H_{15}Cl_3N_4O_4$</td></tr>
<tr><td rowspan="2">一级母离子
Precursor</td><td>母离子组成
Assignment</td><td>[M+H]$^+$</td><td>$C_{16}H_{16}Cl_3N_4O_4^+$</td></tr>
<tr><td>理论精确质量数
Theoretical m/z</td><td colspan="2">433.02316</td></tr>
<tr><td>一级质谱图
MS Spectrum</td><td colspan="3">Disperse Brown 1 FT MS #2-96 RT:0.01-0.98 AV:95 NL:1.33E6
T:FTMS + p ESI Full ms [100.00-700.00]
433.02328; 437.01722; 402.39430; 404.40092; 415.21168; 419.31577; 429.24035; 439.01396; 446.42031; 453.16734
Relative Abundance; m/z</td></tr>
<tr><td>CID 碰撞碎片
Fragments of CID</td><td>碎片组成
Assignment

理论精确质量数
Theoretical m/z</td><td>$C_{16}H_{16}O_2N_3Cl_3^+$

387.03026</td><td>$C_{15}H_{13}O_3N_4Cl_3^+$ 402.00477

$C_{16}H_{14}O_3N_4Cl_3^+$ 415.01260</td></tr>
</table>

表 3-2（续）

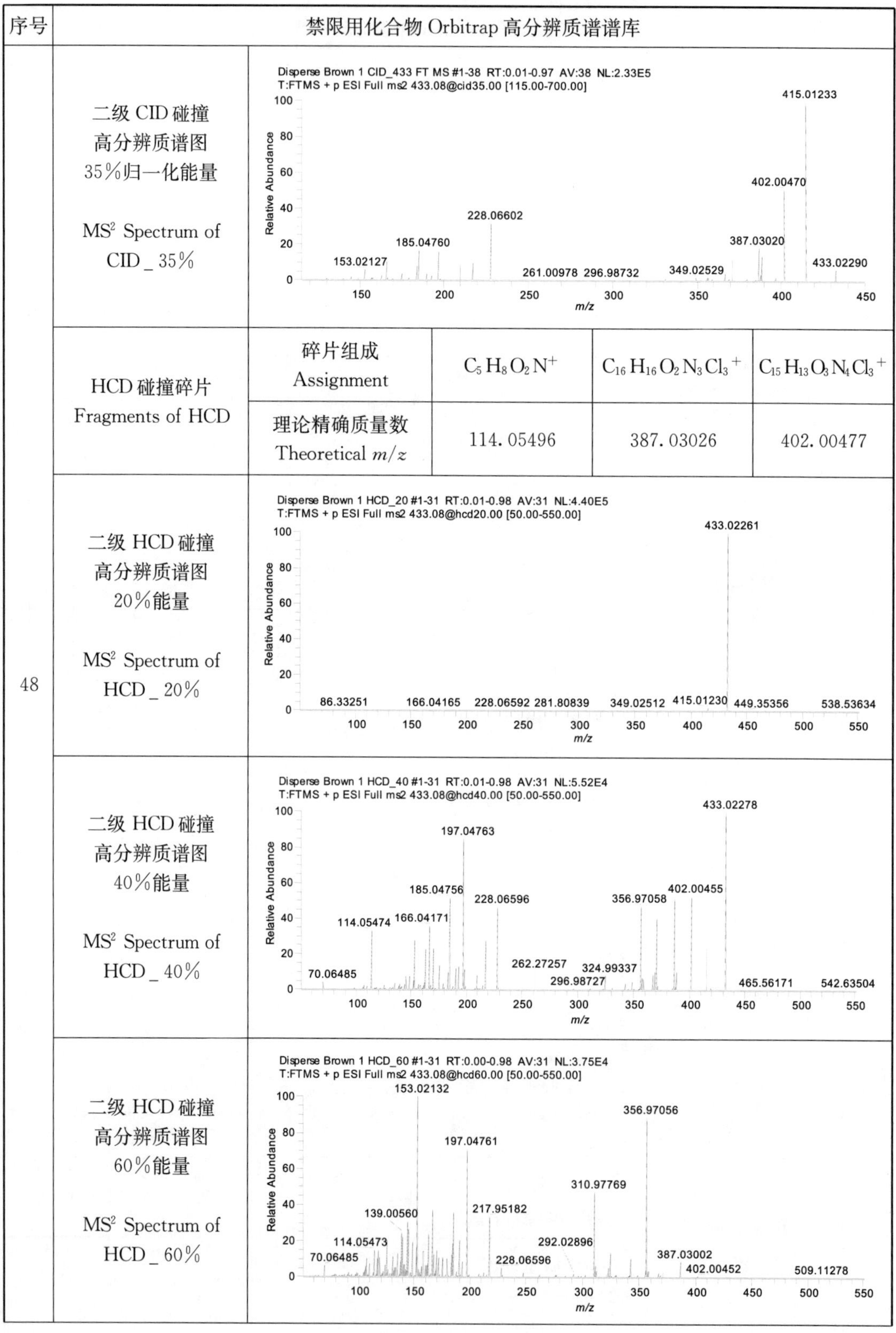

序号	禁限用化合物 Orbitrap 高分辨质谱谱库				
48	二级 CID 碰撞 高分辨质谱图 35%归一化能量 MS^2 Spectrum of CID _ 35%				
	HCD 碰撞碎片 Fragments of HCD	碎片组成 Assignment	$C_5H_8O_2N^+$	$C_{16}H_{16}O_2N_3Cl_3^+$	$C_{15}H_{13}O_3N_4Cl_3^+$
		理论精确质量数 Theoretical m/z	114.05496	387.03026	402.00477
	二级 HCD 碰撞 高分辨质谱图 20%能量 MS^2 Spectrum of HCD _ 20%				
	二级 HCD 碰撞 高分辨质谱图 40%能量 MS^2 Spectrum of HCD _ 40%				
	二级 HCD 碰撞 高分辨质谱图 60%能量 MS^2 Spectrum of HCD _ 60%				

表 3-2（续）

序号	禁限用化合物 Orbitrap 高分辨质谱谱库			
48	二级 HCD 碰撞高分辨质谱图 80%能量 MS^2 Spectrum of HCD _ 80%	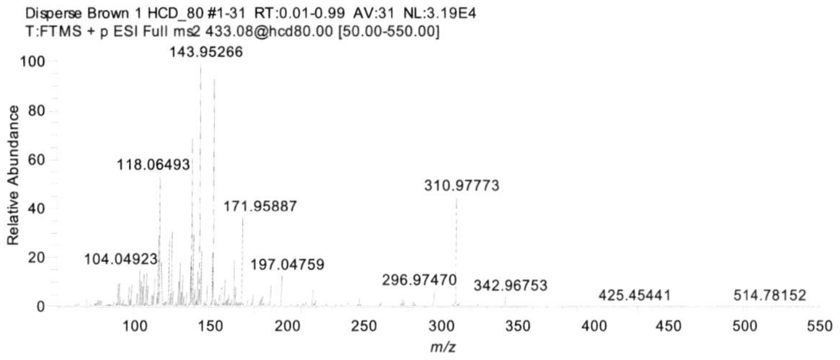 Disperse Brown 1 HCD_80 #1-31 RT:0.01-0.99 AV:31 NL:3.19E4 T:FTMS + p ESI Full ms2 433.08@hcd80.00 [50.00-550.00] 143.95266; 118.06493; 171.95887; 310.97773; 104.04923; 197.04759; 296.97470; 342.96753; 425.45441; 514.78152 Relative Abundance; m/z		
49	化合物英文名 Compound Name	C. I. Disperse Orange 1		
	化合物中文名 Chinese Name	分散橙 1		
	CAS 号 CAS Number	2581-69-3		
	分子式 Molccular Formula	$C_{18}H_{14}N_4O_2$		
	一级母离子 Precursor	母离子组成 Assignment	$[M+H]^+$	$C_{18}H_{15}N_4O_2^+$
		理论精确质量数 Theoretical m/z	319.11895	
	一级质谱图 MS Spectrum	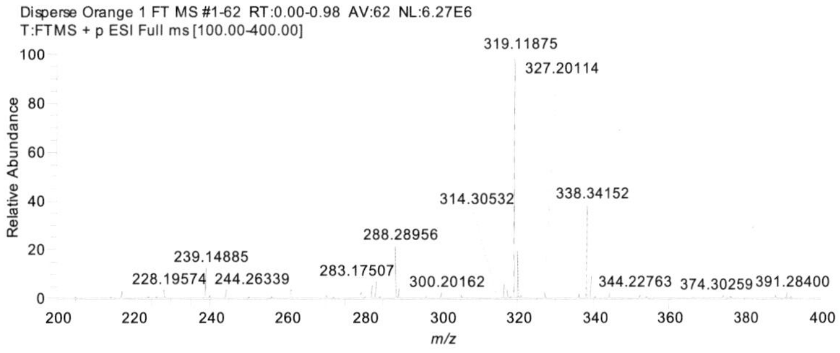 Disperse Orange 1 FT MS #1-62 RT:0.00-0.98 AV:62 NL:6.27E6 T:FTMS + p ESI Full ms [100.00-400.00] 319.11875; 327.20114; 314.30532; 338.34152; 288.28956; 239.14885; 228.19574; 244.26339; 283.17507; 300.20162; 344.22763; 374.30259; 391.28400 Relative Abundance; m/z		
	CID 碰撞碎片 Fragments of CID	碎片组成 Assignment	$C_6H_4O_2N_3^+$	$C_{12}H_{11}N^+$	
		理论精确质量数 Theoretical m/z	150.02980	169.08860	

表 3－2（续）

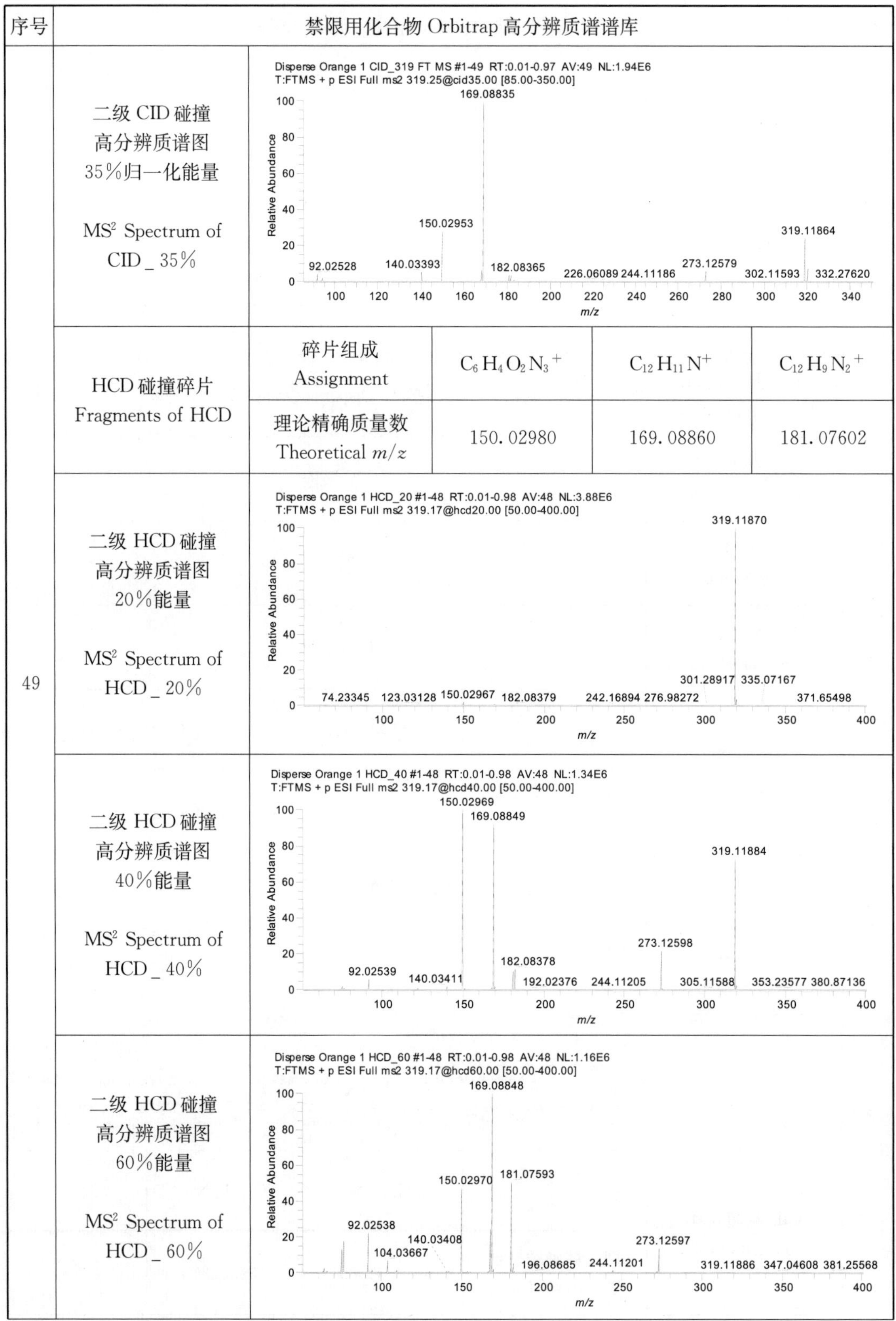

序号	禁限用化合物 Orbitrap 高分辨质谱谱库				
49	二级 CID 碰撞高分辨质谱图 35%归一化能量 MS² Spectrum of CID _ 35%				
	HCD 碰撞碎片 Fragments of HCD	碎片组成 Assignment	$C_6H_4O_2N_3^+$	$C_{12}H_{11}N^+$	$C_{12}H_9N_2^+$
		理论精确质量数 Theoretical *m/z*	150.02980	169.08860	181.07602
	二级 HCD 碰撞高分辨质谱图 20%能量 MS² Spectrum of HCD _ 20%				
	二级 HCD 碰撞高分辨质谱图 40%能量 MS² Spectrum of HCD _ 40%				
	二级 HCD 碰撞高分辨质谱图 60%能量 MS² Spectrum of HCD _ 60%				

表 3－2（续）

序号	禁限用化合物 Orbitrap 高分辨质谱谱库			
49	二级 HCD 碰撞高分辨质谱图 80％能量 MS² Spectrum of HCD＿80％	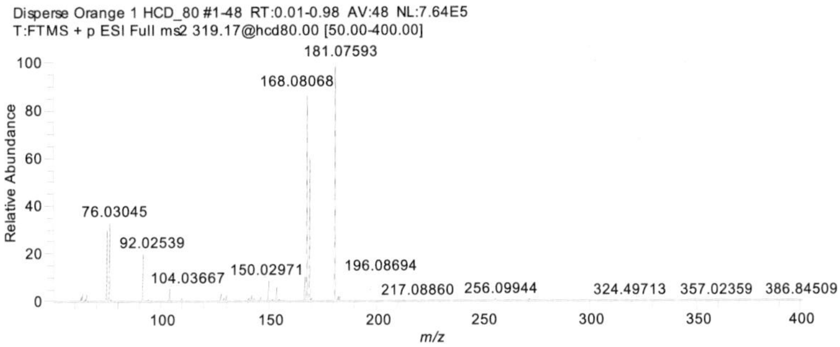		
50	化合物英文名 Compound Name	C. I. Disperse Orange 3		
	化合物中文名 Chinese Name	分散橙 3		
	CAS 号 CAS Number	730－40－5		
	分子式 Molecular Formula	$C_{12}H_{10}N_4O_2$		
	一级母离子 Precursor	母离子组成 Assignment	[M+H]$^+$	$C_{12}H_{11}N_4O_2^+$
		理论精确质量数 Theoretical *m/z*	243.08765	
	一级质谱图 MS Spectrum	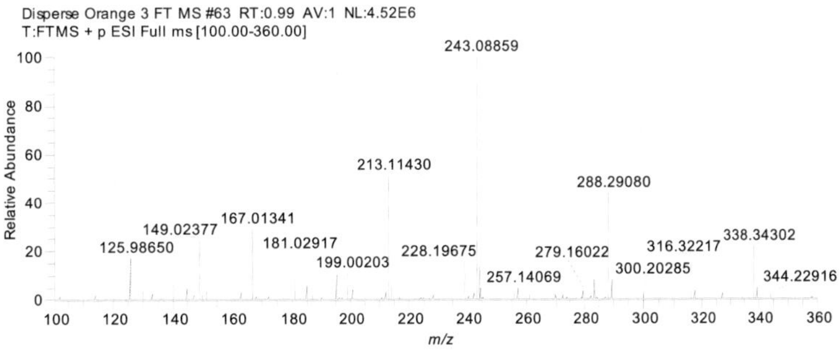		
	CID 碰撞碎片 Fragments of CID	碎片组成 Assignment	$C_6H_4O^+$	$C_6H_4O_2N_3^+$
		理论精确质量数 Theoretical *m/z*	92.02567	150.02980

表 3－2（续）

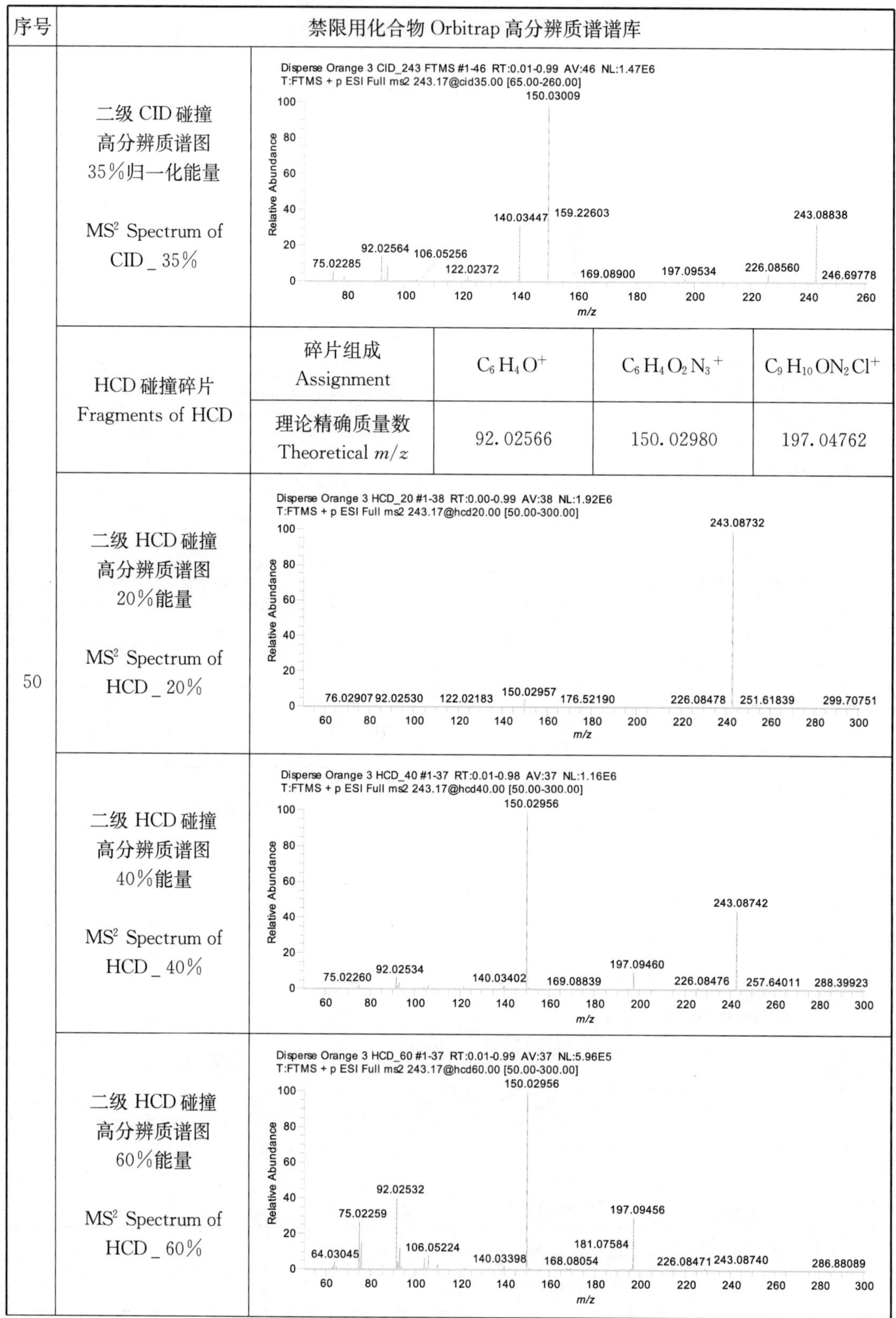

<table>
<tr><th>序号</th><th colspan="4">禁限用化合物 Orbitrap 高分辨质谱谱库</th></tr>
<tr><td rowspan="6">50</td><td>二级 CID 碰撞
高分辨质谱图
35%归一化能量

MS² Spectrum of
CID _ 35%</td><td colspan="4">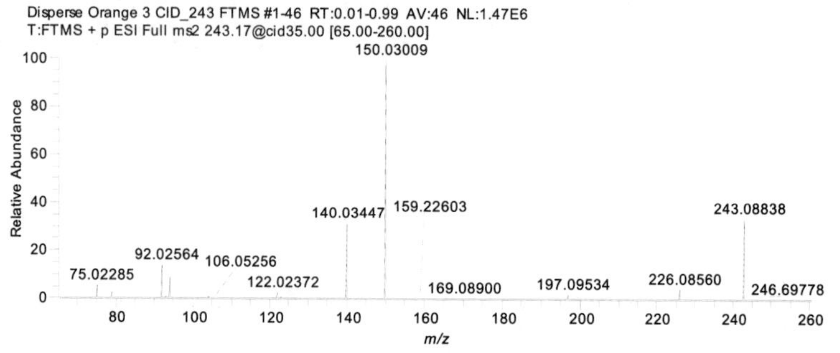
</td></tr>
<tr><td rowspan="2">HCD 碰撞碎片
Fragments of HCD</td><td>碎片组成
Assignment</td><td>$C_6H_4O^+$</td><td>$C_6H_4O_2N_3^+$</td><td>$C_9H_{10}ON_2Cl^+$</td></tr>
<tr><td>理论精确质量数
Theoretical m/z</td><td>92.02566</td><td>150.02980</td><td>197.04762</td></tr>
<tr><td>二级 HCD 碰撞
高分辨质谱图
20%能量

MS² Spectrum of
HCD _ 20%</td><td colspan="4">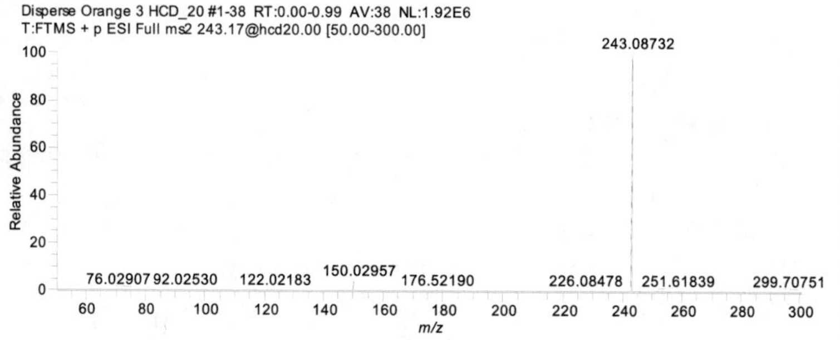
</td></tr>
<tr><td>二级 HCD 碰撞
高分辨质谱图
40%能量

MS² Spectrum of
HCD _ 40%</td><td colspan="4">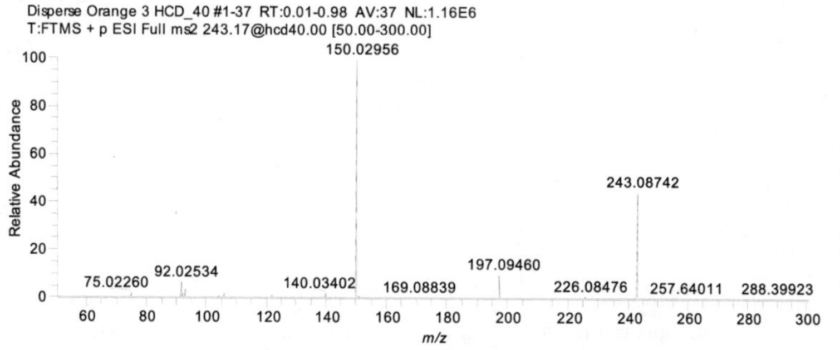
</td></tr>
<tr><td>二级 HCD 碰撞
高分辨质谱图
60%能量

MS² Spectrum of
HCD _ 60%</td><td colspan="4">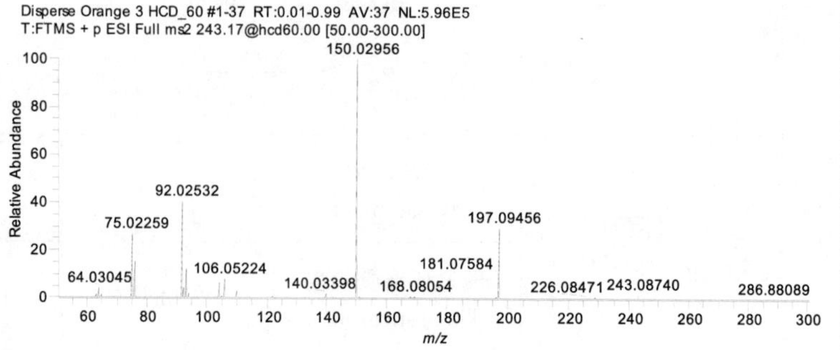
</td></tr>
</table>

表 3-2（续）

序号	禁限用化合物 Orbitrap 高分辨质谱谱库			
50	二级 HCD 碰撞高分辨质谱图 80%能量 MS² Spectrum of HCD_80%	Disperse Orange 3 HCD_80 #1-37 RT:0.01-0.99 AV:37 NL:2.68E5 T:FTMS + p ESI Full ms2 243.17@hcd80.00 [50.00-300.00] 75.02256; 92.02528; 150.02951; 104.03654; 116.04913; 64.03043; 197.09450; 136.02640; 168.08048; 229.08422; 263.72355; 292.65934 Relative Abundance; m/z		
51	化合物英文名 Compound Name	C. I. Disperse Orange 37/59/76		
	化合物中文名 Chinese Name	分散橙 37/59/76		
	CAS 号 CAS Number	13301-61-6		
	分子式 Molecular Formula	$C_{17}H_{15}Cl_2N_5O_2$		
	一级母离子 Precursor	母离子组成 Assignment	[M+H]$^+$	$C_{17}H_{16}Cl_2N_5O_2^+$
		理论精确质量数 Theoretical m/z	392.06756	
	一级质谱图 MS Spectrum	Disperse Orange 37 FT MS #1-60 RT:0.01-0.97 AV:60 NL:2.32E6 T:FTMS + p ESI Full ms [230.00-450.00] 392.06617; 394.06318; 395.06631; 382.32739; 384.24019; 386.32551; 388.39246; 391.28307; 397.06329; 399.34524 Relative Abundance; m/z		
	CID 碰撞碎片 Fragments of CID	碎片组成 Assignment	$C_{15}H_{13}O_2N_4Cl_2^+$		
		理论精确质量数 Theoretical m/z	351.04101		

表 3-2（续）

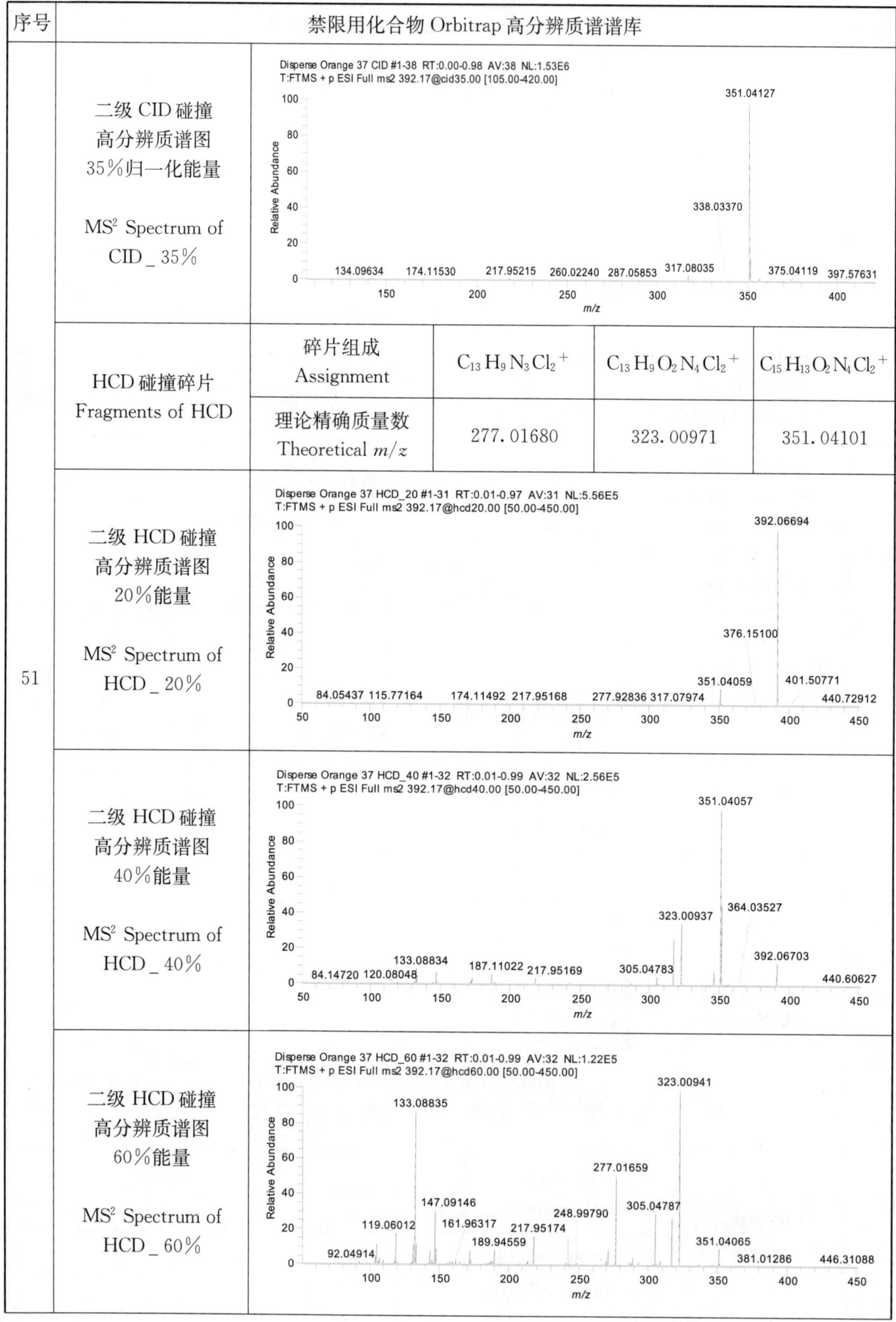

<table>
<tr><td>序号</td><td colspan="5">禁限用化合物 Orbitrap 高分辨质谱谱库</td></tr>
<tr><td rowspan="6">51</td><td>二级 CID 碰撞
高分辨质谱图
35%归一化能量

MS^2 Spectrum of
CID _ 35%</td><td colspan="4">Disperse Orange 37 CID #1-38 RT:0.00-0.98 AV:38 NL:1.53E6
T:FTMS + p ESI Full ms2 392.17@cid35.00 [105.00-420.00]
351.04127; 338.03370; 134.09634; 174.11530; 217.95215; 260.02240; 287.05853; 317.08035; 375.04119; 397.57631</td></tr>
<tr><td rowspan="2">HCD 碰撞碎片
Fragments of HCD</td><td>碎片组成
Assignment</td><td>$C_{13}H_9N_3Cl_2^+$</td><td>$C_{13}H_9O_2N_4Cl_2^+$</td><td>$C_{15}H_{13}O_2N_4Cl_2^+$</td></tr>
<tr><td>理论精确质量数
Theoretical m/z</td><td>277.01680</td><td>323.00971</td><td>351.04101</td></tr>
<tr><td>二级 HCD 碰撞
高分辨质谱图
20%能量

MS^2 Spectrum of
HCD _ 20%</td><td colspan="4">Disperse Orange 37 HCD_20 #1-31 RT:0.01-0.97 AV:31 NL:5.56E5
T:FTMS + p ESI Full ms2 392.17@hcd20.00 [50.00-450.00]
392.06694; 376.15100; 351.04059; 401.50771; 84.05437; 115.77164; 174.11492; 217.95168; 277.92836; 317.07974; 440.72912</td></tr>
<tr><td>二级 HCD 碰撞
高分辨质谱图
40%能量

MS^2 Spectrum of
HCD _ 40%</td><td colspan="4">Disperse Orange 37 HCD_40 #1-32 RT:0.01-0.99 AV:32 NL:2.56E5
T:FTMS + p ESI Full ms2 392.17@hcd40.00 [50.00-450.00]
351.04057; 364.03527; 323.00937; 392.06703; 133.08834; 187.11022; 84.14720; 120.08048; 217.95169; 305.04783; 440.60627</td></tr>
<tr><td>二级 HCD 碰撞
高分辨质谱图
60%能量

MS^2 Spectrum of
HCD _ 60%</td><td colspan="4">Disperse Orange 37 HCD_60 #1-32 RT:0.01-0.99 AV:32 NL:1.22E5
T:FTMS + p ESI Full ms2 392.17@hcd60.00 [50.00-450.00]
323.00941; 133.08835; 277.01659; 147.09146; 248.99790; 305.04787; 119.06012; 161.96317; 217.95174; 189.94559; 351.04065; 92.04914; 381.01286; 446.31088</td></tr>
</table>

表 3-2（续）

序号	禁限用化合物 Orbitrap 高分辨质谱谱库				
51	二级 HCD 碰撞高分辨质谱图 80%能量 MS² Spectrum of HCD_80%	Disperse Orange 37 HCD_80 #1-32 RT:0.01-0.98 AV:32 NL:8.78E4 T:FTMS + p ESI Full ms2 392.17@hcd80.00 [50.00-450.00] 133.08834; 119.06011; 277.01657; 105.05700; 143.95258; 92.04915; 171.95878; 214.04165; 248.99787; 303.07664; 323.00940; 398.51996; 449.52481 Relative Abundance; m/z			
52	化合物英文名 Compound Name	C. I. Disperse Orange 149			
	化合物中文名 Chinese Name	分散橙 149			
	CAS 号 CAS Number	85136-74-9			
	分子式 Molecular Formula	$C_{25}H_{26}N_6O_3$			
	一级母离子 Precursor	母离子组成 Assignment	[M+H]$^+$	$C_{25}H_{27}N_6O_3^+$	
		理论精确质量数 Theoretical m/z	459.21392		
	一级质谱图 MS Spectrum	Disperse Orange 149 FT MS #2-64 RT:0.02-0.98 AV:63 NL:1.12E7 T:FTMS + p ESI Full ms [100.00-500.00] 459.21429; 461.22128; 481.19607; 497.17006; 417.16727; 405.30151; 432.23850; 439.38269; 453.16795; 473.22972; 490.25640 Relative Abundance; m/z			
	CID 碰撞碎片 Fragments of CID	碎片组成 Assignment	$C_{22}H_{19}O_2N_6^+$	$C_{22}H_{21}O_3N_6^+$	
		理论精确质量数 Theoretical m/z	399.15640	417.16696	

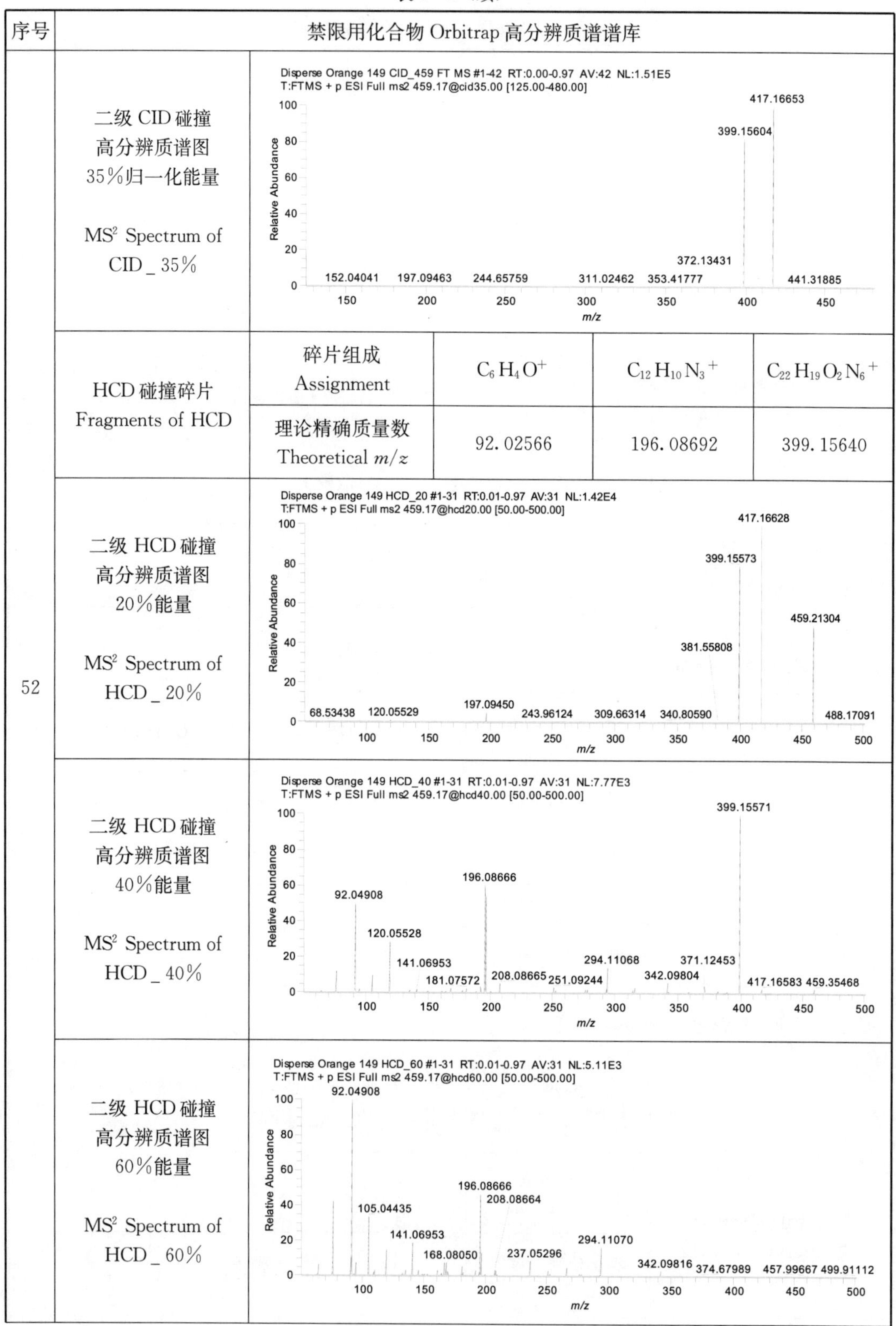

表 3 - 2（续）

序号	禁限用化合物 Orbitrap 高分辨质谱谱库				
52	二级 CID 碰撞高分辨质谱图 35%归一化能量 MS² Spectrum of CID _ 35%	Disperse Orange 149 CID_459 FT MS #1-42 RT:0.00-0.97 AV:42 NL:1.51E5 T:FTMS + p ESI Full ms2 459.17@cid35.00 [125.00-480.00] 417.16653; 399.15604; 372.13431; 152.04041; 197.09463; 244.65759; 311.02462; 353.41777; 441.31885 Relative Abundance; m/z			
	HCD 碰撞碎片 Fragments of HCD	碎片组成 Assignment	$C_6H_4O^+$	$C_{12}H_{10}N_3{}^+$	$C_{22}H_{19}O_2N_6{}^+$
		理论精确质量数 Theoretical *m/z*	92.02566	196.08692	399.15640
	二级 HCD 碰撞高分辨质谱图 20%能量 MS² Spectrum of HCD _ 20%	Disperse Orange 149 HCD_20 #1-31 RT:0.01-0.97 AV:31 NL:1.42E4 T:FTMS + p ESI Full ms2 459.17@hcd20.00 [50.00-500.00] 417.16628; 399.15573; 459.21304; 381.55808; 68.53438; 120.05529; 197.09450; 243.96124; 309.66314; 340.80590; 488.17091 Relative Abundance; m/z			
	二级 HCD 碰撞高分辨质谱图 40%能量 MS² Spectrum of HCD _ 40%	Disperse Orange 149 HCD_40 #1-31 RT:0.01-0.97 AV:31 NL:7.77E3 T:FTMS + p ESI Full ms2 459.17@hcd40.00 [50.00-500.00] 399.15571; 196.08666; 92.04908; 120.05528; 141.06953; 181.07572; 208.08665; 251.09244; 294.11068; 342.09804; 371.12453; 417.16583; 459.35468 Relative Abundance; m/z			
	二级 HCD 碰撞高分辨质谱图 60%能量 MS² Spectrum of HCD _ 60%	Disperse Orange 149 HCD_60 #1-31 RT:0.01-0.97 AV:31 NL:5.11E3 T:FTMS + p ESI Full ms2 459.17@hcd60.00 [50.00-500.00] 92.04908; 196.08666; 208.08664; 105.04435; 141.06953; 168.08050; 237.05296; 294.11070; 342.09816; 374.67989; 457.99667; 499.91112 Relative Abundance; m/z			

表 3-2（续）

序号	禁限用化合物 Orbitrap 高分辨质谱谱库			
52	二级 HCD 碰撞高分辨质谱图 80%能量 MS^2 Spectrum of HCD_80%	Disperse Orange 149 HCD_80 #1-31 RT:0.01-0.97 AV:31 NL:3.70E3 T:FTMS + p ESI Full ms2 459.17@hcd80.00 [50.00-500.00] 92.04908; 105.04436; 141.06956; 196.08664; 237.05287; 270.62900; 346.04984; 410.35712; 455.16119 Relative Abundance; m/z		
53	化合物英文名 Compound Name	C. I. Disperse Red 1		
	化合物中文名 Chinese Name	分散红 1		
	CAS 号 CAS Number	2872-52-8		
	分子式 Molecular Formula	$C_{16}H_{18}N_4O_3$		
	一级母离子 Precursor	母离子组成 Assignment	$[M+H]^+$	$C_{16}H_{19}N_4O_3^+$
		理论精确质量数 Theoretical m/z	315.14517	
	一级质谱图 MS Spectrum	Disperse Red 1 FT MS #2-64 RT:0.02-0.98 AV:63 NL:1.32E7 T:FTMS + p ESI Full ms [100.00-380.00] 315.14601; 311.11477; 288.29060; 327.20216; 244.26424; 283.11990; 338.34268; 228.19655; 299.15119; 359.17228 Relative Abundance; m/z		
	CID 碰撞碎片 Fragments of CID	碎片组成 Assignment	$C_9H_{12}N^+$	$C_{15}H_{16}O_2N_4^+$
		理论精确质量数 Theoretical m/z	134.09642	284.12678

表 3-2（续）

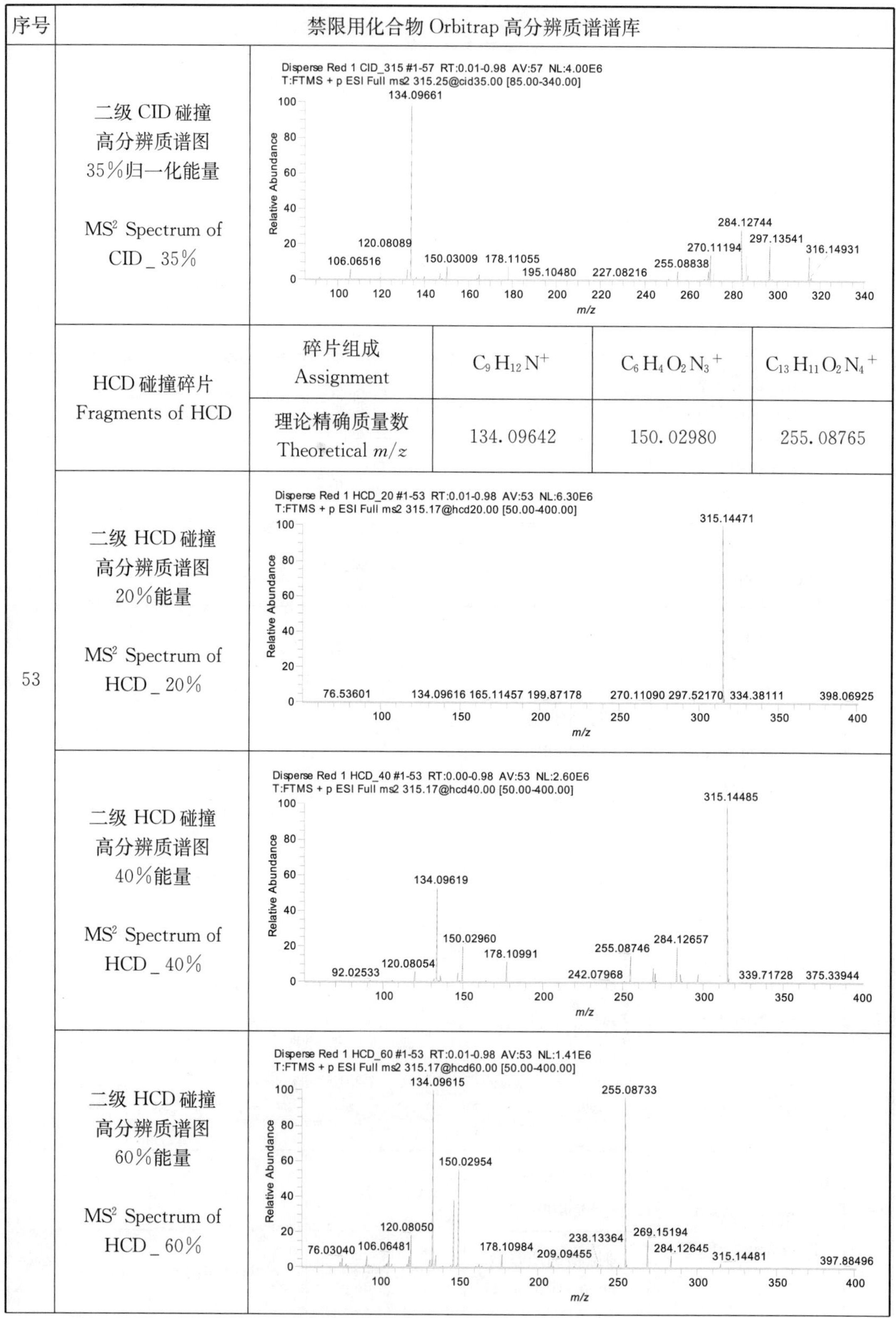

序号	禁限用化合物 Orbitrap 高分辨质谱谱库				
53	二级 CID 碰撞 高分辨质谱图 35%归一化能量 MS² Spectrum of CID _ 35%				
	HCD 碰撞碎片 Fragments of HCD	碎片组成 Assignment	$C_9H_{12}N^+$	$C_6H_4O_2N_3{}^+$	$C_{13}H_{11}O_2N_4{}^+$
		理论精确质量数 Theoretical *m/z*	134.09642	150.02980	255.08765
	二级 HCD 碰撞 高分辨质谱图 20%能量 MS² Spectrum of HCD _ 20%				
	二级 HCD 碰撞 高分辨质谱图 40%能量 MS² Spectrum of HCD _ 40%				
	二级 HCD 碰撞 高分辨质谱图 60%能量 MS² Spectrum of HCD _ 60%				

表 3-2（续）

<table>
<tr><td>序号</td><td colspan="4">禁限用化合物 Orbitrap 高分辨质谱谱库</td></tr>
<tr><td>53</td><td>二级 HCD 碰撞
高分辨质谱图
80%能量

MS² Spectrum of
HCD _ 80%</td><td colspan="3">Disperse Red 1 HCD_80 #1-53 RT:0.01-0.98 AV:53 NL:9.69E5
T:FTMS + p ESI Full ms2 315.17@hcd80.00 [50.00-400.00]
150.02957, 134.09617, 106.06483, 78.03347, 92.02533, 209.09458, 255.08741, 178.10987, 238.13365, 269.15202, 327.59965, 394.47613
Relative Abundance; m/z</td></tr>
<tr><td rowspan="8">54</td><td>化合物英文名
Compound Name</td><td colspan="3">C. I. Disperse Red 11</td></tr>
<tr><td>化合物中文名
Chinese Name</td><td colspan="3">分散红 11</td></tr>
<tr><td>CAS 号
CAS Number</td><td colspan="3">2872-48-2</td></tr>
<tr><td>分子式
Molecular Formula</td><td colspan="3">$C_{15}H_{12}N_2O_3$</td></tr>
<tr><td rowspan="2">一级母离子
Precursor</td><td>母离子组成
Assignment</td><td>[M+H]⁺</td><td>$C_{15}H_{13}N_2O_3^+$</td></tr>
<tr><td>理论精确质量数
Theoretical m/z</td><td colspan="2">269.09207</td></tr>
<tr><td>一级质谱图
MS Spectrum</td><td colspan="3">Disperse Red 11 FT MS #1-61 RT:0.00-0.98 AV:61 NL:2.22E6
T:FTMS + p ESI Full ms [160.00-340.00]
269.09249, 288.29042, 338.34266, 316.32181, 181.02901, 167.01329, 186.00792, 200.02364, 228.93385, 244.26416, 282.27994, 217.10529, 261.13162, 297.99188, 327.20222
Relative Abundance; m/z</td></tr>
<tr><td rowspan="2">CID 碰撞碎片
Fragments of CID</td><td>碎片组成
Assignment</td><td>$C_{14}H_{10}O_2N_2^+$</td><td>$C_{14}H_{10}O_3N_2^+$</td></tr>
<tr><td></td><td>理论精确质量数
Theoretical m/z</td><td>238.07368</td><td>254.06859</td></tr>
</table>

表 3-2（续）

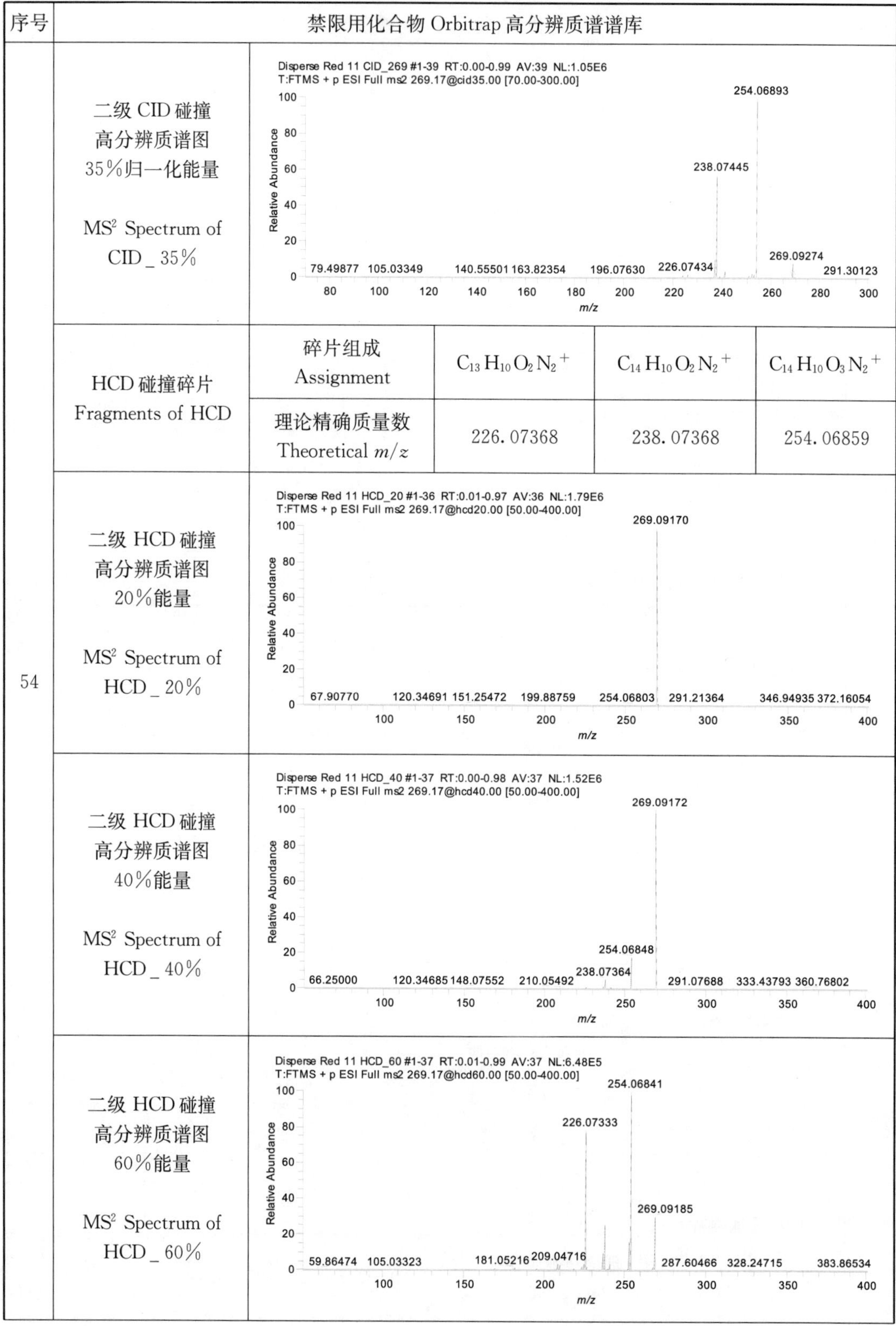

<table>
<tr><th>序号</th><th colspan="5">禁限用化合物 Orbitrap 高分辨质谱谱库</th></tr>
<tr><td rowspan="6">54</td><td>二级 CID 碰撞
高分辨质谱图
35%归一化能量

MS² Spectrum of
CID _ 35%</td><td colspan="4">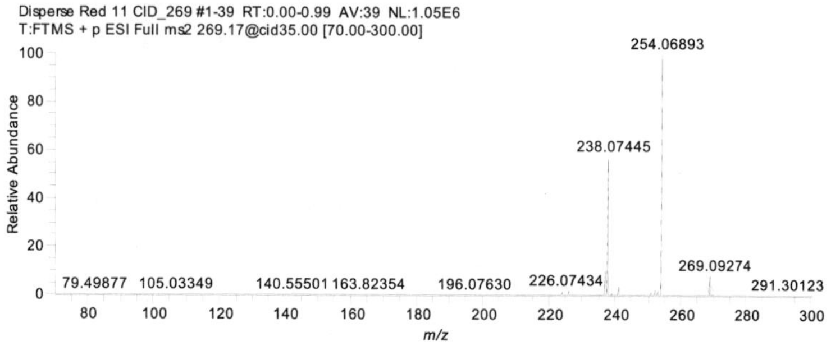
</td></tr>
<tr><td rowspan="2">HCD 碰撞碎片
Fragments of HCD</td><td>碎片组成
Assignment</td><td>$C_{13}H_{10}O_2N_2^+$</td><td>$C_{14}H_{10}O_2N_2^+$</td><td>$C_{14}H_{10}O_3N_2^+$</td></tr>
<tr><td>理论精确质量数
Theoretical m/z</td><td>226.07368</td><td>238.07368</td><td>254.06859</td></tr>
<tr><td>二级 HCD 碰撞
高分辨质谱图
20%能量

MS² Spectrum of
HCD _ 20%</td><td colspan="4">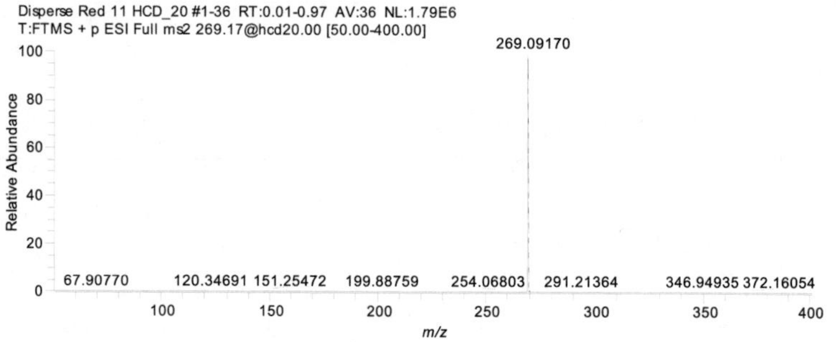
</td></tr>
<tr><td>二级 HCD 碰撞
高分辨质谱图
40%能量

MS² Spectrum of
HCD _ 40%</td><td colspan="4">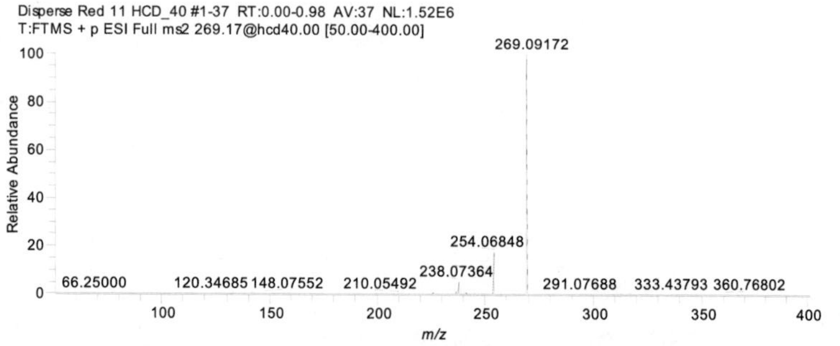
</td></tr>
<tr><td>二级 HCD 碰撞
高分辨质谱图
60%能量

MS² Spectrum of
HCD _ 60%</td><td colspan="4">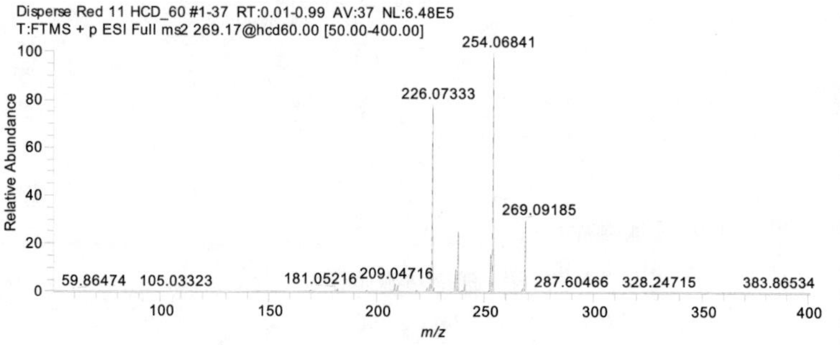
</td></tr>
</table>

表 3-2（续）

<table>
<tr><th>序号</th><th colspan="4">禁限用化合物 Orbitrap 高分辨质谱谱库</th></tr>
<tr><td>54</td><td>二级 HCD 碰撞
高分辨质谱图
80%能量
MS^2 Spectrum of
HCD _ 80%</td><td colspan="3">Disperse Red 11 HCD_80 #1-37 RT:0.00-0.99 AV:37 NL:6.25E5
T:FTMS + p ESI Full ms2 269.17@hcd80.00 [50.00-400.00]
226.07331; 209.04712; 253.06061; 169.07591; 181.05214; 154.04119; 77.03826; 105.03322; 269.09189; 317.62110; 355.72783; 390.59962
Relative Abundance; m/z</td></tr>
<tr><td rowspan="9">55</td><td>化合物英文名
Compound Name</td><td colspan="3">C. I. Disperse Red 17</td></tr>
<tr><td>化合物中文名
Chinese Name</td><td colspan="3">分散红 17</td></tr>
<tr><td>CAS 号
CAS Number</td><td colspan="3">3179-89-3</td></tr>
<tr><td>分子式
Molecular Formula</td><td colspan="3">$C_{17}H_{20}N_4O_4$</td></tr>
<tr><td rowspan="2">一级母离子
Precursor</td><td>母离子组成
Assignment</td><td>[M+H]$^+$</td><td>$C_{17}H_{21}N_4O_4^+$</td></tr>
<tr><td>理论精确质量数
Theoretical m/z</td><td colspan="2">345. 15573</td></tr>
<tr><td>一级质谱图
MS Spectrum</td><td colspan="3">Disperse Red 17 FT MS #1-63 RT:0.01-0.99 AV:63 NL:3.80E6
T:FTMS + p ESI Full ms [100.00-400.00]
345.15683; 316.32208; 338.34298; 318.32889; 332.31706; 327.20253; 313.13063; 352.32203; 360.34831; 371.22876; 391.28562
Relative Abundance; m/z</td></tr>
<tr><td rowspan="2">CID 碰撞碎片
Fragments of CID</td><td>碎片组成
Assignment</td><td>$C_{10}H_{14}ON^+$</td><td>$C_{16}H_{15}O_3N^+$</td><td>$C_{17}H_{19}O_3N_4^+$</td></tr>
<tr><td>理论精确质量数
Theoretical m/z</td><td>164. 10699</td><td>269. 10464</td><td>327. 14517</td></tr>
</table>

表3-2（续）

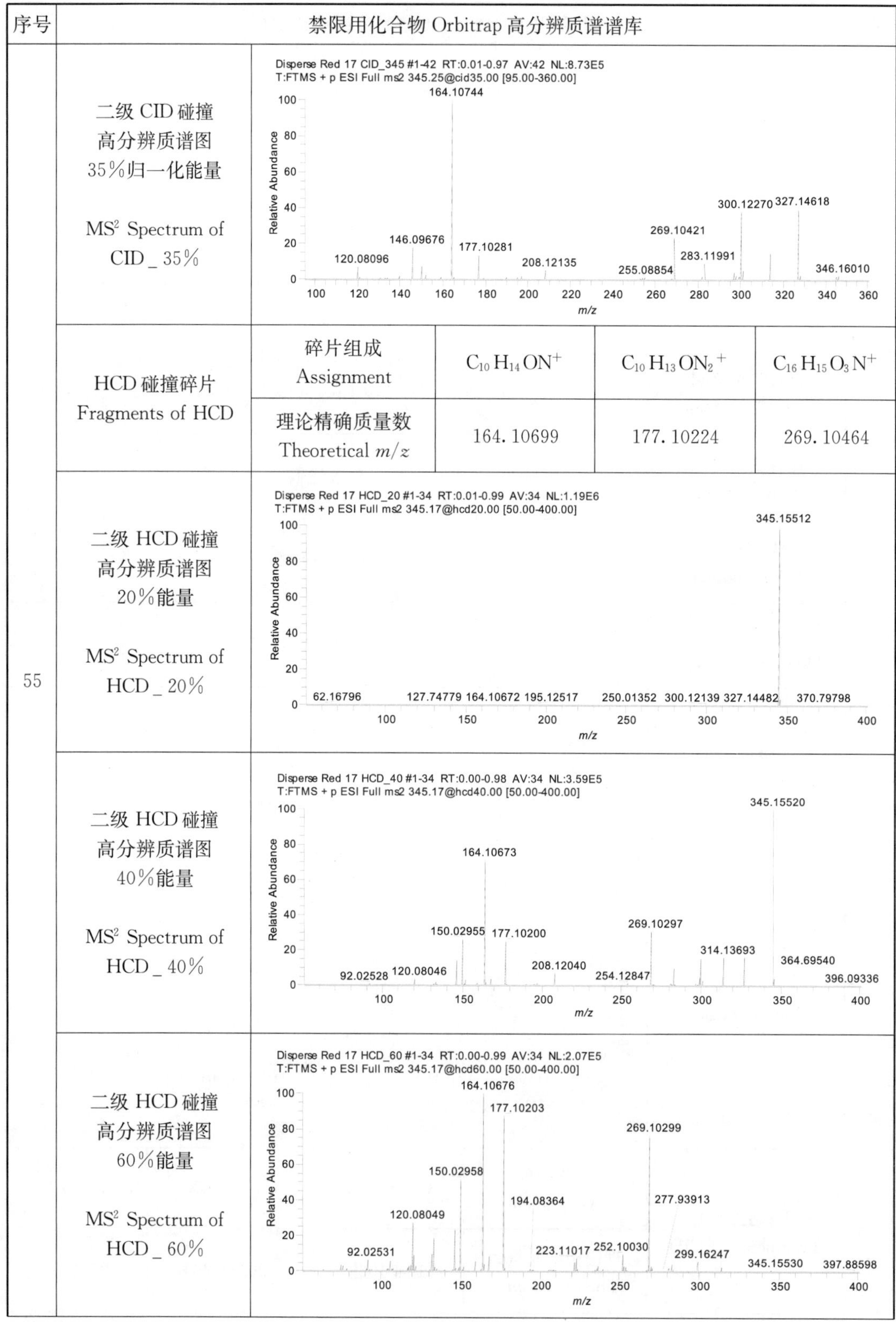

序号	禁限用化合物 Orbitrap 高分辨质谱谱库			
55	二级 CID 碰撞高分辨质谱图 35%归一化能量 MS² Spectrum of CID _ 35%	(spectrum)		
	HCD 碰撞碎片 Fragments of HCD	碎片组成 Assignment	$C_{10}H_{14}ON^{+}$	$C_{10}H_{13}ON_{2}^{+}$	$C_{16}H_{15}O_{3}N^{+}$
		理论精确质量数 Theoretical *m/z*	164.10699	177.10224	269.10464
	二级 HCD 碰撞高分辨质谱图 20%能量 MS² Spectrum of HCD _ 20%	(spectrum)		
	二级 HCD 碰撞高分辨质谱图 40%能量 MS² Spectrum of HCD _ 40%	(spectrum)		
	二级 HCD 碰撞高分辨质谱图 60%能量 MS² Spectrum of HCD _ 60%	(spectrum)		

表 3-2（续）

序号	禁限用化合物 Orbitrap 高分辨质谱谱库			
55	二级 HCD 碰撞高分辨质谱图 80%能量 MS² Spectrum of HCD _ 80%	Disperse Red 17 HCD_80 #1-34 RT:0.01-0.99 AV:34 NL:1.09E5 T:FTMS + p ESI Full ms2 345.17@hcd80.00 [50.00-400.00] 120.08048; 150.02956; 177.10202; 106.06481; 92.02531; 222.10235; 195.09146; 269.10301; 252.10030; 299.11357; 336.13723; 375.33977 Relative Abundance; m/z		
56	化合物英文名 Compound Name	C. I. Disperse Yellow 1		
	化合物中文名 Chinese Name	分散黄 1		
	CAS 号 CAS Number	119-15-3		
	分子式 Molecular Formula	$C_{12}H_9N_3O_5$		
	一级母离子 Precursor	母离子组成 Assignment	$[M-H]^-$	$C_{12}H_8N_3O_5^-$
		理论精确质量数 Theoretical m/z	274.04694	
	一级质谱图 MS Spectrum	Disperse Yellow 1 FT MS #1-47 RT:0.01-0.98 AV:47 NL:1.35E6 T:FTMS - p ESI Full ms [100.00-500.00] 274.04721; 285.02659; 337.04307; 149.99500; 208.00040; 243.89968; 310.02388; 382.02755; 434.88898; 491.95867 Relative Abundance; m/z		
	CID 碰撞碎片 Fragments of CID	碎片组成 Assignment	$C_6H_4O_3N_3^-$	$C_{12}H_8O_4N_2^-$	$C_{12}H_6O_4N_3^-$
		理论精确质量数 Theoretical m/z	166.02581	244.04896	256.03638

表 3－2（续）

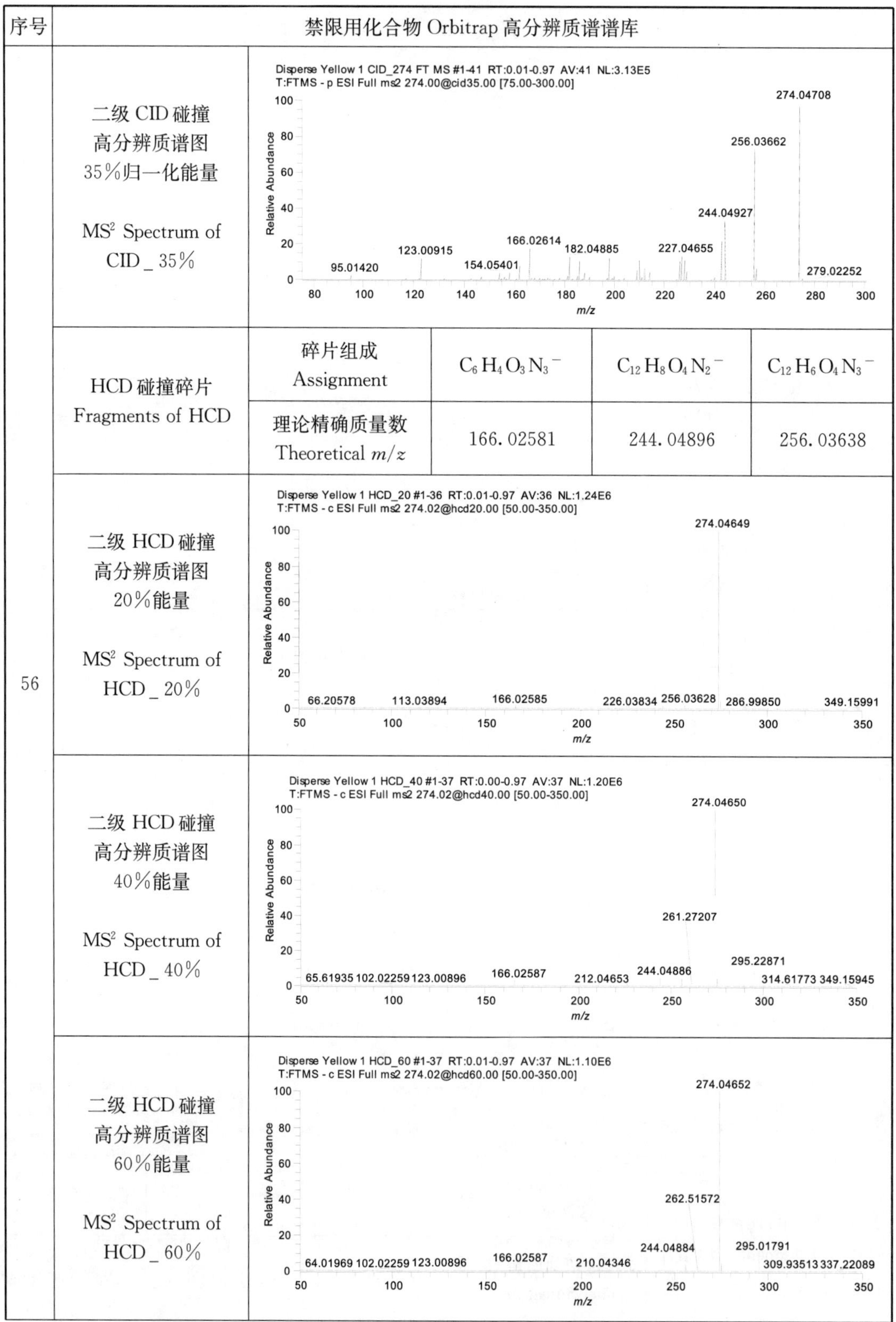

序号	禁限用化合物 Orbitrap 高分辨质谱谱库				
56	二级 CID 碰撞 高分辨质谱图 35％归一化能量 MS^2 Spectrum of CID＿35％	Disperse Yellow 1 CID_274 FT MS #1-41 RT:0.01-0.97 AV:41 NL:3.13E5 T:FTMS - p ESI Full ms2 274.00@cid35.00 [75.00-300.00] 274.04708; 256.03662; 244.04927; 227.04655; 182.04885; 166.02614; 154.05401; 123.00915; 95.01420; 279.02252 Relative Abundance; m/z			
	HCD 碰撞碎片 Fragments of HCD	碎片组成 Assignment	$C_6H_4O_3N_3^-$	$C_{12}H_8O_4N_2^-$	$C_{12}H_6O_4N_3^-$
		理论精确质量数 Theoretical m/z	166.02581	244.04896	256.03638
	二级 HCD 碰撞 高分辨质谱图 20％能量 MS^2 Spectrum of HCD＿20％	Disperse Yellow 1 HCD_20 #1-36 RT:0.01-0.97 AV:36 NL:1.24E6 T:FTMS - c ESI Full ms2 274.02@hcd20.00 [50.00-350.00] 274.04649; 66.20578; 113.03894; 166.02585; 226.03834; 256.03628; 286.99850; 349.15991 Relative Abundance; m/z			
	二级 HCD 碰撞 高分辨质谱图 40％能量 MS^2 Spectrum of HCD＿40％	Disperse Yellow 1 HCD_40 #1-37 RT:0.00-0.97 AV:37 NL:1.20E6 T:FTMS - c ESI Full ms2 274.02@hcd40.00 [50.00-350.00] 274.04650; 261.27207; 295.22871; 65.61935; 102.02259; 123.00896; 166.02587; 212.04653; 244.04886; 314.61773; 349.15945 Relative Abundance; m/z			
	二级 HCD 碰撞 高分辨质谱图 60％能量 MS^2 Spectrum of HCD＿60％	Disperse Yellow 1 HCD_60 #1-37 RT:0.01-0.97 AV:37 NL:1.10E6 T:FTMS - c ESI Full ms2 274.02@hcd60.00 [50.00-350.00] 274.04652; 262.51572; 244.04884; 295.01791; 64.01969; 102.02259; 123.00896; 166.02587; 210.04346; 309.93513; 337.22089 Relative Abundance; m/z			

表 3-2（续）

<table>
<tr><td>序号</td><td colspan="5">禁限用化合物 Orbitrap 高分辨质谱谱库</td></tr>
<tr><td>56</td><td>二级 HCD 碰撞
高分辨质谱图
97%能量
MS² Spectrum of HCD _ 97%</td><td colspan="4">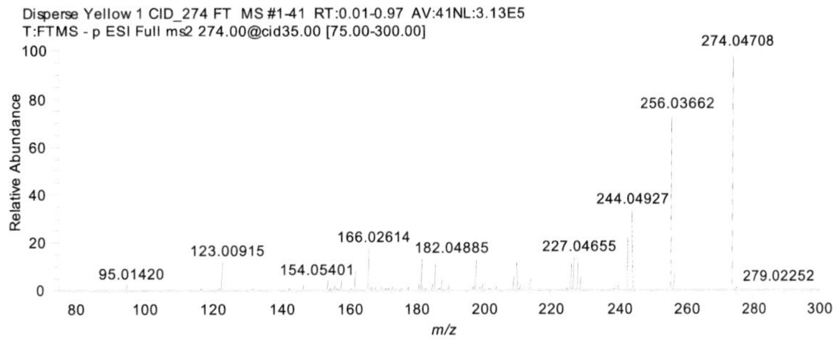
Disperse Yellow 1 CID_274 FT MS #1-41 RT:0.01-0.97 AV:41NL:3.13E5
T:FTMS - p ESI Full ms2 274.00@cid35.00 [75.00-300.00]
Relative Abundance
100
80
60
40
20
0
274.04708
256.03662
244.04927
166.02614
182.04885
227.04655
123.00915
154.05401
95.01420
279.02252
80
100
120
140
160
180
200
220
240
260
280
300
m/z</td></tr>
<tr><td rowspan="9">57</td><td>化合物英文名
Compound Name</td><td colspan="4">C. I. Disperse Yellow 9</td></tr>
<tr><td>化合物中文名
Chinese Name</td><td colspan="4">分散黄 9</td></tr>
<tr><td>CAS 号
CAS Number</td><td colspan="4">6373-73-5</td></tr>
<tr><td>分子式
Molecular Formula</td><td colspan="4">$C_{12}H_{10}N_4O_4$</td></tr>
<tr><td rowspan="2">一级母离子
Precursor</td><td>母离子组成
Assignment</td><td>[M−H]⁻</td><td colspan="2">$C_{12}H_9N_4O_4^-$</td></tr>
<tr><td>理论精确质量数
Theoretical m/z</td><td colspan="3">273.06293</td></tr>
<tr><td>一级质谱图
MS Spectrum</td><td colspan="4">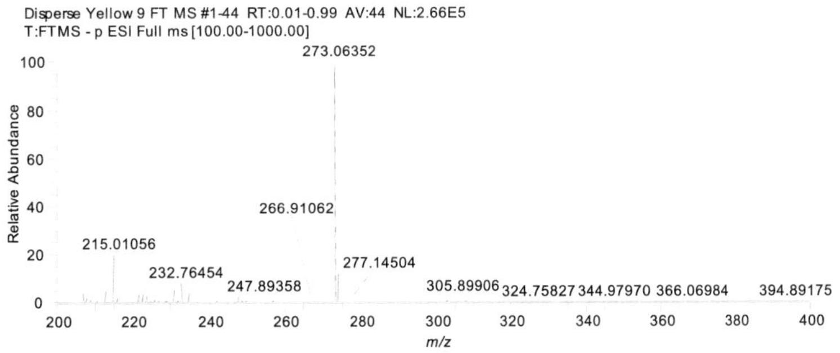
Disperse Yellow 9 FT MS #1-44 RT:0.01-0.99 AV:44 NL:2.66E5
T:FTMS - p ESI Full ms [100.00-1000.00]
Relative Abundance
100
80
60
40
20
0
273.06352
266.91062
215.01056
232.76454
247.89358
277.14504
305.89906
324.75827
344.97970
366.06984
394.89175
200
220
240
260
280
300
320
340
360
380
400
m/z</td></tr>
<tr><td rowspan="2">CID 碰撞碎片
Fragments of CID</td><td>碎片组成
Assignment</td><td>$C_{11}H_7N_3^-$</td><td>$C_{12}H_8O_3N_3^-$</td><td>$C_{12}H_7O_3N_4^-$</td></tr>
<tr><td>理论精确质量数
Theoretical m/z</td><td>181.06455</td><td>242.05712</td><td>255.05236</td></tr>
</table>

表 3 - 2（续）

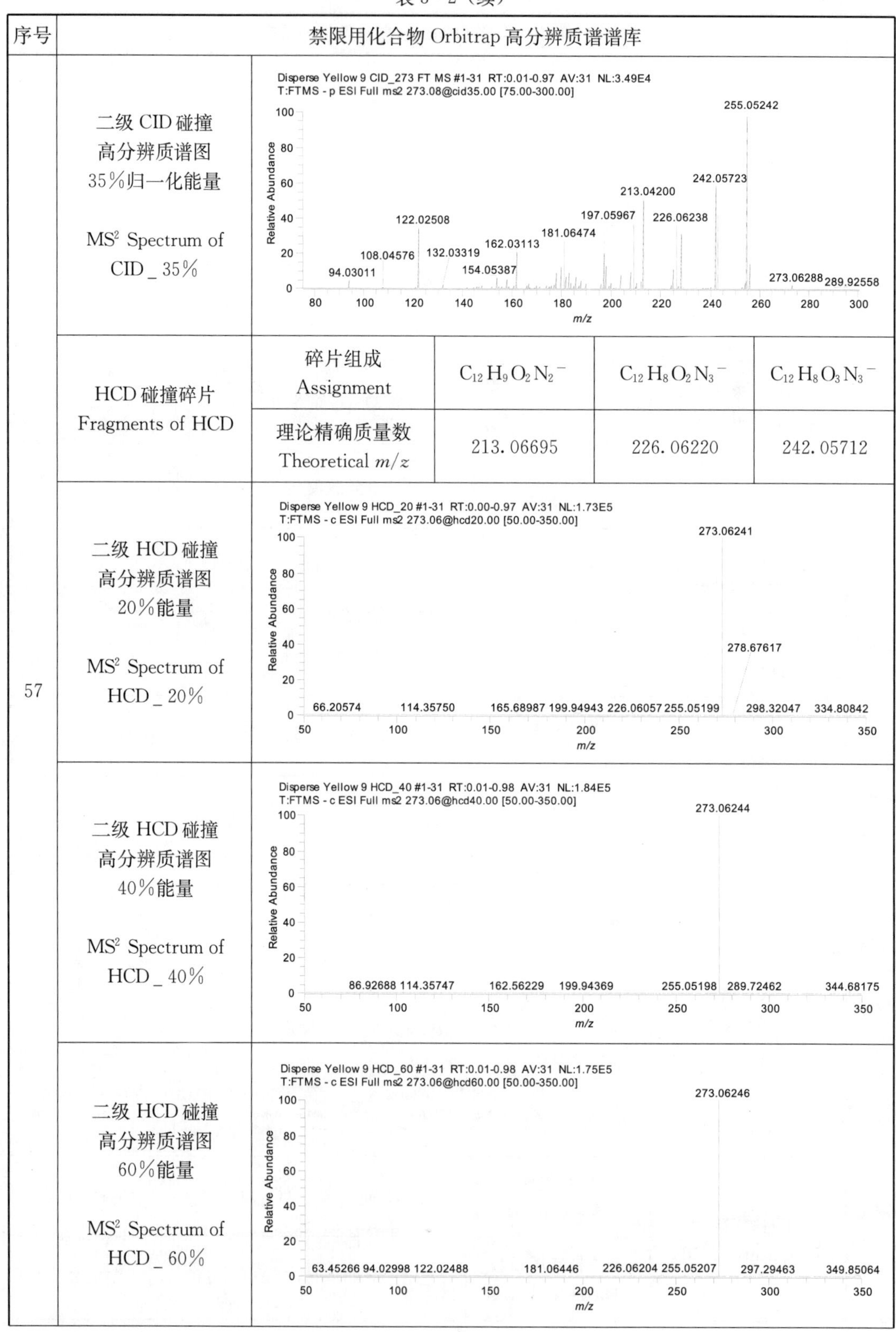

序号	禁限用化合物 Orbitrap 高分辨质谱谱库				
57	二级 CID 碰撞高分辨质谱图 35%归一化能量 MS² Spectrum of CID _ 35%	Disperse Yellow 9 CID_273 FT MS #1-31 RT:0.01-0.97 AV:31 NL:3.49E4 T:FTMS - p ESI Full ms2 273.08@cid35.00 [75.00-300.00] 255.05242; 242.05723; 213.04200; 197.05967; 226.06238; 181.06474; 122.02508; 162.03113; 108.04576; 132.03319; 154.05387; 94.03011; 273.06288; 289.92558			
	HCD 碰撞碎片 Fragments of HCD	碎片组成 Assignment	$C_{12}H_9O_2N_2^-$	$C_{12}H_8O_2N_3^-$	$C_{12}H_8O_3N_3^-$
		理论精确质量数 Theoretical m/z	213.06695	226.06220	242.05712
	二级 HCD 碰撞高分辨质谱图 20%能量 MS² Spectrum of HCD _ 20%	Disperse Yellow 9 HCD_20 #1-31 RT:0.00-0.97 AV:31 NL:1.73E5 T:FTMS - c ESI Full ms2 273.06@hcd20.00 [50.00-350.00] 273.06241; 278.67617; 66.20574; 114.35750; 165.68987; 199.94943; 226.06057; 255.05199; 298.32047; 334.80842			
	二级 HCD 碰撞高分辨质谱图 40%能量 MS² Spectrum of HCD _ 40%	Disperse Yellow 9 HCD_40 #1-31 RT:0.01-0.98 AV:31 NL:1.84E5 T:FTMS - c ESI Full ms2 273.06@hcd40.00 [50.00-350.00] 273.06244; 86.92688; 114.35747; 162.56229; 199.94369; 255.05198; 289.72462; 344.68175			
	二级 HCD 碰撞高分辨质谱图 60%能量 MS² Spectrum of HCD _ 60%	Disperse Yellow 9 HCD_60 #1-31 RT:0.01-0.98 AV:31 NL:1.75E5 T:FTMS - c ESI Full ms2 273.06@hcd60.00 [50.00-350.00] 273.06246; 63.45266; 94.02998; 122.02488; 181.06446; 226.06204; 255.05207; 297.29463; 349.85064			

表 3 - 2（续）

序号	禁限用化合物 Orbitrap 高分辨质谱谱库				
57	二级 HCD 碰撞高分辨质谱图 97%能量 MS² Spectrum of HCD _ 97%	Disperse Yellow 9 HCD_273 97% #1-31 RT:0.01-0.99 AV:31 NL:1.85E4 T:FTMS - p ESI Full ms2 273.08@hcd97.00 [50.00-300.00] 273.06286 226.06233 242.05715 213.06710 196.06436 167.00997 255.05228 122.02499 65.99892 94.03006 293.72245 Relative Abundance; m/z			
58	化合物英文名 Compound Name	C. I. Disperse Yellow 39			
	化合物中文名 Chinese Name	分散黄 39			
	CAS 号 CAS Number	56208 - 37 - 8			
	分子式 Molecular Formula	$C_{18}H_{14}N_2O_2$			
	一级母离子 Precursor	母离子组成 Assignment	$[M+H]^+$	$C_{18}H_{15}N_2O_2^+$	
		理论精确质量数 Theoretical m/z	291. 11280		
	一级质谱图 MS Spectrum	Disperse Yellow 39 FT MS #41 RT:0.66 AV:1 NL:2.60E6 T:FTMS + p ESI Full ms [100.00-700.00] 291.11389 338.34302 352.24713 149.02377 239.14990 167.01343 391.28577 437.19492 536.16718 610.18652 663.45630 Relative Abundance; m/z			
	CID 碰撞碎片 Fragments of CID	碎片组成 Assignment	$C_{15}H_{10}ON^+$	$C_{17}H_{15}N_2^+$	$C_{16}H_{11}O_2N_2^+$
		理论精确质量数 Theoretical m/z	220. 07569	247. 12297	263. 08150

表 3-2（续）

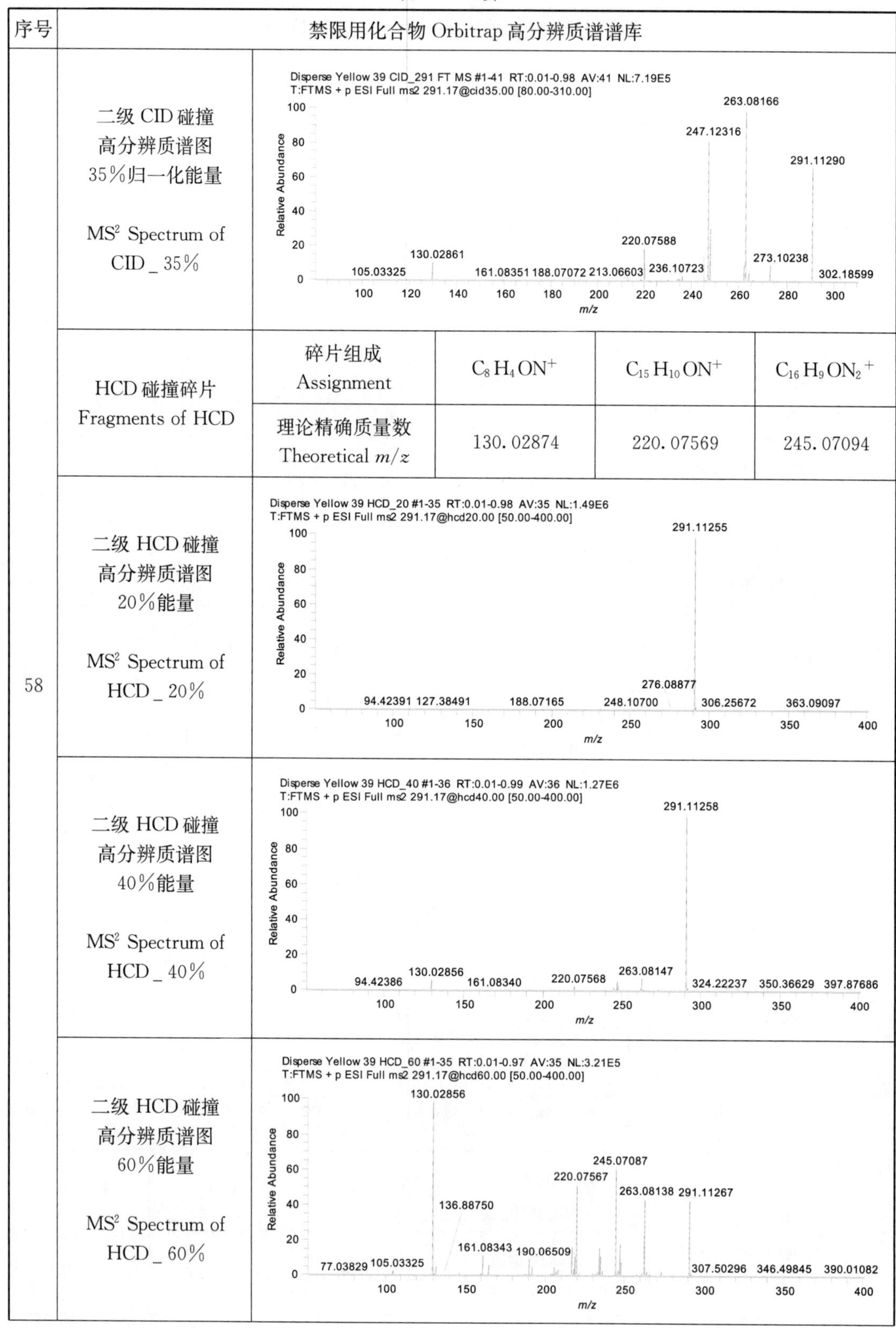

序号	禁限用化合物 Orbitrap 高分辨质谱谱库				
58	二级 CID 碰撞高分辨质谱图 35%归一化能量 MS² Spectrum of CID _ 35%				
	HCD 碰撞碎片 Fragments of HCD	碎片组成 Assignment	$C_8H_4ON^+$	$C_{15}H_{10}ON^+$	$C_{16}H_9ON_2^+$
		理论精确质量数 Theoretical m/z	130.02874	220.07569	245.07094
	二级 HCD 碰撞高分辨质谱图 20%能量 MS² Spectrum of HCD _ 20%				
	二级 HCD 碰撞高分辨质谱图 40%能量 MS² Spectrum of HCD _ 40%				
	二级 HCD 碰撞高分辨质谱图 60%能量 MS² Spectrum of HCD _ 60%				

表 3-2（续）

序号	禁限用化合物 Orbitrap 高分辨质谱谱库			
58	二级 HCD 碰撞高分辨质谱图 80%能量 MS^2 Spectrum of HCD_80%	Disperse Yellow 39 HCD_80 #1-36 RT:0.01-0.99 AV:36 NL:2.33E5 T:FTMS + p ESI Full ms2 291.17@hcd80.00 [50.00-400.00] 130.02860 190.06503 165.06974 220.07561 245.07081 262.07354 77.03827 105.03324 291.11265 358.07161 384.13290 Relative Abundance; m/z		
59	化合物英文名 Compound Name	C. I. Disperse Yellow 49		
	化合物中文名 Chinese Name	分散黄 49		
	CAS 号 CAS Number	6858-49-7		
	分子式 Molecular Formula	$C_{22}H_{22}O_2N_4$		
	一级母离子 Precursor	母离子组成 Assignment	$[M+H]^+$	$C_{22}H_{23}O_2N_4^+$
		理论精确质量数 Theoretical m/z	375.18155	
	一级质谱图 MS Spectrum	Disperse Yellow 49 FT MS #1-62 RT:0.01-0.98 AV:62 NL:4.38E6 T:FTMS + p ESI Full ms [100.00-400.00] 375.18269 316.32195 378.19304 338.34281 311.31485 318.32877 332.31691 327.20237 305.15802 344.22899 352.24689 371.22871 388.25521 397.16463 Relative Abundance; m/z		
	CID 碰撞碎片 Fragments of CID	碎片组成 Assignment	$C_{10}H_{14}ON^+$	$C_{17}H_{18}O^+$
		理论精确质量数 Theoretical m/z	164.10699	238.13522

表 3-2（续）

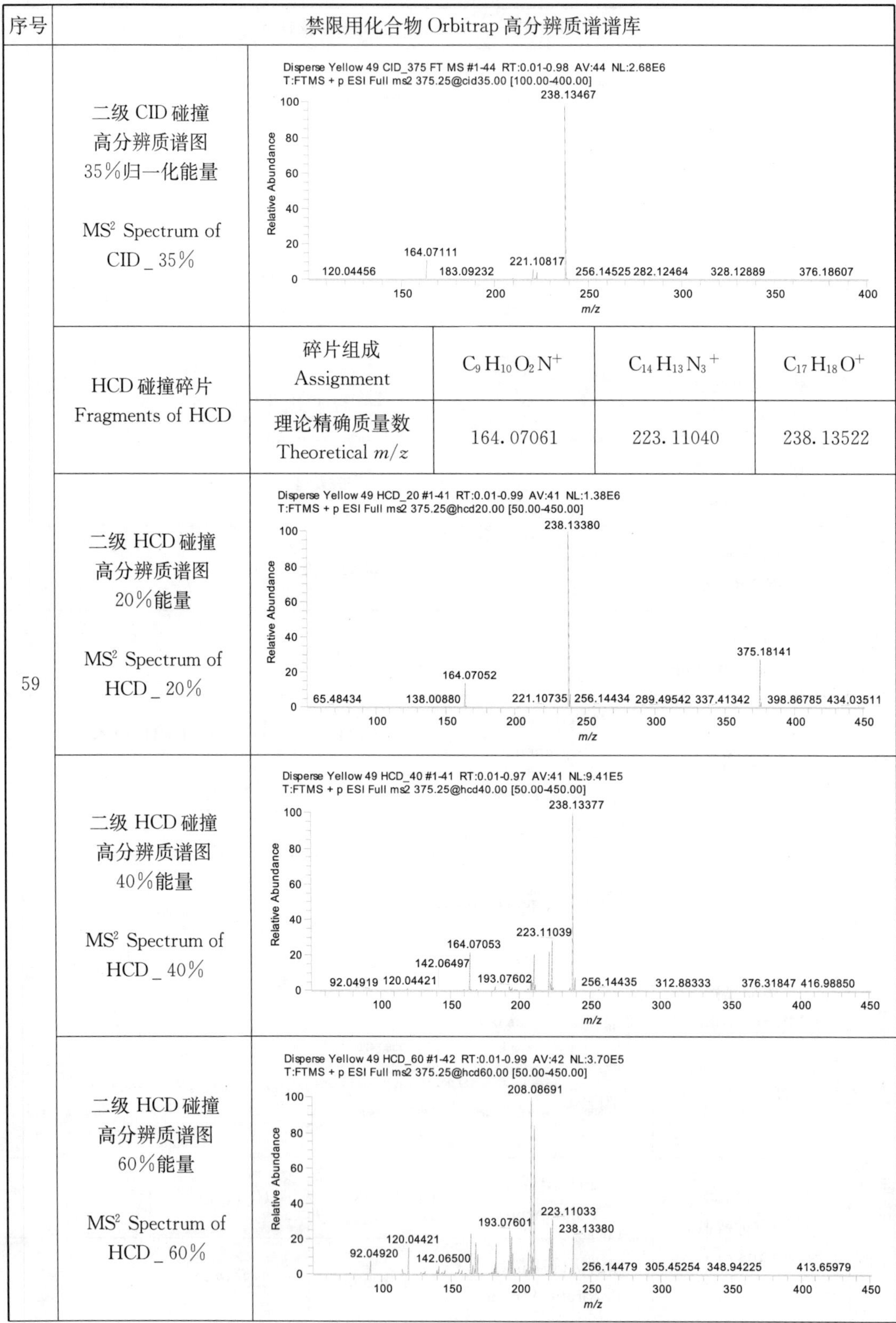

序号	禁限用化合物 Orbitrap 高分辨质谱谱库				
59	二级 CID 碰撞高分辨质谱图 35%归一化能量 MS² Spectrum of CID _ 35%				
	HCD 碰撞碎片 Fragments of HCD	碎片组成 Assignment	$C_9H_{10}O_2N^+$	$C_{14}H_{13}N_3^+$	$C_{17}H_{18}O^+$
		理论精确质量数 Theoretical *m/z*	164.07061	223.11040	238.13522
	二级 HCD 碰撞高分辨质谱图 20%能量 MS² Spectrum of HCD _ 20%				
	二级 HCD 碰撞高分辨质谱图 40%能量 MS² Spectrum of HCD _ 40%				
	二级 HCD 碰撞高分辨质谱图 60%能量 MS² Spectrum of HCD _ 60%				

表 3 - 2（续）

<table>
<tr><th>序号</th><th colspan="4">禁限用化合物 Orbitrap 高分辨质谱谱库</th></tr>
<tr><td>59</td><td>二级 HCD 碰撞
高分辨质谱图
80%能量

MS² Spectrum of
HCD _ 80%</td><td colspan="3">Disperse Yellow 49 HCD_80 #1-41 RT:0.01-0.98 AV:41 NL:3.36E5
T:FTMS + p ESI Full ms2 375.25@hcd80.00 [50.00-450.00]
208.08685; 194.07123; 168.06811; 140.04933; 222.10250; 92.04919; 77.03829; 236.11814; 289.64343; 359.60624; 398.43862; 434.08261
Relative Abundance; m/z</td></tr>
<tr><td rowspan="9">60</td><td>化合物英文名
Compound Name</td><td colspan="3">C. I. Disperse Yellow 23</td></tr>
<tr><td>化合物中文名
Chinese Name</td><td colspan="3">分散黄 23</td></tr>
<tr><td>CAS 号
CAS Number</td><td colspan="3">6250 - 23 - 3</td></tr>
<tr><td>分子式
Molecular Formula</td><td colspan="3">$C_{18}H_{14}N_4O$</td></tr>
<tr><td rowspan="2">一级母离子
Precursor</td><td>母离子组成
Assignment</td><td>[M+H]⁺</td><td>$C_{18}H_{15}N_4O^+$</td></tr>
<tr><td>理论精确质量数
Theoretical m/z</td><td colspan="2">303. 12404</td></tr>
<tr><td>一级质谱图
MS Spectrum</td><td colspan="3">Disperse Yellow 23 FT MS #2-63 RT:0.01-0.98 AV:62 NL:3.57E6
T:FTMS + p ESI Full ms [100.00-360.00]
303.12484; 304.12818; 302.26981; 300.20257; 305.14037; 291.13291; 293.17552; 296.97151; 308.29559
Relative Abundance; m/z</td></tr>
<tr><td rowspan="2">CID 碰撞碎片
Fragments of CID</td><td>碎片组成
Assignment</td><td>$C_6H_5N_2^+$</td><td>$C_{12}H_9N_2^+$</td></tr>
<tr><td>理论精确质量数
Theoretical m/z</td><td>105. 04472</td><td>181. 07602</td></tr>
</table>

表 3-2（续）

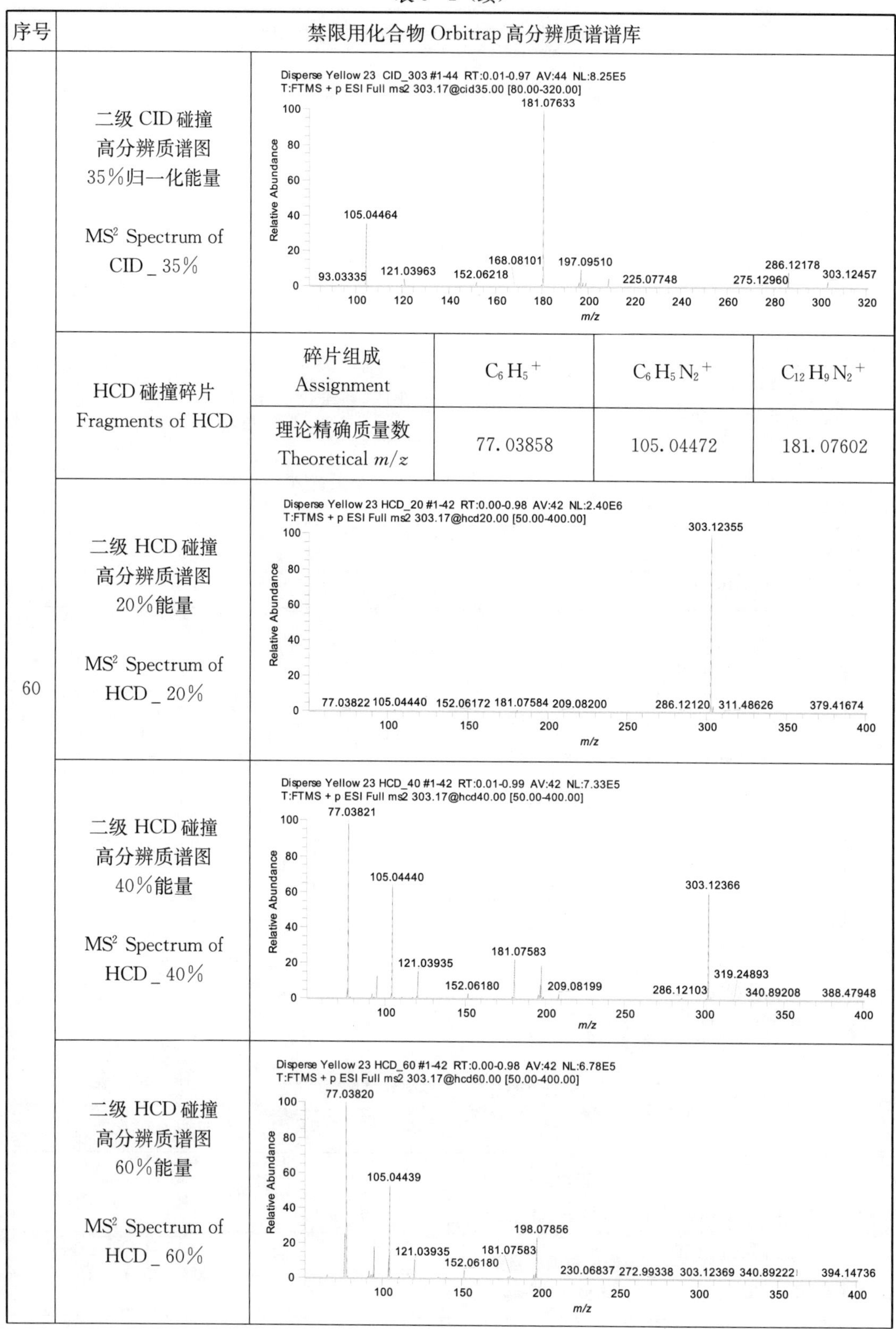

序号	禁限用化合物 Orbitrap 高分辨质谱谱库				
60	二级 CID 碰撞 高分辨质谱图 35%归一化能量 MS^2 Spectrum of CID _ 35%	Disperse Yellow 23 CID_303 #1-44 RT:0.01-0.97 AV:44 NL:8.25E5 T:FTMS + p ESI Full ms2 303.17@cid35.00 [80.00-320.00] 181.07633; 105.04464; 93.03335; 121.03963; 152.06218; 168.08101; 197.09510; 225.07748; 275.12960; 286.12178; 303.12457 Relative Abundance; m/z			
	HCD 碰撞碎片 Fragments of HCD	碎片组成 Assignment	$C_6H_5^+$	$C_6H_5N_2^+$	$C_{12}H_9N_2^+$
		理论精确质量数 Theoretical *m/z*	77.03858	105.04472	181.07602
	二级 HCD 碰撞 高分辨质谱图 20%能量 MS^2 Spectrum of HCD _ 20%	Disperse Yellow 23 HCD_20 #1-42 RT:0.00-0.98 AV:42 NL:2.40E6 T:FTMS + p ESI Full ms2 303.17@hcd20.00 [50.00-400.00] 303.12355; 77.03822; 105.04440; 152.06172; 181.07584; 209.08200; 286.12120; 311.48626; 379.41674 Relative Abundance; m/z			
	二级 HCD 碰撞 高分辨质谱图 40%能量 MS^2 Spectrum of HCD _ 40%	Disperse Yellow 23 HCD_40 #1-42 RT:0.01-0.99 AV:42 NL:7.33E5 T:FTMS + p ESI Full ms2 303.17@hcd40.00 [50.00-400.00] 77.03821; 105.04440; 303.12366; 181.07583; 121.03935; 319.24893; 152.06180; 209.08199; 286.12103; 340.89208; 388.47948 Relative Abundance; m/z			
	二级 HCD 碰撞 高分辨质谱图 60%能量 MS^2 Spectrum of HCD _ 60%	Disperse Yellow 23 HCD_60 #1-42 RT:0.00-0.98 AV:42 NL:6.78E5 T:FTMS + p ESI Full ms2 303.17@hcd60.00 [50.00-400.00] 77.03820; 105.04439; 198.07856; 121.03935; 181.07583; 152.06180; 230.06837; 272.99338; 303.12369; 340.89222; 394.14736 Relative Abundance; m/z			

表 3 - 2（续）

<table>
<tr><td>序号</td><td colspan="4">禁限用化合物 Orbitrap 高分辨质谱谱库</td></tr>
<tr><td>60</td><td>二级 HCD 碰撞高分辨质谱图 80%能量
MS² Spectrum of HCD _ 80%</td><td colspan="3">Disperse Yellow 23 HCD_80 #1-42 RT:0.01-0.98 AV:42 NL:4.81E5
T:FTMS + p ESI Full ms2 303.17@hcd80.00 [50.00-400.00]
77.03817; 105.04434; 121.03930; 152.06172; 198.07847; 230.06823; 272.99232; 324.39759; 350.56829; 375.59348
Relative Abundance; m/z</td></tr>
<tr><td rowspan="8">61</td><td>化合物英文名
Compound Name</td><td colspan="3">C. I. Acid Red 114</td></tr>
<tr><td>化合物中文名
Chinese Name</td><td colspan="3">酸性红 114</td></tr>
<tr><td>CAS 号
CAS Number</td><td colspan="3">6459 - 94 - 5</td></tr>
<tr><td>分子式
Molecular Formula</td><td colspan="3">$C_{37}H_{28}N_4O_{10}S_3 \cdot 2Na$</td></tr>
<tr><td rowspan="2">一级母离子
Precursor</td><td>母离子组成
Assignment</td><td>$[M-2Na+3H]^-$</td><td>$C_{37}H_{31}N_4O_{10}S_3^-$</td></tr>
<tr><td>理论精确质量数
Theoretical m/z</td><td colspan="2">787. 11968</td></tr>
<tr><td>一级质谱图
MS Spectrum</td><td colspan="3">Acid Red 114 FT #1-49 RT:0.00-0.98 AV:49 NL:8.43E5
T:FTMS + p ESI Full ms [300.00-900.00]
787.11904; 536.16464; 565.56588; 610.18349; 663.45311; 721.50633; 746.56190; 809.10093; 853.06489
Relative Abundance; m/z</td></tr>
<tr><td>CID 碰撞碎片
Fragments of CID</td><td>碎片组成 Assignment / 理论精确质量数 Theoretical m/z</td><td colspan="2">$C_{20}H_{18}ON_3^-$: 316. 14554; $C_{25}H_{30}ON_2S_3^-$: 470. 15257; $C_{35}H_{22}O_9NS^-$: 632. 10208</td></tr>
</table>

表 3-2（续）

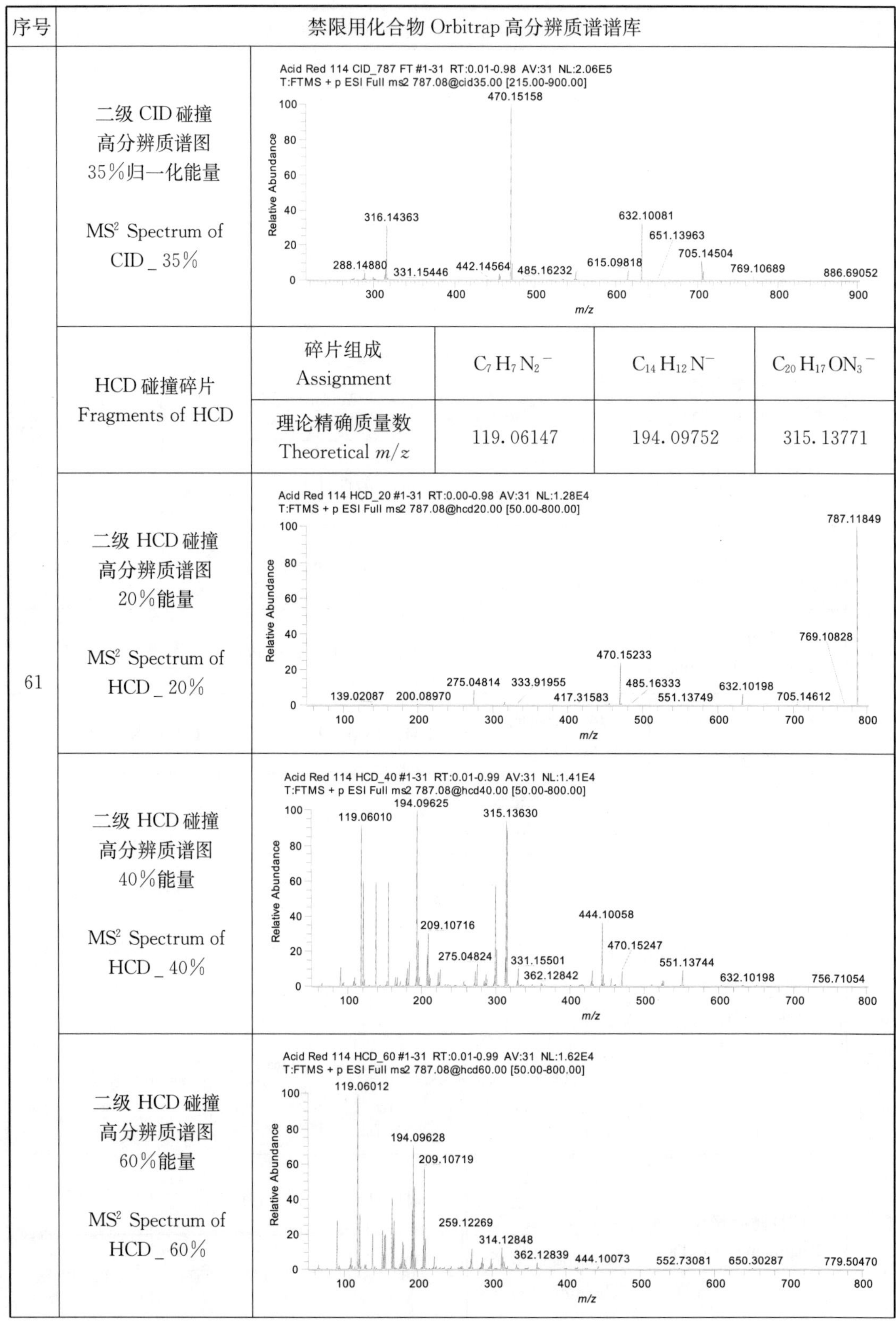

序号	禁限用化合物 Orbitrap 高分辨质谱谱库				
61	二级 CID 碰撞高分辨质谱图 35%归一化能量 MS² Spectrum of CID _ 35%				
	HCD 碰撞碎片 Fragments of HCD	碎片组成 Assignment	$C_7H_7N_2^-$	$C_{14}H_{12}N^-$	$C_{20}H_{17}ON_3^-$
		理论精确质量数 Theoretical m/z	119.06147	194.09752	315.13771
	二级 HCD 碰撞高分辨质谱图 20%能量 MS² Spectrum of HCD _ 20%				
	二级 HCD 碰撞高分辨质谱图 40%能量 MS² Spectrum of HCD _ 40%				
	二级 HCD 碰撞高分辨质谱图 60%能量 MS² Spectrum of HCD _ 60%				

表 3-2（续）

序号	禁限用化合物 Orbitrap 高分辨质谱谱库			
61	二级 HCD 碰撞高分辨质谱图 80%能量 MS² Spectrum of HCD_80%			
62	化合物英文名 Compound Name	C. I. Acid Violet 49		
	化合物中文名 Chinese Name	酸性紫 49		
	CAS 号 CAS Number	1694-09-3		
	分子式 Molecular Formula	$C_{39}H_{40}N_3O_6S_2 \cdot Na$		
	一级母离子 Precursor	母离子组成 Assignment	$[M-Na+2H]^+$	$C_{39}H_{42}N_3O_6S_2^+$
		理论精确质量数 Theoretical m/z	712.25095	
	一级质谱图 MS Spectrum			
	CID 碰撞碎片 Fragments of CID	碎片组成 Assignment	$C_{23}H_{36}N_4O_5S_2^+$	$C_{37}H_{26}N_4^+$	$C_{38}H_{30}N_4^+$
		理论精确质量数 Theoretical m/z	512.21216	526.21520	542.24650

表 3-2（续）

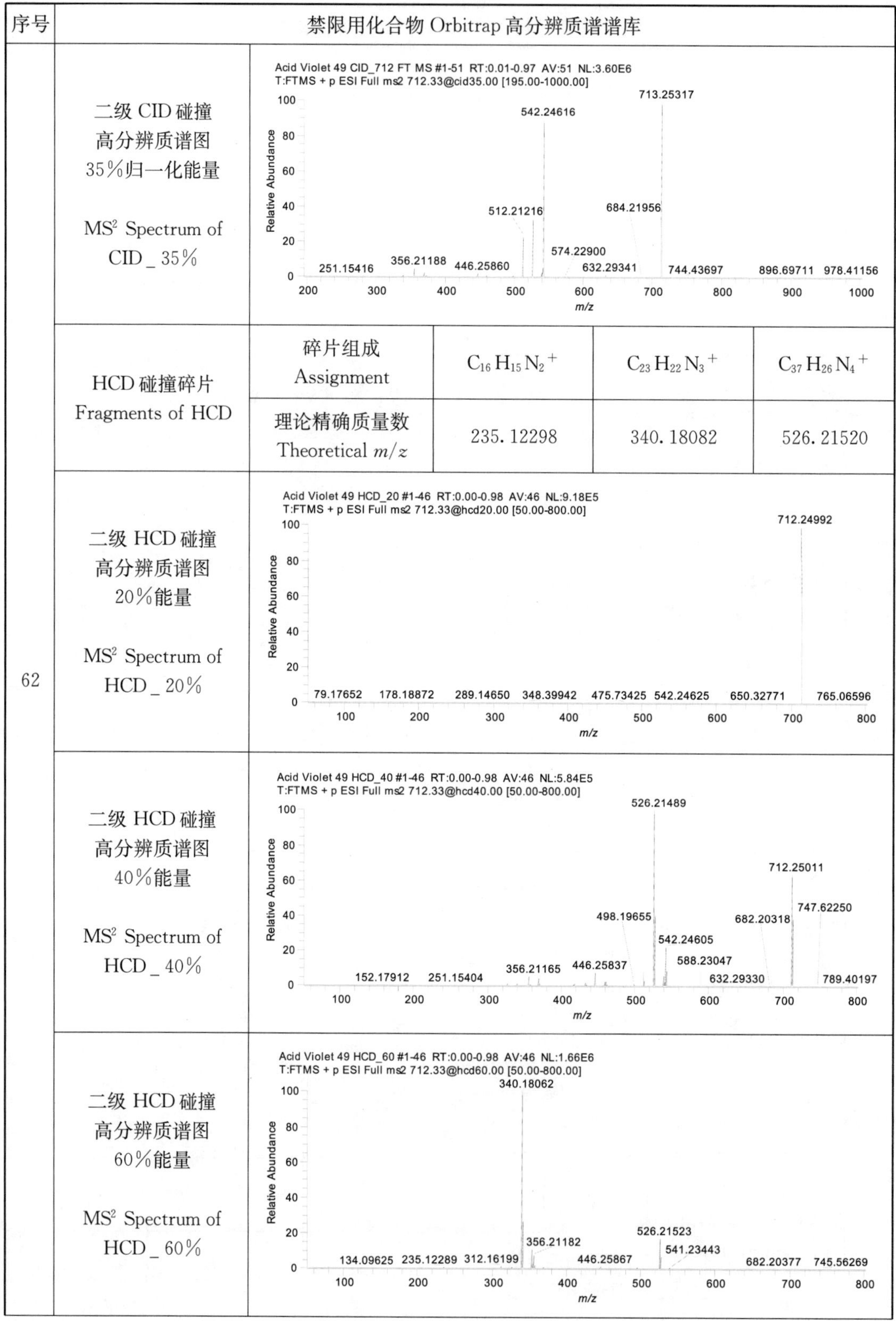

序号	禁限用化合物 Orbitrap 高分辨质谱谱库				
62	二级 CID 碰撞高分辨质谱图 35%归一化能量 MS² Spectrum of CID _ 35%	(spectrum)			
	HCD 碰撞碎片 Fragments of HCD	碎片组成 Assignment	$C_{16}H_{15}N_2^+$	$C_{23}H_{22}N_3^+$	$C_{37}H_{26}N_4^+$
		理论精确质量数 Theoretical *m/z*	235.12298	340.18082	526.21520
	二级 HCD 碰撞高分辨质谱图 20%能量 MS² Spectrum of HCD _ 20%	(spectrum)			
	二级 HCD 碰撞高分辨质谱图 40%能量 MS² Spectrum of HCD _ 40%	(spectrum)			
	二级 HCD 碰撞高分辨质谱图 60%能量 MS² Spectrum of HCD _ 60%	(spectrum)			

表 3-2（续）

<table>
<tr><td>序号</td><td colspan="4">禁限用化合物 Orbitrap 高分辨质谱谱库</td></tr>
<tr><td>62</td><td>二级 HCD 碰撞
高分辨质谱图
80%能量

MS² Spectrum of
HCD _ 80%</td><td colspan="3">Acid Violet 49 HCD_80 #1-46 RT:0.01-0.99 AV:46 NL:1.34E6
T:FTMS + p ESI Full ms2 712.33@hcd80.00 [50.00-800.00]
340.18062; 355.19956; 235.12291; 118.06492; 208.11205; 268.11199; 370.22750; 496.16849; 552.72949; 649.95277; 703.33056
Relative Abundance; m/z</td></tr>
<tr><td rowspan="9">63</td><td>化合物英文名
Compound Name</td><td colspan="3">C. I. Solvent Yellow 1</td></tr>
<tr><td>化合物中文名
Chinese Name</td><td colspan="3">溶剂黄 1</td></tr>
<tr><td>CAS 号
CAS Number</td><td colspan="3">60-09-3</td></tr>
<tr><td>分子式
Molecular Formula</td><td colspan="3">$C_{12}H_{11}N_3$</td></tr>
<tr><td rowspan="2">一级母离子
Precursor</td><td>母离子组成
Assignment</td><td>[M+H]⁺</td><td>$C_{12}H_{12}N_3^+$</td></tr>
<tr><td>理论精确质量数
Theoretical m/z</td><td colspan="2">198. 10257</td></tr>
<tr><td>一级质谱图
MS Spectrum</td><td colspan="3">Solvent Yellow 1 FT #58 RT:1.01 AV:1 NL:4.43E6
T:FTMS + p ESI Full ms [100.00-300.00]
198.10242; 118.06480; 132.10153; 149.02307; 170.12862; 184.98543; 207.14899; 226.13371; 256.26331; 272.29453; 282.27890; 288.28940
Relative Abundance; m/z</td></tr>
<tr><td rowspan="2">CID 碰撞碎片
Fragments of CID</td><td>碎片组成
Assignment</td><td>$C_6H_5^+$</td><td>$C_6H_5N_2^+$</td></tr>
<tr><td>理论精确质量数
Theoretical m/z</td><td>77. 03858</td><td>105. 04472</td></tr>
</table>

表 3-2（续）

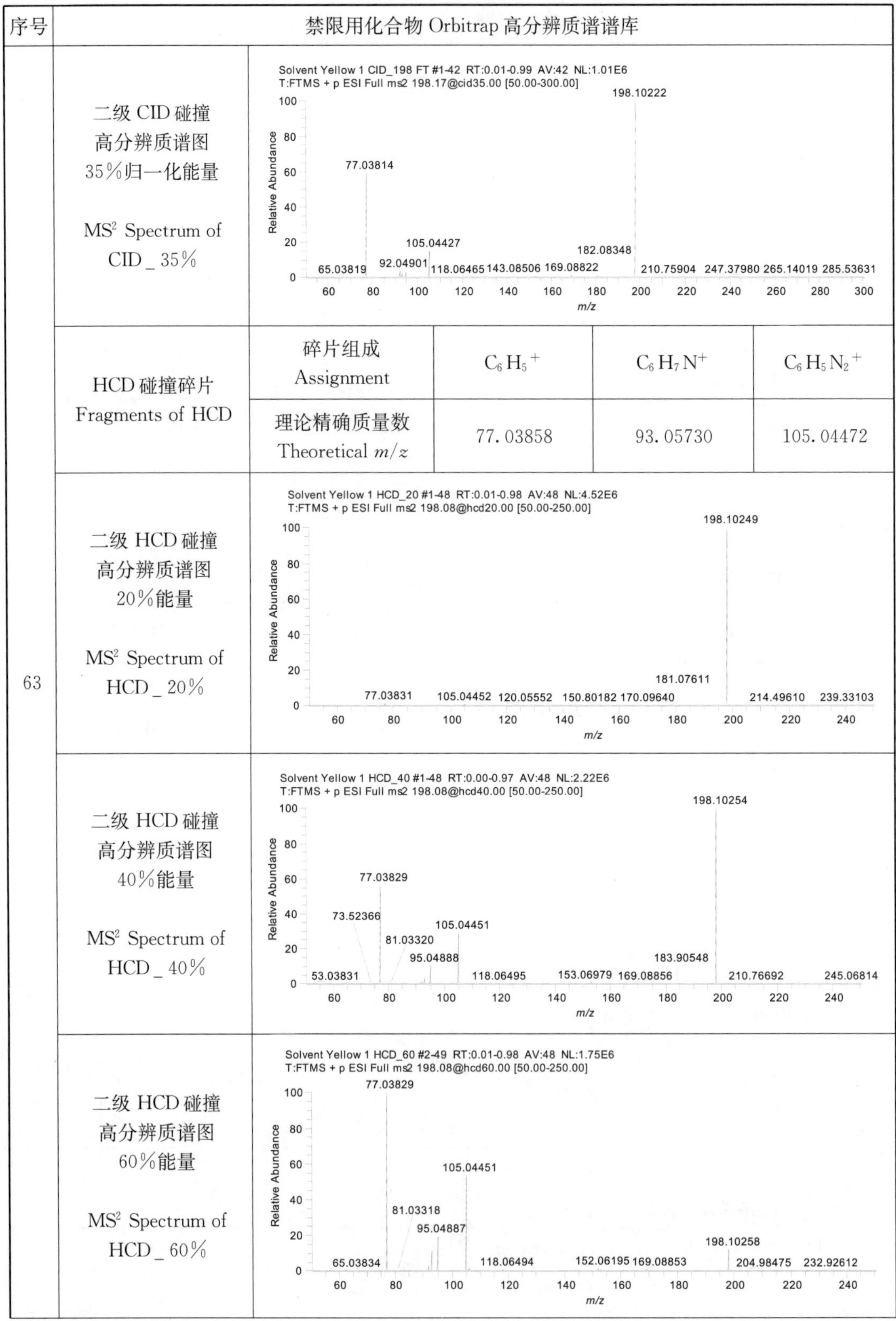

序号	禁限用化合物 Orbitrap 高分辨质谱谱库				
63	二级 CID 碰撞高分辨质谱图 35%归一化能量 MS² Spectrum of CID _ 35%	(谱图)			
	HCD 碰撞碎片 Fragments of HCD	碎片组成 Assignment	$C_6H_5^+$	$C_6H_7N^+$	$C_6H_5N_2^+$
		理论精确质量数 Theoretical m/z	77.03858	93.05730	105.04472
	二级 HCD 碰撞高分辨质谱图 20%能量 MS² Spectrum of HCD _ 20%	(谱图)			
	二级 HCD 碰撞高分辨质谱图 40%能量 MS² Spectrum of HCD _ 40%	(谱图)			
	二级 HCD 碰撞高分辨质谱图 60%能量 MS² Spectrum of HCD _ 60%	(谱图)			

表 3-2（续）

<table>
<tr><td>序号</td><td colspan="4">禁限用化合物 Orbitrap 高分辨质谱谱库</td></tr>
<tr><td>63</td><td>二级 HCD 碰撞高分辨质谱图 80%能量
MS² Spectrum of HCD _ 80%</td><td colspan="3"> 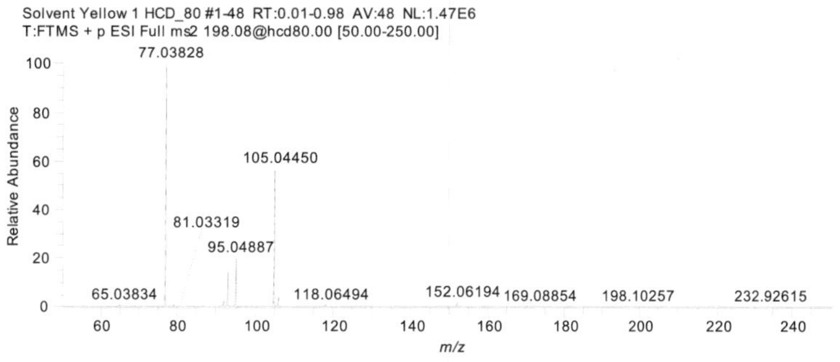Solvent Yellow 1 HCD_80 #1-48 RT:0.01-0.98 AV:48 NL:1.47E6
T:FTMS + p ESI Full ms2 198.08@hcd80.00 [50.00-250.00]
Relative Abundance: 0, 20, 40, 60, 80, 100
Peaks: 77.03828; 105.04450; 81.03319; 95.04887; 65.03834; 118.06494; 152.06194; 169.08854; 198.10257; 232.92615
m/z: 60, 80, 100, 120, 140, 160, 180, 200, 220, 240</td></tr>
<tr><td rowspan="9">64</td><td>化合物英文名
Compound Name</td><td colspan="3">C. I. Solvent Yellow 2</td></tr>
<tr><td>化合物中文名
Chinese Name</td><td colspan="3">溶剂黄 2</td></tr>
<tr><td>CAS 号
CAS Number</td><td colspan="3">60-11-7</td></tr>
<tr><td>分子式
Molecular Formula</td><td colspan="3">$C_{14}H_{15}N_3$</td></tr>
<tr><td rowspan="2">一级母离子
Precursor</td><td>母离子组成
Assignment</td><td>$[M+H]^+$</td><td>$C_{14}H_{16}N_3^+$</td></tr>
<tr><td>理论精确质量数
Theoretical m/z</td><td colspan="2">226.13387</td></tr>
<tr><td>一级质谱图
MS Spectrum</td><td colspan="3"> 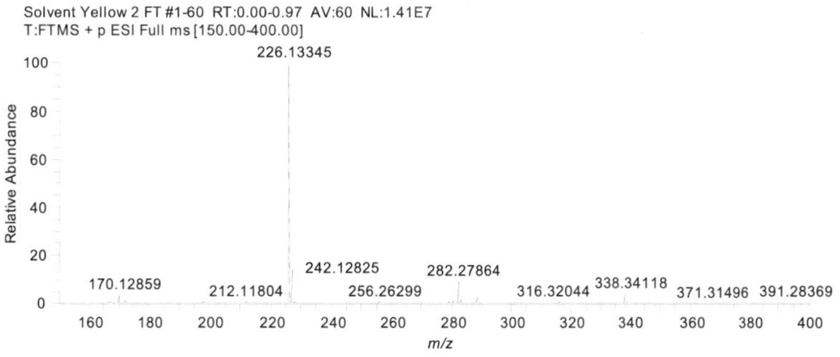Solvent Yellow 2 FT #1-60 RT:0.00-0.97 AV:60 NL:1.41E7
T:FTMS + p ESI Full ms [150.00-400.00]
Relative Abundance: 0, 20, 40, 60, 80, 100
Peaks: 226.13345; 170.12859; 212.11804; 242.12825; 256.26299; 282.27864; 316.32044; 338.34118; 371.31496; 391.28369
m/z: 160, 180, 200, 220, 240, 260, 280, 300, 320, 340, 360, 380, 400</td></tr>
<tr><td rowspan="2">CID 碰撞碎片
Fragments of CID</td><td>碎片组成
Assignment</td><td>$C_6H_5N_2^+$</td><td>$C_8H_{11}N^+$</td><td>$C_{13}H_{13}N_3^+$</td></tr>
<tr><td>理论精确质量数
Theoretical m/z</td><td>105.04472</td><td>121.0886</td><td>211.11040</td></tr>
</table>

表 3-2（续）

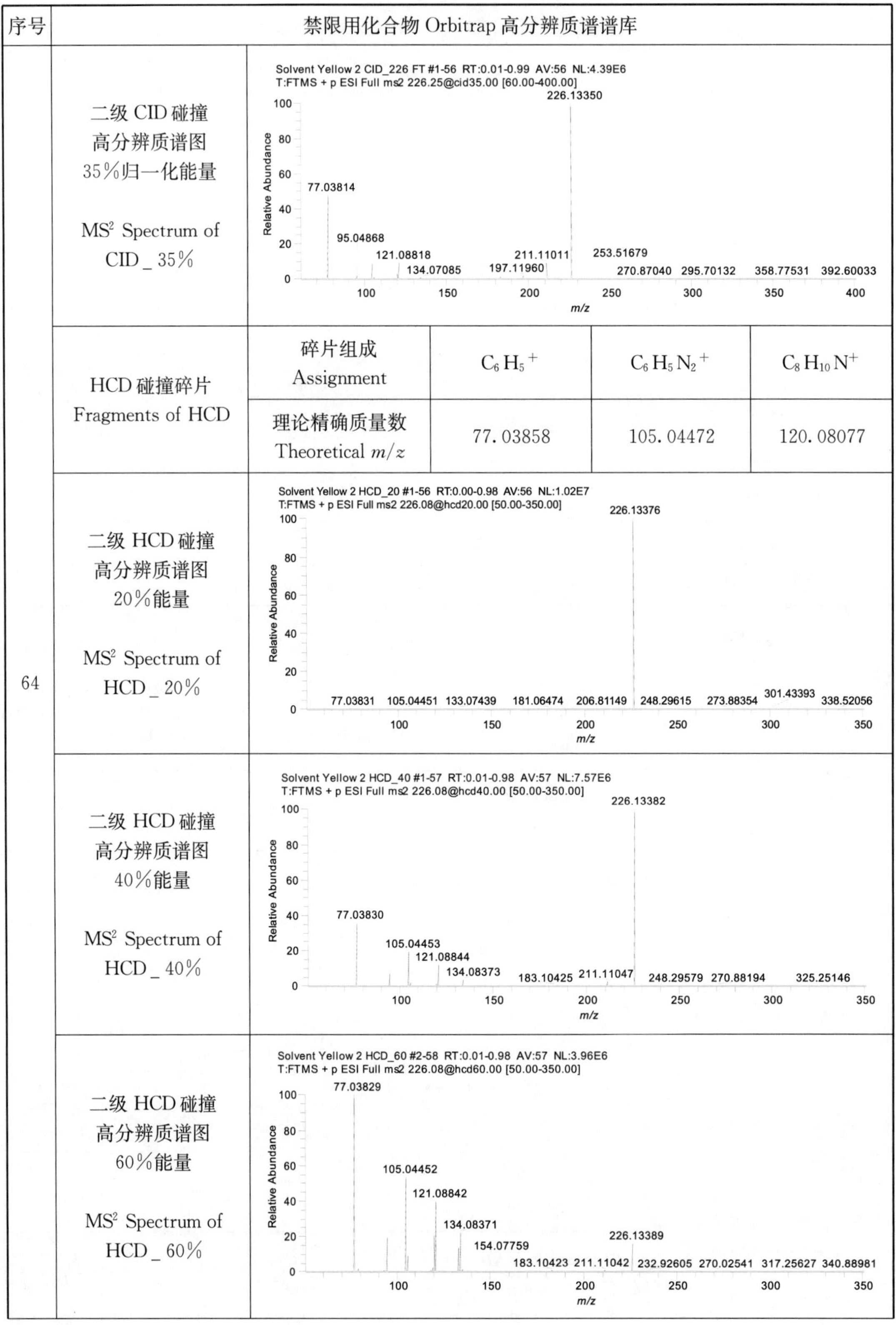

序号	禁限用化合物 Orbitrap 高分辨质谱谱库				
64	二级 CID 碰撞 高分辨质谱图 35%归一化能量 MS^2 Spectrum of CID _ 35%	(spectrum)			
	HCD 碰撞碎片 Fragments of HCD	碎片组成 Assignment	$C_6H_5^+$	$C_6H_5N_2^+$	$C_8H_{10}N^+$
		理论精确质量数 Theoretical m/z	77.03858	105.04472	120.08077
	二级 HCD 碰撞 高分辨质谱图 20%能量 MS^2 Spectrum of HCD _ 20%	(spectrum)			
	二级 HCD 碰撞 高分辨质谱图 40%能量 MS^2 Spectrum of HCD _ 40%	(spectrum)			
	二级 HCD 碰撞 高分辨质谱图 60%能量 MS^2 Spectrum of HCD _ 60%	(spectrum)			

表 3-2（续）

<table>
<tr><td>序号</td><td colspan="5">禁限用化合物 Orbitrap 高分辨质谱谱库</td></tr>
<tr><td>64</td><td>二级 HCD 碰撞
高分辨质谱图
80%能量
MS² Spectrum of
HCD _ 80%</td><td colspan="4">Solvent Yellow 2 HCD_80 #2-57 RT:0.02-0.97 AV:56 NL:2.94E6
T:FTMS + p ESI Full ms2 226.08@hcd80.00 [50.00-350.00]
77.03829; 120.08059; 105.04452; 133.07587; 154.07758; 196.11205; 226.13383; 273.43448; 296.97897; 340.88981
Relative Abundance; m/z</td></tr>
<tr><td rowspan="9">65</td><td>化合物英文名
Compound Name</td><td colspan="4">C. I. Solvent Yellow 3</td></tr>
<tr><td>化合物中文名
Chinese Name</td><td colspan="4">溶剂黄 3</td></tr>
<tr><td>CAS 号
CAS Number</td><td colspan="4">97-56-3</td></tr>
<tr><td>分子式
Molecular Formula</td><td colspan="4">$C_{14}H_{15}N_3$</td></tr>
<tr><td rowspan="2">一级母离子
Precursor</td><td>母离子组成
Assignment</td><td colspan="2">$[M+H]^+$</td><td>$C_{14}H_{16}N_3^+$</td></tr>
<tr><td>理论精确质量数
Theoretical m/z</td><td colspan="3">226.13387</td></tr>
<tr><td>一级质谱图
MS Spectrum</td><td colspan="4">Solvent Yellow 3 FT #2-58 RT:0.02-0.98 AV:57 NL:7.32E6
T:FTMS + p ESI Full ms [150.00-400.00]
226.13349; 170.12859; 207.14896; 239.14846; 256.26303; 282.27867; 288.28916; 338.34121; 368.42440; 391.28373
Relative Abundance; m/z</td></tr>
<tr><td rowspan="2">CID 碰撞碎片
Fragments of CID</td><td>碎片组成
Assignment</td><td>$C_7H_7^+$</td><td>$C_8H_9N_2^+$</td><td>$C_{14}H_{13}N_2^+$</td></tr>
<tr><td>理论精确质量数
Theoretical m/z</td><td>91.05423</td><td>133.07602</td><td>209.10732</td></tr>
</table>

表 3-2（续）

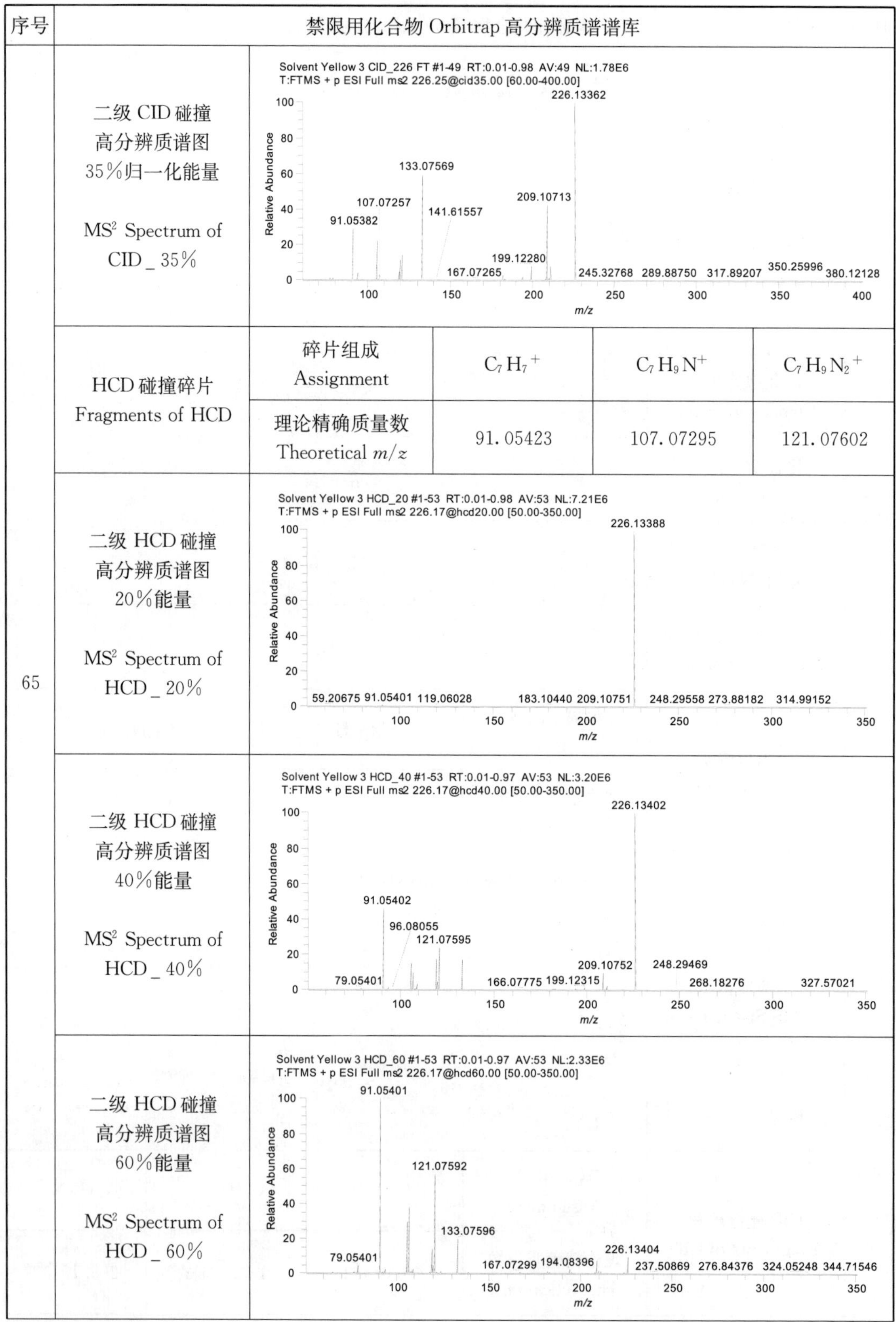

<table>
<tr><th>序号</th><th colspan="5">禁限用化合物 Orbitrap 高分辨质谱谱库</th></tr>
<tr><td rowspan="6">65</td><td>二级 CID 碰撞
高分辨质谱图
35%归一化能量

MS² Spectrum of
CID _ 35%</td><td colspan="4">Solvent Yellow 3 CID_226 FT #1-49 RT:0.01-0.98 AV:49 NL:1.78E6
T:FTMS + p ESI Full ms2 226.25@cid35.00 [60.00-400.00]
226.13362
133.07569
209.10713
107.07257
141.61557
91.05382
199.12280
167.07265
245.32768 289.88750 317.89207 350.25996 380.12128
Relative Abundance
m/z</td></tr>
<tr><td rowspan="2">HCD 碰撞碎片
Fragments of HCD</td><td>碎片组成
Assignment</td><td>$C_7H_7^+$</td><td>$C_7H_9N^+$</td><td>$C_7H_9N_2^+$</td></tr>
<tr><td>理论精确质量数
Theoretical m/z</td><td>91.05423</td><td>107.07295</td><td>121.07602</td></tr>
<tr><td>二级 HCD 碰撞
高分辨质谱图
20%能量

MS² Spectrum of
HCD _ 20%</td><td colspan="4">Solvent Yellow 3 HCD_20 #1-53 RT:0.01-0.98 AV:53 NL:7.21E6
T:FTMS + p ESI Full ms2 226.17@hcd20.00 [50.00-350.00]
226.13388
59.20675 91.05401 119.06028 183.10440 209.10751 248.29558 273.88182 314.99152
Relative Abundance
m/z</td></tr>
<tr><td>二级 HCD 碰撞
高分辨质谱图
40%能量

MS² Spectrum of
HCD _ 40%</td><td colspan="4">Solvent Yellow 3 HCD_40 #1-53 RT:0.01-0.97 AV:53 NL:3.20E6
T:FTMS + p ESI Full ms2 226.17@hcd40.00 [50.00-350.00]
226.13402
91.05402
96.08055
121.07595
209.10752 248.29469
79.05401 166.07775 199.12315 268.18276 327.57021
Relative Abundance
m/z</td></tr>
<tr><td>二级 HCD 碰撞
高分辨质谱图
60%能量

MS² Spectrum of
HCD _ 60%</td><td colspan="4">Solvent Yellow 3 HCD_60 #1-53 RT:0.01-0.97 AV:53 NL:2.33E6
T:FTMS + p ESI Full ms2 226.17@hcd60.00 [50.00-350.00]
91.05401
121.07592
133.07596
226.13404
79.05401 167.07299 194.08396 237.50869 276.84376 324.05248 344.71546
Relative Abundance
m/z</td></tr>
</table>

表 3-2（续）

序号	禁限用化合物 Orbitrap 高分辨质谱谱库				
65	二级 HCD 碰撞高分辨质谱图 80%能量 MS² Spectrum of HCD _ 80%	Solvent Yellow 3 HCD_80 #1-53 RT:0.01-0.98 AV:53 NL:2.14E6 T:FTMS + p ESI Full ms2 226.17@hcd80.00 [50.00-350.00] 91.05399; 121.07590; 96.04416; 79.05399; 133.07594; 194.08393; 224.11833; 257.10452; 282.57999; 319.52957 Relative Abundance; m/z			
66	化合物英文名 Compound Name	C. I. Basic Violet 1			
	化合物中文名 Chinese Name	碱性紫 1			
	CAS 号 CAS Number	8004-87-3			
	分子式 Molecular Formula	$C_{24}H_{28}ClN_3$			
	一级母离子 Precursor	母离子组成 Assignment	[M-Cl]$^+$	$C_{24}H_{28}N_3{}^+$	
		理论精确质量数 Theoretical m/z	358.22777		
	一级质谱图 MS Spectrum	Basic Violet 1 FT MS #2-66 RT:0.02-0.97 AV:65 NL:2.43E7 T:FTMS + p ESI Full ms [150.00-500.00] 358.22821; 344.21265; 360.23491; 356.21328; 346.21935; 310.31079; 316.32137; 330.19691; 338.34232; 364.22815 Relative Abundance; m/z			
	CID 碰撞碎片 Fragments of CID	碎片组成 Assignment	$C_{16}H_{17}N_2{}^+$	$C_{23}H_{24}N_3{}^+$	
		理论精确质量数 Theoretical m/z	237.13863	342.19647	

表 3-2（续）

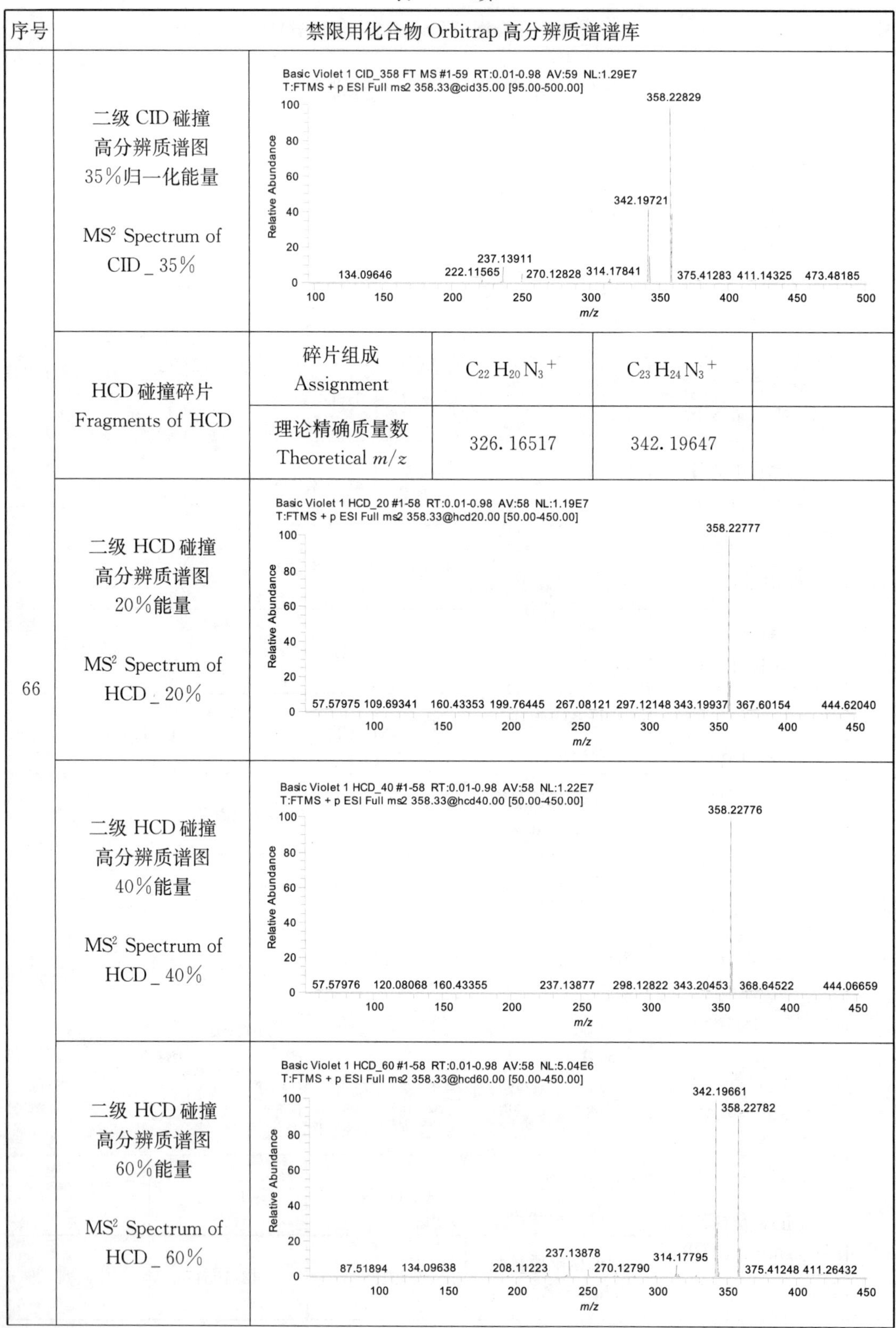

序号	禁限用化合物 Orbitrap 高分辨质谱谱库			
66	二级 CID 碰撞高分辨质谱图 35%归一化能量 MS² Spectrum of CID _ 35%	Basic Violet 1 CID_358 FT MS #1-59 RT:0.01-0.98 AV:59 NL:1.29E7 T:FTMS + p ESI Full ms2 358.33@cid35.00 [95.00-500.00] Relative Abundance; m/z 358.22829, 342.19721, 237.13911, 134.09646, 222.11565, 270.12828, 314.17841, 375.41283, 411.14325, 473.48185		
	HCD 碰撞碎片 Fragments of HCD	碎片组成 Assignment	$C_{22}H_{20}N_3^+$	$C_{23}H_{24}N_3^+$
		理论精确质量数 Theoretical *m/z*	326.16517	342.19647
	二级 HCD 碰撞高分辨质谱图 20%能量 MS² Spectrum of HCD _ 20%	Basic Violet 1 HCD_20 #1-58 RT:0.01-0.98 AV:58 NL:1.19E7 T:FTMS + p ESI Full ms2 358.33@hcd20.00 [50.00-450.00] Relative Abundance; m/z 358.22777, 57.57975, 109.69341, 160.43353, 199.76445, 267.08121, 297.12148, 343.19937, 367.60154, 444.62040		
	二级 HCD 碰撞高分辨质谱图 40%能量 MS² Spectrum of HCD _ 40%	Basic Violet 1 HCD_40 #1-58 RT:0.01-0.98 AV:58 NL:1.22E7 T:FTMS + p ESI Full ms2 358.33@hcd40.00 [50.00-450.00] Relative Abundance; m/z 358.22776, 57.57976, 120.08068, 160.43355, 237.13877, 298.12822, 343.20453, 368.64522, 444.06659		
	二级 HCD 碰撞高分辨质谱图 60%能量 MS² Spectrum of HCD _ 60%	Basic Violet 1 HCD_60 #1-58 RT:0.01-0.98 AV:58 NL:5.04E6 T:FTMS + p ESI Full ms2 358.33@hcd60.00 [50.00-450.00] Relative Abundance; m/z 342.19661, 358.22782, 237.13878, 314.17795, 87.51894, 134.09638, 208.11223, 270.12790, 375.41248, 411.26432		

表 3 - 2（续）

序号	禁限用化合物 Orbitrap 高分辨质谱谱库			
66	二级 HCD 碰撞高分辨质谱图 80%能量 MS^2 Spectrum of HCD _ 80%	Basic Violet 1 HCD_80 #1-58 RT:0.01-0.98 AV:58 NL:5.50E6 T:FTMS + p ESI Full ms2 358.33@hcd80.00 [50.00-450.00] Relative Abundance; m/z 342.19668; 326.16556; 314.17804; 237.13889; 194.09664; 120.08075; 70.06493; 358.22803; 445.33440		
67	化合物英文名 Compound Name	C. I. Basic Violet 3		
	化合物中文名 Chinese Name	碱性紫 3		
	CAS 号 CAS Number	548 - 62 - 9		
	分子式 Molecular Formula	$C_{25}H_{30}ClN_3$		
	一级母离子 Precursor	母离子组成 Assignment	$[M-Cl]^+$	$C_{25}H_{30}N_3^+$
		理论精确质量数 Theoretical *m/z*	372. 24342	
	一级质谱图 MS Spectrum	Basic Violet 3 FT #68 RT:1.00 AV:1 NL:6.33E7 T:FTMS + p ESI Full ms [200.00-500.00] Relative Abundance; m/z 372.24310; 358.22800; 344.21228; 228.19580; 282.27924; 388.23792; 428.26920; 456.33682; 491.31631		
	CID 碰撞碎片 Fragments of CID	碎片组成 Assignment	$C_{17}H_{19}N_2^+$	$C_{24}H_{26}N_3^+$
		理论精确质量数 Theoretical *m/z*	251. 15428	356. 21212

表 3-2（续）

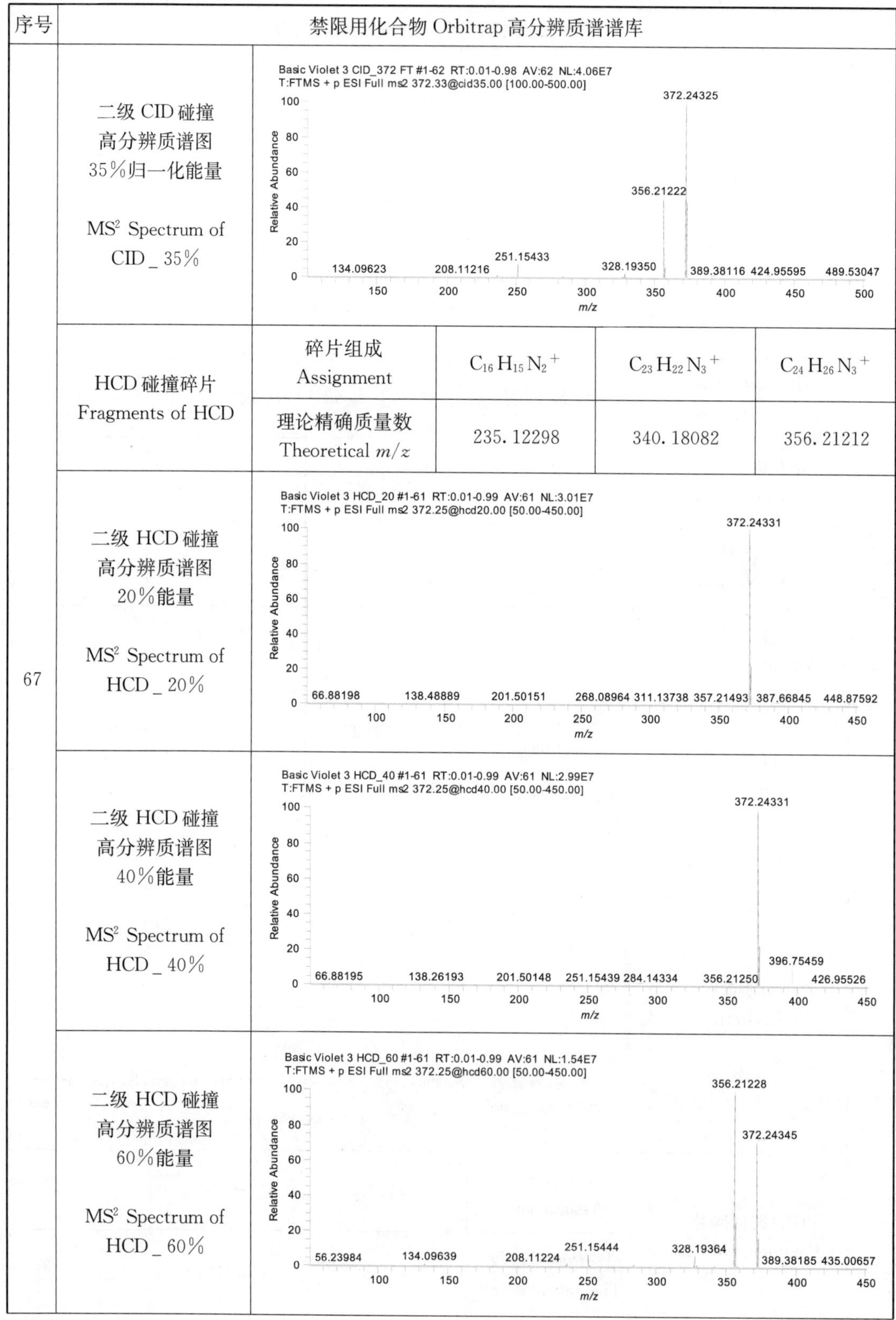

序号	禁限用化合物 Orbitrap 高分辨质谱谱库				
67	二级 CID 碰撞高分辨质谱图 35%归一化能量 MS² Spectrum of CID _ 35%				
	HCD 碰撞碎片 Fragments of HCD	碎片组成 Assignment	$C_{16}H_{15}N_2^+$	$C_{23}H_{22}N_3^+$	$C_{24}H_{26}N_3^+$
		理论精确质量数 Theoretical m/z	235.12298	340.18082	356.21212
	二级 HCD 碰撞高分辨质谱图 20%能量 MS² Spectrum of HCD _ 20%				
	二级 HCD 碰撞高分辨质谱图 40%能量 MS² Spectrum of HCD _ 40%				
	二级 HCD 碰撞高分辨质谱图 60%能量 MS² Spectrum of HCD _ 60%				

表 3-2（续）

序号	禁限用化合物 Orbitrap 高分辨质谱谱库			
67	二级 HCD 碰撞高分辨质谱图 80%能量 MS^2 Spectrum of HCD _ 80%	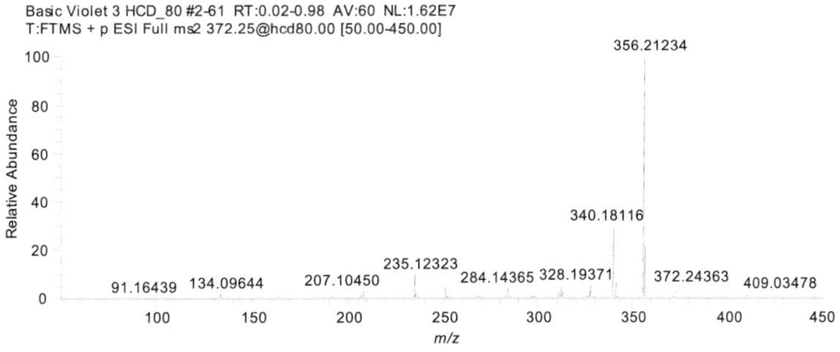 Basic Violet 3 HCD_80 #2-61 RT:0.02-0.98 AV:60 NL:1.62E7 T:FTMS + p ESI Full ms2 372.25@hcd80.00 [50.00-450.00] Relative Abundance; m/z 356.21234; 340.18116; 235.12323; 91.16439; 134.09644; 207.10450; 284.14365; 328.19371; 372.24363; 409.03478		
68	化合物英文名 Compound Name	C. I. Direct Brown 95		
	化合物中文名 Chinese Name	直接棕 95		
	CAS 号 CAS Number	16071-86-6		
	分子式 Molecular Formula	$C_{31}H_{18}N_6O_9CuS \cdot 2Na$		
	一级母离子 Precursor	母离子组成 Assignment	$[M-2Na]^{2-}$	$C_{31}H_{18}N_6O_9CuS^{2-}$
		理论精确质量数 Theoretical m/z	356.50815	
	一级质谱图 MS Spectrum	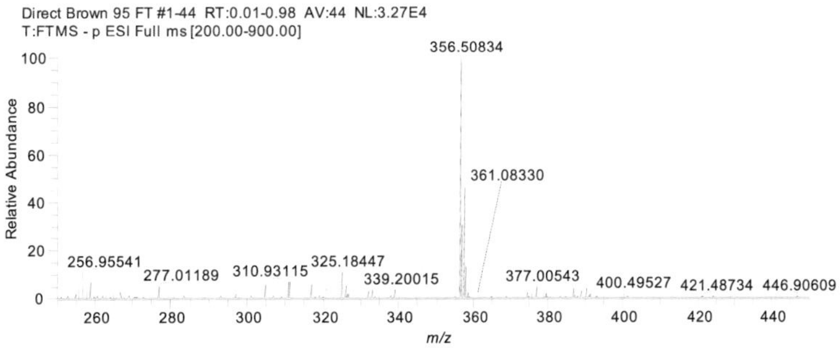 Direct Brown 95 FT #1-44 RT:0.01-0.98 AV:44 NL:3.27E4 T:FTMS - p ESI Full ms [200.00-900.00] Relative Abundance; m/z 356.50834; 361.08330; 256.95541; 277.01189; 310.93115; 325.18447; 339.20015; 377.00543; 400.49527; 421.48734; 446.90609		
	CID 碰撞碎片 Fragments of CID	碎片组成 Assignment	$C_7H_4O_4N_2CuS^-$	$C_{11}H_{16}O_4N_5S^-$	$C_{30}H_{18}N_6O_7CuS^{2-}$
		理论精确质量数 Theoretical m/z	274.91933	314.09285	334.51323

表 3-2（续）

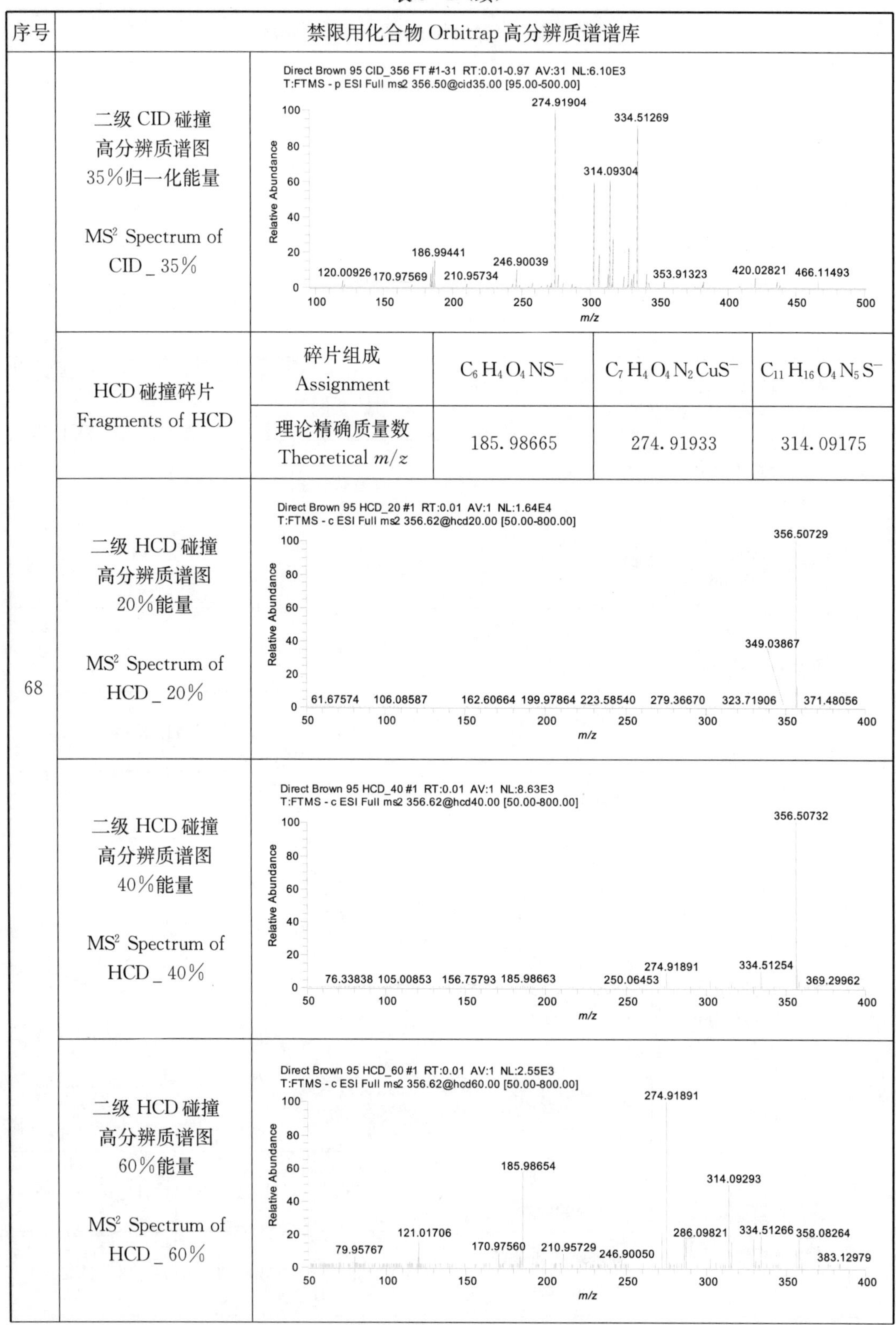

序号	禁限用化合物 Orbitrap 高分辨质谱谱库				
68	二级 CID 碰撞 高分辨质谱图 35%归一化能量 MS^2 Spectrum of CID _ 35%	Direct Brown 95 CID_356 FT #1-31 RT:0.01-0.97 AV:31 NL:6.10E3 T:FTMS - p ESI Full ms2 356.50@cid35.00 [95.00-500.00] 274.91904 334.51269 314.09304 186.99441 246.90039 120.00926 170.97569 210.95734 353.91323 420.02821 466.11493 Relative Abundance; m/z			
	HCD 碰撞碎片 Fragments of HCD	碎片组成 Assignment	$C_6H_4O_4NS^-$	$C_7H_4O_4N_2CuS^-$	$C_{11}H_{16}O_4N_5S^-$
		理论精确质量数 Theoretical m/z	185. 98665	274. 91933	314. 09175
	二级 HCD 碰撞 高分辨质谱图 20%能量 MS^2 Spectrum of HCD _ 20%	Direct Brown 95 HCD_20 #1 RT:0.01 AV:1 NL:1.64E4 T:FTMS - c ESI Full ms2 356.62@hcd20.00 [50.00-800.00] 356.50729 349.03867 61.67574 106.08587 162.60664 199.97864 223.58540 279.36670 323.71906 371.48056 Relative Abundance; m/z			
	二级 HCD 碰撞 高分辨质谱图 40%能量 MS^2 Spectrum of HCD _ 40%	Direct Brown 95 HCD_40 #1 RT:0.01 AV:1 NL:8.63E3 T:FTMS - c ESI Full ms2 356.62@hcd40.00 [50.00-800.00] 356.50732 274.91891 334.51254 76.33838 105.00853 156.75793 185.98663 250.06453 369.29962 Relative Abundance; m/z			
	二级 HCD 碰撞 高分辨质谱图 60%能量 MS^2 Spectrum of HCD _ 60%	Direct Brown 95 HCD_60 #1 RT:0.01 AV:1 NL:2.55E3 T:FTMS - c ESI Full ms2 356.62@hcd60.00 [50.00-800.00] 274.91891 185.98654 314.09293 121.01706 286.09821 334.51266 358.08264 79.95767 170.97560 210.95729 246.90050 383.12979 Relative Abundance; m/z			

表 3-2（续）

序号	禁限用化合物 Orbitrap 高分辨质谱谱库				
68	二级 HCD 碰撞高分辨质谱图 80%能量 MS² Spectrum of HCD _ 80%	Direct Brown 95 HCD_80 #1 RT:0.01 AV:1 NL:2.69E3 T:FTMS - c ESI Full ms2 356.62@hcd80.00 [50.00-800.00] 185.98650; 274.91885; 314.09283; 287.10587; 92.02698; 121.01704; 170.97568; 210.95720; 127.46450; 259.90826; 330.08759; 358.08267 Relative Abundance; m/z			
69	化合物英文名 Compound Name	C. I. Basic Blue 26			
	化合物中文名 Chinese Name	碱性蓝 26			
	CAS 号 CAS Number	2580-56-5			
	分子式 Molecular Formula	$C_{33}H_{32}ClN_3$			
	一级母离子 Precursor	母离子组成 Assignment	[M-Cl]⁺	$C_{33}H_{32}N_3^+$	
		理论精确质量数 Theoretical *m/z*	470.25907		
	一级质谱图 MS Spectrum	Basic Blue 26 FT MS #1-66 RT:0.01-0.98 AV:66 NL:5.39E7 T:FTMS + p ESI Full ms [300.00-600.00] 470.25814; 316.32081; 338.34158; 391.28417; 415.21145; 456.24350; 486.25291; 520.27373; 568.27386; 589.33183 Relative Abundance; m/z			
	CID 碰撞碎片 Fragments of CID	碎片组成 Assignment	$C_{25}H_{21}N_2^+$		
		理论精确质量数 Theoretical *m/z*	349.16993		

表 3-2（续）

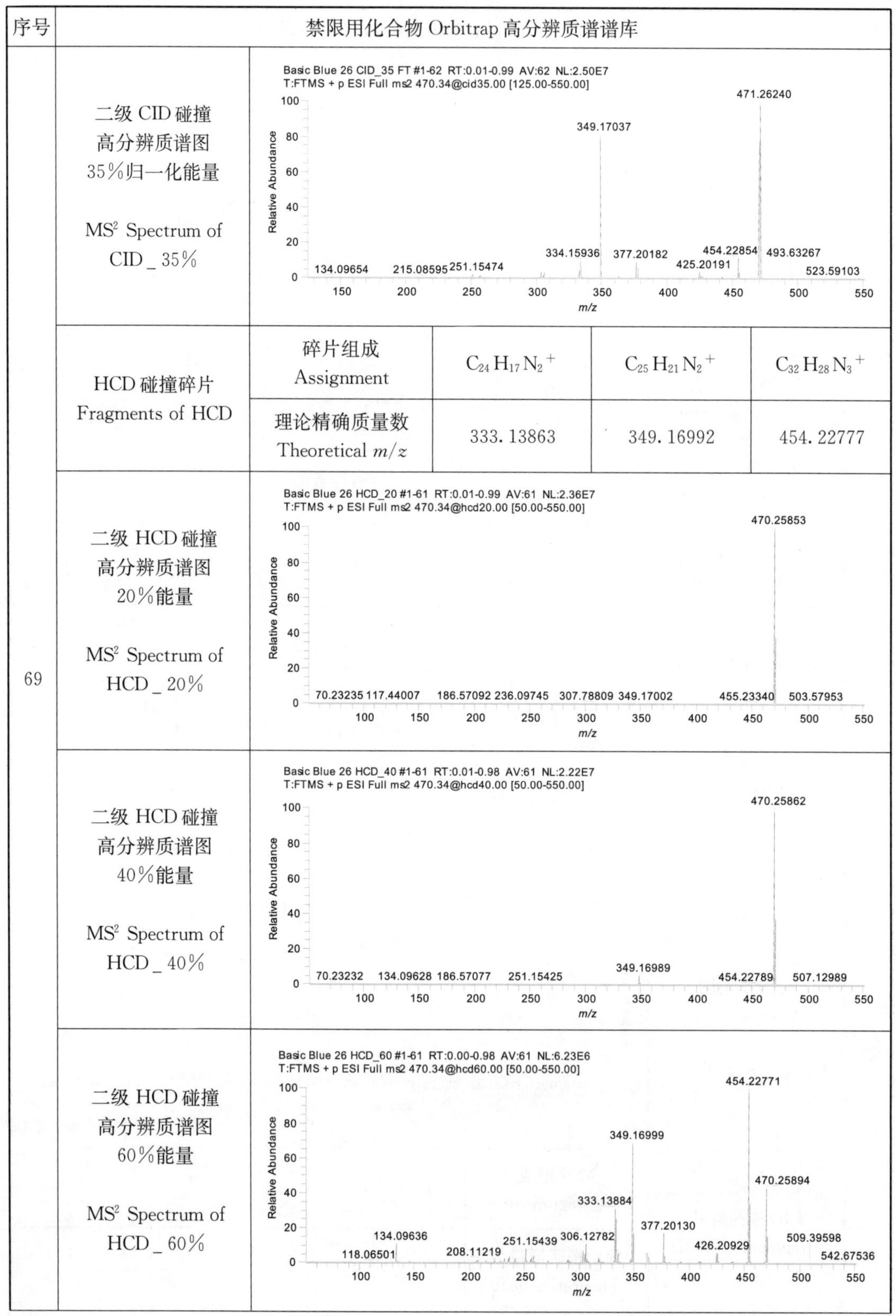

序号	禁限用化合物 Orbitrap 高分辨质谱谱库				
69	二级 CID 碰撞 高分辨质谱图 35%归一化能量 MS² Spectrum of CID _ 35%	(spectrum)			
	HCD 碰撞碎片 Fragments of HCD	碎片组成 Assignment	$C_{24}H_{17}N_2^+$	$C_{25}H_{21}N_2^+$	$C_{32}H_{28}N_3^+$
		理论精确质量数 Theoretical *m/z*	333.13863	349.16992	454.22777
	二级 HCD 碰撞 高分辨质谱图 20%能量 MS² Spectrum of HCD _ 20%	(spectrum)			
	二级 HCD 碰撞 高分辨质谱图 40%能量 MS² Spectrum of HCD _ 40%	(spectrum)			
	二级 HCD 碰撞 高分辨质谱图 60%能量 MS² Spectrum of HCD _ 60%	(spectrum)			

表 3-2（续）

<table>
<tr><td>序号</td><td colspan="5">禁限用化合物 Orbitrap 高分辨质谱谱库</td></tr>
<tr><td>69</td><td>二级 HCD 碰撞高分辨质谱图 80%能量
MS² Spectrum of HCD _ 80%</td><td colspan="4"> 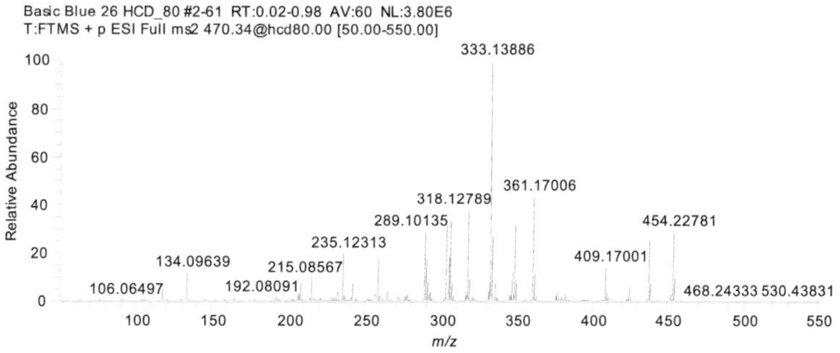Basic Blue 26 HCD_80 #2-61 RT:0.02-0.98 AV:60 NL:3.80E6
T:FTMS + p ESI Full ms2 470.34@hcd80.00 [50.00-550.00]
333.13886, 361.17006, 318.12789, 289.10135, 454.22781, 235.12313, 409.17001, 134.09639, 215.08567, 192.08091, 106.06497, 468.24333, 530.43831</td></tr>
<tr><td rowspan="9">70</td><td>化合物英文名
Compound Name</td><td colspan="4">4 - Aminobiphenyl</td></tr>
<tr><td>化合物中文名
Chinese Name</td><td colspan="4">4 -氨基联苯</td></tr>
<tr><td>CAS 号
CAS Number</td><td colspan="4">92 - 67 - 1</td></tr>
<tr><td>分子式
Molecular Formula</td><td colspan="4">$C_{12}H_{11}N$</td></tr>
<tr><td rowspan="2">一级母离子
Precursor</td><td>母离子组成
Assignment</td><td>$[M+H]^+$</td><td colspan="2">$C_{12}H_{12}N^+$</td></tr>
<tr><td>理论精确质量数
Theoretical m/z</td><td colspan="3">170.09643</td></tr>
<tr><td>一级质谱图
MS Spectrum</td><td colspan="4"> 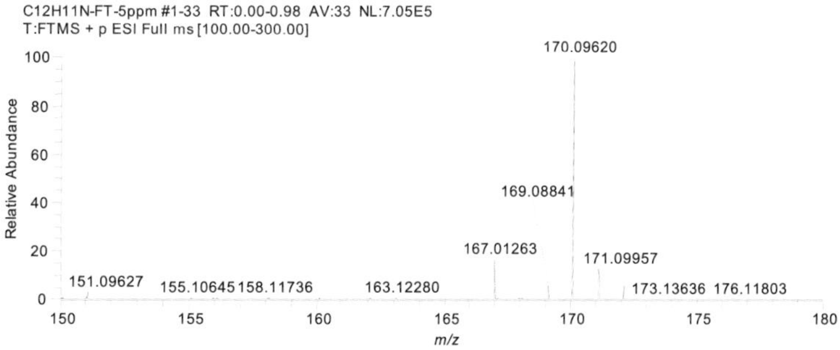C12H11N-FT-5ppm #1-33 RT:0.00-0.98 AV:33 NL:7.05E5
T:FTMS + p ESI Full ms [100.00-300.00]
170.09620, 169.08841, 167.01263, 171.09957, 151.09627, 155.10645, 158.11736, 163.12280, 173.13636, 176.11803</td></tr>
<tr><td rowspan="2">CID 碰撞碎片
Fragments of CID</td><td>碎片组成
Assignment</td><td>$C_{11}H_{11}^+$</td><td>$C_{12}H_9^+$</td><td></td></tr>
<tr><td>理论精确质量数
Theoretical m/z</td><td>143.08553</td><td>153.06988</td><td></td></tr>
</table>

表 3-2（续）

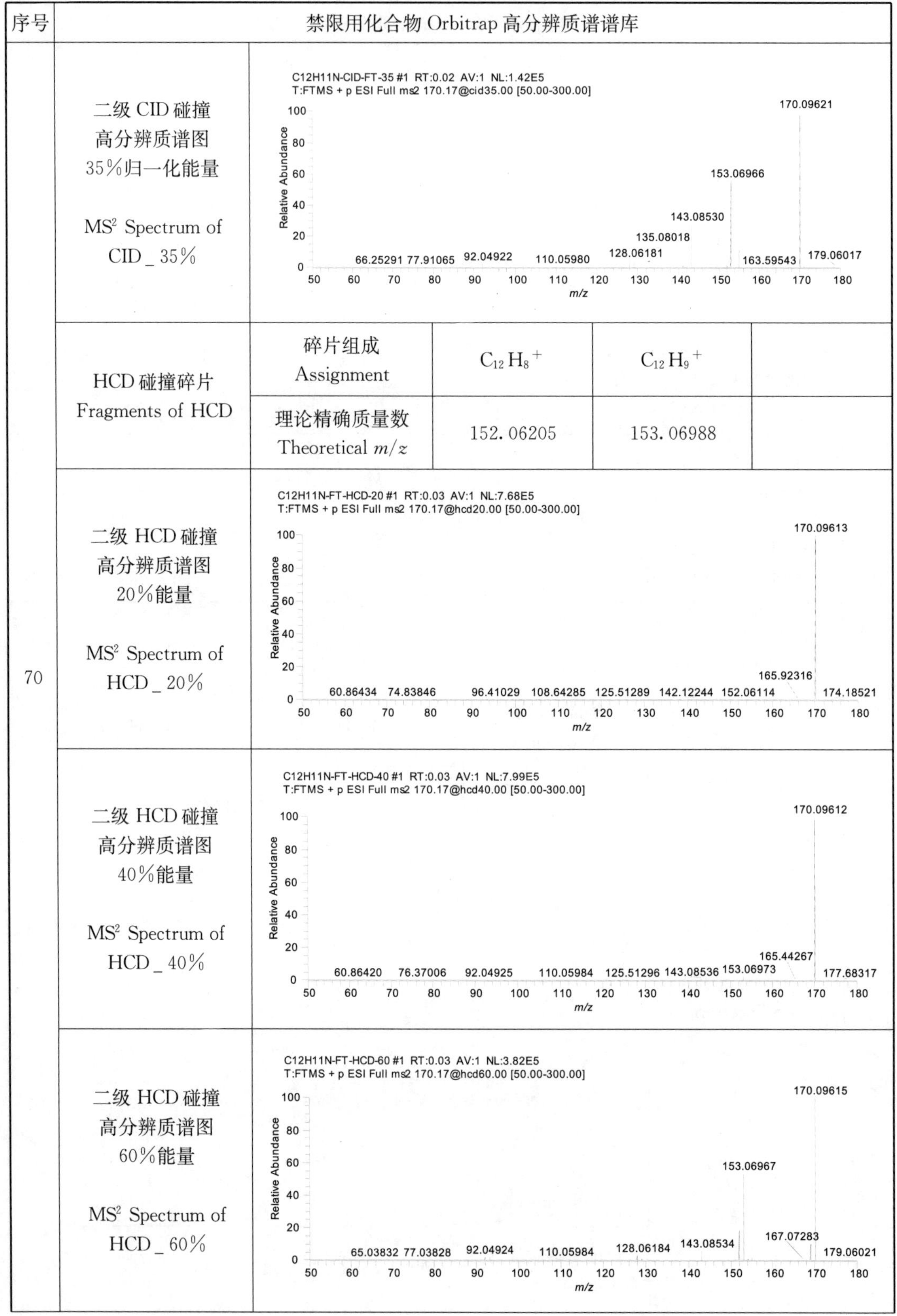

序号	禁限用化合物 Orbitrap 高分辨质谱谱库				
70	二级 CID 碰撞 高分辨质谱图 35%归一化能量 MS^2 Spectrum of CID _ 35%				
	HCD 碰撞碎片 Fragments of HCD	碎片组成 Assignment	$C_{12}H_8^+$	$C_{12}H_9^+$	
		理论精确质量数 Theoretical m/z	152.06205	153.06988	
	二级 HCD 碰撞 高分辨质谱图 20%能量 MS^2 Spectrum of HCD _ 20%				
	二级 HCD 碰撞 高分辨质谱图 40%能量 MS^2 Spectrum of HCD _ 40%				
	二级 HCD 碰撞 高分辨质谱图 60%能量 MS^2 Spectrum of HCD _ 60%				

表 3-2（续）

序号	禁限用化合物 Orbitrap 高分辨质谱谱库			
70	二级 HCD 碰撞高分辨质谱图 84%能量 MS² Spectrum of HCD _ 84%	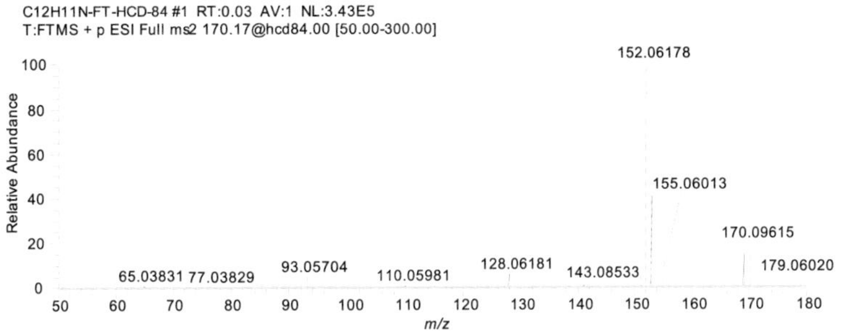 C12H11N-FT-HCD-84 #1 RT:0.03 AV:1 NL:3.43E5 T:FTMS + p ESI Full ms2 170.17@hcd84.00 [50.00-300.00] 152.06178; 155.06013; 170.09615; 179.06020; 65.03831; 77.03829; 93.05704; 110.05981; 128.06181; 143.08533 Relative Abundance; m/z		
71	化合物英文名 Compound Name	Benzidine		
	化合物中文名 Chinese Name	联苯胺		
	CAS 号 CAS Number	92-87-5		
	分子式 Molecular Formula	$C_{12}H_{12}N_2$		
	一级母离子 Precursor	母离子组成 Assignment	[M+H]⁺	$C_{12}H_{13}N_2^+$
		理论精确质量数 Theoretical *m/z*	185.10732	
	一级质谱图 MS Spectrum	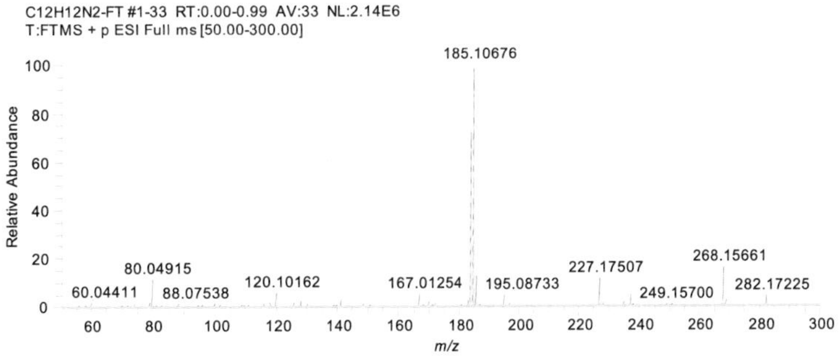 C12H12N2-FT #1-33 RT:0.00-0.99 AV:33 NL:2.14E6 T:FTMS + p ESI Full ms [50.00-300.00] 185.10676; 80.04915; 60.04411; 88.07538; 120.10162; 167.01254; 195.08733; 227.17507; 249.15700; 268.15661; 282.17225 Relative Abundance; m/z		
	CID 碰撞碎片 Fragments of CID	碎片组成 Assignment	$C_{12}H_{10}N^+$	
		理论精确质量数 Theoretical *m/z*	168.08078	

表3-2（续）

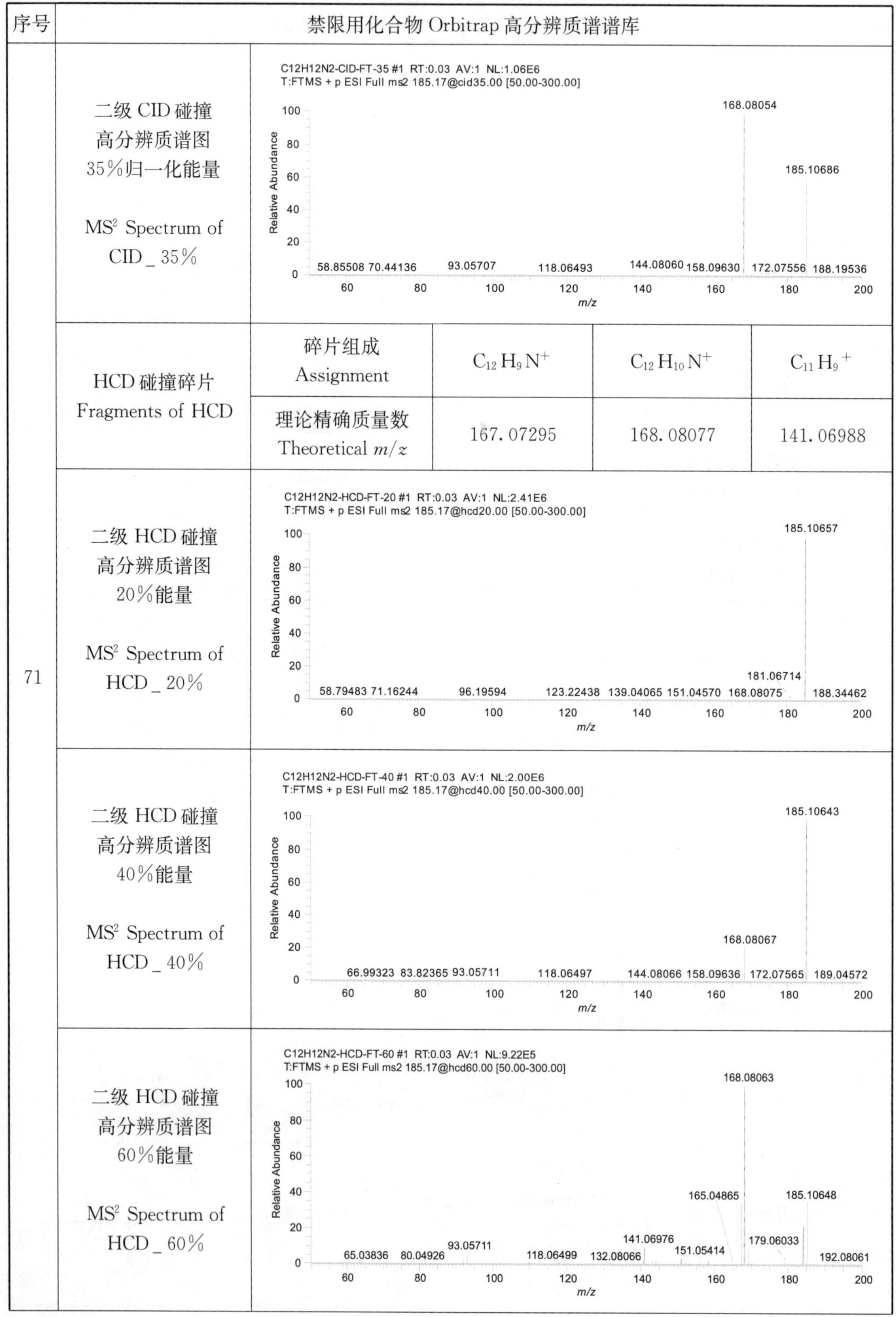

序号	禁限用化合物 Orbitrap 高分辨质谱谱库				
71	二级 CID 碰撞 高分辨质谱图 35%归一化能量 MS² Spectrum of CID _ 35%	C12H12N2-CID-FT-35 #1 RT:0.03 AV:1 NL:1.06E6 T:FTMS + p ESI Full ms2 185.17@cid35.00 [50.00-300.00] 168.08054 185.10686 58.85508 70.44136 93.05707 118.06493 144.08060 158.09630 172.07556 188.19536 Relative Abundance; m/z			
	HCD 碰撞碎片 Fragments of HCD	碎片组成 Assignment	$C_{12}H_9N^+$	$C_{12}H_{10}N^+$	$C_{11}H_9^+$
		理论精确质量数 Theoretical m/z	167.07295	168.08077	141.06988
	二级 HCD 碰撞 高分辨质谱图 20%能量 MS² Spectrum of HCD _ 20%	C12H12N2-HCD-FT-20 #1 RT:0.03 AV:1 NL:2.41E6 T:FTMS + p ESI Full ms2 185.17@hcd20.00 [50.00-300.00] 185.10657 181.06714 58.79483 71.16244 96.19594 123.22438 139.04065 151.04570 168.08075 188.34462 Relative Abundance; m/z			
	二级 HCD 碰撞 高分辨质谱图 40%能量 MS² Spectrum of HCD _ 40%	C12H12N2-HCD-FT-40 #1 RT:0.03 AV:1 NL:2.00E6 T:FTMS + p ESI Full ms2 185.17@hcd40.00 [50.00-300.00] 185.10643 168.08067 66.99323 83.82365 93.05711 118.06497 144.08066 158.09636 172.07565 189.04572 Relative Abundance; m/z			
	二级 HCD 碰撞 高分辨质谱图 60%能量 MS² Spectrum of HCD _ 60%	C12H12N2-HCD-FT-60 #1 RT:0.03 AV:1 NL:9.22E5 T:FTMS + p ESI Full ms2 185.17@hcd60.00 [50.00-300.00] 168.08063 165.04865 185.10648 141.06976 179.06033 65.03836 80.04926 93.05711 118.06499 132.08066 151.05414 192.08061 Relative Abundance; m/z			

表 3-2（续）

序号	禁限用化合物 Orbitrap 高分辨质谱谱库				
71	二级 HCD 碰撞 高分辨质谱图 88%能量 MS^2 Spectrum of HCD _ 88%	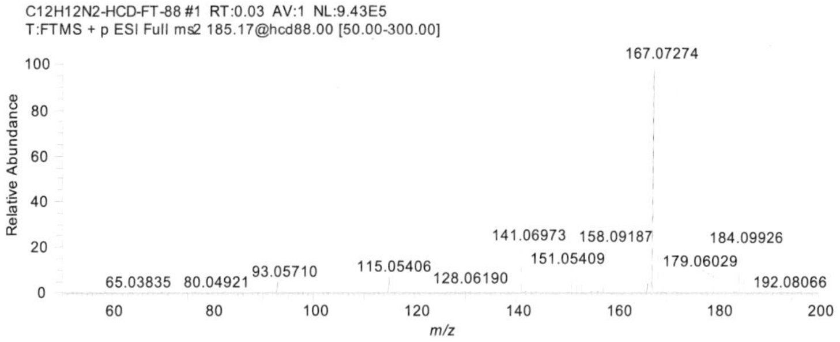 C12H12N2-HCD-FT-88 #1 RT:0.03 AV:1 NL:9.43E5 T:FTMS + p ESI Full ms2 185.17@hcd88.00 [50.00-300.00] 167.07274; 141.06973; 158.09187; 184.09926; 151.05409; 179.06029; 115.05406; 93.05710; 128.06190; 65.03835; 80.04921; 192.08066 Relative Abundance; m/z			
72	化合物英文名 Compound Name	4-Choro-*o*-toluidine			
	化合物中文名 Chinese Name	4-氯邻甲苯胺			
	CAS 号 CAS Number	95-69-2			
	分子式 Molecular Formula	C_7H_8ClN			
	一级母离子 Precursor	母离子组成 Assignment	$[M+H]^+$	$C_7H_9ClN^+$	
		理论精确质量数 Theoretical *m/z*	142.04180		
	一级质谱图 MS Spectrum	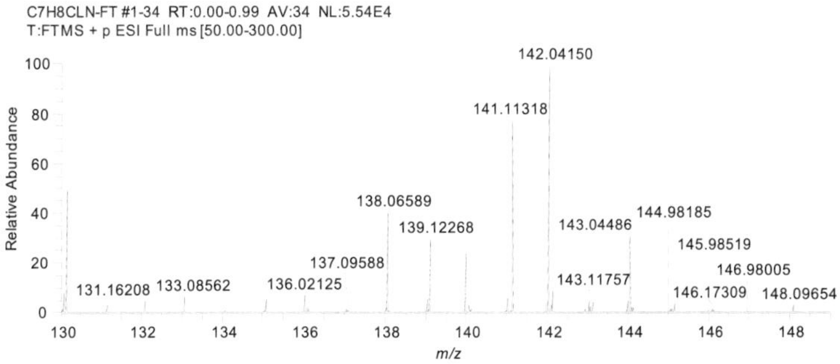 C7H8CLN-FT #1-34 RT:0.00-0.99 AV:34 NL:5.54E4 T:FTMS + p ESI Full ms [50.00-300.00] 142.04150; 141.11318; 138.06589; 139.12268; 143.04486; 144.98185; 145.98519; 137.09588; 146.98005; 143.11757; 131.16208; 133.08562; 136.02125; 146.17309; 148.09654 Relative Abundance; m/z			
	CID 碰撞碎片 Fragments of CID	碎片组成 Assignment	$C_7H_9N^+$		
		理论精确质量数 Theoretical *m/z*	107.07295		

表 3-2（续）

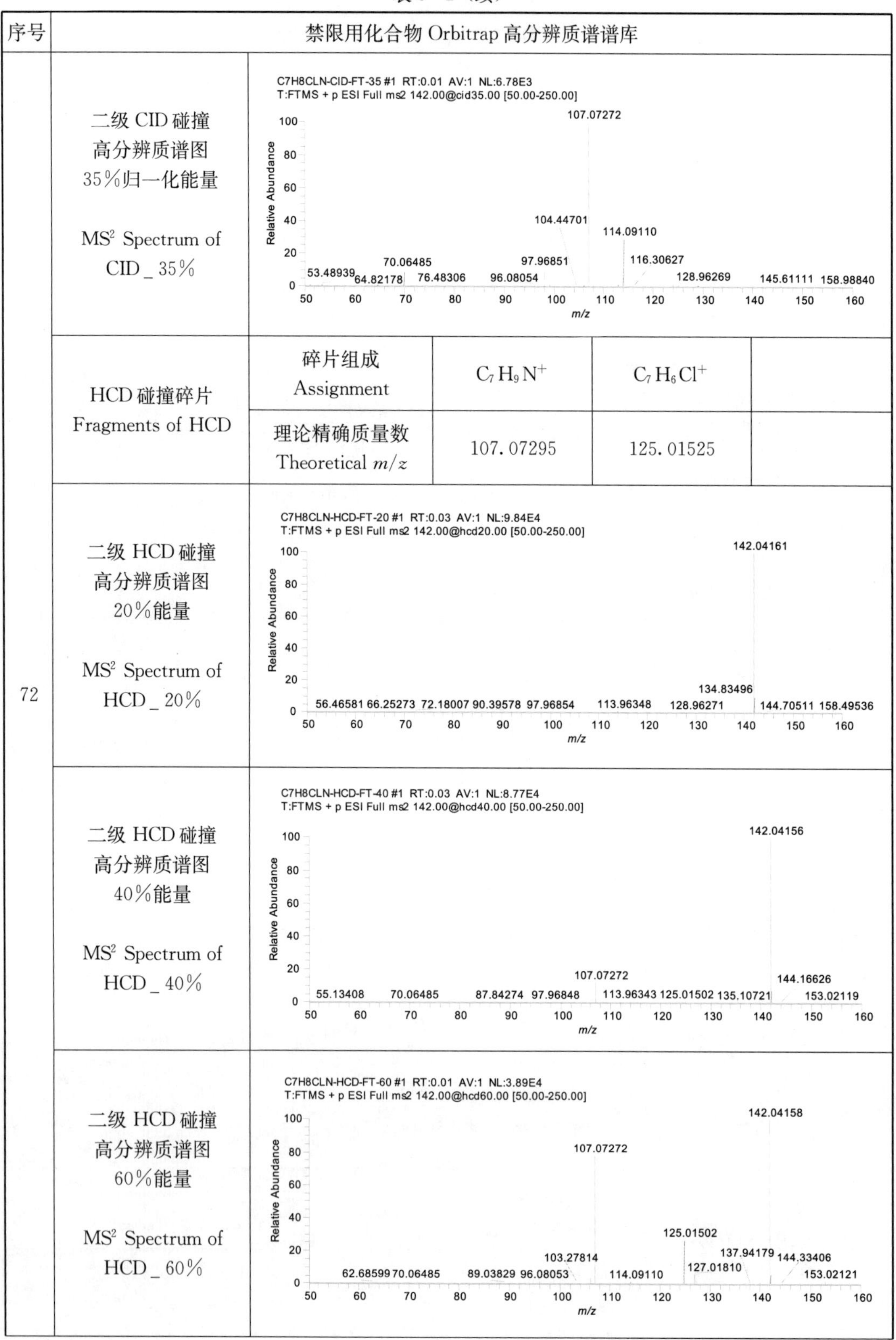

序号	禁限用化合物 Orbitrap 高分辨质谱谱库				
72	二级 CID 碰撞高分辨质谱图 35%归一化能量 MS² Spectrum of CID _ 35%				
	HCD 碰撞碎片 Fragments of HCD	碎片组成 Assignment	$C_7H_9N^+$	$C_7H_6Cl^+$	
		理论精确质量数 Theoretical m/z	107.07295	125.01525	
	二级 HCD 碰撞高分辨质谱图 20%能量 MS² Spectrum of HCD _ 20%				
	二级 HCD 碰撞高分辨质谱图 40%能量 MS² Spectrum of HCD _ 40%				
	二级 HCD 碰撞高分辨质谱图 60%能量 MS² Spectrum of HCD _ 60%				

表 3-2（续）

序号	禁限用化合物 Orbitrap 高分辨质谱谱库				
72	二级 HCD 碰撞高分辨质谱图 75%能量 MS² Spectrum of HCD _ 75%	C7H8CLN-HCD-FT-75 #1 RT:0.03 AV:1 NL:2.91E4 T:FTMS + p ESI Full ms2 142.00@hcd75.00 [50.00-250.00] 107.07274 125.01505 142.04161 121.15108 127.01811 144.24889 54.17284 70.06486 81.86367 89.03833 98.99938 114.09113 128.96271 153.02124 Relative Abundance; m/z			
73	化合物英文名 Compound Name	2-Naphthylamine			
	化合物中文名 Chinese Name	2-萘胺			
	CAS 号 CAS Number	91-59-8			
	分子式 Molecular Formula	$C_{10}H_9N$			
	一级母离子 Precursor	母离子组成 Assignment	$[M+H]^+$	$C_{10}H_{10}N^+$	
		理论精确质量数 Theoretical m/z	144.08078		
	一级质谱图 MS Spectrum	C10H9N-FT #1 RT:0.02 AV:1 NL:1.07E6 T:FTMS + p ESI Full ms [50.00-250.00] 144.08046 136.02130 150.11217 227.17511 80.04916 120.10164 100.11180 167.01254 195.08739 249.15706 Relative Abundance; m/z			
	CID 碰撞碎片 Fragments of CID	碎片组成 Assignment	$C_9H_9^+$		
		理论精确质量数 Theoretical m/z	117.06988		

表 3-2（续）

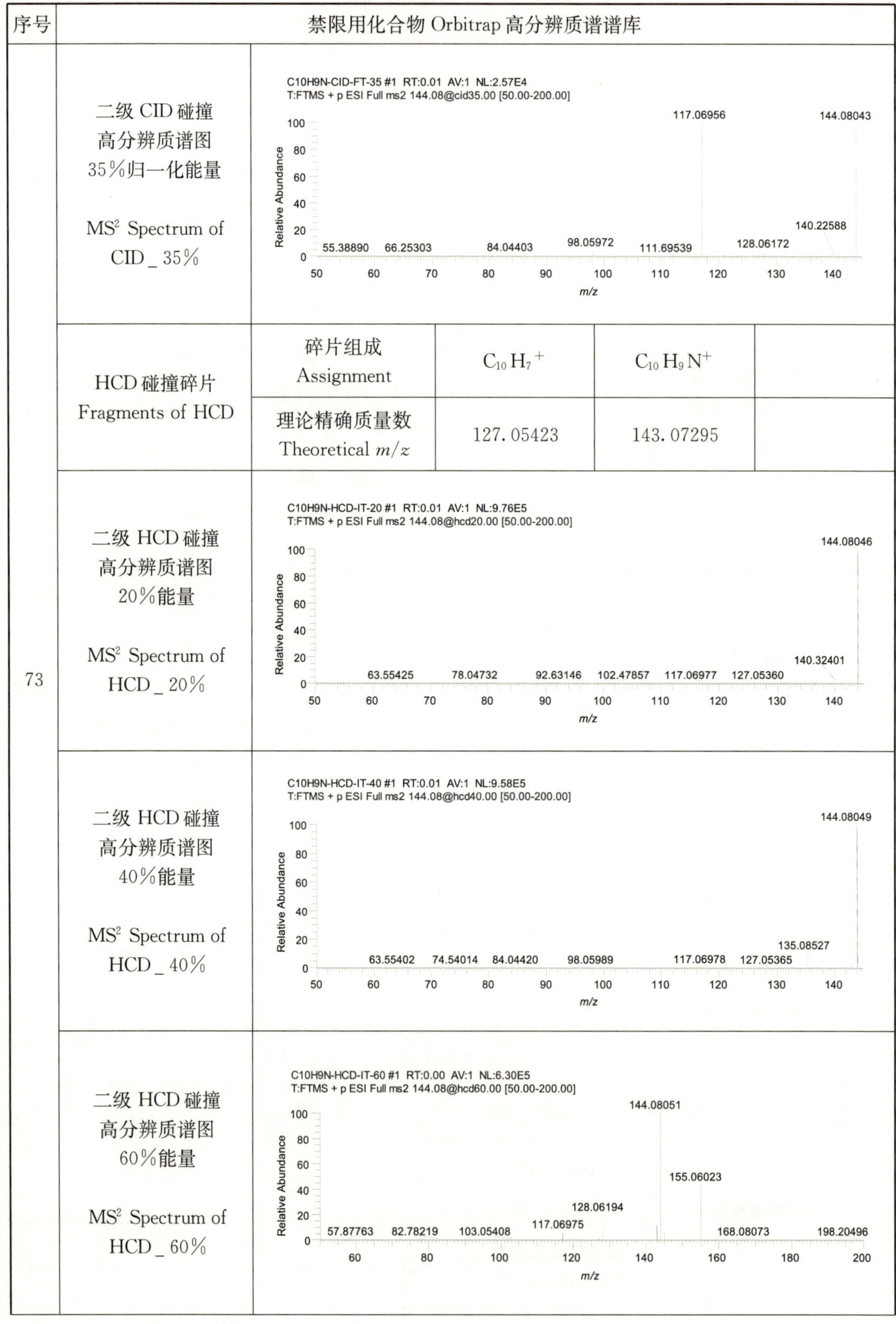

序号	禁限用化合物 Orbitrap 高分辨质谱谱库				
73	二级 CID 碰撞高分辨质谱图 35%归一化能量 MS² Spectrum of CID _ 35%				
	HCD 碰撞碎片 Fragments of HCD	碎片组成 Assignment	$C_{10}H_7^+$	$C_{10}H_9N^+$	
		理论精确质量数 Theoretical m/z	127.05423	143.07295	
	二级 HCD 碰撞高分辨质谱图 20%能量 MS² Spectrum of HCD _ 20%				
	二级 HCD 碰撞高分辨质谱图 40%能量 MS² Spectrum of HCD _ 40%				
	二级 HCD 碰撞高分辨质谱图 60%能量 MS² Spectrum of HCD _ 60%				

表 3－2（续）

序号	禁限用化合物 Orbitrap 高分辨质谱谱库				
73	二级 HCD 碰撞高分辨质谱图 97%能量 MS² Spectrum of HCD _ 97%	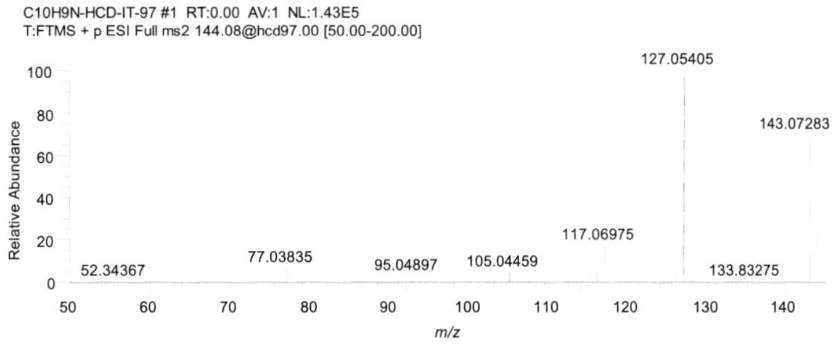 C10H9N-HCD-IT-97 #1 RT:0.00 AV:1 NL:1.43E5 T:FTMS + p ESI Full ms2 144.08@hcd97.00 [50.00-200.00] 127.05405; 143.07283; 117.06975; 77.03835; 95.04897; 105.04459; 52.34367; 133.83275 Relative Abundance; m/z			
74	化合物英文名 Compound Name	o－Aminoazotoluene			
	化合物中文名 Chinese Name	邻氨基偶氮甲苯			
	CAS 号 CAS Number	97－56－3			
	分子式 Molecular Formula	$C_{14}H_{15}N_3$			
	一级母离子 Precursor	母离子组成 Assignment	$[M+H]^+$	$C_{14}H_{16}N_3^+$	
		理论精确质量数 Theoretical m/z	226.13387		
	一级质谱图 MS Spectrum	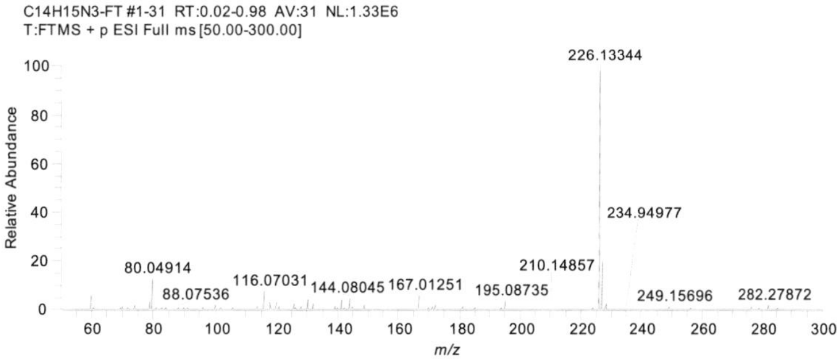 C14H15N3-FT #1-31 RT:0.02-0.98 AV:31 NL:1.33E6 T:FTMS + p ESI Full ms [50.00-300.00] 226.13344; 234.94977; 80.04914; 88.07536; 116.07031; 144.08045; 167.01251; 195.08735; 210.14857; 249.15696; 282.27872 Relative Abundance; m/z			
	CID 碰撞碎片 Fragments of CID	碎片组成 Assignment	$C_7H_7^+$	$C_8H_9N_2^+$	$C_{14}H_{13}N_2^+$
		理论精确质量数 Theoretical m/z	91.05423	133.07602	209.10732

表 3－2（续）

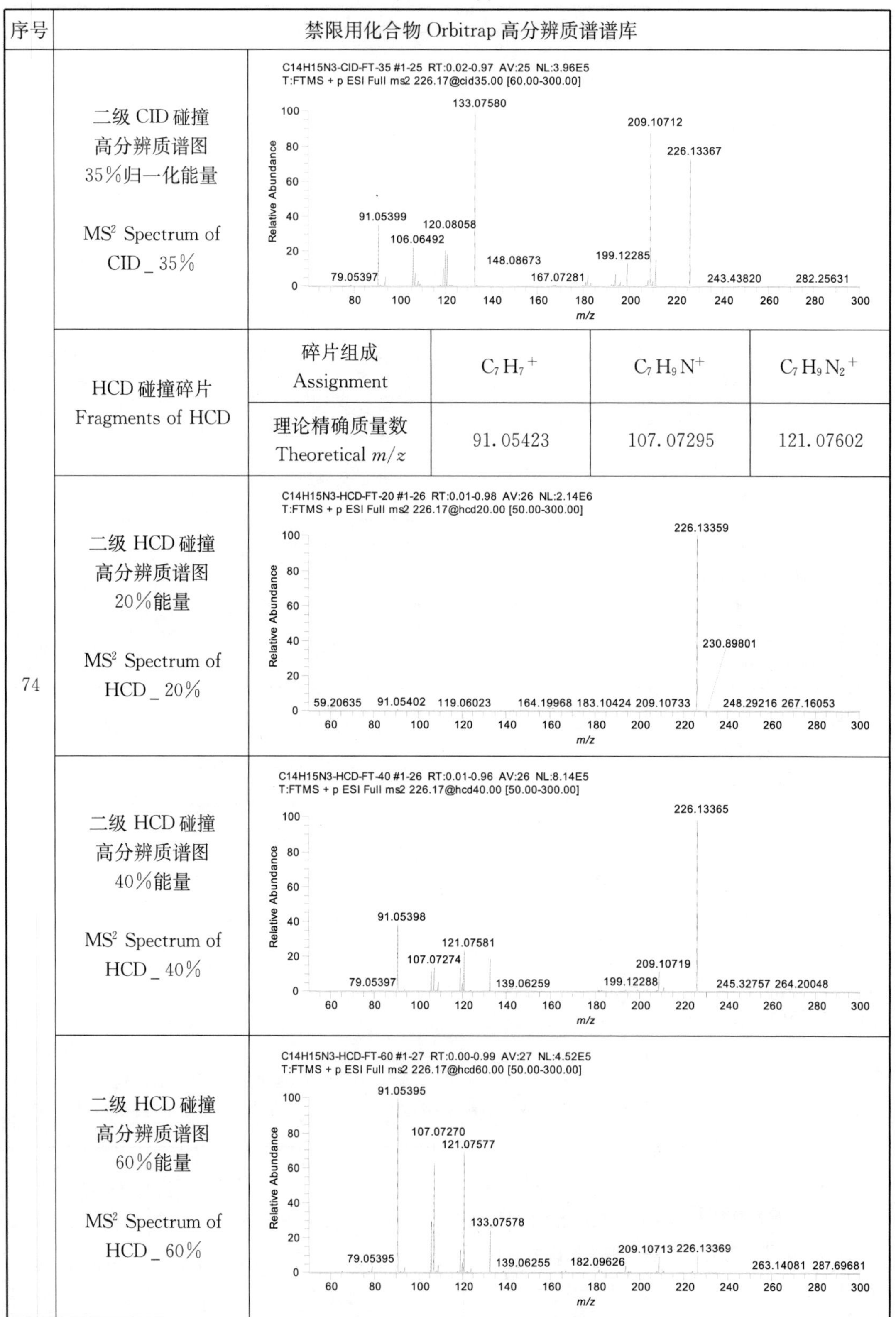

序号	禁限用化合物 Orbitrap 高分辨质谱谱库				
74	二级 CID 碰撞 高分辨质谱图 35%归一化能量 MS^2 Spectrum of CID _ 35%	C14H15N3-CID-FT-35 #1-25 RT:0.02-0.97 AV:25 NL:3.96E5 T:FTMS + p ESI Full ms2 226.17@cid35.00 [60.00-300.00] 133.07580 209.10712 226.13367 91.05399 120.08058 106.06492 148.08673 199.12285 79.05397 167.07281 243.43820 282.25631			
	HCD 碰撞碎片 Fragments of HCD	碎片组成 Assignment	$C_7H_7^+$	$C_7H_9N^+$	$C_7H_9N_2^+$
		理论精确质量数 Theoretical m/z	91.05423	107.07295	121.07602
	二级 HCD 碰撞 高分辨质谱图 20%能量 MS^2 Spectrum of HCD _ 20%	C14H15N3-HCD-FT-20 #1-26 RT:0.01-0.98 AV:26 NL:2.14E6 T:FTMS + p ESI Full ms2 226.17@hcd20.00 [50.00-300.00] 226.13359 230.89801 59.20635 91.05402 119.06023 164.19968 183.10424 209.10733 248.29216 267.16053			
	二级 HCD 碰撞 高分辨质谱图 40%能量 MS^2 Spectrum of HCD _ 40%	C14H15N3-HCD-FT-40 #1-26 RT:0.01-0.96 AV:26 NL:8.14E5 T:FTMS + p ESI Full ms2 226.17@hcd40.00 [50.00-300.00] 226.13365 91.05398 121.07581 107.07274 209.10719 79.05397 139.06259 199.12288 245.32757 264.20048			
	二级 HCD 碰撞 高分辨质谱图 60%能量 MS^2 Spectrum of HCD _ 60%	C14H15N3-HCD-FT-60 #1-27 RT:0.00-0.99 AV:27 NL:4.52E5 T:FTMS + p ESI Full ms2 226.17@hcd60.00 [50.00-300.00] 91.05395 107.07270 121.07577 133.07578 209.10713 226.13369 79.05395 139.06255 182.09626 263.14081 287.69681			

表 3-2（续）

序号	禁限用化合物 Orbitrap 高分辨质谱谱库			
74	二级 HCD 碰撞高分辨质谱图 69%能量 MS^2 Spectrum of HCD _ 69% 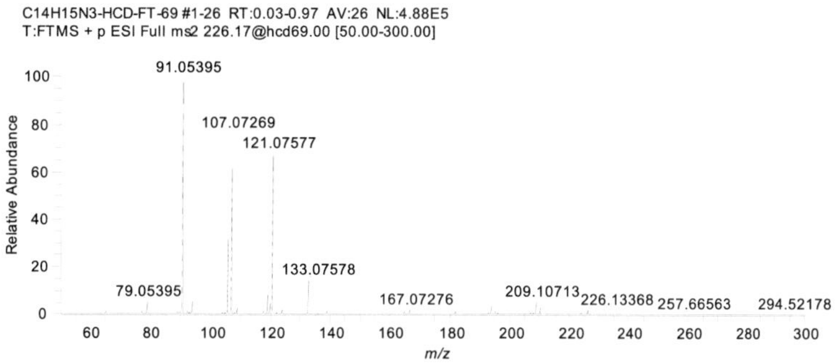	C14H15N3-HCD-FT-69 #1-26 RT:0.03-0.97 AV:26 NL:4.88E5 T:FTMS + p ESI Full ms2 226.17@hcd69.00 [50.00-300.00]		
75	化合物英文名 Compound Name	2-Amino-4-nitrotoluene		
	化合物中文名 Chinese Name	5-硝基-邻甲苯胺		
	CAS 号 CAS Number	99-55-8		
	分子式 Molecular Formula	$C_7H_8N_2O_2$		
	一级母离子 Precursor	母离子组成 Assignment	$[M+H]^+$	$C_7H_9N_2O_2^+$
		理论精确质量数 Theoretical m/z	153.06585	
	一级质谱图 MS Spectrum 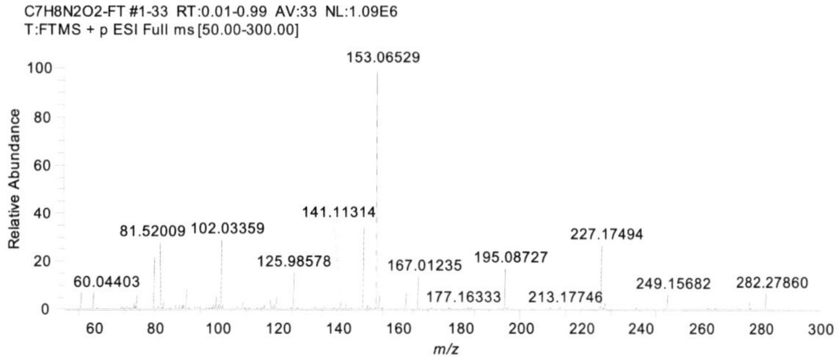	C7H8N2O2-FT #1-33 RT:0.01-0.99 AV:33 NL:1.09E6 T:FTMS + p ESI Full ms [50.00-300.00]		
	CID 碰撞碎片 Fragments of CID	碎片组成 Assignment	$C_7H_9N^+$		
		理论精确质量数 Theoretical m/z	107.07295		

表 3-2（续）

序号	禁限用化合物 Orbitrap 高分辨质谱谱库				
75	二级 CID 碰撞 高分辨质谱图 35%归一化能量 MS² Spectrum of CID _ 35%	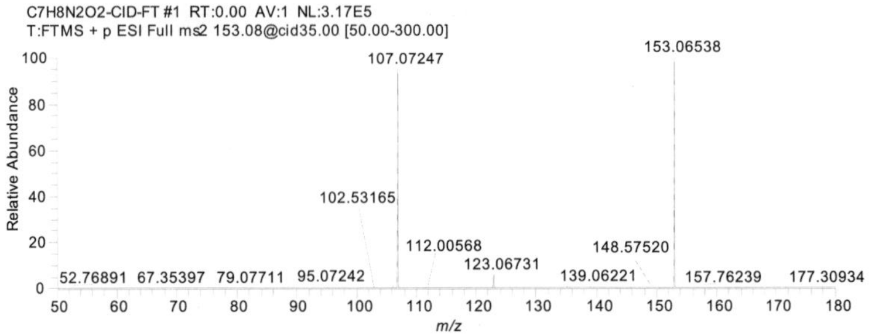 C7H8N2O2-CID-FT #1 RT:0.00 AV:1 NL:3.17E5 T:FTMS + p ESI Full ms2 153.08@cid35.00 [50.00-300.00] Relative Abundance; m/z 153.06538 107.07247 102.53165 112.00568 148.57520 123.06731 52.76891 67.35397 79.07711 95.07242 139.06221 157.76239 177.30934			
	HCD 碰撞碎片 Fragments of HCD	碎片组成 Assignment	$C_7H_9N^+$		
		理论精确质量数 Theoretical *m/z*	107.07295		
	二级 HCD 碰撞 高分辨质谱图 20%能量 MS² Spectrum of HCD _ 20%	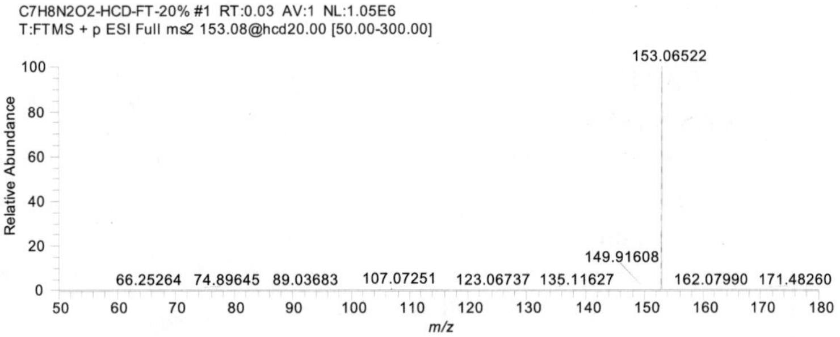 C7H8N2O2-HCD-FT-20% #1 RT:0.03 AV:1 NL:1.05E6 T:FTMS + p ESI Full ms2 153.08@hcd20.00 [50.00-300.00] Relative Abundance; m/z 153.06522 149.91608 66.25264 74.89645 89.03683 107.07251 123.06737 135.11627 162.07990 171.48260			
	二级 HCD 碰撞 高分辨质谱图 40%能量 MS² Spectrum of HCD _ 40%	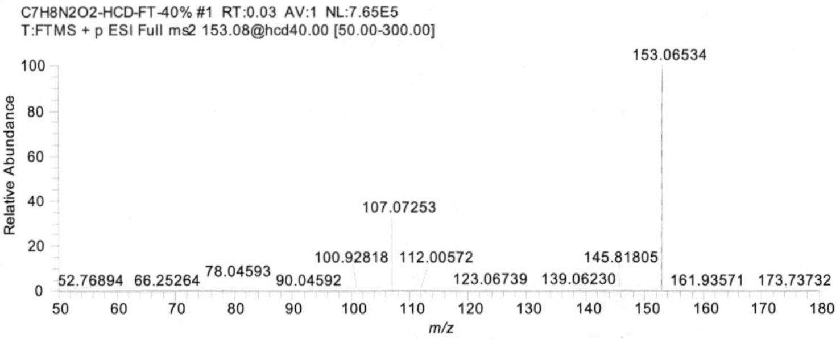 C7H8N2O2-HCD-FT-40% #1 RT:0.03 AV:1 NL:7.65E5 T:FTMS + p ESI Full ms2 153.08@hcd40.00 [50.00-300.00] Relative Abundance; m/z 153.06534 107.07253 100.92818 112.00572 145.81805 52.76894 66.25264 78.04593 90.04592 123.06739 139.06230 161.93571 173.73732			
	二级 HCD 碰撞 高分辨质谱图 60%能量 MS² Spectrum of HCD _ 60%	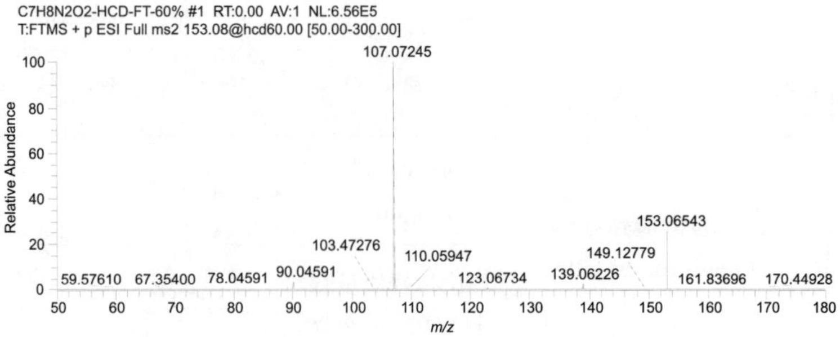 C7H8N2O2-HCD-FT-60% #1 RT:0.00 AV:1 NL:6.56E5 T:FTMS + p ESI Full ms2 153.08@hcd60.00 [50.00-300.00] Relative Abundance; m/z 107.07245 153.06543 103.47276 110.05947 149.12779 59.57610 67.35400 78.04591 90.04591 123.06734 139.06226 161.83696 170.44928			

表 3-2（续）

<table>
<tr><td>序号</td><td colspan="4">禁限用化合物 Orbitrap 高分辨质谱谱库</td></tr>
<tr><td>75</td><td>二级 HCD 碰撞
高分辨质谱图
80%能量

MS² Spectrum of
HCD _ 80%</td><td colspan="3">C7H8N2O2-HCD-FT-80% #1 RT:0.03 AV:1 NL:5.75E5
T:FTMS + p ESI Full ms2 153.08@hcd80.00 [50.00-300.00]
107.07249; 90.04591; 110.05950; 66.25260; 78.04594; 95.07249; 123.06737; 139.06230; 153.06557; 162.25633
Relative Abundance; m/z</td></tr>
<tr><td rowspan="8">76</td><td>化合物英文名
Compound Name</td><td colspan="3">4 - Chloroaniline</td></tr>
<tr><td>化合物中文名
Chinese Name</td><td colspan="3">4 -氯苯胺</td></tr>
<tr><td>CAS 号
CAS Number</td><td colspan="3">106 - 47 - 8</td></tr>
<tr><td>分子式
Molecular Formula</td><td colspan="3">C_6H_6ClN</td></tr>
<tr><td rowspan="2">一级母离子
Precursor</td><td>母离子组成
Assignment</td><td>$[M+H]^+$</td><td>$C_6H_7ClN^+$</td></tr>
<tr><td>理论精确质量数
Theoretical m/z</td><td colspan="2">128. 02615</td></tr>
<tr><td>一级质谱图
MS Spectrum</td><td colspan="3">C6H6CLN-FT #1-34 RT:0.00-0.99 AV:34 NL:3.73E4
T:FTMS + p ESI Full ms [50.00-300.00]
128.02591; 128.10675; 127.79723; 127.11154; 127.56229; 128.26491; 128.71566; 129.02925; 129.56043; 129.97890
Relative Abundance; m/z</td></tr>
<tr><td>CID 碰撞碎片
Fragments of CID</td><td colspan="3"><table><tr><td>碎片组成
Assignment</td><td>$C_6H_7N^+$</td><td></td><td></td></tr><tr><td>理论精确质量数
Theoretical m/z</td><td>93. 05730</td><td></td><td></td></tr></table></td></tr>
</table>

表 3-2（续）

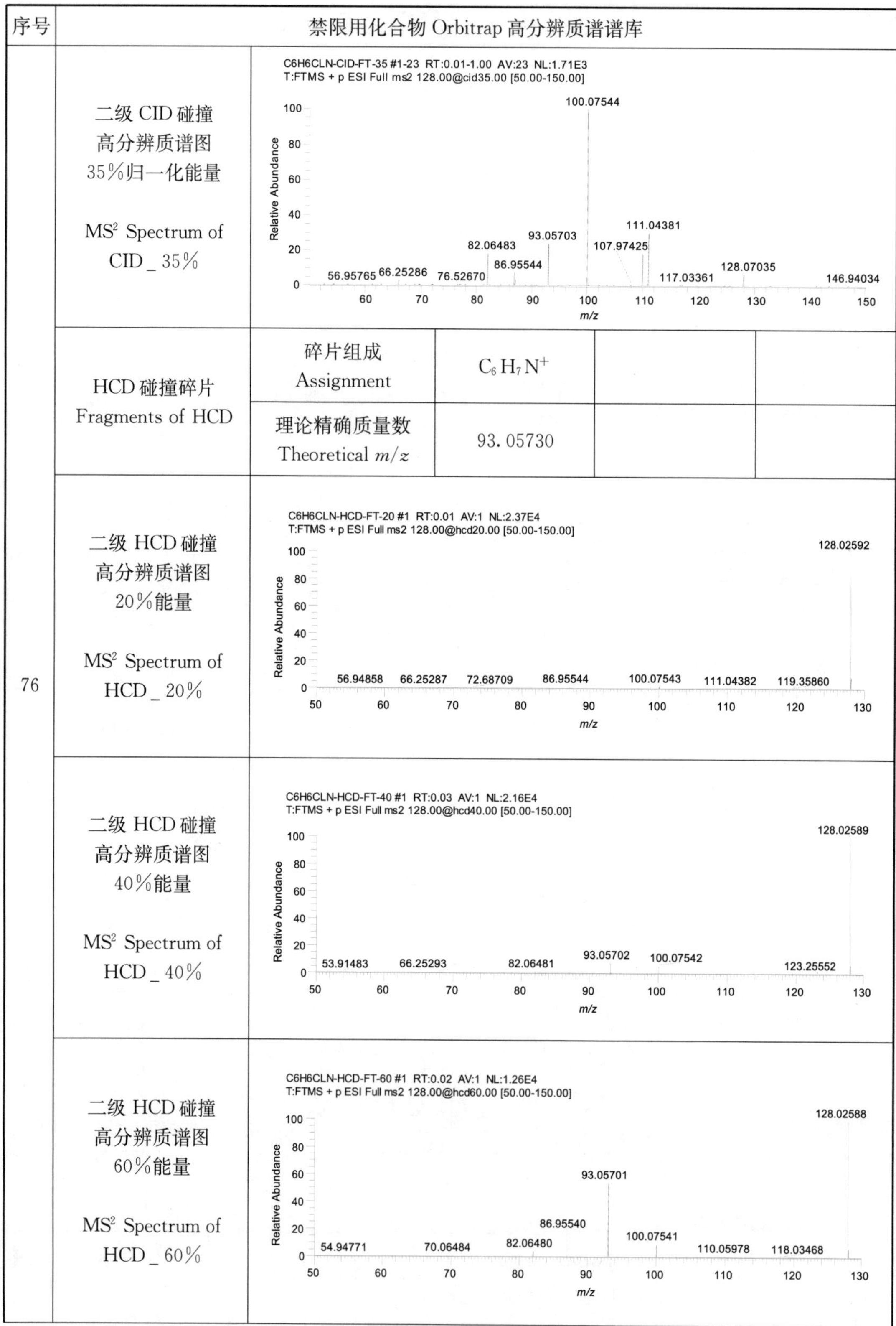

序号	禁限用化合物 Orbitrap 高分辨质谱谱库				
76	二级 CID 碰撞 高分辨质谱图 35%归一化能量 MS² Spectrum of CID _ 35%				
	HCD 碰撞碎片 Fragments of HCD	碎片组成 Assignment	$C_6H_7N^+$		
		理论精确质量数 Theoretical *m/z*	93.05730		
	二级 HCD 碰撞 高分辨质谱图 20%能量 MS² Spectrum of HCD _ 20%				
	二级 HCD 碰撞 高分辨质谱图 40%能量 MS² Spectrum of HCD _ 40%				
	二级 HCD 碰撞 高分辨质谱图 60%能量 MS² Spectrum of HCD _ 60%				

表 3－2（续）

<table>
<tr><th>序号</th><th colspan="4">禁限用化合物 Orbitrap 高分辨质谱谱库</th></tr>
<tr><td>76</td><td>二级 HCD 碰撞
高分辨质谱图
74%能量

MS[2] Spectrum of
HCD _ 74%</td><td colspan="3"> 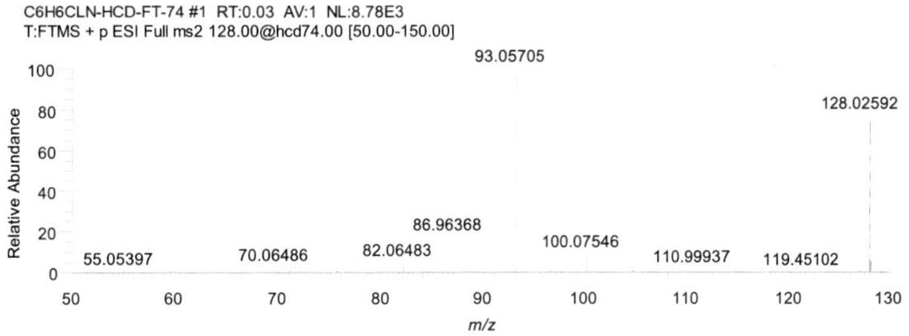C6H6CLN-HCD-FT-74 #1 RT:0.03 AV:1 NL:8.78E3
T:FTMS + p ESI Full ms2 128.00@hcd74.00 [50.00-150.00]
Relative Abundance
93.05705; 128.02592; 86.96368; 100.07546; 55.05397; 70.06486; 82.06483; 110.99937; 119.45102
m/z</td></tr>
<tr><td rowspan="8">77</td><td>化合物英文名
Compound Name</td><td colspan="3">2，4－Diaminoanisole</td></tr>
<tr><td>化合物中文名
Chinese Name</td><td colspan="3">2，4－二氨基苯甲醚</td></tr>
<tr><td>CAS 号
CAS Number</td><td colspan="3">615－05－4</td></tr>
<tr><td>分子式
Molecular Formula</td><td colspan="3">$C_7H_{10}N_2O$</td></tr>
<tr><td rowspan="2">一级母离子
Precursor</td><td>母离子组成
Assignment</td><td>$[M+H]^+$</td><td>$C_7H_{11}N_2O^+$</td></tr>
<tr><td>理论精确质量数
Theoretical m/z</td><td colspan="2">139.08659</td></tr>
<tr><td>一级质谱图
MS Spectrum</td><td colspan="3"> 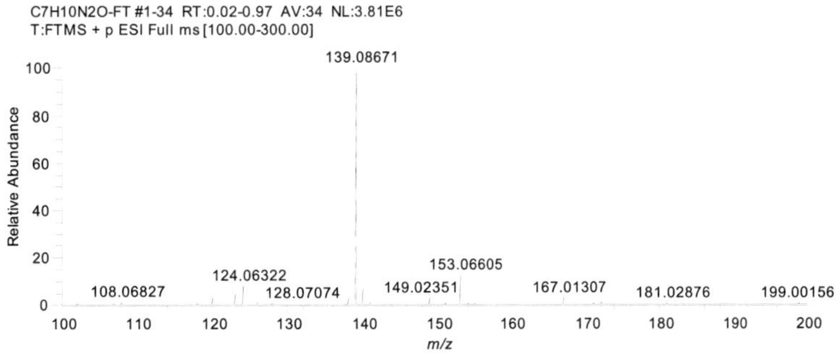C7H10N2O-FT #1-34 RT:0.02-0.97 AV:34 NL:3.81E6
T:FTMS + p ESI Full ms [100.00-300.00]
Relative Abundance
139.08671; 153.06605; 124.06322; 108.06827; 128.07074; 149.02351; 167.01307; 181.02876; 199.00156
m/z</td></tr>
<tr><td>CID 碰撞碎片
Fragments of CID</td><td>碎片组成
Assignment

理论精确质量数
Theoretical m/z</td><td>$C_6H_7N_2^+$

107.06037</td><td>$C_6H_8ON_2^+$

124.06311</td></tr>
</table>

表 3-2（续）

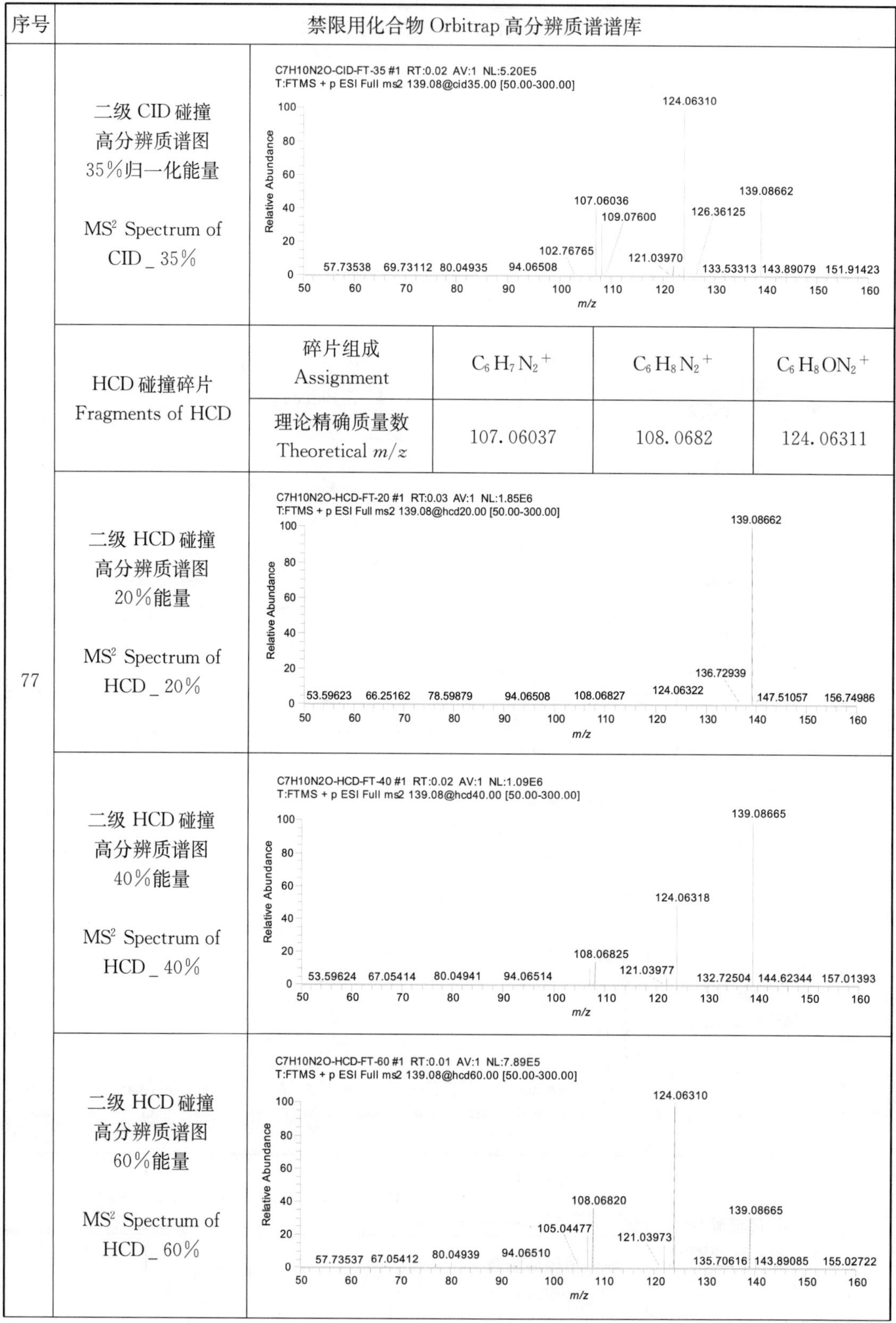

序号	禁限用化合物 Orbitrap 高分辨质谱谱库				
77	二级 CID 碰撞高分辨质谱图 35%归一化能量 MS² Spectrum of CID _ 35%	C7H10N2O-CID-FT-35 #1 RT:0.02 AV:1 NL:5.20E5 T:FTMS + p ESI Full ms2 139.08@cid35.00 [50.00-300.00] 124.06310; 139.08662; 107.06036; 109.07600; 126.36125; 102.76765; 121.03970; 57.73538; 69.73112; 80.04935; 94.06508; 133.53313; 143.89079; 151.91423			
	HCD 碰撞碎片 Fragments of HCD	碎片组成 Assignment	$C_6H_7N_2^+$	$C_6H_8N_2^+$	$C_6H_8ON_2^+$
		理论精确质量数 Theoretical *m/z*	107.06037	108.0682	124.06311
	二级 HCD 碰撞高分辨质谱图 20%能量 MS² Spectrum of HCD _ 20%	C7H10N2O-HCD-FT-20 #1 RT:0.03 AV:1 NL:1.85E6 T:FTMS + p ESI Full ms2 139.08@hcd20.00 [50.00-300.00] 139.08662; 136.72939; 53.59623; 66.25162; 78.59879; 94.06508; 108.06827; 124.06322; 147.51057; 156.74986			
	二级 HCD 碰撞高分辨质谱图 40%能量 MS² Spectrum of HCD _ 40%	C7H10N2O-HCD-FT-40 #1 RT:0.02 AV:1 NL:1.09E6 T:FTMS + p ESI Full ms2 139.08@hcd40.00 [50.00-300.00] 139.08665; 124.06318; 108.06825; 121.03977; 53.59624; 67.05414; 80.04941; 94.06514; 132.72504; 144.62344; 157.01393			
	二级 HCD 碰撞高分辨质谱图 60%能量 MS² Spectrum of HCD _ 60%	C7H10N2O-HCD-FT-60 #1 RT:0.01 AV:1 NL:7.89E5 T:FTMS + p ESI Full ms2 139.08@hcd60.00 [50.00-300.00] 124.06310; 108.06820; 139.08665; 105.04477; 121.03973; 57.73537; 67.05412; 80.04939; 94.06510; 135.70616; 143.89085; 155.02722			

表 3-2（续）

序号	禁限用化合物 Orbitrap 高分辨质谱谱库				
77	二级 HCD 碰撞高分辨质谱图 73%能量 MS^2 Spectrum of HCD_73%	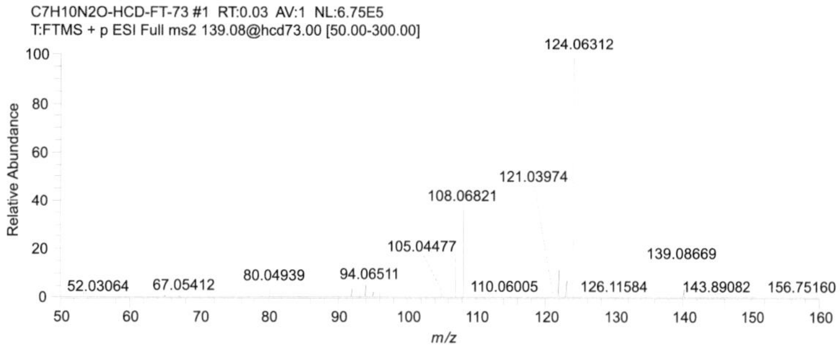 C7H10N2O-HCD-FT-73 #1 RT:0.03 AV:1 NL:6.75E5 T:FTMS + p ESI Full ms2 139.08@hcd73.00 [50.00-300.00] 124.06312; 121.03974; 108.06821; 105.04477; 139.08669; 52.03064; 67.05412; 80.04939; 94.06511; 110.06005; 126.11584; 143.89082; 156.75160 Relative Abundance; m/z			
78	化合物英文名 Compound Name	4，4′- Diaminodiphenylmethane			
	化合物中文名 Chinese Name	4，4′二氨基二苯甲烷			
	CAS 号 CAS Number	101-77-9			
	分子式 Molecular Formula	$C_{13}H_{14}N_2$			
	一级母离子 Precursor	母离子组成 Assignment	$[M+H]^+$	$C_{13}H_{15}N_2^+$	
		理论精确质量数 Theoretical *m/z*	199.12298		
	一级质谱图 MS Spectrum	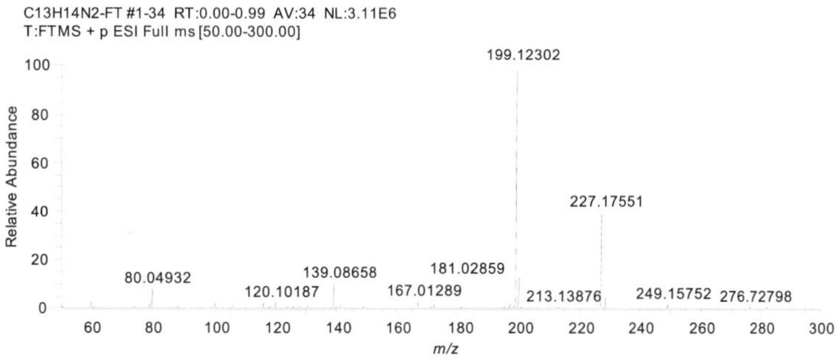 C13H14N2-FT #1-34 RT:0.00-0.99 AV:34 NL:3.11E6 T:FTMS + p ESI Full ms [50.00-300.00] 199.12302; 227.17551; 80.04932; 120.10187; 139.08658; 167.01289; 181.02859; 213.13876; 249.15752; 276.72798 Relative Abundance; m/z			
	CID 碰撞碎片 Fragments of CID	碎片组成 Assignment	$C_7H_8N^+$		
		理论精确质量数 Theoretical *m/z*	106.06512		

表 3-2（续）

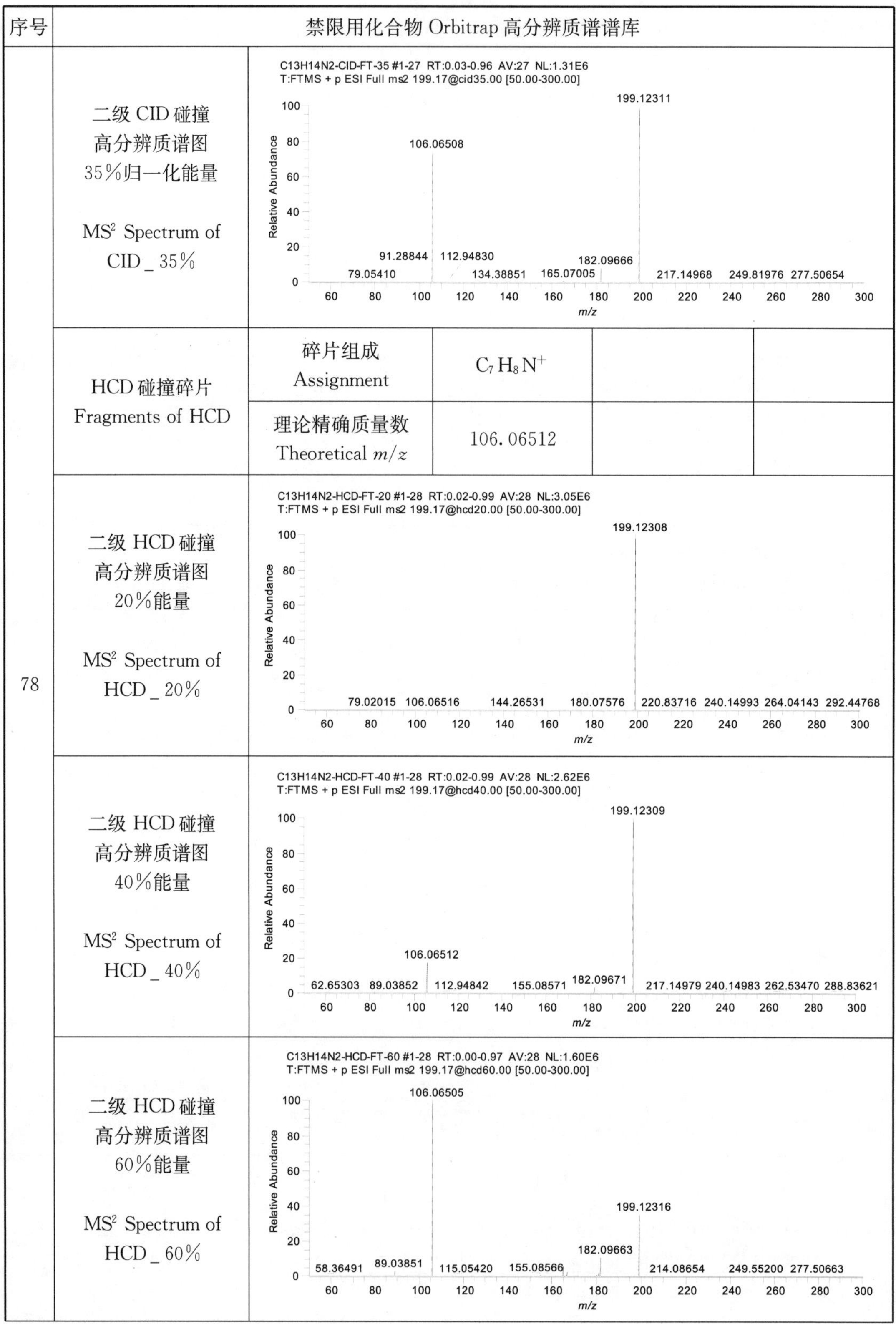

序号	禁限用化合物 Orbitrap 高分辨质谱谱库				
78	二级 CID 碰撞 高分辨质谱图 35%归一化能量 MS² Spectrum of CID _ 35%				
	HCD 碰撞碎片 Fragments of HCD	碎片组成 Assignment	$C_7H_8N^+$		
		理论精确质量数 Theoretical *m/z*	106.06512		
	二级 HCD 碰撞 高分辨质谱图 20%能量 MS² Spectrum of HCD _ 20%				
	二级 HCD 碰撞 高分辨质谱图 40%能量 MS² Spectrum of HCD _ 40%				
	二级 HCD 碰撞 高分辨质谱图 60%能量 MS² Spectrum of HCD _ 60%				

表 3-2（续）

<table>
<tr><th>序号</th><th colspan="5">禁限用化合物 Orbitrap 高分辨质谱谱库</th></tr>
<tr><td>78</td><td>二级 HCD 碰撞
高分辨质谱图
81%能量

MS² Spectrum of
HCD _ 81%</td><td colspan="4">C13H14N2-HCD-FT-81 #1-28 RT:0.03-0.99 AV:28 NL:1.73E6
T:FTMS + p ESI Full ms2 199.17@hcd81.00 [50.00-300.00]
106.06506; 63.02280; 89.03851; 115.05422; 143.07303; 165.07001; 199.12323; 223.06694; 254.32471; 288.53175
Relative Abundance; m/z</td></tr>
<tr><td rowspan="9">79</td><td>化合物英文名
Compound Name</td><td colspan="4">3，3′- Dichlorobenzidine</td></tr>
<tr><td>化合物中文名
Chinese Name</td><td colspan="4">3，3′-二氯联苯胺</td></tr>
<tr><td>CAS 号
CAS Number</td><td colspan="4">91-94-1</td></tr>
<tr><td>分子式
Molecular Formula</td><td colspan="4">$C_{12}H_{10}Cl_2N_2$</td></tr>
<tr><td rowspan="2">一级母离子
Precursor</td><td>母离子组成
Assignment</td><td>$[M+H]^+$</td><td colspan="2">$C_{12}H_{11}Cl_2N_2^+$</td></tr>
<tr><td>理论精确质量数
Theoretical m/z</td><td colspan="3">253.02938</td></tr>
<tr><td>一级质谱图
MS Spectrum</td><td colspan="4">C12H10CL2N2-FT #1-33 RT:0.02-0.99 AV:33 NL:2.37E5
T:FTMS + p ESI Full ms [50.00-400.00]
253.02882; 255.02589; 276.72727; 249.15688; 245.12798; 242.17463; 235.16878; 257.02298; 274.27363; 265.13086; 269.04164
Relative Abundance; m/z</td></tr>
<tr><td rowspan="2">CID 碰撞碎片
Fragments of CID</td><td>碎片组成
Assignment</td><td>$C_{12}H_{10}N_2Cl^+$</td><td></td><td></td></tr>
<tr><td>理论精确质量数
Theoretical m/z</td><td>217.05270</td><td></td><td></td></tr>
</table>

表 3-2（续）

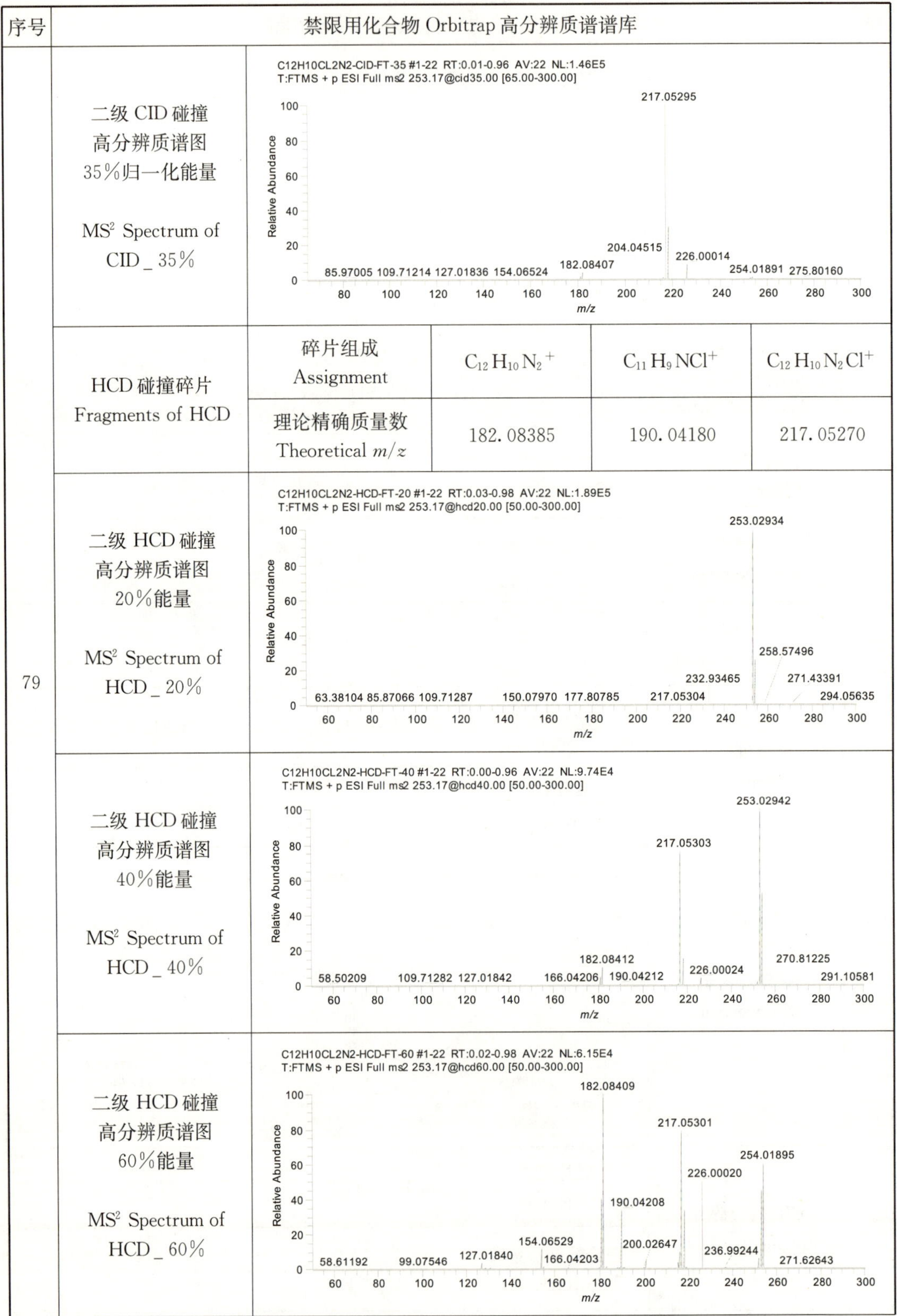

序号	禁限用化合物 Orbitrap 高分辨质谱谱库				
79	二级 CID 碰撞高分辨质谱图 35%归一化能量 MS² Spectrum of CID _ 35%				
	HCD 碰撞碎片 Fragments of HCD	碎片组成 Assignment	$C_{12}H_{10}N_2^+$	$C_{11}H_9NCl^+$	$C_{12}H_{10}N_2Cl^+$
		理论精确质量数 Theoretical m/z	182.08385	190.04180	217.05270
	二级 HCD 碰撞高分辨质谱图 20%能量 MS² Spectrum of HCD _ 20%				
	二级 HCD 碰撞高分辨质谱图 40%能量 MS² Spectrum of HCD _ 40%				
	二级 HCD 碰撞高分辨质谱图 60%能量 MS² Spectrum of HCD _ 60%				

表 3-2（续）

<table>
<tr><td>序号</td><td colspan="4">禁限用化合物 Orbitrap 高分辨质谱谱库</td></tr>
<tr><td>79</td><td>二级 HCD 碰撞
高分辨质谱图
70%能量
MS² Spectrum of
HCD _ 70%</td><td colspan="3">C12H10CL2N2-HCD-FT-70 #1-22 RT:0.03-0.98 AV:22 NL:6.90E4
T:FTMS + p ESI Full ms2 253.17@hcd70.00 [50.00-300.00]
182.08408, 226.00020, 190.04207, 217.05301, 254.01896, 154.06529, 145.06492, 199.98455, 166.02342, 127.01840, 236.99243, 66.25181, 91.04158, 265.77666, 284.94872
Relative Abundance; m/z</td></tr>
<tr><td rowspan="9">80</td><td>化合物英文名
Compound Name</td><td colspan="3">3，3′- Dimethoxybenzidine</td></tr>
<tr><td>化合物中文名
Chinese Name</td><td colspan="3">3，3′-二甲氧基联苯胺</td></tr>
<tr><td>CAS 号
CAS Number</td><td colspan="3">119 - 90 - 4</td></tr>
<tr><td>分子式
Molecular Formula</td><td colspan="3">$C_{14}H_{16}N_2O_2$</td></tr>
<tr><td rowspan="2">一级母离子
Precursor</td><td>母离子组成
Assignment</td><td>$[M+H]^+$</td><td>$C_{14}H_{17}N_2O_2^+$</td></tr>
<tr><td>理论精确质量数
Theoretical m/z</td><td colspan="2">245. 12845</td></tr>
<tr><td>一级质谱图
MS Spectrum</td><td colspan="3">C14H16N2O2-FT #1-34 RT:0.02-0.98 AV:34 NL:6.19E6
T:FTMS + p ESI Full ms [50.00-300.00]
245.12846, 227.17573, 259.20195, 80.04937, 120.10195, 167.01301, 201.10254, 276.72818
Relative Abundance; m/z</td></tr>
<tr><td rowspan="2">CID 碰撞碎片
Fragments of CID</td><td>碎片组成
Assignment</td><td>$C_{13}H_{13}ON_2^+$</td><td>$C_{13}H_{14}O_2N_2^+$</td></tr>
<tr><td>理论精确质量数
Theoretical m/z</td><td>213. 10224</td><td>230. 10498</td></tr>
</table>

表 3-2（续）

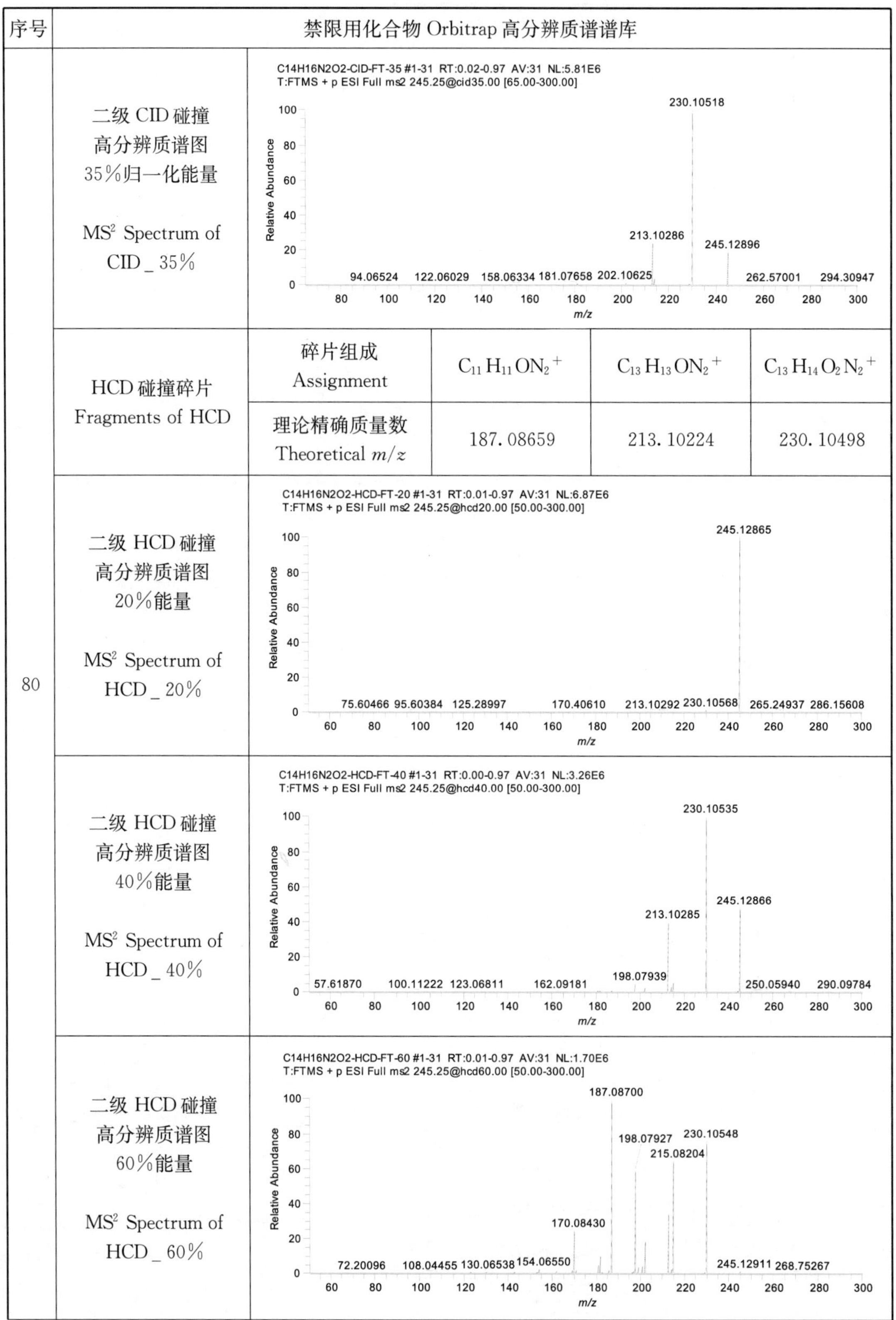

序号	禁限用化合物 Orbitrap 高分辨质谱谱库				
80	二级 CID 碰撞高分辨质谱图 35%归一化能量 MS^2 Spectrum of CID _ 35%	（质谱图）			
	HCD 碰撞碎片 Fragments of HCD	碎片组成 Assignment	$C_{11}H_{11}ON_2^+$	$C_{13}H_{13}ON_2^+$	$C_{13}H_{14}O_2N_2^+$
		理论精确质量数 Theoretical m/z	187.08659	213.10224	230.10498
	二级 HCD 碰撞高分辨质谱图 20%能量 MS^2 Spectrum of HCD _ 20%	（质谱图）			
	二级 HCD 碰撞高分辨质谱图 40%能量 MS^2 Spectrum of HCD _ 40%	（质谱图）			
	二级 HCD 碰撞高分辨质谱图 60%能量 MS^2 Spectrum of HCD _ 60%	（质谱图）			

表 3－2（续）

序号	禁限用化合物 Orbitrap 高分辨质谱谱库				
81	化合物英文名 Compound Name	3，3′- Dimethylbenzidine			
	化合物中文名 Chinese Name	3，3′-二甲基联苯胺			
	CAS 号 CAS Number	119－93－7			
	分子式 Molecular Formula	$C_{14}H_{16}N_2$			
	一级母离子 Precursor	母离子组成 Assignment	[M+H]$^+$	$C_{14}H_{17}N_2{}^+$	
		理论精确质量数 Theoretical *m/z*	213.13863		
	一级质谱图 MS Spectrum	C14H16N2-FT #1-34 RT:0.01-0.99 AV:34 NL:5.05E6 T:FTMS + p ESI Full ms [50.00-350.00]			
	CID 碰撞碎片 Fragments of CID	碎片组成 Assignment	$C_{13}H_{11}N^+$	$C_{14}H_{14}N^+$	$C_{13}H_{14}N_2{}^+$
		理论精确质量数 Theoretical *m/z*	181.08810	196.11207	198.11515
	二级 CID 碰撞高分辨质谱图 35%归一化能量 MS² Spectrum of CID _ 35%	C14H16N2-CID-FT #1 RT:0.03 AV:1 NL:2.52E6 T:FTMS + p ESI Full ms2 213.17@cid35.00 [55.00-350.00]			
	HCD 碰撞碎片 Fragments of HCD	碎片组成 Assignment	$C_{13}H_{11}N^+$	$C_{14}H_{14}N^+$	$C_{13}H_{14}N_2{}^+$
		理论精确质量数 Theoretical *m/z*	181.08810	196.11207	198.11515

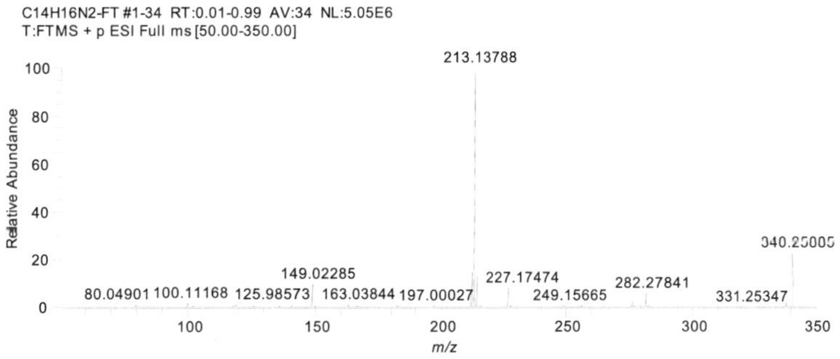

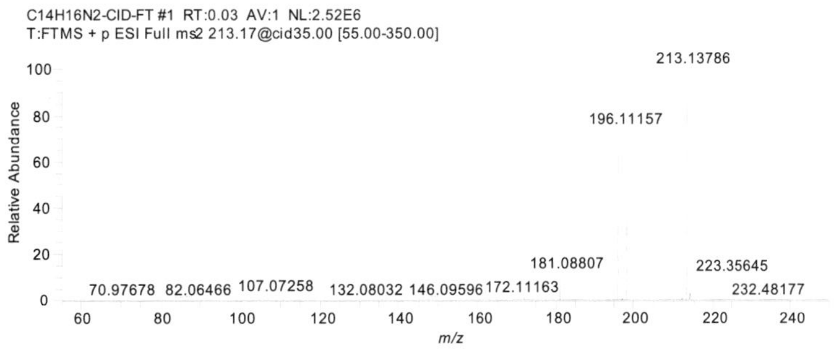

表 3-2（续）

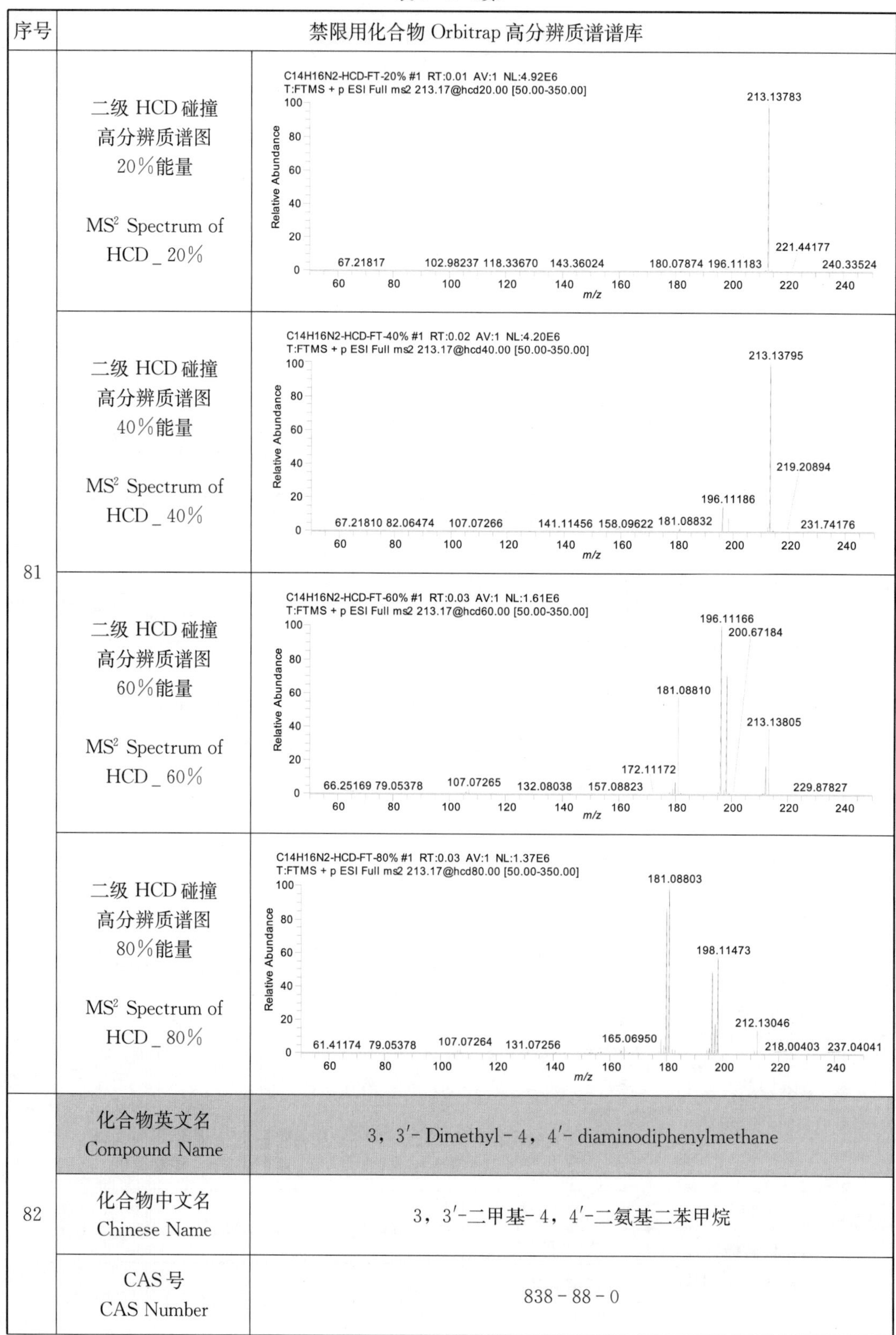

序号	禁限用化合物 Orbitrap 高分辨质谱谱库	
81	二级 HCD 碰撞高分辨质谱图 20%能量 MS² Spectrum of HCD _ 20%	C14H16N2-HCD-FT-20% #1 RT:0.01 AV:1 NL:4.92E6 T:FTMS + p ESI Full ms2 213.17@hcd20.00 [50.00-350.00] 213.13783; 221.44177; 67.21817; 102.98237; 118.33670; 143.36024; 180.07874; 196.11183; 240.33524
	二级 HCD 碰撞高分辨质谱图 40%能量 MS² Spectrum of HCD _ 40%	C14H16N2-HCD-FT-40% #1 RT:0.02 AV:1 NL:4.20E6 T:FTMS + p ESI Full ms2 213.17@hcd40.00 [50.00-350.00] 213.13795; 219.20894; 196.11186; 67.21810; 82.06474; 107.07266; 141.11456; 158.09622; 181.08832; 231.74176
	二级 HCD 碰撞高分辨质谱图 60%能量 MS² Spectrum of HCD _ 60%	C14H16N2-HCD-FT-60% #1 RT:0.03 AV:1 NL:1.61E6 T:FTMS + p ESI Full ms2 213.17@hcd60.00 [50.00-350.00] 196.11166; 200.67184; 181.08810; 213.13805; 172.11172; 66.25169; 79.05378; 107.07265; 132.08038; 157.08823; 229.87827
	二级 HCD 碰撞高分辨质谱图 80%能量 MS² Spectrum of HCD _ 80%	C14H16N2-HCD-FT-80% #1 RT:0.03 AV:1 NL:1.37E6 T:FTMS + p ESI Full ms2 213.17@hcd80.00 [50.00-350.00] 181.08803; 198.11473; 212.13046; 165.06950; 61.41174; 79.05378; 107.07264; 131.07256; 218.00403; 237.04041
82	化合物英文名 Compound Name	3，3′- Dimethyl - 4，4′- diaminodiphenylmethane
	化合物中文名 Chinese Name	3，3′-二甲基- 4，4′-二氨基二苯甲烷
	CAS 号 CAS Number	838 - 88 - 0

表 3-2（续）

序号	禁限用化合物 Orbitrap 高分辨质谱谱库				
82	分子式 Molecular Formula	$C_{15}H_{18}N_2$			
	一级母离子 Precursor	母离子组成 Assignment	$[M+H]^+$	$C_{15}H_{19}N_2^+$	
		理论精确质量数 Theoretical *m/z*	227.15428		
	一级质谱图 MS Spectrum	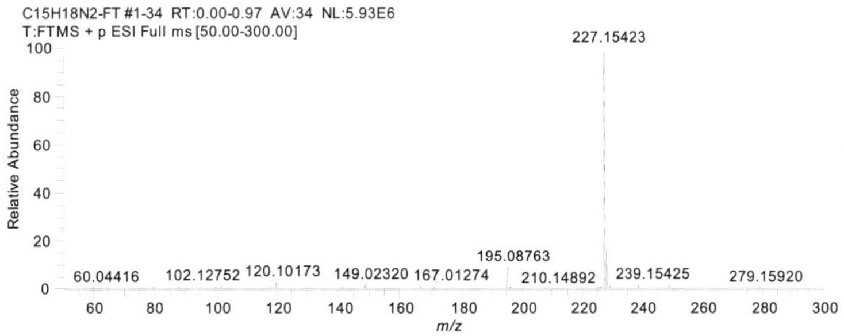 C15H18N2-FT #1-34 RT:0.00-0.97 AV:34 NL:5.93E6 T:FTMS + p ESI Full ms [50.00-300.00] 227.15423 195.08763 60.04416 102.12752 120.10173 149.02320 167.01274 210.14892 239.15425 279.15920 Relative Abundance *m/z*			
	CID 碰撞碎片 Fragments of CID	碎片组成 Assignment	$C_8H_{10}N^+$	$C_{15}H_{13}^+$	
		理论精确质量数 Theoretical *m/z*	120.08077	193.10118	
	二级 CID 碰撞 高分辨质谱图 35%归一化能量 MS^2 Spectrum of CID _ 35%	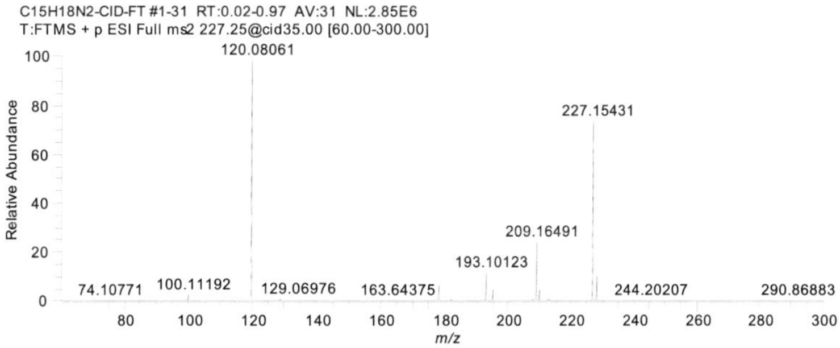 C15H18N2-CID-FT #1-31 RT:0.02-0.97 AV:31 NL:2.85E6 T:FTMS + p ESI Full ms2 227.25@cid35.00 [60.00-300.00] 120.08061 227.15431 209.16491 193.10123 74.10771 100.11192 129.06976 163.64375 244.20207 290.86883 Relative Abundance *m/z*			
	HCD 碰撞碎片 Fragments of HCD	碎片组成 Assignment	$C_8H_{10}N^+$	$C_{14}H_{13}N^+$	
		理论精确质量数 Theoretical *m/z*	120.08077	195.10425	
	二级 HCD 碰撞 高分辨质谱图 20%能量 MS^2 Spectrum of HCD _ 20%	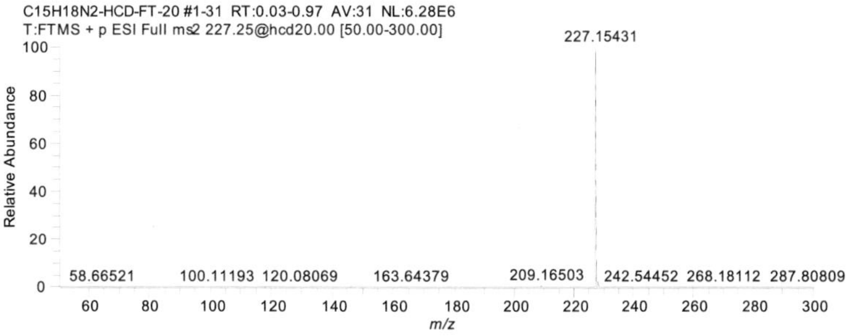 C15H18N2-HCD-FT-20 #1-31 RT:0.03-0.97 AV:31 NL:6.28E6 T:FTMS + p ESI Full ms2 227.25@hcd20.00 [50.00-300.00] 227.15431 58.66521 100.11193 120.08069 163.64379 209.16503 242.54452 268.18112 287.80809 Relative Abundance *m/z*			

表 3 - 2（续）

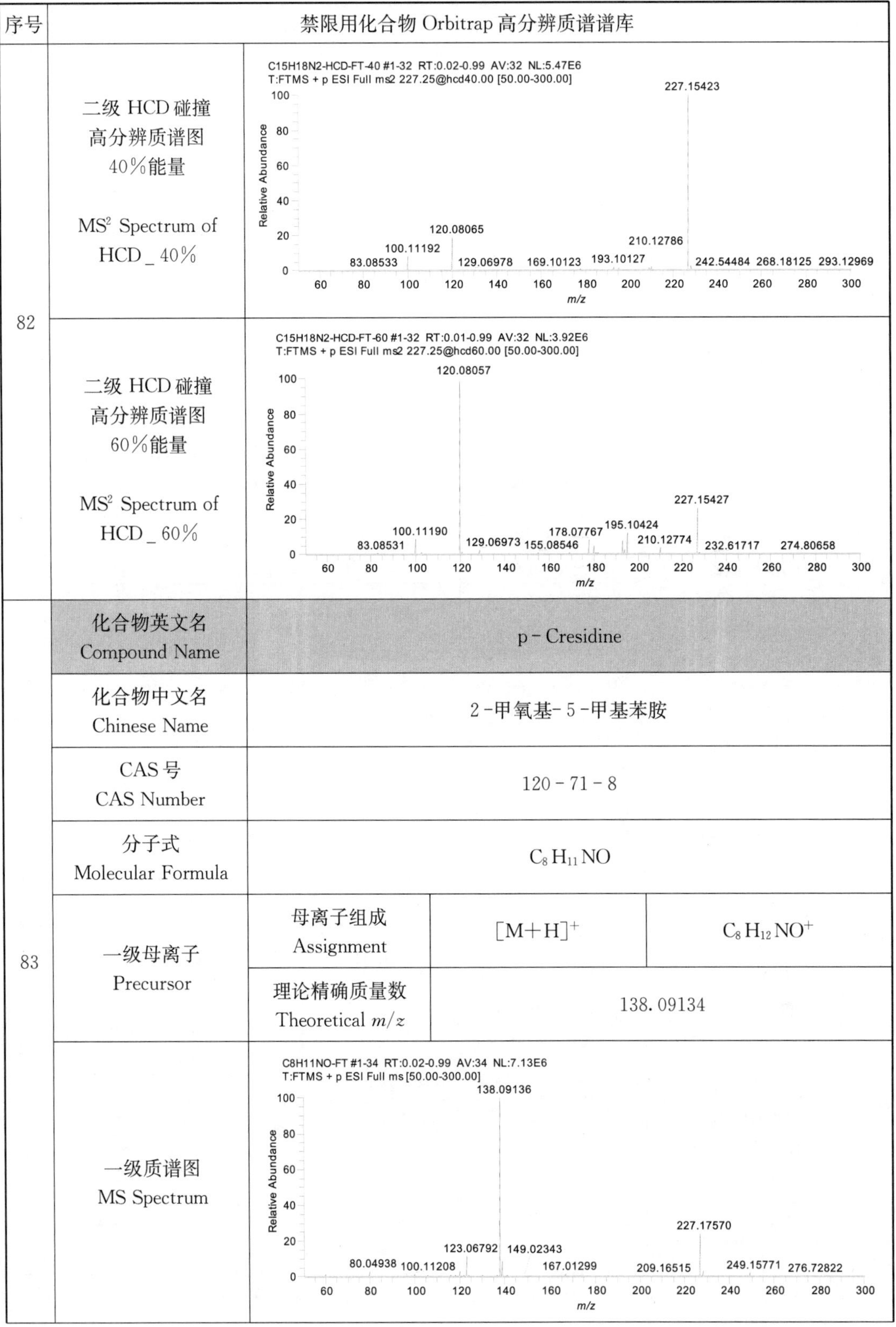

序号	禁限用化合物 Orbitrap 高分辨质谱谱库		
82	二级 HCD 碰撞高分辨质谱图 40%能量 MS² Spectrum of HCD _ 40%	C15H18N2-HCD-FT-40 #1-32 RT:0.02-0.99 AV:32 NL:5.47E6 T:FTMS + p ESI Full ms2 227.25@hcd40.00 [50.00-300.00] 227.15423; 120.08065; 100.11192; 83.08533; 129.06978; 169.10123; 193.10127; 210.12786; 242.54484; 268.18125; 293.12969 Relative Abundance; m/z	
	二级 HCD 碰撞高分辨质谱图 60%能量 MS² Spectrum of HCD _ 60%	C15H18N2-HCD-FT-60 #1-32 RT:0.01-0.99 AV:32 NL:3.92E6 T:FTMS + p ESI Full ms2 227.25@hcd60.00 [50.00-300.00] 120.08057; 227.15427; 195.10424; 178.07767; 100.11190; 83.08531; 129.06973; 155.08546; 210.12774; 232.61717; 274.80658 Relative Abundance; m/z	
83	化合物英文名 Compound Name	p - Cresidine	
	化合物中文名 Chinese Name	2 -甲氧基- 5 -甲基苯胺	
	CAS 号 CAS Number	120 - 71 - 8	
	分子式 Molecular Formula	$C_8H_{11}NO$	
	一级母离子 Precursor	母离子组成 Assignment	[M+H]⁺ $C_8H_{12}NO^+$
		理论精确质量数 Theoretical *m/z*	138.09134
	一级质谱图 MS Spectrum	C8H11NO-FT #1-34 RT:0.02-0.99 AV:34 NL:7.13E6 T:FTMS + p ESI Full ms [50.00-300.00] 138.09136; 227.17570; 123.06792; 149.02343; 80.04938; 100.11208; 167.01299; 209.16515; 249.15771; 276.72822 Relative Abundance; m/z	

表 3-2（续）

序号	禁限用化合物 Orbitrap 高分辨质谱谱库				
83	CID 碰撞碎片 Fragments of CID	碎片组成 Assignment	$C_7H_9ON^+$		
		理论精确质量数 Theoretical m/z	123.06786		
	二级 CID 碰撞 高分辨质谱图 35%归一化能量 MS^2 Spectrum of CID _ 35%	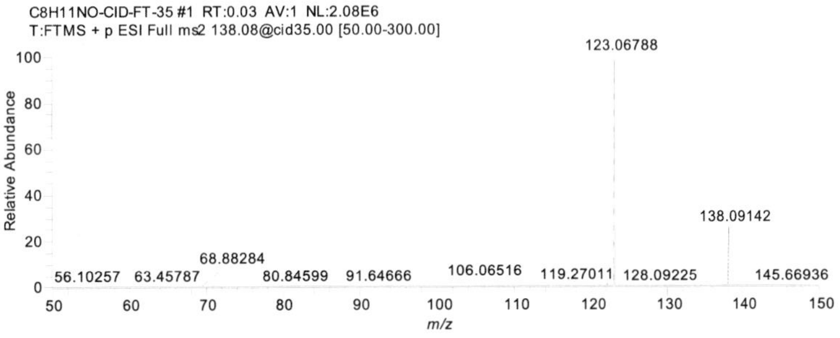C8H11NO-CID-FT-35 #1 RT:0.03 AV:1 NL:2.08E6 T:FTMS + p ESI Full ms2 138.08@cid35.00 [50.00-300.00] 123.06788 138.09142 68.88284 56.10257 63.45787 80.84599 91.64666 106.06516 119.27011 128.09225 145.66936 Relative Abundance m/z			
	HCD 碰撞碎片 Fragments of HCD	碎片组成 Assignment	$C_7H_9ON^+$		
		理论精确质量数 Theoretical m/z	123.06786		
	二级 HCD 碰撞 高分辨质谱图 20%能量 MS^2 Spectrum of HCD _ 20%	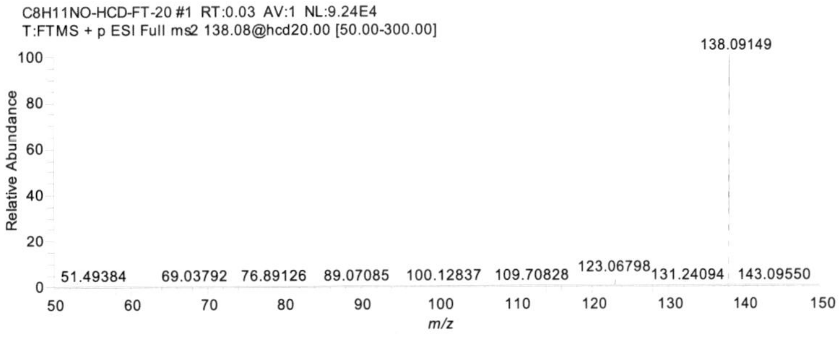C8H11NO-HCD-FT-20 #1 RT:0.03 AV:1 NL:9.24E4 T:FTMS + p ESI Full ms2 138.08@hcd20.00 [50.00-300.00] 138.09149 51.49384 69.03792 76.89126 89.07085 100.12837 109.70828 123.06798 131.24094 143.09550 Relative Abundance m/z			
	二级 HCD 碰撞 高分辨质谱图 40%能量 MS^2 Spectrum of HCD _ 40%	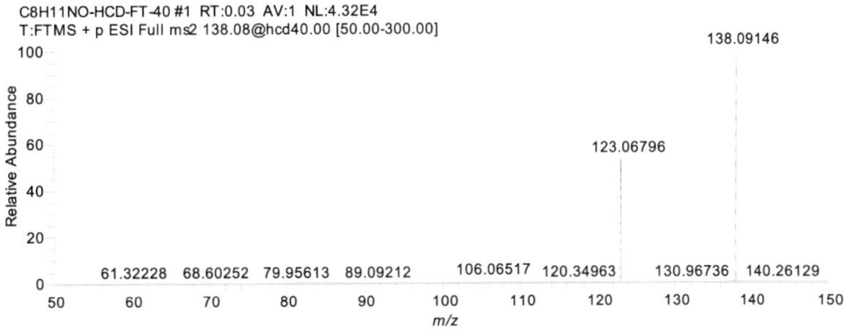C8H11NO-HCD-FT-40 #1 RT:0.03 AV:1 NL:4.32E4 T:FTMS + p ESI Full ms2 138.08@hcd40.00 [50.00-300.00] 138.09146 123.06796 61.32228 68.60252 79.95613 89.09212 106.06517 120.34963 130.96736 140.26129 Relative Abundance m/z			

表 3 - 2（续）

<table>
<tr><th>序号</th><th colspan="4">禁限用化合物 Orbitrap 高分辨质谱谱库</th></tr>
<tr><td>83</td><td>二级 HCD 碰撞高分辨质谱图 60%能量
MS² Spectrum of HCD _ 60%</td><td colspan="3">C8H11NO-HCD-FT-60 #1 RT:0.02 AV:1 NL:3.92E4
T:FTMS + p ESI Full ms2 138.08@hcd60.00 [50.00-300.00]
123.06798; 126.31499; 138.09151; 84.94176; 54.97047; 70.37159; 79.05418; 96.04436; 106.06519; 120.04451; 135.13641; 146.40089
Relative Abundance; m/z</td></tr>
<tr><td rowspan="8">84</td><td>化合物英文名
Compound Name</td><td colspan="3">4，4′- Methylene - bis - （2 - chloro - aniline）</td></tr>
<tr><td>化合物中文名
Chinese Name</td><td colspan="3">4，4′-亚甲基-双-（2 -氯苯胺）</td></tr>
<tr><td>CAS 号
CAS Number</td><td colspan="3">101 - 14 - 4</td></tr>
<tr><td>分子式
Molecular Formula</td><td colspan="3">$C_{13}H_{12}Cl_2N_2$</td></tr>
<tr><td rowspan="2">一级母离子
Precursor</td><td>母离子组成
Assignment</td><td>$[M+H]^+$</td><td>$C_{13}H_{13}Cl_2N_2^+$</td></tr>
<tr><td>理论精确质量数
Theoretical m/z</td><td colspan="2">267.04503</td></tr>
<tr><td>一级质谱图
MS Spectrum</td><td colspan="3">C13H12N2CL2-FT #33 RT:0.99 AV:1 NL:1.96E5
T:FTMS + p ESI Full ms [50.00-400.00]
267.04465; 269.04172; 249.15701; 245.12813; 276.72745; 251.13626; 265.13104; 282.27884; 242.17477; 259.20132; 271.03882; 285.24075; 296.25812
Relative Abundance; m/z</td></tr>
<tr><td>CID 碰撞碎片
Fragments of CID</td><td>碎片组成
Assignment

理论精确质量数
Theoretical m/z</td><td>$C_7H_7NCl^+$

140.02615</td><td>$C_{13}H_{12}N_2Cl^+$

231.06835</td></tr>
</table>

表 3-2（续）

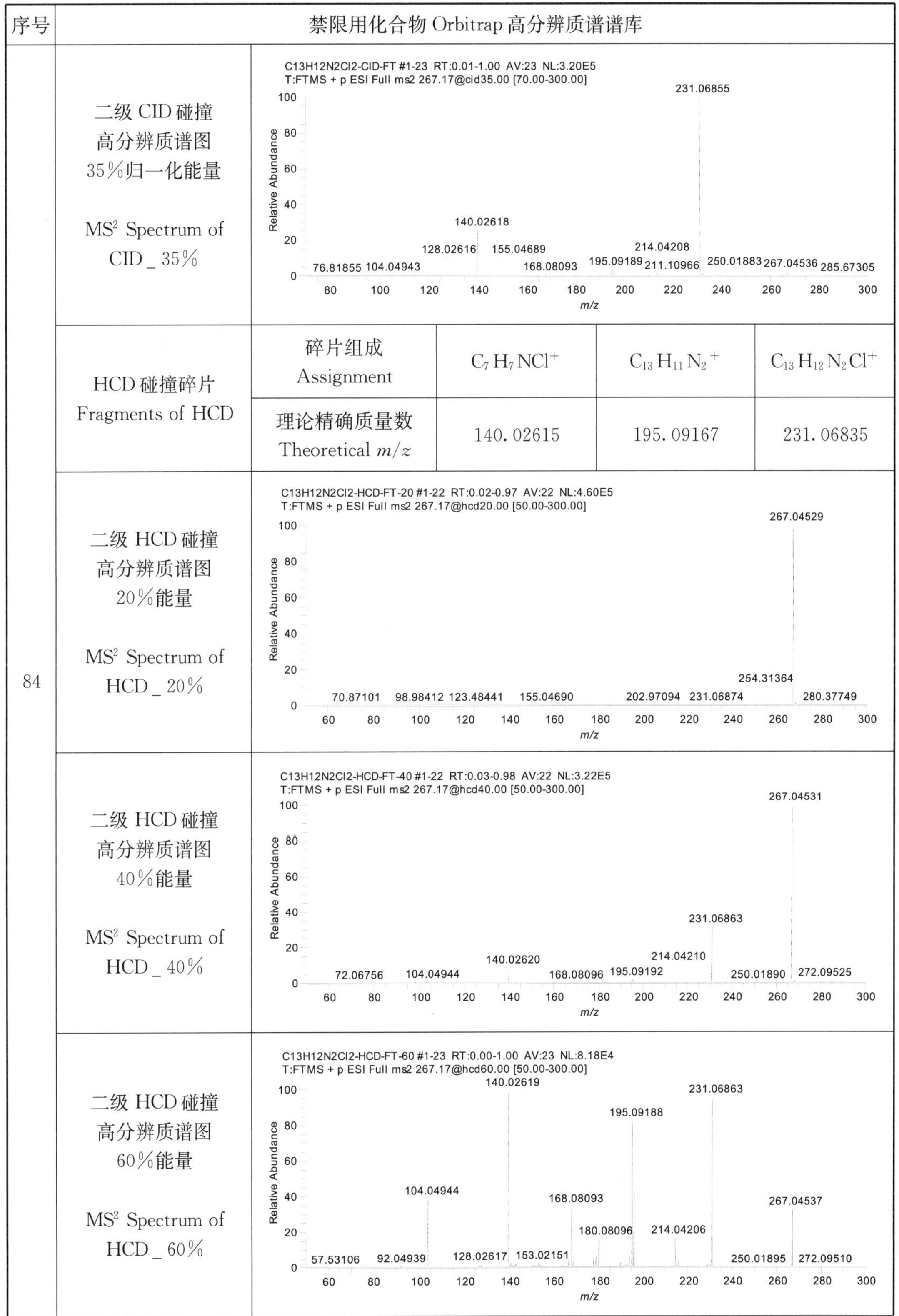

序号	禁限用化合物 Orbitrap 高分辨质谱谱库				
84	二级 CID 碰撞 高分辨质谱图 35%归一化能量 MS² Spectrum of CID _ 35%				
	HCD 碰撞碎片 Fragments of HCD	碎片组成 Assignment	$C_7H_7NCl^+$	$C_{13}H_{11}N_2^+$	$C_{13}H_{12}N_2Cl^+$
		理论精确质量数 Theoretical *m/z*	140.02615	195.09167	231.06835
	二级 HCD 碰撞 高分辨质谱图 20%能量 MS² Spectrum of HCD _ 20%				
	二级 HCD 碰撞 高分辨质谱图 40%能量 MS² Spectrum of HCD _ 40%				
	二级 HCD 碰撞 高分辨质谱图 60%能量 MS² Spectrum of HCD _ 60%				

表 3-2（续）

序号	禁限用化合物 Orbitrap 高分辨质谱谱库				
85	化合物英文名 Compound Name	4，4′- Oxydianiline			
	化合物中文名 Chinese Name	4，4′-二氨基二苯醚			
	CAS 号 CAS Number	101 - 80 - 4			
	分子式 Molecular Formula	$C_{12}H_{12}N_2O$			
	一级母离子 Precursor	母离子组成 Assignment	[M+H]⁺	$C_{12}H_{13}N_2O^+$	
		理论精确质量数 Theoretical *m/z*	201.10224		
	一级质谱图 MS Spectrum	C12H12N2O-FT #1-33 RT:0.02-0.98 AV:33 NL:3.58E6 T:FTMS + p ESI Full ms [50.00-300.00] 201.10220 210.14892 195.08775 227.17548 80.04925 120.10179 167.01280 249.15748 282.27940 Relative Abundance m/z			
	CID 碰撞碎片 Fragments of CID	碎片组成 Assignment	$C_6H_6ON^+$		
		理论精确质量数 Theoretical *m/z*	108.04439		
	二级 CID 碰撞高分辨质谱图 35%归一化能量 MS² Spectrum of CID _ 35%	C12H12N2O-CID-FT #1-29 RT:0.01-0.98 AV:29 NL:1.54E6 T:FTMS + p ESI Full ms2 201.17@cid35.00 [55.00-300.00] 201.10229 108.04427 94.06501 80.04931 128.53609 156.08083 184.07585 216.06571 255.87613 276.36918 Relative Abundance m/z			
	HCD 碰撞碎片 Fragments of HCD	碎片组成 Assignment	$C_5H_6N^+$	$C_6H_6ON^+$	$C_{11}H_{10}N^+$
		理论精确质量数 Theoretical *m/z*	80.04948	108.04439	156.08077

表 3－2（续）

序号	禁限用化合物 Orbitrap 高分辨质谱谱库	
85	二级 HCD 碰撞高分辨质谱图 20%能量 MS[2] Spectrum of HCD＿20%	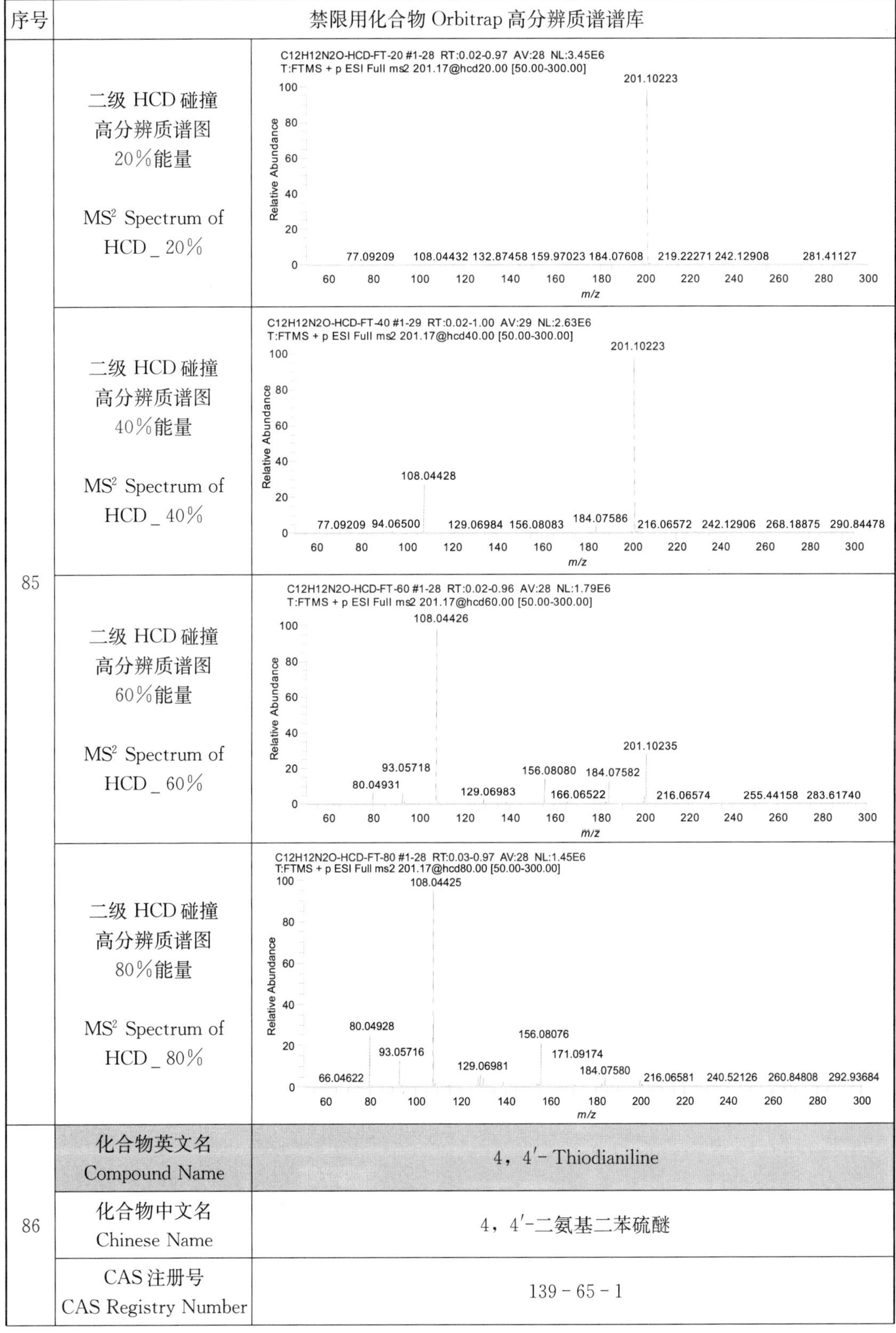
	二级 HCD 碰撞高分辨质谱图 40%能量 MS[2] Spectrum of HCD＿40%	
	二级 HCD 碰撞高分辨质谱图 60%能量 MS[2] Spectrum of HCD＿60%	
	二级 HCD 碰撞高分辨质谱图 80%能量 MS[2] Spectrum of HCD＿80%	
86	化合物英文名 Compound Name	4，4′- Thiodianiline
	化合物中文名 Chinese Name	4，4′-二氨基二苯硫醚
	CAS 注册号 CAS Registry Number	139－65－1

表 3-2（续）

序号	禁限用化合物 Orbitrap 高分辨质谱谱库			
86	分子式 Molecular Formula	$C_{12}H_{12}N_2S$		
	一级母离子 Precursor	母离子组成 Assignment	[M+H]$^+$	$C_{12}H_{13}N_2S^+$
		理论精确质量数 Theoretical m/z	217.07940	
	一级质谱图 MS Spectrum	C12H12N2S-FT #1-33 RT:0.01-0.98 AV:33 NL:2.31E6 T:FTMS + p ESI Full ms [50.00-300.00] 217.07913, 227.17519, 80.04916, 120.10164, 144.98189, 167.01258, 195.08748, 249.15718, 282.27904		
	CID 碰撞碎片 Fragments of CID	碎片组成 Assignment	$C_6H_6NS^+$	$C_{12}H_{10}NS^+$
		理论精确质量数 Theoretical m/z	124.02154	200.05285
	二级 CID 碰撞 高分辨质谱图 35%归一化能量 MS^2 Spectrum of CID _ 35%	C12H12N2S-CID-FT-35 #1-26 RT:0.02-0.98 AV:26 NL:1.10E6 T:FTMS + p ESI Full ms2 217.17@cid35.00 [55.00-300.00] 217.07922, 124.02133, 118.40955, 200.05282, 143.58256, 80.04923, 94.06490, 167.07289, 184.09945, 232.04265, 258.10592, 297.79556		
	HCD 碰撞碎片 Fragments of HCD	碎片组成 Assignment	$C_6H_6NS^+$	$C_{11}H_7{}^+$	$C_{12}H_{10}NS^+$
		理论精确质量数 Theoretical m/z	124.02154	139.05423	200.05285
	二级 HCD 碰撞 高分辨质谱图 20%能量 MS^2 Spectrum of HCD _ 20%	C12H12N2S-HCD-FT-20 #1-26 RT:0.02-0.97 AV:26 NL:2.32E6 T:FTMS + p ESI Full ms2 217.17@hcd20.00 [50.00-300.00] 217.07921, 64.54529, 96.25857, 124.02143, 159.64392, 200.05301, 228.82071, 258.10612, 286.73176		

表 3－2（续）

序号	禁限用化合物 Orbitrap 高分辨质谱谱库			
86	二级 HCD 碰撞 高分辨质谱图 40％能量 MS² Spectrum of HCD _ 40％	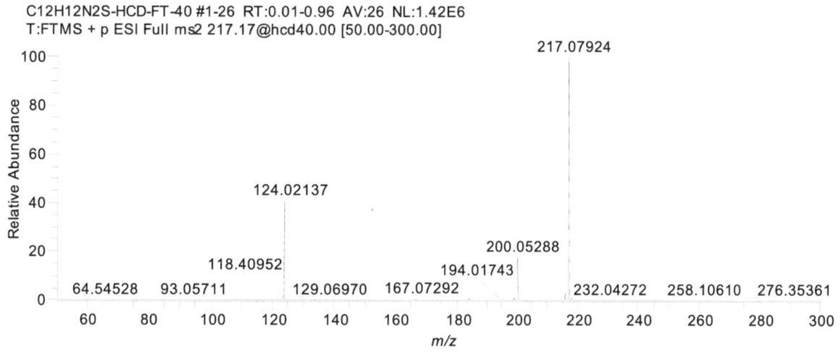 C12H12N2S-HCD-FT-40 #1-26 RT:0.01-0.96 AV:26 NL:1.42E6 T:FTMS + p ESI Full ms2 217.17@hcd40.00 [50.00-300.00] 217.07924; 124.02137; 200.05288; 194.01743; 118.40952; 64.54528; 93.05711; 129.06970; 167.07292; 232.04272; 258.10610; 276.35361 Relative Abundance; m/z		
	二级 HCD 碰撞 高分辨质谱图 60％能量 MS² Spectrum of HCD _ 60％	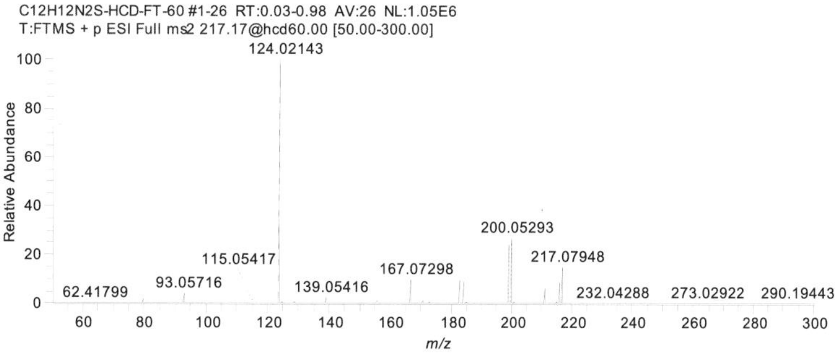 C12H12N2S-HCD-FT-60 #1-26 RT:0.03-0.98 AV:26 NL:1.05E6 T:FTMS + p ESI Full ms2 217.17@hcd60.00 [50.00-300.00] 124.02143; 200.05293; 217.07948; 115.05417; 167.07298; 93.05716; 139.05416; 62.41799; 232.04288; 273.02922; 290.19443 Relative Abundance; m/z		
	二级 HCD 碰撞 高分辨质谱图 80％能量 MS² Spectrum of HCD _ 80％	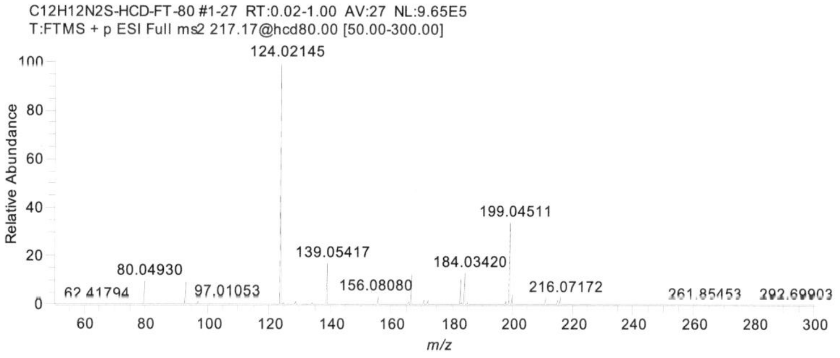 C12H12N2S-HCD-FT-80 #1-27 RT:0.02-1.00 AV:27 NL:9.65E5 T:FTMS + p ESI Full ms2 217.17@hcd80.00 [50.00-300.00] 124.02145; 199.04511; 139.05417; 184.03420; 80.04930; 156.08080; 216.07172; 62.41794; 97.01053; 261.85453; 292.69903 Relative Abundance; m/z		
87	化合物英文名 Compound Name	*o*－Toluidine		
	化合物中文名 Chinese Name	邻甲苯胺		
	CAS 号 CAS Number	95－53－4		
	分子式 Molecular Formula	C_7H_9N		
	一级母离子 Precursor	母离子组成 Assignment	$[M+H]^+$	$C_7H_{10}N^+$
		理论精确质量数 Theoretical *m/z*	108.08078	

表 3-2（续）

序号	禁限用化合物 Orbitrap 高分辨质谱谱库				
87	一级质谱图 MS Spectrum	C7H9N-FT #1-33 RT:0.02-0.99 AV:33 NL:7.94E5 T:FTMS + p ESI Full ms [50.00-300.00] 108.08061; 123.09153; 80.04925; 120.10178; 60.04418; 125.98609; 144.98205; 83.06014; 52.81423; 64.01555; 74.09620; 91.05403; 100.11191; 110.00854; 141.11338 Relative Abundance; m/z			
	CID 碰撞碎片 Fragments of CID	碎片组成 Assignment	$C_7H_7^+$	$C_6H_7N^+$	
		理论精确质量数 Theoretical *m/z*	91.05423	93.05730	
	二级 CID 碰撞 高分辨质谱图 35%归一化能量 MS^2 Spectrum of CID _ 35%	C7H9N-CID-FT #1 RT:0.02 AV:1 NL:9.95E3 T:FTMS + p ESI Full ms2 108.00@cid35.00 [50.00-300.00] 93.05717; 91.05408; 79.34959; 108.08067; 55.25734; 60.05262; 66.25233; 74.71944; 89.80694; 94.55917; 119.06030 Relative Abundance; m/z			
	HCD 碰撞碎片 Fragments of HCD	碎片组成 Assignment	$C_7H_7^+$	$C_6H_7N^+$	
		理论精确质量数 Theoretical *m/z*	91.05423	93.05730	
	二级 HCD 碰撞 高分辨质谱图 20%能量 MS^2 Spectrum of HCD _ 20%	C7H9N-HCD-FT-20 #1 RT:0.00 AV:1 NL:5.18E5 T:FTMS + p ESI Full ms2 108.00@hcd20.00 [50.00-300.00] 108.08067; 82.20863; 54.87548; 59.35811; 67.74755; 73.93896; 86.70856; 93.05720; 106.06505; 109.71722; 119.06029 Relative Abundance; m/z			

表 3 - 2（续）

序号	禁限用化合物 Orbitrap 高分辨质谱谱库		
87	二级 HCD 碰撞 高分辨质谱图 40％能量 MS^2 Spectrum of HCD _ 40％ 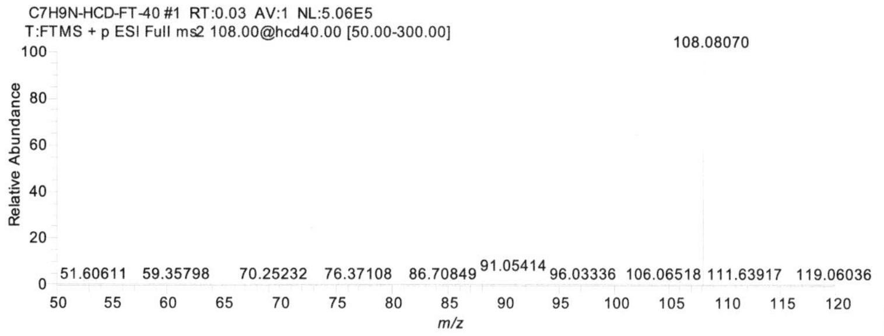	C7H9N-HCD-FT-40 #1 RT:0.03 AV:1 NL:5.06E5 T:FTMS + p ESI Full ms2 108.00@hcd40.00 [50.00-300.00] 108.08070 Relative Abundance 0 20 40 60 80 100 51.60611 59.35798 70.25232 76.37108 86.70849 91.05414 96.03336 106.06518 111.63917 119.06036 50 55 60 65 70 75 80 85 90 95 100 105 110 115 120 m/z	
	二级 HCD 碰撞 高分辨质谱图 60％能量 MS^2 Spectrum of HCD _ 60％ 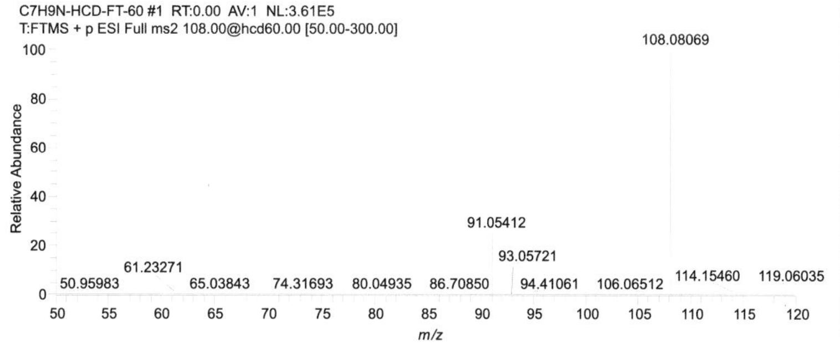	C7H9N-HCD-FT-60 #1 RT:0.00 AV:1 NL:3.61E5 T:FTMS + p ESI Full ms2 108.00@hcd60.00 [50.00-300.00] 108.08069 91.05412 93.05721 61.23271 50.95983 65.03843 74.31693 80.04935 86.70850 94.41061 106.06512 114.15460 119.06035 Relative Abundance 0 20 40 60 80 100 50 55 60 65 70 75 80 85 90 95 100 105 110 115 120 m/z	
	二级 HCD 碰撞 高分辨质谱图 80％能量 MS^2 Spectrum of HCD _ 80％ 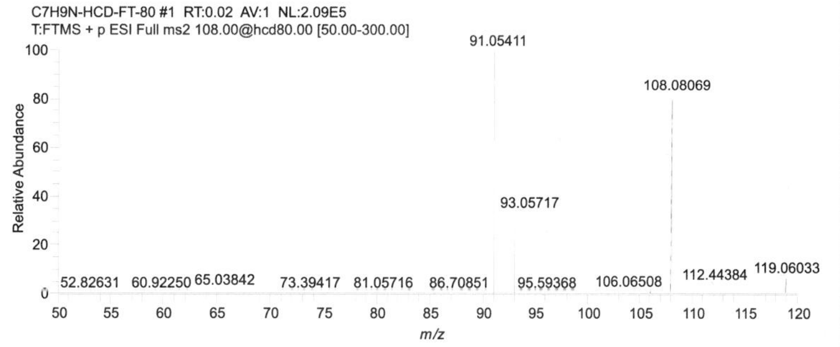	C7H9N-HCD-FT-80 #1 RT:0.02 AV:1 NL:2.09E5 T:FTMS + p ESI Full ms2 108.00@hcd80.00 [50.00-300.00] 91.05411 108.08069 93.05717 52.82631 60.92250 65.03842 73.39417 81.05716 86.70851 95.59368 106.06508 112.44384 119.06033 Relative Abundance 0 20 40 60 80 100 50 55 60 65 70 75 80 85 90 95 100 105 110 115 120 m/z	
88	化合物英文名 Compound Name	2，4 - Toluylenediamine	
	化合物中文名 Chinese Name	2，4 -二氨基甲苯	
	CAS 号 CAS Number	95 - 80 - 7	
	分子式 Molecular Formula	$C_7H_{10}N_2$	
	一级母离子 Precursor	母离子组成 Assignment	$[M+H]^+$	$C_7H_{11}N_2^+$
		理论精确质量数 Theoretical m/z	123.09167	

表 3-2（续）

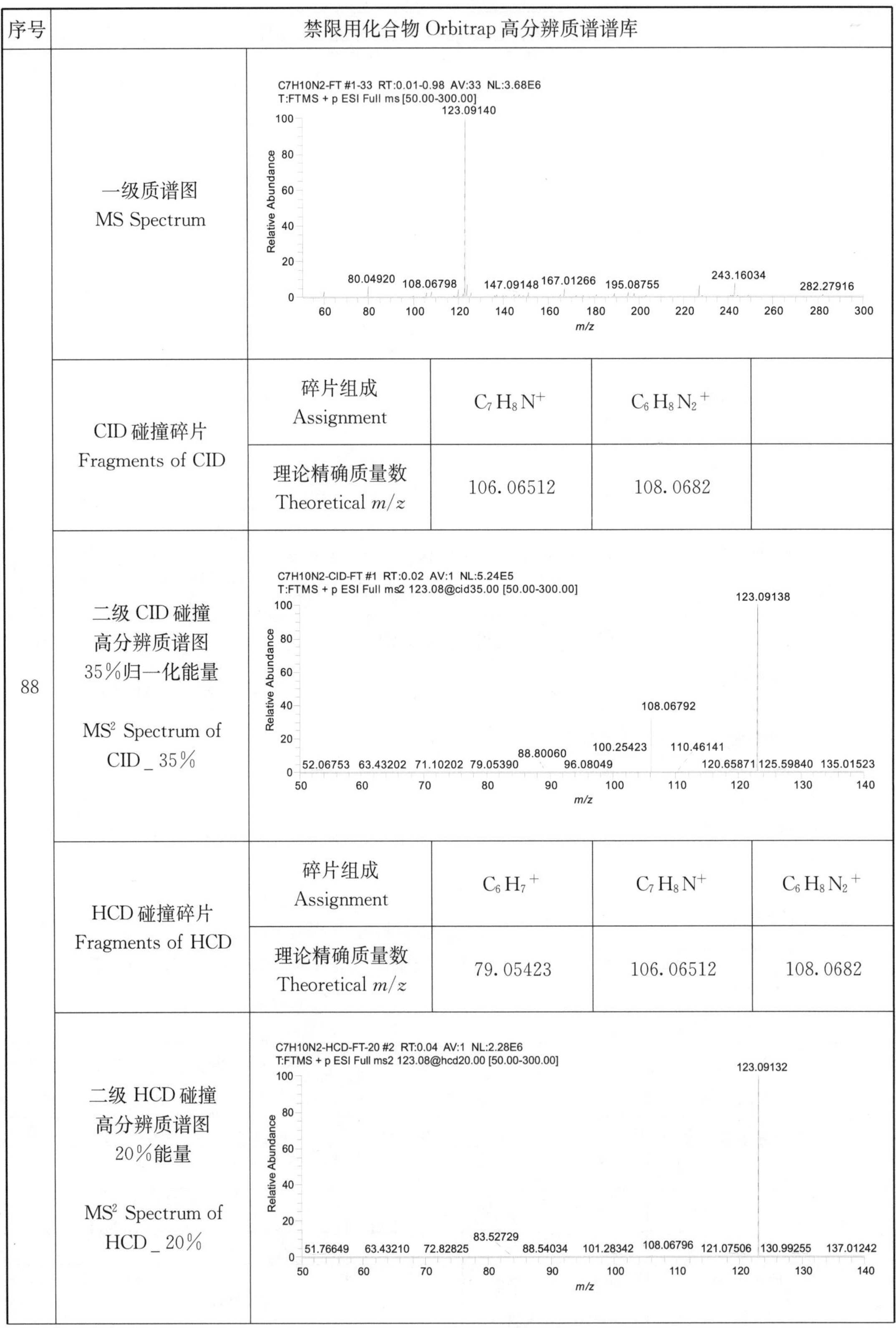

序号	禁限用化合物 Orbitrap 高分辨质谱谱库				
88	一级质谱图 MS Spectrum	(谱图)			
	CID 碰撞碎片 Fragments of CID	碎片组成 Assignment	$C_7H_8N^+$	$C_6H_8N_2^+$	
		理论精确质量数 Theoretical *m/z*	106.06512	108.0682	
	二级 CID 碰撞 高分辨质谱图 35%归一化能量 MS^2 Spectrum of CID _ 35%	(谱图)			
	HCD 碰撞碎片 Fragments of HCD	碎片组成 Assignment	$C_6H_7^+$	$C_7H_8N^+$	$C_6H_8N_2^+$
		理论精确质量数 Theoretical *m/z*	79.05423	106.06512	108.0682
	二级 HCD 碰撞 高分辨质谱图 20%能量 MS^2 Spectrum of HCD _ 20%	(谱图)			

表 3－2（续）

<table>
<tr><th>序号</th><th colspan="4">禁限用化合物 Orbitrap 高分辨质谱谱库</th></tr>
<tr><td rowspan="3">88</td><td>二级 HCD 碰撞
高分辨质谱图
40％能量

MS² Spectrum of
HCD＿40％</td><td colspan="3"> 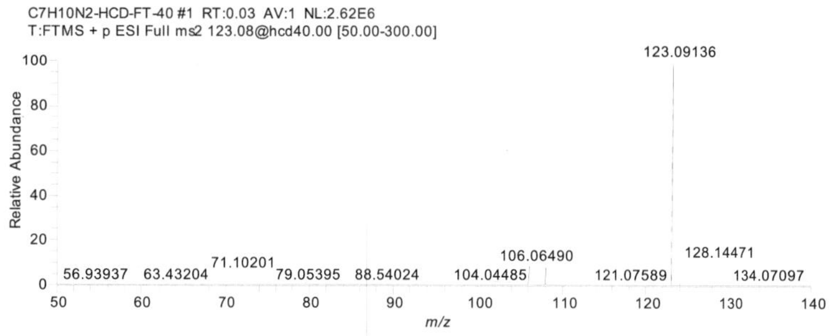C7H10N2-HCD-FT-40 #1 RT:0.03 AV:1 NL:2.62E6
T:FTMS + p ESI Full ms2 123.08@hcd40.00 [50.00-300.00]
Relative Abundance; m/z
123.09136; 106.06490; 128.14471; 56.93937; 63.43204; 71.10201; 79.05395; 88.54024; 104.04485; 121.07589; 134.07097</td></tr>
<tr><td>二级 HCD 碰撞
高分辨质谱图
60％能量

MS² Spectrum of
HCD＿60％</td><td colspan="3"> 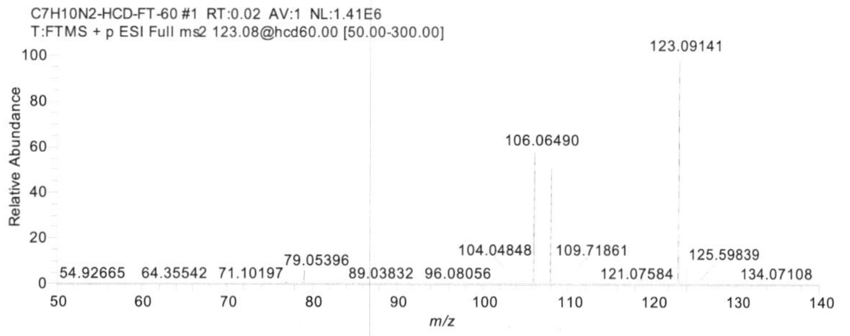C7H10N2-HCD-FT-60 #1 RT:0.02 AV:1 NL:1.41E6
T:FTMS + p ESI Full ms2 123.08@hcd60.00 [50.00-300.00]
Relative Abundance; m/z
123.09141; 106.06490; 104.04848; 109.71861; 125.59839; 79.05396; 54.92665; 64.35542; 71.10197; 89.03832; 96.08056; 121.07584; 134.07108</td></tr>
<tr><td>二级 HCD 碰撞
高分辨质谱图
80％能量

MS² Spectrum of
HCD＿80％</td><td colspan="3"> 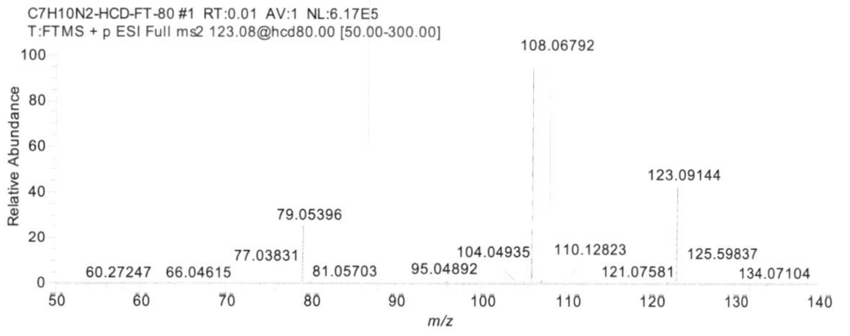C7H10N2-HCD-FT-80 #1 RT:0.01 AV:1 NL:6.17E5
T:FTMS + p ESI Full ms2 123.08@hcd80.00 [50.00-300.00]
Relative Abundance; m/z
108.06792; 123.09144; 79.05396; 77.03831; 104.04935; 110.12823; 125.59837; 60.27247; 66.04615; 81.05703; 95.04892; 121.07581; 134.07104</td></tr>
<tr><td rowspan="6">89</td><td>化合物英文名
Compound Name</td><td colspan="3">2，4，5－Trimethylaniline</td></tr>
<tr><td>化合物中文名
Chinese Name</td><td colspan="3">2，4，5－三甲基苯胺</td></tr>
<tr><td>CAS 号
CAS Number</td><td colspan="3">137－17－7</td></tr>
<tr><td>分子式
Molecular Formula</td><td colspan="3">$C_9H_{13}N$</td></tr>
<tr><td rowspan="2">一级母离子
Precursor</td><td>母离子组成
Assignment</td><td>[M+H]⁺</td><td>$C_9H_{14}N^+$</td></tr>
<tr><td>理论精确质量数
Theoretical m/z</td><td colspan="2">136.11208</td></tr>
</table>

表 3-2（续）

<table>
<tr><th>序号</th><th colspan="5">禁限用化合物 Orbitrap 高分辨质谱谱库</th></tr>
<tr><td rowspan="7">89</td><td>一级质谱图
MS Spectrum</td><td colspan="4"> 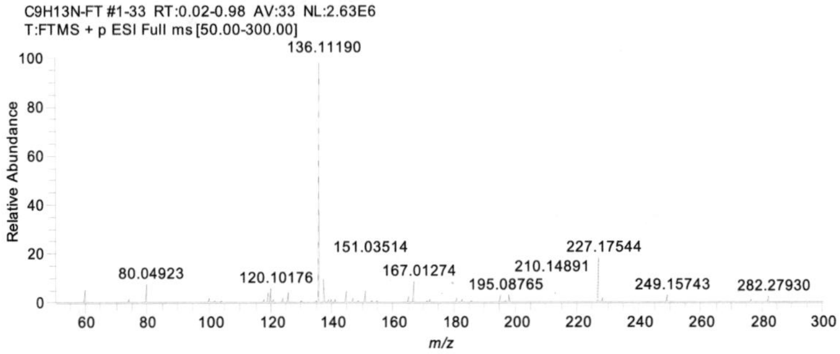C9H13N-FT #1-33 RT:0.02-0.98 AV:33 NL:2.63E6
T:FTMS + p ESI Full ms [50.00-300.00]
136.11190
151.03514 227.17544
80.04923 120.10176 167.01274 210.14891 195.08765 249.15743 282.27930
Relative Abundance
m/z</td></tr>
<tr><td rowspan="2">CID 碰撞碎片
Fragments of CID</td><td>碎片组成
Assignment</td><td>$C_9H_{11}^+$</td><td>$C_8H_{11}N^+$</td><td></td></tr>
<tr><td>理论精确质量数
Theoretical m/z</td><td>119.08553</td><td>121.0886</td><td></td></tr>
<tr><td>二级 CID 碰撞
高分辨质谱图
35%归一化能量

MS² Spectrum of
CID _ 35%</td><td colspan="4"> 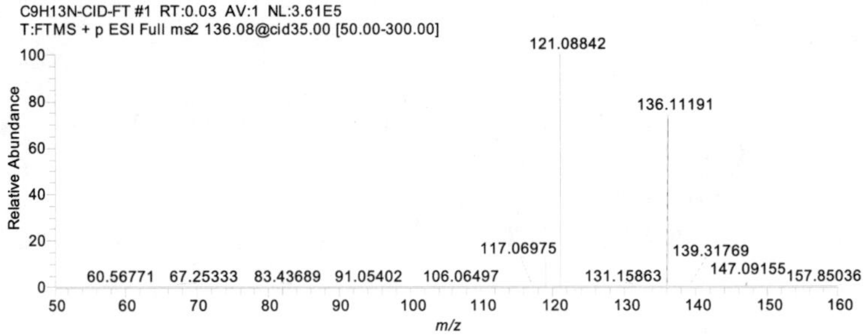C9H13N-CID-FT #1 RT:0.03 AV:1 NL:3.61E5
T:FTMS + p ESI Full ms2 136.08@cid35.00 [50.00-300.00]
121.08842
136.11191
117.06975 139.31769
60.56771 67.25333 83.43689 91.05402 106.06497 131.15863 147.09155 157.85036
Relative Abundance
m/z</td></tr>
<tr><td rowspan="2">HCD 碰撞碎片
Fragments of HCD</td><td>碎片组成
Assignment</td><td>$C_7H_7^+$</td><td>$C_9H_{11}^+$</td><td>$C_8H_{11}N^+$</td></tr>
<tr><td>理论精确质量数
Theoretical m/z</td><td>91.05423</td><td>119.08553</td><td>121.08860</td></tr>
<tr><td>二级 HCD 碰撞
高分辨质谱图
20%能量

MS² Spectrum of
HCD _ 20%</td><td colspan="4"> 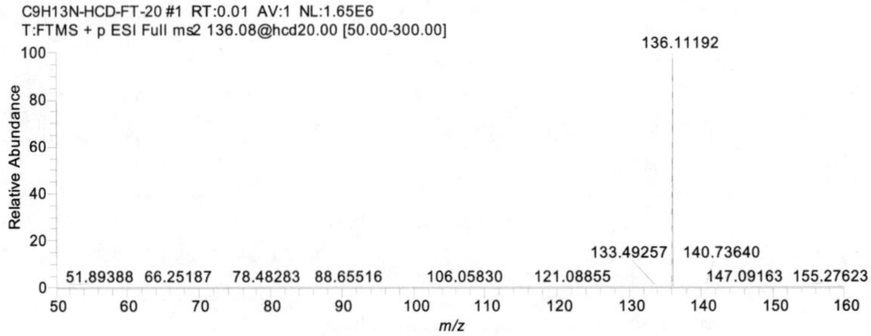C9H13N-HCD-FT-20 #1 RT:0.01 AV:1 NL:1.65E6
T:FTMS + p ESI Full ms2 136.08@hcd20.00 [50.00-300.00]
136.11192
133.49257 140.73640
51.89388 66.25187 78.48283 88.65516 106.05830 121.08855 147.09163 155.27623
Relative Abundance
m/z</td></tr>
</table>

表 3-2（续）

<table>
<tr><th>序号</th><th colspan="4">禁限用化合物 Orbitrap 高分辨质谱谱库</th></tr>
<tr><td rowspan="3">89</td><td>二级 HCD 碰撞
高分辨质谱图
40%能量

MS^2 Spectrum of
HCD _ 40%</td><td colspan="3"> 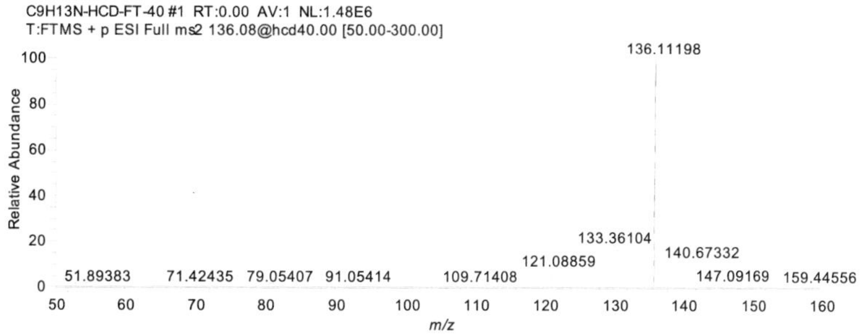C9H13N-HCD-FT-40 #1 RT:0.00 AV:1 NL:1.48E6
T:FTMS + p ESI Full ms2 136.08@hcd40.00 [50.00-300.00]
136.11198; 133.36104; 140.67332; 121.08859; 51.89383; 71.42435; 79.05407; 91.05414; 109.71408; 147.09169; 159.44556
Relative Abundance; m/z</td></tr>
<tr><td>二级 HCD 碰撞
高分辨质谱图
60%能量

MS^2 Spectrum of
HCD _ 60%</td><td colspan="3"> 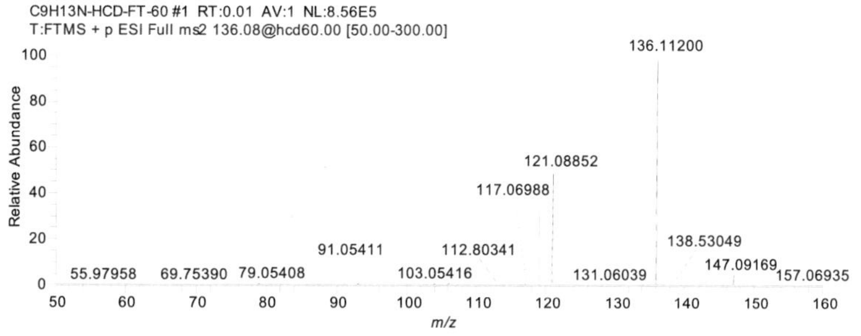C9H13N-HCD-FT-60 #1 RT:0.01 AV:1 NL:8.56E5
T:FTMS + p ESI Full ms2 136.08@hcd60.00 [50.00-300.00]
136.11200; 121.08852; 117.06988; 138.53049; 91.05411; 112.80341; 55.97958; 69.75390; 79.05408; 103.05416; 131.06039; 147.09169; 157.06935
Relative Abundance; m/z</td></tr>
<tr><td>二级 HCD 碰撞
高分辨质谱图
80%能量

MS^2 Spectrum of
HCD _ 80%</td><td colspan="3"> 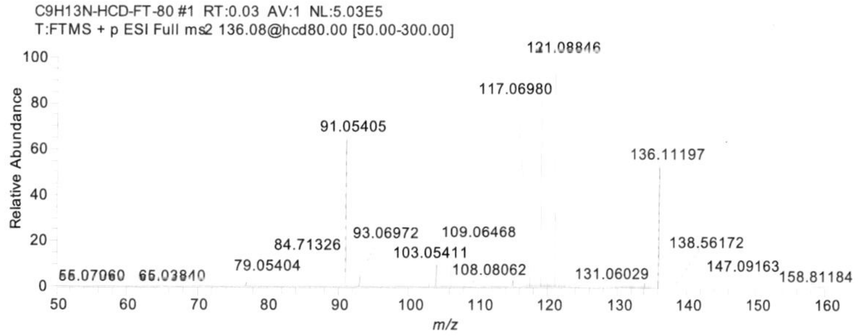C9H13N-HCD-FT-80 #1 RT:0.03 AV:1 NL:5.03E5
T:FTMS + p ESI Full ms2 136.08@hcd80.00 [50.00-300.00]
121.08846; 117.06980; 91.05405; 136.11197; 93.06972; 109.06468; 84.71326; 103.05411; 138.56172; 79.05404; 108.08062; 131.06029; 147.09163; 158.81184; 55.07060; 65.03840
Relative Abundance; m/z</td></tr>
<tr><td rowspan="6">90</td><td>化合物英文名
Compound Name</td><td colspan="3">2 - Methoxyaniline</td></tr>
<tr><td>化合物中文名
Chinese Name</td><td colspan="3">2-甲氧基苯胺</td></tr>
<tr><td>CAS 号
CAS Number</td><td colspan="3">90 - 04 - 0</td></tr>
<tr><td>分子式
Molecular Formula</td><td colspan="3">C_7H_9NO</td></tr>
<tr><td rowspan="2">一级母离子
Precursor</td><td>母离子组成
Assignment</td><td>$[M+H]^+$</td><td>$C_7H_{10}NO^+$</td></tr>
<tr><td>理论精确质量数
Theoretical m/z</td><td colspan="2">124. 07569</td></tr>
</table>

表 3-2（续）

<table>
<tr><th>序号</th><th colspan="5">禁限用化合物 Orbitrap 高分辨质谱谱库</th></tr>
<tr><td rowspan="8">90</td><td>一级质谱图
MS Spectrum</td><td colspan="4">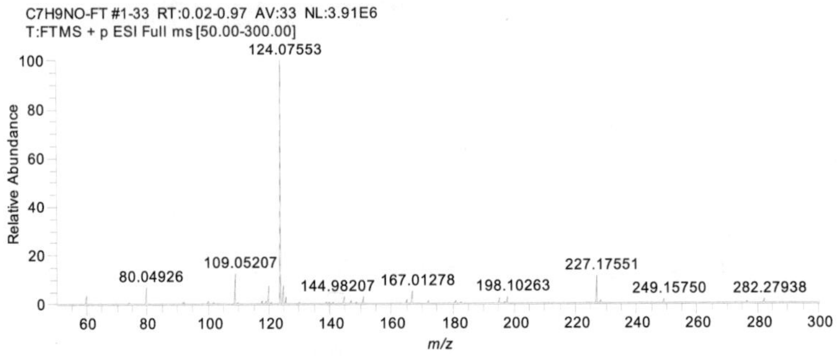
C7H9NO-FT #1-33 RT:0.02-0.97 AV:33 NL:3.91E6
T:FTMS + p ESI Full ms [50.00-300.00]
124.07553
80.04926
109.05207
144.98207
167.01278
198.10263
227.17551
249.15750
282.27938
Relative Abundance
m/z</td></tr>
<tr><td rowspan="2">CID 碰撞碎片
Fragments of CID</td><td>碎片组成
Assignment</td><td>$C_6H_7NO^+$</td><td></td><td></td></tr>
<tr><td>理论精确质量数
Theoretical m/z</td><td>109.05222</td><td></td><td></td></tr>
<tr><td>二级 CID 碰撞
高分辨质谱图
35%归一化能量

MS² Spectrum of
CID _ 35%</td><td colspan="4">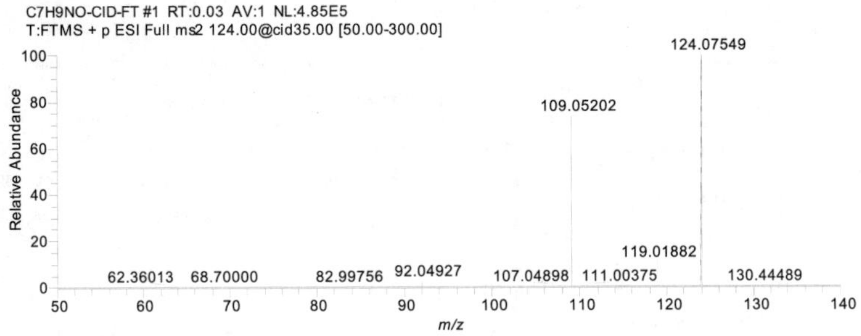
C7H9NO-CID-FT #1 RT:0.03 AV:1 NL:4.85E5
T:FTMS + p ESI Full ms2 124.00@cid35.00 [50.00-300.00]
124.07549
109.05202
119.01882
62.36013
68.70000
82.99756
92.04927
107.04898
111.00375
130.44489
Relative Abundance
m/z</td></tr>
<tr><td rowspan="2">HCD 碰撞碎片
Fragments of HCD</td><td>碎片组成
Assignment</td><td>$C_6H_6N^+$</td><td>$C_6H_7NO^+$</td><td></td></tr>
<tr><td>理论精确质量数
Theoretical m/z</td><td>92.04948</td><td>109.05222</td><td></td></tr>
<tr><td>二级 HCD 碰撞
高分辨质谱图
20%能量

MS² Spectrum of
HCD _ 20%</td><td colspan="4">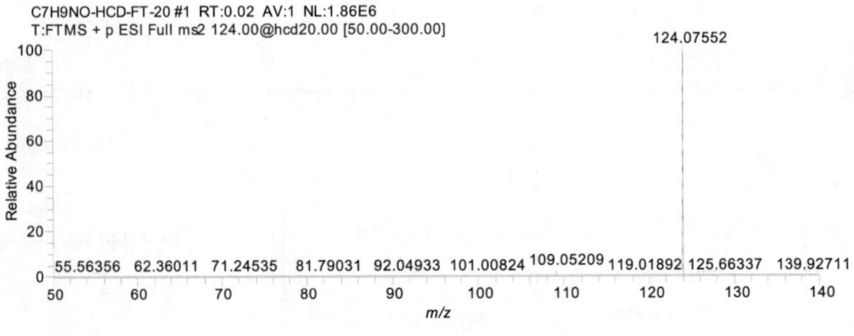
C7H9NO-HCD-FT-20 #1 RT:0.02 AV:1 NL:1.86E6
T:FTMS + p ESI Full ms2 124.00@hcd20.00 [50.00-300.00]
124.07552
55.56356
62.36011
71.24535
81.79031
92.04933
101.00824
109.05209
119.01892
125.66337
139.92711
Relative Abundance
m/z</td></tr>
</table>

表 3-2（续）

序号	禁限用化合物 Orbitrap 高分辨质谱谱库			
90	二级 HCD 碰撞 高分辨质谱图 40%能量 MS² Spectrum of HCD _ 40%	C7H9NO-HCD-FT-40 #1 RT:0.02 AV:1 NL:1.62E6 T:FTMS + p ESI Full ms2 124.00@hcd40.00 [50.00-300.00] 124.07551; 109.05208; 111.00382; 127.62475; 56.85902; 62.36011; 68.69995; 82.99761; 92.04932; 101.00824; 119.01889; 136.20662 Relative Abundance; m/z		
	二级 HCD 碰撞 高分辨质谱图 60%能量 MS² Spectrum of HCD _ 60%	C7H9NO-HCD-FT-60 #1 RT:0.02 AV:1 NL:1.14E6 T:FTMS + p ESI Full ms2 124.00@hcd60.00 [50.00-300.00] 109.05204; 124.07555; 107.04908; 92.04932; 111.00379; 51.34800; 65.03838; 76.05815; 82.99760; 101.00826; 119.01882; 126.43237; 137.35580 Relative Abundance; m/z		
	二级 HCD 碰撞 高分辨质谱图 95%能量 MS² Spectrum of HCD _ 95%	C7H9NO-HCD-FT-95 #1 RT:0.00 AV:1 NL:1.19E6 T:FTMS + p ESI Full ms2 124.00@hcd95.00 [50.00-300.00] 109.05201; 107.04909; 92.04930; 54.57930; 65.03837; 80.04926; 90.03371; 101.00821; 114.85769; 124.07555; 130.19977 Relative Abundance; m/z		
91	化合物英文名 Compound Name	4 - Aminoazobenzene		
	化合物中文名 Chinese Name	4 -氨基偶氮苯		
	CAS 号 CAS Number	60 - 09 - 3		
	分子式 Molecular Formula	$C_{12}H_{11}N_3$		
	一级母离子 Precursor	母离子组成 Assignment	$[M+H]^+$	$C_{12}H_{12}N_3^+$
		理论精确质量数 Theoretical *m/z*	198. 10257	

表 3-2（续）

<table>
<tr><th>序号</th><th colspan="5">禁限用化合物 Orbitrap 高分辨质谱谱库</th></tr>
<tr><td rowspan="7">91</td><td>一级质谱图
MS Spectrum</td><td colspan="4">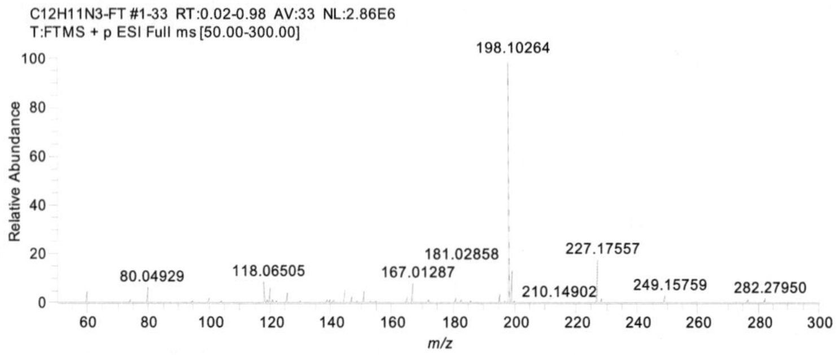
C12H11N3-FT #1-33 RT:0.02-0.98 AV:33 NL:2.86E6
T:FTMS + p ESI Full ms [50.00-300.00]
198.10264
227.17557
181.02858
167.01287
118.06505
80.04929
210.14902
249.15759
282.27950
Relative Abundance
m/z</td></tr>
<tr><td rowspan="2">CID 碰撞碎片
Fragments of CID</td><td>碎片组成
Assignment</td><td>$C_6H_5^+$</td><td>$C_6H_5N_2^+$</td><td></td></tr>
<tr><td>理论精确质量数
Theoretical m/z</td><td>77.03858</td><td>105.04472</td><td></td></tr>
<tr><td>二级 CID 碰撞
高分辨质谱图
35%归一化能量

MS^2 Spectrum of
CID _ 35%</td><td colspan="4">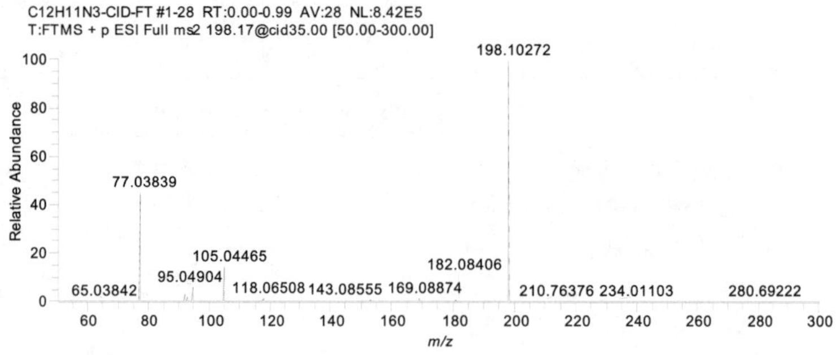
C12H11N3-CID-FT #1-28 RT:0.00-0.99 AV:28 NL:8.42E5
T:FTMS + p ESI Full ms2 198.17@cid35.00 [50.00-300.00]
198.10272
77.03839
105.04465
182.08406
95.04904
65.03842
118.06508 143.08555 169.08874
210.76376 234.01103
280.69222
Relative Abundance
m/z</td></tr>
<tr><td rowspan="2">HCD 碰撞碎片
Fragments of HCD</td><td>碎片组成
Assignment</td><td>$C_6H_5^+$</td><td>$C_4H_5N_3^+$</td><td>$C_6H_5N_2^+$</td></tr>
<tr><td>理论精确质量数
Theoretical m/z</td><td>77.03858</td><td>95.04780</td><td>105.04472</td></tr>
<tr><td>二级 HCD 碰撞
高分辨质谱图
20%能量

MS^2 Spectrum of
HCD _ 20%</td><td colspan="4">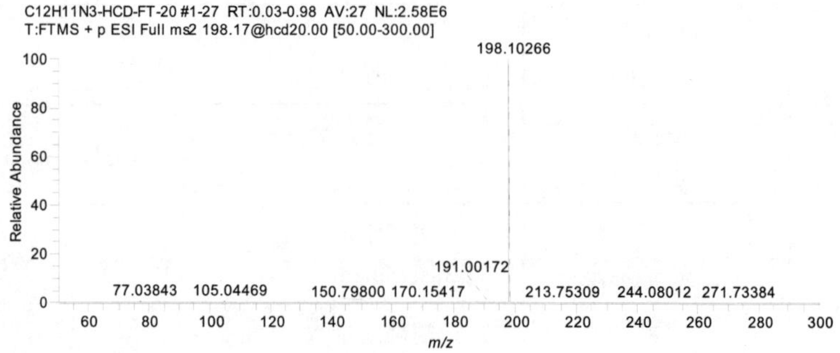
C12H11N3-HCD-FT-20 #1-27 RT:0.03-0.98 AV:27 NL:2.58E6
T:FTMS + p ESI Full ms2 198.17@hcd20.00 [50.00-300.00]
198.10266
191.00172
77.03843 105.04469
150.79800 170.15417
213.75309 244.08012 271.73384
Relative Abundance
m/z</td></tr>
</table>

表 3-2（续）

序号	禁限用化合物 Orbitrap 高分辨质谱谱库			
91	二级 HCD 碰撞高分辨质谱图 40%能量 MS² Spectrum of HCD _ 40%	C12H11N3-HCD-FT-40 #1-27 RT:0.03-0.98 AV:27 NL:1.21E6 T:FTMS + p ESI Full ms2 198.17@hcd40.00 [50.00-300.00] 198.10269; 77.03839; 105.04464; 95.04904; 65.03842; 118.06508; 153.06995; 181.07623; 210.76383; 252.40465; 273.76711 Relative Abundance; m/z		
	二级 HCD 碰撞高分辨质谱图 60%能量 MS² Spectrum of HCD _ 60%	C12H11N3-HCD-FT-60 #1-28 RT:0.00-0.99 AV:28 NL:7.29E5 T:FTMS + p ESI Full ms2 198.17@hcd60.00 [50.00-300.00] 77.03839; 105.04465; 95.04904; 198.10280; 65.03843; 118.06509; 152.06212; 169.08876; 232.92201; 256.87734; 285.67920 Relative Abundance; m/z		
	二级 HCD 碰撞高分辨质谱图 80%能量 MS² Spectrum of HCD _ 80%	C12H11N3-HCD-FT-80 #1-28 RT:0.01-0.99 AV:28 NL:6.40E5 T:FTMS + p ESI Full ms2 198.17@hcd80.00 [50.00-300.00] 77.03839; 105.04464; 95.04903; 65.03842; 118.06508; 152.06211; 169.08876; 198.10283; 232.92219; 267.89508; 285.67932 Relative Abundance; m/z		
92	化合物英文名 Compound Name	2，4-Xylidine		
	化合物中文名 Chinese Name	2，4-二甲基苯胺		
	CAS 号 CAS Number	95-68-1		
	分子式 Molecular Formula	$C_8H_{11}N$		
	一级母离子 Precursor	母离子组成 Assignment	$[M+H]^+$	$C_8H_{12}N^+$
		理论精确质量数 Theoretical m/z	122.09643	

表 3 - 2（续）

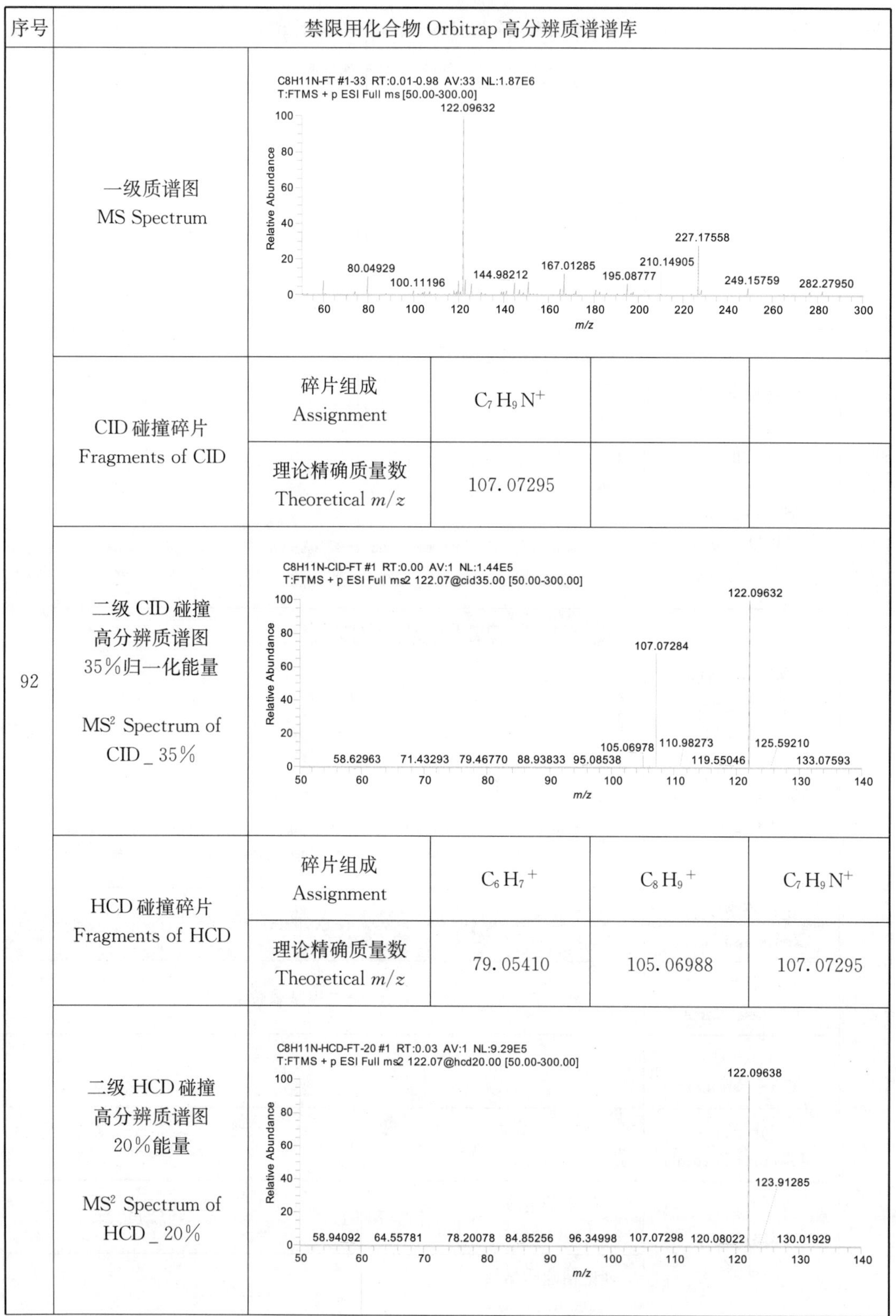

序号	禁限用化合物 Orbitrap 高分辨质谱谱库				
92	一级质谱图 MS Spectrum				
	CID 碰撞碎片 Fragments of CID	碎片组成 Assignment	$C_7H_9N^+$		
		理论精确质量数 Theoretical m/z	107.07295		
	二级 CID 碰撞高分辨质谱图 35%归一化能量 MS² Spectrum of CID _ 35%				
	HCD 碰撞碎片 Fragments of HCD	碎片组成 Assignment	$C_6H_7^+$	$C_8H_9^+$	$C_7H_9N^+$
		理论精确质量数 Theoretical m/z	79.05410	105.06988	107.07295
	二级 HCD 碰撞高分辨质谱图 20%能量 MS² Spectrum of HCD _ 20%				

表 3-2（续）

序号	禁限用化合物 Orbitrap 高分辨质谱谱库			
92	二级 HCD 碰撞高分辨质谱图 40%能量 MS² Spectrum of HCD _ 40%	C8H11N-HCD-FT-40 #1 RT:0.02 AV:1 NL:1.02E6 T:FTMS + p ESI Full ms2 122.07@hcd40.00 [50.00-300.00] 122.09643; 54.19676; 64.55775; 79.05409; 90.50715; 96.34976; 107.07300; 120.08090; 128.65900; 133.07611 Relative Abundance; m/z		
	二级 HCD 碰撞高分辨质谱图 60%能量 MS² Spectrum of HCD _ 60%	C8H11N-HCD-FT-60 #1 RT:0.00 AV:1 NL:5.85E5 T:FTMS + p ESI Full ms2 122.07@hcd60.00 [50.00-300.00] 122.09645; 107.07297; 105.06992; 58.62951; 64.55772; 71.43272; 79.05415; 95.04914; 103.05430; 109.70678; 120.08090; 127.49712; 133.07611 Relative Abundance; m/z		
	二级 HCD 碰撞高分辨质谱图 85%能量 MS² Spectrum of HCD _ 85%	C8H11N-HCD-FT-85 #1 RT:0.01 AV:1 NL:2.76E5 T:FTMS + p ESI Full ms2 122.07@hcd85.00 [50.00-300.00] 107.07288; 105.06985; 122.09641; 79.05410; 103.05423; 77.03845; 99.38257; 109.13375; 125.42731; 59.02668; 65.03846; 72.83028; 80.78259; 95.04910; 120.08079; 133.07607 Relative Abundance; m/z		
93	化合物英文名 Compound Name	2，6-Xylidine		
	化合物中文名 Chinese Name	2，6-二甲基苯胺		
	CAS 号 CAS Number	87-62-7		
	分子式 Molecular Formula	$C_8H_{11}N$		
	一级母离子 Precursor	母离子组成 Assignment	$[M+H]^+$	$C_8H_{12}N^+$
		理论精确质量数 Theoretical m/z	122.09643	

表 3-2（续）

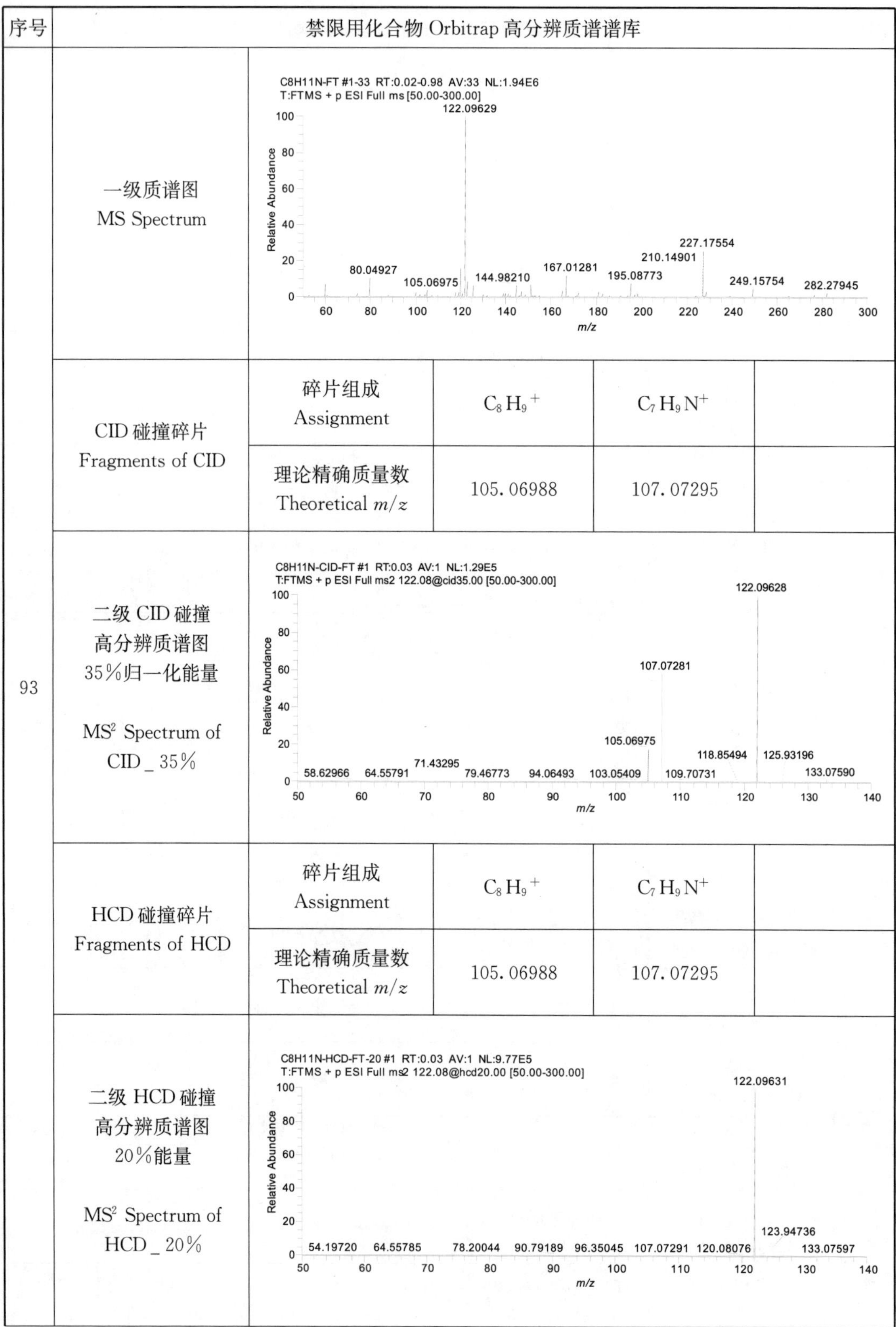

序号	禁限用化合物 Orbitrap 高分辨质谱谱库				
93	一级质谱图 MS Spectrum	（质谱图）			
	CID 碰撞碎片 Fragments of CID	碎片组成 Assignment	$C_8H_9^+$	$C_7H_9N^+$	
		理论精确质量数 Theoretical m/z	105.06988	107.07295	
	二级 CID 碰撞 高分辨质谱图 35%归一化能量 MS^2 Spectrum of CID _ 35%	（质谱图）			
	HCD 碰撞碎片 Fragments of HCD	碎片组成 Assignment	$C_8H_9^+$	$C_7H_9N^+$	
		理论精确质量数 Theoretical m/z	105.06988	107.07295	
	二级 HCD 碰撞 高分辨质谱图 20%能量 MS^2 Spectrum of HCD _ 20%	（质谱图）			

表 3-2（续）

<table>
<tr><th>序号</th><th colspan="4">禁限用化合物 Orbitrap 高分辨质谱谱库</th></tr>
<tr><td rowspan="3">93</td><td>二级 HCD 碰撞
高分辨质谱图
40%能量

MS^2 Spectrum of
HCD _ 40%</td><td colspan="3">C8H11N-HCD-FT-40 #1 RT:0.01 AV:1 NL:9.51E5
T:FTMS + p ESI Full ms2 122.08@hcd40.00 [50.00-300.00]
Relative Abundance
122.09635
126.42464
57.81499 64.55782 79.05410 85.63564 96.35034 105.06985 120.08086 133.07602
m/z</td></tr>
<tr><td>二级 HCD 碰撞
高分辨质谱图
60%能量

MS^2 Spectrum of
HCD _ 60%</td><td colspan="3">C8H11N-HCD-FT-60 #2 RT:0.02 AV:1 NL:8.39E5
T:FTMS + p ESI Full ms2 122.08@hcd60.00 [50.00-300.00]
Relative Abundance
122.09643
105.06989
107.07296
57.81489 64.55769 72.55275 79.05417 95.04922 103.05427 120.08087 133.07613
m/z</td></tr>
<tr><td>二级 HCD 碰撞
高分辨质谱图
90%能量

MS^2 Spectrum of
HCD _ 90%</td><td colspan="3">C8H11N-HCD-FT-90 #2 RT:0.02 AV:1 NL:4.55E5
T:FTMS + p ESI Full ms2 122.08@hcd90.00 [50.00-300.00]
Relative Abundance
122.09641
105.06985
107.07292
79.05414
103.05427
77.03851
128.04301
53.03811 65.03835 70.96674 82.13038 95.04916 120.08089 133.07613
m/z</td></tr>
<tr><td rowspan="6">94</td><td>化合物英文名
Compound Name</td><td colspan="3">Aniline</td></tr>
<tr><td>化合物中文名
Chinese Name</td><td colspan="3">苯胺</td></tr>
<tr><td>CAS 号
CAS Number</td><td colspan="3">62-53-3</td></tr>
<tr><td>分子式
Molecular Formula</td><td colspan="3">C_6H_7N</td></tr>
<tr><td rowspan="2">一级母离子
Precursor</td><td>母离子组成
Assignment</td><td>[M+H]$^+$</td><td>$C_6H_8N^+$</td></tr>
<tr><td>理论精确质量数
Theoretical m/z</td><td colspan="2">94.06513</td></tr>
</table>

表 3-2（续）

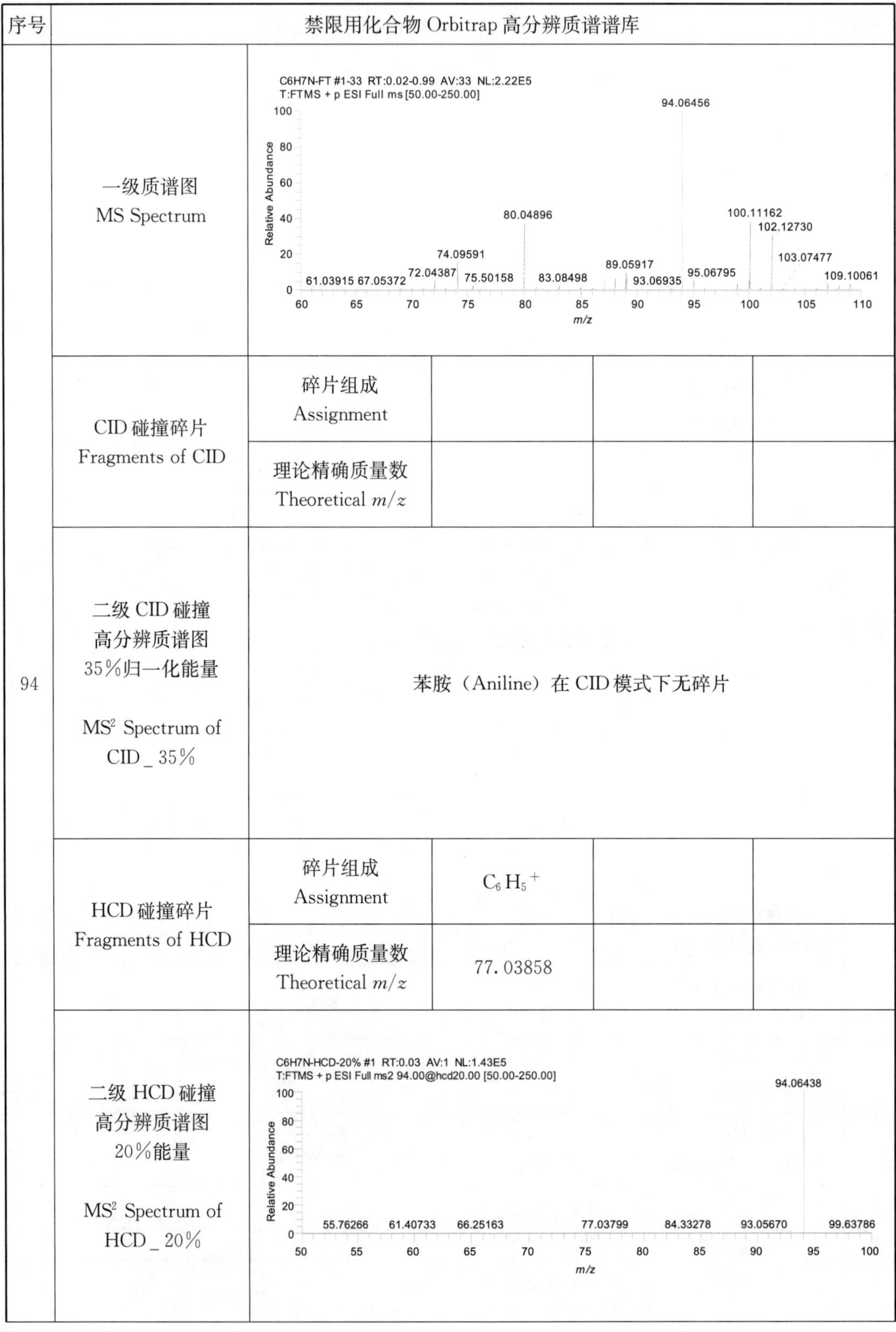

序号	禁限用化合物 Orbitrap 高分辨质谱谱库				
94	一级质谱图 MS Spectrum				
	CID 碰撞碎片 Fragments of CID	碎片组成 Assignment			
		理论精确质量数 Theoretical m/z			
	二级 CID 碰撞高分辨质谱图 35%归一化能量 MS² Spectrum of CID _ 35%	苯胺（Aniline）在 CID 模式下无碎片			
	HCD 碰撞碎片 Fragments of HCD	碎片组成 Assignment	$C_6H_5^+$		
		理论精确质量数 Theoretical m/z	77.03858		
	二级 HCD 碰撞高分辨质谱图 20%能量 MS² Spectrum of HCD _ 20%				

表 3-2（续）

序号	禁限用化合物 Orbitrap 高分辨质谱谱库		
94	二级 HCD 碰撞 高分辨质谱图 40%能量 MS^2 Spectrum of HCD _ 40%	C6H7N-HCD-40% #1 RT:0.03 AV:1 NL:1.64E5 T:FTMS + p ESI Full ms2 94.00@hcd40.00 [50.00-250.00] 94.06440 55.40911 61.47845 69.93725 77.03801 85.38320 93.05672 95.04852 Relative Abundance m/z	
	二级 HCD 碰撞 高分辨质谱图 60%能量 MS^2 Spectrum of HCD _ 60%	C6H7N-HCD-60% #1 RT:0.01 AV:1 NL:1.07E5 T:FTMS + p ESI Full ms2 94.00@hcd60.00 [50.00-250.00] 94.06439 55.72976 61.21056 67.19163 77.03798 85.15975 93.05669 95.04852 Relative Abundance m/z	
	二级 HCD 碰撞 高分辨质谱图 97%能量 MS^2 Spectrum of HCD _ 97%	C6H7N-HCD-97% #2 RT:0.02 AV:1 NL:7.67E4 T:FTMS + p ESI Full ms2 94.00@hcd97.00 [50.00-250.00] 94.06456 77.03806 95.04878 80.34312 51.02220 61.22492 67.05370 86.94560 93.05698 96.04448 Relative Abundance m/z	
95	化合物英文名 Compound Name	Pentachlorophenol（PCP）	
	化合物中文名 Chinese Name	五氯苯酚	
	CAS 号 CAS Number	87-86-5	
	分子式 Molecular Formula	C_6HCl_5O	
	一级母离子 Precursor	母离子组成 Assignment	[M−H]⁻ $C_6Cl_5O^-$
		理论精确质量数 Theoretical m/z	264.83678

表 3-2（续）

序号	禁限用化合物 Orbitrap 高分辨质谱谱库				
95	一级质谱图 MS Spectrum	PCP_FT #1-29 RT:0.00-0.97 AV:29 NL:1.19E6 T:FTMS - c ESI Full ms [150.00-350.00] 264.83645; 268.83025; 157.12346; 188.97176; 194.92755; 217.00300; 227.20158; 255.23294; 283.26371; 311.16818; 325.18376; 339.19942 Relative Abundance; m/z			
	CID 碰撞碎片 Fragments of CID	碎片组成 Assignment			
		理论精确质量数 Theoretical m/z			
	二级 CID 碰撞 高分辨质谱图 35%归一化能量 MS² Spectrum of CID _ 35%	PCP_CID_FT #1-22 RT:0.02-0.96 AV:22 NL:2.51E5 T:FTMS - c ESI Full ms2 264.84@cid35.00 [70.00-350.00] 264.83638; 96.96034; 126.67236; 162.24331; 200.78055; 222.93543; 251.78882; 277.82981; 304.21753; 327.48378 Relative Abundance; m/z			
	HCD 碰撞碎片 Fragments of HCD	碎片组成 Assignment	$C_5{}^{35}Cl_3{}^{37}Cl^-$	$C_6{}^{35}Cl_3{}^{37}ClO^-$	
		理论精确质量数 Theoretical m/z	201.87301	229.86792	
	二级 HCD 碰撞 高分辨质谱图 20%能量 MS² Spectrum of HCD _ 20%	PCP_HCD_20 #1-23 RT:0.01-1.00 AV:23 NL:7.16E5 T:FTMS - c ESI Full ms2 264.84@hcd20.00 [50.00-350.00] 264.83646; 61.41789; 100.95637; 126.67221; 162.21564; 200.77273; 245.99486; 281.16127; 332.94712 Relative Abundance; m/z			

表 3-2（续）

序号	禁限用化合物 Orbitrap 高分辨质谱谱库		
95	二级 HCD 碰撞 高分辨质谱图 40%能量 MS^2 Spectrum of HCD _ 40%	PCP_HCD_40 #1-22 RT:0.03-0.97 AV:22 NL:7.74E5 T:FTMS - c ESI Full ms2 264.84@hcd40.00 [50.00-350.00] 264.83635 243.73627 278.21178 200.77385 59.59089 101.39828 126.67240 162.21632 222.93540 311.85347 332.95174 Relative Abundance m/z	
	二级 HCD 碰撞 高分辨质谱图 60%能量 MS^2 Spectrum of HCD _ 60%	PCP_HCD_60 #1-22 RT:0.03-0.96 AV:22 NL:5.91E5 T:FTMS - c ESI Full ms2 264.84@hcd60.00 [50.00-350.00] 264.83631 255.57499 73.99430 96.96034 126.67248 184.87537 222.93534 279.86100 332.95104 Relative Abundance m/z	
	二级 HCD 碰撞 高分辨质谱图 150%能量 MS^2 Spectrum of HCD _ 150%	PCP_HCD_150 #1 RT:0.02 AV:1 NL:2.79E4 T:FTMS - p ESI Full ms2 264.84@hcd150.00 [50.00-300.00] 264.83630 96.96027 201.87283 108.95301 210.95242 246.30762 274.97885 61.30972 229.86768 88.03284 122.55485 161.08994 178.05090 293.49066 Relative Abundance m/z	
96	化合物英文名 Compound Name	2，3，4，5-Tetrachlorophenol	
	化合物中文名 Chinese Name	2，3，4，5-四氯苯酚	
	CAS 号 CAS Number	4901-51-3	
	分子式 Molecular Formula	$C_6H_2Cl_4O$	
	一级母离子 Precursor	母离子组成 Assignment	$[M-H]^-$	$C_6HCl_4O^-$
		理论精确质量数 Theoretical m/z	230.87575	

表 3-2（续）

<table>
<tr><th>序号</th><th colspan="5">禁限用化合物 Orbitrap 高分辨质谱谱库</th></tr>
<tr><td rowspan="7">96</td><td>一级质谱图
MS Spectrum</td><td colspan="4">2,3,4,5-Tetrachlorophenol_FT #1-28 RT:0.02-0.98 AV:28 NL:1.25E6
T:FTMS - c ESI Full ms [210.00-250.00]
230.87528; 228.87855; 232.87209; 234.86907; 212.97907; 217.00289; 220.96013; 227.20179; 236.86612; 241.21663; 248.93842
Relative Abundance; m/z</td></tr>
<tr><td rowspan="2">CID 碰撞碎片
Fragments of CID</td><td>碎片组成
Assignment</td><td>$C_6{}^{35}Cl_3O^-$</td><td>$C_6{}^{35}Cl_2{}^{37}ClO^-$</td><td></td></tr>
<tr><td>理论精确质量数
Theoretical m/z</td><td>192.90202</td><td>194.89907</td><td></td></tr>
<tr><td>二级 CID 碰撞
高分辨质谱图
35%归一化能量

MS² Spectrum of
CID _ 35%</td><td colspan="4">2,3,4,5-Tetrachlorophenol_CID_FT #1-23 RT:0.01-1.00 AV:23 NL:2.69E5
T:FTMS - c ESI Full ms2 230.88@cid35.00 [60.00-250.00]
194.89892; 230.87545; 190.77106; 222.25502; 75.10376; 93.55674; 105.84594; 130.62475; 166.72035; 199.78546; 235.20891
Relative Abundance; m/z</td></tr>
<tr><td rowspan="2">HCD 碰撞碎片
Fragments of HCD</td><td>碎片组成
Assignment</td><td>$C_5{}^{35}Cl_2{}^{37}Cl^-$</td><td>$C_6{}^{35}Cl_3O^-$</td><td>$C_6{}^{35}Cl_2{}^{37}ClO^-$</td></tr>
<tr><td>理论精确质量数
Theoretical m/z</td><td>166.90416</td><td>192.90202</td><td>194.89907</td></tr>
<tr><td>二级 HCD 碰撞
高分辨质谱图
20%能量

MS² Spectrum of
HCD _ 20%</td><td colspan="4">2,3,4,5-Tetrachlorophenol_HCD_20 #1-22 RT:0.03-0.96 AV:22 NL:8.16E5
T:FTMS - c ESI Full ms2 230.88@hcd20.00 [60.00-250.00]
230.87541; 66.20374; 97.01222; 109.61313; 136.18249; 162.79793; 194.89902; 222.57578; 239.64805
Relative Abundance; m/z</td></tr>
</table>

表 3-2（续）

序号	禁限用化合物 Orbitrap 高分辨质谱谱库			
96	二级 HCD 碰撞高分辨质谱图 40%能量 MS^2 Spectrum of HCD _ 40%	2,3,4,5-Tetrachlorophenol_HCD_40 #1-22 RT:0.03-0.96 AV:22 NL:8.04E5 T:FTMS - c ESI Full ms2 230.88@hcd40.00 [50.00-250.00] 230.87542 56.66714 71.78136 109.61341 127.69554 166.88787 194.89903 222.57570 239.64816 Relative Abundance; m/z		
	二级 HCD 碰撞高分辨质谱图 60%能量 MS^2 Spectrum of HCD _ 60%	2,3,4,5-Tetrachlorophenol_HCD_60 #1-22 RT:0.02-0.96 AV:22 NL:7.17E5 T:FTMS - c ESI Full ms2 230.88@hcd60.00 [50.00-250.00] 230.87544 194.89900 56.66713 80.36078 104.97013 138.20442 166.90419 222.57571 239.64822 Relative Abundance; m/z		
	二级 HCD 碰撞高分辨质谱图 97%能量 MS^2 Spectrum of HCD _ 97%	2,3,4,5-Tetrachlorophenol_HCD_97 #1-49 RT:0.00-0.98 AV:49 NL:3.57E5 T:FTMS - c ESI Full ms2 230.88@hcd97.00 [50.00-250.00] 194.89907 230.87570 180.25312 217.57551 75.10365 93.55649 119.92930 146.35963 166.90433 199.73328 239.82866 Relative Abundance; m/z		
97	化合物英文名 Compound Name	2，3，4，6-Tetrachlorophenol		
	化合物中文名 Chinese Name	2，3，4，6-四氯苯酚		
	CAS 号 CAS Number	58-90-2		
	分子式 Molecular Formula	$C_6H_2Cl_4O$		
	一级母离子 Precursor	母离子组成 Assignment	$[M-H]^-$	$C_6HCl_4O^-$
		理论精确质量数 Theoretical m/z	230.87575	

表 3 - 2（续）

<table>
<tr><th>序号</th><th colspan="4">禁限用化合物 Orbitrap 高分辨质谱谱库</th></tr>
<tr><td rowspan="6">97</td><td>一级质谱图
MS Spectrum</td><td colspan="4"> 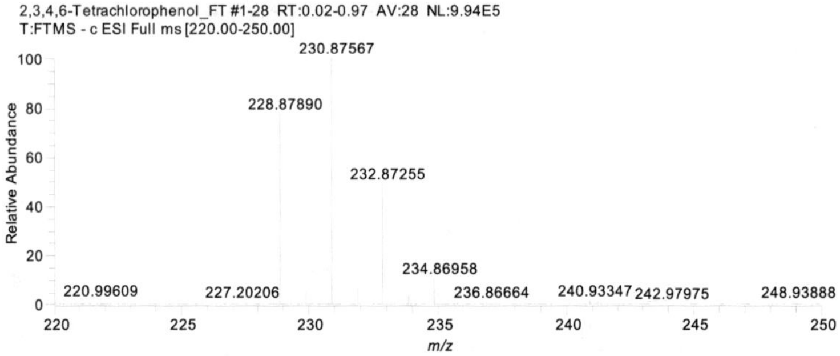2,3,4,6-Tetrachlorophenol_FT #1-28 RT:0.02-0.97 AV:28 NL:9.94E5
T:FTMS - c ESI Full ms [220.00-250.00]
230.87567; 228.87890; 232.87255; 234.86958; 220.99609; 227.20206; 236.86664; 240.93347; 242.97975; 248.93888
Relative Abundance; m/z</td></tr>
<tr><td rowspan="2">CID 碰撞碎片
Fragments of CID</td><td>碎片组成
Assignment</td><td>$C_{35}6Cl_2{}^{37}ClO^-$</td><td></td><td></td></tr>
<tr><td>理论精确质量数
Theoretical m/z</td><td>194.89907</td><td></td><td></td></tr>
<tr><td>二级 CID 碰撞
高分辨质谱图
35%归一化能量

MS² Spectrum of
CID _ 35%</td><td colspan="4"> 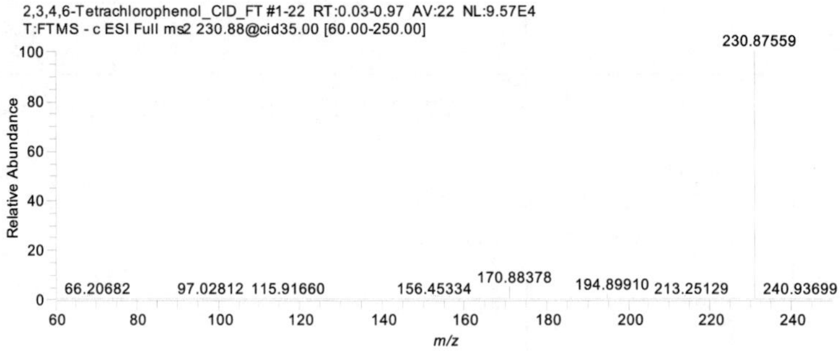2,3,4,6-Tetrachlorophenol_CID_FT #1-22 RT:0.03-0.97 AV:22 NL:9.57E4
T:FTMS - c ESI Full ms2 230.88@cid35.00 [60.00-250.00]
230.87559; 66.20682; 97.02812; 115.91660; 156.45334; 170.88378; 194.89910; 213.25129; 240.93699
Relative Abundance; m/z</td></tr>
<tr><td rowspan="2">HCD 碰撞碎片
Fragments of HCD</td><td>碎片组成
Assignment</td><td>$C_5{}^{35}Cl_2{}^{37}Cl^-$</td><td>$C_6{}^{35}Cl_3O^-$</td><td>$C_6{}^{35}Cl_2{}^{37}ClO^-$</td></tr>
<tr><td>理论精确质量数
Theoretical m/z</td><td>166.90416</td><td>192.90202</td><td>194.89907</td></tr>
<tr><td></td><td>二级 HCD 碰撞
高分辨质谱图
40%能量

MS² Spectrum of
HCD _ 40%</td><td colspan="4"> 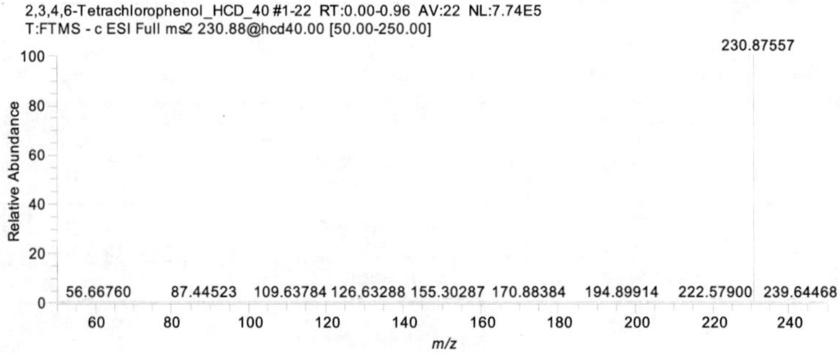2,3,4,6-Tetrachlorophenol_HCD_40 #1-22 RT:0.00-0.96 AV:22 NL:7.74E5
T:FTMS - c ESI Full ms2 230.88@hcd40.00 [50.00-250.00]
230.87557; 56.66760; 87.44523; 109.63784; 126.63288; 155.30287; 170.88384; 194.89914; 222.57900; 239.64468
Relative Abundance; m/z</td></tr>
</table>

表 3-2（续）

序号	禁限用化合物 Orbitrap 高分辨质谱谱库		
97	二级 HCD 碰撞高分辨质谱图 60%能量 MS² Spectrum of HCD _ 60%	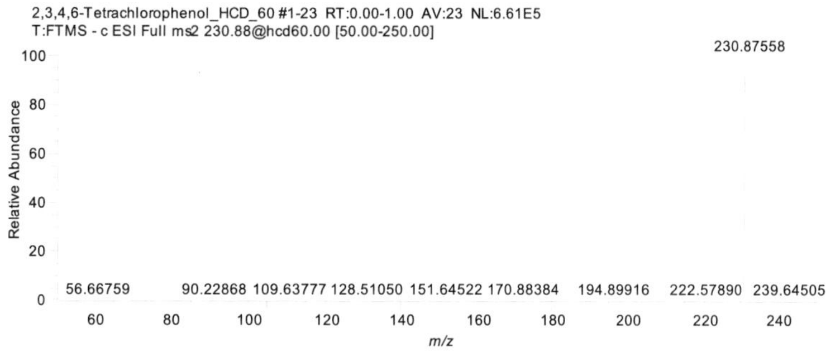 2,3,4,6-Tetrachlorophenol_HCD_60 #1-23 RT:0.00-1.00 AV:23 NL:6.61E5 T:FTMS - c ESI Full ms2 230.88@hcd60.00 [50.00-250.00] 230.87558 56.66759 90.22868 109.63777 128.51050 151.64522 170.88384 194.89916 222.57890 239.64505 Relative Abundance; m/z	
	二级 HCD 碰撞高分辨质谱图 80%能量 MS² Spectrum of HCD _ 80%	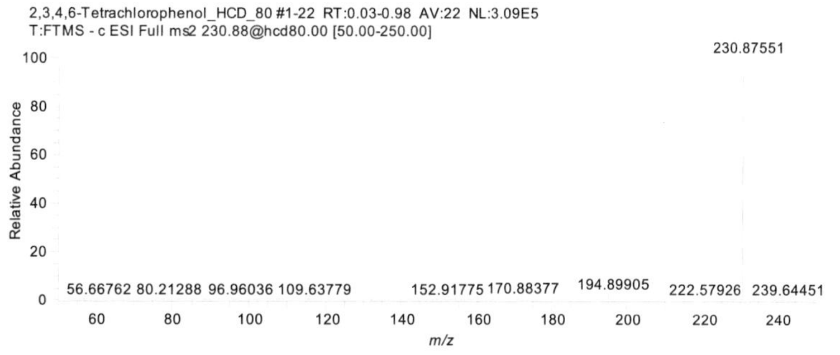 2,3,4,6-Tetrachlorophenol_HCD_80 #1-22 RT:0.03-0.98 AV:22 NL:3.09E5 T:FTMS - c ESI Full ms2 230.88@hcd80.00 [50.00-250.00] 230.87551 56.66762 80.21288 96.96036 109.63779 152.91775 170.88377 194.89905 222.57926 239.64451 Relative Abundance; m/z	
	二级 HCD 碰撞高分辨质谱图 170%能量 MS² Spectrum of HCD _ 170%	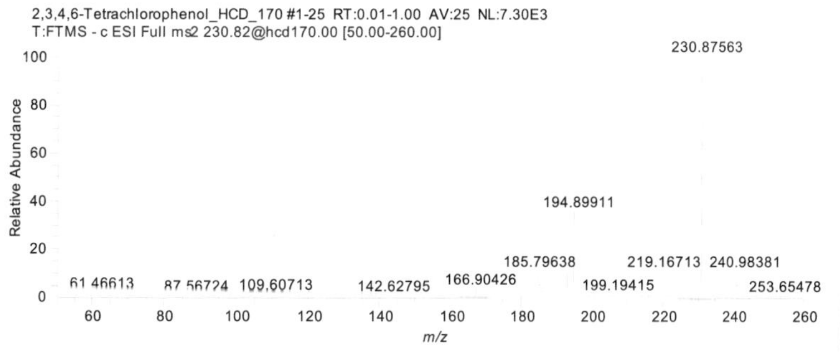 2,3,4,6-Tetrachlorophenol_HCD_170 #1-25 RT:0.01-1.00 AV:25 NL:7.30E3 T:FTMS - c ESI Full ms2 230.82@hcd170.00 [50.00-260.00] 230.87563 194.89911 185.79638 219.16713 240.98381 61.46613 87.56724 109.60713 142.62795 166.90426 199.19415 253.65478 Relative Abundance; m/z	
98	化合物英文名 Compound Name	2，3，5，6-Tetrachlorophenol	
	化合物中文名 Chinese Name	2，3，5，6-四氯苯酚	
	CAS 号 CAS Number	935-95-5	
	分子式 Molecular Formula	$C_6H_2Cl_4O$	
	一级母离子 Precursor	母离子组成 Assignment	$[M-H]^-$ ｜ $C_6HCl_4O^-$
		理论精确质量数 Theoretical *m/z*	230.87575

表3-2（续）

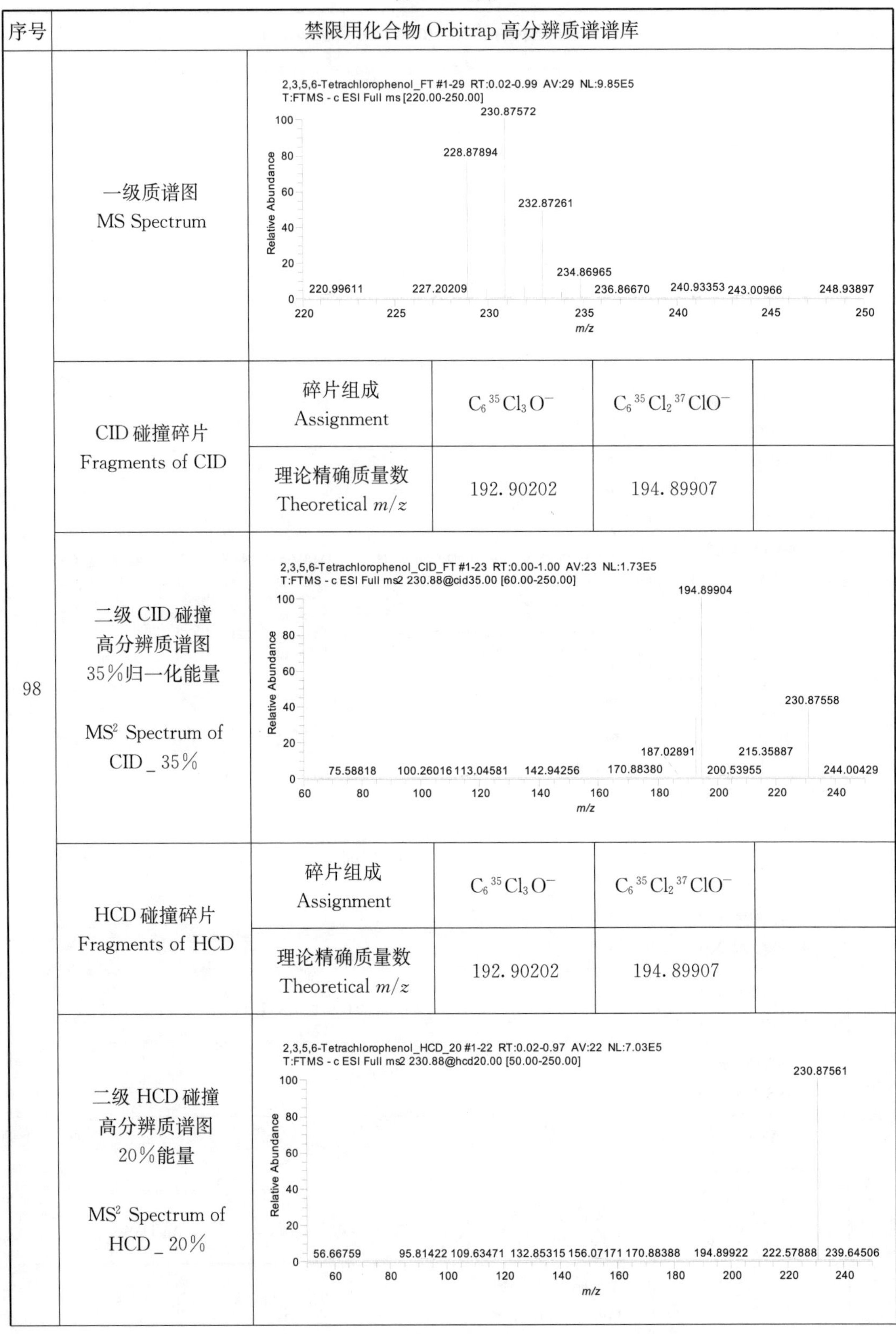

序号	禁限用化合物 Orbitrap 高分辨质谱谱库				
98	一级质谱图 MS Spectrum				
	CID 碰撞碎片 Fragments of CID	碎片组成 Assignment	$C_6{}^{35}Cl_3O^-$	$C_6{}^{35}Cl_2{}^{37}ClO^-$	
		理论精确质量数 Theoretical m/z	192.90202	194.89907	
	二级 CID 碰撞高分辨质谱图 35%归一化能量 MS² Spectrum of CID _ 35%				
	HCD 碰撞碎片 Fragments of HCD	碎片组成 Assignment	$C_6{}^{35}Cl_3O^-$	$C_6{}^{35}Cl_2{}^{37}ClO^-$	
		理论精确质量数 Theoretical m/z	192.90202	194.89907	
	二级 HCD 碰撞高分辨质谱图 20%能量 MS² Spectrum of HCD _ 20%				

表 3－2（续）

序号	禁限用化合物 Orbitrap 高分辨质谱谱库			
98	二级 HCD 碰撞 高分辨质谱图 40％能量 MS^2 Spectrum of HCD＿40％	2,3,5,6-Tetrachlorophenol_HCD_40 #1-22 RT:0.03-0.98 AV:22 NL:7.19E5 T:FTMS - c ESI Full ms2 230.88@hcd40.00 [50.00-250.00] 230.87562 56.66758 77.26871 109.63509 124.86372 141.81105 170.88386 194.89920 222.57881 239.64515 Relative Abundance; m/z		
	二级 HCD 碰撞 高分辨质谱图 60％能量 MS^2 Spectrum of HCD＿60％	2,3,5,6-Tetrachlorophenol_HCD_60 #1-22 RT:0.01-0.96 AV:22 NL:5.76E5 T:FTMS - c ESI Full ms2 230.88@hcd60.00 [50.00-250.00] 230.87559 194.89912 188.44993 201.68527 56.66759 73.02987 109.63590 129.93620 156.72804 170.88386 222.57893 239.64494 Relative Abundance; m/z		
	二级 HCD 碰撞 高分辨质谱图 80％能量 MS^2 Spectrum of HCD＿80％	2,3,5,6-Tetrachlorophenol_HCD_80 #1-47 RT:0.00-0.98 AV:47 NL:2.50E5 T:FTMS - c ESI Full ms2 230.88@hcd82.00 [50.00-250.00] 194.89926 230.87590 187.48758 200.50286 68.06816 83.85576 99.58401 124.00101 149.89245 170.88402 216.79099 236.81251 Relative Abundance; m/z		
99	化合物英文名 Compound Name	2，3，4－Trichlorophenol		
	化合物中文名 Chinese Name	2，3，4－三氯苯酚		
	CAS 号 CAS Number	15950－66－0		
	分子式 Molecular Formula	$C_6H_3Cl_3O$		
	一级母离子 Precursor	母离子组成 Assignment	[M－H]⁻	$C_6H_2Cl_3O^-$
		理论精确质量数 Theoretical m/z	194.91767	

表 3-2（续）

序号	禁限用化合物 Orbitrap 高分辨质谱谱库				
99	一级质谱图 MS Spectrum	2,3,4-Trichlorophenol_FT #1-28 RT:0.01-0.97 AV:28 NL:3.89E5 T:FTMS - c ESI Full ms [170.00-210.00] 194.91788; 198.91170; 202.98734; 174.99257; 192.95887; 171.13916; 178.96328; 183.00485; 188.97193; 203.99073; 209.90371 Relative Abundance; m/z			
	CID 碰撞碎片 Fragments of CID	碎片组成 Assignment	$C_6HCl_2O^-$		
		理论精确质量数 Theoretical *m/z*	158.94099		
	二级 CID 碰撞 高分辨质谱图 35%归一化能量 MS² Spectrum of CID _ 35%	2,3,4-Trichlorophenol_CID_FT #1-22 RT:0.03-0.97 AV:22 NL:7.99E4 T:FTMS - c ESI Full ms2 194.92@cid35.00 [50.00-210.00] 158.94102; 96.96035; 150.93843; 162.89343; 194.91764; 61.39700; 71.71526; 109.63579; 135.91012; 176.89532 Relative Abundance; m/z			
	HCD 碰撞碎片 Fragments of HCD	碎片组成 Assignment	$C_6HCl_2O^-$		
		理论精确质量数 Theoretical *m/z*	158.94099		
	二级 HCD 碰撞 高分辨质谱图 20%能量 MS² Spectrum of HCD _ 20%	2,3,4-Trichlorophenol_HCD_20 #1-22 RT:0.03-0.98 AV:22 NL:3.86E5 T:FTMS - c ESI Full ms2 194.92@hcd20.00 [50.00-210.00] 194.91764; 190.29170; 66.20661; 83.26988; 96.96035; 126.30369; 137.30564; 158.94107; 179.61757; 200.55583 Relative Abundance; m/z			

表 3-2（续）

序号	禁限用化合物 Orbitrap 高分辨质谱谱库		
99	二级 HCD 碰撞高分辨质谱图 40%能量 MS² Spectrum of HCD_40%	2,3,4-Trichlorophenol_HCD_40 #1-22 RT:0.03-0.98 AV:22 NL:4.10E5 T:FTMS - c ESI Full ms2 194.92@hcd40.00 [50.00-210.00] 194.91763; 190.57371; 61.38651; 83.26990; 96.96035; 118.82427; 135.91507; 158.94106; 178.85882; 200.54942 Relative Abundance; m/z	
	二级 HCD 碰撞高分辨质谱图 60%能量 MS² Spectrum of HCD_60%	2,3,4-Trichlorophenol_HCD_60 #1-22 RT:0.03-0.98 AV:22 NL:3.20E5 T:FTMS - c ESI Full ms2 194.92@hcd60.00 [50.00-210.00] 194.91761; 158.94104; 188.28801; 152.91769; 72.70362; 83.26992; 96.96035; 122.96452; 135.91503; 176.89536; 200.54417 Relative Abundance; m/z	
	二级 HCD 碰撞高分辨质谱图 80%能量 MS² Spectrum of HCD_80%	2,3,4-Trichlorophenol_HCD_80 #1-47 RT:0.00-0.98 AV:47 NL:1.86E5 T:FTMS - c ESI Full ms2 194.92@hcd81.00 [50.00-210.00] 194.91788; 158.94115; 152.91784; 61.40201; 83.26985; 90.96011; 122.90454; 135.91517; 167.90482; 186.05419; 200.52997 Relative Abundance; m/z	
100	化合物英文名 Compound Name	2，3，5-Trichlorophenol	
	化合物中文名 Chinese Name	2，3，5-三氯苯酚	
	CAS 号 CAS Number	933-78-8	
	分子式 Molecular Formula	$C_6H_3Cl_3O$	
	一级母离子 Precursor	母离子组成 Assignment	$[M-H]^-$	$C_6H_2Cl_3O^-$
		理论精确质量数 Theoretical m/z	194.91767

表 3-2（续）

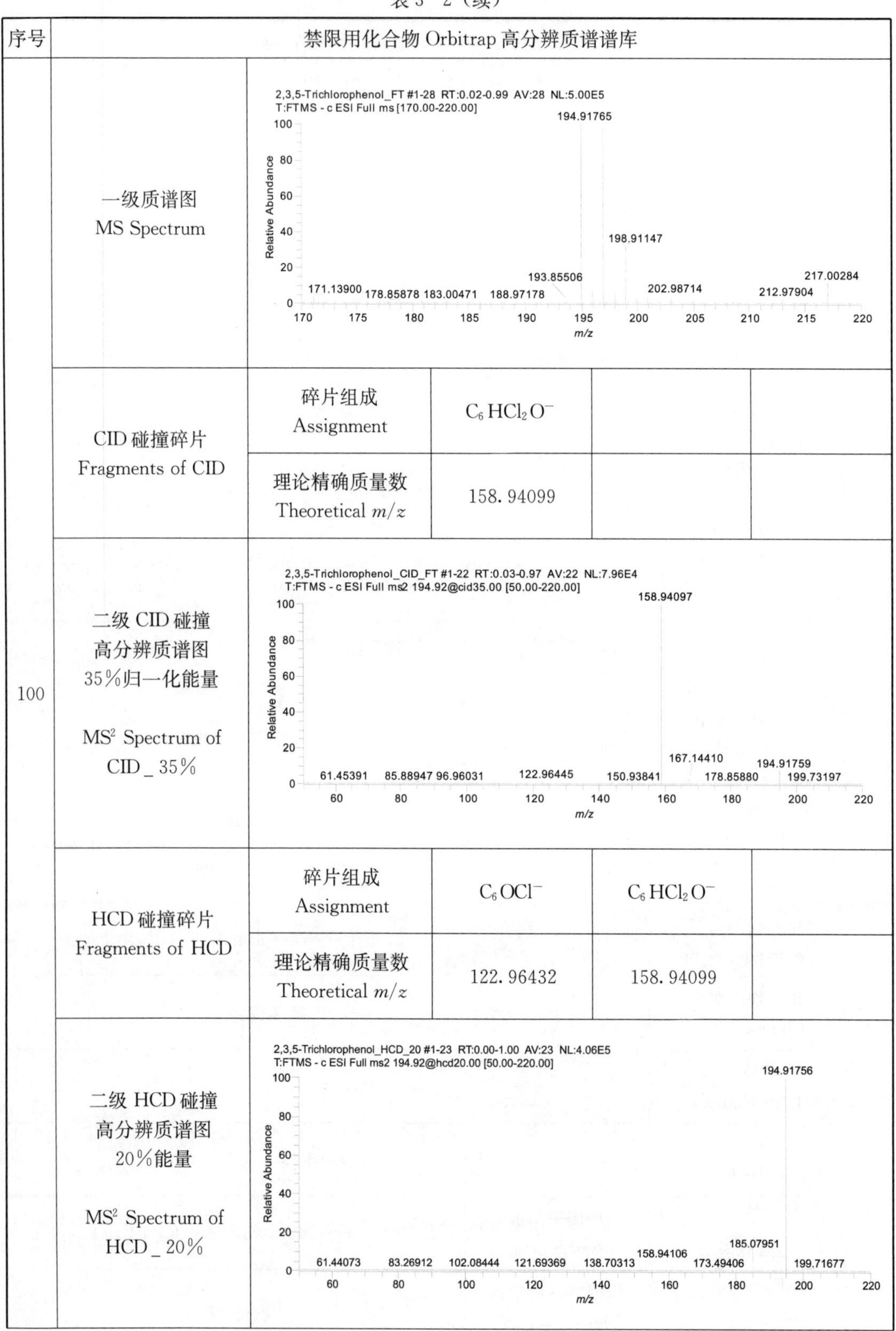

序号	禁限用化合物 Orbitrap 高分辨质谱谱库				
100	一级质谱图 MS Spectrum				
	CID 碰撞碎片 Fragments of CID	碎片组成 Assignment	$C_6HCl_2O^-$		
		理论精确质量数 Theoretical *m/z*	158.94099		
	二级 CID 碰撞 高分辨质谱图 35%归一化能量 MS² Spectrum of CID _ 35%				
	HCD 碰撞碎片 Fragments of HCD	碎片组成 Assignment	C_6OCl^-	$C_6HCl_2O^-$	
		理论精确质量数 Theoretical *m/z*	122.96432	158.94099	
	二级 HCD 碰撞 高分辨质谱图 20%能量 MS² Spectrum of HCD _ 20%				

表 3－2（续）

序号	禁限用化合物 Orbitrap 高分辨质谱谱库			
100	二级 HCD 碰撞 高分辨质谱图 40％能量 MS² Spectrum of HCD＿40％	2,3,5-Trichlorophenol_HCD_40 #1-22 RT:0.03-0.98 AV:22 NL:4.41E5 T:FTMS - c ESI Full ms2 194.92@hcd40.00 [50.00-220.00] 194.91757 190.25269 61.44699 83.26910 96.96035 122.96452 136.91051 158.94106 178.85891 199.69763 Relative Abundance (0–100) m/z (60–220)		
	二级 HCD 碰撞 高分辨质谱图 60％能量 MS² Spectrum of HCD＿60％	2,3,5-Trichlorophenol_HCD_60 #1-22 RT:0.03-0.98 AV:22 NL:4.28E5 T:FTMS - c ESI Full ms2 194.92@hcd60.00 [50.00-220.00] 194.91756 190.22161 158.94102 72.70299 83.26913 96.31792 122.96448 145.74020 178.85883 199.68648 Relative Abundance (0–100) m/z (60–220)		
	二级 HCD 碰撞 高分辨质谱图 97％能量 MS² Spectrum of HCD＿97％	2,3,5-Trichlorophenol_HCD_97 #1-47 RT:0.00-0.98 AV:47 NL:1.76E5 T:FTMS - c ESI Full ms2 194.92@hcd97.00 [50.00-220.00] 194.91782 158.94112 122.96456 152.91780 162.89359 206.04531 54.41733 83.26860 94.96972 112.69240 133.62782 178.85915 218.79032 Relative Abundance (0–100) m/z (60–220)		
101	化合物英文名 Compound Name	2，3，6－Trichlorophenol		
	化合物中文名 Chinese Name	2，3，6－三氯苯酚		
	CAS 号 CAS Number	933－75－5		
	分子式 Molecular Formula	$C_6H_3Cl_3O$		
	一级母离子 Precursor	母离子组成 Assignment	$[M-H]^-$	$C_6H_2Cl_3O^-$
		理论精确质量数 Theoretical m/z	194.91767	

表 3-2（续）

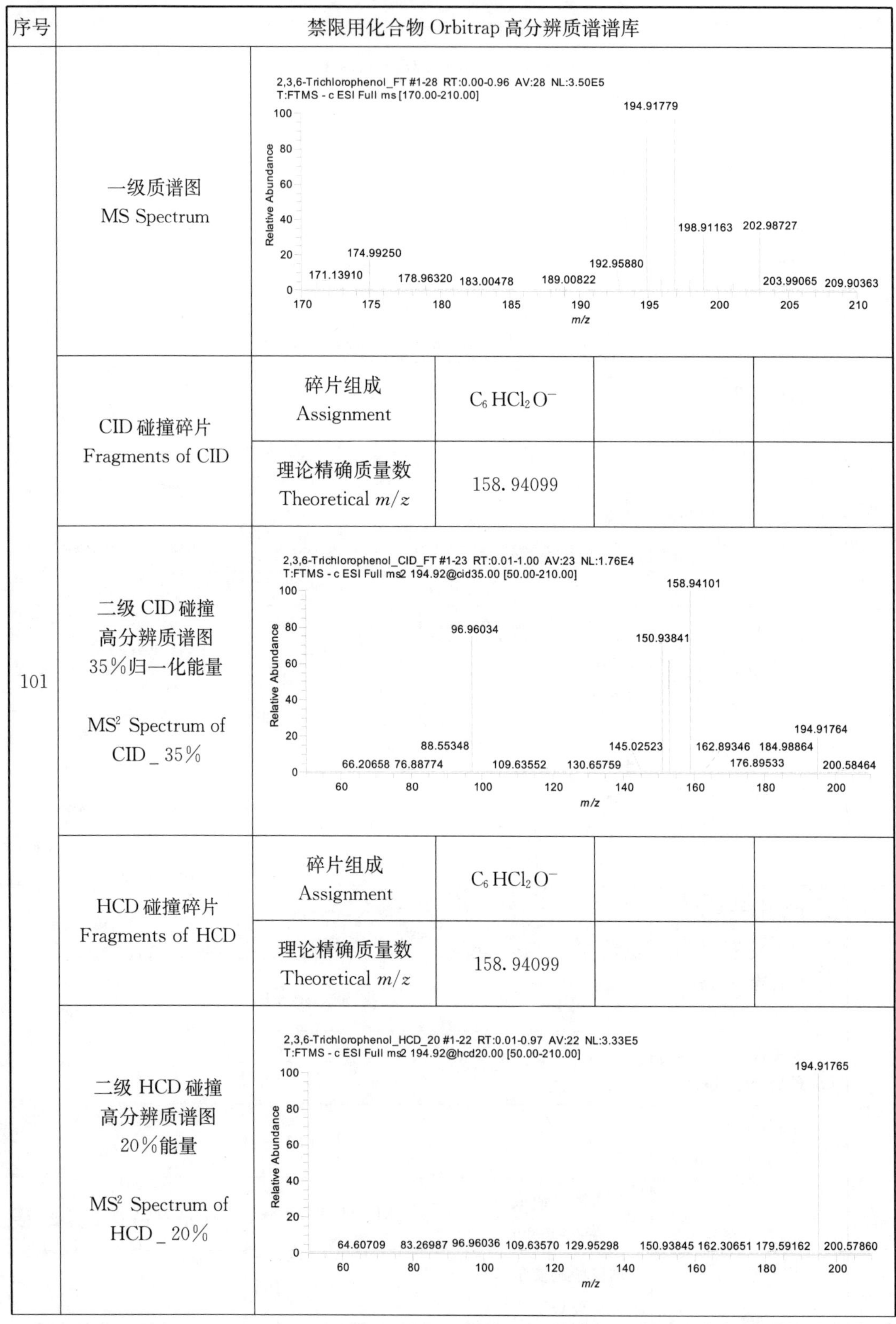

序号	禁限用化合物 Orbitrap 高分辨质谱谱库				
101	一级质谱图 MS Spectrum				
	CID 碰撞碎片 Fragments of CID	碎片组成 Assignment	$C_6HCl_2O^-$		
		理论精确质量数 Theoretical *m/z*	158.94099		
	二级 CID 碰撞 高分辨质谱图 35%归一化能量 MS^2 Spectrum of CID _ 35%				
	HCD 碰撞碎片 Fragments of HCD	碎片组成 Assignment	$C_6HCl_2O^-$		
		理论精确质量数 Theoretical *m/z*	158.94099		
	二级 HCD 碰撞 高分辨质谱图 20%能量 MS^2 Spectrum of HCD _ 20%				

表 3-2（续）

序号	禁限用化合物 Orbitrap 高分辨质谱谱库			
101	二级 HCD 碰撞 高分辨质谱图 40%能量 MS² Spectrum of HCD _ 40%	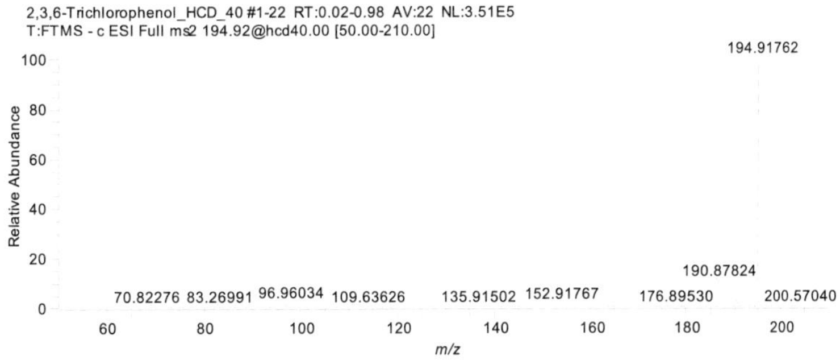 2,3,6-Trichlorophenol_HCD_40 #1-22 RT:0.02-0.98 AV:22 NL:3.51E5 T:FTMS - c ESI Full ms2 194.92@hcd40.00 [50.00-210.00] 194.91762 190.87824 70.82276 83.26991 96.96034 109.63626 135.91502 152.91767 176.89530 200.57040 Relative Abundance; m/z		
	二级 HCD 碰撞 高分辨质谱图 60%能量 MS² Spectrum of HCD _ 60%	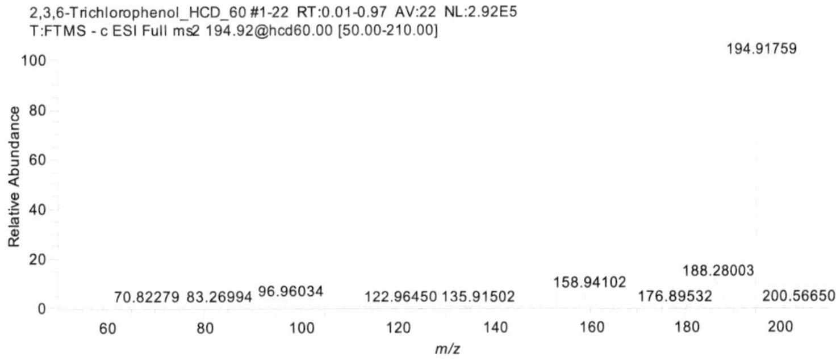 2,3,6-Trichlorophenol_HCD_60 #1-22 RT:0.01-0.97 AV:22 NL:2.92E5 T:FTMS - c ESI Full ms2 194.92@hcd60.00 [50.00-210.00] 194.91759 188.28003 158.94102 70.82279 83.26994 96.96034 122.96450 135.91502 176.89532 200.56650 Relative Abundance; m/z		
	二级 HCD 碰撞 高分辨质谱图 87%能量 MS² Spectrum of HCD _ 87%	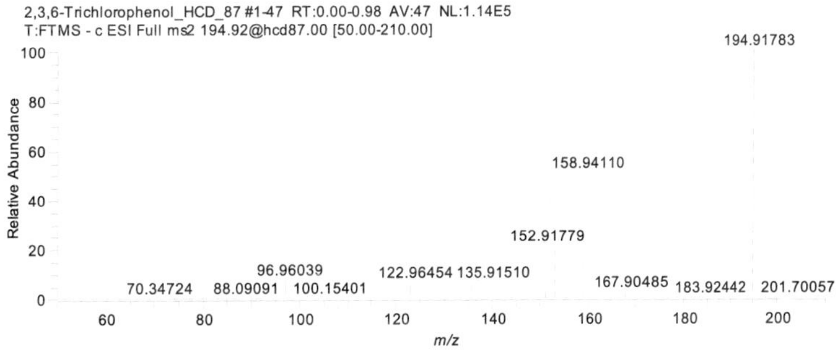 2,3,6-Trichlorophenol_HCD_87 #1-47 RT:0.00-0.98 AV:47 NL:1.14E5 T:FTMS - c ESI Full ms2 194.92@hcd87.00 [50.00-210.00] 194.91783 158.94110 152.91779 96.96039 122.96454 135.91510 70.34724 88.09091 100.15401 167.90485 183.92442 201.70057 Relative Abundance; m/z		
102	化合物英文名 Compound Name	2，4，6 - Trichlorophenol		
	化合物中文名 Chinese Name	2，4，6 -三氯苯酚		
	CAS 号 CAS Number	88 - 06 - 2		
	分子式 Molecular Formula	$C_6H_3Cl_3O$		
	一级母离子 Precursor	母离子组成 Assignment	$[M-H]^-$	$C_6H_2Cl_3O$
		理论精确质量数 Theoretical m/z	194.91767	

表 3-2（续）

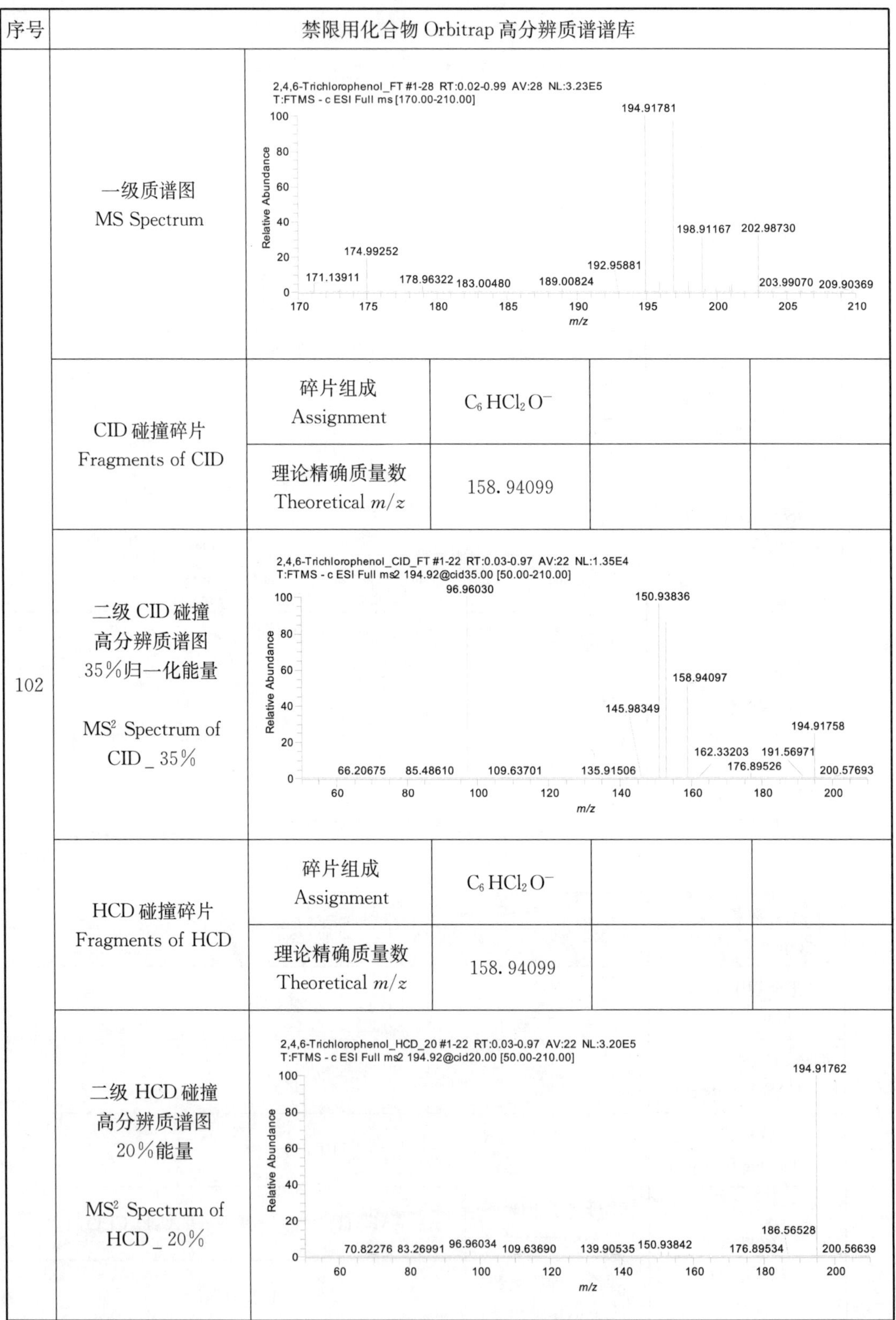

序号	禁限用化合物 Orbitrap 高分辨质谱谱库				
102	一级质谱图 MS Spectrum	2,4,6-Trichlorophenol_FT #1-28 RT:0.02-0.99 AV:28 NL:3.23E5 T:FTMS - c ESI Full ms [170.00-210.00] 194.91781; 198.91167; 202.98730; 174.99252; 192.95881; 171.13911; 178.96322; 183.00480; 189.00824; 203.99070; 209.90369			
	CID 碰撞碎片 Fragments of CID	碎片组成 Assignment	$C_6HCl_2O^-$		
		理论精确质量数 Theoretical *m/z*	158.94099		
	二级 CID 碰撞高分辨质谱图 35%归一化能量 MS² Spectrum of CID _ 35%	2,4,6-Trichlorophenol_CID_FT #1-22 RT:0.03-0.97 AV:22 NL:1.35E4 T:FTMS - c ESI Full ms2 194.92@cid35.00 [50.00-210.00] 96.96030; 150.93836; 158.94097; 145.98349; 194.91758; 162.33203; 191.56971; 176.89526; 66.20675; 85.48610; 109.63701; 135.91506; 200.57693			
	HCD 碰撞碎片 Fragments of HCD	碎片组成 Assignment	$C_6HCl_2O^-$		
		理论精确质量数 Theoretical *m/z*	158.94099		
	二级 HCD 碰撞高分辨质谱图 20%能量 MS² Spectrum of HCD _ 20%	2,4,6-Trichlorophenol_HCD_20 #1-22 RT:0.03-0.97 AV:22 NL:3.20E5 T:FTMS - c ESI Full ms2 194.92@cid20.00 [50.00-210.00] 194.91762; 186.56528; 70.82276; 83.26991; 96.96034; 109.63690; 139.90535; 150.93842; 176.89534; 200.56639			

表 3－2（续）

<table>
<tr><th>序号</th><th colspan="4">禁限用化合物 Orbitrap 高分辨质谱谱库</th></tr>
<tr><td rowspan="3">102</td><td>二级 HCD 碰撞
高分辨质谱图
40%能量

MS² Spectrum of
HCD _ 40%</td><td colspan="3">2,4,6-Trichlorophenol_HCD_40 #1-22 RT:0.01-0.97 AV:22 NL:3.16E5
T:FTMS - c ESI Full ms2 194.92@hcd40.00 [50.00-210.00]
194.91759
189.67088
66.20682 83.26994 96.96033 109.63774 135.91503 152.91765 176.89532 200.53599
Relative Abundance
m/z</td></tr>
<tr><td>二级 HCD 碰撞
高分辨质谱图
60%能量

MS² Spectrum of
HCD _ 60%</td><td colspan="3">2,4,6-Trichlorophenol_HCD_60 #1-22 RT:0.00-0.96 AV:22 NL:2.85E5
T:FTMS - c ESI Full ms2 194.92@hcd60.00 [50.00-210.00]
194.91760
190.83934
152.91766
70.82278 83.26994 96.96034 109.63760 135.91501 176.89530 200.53888
Relative Abundance
m/z</td></tr>
<tr><td>二级 HCD 碰撞
高分辨质谱图
80%能量

MS² Spectrum of
HCD _ 80%</td><td colspan="3">2,4,6-Trichlorophenol_HCD_80 #1-22 RT:0.03-0.98 AV:22 NL:1.60E5
T:FTMS - c ESI Full ms2 194.92@hcd80.00 [50.00-210.00]
194.91756
152.91763
187.05729
158.94100
55.68097 83.26098 96.96033 122.96447 135.91498 176.89527 200.54384
Relative Abundance
m/z</td></tr>
<tr><td rowspan="6">103</td><td>化合物英文名
Compound Name</td><td colspan="3">2，4，5－Trichlorophenol</td></tr>
<tr><td>化合物中文名
Chinese Name</td><td colspan="3">2，4，5－三氯苯酚</td></tr>
<tr><td>CAS 号
CAS Number</td><td colspan="3">95－95－4</td></tr>
<tr><td>分子式
Molecular Formula</td><td colspan="3">$C_6H_3Cl_3O$</td></tr>
<tr><td rowspan="2">一级母离子
Precursor</td><td>母离子组成
Assignment</td><td>$[M-H]^-$</td><td>$C_6H_2Cl_3O^-$</td></tr>
<tr><td>理论精确质量数
Theoretical m/z</td><td colspan="2">194.91767</td></tr>
</table>

表 3－2（续）

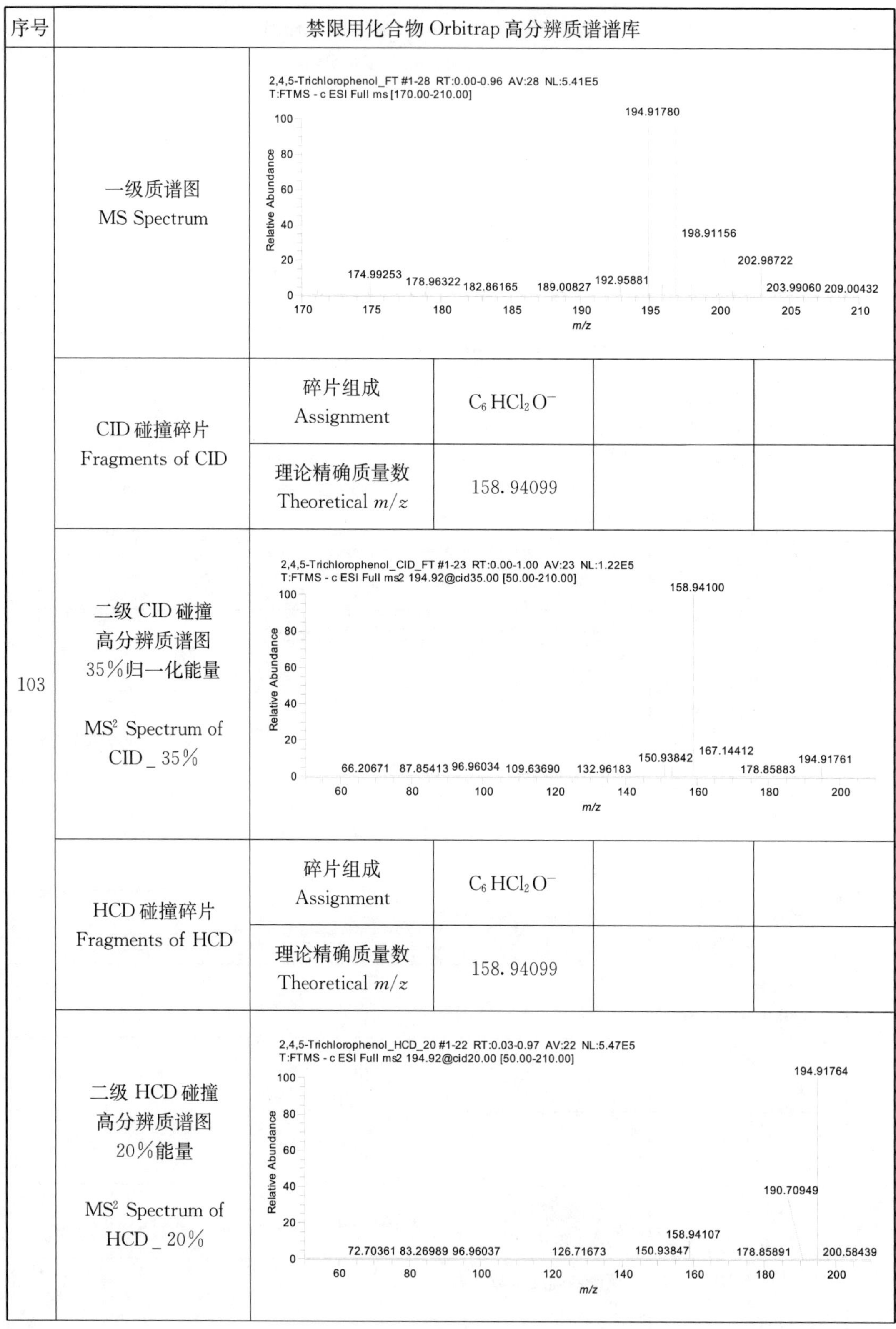

序号	禁限用化合物 Orbitrap 高分辨质谱谱库				
103	一级质谱图 MS Spectrum				
	CID 碰撞碎片 Fragments of CID	碎片组成 Assignment	$C_6HCl_2O^-$		
		理论精确质量数 Theoretical m/z	158.94099		
	二级 CID 碰撞高分辨质谱图 35%归一化能量 MS² Spectrum of CID _ 35%				
	HCD 碰撞碎片 Fragments of HCD	碎片组成 Assignment	$C_6HCl_2O^-$		
		理论精确质量数 Theoretical m/z	158.94099		
	二级 HCD 碰撞高分辨质谱图 20%能量 MS² Spectrum of HCD _ 20%				

表 3-2（续）

序号	禁限用化合物 Orbitrap 高分辨质谱谱库			
103	二级 HCD 碰撞高分辨质谱图 40%能量 MS² Spectrum of HCD _ 40%	2,4,5-Trichlorophenol_HCD_40 #1-22 RT:0.03-0.98 AV:22 NL:5.22E5 T:FTMS - c ESI Full ms2 194.92@hcd40.00 [50.00-210.00] 194.91759; 189.28140; 72.70365 83.26994 96.96036 109.63720 134.93468 158.94105 178.85888 200.56825 Relative Abundance; m/z		
	二级 HCD 碰撞高分辨质谱图 60%能量 MS² Spectrum of HCD _ 60%	2,4,5-Trichlorophenol_HCD_60 #1-22 RT:0.01-0.97 AV:22 NL:3.93E5 T:FTMS - c ESI Full ms2 194.92@hcd60.00 [50.00-210.00] 194.91758; 191.60460; 158.94103; 162.24574; 72.70366 83.26995 96.96036 122.96448 135.91503 152.91769 178.85887 200.56561 Relative Abundance; m/z		
	二级 HCD 碰撞高分辨质谱图 80%能量 MS² Spectrum of HCD _ 80%	2,4,5-Trichlorophenol_HCD_80 #1-22 RT:0.02-0.98 AV:22 NL:1.72E5 T:FTMS - c ESI Full ms2 194.92@hcd80.00 [50.00-210.00] 158.94100; 194.91758; 152.91768; 54.01277 67.68094 96.96034 122.90450 136.91501 167.90471 190.54162 200.56281 Relative Abundance; m/z		
104	化合物英文名 Compound Name	3，4，5-Trichlorophenol		
	化合物中文名 Chinese Name	3，4，5-三氯苯酚		
	CAS 号 CAS Number	609-19-8		
	分子式 Molecular Formula	$C_6H_3Cl_3O$		
	一级母离子 Precursor	母离子组成 Assignment	$[M-H]^-$	$C_6H_2Cl_3O^-$
		理论精确质量数 Theoretical m/z	194.91767	

表 3 - 2（续）

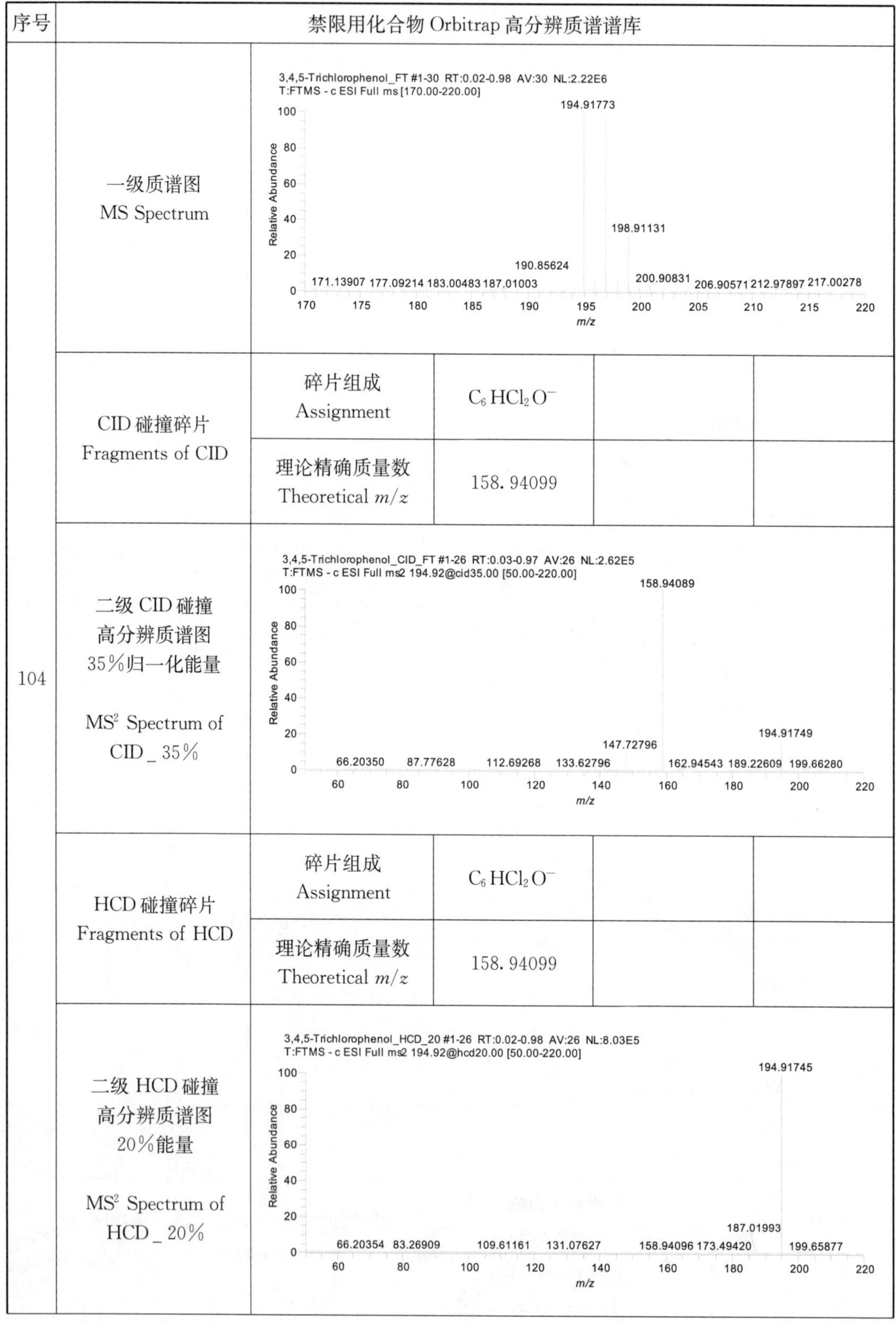

序号	禁限用化合物 Orbitrap 高分辨质谱谱库				
104	一级质谱图 MS Spectrum	（谱图）			
	CID 碰撞碎片 Fragments of CID	碎片组成 Assignment	$C_6HCl_2O^-$		
		理论精确质量数 Theoretical m/z	158.94099		
	二级 CID 碰撞高分辨质谱图 35%归一化能量 MS² Spectrum of CID _ 35%	（谱图）			
	HCD 碰撞碎片 Fragments of HCD	碎片组成 Assignment	$C_6HCl_2O^-$		
		理论精确质量数 Theoretical m/z	158.94099		
	二级 HCD 碰撞高分辨质谱图 20%能量 MS² Spectrum of HCD _ 20%	（谱图）			

表 3-2（续）

<table>
<tr><th>序号</th><th colspan="4">禁限用化合物 Orbitrap 高分辨质谱谱库</th></tr>
<tr><td rowspan="3">104</td><td>二级 HCD 碰撞
高分辨质谱图
40%能量

MS² Spectrum of
HCD _ 40%</td><td colspan="3">3,4,5-Trichlorophenol_HCD_40 #1-26 RT:0.03-1.00 AV:26 NL:6.73E5
T:FTMS - c ESI Full ms2 194.92@hcd40.00 [50.00-220.00]
194.91744
188.11030
66.20359 83.26910 109.61156 138.08911 158.94093 173.49468 199.65567
Relative Abundance: 0 20 40 60 80 100
m/z: 60 80 100 120 140 160 180 200 220</td></tr>
<tr><td>二级 HCD 碰撞
高分辨质谱图
60%能量

MS² Spectrum of
HCD _ 60%</td><td colspan="3">3,4,5-Trichlorophenol_HCD_60 #1-26 RT:0.02-0.98 AV:26 NL:7.44E5
T:FTMS - c ESI Full ms2 194.92@hcd60.00 [50.00-220.00]
194.91758
158.94103 188.55978
72.70283 83.26894 96.31769 119.19981 138.08913 173.49282 199.64254
Relative Abundance: 0 20 40 60 80 100
m/z: 60 80 100 120 140 160 180 200 220</td></tr>
<tr><td>二级 HCD 碰撞
高分辨质谱图
80%能量

MS² Spectrum of
HCD _ 80%</td><td colspan="3">3,4,5-Trichlorophenol_HCD_80 #1-26 RT:0.00-0.97 AV:26 NL:4.64E5
T:FTMS - c ESI Full ms2 194.92@hcd80.00 [50.00-220.00]
194.91756
158.94099
149.55828
54.41727 72.70284 96.31773 112.69250 132.90103 162.92810 181.21867 199.63666
Relative Abundance: 0 20 40 60 80 100
m/z: 60 80 100 120 140 160 180 200 220</td></tr>
<tr><td rowspan="6">105</td><td>化合物英文名
Compound Name</td><td colspan="3">o-Phenylphenol</td></tr>
<tr><td>化合物中文名
Chinese Name</td><td colspan="3">邻苯基苯酚</td></tr>
<tr><td>CAS 号
CAS Number</td><td colspan="3">90-43-7</td></tr>
<tr><td>分子式
Molecular Formula</td><td colspan="3">$C_{12}H_{10}O$</td></tr>
<tr><td rowspan="2">一级母离子
Precursor</td><td>母离子组成
Assignment</td><td>$[M-H]^-$</td><td>$C_{12}H_9O^-$</td></tr>
<tr><td>理论精确质量数
Theoretical m/z</td><td colspan="2">169.06589</td></tr>
</table>

表 3-2（续）

序号	禁限用化合物 Orbitrap 高分辨质谱谱库				
105	一级质谱图 MS Spectrum	OPP_FT #1-28 RT:0.02-0.99 AV:28 NL:1.80E5 T:FTMS - c ESI Full ms [150.00-190.00] 169.06589; 174.99246; 157.12346; 170.06922; 152.03542; 162.89348; 166.05102; 178.96316; 183.00474; 189.00814 Relative Abundance; m/z			
	CID 碰撞碎片 Fragments of CID	碎片组成 Assignment	$C_{11}H_9^-$		
		理论精确质量数 Theoretical *m/z*	141.07097		
	二级 CID 碰撞 高分辨质谱图 35%归一化能量 MS² Spectrum of CID _ 35%	OPP_CID_FT #1-23 RT:0.01-1.00 AV:23 NL:6.06E3 T:FTMS - c ESI Full ms2 169.06@cid35.00 [50.00-190.00] 169.06587; 61.42134; 84.09812; 93.03483; 109.63737; 125.09735; 141.07105; 162.42630; 174.16152; 185.14531 Relative Abundance; m/z			
	HCD 碰撞碎片 Fragments of HCD	碎片组成 Assignment	$C_6H_5O^-$	$C_9H_7^-$	$C_{11}H_9^-$
		理论精确质量数 Theoretical *m/z*	93.03459	115.05532	141.07097
	二级 HCD 碰撞 高分辨质谱图 20%能量 MS² Spectrum of HCD _ 20%	OPP_HCD_20 #1-22 RT:0.01-0.96 AV:22 NL:2.00E5 T:FTMS - c ESI Full ms2 169.06@hcd20.00 [50.00-190.00] 169.06586; 61.41524; 81.71235; 91.07620; 114.21657; 127.79179; 144.95698; 162.46852; 176.81794 Relative Abundance; m/z			

表 3-2（续）

<table>
<tr><th>序号</th><th colspan="4">禁限用化合物 Orbitrap 高分辨质谱谱库</th></tr>
<tr><td rowspan="3">105</td><td>二级 HCD 碰撞
高分辨质谱图
40%能量

MS2 Spectrum of
HCD _ 40%</td><td colspan="3">OPP_HCD_40 #1-22 RT:0.01-0.97 AV:22 NL:2.20E5
T:FTMS - c ESI Full ms2 169.06@hcd40.00 [50.00-190.00]
169.06586
175.06633
61.43794 81.23358 95.73828 109.63719 127.79179 141.31028 162.38500 183.19628
Relative Abundance; m/z</td></tr>
<tr><td>二级 HCD 碰撞
高分辨质谱图
60%能量

MS2 Spectrum of
HCD _ 60%</td><td colspan="3">OPP_HCD_60 #1-22 RT:0.02-0.98 AV:22 NL:2.30E5
T:FTMS - c ESI Full ms2 169.06@hcd60.00 [50.00-190.00]
169.06586
172.36856
61.40372 86.24422 109.63711 127.79179 146.72777 162.38836 181.89353
Relative Abundance; m/z</td></tr>
<tr><td>二级 HCD 碰撞
高分辨质谱图
150%能量

MS2 Spectrum of
HCD _ 150%</td><td colspan="3">OPP_HCD_150 #1-22 RT:0.02-0.97 AV:22 NL:4.20E4
T:FTMS - c ESI Full ms2 169.06@hcd150.00 [50.00-190.00]
169.06586
115.05551
141.07104
109.63468
93.03482
90.42455 121.71442 160.97811
65.04004 75.07762 101.03991 134.75706 151.05537 174.42955
Relative Abundance; m/z</td></tr>
<tr><td rowspan="6">106</td><td>化合物英文名
Compound Name</td><td colspan="3">Nonylphenol（technical）</td></tr>
<tr><td>化合物中文名
Chinese Name</td><td colspan="3">壬基苯酚</td></tr>
<tr><td>CAS 号
CAS Number</td><td colspan="3">25154-52-3</td></tr>
<tr><td>分子式
Molecular Formula</td><td colspan="3">$C_{15}H_{24}O$</td></tr>
<tr><td rowspan="2">一级母离子
Precursor</td><td>母离子组成
Assignment</td><td>[M−H]⁻</td><td>$C_{15}H_{23}O^-$</td></tr>
<tr><td>理论精确质量数
Theoretical m/z</td><td colspan="2">219.17544</td></tr>
</table>

表 3-2（续）

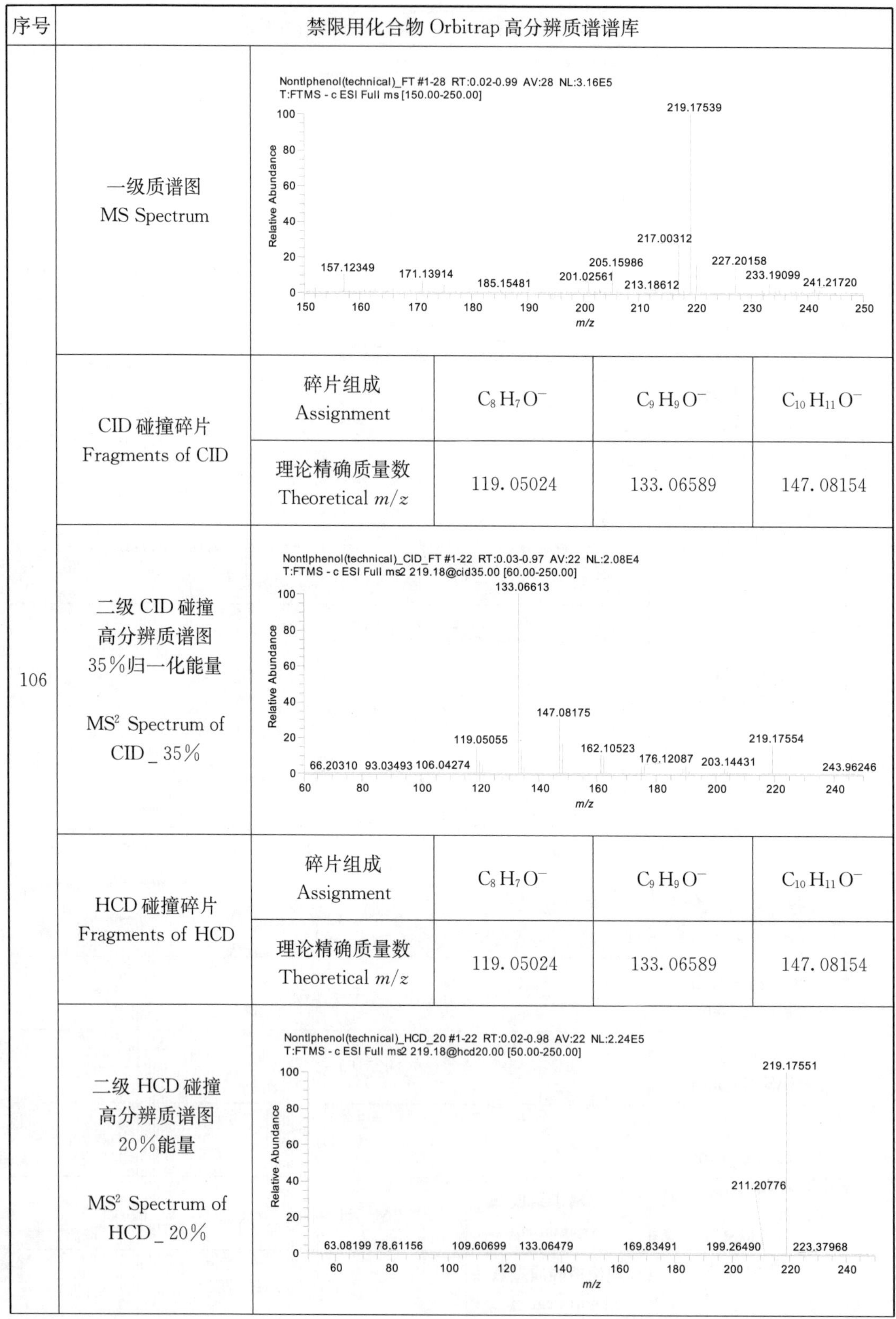

序号	禁限用化合物 Orbitrap 高分辨质谱谱库				
106	一级质谱图 MS Spectrum	（谱图）			
	CID 碰撞碎片 Fragments of CID	碎片组成 Assignment	$C_8H_7O^-$	$C_9H_9O^-$	$C_{10}H_{11}O^-$
		理论精确质量数 Theoretical *m*/*z*	119.05024	133.06589	147.08154
	二级 CID 碰撞 高分辨质谱图 35%归一化能量 MS[2] Spectrum of CID _ 35%	（谱图）			
	HCD 碰撞碎片 Fragments of HCD	碎片组成 Assignment	$C_8H_7O^-$	$C_9H_9O^-$	$C_{10}H_{11}O^-$
		理论精确质量数 Theoretical *m*/*z*	119.05024	133.06589	147.08154
	二级 HCD 碰撞 高分辨质谱图 20%能量 MS[2] Spectrum of HCD _ 20%	（谱图）			

表 3-2（续）

<table>
<tr><th>序号</th><th colspan="4">禁限用化合物 Orbitrap 高分辨质谱谱库</th></tr>
<tr><td rowspan="3">106</td><td>二级 HCD 碰撞
高分辨质谱图
40%能量

MS² Spectrum of
HCD _ 40%</td><td colspan="3">Nontlphenol(technical)_HCD_40 #1-22 RT:0.03-0.98 AV:22 NL:2.31E5
T:FTMS - c ESI Full ms2 219.18@hcd40.00 [50.00-250.00]
219.17546; 213.03235; 222.94329; 63.08201; 80.63702; 109.60739; 133.06481; 169.83476; 199.25361; 248.04660
Relative Abundance; m/z</td></tr>
<tr><td>二级 HCD 碰撞
高分辨质谱图
60%能量

MS² Spectrum of
HCD _ 60%</td><td colspan="3">Nontlphenol(technical)_HCD_60 #1-22 RT:0.03-0.98 AV:22 NL:2.46E5
T:FTMS - c ESI Full ms2 219.18@hcd60.00 [50.00-250.00]
219.17547; 211.39955; 63.08201; 95.52723; 109.60753; 133.06616; 169.83473; 199.24239; 224.56897
Relative Abundance; m/z</td></tr>
<tr><td>二级 HCD 碰撞
高分辨质谱图
150%能量

MS² Spectrum of
HCD _ 150%</td><td colspan="3">Nontlphenol(technical)_HCD_150 #1-22 RT:0.03-0.98 AV:22 NL:3.97E4
T:FTMS - c ESI Full ms2 219.18@hcd150.00 [50.00-250.00]
133.06612; 219.17550; 119.05053; 147.08175; 61.46614; 93.03492; 161.09730; 175.11303; 203.14429; 235.71642
Relative Abundance; m/z</td></tr>
<tr><td rowspan="6">107</td><td>化合物英文名
Compound Name</td><td colspan="3">Octylphenol</td></tr>
<tr><td>化合物中文名
Chinese Name</td><td colspan="3">辛基苯酚</td></tr>
<tr><td>CAS 号
CAS Number</td><td colspan="3">140-66-9</td></tr>
<tr><td>分子式
Molecular Formula</td><td colspan="3">$C_{14}H_{22}O$</td></tr>
<tr><td rowspan="2">一级母离子
Precursor</td><td>母离子组成
Assignment</td><td>$[M-H]^-$</td><td>$C_{14}H_{21}O^-$</td></tr>
<tr><td>理论精确质量数
Theoretical m/z</td><td colspan="2">205.15979</td></tr>
</table>

表 3-2（续）

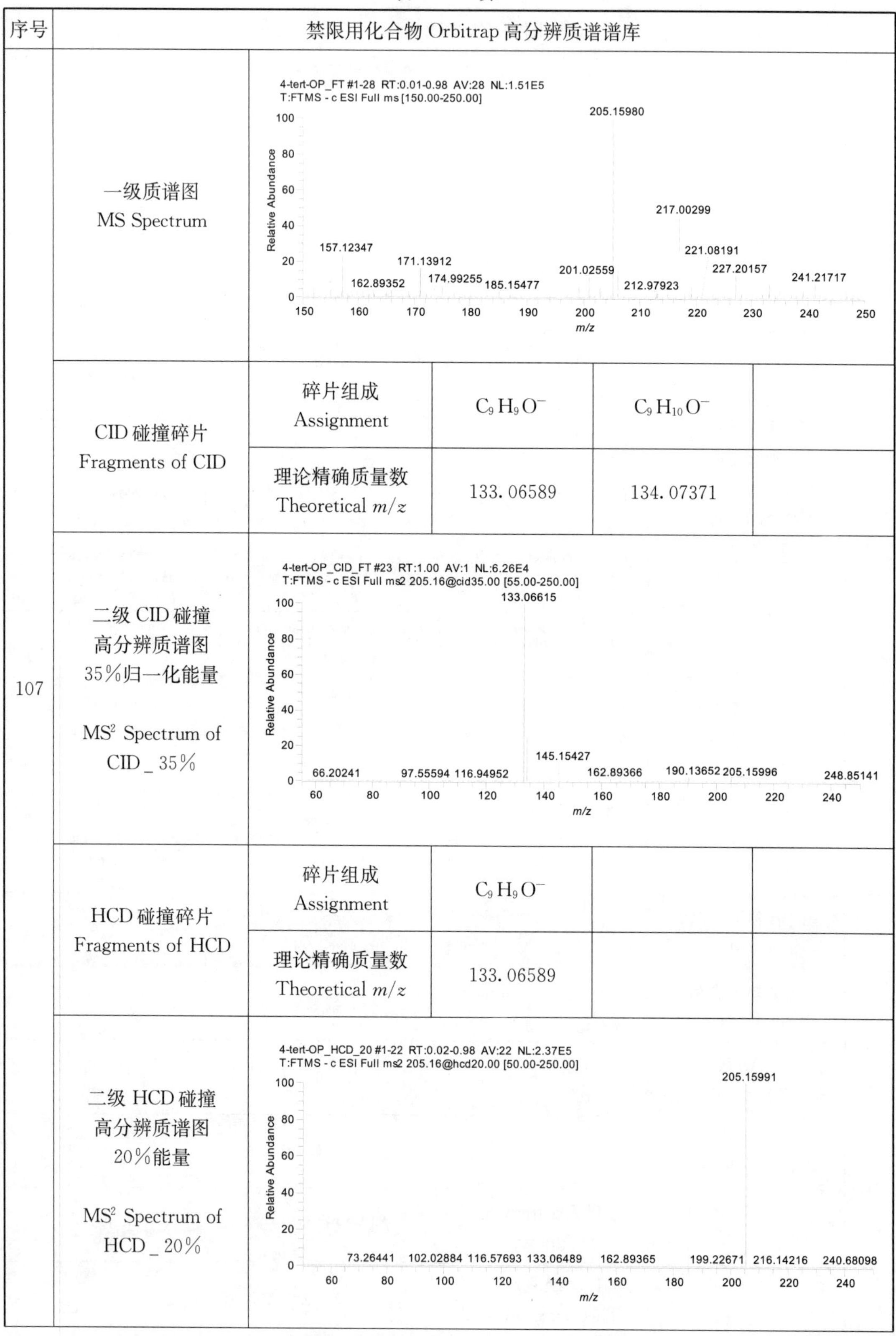

序号	禁限用化合物 Orbitrap 高分辨质谱谱库				
107	一级质谱图 MS Spectrum	(谱图)			
	CID 碰撞碎片 Fragments of CID	碎片组成 Assignment	$C_9H_9O^-$	$C_9H_{10}O^-$	
		理论精确质量数 Theoretical m/z	133.06589	134.07371	
	二级 CID 碰撞 高分辨质谱图 35%归一化能量 MS^2 Spectrum of CID _ 35%	(谱图)			
	HCD 碰撞碎片 Fragments of HCD	碎片组成 Assignment	$C_9H_9O^-$		
		理论精确质量数 Theoretical m/z	133.06589		
	二级 HCD 碰撞 高分辨质谱图 20%能量 MS^2 Spectrum of HCD _ 20%	(谱图)			

表 3-2（续）

序号	禁限用化合物 Orbitrap 高分辨质谱谱库		
107	二级 HCD 碰撞 高分辨质谱图 40%能量 MS^2 Spectrum of HCD _ 40%	4-tert-OP_HCD_40 #1-22 RT:0.02-0.98 AV:22 NL:2.59E5 T:FTMS - c ESI Full ms2 205.16@hcd40.00 [50.00-250.00] 205.15988; 215.36010; 73.26443; 87.59143; 116.57682; 133.06493; 162.89364; 199.22523; 232.61443 Relative Abundance; m/z	
	二级 HCD 碰撞 高分辨质谱图 60%能量 MS^2 Spectrum of HCD _ 60%	4-tert-OP_HCD_60 #1-22 RT:0.01-0.97 AV:22 NL:1.76E5 T:FTMS - c ESI Full ms2 205.16@hcd60.00 [50.00-250.00] 205.15988; 73.26444; 109.60209; 133.06615; 162.89366; 199.22429; 210.55786; 246.53515 Relative Abundance; m/z	
	二级 HCD 碰撞 高分辨质谱图 180%能量 MS^2 Spectrum of HCD _ 180%	4-tert-OP_HCD_180 #1-23 RT:0.00-0.98 AV:23 NL:2.74E4 T:FTMS - c ESI Full ms2 205.16@hcd180.00 [50.00-250.00] 133.06612; 147.08177; 61.41035; 93.03492; 117.03497; 162.89365; 189.12872; 205.15993; 248.34713 Relative Abundance; m/z	
108	化合物英文名 Compound Name	NP (EO)$_5$	
	化合物中文名 Chinese Name	壬基酚聚氧乙烯醚（n=5）	
	CAS 号 CAS Number	9016-45-9	
	分子式 Molecular Formula	$C_{25}H_{44}O_6$	
	一级母离子 Precursor	母离子组成 Assignment	$[M+NH_4]^+$	$C_{25}H_{48}O_6N^+$
		理论精确质量数 Theoretical m/z	458.34761

表 3-2（续）

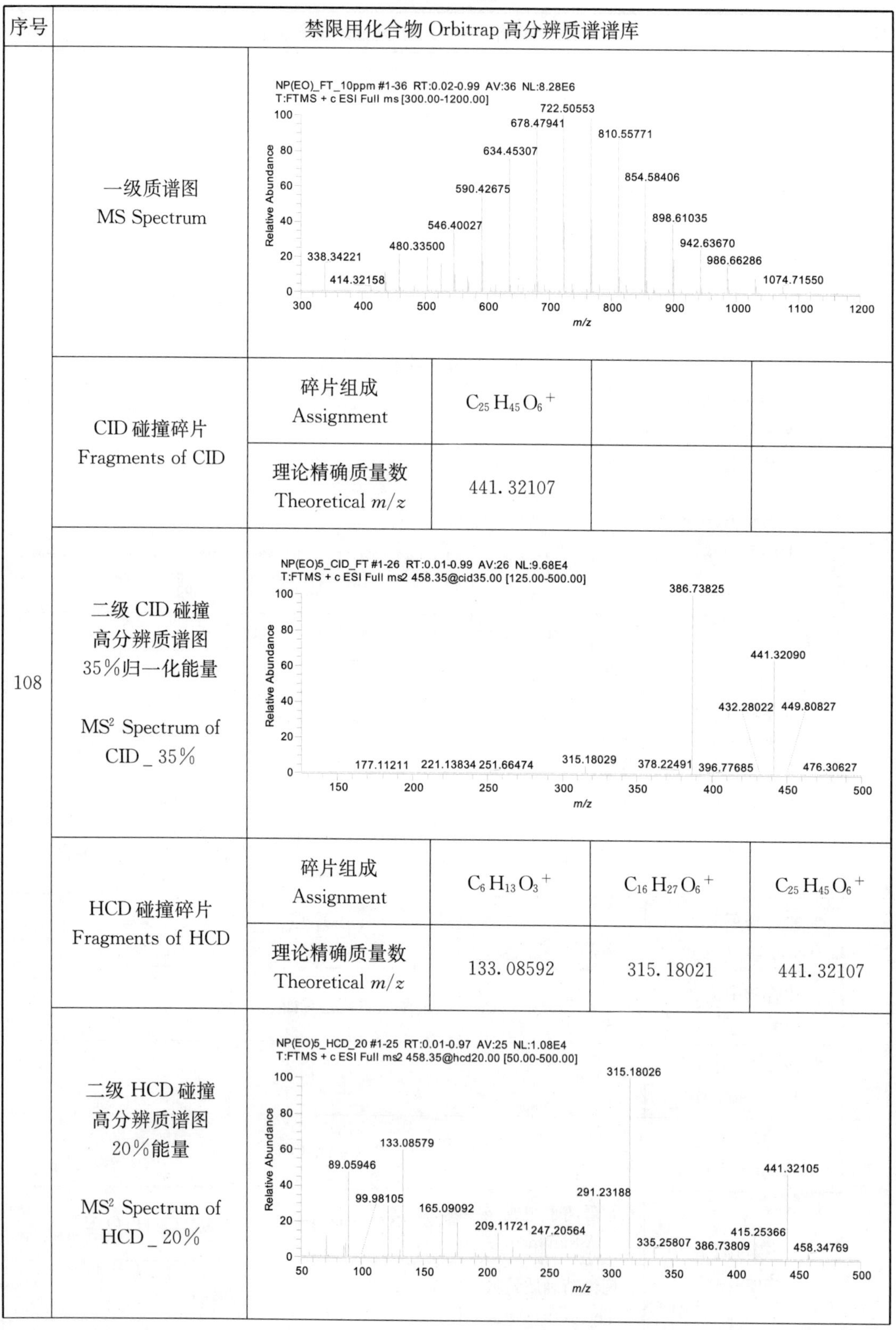

<table>
<tr><th>序号</th><th colspan="5">禁限用化合物 Orbitrap 高分辨质谱谱库</th></tr>
<tr><td rowspan="7">108</td><td>一级质谱图
MS Spectrum</td><td colspan="4">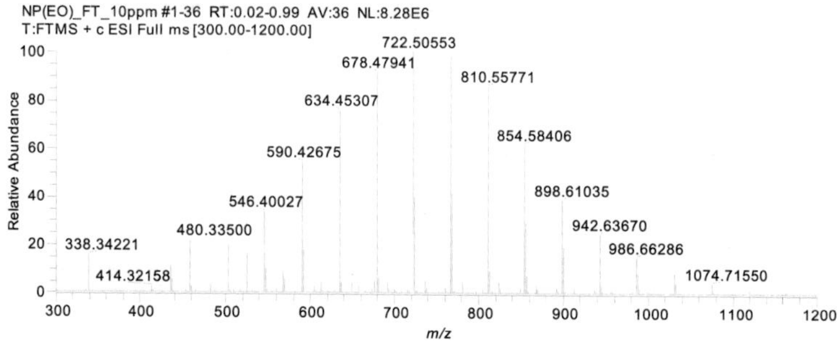
</td></tr>
<tr><td rowspan="2">CID 碰撞碎片
Fragments of CID</td><td>碎片组成
Assignment</td><td>$C_{25}H_{45}O_6^+$</td><td></td><td></td></tr>
<tr><td>理论精确质量数
Theoretical m/z</td><td>441.32107</td><td></td><td></td></tr>
<tr><td>二级 CID 碰撞
高分辨质谱图
35%归一化能量

MS² Spectrum of
CID _ 35%</td><td colspan="4">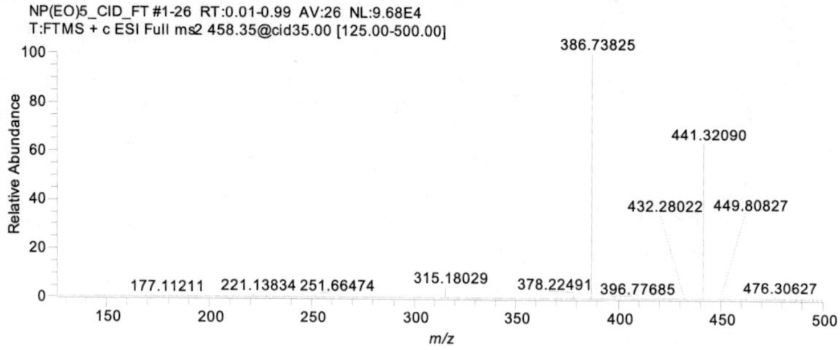
</td></tr>
<tr><td rowspan="2">HCD 碰撞碎片
Fragments of HCD</td><td>碎片组成
Assignment</td><td>$C_6H_{13}O_3^+$</td><td>$C_{16}H_{27}O_6^+$</td><td>$C_{25}H_{45}O_6^+$</td></tr>
<tr><td>理论精确质量数
Theoretical m/z</td><td>133.08592</td><td>315.18021</td><td>441.32107</td></tr>
<tr><td>二级 HCD 碰撞
高分辨质谱图
20%能量

MS² Spectrum of
HCD _ 20%</td><td colspan="4">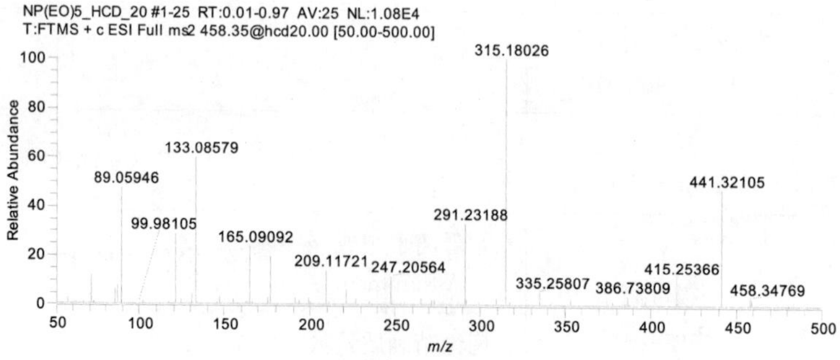
</td></tr>
</table>

表 3-2（续）

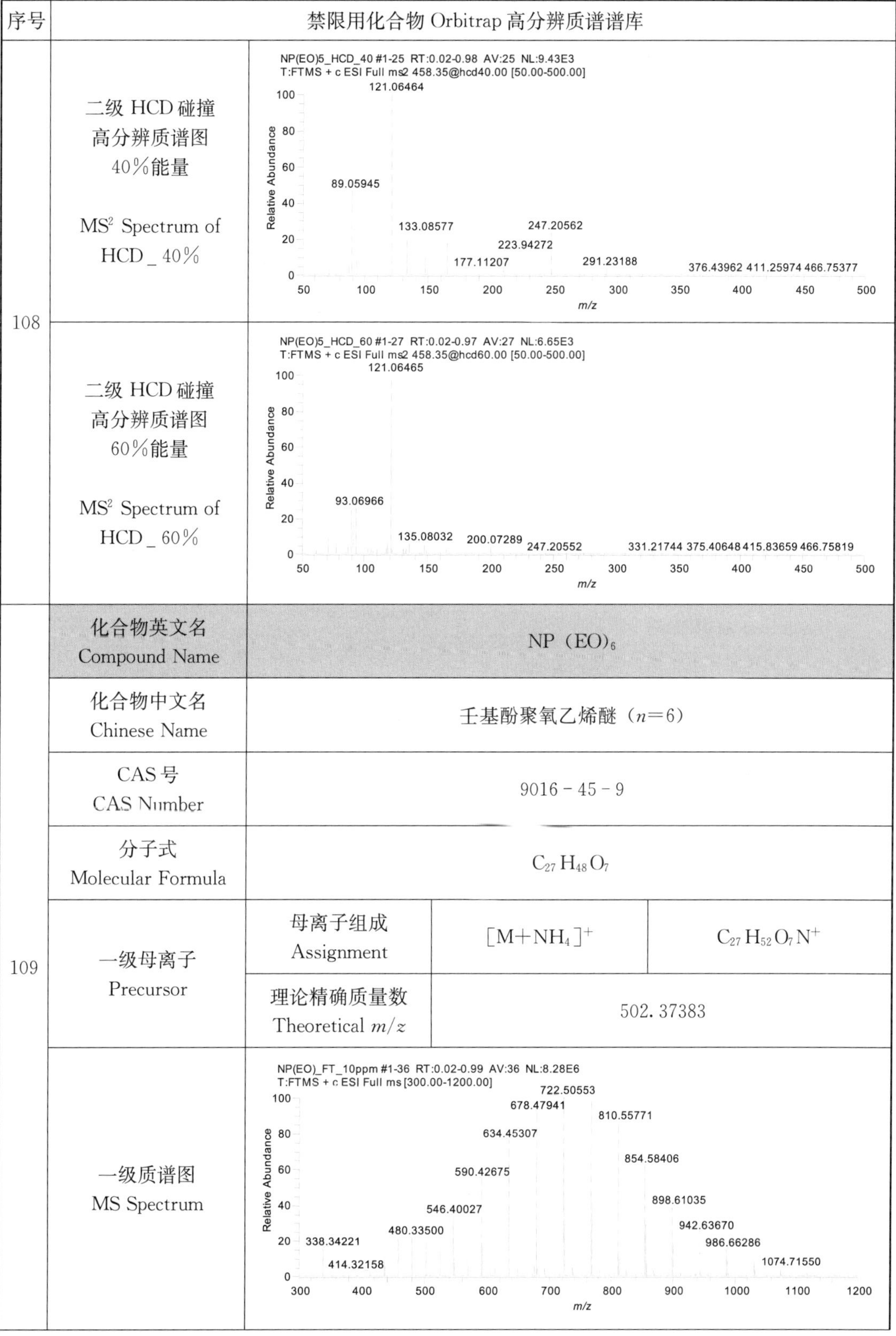

序号	禁限用化合物 Orbitrap 高分辨质谱谱库			
108	二级 HCD 碰撞 高分辨质谱图 40%能量 MS² Spectrum of HCD _ 40%	NP(EO)5_HCD_40 #1-25 RT:0.02-0.98 AV:25 NL:9.43E3 T:FTMS + c ESI Full ms2 458.35@hcd40.00 [50.00-500.00] 121.06464; 89.05945; 133.08577; 247.20562; 223.94272; 177.11207; 291.23188; 376.43962 411.25974 466.75377 Relative Abundance; m/z		
	二级 HCD 碰撞 高分辨质谱图 60%能量 MS² Spectrum of HCD _ 60%	NP(EO)5_HCD_60 #1-27 RT:0.02-0.97 AV:27 NL:6.65E3 T:FTMS + c ESI Full ms2 458.35@hcd60.00 [50.00-500.00] 121.06465; 93.06966; 135.08032; 200.07289; 247.20552; 331.21744 375.40648 415.83659 466.75819 Relative Abundance; m/z		
109	化合物英文名 Compound Name	NP（EO）$_6$		
	化合物中文名 Chinese Name	壬基酚聚氧乙烯醚（n=6）		
	CAS 号 CAS Number	9016-45-9		
	分子式 Molecular Formula	$C_{27}H_{48}O_7$		
	一级母离子 Precursor	母离子组成 Assignment	$[M+NH_4]^+$	$C_{27}H_{52}O_7N^+$
		理论精确质量数 Theoretical m/z	502.37383	
	一级质谱图 MS Spectrum	NP(EO)_FT_10ppm #1-36 RT:0.02-0.99 AV:36 NL:8.28E6 T:FTMS + c ESI Full ms [300.00-1200.00] 722.50553; 678.47941; 810.55771; 634.45307; 854.58406; 590.42675; 898.61035; 546.40027; 942.63670; 480.33500; 338.34221; 986.66286; 414.32158; 1074.71550 Relative Abundance; m/z		

表 3-2（续）

<table>
<tr><th>序号</th><th colspan="5">禁限用化合物 Orbitrap 高分辨质谱谱库</th></tr>
<tr><td rowspan="8">109</td><td rowspan="2">CID 碰撞碎片
Fragments of CID</td><td>碎片组成
Assignment</td><td>$C_{18}H_{31}O_7^+$</td><td>$C_{27}H_{49}O_7^+$</td><td></td></tr>
<tr><td>理论精确质量数
Theoretical m/z</td><td>359. 20643</td><td>485. 34728</td><td></td></tr>
<tr><td>二级 CID 碰撞
高分辨质谱图
35%归一化能量

MS² Spectrum of
CID _ 35%</td><td colspan="4"> 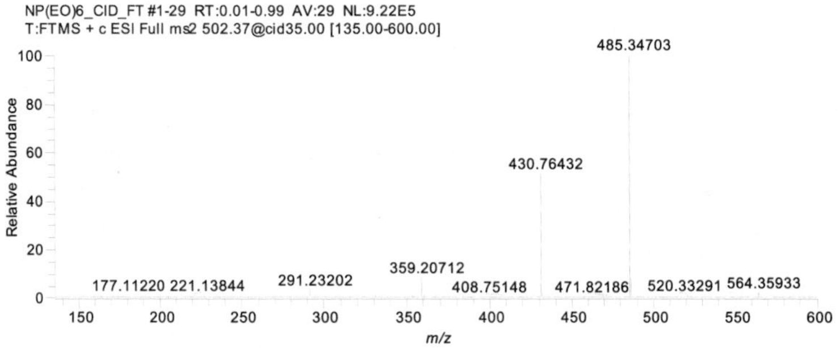NP(EO)6_CID_FT #1-29 RT:0.01-0.99 AV:29 NL:9.22E5
T:FTMS + c ESI Full ms2 502.37@cid35.00 [135.00-600.00]
485.34703; 430.76432; 359.20712; 177.11220; 221.13844; 291.23202; 408.75148; 471.82186; 520.33291; 564.35933
Relative Abundance; m/z</td></tr>
<tr><td rowspan="2">HCD 碰撞碎片
Fragments of HCD</td><td>碎片组成
Assignment</td><td>$C_6H_{13}O_3^+$</td><td>$C_{18}H_{31}O_7^+$</td><td>$C_{27}H_{49}O_7^+$</td></tr>
<tr><td>理论精确质量数
Theoretical m/z</td><td>133. 08592</td><td>359. 20643</td><td>485. 34728</td></tr>
<tr><td>二级 HCD 碰撞
高分辨质谱图
20%能量

MS² Spectrum of
HCD _ 20%</td><td colspan="4"> 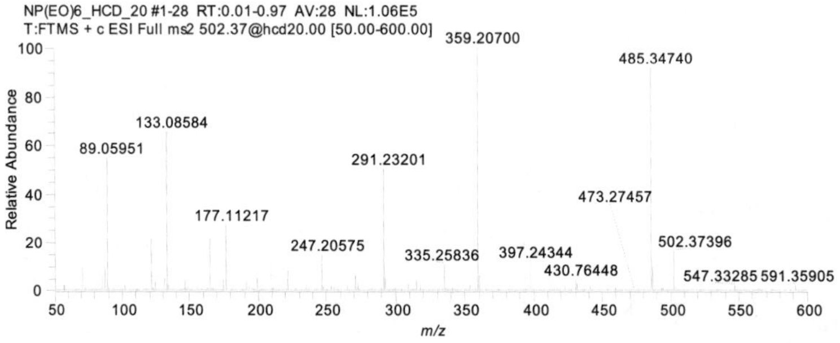NP(EO)6_HCD_20 #1-28 RT:0.01-0.97 AV:28 NL:1.06E5
T:FTMS + c ESI Full ms2 502.37@hcd20.00 [50.00-600.00]
359.20700; 485.34740; 133.08584; 89.05951; 291.23201; 473.27457; 177.11217; 247.20575; 335.25836; 397.24344; 430.76448; 502.37396; 547.33285; 591.35905
Relative Abundance; m/z</td></tr>
<tr><td>二级 HCD 碰撞
高分辨质谱图
40%能量

MS² Spectrum of
HCD _ 40%</td><td colspan="4"> 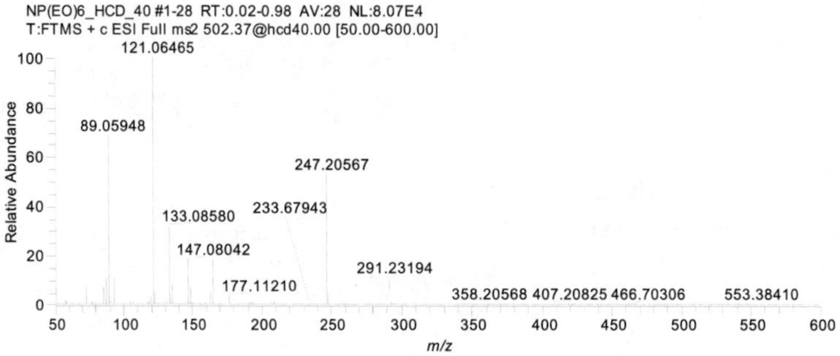NP(EO)6_HCD_40 #1-28 RT:0.02-0.98 AV:28 NL:8.07E4
T:FTMS + c ESI Full ms2 502.37@hcd40.00 [50.00-600.00]
121.06465; 89.05948; 247.20567; 133.08580; 233.67943; 147.08042; 291.23194; 177.11210; 358.20568; 407.20825; 466.70306; 553.38410
Relative Abundance; m/z</td></tr>
</table>

表 3-2（续）

序号	禁限用化合物 Orbitrap 高分辨质谱谱库				
109	二级 HCD 碰撞高分辨质谱图 60%能量 MS[2] Spectrum of HCD_60%	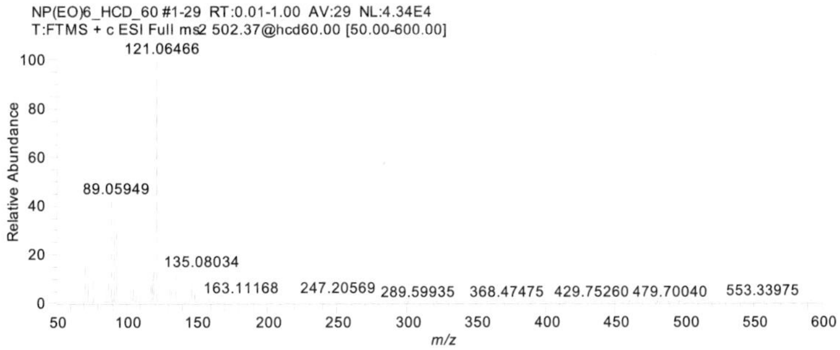 NP(EO)6_HCD_60 #1-29 RT:0.01-1.00 AV:29 NL:4.34E4 T:FTMS + c ESI Full ms2 502.37@hcd60.00 [50.00-600.00] 121.06466; 89.05949; 135.08034; 163.11168; 247.20569; 289.59935; 368.47475; 429.75260; 479.70040; 553.33975 Relative Abundance; m/z			
110	化合物英文名 Compound Name	NP（EO)$_7$			
	化合物中文名 Chinese Name	壬基酚聚氧乙烯醚（n=7）			
	CAS 号 CAS Number	9016-45-9			
	分子式 Molecular Formula	$C_{29}H_{52}O_8$			
	一级母离子 Precursor	母离子组成 Assignment	$[M+NH_4]^+$	$C_{29}H_{56}O_8N^+$	
		理论精确质量数 Theoretical m/z	546.40004		
	一级质谱图 MS Spectrum	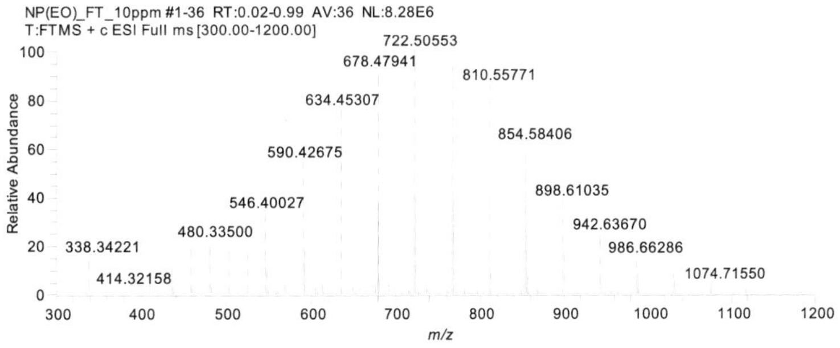 NP(EO)_FT_10ppm #1-36 RT:0.02-0.99 AV:36 NL:8.28E6 T:FTMS + c ESI Full ms [300.00-1200.00] 722.50553; 678.47941; 810.55771; 634.45307; 854.58406; 590.42675; 898.61035; 546.40027; 942.63670; 480.33500; 986.66286; 338.34221; 1074.71550; 414.32158 Relative Abundance; m/z			
	CID 碰撞碎片 Fragments of CID	碎片组成 Assignment	$C_{20}H_{35}O_8^+$	$C_{29}H_{53}O_8^+$	
		理论精确质量数 Theoretical m/z	403.23264	529.37349	

表 3-2（续）

序号	禁限用化合物 Orbitrap 高分辨质谱谱库				
110	二级 CID 碰撞 高分辨质谱图 35%归一化能量 MS² Spectrum of CID _ 35%	NP(EO)7_CID_FT #1-29 RT:0.02-0.99 AV:29 NL:1.58E6 T:FTMS + c ESI Full ms2 546.40@cid35.00 [150.00-600.00] 529.37352 177.11218 221.13852 291.23208 335.25870 403.23292 441.32126 474.79064 485.34736 564.35911 Relative Abundance; m/z			
	HCD 碰撞碎片 Fragments of HCD	碎片组成 Assignment	$C_{19}H_{31}O_2^+$	$C_{20}H_{35}O_8^+$	$C_{29}H_{53}O_8^+$
		理论精确质量数 Theoretical *m/z*	291.23186	403.23264	529.37349
	二级 HCD 碰撞 高分辨质谱图 20%能量 MS² Spectrum of HCD _ 20%	NP(EO)7_HCD_20 #1-29 RT:0.01-0.99 AV:29 NL:1.85E5 T:FTMS + c ESI Full ms2 546.40@hcd20.00 [50.00-600.00] 529.37354 89.05949 133.08580 177.11213 247.20569 291.23194 335.25835 359.20658 403.23278 441.32121 485.34739 546.40014 591.35887 Relative Abundance; m/z			
	二级 HCD 碰撞 高分辨质谱图 40%能量 MS² Spectrum of HCD _ 40%	NP(EO)7_HCD_40 #1-29 RT:0.02-1.00 AV:29 NL:8.19E4 T:FTMS + c ESI Full ms2 546.40@hcd40.00 [50.00-600.00] 121.06464 247.20564 133.08579 147.08043 165.09093 177.11207 235.16946 291.23191 355.43826 400.72529 499.78776 553.44048 Relative Abundance; m/z			
	二级 HCD 碰撞 高分辨质谱图 60%能量 MS² Spectrum of HCD _ 60%	NP(EO)7_HCD_60 #1-29 RT:0.01-0.99 AV:29 NL:4.46E4 T:FTMS + c ESI Full ms2 546.40@hcd60.00 [50.00-600.00] 121.06464 89.05947 135.08032 147.08033 163.11164 247.20564 320.28283 378.83334 430.80321 513.11080 553.40389 Relative Abundance; m/z			

表 3-2（续）

序号	禁限用化合物 Orbitrap 高分辨质谱谱库				
111	化合物英文名 Compound Name	NP（EO)$_8$			
	化合物中文名 Chinese Name	壬基酚聚氧乙烯醚（n=8）			
	CAS 号 CAS Number	9016-45-9			
	分子式 Molecular Formula	$C_{31}H_{56}O_9$			
	一级母离子 Precursor	母离子组成 Assignment	$[M+NH_4]^+$	$C_{31}H_{60}O_9N^+$	
		理论精确质量数 Theoretical m/z	590.42626		
	一级质谱图 MS Spectrum	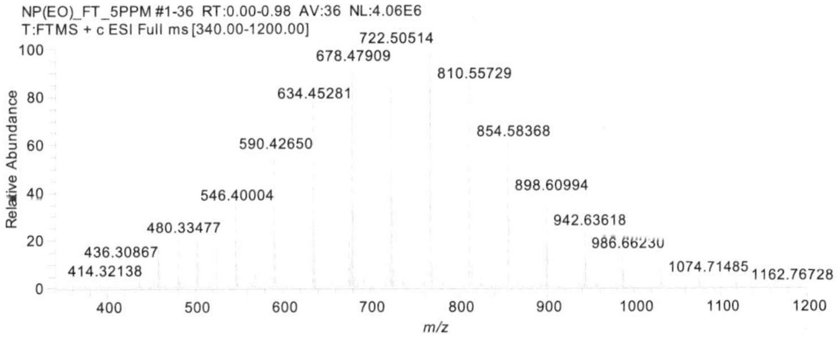 NP(EO)_FT_5PPM #1-36 RT:0.00-0.98 AV:36 NL:4.06E6 T:FTMS + c ESI Full ms [340.00-1200.00] Relative Abundance; m/z 722.50514, 678.47909, 810.55729, 634.45281, 854.58368, 590.42650, 898.60994, 546.40004, 942.63618, 480.33477, 986.66230, 436.30867, 414.32138, 1074.71485, 1162.76728			
	CID 碰撞碎片 Fragments of CID	碎片组成 Assignment	$C_{19}H_{31}O_2^+$	$C_{31}H_{57}O_9^+$	
		理论精确质量数 Theoretical m/z	291.23186	573.39971	
	二级 CID 碰撞高分辨质谱图 35%归一化能量 MS² Spectrum of CID _ 35%	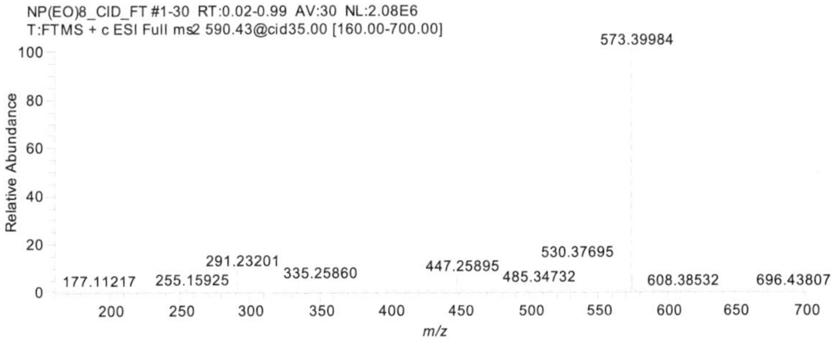 NP(EO)8_CID_FT #1-30 RT:0.02-0.99 AV:30 NL:2.08E6 T:FTMS + c ESI Full ms2 590.43@cid35.00 [160.00-700.00] Relative Abundance; m/z 573.39984, 530.37695, 291.23201, 447.25895, 335.25860, 485.34732, 177.11217, 255.15925, 608.38532, 696.43807			
	HCD 碰撞碎片 Fragments of HCD	碎片组成 Assignment	$C_6H_{13}O_3^+$	$C_{19}H_{31}O_2^+$	$C_{31}H_{57}O_9^+$
		理论精确质量数 Theoretical m/z	133.08592	291.23186	573.39971

表 3-2（续）

<table>
<tr><th>序号</th><th colspan="4">禁限用化合物 Orbitrap 高分辨质谱谱库</th></tr>
<tr><td rowspan="3">111</td><td>二级 HCD 碰撞
高分辨质谱图
20%能量

MS² Spectrum of
HCD _ 20%</td><td colspan="3"> 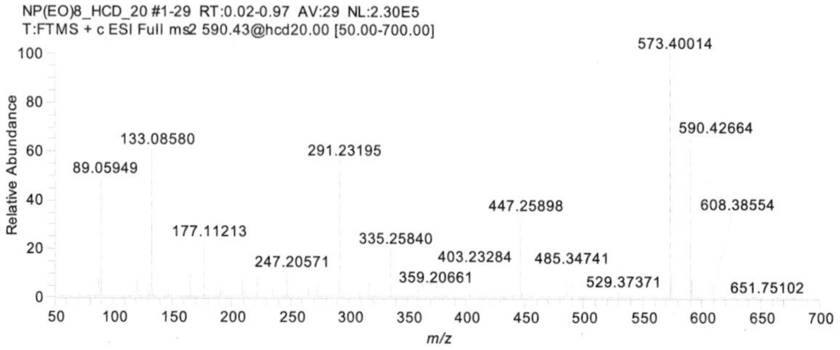NP(EO)8_HCD_20 #1-29 RT:0.02-0.97 AV:29 NL:2.30E5
T:FTMS + c ESI Full ms2 590.43@hcd20.00 [50.00-700.00]
573.40014 590.42664 133.08580 291.23195 89.05949 447.25898 608.38554 177.11213 335.25840 247.20571 403.23284 485.34741 359.20661 529.37371 651.75102
Relative Abundance; m/z</td></tr>
<tr><td>二级 HCD 碰撞
高分辨质谱图
40%能量

MS² Spectrum of
HCD _ 40%</td><td colspan="3"> 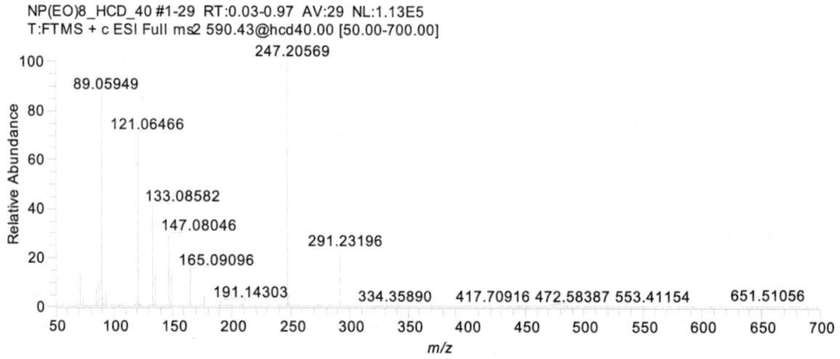NP(EO)8_HCD_40 #1-29 RT:0.03-0.97 AV:29 NL:1.13E5
T:FTMS + c ESI Full ms2 590.43@hcd40.00 [50.00-700.00]
247.20569 89.05949 121.06466 133.08582 147.08046 291.23196 165.09096 191.14303 334.35890 417.70916 472.58387 553.41154 651.51056
Relative Abundance; m/z</td></tr>
<tr><td>二级 HCD 碰撞
高分辨质谱图
60%能量

MS² Spectrum of
HCD _ 60%</td><td colspan="3"> 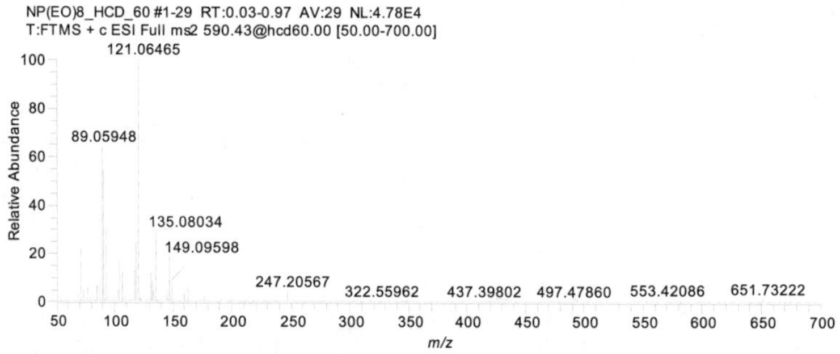NP(EO)8_HCD_60 #1-29 RT:0.03-0.97 AV:29 NL:4.78E4
T:FTMS + c ESI Full ms2 590.43@hcd60.00 [50.00-700.00]
121.06465 89.05948 135.08034 149.09598 247.20567 322.55962 437.39802 497.47860 553.42086 651.73222
Relative Abundance; m/z</td></tr>
<tr><td rowspan="6">112</td><td>化合物英文名
Compound Name</td><td colspan="3">NP（EO）$_9$</td></tr>
<tr><td>化合物中文名
Chinese Name</td><td colspan="3">壬基酚聚氧乙烯醚（n=9）</td></tr>
<tr><td>CAS 号
CAS Number</td><td colspan="3">9016-45-9</td></tr>
<tr><td>分子式
Molecular Formula</td><td colspan="3">$C_{33}H_{60}O_{10}$</td></tr>
<tr><td rowspan="2">一级母离子
Precursor</td><td>母离子组成
Assignment</td><td>$[M+NH_4]^+$</td><td>$C_{33}H_{64}O_{10}N^+$</td></tr>
<tr><td>理论精确质量数
Theoretical m/z</td><td colspan="2">634.45247</td></tr>
</table>

表 3-2（续）

序号	禁限用化合物 Orbitrap 高分辨质谱谱库				
112	一级质谱图 MS Spectrum	NP(EO)_FT_5PPM #1-36 RT:0.00-0.98 AV:36 NL:4.06E6 T:FTMS + c ESI Full ms [340.00-1200.00] 722.50514; 678.47909; 810.55729; 634.45281; 854.58368; 590.42650; 898.60994; 546.40004; 942.63618; 480.33477; 986.66230; 436.30867; 414.32138; 1074.71485; 1162.76728 Relative Abundance; m/z			
	CID 碰撞碎片 Fragments of CID	碎片组成 Assignment	$C_{33}H_{61}O_{10}^+$		
		理论精确质量数 Theoretical *m/z*	617.42592		
	二级 CID 碰撞 高分辨质谱图 35%归一化能量 MS^2 Spectrum of CID _ 35%	NP(EO)9_CID_FT #1-26 RT:0.02-0.97 AV:26 NL:1.08E6 T:FTMS + c ESI Full ms2 634.45@cid35.00 [170.00-700.00] 617.42600; 652.41146; 221.13846; 291.23202; 335.25860; 403.23274; 491.28495; 573.39990; 696.43777 Relative Abundance; m/z			
	HCD 碰撞碎片 Fragments of HCD	碎片组成 Assignment	$C_6H_{13}O_3^+$	$C_{19}H_{31}O_2^+$	$C_{33}H_{61}O_{10}^+$
		理论精确质量数 Theoretical *m/z*	133.08592	291.23186	617.42592
	二级 HCD 碰撞 高分辨质谱图 20%能量 MS^2 Spectrum of HCD _ 20%	NP(EO)9_HCD_20 #1-30 RT:0.02-0.97 AV:30 NL:2.17E5 T:FTMS + c ESI Full ms2 634.45@hcd20.00 [50.00-700.00] 617.42626; 133.08576; 291.23182; 89.05946; 177.11205; 335.25826; 191.10659; 491.28499; 247.20560; 353.21702; 447.25886; 529.37349; 403.23270; 573.39982; 651.94819 Relative Abundance; m/z			

表 3-2（续）

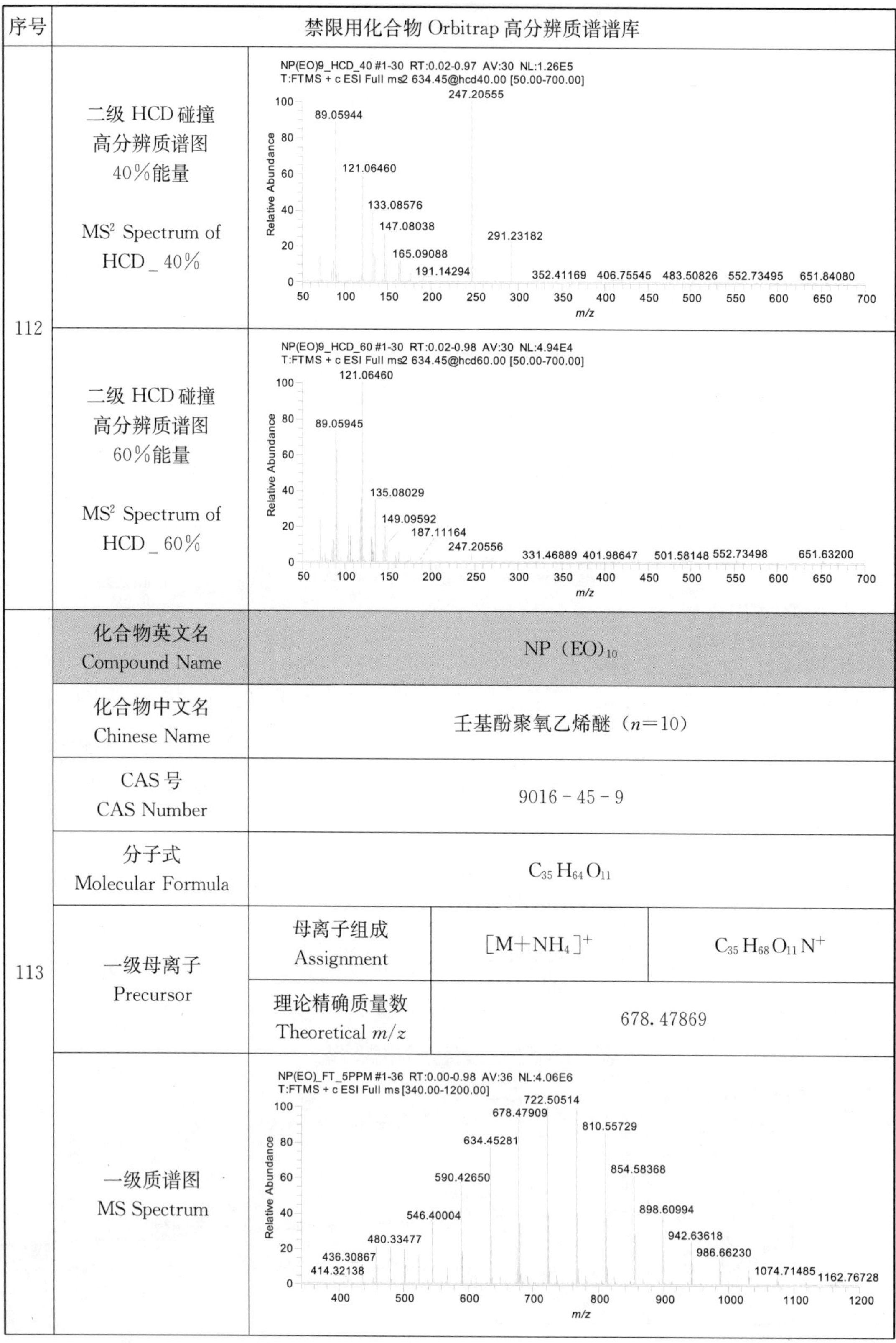

序号	禁限用化合物 Orbitrap 高分辨质谱谱库		
112	二级 HCD 碰撞高分辨质谱图 40%能量 MS² Spectrum of HCD_40%		
	二级 HCD 碰撞高分辨质谱图 60%能量 MS² Spectrum of HCD_60%		
113	化合物英文名 Compound Name	NP（EO)$_{10}$	
	化合物中文名 Chinese Name	壬基酚聚氧乙烯醚（n=10）	
	CAS 号 CAS Number	9016-45-9	
	分子式 Molecular Formula	$C_{35}H_{64}O_{11}$	
	一级母离子 Precursor	母离子组成 Assignment	$[M+NH_4]^+$	$C_{35}H_{68}O_{11}N^+$
		理论精确质量数 Theoretical m/z	678.47869
	一级质谱图 MS Spectrum		

表 3-2（续）

<table>
<tr><th>序号</th><th colspan="5">禁限用化合物 Orbitrap 高分辨质谱谱库</th></tr>
<tr><td rowspan="8">113</td><td rowspan="2">CID 碰撞碎片
Fragments of CID</td><td>碎片组成
Assignment</td><td>$C_{19}H_{31}O_2^+$</td><td>$C_{35}H_{67}O_{10}N^+$</td><td></td></tr>
<tr><td>理论精确质量数
Theoretical m/z</td><td>291.23186</td><td>661.47595</td><td></td></tr>
<tr><td>二级 CID 碰撞
高分辨质谱图
35%归一化能量

MS² Spectrum of
CID _ 35%</td><td colspan="4">NP(EO)10_CID_FT #1-28 RT:0.01-0.98 AV:28 NL:8.22E5
T:FTMS + c ESI Full ms2 678.48@cid35.00 [185.00-800.00]
661.45185; 291.23172; 247.20549; 335.25815; 435.33251; 535.31069; 617.42553; 696.43695; 740.46370
Relative Abundance; m/z</td></tr>
<tr><td rowspan="2">HCD 碰撞碎片
Fragments of HCD</td><td>碎片组成
Assignment</td><td>$C_6H_{13}O_3^+$</td><td>$C_{19}H_{31}O_2^+$</td><td>$C_{35}H_{67}O_{10}N^+$</td></tr>
<tr><td>理论精确质量数
Theoretical m/z</td><td>133.08592</td><td>291.23186</td><td>661.47595</td></tr>
<tr><td>二级 HCD 碰撞
高分辨质谱图
20%能量

MS² Spectrum of
HCD _ 20%</td><td colspan="4">NP(EO)10_HCD_20 #1-27 RT:0.01-0.96 AV:27 NL:9.03E4
T:FTMS + c ESI Full ms2 678.48@hcd20.00 [50.00-700.00]
678.47835; 133.08562; 89.05937; 291.23154; 661.45181; 177.11188; 191.10640; 335.25788; 247.20536; 535.31073; 353.21665; 447.25838; 617.42542
Relative Abundance; m/z</td></tr>
<tr><td>二级 HCD 碰撞
高分辨质谱图
40%能量

MS² Spectrum of
HCD _ 40%</td><td colspan="4">NP(EO)10_HCD_40 #1-27 RT:0.01-0.98 AV:27 NL:5.55E4
T:FTMS + c ESI Full ms2 678.48@hcd40.00 [50.00-700.00]
247.20536; 89.05938; 121.06451; 210.14870; 133.08565; 147.08029; 291.23157; 326.27990; 452.35903; 552.44790; 679.51122
Relative Abundance; m/z</td></tr>
</table>

表 3-2（续）

序号	禁限用化合物 Orbitrap 高分辨质谱谱库				
113	二级 HCD 碰撞高分辨质谱图 60%能量 MS² Spectrum of HCD _ 60%	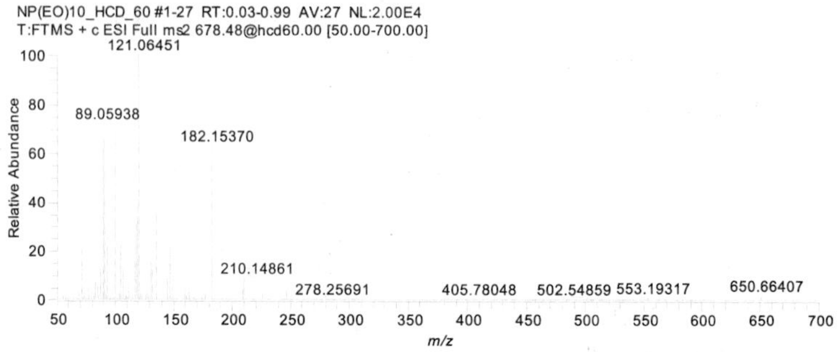 NP(EO)10_HCD_60 #1-27 RT:0.03-0.99 AV:27 NL:2.00E4 T:FTMS + c ESI Full ms2 678.48@hcd60.00 [50.00-700.00] 121.06451; 89.05938; 182.15370; 210.14861; 278.25691; 405.78048; 502.54859; 553.19317; 650.66407 Relative Abundance; m/z			
114	化合物英文名 Compound Name	NP（EO)$_{11}$			
	化合物中文名 Chinese Name	壬基酚聚氧乙烯醚（n=11）			
	CAS 号 CAS Number	9016-45-9			
	分子式 Molecular Formula	$C_{37}H_{68}O_{12}$			
	一级母离子 Precursor	母离子组成 Assignment	$[M+NH_4]^+$	$C_{37}H_{72}O_{12}N^+$	
		理论精确质量数 Theoretical m/z	722.50490		
	一级质谱图 MS Spectrum	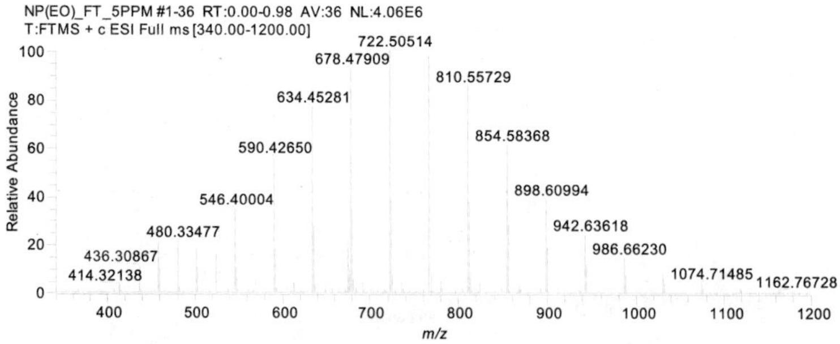 NP(EO)_FT_5PPM #1-36 RT:0.00-0.98 AV:36 NL:4.06E6 T:FTMS + c ESI Full ms [340.00-1200.00] 722.50514; 678.47909; 810.55729; 634.45281; 854.58368; 590.42650; 898.60994; 546.40004; 942.63618; 480.33477; 986.66230; 436.30867; 414.32138; 1074.71485; 1162.76728 Relative Abundance; m/z			
	CID 碰撞碎片 Fragments of CID	碎片组成 Assignment	$C_{19}H_{31}O_2^+$	$C_{37}H_{69}O_{12}^+$	
		理论精确质量数 Theoretical m/z	291.23186	705.47835	

表 3-2（续）

序号	禁限用化合物 Orbitrap 高分辨质谱谱库				
114	二级 CID 碰撞 高分辨质谱图 35%归一化能量 MS² Spectrum of CID _ 35%	NP(EO)11_CID_FT #1-30 RT:0.01-0.99 AV:30 NL:1.23E6 T:FTMS + c ESI Full ms2 722.50@cid35.00 [195.00-800.00] 705.47813; 247.20557; 291.23182; 335.25827; 397.24311; 485.34680; 579.33721; 661.45209; 740.46378; 784.49023 Relative Abundance; m/z			
	HCD 碰撞碎片 Fragments of HCD	碎片组成 Assignment	$C_4H_9O_2^+$	$C_6H_{13}O_3^+$	$C_{19}H_{31}O_2^+$
		理论精确质量数 Theoretical m/z	89.05971	133.08592	291.23186
	二级 HCD 碰撞 高分辨质谱图 20%能量 MS² Spectrum of HCD _ 20%	NP(EO)11_HCD_20 #1-29 RT:0.03-0.99 AV:29 NL:1.49E5 T:FTMS + c ESI Full ms2 722.50@hcd20.00 [50.00-800.00] 722.50477; 133.08566; 89.05939; 291.23162; 705.47820; 177.11103; 335.25799; 247.20542; 353.21678; 441.26914; 579.33712; 661.45198; 791.82773 Relative Abundance; m/z			
	二级 HCD 碰撞 高分辨质谱图 40%能量 MS² Spectrum of HCD _ 40%	NP(EO)11_HCD_40 #1-29 RT:0.03-0.99 AV:29 NL:8.02E4 T:FTMS + c ESI Full ms2 722.50@hcd40.00 [50.00-800.00] 247.20547; 89.05941; 121.06456; 147.08030; 291.23170; 163.11154; 335.34446; 391.76894; 552.73537; 651.19142; 791.79840 Relative Abundance; m/z			
	二级 HCD 碰撞 高分辨质谱图 60%能量 MS² Spectrum of HCD _ 60%	NP(EO)11_HCD_60 #1-29 RT:0.03-0.99 AV:29 NL:2.46E4 T:FTMS + c ESI Full ms2 722.50@hcd60.00 [50.00-800.00] 121.06455; 89.05940; 135.08022; 163.11153; 247.20545; 326.65386; 425.95084; 552.73524; 650.59324; 791.72359 Relative Abundance; m/z			

表 3-2（续）

序号	禁限用化合物 Orbitrap 高分辨质谱谱库				
115	化合物英文名 Compound Name	NP（EO)$_{12}$			
	化合物中文名 Chinese Name	壬基酚聚氧乙烯醚（n=12）			
	CAS 号 CAS Number	9016-45-9			
	分子式 Molecular Formula	$C_{39}H_{72}O_{13}$			
	一级母离子 Precursor	母离子组成 Assignment	$[M+NH_4]^+$	$C_{39}H_{76}O_{13}N^+$	
		理论精确质量数 Theoretical m/z	766.53112		
	一级质谱图 MS Spectrum	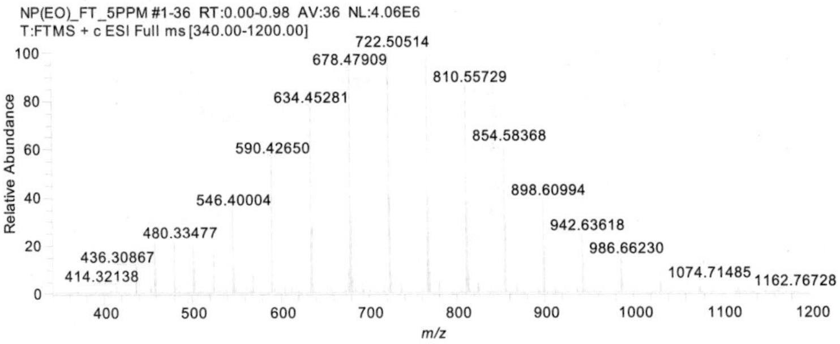 NP(EO)_FT_5PPM #1-36 RT:0.00-0.98 AV:36 NL:4.06E6 T:FTMS + c ESI Full ms [340.00-1200.00] 722.50514 678.47909 810.55729 634.45281 854.58368 590.42650 898.60994 546.40004 942.63618 480.33477 986.66230 436.30867 414.32138 1074.71485 1162.76728 Relative Abundance 0 20 40 60 80 100 400 500 600 700 800 900 1000 1100 1200 m/z			
	CID 碰撞碎片 Fragments of CID	碎片组成 Assignment	$C_{19}H_{31}O_2^+$	$C_{39}H_{73}O_{13}^+$	
		理论精确质量数 Theoretical m/z	291.23186	749.50457	
	二级 CID 碰撞 高分辨质谱图 35%归一化能量 MS^2 Spectrum of CID _ 35%	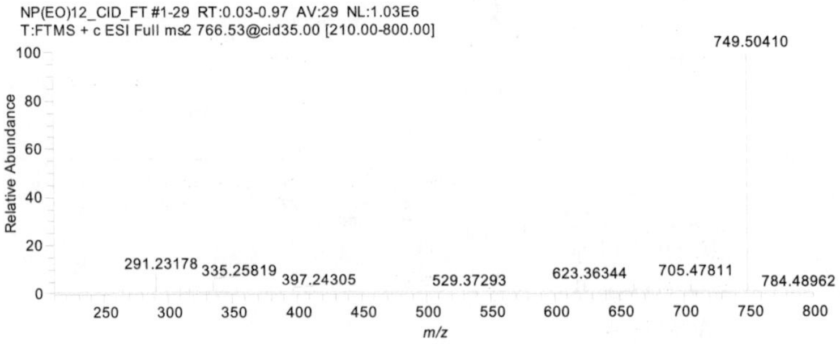 NP(EO)12_CID_FT #1-29 RT:0.03-0.97 AV:29 NL:1.03E6 T:FTMS + c ESI Full ms2 766.53@cid35.00 [210.00-800.00] 749.50410 291.23178 335.25819 397.24305 529.37293 623.36344 705.47811 784.48962 Relative Abundance 0 20 40 60 80 100 250 300 350 400 450 500 550 600 650 700 750 800 m/z			
	HCD 碰撞碎片 Fragments of HCD	碎片组成 Assignment	$C_4H_9O_2^+$	$C_6H_{13}O_3^+$	$C_{19}H_{31}O_2^+$
		理论精确质量数 Theoretical m/z	89.05971	133.08592	291.23186

表 3-2（续）

序号	禁限用化合物 Orbitrap 高分辨质谱谱库		
115	二级 HCD 碰撞高分辨质谱图 20%能量 MS² Spectrum of HCD _ 20%	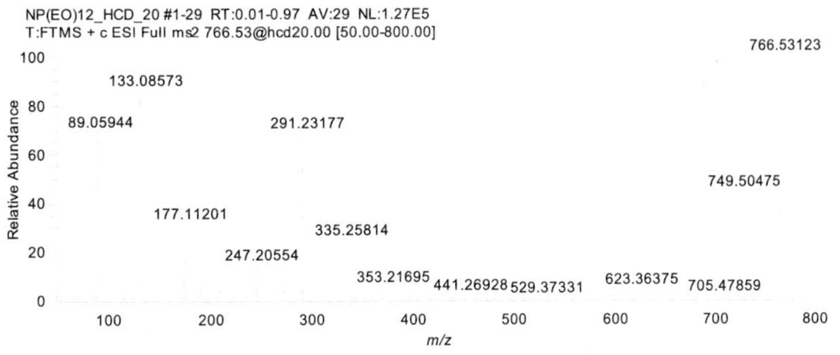 NP(EO)12_HCD_20 #1-29 RT:0.01-0.97 AV:29 NL:1.27E5 T:FTMS + c ESI Full ms2 766.53@hcd20.00 [50.00-800.00] 766.53123, 133.08573, 89.05944, 291.23177, 749.50475, 177.11201, 335.25814, 247.20554, 353.21695, 441.26928, 529.37331, 623.36375, 705.47859 Relative Abundance; m/z	
	二级 HCD 碰撞高分辨质谱图 40%能量 MS² Spectrum of HCD _ 40%	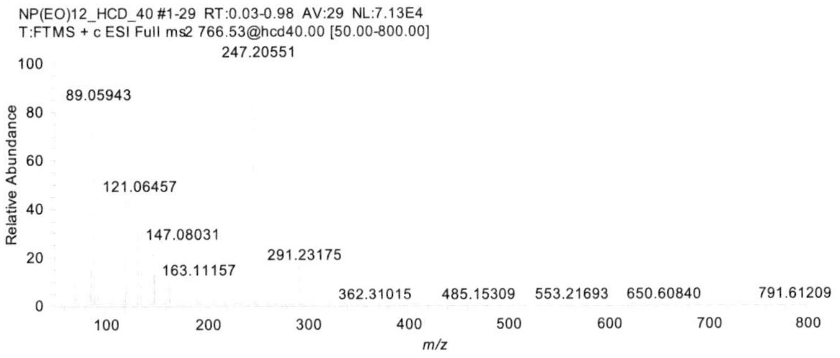 NP(EO)12_HCD_40 #1-29 RT:0.03-0.98 AV:29 NL:7.13E4 T:FTMS + c ESI Full ms2 766.53@hcd40.00 [50.00-800.00] 247.20551, 89.05943, 121.06457, 147.08031, 291.23175, 163.11157, 362.31015, 485.15309, 553.21693, 650.60840, 791.61209 Relative Abundance; m/z	
	二级 HCD 碰撞高分辨质谱图 60%能量 MS² Spectrum of HCD _ 60%	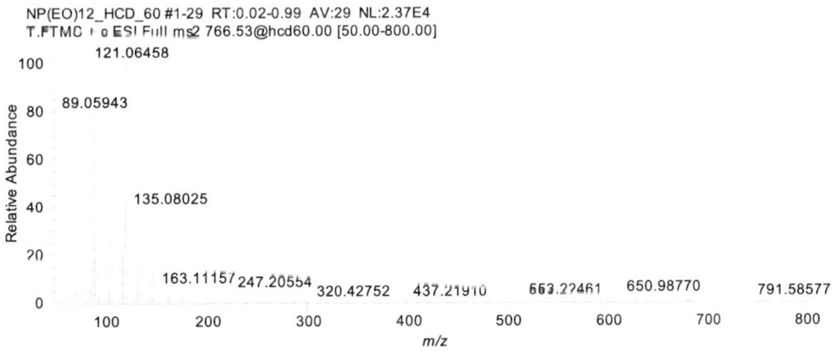 NP(EO)12_HCD_60 #1-29 RT:0.02-0.99 AV:29 NL:2.37E4 T:FTMS + c ESI Full ms2 766.53@hcd60.00 [50.00-800.00] 121.06458, 89.05943, 135.08025, 163.11157, 247.20554, 320.42752, 437.21910, 553.22461, 650.98770, 791.58577 Relative Abundance; m/z	
116	化合物英文名 Compound Name	NP (EO)$_{13}$	
	化合物中文名 Chinese Name	壬基酚聚氧乙烯醚（n=13）	
	CAS 号 CAS Number	9016-45-9	
	分子式 Molecular Formula	$C_{41}H_{76}O_{14}$	
	一级母离子 Precursor	母离子组成 Assignment	$[M+NH_4]^+$	$C_{41}H_{80}O_{14}N^+$
		理论精确质量数 Theoretical m/z	810.55733	

表 3-2（续）

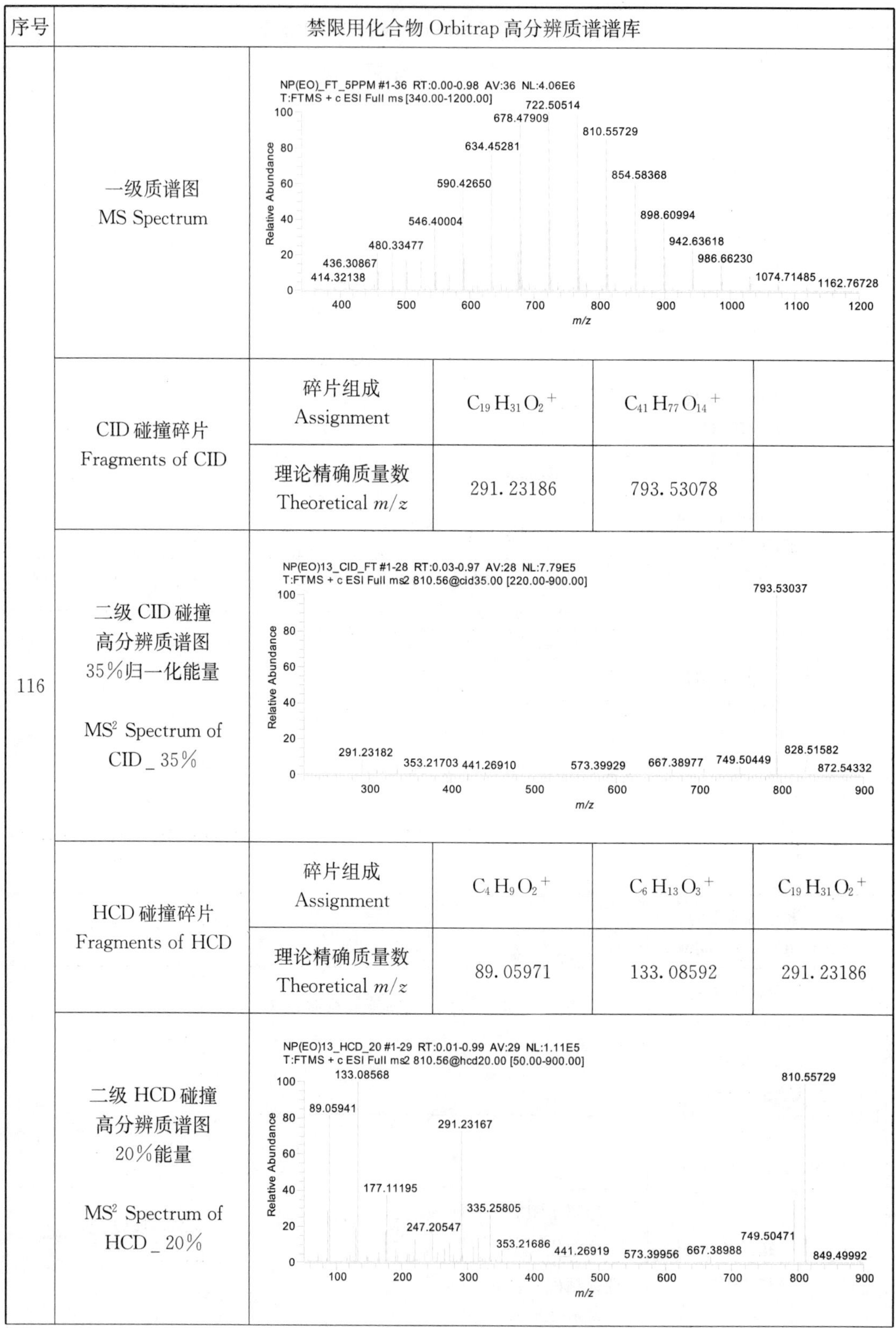

序号	禁限用化合物 Orbitrap 高分辨质谱谱库				
116	一级质谱图 MS Spectrum				
	CID 碰撞碎片 Fragments of CID	碎片组成 Assignment	$C_{19}H_{31}O_2^+$	$C_{41}H_{77}O_{14}^+$	
		理论精确质量数 Theoretical *m/z*	291.23186	793.53078	
	二级 CID 碰撞 高分辨质谱图 35%归一化能量 MS² Spectrum of CID _ 35%				
	HCD 碰撞碎片 Fragments of HCD	碎片组成 Assignment	$C_4H_9O_2^+$	$C_6H_{13}O_3^+$	$C_{19}H_{31}O_2^+$
		理论精确质量数 Theoretical *m/z*	89.05971	133.08592	291.23186
	二级 HCD 碰撞 高分辨质谱图 20%能量 MS² Spectrum of HCD _ 20%				

表 3-2（续）

序号	禁限用化合物 Orbitrap 高分辨质谱谱库			
116	二级 HCD 碰撞高分辨质谱图 40%能量 MS² Spectrum of HCD _ 40%	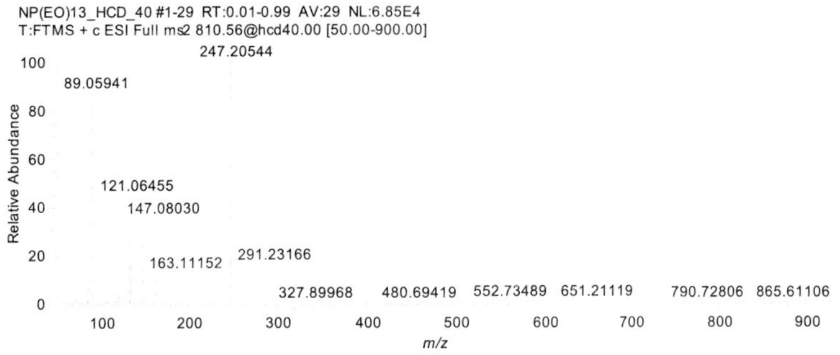 NP(EO)13_HCD_40 #1-29 RT:0.01-0.99 AV:29 NL:6.85E4 T:FTMS + c ESI Full ms2 810.56@hcd40.00 [50.00-900.00] 247.20544; 89.05941; 121.06455; 147.08030; 163.11152; 291.23166; 327.89968; 480.69419; 552.73489; 651.21119; 790.72806; 865.61106 Relative Abundance (0–100); m/z (100–900)		
	二级 HCD 碰撞高分辨质谱图 60%能量 MS² Spectrum of HCD _ 60%	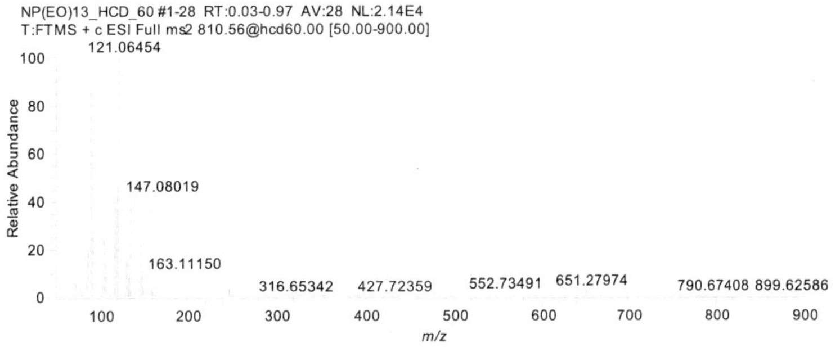 NP(EO)13_HCD_60 #1-28 RT:0.03-0.97 AV:28 NL:2.14E4 T:FTMS + c ESI Full ms2 810.56@hcd60.00 [50.00-900.00] 121.06454; 147.08019; 163.11150; 316.65342; 427.72359; 552.73491; 651.27974; 790.67408; 899.62586 Relative Abundance (0–100); m/z (100–900)		
117	化合物英文名 Compound Name	NP (EO)$_{14}$		
	化合物中文名 Chinese Name	壬基酚聚氧乙烯醚（n=14）		
	CAS 号 CAS Number	9016-45-9		
	分子式 Molecular Formula	$C_{43}H_{80}O_{15}$		
	一级母离子 Precursor	母离子组成 Assignment	$[M+NH_4]^+$	$C_{43}H_{84}O_{15}N^+$
		理论精确质量数 Theoretical m/z	854.58355	
	一级质谱图 MS Spectrum	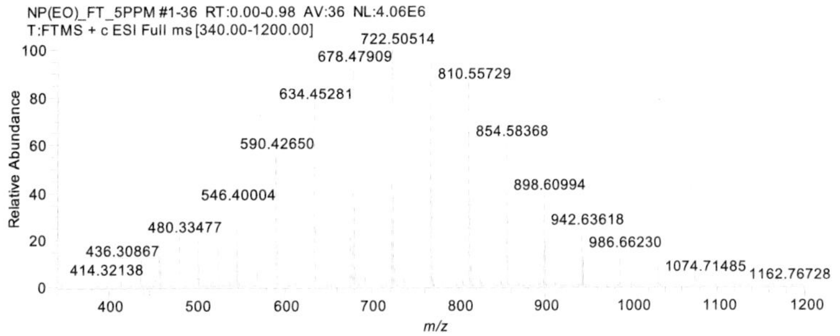 NP(EO)_FT_5PPM #1-36 RT:0.00-0.98 AV:36 NL:4.06E6 T:FTMS + c ESI Full ms [340.00-1200.00] 722.50514; 678.47909; 810.55729; 634.45281; 854.58368; 590.42650; 898.60994; 546.40004; 942.63618; 480.33477; 986.66230; 436.30867; 414.32138; 1074.71485; 1162.76728 Relative Abundance (0–100); m/z (400–1200)		

表 3-2（续）

<table>
<tr><th>序号</th><th colspan="5">禁限用化合物 Orbitrap 高分辨质谱谱库</th></tr>
<tr><td rowspan="8">117</td><td rowspan="2">CID 碰撞碎片
Fragments of CID</td><td>碎片组成
Assignment</td><td>$C_{43}H_{81}O_{15}^+$</td><td></td><td></td></tr>
<tr><td>理论精确质量数
Theoretical m/z</td><td>837.55700</td><td></td><td></td></tr>
<tr><td>二级 CID 碰撞
高分辨质谱图
35%归一化能量

MS² Spectrum of
CID _ 35%</td><td colspan="4">NP(EO)14_CID_FT #1-24 RT:0.01-0.99 AV:24 NL:1.24E5
T:FTMS + c ESI Full ms2 854.58@cid35.00 [235.00-900.00]
837.55647, 291.23177, 353.21686, 441.26901, 529.32121, 618.42870, 749.50417, 794.53379, 862.25860</td></tr>
<tr><td rowspan="2">HCD 碰撞碎片
Fragments of HCD</td><td>碎片组成
Assignment</td><td>$C_4H_9O_2^+$</td><td>$C_6H_{13}O_3^+$</td><td>$C_{19}H_{31}O_2^+$</td></tr>
<tr><td>理论精确质量数
Theoretical m/z</td><td>89.05971</td><td>133.08592</td><td>291.23186</td></tr>
<tr><td>二级 HCD 碰撞
高分辨质谱图
20%能量

MS² Spectrum of
HCD _ 20%</td><td colspan="4">NP(EO)14_HCD_20 #1-24 RT:0.01-0.99 AV:24 NL:2.19E4
T:FTMS + c ESI Full ms2 854.58@hcd20.00 [50.00-900.00]
133.08568, 89.05941, 291.23163, 855.58655, 177.11194, 837.55680, 247.20543, 335.25788, 794.53424, 353.21676, 441.26908, 651.55449, 711.41596</td></tr>
<tr><td>二级 HCD 碰撞
高分辨质谱图
40%能量

MS² Spectrum of
HCD _ 40%</td><td colspan="4">NP(EO)14_HCD_40 #1-27 RT:0.03-0.97 AV:27 NL:1.58E4
T:FTMS + c ESI Full ms2 854.58@hcd40.00 [50.00-900.00]
89.05939, 247.20540, 121.06452, 147.08019, 163.11148, 291.23161, 388.03092, 477.25088, 553.35612, 651.61235, 790.56453, 873.97823</td></tr>
</table>

表 3-2（续）

序号	禁限用化合物 Orbitrap 高分辨质谱谱库			
117	二级 HCD 碰撞高分辨质谱图 60%能量 MS^2 Spectrum of HCD _ 60%			
118	化合物英文名 Compound Name	NP（EO）$_{15}$		
	化合物中文名 Chinese Name	壬基酚聚氧乙烯醚（n=15）		
	CAS 号 CAS Number	9016-45-9		
	分子式 Molecular Formula	$C_{45}H_{84}O_{16}$		
	一级母离子 Precursor	母离子组成 Assignment	$[M+NH_4]^+$	$C_{45}H_{88}O_{16}N^+$
		理论精确质量数 Theoretical m/z	898.60976	
	一级质谱图 MS Spectrum			
	CID 碰撞碎片 Fragments of CID	碎片组成 Assignment	$C_{45}H_{85}O_{16}{}^+$		
		理论精确质量数 Theoretical m/z	881.58321		

表 3-2（续）

<table>
<tr><th>序号</th><th colspan="5">禁限用化合物 Orbitrap 高分辨质谱谱库</th></tr>
<tr><td rowspan="6">118</td><td>二级 CID 碰撞
高分辨质谱图
35%归一化能量

MS² Spectrum of
CID _ 35%</td><td colspan="4"> 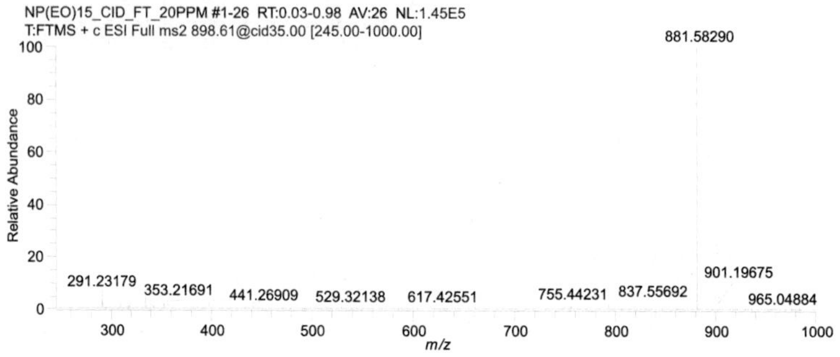NP(EO)15_CID_FT_20PPM #1-26 RT:0.03-0.98 AV:26 NL:1.45E5
T:FTMS + c ESI Full ms2 898.61@cid35.00 [245.00-1000.00]
881.58290
291.23179 353.21691 441.26909 529.32138 617.42551 755.44231 837.55692 901.19675 965.04884
Relative Abundance; m/z</td></tr>
<tr><td rowspan="2">HCD 碰撞碎片
Fragments of HCD</td><td>碎片组成
Assignment</td><td>$C_4H_9O_2^+$</td><td>$C_6H_{13}O_3^+$</td><td>$C_{19}H_{31}O_2^+$</td></tr>
<tr><td>理论精确质量数
Theoretical m/z</td><td>89.05971</td><td>133.08592</td><td>291.23186</td></tr>
<tr><td>二级 HCD 碰撞
高分辨质谱图
20%能量

MS² Spectrum of
HCD _ 20%</td><td colspan="4"> 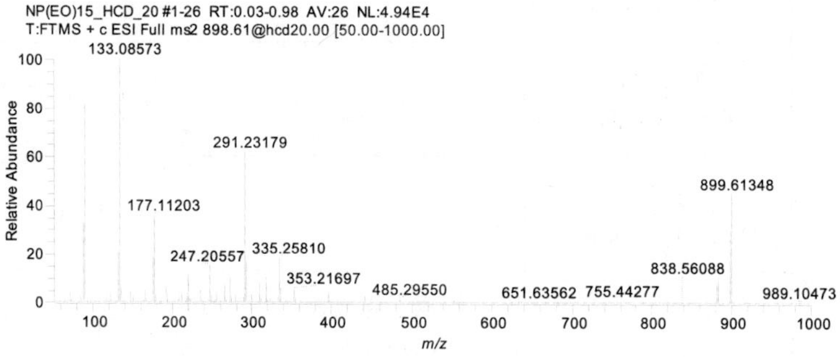NP(EO)15_HCD_20 #1-26 RT:0.03-0.98 AV:26 NL:4.94E4
T:FTMS + c ESI Full ms2 898.61@hcd20.00 [50.00-1000.00]
133.08573 291.23179 899.61348 177.11203 247.20557 335.25810 353.21697 485.29550 651.63562 755.44277 838.56088 989.10473
Relative Abundance; m/z</td></tr>
<tr><td>二级 HCD 碰撞
高分辨质谱图
40%能量

MS² Spectrum of
HCD _ 40%</td><td colspan="4"> 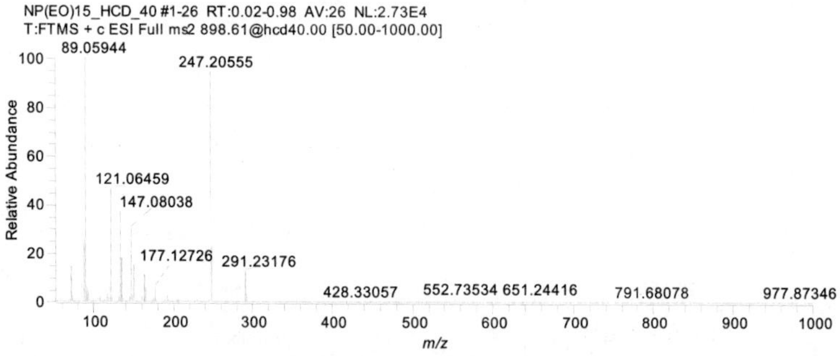NP(EO)15_HCD_40 #1-26 RT:0.02-0.98 AV:26 NL:2.73E4
T:FTMS + c ESI Full ms2 898.61@hcd40.00 [50.00-1000.00]
89.05944 247.20555 121.06459 147.08038 177.12726 291.23176 428.33057 552.73534 651.24416 791.68078 977.87346
Relative Abundance; m/z</td></tr>
<tr><td>二级 HCD 碰撞
高分辨质谱图
60%能量

MS² Spectrum of
HCD _ 60%</td><td colspan="4"> 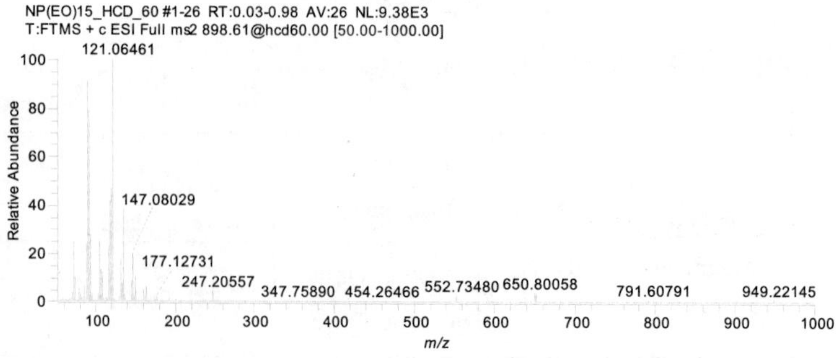NP(EO)15_HCD_60 #1-26 RT:0.03-0.98 AV:26 NL:9.38E3
T:FTMS + c ESI Full ms2 898.61@hcd60.00 [50.00-1000.00]
121.06461 147.08029 177.12731 247.20557 347.75890 454.26466 552.73480 650.80058 791.60791 949.22145
Relative Abundance; m/z</td></tr>
</table>

表 3－2（续）

序号	禁限用化合物 Orbitrap 高分辨质谱谱库			
119	化合物英文名 Compound Name	NP（EO）$_{16}$		
	化合物中文名 Chinese Name	壬基酚聚氧乙烯醚（n=16）		
	CAS 号 CAS Number	9016－45－9		
	分子式 Molecular Formula	$C_{47}H_{88}O_{17}$		
	一级母离子 Precursor	母离子组成 Assignment	$[M+NH_4]^+$	$C_{47}H_{92}O_{17}N^+$
		理论精确质量数 Theoretical m/z	942.63598	
	一级质谱图 MS Spectrum	NP(EO)_FT_10ppm #1-36 RT:0.02-0.99 AV:36 NL:8.28E6 T:FTMS + c ESI Full ms [300.00-1200.00] 722.50553, 678.47941, 810.55771, 634.45307, 854.58406, 590.42675, 898.61035, 546.40027, 942.63670, 480.33500, 986.66286, 338.34221, 414.32158, 1074.71550 Relative Abundance; m/z		
	CID 碰撞碎片 Fragments of CID	碎片组成 Assignment	$C_{47}H_{89}O_{17}{}^+$		
		理论精确质量数 Theoretical m/z	925.60943		
	二级 CID 碰撞高分辨质谱图 35%归一化能量 MS^2 Spectrum of CID _ 35%	NP(EO)16_CID_FT #1-23 RT:0.03-0.97 AV:23 NL:1.53E5 T:FTMS + c ESI Full ms2 942.64@cid35.00 [255.00-1000.00] 925.60915, 291.23192, 353.21711, 441.26924, 529.32145, 661.45192, 799.46851, 881.58311, 995.22897 Relative Abundance; m/z		
	HCD 碰撞碎片 Fragments of HCD	碎片组成 Assignment	$C_4H_9O_2{}^+$	$C_6H_{13}O_3{}^+$	$C_{19}H_{31}O_2{}^+$
		理论精确质量数 Theoretical m/z	89.05971	133.08592	291.23186

表 3-2（续）

<table>
<tr><th>序号</th><th colspan="4">禁限用化合物 Orbitrap 高分辨质谱谱库</th></tr>
<tr><td rowspan="3">119</td><td>二级 HCD 碰撞
高分辨质谱图
20%能量

MS² Spectrum of
HCD _ 20%</td><td colspan="3"> 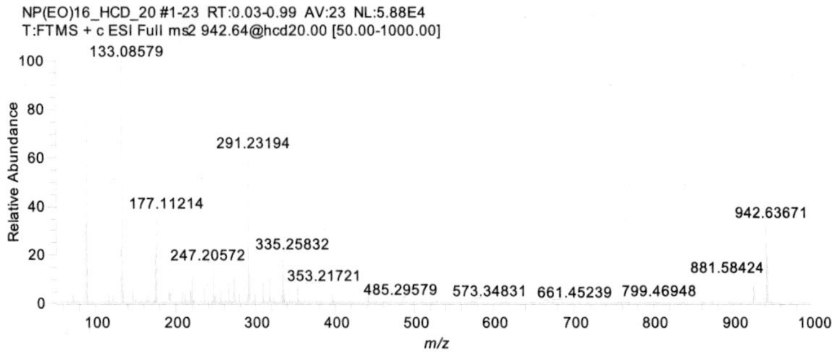NP(EO)16_HCD_20 #1-23 RT:0.03-0.99 AV:23 NL:5.88E4
T:FTMS + c ESI Full ms2 942.64@hcd20.00 [50.00-1000.00]
133.08579 291.23194 177.11214 942.63671 335.25832 247.20572 881.58424 353.21721 485.29579 573.34831 661.45239 799.46948
Relative Abundance; m/z</td></tr>
<tr><td>二级 HCD 碰撞
高分辨质谱图
40%能量

MS² Spectrum of
HCD _ 40%</td><td colspan="3"> 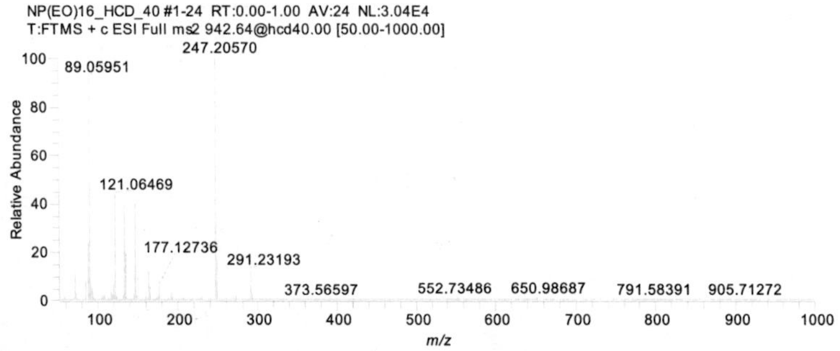NP(EO)16_HCD_40 #1-24 RT:0.00-1.00 AV:24 NL:3.04E4
T:FTMS + c ESI Full ms2 942.64@hcd40.00 [50.00-1000.00]
247.20570 89.05951 121.06469 177.12736 291.23193 373.56597 552.73486 650.98687 791.58391 905.71272
Relative Abundance; m/z</td></tr>
<tr><td>二级 HCD 碰撞
高分辨质谱图
60%能量

MS² Spectrum of
HCD _ 60%</td><td colspan="3"> 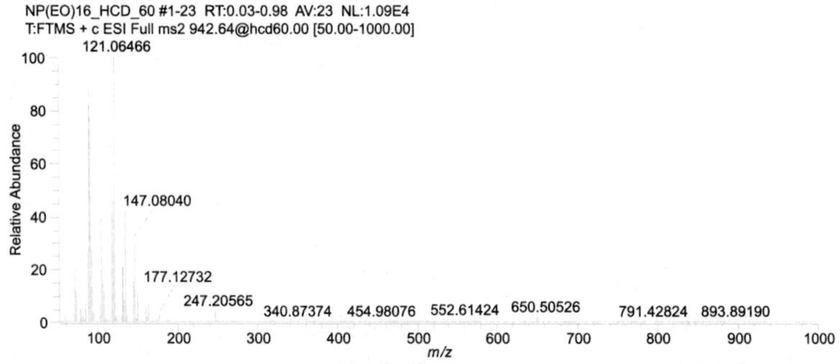NP(EO)16_HCD_60 #1-23 RT:0.03-0.98 AV:23 NL:1.09E4
T:FTMS + c ESI Full ms2 942.64@hcd60.00 [50.00-1000.00]
121.06466 147.08040 177.12732 247.20565 340.87374 454.98076 552.61424 650.50526 791.42824 893.89190
Relative Abundance; m/z</td></tr>
<tr><td rowspan="6">120</td><td>化合物英文名
Compound Name</td><td colspan="3">NP（EO）$_{17}$</td></tr>
<tr><td>化合物中文名
Chinese Name</td><td colspan="3">壬基酚聚氧乙烯醚（n=17）</td></tr>
<tr><td>CAS 号
CAS Number</td><td colspan="3">9016-45-9</td></tr>
<tr><td>分子式
Molecular Formula</td><td colspan="3">$C_{49}H_{92}O_{18}$</td></tr>
<tr><td rowspan="2">一级母离子
Precursor</td><td>母离子组成
Assignment</td><td>$[M+NH_4]^+$</td><td>$C_{49}H_{96}O_{18}N^+$</td></tr>
<tr><td>理论精确质量数
Theoretical m/z</td><td colspan="2">986.66219</td></tr>
</table>

表 3－2（续）

序号	禁限用化合物 Orbitrap 高分辨质谱谱库				
120	一级质谱图 MS Spectrum	NP(EO)_FT_10ppm #1-36 RT:0.02-0.99 AV:36 NL:8.28E6 T:FTMS + c ESI Full ms [300.00-1200.00] 722.50553; 678.47941; 810.55771; 634.45307; 854.58406; 590.42675; 898.61035; 546.40027; 942.63670; 480.33500; 338.34221; 986.66286; 414.32158; 1074.71550 Relative Abundance; m/z			
	CID 碰撞碎片 Fragments of CID	碎片组成 Assignment	$C_{49}H_{93}O_{18}^+$		
		理论精确质量数 Theoretical m/z	969.63564		
	二级 CID 碰撞 高分辨质谱图 35%归一化能量 MS² Spectrum of CID _ 35%	NP(EO)17_CID_FT #1-22 RT:0.02-0.98 AV:22 NL:7.83E4 T:FTMS + c ESI Full ms2 986.66@cid35.00 [270.00-1000.00] 969.63566; 291.23195; 397.24322; 485.29532; 573.34793; 705.47816; 793.53104; 843.49496; 925.60965 Relative Abundance; m/z			
	HCD 碰撞碎片 Fragments of HCD	碎片组成 Assignment	$C_4H_9O_2^+$	$C_6H_{13}O_3^+$	$C_{19}H_{31}O_2^+$
		理论精确质量数 Theoretical m/z	89.05971	133.08592	291.23186
	二级 HCD 碰撞 高分辨质谱图 20%能量 MS² Spectrum of HCD _ 20%	NP(EO)17_HCD_20 #1-22 RT:0.02-0.98 AV:22 NL:2.76E4 T:FTMS + c ESI Full ms2 986.66@hcd20.00 [50.00-1000.00] 133.08579; 291.23193; 177.11212; 987.66645; 247.20567; 335.25820; 353.21713; 485.29575; 651.04634; 791.48563; 926.61412 Relative Abundance; m/z			

表 3-2（续）

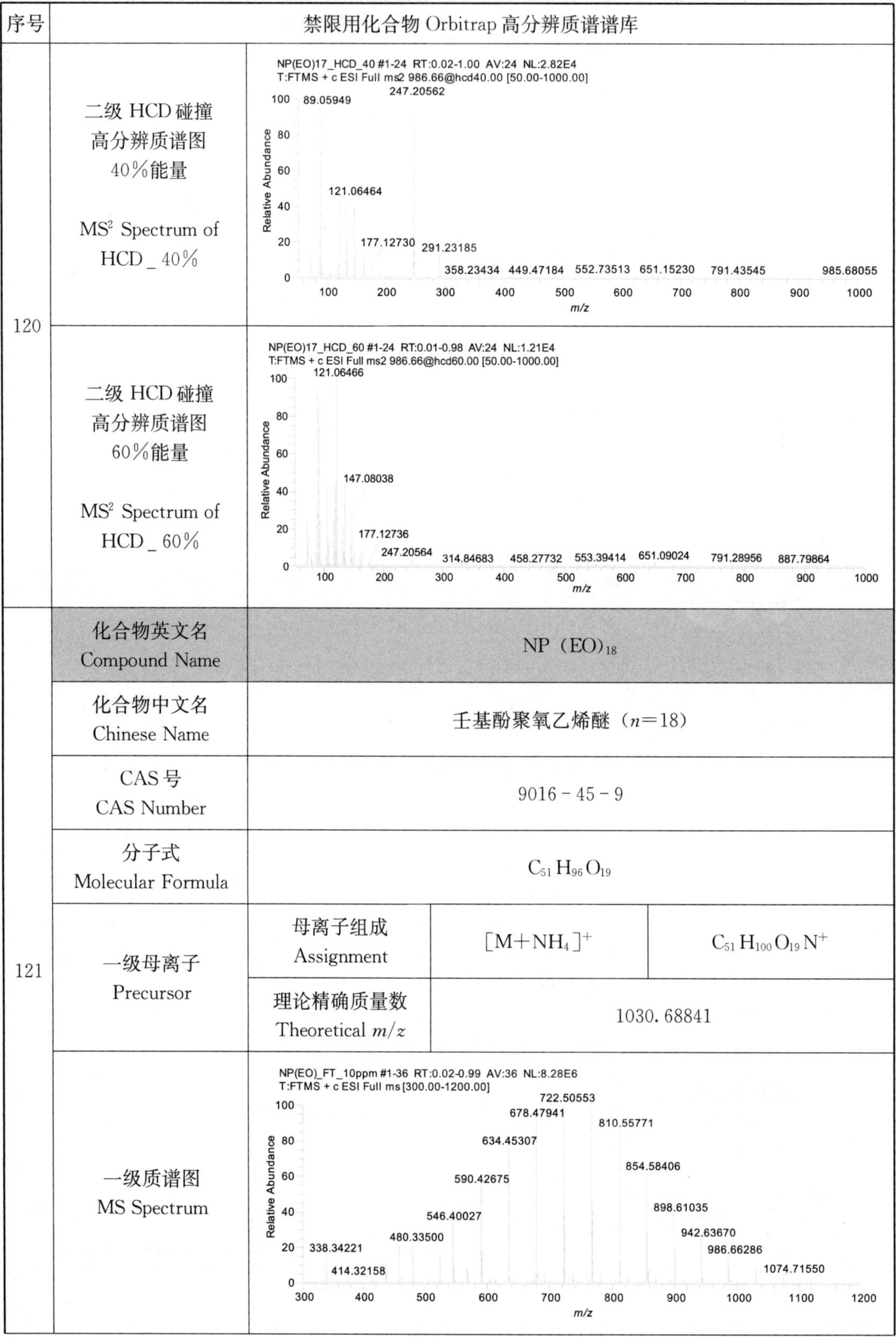

序号	禁限用化合物 Orbitrap 高分辨质谱谱库			
120	二级 HCD 碰撞 高分辨质谱图 40%能量 MS² Spectrum of HCD _ 40%	NP(EO)17_HCD_40 #1-24 RT:0.02-1.00 AV:24 NL:2.82E4 T:FTMS + c ESI Full ms2 986.66@hcd40.00 [50.00-1000.00] 89.05949 247.20562 121.06464 177.12730 291.23185 358.23434 449.47184 552.73513 651.15230 791.43545 985.68055 Relative Abundance; m/z		
	二级 HCD 碰撞 高分辨质谱图 60%能量 MS² Spectrum of HCD _ 60%	NP(EO)17_HCD_60 #1-24 RT:0.01-0.98 AV:24 NL:1.21E4 T:FTMS + c ESI Full ms2 986.66@hcd60.00 [50.00-1000.00] 121.06466 147.08038 177.12736 247.20564 314.84683 458.27732 553.39414 651.09024 791.28956 887.79864 Relative Abundance; m/z		
121	化合物英文名 Compound Name	NP（EO)$_{18}$		
	化合物中文名 Chinese Name	壬基酚聚氧乙烯醚（*n*=18）		
	CAS 号 CAS Number	9016-45-9		
	分子式 Molecular Formula	$C_{51}H_{96}O_{19}$		
	一级母离子 Precursor	母离子组成 Assignment	$[M+NH_4]^+$	$C_{51}H_{100}O_{19}N^+$
		理论精确质量数 Theoretical *m/z*	1030.68841	
	一级质谱图 MS Spectrum	NP(EO)_FT_10ppm #1-36 RT:0.02-0.99 AV:36 NL:8.28E6 T:FTMS + c ESI Full ms [300.00-1200.00] 722.50553 678.47941 810.55771 634.45307 854.58406 590.42675 898.61035 546.40027 942.63670 480.33500 338.34221 986.66286 414.32158 1074.71550 Relative Abundance; m/z		

表 3－2（续）

序号	禁限用化合物 Orbitrap 高分辨质谱谱库				
121	CID 碰撞碎片 Fragments of CID	碎片组成 Assignment	$C_{51}H_{97}O_{19}^{+}$		
		理论精确质量数 Theoretical m/z	1013.66186		
	二级 CID 碰撞 高分辨质谱图 35%归一化能量 MS^2 Spectrum of CID _ 35%	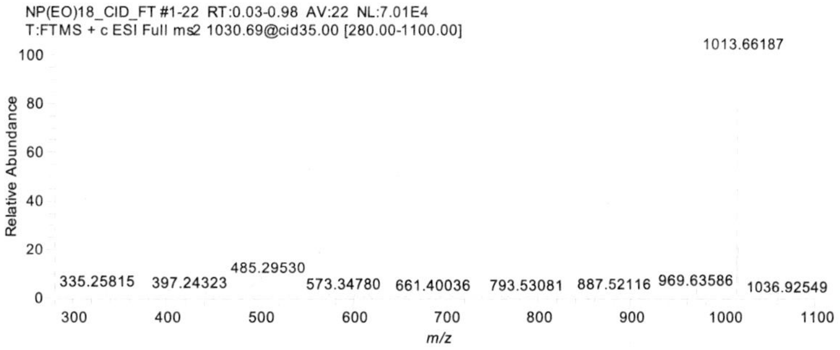 NP(EO)18_CID_FT #1-22 RT:0.03-0.98 AV:22 NL:7.01E4 T:FTMS + c ESI Full ms2 1030.69@cid35.00 [280.00-1100.00] Relative Abundance: 0 20 40 60 80 100 m/z: 300 400 500 600 700 800 900 1000 1100 1013.66187, 335.25815, 397.24323, 485.29530, 573.34780, 661.40036, 793.53081, 887.52116, 969.63586, 1036.92549			
	HCD 碰撞碎片 Fragments of HCD	碎片组成 Assignment	$C_{4}H_{9}O_{2}^{+}$	$C_{6}H_{13}O_{3}^{+}$	$C_{19}H_{31}O_{2}^{+}$
		理论精确质量数 Theoretical m/z	89.05971	133.08592	291.23186
	二级 HCD 碰撞 高分辨质谱图 20%能量 MS^2 Spectrum of HCD _ 20%	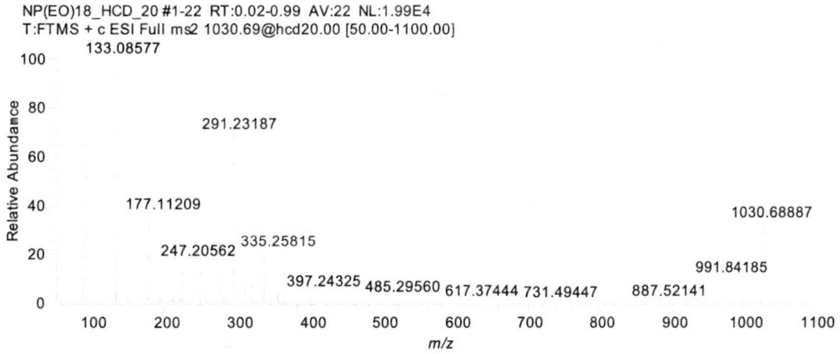 NP(EO)18_HCD_20 #1-22 RT:0.02-0.99 AV:22 NL:1.99E4 T:FTMS + c ESI Full ms2 1030.69@hcd20.00 [50.00-1100.00] Relative Abundance: 0 20 40 60 80 100 m/z: 100 200 300 400 500 600 700 800 900 1000 1100 133.08577, 291.23187, 177.11209, 1030.68887, 335.25815, 247.20562, 991.84185, 397.24325, 485.29560, 617.37444, 731.49447, 887.52141			
	二级 HCD 碰撞 高分辨质谱图 40%能量 MS^2 Spectrum of HCD _ 40%	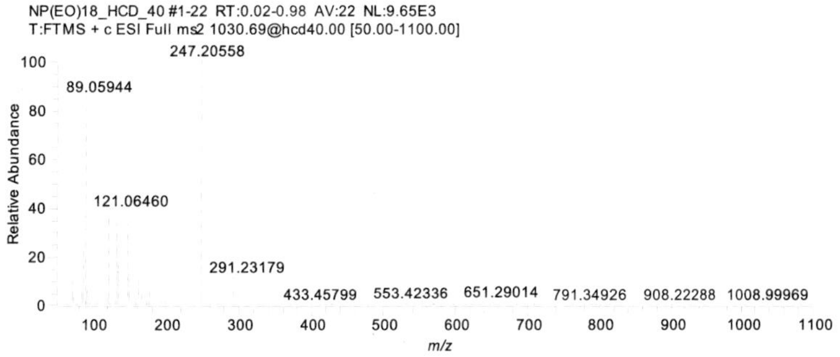 NP(EO)18_HCD_40 #1-22 RT:0.02-0.98 AV:22 NL:9.65E3 T:FTMS + c ESI Full ms2 1030.69@hcd40.00 [50.00-1100.00] Relative Abundance: 0 20 40 60 80 100 m/z: 100 200 300 400 500 600 700 800 900 1000 1100 247.20558, 89.05944, 121.06460, 291.23179, 433.45799, 553.42336, 651.29014, 791.34926, 908.22288, 1008.99969			

表 3-2（续）

序号	禁限用化合物 Orbitrap 高分辨质谱谱库				
121	二级 HCD 碰撞高分辨质谱图 60%能量 MS² Spectrum of HCD _ 60%	NP(EO)18_HCD_60 #1-22 RT:0.03-0.99 AV:22 NL:2.77E3 T:FTMS + c ESI Full ms2 1030.69@hcd60.00 [50.00-1100.00] 121.06459 147.08028 247.20548 333.77219 553.46372 650.69528 791.31193 867.12701 1054.15805 Relative Abundance (0–100); m/z (100–1100)			
122	化合物英文名 Compound Name	NP（EO）$_{19}$			
	化合物中文名 Chinese Name	壬基酚聚氧乙烯醚（n=19）			
	CAS 号 CAS Number	9016-45-9			
	分子式 Molecular Formula	$C_{53}H_{100}O_{20}$			
	一级母离子 Precursor	母离子组成 Assignment	$[M+NH_4]^+$	$C_{53}H_{104}O_{20}N^+$	
		理论精确质量数 Theoretical m/z	1074.71462		
	一级质谱图 MS Spectrum	NP(EO)_FT_10ppm #1-36 RT:0.02-0.99 AV:36 NL:8.28E6 T:FTMS + c ESI Full ms [300.00-1200.00] 722.50553 678.47941 810.55771 634.45307 854.58406 590.42675 898.61035 546.40027 480.33500 942.63670 338.34221 986.66286 414.32158 1074.71550 Relative Abundance (0–100); m/z (300–1200)			
	CID 碰撞碎片 Fragments of CID	碎片组成 Assignment	$C_{53}H_{101}O_{20}^+$		
		理论精确质量数 Theoretical m/z	1057.68807		

表 3-2（续）

<table>
<tr><th>序号</th><th colspan="4">禁限用化合物 Orbitrap 高分辨质谱谱库</th></tr>
<tr><td rowspan="6">122</td><td>二级 CID 碰撞
高分辨质谱图
35%归一化能量

MS² Spectrum of
CID _ 35%</td><td colspan="3"> 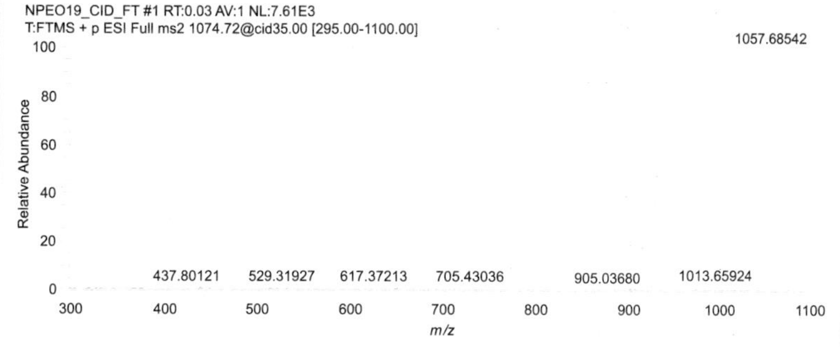NPEO19_CID_FT #1 RT:0.03 AV:1 NL:7.61E3
T:FTMS + p ESI Full ms2 1074.72@cid35.00 [295.00-1100.00]
1057.68542; 437.80121; 529.31927; 617.37213; 705.43036; 905.03680; 1013.65924
Relative Abundance; m/z</td></tr>
<tr><td rowspan="2">HCD 碰撞碎片
Fragments of HCD</td><td>碎片组成
Assignment</td><td>$C_4H_9O_2^+$</td><td>$C_6H_{13}O_3^+$</td><td>$C_{19}H_{31}O_2^+$</td></tr>
<tr><td>理论精确质量数
Theoretical m/z</td><td>89.05971</td><td>133.08592</td><td>291.23186</td></tr>
<tr><td>二级 HCD 碰撞
高分辨质谱图
20%能量

MS² Spectrum of
HCD _ 20%</td><td colspan="3"> 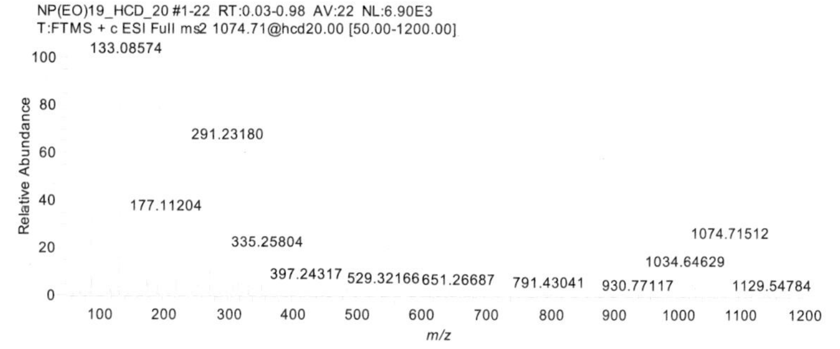NP(EO)19_HCD_20 #1-22 RT:0.03-0.98 AV:22 NL:6.90E3
T:FTMS + c ESI Full ms2 1074.71@hcd20.00 [50.00-1200.00]
133.08574; 291.23180; 177.11204; 335.25804; 1074.71512; 1034.64629; 397.24317; 529.32166; 651.26687; 791.43041; 930.77117; 1129.54784
Relative Abundance; m/z</td></tr>
<tr><td>二级 HCD 碰撞
高分辨质谱图
40%能量

MS² Spectrum of
HCD _ 40%</td><td colspan="3"> 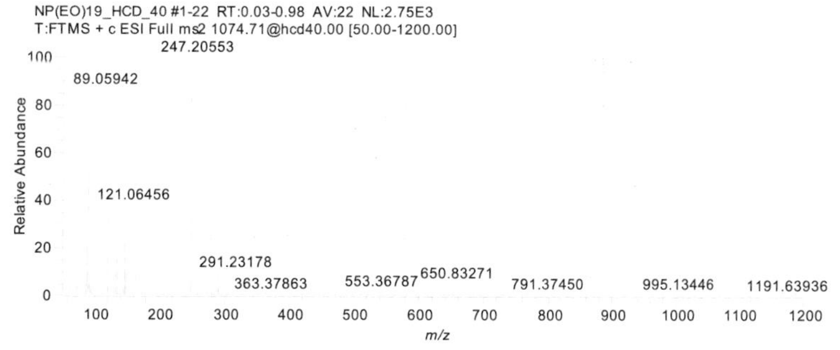NP(EO)19_HCD_40 #1-22 RT:0.03-0.98 AV:22 NL:2.75E3
T:FTMS + c ESI Full ms2 1074.71@hcd40.00 [50.00-1200.00]
247.20553; 89.05942; 121.06456; 291.23178; 363.37863; 553.36787; 650.83271; 791.37450; 995.13446; 1191.63936
Relative Abundance; m/z</td></tr>
<tr><td>二级 HCD 碰撞
高分辨质谱图
60%能量

MS² Spectrum of
HCD _ 60%</td><td colspan="3"> 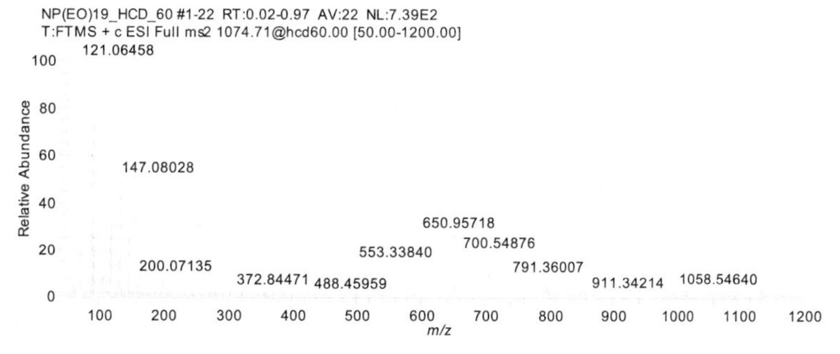NP(EO)19_HCD_60 #1-22 RT:0.02-0.97 AV:22 NL:7.39E2
T:FTMS + c ESI Full ms2 1074.71@hcd60.00 [50.00-1200.00]
121.06458; 147.08028; 650.95718; 553.33840; 700.54876; 200.07135; 791.36007; 372.84471; 488.45959; 911.34214; 1058.54640
Relative Abundance; m/z</td></tr>
</table>

表 3-2（续）

序号	禁限用化合物 Orbitrap 高分辨质谱谱库				
123	化合物英文名 Compound Name	NP（EO)$_{20}$			
	化合物中文名 Chinese Name	壬基酚聚氧乙烯醚（n=20）			
	CAS 号 CAS Number	9016-45-9			
	分子式 Molecular Formula	$C_{55}H_{104}O_{21}$			
	一级母离子 Precursor	母离子组成 Assignment	$[M+NH_4]^+$	$C_{55}H_{108}O_{21}N^+$	
		理论精确质量数 Theoretical m/z	1118.74084		
	一级质谱图 MS Spectrum				
	CID 碰撞碎片 Fragments of CID	碎片组成 Assignment	$C_{55}H_{105}O_{21}{}^+$		
		理论精确质量数 Theoretical m/z	1101.71429		
	二级 CID 碰撞高分辨质谱图 35%归一化能量 MS^2 Spectrum of CID _ 35%				
	HCD 碰撞碎片 Fragments of HCD	碎片组成 Assignment	$C_4H_9O_2{}^+$	$C_6H_{13}O_3{}^+$	$C_{19}H_{31}O_2{}^+$
		理论精确质量数 Theoretical m/z	89.05971	133.08592	291.23186

表 3 - 2（续）

序号	禁限用化合物 Orbitrap 高分辨质谱谱库		
123	二级 HCD 碰撞高分辨质谱图 20%能量 MS² Spectrum of HCD _ 20%	NP(EO)20_HCD_20 #1-22 RT:0.03-0.99 AV:22 NL:6.37E3 T:FTMS + c ESI Full ms2 1118.52@hcd20.00 [50.00-1200.00] 133.08572; 291.23178; 177.11202; 335.25801; 397.24317; 553.51799; 650.79276; 791.39349; 953.89515; 1118.74119 Relative Abundance; m/z	
	二级 HCD 碰撞高分辨质谱图 40%能量 MS² Spectrum of HCD _ 40%	NP(EO)20_HCD_40 #1-22 RT:0.03-0.99 AV:22 NL:2.22E3 T:FTMS + c ESI Full ms2 1118.52@hcd40.00 [50.00-1200.00] 89.05943; 247.20557; 133.08571; 291.23182; 439.08184; 553.52107; 650.87347; 791.32303; 920.58263; 1033.13382; 1131.01784 Relative Abundance; m/z	
	二级 HCD 碰撞高分辨质谱图 60%能量 MS² Spectrum of HCD _ 60%	NP(EO)20_HCD_60 #1-22 RT:0.03-0.99 AV:22 NL:6.12E2 T:FTMS + c ESI Full ms2 1118.52@hcd60.00 [50.00-1200.00] 89.05942; 121.06457; 147.08032; 650.72966; 268.26142; 553.32927; 791.26862; 364.71437; 473.07860; 721.49852; 919.56352; 1091.86995 Relative Abundance; m/z	
124	化合物英文名 Compound Name	OP（EO）$_3$	
	化合物中文名 Chinese Name	辛基酚聚氧乙烯醚（n=3）	
	CAS 号 CAS Number	9002 - 93 - 1	
	分子式 Molecular Formula	$C_{20}H_{34}O_4$	
	一级母离子 Precursor	母离子组成 Assignment	$[M+NH_4]^+$	$C_{20}H_{38}O_4N^+$
		理论精确质量数 Theoretical m/z	356.27954

表 3-2（续）

序号	禁限用化合物 Orbitrap 高分辨质谱谱库				
124	一级质谱图 MS Spectrum	NP(EO)_FT_5ppm #1-35 RT:0.02-0.97 AV:35 NL:5.73E6 T:FTMS + c ESI Full ms [200.00-1200.00] 620.43700; 576.41075; 708.48954; 532.38440; 752.51549; 488.35782; 796.54167; 338.34211; 444.33183; 840.56799; 400.30574; 884.59424; 279.15904; 972.64668; 1060.69926 Relative Abundance; m/z			
	CID 碰撞碎片 Fragments of CID	碎片组成 Assignment	$C_{12}H_{19}O_4^+$	$C_{20}H_{35}O_4^+$	
		理论精确质量数 Theoretical m/z	227.12778	339.25299	
	二级 CID 碰撞 高分辨质谱图 35%归一化能量 MS² Spectrum of CID _ 35%	NP(EO)3_CID_FT #1-22 RT:0.02-0.96 AV:22 NL:4.01E5 T:FTMS + c ESI Full ms2 356.28@cid35.00 [95.00-400.00] 227.12798; 339.25360; 133.08584; 165.09106; 209.11733; 242.70778; 265.16464; 321.23370; 368.01955 Relative Abundance; m/z			
	HCD 碰撞碎片 Fragments of HCD	碎片组成 Assignment	$C_6H_{13}O_3^+$	$C_{10}H_{13}O_2^+$	$C_{12}H_{19}O_4^+$
		理论精确质量数 Theoretical m/z	133.08592	165.09101	227.12778
	二级 HCD 碰撞 高分辨质谱图 20%能量 MS² Spectrum of HCD _ 20%	NP(EO)3_HCD_20 #1-22 RT:0.01-0.96 AV:22 NL:1.53E5 T:FTMS + c ESI Full ms2 356.28@hcd20.00 [50.00-400.00] 227.12814; 165.09107; 133.08585; 183.10163; 242.70691; 89.05951; 209.11737; 277.21641; 309.96704; 356.27989; 383.96869 Relative Abundance; m/z			

表 3-2（续）

序号	禁限用化合物 Orbitrap 高分辨质谱谱库		
124	二级 HCD 碰撞高分辨质谱图 40%能量 MS^2 Spectrum of HCD_40%	NP(EO)3_HCD_40 #1-22 RT:0.01-0.96 AV:22 NL:4.22E4 T:FTMS + c ESI Full ms2 356.28@hcd40.00 [50.00-400.00] 121.06470; 165.09103; 89.05949; 133.08582; 227.12787; 77.03833; 183.10160; 277.21634; 338.34201; 371.20296 Relative Abundance; m/z	
	二级 HCD 碰撞高分辨质谱图 60%能量 MS^2 Spectrum of HCD_60%	NP(EO)3_HCD_60 #1-22 RT:0.03-0.98 AV:22 NL:2.28E4 T:FTMS + c ESI Full ms2 356.28@hcd60.00 [50.00-400.00] 121.06472; 93.06969; 147.08036; 77.03834; 165.09099; 233.19009; 285.28360; 310.67131; 350.42878; 376.98998 Relative Abundance; m/z	
125	化合物英文名 Compound Name	OP（EO）$_4$	
	化合物中文名 Chinese Name	辛基酚聚氧乙烯醚（n=4）	
	CAS 号 CAS Number	9002-93-1	
	分子式 Molecular Formula	$C_{22}H_{38}O_5$	
	一级母离子 Precursor	母离子组成 Assignment	$[M+NH_4]^+$	$C_{22}H_{42}O_5N^+$
		理论精确质量数 Theoretical m/z	400.30575	
	一级质谱图 MS Spectrum	NP(EO)_FT_5ppm #1-35 RT:0.02-0.97 AV:35 NL:5.73E6 T:FTMS + c ESI Full ms [200.00-1200.00] 620.43700; 576.41075; 708.48954; 532.38440; 752.51549; 488.35782; 796.54167; 338.34211; 444.33183; 840.56799; 400.30574; 884.59424; 279.15904; 972.64668; 1060.69926 Relative Abundance; m/z	

表 3-2（续）

序号	禁限用化合物 Orbitrap 高分辨质谱谱库				
125	CID 碰撞碎片 Fragments of CID	碎片组成 Assignment	$C_{22}H_{39}O_5^+$		
		理论精确质量数 Theoretical m/z	383.27920		
	二级 CID 碰撞高分辨质谱图 35%归一化能量 MS² Spectrum of CID _ 35%	NP(EO)4_CID_FT #22 RT:0.97 AV:1 NL:6.37E5 T:FTMS + c ESI Full ms2 400.30@cid35.00 [110.00-450.00] Peaks: 383.27951; 124.88700; 156.90146; 199.69942; 246.03185; 271.15430; 337.21252; 364.56699; 408.15695; 428.68069 Relative Abundance; m/z			
	HCD 碰撞碎片 Fragments of HCD	碎片组成 Assignment	$C_8H_9O^+$	$C_{14}H_{23}O_5^+$	$C_{22}H_{39}O_5^+$
		理论精确质量数 Theoretical m/z	121.06479	271.15400	383.27920
	二级 HCD 碰撞高分辨质谱图 20%能量 MS² Spectrum of HCD _ 20%	NP(EO)4_HCD_20 #1-22 RT:0.01-0.96 AV:22 NL:1.97E5 T:FTMS + c ESI Full ms2 400.30@hcd20.00 [50.00-450.00] Peaks: 271.15382; 383.27970; 89.05952; 121.06474; 165.09108; 209.11740; 253.14365; 299.84455; 321.24269; 360.82573; 365.22594; 400.30609 Relative Abundance; m/z			
	二级 HCD 碰撞高分辨质谱图 40%能量 MS² Spectrum of HCD _ 40%	NP(EO)4_HCD_40 #1-22 RT:0.03-0.98 AV:22 NL:4.13E4 T:FTMS + c ESI Full ms2 400.30@hcd40.00 [50.00-450.00] Peaks: 121.06473; 165.09107; 233.19016; 89.05952; 250.12452; 133.08586; 177.12745; 277.21639; 209.11734; 57.06965; 355.58664; 383.98328; 424.15459 Relative Abundance; m/z			

表 3-2（续）

序号	禁限用化合物 Orbitrap 高分辨质谱谱库			
125	二级 HCD 碰撞高分辨质谱图 60%能量 MS^2 Spectrum of HCD _ 60%	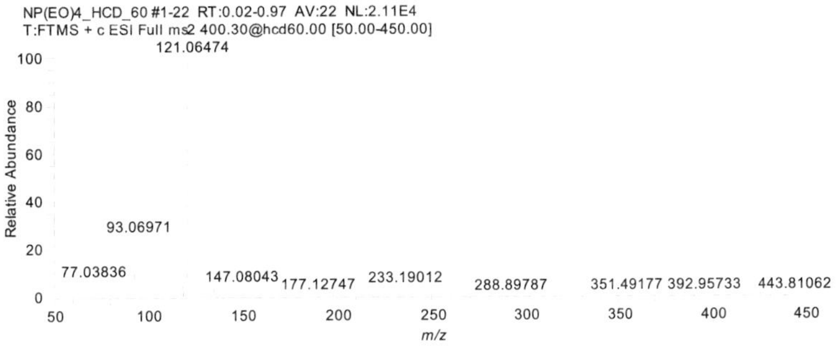 NP(EO)4_HCD_60 #1-22 RT:0.02-0.97 AV:22 NL:2.11E4 T:FTMS + c ESI Full ms2 400.30@hcd60.00 [50.00-450.00] 121.06474; 93.06971; 77.03836; 147.08043; 177.12747; 233.19012; 288.89787; 351.49177; 392.95733; 443.81062 Relative Abundance 0–100; m/z 50–450		
126	化合物英文名 Compound Name	OP（EO)$_5$		
	化合物中文名 Chinese Name	辛基酚聚氧乙烯醚（n=5）		
	CAS 号 CAS Number	9002-93-1		
	分子式 Molecular Formula	$C_{24}H_{42}O_6$		
	一级母离子 Precursor	母离子组成 Assignment	$[M+NH_4]^+$	$C_{24}H_{46}O_6N^+$
		理论精确质量数 Theoretical m/z	444.33196	
	一级质谱图 MS Spectrum	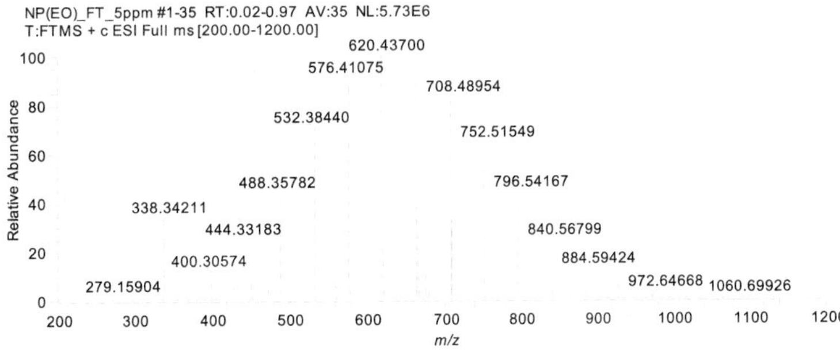 NP(EO)_FT_5ppm #1-35 RT:0.02-0.97 AV:35 NL:5.73E6 T:FTMS + c ESI Full ms [200.00-1200.00] 620.43700; 576.41075; 708.48954; 532.38440; 752.51549; 796.54167; 488.35782; 338.34211; 444.33183; 840.56799; 884.59424; 400.30574; 972.64668; 1060.69926; 279.15904 Relative Abundance 0–100; m/z 200–1200		
	CID 碰撞碎片 Fragments of CID	碎片组成 Assignment	$C_{16}H_{27}O_6^+$	$C_{24}H_{43}O_6^+$
		理论精确质量数 Theoretical m/z	315.18021	427.30541

表 3-2（续）

<table>
<tr><th>序号</th><th colspan="5">禁限用化合物 Orbitrap 高分辨质谱谱库</th></tr>
<tr><td rowspan="7">126</td><td>二级 CID 碰撞
高分辨质谱图
35%归一化能量

MS² Spectrum of
CID _ 35%</td><td colspan="4"> 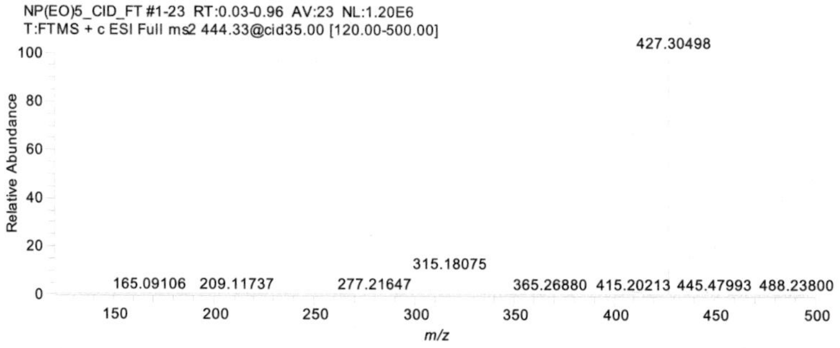NP(EO)5_CID_FT #1-23 RT:0.03-0.96 AV:23 NL:1.20E6
T:FTMS + c ESI Full ms2 444.33@cid35.00 [120.00-500.00]
Relative Abundance; m/z
427.30498
315.18075
165.09106 209.11737 277.21647 365.26880 415.20213 445.47993 488.23800</td></tr>
<tr><td rowspan="2">HCD 碰撞碎片
Fragments of HCD</td><td>碎片组成
Assignment</td><td>$C_8H_9O^+$</td><td>$C_{16}H_{27}O_6^+$</td><td>$C_{24}H_{43}O_6^+$</td></tr>
<tr><td>理论精确质量数
Theoretical m/z</td><td>121.06479</td><td>315.18021</td><td>427.30541</td></tr>
<tr><td>二级 HCD 碰撞
高分辨质谱图
20%能量

MS² Spectrum of
HCD _ 20%</td><td colspan="4"> 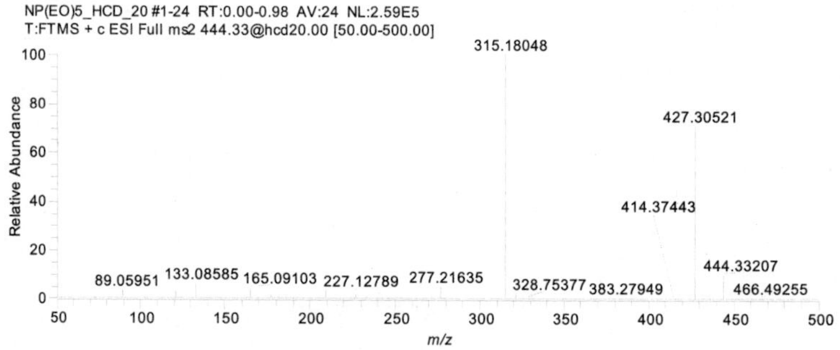NP(EO)5_HCD_20 #1-24 RT:0.00-0.98 AV:24 NL:2.59E5
T:FTMS + c ESI Full ms2 444.33@hcd20.00 [50.00-500.00]
Relative Abundance; m/z
315.18048
427.30521
414.37443
444.33207
89.05951 133.08585 165.09103 227.12789 277.21635 328.75377 383.27949 466.49255</td></tr>
<tr><td>二级 HCD 碰撞
高分辨质谱图
40%能量

MS² Spectrum of
HCD _ 40%</td><td colspan="4"> 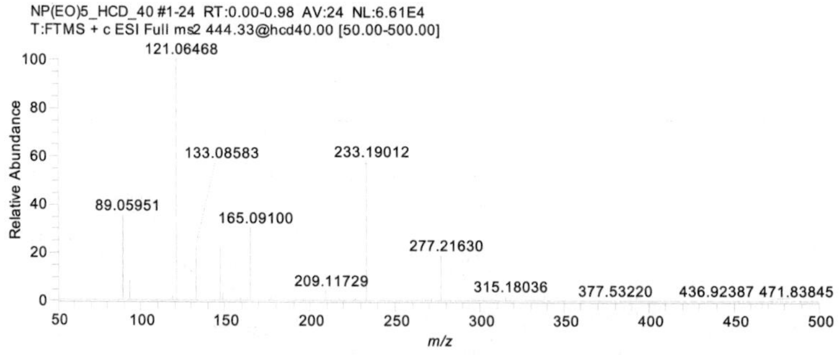NP(EO)5_HCD_40 #1-24 RT:0.00-0.98 AV:24 NL:6.61E4
T:FTMS + c ESI Full ms2 444.33@hcd40.00 [50.00-500.00]
Relative Abundance; m/z
121.06468
133.08583 233.19012
89.05951
165.09100
277.21630
209.11729
315.18036 377.53220 436.92387 471.83845</td></tr>
<tr><td>二级 HCD 碰撞
高分辨质谱图
60%能量

MS² Spectrum of
HCD _ 60%</td><td colspan="4"> 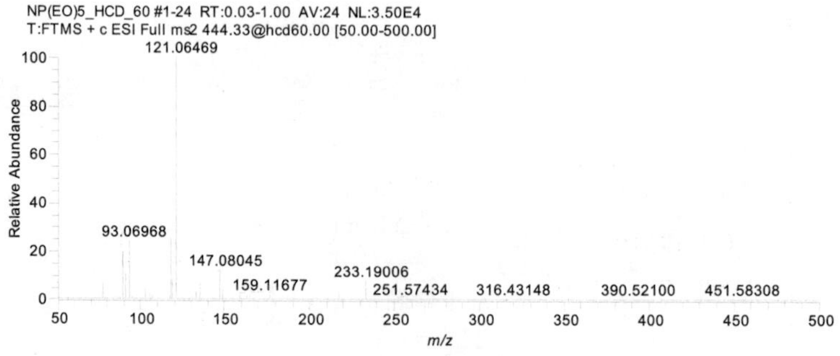NP(EO)5_HCD_60 #1-24 RT:0.03-1.00 AV:24 NL:3.50E4
T:FTMS + c ESI Full ms2 444.33@hcd60.00 [50.00-500.00]
Relative Abundance; m/z
121.06469
93.06968
147.08045
233.19006
159.11677 251.57434 316.43148 390.52100 451.58308</td></tr>
</table>

表 3-2（续）

<table>
<tr><td>序号</td><td colspan="4">禁限用化合物 Orbitrap 高分辨质谱谱库</td></tr>
<tr><td rowspan="12">127</td><td>化合物英文名
Compound Name</td><td colspan="3">OP（EO）$_6$</td></tr>
<tr><td>化合物中文名
Chinese Name</td><td colspan="3">辛基酚聚氧乙烯醚（n=6）</td></tr>
<tr><td>CAS 号
CAS Number</td><td colspan="3">9002-93-1</td></tr>
<tr><td>分子式
Molecular Formula</td><td colspan="3">$C_{26}H_{46}O_7$</td></tr>
<tr><td rowspan="2">一级母离子
Precursor</td><td>母离子组成
Assignment</td><td>$[M+NH_4]^+$</td><td>$C_{26}H_{50}O_7N^+$</td></tr>
<tr><td>理论精确质量数
Theoretical m/z</td><td colspan="2">488.35818</td></tr>
<tr><td>一级质谱图
MS Spectrum</td><td colspan="3">NP(EO)_FT_5ppm #1-35 RT:0.02-0.97 AV:35 NL:5.73E6
T:FTMS + c ESI Full ms [200.00-1200.00]
Relative Abundance; m/z
620.43700, 576.41075, 708.48954, 532.38440, 752.51549, 488.35782, 796.54167, 338.34211, 444.33183, 840.56799, 400.30574, 884.59424, 279.15904, 972.64668, 1060.69926</td></tr>
<tr><td rowspan="2">CID 碰撞碎片
Fragments of CID</td><td>碎片组成
Assignment</td><td>$C_{18}H_{31}O_7{}^+$</td><td>$C_{26}H_{47}O_7{}^+$</td></tr>
<tr><td>理论精确质量数
Theoretical m/z</td><td>359.206431</td><td>471.331631</td></tr>
<tr><td>二级 CID 碰撞
高分辨质谱图
35%归一化能量

MS^2 Spectrum of
CID _ 35%</td><td colspan="3">NP(EO)6_CID_FT #1-27 RT:0.01-0.97 AV:27 NL:2.06E6
T:FTMS + c ESI Full ms2 488.36@cid35.00 [130.00-600.00]
Relative Abundance; m/z
471.33118, 359.20724, 177.11228, 235.13308, 277.21649, 321.24285, 383.27955, 427.30577, 519.09315, 552.73487</td></tr>
<tr><td rowspan="2">HCD 碰撞碎片
Fragments of HCD</td><td>碎片组成
Assignment</td><td>$C_{18}H_{29}O_2{}^+$</td><td>$C_{18}H_{31}O_7{}^+$ | $C_{26}H_{47}O_7{}^+$</td></tr>
<tr><td>理论精确质量数
Theoretical m/z</td><td>277.21621</td><td>359.206431 | 471.331631</td></tr>
</table>

表 3-2（续）

序号	禁限用化合物 Orbitrap 高分辨质谱谱库		
127	二级 HCD 碰撞高分辨质谱图 20%能量 MS² Spectrum of HCD _ 20%	NP(EO)6_HCD_20 #1-27 RT:0.03-0.99 AV:27 NL:3.18E5 T:FTMS + c ESI Full ms2 488.36@hcd20.00 [50.00-600.00] 471.33133; 359.20699; 488.35823; 277.21633; 383.27946; 511.83145; 89.05951; 133.08584; 321.24268; 177.11216; 427.30567; 552.73534	
	二级 HCD 碰撞高分辨质谱图 40%能量 MS² Spectrum of HCD _ 40%	NP(EO)6_HCD_40 #1-27 RT:0.00-0.98 AV:27 NL:8.95E4 T:FTMS + c ESI Full ms2 488.36@hcd40.00 [50.00-600.00] 121.06470; 233.19013; 89.05953; 133.08586; 277.21637; 315.18053; 177.12742; 359.20663; 407.70344; 504.70288; 552.73521	
	二级 HCD 碰撞高分辨质谱图 60%能量 MS² Spectrum of HCD _ 60%	NP(EO)6_HCD_60 #1-27 RT:0.01-0.97 AV:27 NL:5.12E4 T:FTMS + c ESI Full ms2 488.36@hcd60.00 [50.00-600.00] 121.06468; 89.05950; 147.08043; 233.19004; 163.11168; 277.21655; 368.99671; 456.32205; 508.06767; 552.73553	
128	化合物英文名 Compound Name	OP（EO）$_7$	
	化合物中文名 Chinese Name	辛基酚聚氧乙烯醚（n=7）	
	CAS 号 CAS Number	9002-93-1	
	分子式 Molecular Formula	$C_{28}H_{50}O_8$	
	一级母离子 Precursor	母离子组成 Assignment	$[M+NH_4]^+$	$C_{28}H_{54}O_8N^+$
		理论精确质量数 Theoretical m/z	532.384391	

表 3-2（续）

序号	禁限用化合物 Orbitrap 高分辨质谱谱库				
128	一级质谱图 MS Spectrum	NP(EO)_FT_5ppm #1-35 RT:0.02-0.97 AV:35 NL:5.73E6 T:FTMS + c ESI Full ms [200.00-1200.00] 620.43700 576.41075 708.48954 532.38440 752.51549 488.35782 796.54167 338.34211 444.33183 840.56799 400.30574 884.59424 279.15904 972.64668 1060.69926 Relative Abundance; m/z			
	CID 碰撞碎片 Fragments of CID	碎片组成 Assignment	$C_{20}H_{35}O_8^+$	$C_{28}H_{51}O_8^+$	
		理论精确质量数 Theoretical *m/z*	403.23264	515.35784	
	二级 CID 碰撞 高分辨质谱图 35%归一化能量 MS² Spectrum of CID _ 35%	NP(EO)7_CID_FT #1-29 RT:0.02-0.99 AV:29 NL:2.98E6 T:FTMS + c ESI Full ms2 532.38@cid35.00 [145.00-600.00] 515.35773 504.03260 403.23285 209.11738 277.21638 321.24312 359.20677 427.30573 471.33194 527.06900 587.83060 Relative Abundance; m/z			
	HCD 碰撞碎片 Fragments of HCD	碎片组成 Assignment	$C_{18}H_{29}O_2^+$	$C_{20}H_{35}O_8^+$	$C_{28}H_{51}O_8^+$
		理论精确质量数 Theoretical *m/z*	277.21621	403.23264	515.35784
	二级 HCD 碰撞 高分辨质谱图 20%能量 MS² Spectrum of HCD _ 20%	NP(EO)7_HCD_20 #1-29 RT:0.02-1.00 AV:29 NL:4.37E5 T:FTMS + c ESI Full ms2 532.38@hcd20.00 [50.00-600.00] 515.35775 532.38446 403.23277 89.05950 133.08582 277.21629 321.24269 427.30559 177.11214 233.19004 359.20661 471.33175 553.50174 Relative Abundance; m/z			

表 3-2（续）

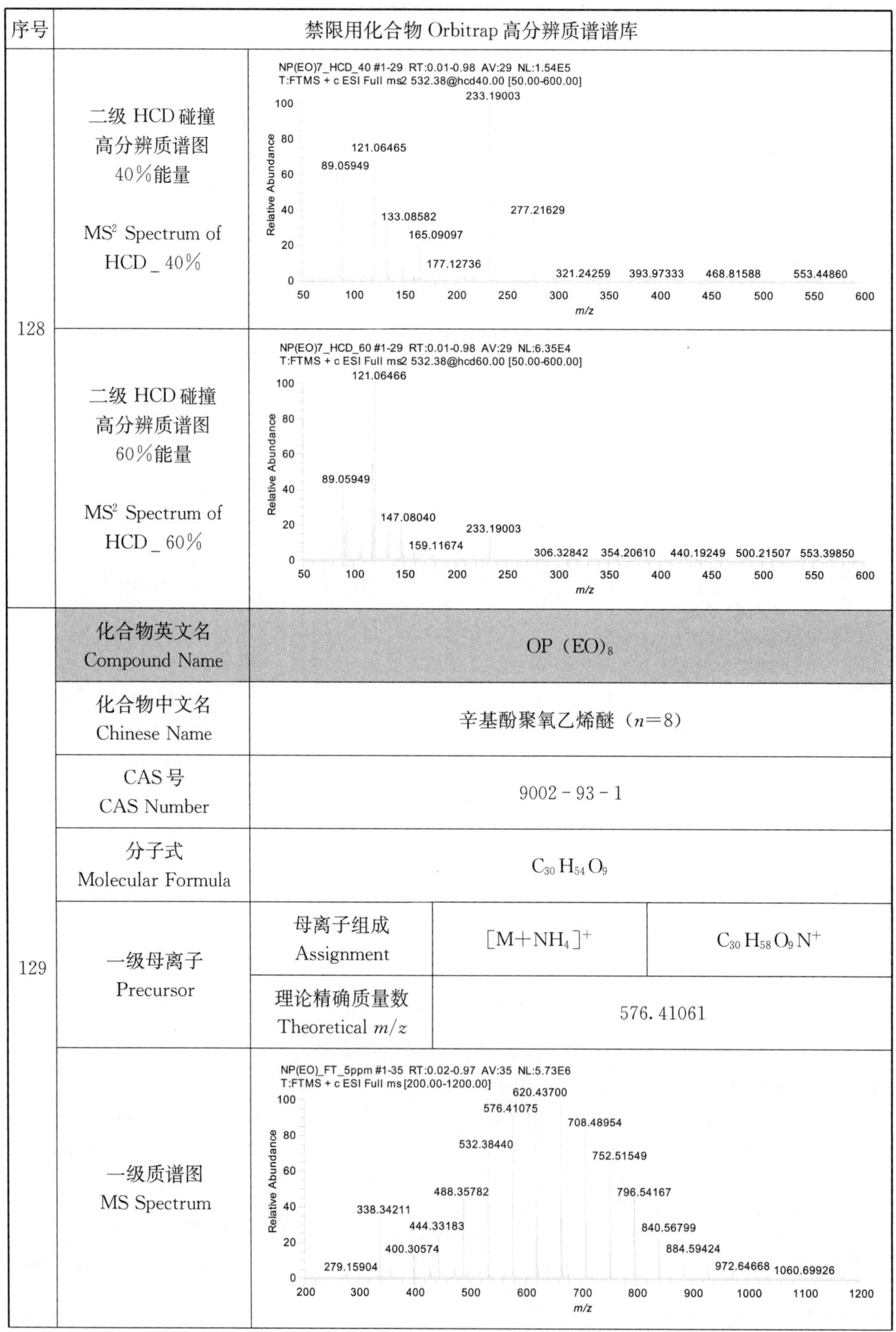

序号	禁限用化合物 Orbitrap 高分辨质谱谱库		
128	二级 HCD 碰撞高分辨质谱图 40%能量 MS² Spectrum of HCD _ 40%	NP(EO)7_HCD_40 #1-29 RT:0.01-0.98 AV:29 NL:1.54E5 T:FTMS + c ESI Full ms2 532.38@hcd40.00 [50.00-600.00]; 233.19003, 121.06465, 89.05949, 133.08582, 277.21629, 165.09097, 177.12736, 321.24259, 393.97333, 468.81588, 553.44860	
	二级 HCD 碰撞高分辨质谱图 60%能量 MS² Spectrum of HCD _ 60%	NP(EO)7_HCD_60 #1-29 RT:0.01-0.98 AV:29 NL:6.35E4 T:FTMS + c ESI Full ms2 532.38@hcd60.00 [50.00-600.00]; 121.06466, 89.05949, 147.08040, 233.19003, 159.11674, 306.32842, 354.20610, 440.19249, 500.21507, 553.39850	
129	化合物英文名 Compound Name	OP（EO)$_8$	
	化合物中文名 Chinese Name	辛基酚聚氧乙烯醚（n=8）	
	CAS 号 CAS Number	9002-93-1	
	分子式 Molecular Formula	$C_{30}H_{54}O_9$	
	一级母离子 Precursor	母离子组成 Assignment	[M+NH$_4$]$^+$	$C_{30}H_{58}O_9N^+$
		理论精确质量数 Theoretical m/z	576.41061
	一级质谱图 MS Spectrum	NP(EO)_FT_5ppm #1-35 RT:0.02-0.97 AV:35 NL:5.73E6 T:FTMS + c ESI Full ms [200.00-1200.00]; 620.43700, 576.41075, 708.48954, 532.38440, 752.51549, 488.35782, 796.54167, 338.34211, 444.33183, 840.56799, 400.30574, 884.59424, 279.15904, 972.64668, 1060.69926	

表 3-2（续）

序号	禁限用化合物 Orbitrap 高分辨质谱谱库				
129	CID 碰撞碎片 Fragments of CID	碎片组成 Assignment	$C_{18}H_{29}O_2^+$	$C_{22}H_{39}O_9^+$	$C_{30}H_{55}O_9^+$
		理论精确质量数 Theoretical *m/z*	277.21621	447.25886	559.38406
	二级 CID 碰撞 高分辨质谱图 35%归一化能量 MS² Spectrum of CID _ 35%	NP(EO)8_CID_FT #1-29 RT:0.02-0.97 AV:29 NL:2.24E6 T:FTMS + c ESI Full ms2 576.41@cid35.00 [155.00-700.00] 559.38434 447.25904 515.35814 277.21641 321.24307 235.13307 403.23299 471.33189 613.76162 651.09535 Relative Abundance; *m/z*			
	HCD 碰撞碎片 Fragments of HCD	碎片组成 Assignment	$C_6H_{13}O_3^+$	$C_{18}H_{29}O_2^+$	$C_{30}H_{55}O_9^+$
		理论精确质量数 Theoretical *m/z*	133.08592	277.21621	559.38406
	二级 HCD 碰撞 高分辨质谱图 20%能量 MS² Spectrum of HCD _ 20%	NP(EO)8_HCD_20 #1-29 RT:0.00-0.97 AV:29 NL:3.11E5 T:FTMS + c ESI Full ms2 576.41@hcd20.00 [50.00-700.00] 559.38465 576.41125 133.08586 277.21638 447.25914 321.24281 177.11220 403.23298 471.33196 601.54649 233.19012 359.20674 515.35822 650.93766 Relative Abundance; *m/z*			
	二级 HCD 碰撞 高分辨质谱图 40%能量 MS² Spectrum of HCD _ 40%	NP(EO)8_HCD_40 #1-22 RT:0.01-0.96 AV:22 NL:1.41E4 T:FTMS + c ESI Full ms2 576.41@hcd40.00 [50.00-700.00] 233.19015 121.06470 147.08046 277.21635 165.09101 209.11730 304.44431 367.54242 458.50754 553.21985 651.16388 Relative Abundance; *m/z*			

表 3 - 2（续）

序号	禁限用化合物 Orbitrap 高分辨质谱谱库			
129	二级 HCD 碰撞高分辨质谱图 60%能量 MS² Spectrum of HCD _ 60%	NP(EO)8_HCD_60 #1-27 RT:0.02-0.97 AV:27 NL:2.90E4 T:FTMS + c ESI Full ms2 576.41@hcd60.00 [50.00-700.00] 121.06467; 89.05949; 147.08043; 233.19003; 163.11167; 282.29596; 383.19472; 502.12868; 553.30854; 650.94555 Relative Abundance; m/z		
130	化合物英文名 Compound Name	OP（EO)$_9$		
	化合物中文名 Chinese Name	辛基酚聚氧乙烯醚（n=9）		
	CAS 号 CAS Number	9002 - 93 - 1		
	分子式 Molecular Formula	$C_{32}H_{58}O_{10}$		
	一级母离子 Precursor	母离子组成 Assignment	$[M+NH_4]^+$	$C_{32}H_{62}O_{10}N^+$
		理论精确质量数 Theoretical m/z	620.43682	
	一级质谱图 MS Spectrum	NP(EO)_FT_5ppm #1-35 RT:0.02-0.97 AV:35 NL:5.73E6 T:FTMS + c ESI Full ms [200.00-1200.00] 620.43700; 576.41075; 708.48954; 532.38440; 752.51549; 488.35782; 796.54167; 338.34211; 444.33183; 840.56799; 400.30574; 884.59424; 279.15904; 972.64668; 1060.69926 Relative Abundance; m/z		
	CID 碰撞碎片 Fragments of CID	碎片组成 Assignment	$C_{24}H_{43}O_{10}{}^+$	
		理论精确质量数 Theoretical m/z	491.28507	

表 3-2（续）

序号	禁限用化合物 Orbitrap 高分辨质谱谱库				
130	二级 CID 碰撞 高分辨质谱图 35%归一化能量 MS² Spectrum of CID _ 35%	NP(EO)9_CID_FT #1-31 RT:0.01-0.98 AV:31 NL:2.80E6 T:FTMS + c ESI Full ms2 620.44@cid35.00 [170.00-700.00] Relative Abundance 221.13847 277.21639 321.24298 403.23283 447.25893 491.28507 559.38437 603.41042 615.39187 651.00601 m/z			
	HCD 碰撞碎片 Fragments of HCD	碎片组成 Assignment	$C_6H_{13}O_3^+$	$C_{18}H_{29}O_2^+$	$C_{32}H_{59}O_{10}^+$
		理论精确质量数 Theoretical m/z	133.08592	277.21621	603.41027
	二级 HCD 碰撞 高分辨质谱图 20%能量 MS² Spectrum of HCD _ 20%	NP(EO)9_HCD_20 #1-31 RT:0.01-0.99 AV:31 NL:3.55E5 T:FTMS + c ESI Full ms2 620.44@hcd20.00 [50.00-700.00] Relative Abundance 89.05948 133.08580 177.11211 233.19001 277.21626 321.24266 403.23282 447.25895 491.28512 559.38432 603.41075 620.43727 651.08377 m/z			
	二级 HCD 碰撞 高分辨质谱图 40%能量 MS² Spectrum of HCD _ 40%	NP(EO)9_HCD_40 #1-30 RT:0.02-0.97 AV:30 NL:1.88E5 T:FTMS + c ESI Full ms2 620.44@hcd40.00 [50.00-700.00] Relative Abundance 89.05947 121.06464 133.08580 165.09094 233.19001 277.21625 307.84525 404.13871 473.71975 552.73424 651.04622 m/z			
	二级 HCD 碰撞 高分辨质谱图 60%能量 MS² Spectrum of HCD _ 60%	NP(EO)9_HCD_60 #1-31 RT:0.01-1.00 AV:31 NL:5.81E4 T:FTMS + c ESI Full ms2 620.44@hcd60.00 [50.00-700.00] Relative Abundance 89.05947 121.06463 147.08033 163.11165 233.18999 323.24728 381.31322 433.30870 552.73523 650.71629 m/z			

表 3-2（续）

序号	禁限用化合物 Orbitrap 高分辨质谱谱库				
131	化合物英文名 Compound Name	OP（EO)$_{10}$			
	化合物中文名 Chinese Name	辛基酚聚氧乙烯醚（n=10）			
	CAS 号 CAS Number	9002-93-1			
	分子式 Molecular Formula	$C_{34}H_{62}O_{11}$			
	一级母离子 Precursor	母离子组成 Assignment	$[M+NH_4]^+$	$C_{34}H_{66}O_{11}N^+$	
		理论精确质量数 Theoretical m/z	664.46304		
	一级质谱图 MS Spectrum	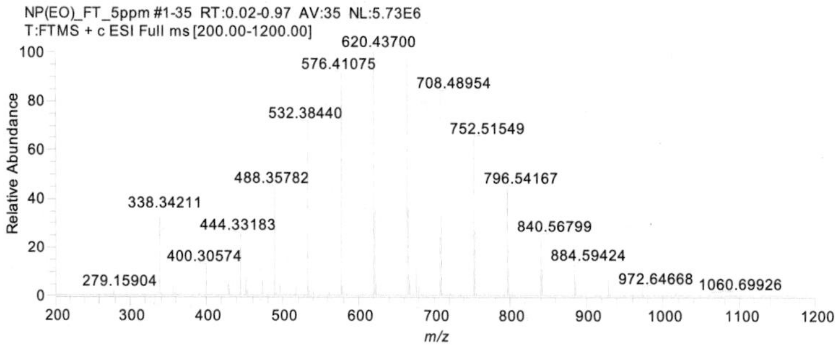 NP(EO)_FT_5ppm #1-35 RT:0.02-0.97 AV:35 NL:5.73E6 T:FTMS + c ESI Full ms [200.00-1200.00] 620.43700 576.41075 708.48954 532.38440 752.51549 488.35782 796.54167 338.34211 444.33183 840.56799 400.30574 884.59424 279.15904 972.64668 1060.69926 Relative Abundance; m/z			
	CID 碰撞碎片 Fragments of CID	碎片组成 Assignment	$C_{34}H_{63}O_{11}^+$		
		理论精确质量数 Theoretical m/z	647.43649		
	二级 CID 碰撞 高分辨质谱图 35%归一化能量 MS^2 Spectrum of CID _ 35%	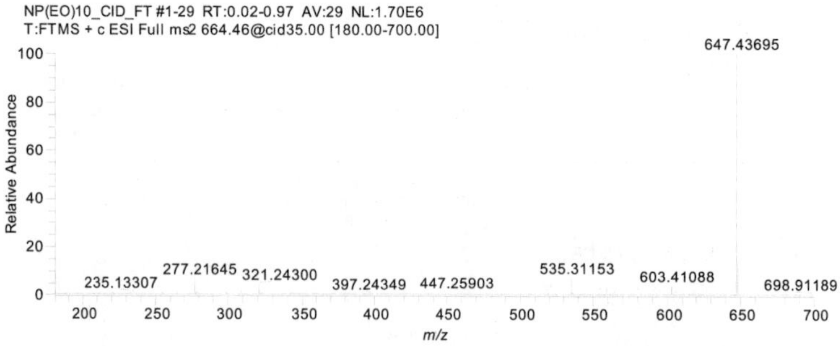 NP(EO)10_CID_FT #1-29 RT:0.02-0.97 AV:29 NL:1.70E6 T:FTMS + c ESI Full ms2 664.46@cid35.00 [180.00-700.00] 647.43695 235.13307 277.21645 321.24300 397.24349 447.25903 535.31153 603.41088 698.91189 Relative Abundance; m/z			
	HCD 碰撞碎片 Fragments of HCD	碎片组成 Assignment	$C_6H_{13}O_3^+$	$C_{18}H_{29}O_2^+$	$C_{34}H_{63}O_{11}^+$
		理论精确质量数 Theoretical m/z	133.08592	277.21621	647.43649

表 3-2（续）

序号	禁限用化合物 Orbitrap 高分辨质谱谱库		
131	二级 HCD 碰撞高分辨质谱图 20%能量 MS² Spectrum of HCD _ 20%	NP(EO)10_HCD_20 #1-29 RT:0.00-0.96 AV:29 NL:2.21E5 T:FTMS + c ESI Full ms2 664.46@hcd20.00 [50.00-700.00] 664.46385 647.43722 133.08583 89.05951 277.21632 177.11216 321.24273 233.19008 535.31155 353.21724 447.25910 603.41080 Relative Abundance m/z	
	二级 HCD 碰撞高分辨质谱图 40%能量 MS² Spectrum of HCD _ 40%	NP(EO)10_HCD_40 #1-30 RT:0.00-0.99 AV:30 NL:1.32E5 T:FTMS + c ESI Full ms2 664.46@hcd40.00 [50.00-700.00] 233.19008 89.05951 121.06468 133.08584 277.21633 165.09099 303.23209 391.44911 490.41013 553.27313 651.33466 Relative Abundance m/z	
	二级 HCD 碰撞高分辨质谱图 60%能量 MS² Spectrum of HCD _ 60%	NP(EO)10_HCD_60 #1-29 RT:0.01-0.97 AV:29 NL:4.36E4 T:FTMS + c ESI Full ms2 664.46@hcd60.00 [50.00-700.00] 121.06467 89.05950 147.08040 233.19007 163.11169 254.11576 386.90651 486.91002 553.23559 651.54185 Relative Abundance m/z	
132	化合物英文名 Compound Name	OP（EO）$_{11}$	
	化合物中文名 Chinese Name	辛基酚聚氧乙烯醚（*n*=11）	
	CAS 号 CAS Number	9002-93-1	
	分子式 Molecular Formula	$C_{36}H_{66}O_{12}$	
	一级母离子 Precursor	母离子组成 Assignment	$[M+NH_4]^+$	$C_{36}H_{70}O_{12}N^+$
		理论精确质量数 Theoretical *m/z*	708.48925	

表 3-2（续）

<table>
<tr><th>序号</th><th colspan="5">禁限用化合物 Orbitrap 高分辨质谱谱库</th></tr>
<tr><td rowspan="7">132</td><td>一级质谱图
MS Spectrum</td><td colspan="4"> 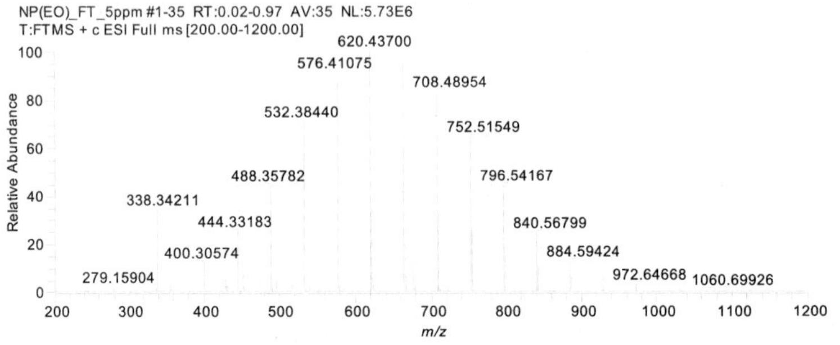NP(EO)_FT_5ppm #1-35 RT:0.02-0.97 AV:35 NL:5.73E6
T:FTMS + c ESI Full ms [200.00-1200.00]
620.43700 576.41075 708.48954 532.38440 752.51549 488.35782 796.54167 338.34211 444.33183 840.56799 400.30574 884.59424 279.15904 972.64668 1060.69926
Relative Abundance; m/z</td></tr>
<tr><td rowspan="2">CID 碰撞碎片
Fragments of CID</td><td>碎片组成
Assignment</td><td>$C_{36}H_{67}O_{12}^+$</td><td></td><td></td></tr>
<tr><td>理论精确质量数
Theoretical m/z</td><td>691.46270</td><td></td><td></td></tr>
<tr><td>二级 CID 碰撞
高分辨质谱图
35%归一化能量

MS² Spectrum of
CID _ 35%</td><td colspan="4"> 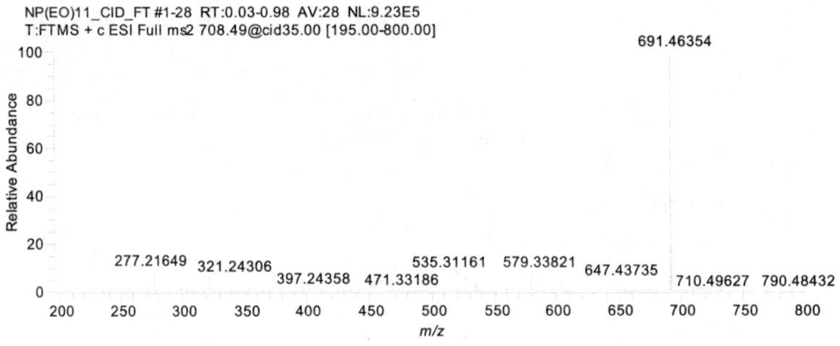NP(EO)11_CID_FT #1-28 RT:0.03-0.98 AV:28 NL:9.23E5
T:FTMS + c ESI Full ms2 708.49@cid35.00 [195.00-800.00]
691.46354 277.21649 321.24306 397.24358 471.33186 535.31161 579.33821 647.43735 710.49627 790.48432
Relative Abundance; m/z</td></tr>
<tr><td rowspan="2">HCD 碰撞碎片
Fragments of HCD</td><td>碎片组成
Assignment</td><td>$C_6H_{13}O_3^+$</td><td>$C_{18}H_{29}O_2^+$</td><td>$C_{36}H_{67}O_{12}^+$</td></tr>
<tr><td>理论精确质量数
Theoretical m/z</td><td>133.08592</td><td>277.21621</td><td>691.46270</td></tr>
<tr><td>二级 HCD 碰撞
高分辨质谱图
20%能量

MS² Spectrum of
HCD _ 20%</td><td colspan="4"> 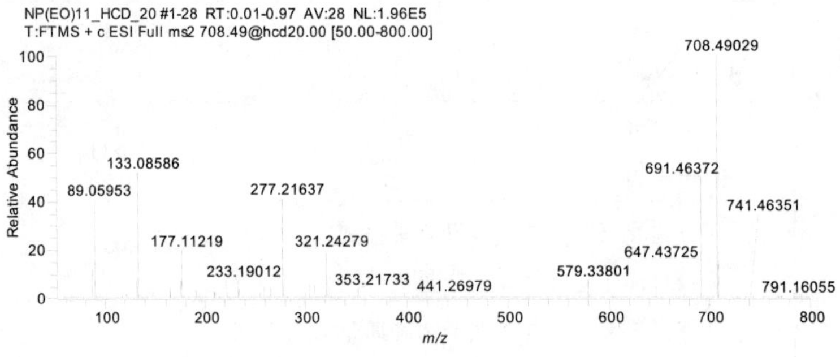NP(EO)11_HCD_20 #1-28 RT:0.01-0.97 AV:28 NL:1.96E5
T:FTMS + c ESI Full ms2 708.49@hcd20.00 [50.00-800.00]
708.49029 133.08586 691.46372 89.05953 277.21637 741.46351 177.11219 321.24279 647.43725 233.19012 579.33801 353.21733 441.26979 791.16055
Relative Abundance; m/z</td></tr>
</table>

表 3-2（续）

序号	禁限用化合物 Orbitrap 高分辨质谱谱库			
132	二级 HCD 碰撞高分辨质谱图 40%能量 MS² Spectrum of HCD _ 40%	NP(EO)11_HCD_40 #1-29 RT:0.00-0.99 AV:29 NL:1.14E5 T:FTMS + c ESI Full ms2 708.49@hcd40.00 [50.00-800.00] 233.19007; 89.05950; 121.06468; 147.08052; 277.21632; 165.09098; 460.34494; 321.65899; 391.62606; 552.73545; 651.45934; 790.47829		
	二级 HCD 碰撞高分辨质谱图 60%能量 MS² Spectrum of HCD _ 60%	NP(EO)11_HCD_60 #1-28 RT:0.01-0.97 AV:28 NL:3.70E4 T:FTMS + c ESI Full ms2 708.49@hcd60.00 [50.00-800.00] 121.06468; 147.08041; 233.19007; 163.11170; 331.27206; 403.10109; 552.73496; 651.29801; 790.45646		
133	化合物英文名 Compound Name	OP (EO)$_{12}$		
	化合物中文名 Chinese Name	辛基酚聚氧乙烯醚（n=12）		
	CAS 号 CAS Number	9002-93-1		
	分子式 Molecular Formula	$C_{38}H_{70}O_{13}$		
	一级母离子 Precursor	母离子组成 Assignment	$[M+NH_4]^+$	$C_{38}H_{74}O_{13}N^+$
		理论精确质量数 Theoretical m/z	752.51547	
	一级质谱图 MS Spectrum	NP(EO)_FT_5ppm #1-35 RT:0.02-0.97 AV:35 NL:5.73E6 T:FTMS + c ESI Full ms [200.00-1200.00] 620.43700; 576.41075; 708.48954; 532.38440; 752.51549; 488.35782; 796.54167; 338.34211; 444.33183; 840.56799; 400.30574; 884.59424; 279.15904; 972.64668; 1060.69926		

表 3-2（续）

序号	禁限用化合物 Orbitrap 高分辨质谱谱库				
133	CID 碰撞碎片 Fragments of CID	碎片组成 Assignment	$C_{38}H_{71}O_{13}^+$		
		理论精确质量数 Theoretical m/z	735.48892		
	二级 CID 碰撞高分辨质谱图 35%归一化能量 MS² Spectrum of CID _ 35%	NP(EO)12_CID_FT #1-26 RT:0.03-0.96 AV:26 NL:6.35E5 T:FTMS + c ESI Full ms2 752.52@cid35.00 [205.00-800.00] 735.48920; 277.21630; 321.24279; 397.24333; 441.26941; 515.35769; 623.36405; 691.46312; 790.49188 Relative Abundance; m/z			
	HCD 碰撞碎片 Fragments of HCD	碎片组成 Assignment	$C_4H_9O_2^+$	$C_6H_{13}O_3^+$	$C_{18}H_{29}O_2^+$
		理论精确质量数 Theoretical m/z	89.05971	133.08592	277.21621
	二级 HCD 碰撞高分辨质谱图 20%能量 MS² Spectrum of HCD _ 20%	NP(EO)12_HCD_20 #1-26 RT:0.03-0.97 AV:26 NL:1.21E5 T:FTMS + c ESI Full ms2 752.52@hcd20.00 [50.00-800.00] 752.51625; 133.08584; 89.05953; 277.21637; 735.48973; 177.11219; 321.24275; 691.46347; 233.19011; 353.21730; 441.26972; 559.38469; 623.36424 Relative Abundance; m/z			
	二级 HCD 碰撞高分辨质谱图 40%能量 MS² Spectrum of HCD _ 40%	NP(EO)12_HCD_40 #1-27 RT:0.00-0.97 AV:27 NL:8.03E4 T:FTMS + c ESI Full ms2 752.52@hcd40.00 [50.00-800.00] 233.19012; 89.05952; 121.06470; 147.08058; 277.21636; 165.09101; 350.09480; 436.88702; 553.39658; 651.54880; 790.44610 Relative Abundance; m/z			

表 3-2（续）

序号	禁限用化合物 Orbitrap 高分辨质谱谱库				
133	二级 HCD 碰撞高分辨质谱图 60%能量 MS^2 Spectrum of HCD _ 60%	NP(EO)12_HCD_60 #1-26 RT:0.01-0.96 AV:26 NL:2.49E4 T:FTMS + c ESI Full ms2 752.52@hcd60.00 [50.00-800.00] 121.06469 147.08046 162.10390 233.19007 327.38133 479.59344 553.31894 651.45596 790.35530 Relative Abundance m/z			
134	化合物英文名 Compound Name	OP（EO）$_{13}$			
	化合物中文名 Chinese Name	辛基酚聚氧乙烯醚（n=13）			
	CAS 号 CAS Number	9002-93-1			
	分子式 Molecular Formula	$C_{40}H_{74}O_{14}$			
	一级母离子 Precursor	母离子组成 Assignment	$[M+NH_4]^+$	$C_{40}H_{78}O_{14}N^+$	
		理论精确质量数 Theoretical m/z	796.54168		
	一级质谱图 MS Spectrum	NP(EO)_FT_5ppm #1-35 RT:0.02-0.97 AV:35 NL:5.73E6 T:FTMS + c ESI Full ms [200.00-1200.00] 620.43700 576.41075 708.48954 532.38440 752.51549 488.35782 796.54167 338.34211 444.33183 840.56799 400.30574 884.59424 279.15904 972.64668 1060.69926 Relative Abundance m/z			
	CID 碰撞碎片 Fragments of CID	碎片组成 Assignment	$C_{40}H_{75}O_{14}^+$		
		理论精确质量数 Theoretical m/z	779.51513		

表 3 - 2（续）

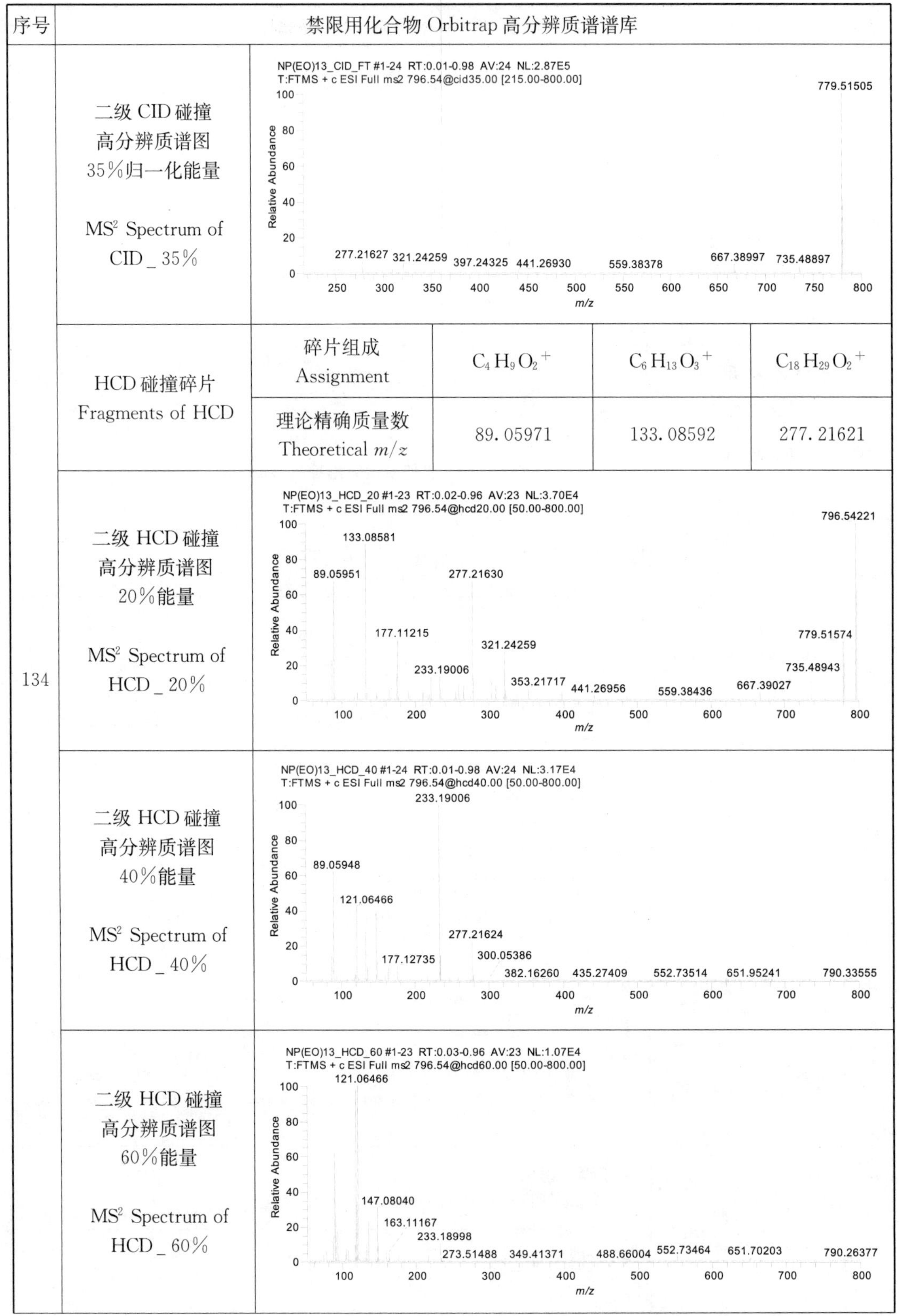

<table>
<tr><th>序号</th><th colspan="5">禁限用化合物 Orbitrap 高分辨质谱谱库</th></tr>
<tr><td rowspan="6">134</td><td>二级 CID 碰撞
高分辨质谱图
35%归一化能量

MS² Spectrum of
CID _ 35%</td><td colspan="4">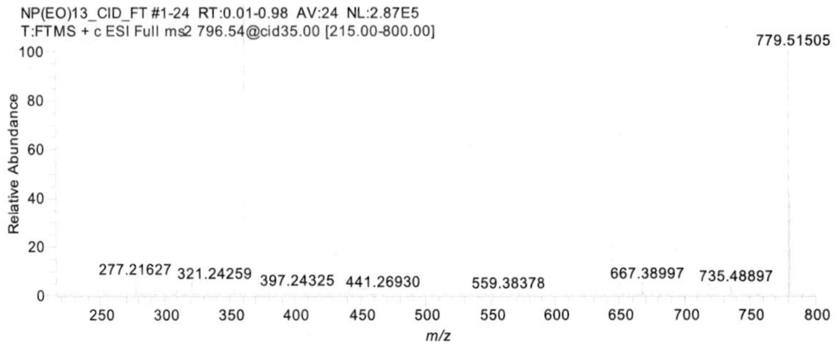
</td></tr>
<tr><td rowspan="2">HCD 碰撞碎片
Fragments of HCD</td><td>碎片组成
Assignment</td><td>$C_4H_9O_2^+$</td><td>$C_6H_{13}O_3^+$</td><td>$C_{18}H_{29}O_2^+$</td></tr>
<tr><td>理论精确质量数
Theoretical m/z</td><td>89.05971</td><td>133.08592</td><td>277.21621</td></tr>
<tr><td>二级 HCD 碰撞
高分辨质谱图
20%能量

MS² Spectrum of
HCD _ 20%</td><td colspan="4">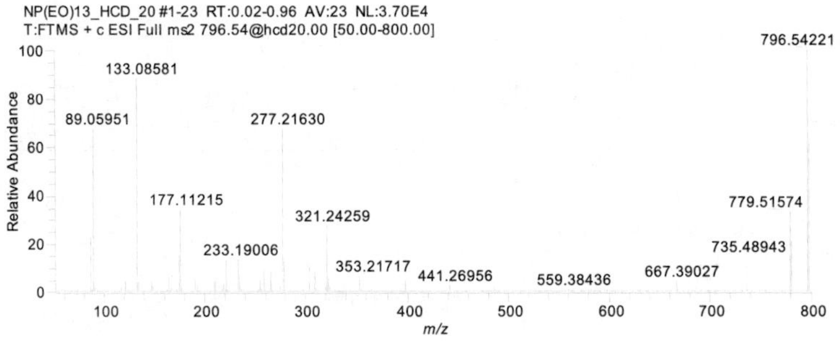
</td></tr>
<tr><td>二级 HCD 碰撞
高分辨质谱图
40%能量

MS² Spectrum of
HCD _ 40%</td><td colspan="4">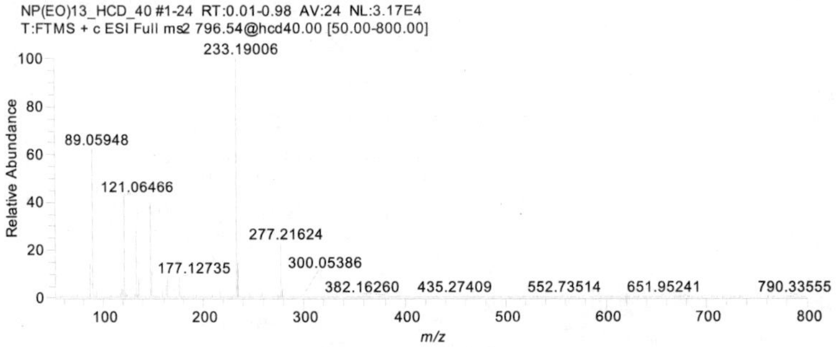
</td></tr>
<tr><td>二级 HCD 碰撞
高分辨质谱图
60%能量

MS² Spectrum of
HCD _ 60%</td><td colspan="4">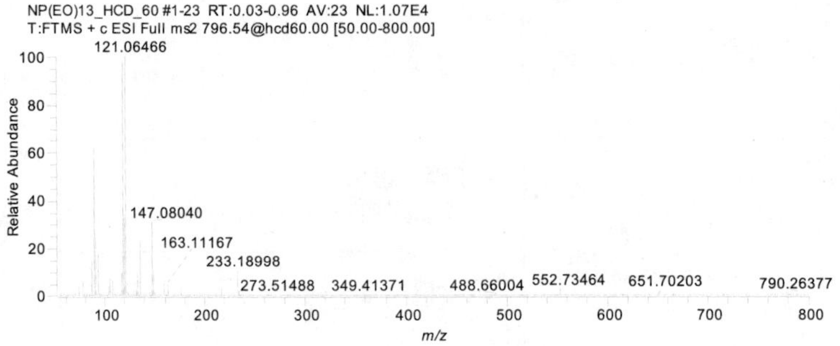
</td></tr>
</table>

表 3-2（续）

序号	禁限用化合物 Orbitrap 高分辨质谱谱库			
135	化合物英文名 Compound Name	OP (EO)$_{14}$		
	化合物中文名 Chinese Name	辛基酚聚氧乙烯醚（n=14）		
	CAS 号 CAS Number	9002-93-1		
	分子式 Molecular Formula	$C_{42}H_{78}O_{15}$		
	一级母离子 Precursor	母离子组成 Assignment	$[M+NH_4]^+$	$C_{42}H_{82}O_{15}N^+$
		理论精确质量数 Theoretical m/z	840.56790	
	一级质谱图 MS Spectrum	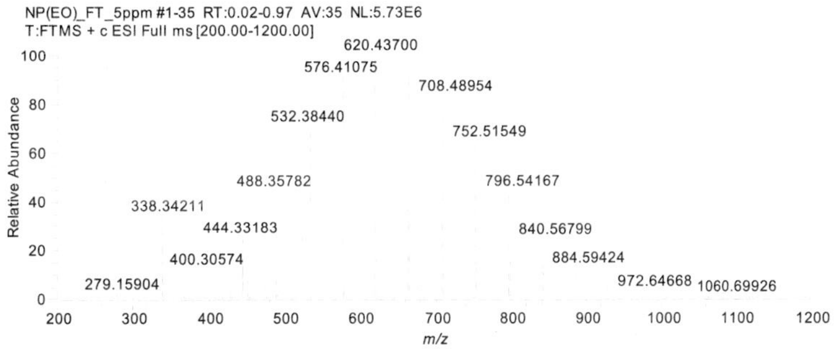		
	CID 碰撞碎片 Fragments of CID	碎片组成 Assignment	$C_{42}H_{79}O_{15}^+$		
		理论精确质量数 Theoretical m/z	823.54135		
	二级 CID 碰撞高分辨质谱图 35%归一化能量 MS^2 Spectrum of CID _ 35%	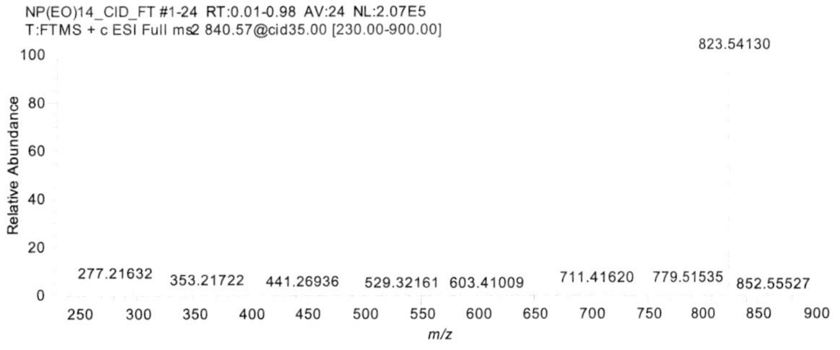		
	HCD 碰撞碎片 Fragments of HCD	碎片组成 Assignment	$C_4H_9O_2^+$	$C_6H_{13}O_3^+$	$C_{18}H_{29}O_2^+$
		理论精确质量数 Theoretical m/z	89.05971	133.08592	277.21621

表 3-2（续）

<table>
<tr><th>序号</th><th colspan="4">禁限用化合物 Orbitrap 高分辨质谱谱库</th></tr>
<tr><td rowspan="3">135</td><td>二级 HCD 碰撞
高分辨质谱图
20%能量

MS^2 Spectrum of
HCD _ 20%</td><td colspan="3"> 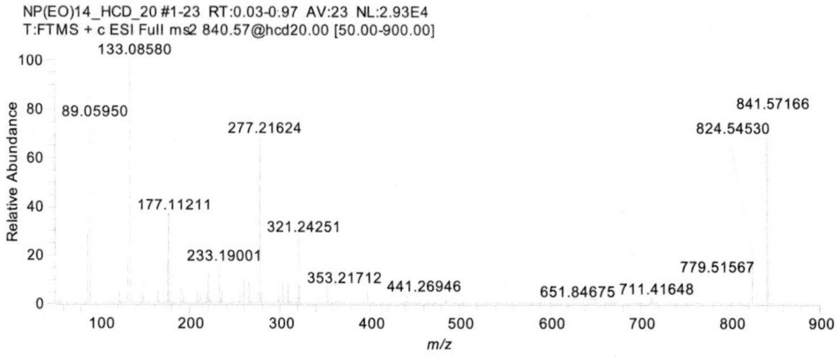NP(EO)14_HCD_20 #1-23 RT:0.03-0.97 AV:23 NL:2.93E4
T:FTMS + c ESI Full ms2 840.57@hcd20.00 [50.00-900.00]
133.08580; 89.05950; 277.21624; 177.11211; 321.24251; 233.19001; 353.21712; 441.26946; 651.84675; 711.41648; 779.51567; 824.54530; 841.57166
Relative Abundance; m/z</td></tr>
<tr><td>二级 HCD 碰撞
高分辨质谱图
40%能量

MS^2 Spectrum of
HCD _ 40%</td><td colspan="3"> 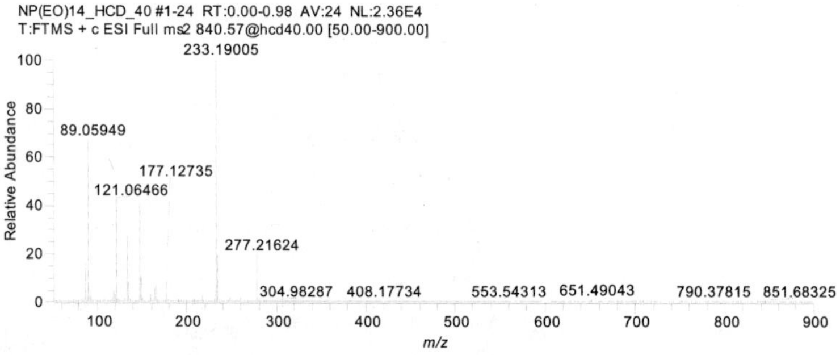NP(EO)14_HCD_40 #1-24 RT:0.00-0.98 AV:24 NL:2.36E4
T:FTMS + c ESI Full ms2 840.57@hcd40.00 [50.00-900.00]
233.19005; 89.05949; 177.12735; 121.06466; 277.21624; 304.98287; 408.17734; 553.54313; 651.49043; 790.37815; 851.68325
Relative Abundance; m/z</td></tr>
<tr><td>二级 HCD 碰撞
高分辨质谱图
60%能量

MS^2 Spectrum of
HCD _ 60%</td><td colspan="3"> 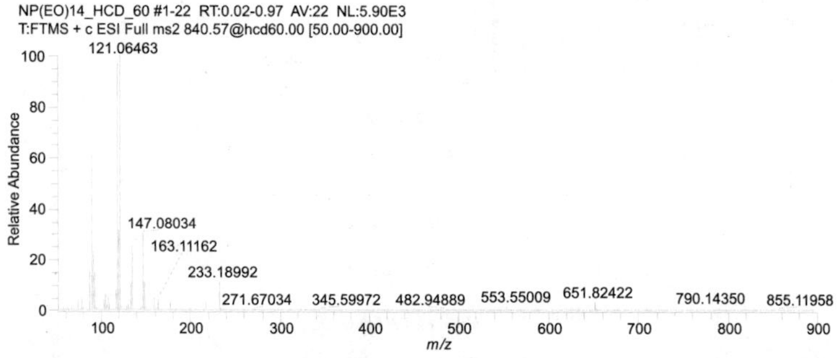NP(EO)14_HCD_60 #1-22 RT:0.02-0.97 AV:22 NL:5.90E3
T:FTMS + c ESI Full ms2 840.57@hcd60.00 [50.00-900.00]
121.06463; 147.08034; 163.11162; 233.18992; 271.67034; 345.59972; 482.94889; 553.55009; 651.82422; 790.14350; 855.11958
Relative Abundance; m/z</td></tr>
<tr><td rowspan="6">136</td><td>化合物英文名
Compound Name</td><td colspan="3">OP（EO）$_{15}$</td></tr>
<tr><td>化合物中文名
Chinese Name</td><td colspan="3">辛基酚聚氧乙烯醚（n=15）</td></tr>
<tr><td>CAS 号
CAS Number</td><td colspan="3">9002-93-1</td></tr>
<tr><td>分子式
Molecular Formula</td><td colspan="3">$C_{44}H_{82}O_{16}$</td></tr>
<tr><td rowspan="2">一级母离子
Precursor</td><td>母离子组成
Assignment</td><td>[M+NH$_4$]$^+$</td><td>$C_{44}H_{86}O_{16}N^+$</td></tr>
<tr><td>理论精确质量数
Theoretical m/z</td><td colspan="2">884.59402</td></tr>
</table>

表 3 - 2（续）

序号	禁限用化合物 Orbitrap 高分辨质谱谱库				
136	一级质谱图 MS Spectrum	NP(EO)_FT_5ppm #1-35 RT:0.02-0.97 AV:35 NL:5.73E6 T:FTMS + c ESI Full ms [200.00-1200.00] 620.43700 576.41075 708.48954 532.38440 752.51549 488.35782 796.54167 338.34211 444.33183 840.56799 400.30574 884.59424 279.15904 972.64668 1060.69926 Relative Abundance; m/z			
	CID 碰撞碎片 Fragments of CID	碎片组成 Assignment	$C_{44}H_{83}O_{16}^{+}$		
		理论精确质量数 Theoretical m/z	867.56756		
	二级 CID 碰撞 高分辨质谱图 35％归一化能量 MS^2 Spectrum of CID _ 35％	OPEO15_CID_FT#1 RT:0.00 AV:1 NL:3.44E4 T:FTMS + p ESI Full ms2 884.60@cid35.00 [240.00-900.00] 867.56488 823.53851 277.21548 353.21570 441.26764 529.31952 647.43408 755.43976 Relative Abundance; m/z			
	HCD 碰撞碎片 Fragments of HCD	碎片组成 Assignment	$C_4H_9O_2^{+}$	$C_6H_{13}O_3^{+}$	$C_{18}H_{29}O_2^{+}$
		理论精确质量数 Theoretical m/z	89.05971	133.08592	277.21621
	二级 HCD 碰撞 高分辨质谱图 20％能量 MS^2 Spectrum of HCD _ 20％	NP(EO)15_HCD_20 #1-22 RT:0.03-0.98 AV:22 NL:2.33E4 T:FTMS + c ESI Full ms2 884.59@hcd20.00 [50.00-900.00] 884.59420 133.08572 277.21612 89.05943 177.11202 321.24235 233.18990 353.21690 441.26923 529.32164 651.93065 755.44253 823.54155 Relative Abundance; m/z			

表 3 - 2（续）

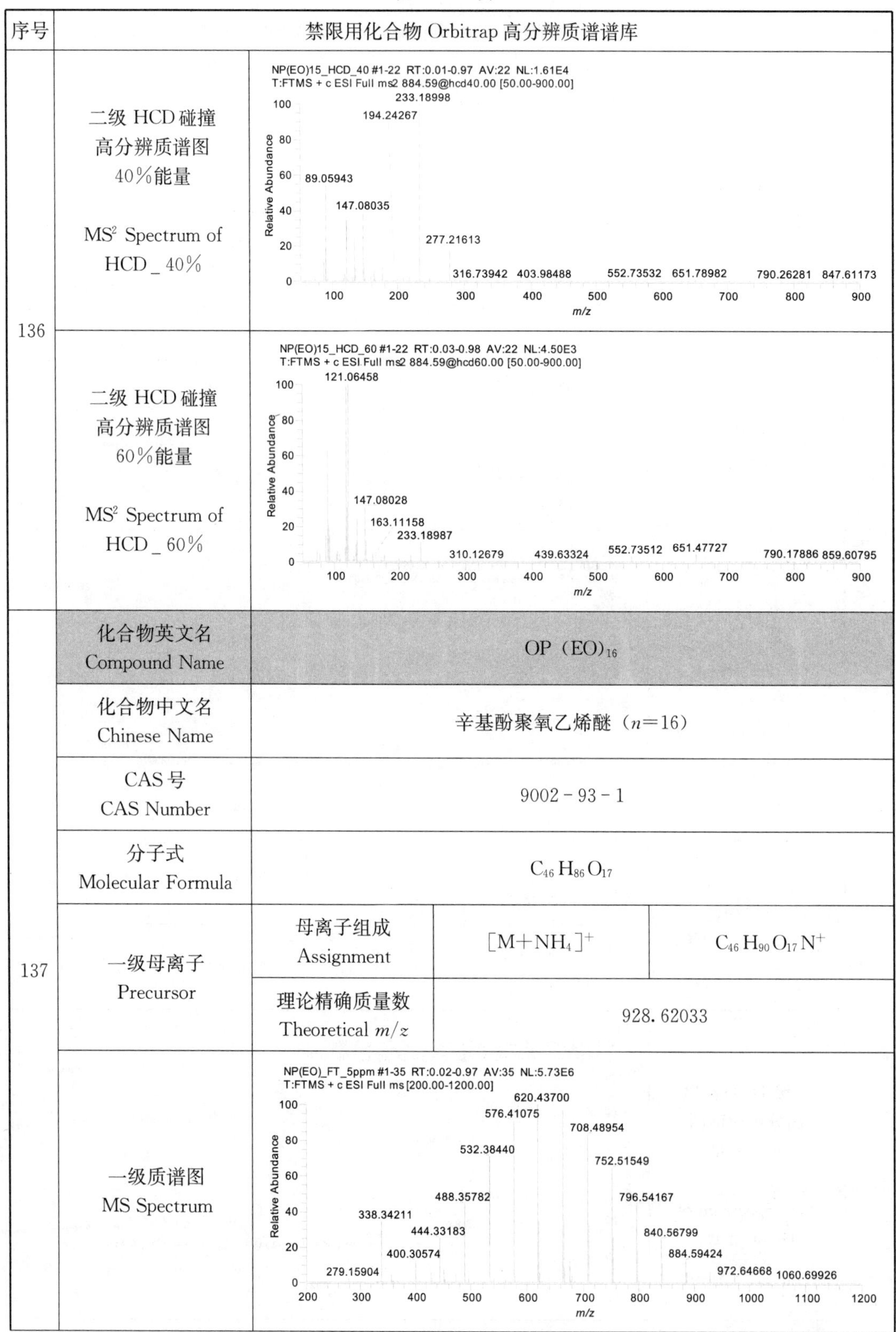

序号	禁限用化合物 Orbitrap 高分辨质谱谱库			
136	二级 HCD 碰撞高分辨质谱图 40%能量 MS² Spectrum of HCD _ 40%	(谱图)		
	二级 HCD 碰撞高分辨质谱图 60%能量 MS² Spectrum of HCD _ 60%	(谱图)		
137	化合物英文名 Compound Name	OP（EO)$_{16}$		
	化合物中文名 Chinese Name	辛基酚聚氧乙烯醚（n=16）		
	CAS 号 CAS Number	9002 - 93 - 1		
	分子式 Molecular Formula	$C_{46}H_{86}O_{17}$		
	一级母离子 Precursor	母离子组成 Assignment	$[M+NH_4]^+$	$C_{46}H_{90}O_{17}N^+$
		理论精确质量数 Theoretical m/z	928.62033	
	一级质谱图 MS Spectrum	(谱图)		

表 3－2（续）

序号	禁限用化合物 Orbitrap 高分辨质谱谱库				
137	CID 碰撞碎片 Fragments of CID	碎片组成 Assignment	$C_{46}H_{87}O_{17}^{+}$		
		理论精确质量数 Theoretical m/z	911.59378		
	二级 CID 碰撞 高分辨质谱图 35%归一化能量 MS² Spectrum of CID _ 35%	NP(EO)16_CID_FT #1-22 RT:0.03-0.97 AV:22 NL:5.76E4 T:FTMS + c ESI Full ms2 928.62@cid35.00 [255.00-1000.00] 911.59384 867.56777 277.21624 353.21705 441.26925 529.32151 617.37402 691.46262 799.46866 956.69722 Relative Abundance m/z			
	HCD 碰撞碎片 Fragments of HCD	碎片组成 Assignment	$C_{4}H_{9}O_{2}^{+}$	$C_{6}H_{13}O_{3}^{+}$	$C_{18}H_{29}O_{2}^{+}$
		理论精确质量数 Theoretical m/z	89.05971	133.08592	277.21621
	二级 HCD 碰撞 高分辨质谱图 20%能量 MS² Spectrum of HCD _ 20%	NP(EO)16_HCD_20 #23 RT:1.00 AV:1 NL:8.20E3 T:FTMS + c ESI Full ms2 928.62@hcd20.00 [50.00-1000.00] 133.08572 928.62061 277.21613 177.11201 321.24237 221.13824 861.02692 353.21692 441.26938 651.61224 799.46899 993.22107 Relative Abundance m/z			
	二级 HCD 碰撞 高分辨质谱图 40%能量 MS² Spectrum of HCD _ 40%	NP(EO)16_HCD_40 #1-23 RT:0.00-1.00 AV:23 NL:6.55E3 T:FTMS + c ESI Full ms2 928.62@hcd40.00 [50.00-1000.00] 233.18997 212.34314 89.05944 121.06460 277.21618 295.38180 472.92759 552.73526 651.90951 790.21496 888.75433 Relative Abundance m/z			

表 3-2（续）

序号	禁限用化合物 Orbitrap 高分辨质谱谱库				
137	二级 HCD 碰撞高分辨质谱图 60%能量 MS² Spectrum of HCD _ 60%	NP(EO)16_HCD_60 #1-22 RT:0.03-0.98 AV:22 NL:1.77E3 T:FTMS + c ESI Full ms2 928.62@hcd60.00 [50.00-1000.00] 121.06460; 147.08027; 233.18995; 292.60228; 378.29758; 449.85872; 552.73534; 591.50904; 651.68442; 790.16693; 888.76162 Relative Abundance; m/z			
138	化合物英文名 Compound Name	OP（EO）$_{17}$			
	化合物中文名 Chinese Name	辛基酚聚氧乙烯醚（n=17）			
	CAS 号 CAS Number	9002-93-1			
	分子式 Molecular Formula	$C_{48}H_{90}O_{18}$			
	一级母离子 Precursor	母离子组成 Assignment	$[M+NH_4]^+$	$C_{48}H_{94}O_{18}N^+$	
		理论精确质量数 Theoretical m/z	972.64654		
	一级质谱图 MS Spectrum	NP(EO)_FT_5ppm #1-35 RT:0.02-0.97 AV:35 NL:5.73E6 T:FTMS + c ESI Full ms [200.00-1200.00] 279.15904; 338.34211; 400.30574; 444.33183; 488.35782; 532.38440; 576.41075; 620.43700; 708.48954; 752.51549; 796.54167; 840.56799; 884.59424; 972.64668; 1060.69926 Relative Abundance; m/z			
	CID 碰撞碎片 Fragments of CID	碎片组成 Assignment	$C_{48}H_{91}O_{18}^+$		
		理论精确质量数 Theoretical m/z	955.61999		

表 3-2（续）

<table>
<tr><th>序号</th><th colspan="5">禁限用化合物 Orbitrap 高分辨质谱谱库</th></tr>
<tr><td rowspan="6">138</td><td>二级 CID 碰撞
高分辨质谱图
35%归一化能量

MS² Spectrum of
CID _ 35%</td><td colspan="4"> 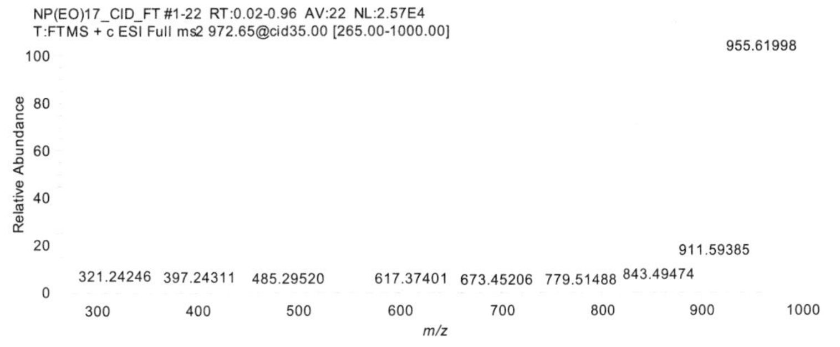NP(EO)17_CID_FT #1-22 RT:0.02-0.96 AV:22 NL:2.57E4
T:FTMS + c ESI Full ms2 972.65@cid35.00 [265.00-1000.00]
955.61998
911.59385
321.24246 397.24311 485.29520 617.37401 673.45206 779.51488 843.49474
Relative Abundance: 0 20 40 60 80 100
m/z: 300 400 500 600 700 800 900 1000</td></tr>
<tr><td rowspan="2">HCD 碰撞碎片
Fragments of HCD</td><td>碎片组成
Assignment</td><td>$C_4H_9O_2^+$</td><td>$C_6H_{13}O_3^+$</td><td>$C_{18}H_{29}O_2^+$</td></tr>
<tr><td>理论精确质量数
Theoretical m/z</td><td>89.05971</td><td>133.08592</td><td>277.21621</td></tr>
<tr><td>二级 HCD 碰撞
高分辨质谱图
20%能量

MS² Spectrum of
HCD _ 20%</td><td colspan="4"> 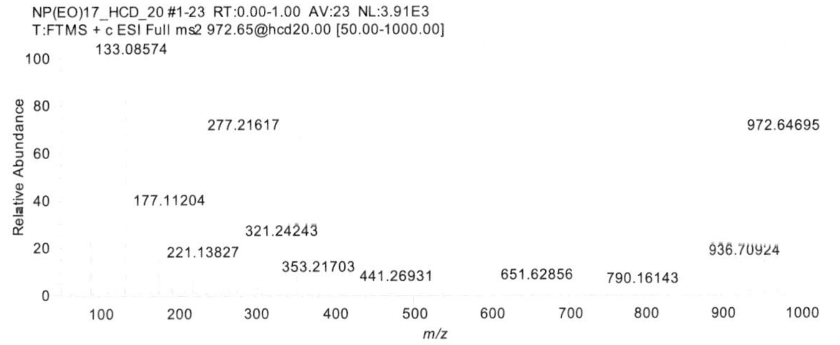NP(EO)17_HCD_20 #1-23 RT:0.00-1.00 AV:23 NL:3.91E3
T:FTMS + c ESI Full ms2 972.65@hcd20.00 [50.00-1000.00]
133.08574
277.21617
972.64695
177.11204
321.24243
221.13827
936.70924
353.21703 441.26931 651.62856 790.16143
Relative Abundance: 0 20 40 60 80 100
m/z: 100 200 300 400 500 600 700 800 900 1000</td></tr>
<tr><td>二级 HCD 碰撞
高分辨质谱图
40%能量

MS² Spectrum of
HCD _ 40%</td><td colspan="4"> 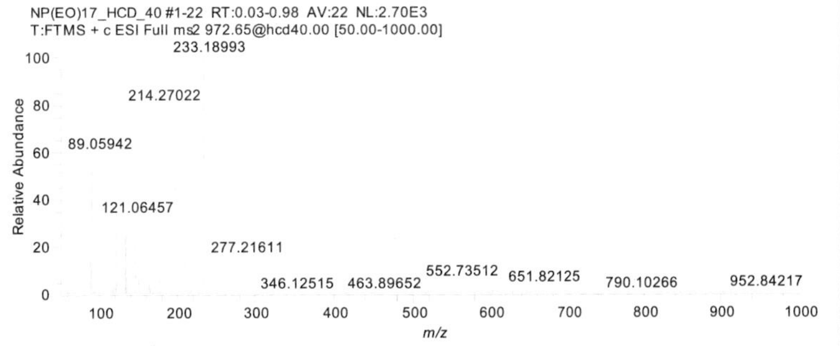NP(EO)17_HCD_40 #1-22 RT:0.03-0.98 AV:22 NL:2.70E3
T:FTMS + c ESI Full ms2 972.65@hcd40.00 [50.00-1000.00]
233.18993
214.27022
89.05942
121.06457
277.21611
552.73512 651.82125
346.12515 463.89652 790.10266 952.84217
Relative Abundance: 0 20 40 60 80 100
m/z: 100 200 300 400 500 600 700 800 900 1000</td></tr>
<tr><td>二级 HCD 碰撞
高分辨质谱图
60%能量

MS² Spectrum of
HCD _ 60%</td><td colspan="4"> 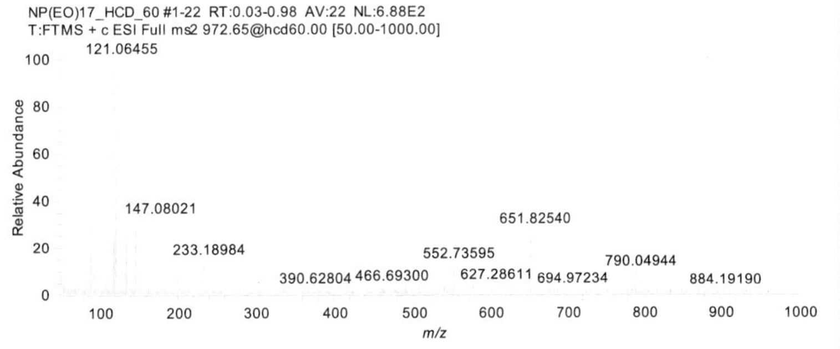NP(EO)17_HCD_60 #1-22 RT:0.03-0.98 AV:22 NL:6.88E2
T:FTMS + c ESI Full ms2 972.65@hcd60.00 [50.00-1000.00]
121.06455
147.08021
651.82540
233.18984
552.73595
790.04944
390.62804 466.69300 627.28611 694.97234 884.19190
Relative Abundance: 0 20 40 60 80 100
m/z: 100 200 300 400 500 600 700 800 900 1000</td></tr>
</table>

表 3-2（续）

序号	禁限用化合物 Orbitrap 高分辨质谱谱库				
139	化合物英文名 Compound Name	OP（EO)$_{18}$			
	化合物中文名 Chinese Name	辛基酚聚氧乙烯醚（n=18）			
	CAS 号 CAS Number	9002-93-1			
	分子式 Molecular Formula	$C_{50}H_{94}O_{19}$			
	一级母离子 Precursor	母离子组成 Assignment	$[M+NH_4]^+$	$C_{50}H_{98}O_{19}N^+$	
		理论精确质量数 Theoretical m/z	1016.67276		
	一级质谱图 MS Spectrum	NP(EO)_FT_5ppm #1-35 RT:0.02-0.97 AV:35 NL:5.73E6 T:FTMS + c ESI Full ms [200.00-1200.00] 620.43700 576.41075 708.48954 532.38440 752.51549 488.35782 796.54167 338.34211 444.33183 840.56799 400.30574 884.59424 279.15904 972.64668 1060.69926 Relative Abundance 0 20 40 60 80 100 200 300 400 500 600 700 800 900 1000 1100 1200 m/z			
	CID 碰撞碎片 Fragments of CID	碎片组成 Assignment	$C_{50}H_{95}O_{19}{}^+$		
		理论精确质量数 Theoretical m/z	999.64621		
	二级 CID 碰撞 高分辨质谱图 35%归一化能量 MS^2 Spectrum of CID _ 35%	NP(EO)18_CID_FT #1-23 RT:0.01-1.00 AV:23 NL:2.41E4 T:FTMS + c ESI Full ms2 1016.67@cid35.00 [275.00-1100.00] 999.64622 397.24320 485.29529 573.34783 629.42560 761.50482 887.52123 955.62030 1064.24388 Relative Abundance 0 20 40 60 80 100 300 400 500 600 700 800 900 1000 1100 m/z			
	HCD 碰撞碎片 Fragments of HCD	碎片组成 Assignment	$C_4H_9O_2{}^+$	$C_6H_{13}O_3{}^+$	$C_{18}H_{29}O_2{}^+$
		理论精确质量数 Theoretical m/z	89.05971	133.08592	277.21621